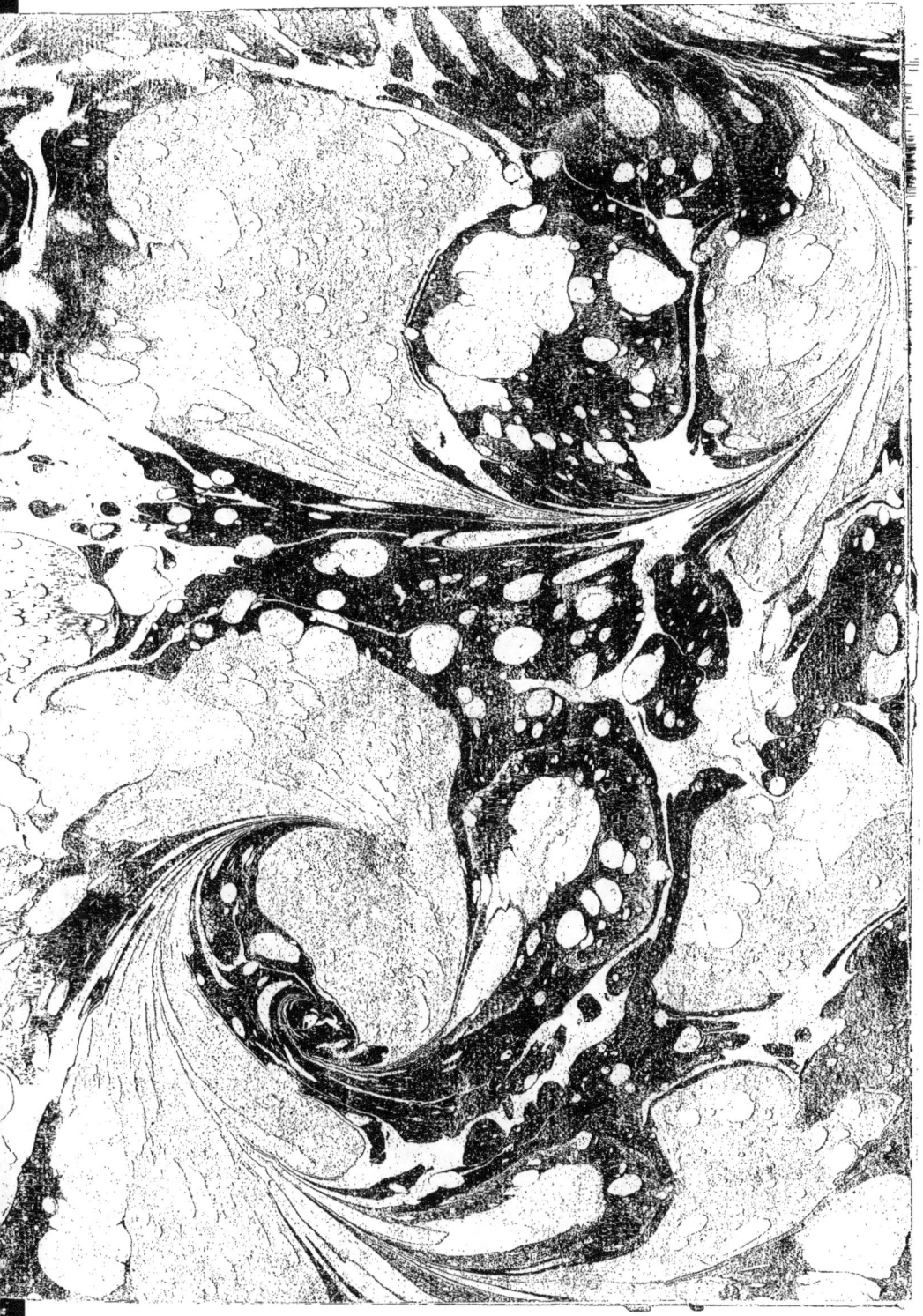

HISTOIRE
ET
DESCRIPTION
GENERALE
DU JAPON.
TOME SECOND.

HISTOIRE
ET
DESCRIPTION
GENERALE
DU JAPON,
OÙ L'ON TROUVERA
TOUT CE QU'ON A PU APPRENDRE
de la nature & des Productions du Pays, du Caractere & des Coûtumes
des Habitans, du Gouvernement & du Commerce, des Révolutions
arrivées dans l'Empire & dans la Religion;
ET L'EXAMEN DE TOUS LES AUTEURS,
qui ont écrit sur le même sujet.
AVEC LES FASTES CHRONOLOGIQUES
DE LA DECOUVERTE DU NOUVEAU MONDE.
Enrichie de Figures en taille-douce.
Par le P. DE CHARLEVOIX, de la Compagnie de JESUS.
TOME SECOND.

A PARIS,
Chez PIERRE-FRANÇOIS GIFFART; rüe S. Jacques,
à Sainte Therese.
──────────────
M. DCC. XXXVI.
AVEC APPROBATION ET PRIVILEGE DU ROY.

TABLE DES SOMMAIRES

pour le second Volume de l'Histoire du Japon.

LIVRE DIXIEME.

§. I. Conversion du Gouverneur de Nangazaqui, & d'un grand nombre de Coréens. Etat florissant du Christianisme. Progrès de la Foi en Corée. Conduite peu mesurée des Peres de Saint François. On leur signifie la Bulle de Grégoire XIII. & ce qu'ils y répondent. Arrivée d'un Evêque au Japon ; l'Empereur lui accorde une Audience favorable. 2

§. II. L'Empereur de la Chine envoye une Ambassade à Tayco-Sama. Préparatifs de ce Prince pour recevoir les Ambassadeurs : un d'eux se sauve à la Chine, & pourquoi? Le Fils de l'Empereur est revêtu du Titre de Cambacundono, & reconnu Héritier présomptif de l'Empire. Phénomenes singuliers. Tremblemens de terre, & leurs effets. Providence de Dieu sur les Chrétiens. 7

§. III. La Mer franchit ses bornes. Belle parole de Tayco-Sama. Ce Prince se prépare à donner audience aux Ambassadeurs Chinois ; ce qui se passa à cette Audience : de quelle maniere les Ambassadeurs furent reconduits à Sacai. Emportement de l'Empereur, & ses suites. Indignation générale contre lui. La guerre recommence en Corée, & quel en fut le succès. 11

§. IV. Zele trop peu mesuré des Peres de Saint François. Un Galion Espagnol est jetté par la tempête dans un Port du Japon. Mauvaise foi du Roi de Tosa. Méchante manœuvre du Commandant Espagnol. Le Galion est confisqué. Folle vanité d'un Pilote Castillan. L'Empereur entre en fureur ; les ordres, qu'il donne en conséquence. 15

§. V. Les Jésuites secourent les Espagnols dans leurs besoins, & sont calomniez à ce sujet. En quoi consistoient leurs revenus au Japon. 19

§. VI. Sources des calomnies contre les Jésuites. Un Religieux Augustin les réfute. Mémoire adressé au Pape Clement VIII. contre les Jésuites. Leur conduite en cette occasion. 23

§. VII. Six Franciscains & trois Jésuites sont faits Prisonniers ; leur Histoire ; pourquoi il n'y eut point plus de Jésuites arrêtez ! 26

§. VIII. L'Empereur déclare qui sont ceux, qu'il a proscrits. Ferveur d'Ucondono, des deux Fils & d'un Neveu du Vice-Roi de Méaco. Mouvement, qu'excite parmi les Chrétiens l'espérance du Martyre. Exemple remarquable de cette ferveur. Martyre de deux Esclaves. Courage d'un Enfant. 30

§. IX. Tout ce mouvement s'appaise. On adoucit l'Empereur à l'égard des Jésuites. De quelle maniere il s'explique à leur sujet. Le nombre des Prisonniers réduit à quinze. On aigrit de nouveau l'Empereur, lequel condamne à mort

TABLE DES SOMMAIRES.

tous ceux, qui sont arrêtez. Un des Prisonniers ne se trouve pas, un Chrétien du même nom prend sa place. Ce qui empêche qu'on ne sauve le Jésuites Prisonniers. Ferveur de trois Enfans. 36

§. X. *On coupe aux Confesseurs le bout de l'oreille : ils sont promenez par les rues de Méaco, d'Ozaca, & de Sacai. Leur voyage jusqu'à Nangazaqui. Ils font plusieurs Conversions. La charité de deux Chrétiens leur procure l'honneur du Martyre. Mouvement à Nangazaqui. Ferveur d'un Enfant.* 40

§. XI. *Les Prisonniers sont visitez de la part de l'Evêque & des Supérieurs de la Compagnie. Discours du Pere Commissaire des Francisquains à un Jésuite. Maniere, dont on crucifie au Japon. Les Martyrs expirent sur la Croix. Dévotion des Fidéles envers leurs Reliques. Ils sont mis au nombre des Saints. Concours prodigieux au lieu de leur supplice.* 45

§. XII. *Nouvelle Proscription des Missionnaires. Mort de l'Evêque du Japon, & du Pere Loüis Froez. Ordres réïterez pour l'embarquement des Missionnaires. Stratagême du Vice-Provincial des Jésuites pour l'éluder. Vains efforts des Bonzes pour pervertir les Fideles. Le Gouverneur des Philippines écrit à l'Empereur. Réponse de ce Prince. Eglises ruinées dans le Ximo. Plusieurs Jésuites sont obligez de sortir du Japon. Arrivée de deux Religieux de Saint François, & l'effet qu'elle produit.* 51

LIVRE ONZIE'ME.

§. I. *L'Empereur tombe malade. Son embarras au sujet de son Fils. Caractére de* GIXASU, *qu'il lui donne pour Tuteur, & pour Régent de l'Empire. Mesures, qu'il prend pour l'atta-cher à sa Famille, pour tempérer son autorité, & pour se faire mettre au rang des Dieux. Le P. Rodriguez le visite, & en est bien reçu. Sa mort, ses bonnes & ses mauvaises qualitez.* 58

§. II. *Les Troupes Japonnoises reviennent de Corée, ce qui rend au Christianisme son premier lustre. Conduite des Missionnaires dans ces conjonctures délicates. Le Pere Valegnani écrit à quelques-uns des Régens, & la réponse, qu'il en reçoit. Zele des Princes Chrétiens. Broüillerie entre les Régens. Conduite généreuse du Grand Amiral.* 62

§. III. *Persécution dans le Firando : Constance de la Princesse de Firando. Six Princes & plus de six cens Chrétiens s'exilent volontairement pour conserver leur Foi. De quelle maniere ils sont reçus à Nangazaqui. Mouvement à ce sujet, & comment il s'appaise. Mort du Pere Gomez.* 66

§. IV. *Apothéose de Tayco-Sama ; effet, qu'elle produisit par rapport au Christianisme. Zele des Rois de Fingo & de Mino. Baptême de la Reine d'Arima. Les Régens se déclarent contre le Tuteur, le Roi de Fingo prend leur parti : les Jésuites calomniez à cette occasion. Les Régens se conduisent mal.* 70

§. V. *Ils remportent plusieurs avantages. Mort tragique de la Reine de Tango ; Eloge de cette Princesse. Succès divers de la Guerre Civile.* 73

§. VI. *Le Roi de Bango est défait par l'ancien Roi de Buygen : Bataille générale. Les Rois d'Omi & de Fingo sont faits Prisonniers. Belle retraite du Roi de Saxuma. Action généreuse de l'Evêque du Japon. Les deux Rois Prisonniers sont exécutez à mort. Eloge du Roi de Fingo. Mort tragique de son Fils.* 77

TABLE DES SOMMAIRES.

§. VII. *Conduite de Daysu-Sama avec les Missionnaires. Arrivée de plusieurs Religieux au Japon. Indiscrétion de l'un d'eux, & ce qui en arrive. Terazaba met la Religion en grand danger. Témoignage, que Daysu-Sama rend aux Jésuites & au Christianisme. Divers changemens dans l'Empire, & l'avantage, qui en revient à la Religion. Le Roi de Tango la protege.* 81

§. VIII. *Le Tuteur prend le titre de* CUBO-SAMA. *Description de* SURUNGA. *Incendie singulier. Canzugedono desole le Fingo. Siege d'*UTO. *Persécution dans le Fingo, & ses effets. Exemple mémorable de la fermeté chrétienne dans un Enfant.* 85

§. IX. *La Persécution cesse pour quelque tems, puis recommence. Martyre de quelques Personnes de condition. Effet, que produisent ces Exécutions parmi les Chrétiens.* 89

§. X. *Le Roi de Buygen tire l'épée pour les Chrétiens contre le Roi de Fingo. Un Calomniateur rétracte juridiquement ce qu'il avoit avancé contre les Jésuites. Le Cubo-Sama s'indispose contre les Chrétiens. Il fait donner à son Fils le titre de* XOGUN-SAMA. *Imprudente réponse d'un Castillan. Le Cubo-Sama ordonne qu'on fasse sortir du Japon tous les Religieux Espagnols. Persécution dans l'Isle d'Amacusa & dans le Naugato. Ce qui en empêche les suites.* 93

LIVRE DOUZIE'ME.

§. I. *Histoire du Prince d'Omura. Son Apostasie; ce qui y donna occasion, & quelles en furent les suites. Mort chrétienne de l'ancien Roi de Buygen: son Fils renonce au Christianisme.* 99

§. II. *Caractere de Constantin Joscimon*

Roi de Bungo. Ses chûtes réïtérées. Sa conversion; ses nouvelles disgraces. Sa mort. Une de ses Nieces meurt en odeur de sainteté. Grand exemple de vertu d'une de ses Sœurs. Sacrilege puni & converti. Situation des affaires de la Religion. 104

§. III. *Edit du Cubo-Samo contre la Religion sans effet. Réception, que ce Prince fait au Superieur des Jésuites. Ce Pere visite aussi le Xogun-Sama & l'Empereur. Quel fut le fruit de son voyage. Mort du Pere Valegnani. L'Evêque du Japon parcourt le Ximo. Particularitez de ce voyage.* 108

§. IV. *La Persécution recommence dans le Fingo. Martyre de deux Gentilshommes & de deux Enfans. Le Ciel venge leur mort. Effet de ces Persécutions particulieres parmi les Fideles. La Cour d'Ozaca favorise les Chrétiens. Constance d'un Enfant au milieu des tourmens. Mort du Pere Gnecchi. Etablissement d'Hôpitaux pour les Lépreux.* 113

§. V. *Premier Etablissement des Hollandois au Japon. Produit du Commerce des Portugais en ce tems-là. Desordre causé par des Japonnois à Macao. Le Gouverneur de Nangazaqui rend de bons services aux Portugais en cette occasion. Un Capitaine Portugais en use mal avec lui. Le Roi d'Arima se rend Accusateur des Portugais auprès de l'Empereur.* 118

§. VI. *Irrésolutions du Cubo-Sama: ce qui le détermine à agir contre les Portugais. Le Roi d'Arima a ordre de les combattre. Il est repoussé d'abord. Le Navire Portugais est brûlé, & tout l'Equipage tué ou noyé. Le Cubo-Sama s'adoucit en faveur des Portugais. Relation du même Combat par Kœmpfer.* 122

§. VII. *La Foi fait quelques progrès*

dans le *Quanto*. Projet du P. *Sotelo Francisquain*. Le *Cubo-Sama* dépose le *Dairy*. Entrevüe du premier avec *Fide-Jory*. Le Pere *Sotelo* dans le Royaume d'*Oxu*. Le Christianisme fleurit à *Méaco*. Mort du Roi de *Fingo*. Celui de *Bungo* persécute les Chrétiens : leur fermeté le déconcerte. 127

§. VIII. Arrivée d'un Navire Hollandois à *Firando*. Le Capitaine va à *Surunga*. Succès de son voyage. Députation de la Ville de *Macao* vers le *Cubo-Sama*, & quel en fut le succès. Un Ambassadeur Espagnol arrive à *Jedo* ; de quelle maniere il s'y comporte. Ses demandes ; les réponses, qu'on lui fait. Ce qui se passe entre le Trésorier Général du *Cubo-Sama* & les Hollandois. 131

§. IX. Bref du Pape *Paul V.* & fausse démarche de l'Evêque à ce sujet. Pressentiment d'une Persécution. Invention de deux Croix. Merveilles opérées à cette occasion. Fausseté de *Kœmpfer*. Troisiéme Croix miraculeuse, & l'effet, qu'elle produit. 135

§. X. Le Roi d'*Arima* tombe dans le relâchement. Son ambition l'engage dans une intrigue, dont il est la victime. Son Fils devient Apostat, se rend son Accusateur, & se fait mettre sur le Trône à sa place. Le Roi est condamné à mort, & exécuté. Circonstances édifiantes de sa mort ; courage de la Reine son Epouse. Les Anglois obtiennent la permission de trafiquer au Japon. Ils aigrissent le *Cubo-Sama* contre les Espagnols & les Missionnaires. 140

LIVRE TREIZIE'ME.

§. I. LE *Xogun-Sama* veut commencer la Persécution, & on l'en dissuade. Belle réponse de plusieurs Seigneurs Chrétiens au *Cubo-Sama*. Ils sont exilez. Ferveur de deux Pages & de quelques Dames de sa Cour. Persécution dans le Royaume d'*Arima*. Foiblesse du Roi ; constance de la Princesse, qu'il avoit répudiée. Les Chrétiens se présentent de bonne grace au Martyre. 147

§. II. Le Gouverneur de *Nangazaqui* se croit insulté par des Chrétiens. Il oblige le Roi à persécuter les Fideles. Martyre de deux Gentilshommes & de leurs Familles. Histoire tragique de deux Freres du Roi. Piété de la Reine leur Mere. 152

§. III. Le Roi d'*Arima* entreprend de pervertir ses Sujets, & y employe un fameux Bonze. Exemple d'une grande constance dans une Fille d'honneur de la Reine, & dans un Page du Roi. Les Peres de Saint Dominique sont chassez du *Figen*. Le Gouverneur de *Nangazaqui* attise de nouveau le feu de la Persécution dans le Royaume d'*Arima*. Discours du Roi à ses Courtisans, & quel en fut le fruit. Huit Personnes de qualité sont condamnées au feu. 158

§. IV. On leur signifie l'Arrêt de leur mort. Leur marche triomphante au lieu du supplice. Circonstances de leur Martyre. Le culte, qu'on leur rend après leur mort. Bref du Pape *Urbain VIII.* qui paroît autoriser ce culte. Suite de cette Persécution. 162

§. V. Négociations du Pere *Sotelo* à la Cour de *Jedo*. Diverses avantures de ce Religieux. Persécution à son sujet. Il est exilé. Mort de l'Evêque du Japon. Dispute entre les Francisquains & les Jésuites pour le Gouvernement de cette Eglise pendant la vacance du Siége. Comment elle est terminée. 166

§. VI. *Mémorial présenté au Cubo-*

TABLE DES SOMMAIRES.

Sama par les Espagnols & les Portugais contre les Hollandois. Réponse de ce Prince. Les Hollandois récriminent avec succès. Le Gouverneur de Nangazaqui anime le Cubo-Sama contre les Chrétiens. Nouvel Edit contre eux. Mauvaise foi du Gouverneur de Nangazaqui. Quelques Fideles se laissent séduire à Méaco. Supplice singulier pour obliger tous les autres à se rendre. 172

§. VII. *Fermeté des Fideles d'Ozaca. Constance merveilleuse d'un Enfant. Plusieurs Familles exilées dans le Nord du Japon. Leurs souffrances & leurs vertus pendant le voyage. Situation, où ils se trouvent dans le lieu de leur exil. Belle réponse d'un Gentilhomme Chrétien.* 177

§. VIII. *Quantité de Personnes illustres sont bannies du Japon. Sainteté du Roi & du Prince de Tamba. De quelle maniere cet exil est reçu du Public. On presse inutilement les Exilez de se soûmettre aux Edits. Ils arrivent à Nangazaqui. Réception, qu'on leur fait dans cette Ville.* 180

§. IX. *Constance de deux Gentilhommes Chrétiens, & modération du Roi de Bungo. Martyrs dans ce Royaume. Merveilles opérées en faveur des Fideles. Conduite du Cubo-Sama à leur égard. Courage de plusieurs Femmes Chrétiennes. Apostats dans le Buygen. Constance des Lépreux.* 185

§. X. *Le Roi d'Arima reconnoît la main de Dieu, qui le frappe, & ne se convertit pas. Il remet son Royaume au Cubo-Sama, qui lui en donne un plus petit. Mouvement dans le Royaume d'Arima, qui est donné au Gouverneur de Nangazaqui. Plusieurs Missionnaires demeurent déguisez au Japon. Indiscrette ferveur des Chrétiens de Nangazaqui.* 189

§. XI. *Les Exilez sont embarquez. Réception faite à Manile à plusieurs. Ucondono y tombe malade. Discours, qu'il tient à sa Famille. Sa mort ; ses obseques. Générosité du Roi d'Espagne envers les Exilez.* 193

LIVRE QUATORZIEME.

§. I. *Terrible appareil de persécution dans le Royaume d'Arima. Cruautez inouies exercées contre les Chrétiens. Leur constance. Martyre d'un Gentilhomme, & son discours au Tyran.* 198

§. II. *Nombre prodigieux de Martyrs. Quelques merveilles opérées dans le cours de cette Persécution. Elle cesse dans le Royaume d'Arima. Situation des affaires de l'Empereur. Le Cubo-Sama leve des Troupes. Trahison du Gouverneur d'Ozaca découverte. Le Cubo-Sama assiege cette Ville. Il se retire. Paix simulée entre ce Prince & l'Empereur.* 202

§. III. *Indiscrétion de quelques Religieux, & quel en fut le fruit. La Guerre recommence entre l'Empereur & le Cubo-Sama. Les Chrétiens prennent le parti du premier, qui fait raser la Ville de Sacai. Bataille générale. Victoire du Cubo-Sama. Belles actions de plusieurs Vierges Chrétiennes. Courage d'un Fils naturel de l'Empereur. Ce que devint ce Prince. Extrémité, où sont réduits les Missionnaires.* 207

§. IV. *Ferveur admirable des Chrétiens. Mort du Cubo-Sama. Ses dernieres volontez au sujet du Christianisme. Son Apothéose. Politique de ses Successeurs.* 212

§. V. *Situation de Jedo. Déscription de cette Capitale. Le nombre de ses Habitans ; ses Edifices ; son Commerce ;*

a iij

sa Police; ses Fauxbourgs; ses Forts; son Château; le Palais de l'Empereur. 216

§. VI. *Les Chrétiens se flattent d'une vaine esperance. Nouvel Edit contre eux. Conduite des Missionnaires. Le Prince d'Omura est chargé d'en faire la recherche. Martyre d'un Francisquain & d'un Jésuite. Zele trop ardent de deux Religieux: mauvais discours de quelques Chrétiens à ce sujet. Caractere des deux Religieux. Leur Martyre.* 220

§. VII. *Autres Martyrs. Ferveur des Chrétiens. Mort du Roi d'Arima. Ferveur des Exilez de Tsugaru. Le Gouverneur de Nangazaqui recherche les Chréttens. Fureur & fin tragique d'un Apostat.* 225

§. VIII. *Apostasie de Jean Feizo. Plusieurs Chrétiens brûlez vifs, & plusieurs Missionnaires arrêtez. Ce qui se passe entre le P. Spinola & Feizo. Chûte de plusieurs Fideles. Mauvais discours de quelques-uns. L'Idolâtrie introduite dans Nangazaqui. Apostasie d'un Prêtre Japonnois.* 229

§. IX. *Le Pere Iscida & Leonard Kimura, Jesuites, sont arrêtez. Ce qui se passe dans la prison du premier. Le second fait beaucoup de conversions dans la sienne. Il est condamné au feu. Son Martyre. Extrémité, où sont réduits les Missionnaires.* 234

§. X. *Cinquante personnes sont condamnées au feu par l'Empereur. Histoire de quelques-uns de ces Martyrs. Les Fideles sont accusez d'avoir mis le feu à Méaco. Ils sont justifiez, mais trop tard. Deux Princes d'Omura meurent Apostats.* 237

LIVRE QUINZIEME.

§. I. *Dispositions de Mazamoney par rapport au Christianisme. Travaux du P. de Angelis dans le Nord du Japon. Description du pays d'Oxu. Mazamoney envoye une Ambassade au Pape. Son Ambassadeur est baptisé à Madrid. Sa Lettre au Pape. Réponse, qui lui est faite. L'Ambassadeur apostasie. Le Pere Sotelo est nommé Evêque. Le Roi d'Espagne s'oppose à son Sacre. Ses Superieurs l'empêchent de retourner au Japon. Edits de Mazamoney contre la Religion Chrétienne.* 242

§. II. *L'Evangile prêché en Yesso. Le Pere de Angelis s'y transporte. Mines d'or, & la maniere, dont on le tire. Caractere des Peuples d'Yesso. Leur Gouvernement, leur Croyance, leur Commerce. Diverses excursions des Missionnaires dans ces Pays.* 248

§. III. *Notices du Pays d'Yesso, selon le Pere de Angelis. Raisons, qui portoient ce Pere à croire que c'étoit une Isle. Sentiment des Japonnois. Opinion de Kœmpfer, & celle de son Traducteur Anglois.* 252

§. IV. *Oppositions entre les Mémoires Hollandois à ce sujet. S'il y a un passage entre Yesso & la Tartarie. Derniere découverte des Japonnois de ce côté-là. Habitans d'Yesso, selon Martini & Massée.* 257

§. V. *Les Japonnois font un Etablissement à l'Isle Formose. Industrie des Hollandois pour s'y établir. Les Japonnois se retirent. La persécution se ralentit un peu. Le Jubilé de l'Année Sainte est avancé de trois ans en faveur des Japonnois. Libelle diffamatoire contre les Missionnaires. Moderation de quelques Princes Idolâtres. Prise du Pere Sebastien Ki-*

TABLE DES SOMMAIRES. vij

mura. Belle action de son Catéchiste. 260

§. VI. *Deux Religieux sont pris par les Hollandois, & déférez au Roi de Firando. Ils veulent dissimuler leur état, & ce qu'on fait pour le sçavoir. Ce qui se passe à cette occasion entre le P. Spinola & des Anglois. Ce Missionnaire engage un des deux Religieux à se déclarer. Il entreprend en vain de convertir Feizo. Entreprise du Pere Collado pour sauver son Confrere, & ce qui en arrive.* 264

§. VII. *Ordres donnez par l'Empereur au Gouverneur de Nangazaqui. Martyre des deux Religieux, dont on vient de parler, & de tout l'Equipage du Navire, où ils avoient été arrêtez. Ferveur des Prisonniers de Nangazaqui. Belle réponse d'un Catéchiste au Gouverneur de Nangazaqui.* 268

§. VIII. *Trente Chrétiens condamnez à mort, & joints à une Troupe de trente-deux presque tous Religieux. La vie, que ces derniers avoient menée dans leur prison. Prédication du Pere Spinola à son Catéchiste. Ce qui arriva à ce Pere au lieu de son supplice.* 272

§. IX. *Dicours du Pere Spinola au Président & à l'Assemblée. Circonstances de sa mort, & de celle des autres Martyrs. Deux Religieux paroissent apostasier. Vérité du fait. Histoire d'Antoine Sanga.* 276

LIVRE SEIZIE'ME.

§. I. *Martyre de plusieurs Religieux. Ce qui se passe entre le Pere Navarro & le Seigneur de Ximabara. L'Empereur remet l'Empire à son Fils.* 281

§. II. *Le Pere Collado repasse en Europe, & pourquoi? Calomnies, qu'il y débite contre les Jésuites. De quelle maniere ceux-ci se défendent. Lettre attribuée au Pere Sotelo. Suite de l'Histoire de ce Religieux. Preuves de la supposition de la Lettre.* 284

§. III. *Decret du Roi d'Espagne. Imposture du Pere Collado. Il présente un Mémorial contre les Jésuites. Bref du Pape aux Chrétiens du Japon. Le Pere Vieyra à Rome. Sa conduite.* 291

§. IV. *Les Anglois & les Hollandois assiegent Macao, & quoiqu'ils en levent le Siege, ils font un grand tort aux Portugais. Recherches rigoureuses des Chrétiens. Un Seigneur Chrétien est arrêté. Belle action du Pere de Angelis & de son Compagnon. Un Pere Francisquain est mis en prison avec eux. Ils sont brûlez vifs avec cinquante Chrétiens. Autres Martyrs. Inhumanité exercée envers de petits Enfans.* 294

§. V. *Persécution dans le Nord du Japon. Courage des Chrétiens. Plusieurs Martyrs.* 298

§. VI. *Ambassade des Espagnols rejettée avec mépris. Tout le Japon, à l'exception de Firando & de Nangazaqui, fermé aux Etrangers. Edits contre le Christianisme. Etat de la Religion en différentes Provinces. Plusieurs Martyrs.* 301

§. VII. *L'Empereur assujettit tous les Souverains du Japon. Invention du Gouverneur de Nangazaqui pour exterminer le Christianisme. Les Navires Espagnols ne sont point reçus au Japon. Précautions pour empêcher qu'il n'y entre aucun Missionnaire. Avantures singulieres d'un Coréen, & son martyre. Merveilles operées au Tombeau d'une Martyre.* 307

§. VIII. *Admirable ferveur des Chrétiens. Le Provincial des Jesuites est* arrêté avec son Compagnon & ses Catéchistes. Dispute entre deux Freres à qui sera Prisonnier. Le Pere Zola est pris. Histoire de son Catéchiste. Le Pere de Torrez est saisi en disant la Messe. 312

§. IX. De quelle maniere les Prisonniers sont traitez à Ximabara. Changement merveilleux d'un Officier. Les Jesuites prisonniers sont brûlez vifs. Mort précieuse de deux autres Missionnaires. 317

§. X. Constance héroïque de deux Femmes Chrétiennes. Leur martyre. Apostasie, conversion & martyre d'un Gentilhomme. 321

LIVRE DIX-SEPTIÉME.

§. I. Marque de distinction donnée par l'Empereur à un Ambassadeur Hollandois. Entrevûë de ce Prince & du Dairy. 326

§. II. Plusieurs Dominiquains brûlez vifs. Cruautez inouies ; nombre prodigieux de Martyrs. Relation des Hollandois. Réflexions sur cette Relation. Nouveaux Combats & nouvelles Victoires des Chrétiens. 331

§. III. Description des Eaux ensoufrées du Mont Ungen. Le Roi d'Arima y fait conduire les Chrétiens. Grandes actions de Paul Ucibory. La vie, qu'il mene en prison. Ses Enfans sont tourmentez en sa présence. Son martyre. 335

§. IV. Divers autres Martyrs. Histoire du Pere Tzugi, Jesuite Japonnois, & son Martyre. On s'attache à faire des Apostats. Nouveaux ordres donnez au Roi d'Arima contre les Chrétiens. Tourmens inoüis. Chûte de plusieurs. 340

§. V. Plusieurs Martyrs. Ce qui empêche plusieurs Religieux d'entrer au Japon. Ce qui se passe entre le Pere Iscida & le Gouverneur de Nangazaqui. 344

§. VI. Zele & piété d'un Tono & de toute sa Famille. Plusieurs personnes décapitées dans le Nord du Japon. 347

§. VII. Cruautez du Gouverneur de Nangazaqui. Apostasie de plusieurs. Histoire singuliere d'un jeune Martyr. Plusieurs Apostats se reconnoissent. Formule, que l'on fait signer à ceux, qui renoncent à JESUS-CHRIST. Presque tous les Chrétiens disparoissent de Nangazaqui. 353

§. VIII. Le Roi d'Arima est accusé de connivence à l'égard des Chretiens. Comment il s'y prend pour démentir ses Accusateurs. Il invente un supplice extraordinaire. Il est frappé de Dieu, & meurt comme Antiochus. Nouveaux Martyrs. Constance héroïque de plusieurs Enfans. Martyrs à Jedo & ailleurs. 357

§. IX. Mauvaise conduite de Nuitz, Ambassadeur des Hollandois au Japon. Il est fait Gouverneur en Formose. Il fait une grande injustice à des Japonnois, & de quelle maniere ils s'en vengent. 361

§. X. Suites de cette affaire. Embarras des Hollandois au Japon. Nuitz est livré aux Officiers de l'Empereur, qui lui pardonne. 365

LIVRE DIX-HUITIÉME.

§. I. Mort de l'Empereur. Caractere de son Successeur. Renouvellement de la Persécution. Martyre du Pere Iscida, & de plusieurs autres Religieux. Mort du P. de Couros. A quelles extrémitez sont réduits les Missionnaires. Le Gouverneur

TABLE DES SOMMAIRES.

ſieur de Nangazaqui eſt révoqué. 371
§. II. *Martyre de deux Jeſuites. Tourment de la Foſſe. Pluſieurs Lépreux Chrétiens embarquez pour les Philippines. Martyre de pluſieurs Religieux. Suite de l'hiſtoire du Pere Collado. Sa mort.* 376
§. III. *Un Jeſuite, trahi par un faux Frere, eſt condamné au feu. Son ſupplice eſt differé. Il meurt dans la Foſſe. Martyre de pluſieurs autres Jeſuites. Particularitez des Peres Fernandez & Saïto. Pluſieurs autres ſuſpendus dans la Foſſe.* 381
§. IV. *Hiſtoire du Pere Vieyra. Il eſt conduit à Jedo. Ce qui ſe paſſe entre lui & les Officiers de l'Empereur. Il eſt ſuſpendu dans la Foſſe, & prédit qu'il n'y mourra pas. Il eſt brûlé vif. La Ville de Macao célebre ſon Martyre.* 384
§. V. *Nouveaux efforts des Hollandois pour exclurre les Portugais du Commerce du Japon. Nouvel Edit contre les Chrétiens. Martyre d'un Jeſuite Japonnois. Apoſtaſie d'un Eccléſiaſtique & d'un Jeſuite.* 388
§. VI. *Conſternation des Jeſuites. Calomnies contre eux. Hiſtoire du Pere Maſtrilly. Sa guériſon miraculeuſe.* 392
§. VII. *Le Pere Maſtrilly part pour les Indes. Réception, que lui fait le Roi d'Eſpagne. Il paſſe aux Philippines, dont le Gouverneur le mene à la Conquête de Mindanao. Ce qu'il y fait. Il arrive au Japon, où il eſt arrêté d'abord.* 398
§. VIII. *Ce qui ſe paſſe entre le Pere Maſtrilly & le Gouverneur de Nangazaqui. Son Martyre. Prodiges arrivez à ſa mort. Martyre de quelques Religieux.* 401
§. IX. *Situation des Portugais au Japon. Calomnie inventée pour les per-*

dre. Révolte des Chrétiens d'Arima. Ils ſont aſſiégez dans Ximabara. Situation des Hollandois. Ils donnent du ſecours à l'Armée de l'Empereur pour le Siege de Ximabara. 405
§. X. *Les Chrétiens révoltez ſe ſont tous tuer plutôt que de ſe rendre. Les Japonnois ſe défient des Hollandois, & & les mépriſent. Ceux-ci accuſent les Portugais d'avoir eu part à la Révolte des Chrétiens d'Arima. Juſtification du Sieur François Caron. Nouvel Edit contre les Portugais.* 410
§. XI. *La Ville de Macao envoye une Ambaſſade au Japon. Réception faite aux Ambaſſadeurs à leur arrivée. Ils ſont condamnez à mort & exécutez, après avoir refuſé la vie à condition de renoncer au Chriſtianiſme. De quelle maniere cette nouvelle eſt reçûë à Macao. Ordonnances de l'Empereur au ſujet du Commerce avec les Chrétiens.* 413

LIVRE DIX-NEUVIE'ME.

§. I. *Les Hollandois reçoivent de Jedo des avis, qui les inquietent. Arrivée d'un Commiſſaire Imperial à Firando. Il viſite les Magaſins des Hollandois. Diſcours, qu'il leur tient. Réponſe du Directeur. Comment elle eſt reçûë du Commiſſaire. Défiances & diligences de ce Seigneur.* 418
§. II. *Les Hollandois démoliſſent tous leurs Edifices de Firando. Nouveaux ordres touchant la conduite, qu'ils doivent tenir au Japon. Ils ſont transferez à l'Iſle de Deſima. Deſcription de cette Iſle.* 422
§. III. *Efforts du Pere Rubino pour paſſer au Japon. Les obſtacles, qu'il trouve à ce deſſein. Quels furent ceux, qu'il choiſit pour l'accompagner. Ils*

Tome II.   b

TABLE DES SOMMAIRES.

arrivent au Japon, & sont arrêtez d'abord. Leur premier Interrogatoire. Leur martyre. Autres Martyrs. Tremblement de terre extraordinaire. 426

§. IV. Cinq Jesuites passent encore au Japon. Avanture d'un Navire Hollandois à la Côte Orientale de ces Isles. Le Capitaine & les principaux Officiers sont arrêtez, & conduits à Nambu. Ce qui leur arriva dans cette Ville. Ils sont conduits à Jedo, & interrogez juridiquement. 430

§. V. Leur embarras. Ils sont mis en prison. Ils reçoivent des nouvelles du Directeur de leur Commerce. Les Japonnois découvrent le véritable dessein de leur voyage. On leur propose un Ecrit à signer. Ils comparoissent de nouveau devant des Criminels avec les cinq Jesuites. Ce qui se passe entre ceux-ci & un Apostat. 434

§. VI. L'Empereur prend de nouveaux ombrages contre les Hollandois. Ils sont confrontez avec le Directeur du Commerce, qui les cautionne, & sont mis en liberté. Ce qu'ils disent de plusieurs Jesuites, & ce qu'on en doit penser. Ambassade des Hollandois vers l'Empereur du Japon. 438

§. VII. La Ville de Macao propose au nouveau Roi de Portugal une Ambassade au Japon. Il y consent. Arrivée de l'Ambassadeur à Nangazaqui. Il est renvoyé sans Audience. Mort de l'Empereur. Conversion du Jesuite Apostat, & son martyre. 441

§. VIII. Conversion & martyre de l'Ecclésiastique Apostat. Nouvelle Ambassade de la Compagnie des Indes vers l'Empereur du Japon. Instructions données à l'Ambassadeur. Son Audience publique. Incendie de Jedo. Les Hollandois se broüillent avec les Japonnois. Autre Ambassade. 446

§. IX. Quel étoit alors le Commerce des Hollandois au Japon. Maniere, dont se faisoit la vente. Le Commerce de la Compagnie tombe par degrez. Quelles en furent les vrayes causes. 450

§. X. Reglement pour les Particuliers, & comment ils peuvent faire de gros profits. Quel est celui des Japonnois, & de la Compagnie. Du depart des Navires, & de leur chargement. Des Marchandises de contrebande. 452

LIVRE VINGTIEME.

§. I. Depart du Président du Commerce des Hollandois pour aller rendre hommage à l'Empereur. Son Equipage; les commoditez, qu'on lui fournit sur la route. Maniere, dont il est reçu dans les Auberges. Politesse des Japonnois à son égard. 458

§. II. Son arrivée à Jedo. De quelle maniere il est conduit à l'Audience, & ce qui s'y passe. Audience particuliere, & en quoi elle consiste. Présens de l'Empereur. Visite des Temples de Méaco. 461

§. III. Tentative des Anglois pour rétablir leur Commerce au Japon. Quel en fut le succès. 465

§. IV. Du Commerce des Chinois au Japon. Pourquoi ils y sont si fort observez. Des Temples, qu'ils ont à Nangazaqui. Bonze Chinois révéré comme un Dieu. Du Commerce des Habitans des Isles Liqueios. 468

§. V. Etat du Japon vers la fin du dix-septiéme siecle. Du Commerce des Siamois au Japon. Un Navire Japonnois est jetté par la tempête sur la Côte de Macao, & ce qui en arrive. Projet de M. Colbert pour établir le Commerce de la France avec le Japon. Maniere indigne, dont les Hollandois sont traitez au Japon.

TABLE DES SOMMAIRES.

Précautions, qu'on prend contre eux. 471

§. VI. *Des Officiers, qui sont entretenus à Nangazaqui aux frais des Hollandois. Leurs fonctions : les sermens, qu'on leur fait prêter.* 476

§. VII. *Des Marchands, qui traitent avec les Hollandois. De quelle maniere on en use avec ceux, qui restent au Japon. Injustice des Japonnois à leur égard.* 479

§. VIII. *Etat du Christianisme au Japon en 1692. Cérémonie de fouler aux pieds les Images de* JESUS-CHRIST *& de la Vierge. Plusieurs Missionnaires tâchent en vain de s'introduire dans ces Isles.* 481

§. IX. *Tentative de M. Sidotti pour entrer au Japon, & quel en fut le succès.* 483

ADDITION AU LIVRE XII.

Histoire de deux Augustins, dont l'un étoit Japonnois, & d'une Dame Polonnoise, martyrisez en Moscovie. 487

PREMIERE ADDITION
au Livre XV.

Sentiment de M. Bellin, Ingénieur au Dépôt des Cartes de la Marine, sur le Pays, que les François appellent TERRE D'YESSO. 492

SECONDE ADDITION
au Livre XV.

Relation de la Découverte de la Terre de Jesso, ou Eso, au Nord du Japon, par le Vaisseau le CASTRICOOM en 1643, avec un Abregé de la description des Mœurs & des Coûtumes des Habitans : tirée du troisiéme Volume des Voyages au Nord. 494

PREMIERE ADDITION
au Livre XVI.

Attestation signée par douze Jesuites Missionnaires au Japon, dont neuf ont été Martyrs. 500

SECONDE ADDITION
au Livre XVI.

Memoire donné au Conseil Royal des Indes par Dom JEAN CEVICOS, lorsqu'il présenta le Discours suivant.

Discours de Dom Jean Cevicos, Commissaire du Saint Office, sur la Lettre attribuée au Pere Louis Sotelo, de l'Ordre de Saint François. 505

SUPPLEMENT
AU LIVRE PRE'LIMINAIRE
de l'Histoire du Japon.

CHAPITRE I. *Description détaillée de la Ville de Nangazaqui.* 546

CHAP. II. *Description des principaux Temples des environs de Méaco.* 552

CHAP. III. *D'une Fête particuliere appellée* MATSURY. 558

CHAP. IV. *De plusieurs épreuves superstitieuses, dont on use au Japon, pour decouvrir l'Auteur d'un crime.* 563

CHAP. V. *D'une Colique extraordinaire, & de ses Remedes.* 565

CHAP. VI. *Du Caustique appellé* MOXA. 567

CHAP. VII. *Des Bêtes à quatre pieds, des Reptiles, & des Insectes du Japon.* 570

CHAP. VIII. *Des Oiseaux.* 574

CHAP. IX. *Des Poissons & des Coquillages.* 578

xij   TABLE DES SOMMAIRES.

Chap. X. *De la fertilité du Japon, des Plantes, & de l'Agriculture.* 586

Chap. XI. *De quelques especes de Mûrier, dont les Japonnois font leur Papier; & de la maniere, dont ils le font.* 589

Chap. XII. *Du Vernis du Japon; & de l'Arbre, d'où il se tire.* 595

Chap. XIII. *Du Thé.* 597

Chap. XIV. *De l'Ambre gris du Japon, avec quelques Observations sur cette substance bitumineuse.* 609

Chap. XV. *Quelques réflexions sur l'état présent du Japon.* 613

Description *des Plantes du Japon, divisées en cinq Classes, & leurs usages; avec les Figures des principales.* 617

Liste & Examen *des Auteurs, qui ont écrit du Japon.* 681

Fin de la Table des Sommaires.

HISTOIRE

Le P. Spinola attaché à son poteau donne sa benedict. à un enfant de 4 ans. qu'on alloit decapiter.

HISTOIRE DU JAPON

LIVRE DIXIE'ME.

Es sanglantes Exécutions, dont nous avons parlé dans le Livre précédent, & plus encore le sujet, qui y avoit donné lieu, rendirent Tayco-Sama extrêmement farouche: ses plus intimes Confidens ne sçavoient presque plus comment l'aborder ; & si jamais il fut besoin de le ménager dans la publication de l'Evangile , ce fut assûrément dans ces tristes conjonctures ; mais tous ne le firent pas. C'étoit sans doute faute d'ex-

périence , & de connoître assez le caractere de ce Prince , & le génie de la Nation ; car tous se portoient avec un zele égal , & des intentions fort droites à l'œuvre de Dieu ; mais il est bien difficile de s'instruire , & d'acquerir de l'expérience , quand on s'est fortement persuadé que ceux , dont on pourroit recevoir des instructions & de bons conseils , sont eux-mêmes dans l'erreur, pour ne rien dire de pis , & qu'on s'est fait un point de consciénce de se défier d'eux.

Tome II. A

HISTOIRE

§. I.

Conversion du Gouverneur de Nangazaqui & d'un grand nombre de Coréens. Etat florissant du Christianisme. Progrès de la Foi en Corée. Conduite peu mesurée des Peres de S. François. On leur fait signifier la Bulle de Grégoire XIII. & ce qu'ils y répondent. Arrivée d'un Evêque au Japon. L'Empereur lui accorde une Audience favorable.

De J. C. 1595.
De Syn Mu. 2255.

IL est pourtant certain que les anciens Missionnaires continuant d'avoir pour les ordres du Monarque irrité & plein d'ombrage toute la soumission extérieure, qu'ils jugeoient compatible avec la sainte liberté du Ministere Evangélique, voyoient avec une sensible consolation de leurs Ames le Royaume de Jesus-Christ s'étendre tous les jours dans de nouvelles Contrées, & s'affermir de plus en plus dans celles, où l'Evangile avoit été annoncé d'abord. Le Christianisme n'avoit jamais été plus florissant à Nangazaqui, qu'il l'étoit alors, & l'exemple des Chrétiens avoit tellement charmé le Gouverneur Terazaba, jeune Seigneur de vingt-huit ans, d'un excellent esprit, d'un beau naturel, & qui avoit, après Guenifoin, le plus de part dans les bonnes graces de Tayco-Sama, qu'il se fit instruire, & baptiser secretement cette même année 1595. par le Pere Gomez. Tous les Prisonniers, qu'on avoit faits en Corée, avoient été repartis dans le Pays d'Omura, & dans les Royaumes voisins ; ils y retrouvoient dans la charité des Fidéles tout ce qu'ils avoient perdu, & dans leurs bons exemples un bien beaucoup plus estimable, que la liberté & la vûë de leur Patrie, qu'on ne pouvoit pas leur rendre ; puisqu'en moins de deux ans ils furent tous baptisez.

De nouveaux Missionnaires avoient repris dans le Firando la place de ceux de leurs Freres, qui y avoient été empoisonnez, & faisoient des courses dans tous les Royaumes voisins ; ils alloient jusques dans le Gotto, où le jeune Roi Loüis venoit d'être rétabli sur le Trône par le crédit du Grand Amiral, après la mort de son Oncle, arrivée depuis peu en Corée, & ils y faisoient beaucoup de fruit. Il n'étoit resté de Chrétiens dans le Bungo, que des Marchands & des Laboureurs, parce que toute la Noblesse avoit suivi la fortune de la Maison Royale, dispersée, partie dans le Naugato, & partie à Nangazaqui ; mais la ferveur n'y étoit pas moins grande, que dans les plus beaux jours de cette Chrétienté, & les Missionnaires ne connoissoient, ni dangers, ni fatigues, lorsqu'il s'agissoit de les y entretenir ; l'Eglise même de Méaco & de toutes les Provinces voisines, malgré la présence, ou la proximité de la Cour, ne perdoit rien de son ancien lustre par les soins particulierement du Pere Gnecchi, auquel le Pere Gomez avoit envoyé un bon nombre de Religieux, qui, sans paroître en public, n'en exerçoient pas moins leurs Fonctions, soutenus qu'ils étoient de la faveur de Guenifoin. Il se faisoit dans ces Quartiers-là tous les jours d'illustres Conversions ; mais il n'y en eut point, qui fit plus de plaisir aux Ouvriers de l'Evangile,

De J. C. 1595.
De Syn Mu. 2255.

que celle de SAMBURANDONO, Petit-Fils, & Héritier légitime de Nobunanga, à qui l'Empereur avoit donné le Royaume de Mino & la Citadelle de GUISU, l'ancien Patrimoine de son Ayeul. Enfin l'Empereur lui-même n'avoit pû s'empêcher de témoigner en plusieurs occasions l'estime, qu'il faisoit de la Religion Chrétienne ; & un jour entr'autres, que quelques Courtisans, pour lui faire leur Cour, s'aviserent de lui dire qu'il avoit fait très-sagement de chasser les Missionnaires de ses Etats ; » Vous le dites, reprit » ce Prince, parce que je les ai con- » gédiez ; mais sçachez que je ne » l'ai point fait, parce que je crois » leur Religion mauvaise, car elle » est très-bonne, mais elle ne » s'accorde pas avec la nôtre, & » deux Religions si contraires pour- » roient causer du trouble dans » l'Empire. C'est ce que j'ai voulu » éviter. » Enfin à l'exception d'un petit nombre de Seigneurs, qui se laissoient gouverner par les Bonzes, ceux d'entre les Idolâtres, qui pensoient moins favorablement du Christianisme, étoient ceux, qui s'exprimoient comme l'Empereur ; mais la plûpart l'estimoient & le chérissoient: plusieurs mêmes ne craignoient point de paroître en public avec de petites Croix d'or pendües à leur cou, & l'on ne doutoit nullement que, si l'Empereur venoit à mourir, presque tout ce qu'il y avoit de Gens en place, ne se déclarassent Chrétiens, d'autant plus qu'on voyoit l'Impératrice assez disposée à en donner l'exemple, & qu'il n'est pas fort constant qu'elle soit morte infidéle. Nous ne sçavons pas si cette Princesse est la même, qui au commencement du Regne de Tayco-Sama fit tant d'amitiez aux Missionnaires.

En Corée presque toutes les Troupes Japonnoises étoient Chrétiennes, & depuis peu un des Généraux avoit été baptisé par les soins du Grand Amiral ; il se nommoit HICUXIDONO. C'est apparemment la coutume en ce Pays-là, comme à la Chine & au Japon, d'exposer dans les rües les Enfans, qu'on n'est pas en état de nourrir ; car je trouve qu'une des occupations des Soldats & des Officiers Chrétiens, étoit de baptiser ces petites Créatures, qu'ils trouvoient souvent sur le point d'expirer, & qu'un seul Gentilhomme du Bungo en baptisa pour sa part plus de deux cent. En un mot les Missionnaires, qui cultivoient cette Chrétienté transplantée, & composée d'une bonne partie de ce que celle du Japon avoit de plus illustre, se flattoient qu'avec les bénédictions du Ciel, dont Dieu combloit leurs travaux, & les bons exemples des Japonnois, la Corée seroit bientôt toute Chrétienne. Ils furent néanmoins obligez d'en sortir pour quelque tems, parce qu'on eut avis que Toronosuque vouloit accuser Tsucamidono de les y avoir appellez contre les ordres de l'Empereur ; mais ce Général, qui fur ces entrefaites fut mandé en Cour, pour quelques affaires de conséquence, prit le parti de dire lui-même à Tayco-Sama, qu'il avoit fait venir en Corée le Pere de Cespedez, & lui en apporta des raisons, qu'il lui fit agréer ; ce qui éventa la mine, que Toronosuque vouloit faire joüer contre lui.

Tant d'heureux succès ne furent pourtant pas capables d'engager les

A ij

Peres de Saint François à approuver, encore moins à imiter une conduite, que Dieu bénissoit si visiblement. Il y eut plus ; peu de tems après le retour à Méaco des deux Religieux, qui avoient voulu faire un Etablissement à Nangazaqui, ceux qui demeuroient dans cette Capitale, ayant eu la mortification d'y voir publier un Edit, qui défendoit sous peine de la vie de fréquenter leur Eglise, & leur Maison, comme il étoit arrivé à ceux de Nangazaqui, ils se laisserent persuader que c'étoit les Jésuites, qui leur procuroient tous ces chagrins, & ils ne s'en cacherent pas ; ce qui commença de faire naître parmi les Fidéles une espece de Schisme, dont les suites furent très-funestes. Nous avons sur cela une fort belle Lettre du Pere Gnecchi au Pere Aquaviva son Général, dans laquelle ce vénérable Vieillard, que tout le Japon regardoit alors avec tant de justice comme le plus grand Ouvrier, qui eût été depuis longtems dans cet Empire, déplore son malheur d'être obligé de voir tous les jours, & sans qu'il y pût apporter remede, des choses, qui lui remplissoient le cœur d'amertume ; & les espérances les mieux fondées de voir bientôt le Christianisme dominant dans l'Empire, s'évanoüir par cette fatale désunion.

Le mal croissant tous les jours, on crut devoir en venir à une démarche, qui coûta beaucoup, & à laquelle on ne se détermina, qu'avec une extrême répugnance ; ce fut de signifier aux Peres de Saint François la Bulle de Gregoire XIII. Mais ils répondirent qu'elle ne les regardoit pas ; qu'ils étoient venus au Japon avec le titre d'Envoyez du Gouverneur des Philippines, pour traiter d'affaires purement politiques, & non en qualité de Missionnaires ; qu'y demeurant avec la permission de l'Empereur, personne n'étoit en droit de les empêcher d'y exercer en toute liberté les Fonctions de leur Ministere, & que ce n'avoit jamais été l'intention du Souverain Pontife. Ce qu'il y eut de plus surprenant, c'est qu'ils ne voulurent pas même déférer à l'autorité de l'Evêque du Japon, qui arriva sur ces entrefaites à Nangazaqui, revêtu de toute l'autorité du Siége Apostolique, & dont il faut maintenant, que je parle.

Dès l'année 1566. le Pape Pie V. pressé par le Roi de Portugal de donner un Chef à la Chrétienté du Japon, afin qu'on y pût ordonner des Prêtres, & administrer à ces nouveaux Fidéles le Sacrement de Confirmation, & apprenant que le saint Patriarche d'Ethiopie, ANDRE' OVIEDO, souffroit de la part des Abyssins les traitemens les plus indignes, sans aucune espérance de changement, manda à ce Prélat de passer aux Isles du Japon, & d'y prendre le Gouvernement de cette Eglise. Oviedo, qui ne pouvoit se résoudre à abandonner son Epouse, par la raison même, qu'elle étoit pour lui une Epouse de sang, fit réponse au Pape, que les choses pourroient s'accommoder en Ethiopie, & que toute sa vie il se reprocheroit d'en avoir manqué l'occasion, s'il s'éloignoit de son Troupeau. Le Saint Pere admira une si grande vertu, & ne crut pas devoir insister. Il fallut que le Pere MELCHIOR CARNERO, Evêque de Nicée, que Sa Sainteté avoit nommé son Coadjuteur pour le Japon, comme il l'étoit pour l'Ethiopie, prît sa place, & ce Prélat partit dès qu'il en eut reçu l'ordre ; mais il mourut à Macao, où il devoit rester, parce qu'il étoit en même tems chargé de l'Eglise de la Chine ; de sorte qu'il ne vit point le Japon.

Enfin les Ambassadeurs Japonnois, qui arriverent à Rome en 1585. firent auprès du Pape Gregoire XIII. de nouvelles instances, pour avoir un Evêque : ce Pontife n'eut pas le tems de régler cette affaire, mais Sixte V. la prit fort à cœur, & la nomination d'un Evêque du Japon fut laissée au Roi d'Espagne Philippes II. comme Roi de Portugal. Ce Prince, à qui les Ambassadeurs en parlerent à Mouçon à leur retour de Rome, nomma en 1587. le Pere SEBASTIEN DE MORALEZ, natif de Funchal, Capitale de l'Isle Madere, & actuellement Provincial des Jésuites de Portugal. Le Pape approuva ce choix, envoya des Bulles à l'Evêque nommé, & lui accorda tous les Privileges, dont il pouvoit avoir besoin dans un Pays, d'où le recours au Saint Siége n'étoit pas aisé. Le Pere Moralez fut aussitôt sacré à Lisbonne, & s'embarqua dès la même année pour le Japon avec deux autres Jésuites ; mais la maladie s'étant mise sur son Vaisseau, lui & ses Compagnons se ménagerent si peu en assistant ceux, qui en furent attaquez, qu'ils le furent bientôt eux-mêmes ; les deux Jésuites moururent sur le Vaisseau même, & l'Evêque en arrivant au Mozambique.

Il fallut donc nommer un quatriéme Evêque du Japon, & le Roi Catholique jetta les yeux sur le Pere PIERRE MARTINEZ, natif de Conimbre, qui étoit Provincial aux Indes. C'étoit un homme d'un rare mérite, habile Théologien & grand Prédicateur, & il avoit en cette derniere qualité accompagné le Roi Sébastien dans sa malheureuse Expédition d'Afrique, où il fut fait Esclave. Ayant été racheté, il s'embarqua en 1585. pour aller aux Indes avec cinq autres Jésuites, & fit naufrage sur les Côtes de la Cafrerie ; quatre de ses Compagnons y moururent, & il gagna enfin les Indes avec le cinquiéme. Ce fut en 1591. qu'il fut nommé Evêque du Japon, & dans le même tems le Pere LOUIS SERQUEYRA, natif d'Alvito, petite Ville de l'Alentejo en Portugal, & Professeur de Théologie dans l'Université d'Evora, fut nommé son Coadjuteur ; il se fit sacrer à Lisbonne, & partit pour les Indes en 1594. Pour le Pere Martinez, il ne fut sacré à Goa, que l'année suivante, & il arriva au Japon au mois d'Août de l'année 1596.

Il ne s'arrêta presque point à Nangazaqui, où il avoit pris terre, mais avant que d'en partir, il donna la Confirmation aux Chrétiens de cette grande Ville & des environs, & fit une Ordination, où il conféra la Prêtrise à Jean Rodriguez. Il avoit besoin du ministere de ce Religieux, parce que D. Mathias d'ALBUQUERQUE, Vice-Roi des Indes, l'avoit chargé de Présens pour l'Empereur, & d'une Lettre, où ce Seigneur témoignoit que le Pere Valegnani avoit été Ambassadeur de Dom Edoüard de Menesez son Prédécesseur au Japon, & lui avoit fidélement remis la Lettre & les Préfens de Sa Majefté. Il étoit queftion d'obtenir la permiffion de Tayco-Sama, pour l'aller trouver ; la Providence y pourvut. Le Grand Amiral Tfucamidono venoit d'arriver à Nangoya pour les raifons, que je dirai tout-à-l'heure, & ayant appris que l'Evêque étoit débarqué à Nangazaqui, il s'y rendit fur le champ ; il dit au Prélat en l'abordant, qu'il le fupplioit de le regarder comme le plus dévoüé & le plus foumis de fes Enfans fpirituels ; puis s'étant informé de l'état de fes affaires, & ayant fçû qu'il n'avoit point de revenu, & que les Jéfuites de Nangazaqui vivoient d'aumônes, il lui affigna une Penfion, qui devoit être payée en ris & en bled ; ce que d'autres Seigneurs imiterent bientôt.

Il fut enfuite réglé par le Confeil de ce Seigneur, que le Pere Rodriguez iroit à Fucimi, pour donner avis à l'Empereur de l'arrivée du Prélat, avec des Lettres & des Préfens du Vice-Roi des Indes ; & il y a bien de l'apparence, que Tfucamidono précéda cet Envoyé, pour difpofer le Prince en faveur de l'Evêque : ce qui eft certain, c'eft que Rodriguez fut bien reçu, & que Tayco-Sama lui dit que l'Evêque feroit le très-bien venu. Il repartit fur le champ, pour porter cette bonne nouvelle à Nangazaqui. Il y trouva le Prélat de retour d'une Vifite, qu'il avoit faite pendant fon voyage, dans le Royaume d'Arima, exerçant partout les fonctions de fon Miniftere avec toute la difcrétion, que demandoit la conjonéture du tems, & une indicible confolation de fon ame, caufée par la vûë de la pieté & de la ferveur des Fidéles. Dès que Rodriguez l'eut affûré que l'Empereur le verroit volontiers, il fe mit en chemin pour Méaco, où il arriva le feiziéme de Novembre. Il s'y arrêta, pour attendre les ordres de la Cour, mais il ne les attendit pas longtems. Arrivé à Fucimi, il eut Audience de Tayco-Sama, qui lui demanda d'abord, pourquoi le Vice-Roi avoit tant tardé à lui écrire ? il répondit à cette demande d'une maniere, qui fatisfit ce Prince, lequel après lui avoir marqué beaucoup de confidération pour fa Perfonne, & pour le Caraétere, dont il étoit revêtu, lui fit préfenter du Thé, & le congédia affez content de fes manieres, mais fort peu de la difpofition, où il lui parut à l'égard de la Religion Chrétienne.

§. II.

L'Empereur de la Chine envoye des Ambassadeurs à Tayco-Sama. Préparatifs de ce Prince pour les recevoir. Un des Ambassadeurs Chinois se sauve à la Chine, & pourquoi? Le Fils de l'Empereur est revêtu du Titre de Cambacundono, & reconnu Héritier présomptif de l'Empire. Phénomenes singuliers. Tremblemens de terre, & leurs effets. Providence de Dieu sur les Chrétiens.

De J. C.
1596.

De Syn Mu.
2256.

LE Prélat resta quelque tems à Méaco & aux environs de cette Capitale, pour la consolation des Fidéles de cette Chrétienté, la plus florissante en toutes manieres, qui fût alors au Japon; après quoi il visita les autres Villes Impériales, & retourna à Nangazaqui fort inquiet au sujet d'une affaire, qui étoit survenuë aux Espagnols, & dont il étoit aisé de prévoir que les suites seroient fâcheuses pour la Religion. Je ferai le récit de cet Evénement, après que j'aurai raconté en peu de mots le sujet du voyage du Grand Amiral à la Cour. Ce Général avoit pénétré il y avoit longtems, que son Maître souhaitoit passionnément, que l'Empereur de la Chine lui envoyât demander la Paix par une solemnelle Ambassade; il avoit entrepris d'y engager le Monarque Chinois, & c'étoit particuliérement à ce dessein, qu'il avoit fait passer à la Cour de Pekin Jean Naytadono son ancien Ami, & autrefois Roi de Tamba. Ce Seigneur avoit fort heureusement négocié en faveur de la Religion Chrétienne, qu'il étoit sur le point d'introduire à la Chine, lorsqu'il fut rappellé au Japon; il avoit même assez bien disposé l'Empereur Chinois à faire ce que souhaitoit le Grand Amiral; mais ce fut Juquequi, lequel intimidé par Tsucamidono, acheva de déterminer son Maître à une démarche, qui surprit tout l'Orient, & auroit couvert Tayco-Sama de gloire, s'il avoit sçu se modérer assez, pour en tirer tout l'avantage, qu'elle devoit naturellement lui procurer. L'Empereur Chinois nomma deux jeunes Mandarins, pour être tout à la fois ses Plénipotentiaires & ses Ambassadeurs auprès de ce Prince, mais il leur ordonna de ne rien faire que par les avis du Général Juquequi. Dès que la nouvelle en fut arrivée en Corée, Juquequi, le Grand Amiral, & le Gouverneur de Nangazaqui (*a*) passerent la Mer, pour en aller faire part à l'Empereur du Japon.

Tayco-Sama au comble de sa joye, régala Juquequi en public & en particulier avec une splendeur & une magnificence, qui surprit extrêmement ce Général; il le congédia ensuite chargé de Présens d'un fort grand prix; il combla d'éloges le Grand Amiral, & lui ordonna de retourner en Corée, de ne rien épargner pour y bien traiter les Ambassadeurs Chinois, & de les y retenir, jusqu'à ce qu'il lui eût fait sçavoir

(*a*) Le Pere Louis Froez, de qui nous tenons une Relation fort détaillée de cette Ambassade, nomme ce Gouverneur SCIMANO CAMEDONO : il paroît néanmoins certain que Terazaba étoit alors Gouverneur de Nangazaqui. Peut-être y en avoit-il alors deux; peut-être aussi ce Gouverneur avoit-il deux noms.

ses intentions touchant le tems de leur départ pour le Japon : après quoi il ne songea plus qu'à leur faire une réception, qui leur donnât une grande idée de sa puissance & de ses richesses. On dit des choses presque incroyables des Préparatifs, qui furent faits à Fucimi pour cette grande Action, & nous ne lisons rien de semblable dans l'Histoire d'aucune Monarchie. Les Relations, qui en furent envoyées en Europe, nous assûrent que cent mille hommes y furent employez, qu'un pareil nombre de Gens de Guerre, tous à Chéval, fut commandé pour se trouver auprès de Fucimi le jour de l'Audience, & que cette Armée, qui s'assembla auprès d'Ozaca, fut encore grossie de quantité de Volontaires; qu'on rasa une Montagne, qui étoit entre Fucimi & Méaco, parce qu'elle ôtoit la vûë de ce côté-là; qu'on bâtit exprès une Salle d'Audience, dont le Plancher étoit couvert de mille Nattes d'une aulne de long, & d'une demie de large, toutes garnies de franges d'or, & ornées de Cartouches d'un travail exquis; que les Matériaux, dont la Salle étoit construite, étoient très-précieux, & revêtus en dedans de Lames d'or, qui jettoient un éclat merveilleux; qu'au-delà du Fossé, qui environnoit le Palais, on éleva un Théâtre de soixante pieds de long, & de vingt-cinq de large, soutenu de très-belles Colomnes, les unes unies, les autres cannelées, & d'autres torses, toutes d'un Bois très-rare, avec des ornemens de toutes les sortes, & d'un très-bon goût; que ces Colomnes soutenoient un Lambris, sur lequel on avoit répandu le plus beau Vernis du Japon, & qui étoit relevé de toutes sortes de Figures, & de quantité d'autres ornemens d'or moulu; que pour aller commodément de la Salle d'Audience au Théâtre, on avoit jetté sur le Fossé un Pont, qui n'ayant que dix toises de long, coûta quinze mille ducats pour le seul Entrepreneur; qu'il étoit couvert d'un toît, dont les tuiles étoient dorées; qu'il régnoit des deux côtez une Balustrade revêtuë, aussi bien que le pavé, de Lames d'or battu; que les dehors du Palais paroissoient tout émaillez d'or avec cet art, dans lequel les Japonnois sont si grands Maîtres, qu'ils manient ce Métal, comme si c'étoit une simple couleur : enfin que toute la haute Noblesse eut ordre de se mettre en Equipage, pour paroître dans cette occasion avec le plus grand éclat, qu'il seroit possible. Le Pere Froez ajoûte que cette dépense acheva de ruiner les Princes & les Seigneurs, & que c'étoit l'intention du Monarque.

Mais comme malgré le nombre prodigieux d'Ouvriers, qui étoient employez à tant de travaux, il fallut du tems, pour achever ces préparatifs, les Ambassadeurs fort inquiets sur le sujet, qui les retenoit en Corée, commencerent à se regarder comme prisonniers. Les honneurs militaires, qu'on leur rendoit, n'étoient pas fort du goût de deux jeunes Mandarins, qui jusques-là n'avoient gueres manié, que des Livres. Ils ne regardoient, qu'en tremblant ces fiers Japonnois, dont ils avoient oüi raconter les exploits surprenans, & qu'ils voyoient toujours armez de toutes piéces; & comme ceux-ci prenoient quelquefois plaisir à augmenter leur frayeur, un des deux en fut à la fin tellement saisi, qu'il s'échappa, s'embarqua secretement, sans avoir communiqué son dessein à personne, & se rendit à Pekin avec une précipitation, qui ne pouvoit venir que d'une terreur panique. Le Grand Amiral apprit cette fuite avec bien du chagrin. Il se trouvoit alors à Fucimi, où je ne sçai quelle affaire l'avoit rappellé, & il en repartit sur le champ pour aller rassûrer l'autre Ambassadeur. D'un autre côté le Mandarin fugitif fut reçu de l'Empereur son Maître, comme le méritoit sa lâcheté. Ce Prince le fit mettre dans un cachot, confisqua tous ses biens, & ceux de sa Famille, qu'il déclara incapable de posseder jamais aucune dignité ; il envoya à l'Ambassadeur, qui étoit resté en Corée, de nouveaux pouvoirs, pour traiter seul avec Juquequi, & pour reconnoître encore mieux sa fidélité, il fit donner cinq mille écus à son Pere.

Tout étant prêt à Fucimi, le Grand Amiral reçut commandement de conduire l'Ambassadeur Chinois à Sacai, & d'y attendre que le jour de l'Audience fût fixé. On ne croyoit l'Empereur occupé, que de ce soin, lorsqu'on apprit qu'il songeoit à assûrer le Trône à son Fils, qui n'avoit que trois ans, & qui avoit nom FIDE JORI, (*a*) & qu'il se disposoit à l'envoyer à Méaco pour y être revêtu par le Dairy du titre de CAMBACUNDONO. Le jeune Prince partit en effet le troisiéme de Juin, pour cette Capitale : toute la haute Noblesse eut ordre de l'y accompagner, & il y fit son Entrée avec une Pompe digne de l'Héritier présomptif de l'Empire. Le Dairy, auquel il fit des présens magnifiques, le caressa beaucoup & le régala splendidement ; les Seigneurs, qui l'accompagnoient, reçurent aussi des Titres d'honneur, &, suivant la coutume, changerent presque tous de nom. Tout le tems, que le nouveau Cambacundono fut à Méaco, se passa en fêtes & en spectacles, & chacun de ceux, qui avoient reçu quelque faveur du Dairy, ayant voulu paroître avec tout l'éclat de leur nouvelle dignité, le retour à Fucimi se fit avec encore plus de pompe, que n'avoit été la marche de Fucimi à Méaco.

Tout prospéroit alors à Tayco-Sama, & jamais aucun Monarque du Japon n'avoit été plus absolu, ni aussi glorieux. L'Empire soumis, autant par sa prudence, que par sa valeur, étoit gouverné avec une sagesse, dont on voit peu d'exemples; tout étoit tranquile au-dedans, les Brigands & les Voleurs publics, dont tout le Pays avoit été infecté depuis le commencement des Guerres civiles, avoient disparu, les Corsaires, qui avoient si longtems ravagé les côtes, n'osoient plus s'y montrer, & l'Empereur, qui dans la vigueur de son âge se voyoit un Successeur de son sang, & tout l'Orient trembler devant lui, croyoit n'avoir plus qu'à jouir d'une prospérité & d'une réputation, qu'il se devoit à lui-même : mais Dieu sembloit n'avoir élevé ce Monarque à un si haut point de gloire & de bonheur, que pour lui faire plus vivement sentir, qu'il avoit un Maître, lequel pouvoit renverser en un moment ses ambitieux projets. Ce

(*a*) Le Pere Froez le nomme FIROI.

Tome II.   B

Prince ne s'occupoit l'esprit, que du spectacle flatteur d'un Ambassadeur du plus grand Prince de l'Asie prosterné à ses pieds en qualité de Suppliant, & lui demandant la paix, lorsque le vingtiéme de Juillet, il tomba du Ciel à Fucimi & à Méaco quantité de cendres, ce qui dura une demie journée. Dans le même tems il plut du sable rouge à Ozaca & à Sacai, & peu après des cheveux gris, comme d'une personne âgée, avec cette différence, qu'ils étoient beaucoup plus doux, que les naturels, & qu'étant mis au feu, ils ne rendoient point de mauvaise odeur. Toutes les Provinces septentrionales parurent aussi couvertes de ces especes de cheveux.

Trois semaines après les Peuples, déja intimidez par de si étranges Phénomenes, le furent bien davantage par un autre, qui tout naturel, qu'il pouvoit être, a toujours passé dans l'opinion du vulgaire, pour un présage sinistre. On vit sur Méaco une Comete chevelüe, dont l'aspect sembloit avoir quelque chose d'affreux ; soit que cela fût véritablement ainsi, soit que la frayeur le fit paroître tel aux yeux du Peuple épouvanté. La position de ce Météore étoit de l'Occident au Septentrion, & l'on observa que pendant quinze jours, qu'il resta sur l'horison, il fut toujours environné de vapeurs fort noires. Enfin le trentiéme d'Août sur les huit heures du soir, il y eut presque par tout le Japon un tremblement de terre, qui causa de furieux ravages. Il recommença le quatriéme de Septembre, & redoubla d'une si étrange maniere, qu'encore qu'il n'eût duré qu'une demie heure, à différentes reprises, tous les Palais que l'Empereur avoit fait construire à Ozaca, où le tremblement fut plus sensible, furent renversez ; & ce qui augmenta considérablement l'horreur de ce désastre, c'est qu'en plusieurs endroits, on entendit sous terre des mugissemens, des coups semblables à ceux du Tonnere, & comme le bruit d'une Mer extraordinairement agitée.

Le lendemain à onze heures de nuit le Ciel étant fort serein, il survint un troisiéme tremblement, dont les deux premiers sembloient n'avoir été que les préludes ; il fut aussi accompagné de cris, de hurlemens & d'un bruit semblable à des décharges de Canon. Il s'etendit fort loin, quantité de Villes furent renversées toutes entieres, & surtout celle de Fucimi, où il ne resta presque rien sur pied de ces magnifiques Edifices, que Tayco-Sama y avoit fait construire ; pas même cette Montagne factice, dont nous avons parlé. En un mot on prétend que la perte, que ce Prince fit en cette occasion, monta environ à trois cent millions d'or ; il ne resta dans son Palais, que la cuisine, où il se sauva presque nud, portant son Fils entre ses bras. Sept cent de ses Concubines furent écrasées sous les ruines : le nombre des autres personnes, qui eurent le même sort dans toute l'étendüe de l'Empire, est incroyable : mais on prétend, qu'il n'y périt aucun Chrétien. Ce qui est certain, c'est que toutes les maisons d'un côté d'une ruë étant tombées à Sacai, celle d'un Chrétien nommé ROCH, où l'on avoit coutume de s'assembler pour la priere, & pour traiter des affaires de Religion, resta seule sur pied, & ne reçut aucun dommage.

§. III.

La Mer franchit les bornes. Belle parole de Tayco-Sama. Ce Prince se prépare à donner Audience aux Ambassadeurs. Ce qui se passa à cette Audience. De quelle maniere les Ambassadeurs furent reconduits à Sacaï. L'Empereur s'emporte contre eux & contre le Grand Amiral, & pourquoi. Indignation générale contre ce Prince. La Guerre recommence en Corée, & quel en fut le succès.

L'Empereur, qui avoit passé la nuit dans de grandes allarmes, se retira le lendemain sur la hauteur voisine, d'où considérant les tristes effets de ce terrible accident, il s'écria, dit-on, que Dieu le punissoit avec justice, d'avoir osé entreprendre ce qui étoit au-dessus de la condition d'un Mortel. Les crevasses, qui parurent en plusieurs endroits dans la campagne, & les secousses, qui continuoient à se faire sentir de tems en tems, obligerent ce Prince à demeurer quelque tems dans une cabanne de jonc, qu'il se faisoit dresser, tantôt dans un endroit, & tantôt dans un autre. Mais ce qui causa les plus grands ravages, ce fut un gonflement de la Mer dans le Détroit, qui sépare le Nipon & le Ximo, & sur lequel est bâti le Port du Ximonoseki; il fut si extraordinaire, que tout le Pays fut inondé jusqu'à Méaco d'une part, & de l'autre jusqu'à l'extrêmité du Bungo, & à Facata. On remarqua encore que dans une Ville du Bungo nommée Voquinosama, où il n'y avoit qu'un Chrétien, il fut le seul, qui se sauva; & que la Forteresse, qui y avoit été depuis peu bâtie, ou réparée en partie des débris des Eglises de Fucheo, fut entierement détruite. La plûpart des Temples de Méaco, de Jesan, & les plus célebres Sanctuaires du Japon, furent pareillement renversez, & il périt un très-grand nombre de Bonzes sous les ruines de leurs Monasteres. On ajoûte que le petit Lac de Jesan inonda aussi tous les Pays circonvoisins; qu'il parut agité comme la Mer pendant la plus violente tempête, & que partout, où l'eau se répandoit, on la voyoit boüillonner, comme si elle eût passé sur une terre embrasée.

La protection du Ciel avoit paru trop marquée sur les Chrétiens au milieu de tant de malheurs, pour ne pas faire impression sur les Infidéles mêmes; mais les Ennemis de la vérité profitent de tout, pour empêcher que son éclat, qui les éblouït, & qui les incommode, ne dessille les yeux de ceux, qui seroient mieux disposez à la reconnoître. Quelques Courtisans, qui haïssoient le Christianisme par passion, voulurent insinuer à l'Empereur, que c'étoit cette Religion, qui avoit attiré le courroux du Ciel contre l'Empire; mais ce Prince leur ferma la bouche en leur demandant, s'il y avoit toujours eu des Chrétiens au Japon, & si c'étoit la premiere fois, qu'on y avoit vû des tremblemens de Terre & des inondations? Il en demeura pourtant là, parce qu'apparemment Dieu l'avoit endurci, comme Pharaon, & il ne vit pas plutôt la Terre tranquille, & la Mer rentrée dans ses anciennes bornes, qu'il releva ses Palais. Quelques-uns ont avancé que ces nouveaux Edifices surpassoient encore les premiers en richesses & magnificence, mais je ne trouve point ce fait assez fondé en autorité, pour le pouvoir assûrer. D'ailleurs on ne nous en a point donné la description.

Ce qu'il y a de certain, c'est que ce ne fut point à Fucimi, que les Ambassadeurs Chinois eurent leur audience, mais à Ozaca. Le tremblement de Terre n'y avoit néanmoins pas fait de moindres ravages, que dans les autres endroits, où il s'étoit fait sentir plus violemment, & il n'étoit resté du vaste Palais de l'Empereur, qu'une Tour, qui avoit même été fort ébranlée, une Maison de plaisance, & un Pont, qu'on appelloit *le Pont du Paradis*, & où l'or brilloit de toutes parts ; mais sur les fondemens des Edifices, qui avoient été renversez, on éleva à la hâte plusieurs corps de logis, qui furent meublez de tout ce qu'il y avoit de plus précieux dans l'Empire, & l'Empereur s'y étant rendu avec toute sa Cour le vingt-neuviéme de Septembre, il fit avertir les Ambassadeurs, qu'il leur donneroit audience le vingt-uniéme d'Octobre. Je dis les Ambassadeurs, parce que Juquequi avoit été revêtu de ce caractere depuis la fuite d'un des deux Mandarins.

Ils partirent donc le vingtiéme d'Octobre de Sacai, d'où j'ai dit qu'on ne compte que trois lieuës à Ozaca ; les chemins avoient été applanis & sablez, & les Dames de Sacai & des environs y avoient fait dresser des Echaffauts pour voir passer le Cortége. Il avoit véritablement quelque chose de singulier, &

il plut fort aux Japonnois, charmez d'ailleurs de voir leur Souverain honoré d'une Ambassade du plus puissant Prince de l'Asie ; mais, au jugement des Européens, on y voyoit peu de goût, & un grand étalage de choses, qui ne faisoient pas un fort bel effet. Les Ambassadeurs furent logez à Ozaca dans des Palais séparez, & le lendemain ils allerent à l'Audience dans le même ordre, qu'ils étoient partis de Sacai. Les Présens étoient magnifiques, les Lettres de l'Empereur Chinois étoient écrites sur une Lame d'or, & accompagnées de deux Couronnes aussi d'or, l'une pour Tayco-Sama, & l'autre pour Mandocoro-Sama, son Epouse. Il y avoit aussi vingt habits pour vingt Seigneurs, qui étoient nommez, & à la tête desquels étoit le Grand Amiral Roi de Fingo, & vingt autres pour un pareil nombre, dont le choix étoit laissé à la discrétion du Monarque Japonnois.

L'Audience se passa en civilitez réciproques ; le premier Ambassadeur y fut assis sur la même Estrade & à côté de Tayco-Sama, dans une parfaite égalité ; aussi l'Empereur de la Chine se regardoit-il fort au-dessus de ce Prince, qu'il ne reconnoissoit pas pour Empereur du Japon, & qu'il avoit prétendu honorer de la Dignité Royale, en lui envoyant une Couronne. Le Pere Froëz dit même que dans la Lettre, qu'il lui écrivit, & dont il cite les termes, il lui commandoit avec menaces de laisser désormais la Corée en repos. Cependant les Ambassadeurs demanderent avec de grandes instances à Tayco-Sama la grace des Coréens, & ne pûrent l'obtenir ; & il y a bien de l'apparence que ce Prince, ou ignora ce que portoit la Lettre, ou voulut bien feindre de n'y pas faire attention. En effet le Pere Froëz, qui nous a donné la Relation la plus détaillée de cette Ambaſſade, ne dit point que la Lettre ait été lûë, mais que Tayco-Sama la mit ſur ſa tête; qu'il reçut enſuite les Préſens; que les Ambaſſadeurs lui rendirent les mêmes honneurs, qu'ils ont accoutumé de rendre à l'Empereur leur Maître, c'eſt-à-dire, qu'ils *l'adorerent*; que ce Prince alla le même jour viſiter Juquequi, chez lequel le premier Ambaſſadeur ſe trouva; qu'ils furent l'un & l'autre régalez ſplendidement, chargez de Préſens, & reconduits par Mer à Sacai dans des Bâtimens, où tout, juſqu'aux rames, étoit d'or moulu; mais que Tayco-Sama n'avoit fait la dépenſe, que d'un de ces Bâtimens; que les Grands de ſa Cour avoient fait faire chacun le leur, & que celui de MAZAMONEY, Prince d'OXU, dont nous aurons ſouvent occaſion de parler dans la ſuite, étoit le plus riche de tous, les Cordages en étant de Soye teinte en Ecarlate.

Les Ambaſſadeurs étant arrivez à Sacai, & l'Empereur, qui agiſſoit ſouvent par ſaillies, les ayant fait aſſûrer qu'il ne leur refuſeroit rien de tout ce qu'ils lui demanderoient, ils lui écrivirent, pour le prier de faire évacuer les Places, que ſes Troupes tenoient en Corée, & de trouver bon qu'elles fuſſent raſées. Ils ajoûtoient que ces Places ne pouvoient lui ſervir de rien, puiſqu'on étoit convenu de part & d'autre que la guerre ne ſe continuëroit point, & qu'il y auroit bien plus de gloire pour lui à pardonner aux Coréens, après les avoir châtiez, comme il avoit fait, qu'à les pouſſer à bout. Tayco-Sama à la lecture de cette Lettre entra en fureur; on aſſûre même qu'il fut quelque tems hors de lui-même, & dans un état, dont il dut avoir honte, quand cet accès fut paſſé. On lui avoit fait entendre que les Chinois & les Coréens trembloient au ſeul nom des Japonnois, & que l'Empereur de la Chine ſe borneroit à lui demander de ſe contenter de la moitié du Royaume de Corée; nous avons vû même que les Ambaſſadeurs Coréens l'avoient flatté de quelque choſe de plus; il ne put digérer de voir que tout le fruit d'une guerre, où il avoit dépenſé des ſommes immenſes, & perdu ſes meilleures Troupes, ſe réduiſît à une vaine cérémonie, dont toutes les circonſtances ne lui avoient pas même été fort glorieuſes, & il déchargea le premier feu de ſa colere ſur le Grand Amiral, qu'il ſoupçonna de s'entendre avec les Chinois. Il s'emporta contre ce grand Homme d'une maniere indécente, il en parla avec le dernier mépris, il le chaſſa de ſa Cour, & dit que s'il eût fait la guerre en perſonne, il ſeroit maître de la Corée, ou qu'il eût réduit en cendres tout ce Royaume. Térazaba ne fut gueres mieux traité, & pour faire dépit à Tſucamidono, l'Empereur rappella Toroſonuque de ſon exil, lui fit des excuſes d'avoir ſi mal reconnu les ſervices, qu'il lui avoit rendus en Corée, & lui dit de ſe diſpoſer à le ſuivre dans ce Royaume, dont il vouloit recommencer la Conquête. Enfin il fit dire au Gouverneur de Sacai, que ſi dans deux jours les Ambaſſadeurs, & tous les Chinois & Coréens, qui ſe trouvoient dans ſon Gouvernement, n'étoient embarquez, il lui en coûteroit la vie.

Il fallut obéïr, mais il n'y eut personne, qui ne fût touché de compassion, & qui ne fût même indigné de voir ainsi traiter les Ministres d'un grand Empereur, & des personnes d'un vrai mérite, qui s'étoient comportez avec beaucoup de sagesse ; d'autant plus, qu'ils avoient tout lieu de craindre, que l'Empereur leur Maître n'attribuât un tel traitement à leur mauvaise conduite. On ne plaignit pas moins le Grand Amiral, que sa vertu, & sa Religion soutinrent merveilleusement dans ce revers de fortune ; tout ce qu'il y avoit de Grands dans l'Empire lui témoignerent à l'envie la part, qu'ils prenoient à l'injustice, que lui faisoit l'Empereur; l'Impératrice même envoya faire compliment à la Reine JUSTE son Epouse, & il n'y eut personne, qui ne fût persuadé, que Tayco-Sama n'avoit ainsi éclaté contre ce grand Homme, que pour avoir un prétexte de ne pas lui tenir les magnifiques promesses, qu'il lui avoit faites.

Cependant ce Prince se radoucit un peu, mais il parut plus déterminé que jamais à recommencer la Guerre. Il nomma pour son Généralissime un jeune Seigneur, nommé QUINGENDONO, Neveu de l'Impératrice, lui donna une très-belle Armée divisée en trois corps, qui devoient être commandez sous ses ordres par le Grand Amiral, Toronofuque & le jeune Roi de Buygen; mais il obligea Condera, Pere de celui-ci, à l'accompagner, pour lui servir de conseil. Terazaba eut aussi ordre de se rendre à Nangoya, qui étoit de son Gouvernement, & d'y faire en diligence tous les préparatifs nécessaires pour la Campagne. Enfin l'Empereur ne parla plus de se mettre lui-même à la tête de ses Troupes.

Les Japonnois entrerent en action au commencement de Mars de l'année 1597. Le Grand Amiral marcha le long des Côtes, Toronofuque s'avança vers le Nord, & Caïnocami pénétra dans le milieu du Pays. Les Coréens, qui n'avoient pas de Troupes à opposer à de si nombreuses Armées, firent alors proposer à l'Empereur du Japon un tribut annuel, qui excédoit la plus grande partie des revenus du Royaume, & de lui livrer le second des Fils de leur Roi. Tayco-Sama rejetta ces offres, & envoya de nouveaux ordres, pour pousser la guerre à toute outrance. Il ne restoit plus de ressource aux Ennemis, qu'en une flotte de quatre-vingt voiles, sur laquelle ils avoient embarqué tout ce qu'il leur restoit de gens de guerre ; mais le Grand Amiral ayant assemblé la sienne avec une promptitude incroyable, l'alla chercher, & la combattit avec tant de vigueur, qu'il mit en fuite. Les Coréens se sauverent à terre, & abandonnerent leurs Vaisseaux au Victorieux, lequel après s'en être emparez, débarqua avec toutes ses Troupes, & poursuivit les fuyards, qui n'oserent l'attendre dans aucune Place ; en sorte que toutes ouvrirent leurs portes à Tsucamidono, & que les Japonnois se virent encore une fois Maîtres de presque toute la Corée.

§. IV.

Zele trop peu mesuré des Peres de Saint François. Un Galion Espagnol est jetté par la Tempête dans un Port du Japon. Mauvaise foi du Roi de Tosa. Mauvaises manœuvres du Commandant Espagnol. Le Galion est confisqué. Folle vanité d'un Pilote Castillan. L'Empereur entre en fureur en l'apprenant. Les ordres qu'il donne en conséquence.

Tandis que cette guerre, & tout ce qui l'avoit précédé occupoit toute l'attention de l'Empereur, les Peres de S. François continuoient à travailler au salut des Japonnois avec un zele, & des vertus, qui dans un tems plus propice auroient pû convertir tout le Japon, mais qui ne convenoient pas à la situation, où se trouvoit la Religion dans cet Empire. Leur intention étoit droite sans doute & elle les sanctifia; mais ils s'y confierent trop, & cette confiance les empécha d'arriver au but, qu'ils s'étoient proposé, sçavoir, d'achever de convertir un Peuple si propre à la plus éminente sainteté. Le Gouvernement de l'Etat étoit alors entre les mains de quatre Seigneurs, dont le plus accrédité étoit Guenifoin, qui portoit depuis peu le titre de Vice-Roi de Méaco : les trois autres se nommoient Maxita Yemondono, c'est le même, dont nous avons déja parlé ; Xibunojo, (*a*) & Xateuca Vocura. Ils avoient paru jusques-là tous quatre assez favorables aux Chrétiens, mais ils souffroient impatiemment que les Religieux venus des Philippines contrevinssent ouvertement aux Edits de l'Empereur, & le Vice-Roi leur avoit même fait sur cela de grandes menaces, qui ne les avoient pas rendus plus réservés. Le Pere Gnecchi ne fut pas plus heureux : il avoit envoyé au Pere Baptiste leur Commissaire le Pere Morejon Jésuite Espagnol, pour lui représenter le danger, auquel ses Religieux exposoient toute la Chrétienté du Japon ; il n'y eut aucun égard. Enfin Faranda, à qui il importoit beaucoup que les Religieux des Philippines sortissent du Japon, ou y périssent, leur donna les mêmes avis, qu'il sçavoit bien sans doute ne devoir pas être plus efficaces dans sa bouche, que dans celle des autres, & cela étant arrivé comme il l'avoit prévû, lui & Faxegava informerent l'Empereur de tout ce qui se passoit, & des efforts inutiles, qu'il avoit faits, pour engager ces Etrangers à se conduire avec plus de modération.

Tayco-Sama à cette nouvelle entra dans une très-grande colere ; il y avoit cependant bien de l'apparence que son indignation se borneroit à l'exil des Peres Franciscains : Faxegava & Faranda n'ayant point intérêt qu'il la poussât plus loin, & tous ceux, qui avoient quelque accès auprès du Prince, étant extrêmement modérez ; mais une fâcheuse affaire survenuë sur ces entrefaites, engagea l'Empereur à faire par raison de po-

---

(*a*) Quelques Auteurs le nomment Gibonoscio. Ces deux noms ne different que par la prononciation.

litique ce que l'on n'avoit pas même appréhendé jusques-là de ses plus furieux emportemens. Il étoit parti au mois de Juillet de cette année 1686. un grand Galion des Philippines nommé *le Saint Philippe* richement chargé, commandé par Dom Matthias de Landecho, pour aller à la Nouvelle Espagne. Il eut les vents si contraires, qu'après avoir tenu la mer un peu plus de trois mois, le dix-neuf d'Octobre il fut surpris d'un coup de vent à la hauteur du Port d'Urando dans le Royaume de Tosa. Le Roi nommé Chosugami étoit actuellement dans ce Port; on l'avertit qu'on découvroit un grand Navire, & qu'il paroissoit avoir été incommodé de la tempête.

Ce Prince envoya sur le champ au Capitaine un Officier pour l'inviter à entrer dans son Port, à s'y reposer, & à y rafraîchir son Equipage: Landecho répondit, qu'il étoit infiniment obligé au Roi de Tosa de ses offres obligeantes, mais qu'il n'avoit besoin de rien, & qu'il étoit en état de continuer sa route: L'Officier insista, & cet empressement inspirant de la défiance au Capitaine, il persista dans son refus. L'Officier s'en retourna donc sans avoir rien obtenu, & fort peu de tems après le Galion se trouva comme investi de Barques, ou de Chaloupes, dans l'une desquelles le Roi de Tosa étoit en personne. Ce Prince renouvella ses instances, assûra le Capitaine qu'il trouveroit à Urando un Port sûr, des vivres en abondance, & tous les agrès, dont il pouvoit avoir besoin, & lui engagea sa parole Royale, qu'il ne lui feroit fait aucun tort. De telles sollicitations approchoient fort d'une véritable violence, Landecho ne pouvant faire mieux, promit d'entrer dans le Port, & dès le lendemain plus de deux cens Bâtimens, de ceux qu'on nomme *Funes*, allerent au-devant du Navire, pour le remorquer, & le conduisirent en triomphe dans le Port, avec les mêmes cris de joye, que s'ils y eussent mené une prise faite en guerre. En entrant dans le Port le Galion toucha si rudement sur un banc de sable, qu'il s'ouvrit, & on eut à peine le tems de le décharger. On en avoit jetté à la Mer beaucoup de marchandises pendant la tempête, sa charge pouvoit néanmoins valoir encore environ six cent mille écus, ou deux millions. Tout fut mis dans les Magazins du Roi, qui se voyant entre les mains tant de richesses, changea de stile, & déclara nettement, que le tout appartenoit à l'Empereur en vertu des Loix du Pays, qui l'autorisoient à se saisir de tout ce qui se trouvoit dans les Vaisseaux échoüez sur les Côtes de son Empire.

Pour adoucir néanmoins ce que cette déclaration avoit de dur, le Roi de Tosa dit à Landecho, qu'il ne doutoit point que l'Empereur n'eût égard aux circonstances de son naufrage, & ne lui fît grace au moins d'une partie de ses effets; qu'il lui conseilloit d'envoyer à Sa Majesté un homme de confiance, de le charger de présens pour ce Prince, & pour ses Ministres; qu'il n'oublieroit rien de son côté pour lui rendre service; qu'il lui donneroit son Sécretaire, pour accompagner son Envoyé, & qu'il chargeroit cet homme de Lettres de recommandation pour des personnes puissantes à la Cour de l'Empereur. Le Capitaine

Capitaine n'avoit plus gueres d'autre parti à prendre; il dépêcha à la Cour Dom Antoine MALAVER son Sergent Major, & Dom Chriſtophe MERCADO ſon Porte-Enſeigne, tous deux Gens de condition, & de mérite. Le Roi de Toſa leur donna ſon Sécretaire, comme il le leur avoit promis, mais avec des inſtructions bien différentes de celles, dont il avoit flatté le Capitaine Eſpagnol, lequel de ſon côté recommanda fort à ſes deux Officiers de ne rien faire, que de concert avec le Pere Commiſſaire des Peres Franciſcains, & ſurtout de ne donner communication de rien aux Jéſuites. Cet article de leurs inſtructions, fut le plus fidélement exécuté, juſques-là que Malaver ayant rencontré l'Evêque du Japon à Méaco, & ce Prélat lui ayant fait offre du crédit de ſes Amis, il le remercia; il eſt vrai qu'il ne tarda pas à s'en repentir.

Le Roi de Toſa, qui trahiſſoit les Caſtillans, avoit adreſſé les Députez Eſpagnols à Maxita Yemondono, qui étoit ſon Ami particulier, & un des quatre Miniſtres de l'Empereur. Ce Seigneur leur promit de leur rendre tous les bons offices, qui pourroient dépendre de lui : toutefois il fit entendre à Tayco-Sama, que la charge de ce Galion venoit fort à propos, pour lui aider à remplir ſes coffres épuiſez par les dépenſes, qu'il lui avoit fallu faire, pour la guerre de Corée, & pour l'Ambaſſade de la Chine. Le Monarque n'eut pas beſoin d'être beaucoup preſſé, pour faire ce qu'on lui propoſoit; car c'eſt de tout tems, qu'on a remarqué, que les extrémitez des vices, qui paroiſſoient les plus diamétralement oppoſez, n'ont rien de contradictoire, ni d'incompatible dans la pratique, & que ceux, qui dépenſent avec moins de ménagement, ſont ſouvent les plus diſpoſez à faire une baſſeſſe, pour amaſſer. L'Empereur envoya donc Maxita lui-même au Port d'Urando avec ordre de ſaiſir en ſon nom les effets du Saint Philippe, & le Bâtiment même, s'il en valoit la peine. Malaver, Mercado, & le Pere Baptiſte, qui eurent quelque vent de cette réſolution, & qui ne ſçavoient plus à qui avoir recours, s'adreſſerent enfin au Vice-Roi Gueniſoin. Ce Seigneur leur témoigna d'abord quelque reſſentiment, de ce que pouvant ſçavoir à quel point il favoriſoit les Chrétiens, ils s'étoient adreſſez à un autre, qu'à lui : il leur dit enſuite, que puiſque l'Empereur leur avoit autrefois permis par un Reſcrit, dont ils étoient porteurs, de trafiquer au Japon, il ne doutoit pas, que Sa Majeſté ne leur rendît juſtice en cette occaſion. Gueniſoin procédoit en cela de très-bonne foi, mais il ne ſçavoit pas ce qui s'étoit paſſé entre Maxita & l'Empereur, ni préciſément ce que portoit l'ordre, que celui-là avoit reçu en partant pour Urando. Cependant la réponſe, qu'il avoit faite au Commiſſaire, inſpira tant de confiance à ce bon Pere, que l'Evêque du Japon lui ayant encore fait offre de ſervice, il le remercia. Quelques jours après il fut informé des véritables inſtructions de Maxita & de la ſaiſie des effets du Galion : il retourna chez le Vice-Roi, qui lui dit nettement qu'il croyoit ſon affaire déſeſpérée, & que ſi l'on ſe fût d'abord adreſſé à lui, elle auroit pris tout un autre tour. Il ne laiſſa pas à la priere de l'Evêque, du Pere Rodriguez, & du Pere Gnecchi, de se mettre en devoir de servir les Espagnols, mais il étoit trop tard; un Pilote du Galion avoit tout gâté, & par la plus grande extravagance, que puisse commettre un homme, à qui il reste une lueur de bon sens, il avoit fait à la Religion une playe, qui saigne encore depuis un siécle & demi.

Ce Pilote voyant que Maxita procédoit à la saisie des effets du Galion, se mit dans la tête qu'il pourroit parer ce coup, en intimidant les Japonnois, & en leur donnant une haute idée de la puissance du Roi Catholique. Un jour qu'il étoit chez le Roi de Tosa, avec le Commissaire de l'Empereur, ayant fait tomber le discours sur la grande puissance des Espagnols, il dit que le Roi son Maître possédoit toute cette vaste étendue de Pays, que l'on comprenoit sous le nom des Indes Orientales, les Philippines, quantité de Places en Afrique, & plus des deux tiers de l'Amérique; puis, comme il eut apperçu une Mappemonde, il s'en approcha, & promenant les yeux de tous les Assistans dans l'un & dans l'autre Hemisphere, il leur montra toutes les Régions, qui obéissoient aux Castillans. Tous parurent extrêmement surpris qu'un seul homme fût le maître de presque la moitié du monde, & Maxita demanda au Pilote de quels moyens on s'étoit servi, pour former une si vaste Monarchie! » Rien » de plus aisé, répondit ce Malheu- » reux, nos Rois commencent par » envoyer dans les Pays, qu'ils veu- » lent conquerir, des Religieux, » qui engagent les Peuples à em- » brasser notre Religion, & quand » ils ont fait des progrès considé- » rables, on envoye des Troupes, » qui se joignent aux nouveaux » Chrétiens, & n'ont pas beaucoup » de peine à venir à bout du reste.

On peut bien croire, que ni Maxita, ni le Roi de Tosa ne laisserent point tomber à terre un discours de cette nature. L'Empereur en fut bientôt informé, & rien n'est égal à l'impression, que ce rapport fit sur son esprit. » Quoi donc, s'écria-t-il » en fureur, mes Etats sont remplis » de traîtres, & le nombre en croît » tous les jours! J'avois proscrit les » Docteurs Etrangers, mais par pi- » tié pour la vieillesse, & pour les » infirmitez de quelques-uns d'entre » eux, je leur avois permis de rester » au Japon; je fermois les yeux sur » plusieurs autres, parce que je les » croyois tranquiles, & incapables » de former aucun mauvais dessein, » & ce sont des serpens, que je nour- » rissois dans mon sein! Les perfides » ne sont occupez, qu'à me susciter » des Ennemis parmi mes propres » Sujets, & peut-être jusques dans » ma Famille; mais ils apprendront » ce que c'est que de se joüer à moi. Il fit ensuite les sermens les plus inviolables parmi les Japonnois de ne pas laisser un seul Missionnaire en vie; puis prenant un ton un peu plus modéré: » je ne crains point pour moi, » dit-il; tant qu'il me restera un » souflle de vie, je déferois bien » toutes les Puissances de la Terre » d'oser s'attaquer à moi; mais je » vais peut-être laisser l'Empire » à un Enfant; & le moyen, qu'il » puisse se soutenir contre tant d'En- » nemis Domestiques & Etrangers, » si je n'y mets ordre incessamment?

Ayant ensuite apperçu Ufoyo Fils de Faxegava, il lui fit de grands reproches sur la protection, que son Pere avoit donnée aux Religieux venus des Philippines ; Usioyo répondit que son Pere n'avoit regardé d'abord ces Etrangers, que comme les Envoyez de leur Gouverneur; que s'étant apperçu dans la suite qu'ils avoient un autre dessein, que celui de négocier un accommodement avec Sa Majesté, & que malgré ses défenses ils prêchoient publiquement leur Religion, il leur avoit donné de fort bons avis; qu'ils n'en avoient tenu aucun compte, non plus que de tous ceux, que le Vice-Roi leur avoit encore donnez à sa priere, & que voyant cette obstination, il avoit dressé une liste de tous ceux, qui contrevenoient ouvertement aux Edits. Tayco-Sama lui dit qu'il vouloit voir cette liste : Usioyo la lui montra ; il la lut, & la remettant à Usioyo, il lui commanda de la porter à Xibunojo, avec ordre de donner des gardes à tous ceux, qui y étoient inscrits, ce qui se bornoit à ceux, qui étoient alors dans le Couvent des Peres Franciscains d'Ozaca.

§. V.

Les Jésuites secourent les Espagnols dans leur besoin. Ils sont calomniez à ce sujet. En quoi consistoient leurs Revenus au Japon.

CEci se passoit à Ozaca même, où, depuis le tremblement de terre, la Cour se tenoit plus ordinairement. Landecho, qui ne se doutoit de rien, & qui croyoit peut-être que son Pilote avoit donné à penser aux Japonnois, y suivit de près le Roi de Tosa & Maxita, qui y arriverent le huit de Décembre, & il fit présenter à l'Empereur une Requête, pour se plaindre de la violence, qu'on lui avoit faite contre le droit des Gens, & pour demander la restitution de tous ses effets. Mais il se trouva bien loin de son compte, lorsqu'on vint lui dire de la part de Tayco-Sama, que Sa Majesté avoit tout lieu de le regarder comme un Corsaire, & que si Elle usoit de son droit, Elle le traiteroit, comme on fait les Ecumeurs de Mer ; qu'Elle lui faisoit pourtant grace de la vie, mais qu'il eût à s'en retourner au plutôt à Manile avec tous ses Gens. Ce fut quelque chose de bien déplorable que l'état, où se trouva réduit ce Capitaine, après qu'on lui eut fait une telle déclaration; ni lui, ni ceux qui l'accompagnoient, n'auroient pas eu de quoi subsister, si le Pere Gnecchi ne leur eût ramassé quelques aumônes. Son Equipage s'étoit rendu à Nangazaqui, où le Pere Gomez Vice-Provincial le fit subsister ; & l'on a sçu depuis par le Capitaine Diego GARCIA de PEDRAZAS, que sans les Jésuites, les uns & les autres auroient péri de misere. Il y avoit sur le Galion quatre Religieux Augustins, un de Saint Dominique, & deux Franciscains. Ces derniers demeurerent au Japon avec leurs Confreres, les autres s'en retournerent aux Philippines sur un Bâtiment, que le Vice-Provincial leur fit trouver, & sur lequel il fit mettre toutes sortes de provisions. Ils firent heureusement le trajet, & à leur arrivée à Manile, les Peres de Saint Augustin publierent

C ij

ce qui s'étoit passé au sujet du Galion, de la maniere, dont nous venons de le rapporter, mais d'autres ne rendirent pas la même justice aux Jésuites.

Ils s'y étoient assez attendus, mais il ne leur étoit pas venu dans l'esprit de croire qu'on leur feroit un crime de la saisie de ce Navire, encore moins qu'on en prendroit occasion de les faire passer dans l'Ancien & dans le Nouveau Monde pour des Gens, qui avoient mis sous les pieds, non seulement toute Religion, mais encore tout sentiment d'honneur. Ce fut cependant ce qui arriva bientôt après le retour de l'Equipage du S. Philippe aux Manilles. Il y parut une Relation imprimée de l'Avanture de ce Galion, laquelle fut envoyée au Mexique, courut toute l'Amérique Espagnole, & de là passa en Europe, où elle fut répanduë avec une extrême affectation. Elle portoit entr'autres choses; que l'Evêque du Japon, Dom Pedro Martinez, & après lui d'autres Jésuites, étoient allez trouver Tayco-Sama, pour l'engager à faire sortir de son Empire les Religieux Espagnols; qu'ils n'avoient épargné pour réüssir dans leur abominable dessein, ni accusations, ni prieres, ni promesses: mais que l'Empereur étrangement scandalisé d'une telle conduite, leur avoit répondu en colere que ces Religieux étoient des Saints; que bien loin de les chasser de ses Etats, il les y vouloit établir, & que pour eux, il les exhortoit de tout son cœur à imiter la vertu de ceux, dont ils se faisoient les Accusateurs d'une maniere si indigne, & qui deshonoroit leur Profession.

On ajoûtoit à ce premier article que les Jésuites avoient averti *les Gouverneurs*, que le Galion le *S. Philippe* ne s'étoit point trouvé par hazard sur les Côtes du Japon, mais que Dom Mathias de Landecho y étoit venu exprès pour faire révolter le Pays contre l'Empereur, & que cet avis auroit sans doute coûté la vie à tout l'Equipage, si le Saint Roi *Fernand de Firando* n'avoit pris les Castillans sous sa protection; & il est bon de remarquer qu'il n'y eut jamais au Japon de Roi Chrétien, qui portât le nom de Fernand, & que depuis l'Etablissement du Christianisme au Japon, jusqu'à son entiere décadence, les Rois de Firando furent toujours ses plus opiniâtres Ennemis; mais rien ne coûte à un Calomniateur, & tout lui est bon, pourvû qu'il puisse faire l'impression, qu'il prétend. Ainsi dans les premiers Mémoires, dont nous avons déja parlé, on n'avoit fait aucune difficulté de ressusciter un saint Roi de Bungo, pour le traduire en Apostat, & pour l'ériger même en Chef de plusieurs milliers d'Apostats, & voici qu'on s'avise ici de vouloir faire passer pour un Prince compatissant & pour un Saint, un Prince Idolâtre & actuellement Persécuteur, ainsi que nous le verrons bientôt.

Mais l'article du Libelle, sur lequel l'Auteur triomphoit le plus, étoit celui du grand Commerce, dont il accusoit les Jésuites du Japon; article odieux, dont les Ennemis de la Société se sont si souvent prévalus depuis avec la même mauvaise foi, qui l'avoit fait inventer, quoique les Jésuites y eussent répondu d'abord d'une maniere, qui ne laissoit aucun lieu à la réplique. Ils avoient même d'autant plus de sujet de s'étonner, qu'on les eût attaquez par cet endroit-là, qu'il n'y avoit rien dans toute la conduite de leurs Missionnaires, sur quoi ils eussent usé de plus grandes précautions, pour ne donner aucune prise sur eux à leurs Ennemis. On en jugera par ce que je vais dire en peu de mots de ce qui se pratiquoit à cet égard au Japon.

Les revenus des Jésuites dans cette Mission ne furent longtems que les charitez de quelques Particuliers, ausquelles les Rois de Portugal ajoûterent cinq cent ducats, qu'ils leur faisoient payer tous les ans à Macao. En 1574. le Roi Dom Sébastien doubla cette aumône pour faciliter la fondation d'un College. Cependant le nombre des Missionnaires augmentant à mesure que les Chrétiens se multiplioient, ces Religieux se trouverent jusqu'à cent trente, ayant deux cent cinquante Eglises, deux ou trois Séminaires, un Noviciat, & plusieurs autres Maisons. Il est vrai que les Rois de Bungo & d'Arima, le Grand Amiral Roi de Fingo, l'ancien Roi de Buygen, le Prince d'Omura, Ucondono, & plusieurs autres Princes & Seigneurs Chrétiens, avoient de tems en tems fait de grandes libéralitez aux Missionnaires, mais ces secours n'avoient pas duré longtems; le Roi de Bungo étoit mort, le Roi d'Arima & la plûpart des Princes & des Seigneurs Chrétiens se ruinoient en Corée au service de l'Empereur, Ucondono avoit eu besoin lui-même qu'on le secourût, & quoiqu'il fût rentré en grace, on ne lui avoit pas restitué ses biens. D'ailleurs presque tout ce qu'on tiroit des Fidéles du Japon, étoit employé aux Hôpitaux, & en diverses autres bonnes œuvres semblables ; de sorte que les Missionnaires auroient souvent manqué du nécessaire pour vivre, si la Providence ne leur eût de tems en tems ménagé quelques ressources, lorsqu'ils s'y attendoient le moins. Ainsi nous avons vû que Loüis Almeyda, avant que d'entrer dans la Compagnie, avoit employé la meilleure partie de son bien en Fondations utiles, surtout pour les Pauvres & pour les Malades. Il en avoit séparé quatre mille ducats, dont il avoit fait un fonds pour l'entretien des Missionnaires, & il l'avoit confié à des Marchands Portugais, pour le faire valoir à leur profit, ce qui fut exécuté de bonne foi par ces Marchands, sans que les Jésuites, qui n'avoient point traité avec eux, y eussent aucune part, que de recevoir à titre d'aumône ce qu'on vouloit bien leur donner.

Les choses demeurerent sur ce pied-là jusqu'à l'arrivée du Pere Alexandre Valegnani à Macao en 1578. pour aller exercer au Japon l'emploi de Visiteur. Dès-lors il s'en falloit bien que les revenus des Missionnaires fussent suffisans pour leur entretien ; & quoique dans la suite les Papes Gregoire XIII. & Sixte V. y eussent ajoûté quelques Pensions, comme elles se payoient en argent, & que l'argent d'Europe étoit extrêmement bas au Japon, ces Religieux n'auroient pas laissé de se trouver fort à l'étroit, si la Compagnie du Commerce de Macao n'eût imaginé un moyen de remédier à cet inconvenient, qui croissoit avec le nombre des Ouvriers Evangeliques

C iij.

dans le Japon. Elle régla que de seize cent paquets de Soye, qu'elle envoyoit chaque année dans ces Isles, il y en auroit cinquante pour le compte des Jésuites, qui en donneroient le prix à Macao, & en retireroient le produit à Nangazaqui. Cet Arrêté fut autorisé d'un Rescrit de Dom François Mascaregnas, Vice-Roi des Indes, au nom du Roi Catholique, lequel augmenta dans la suite le nombre de ces Paquets jusqu'à quatre-vingt-dix, tant parce que ces Religieux, disent les Lettres Patentes, qui furent délivrées pour ce sujet, n'avoient point d'autre moyen de pouvoir vivre, que parce qu'en leur accordant ce nombre de Paquets, c'étoit moins de cinq pour chacune de leurs Maisons ; au lieu, que tous les Particuliers de Macao, mariez, ou non, avoient droit d'en mettre jusqu'à trente dans ce Commerce.

En ce tems-là chaque Paquet s'achetoit ordinairement à la Chine quatre-vingt-dix ducats, qui en produisoient communément, tous frais faits, environ six vingt, lorsque la Soye se vendoit au Japon. Au reste les Habitans de Macao étoient d'autant plus éloignez de se formaliser de ce qui avoit été accordé aux Jésuites, qu'outre qu'ils en reconnoissoient eux-mêmes la nécessité, aucun d'eux n'ignoroit que ces Peres, bien loin d'aller au-delà de ce qui leur étoit permis, se bornoient presque à la moitié; qu'ils ne se mêloient non plus de ce Commerce, que s'ils eussent été en Allemagne, ou en Pologne ; que le Procureur de leur Mission, qui demeuroit à Macao, étoit le seul, qui eût soin de donner leur argent au Bureau du Commerce, & de le recevoir au retour de la Flotte ; & qu'ayant été obligez dans la suite d'établir un second Procureur à Nangazaqui, pour y débiter leur part de la Soye, ce Procureur, qui n'étoit ni Missionnaire, ni même Prêtre, avoit pour cela une maison séparée de celle des Jésuites. Il ne faut donc pas être surpris, si on n'écouta point à Rome, non plus qu'à Madrid, ceux qui y publioient hardiment que les Jésuites faisoient au Japon un Trafic de cent soixante mille ducats par an, qui leur en produisoient cinquante ou soixante mille de profit : car comment ne pouvoit-on pas se mocquer d'une pareille sottise, puisqu'on y sçavoit que tout ce Commerce des Portugais, où les Jésuites n'entroient que pour une trente-deuxiéme partie, ne montoit pas à beaucoup près si haut ?

On n'ignoroit pas d'ailleurs dans ces deux Cours toutes les mesures, qu'avoient prises les Supérieurs de la Société, avant que d'accepter le bénéfice, que la Compagnie des Marchands de Macao leur avoit offert : car quoiqu'il n'y eût rien en cela, qui répugnât aux saints Canons, ainsi qu'il fut décidé dans la suite à l'occasion des Sucres, que les Communautez Régulieres du Brésil envoyoient tous les ans en Europe ; le Pere Everard Mercurien, Général des Jésuites, avoit ordonné au Pere Valegnani de faire examiner ce Point par tous les Théologiens des Indes, & de lui mander leur sentiment. Tous avoient répondu que la chose ne souffroit aucune difficulté, ni pour le fonds, ni pour la maniere, les Jésuites ne faisant autre chose, que donner leur argent, & en recevoir le produit. Cette réponſe n'avoit pas encore calmé le Pere Aquaviva, qui avoit ſuccédé au Pere Mercurien, lorſqu'elle arriva à Rome, & le nouveau Général avoit jugé à propos d'en parler au Pape Gregoire XIII. lequel lui dit qu'il falloit s'en tenir à ce qui avoit été réglé, puiſqu'il n'y avoit pas moyen de faire autrement.

§. VI.

Sources de ces Calomnies. Un Religieux Auguſtin les réfute. Mémoire adreſſé au Pape Clement VIII. contre les Jéſuites. Conduite de ces Peres en cette occaſion.

CEux qui faiſoient ſur cela le plus de bruit, étoient quelques Caſtillans des Philippines, qui jaloux du Commerce des Portugais au Japon (ſource funeſte, ainſi que je l'ai déja remarqué, de tant de ſcandales, qui ont ébranlé l'Egliſe du Japon juſques dans ſes fondemens;) cherchoient toutes les voyes de les en chaſſer, pour s'y établir ſur leurs ruines; à quoi ils ne croyoient pas pouvoir réüſſir, qu'ils n'en euſſent fait ſortir les Jéſuites, qui étoient de la même Nation, ou qui en dépendoient; & comme l'on voyoit aſſez que ces Religieux ne pouvoient ſubſiſter au Japon, ni entretenir leurs Catéchiſtes ſans les ſecours, qu'ils tiroient du Commerce, on n'omit rien pour les rendre odieux de ce côté-là, afin de leur faire perdre cette reſſource, & on eut l'adreſſe de faire publier les calomnies, qu'on mit à ce ſujet ſur leur compte, par quelques Miſſionnaires venus des Philippines, qu'on avoit trouvé le moyen de ſéduire par les faux rapports de gens apoſtez à ce deſſein.

Les autres points du Mémoire, qui a donné lieu à cette digreſſion, & dont l'Auteur étoit un Religieux, qui en eut de grands ſcrupules à la mort, & qui le condamna au feu, étoient ſi abſurdes, qu'ils ſe détruiſoient d'eux-mêmes; ce qui ne l'empêcha point d'avoir d'abord un très-grand cours, comme c'eſt l'ordinaire de toutes les calomnies, même les plus groſſieres & les plus mal digérées; mais Dieu ſuſcita aux Miſſionnaires du Japon un Défenſeur, qui travailla efficacement à déſabuſer le Public. Ce fut un Religieux de l'Ordre de Saint Auguſtin, nommé le Pere Emmanuel DE LA MERE DE DIEU, lequel ſe trouva heureuſement à Acapulco dans le tems, que ces calomnies commençoient à ſe répandre dans cette partie de l'Amérique. Il y fit une fort belle Réponſe, laquelle fut ſignée par quantité de Japonnois, qui trafiquoient au Méxique, & par pluſieurs Caſtillans & Portugais, qui avoient été au Japon.

Pour ce qui eſt de l'Europe, il n'y eut gueres, que les Proteſtans, dont le plus grand moyen, pour établir leur Secte, eſt de décrier ceux, qui s'oppoſent avec moins de ménagement à ſes progrès, qui ajoûterent foi à ce qu'on y débita pour lors au déſavantage des Jéſuites; parce qu'en même tems, qu'on voulut répandre à Madrid le Mémoire fabriqué contre eux à Manile, on y reçut un Procès-Verbal ſigné au

Japon par tous les Officiers du Galion le Saint Philippes, par les Religieux Franciscains & Augustins, qui y avoient été embarquez, & par plusieurs Personnes dignes de foi, où les choses étoient exposées, & attestées par serment de la maniere, que je les ai rapportées. Que pouvoit penser après cela le Conseil Royal des Indes, de ce qu'on ajoûtoit que les Jésuites Maîtres du Ximo, y avoient appellé Tayco-Sama, & l'en avoient mis en possession, au lieu, disoit l'Auteur du Mémoire adressé au Roi Catholique, d'y appeller le Gouverneur des Philippines? que ces Religieux ne reconnoissoient en rien l'autorité de Sa Majesté Catholique; qu'eux-mêmes avoient en propre dans le Japon quatre Seigneuries égales aux meilleurs Duchez d'Espagne; qu'ils y étoient outre cela Souverains de quatre Royaumes, dont on ne marquoit pourtant pas les noms; qu'ils y établissoient les Magistrats, y exerçoient par eux-mêmes la Justice Criminelle, & y levoient des Tributs; qu'ils avoient des Villes, des Citadelles, & des Ports bien fortifiez, avec une Flotte armée, une très-belle Artillerie, & de bonnes Troupes, dont ils se servoient pour faire la Guerre aux Princes voisins: que dans Nangazaqui seul ils avoient jusqu'à trente mille Arquebusiers; qu'ils ôtoient & donnoient les Royaumes du Japon à qui il leur plaisoit; que c'étoit le Pape, qui leur en avoit accordé le pouvoir par un Bref, au préjudice du Roi d'Espagne, & que sans avoir égard aux Droits de ce Prince leur Souverain, ils n'attendoient que la mort de l'Empereur, pour faire tomber l'Empire, dont ils étoient en état de disposer, sur le Grand Amiral Tsucamidono, ou sur quelque autre de leurs Créatures?

Mais ce qu'il y a de plus admirable, c'est que l'Auteur ne débitoit tant de belles choses du grand pouvoir des Jésuites, qu'après avoir dit un peu auparavant, que ces Peres n'osoient pas même se montrer au Japon, & qu'ils y étoient contraints de se déguiser & de se cacher, ne paroissant que la nuit & à la dérobée dans quelques maisons de leurs Amis; qu'il n'étoit plus question de Christianisme dans ces Isles, tous, excepté six, ayant renoncé la Foi; calomnie ancienne, dont on avoit si évidemment reconnu la fausseté: que les Ambassadeurs, qu'on avoit vûs en Europe, n'étoient rien moins, que ce qu'on avoit dit, & que s'ils ne se fussent pas faits Jésuites à leur retour, ils eussent été réduits à demander l'aumône. Le Mémoire finissoit par exhorter le Roi Catholique à conquerir le Japon, la Chine, Siam & tout le Pays jusqu'à Malaca; à soumettre ces Conquêtes au Gouvernement Général des Philippines, & à en rendre tous les Evêques Suffragans de l'Archevêché de Manile. Un tel projet caractérisoit assez l'Auteur du Mémoire, & lui ôta toute créance dans l'esprit des personnes sensées.

Dans un autre Mémoire, qui fut présenté à Clement VIII. le dix-neuviéme de Mars 1598. on avançoit entr'autres choses, que ce n'étoit pas en haine de la Foi, que l'Empereur du Japon persécutoit les Chrétiens, mais par la crainte, qu'il avoit de l'excessive puissance des Jésuites; que ces Religieux étoient

toient seuls proscrits, tandis que les Peres de Saint François étoient partout comblez d'honneurs, & avoient une liberté entiere de prêcher l'Evangile ; ce qu'ils faisoient avec tant de succès, qu'ils avoient déja ramené dans le sein de l'Eglise un nombre infini d'Apostats ; que le Pere Valegnani avoit paru à la Cour dans un Equipage, qui ne convenoit point à un Religieux, ayant deux cens Hommes de livrée, & étant lui-même revêtu des Habits Pontificaux, & la Mitre en tête. Après quantité d'autres chefs, à peu près de la même espece, l'Auteur concluoit en suppliant très-humblement le Saint Pere de rappeller les Jésuites du Japon ; ce que Clement VIII. se garda bien de faire. Au contraire dans une Bulle, que ce Pontife expédia deux ans après, à la requête du Roi Catholique, pour permettre aux Religieux des autres Ordres d'aller au Japon au secours des Peres de la Compagnie, lesquels ne pouvoient plus fournir à tous ceux, qui demandoient des Missionnaires, il défendit d'y aller par les Philippines, ni par aucune autre voye, que celle de Macao, & sous le Pavillon de Portugal ; ordonna à ceux, qui y seroient allez par les Philippines, d'en sortir au plutôt, & déclara que tout Supérieur Ecclésiastique pourroit les y contraindre par les Censures. Or il n'y avoit point en ce tems-là, & il n'y eut même jamais au Japon d'autres Supérieurs, à qui cela pût convenir, que des Jésuites, qui aimerent pourtant mieux souffrir le desordre, qu'entraîna la désobéïssance à cette clause d'un Bref Apostolique, que de s'exposer aux scandales, qu'auroit infailliblement causé l'exercice d'un Pouvoir légitime, & autorisé par les deux Puissances, dont dépendoient tous ceux, qui travailloient au salut des ames dans le Japon. J'avouë qu'en écrivant ceci, j'ai plus d'une fois appréhendé que le grand nombre de ceux, qui liront cette Histoire, ne me soupçonnassent d'avoir exagéré ce qui s'étoit publié contre les Missionnaires du Japon, pour répandre sur leurs Accusateurs un odieux, à l'abri duquel leurs fautes mêmes, s'ils en avoient fait quelques-unes, pûssent demeurer inconnuës. Mais n'avons-nous pas vû de nos jours ces mêmes calomnies renouvellées, & d'autres, plus atroces encore, suscitées contre eux & leurs Successeurs, dans des Ecrits publiez sous les noms les plus respectables, & servir de Mémoires à des Ouvrages, qui ont été reçus en France même avec un applaudissement, dont l'impression dure encore ? Ce qu'il y a de plus singulier, c'est que ce prétendu Commerce des Jésuites, qu'on leur avoit tant reproché, tous les autres Religieux furent bientôt dans l'obligation de le faire comme eux, & le firent, sans que personne se soit jamais avisé d'y trouver à redire.

Cependant ces Peres, qu'on traitoit alors si mal dans l'ancien & dans le nouveau Monde, n'ignoroient rien de ce qui se débitoit contr'eux : ils en avoient été avertis d'avance, & une Copie des Mémoriaux, dont je viens de parler, étoit tombée entre les mains de leur Vice-Provincial, & du Pere Antoine Lopez, qui l'avoient communiquée à l'Evêque du Japon ; mais bien loin de récriminer, comme ils le pouvoient faire si aisément, à peine même pû-

Tome II. D

rent-ils se résoudre à envoyer à Rome & à Madrid de quoi répondre à ce qu'on leur imputoit si faussement ; tant le témoignage de leur conscience les rassûroit contre la calomnie. D'ailleurs un mal plus présent les occupoit tout entiers, c'étoit l'impression qu'avoit faite dans tout l'Empire le discours extravagant du Pilote du Saint Philippes.

Alors plus que jamais ils auroient bien souhaité qu'on se conduisît avec plus de précaution, & qu'on agît avec plus de concert, & avec la subordination si nécessaire dans l'exercice du Ministere Evangélique ; mais ils éprouverent de nouveau, que la Loi intérieure d'amour & de charité, qui unit les cœurs en Jesus-Christ, ne suffit pas toujours pour réünir les esprits dans les mêmes sentimens. D'ailleurs le coup fatal étoit porté, & l'on ne fut pas longtems, sans voir accomplir les tristes, mais trop justes pressentimens des anciens Missionnaires.

§. VII.

Six Franciscains & trois Jésuites sont faits Prisonniers. Leur Histoire. Pourquoi il n'y eut pas un plus grand nombre de ceux-ci d'arrêtez.

J'Ai déja dit que la nuit du neuviéme de Décembre, le Gouverneur d'Ozaca avoit eu ordre de donner des Gardes aux Religieux de Saint François ; il crut en devoir donner aussi aux Jésuites, & un ordre pareil fut envoyé & exécuté de même à Méaco ; mais quoique les Jésuites de ces deux Villes n'eussent pas été avertis, il ne s'en rencontra à Ozaca qu'un seul avec deux Prosélytes. Ce Jésuite se nommoit Paul MIKI, les deux Prosélytes avoient nom Jean SOAN, & Diego ou Jacques KISAÏ, tous trois Japonnois. On me permettra sans doute de faire connoître ici ces Religieux & les Franciscains, que l'Eglise regarde comme les premiers des Martyrs du Japon, & qu'elle a en cette qualité placez sur les Autels.

Selon quelques-uns, Paul Miki étoit du Royaume d'Ava, le plus Oriental de tous ceux, qui composent l'Île de Xicoco ; mais suivant la plus commune opinion, il étoit de la Province de Jamasciiro, dont Méaco est la Capitale. FANDAIDONO son Pere étoit un Seigneur de la Cour de NOBUNANGA, & avoit reçu le Baptême avec ses Enfans en 1568. Paul Miki, le Cadet de tous, n'avoit alors que cinq ans ; mais comme dans un âge si tendre il faisoit paroître une grande inclination à la vertu, son Pere le mit de bonne heure au Séminaire d'Anzuquiama. Il y a bien de l'apparence, qu'il n'en sortit, que pour entrer au Noviciat des Jésuites : ce qui est certain, c'est que quand il perdit son Pere, qui fut tué en 1586. pendant la Guerre de Bungo, il étoit déja Religieux, & dans la vingt-troisiéme année de son âge. Ses Etudes finies, on l'appliqua tout entier à la Prédication, pour laquelle il avoit un rare talent. On dit qu'il possédoit surtout dans un degré éminent le don de gagner les cœurs, & qu'il n'y avoit point de pécheur, quelque endurci qu'il fût, dont il ne vînt à bout. Il prêcha les premieres années dans le Royaume d'Arima & dans la Principauté d'Omura, & il le fit avec un concours si prodigieux, que depuis l'établissement de la Religion dans ces Quartiers-là, on ne se souvenoit point d'y avoir rien vû de semblable. Ce succès du jeune Prédicateur fit jetter les yeux sur lui, pour l'envoyer au secours du Pere Gnecchi, qui cultivoit avec de grandes fatigues la Chrétienté de Méaco & d'Ozaca. Miki eut dans la Tense la même vogue, qu'il avoit euë dans le Ximo, on accouroit de tous côtez pour l'entendre, & il étoit rare que ses Prédications ne fussent pas suivies de quelque conversion marquée. Il ne réüssissoit pas moins à réfuter les Bonzes, & personne ne les confondit plus souvent, qu'il le fit, soit dans ses Sermons, ou dans des Conférences publiques, soit par écrit, dans de fort beaux Traitez de Controverse, qui produisirent partout de grands fruits.

Jean Soan étoit né dans le Royaume de Gotto l'an 1578. sous le Régne du Saint Roi Loüis I. Il fut baptisé en naissant, & ses Parens, qui avoient beaucoup de piété, non contens de lui avoir procuré de bonne heure la Grace de l'adoption divine, l'éleverent d'une maniere fort Chrétienne. Nous avons dit qu'après la mort du Roi, dont le Frere, ainsi que nous l'avons vû ailleurs, usurpa la Couronne sur le jeune Prince son Neveu, plusieurs Chrétiens, pour éviter la persécution, qui suivit de près cette invasion, se réfugierent dans les Royaumes voisins; les Parens de Soan choisirent Nangazaqui pour le lieu de leur retraite, & l'Enfant fut donné de bonne heure aux Missionnaires, qui prirent soin de son éducation. Alors, comme on ne le connoissoit gueres que sous le nom de Jean, qu'il avoit reçu au Baptême, on s'accoutuma à le surnommer du nom de son Pays, & il est toujours appellé JEAN DE GOTTO dans les Actes de sa Canonisation. Il fut d'abord envoyé dans l'Isle de Xequi, puis à Ozaca, pour servir de Catéchiste au Pere Morejon, auquel il s'attacha beaucoup, & qui conçut aussi une très-grande tendresse pour lui. Il étoit en effet très-aimable, d'une candeur charmante, d'une innocence d'Ange, d'un naturel admirable, & d'un courage bien au-dessus de son âge. Il ne tenoit qu'à lui de se retirer, quand on mit des Gardes à la Maison des Jésuites d'Ozaca, où il demeuroit alors, mais il voulut y rester; & la premiere chose, à quoi il pensa, quand il se vit Prisonnier, ce fut d'écrire au Pere Gnecchi, lequel étoit Supérieur des Jésuites dans la Tense, que puisqu'il alloit avoir l'honneur de répandre son sang pour Jesus-Christ, il le supplioit de vouloir bien lui accorder la grace, qu'il sollicitoit depuis plusieurs années, de le recevoir dans la Compagnie. Le Pere Gnecchi ne put lui refuser une si juste demande, & il fut admis au rang des Novices avec Diégo Kisaï.

Celui-ci étoit un bon Artisan du Royaume de Bigen, lequel avoit reçu le Baptême dans sa jeunesse, & s'étoit ensuite marié. Sa Femme ayant renoncé au Christianisme, je ne sçai à quelle occasion, il la quitta, mit un Fils unique, qu'il avoit, en lieu sûr, pour être élevé dans la crainte de Dieu, & se retira chez les

Jéſuites d'Ozaca. Son emploi principal dans cette Maiſon, étoit de recevoir les Hôtes; car les Miſſionnaires exerçoient partout l'hoſpitalité: mais comme il étoit parfaitement inſtruit de ſa Religion, on le faiſoit ſervir aſſez ſouvent de Catéchiſte. Cet Emploi étoit en grand honneur dans l'Egliſe du Japon, & on n'y admettoit que des Perſonnes d'une vertu éprouvée, & qui ſe conſacroient pour toujours au ſervice des Autels. Ordinairement c'étoit de jeunes gens de grande eſpérance, que leurs Parens dévoüoient dès leur enfance au Seigneur. La cérémonie de leur réception ſe faiſoit toujours avec beaucoup d'appareil, ils portoient un Habit long, peu différent de celui des Miſſionnaires; ils vivoient avec ces Religieux, & obſervoient exactement la même forme de vie. Il y avoit déja pluſieurs années, que Kiſaï avoit été élevé à cette dignité, il ne ſe pouvoit rien ajoûter à la ferveur, avec laquelle il en rempliſſoit tous les devoirs; & ce qui relevoit infiniment le mérite d'une vie ſi ſaintement occupée, c'étoit l'eſprit intérieur, dont il étoit animé. Tout le tems, qu'il avoit de libre, il l'occupoit à la priere, & ſurtout à contempler la Paſſion du Sauveur des hommes, qu'il ne manquoit pas un ſeul jour de lire toute entiere, & qu'il portoit toujours avec lui.

Trois jeunes Jéſuites, nommez LOUIS, PAUL & VINCENT, demeuroient auſſi à Méaco avec le Pere Gnecchi, mais ils avoient été envoyez, les uns d'un côté, & les autres d'un autre, pour le beſoin des Fidéles. Ils accoururent à la Capitale, dès qu'ils ſçurent ce qui s'y paſſoit, mais les Fidéles les empêcherent par force de rentrer dans la Maiſon, où il y avoit des Gardes, & les conduiſirent dans le logis d'un Particulier, où ils trouverent le Pere Gnecchi, qu'on avoit enlevé de ſa propre Maiſon, ſans que les Gardes s'en fuſſent apperçus; ce qui étoit d'autant plus facile, que cette Maiſon. n'étoit gardée, que pour la forme. Les Peres Jean Rodriguez, Pierre Morejon & François Perez ſe trouverent auſſi abſens, parce qu'ils étoient allez à Sacaï conduire l'Evêque du Japon, qui le même jour neuviéme de Décembre s'y embarqua pour Nangazaqui.

Les Peres de Saint François ſe rencontrerent au nombre de ſix dans les Villes d'Ozaca & de Méaco, à ſçavoir trois Prêtres, un Clerc, & deux Laïcs. Les trois Prêtres étoient les Peres Pierre BAPTISTE, Martin d'AGUIRE ou de L'ASCENSION, & François BLANCO. Le Clerc ſe nommoit Philippe DE LAS CASAS ou de JESUS. Les deux Laïcs avoient nom François DE PARILHA ou de Saint MICHEL, & Gonzalez GARCIA, dont nous avons déja parlé.

Le Pere Pierre Baptiſte étoit de CASTEL-SAN-STEPHANO dans le Dioceſe d'Avila; il entra jeune en Religion, & après y avoir paſſé par pluſieurs Charges, il fut envoyé aux Philippines: on le fit d'abord Cuſtode à Manile, puis Commiſſaire. Il ſe démit quelque tems après de cet Emploi, pour vacquer à la contemplation dans la ſolitude; mais on l'engagea à le reprendre, pour l'aller exercer au Japon. Parmi pluſieurs choſes merveilleuſes, que l'on rapporte de ce grand Religieux, on aſſûre qu'un jour de la Pentecôte, il guérit une Fille Japonnoise, qui étoit toute couverte de lépre, & qu'en même tems il parut comme des Langues de feu sur la tête de tous ceux, qui étoient présens à ce Miracle, & dont la plûpart eurent depuis l'honneur de confesser Jesus-Christ, les uns par la perte de leurs biens, ou de leur Patrie, les autres par celle de leur vie.

Je n'ai rien trouvé de fort particulier sur les deux autres Prêtres; quelques-uns sont le Pere de l'Ascension natif de VERGARA dans la Province de GUIPUSCOA, & les autres de Varanguëla en Biscaye. Il sçavoit assez bien la Langue du Japon, & préchoit avec un grand zele, & beaucoup de fruit. Le Pere Blanco étoit de MONTEREY en Galice. Ils étoient tous deux assez jeunes, quoique le premier eût enseigné la Théologie, avant que de passer au Japon.

Philippes de Jesus étoit né à Mexico de Parens Espagnols; sa conduite pendant les premieres années de sa jeunesse, ne donna pas lieu d'espérer qu'un jour il seroit Saint. Il les passa dans un si grand libertinage, qu'il s'attira la haine de sa Famille. Les marques, qu'elle lui en donna, le firent rentrer en lui-même, il changea de vie, & prit l'habit de Saint François. Il ne le porta pas longtems, il ne s'étoit pas assez consulté, avant que de faire cette démarche; dès les premieres attaques du Tentateur, il rendit les armes, & rentra dans le siécle. Ses Parens, pour n'avoir point devant les yeux un objet, qui leur causoit tant de chagrins, l'envoyerent trafiquer à la Chine : mais Philippes ne se vir pas plutôt abandonné à lui-même dans un Pays, où il pouvoit avoir tant d'occasions de satisfaire son penchant pour le plaisir, que le danger, où étoit son salut, l'effraya. Il se rappella en même tems les grands exemples de vertu, dont il avoit été si souvent témoin dans le Cloître, & tout cela fit une si vive impression sur son cœur, qu'il résolut de reprendre le saint Habit, qu'il avoit si lâchement quitté. Sur ces entrefaites il fut obligé de se transporter à Manile, pour quelques affaires, qui regardoient apparemment son commerce, & il ne les eut pas plutôt terminées, qu'il entra au Monastere des Anges, occupé par les Peres Franciscains Réformez de Saint Pierre d'Alcantara.

Cette nouvelle ayant été portée au Mexique, les Parens de Philippes en conçurent une joye extrême, & pierent instamment le Commissaire Général de cette Congrégation, qui se trouvoit alors dans la Nouvelle Espagne, de leur donner la consolation de voir leur Fils, puisqu'il étoit rentré dans la voye de la sainteté, l'unique chose, qu'ils avoient toujours souhaitée pour lui. Le Commissaire charmé de leur faire ce plaisir, manda à Philippes de profiter de la premiere voye, qui se présenteroit, pour se rendre à Mexico. Celui-ci reçut la Lettre dans le tems, que Dom Matthias de Landecho se préparoit à appareiller pour l'Amérique, il lui demanda le passage sur son Navire, & l'obtint. On dit que pendant le voyage on apperçut un jour dans le Ciel du côté du Japon, une Croix blanche de la figure de celles, qui sont en usage dans ces Isles, pour le supplice des Criminels; qu'au bout d'un quart d'heure cette Croix devint rouge, & qu'après un autre quart d'heure un nuage obscur la déroba aux yeux de l'Equipage fort étonné de ce Phénomene. La même Relation ajoûte que Philippes de Jesus ne douta point dès-lors que Dieu ne voulût par-là lui donner un présage du bonheur, qui l'attendoit au Japon. Après la saisie du Galion, il fut appellé à Méaco, où il étoit à peine arrivé, quand on mit des Gardes au Convent de son Ordre.

Gonzalez Garcia étoit né à Bazain dans les Indes Orientales, de Parens Portugais ; nous avons dit qu'il avoit longtems trafiqué au Japon ; je ne sçai à quelle occasion il fit un voyage aux Philippines, où ayant eu la connoissance des Religieux Franciscains Réformez, il conçut un si grand mépris des biens de la terre, qu'il renonça aux grandes richesses, qu'il avoit amassées, & embrassa la pauvreté Evangélique. Il soutint cette démarche avec tant de ferveur, que le Pere Baptiste le choisit, pour l'accompagner au Japon, où Dieu lui préparoit quelque chose de plus précieux, que ce qu'il y avoit négocié d'abord. Tayco Sama fut, dit-on, extrêmement édifié en apprenant, que ce pauvre Religieux avoit été un riche Commerçant, il le prit en affection, & le voyoit volontiers.

François de Saint Michel, à qui d'autres donnent le nom de JEAN, étoit Castillan, de PADILHA au Diocése de Palencia. Il entra d'abord chez les Cordeliers, parmi lesquels il vécut quelque tems dans une grande réputation de sainteté : ensuite le désir d'une plus grande perfection, le fit passer de la Province de la Conception dans celle de S. Joseph, où l'on gardoit l'Etroite Observance, & au bout de quelques années il fut envoyé aux Philippines, où Dieu récompensa son éminente vertu du don des Miracles. Il rencontra un jour une Femme Indienne, qui étoit prête d'expirer, & qui avoit déja perdu la parole, il ne fit autre chose, que former le signe de la Croix sur la bouche de la Malade, & dans le moment elle recouvra la parole ; le premier usage, qu'elle en fit, fut de demander le Baptême, & il lui fut accordé. Un Indien avoit été mordu à la jambe d'un Serpent, dont la morsure passe pour être incurable ; le Saint Religieux fit le signe de la Croix sur la Playe, & la jambe, qui étoit déja excessivement enflée, revint à son état naturel. Dieu avoit encore favorisé son Serviteur d'une oraison continuelle, & d'un zele très-ardent pour le salut des ames.

§. VIII.

L'Empereur déclare qui sont ceux, qu'il a ordonné d'arrêter. Ferveur d'Ucondono, des deux Fils & d'un Neveu du Vice-Roi de Méaco. Mouvement qu'excite parmi les Chrétiens l'espérance du Martyre. Exemple remarquable de cette ferveur. Martyre de deux Esclaves. Courage héroïque d'un Enfant.

Voilà quels étoient les neuf Religieux, qui furent arrêtez en vertu des ordres de Tayco-Sama. Ce Prince avoit encore commandé qu'on dressât une liste de tous les Chrétiens, qui fréquentoient les Eglises de Méaco, & d'Ozaca, & le nombre en monta si haut, que Xibunojo, qui étoit spécialement chargé de cette affaire, en fut effrayé : aussi la fit-il supprimer, disant que l'intention de Sa Majesté n'étoit pas de dépeupler son Empire, en faisant mourir tous les Chrétiens, mais seulement de punir les Religieux venus des Philippines, qui contrevenoient ouvertement à ses Edits. Il est vrai néanmoins, que s'étant rendu l'onze de Décembre à Fucimi, où l'Empereur étoit venu visiter le nouveau Palais, qu'il y faisoit bâtir, il en avoit reçû un commandement exprès de faire mourir tous les Religieux Etrangers, mais il s'étoit contenté de l'assurer, qu'il seroit obéï, bien résolu de ne rien omettre pour faire restraindre cette Sentence, & en faire modérer la rigueur. Le bruit ne laissa point de se répandre par tout qu'on alloit faire main basse sur tous les Chrétiens, qui se trouveroient dans les Eglises, ou avec un Missionnaire, & cette nouvelle excita dans tous les cœurs des Fidéles une joye, & un désir du martyre, qui causerent de l'admiration aux Idolâtres.

Ucondono, qui quelques mois auparavant avoit eu la douleur de voir expirer entre ses bras son Pere, l'illustre Darie Tacayama, & la consolation de l'entendre loüer le Seigneur jusqu'au dernier soupir, & le remercier de l'avoir jugé digne de mourir Confesseur de Jesus-Christ ; Ucondono, dis-je, fut le premier, qui donna dans cette rencontre à toute l'Eglise du Japon l'exemple de ce courage, dont nous verrons tant de traits survenans dans toute la suite de cette Histoire. Nous avons vû que ce Seigneur avoit été rappellé à la Cour pendant la guerre de Corée ; ce rappel & l'accuëil, que lui avoit fait l'Empereur, avoient fait croire qu'on le reverroit bientôt partager au moins avec Tsucamidono le premier commandement dans les Armées, & avoit excité la jalousie de la plûpart des Courtisans, à qui son mérite faisoit ombre ; mais il y avoit dans l'esprit de Tayco-Sama un fonds de haine contre le plus fidele, & le plus illustre de ses Sujets, qui l'emporta sur les services, qu'il en pouvoit tirer, & la nouvelle faveur d'Ucondono avoit abouti à le relever de l'état de Proscrit. Il ne quittoit point le Roi de Canga, dont il s'étoit fait un ami ; mais sur le bruit, dont je viens de parler, il vint à Méaco, & se rendit auprès du Pere Gnecchi, pour avoir la consolation de mourir avec ce Religieux, dont il respectoit fort la vertu.

Il voulut néanmoins prendre auparavant congé du Roi de Canga ; il l'alla trouver à Fucimi, où ce Prince étoit avec l'Empereur, & le pria de vouloir bien agréer quelques bijoux, qui lui restoient, & de les garder, comme des témoignages de son amitié, & de sa reconnoissance. Le Roi de Canga bien étonné d'un adieu si imprévû, lui demanda, d'où il sçavoit qu'on devoit faire mourir le Pere Gnecchi ? » Ce que je puis » vous dire de certain, ajoûta-t-il, » c'est que j'étois dernierement chez » l'Empereur ; Sa Majesté déclara, » qu'elle n'avoit aucun sujet de » plainte des Peres de la Compa- » gnie, & qu'elle n'en vouloit » qu'aux Religieux venus des Phi- » lippines ; ainsi vous vous allar- » mez sans sujet, & je vous conseille

» de demeürer tranquile chez vous, » sans faire un éclat, qui pourroit avoir de fâcheuses suites pour » votre Religion. Tayco-Sama n'ignore point que vous êtes Chré-» tien, il sçaura bien vous trouver, » s'il a envie de vous faire mourir ; » mais n'achetez point cet honneur, » dont vous paroissez si jaloux, par » une indiscrétion, qui pourroit » coûter la vie à des personnes, que » vous estimez, & auxquelles on ne » pense point. Cet avis étoit sage, Ucondono le suivit, sans perdre néanmoins, ni le désir, ni l'espérance du Martyre.

Les deux Fils de Guenifoin firent aussi paroître pour un sort pareil une ardeur, qui fut longtéms le sujet des entretiens. Paul Sacandono, l'aîné des deux, (*a*) & déja reçû en survivance des Charges de son Pere, lequel étoit en même tems Vice-Roi de la Tense, & Grand-Maître de la Maison de l'Empereur, se trouvoit à deux cent lieües de la Capitale, lorsqu'il apprit la détention des Missionnaires, qu'il croyoit tous dans les Fers. Il partit sur le champ, congédia ses Domestiques, dont pas un ne voulut le quitter, se déguisa en Jésuite dans l'espérance qu'il seroit plus aisément arrêté sous cet habit, & arriva en poste chez le Pere Gnecchi, auquel peu s'en fallut que ce grand fracas ne valût la Couronne du Martyre. Sacandono commença à se préparer par une Confession générale de toute sa vie à la mort, qu'il étoit venu chercher de si loin. Constantin son Cadet, qui étoit dans sa Famille, eut à combattre toute la tendresse de ses Parens, & les menaces de son Pere ; mais animé d'en-haut,

(*a*) Ou SACAIDONO.

il fit comprendre à tous, qu'aucune crainte, ni aucune espérance humaine n'étoient capables de l'ébranler, & il eut le courage de voir avec des yeux secs couler des larmes, dont les plus insensibles étoient touchez. Un de leurs Cousins Germains, nommé Michel, dont j'ai déja parlé, ne fit pas moins paroître de fermeté ; il vit, sans en être émû, tomber en foiblesse à ses pieds la Vice-Reine sa Tante, allarmée du péril, où ses Enfans & lui s'exposoient. Il tâcha même, après qu'elle fut revenuë à elle, de lui faire regarder la mort, qu'on souffre pour son Dieu, comme quelque chose de plus grand, que tous les honneurs, à quoi on les destinoit. Il parla en vain, cette Dame & son Mari étoient de ces ames droites, qui sçavent estimer la vertu, mais que les grandeurs du siécle éblouïssent, & que l'attachement aux biens de la Fortune éloigne du Royaume des Cieux.

Un Seigneur fort riche, & fort puissant, baptisé depuis très-peu de tems, fit publier dans ses Terres, qu'il puniroit séverement quiconque étant interrogé par ordre de l'Empereur, si son Maître étoit Chrétien, dissimuleroit la vérité : un autre appréhendant qu'on n'osât point venir chez lui, pour se saisir de sa Personne, alla sans suite avec son Epouse, le Pere conduisant un petit Garçon de dix ans, & la Mere portant entre ses bras une petite Fille, qui ne pouvoit encore marcher, se présenter à un de ceux, qui commandoient à Méaco. Un Parent de Tayco-Sama, à qui ce Prince avoit donné trois Royaumes, alla s'enfermer avec quelques Jésuites, pour ne pas

perdre

perdre l'occasion de mourir avec eux. On trouva un jour cette illustre Reine de Tango, dont nous avons rapporté ailleurs la conversion & les souffrances, qui travailloit elle-même avec ses Filles à se faire des habits magnifiques, pour paroître avec plus de pompe au jour de leur triomphe, ainsi qu'elles s'exprimoient. Partout on ne rencontroit, que gens de tous les ordres, uniquement attentifs à ne pas laisser échapper le moment favorable de confesser Jesus-Christ devant les Officiers de l'Empereur. Les Femmes de qualité se réünissoient dans les Maisons, où elles croyoient pouvoir être plus aisément découvertes, & il y eut à Méaco une jeune Dame, qui pria ses Amies, que si elles la voyoient trembler, ou reculer, elles la traînassent par force au lieu du supplice. En un mot les moyens de se procurer l'honneur du Martyre étoient la grande occupation des Fidéles de tout âge, de tout sexe, & de toute condition ; & souvent la seule vûë de la joye & de la tranquillité, qu'ils faisoient paroître en se disposant à la mort, inspiroit les mêmes sentimens & la même ardeur à ceux, en qui la grace n'avoit pas opéré d'abord aussi puissamment. Je n'en rapporterai, qu'un exemple, qui pourra faire juger en quelle disposition se trouvoit alors toute cette Chrétienté.

Un Gentilhomme Bungois nommé André ONGASAVARA, après la désolation de sa Patrie & la dégradation de son Roi, s'étoit retiré à Ozaca, où, comme il avoit perdu tout son bien, il étoit réduit pour vivre à apprendre à tirer de l'Arc, & à monter à cheval, qui sont deux Arts fort honorables dans le Japon. Du reste il menoit une vie tout-à-fait édifiante, & par sa conduite il faisoit honneur à sa Religion. Du moment qu'il eut avis qu'on dressoit des listes des Chrétiens, il en témoigna une joye, dont il ne fut pas le maître, & dit assez publiquement, qu'on ne pouvoit pas lui disputer l'honneur d'y être écrit des premiers. On fit ce qu'il souhaitoit, & il travailla ensuite à procurer à toute sa Famille le bonheur, qu'il croyoit s'être assûré à lui-même. Il avoit encore son Pere, qui étoit âgé de quatre-vingt ans, & qui n'étoit baptisé, que depuis six mois. Il craignit que ce Vieillard, qui dans un âge si avancé conservoit toute la vigueur de sa jeunesse, & qui avoit passé toute sa vie pour un des plus braves hommes du Japon, n'eût pas encore bien connu le prix, & la véritable grandeur de la douceur & de l'humilité Chrétienne, & ne voulût se défendre, si on se mettoit en devoir de l'arrêter. Il crut donc que le plus sûr étoit de l'engager à se retirer dans quelque maison à la Campagne, où l'on ne s'aviseroit pas de l'aller chercher.

Il le va trouver, & lui demande, s'il est bien instruit, & bien persuadé qu'il ne peut rien arriver de plus glorieux à un Chrétien, que de mourir pour son Dieu : » Oüi mon Fils, » répondit-il, je le sçai, & s'il est » beau de mourir pour son Prince, » à plus forte raison l'est-il de mou- » rir pour son Dieu, & pour un » Dieu, qui le premier a donné tout » son sang pour nous ? Mais mon » Pere, ajoûta Ongasavara, il y a » ici une différence, que vous ne » sçavez peut-être pas encore ; c'est

Tome II. E

» que quand on meurt pour Dieu, » il faut recevoir la mort, sans se » mettre en défense. Sans se mettre » en défense, reprend le Vieillard » tout en colere, & se laisser massa-» crer comme un lâche ! Mon Fils, » il faut aller débiter ces maximes à » d'autres. Je prétens bien me dé-» fendre, & défendre les Peres, qui » nous ont instruits ; aussitôt il tire son Sabre, & le tenant nud à la main : » Allons, dit-il, chez nos » Maîtres, si les Soldats approchent, » pour leur faire la moindre insulte, » j'en abattrai sept ou huit à mes » pieds, & si je péris en combattant » pour une si belle cause, à la bon-» ne heure, je serai Martyr. Mon » Pere, repliqua Ongasavara, ce » n'est point là l'esprit du Christia-» nisme : croyez-moi, il n'est pas » nécessaire de se présenter à la mort ; » il est même quelquefois de la pru-» dence de s'y soustraire, & le Sau-» veur des hommes l'a recommandé » à ses Disciples, quoiqu'il semble » que ce soit à eux de nous donner » l'exemple de mourir pour lui ; j'ai » un Fils fort jeune, retirez-vous » avec cet Enfant, l'unique espéran-» ce de notre race ; on n'ira point » vous chercher à la Campagne, » pour moi je resterai avec les Peres, » & je mourrai en leur compagnie. » Comment, repartit le Vieillard » outré de dépit, comment as-tu la » hardiesse de me faire une pareille » proposition ? Il feroit beau me voir » craindre la mort à mon âge, après » l'avoir si souvent affrontée dans » les Combats. Non non je ne fui-» rai point, on me trouvera partout » en bonne posture, je casserai la » tête aux premiers, qui se mettront » en devoir de faire violence aux » Peres, ou à moi, & si je meurs les » armes à la main en faisant mon » devoir d'homme d'honneur, & » de Chrétien, je le répete, je serai » volontiers Martyr, mais comme » il me convient de l'être.

Il entre ainsi plein d'émotion dans l'Appartement de sa Belle Fille, & la trouve occupée à se faire des habits fort propres ; il voit en mê-me tems les Domestiques, & jus-qu'aux Enfans, qui s'empressoient à préparer, l'un son Reliquaire, l'au-tre son Chapelet, d'autres leur Crucifix ; il demande la cause de tout ce mouvement, & on lui ré-pond que l'on se dispose au Com-bat : *Quelles Armes, & quelle espece de Combat*, s'écrie-t-il ! Il s'appro-che de la jeune Femme : *Que faites-vous là, ma Fille*, lui demande-t-il : *j'ajuste ma robe*, répond-elle, *pour être plus décemment, lorsqu'on me met-tra en Croix ; car on assûre qu'on y va mettre tous les Chrétiens.* Elle dit cela d'un air si doux, si tranquile, si content, qu'elle déconcerta son Beau-Pere. Il demeura quelque tems à la regarder en silence ; puis, com-me s'il fût revenu d'une profonde léthargie, il quitta ses Armes, tira son Chapelet, & le tenant entre les mains, *c'en est fait*, dit-il, *je veux aussi me laisser crucifier avec vous.*

La constance des Chrétiens ne se borna point à d'inutiles protesta-tions, ni à de vains préparatifs, & le sexe le plus foible eut même la gloire d'entrer le premier dans la lice. Une Femme Chrétienne, dont je n'ai pû sçavoir, ni le nom, ni le Pays, avoit un Mari Idolâtre, qu'-elle ne cessoit d'exhorter à renoncer au culte de ses Dieux ; le Mari de son côté prévoyant l'orage, qui alloit fondre fur les Chrétiens, avoit entrepris de faire abjurer le Chriſtianiſme à ſa Femme, qu'il aimoit avec paſſion. Après avoir employé pour la ſéduire les raiſons, les careſſes, & les menaces, il en vint aux mauvais traitemens. Un jour qu'il la trouva plus ferme que jamais, ou qu'il étoit de plus mauvaiſe humeur, qu'à l'ordinaire, il la mena dans le fonds d'une Forêt avec une Eſclave auſſi Chrétienne, & dont la Foi étoit pareillement à toute épreuve. Là, tirant ſon Sabre, il le fit briller aux yeux de ces deux Femmes; comme il vit qu'elles n'en étoient point ébranlées, il fit ſemblant de vouloir fendre la tête à ſon Epouſe, & d'un revers il abattit à ſes pieds celle de l'Eſclave. Auſſitôt la généreuſe Chrétienne ſe jette à genoux, & ſe met en état de recevoir auſſi le coup de la mort; mais Dieu ſe contenta de ſa bonne volonté; l'amour conjugal fut le plus fort dans le cœur de l'Idolâtre, il releva ſa Femme, & prit le parti de diſſimuler ce qu'il ne pouvoit empêcher. Quelque tems après il recommença ſes pourſuites; alors ſa Femme ſe crut obligée de le quitter, & ſe refugia ſecretement à Nangazaqui. Il en fut au déſeſpoir, & l'on ajoûte, qu'après bien d'inutiles recherches, pour découvrir le lieu de la retraite de ſon Epouſe, le chagrin, qu'il eut de n'y avoir pas réüſſi, le porta à ſe fendre le ventre.

Une Fille de qualité du Royaume de Bungo fut encore plus heureuſe; elle avoit été faite Eſclave pendant la Guerre, qui avoit déſolé ſa Patrie, & elle étoit tombée entre les mains d'un Idolâtre furieux; mais elle s'apperçut bientôt que ſon honneur couroit encore plus de riſque auprès de ſon Maître, que ſa Religion; & pour attirer ſur elle les graces, dont elle avoit beſoin pour ſe ſoutenir contre ſes pourſuites, elle fit vœu de perpétuelle Virginité. Ce fut en effet par l'endroit, qu'elle avoit prévû, qu'on l'attaqua d'abord; mais comme elle s'étoit préparée au combat, elle triompha de tous les aſſauts, qui lui furent livrez. Son Maître laſſé de ſes réſiſtances, envoya des Libertins pour la deshonorer; elle eut le courage & la force de les mettre en fuite. L'Infidéle crut pouvoir l'intimider en la menaçant de la faire paſſer comme Chrétienne, par la rigueur des Loix; elle témoigna qu'il ne pouvoit lui faire un plus grand plaiſir; il s'imagina que les mauvais traitemens la rendroient plus docile, & il la fit cruellement foüetter; mais ce ſupplice ne fit qu'animer ſon courage. Alors la paſſion de ce Barbare ſe tourna en rage, il mena ſon Eſclave dans la Place, où l'on avoit accoutumé de faire mourir les Criminels, l'y poignarda de ſa propre main, & jetta ſon corps dans un cloaque, où l'on laiſſoit pourrir ceux, qui avoient péri par la main du Bourreau.

Enfin l'âge le plus tendre donna en cette occaſion des exemples d'un courage digne des premiers ſiécles de l'Egliſe. Un Enfant de dix ans avoit un Pere, lequel, après avoir lâchement abjuré la Foi, entreprit d'engager ſon Fils dans ſon Apoſtaſie. Il y trouva une réſiſtance, à quoi il ne s'étoit point attendu, mais il fut encore bien plus ſurpris, lorſque l'Enfant, fatigué de ſes diſcours, lui parla en ces termes : » Un » Pere, qui eſt homme d'honneur,

E ij

» ne doit avoir rien plus à cœur, que
» de porter ses Enfans à la pratique
» de la vertu, & il est bien surpre-
» nant, mon cher Pere, qu'après
» avoir, par une insigne lâcheté, re-
» noncé au culte du vrai Dieu, vous
» preniez à tâche de rendre votre
» Fils complice d'une si grande in-
» fidélité; vous devriez bien plutôt
» songer à rentrer vous-même dans
» le sein de l'Eglise, qu'à vouloir
» m'en faire sortir. Mais vous ferez
» par rapport à vous tout ce qu'il
» vous plaira; il n'y a point de Loi,
» qui ordonne à un Enfant d'être l'i-
» mitateur de la perfidie de son Pe-
» re, & j'espere que Dieu me fera
» la grace de lui être fidéle jusqu'au
» bout malgré tous vos efforts. »
Cette déclaration irrita extrêmement le Pere Apostat, & dans le
premier mouvement de sa colere, il
chassa son Fils de chez lui. L'Enfant
sortit fort content, & se regardant
comme un Orphelin, sans aucune
ressource de la part de ceux, qui lui
avoient donné le jour, il se jetta
entre les bras de l'Eglise, qui lui
servit de Mere; un Missionnaire s'é-
tant chargé de lui. Quantité d'autres Enfans firent paroître la même
fermeté, & une ardeur, pour être
inscrits dans les listes, qui jetta tout
le monde dans l'admiration.

§. IX.

Tout ce mouvement s'appaise. On adoucit l'Empereur à l'égard des Jésuites. De quelle maniere il s'explique à leur sujet. Le nombre des Prisonniers est réduit à quinze. On aigrit de nouveau l'esprit de l'Empereur, lequel condamne à la mort tous ceux, qui sont arrêtez. Un Chrétien prend la place d'un des Prisonniers, dont il portoit le nom. Ce qui empêche de sauver les trois Jésuites. Ferveur de trois Enfans.

MAis tout ce mouvement, qui avoit donné lieu à un Spectacle si glorieux à la Religion, s'appaisa tout à coup: la nouvelle se répandit de toutes parts qu'on ne feroit mourir, que les Religieux, qui étoient actuellement arrêtez à Ozaca & à Méaco, avec quelques Chrétiens, qu'on avoit trouvez chez eux, & voici de quelle maniere on s'y étoit pris, pour borner là le grand fracas, qu'avoit fait l'Empereur. J'ai dit qu'Usiojo, Fils de Faxegava, avoit été chargé de dresser la liste de tous ceux, qui contrevenoient ouvertement aux Edits de l'Empereur. Cet Officier s'étant transporté à Méaco, pour y exercer sa Commission, trouva que Xibunojo, en vertu des premiers ordres, qu'il avoit reçus de Tayco-Sama, avoit mis des Gardes à la Maison des Religieux de Saint François, & qu'il n'y en avoit plus à celle des Jésuites; il ne laissa point de faire sa liste, y comprit indifféremment ceux, qu'il sçavoit être attachez aux uns & aux autres, & mit Ucondono à la tête de tous. Il alla ensuite trouver Xibunojo, & lui demanda pourquoi l'on faisoit cette différence entre des Religieux, qui étoient tous également coupables? Xibunojo, qui commandoit dans la Capitale, choqué de voir un jeune homme sans caractere agir avec cette indépendance, & oser encore lui demander raison de sa conduite, le traita fort mal, lui dit qu'il étoit bien informé des intentions de l'Empereur, & qu'il pouvoit s'en rapporter à lui. Il ajoûta que le Prince n'avoit jamais prétendu faire mourir tous les Chrétiens, qu'il n'ignoroit pas qu'Ucondono l'étoit, & n'avoit donné aucun ordre, qui regardât ce Seigneur ; enfin qu'il devoit sçavoir qu'il étoit contre le respect dû à la Majesté du Souverain, de mettre des Gardes à une Maison, où demeuroit son Interpréte.

Usioio repliqua qu'outre l'Interpréte de l'Empereur, plusieurs autres Religieux demeuroient dans cette Maison contre la volonté de l'Empereur ; qu'ils prêchoient leur Doctrine au Peuple, quoiqu'avec moins d'éclat, & baptisoient tous les jours un grand nombre de Japonnois. *Je sçai*, repartit le Commandant, *ce qui est du devoir de ma Charge, & je sçaurai en rendre bon compte.* Usiojo se retira ; & Xibunojo faisant réflexion que le ressentiment de ce Gentilhomme pourroit le porter à le rendre suspect de favoriser les Chrétiens, envoya un Officier au College des Jésuites, pour avoir droit de dire qu'il s'étoit assûré de ces Peres. L'Officier ne trouva dans cette Maison que deux Domestiques, il se contenta de prendre leurs noms, & se retira. Ce que Xibunojo avoit prévû arriva, il fut accusé de connivence en ce qui regardoit les Chrétiens, & l'Empereur lui en fit de grands reproches. Il répondit qu'il n'ignoroit pas que les Religieux venus des Philippines avoient contrevenu ouvertement aux ordres de Sa Majesté, qu'il les avoit avertis dès le commencement de se modérer dans l'exercice de leur Religion ; mais qu'ils lui avoient fait réponse que Faxegava leur avoit obtenu de l'Empereur la permission de se comporter à cet égard, comme ils voudroient. Faxegava & Usiojo son Fils étoient présens, & n'oserent rien repliquer. » Quant » aux anciens Missionnaires, ajoû- » ta Xibunojo, je puis protester » à Votre Majesté, que quelques » perquisitions, que j'aye pû faire, » je n'ai jamais rien découvert en » eux, qui pût les rendre criminels. Il montra ensuite une Lettre de Terazaba, Gouverneur de Nangazaqui, où ce Seigneur loüoit extrêmement la sagesse des Peres de la Compagnie, qui étoient dans son Gouvernement.

Xibunojo ajoûta à cela beaucoup d'autres choses vrayes ou fausses ; & quelques jours après, comme le Prince visitoit les Ouvrages, qu'il faisoit faire à Fucimi, quelques Seigneurs amis d'Ucondono, du Grand Amiral, & de l'ancien Roi de Buygen, remirent le discours sur les Religieux d'Europe ; & l'un d'eux dit, que depuis cinquante ans, que les Jésuites étoient entrez au Japon, non seulement ils y avoient été fort paisibles, mais qu'ils s'y étoient toûjours employez de toutes leurs forces à maintenir l'ordre & la tranquillité dans les Familles & parmi le Peuple ; que personne ne recommandoit plus fortement le respect & l'obéïssance dûs aux Puissances légitimes ; qu'on ne voyoit point de gens plus charitables, plus patiens, plus compatissans ; qu'il suffisoit d'être pauvre, infirme, ou malheureux, pour devenir l'objet de leurs soins les plus empressez, & cela sans aucune distinction de Religion ; enfin

E iij

que Sa Majesté pouvoit leur rendre cette justice, qu'on ne lui avoit jamais fait la moindre plainte contre aucun d'eux. Tandis que ce Seigneur parloit de la sorte, le Vice-Roi Guenifoin survint, & encherit encore sur ce qui venoit d'être dit; puis il ajoûta que le Pere Gnecchi, à qui Sa Majesté avoit permis de demeurer à Méaco, avoit changé d'habit, & ne paroissoit jamais en public, quoiqu'il n'eût aucun ordre de se comporter en Banni.

Tayco-Sama ne répliqua rien pour lors, mais on remarqua qu'il avoit pris plaisir à tout ce qu'on venoit de lui dire, & l'on manda à Terazaba que ce Prince ne feroit mourir aucun Jésuite; que leur modération l'avoit charmé, & qu'il ne vouloit pas rompre avec les Portugais, en maltraitant leurs Religieux. Le douziéme de Décembre Xibunojo alla trouver l'Empereur, & lui dit: » Votre Majesté m'a commandé de » faire mourir les Peres, je viens » sçavoir de quels Peres elle veut » parler. J'entends ceux, qui sont » venus des Philippines, répondit » le Prince : ne sçavez-vous pas » que ces Religieux ont déja rangé » sous l'obéïssance de leur Roi ces » mêmes Philippines & la Nouvelle » Espagne ! ils prétendoient en faire » autant du Japon, mais ils avoient » compté sans moi; si je trouvois » leur Religion bonne, je permet- » trois bien plutôt au Pere Rodri- » guez mon Interprète, & à ses Con- » freres de la prêcher dans mes Etats, » qu'à ces nouveaux venus, qui ne » s'y sont introduits sous ce prétex- » te, que pour révolter mes propres » Sujets contre moi. Qu'en pensez- » vous vous-même ? Je pense, re- » pliqua Xibunojo, que Votre Ma- » jesté agit en Prince équitable & » judicieux. En effet, quelques avis, » que l'on ait pû donner aux Reli- » gieux des Philippines, il n'a jamais » été possible de les obliger à se con- » tenir dans le devoir, comme ont » toujours fait les autres. Envoyez » donc, repliqua l'Empereur, un » Batteau léger au Pere Rodriguez, » qui doit être dans l'affliction, » pour lui dire de ma part qu'il ne » s'inquiéte point; faites aussi aver- » tir l'Evêque que je fais grace à » tous ceux, qui sont avec lui; & » ne perdez point de tems, pour » donner le même avis au bon Vieil- » lard Gnecchi.

Xibunojo obéït avec bien de la joye à cet ordre; il fit partir sur le champ un Exprès pour Méaco, & lui recommanda de faire retirer l'Officier, qui gardoit le College des Jésuites, s'il y étoit encore; d'informer le Pere Gnecchi des intentions de l'Empereur, & de s'embarquer aussitôt pour Nangazaqui, où étoient l'Evêque & le Pere Rodriguez, & de leur apprendre les intentions de l'Empereur. Il écrivit en même tems à celui, qui commandoit en son absence à Méaco, de faire une nouvelle Liste de tous ceux, qui fréquentoient l'Eglise des Peres Espagnols, & de la lui envoyer. Cet Officier donna la commission à un de ses Domestiques, qui alla de maison en maison demander, si l'on étoit Chrétien, & chacun s'empressant de répondre qu'il l'étoit, la Liste se trouva extrêmement chargée. L'Officier en fut effrayé; mais comme il sçavoit les intentions de Xibunojo, il en fit une autre, où il ne marqua que quinze personnes.

Les choses en demeurerent là jusqu'au trente de Décembre, & l'on commençoit même à espérer que l'Empereur, dont les accès de colere étoient aussi peu durables, qu'ils étoient violens, se contenteroit d'exiler les Peres de Saint François, & ne feroit point répandre de sang, lorsque Jacuin Toçun, qui connoissoit parfaitement le génie de son Maître, & qui ne pouvoit souffrir qu'un feu, qui lui avoit tant coûté à allumer, & qu'il n'avoit jamais discontinué depuis d'attiser sous main, s'éteignît, sans qu'il en coûtât la vie à quelqu'un, parla à l'Empereur ; & l'on regarda comme un miracle, qu'il ne lui eût pas fait prendre de plus violentes résolutions. Mais soit qu'il se fût un peu radouci lui-même à l'égard des Jésuites, à qui il avoit même fait quelques politesses dans le tems, que l'Evêque avoit eu Audience de Tayco-Sama, soit qu'il ne voulût point se broüiller avec ceux, qui protégeoient ces Peres, il paroît certain, qu'il ne parla point en cette occasion contre eux. En effet l'Empereur ayant fait appeller le même jour Xibunojo, il lui dit : » Je vais partir pour Ozaca, d'où » je vous envoyerai les Prisonniers, » qu'on y a arrêtez, joignez-les à » ceux, qui sont à Méaco. Je veux » qu'ils soient tous promenez sur » des Charettes par les ruës de Méaco, qu'on leur coupe le nez & les » oreilles, qu'on les envoye ensuite » à Ozaca, où on les promenera » aussi par les ruës ; que la même » chose se fasse à Sacai, & qu'on » porte devant les Charettes la Sentence de mort, que j'ai prononcée contre eux. » Cette Sentence étoit conçuë en ces termes.

TAYCO-SAMA.

J'ai ordonné qu'on traitât ainsi ces Etrangers, parce qu'ils sont venus des Philippines au Japon, se disant Ambassadeurs, quoiqu'ils ne le fussent pas; qu'ils y ont resté longtems sans ma permission, & que contre ma défense, ils y ont bâti des Eglises, prêché leur Religion, & commis de grands désordres. Je veux qu'après avoir été ainsi exposez à la risée du Peuple, ils soient crucifiez à Nangazaqui.

Xibunojo ayant reçû cet ordre, se rendit à Méaco, où il donna commission à son Lieutenant de faire conduire chez lui tous les Prisonniers, qui étoient sur la Liste, qu'il lui envoyoit. Ils étoient dix-sept, cinq Religieux de Saint François, & douze Laïcs, la plûpart Domestiques ou Catéchistes de ces Peres ; & comme on appelloit ceux-ci par leurs noms, il s'en trouva un de moins ; car ils n'étoient pas tous dans la Maison des Peres de Saint François, & on leur avoit laissé sur leur parole la liberté de vacquer à leurs affaires. Celui qui étoit absent, se nommoit MATHIAS ; on eut beau l'appeller, il étoit allé faire quelques emplettes pour le Convent, dont il étoit le Pourvoyeur, & personne ne put dire, où il étoit. Alors un bon Artisan du voisinage, qui portoit le même nom, entendant le Domestique du Lieutenant, qui crioit de toutes ses forces, *Où est donc Mathias ?* s'approcha de cet homme, & lui dit : » Je me nomme *Mathias*, je ne suis point apparemment celui, que vous demandez, » mais je suis Chrétien, aussi-bien » que lui, & fort disposé à mourir, » pour le Dieu que j'adore. Cela

» suffit, dit le Domestique, peu
» m'importe, pourvû que ma Liste
» soit remplie. « Le généreux Chrétien ravi de joye, se joignit à la
Troupe des Confesseurs de Jesus-Christ, se félicitant de ce que par
un trait particulier de la Providence, qui paroissoit un effet du hazard, il se voyoit en possession d'un
sort, après lequel tant de milliers
de Chrétiens avoient vainement soupiré, & qu'à l'exemple de son Saint
Patron, *il avoit été ajoûté aux onze.*

Le trente-uniéme de Décembre
l'Empereur arriva à Ozaca, & sur
le champ ordonna au Gouverneur
de cette Ville d'envoyer à Méaco
ceux, qui étoient sur sa Liste : ils
étoient sept, les trois Jésuites, un
Religieux de Saint François & trois
Séculiers. Le Gouverneur d'Ozaca
auroit pû, suivant l'ordre, qu'il avoit
reçu de faire retirer la Garde, qui
étoit à la Maison des Jésuites, renvoyer libres Paul Miki & ses deux
Compagnons, mais il n'osa le prendre sur lui ; & Xibunojo, à qui le
Pere Gnecchi en porta ses plaintes,
lui répondit, que ces trois Prisonniers s'étant trouvez sur la Feüille,
qui avoit été lûë de l'Empereur, il
n'étoit pas possible de les élargir,
sans en parler à Sa Majesté ; que
cette démarche seroit dangereuse,
puisque par-là on feroit connoître à
ce Prince, qu'il étoit resté des Jésuites à Ozaca, malgré ses défenses ;
qu'il le trouveroit assurément trèsmauvais ; qu'ainsi son sentiment étoit, qu'il falloit sacrifier quelques
Particuliers, pour sauver le Corps.

Parmi les Chrétiens condamnez
à mourir, il y avoit trois Enfans,
dont la ferveur & la constance étonnerent les Infidéles, & attirerent sur
toute la Troupe la compassion de la
Multitude. L'un se nommoit Louis,
& n'avoit que douze ans ; les deux
autres avoient nom Antoine &
Thomas, & n'en avoient pas plus
de quinze : ils servoient à l'Autel chez
les Peres de S. François, & avoient
été mis des premiers sur la Liste. Il
n'avoit tenu qu'à eux de n'y être
pas, on avoit même refusé d'abord
d'y mettre le petit Loüis ; mais il fit
tant par ses pleurs & par ses prieres,
qu'on lui donna cette satisfaction.
Il refusa dans la suite un moyen,
qu'on lui suggéra de s'évader, & ils
soutinrent tous trois jusqu'au bout
de la carriere ce grand courage, qui
les y avoit fait entrer.

§. X.

*On coupe aux Confesseurs le bout de l'oreille, & ils sont promenez par
les ruës de Méaco, puis à Ozaca & à Sacai. Leur voyage jusqu'à Nangazaqui. Ils font plusieurs conversions. La charité de deux
Chrétiens leur procure l'honneur du Martyre. Mouvement dans Nangazaqui. Ferveur d'un Enfant.*

ENfin le troisiéme jour de Janvier
1597. les vingt-quatre Prisonniers furent menez à pied dans une
Place de la haute Ville de Méaco, où on leur coupa à chacun un
bout de l'oreille gauche, Xibunojo
n'ayant pû se résoudre à les faire défigurer, comme il étoit porté par
l'Arrêt de leur condamnation. On
les fit ensuite monter trois à trois
dans

dans des Charettes, & on les promena de ruë en ruë. C'est la coutume au Japon d'en user ainsi à l'égard de ceux, qui sont coupables des plus grands crimes, & le plus souvent la Populace accable d'opprobres ces Malheureux, à qui la confusion cause un tourment beaucoup plus sensible, que le supplice même, qui doit terminer leur déplorable destinée. Mais il arriva tout le contraire en cette occasion; on voyoit un Peuple infini dans un morne silence, qui n'étoit interrompu, que par des soupirs & des sanglots, qu'arrachoit aux Payens mêmes la vûë de tant de Personnes innocentes, si indignement traitées. Les trois Enfans surtout, dont la joye, la tranquillité & le sang, qui couloit sur leurs joües, avoit véritablement quelque chose d'attendrissant, excitoient la compassion des plus insensibles, & de tems en tems on entendoit crier: *Oh l'injustice! oh la cruauté! Quel crime ont commis ces Enfans & tant de Gens de bien, pour être punis comme des Malfaiteurs?* Quelques Chrétiens venoient après les Gardes, & leur demandoient en grace de les faire aussi monter sur les Charettes, mais ceux-ci n'oserent passer leurs ordres. Les Martyrs de leur côté s'occupoient de la Priere, tandis que le Pere Baptiste, digne Chef de cette glorieuse Troupe, les exhortoit à la perséverance, & prêchoit avec beaucoup de zele au Peuple. Après qu'on eut fait faire bien des tours aux Confesseurs de Jesus-Christ, & parcourir presque toute la Ville, on les remena en prison. Le lendemain on les fit partir pour Sacai, où ils furent traitez de la même maniere. Sur ces entrefaites le bruit se répandit que tous les Missionnaires venoient d'être condamnez à mort par l'Empereur, & cette nouvelle, qui réveilla parmi les Chrétiens l'espérance du Martyre, remua tellement toute la Ville de Méaco, que Xibunojo craignant une révolte, crut être obligé d'envoyer dans cette Capitale un Officier, pour détromper le Peuple.

Terazaba, fort à propos pour lui, étoit occupé à la Guerre de Corée; l'Empereur avoit nommé, pour commander en son absence, un de ses Freres, appellé FAZABURODONO, (a) lequel étoit Idolâtre, & ce fut lui, qui reçut la commission de faire mourir les Prisonniers. On lui mit aussi en main une copie de la Sentence, où l'Empereur avoit fait ajoûter une nouvelle défense, sous peine de la vie, d'embrasser la Religion Chrétienne, & des ordres exprès, en vertu desquels Fazaburodono commença par signifier aux Jésuites, qu'il ne souffriroit plus qu'aucun Japonnois entrât dans leur Eglise, ni qu'eux-mêmes parcourussent le Pays, comme ils avoient toujours fait jusques là, prêchant, baptisant, & faisant toutes leurs autres Fonctions. Il fit ensuite embarquer dans un Navire Portugais, qui étoit en Rade, quatre Religieux Franciscains, lesquels étoient revenus à Nangazaqui, pour y tenter de nouveau un Etablissement: enfin il disposa toutes choses, pour exécuter sa principale Commission.

Le neuviéme de Janvier les vingt-quatre Prisonniers partirent de Sacai. Le voyage eût été bien plus

(a) Ou FAZAMBURO.

court & plus aifé par Mer ; mais Tayco-Sama, foit pour intimider les Peuples, foit pour augmenter les fouffrances des Confeffeurs de Jefus-Chrift, voulut qu'ils le fiffent par terre ; & l'on peut juger ce qu'ils eurent à fouffrir de froid & d'autres incommoditez dans le cours d'une fi longue route au cœur de l'hyver. Il eft vrai que la charité induftrieufe des Fidéles, qui fe rencontrerent fur leur paffage, ne laiffa pas de leur procurer quelque foulagement; les Soldats mêmes, qui les efcortoient, touchez de compaffion, ou peut-être dans la crainte, que fi quelques-uns venoient à mourir dans le chemin, on ne les en rendît refponfables, avoient affez de foin qu'on leur fournît partout le néceffaire ; mais cela n'empêcha point qu'ils ne manquaffent de beaucoup de chofes.

Le Pere Gnecchi l'avoit prévû, & avoit engagé un bon Chrétien, nommé Pierre COSAQUI, à les fuivre avec plufieurs rafraîchiffemens, dont il l'avoit chargé. Un autre Fidéle, nommé François DAUTO, fort affectionné aux Peres Francifcains, s'étoit joint à Cofaqui dans le même deffein : d'abord les Gardes les laifferent faire, mais au bout de quelques jours ils entrerent en mauvaife humeur contre eux, & les maltraiterent plufieurs fois. Comme ceux-ci ne fe rebutoient point, le Commandant de l'Efcorte leur demanda, s'ils étoient auffi Chrétiens; ils répondirent qu'ils détefloient les Dieux du Japon : ce qui irrita tellement cet Officier, que de fon autorité propre, & fans aucune formalité de Juftice, il les joignit aux autres Prifonniers. Ces fervens Chrétiens en eurent une joye, qui ne fe peut exprimer, & bénirent le Ciel de la grace, qu'il leur faifoit de partager la Couronne de ceux, dont ils ne pouvoient plus adoucir les fouffrances. L'Empereur, à qui on rapporta cet événement, ne put s'empêcher de dire : *Il faut avoüer que les Chrétiens ont véritablement du courage, & que rien ne leur coûte, pour fe foulager les uns les autres.*

Les Martyrs de leur côté prêchoient Jefus-Chrift avec beaucoup de zele dans tous les lieux de leur paffage, furtout le Pere de l'Afcenfion, qui avoit affez bien appris la Langue Japonnoife, & Paul Miki, à qui elle étoit naturelle. Il fembloit d'ailleurs que le Saint Efprit fe fût emparé du cœur de celui-ci, au moment qu'il fut arrêté Prifonnier. Ses Gardes difoient qu'il n'étoit prefque pas poffible de ne fe pas rendre, après l'avoir entendu parler de fa Religion, & un Officier Idolâtre en fit un jour une heureufe expérience. Les Martyrs paffant par le Naugato, furent confignez en arrivant un foir fort tard à cet Officier, homme dur jufqu'à la brutalité, qui les traita avec une inhumanité extrême, & les enferma tous enfemble, comme on auroit fait un troupeau de Bêtes, dans une efpece d'Etable obfcure, d'une malpropreté & d'une puanteur infupportable. Miki plus touché de ce qu'il voyoit fouffrir à fes Compagnons, & furtout aux trois Enfans, dont nous avons parlé, que de ce qui le regardoit, chercha l'occafion de voir cet Officier, & la trouva ; il lui parla du vrai Dieu, & lui dit des chofes fi touchantes, que non feulement il lui infpira de l'humanité ; mais qu'il le convertit même, & en fit un fervent Chrétien. La même chose lui arriva en plusieurs autres endroits, & les Bonzes se plaignirent hautement de ce que l'Empereur prenoit, pour abolir le Christianisme, des moyens, qui étoient bien plus capables de l'étendre dans les lieux, où il n'étoit point établi.

Le premier jour de Février la Troupe des Confesseurs partit de Facata, & se rendit à CORAZU, qui n'est qu'à trois lieuës de Nangoya, où elle rencontra Fazaburodono, qui l'attendoit. Ce Gentilhomme avoit autrefois connu très-particulierement Paul Miki, & fut également surpris & mortifié de le voir parmi ceux, qu'il étoit chargé de faire mourir ; mais il ne put que plaindre son sort, & lui donner des larmes inutiles. Le Saint Religieux les désapprouva, & fit des reproches à son Ami, de ce qu'il sembloit être fâché de son bonheur ; il ajoûta bien des choses, pour tâcher de lui faire comprendre qu'il avoit sujet de lui parler ainsi, mais Fazaburodono n'étoit pas capable de les goûter ; Miki lui demanda ensuite une grace, qu'il crut pouvoir espérer de son ancienne amitié ; c'étoit de pouvoir se confesser, entendre la Messe, & communier ; il ajoûta qu'il souhaitoit fort aussi de mourir un Vendredi, parce qu'étant au même âge, où le Sauveur des Hommes avoit donné sa vie, pour racheter le Monde au prix de son Sang, & le supplice, auquel il étoit condamné, étant le même, qu'avoit enduré ce Dieu-Homme, il ne lui manquoit plus pour avoir une ressemblance parfaite avec lui, que la conformité du jour. D'abord Fazaburodono promit tout sans difficulté ; mais après avoir lû les derniers ordres de l'Empereur, il ne put tenir qu'une partie de ses promesses.

Le Commandant ayant aussi jetté les yeux sur le petit Loüis, il en eut compassion, se le fit amener, & lui dit que sa vie étoit entre ses mains, s'il vouloit s'attacher à son service, & renoncer à sa Religion ; mais Loüis rejetta son offre avec horreur. Il crut pouvoir venir plus aisément à bout du jeune Antoine, parce qu'il le vit environné de ses parens, lesquels, quoique bons Chrétiens, ne laissoient pas de mettre par leurs larmes sa constance à une très-dangereuse épreuve : il s'approcha donc de lui, & après lui avoir représenté la misère de sa Famille, qui étoit en effet très-pauvre, il lui déclara qu'il ne tenoit qu'à lui de se mettre en état de la soulager, & qu'il ne lui en coûteroit, que de changer de Religion. Le courageux Enfant l'écouta jusqu'au bout, puis lui demanda en riant, s'il pourroit faire part aux Peres de Saint François des avantages, qu'il lui offroit ? le Commandant lui ayant répondu que non ; » hé bien, Seigneur, reprit Antoine, » réservez donc vo-
» tre crédit pour d'autres : les biens
» de ce monde ne me touchent
» point, & bien loin d'être effrayé
» du supplice, qui m'est préparé, je
» regarde comme le plus grand
» bonheur, qui ait pû m'arriver,
» d'être condamné à mourir en
» Croix pour un Dieu, qui y est
» mort pour moi. » Il se retira en finissant ces mots, puis prenant sa Mere en particulier, il lui fit un petit Présent, qu'il la pria de garder pour l'amour de lui ; il lui dit en-

F ij

suite que la douleur, qu'elle témoignoit, n'étoit, ni raisonnable, ni édifiante. » Que peuvent penser les » Infidéles, ajoûta-t-il, en voyant » que vous, qui êtes Chrétienne, » pleurez ma mort, comme si vous » ne connoissiez point le prix du » sacrifice, que je fais à Dieu de la » vie, qu'il m'avoit donnée pour le » servir, & rendre témoignage à son » Evangile ? » Après que ce Saint Enfant eut expiré, on trouva dans ses habits une Lettre adressée à ses Parens, où il les exhortoit à demeurer fidéles à Dieu en des termes si touchans, qu'on ne pouvoit douter que le Saint Esprit ne la lui eût dictée.

Le Commandant n'ayant donc pû rien gagner sur ces deux Enfans, il désespéra de venir à bout des autres, & ne songea plus qu'à régler toutes choses pour le reste de leur voyage, après quoi il écrivit à Nangazaqui, qu'on y dressât cinquante Croix dans la Place publique. Comme ce nombre excédoit presque de moitié celui des Prisonniers, cet ordre donna beaucoup à penser ; l'Evêque, les Jésuites, les Religieux de Saint François, les Espagnols du Galion le Saint Philippe, qui n'étoient point encore partis, & quantité de personnes de tout ordre, & de tout âge se flatterent de l'espérance d'être associez aux Confesseurs de Jesus-Christ. Bientôt même, comme il arrive dans ces rencontres, on publia comme une chose certaine, que tous les Fidéles alloient passer par la rigueur des Loix, & il n'y en eut pas un dans la Ville, & aux environs, qui ne prît ses mesures, pour n'être pas oublié.

Un Enfant de cinq ans se fit remarquer entre tous les autres d'une maniere, qui augmenta encore la ferveur des Chrétiens & l'étonnement des Infidéles. Ayant rencontré dans la ruë un Missionnaire, il lui demanda, s'il étoit vrai, que l'Empereur envoyât des Soldats, pour mettre à mort tous ceux, qui ne voudroient pas abjurer la Foi ; *on le dit ainsi*, répondit le Pere, *mais que direz-vous, mon Fils*, ajoûta-t-il, *quand on vous demandera, si vous êtes Chrétien* ; *je dirai hardiment, que je le suis, & que je le serai jusqu'au dernier soupir*, repartit l'Enfant : *& si l'on veut vous couper la tête*, reprit le Pere, *que serez-vous ? Je m'y disposerai de mon mieux*, repliqua-t-il : *comment cela*, dit le Religieux ? Alors ce petit innocent faisant paroître une contenance asûrée, *je m'écrierai*, continuat-il, *Jesus miséricorde, & j'attendrai sans rien craindre le coup de la mort.* Tandis qu'il parloit de la sorte, son visage s'enflamma, son cœur soupira, & ses yeux doucement élevez vers le Ciel jetterent quelques larmes, mais de ces larmes, que la plénitude de l'onction célèste fait verser avec une douceur infinie ; ce qui donna à connoître, que sa bouche n'exprimoit que bien foiblement les sentimens de son ame. Ces traits dans des Enfans sont admirables sans doute, & marquent sensiblement le pouvoir de la grace sur les cœurs, qu'elle possede ; mais ils n'ont rien contre la vraisemblance par rapport à ceux, qui ont pratiqué cette Nation. La raison y est de très-bonne heure dans sa maturité, sans qu'on puisse dire pour cela, que ce soit un fruit précoce ; & jusques dans un âge, où la langue n'est pas encore bien dénoüée, on sent le caractere dominant de ce

DU JAPON, LIVRE X.

Peuple, c'est-à-dire un courage, une intrépidité, & une élévation, qui préviennent encore de beaucoup le développement de la raison. Je reviens à mon sujet.

§. XI.

Les Prisonniers sont visitez de la part de l'Evêque & des Supérieurs de la Compagnie. Discours du Pere Commissaire des Franciscains à un Jésuite. Maniere, dont on crucifie au Japon. Les Martyrs expirent sur la Croix. Dévotion des Fidéles envers leurs Reliques. Ils sont mis au nombre des Saints. Concours prodigieux au lieu de leur Supplice.

Le jour, que les Prisonniers étoient arrivez à Facata, le Pere Baptiste, & Paul Miki avoient trouvé le secret d'envoyer deux Lettres, qu'ils avoient écrites, l'une au Pere Gomez Vice-Provincial des Jésuites, & l'autre au Pere Antoine Lopez Recteur du College de Nangazaqui, par lesquelles ils le conjuroient de leur ménager les mêmes graces, que Miki avoit depuis demandées à Fazaburodono. Ces Lettres furent communiquées à l'Evêque, lequel fit sur le champ partir les Peres Pasio & Rodriguez, pour aller au-devant des Confesseurs, & leur procurer tous les secours spirituels & temporels, qui pourroient dépendre d'eux. Les deux Peres se rendirent en diligence à Conoqui, petite Bourgarde de la Principauté d'Omura, éloignée de huit ou neuf lieues de Nangazaqui, & y attendirent les Prisonniers, qui devoient y passer, & qui y arriverent en effet peu de tems après eux. C'étoit le quatriéme de Février. Le Pere Pasio avoit compté d'y dire la Messe, & de les communier, mais le Commandant, qui avoit pris une autre route, pour se rendre à Nangazaqui, avoit expressément défendu aux Gardes de s'arrêter dans aucun endroit, de sorte qu'on eut à peine le tems de s'embrasser de part & d'autre.

Les deux Missionnaires firent aux Religieux de Saint François beaucoup de civilitez de la part du Prélat & des Supérieurs de la Compagnie: le Pere Baptiste de son côté, après s'être entretenu quelques momens avec le Pere Rodriguez, lui dit d'un air fort touché ces paroles, qui firent bien voir, que le charme étoit enfin levé, & que ce Saint Religieux étoit alors très convaincu, qu'on l'avoit trompé, qu'il s'étoit trop laissé prévenir contre les Jésuites, & qu'il envisageoit les objets bien autrement, qu'il n'avoit fait jusques-là: » Mon cher Pere, il pour» ra bien arriver, qu'on nous exé» cute si promptement, que nous » n'ayons pas le loisir de faire tout » ce que nous souhaiterions. En ce » cas-là je vous supplie de présen» ter mes très-humbles respects au » digne Prélat, qui gouverne cette » Eglise & d'assûrer le Révérend » Pere Vice-Provincial, & tous les » Peres de la Compagnie, que je » suis infiniment mortifié de tous » les chagrins, que nous leur avons » causez, & que je le prie instam» ment de vouloir bien nous les » pardonner. Le Pere Rodriguez répondit, que ni lui, ni aucun autre Jésuite n'avoit douté un seul moment de la droiture de leurs inten-

F iij

tions; que Dieu avoit permis tout ce qui étoit arrivé pour des raisons, que lui seul pouvoit sçavoir, & qu'il en tireroit assûrément sa gloire. Il ajoûta, que si de la part de la Compagnie on leur avoit donné quelque sujet de peine, il pouvoit protester, que ç'avoit été sans dessein, & qu'il le conjuroit de l'oublier. Après ces honnêtetez & ces excuses réciproques, les deux Religieux s'embrasserent avec beaucoup de larmes.

Le Pere Pasio pendant cet entretien étoit retourné en diligence à Nangazaqui, pour sommer Fazaburodono de la parole, qu'il avoit donnée à Miki au sujet de la Messe; cet Officier répondit, qu'il auroit bien voulu donner à son ancien ami, aussi bien qu'aux autres Prisonniers toute la satisfaction, qu'ils souhaitoient; qu'il avoit même retenu à ce dessein une maison dans la Ville, afin qu'ils y pussent voir en liberté tous ceux, avec qui ils seroient bien aise de traiter; mais que tous les Chrétiens d'alentour s'étant rendus à Nangazaqui sur la nouvelle de ce qui alloit s'y passer, il avoit tout lieu de craindre un mouvement, dont les suites seroient sur son compte. Cette même raison lui avoit encore fait changer le lieu de l'exécution; mais ce changement se fit aussi à la priere des Jésuites, parce que l'endroit, qui avoit été marqué d'abord, étoit celui où l'on avoit accoutumé de faire mourir les Malfaiteurs. Il fit donc transporter les Croix, dont il réduisit le nombre à vingt-six, qui étoit celui des Prisonniers; il les fit, dis-je, transporter sur une des collines, dont Nangazaqui est presque environnée, & qui a vûë sur la Mer; & comme dans la suite quantité de Fidéles & des Missionnaires arroserent ce lieu de leur sang, on l'appella *le Mont des Martyrs*, ou *la sainte Montagne*. Fazaburodono ajoûta au Pere Pasio, que lui & le Pere Rodriguez n'avoient qu'à se tenir à l'Hermitage de Saint Lazare, qui se trouvoit sur le passage des Prisonniers, & qu'ils pourroient les y entretenir quelque tems, avant qu'on les conduisît au supplice.

Le Pere Pasio, sans perdre de tems, se rendit avec un domestique du Commandant au lieu, qui lui avoit été marqué, ayant fait avertir le Pere Rodriguez de s'y trouver aussi. Le cinquiéme de Février, qui étoit un Vendredi, selon quelques-uns, & selon d'autres un Mercredi, les Confesseurs arriverent par Mer à un petit Havre tout joignant l'Hermitage de saint Lazare, où ils se rendirent à pied. Le Pere Pasio les y attendoit, & le Pere Rodriguez, qui s'étoit avancé pour leur apprendre qu'ils devoient mourir ce jour-là, les y conduisit. Ils marchoient tous avec une allegresse, qui étonna le Commandant; il en témoigna sa surprise au Pere Rodriguez, & ce Religieux lui en ayant dit la raison, il répondit que rien ne lui paroissoit plus beau, mais qu'il ne seroit pas de ce goût-là. Dès que les Martyrs furent arrivez au lieu, où étoit le Pere Pasio, Paul Miki entra avec lui dans la Chapelle, & lui fit une Confession générale de toute sa vie; les deux Novices en firent autant, & le Pere reçut leurs Vœux. (*a*) Tandis que le Pere Pasio étoit ainsi

(*a*) Ces Vœux n'étoient point des Vœux de Religion, tels qu'on les fait dans la Compagnie de Jesus au bout des deux premieres années de Noviciat; mais des Vœux de dévotion, dont le Provincial peut dispenser.

occupé à difposer à la mort fes trois Confreres, les Peres de Saint François fe confeffoient auffi les uns les autres, & le Pere Rodriguez prenoit foin de préparer les Séculiers au combat.

Quelque tems après on leur vint dire que le Commandant les attendoit fur la Colline, où ils devoient confommer leur facrifice ; ils fe mirent auffitôt en chemin, pour s'y rendre, fuivis d'un Peuple infini. Les Chrétiens, qui fe trouvoient fur leur paffage, fe profternoient devant eux,& les yeux baignez de larmes fe recommandoient à leurs prieres : ils arriverent enfin au pied de la Colline, & du plus loin, qu'ils apperçurent leurs Croix, ils coururent les embraffer, ce qui caufa un nouvel étonnement aux Infidéles.

Les Croix du Japon ont vers le bas une piéce de bois en travers, fur laquelle les Patiens ont les pieds pofez, & au milieu une efpece de billot, fur lequel ils font affis. On les attache avec des cordes par les bras, par le milieu du corps, par les cuiffes, & par les pieds, qui font un peu écartez. On ajoûta à ceux-ci, je ne fçai pourquoi, peut-être eft-ce une coutume locale, un Colier de fer, qui leur tenoit le col fort roide. Quand ils font ainfi liez, on éleve la Croix, & on la place dans fon trou. Enfuite le Bourreau prend une maniere de Lance & en perce de telle maniere le Crucifié, qu'il la lui fait entrer par le côté & fortir par l'épaule ; quelquefois cela fe fait en même tems des deux côtez, & fi le Patient refpire encore, on redouble fur le champ de forte qu'un homme ne languit point dans ce fupplice.

On alloit commencer l'Exécution, lorfque Jean de Gotto apperçut fon Pere, qui étoit venu pour lui dire un dernier adieu. » Vous voyez » mon cher Pere, lui dit le Saint » Novice, qu'il n'y a rien, qu'on ne » doive facrifier pour affûrer fon fa- » lut. Je le fçai mon Fils, lui répon- » dit le vertueux Pere, je remercie » Dieu de la grace, qu'il vous a fai- » te, & je le prie de tout mon cœur » de vous continuer jufqu'au bout » ce fentiment fi digne de votre Etat. » Soyez perfuadé, que votre Mere, » & moi fommes très-difpofez à imi- » ter votre exemple, & plût au Ciel, » que nous euffions eu l'occafion de » vous le donner! « On attacha enfuite le Martyr à fa Croix, au pied de laquelle, dès qu'elle fut dreffée, le Pere eut le courage de fe tenir. Il y reçut une partie du fang de fon Fils fur lui, & ne fe retira, que quand il l'eut vû expirer, faifant connoître par la joye, qui éclatoit fur fon vifage, qu'il étoit bien plus charmé d'avoir un Fils Martyr, que s'il l'eût vû élever à la plus brillante fortune.

Prefque tous étoient attachez à leurs Croix & prêts à être frappez du coup mortel, lorfque le Pere Baptifte, qui fe trouva placé au milieu de la Troupe rangée fur une même ligne, entonna le Cantique de Zacharie, que tous les autres acheverent avec un courage, & une piété, qui en infpirerent à tous les Chrétiens, & attendrirent les Infidéles. Quand il eut fini, le petit Antoine, qui étoit à côté du Pere Commiffaire, l'invita à chanter avec lui le Pfeaume *Laudate pueri Dominum*, le faint Religieux, qui étoit abforbé dans une profonde contemplation, ne lui répondant rien, l'Enfant le commença seul, mais ayant, quelques momens après, reçû le coup de la mort, il l'alla achever dans le Ciel avec les Anges. Le premier, qui mourut, fut Philippe de Jesus, & le Pere Baptiste fut le dernier. Paul Miki prêcha de dessus sa Croix avec une éloquence toute divine, & finit par une fervente priere pour ses Bourreaux; tous firent éclater leur zele, & leur joye, & ces grands exemples exciterent dans le cœur des Fidéles, qui en furent les témoins, une merveilleuse ardeur pour le Martyre.

Dès qu'ils eurent tous expiré, les Gardes ne furent plus les Maîtres, & quoiqu'ils se fussent d'abord mis en devoir d'écarter à grands coups de bâton la foule du Peuple, ils furent contraints de céder pour quelque tems, & de s'éloigner. Ils laisserent donc les Chrétiens contenter leur dévotion, & recueillir tout ce qu'ils pûrent du sang, dont la terre étoit teinte: les Idolâtres mêmes témoignerent une grande estime, pour une Religion, qui inspiroit tant de joye à ceux, qui en étoient les victimes, & une si sainte jalousie à ceux, qui en étoient les Spectateurs, & l'on assure que Fazaburodono se retira de très-bonne heure les larmes aux yeux. Sur le soir l'Evêque, à qui ce Commandant n'avoit pas voulu permettre d'assister les Martyrs à la mort, & qui les avoit vû mourir de sa fenêtre, vint avec tous les Jésuites de Nangazaqui se prosterner au pied de leurs Croix, & donner à leurs sacrées Reliques les marques sinceres d'une religieuse vénération. Un Apostat, qui avoit, dit-on, contribué à leur condamnation, ne put leur voir pratiquer tant de vertus jusqu'au dernier soupir, sans se reprocher son infidélité & sa perfidie, & la grace agit si puissamment sur son cœur, qu'ayant apperçu un Portugais de sa connoissance, il courut à lui, l'embrassa en pleurant amerement, lui avoüa ses crimes, & prit avec lui de justes mesures pour rentrer dans le sein de l'Eglise.

Enfin le Ciel fit connoître par quantité de signes sensibles la gloire, dont il avoit récompensé le courage de ces invincibles Soldats de Jesus-Christ. On assûre que le troisiéme jour après leur mort, quelqu'un ayant coupé un doigt du pied du Pere Baptiste, il en sortit du sang; qu'au bout de deux mois, le corps du même Saint étant détaché de la Croix, fut trouvé aussi blanc, que s'il n'eût fait que d'expirer; qu'on le vit même trembler jusqu'à trois fois, & qu'il sortit de la playe de son côté une si grande abondance de sang, qu'on y trempa plusieurs mouchoirs. On ajoûte qu'un Soldat Italien, qui étoit allé au Japon sur un Navire Portugais, & qui avoit assisté à ce Martyre, ayant reçû dans son chapeau du sang du même Pere Baptiste, du Pere de l'Ascension, de Paul Miki, & d'un autre, qui n'est pas nommé, & l'ayant mis ensuite dans un vase de porcelaine, le porta à Macao, où neuf mois après il fut visité par le Vicaire Général en présence de six Religieux Franciscains, d'un Pere de Saint Dominique, de deux Jésuites, d'un Médecin, & de plusieurs autres Témoins, qui le trouverent liquide, sans odeur, & aussi vermeil, que s'il eût encore coulé des Playes. Le Vendredi, qui suivit le Triomphe de ces Héros Chrétiens,

Chrétiens, on apperçut au-dessus de la sainte Montagne, comme trois Colonnes de feu, qui brilloient en l'air, & rendoient la nuit presque aussi claire que le jour. Ce Phénomene dura deux heures, ensuite la Colonne du milieu s'avança sur l'Eglise du College, & disparut. Plusieurs Vendredis suivans, on vit encore au-dessus des Croix quantité de lumieres, ce qui peut faire juger que ce Martyre arriva en effet un Vendredi.

Je passe quantité d'autres merveilles, qu'on pourra voir dans Bollandus, qui les rapporte avec les témoignages juridiques sur lesquels le Pape Urbain VIII. trente ans après, décerna aux vingt-six Confesseurs de Jesus-Christ, les honneurs des Saints Martyrs, que l'Eglise révere, & permit d'en faire l'Office dans toutes les Eglises de la Compagnie de Jesus, pour les trois Jésuites, & pour les vingt trois autres, dans celles de l'Ordre de Saint François, parce que les Séculiers étoient du Tiers-Ordre ; le tout par provision, & jusqu'à ce qu'on ait pû procéder à une plus solemnelle Canonisation. Mais comme la véritable gloire des Saints aux yeux des hommes n'admet point de preuves incertaines de celle, dont ils joüissent dans le Ciel, je crois devoir avertir, que le bruit, qui se répandit, que tous les corps de ceux-ci étoient demeurez quarante jours sans se corrompre, se trouva faux par les informations, qui se firent sur les lieux à la réquisition des Commissaires nommez, pour vérifier ce fait. Il arriva à ces sacrez dépôts, ce qui a coutume d'arriver aux Cadavres ainsi exposez à toutes les injures de l'air, ils se noircirent, au moins pour la plûpart & s'enflerent d'abord ; il est vrai, que le froid excessif, qu'il faisoit alors, les conserva pendant quelque tems en cet état, mais il en fut de même du corps d'un Scélérat, qui avoit été crucifié assez près du même endroit ; & le dégel étant ensuite survenu, ils se corrompirent entierement, & tomberent par morceaux. Ce prétendu miracle se trouva néanmoins dans la Relation de ce Martyre envoyée de Macao à Rome par les Jésuites ; mais il fut prouvé qu'un des Portugais, à qui ces Religieux avoient confié la Relation, l'y avoit inféré de son chef.

Ce qui est certain, c'est que le concours des Fidéles de tout le Ximo, pour honorer ces précieuses Reliques, fut si grand, que les Officiers de l'Empereur en appréhenderent les suites, & que le Commandant de Nangazaqui menaça de brûler toutes les Maisons des Chrétiens de cette Ville, s'il continuoit. Le bruit s'étant ensuite répandu que les Espagnols vouloient enlever les Corps des Religieux Franciscains, pour les porter à Manile, & les Portugais, ceux des Jésuites, pour les envoyer à Macao, Fazaburodono fit barricader le lieu du supplice, y mit une Sentinelle, & fit dire aux Chrétiens que, si l'on faisoit la moindre violence à ses Soldats, il en coûteroit cher à toute la Chrétienté. Cette menace obligea l'Evêque à défendre sous peine d'Excommunication de passer les barricades, & cela eut son effet ; les Chrétiens de Nangazaqui se contenterent d'aller

Tome II. G

par petites bandes, & non en foule, comme auparavant, rendre leurs devoirs aux Corps des Martyrs.

Il n'en fut pas de même de ceux des Royaumes circonvoisins ; ils remplissoient sans cesse la sainte Montagne & les environs. Le Roi d'Arima & le Prince d'Omura y vinrent aussi en allant en Corée, où j'ai dit qu'on se disposoit à recommencer la guerre. Le premier étoit accompagné de toute sa Cour, & le second, qui étoit ami de Paul Miki, lequel lui avoit écrit la veille de sa mort une fort belle Lettre, pria l'Evêque de lui envoyer le Corps du saint Martyr, quand on le pourroit avoir. La Princesse son Epouse, la Princesse Marine sa Sœur aînée, & quantité d'autres Personnes du premier rang, firent aussi le même Pélérinage, & l'on ne sçauroit croire la ferveur, qu'excita dans tous les cœurs la vûë de ces précieux restes de tant de Saints. L'impression en passoit jusqu'aux Infidéles mêmes, qui ne les regardoient qu'avec respect; & ce qui peut passer pour un véritable miracle de la Foi, il se fit alors des Conversions, dont on n'auroit pas osé se flatter dans le tems, que l'Empereur étoit le plus favorable au Christianisme. Aussi faut-il avoüer qu'il régnoit dans toutes ces Provinces une ferveur, & qu'on y voyoit des exemples de vertu, qui ne pouvoient manquer de faire fructifier au centuple le grain de la Parole, lequel se semoit d'ailleurs avec un zele, que rien ne ralentissoit. Les deux Branches de la Maison Royale d'Arima étoient composées de Saints ; & l'on racontoit des choses merveilleuses de la piété & des austéritez de la Princesse Maxence, Sœur du Roi d'Arima, & Mere du Prince d'Isafay, laquelle étoit morte, il n'y avoit pas encore un an.

La ferveur n'étoit pas moins grande dans tous les autres Etats du Ximo, où les Princes & les Seigneurs Idolâtres avoient voulu faire leur cour à l'Empereur, en persécutant les Fidéles. Le Roi de Firando ne manqua pas une occasion, qu'il croyoit si favorable d'inviter la Princesse Mancie sa Belle-Fille à renoncer à une Religion, qu'il paroissoit que Tayco-Sama vouloit, à quelque prix que ce fût, exterminer dans l'Empire ; mais elle lui fit réponse qu'elle étoit prête à mourir pour sa Foi, & il n'osa passer outre. Ceux, qui gouvernoient le Bungo au nom de l'Empereur, voulurent aussi inquiéter les Fidéles de ce Royaume ; mais ils trouverent partout une fermeté, qui les arrêta. Paul Scingandono étoit rentré en grace auprès de l'Empereur, pour s'être distingué à son ordinaire dans la Guerre de Corée ; & quoique ce Prince ne lui eût pas rendu tous les biens, dont il avoit été dépoüillé en vertu de la Proscription du Roi de Bungo, il lui avoit laissé de quoi vivre en grand Seigneur, & de quoi assister les Chrétiens ses anciens Vassaux, dont la plûpart étoient réduits à une extrême misere.

DU JAPON, Livre X.   51
§. XII.

Nouvelle Proscription des Missionnaires. Mort de l'Evêque du Japon & du Pere Loüis Froez. Ordres réiterez pour l'Embarquement des Missionnaires. Stratagéme du Vice-Provincial des Jésuites pour l'éluder. Vains efforts des Bonzes pour pervertir les Fidéles. Le Gouverneur des Philippines écrit à l'Empereur. Réponse de ce Prince. Eglises ruinées dans le Ximo. Plusieurs Jésuites sont obligez de sortir du Japon. Arrivée de deux Religieux de Saint François, & l'effet qu'elle produit.

De J. C. 1597.
De Syn Mu. 2257.

CEs nouvelles consoloient beaucoup les Missionnaires; mais elles ne les dédommagerent pas des pertes, qu'ils venoient encore tout récemment de faire à l'occasion, que je vais dire. L'Empereur se disposant à retourner à Nangoya, pour donner par sa présence plus de chaleur à la Guerre de Corée, & ayant été instruit que tout le Ximo étoit encore rempli de Missionnaires, écrivit au mois de Mars à Terazaba de se transporter au plutôt à Nangazaqui, d'y rassembler tous les Religieux, qui étoient répandus dans toutes les Provinces voisines, & de les embarquer sur les premiers Vaisseaux, qui feroient voiles pour la Chine, ou pour les Indes, à l'exception du Pere Rodriguez son Interprete, & de deux ou trois Jésuites, qui demeureroient à Nangazaqui, pour le service des Portugais. On eut dans cette Ville de ces nouveaux ordres, avant que le Gouverneur y arrivât, & dans une Assemblée des Missionnaires, qui se tint à ce sujet chez l'Evêque du Japon, il fut réglé que, pour prévenir ce nouvel orage, & adoucir l'esprit de Tayco-Sama par une feinte déférence à ses volontez, ce Prélat, qui étoit bien aise d'aller conférer avec le Vice-Roi des Indes sur les pressans besoins de son Eglise, s'embarqueroit sur le Navire, qui l'avoit amené de Macao, & qui étoit sur le point d'y retourner; que l'on abandonneroit le Noviciat & le College d'Amacusa; que quelques-uns de ceux, qui composoient ces deux Maisons, se transporteroient à Nangazaqui, faisant courir le bruit qu'ils alloient passer aux Indes, pour obéïr aux ordres du Prince, & que tous les autres se disperseroient dans les Provinces, pour y assister les Fidéles; mais qu'ils apporteroient une extrême attention à ne faire aucun éclat, qui pût faire connoître aux Officiers de la Cour qu'ils y étoient.

De J. C. 1597.
De Syn Mu. 2257.

Ces résolutions prises, l'Evêque Dom Pedro Martinez passa à Macao, où il rencontra son Coadjuteur Dom Louis Serqueyra, qui ne faisoit que d'y arriver avec le P. Valegnani: il lui recommanda le soin de son Eglise désolée, & le pria de profiter de la premiere occasion, qui se présenteroit de passer au Japon. Pour lui, il poursuivit sa route vers Goa, mais il fut saisi pendant la traverse d'une fiévre lente, dont il mourut sur mer à quarante lieües de Malaca, où son corps fut porté &

G ij

inhumé avec beaucoup d'appareil le dix-huitiéme de Février de l'année suivante 1598. Au mois de Juillet de celle-ci quelques anciens Missionnaires avoient aussi terminé leur course au Japon ; le plus célebre étoit le Pere Louis Froez, qui fut fort regretté. Le Pere Matthieu de Couros, dont nous parlerons beaucoup dans la suite, fut chargé après lui d'envoyer à Rome les Mémoires pour l'Histoire du Japon.

Cependant le bruit étoit toujours fort grand que l'Empereur venoit à Nangoya, & Terazaba en fut si persuadé, qu'il manda à son Frere, qui commandoit toujours à Nangazaqui, de faire exécuter les ordres de ce Prince. Fazaburodono commença par faire embarquer sur un Bâtiment, qui étoit en rade, tout ce qu'il put découvrir de Franciscains, & il fut si bien servi, qu'il ne resta dans le Japon qu'un seul de ces Religieux, nommé Jérôme de Jesus. Il avertit ensuite le Pere Gomez de tenir tous les Jésuites prêts à partir sur le premier Vaisseau, qui feroit voiles pour Macao. Terazaba fit en même tems prier le Roi d'Arima, le Prince d'Omura, & le Grand Amiral, qui étoient en Corée, de faire sortir de leurs Etats tous les Missionnaires, mais ils lui répondirent qu'ils n'en feroient rien, dût-il leur en coûter la vie. Quelque tems après il se rendit lui-même à Nangazaqui, & engagea le Vice-Provincial des Jésuites à dissoudre le Séminaire des Nobles, qui étoit à Aria dans le Royaume d'Arima, ce qui fut exécuté. De cent jeunes Gentilshommes, qui composoient ce Séminaire, très-peu voulurent retourner chez eux ; plusieurs se donnerent aux Missionnaires, qui étoient cachez en divers endroits du Ximo ; le reste, qui montoit au nombre de soixante & dix, fut mis dans une maison écartée proche de Nangazaqui, en attendant que les tems devinssent meilleurs.

On comptoit alors cent vingt-cinq Jésuites au Japon, dont il y en avoit quarante-six de Prêtres. Il en resta douze dans les Pays d'Arima & d'Omura, huit dans l'Isle d'Amacusa, quatre dans le Bungo, autant dans le Firando & le Gotto : deux passerent en Corée. Le Pere Gnecchi demeura à Méaco avec deux Prêtres & quatre ou cinq Religieux, qui ne l'étoient pas. Les autres se montrerent à Nangazaqui, faisant mine de se préparer à partir pour Méaco. En effet le mois d'Octobre suivant un Navire Portugais étant sur le point d'appareiller, tout le Pont parut rempli de Jésuites, quoiqu'il n'y eût que quelques Etudians avec leur Professeur, deux Prêtres malades, & quelques Freres Catéchistes : les autres étoient des Portugais déguisez en Jésuites, & par cet innocent stratagème, qui avoit sans doute été concerté avec Terazaba, le Père Gomez sauva sa Mission. Mais comme, malgré les sages précautions, qu'il avoit prises pour empêcher que ses Religieux ne fussent découverts, il pouvoit se faire que ce malheur arrivât à quelques-uns, il fit répandre le bruit que tous n'avoient pas eu le tems de se rendre au Port avant le départ du Navire, & qu'il profiteroit de la premiere occasion pour les faire embarquer.

Au reste il est aisé de juger que tandis que l'Empereur dispersoit les

Pasteurs, le Troupeau fut en grand danger de se dissiper. Aussi ne se conserva-t-il que par une espece de miracle de la Providence. Les Bonzes s'étoient flattez d'abord qu'il leur seroit aisé de ramener au culte de leurs Idoles des gens, qu'ils croyoient abandonnez de leurs Guides, & dont plusieurs étoient veritablement privez de tout secours humain, mais ils se tromperent. Jusques dans le Palais de l'Empereur une Femme y maintenoit la Religion en honneur ; c'étoit l'illustre Magdeleine, Mere du Grand Amiral Tsucamidono. Nous avons vû que cette Dame, qui avoit une des premieres Charges dans la Maison de l'Impératrice, avoit été chassée au commencement de la Persécution, pour n'avoir pas sçû modérer son zele ; elle avoit été rappellée & rétablie dans le tems de la grande faveur de son Fils, & sa disgrace n'avoit fait qu'augmenter sa ferveur ; mais l'Impératrice l'aimoit, l'Empereur avoit besoin de son Fils, toute la Cour respectoit sa vertu, & on lui laissoit une liberté entiere sur ce qui regardoit sa Religion. La Reine de Tango avoit aussi regagné, ou du moins fort adouci l'esprit du Roi son Epoux, & l'avoit obligé à fermer les yeux sur la conduite, qu'elle tenoit avec ses Enfans, dont elle vint à bout de faire de fervens Chrétiens. Ces grands exemples étoient sans doute des Miracles de la Grace, qui retenoient les Fidéles dans la ferveur, & les rendoient inaccessibles aux traits des Ennemis de la Foi. Le Ciel y concourut aussi par plusieurs effets merveilleux, qu'on voit avec plaisir dans les Relations de ce tems-là, & que je supprime à regret.

Les affaires du Christianisme étoient en ces termes, lorsqu'on vit arriver au Japon un Gentilhomme Espagnol, nommé Loüis NAVARRETTE, avec une Lettre & des Présens pour l'Empereur, de la part de Dom Francisco TELLO, qui avoit succédé à Dom Gomez Perez de Marinas dans le Gouvernement des Philippines. La Lettre, après quelques plaintes assez mesurées de la confiscation du Galion le Saint Philippes, & du supplice des Religieux Espagnols, dont quelques-uns étoient revêtus du Caractere d'Envoyez de son Prédécesseur, demandoit qu'il fût permis aux Castillans d'embarquer sur leurs Navires les corps de ces mêmes Religieux, & que Sa Majesté voulût bien garantir par un Sauf-conduit en bonne forme tous les Navires de sa Nation, qui dans la suite se trouveroient dans le même cas, où s'étoit trouvé le Saint Philippes ; c'est-à-dire, qui seroient obligez par quelque accident imprévû d'entrer dans un des Ports du Japon. Tayco-Sama reçut assez bien Navarrette, agréa ses Présens, & fit au Gouverneur une Réponse en forme de Manifeste, que les Peres de Gusman & Bartoli ont inserée toute entiere dans leurs Histoires. Ce dernier, qui avoit l'Original entre les mains, nous apprend qu'elle étoit écrite en Caracteres Chinois, & que c'est l'ordinaire des Empereurs du Japon d'en user ainsi, persuadez, ajoûte-t-il, qu'une Langue Etrangere marque plus de majesté & de grandeur : d'ailleurs, on prononce toujours ces Caracteres en Japonnois. Il ne faut point demander de raison de ce qui dépend de l'opinion des hommes. Mais

G iij

ne pourroit-on pas tirer de cet usage, s'il est ancien, une conjecture en faveur de ceux, qui croyent que la Nation Japonnoise a commencé par une Colonie venuë de la Chine ?

Quoiqu'il en soit, la Lettre de Tayco-Sama, après quelques complimens assez polis, portoit en substance, que le Japon dès le commencement du Monde, avoit reconnu pour Dieu suprême & adoré le Xin, (*a*) qui est le principe de toutes choses; que des Religieux Etrangers y étoient venus publier une nouvelle Religion, & prêcher un autre Dieu; qu'ils avoient perverti un très-grand nombre de Japonnois de la lie du Peuple; mais qu'il avoit jugé à propos d'arrêter le progrès de ces nouveautez, & qu'il avoit proscrit ceux, qui les débitoient; qu'après le départ de ces Docteurs, (*b*) il en étoit venu d'autres, qui avoient parcouru toutes les Provinces du Japon, y avoient répandu les mêmes erreurs, que les premiers, & s'étoient fait suivre d'un grand nombre de Serviteurs & d'Esclaves; qu'il les avoit fait mourir, parce qu'il avoit été averti que sous prétexte d'établir leur Secte, ils lui débauchoient ses Sujets, & ne prétendoient rien moins, que de s'emparer du Japon, comme leurs semblables avoient fait des Philippines. » Mettez-vous en ma place, continuoit-il, & supposez pour un moment que des Japonnois aillent chez vous prêcher la Loi du Xin, » les écouteriez-vous, &, si vous » vous apperceviez que le zele de la » Religion est un masque, pour cacher un dessein formé de s'emparer de vos Etats, ne les traiteriez-vous pas en véritables Corsaires ? » Voilà ce que j'ai fait. Dans le tems, » que je recevois de toutes parts des » avis de ce que tramoient contre » moi ces Religieux, & que j'avois » peine à le croire, un Navire Espagnol parut sur mes Côtes, & » voulant entrer dans un de mes » Ports, sous prétexte de se soustraire à la tempête, ou de se ravitailler, après en avoir été maltraité, il se brisa. Dès que j'en fus » informé, j'envoyai ordre de mettre en lieu sûr tous les Effets, » dont il étoit chargé, & mon dessein étoit de vous les renvoyer ; » mais ayant sçû que ceux, qui les » avoient apportez, violoient mes » Edits, j'ai fait saisir ces effets, & je » suis bien résolu de ne les point rendre. Toutefois votre maniere d'agir avec moi m'engage à un retour » de politesse envers vous. J'entretiendrai volontiers un commerce » réglé entre les Espagnols & mes » Sujets, & je n'ai aucune peine à » donner à vos Navires toutes les » sûretez, que vous désirez; mais » à une condition, c'est qu'ils n'apporteront aucun Religieux dans » mes Etats. Si les Japonnois, qui » iront trafiquer aux Philippines, » y transgresseront les Loix du Pays, » je consens que vous les fassiez punir. » La Lettre ne parloit point des Corps des Martyrs; il paroît

---

(*a*) C'est le même, que Tensio Dai Dsin, que les Japonnois confondent souvent avec le Soleil. Xin, Dsin, & Sin sont la même chose. Cette Doctrine est le Sinto, dont nous avons parlé, & qu'on nomme quelquefois Xinto, ou Dsinto.

(*b*) L'Empereur supposoit toujours que presque tous les Jésuites étoient sortis du Japon, en vertu du premier Edit de Bannissement, qu'il avoit publié contre eux.

néanmoins que Navarrette eut la permission de les emporter, mais qu'ils ne se trouverent pas tous. Au moins on ne montre à Manile, que quelques Reliques de Saint Pierre Baptiste. Les Jésuites avoient été mieux servis : des Portugais avoient obtenu, & fait transporter à Macao les Corps entiers de leurs trois Saints, & on les y révere encore aujourd'hui. Tayco-Sama rendit aussi à Navarrette tous les Esclaves, qui s'étoient trouvez sur le Saint Philippes, & qu'il avoit retenus.

C'est ainsi que se passa l'année 1597. Au commencement de la suivante le bruit se répandit de nouveau que l'Empereur alloit venir à Nangoya, & l'on n'en douta point à Nangazaqui. Fazaburodono, qui commandoit toujours dans cette partie du Ximo, s'avisa alors de faire réflexion que le Ximo étoit rempli d'Eglises, & il n'étoit que trop instruit que les Missionnaires continuoient à y faire leurs Fonctions à l'ordinaire, quoiqu'avec toute la discrétion possible; il envoya sur le champ des Soldats, qui dans les seuls Pays d'Omura, d'Arima, & de Firando raserent jusqu'à cent trente-sept Eglises avec un grand nombre de Maisons, où les Peres se retiroient. On épargna seulement le Fingo & l'Isle d'Amacusa par respect pour le Grand Amiral; Xibunojo apprit en même tems qu'avec le Pere Gnecchi il y avoit plusieurs Prêtres; il leur fit dire qu'il étoit leur ami, qu'ils n'en pouvoient douter, mais que s'ils vouloient conserver son amitié, ils ne différassent point de se rendre à Nangazaqui, pour s'y embarquer à la premiere occasion, & il fallut le contenter; de sorte que le Pere Gnecchi resta avec quatre ou cinq Jésuites Japonnois, qui n'étoient point Prêtres, & qui pouvoient plus aisément se déguiser.

Fazaburodono, après l'Expédition, dont je viens de parler, fit dire au Pere Gomez qu'il étoit tems de satisfaire aux ordres, qu'il avoit reçus l'année précédente, d'envoyer tous ses Religieux à Macao, & dont il n'avoit pû alors exécuter qu'une partie. Par bonheur il n'y avoit alors, qu'un très-petit Navire Portugais dans le Port; le Pere Gomez y fit encore embarquer onze Jésuites, dont les uns étoient hors de combat, & les autres alloient achever leurs Etudes, & recevoir les Ordres sacrez à Macao. Le Vaisseau n'en pouvoit pas recevoir davantage, & le Commandant de Nangazaqui fut obligé de se contenter des assûrances, que lui réitéra le Pere Gomez de profiter de la premiere occasion, pour lui donner une satisfaction entiere. Le Vice-Provincial lui engagea en même tems sa parole, qu'en attendant cette occasion, ses Religieux se comporteroient de maniere à ne lui attirer aucun reproche de l'Empereur, & il la lui garda exactement.

Sur ces entrefaites, c'est-à-dire, vers la fin de Juin, un Vaisseau Marchand du Japon arriva des Philippines à Nangazaqui, portant deux Religieux de Saint François déguisez en Japonnois, dont l'un s'appelloit Jérôme de Jesus, & l'autre Gomez de S. Louis. Le premier étoit demeuré au Japon jusqu'au mois d'Octobre de l'année précédente, s'étant si bien caché, lorsqu'on avoit fait embarquer ses Confreres, qu'on ne l'avoit pû trouver;

il avoit enfin été découvert, & on l'avoit obligé de partir; mais à peine étoit-il arrivé à Manile, que sans rien communiquer de son dessein, ni à l'Archevêque, qui étoit de son Ordre, ni au Gouverneur, qui avoit fait de très-expresses défenses à quiconque de passer au Japon sans sa permission, il s'étoit embarqué avec le Pere de S. Louis sur un petit Bâtiment, où il n'y avoit que quelques Marchands Idolâtres, qui tout en débarquant à Nangazaqui, les décélerent. Le Pere de Saint Louis fut saisi d'abord, & mis en lieu sûr; mais son Compagnon, qui avoit déja quelque connoissance du Pays & de la Langue, échappa aux recherches de Fazaburodono, lequel en donna aussitôt avis à Terazaba son Frere. Ce Gouverneur en fut fort irrité, & les Princes Chrétiens, avec qui il étoit en Corée, eurent bien de la peine à l'empêcher d'en informer l'Empereur. Quelque tems après on eut de forts indices que ce Religieux étoit allé du côté de Méaco, & l'on en avertit ceux, qui commandoient dans cette Capitale. Ils en furent allarmez, & firent publier à son de Trompe, que si quelqu'un étoit convaincu d'avoir sçu, où étoit l'Etranger, & ne l'auroit pas dénoncé, lui, toute sa Famille, & tout son Quartier seroient punis comme Criminels d'Etat. On ne peut croire combien cette méchante affaire inquiéta toute l'Eglise du Japon, dans la crainte, que si l'Empereur en étoit jamais instruit, ses ombrages contre les Espagnols ne se réveillassent, & ne lui fissent prendre les plus extrêmes résolutions; mais par bonheur tous ceux, qui se trouvoient alors en place, étoient assez bien intentionnez; ils se contenterent de renvoyer le Pere de Saint Louis à Manile, & de continuer leurs diligences, pour découvrir le lieu de la retraite de son Compagnon.

Fin du dixiéme Livre.

HISTOIRE

HISTOIRE DU JAPON.

LIVRE ONZIE'ME.

De J. C. 1598.
De Syn Mu. 2258.

Pour peu qu'on fasse attention à ce qui s'étoit passé au sujet du Christianisme dans le Japon depuis le premier Edit de Tayco-Sama, on ne pourra gueres s'empêcher de reconnoître que le danger, où se trouvoit cette florissante Eglise d'une entiere destruction, venoit principalement de l'empressement des Espagnols des Philippines, pour partager avec les Portugais de Macao le Commerce de ces Isles, & du peu de concert entre les Ouvriers de l'Evangile, qui en avoit été la suite. En effet il y a tout lieu de croire, que si les Missionnaires se fussent toujours comportez, comme on avoit fait les premieres années de la Persécution, l'Empereur, qui voyoit assez tranquillement les progrès d'une Religion, qu'il ne pouvoit s'empêcher d'estimer, ne se seroit porté à aucun coup d'éclat, pour l'arrêter; & qu'à sa mort le nombre & la qualité des Chrétiens auroient obligé le Gouvernement à les ménager.

Il est encore certain qu'au tems, dont je parle, la bonne intelligence, qui avoit été dès les commencemens entre les Japonnois & les Portugais, n'avoit encore reçu aucune atteinte, & que la Cour n'étoit nullement en garde contre ceux-ci, même par rapport aux Missionnaires; ce qui parut sensiblement à l'arrivée du nouvel Evêque Dom Louis Serqueyra, que le grand Navire du Commerce de Macao amena sur ces entrefaites à Nangazaqui avec le Pere Valegnani, & plusieurs autres Jésuites, sans que personne y trouvât à redire. Il est vrai que la nouvelle, qui se répandit tout à coup, que l'Empereur étoit à l'extrémité, empêcha qu'on ne pensât plus, ni aux Missionnaires, ni aux Chrétiens.

De J. C. 1598.
De Syn Mu. 2258.

Tome II.   H

§. I.

L'Empereur tombe malade. Son embarras au sujet de son Fils. Caractere de GIXASU, *qu'il lui donne pour Tuteur, & qu'il nomme Régent de l'Empire. Mesures qu'il prend pour l'attacher à sa Famille, pour tempérer son Autorité, & pour se faire mettre au rang des Dieux. Le Pere Rodriguez le visite, & en est bien reçu. Sa mort, Ses bonnes & ses mauvaises qualitez.*

De J. C. 1598.
De Syn Mu. 2258.

LA maladie de ce Prince commença par une Dyssenterie, dont ses Médecins firent d'abord assez peu de cas. Elle continua sur le même pied depuis le dernier de Juin jusqu'au cinquiéme d'Août, que le Malade tomba dans une foiblesse, qui dura longtems; & l'on crut même qu'il alloit passer. Il en revint pourtant, mais il sentit bien qu'il étoit frappé à mort, & il ne songea plus qu'aux moyens d'assûrer l'Empire à son Fils, qui n'avoit que six ans. Ce n'étoit pas une chose aisée, & l'exemple tout récent du Petit-Fils de Nobunanga, à qui lui-même avoit ôté le Sceptre, lui faisoit comprendre que les plus grands Hommes ne laissent souvent après eux, que des ombres impuissantes, & qu'un Enfant n'est pas bien affermi sur un Trône, auquel il n'a point d'autre droit, que l'Usurpation de son Pere.

Si sa passion contre les Chrétiens, ou plutôt les défiances, qu'il avoit conçûës contre eux, ne l'avoient point aveuglé, il auroit pû, en laissant l'Empire à l'Impératrice, ce qui s'étoit souvent pratiqué sous le Regne des Dairys, ou du moins la tutelle de son Fils; lui donner pour Ministres, & pour Lieutenans Généraux, le Grand Amiral, Ucondono, & l'ancien Roi de Buygen. Il devoit être fort assûré de trouver dans ces trois grands Hommes ce qu'il ne pouvoit même trouver tout à la fois, que dans eux; assez d'habileté pour gouverner l'Empire; assez de mérite, pour ne point donner de jalousie aux Grands; assez de fermeté, pour réprimer les Factieux; & assez de modération, pour ne pas toucher à un Trône, dont ils auroient été les soutiens. Mais Dieu ne vouloit pas que la Postérité de ce Monarque régnât dans un Pays, où il avoit entrepris d'exterminer son culte; & ce qui doit faire admirer la maniere, dont la Justice divine se joüa des projets de ce grand Politique, les mesures, qu'il prit pour assûrer la Couronne à son Fils, furent ce qui la lui fit perdre.

De J. C. 1598.
De Syn Mu. 2258.

S'il y avoit au Japon un homme, de qui l'Empereur dût se défier dans la circonstance présente, c'étoit sans doute GIXASU (*a*) Roi de Bandoüé. Ce Prince ne possédoit d'abord que le Royaume de Micava, & il en avoit été dépoüillé, pour avoir pris le parti du Roi d'Ava son Neveu, & le troisiéme des Fils de Nobunanga; mais il s'étoit si bien réconcilié depuis avec l'Usurpateur, qu'il en avoit obtenu la restitution de son Royaume, & qu'il en étoit même

_____
(*a*) GYASU, GEIAZO, JEJAS, ONDOSCHIO. On trouve ce Prince ainsi nommé par différens Auteurs.

devenu en quelque façon le Favori. Dans la suite, en échange du Micava, & de trois autres Royaumes, qu'il avoit conquis, l'Empereur lui avoit donné tout le Bandouë, & il croyoit se l'être entierement attaché par un si grand bienfait ; mais la reconnoissance n'est pas une vertu, sur laquelle les Souverains doivent compter, surtout de la part de ceux, qu'ils ont rendus assez puissans, pour pouvoir être impunément ingrats. Le Roi de Bandouë étoit un Prince bien fait, brave, habile & heureux à la guerre, & d'une grande dextérité à manier les esprits. Il étoit d'ailleurs extrémement aimé de la Nation, à cause de son alliance avec Nobunanga, dont il avoit épousé la Sœur, & dont la mémoire étoit toujours chere & respectable aux Japonnois. Il possédoit un grand Pays fécond en Mines d'or & d'argent, & recommandable par la commodité de ses Ports ouverts au commerce, & aux secours, qu'il pouvoit recevoir du dehors. Enfin l'intérêt qu'il devoit prendre à la Famille, sur laquelle son Maître avoit usurpé l'Empire, lui fournissoit un prétexte spécieux, pour l'arracher au Fils de son Bienfaiteur, & le rendre à ses Neveux, si avec le mérite, qui peut faire réüssir une grande Révolution, il n'avoit pas eu l'ambition, qui fait les Usurpateurs. Tel fut cependant l'homme, que Tayco-Sama choisit, pour lui confier son Fils, & son Empire.

Cette résolution prise, il fit appeller le Roi de Bandouë, & lui parla ainsi en présence de toute la Cour, qu'il avoit fait assembler à ce dessein : » Cher Ami, je meurs, & » la mort n'a rien, qui m'effraye ; » c'est une Loi commune à tous les » hommes ; les plus grands Princes » n'en sont pas exempts, & je m'y » soumets sans peine. Une seule cho- » se m'inquiéte ; je laisse sur mon » Trône un Fils bien jeune, il lui » faut un appui, & puis-je trouver » un homme dans tout l'Empire, qui » soit plus capable de lui en servir, » que vous ? Je connois votre valeur, » & votre sagesse, je ne puis douter, » que quand mon Fils sera en âge » de régner, vous ne lui remettiez » fidélement le dépôt, que je vous » aurai confié ; je ne sçaurois donc » mieux faire, que de déposer entre » vos mains mon Sceptre, & celui » qui le doit porter après moi ; mais » afin que vous ne travailliez pas » seulement pour ma Famille, je » veux l'unir avec vous. Votre Fils » aîné a une Fille, j'en veux faire » l'Epouse de mon Fils, que vous » regarderez ainsi comme le vôtre.

Gixasu ne répondit d'abord à ce discours, que par des larmes, que toute sa conduite a depuis donné lieu de croire, avoir été des larmes de joye ; il fit ensuite à l'Empereur mille protestations d'une reconnoissance éternelle & d'une fidélité à toute épreuve. Tayco-Sama ne douta point qu'elles ne fussent sinceres ; il fit sur le champ venir la petite Princesse de Bandouë, qui n'avoit que deux ans, & la cérémonie de son mariage avec FIDE-JORI (nous avons déja dit, que c'étoit le nom du Fils de l'Empereur) fut célébrée dès le même jour, & suivie d'une Fête magnifique. Le Roi de Bandouë prêta ensuite serment de fidélité entre les mains du Monarque, qui lui fit prendre le nom de DAY-SU-SAMA, c'est-à-dire, *Grand Gou-*

verneur, puis il ordonna, que tous les Princes, & Seigneurs feroient ferment entre ses mains de maintenir de tout leur pouvoir Fide-Jori sur le Trône de son Pere; & pour les y engager davantage, il fit à tous des présens magnifiques. Les Absens, & surtout ceux, qui étoient en Corée, ne furent pas oubliez, non plus que leurs Femmes, & toutes les Dames du Palais, que Tayco-Sama crut devoir intéresser à la conservation de son Fils. On auroit de la peine à imaginer, jusqu'où il porta l'attention, pour ne mécontenter personne. Cela fait, il prit quelques mesures, pour tempérer un peu l'autorité presque absoluë, dont il venoit de revêtir le Daysu-Sama, & la principale fut de lui former un Conseil de Régence composé de neuf Personnes, qui devoient à la vérité le reconnoître comme leur Chef, mais sans la participation desquels il ne devoit lui-même rien entreprendre de considérable. Parmi ces Seigneurs, à qui nos Histoires donnent la qualité de Régens, je trouve les noms de Xibunojo & d'Asonadario, dont nous avons souvent parlé, mais je ne trouve point celui de Guenifoin, Vice-Roi de la Tense, ce qui pourroit faire juger que ce Seigneur étoit mort, n'étant pas naturel de croire qu'un homme dans cette Place, & qui avoit eu toute la confiance de son Maître, demeurât tellement obscur, qu'il ne fût plus parlé de lui dans toute la suite de cette Histoire.

Quoiqu'il en soit, l'Empereur après avoir ainsi travaillé, pour son Successeur, ne s'occupa plus, que de lui-même. Sa passion dominante, ainsi que nous l'avons vû, avoit été l'ambition, & il n'avoit jamais eu rien plus à cœur, que de s'assûrer une place distinguée parmi les Dieux *Camis*. Dans cette vûë, quoiqu'au fonds il n'eût aucun principe de Religion, il avoit affecté depuis plusieurs années un grand zele pour le culte des Divinitez, qu'on adore au Japon. Après avoir magnifiquement rebâti plusieurs Temples, & un grand nombre de Monasteres détruits par Nobunanga, & par lui-même, ou par le malheur des Guerres, il avoit augmenté Méaco d'un nouveau Quartier, & y avoit construit un superbe Temple, où il prétendoit être adoré sous le titre de Xin Fachiman, qui veut dire nouveau Fachiman, c'est le nom, que l'on donne à un Cami, célebre par ses Conquêtes, & qui est regardé dans le Sinto, comme le Dieu de la Guerre. Il n'étoit entré dans les ferremens de ce Temple, que des lames de Sabres, & pour cela il avoit été ordonné à tous ceux, qui n'étoient pas Nobles, de livrer les leurs, n'étant pas convenable, disoit l'Empereur, qu'un autre fer entrât dans la fabrique d'un Sanctuaire érigé à un Dieu guerrier. Ce Prince avoit fondé en plusieurs autres endroits des Monasteres accompagnez de Temples, ou de Chapelles, qui devoient pareillement lui être consacrez. Pour ce qui est de son corps, il défendit de le brûler, comme on a coutume de faire, mais il ordonna qu'il fût enfermé dans un riche Cercuëil, & déposé dans un endroit de son Palais de Fucimi, qu'il marqua.

Peu de jours après ces dispositions, le Pere Rodriguez, à qui on avoit fait sçavoir l'extrémité, où étoit ce Prince, vint à Fucimi avec un Officier Portugais nouvellement arrivé de Macao sur le grand Navire du Commerce, & chargé du Préfent, qui fe faifoit tous les ans en cette occafion à l'Empereur. Le Préfent fut d'abord montré au Malade, qui témoigna en être très-fatisfait, mais il fit dire que le Pere Rodriguez entrât feul dans fa Chambre. Ce Religieux le trouva couché fur une efpece de Courte-pointe piquée, entre des couffins de velours, mais fi défait, & fi défiguré, qu'il ne l'auroit jamais reconnu, fi on ne lui eût dit, que c'étoit l'Empereur. Ce Prince le fit approcher, & lui parla de la maniere du monde la plus aimable. Il voulut même que lui, & l'Officier Portugais fuffent de toutes les Fêtes, qui fe faifoient tous les jours entre les nouveaux Régens, qu'il avoit obligez à s'allier les uns aux autres, pour s'affûrer qu'ils demeureroient unis, & agiroient de concert dans le Gouvernement de l'Etat. Le Miffionnaire effaya de profiter des témoignages de bonté, que lui donnoit Tayco-Sama, pour lui faire prendre des penfées de falut : mais un homme tout occupé à s'égaler à Dieu étoit bien éloigné d'entrer dans les fentimens de pénitence & d'humilité, que la Foi Chrétienne exige de ceux, qui veulent l'embraffer. Le Pere ne voyant donc nul jour à fa converfion, prit congé de Sa Majefté, qui en lui difant le dernier adieu, lui fit délivrer de fort beaux préfens, pour lui & pour l'Officier Portugais.

A voir ce Monarque gouverner auffi abfolument, que dans fa plus vigoureufe fanté, on n'eût jamais cru, qu'il eût été fi proche de fa fin. Le Pere Pafio, qui étoit alors à Ozaca, marque dans fes Lettres, qu'on faifoit par fon ordre dans cette grande Ville des Ouvrages d'une magnificence extraordinaire. Auffi l'avoit-il choifie, comme une des plus fortes du Japon, pour être le féjour ordinaire de fon Fils pendant fa Minorité. Lorfqu'on y penfoit le moins le mal diminua, & pendant plufieurs jours le Malade alla de mieux en mieux ; du moins on le publia ainfi : mais le huit de Septembre il lui furvint une nouvelle foibleffe, qui le réduifit en un tel état, que fouvent on le croyoit mort. Il fut dans cette efpece d'agonie jufqu'au feize, qu'il expira âgé de foixante & quatre ans, autant haï de la plûpart des Grands, qu'il en étoit craint ; y en ayant fort peu, dit un Auteur moderne, (a) qui n'aimaffent mieux le voir parmi les Dieux morts, que parmi les hommes vivans.

Ce Prince étoit d'une complexion extrêmement robufte, mais fes débauches, les fatigues de la Guerre, & fon exceffive application aux affaires l'avoient fort vieilli. Il avoit l'efprit grand, mais trop vafte. Ses emportemens étoient terribles, c'étoit un Tigre en fureur, mais on l'adouciffoit aifément, quand on fçavoit le prendre. Rien de plus préfomptueux que lui dans la bonne fortune, il croyoit alors pouvoir devenir le Maître de l'Univers ; rien de plus timide dans l'adverfité, il craignoit tout, & les moindres revers lui faifoient abandonner les Entreprifes, qu'il avoit eu le plus à cœur ; mais il avoit bientôt honte de fa foibleffe, & il reprenoit d'abord fa premiere

(a) Le Pere CRASSET.

confiance. Il fut grand homme de Guerre, mais plus prudent encore, que vaillant, & dans ses Conquêtes, il employa plus souvent la ruse, que la force ouverte. Il gouverna avec beaucoup de sagesse, de fermeté, & de bonheur; il montra même assez d'équité, & les Peuples se plaignirent rarement de lui, mais il ne sçut pas se borner, ni cacher ses défauts. J'ai déja observé que la plûpart de nos Auteurs ne lui ont pas rendu assez de justice, & je ne puis m'empécher de dire qu'il y a quelque chose de plus que de l'exagération dans ce qu'un Auteur contemporain a avancé, que ce Prince avoit l'ame encore plus hideuse que le corps, & qu'il fut le Tibere du Japon. Il ne sçavoit rien, & il avoit la vanité de vouloir parler de tout ; ce qu'il faisoit ordinairement du même ton, dont il dictoit des Arrêts. Il avoit surtout la ridicule démangeaison de vouloir décider en Maître les questions les plus épineuses de la Religion, & cette manie eut peut-être autant de part, que sa politique, & la passion, qu'il avoit d'être mis après sa mort au rang des Dieux, aux mauvais traitemens, qu'il fit successivement aux Bonzes, & aux Missionnaires. Les premiers, qui avoient aisément reconnu son foible, sçurent en profiter, pour l'indisposer contre les seconds, à qui il ne convenoit point de lui faire bassement leur Cour, en le flattant sur cet article, comme faisoient leurs Adversaires sans aucun scrupule.

§. II.

Les Troupes Japonnoises reviennent de Corée ; ce qui rend au Christianisme tout son lustre. Conduite des Missionnaires dans ces importantes circonstances. Le Pere Valegnani écrit à quelques-uns des Régens, & la Réponse qu'il en reçoit. Zele des Princes Chrétiens. Broüillerie entre les Régens. Conduite génereuse du Grand Amiral.

Les Régens eussent bien voulu tenir quelque tems secrette la mort de l'Empereur, mais malgré les soins, qu'ils y apporterent, & la rigueur, dont ils userent contre les premiers, qui oserent en parler, la nouvelle s'en répandit bientôt partout. On diroit que certains hommes laissent dans le monde un vuide, qu'on sent d'abord, surtout quand ils occupoient une grande place, qui n'est pas assez bien remplie. D'ailleurs les Peuples comme par un instinct naturel, s'apperçoivent aussi-tôt, quand le timon de l'Etat a changé de main. Toutefois Dayfu-Sama & ses Collegues mirent si bon ordre à tout, qu'il ne se fit aucun mouvement. Une des premieres choses, à quoi ils penserent, fut de terminer la Guerre de Corée. Asonadario, & Xibunojo se rendirent pour ce sujet à Facata, & il y a bien de l'apparence, qu'il n'y eut point d'autre accommodement, que celui d'abandonner la meilleure partie d'une Conquête, qui n'avoit jamais été du goût de la Nation, & qui n'aboutissoit, qu'à retenir dans un véritable exil la meilleure partie de la Noblesse Japonnoise. Ce qui est certain, c'est qu'au commencement de l'année suivante toutes les Troupes avoient repassé la Mer, que ceux, qui les commandoient, rendirent en perſonne leur obéïſſance au nouvel Empereur dans tout le mois de Janvier, & que depuis ce tems-là les Japonnois n'ont été Maîtres, que de la partie Méridionale de cette Péninſule, qu'ils n'ont pas même gardée longtems.

A l'ombre de tant de Protecteurs, qui furent rendus à l'Egliſe du Japon, elle reprit bientôt tout ſon premier luſtre, & les Chrétiens commencerent à reſpirer, comme on fait en arrivant dans le Port, après avoir été longtems battu de l'orage. Quelques-uns même ſe flatterent de voir le Chriſtianiſme monter ſur le Trône Impérial en la perſonne de Jean SAMBURANDONO Roi de Mino, Petit-Fils de Nobunanga, ſur lequel le feu Empereur avoit uſurpé la ſouveraine Puiſſance. Le Roi de Bandoüé ſon grand Oncle (*a*) étoit le Maître de l'Empire; mais ce Prince n'étoit point d'humeur à travailler pour un autre, quand il le pouvoit faire pour lui-même; ainſi l'eſpérance, qu'on avoit conçuë de voir rentrer le Roi de Mino dans les droits de ſa Famille, & qui n'avoit gueres d'autre fondement, que le ſouhait des Chrétiens, s'évanoüit bientôt. Celle, dont les Miſſionnaires s'étoient flattez, de voir renaître les plus beaux jours du Chriſtianiſme, étoit plus ſolide & fut plus durable. Dayſu-Sama leur avoit donné en pluſieurs rencontres de grandes marques d'eſtime; ils croyoient avec raiſon pouvoir compter ſur quelques-uns de ceux, qui lui étoient aſſociez au Gouvernement de l'Empire; Xibunojo, que le feu Empereur avoit fait Roi d'Omi, en le faiſant entrer dans le Conſeil de la Régence, s'étoit en toute occaſion déclaré en leur faveur, & il étoit Ami intime du Grand Amiral. Enfin les Troupes deux fois victorieuſes de la Corée étoient entierement dévoüées aux Princes & aux Seigneurs Chrétiens, ſous la conduite deſquels elles avoient cuëilli tant de lauriers; & il importoit extrêmement à ceux, qui avoient l'autorité en main, de ſe les attacher; ce qu'ils ne pouvoient faire, qu'en favoriſant la Religion Chrétienne.

Toutefois, comme cette Religion avoit encore des Ennemis puiſſans, & qu'il ne falloit pas juger des diſpoſitions, où Dayſu-Sama pouvoit être à ſon égard, depuis qu'il étoit dépoſitaire de la ſuprême Puiſſance, par celles, où il avoit paru, lorſqu'il n'étoit que ſimple Vaſſal de Tayco-Sama; il fut très-ſagement réglé entre les Miſſionnaires, de l'avis des Princes Chrétiens, qu'on ſe comporteroit dans ces commencemens avec beaucoup de modération. Ainſi on ne jugea point à propos, que l'Evêque parût ſitôt en public, ni que les Miſſionnaires changeaſſent rien dans leur conduite extérieure, avant que d'en avoir reçu la permiſſion de ceux, à qui il convenoit de la demander, & qui, par cette marque d'une déférence, qu'ils avoient lieu d'attendre, n'en ſeroient que mieux diſpoſez à accorder tout ce qui dépendroit d'eux.

Ces réſolutions priſes, le Pere Valegnani, qui étoit fort connu de la plûpart des Grands, écrivit au Roi d'Omi, & à Aſonadario, qui étoient encore à Facata; & à Terazaba, qui étoit toujours Gouver-

(*a*) Ce Prince étoit Frere de l'Impératrice, Femme de Nobunanga.

neur de Nangazaqui, & Commandant en chef dans le Ximo, pour leur donner part de son arrivée, & les prier de trouver bon qu'il visitât ses Religieux, comme il avoit déja fait deux fois sous les Regnes précédens; & il chargea de ces Lettres le Pere Rodriguez, qu'il jugea plus capable qu'aucun autre de conduire cette négociation. Elle eut en effet tout le succès, qu'on en pouvoit espérer. Les trois Seigneurs firent au Pere Visiteur une réponse fort gracieuse ; ils lui témoignerent, que la nouvelle de son arrivée au Japon leur avoit été très-agréable; qu'ils estimoient la Religion Chrétienne; que quand leurs affaires leur laisseroient un peu plus de loisir, ils se procureroient l'avantage de s'en faire instruire plus amplement; que le feu Empereur ne l'avoit proscrite, que parce qu'on l'avoit mal à propos prévenu contre ceux, qui la prêchoient : mais qu'ils lui conseilloient d'engager ses Religieux à continuer la même conduite, qui leur avoit si bien réüssi dans les dernieres années du Regne précédent, parce que l'intérêt du Gouvernement présent étant de ne point toucher sitôt à ce qui avoit été ordonné par Tayco-Sama, si les Chrétiens faisoient le moindre éclat hors de saison, la Régence seroit dans l'obligation de les punir dans toute la rigueur des Ordonnances ; au lieu que si les Missionnaires avoient soin de les contenir, ils pouvoient tout espérer de la part de tous ceux, qui étoient à la tête des affaires.

Le Pere Valegnani profita de ces avis ; il ne parut aucun mouvement de la part des Fidéles, les Prédicateurs de l'Evangile ne firent aucune démarche, que de concert avec leurs Protecteurs, & ils s'en trouverent si bien, que peu à peu les Eglises se rebâtirent, les Colleges, & les Séminaires furent rétablis, & toutes choses furent remises presque sur le même pied, qu'elles étoient avant le premier Edit du feu Empereur contre le Christianisme. Il arriva même que plusieurs Princes Idolâtres, que la seule crainte de déplaire à Tayco-Sama avoit empêché de protéger la Religion Chrétienne, se déclarerent en sa faveur. Le Roi de Bigen fut des premiers à permettre aux Missionnaires de l'établir dans son Royaume, où ils baptiserent un très-grand nombre d'Infidéles, & où il se forma une très-nombreuse Chrétienté par le zele d'un Beau-Frere de ce Prince, qui avoit été baptisé longtems auparavant & se nommoit Jean ACAXICAMON. Le Fils & le Successeur du vieux Morindono Roi de Naugato donna aussi un fort bel Etablissement aux Jésuites dans ses Etats : ceux qui commandoient dans le Bungo suivirent son exemple, & il n'y eut pas jusqu'au Roi de Saxuma, qui trouva bon que les Missionnaires préchassent librement l'Evangile dans son Royaume.

Pour ce qui est des Princes Chrétiens, ils firent en cette occasion tout ce que l'on pouvoit attendre de leur zele & de leur piété. Le Grand Amiral ayant sçû que les Peres étoient dans une grande disette de toutes choses, parce que ce qu'ils tiroient du Commerce de Macao, suffisoit à peine pour réparer les pertes, qu'ils avoient faites les années passées, leur fit assigner sur sa Maison une Rente de mille six cent Paquets de Ris ; à sçavoir quatre

tre cent pour l'Evêque, quatre cent pour le Pere Valegnani, & le reste à la disposition du Pere Vice-Provincial. Le Roi de Zeuxima, son Gendre, le Roi de Chicungo, Gendre du feu Roi de Bungo, le Roi de Fiunga, le Roi de Mino, les deux Rois de Buygen, Pere & Fils, celui d'Arima, & le Prince d'Omura, rétablirent aussi les Missionnaires dans leurs Etats, & pourvûrent à tous leurs besoins. Daysu-Sama ne s'étoit point encore trop ouvert au sujet du Christianisme; mais les Prédicateurs de l'Evangile étoient toujours si bien reçus à sa Cour, que personne ne doutoit de son estime & de son affection pour eux, & l'opinion que l'on en eut dans tout l'Empire, donna lieu à un très-grand nombre d'illustres Conversions, jusques dans les Provinces les plus reculées, où la Religion avoit fait jusques-là moins de progrès.

Un orage imprévû arrêta un peu le cours de tant d'heureux succès. Tayco-Sama sembloit avoir pris les moyens les plus efficaces de conserver la paix dans l'Empire pendant la Minorité de son Fils, & la bonne intelligence entre ceux, à qui il avoit confié l'autorité Souveraine; mais il n'y a gueres, ou plutôt il n'y a point de mesures contre l'ambition de régner, quand elle est jointe au pouvoir. Daysu-Sama donna bientôt de l'ombrage à ses Collégues, & Xibunojo Roi d'Omi fut le premier, qui se plaignit du Tuteur. Il le fit même si haut, qu'on en vint à une rupture ouverte; tout le Japon se partagea, & le Grand Amiral se déclara pour Xibunojo son Ami : on courut aux Armes de tous côtez, & en très-peu de tems il se trouva entre Ozaca & Fucimi deux cent mille Hommes prêts à en venir aux mains.

Daysu-Sama étoit trop habile Homme, pour se mettre au hazard d'une Bataille, ayant surtout affaire au plus grand Homme de Guerre, qui fût alors dans l'Empire. Il prit donc le parti de négocier sous main, & il le fit si heureusement, que la plûpart de ses Collégues se réconcilierent avec lui, & que le Roi d'Omi resta seul de son côté. Alors le Tuteur, qui pendant la Négociation s'étoit saisi d'Ozaca, où étoit l'Empereur, avec tous les Trésors de Tayco-Sama, commença à parler en Souverain, & envoya commander à Xibunojo de se fendre le ventre. Ce Prince n'en étoit point encore réduit là; il gagna Fucimi, d'où il lui fut aisé de traiter d'un accommodement, dont les conditions furent, qu'il renonceroit à la qualité de Régent, & se retireroit dans ses Terres. Daysu-Sama ayant ainsi donné la loi à un de ses Collégues, se vit bientôt en état de se faire craindre des autres. Pour mieux affermir sa Puissance, il voulut s'attacher Tsucamidono, qui par générosité s'étoit exilé avec son Ami; mais ce Prince ne put jamais se résoudre à lier avec un Homme, dont il avoit pénétré les desseins ambitieux. Il ne put néanmoins se défendre de fiancer son Fils avec une Petite-Fille du Tuteur, mais il protesta hautement, que cette Alliance ne lui feroit jamais rien faire contre son honneur, ni contre le service de son légitime Souverain, dont le Pere l'avoit fait tout ce qu'il étoit.

§. III.

Persécution dans le Firando. Constance de la Princesse de Firando. Six Princes & plus de six cent Chrétiens s'exilent volontairement, pour conserver leur Foi. De quelle maniere ils sont reçus à Nangazaqui. Mouvement à ce sujet, & comment il s'appaise. Mort du Pere Gomez.

De J. C. 1599.
De Syn Mu. 2259.

LA disgrace du Roi d'Omi fut sensible à tous les Chrétiens, qui perdoient le plus déclaré Protecteur, qu'ils eussent dans le Conseil de la Régence. Il ne parut pas néanmoins, que les affaires de la Religion en allassent plus mal, si ce n'est dans le Firando, où le Roi saisit, pour abolir le Christianisme dans ses Etats, une occasion, qu'il crut très-propre à justifier sa conduite aux yeux de ceux même, qui estimoient cette Religion. Le Roi son Pere, que les Relations de ce tems-là nomment Doca, le même apparemment, dont nous avons parlé au commencement de cette Histoire, sous le nom de Taqua-Nombo, & qui depuis plus de trente ou quarante ans avoit abdiqué la Couronne, étoit mort au mois de Juin de cette année 1599. dans une extrême vieillesse. Son Successeur en apprit la nouvelle à Méaco, & sur le champ il manda au Prince son Fils de faire faire à son Ayeul les plus magnifiques Obséques, & beaucoup de Priéres pour le repos de son ame; d'obliger les Chrétiens à y prendre part, & de faire sortir du Royaume tous ceux, qui refuseroient d'obéir, sans en excepter même la Princesse Mancie son Epouse.

Un ordre si précis & si absolu mit le Prince dans un grand embarras; il aimoit éperdûment la Princesse, dont il avoit plusieurs Enfans, & il étoit convaincu, que ni l'exil, ni la mort même ne lui feroient jamais trahir sa Religion. Il lui déclara néanmoins la volonté du Roi, il lui représenta que ce Prince étoit fort entier dans ce qu'il avoit une fois résolu; il lui conseilla de faire de bonne grace, du moins en apparence, ce qu'il désiroit d'elle, & la conjura de ne point le réduire à user de rigueur contre la personne du monde, qu'il auroit le plus de regret de chagriner. La réponse de la Princesse fut telle, qu'il l'avoit prévûë; elle le supplia de considérer qu'elle étoit Fille de Sumitanda, le premier des Princes du Japon, qui avoit embrassé le Christianisme, pour lequel il avoit si souvent exposé sa vie, & risqué ses Etats; qu'il faudroit qu'elle s'oubliât bien elle-même, pour ne pas suivre un si bel exemple; qu'il pouvoit lui rendre cette justice, qu'en toute autre chose, que ce qui concernoit sa conscience, il ne l'avoit jamais trouvée opposée à ses volontez, ni à celles du Roi son Pere, mais que sur cet article rien ne la feroit jamais varier; qu'il lui en coûteroit pour mécontenter un Epoux, qu'elle aimoit & qu'elle respectoit, mais qu'elle devoit encore plus à son Dieu, qu'à lui; que la Couronne du Firando, celle même du monde entier, si elle étoit à sa disposition, ne seroit pas pour elle un grand sacrifice; & qu'elle seroit très-volontiers celui de fa vie, pour une fi belle caufe ; elle ajoûta que le plus court pour elle, & le plus honnête pour lui, feroit qu'elle fe retirât chez le Prince d'Omura fon Frere, & qu'au refte fi cet azyle lui étoit fermé, elle confentiroit plutôt au plus affreux exil, dût-elle y mandier fon pain, que de voir tous les jours fa Foi expofée à de nouvelles attaques. Elle écrivit fur le même ton au Prince fon Frere, à l'Evêque du Japon, & au Pere Valegnani, & pour montrer qu'elle ne difoit rien, qu'elle ne fût prête à exécuter, elle commença par fe retirer avec quelques-unes de fes Femmes dans une efpece de Cabanne fur le rivage de la Mer, réfoluë de s'embarquer dans le premier Bâtiment, qui voudroit la conduire à Omura ; mais elle n'y demeura pas longtems. Le Prince fon Epoux n'eut pas plutôt appris fa retraite, qu'il courut la chercher, & lui ayant protefté avec ferment, que de fa vie il ne l'inquiéteroit fur fa Religion, il la fit confentir, quoiqu'avec un peu de peine, à retourner au Palais.

Les chofes ne s'accommoderent pas fi aifément à l'égard des autres Chrétiens, qui ne firent pas moins paroître de fermeté, & fur qui le Prince voulut décharger le chagrin, que lui avoit donné la réfiftance de la Princeffe. La Famille du feu Prince Antoine étoit toujours la plus fervente, comme la plus noble portion de ce petit Troupeau ; elle étoit alors compofée de fept Princes, dont on ne nous a confervé les noms, que de trois, à fçavoir le Prince Jérôme le Chef de la Maifon, le Prince Thomas fon Fils, qui a depuis eu le bonheur de donner fon fang pour la Foi, (a) & le Prince Balthazar Coufin germain du premier ; ils étoient actuellement dans les deux Ifles, dont nous avons dit qu'ils étoient Seigneurs, & qui étoient toutes peuplées de Chrétiens. Le Prince de Firando leur envoya fignifier les ordres du Roi, & ils répondirent qu'il étoit inutile de leur faire de pareilles propofitions, qu'on pouvoit leur ôter la vie, mais non pas leur Foi, & que tous leurs Vaffaux étoient dans les mêmes difpofitions. Le Prince Jérôme donna auffitôt avis de tout à l'Evêque & au Pere Valegnani, qui leur envoyerent fur le champ un Miffionnaire, pour les affifter dans un fi preffant befoin ; & quatre autres, qui étoient dans le voifinage, accoururent pour le même fujet dans les Ifles d'Iquizeuqui & de Tacuxima.

Le Prince de Firando picqué de cette fermeté des Princes, voulut être obéi, & commença par envoyer des Troupes dans les deux Ifles, avec ordre d'inveftir le Palais des Princes, dont les Amis firent inutilement tous leurs efforts, pour les engager à donner quelque légere marque de déférence aux volontez du Roi, qui n'en demandoit pas davantage. Sur ces entrefaites on apprit que ce Prince étoit parti de Méaco, & qu'on l'attendoit au premier jour dans fa Capitale. On ne douta point alors, que comme il avoit été de tout tems furieux contre les Chrétiens, il ne fe portât à quelque violence, & les Miffionnaires furent d'avis de prendre des mefures, pour y fouftraire les Fidéles,

(a) Il eut la tête coupée à Nangazaqui, en 1619. étant pour lors âgé de quarante ans.

& surtout leurs Chefs ; sur quoi la résolution fut prise de passer à Nangazaqui. L'exécution suivit de près, & fut conduite avec tant de secret, qu'on fut fort étonné au bout de deux jours d'apprendre que tous les Princes, leurs Familles entieres, & six cent Chrétiens des plus apparens du Pays, s'étoient embarquez pendant la nuit, & avoient pris la route de Nangazaqui.

Le Roi, à qui l'on annonça cette nouvelle à son arrivée, en conçut un très-grand chagrin, qu'il sçut néanmoins couvrir des apparences d'une véritable joye, jusqu'à ordonner des réjoüissances, comme s'il eût remporté une Victoire sur ses plus grands Ennemis ; mais il fit en particulier de très-sanglans reproches au Prince son Fils, & à tous ceux, qui l'avoient engagé à pousser à bout tant de braves Gens ; d'autant plus, qu'il voyoit tous les autres Chrétiens en mouvement, pour suivre les premiers, & qu'en effet il y en eut encore deux cent, qui peu de jours après prirent la même route. La maniere, dont les uns & les autres furent reçus à Nangazaqui, augmenta encore son dépit. Les Fidéles de cette grande Ville allerent au-devant de leurs Freres, qui s'étoient ainsi exilez volontairement, pour conserver leur Foi, & n'avoient pas même songé à faire aucune provision, de sorte qu'ils manquoient absolument de tout. Ce fut à qui marqueroit plus d'empressement, pour les secourir dans un si pressant besoin, & les plus aisez se disposoient à s'arranger entre eux pour les loger, & pour partager avec eux leurs biens, lorsqu'il vint un ordre de Terazaba de les faire sortir de son Gouvernement. Il y a bien de l'apparence, que ce S.... avoit dès-lors renoncé au C......isme, qu'il n'avoit jamais eu le courage de professer ouvertement ; d'ailleurs il étoit Ami particulier & Parent du Roi de Firando. Mais s'il avoit cru obliger par cette conduite les Fidéles Firandois à retourner chez eux, il s'étoit trompé ; les Missionnaires possédoient un terrein assez près de Nangazaqui, dans la dépendance d'Omura, où ils avoient eu autrefois un College, sous le nom de tous les Saints, & ils y avoient encore quelques Maisons. Ils y envoyerent les Exilez. Des Portugais, qui y avoient aussi quelques logemens, les céderent pareillement. On en bâtit avec beaucoup de promptitude autant qu'il en falloit, pour loger tous les autres : & les Peres, quoique fort à l'étroit pour leur subsistance, parce que le dernier Navire du Commerce avoit péri, & que celui de cette année n'étoit point encore arrivé, prirent sur leur nécessaire de quoi les sustenter.

On croyoit cette affaire finie, & les Exilez bénissoient le Ciel de se voir dans une pleine liberté de professer une Religion, à laquelle ils avoient tout sacrifié, lorsque le Roi de Firando parut avec une Armée à Nangazaqui, & fut joint par Terazaba, qui lui amena de bonnes Troupes, pour faire la Guerre au Roi de Saxuma. Ce Gouverneur voulut avant toutes choses faire restituer à son Allié tous ses Sujets fugitifs, & il commença par écrire aux Missionnaires, qu'il s'étonnoit fort qu'ils favorisassent une désertion d'un si pernicieux exemple, &

qu'ils risquoient beaucoup, s'ils l'obligeoient à mander à Daysu-Sama, qu'ils soulevoient les Peuples contre leur Souverain légitime ; d'autant plus, disoit-il, qu'il ne s'agissoit pas en cette occasion de l'essentiel de la Religion, mais d'une simple déférence extérieure, en quoi les Sujets devoient une obéïssance entiere à ceux, que Dieu leur a donné pour Maîtres. La réponse fut, que l'Evangile ne souffroit point ce partage de l'extérieur & de l'intérieur, qu'ils avoient fait leur devoir, qu'il en arriveroit tout ce qu'il plairoit à la Providence, & qu'ils étoient résolus à tout.

Les Exilez, à qui Terazaba avoit envoyé deux Gentilshommes, pour leur représenter à peu près les mêmes choses, répondirent par la bouche des Princes, que ce n'étoit point par un esprit de rebellion, qu'ils étoient sortis du Firando, mais parce qu'on les y avoit voulu contraindre de desobéïr à Dieu, qui étoit leur premier Souverain. Que pour preuve de cela, si le Roi vouloit leur donner sa parole Royale, de ne les point inquiéter sur l'article de leur Religion, ils retourneroient sur le champ se ranger sous son obéïssance, & qu'il n'auroit point de Sujets plus soumis qu'eux ; qu'ils consentiroient même à ce prix, que tous leurs biens demeurassent confisquez, & que le Roi les employât eux-mêmes aux plus vils ministeres : mais que si on leur refusoit une si juste demande, il n'y avoit rien au monde, à quoi ils ne s'exposassent plutôt, que de retourner dans un Pays, où leur Foi ne seroit pas en sûreté.

Ces réponses ne firent qu'irriter le Roi de Firando, & la résolution fut prise entre lui & Terazaba, de faire main basse sur ces Chrétiens. Les Princes de leur côté crurent être en droit de se défendre, s'ils étoient attaquez. Ils pouvoient compter sur trois cent hommes des plus aguerris, qui fussent au Japon, & il est certain qu'ils eussent au moins vendu cherement leur vie : mais les Peres, que cette résolution allarma avec raison, & qui prévoyoient les suites terribles, qu'elle ne manqueroit pas d'avoir, si on en venoit à l'exécution, représenterent aux Princes deux choses ; la premiere, que leur résistance ne les empêcheroit pas de périr tous, puisqu'ils seroient à peine un contre vingt ; & qu'elle allumeroit un incendie, dont toute l'Eglise du Japon seroit infailliblement embrasée. La seconde, qu'en mourant les Armes à la main contre leur légitime Roi, non seulement ils se flattoient en vain de l'honneur du Martyre, mais qu'ils se rendroient criminels devant Dieu, & n'éviteroient pas devant les hommes l'infamie attachée à une véritable rebellion ; enfin, que s'ils vouloient avoir le mérite de mourir pour leur Foi, il falloit se présenter volontairement à la mort.

Une si sage remontrance eut tout l'effet qu'on en pouvoit espérer ; tous ces braves Chrétiens, qui commençoient déja à se retrancher, mirent d'abord les Armes bas, & le Prince Jérôme s'étant persuadé que toute la colere du Roi de Firando se calmeroit, si lui & son Fils se livroient à sa vengeance, ils prirent tous deux le parti de l'aller trouver sans Armes, & de s'abandonner à tout son ressentiment. Ils étoient dans cette disposition, lorsqu'un Gentilhomme les vint trouver de la part du Roi, pour leur dire qu'ils pouvoient se tenir tranquiles, & que ce Prince ne vouloit pas risquer un seul de ses Soldats, pour ranger des Rebelles à leur devoir ; qu'il ne les regarderoit pas même comme tels, s'ils vouloient lui promettre de ne rien entreprendre contre lui, & que de son côté il leur engageoit sa parole, de ne troubler jamais leur repos. Ainsi se termina à la gloire de la Religion Chrétienne une affaire, dont les Infidéles ne s'étoient rien moins promis, que la ruine entiere de la Chrétienté du Japon.

Mais la joye, qu'en conçurent les Missionnaires, fut un peu tempérée par la perte, qu'ils firent sur ces entrefaites de leur Vice-Provincial le Pere Pierre Gomez. Ils le pleurerent avec des larmes d'autant plus sinceres, que depuis le Pere Côme de Torrez, ils n'avoient point eu de Supérieur plus sage, ni de modéle plus accompli d'un Ouvrier Evangélique, tel qu'en demandoit le Japon. Il eut pour Successeur le Pere François Pasio Boulonnois, que la grande connoissance, qu'il avoit de la Langue & des Mœurs du Pays, & son expérience dans les affaires de la Mission, faisoient juger infiniment propre à cet emploi, mais qui ne fut pas aussi heureux, que son Prédécesseur, à réünir en sa faveur tous les suffrages.

§. IV.

Apothéose de Tayco-Sama. Effet qu'elle produisit par rapport au Christianisme. Zele des Rois de Fingo & de Mino. Baptême de la nouvelle Reine d'Arima. Les Régens se déclarent contre Daysu-Sama. Le Roi de Fingo prend leur parti. Les Jésuites calomniez à cette occasion. Mauvaise conduite des Régens.

L'Apothéose de Tayco-Sama, qui fut célébrée vers ce même tems avec une pompe extraordinaire, ne contribua pas peu à inspirer aux Peuples & aux Grands un retour d'estime pour le Christianisme, & à leur faire concevoir du mépris pour les Sectes du Japon. Aussi y eut-il tant d'Infidéles, qui se convertirent alors, qu'on en compta soixante & dix mille cette année 1599. & vingt-cinq mille dans les seuls Etats du Roi de Fingo. Ce Grand Homme avoit bien autant contribué à une si abondante récolte, que les Missionnaires mêmes. Avant que de se retirer dans son Royaume, il avoit voulu recevoir le Sacrement de Confirmation, & les grands exemples de vertu qu'il donnoit à ses Sujets, avoient rempli les Fidéles de ferveur, & les Idolâtres d'admiration pour le Christianisme. Pour profiter de ces heureuses dispositions, il s'appliqua tout entier à faire des conquêtes pour Jesus-Christ ; bien convaincu qu'elles lui seroient plus utiles, que celles, qu'il avoit faites pour son Prince ; mais le Ciel ne permit pas qu'il joüit longtems d'une tranquillité si nécessaire à l'œuvre de Dieu. Le vertueux Samburandono ne travailloit, ni avec moins de zele, ni avec moins de succès dans son Royaume de Mino: heureux Prince d'avoir trouvé dans sa disgrace cette précieuse Perle de l'Evangile, pour laquelle le sage Chrétien doit tout vendre, selon le Sauveur du monde; & d'en avoir assez connu le prix, pour lui donner la préférence sur les Etats, qu'il devoit hériter du Grand Nobunanga son Ayeul!

L'année suivante ne fut pas moins féconde pour la Religion; mais nous n'avons point le détail de ces conversions, parce que la plûpart des Lettres, qui furent écrites en Europe en 1600, furent perduës; nous sçavons seulement que le Roi d'Arima, qui avoit perdu la Reine son Epouse, s'étant remarié avec une Princesse extrêmement attachée à l'Idolâtrie, le Pere Valegnani, qui avoit déja eu le bonheur, ainsi que nous l'avons vû en son tems, de retirer le Roi d'un pareil entêtement, entreprit de réduire la nouvelle Reine, & en vint heureusement à bout, après deux ou trois entretiens, qu'il eut avec elle. Nous la verrons dans quelques années montrer par sa constance que la Foi avoit jetté de profondes racines dans son cœur. Enfin ces deux années furent pour l'Eglise du Japon des années de récolte; mais les Ouvriers Evangéliques ne recueïlloient pas avec une joye bien pure ce qu'ils avoient semé avec tant de fatigues, & si souvent arrosé de leurs larmes. Un certain pressentiment leur disoit au fonds de l'ame que ce peu de tranquillité ne leur étoit donné, que pour se préparer à essuyer de nouveaux combats, dont ceux, qu'ils avoient eu jusques là à soutenir, n'avoient été que de légers préludes, & nous allons voir que leurs craintes n'étoient que trop bien fondées.

Daysu-Sama, depuis sa Victoire, ne se ménageoit plus avec les autres Régens, lesquels s'appercevant qu'insensiblement ils n'avoient presqu'aucune part aux affaires, résolurent enfin d'un commun accord de s'opposer à la Tyrannie, qui s'établissoit ouvertement sur les ruines de l'Autorité légitime. Ils commencerent par publier un Manifeste, qui engagea dans leurs intérêts la plus grande partie de la haute Noblesse. Ensuite CANGERASU, celui des Régens, qui croyoit avoir plus de sujet de se plaindre, alla porter la guerre dans le Quanto, pour attirer de ce côté-là toute l'attention de l'Ennemi commun; tandis que les autres faisoient assez secretement leurs préparatifs, pour profiter de cette diversion. Ceux-ci rappellerent d'abord leur ancien Collégue, le Roi d'Omi, lequel ne voulut pas s'engager, qu'il ne fût assûré que le Grand Amiral prendroit aussi les Armes; il lui écrivit qu'il avoit des affaires de la derniere conséquence à lui communiquer, & le pria de le venir trouver dans sa Forteresse de SAVOYAMA.

Tsucamidono s'y rendit, & Xibunojo commença par lui remettre devant les yeux les obligations, qu'ils avoient l'un & l'autre au feu Empereur Tayco-Sama; le serment, par lequel ils s'étoient engagez au service de Fide-Jori, son Fils, & son Successeur, & le danger, que couroit ce jeune Prince de trouver dans son Tuteur un Tyran, qui ne se contenteroit peut-être pas de lui enlever sa Couronne. Il lui déclara ensuite que tous les Collégues de Daysu-Sama, assûrez du secours de la plûpart des Grands, étoient résolus de pousser ce Prince à toute outrance, & de ne point poser les Armes, qu'ils ne l'eussent mis hors d'état de satisfaire son ambition démesurée : il lui montra la liste des Princes & des Seigneurs Confédérez, parmi lesquels étoient entr'autres le Roi de Naugato, assez fort lui seul, disoit-il, pour tenir tête au Roi de Bandouë ; Tingondono Roi de Bigen, & Maître de deux autres Royaumes ; le Roi de Saxuma, le plus puissant des Rois du Ximo, & un des plus grands Capitaines de l'Empire ; & quantité d'autres, la fleur & l'élite de la Noblesse Japponnoise.

Il n'en falloit pas tant pour déterminer le Roi de Fingo à entrer dans une Ligue, qui lui paroissoit si bien concertée ; il la signa, & le même jour il communiqua aux Peres Gnecchi & Morejon ce qu'il venoit de faire. Ces deux Religieux en parurent très-chagrins, & ne pûrent s'empêcher de lui témoigner leur inquiétude. Ils ne voyoient que trop le danger, où cette démarche précipitée alloit jetter ce Prince, & ne doutoient point que le contre-coup n'en retombât sur toute l'Eglise du Japon ; mais il n'y avoit plus de remede, ou du moins il n'étoit pas en leur pouvoir d'y en apporter. Au reste il n'y eut alors personne au Japon, qui ne fût parfaitement convaincu que, ni ces deux Religieux, ni aucun des autres Missionnaires, n'avoient eu part à la conduite, qu'il tint en cette occasion ; & la maniere, dont Dayfu-Sama en usa encore longtems après avec eux, en est une preuve, qui ne souffre point de replique. On ne voit donc pas sur quoi s'est fondé l'Auteur d'une Relation, qui fut envoyée les années suivantes en Europe ; où il est dit que le Tuteur ne se vit pas plutôt le Maître de l'Empire, qu'il persécuta les Chrétiens, pour se venger de ce que les Jésuites avoient conseillé au Grand Amiral de prendre les Armes contre lui, ou du moins ne l'en avoient pas détourné, comme ils l'auroient pû faire. Mais ce qu'ajoûte cet Ecrivain lui ôte toute croyance auprès des personnes sensées, par l'excès, où il porte sa malignité ; car il attribuë à ces Missionnaires une Politique, qui ne peut avoir de vraisemblancee, que dans l'esprit de ceux, à qui rien ne paroît incroyable de ce qu'on ose avancer contre la Société. Il ajoûte que la vûë des Jésuites en cette rencontre étoit de se rendre les Maîtres de l'Empire, en le faisant tomber à Tsucamidono, qui leur étoit tout dévoüé ; projet, dont le ridicule saute d'abord aux yeux, si l'on fait réflexion que parmi les Régens, dont le Roi de Fingo prenoit en main la cause, aucun n'étoit Chrétien, ni d'humeur à se donner un autre Maître, que le Fils de leur défunt Empereur.

Ce n'étoit pas au reste la premiere fois, que l'on mettoit en jeu ce Grand Homme dans les Libelles diffamatoires, qui couroient contre les Jésuites ; car dans un autre Mémoire, dont j'ai déja parlé, on prétendoit qu'ils avoient livré à Tayco-Sama, ou, comme on appelloit alors ce Prince, à Cambacundono, la grande Isle du Ximo, & on leur faisoit un crime de n'avoir pas profité de l'occasion, pour ranger tout le Japon sous les Loix du Roi Catholique, comme ils le pouvoient, ajoûtoit-on, avec leurs propres

pres forces, en mettant à la tête de leurs Troupes Auguftin Tfucamidono, Roi de *Bungo.* Chimérique Syftéme, & qui fait bien voir la paffion de l'Auteur: comme fi ce Général, qui ne fut jamais Roi de Bungo, fuppofé qu'il fût capable d'arracher l'Empire à fon Souverain & à fon Bienfaiteur, eût été affez fimple, pour céder à un Prince Etranger une fi belle Conquête, & le fruit de fa Trahifon. Il ne faut pas connoître les Japonnois, ni même les hommes, pour mettre fur la fcene de pareils Perfonnages. Je reviens à mon Hiftoire.

La Ligue ainfi formée contre Dayfu-Sama, en moins de rien tout le Japon parut en armes, & l'on ne vit jamais plus d'apparence d'une longue & fanglante Guerre. Il y avoit même tout lieu de croire que le Tuteur fuccomberoit à la fin contre tant de forces réünies; mais par bonheur pour ce Prince pas un de fes Collegues n'étoit, ni grand Capitaine, ni homme de tête; & comme les perfonnes d'un mérite ordinaire font prefque toujours les plus jaloufes de leur autorité, les Rois de Fingo, de Bigen, & de Saxuma, qui feuls étoient capables de bien conduire cette Guerre, ne furent pas les plus écoutez dans le Confeil. Il arriva même, qu'encore que les Régens fuffent toujours affez unis entr'eux, ils n'agirent jamais bien de concert, & que chacun, felon la coutume des génies étroits, fuivit fes propres projets, & fe conduifit par fes vûës particulieres. Dayfu-Sama s'en apperçut bientôt, & en tira tout l'avantage, qu'un habile homme en pouvoit tirer.

§. V.

Les Régens remportent plufieurs avantages. Mort tragique de la Reine de Tango. Eloge de cette Princeffe. Succès divers de la Guerre civile.

LEs fuccès ne laifferent pourtant pas d'être affez longtems balancez, & les commencemens de la Guerre furent très-favorables à la Ligue. Son Armée s'empara fans prefque tirer l'épée de la plus grande partie de la Tenfe. La feule Fortereffe de Fucimi les arrêta quelque tems, mais elle fut forcée l'épée à la main, & réduite en cendres avec le magnifique Palais, qui étoit devenu le principal Sanctuaire du nouveau Dieu Tayco-Sama: de forte que cette Ville eft encore aujourd'hui réduite au premier état, où elle étoit, avant que ce Monarque en eût fait le Théatre de fes magnificences; c'eft-à-dire, à très-peu de chofes. Les Confédérez ne foutinrent pas longtems cette réputation, qu'ils avoient d'abord acquife à leurs Armes. Ils s'amuferent faute de s'entendre, & donnerent à leur Ennemi le loifir d'affembler fon Armée. Il pratiqua même des intelligences parmi leurs principaux Officiers, & l'on s'apperçut bientôt qu'ils étoient mal fervis. Mais ce qui contribua davantage à mettre le Chef de la Régence en état de prendre le deffus, c'eft qu'il trouva le moyen d'acquerir à fon Parti le Roi de Buygen & fon Pere, qui y entraînerent encore le Roi d'Arima & le Prince d'Omura. Ces Princes n'étoient pas apparemment auffi convaincus, que le Roi de Fingo, des ambitieux desseins du Tuteur: toutefois il est assez surprenant que le Roi d'Arima, dont le Fils aîné venoit d'épouser la Fille du Gouverneur de Sacai, laquelle étoit Niéce de Tsucamidono, ne suivît pas le parti que ce Prince, à qui même nous avons vû qu'il avoit de grandes obligations, venoit d'embrasser; mais ce fut un coup de la Providence, que tous les Princes Chrétiens, & surtout ceux du Ximo n'eussent point armé en faveur des Confédérez.

Cependant, si nous en croyons quelques Mémoires, que le Pere Bartoli ne fait aucune difficulté de traiter d'Apochryphes, quoiqu'ils ayent été suivis, même après cet Écrivain, par des Historiens d'une grande autorité, cette Guerre fut dès-lors pour l'Eglise du Japon l'occasion d'une perte, qui de quelque maniere, qu'elle soit arrivée, lui fut extrêmement sensible, & fut longtems pleurée. Les Régens, après s'être rendus Maîtres d'Ozaca, où étoit l'Empereur avec l'Impératrice sa Mere, firent publier un Édit, par lequel il étoit ordonné à tous ceux, qui avoient pris les Armes pour Dayfu-Sama, de se réünir avec eux, sous peine d'être poursuivis comme Rebelles & Ennemis de l'Etat. Il étoit marqué de plus, que les Femmes, & les Enfans de ceux, qui refuseroient d'obéïr, payeroient pour leurs Peres & pour leurs Maris, de leur vie, ou de leur liberté; chacun suivant sa condition. Jecundono Roi de Tango étoit fort attaché au Tuteur, & il s'étoit déclaré des premiers pour lui; il avoit laissé sa Famille à Ozaca, l'y croyant beaucoup plus en sûreté, qu'à Tango;

néanmoins en partant pour l'Armée, il avoit à tout évenement donné ordre à l'Intendant de sa Maison, que si la Ville étoit forcée, & qu'il y eût le moindre danger pour la Reine de tomber entre les mains des Ennemis, il lui tranchât la tête, & mît le feu à son Palais.

Ce que Jecundono avoit appréhendé, arriva bientôt, & l'Intendant fut sommé de la part des Régens de leur livrer la Reine. Il y avoit tout lieu de croire que cette Princesse seroit fort en sûreté entre les mains des Chefs de l'Armée victorieuse, qui étoient, au moins pour la plûpart, de très-honnêtes gens; mais si Jecundono n'avoit pas craint pour sa vie, ni même pour sa liberté, cette Princesse étoit d'une beauté rare, & la pensée des dangers, à quoi elle pouvoit être exposée par cet endroit, étoit capable d'effrayer son Mari, le plus jaloux des hommes, & qui après avoir rendu la plus aimable, & la plus vertueuse personne, qui fût au Japon, la victime de son zele aveugle, pour le culte de ses Dieux, la sacrifia à son injuste jaloûsie. Son Intendant fort embarassé sur la réponse, qu'il devoit faire à la sommation des Généraux de l'Armée confédérée, chercha quelque tems les moyens de sauver sa Maîtresse, mais il n'en trouva point: il va donc la trouver, se jette à ses genoux, & fondant en larmes, il lui déclare le commandement absolu, qu'il avoit reçu du Roi son Maître. » Au reste, Madame, ajoûta-t-il, de tout ce que » nous sommes ici de vos Serviteurs, » il n'en est aucun, qui ne soit réso- » lu de ne vous pas survivre & » d'expier sur le champ un crime,

» que les Loix de l'Empire, & l'o-
» beïssance, que nous devons au
» Roi notre Seigneur, nous aura
» forcé de commettre; & ce ne sera
» pas une légere consolation pour
» nous, de voir finir des jours, que
» nous ne pourrions plus employer
» au service d'une Princesse, dont
» nous révérons les vertus, & que
» tout le Japon adore.

La Reine écouta ce discours, comme s'il ne l'eût pas regardée: » Vous
» sçavez, dit-elle, que je suis Chré-
» tienne, & que la mort n'a rien,
» qui effraye ceux, qui font profes-
» sion de la véritable Religion: elle
» m'ordonne d'obéïr, cette Loi
» sainte, à celui, que nos Loix ont
» rendu le Maître de ma vie; mais
» je ne puis penser sans frémir, à ce
» que vous deviendrez pour toute
» une Eternité, si vous persistez dans
» votre aveuglement. Du moins ne
» me refusez point la grace que je
» vous demande, & qui sera la der-
» niere, que je vous demanderai ja-
» mais; c'est de vous contenter d'e-
» xécuter les ordres du Roi en ce
» qui me concerne, & de ne point
» attenter sur vos jours. En cela les
» Loix du Japon sont injustes, &
» elles ne vous excuseroient pas au
» Tribunal du Maître absolu de la
» vie, & de la mort. Après qu'elle
eut ainsi parlé, elle entra dans son
Oratoire, où prosternée devant son
Crucifix, elle s'offrit en sacrifice à
la Majesté divine, & accepta la mort
en expiation de ses péchez: elle appella ensuite les Dames du Palais,
& toutes les Femmes, qui composoient sa Maison, les embrassa tendrement, & leur dit, que puisqu'il
n'y avoit point d'ordre de les faire
mourir, & qu'elles étoient toutes
Chrétiennes, leur conscience les
obligeoit de sortir du Palais, avant
qu'on y mît le feu.

Elles ne répondirent que par leurs
larmes, mais la Reine leur fit promettre qu'elles obéïroient. Tout
retentissoit de sanglots, & de cris
lamentables; les uns s'arrachoient
les cheveux, les autres se déchiroient les habits, tous ne paroissoient occupez, que du malheur
d'une Reine, dont ils se fussent estimez heureux de pouvoir racheter
les jours aux dépens des leurs. Elle
seule aussi tranquille, & le visage
aussi serein, que si on lui eût annoncé la plus agréable nouvelle,
régloit tout, & se préparoit à la
mort, comme si elle eût ordonné les
préparatifs d'un voyage de plaisir.
Tout étant disposé, elle entra encore dans son Oratoire, & un moment après elle appella l'Intendant,
& l'avertit qu'il pouvoit, quand il
voudroit, exécuter les ordres de son
Maître. Cet Officier lui dit, qu'il
n'attendoit plus que les siens; puis
s'étant encore jetté à ses pieds, il la
pria de nouveau de lui pardonner sa
mort. Aussitôt la Reine se mit à
genoux, abattit elle-même sa robe, & prononçant les sacrez noms
de Jesus & de Marie, elle reçut le
coup, qui lui trancha la tête.

Ainsi mourut Grace Reine de
Tango, la plus belle personne, la
Princesse la plus accomplie, & peut-être la plus fervente Chrétienne, qui
fût au Japon. Bien loin d'être idolâtre de sa beauté, il sembloit qu'elle eût pris à tâche d'en ternir l'éclat
par tout ce que la Pénitence a de rigueurs, & elle auroit pû confondre
en cela les Religieux les plus austeres. Toute son occupation, après

avoir satisfait aux exercices de sa piété, étoit de se faire amener les Enfans des Pauvres : elle les lavoit, & les nettoyoit de ses propres mains; ensuite elle les instruisoit de nos saints Mysteres, les exhortoit à la vertu, & en faisoit de fervens Chrétiens. Elle aimoit fort la lecture, & pour être plus en état de contenter en cela sa piété, elle avoit appris le Latin & le Portugais. Une vie si précieuse méritoit sans doute une fin moins tragique ; mais le Chrétien trouve sa grandeur & sa véritable félicité dans l'accomplissement de la volonté de Dieu, & dans une résignation parfaite aux ordres de la Providence.

Dès que la Reine fut morte, on couvrit son corps d'un Drap d'or, & l'on remplit de matieres combustibles tous les Appartemens du Palais. Ensuite les Officiers, les Pages, & les Soldats, qui n'étoient pas Chrétiens, s'enfermerent dans une Chambre un peu écartée de celle, où étoit le corps de la Princesse. Là ils se fendirent tous le ventre, & l'un d'eux ayant mis le feu à une traînée de poudre, qu'on y avoit faite, le feu prit en un moment partout, & le Palais fut bientôt réduit en cendres. Les Chrétiens recueillirent tout ce qu'ils pûrent distinguer des ossemens de la Reine, & les porterent au Pere Gnecchi, qui demeuroit pour lors à Ozaca, & qui fit à cette illustre Défunte un Service solemnel avec tout l'appareil, que pouvoit souffrir la conjoncture des tems. Le Roi de Tango, qui en fut informé au retour de la Guerre, en fut si touché, qu'après avoir témoigné au Missionnaire un gré infini de cette action, il fournit aux frais d'un second Service, auquel il voulut assister lui-même avec tout ce qui se rencontra de Grands à Ozaca. Tout s'y passa avec beaucoup de piété, & le Roi avoüa, que nos Cérémonies lui paroissoient si augustes, qu'au prix d'elles toutes celles des Bonzes n'étoient que des niaiseries d'Enfant. Mais ce qui le toucha encore plus, ce fut d'apprendre que ces Obseques avoient été suivies de grandes aumônes ; *il faut convenir, dit-il alors, que ces Religieux Etrangers sont bien d'autres gens, que nos Prêtres.*

Pour revenir à la Guerre civile ; tandis que Daysu-Sama étoit occupé dans le Quanto à défendre ses propres Etats contre Cangerazu, qui y avoit fait d'abord d'assez grands projets, mais qui n'avoit pas sçu profiter de ses avantages ; il envoya trois mille hommes, pour harceler l'Armée des Alliez, & conserver la Forteresse de Voary, qui tenoit pour lui, & qui lui étoit d'une très-grande importance. Le Général de cette petite Armée défit d'abord le Roi de Mino, qui avoit entrepris de l'arrêter dans sa marche, & le fit prisonnier ; ensuite ayant appris que les Rois de Fingo, d'Omi, & de Saxuma étoient assez mal accompagnez dans un Château du Royaume de Mino, il fit une marche forcée, pour les y surprendre, & investit brusquement la Place. La résistance des Assiégez répondit à la réputation des Chefs, & déconcerta les projets des Assiégeans, qui se virent tout à coup investis par une Armée de quatre-vingt mille hommes.

§. II.

Le Roi de Bungo est défait par l'ancien Roi de Buygen. Bataille générale. Les Rois d'Omi & de Fingo sont faits Prisonniers. Belle retraite du Roi de Saxuma. Action généreuse de l'Evêque du Japon. Les deux Rois Prisonniers sont exécutez à mort. Eloge du Roi de Fingo. Mort tragique de son Fils.

De J. C.
1600.
——
De
Syn Mu.
2260.

LE jeune Roi de Buygen étoit dans la petite Armée des Assiégeans, & il y a toute apparence, que c'étoit lui, qui la commandoit ; ce qui est certain, c'est que pour faire une diversion, qui le tirât du mauvais pas, où il se trouvoit engagé, il envoya donner avis au Roi son Pere, que Joscimon Roi de Bungo étoit entré dans son ancien Royaume avec un corps de Troupes, que les Régens lui avoient assez mal-à-propos confié ; qu'il en auroit bon compte, s'il vouloit marcher contre lui ; & qu'il pourroit même attirer le fort de la Guerre de ce côté-là. Condera suivit le conseil de son Fils. Il avoit huit mille hommes sous ses ordres, & il chercha Joscimon avec d'autant plus d'ardeur, que ce malheureux Prince, à qui il avoit autrefois procuré la grace du Baptême, en le rétablissant dans ses Etats, étoit retombé pour la seconde fois dans l'Apostasie. Il le joignit bientôt, tailla son Armée en pieces, & le fit son Prisonnier. Mais il paroît que, soit compassion, soit mépris, il le laissa aller en liberté, sans quoi il est vraisemblable, que Daysu-Sama lui auroit fait payer de sa tête la hardiesse, qu'il avoit euë de se déclarer contre lui.

D'un autre côté CANZUGEDONO, autre Chef du parti du Tuteur, & Ennemi personnel du Roi de Fingo, entra sur les Terres de ce Prince, & y prit plusieurs Places. Les Régens avoient quelque chose de mieux à faire, que de courir au secours du Fingo & du Bungo ; il leur étoit d'une bien plus grande conséquence, & beaucoup plus aisé de tailler en pieces trente mille hommes, qui étoient venus pour délivrer le jeune Roi de Buygen, & dont le Chef de la Régence n'eût jamais pû réparer la perte ; mais ils ne firent ni l'un ni l'autre : ils demeurerent dans une inaction, qu'on ne peut excuser par aucun endroit, & ils donnerent à leur Ennemi le tems d'accourir avec vingt mille hommes d'élite au secours des siens. Ils dépensoient même si peu en Espions, qu'ils ne sçurent rien de sa marche, que lorsqu'ils lui virent ranger son Armée en bataille. Ils avoient pourtant encore trente mille hommes plus que lui, & dans les Rois de Fingo & de Saxuma deux des plus habiles Généraux de l'Empire ; mais pour leur malheur ces Généraux n'étoient pas les seuls, & Daysu-Sama, qui étoit apparemment sûr de son fait, ne laissa point de leur présenter le Combat, qu'ils ne pûrent se dispenser d'accepter.

De J. C.
1600.
——
De
Syn Mu.
2260.

A peine avoit-on commencé à se méler, qu'on entendit dans l'Armée de la Ligue un bruit confus de gens, qui crioient *trahison* : c'étoit des Officiers Généraux, qui passoient du côté de Daysu-Sama avec toutes les

K iij

Troupes, qu'ils commandoient. Un accident si imprévû mit le désordre, & jetta la consternation parmi les Alliez, qui ne songerent plus qu'à fuir. Les Rois de Bigen, & de Fingo, qui commandoient l'Avant-Garde, ne laisserent pas de maintenir assez longtems le Combat, & de tuër bien du monde aux Ennemis. Le Roi de Naugato (a) étoit au corps de Bataille avec quarante mille hommes, & s'il eût soutenu l'Avant-Garde, il eût apparemment réparé le mal, qu'avoit causé la désertion ; mais il s'arrêta tout court, & fit ensuite retraite du côté d'Ozaca avec une précipitation, qui avoit tout l'air d'une fuite. La conduite qu'il tint dans la suite, donna même lieu de le soupçonner de perfidie. Peu de tems après le brave Cingondono Roi de Bigen fut tué d'un coup de sabre, & tout l'effort des Ennemis tomba sur les Rois de Fingo, de Saxuma, & d'Omi, qui se surpasserent en cette occasion ; mais ils furent bientôt accablez par le nombre, & réduits presqu'à eux seuls. Ils prirent alors chacun leur parti; le Roi de Saxuma avec quarante Maîtres, se fit jour le cimeterre à la main au travers de l'Armée victorieuse, étonnée de sa résolution. Il gagna ainsi Ozaca, y prit le meilleur Navire, qui se trouva dans le Port, & se rendit dans ses Etats, sans avoir été suivi ; les deux autres tinrent encore quelque tems, mais ils ne combattoient plus, que pour la gloire, & pour mourir les armes à la main. On voulut les avoir vifs, & on y réüssit. Tsucamidono a depuis avoüé qu'il avoit eu besoin de toute sa Religion, & d'une grace particuliere de Dieu, pour résister à la tentation de se fendre le ventre : pour Xibunojo, qui n'avoit pas été retenu par les mêmes considérations, sa réputation souffrit de n'avoir pas évité par une mort volontaire la honte de suivre en captif le Char du Vainqueur, & de porter sa tête sur un Echaffaut.

Jamais victoire ne fut plus complette, que celle du Chef de la Régence. Dès que les deux Rois eurent été pris, tout ce qui restoit de l'Armée des Confédérez, mit bas les armes, & depuis ce moment rien ne parut en Campagne, qui tînt pour la Ligue. Il lui restoit pourtant encore une ressource capable de lui faire reprendre le dessus. Le Roi de Naugato étoit dans Ozaca avec une très-belle Armée, & rien n'y manquoit de ce qui étoit nécessaire, pour faire briser à cet écüeil toutes les forces de Daysu-Sama ; mais soit lâcheté, soit trahison, dès qu'il vit le Victorieux s'approcher ; sans attendre que ce Prince se mît en devoir de l'investir, il lui fit ouvrir les Portes de la Ville, & tout plia sous le Tuteur, après une suite de succès si peu attenduë. La premiere chose, à quoi il songea, dès qu'il n'eut plus d'Ennemis en tête, ce fut de faire saisir les Royaumes de ceux, qui

(a) Les Historiens du Japon le nomment Morindono. Il se peut faire que ce Prince fût le même, dont nous avons si souvent parlé, & qui, après avoir remis ses Etats entre les mains de son Fils, avoit repris la conduite des affaires à l'occasion de cette Guerre. Peut-être aussi son Successeur portoit le même nom que lui. Ne peut-on pas dire même que nos Historiens, accoutumez à nommer Morindono le Roi de Naugato, se sont trompez en cette occasion ? En effet l'ancien Morindono devoit être alors très-vieux, s'il vivoit encore.

avoient été tuez, ou pris les Armes à la main contre lui; & il en fit des libéralitez à ses Créatures. Canzugedono eut le Fingo, qu'il avoit conquis, & où il possédoit depuis longtems de grandes Terres. Le bruit se répandit ensuite, qu'on alloit faire le procès aux deux Rois captifs, & que leurs Familles seroient enveloppées dans leurs disgraces.

Il y a bien de l'apparence, que le Roi de Zeuxima étoit mort avant la guerre; car il n'y est point du tout parlé de lui: ce qui est certain, c'est que la Reine sa Femme, qui étoit Fille du Roi de Fingo, se refugia d'abord à Nangazaqui, & implora la protection de l'Evêque, & des Portugais. On fut quelque tems en doute, quel parti prendroit le Prélat dans une conjoncture si délicate; car il s'agissoit d'un côté de refuser d'assister une Princesse Chrétienne Fille d'un Roi, qui étoit la gloire du Christianisme, & à qui les Missionnaires avoient les dernieres obligations; & de l'autre, de s'attirer l'indignation d'un Prince, qui étoit le Maître absolu dans l'Empire. Mais l'Evêque ne balança point à donner retraite à la Reine fugitive; il s'engagea même à fournir à tous ses besoins, & le Tuteur, non seulement ne le trouva point mauvais; mais, après avoir pardonné à la Princesse, il se comporta avec les Missionnaires, & avec l'Evêque en particulier, de maniere à faire juger, que la conduite de celui-ci lui avoit paru digne d'estime.

Il s'en fallut bien, que ce Prince rendît également justice aux deux Rois, qu'il tenoit dans ses fers; quoiqu'il ne pût douter, que la seule reconnoissance ne les eût armez contre lui. Ces deux illustres Prisonniers attirerent alors sur eux les yeux de tout l'Empire; mais la différence de leur Religion parut bien sensiblement dans la maniere, dont ils prirent leur disgrace. Xibunojo étoit un fort honnête homme, & avoit montré bien de la valeur dans le dernier combat: mais le courage n'accompagne pas toujours les plus braves hors de l'action, & un Payen n'a rien, qui le soutienne, contre certains coups de la fortune: aussi le Roi d'Omi se laissa-t-il honteusement abattre à son malheur. Pour son Ami, il ne fut jamais plus grand, que quand il fut réduit à sa seule vertu.

Il est vrai, qu'on les traita l'un & l'autre avec une indignité, qui ne fit point d'honneur au Victorieux. D'abord on les obligea de comparoître comme des Criminels devant le jeune Roi de Buygen, à qui cette commission causa un déplaisir, qui fit douter, lequel des trois Princes se trouvoit dans un état plus violent. Il n'y eut point d'interrogatoire, & il n'en étoit nullement besoin. On convenoit du fait de part & d'autre; le motif en avoit fait une vertu, & le succès le faisoit passer pour un crime. Après une courte entrevüe, où chacun garda le silence, le Roi de Fingo dit à Caïnocami, qu'il avoit une priere à lui faire: celui-ci crut qu'il s'agissoit de sa grace, & ne répondit rien: Tsucamidono s'apperçut de son embarras & en devina la cause: » Mon-» sieur, lui dit-il, ce n'est point la » vie, que je demande, mais la per-» mission d'avoir un Religieux, pour » me confesser. « Caïnocami promit de faire son possible, pour lui donner cette satisfaction, mais il ne put jamais l'obtenir de Daysu-Sama. Enfin les deux Rois furent condamnez à avoir la tête tranchée, & la Sentence portoit, qu'ils feroient auparavant conduits dans des charettes par toutes les ruës d'Ozaca; un Héraut portant devant eux leur Sentence, & criant qu'ils étoient traitez de la forte, pour avoir voulu troubler le repos de l'Etat. Tsucamidono ainsi exposé comme un Malfaiteur à la risée d'une Populace insolente, récitoit son Chapelet avec une sérénité de visage, qu'on ne se lassoit point d'admirer; il ne fit paroître ni plus d'émotion, ni moins de piété sur l'Echaffaut; il y donna des marques éclatantes de sa Religion, & il reçut le coup de la mort en prononçant les sacrez noms de Jesus & de Marie.

Telle fut la fin tragique d'Augustin Tsucamidono Roi de Fingo, Grand Amiral du Japon, Généralissime des Armées Impériales, après avoir conquis deux fois la Corée, fait trembler la Chine, & obligé le plus puissant Monarque de l'Orient à demander la paix à l'Empereur Japonnois. Le coup fatal, qui trancha ses jours, ne lui ôta rien de sa gloire, ceux même, qui cherchèrent à le couvrir d'opprobres, furent contraints de l'admirer. Il termina sa course en Héros Chrétien, infiniment supérieur aux évenemens, & rendant graces au Seigneur des ignominies qu'il souffroit, pour avoir pris le parti de la justice. Après sa mort on trouva dans la fourure de sa robbe une lettre adressée à la Reine son Epouse, & aux Princes ses Enfans, où après leur avoir raconté en peu de mots les traitemens, qu'on lui avoit faits depuis sa prise, il s'étendoit beaucoup sur la soumission, qui est dûë aux ordres du Ciel; il les exhortoit ensuite avec bien du zele, & de la tendresse à demeurer fidéles au service d'un Dieu, dont les rigueurs mêmes ont des charmes, qui ne se peuvent exprimer. Tous les Fidéles, les Missionnaires, & toute la Compagnie de Jesus donnerent des témoignages publics & éclatans de leur douleur, pour la perte de ce Prince, qui laissa un grand vuide dans l'Eglise du Japon.

Cette déplorable Famille avoit encore quelque espérance de se relever; l'aîné des Princes s'étoit sauvé chez le Roi de Naugato, l'ancien ami de son Pere; & comme il étoit destiné à épouser la Petite-Fille de Daysu-Sama, on ne doutoit point que le Tuteur ne lui fit grace. Sa jeunesse, car il n'avoit que douze ans; sa naissance, les grands services, que le Roi son Pere avoit rendus à l'Etat, son esprit, mille belles qualitez, qui brilloient en sa personne, & les semences de vertus, qu'on remarquoit en lui, tout parloit en sa faveur, & intéressoit jusqu'à ceux mêmes, que la jalousie avoit rendus ennemis de son Pere; mais rien ne put le mettre à couvert de la perfidie du Roi de Naugato. Ce lâche Prince ne fit aucune difficulté de violer les droits les plus sacrez de l'hospitalité, & crut ne pouvoir faire entierement sa paix avec Daysu-Sama, qu'en lui envoyant la tête d'un jeune Prince, qui s'étoit refugié entre ses bras. Le Tuteur en fut indigné, & dit aux Envoyez du Roi qu'il étoit surpris que leur Maître eût attenté à la vie d'un Prince,

qu'il

qu'il devoit respecter comme son Petit-Fils. Il s'appaisa néanmoins par l'adresse de ces mêmes Envoyez, qui lui assûrerent, soit d'eux mêmes, soit qu'ils en eussent reçu l'ordre, pour s'en servir dans le besoin; que le Prince de Fingo avoit été arrêté comme il s'enfuyoit, & que de désespoir il s'étoit fendu le ventre. Ce jeune Prince, aussitôt après être arrivé chez le Roi de Naugato, avoit mis ordre à sa conscience, ayant trouvé le moyen de parler en secret à un Missionnaire, à qui il ajoûta après sa Confession, qu'il ne sçavoit pas ce qu'on lui préparoit, mais qu'il étoit disposé à tout ce qu'il plairoit au Ciel d'ordonner de lui.

§. VII.

Conduite de Dayfu-Sama avec les Missionnaires. Arrivée de plusieurs Religieux au Japon. Indiscrétion de l'un d'eux, & ce qui en arrive. Terazaba met la Religion en grand danger. Témoignage, que Dayfu-Sama rend aux Jésuites & au Christianisme. Divers changemens dans l'Empire, & l'avantage, qui en revient à la Religion. Le Roi de Tango la protége.

SI quelque chose eût pû consoler les Prédicateurs de l'Evangile au milieu de tant d'afflictions, c'eut été la maniere, dont le Régent en usa avec eux, quand il se vit le Maître absolu de l'Empire. Ce Prince faisoit en ce tems-là profession d'adorer Amida ; & à l'instigation d'un Bonze, qui avoit pris un grand ascendant sur son esprit, il trouva bon que le jeune Empereur rétablît & dotât quantité de Temples & de Monasteres, qui avoient été abattus, ou brûlez pendant la Guerre, & sous les Regnes précédens. Il n'étoit apparemment pas fâché d'ailleurs de voir ce Prince se consumer en ces dépenses hors de saison, tandis que lui-même amassoit des richesses immenses, & s'emparoit de la plûpart des Revenus de la Couronne. Sur quoi l'on rapporte qu'une Tour, où il avoit renfermé ses trésors, n'en pouvant porter le poids, s'écroula au bout de quelque tems, & qu'on en voyoit pleuvoir l'or, comme auroit pû faire l'eau d'un Réservoir, qui seroit crevé. Au fonds Dayfu-Sama n'avoit point de Religion, mais il vouloit imposer au Peuple par cet endroit-là.

Il étoit persuadé que les Chrétiens ne se fioient pas à lui, & de son côté il ne les aimoit pas : toutefois, soit modération, soit politique, soit égard pour les Princes Chrétiens, qui l'avoient si bien servi, soit estime pour la Religion, & pour ceux, qui la prêchoient, il est constant qu'il témoigna d'abord aux Jésuites beaucoup d'amitié, & qu'il leur permit par un Edit public de s'établir à Ozaca, à Méaco & à Nangazaqui. Mais quoique dans plusieurs rencontres il eût paru leur sçavoir bon gré d'avoir marqué jusqu'à la fin une reconnoissance parfaite pour les bienfaits, dont le Roi de Fingo les avoit comblez, & d'en avoir fait ressentir les effets à toute sa Famille, on prétend qu'il lui échappa en quelques occasions de dire que ces Peres avoient été le Conseil de son Ennemi : il paroissoit néanmoins dans toute sa conduite qu'il pensoit autrement. Le Pere Rodriguez avoit ordre de le voir souvent ; & un jour que ce Pere entrant chez lui , trouva la Cour fort nombreuse , ce Prince le fit approcher plus près de sa Personne, que tous les autres, le caressa beaucoup , & dit tout haut qu'il aimoit cet Etranger , parce qu'il étoit bon Religieux. En le congédiant il lui fit donner cinq cens écus d'or , ce qui étoit une grande libéralité pour un Prince, qui donnoit peu, & qui ne songeoit qu'à amasser , pour se mettre en état d'exécuter le dessein , qu'il avoit formé de monter sur le Trône Impérial.

L'arrivée de plusieurs Religieux de différens Ordres, venus tous ensemble des Philippines, troubla un peu ce calme ; d'autant plus que la Puissance des Espagnols & l'idée , qu'on avoit de leur ambition, donnoient en ce tems-là de grands ombrages au Gouvernement. Ces Missionnaires étoient débarquez dans un Port du Quanto, & l'un d'eux s'étant établi à Jedo, commença les Fonctions de son Apostolat par déclamer avec véhémence contre la conduite des Peres de la Compagnie , qu'il trouvoit trop réservez & trop circonspects dans la publication de l'Evangile. Il est aisé de juger que de pareils discours pouvoient produire de fort mauvais effets ; les Habitans de ces Contrées, qui n'avoient jamais eu beaucoup de commerce avec les Religieux d'Europe, ne pouvant gueres manquer de s'en formaliser. Mais ce ne fut là, que le commencement du mal , & il parut bientôt que l'esprit, qui animoit ce Missionnaire , étoit encore moins selon la science , que selon la prudence & la charité. Il reçut dans une occasion une mortification, qui le rendit sans doute plus avisé, mais qui porta un coup bien funeste à la Religion. Voici le fait, tel qu'il est rapporté dans le Procès-Verbal, que l'Evêque du Japon en fit dresser sur les Informations juridiques de plusieurs Témoins oculaires, dont quelques-uns étoient du même Ordre, que ce Religieux, & qui fut envoyé au Pape.

Le nouveau Missionnaire se trouvant un jour sur le bord de la Mer avec un Hollandois, qu'un mauvais tems avoit obligé de relâcher au même endroit, le discours tomba sur la Religion, & le Missionnaire, après avoir rapporté les preuves, dont on se sert plus ordinairement, pour appuyer la vérité de la Croyance Catholique contre les Protestans, insista fort sur les Miracles, qu'il assûra avec raison ne se faire, que dans l'Eglise Romaine. Comme l'Hérétique ne se rendoit point, son Adversaire emporté par la chaleur de la dispute, & aveuglé par sa présomption, s'avança jusqu'à se vanter de lui faire voir un Miracle, contre lequel il n'auroit rien à opposer ; & il lui en donna le choix. Le Hollandois n'avoit garde de manquer une occasion, qu'il croyoit infaillible de couvrir de confusion un Prêtre Catholique ; il prit celui-ci au mot, & le défia de marcher, comme Saint Pierre, sur les flots, sans enfoncer. Le Religieux ne recula point, & promit que le jour suivant, par la vertu d'un Crucifix, qu'il portoit sur sa poitrine, il traverseroit à pied sec toute la largeur de l'entrée du Port, lequel est fermé par deux Caps, qui servent à le faire connoître d'assez loin.

Le bruit de ce défi se répandit bientôt par tout; & un peuple infini, le Gouverneur de la Ville à la téte, se trouva sur le Port à l'heure marquée. Le Religieux s'y rendit ponctuellement, faisant voir un visage assûré & une confiance entiere, mais ce n'étoit pas de celle, qui fait les miracles. Il parla d'abord aux Japonnois par Interpréte, puis dans sa Langue naturelle aux Hollandois; après quoi il tira son Crucifix, & le tenant à la main, il entra dans la Mer. Il eut bientôt de l'eau jusqu'au col, & il commençoit à perdre terre, lorsque des Barques Japonnoises & Hollandoises allerent à son secours, & le retirerent bien moüillé, & plein de la plus extrême confusion. On peut juger de quelles railleries fut accompagnée cette ridicule équipée, & combien les Protestans en triompherent. Le Téméraire, qui y avoit donné lieu, ne fut pas celui, qui y parut plus sensible; ses Confreres lui en ayant voulu faire des reprimandes, il leur répondit froidement qu'il avoit apporté de si bonnes raisons à l'Hérétique, qu'il avoit cru impossible que Dieu refusât de les confirmer par un Miracle, & il fit la même réponse à l'Evêque.

Parmi les Religieux, dont j'ai marqué l'arrivée au Japon, il y avoit des Augustins, des Dominicains, & des Franciscains; ils se séparerent bientôt : les premiers passerent dans le Bungo, & s'établirent à Vosuqui; les seconds s'arrêterent dans une petite Isle dépendante du Saxuma, & les troisiémes allerent reprendre leur premier Eta-

blissement à Méaco, & en firent peu de tems après un nouveau dans Jedo. Les tems étoient alors assez favorables, & rien ne pouvoit venir plus à propos, que ce renfort d'Ouvriers Evangéliques, si tous eussent agi de concert : mais les anciens préjugez subsistoient, & passerent bientôt de ceux, en qui ils s'étoient formez d'abord, à la plûpart des autres.

Sur ces entrefaites il s'éleva dans le Ximo un orage, qui tint long-tems toute cette Chrétienté en grande inquiétude. Terazaba Gouverneur de Nangazaqui, avoit reçû ordre de soumettre le Roi de Saxuma, lequel après la bataille, dont il s'étoit si heureusement & si glorieusement sauvé, s'étoit cantonné dans ses Etats; & il l'avoit enfin obligé à recevoir la loi du Vainqueur. Il espéra qu'après un service si important le Tuteur ne lui refuseroit rien, & il lui demanda la Principauté d'Omura, ajoûtant que l'on pouvoit donner l'Isle d'Amacusa au Prince d'Omura, & qu'il ne perdroit point au change. Il y a bien de l'apparence que le Seigneur d'Amacusa avoit été dépoüillé de son Isle, comme Vassal du Roi de Fingo. Quoiqu'il en soit, Daysu-Sama consentit sans peine à ce que souhaitoit le Gouverneur de Nangazaqui; mais le Pere Rodriguez, qui par bonheur se rencontra pour lors à la Cour, & qui comprit de quelle importance il étoit, qu'un Pays tout peuplé de Chrétiens ne tombât point sous la domination d'un Apostat, qui même depuis quelque tems n'en usoit pas bien avec les Fidéles, trouva le moyen d'arrêter l'expédition des Patentes, jusqu'à ce que le Prin-

L ij

ce d'Omura eût parlé au Régent. Le Prince alla en effet trouver Daysu-Sama, lui repréfenta, qu'il lui avoit été attaché dans tous les tems, & qu'il ne s'étoit pas attendu de fe voir, pour prix de fes fervices, dépoüillé de fon Patrimoine.

Le Régent eut tout l'égard qu'il devoit à de fi juftes repréfentations, & donna l'Ifle d'Amacufa au Gouverneur de Nangazaqui. Ce Seigneur fut piqué d'avoir eu du deffous dans cette affaire, & pour s'en venger fur le Prince d'Omura, il fe fit donner la commiffion de renverfer toutes les Eglifes, qu'il trouveroit fur pied dans fes Terres, & dans celles du Roi d'Arima; mais ces deux Princes ayant fait dire au Régent, qu'ils perdroient plutôt la vie, que de fouffrir qu'on exécutât ces ordres, ils furent révoquez. Alors Terazaba en fureur engagea deux Seigneurs de la Cour à fe rendre Accufateurs contre les Portugais, & contre les Miffionnaires, qui étoient à Nangazaqui. On ne nous a point appris quel crime on leur imputoit: mais il eft certain, que la calomnie fut bientôt découverte, que des Idolâtres mêmes fe firent par équité les Apologiftes des Accufez, & que Dayfu-Sama ne répondit rien autre chofe à ceux, qui lui parlerent pour la premiere fois de cette affaire, finon que la Religion Chrétienne recommandoit fur toutes chofes la droiture; & que ceux, qui la prêchoient, n'avoient jamais été furpris en faux. Ce Prince fit plus, il ôta le Gouvernement de Nangazaqui à Terazaba, & le commandement refta entre les mains de cinq Régiffeurs, qui étoient tous Chrétiens. Le Ciel fit auffi juftice des deux Calomniateurs d'une maniere, qui fit refpecter le Dieu des Chrétiens, & Terazaba réduit à fon Ifle d'Amacufa, n'en eut pas plutôt pris poffeffion, qu'il écrivit au Pere Valegnani, pour le prier de lui envoyer des Miffionnaires, avec lefquels il vécut bien pendant plufieurs années.

Il s'étoit fait peu auparavant de grands changemens dans l'Empire, & plufieurs avoient été favorables au Chriftianifme. Le jeune Roi de Buygen avoit obtenu le Royaume de Chicugen en échange du fien, qui étoit beaucoup moins confidérable, & les Miffionnaires étoient entrez dans ce Royaume, où depuis longtems ils n'avoient pas eu la liberté de prêcher Jefus-Chrift. Simon Condera, Pere du nouveau Roi de Chicugen, étoit toujours mieux que perfonne à la Cour du Tuteur: il écrivit à l'Evêque du Japon, & au Pere Valegnani, qu'ils pouvoient s'afsûrer de le trouver toujours tel qu'il avoit été, & qu'il tâcheroit de les dédommager de la perte, qu'ils avoient faite dans la perfonne du Roi de Fingo. Enfin à la place du Roi d'Omi, qui quoiqu'Idolâtre avoit toujours conftamment favorifé les Miffionnaires, la Providence fubftitua un autre Grand, auffi Payen, qui ne rendit pas de moindres fervices au Chriftianifme.

Ce fut Jecundono Roi de Tango. Ce Prince avoit une partie confidérable de fes Officiers, & tous fes Enfans, qui faifoient profeffion ouverte du Chriftianifme; & bien loin d'y trouver à redire, il en témoignoit beaucoup de fatisfaction. Comme il étoit homme de beaucoup d'esprit, naturellement éloquent, plus sçavant, que ne le sont pour l'ordinaire les Princes, & fort instruit des Véritez Chrétiennes; il en parloit quelquefois à ses Courtisans, aussi bien, qu'auroit pû faire le plus habile Missionnaire, & plusieurs en demandant le Baptême, avoüoient que c'étoit le Roi, qui les avoit convertis. Le Tuteur lui ayant donné le Royaume de Buygen, pour le récompenser de ses services, & le dédommager des pertes, qu'il avoit faites à la prise d'Ozaca par les Régens, il y fit venir le Pere de Cespedez, celui-là même, qui avoit instruit la feuë Reine son Epouse de nos saints Mysteres. Il apprit ensuite que les huit cent Firandois, qui s'étoient volontairement exilez, ainsi que nous l'avons vû, pour conserver leur Foi, manquoient de beaucoup de choses, surtout depuis la mort du Roi de Fingo; il leur fit offrir des Terres dans le Buygen, & pour les engager à accepter ses offres, il leur envoya le Pere de Cespedez, qui les amena presque tous avec lui. Ces fervens Chrétiens retrouverent en effet dans ce Royaume tout ce qu'ils avoient si généreusement abandonné pour Jesus-Christ.

§. VIII.

Le Tuteur prend le titre de Cubo-Sama. Description de Surunga. Incendie singulier. Canzugedono désole le Fingo. Siége d'Uto. Persécution dans le Fingo, & ses effets. Exemple mémorable de la fermeté Chrétienne dans un Enfant.

Cependant la qualité de Chef de la Régence ne convenant plus à un Prince, qui s'étoit défait de tous ses Collegues, le Tuteur se fit donner par le Dayri le titre de Cubo-Sama; & quoiqu'il ne se portât pas encore pour le véritable Souverain du Japon, il commença à gouverner aussi absolument, que s'il l'eût été, & depuis ce tems-là nos Relations lui donnent sans façon le titre d'Empereur; ce qui peut faire juger, que les Japonnois le lui donnoient aussi, au moins dans l'usage ordinaire. Il ne paroît pourtant pas qu'il se fût encore emparé de la Tense, & il est certain que Fide-Jori fut toujours traité en Empereur jusqu'à sa mort. Ce Prince ne sortoit point d'Ozaca, où il avoit une nombreuse Cour, & une forte Garnison, & comme si le Cubo-Sama eût affecté de s'éloigner, pour ne lui donner aucun ombrage, il alla établir sa Cour à Surunga Capitale d'un Royaume de même nom, à six journées de Méaco.

On peut juger de l'état florissant, où se trouva pour lors cette Ville, devenuë le centre de toutes les affaires de l'Empire, par celui, où elle est encore de nos jours. On compte une heure de chemin d'une extrémité de la Ville à l'autre; & l'on y trouve partout des Boutiques très-bien fournies. On y fait & on y vend de très-bon papier, de fort belles étoffes à fleurs, des paniers, des boëtes, & autres sortes d'ameublemens & de curiositez faites de roseaux entrelassez d'une maniere tout-à-fait ingénieuse, & quantité

L iij

de vaisselles d'un bois léger vernissé; on y bat aussi monnoye, & il n'y a que cette Ville, & les deux Capitales de l'Empire, sçavoir, Méaco, & Jedo, qui ayent aujourd'hui ce privilege. Mais ce qui la rend surtout très considérable, ce sont les Mines, qui sont dans son voisinage, & dont j'ai parlé ailleurs. Elle a encore un Château, qui est au Nord : c'est un Bâtiment quarré, bien fortifié avec des fossez, & de hautes murailles de pierres de taille. Au milieu de cette Forteresse, il y avoit une Tour magnifique, laquelle a été réduite en cendres jusqu'aux fondemens par un accident bien singulier.

Il s'étoit, dit-on, accumulé au haut de cette Tour une quantité prodigieuse de fiente de Pigeons; cette matiere échauffée par les Pigeons mêmes, qui y couvoient leurs œufs, s'enflamma un jour tout-à-coup, & on ne s'en apperçut, que lorsqu'il fut impossible d'éteindre le feu; on ajoûte que ces sortes d'accidens étoient autrefois assez fréquens au Japon, & que c'est pour les prévenir, qu'on apporte présentement une très-grande attention à empêcher les Pigeons de nicher au haut des Edifices, sur lesquels il n'est pas si aisé d'avoir l'œil. Les Maisons de Surunga sont petites, & basses, mais les ruës y sont larges & coupées à angles droits. Au reste le nouveau Cubo-Sama ne donna point dans le faste de ses deux Prédécesseurs; il aimoit à thésauriser, & il prévoyoit qu'il pourroit avoir besoin de ses Trésors, pour quelque chose de plus solide. Mais pour ne pas loger dans de si magnifiques Palais, il n'en étoit pas moins absolu, & quoiqu'il rendît toujours de grands honneurs à son Pupille, ce Prince n'étoit pas moins un phantôme d'Empereur à Ozaca, que le Dayri à Méaco. Ce n'étoit pas même en son nom, que les graces se donnoient, & que les Traitez se faisoient, soit au dedans, soit au dehors.

Je ne dois point omettre ici, que ce fut aux Quatre-Tems de Septembre de cette même année 1601. que l'on fit les premiers Prêtres Séculiers au Japon. Le peu de service, qu'on en tira dans la suite, donna beaucoup de poids aux raisons de ceux, qui s'étoient longtems opposez à cette nouveauté, non par aucun principe, qui dérogeât à la dignité de cette partie du Clergé, la plus immédiatement unie aux Chefs de la Hiérarchie, mais parce que les Prêtres Japonnois avoient encore besoin alors d'être gouvernez par des Supérieurs, ausquels ils fussent obligez d'obéïr, & qu'il ne fut pas possible d'établir des Séminaires, pour les y élever dans cette soumission. L'année suivante fut remarquable par l'arrivée d'une Troupe d'illustres Missionnaires, à la tête desquels étoient les Peres Charles SPINOLA Génois, & Jérôme DE'ANGELIS Sicilien, dont nous aurons souvent occasion de parler dans la suite. Ils trouverent la face du Christianisme la plus brillante, qu'elle eût peut-être encore été au Japon. A chaque pas qu'ils faisoient, ils n'entendoient parler, que de grandes conversions, d'actions héroïques, de faveurs du Ciel, de graces extraordinaires, dont Dieu récompensoit la ferveur des Fidéles, & le désir ardent, qu'ils avoient de souffrir pour Jesus-Christ.

Au milieu d'une paix si profonde,

& si favorable à l'accroissement du Royaume de Dieu, le Fingo seul étoit dans l'affliction, & dans le trouble. On y comptoit cent mille Chrétiens, dont plus de la moitié avoient obligation d'être entrez dans le sein de l'Eglise, au feu Roi Augustin Tsucamidono. Nous avons vû que dès le commencement de la Guerre civile Canzugedono, qui possédoit de grandes Terres dans ce Royaume, ayant pris le parti du Chef de la Régence, avoit profité de cette occasion pour le conquérir, persuadé que cette Conquête lui demeureroit, comme il arriva en effet. Il n'avoit d'abord, que des Troupes ramassées, & peu aguerries, & il se contenta de faire des courses ; elles causerent par tout de grands désordres, parce que le Roi occupé ailleurs n'étoit point à portée de secourir ses Vassaux. Toutes les Eglises, qui étoient dans les Campagnes, ou dans les Villes ouvertes, furent brûlées, & un nombre prodigieux de Chrétiens de toutes conditions se virent réduits à aller chercher ailleurs de quoi vivre. La consternation augmentant parmi les Sujets du Roi, qui se trouvoient sans défense, Canzugedono alla mettre le Siége devant la forte Place d'Uto, qui étoit comme la clef du Royaume.

Le Roi l'avoit très-bien garnie, & y avoit laissé une nombreuse Garnison ; aussi le siége fut-il long, & meurtrier. Ce retardement inquiétoit Canzugedono, qui ayant appris qu'il y avoit cinq Jésuites dans la Ville, écrivit au Pere Valegnani, que s'il ordonnoit à ces Religieux de lui faire livrer la Place, il pouvoit compter sur sa reconnois- sance, & que la Religion Chrétienne n'auroit point dans la suite de Protecteur plus déclaré, que lui. Le Visiteur lui fit réponse, que les Missionnaires ne se mêloient point des affaires de la Guerre, & qu'il leur convenoit encore moins d'engager des Sujets à manquer à la fidélité, qu'ils devoient à leur Prince ; que s'il lui revenoit, que ses Inférieurs eussent passé les bornes de leur profession, il les abandonneroit à son indignation ; mais qu'il ne devoit point trouver mauvais qu'ils fissent leur devoir, en quelque lieu qu'ils se trouvassent. En effet il ne fut jamais possible à ceux, qui commandoient dans Uto, de gagner sur aucun des Peres, qu'ils assistassent aux Délibérations, où il s'agissoit uniquement des moyens de conserver la Place. Mais il est certain, que par leur intrépidité à courir dans les endroits les plus exposez, pour ne laisser mourir aucun Soldat, sans lui procurer tous les secours, qui dépendoient de leur Ministere ; & par la ferveur, qu'ils entretenoient parmi cette Garnison, toute composée de Chrétiens, qui n'entroient jamais en action sans s'être munis des Sacremens de l'Eglise ; ils contribuerent infiniment à la vigoureuse défense des Assiégez. Elle fut telle, que quand on apprit la défaite & la captivité du Roi de Fingo, les Assiégeans n'étoient gueres plus avancez, que le premier jour ; mais cette nouvelle ôtant à la Garnison toute espérance d'être secouruë, elle fit son Traité avec Canzugedono, & obtint d'assez favorables conditions.

Les seuls Missionnaires furent exceptez, & le Vainqueur les fit mettre dans une Prison, où ils eurent à souffrir tout ce que le ressentiment de ce Prince lui put faire imaginer de mauvais traitemens. Le Pere Valegnani, qui en fut bientôt informé, fit en vain mouvoir bien des ressorts, pour obtenir leur liberté ; enfin il s'adressa à l'ancien Roi de Buygen, auquel Canzugedono n'osa refuser leur délivrance : mais ils étoient si épuisez de fatigues, & de souffrances, que le Père Alphonse Gonzalez leur Supérieur en mourut au mois de Mars de l'année 1601. Il n'avoit que cinquante-quatre ans, & il en avoit passé vingt-quatre au Japon, presque toujours dans le Royaume de Fingo, dont il avoit converti lui seul plus de la moitié. Cependant la prise d'Uto avoit été suivie de la réduction de tout ce qui avoit obéï à Tsucamidono, & à la réserve de l'Isle d'Amacusa, qui fut donnée, ainsi que nous l'avons vû, à Terazaba, tout fut la récompense de l'attachement de Canzugedono au Parti Victorieux.

Le nouveau Roi n'eut pas plutôt pris possession d'un si beau Domaine, qu'on s'apperçut qu'il s'étoit fait un point d'honneur d'y exterminer le Christianisme. Il est vrai que les terribles menaces, qu'il fit aux Chrétiens, pour les obliger à retourner au culte des Dieux du Pays, en ébranlerent d'abord quelques-uns, mais ils ne tarderent pas à reconnoître & à se reprocher leur infidélité. Résolus de la réparer publiquement, les uns écrivirent à l'Evêque, les autres lui envoyerent des Exprès, tous le supplierent avec les dernieres instances de vouloir bien les recevoir à la Pénitence Chrétienne. Le Prélat ne crut pas devoir se rendre si facile à leur accorder cette grace, il assembla tout ce qu'il put de Missionnaires, pour avoir leur avis, & voici quel fut le résultat de cette Délibération : 1°. Qu'avant que d'absoudre des gens, qui avoient donné à l'Eglise un si pernicieux exemple, on n'omettroit rien pour se bien assûrer de leur repentir, & qu'on auroit égard à l'âge des Apostats, à leur état, & à toutes les circonstances, qui pouvoient augmenter, ou diminuer leur faute. 2°. Que tous les Coupables se réüniroient dans un certain lieu, qu'on leur marqueroit, pour y écouter pendant plusieurs jours une instruction, qu'on leur feroit. 3°. Qu'ils seroient conduits en habit de Pénitens à l'Eglise, où après une rude discipline, qu'ils seroient obligez de prendre, ils feroient une nouvelle Profession de Foi, & jureroient de mourir plutôt, que d'abandonner le culte du vrai Dieu. Tout cela fut accepté & très-exactement observé; après quoi quelques-uns de ces Pénitens, n'osant se répondre de leur constance, s'ils se trouvoient de nouveau exposez à la tentation, qui les avoit fait tomber, s'exilerent volontairement de leur Pays.

D'autre part le bruit de cette réconciliation irrita si fort le Roi de Fingo, qu'il confisqua les biens des principaux d'entre les nouveaux Convertis, lesquels furent obligez de sortir du Royaume, où personne n'osoit les assister : ils se réfugierent à Nangazaqui, où ils retrouverent dans la charité des Fidéles de quoi oublier leurs pertes. Mais rien ne fit mieux comprendre au Roi, combien il s'étoit trompé, s'il avoit espéré de réduire les Chrétiens, que

la

la fermeté d'un Enfant de condition. Cet Enfant, nommé GIAZAIMON, avoit perdu son Pere depuis peu, & quoiqu'il n'eût pas encore atteint l'âge requis, pour être reçu dans le Service, Canzugedono, pour reconnoître en la personne du Fils le zele, avec lequel le Pere s'étoit attaché à sa fortune, lui faisoit une Pension de quatre mille écus ; mais ayant appris qu'il étoit Chrétien, il lui fit dire qu'il falloit changer de Religion, ou renoncer à sa Pension. L'Enfant ne balança point, & répondit résolument, qu'il étoit prêt de perdre, non seulement ce qu'il recevoit des libéralitez de son Prince, mais la vie même, pour sauver son ame. Un Officier, qui l'entendit, se prit à rire, & lui dit : » A » peine es-tu né, & tu penses déja » à ce que deviendra ton ame après » ta mort ? Crois-moi, ce point est » trop férieux, & de trop difficile » discussion, pour en discourir à » ton âge. La sagesse, reprit l'Enfant, convient à tous les âges, » puisqu'il n'y en a point, où l'on » soit à couvert des traits de la » mort ; & elle ne permet point de » risquer ce qui se perd sans retour : » & pour vous montrer combien je » suis persuadé qu'on ne sçauroit » trop faire, pour se garantir d'un » si grand malheur, je proteste que » quand je serois le Maître du Monde entier, je me dépoüillerois sans » peine de tout, pour assûrer le salut de mon ame.

§. IX.

La Persécution cesse pour quelque tems, puis recommence. Martyre de quelques Personnes de condition. Effet que produisent ces Exécutions parmi les Chrétiens.

TAnt de résistance lassa le Roi de Fingo. D'ailleurs comme il avoit renouvellé toute sa Cour, les grands Vassaux de son Prédécesseur, qui étoient presque tous Chrétiens, aïant été proscrits en vertu de l'Arrêt, qui avoit condamné ce Prince à la mort, il se flattoit qu'avec le tems le Christianisme s'aboliroit de lui-même dans ses Etats. Il cessa donc d'inquiéter les Fidéles, qui joüirent l'espace de plus d'une année de la même tranquillité, dont on joüissoit partout ailleurs. Au bout de ce tems-là Canzugedono s'avisa de vouloir obliger tous les Gentilhommes de JATEUXIRO, une des meilleures Villes du Fingo, d'embrasser la Secte des Foquexus, que lui-même suivoit, & sur le refus, qu'en firent les Chrétiens, il résolut de les pousser sans aucun ménagement ; il commença par deux des Principaux, dont il se persuadoit que le zele & le crédit avoient le plus contribué au peu de succès, qu'avoit eu son entreprise. L'un se nommoit Jean MINAMI GOROZAIMON, & l'autre Simon GIFIOYE TAQUENDA. Il n'est rien, dont les Amis, que ces deux Chrétiens avoient parmi les Idolâtres, ne s'avisassent, pour les engager à donner au moins quelque légere marque, quelque signe équivoque de soumission aux volontez du Roi. Ce qui les choquoit le plus, c'est que les Femmes de ces deux Gentilhommes, & la Mere de Taquenda, étoient les premieres à les exhorter à tenir ferme dans la Foi, qu'ils avoient embrassée. Ils en informerent le Roi, qui ordonna sur le champ, que les deux Chrétiens fussent conduits à une Bourgade voisine, nommée CUMAMOTO, pour y avoir la tête tranchée, & que les trois Femmes fussent mises en Croix.

Minami n'eut pas plutôt le vent de cet ordre, que sans attendre qu'on le lui signifiât, il partit pour Cumamoto. Il alla droit en arrivant chez le Gouverneur, qui étoit son Ami, & qui fit encore bien des efforts, pour ébranler sa constance; mais ils furent inutiles, ce qui affligea sensiblement cet Officier. Il invita son Ami à dîner, & après le repas l'ayant tiré à quartier, il lui montra l'Arrêt de sa condamnation, signé de la main du Roi même. *Vous pouvez encore conjurer l'orage*, ajoûta-t-il, *mais il n'y a pas un moment à perdre*. Minami lui répondit, qu'il auroit bien souhaité que le Roi son Seigneur eût mis sa fidélité à une autre épreuve; qu'il étoit prêt à sacrifier ses biens & sa vie même pour son service; mais que son premier Maître étoit Dieu, qu'il lui devoit l'obéissance préférablement à tous, & qu'il regardoit comme le plus grand bonheur, qui lui pût arriver, de répandre son sang pour la confession de son Nom. Le Gouverneur comprit qu'il insisteroit en vain; il fit conduire son Ami dans une Chambre, où il lui fit couper la tête. Ce généreux Chrétien mourut le huitiéme de Décembre 1602. n'étant encore que dans sa trente-cinquiéme année.

Le même jour le Gouverneur partit pour Jateuxiro, après avoir fait sçavoir à Taquenda, qu'il alloit le trouver, & qu'il seroit bien aise d'avoir avec lui un entretien en présence de sa Mere & de sa Femme; il se rendit en effet chez lui, & dès qu'il l'apperçut, les larmes lui vinrent aux yeux. Taquenda attendri, ne put retenir les siennes, & ils demeurerent quelque tems sans pouvoir se parler. La Mere de Taquenda, qui avoit reçu au Baptême le nom de JEANNE, étant alors survenuë: » Madame, lui dit le Gouverneur, je dois aller incessamment » trouver le Roi, & lui rendre com- » pte de la disposition, où j'aurai » laissé votre Fils; je compte assez » sur votre prudence, pour me te- » nir assûré que vous lui donnerez » les avis salutaires, dont il a be- » soin, & que vous viendrez à bout » de vaincre son obstination à per- » sister dans des sentimens, que le » Prince réprouve. Monsieur, re- » prit la vertueuse Dame, je n'ai » rien autre chose à dire à mon Fils, » sinon, qu'on ne peut acheter trop » cher un bonheur éternel. Mais, re- » partit le Gouverneur, s'il n'obéit » au Roi, vous aurez le chagrin de » lui voir trancher la tête. Plût au » Dieu, que j'adore, repliqua la » vertueuse Mere, que je mêle mon » sang avec le sien; si vous voulez » bien, Monsieur, vous employer, » pour me procurer cet avantage, » vous me rendrez le plus grand ser- » vice, que je puisse recevoir du » meilleur de mes amis.

Le Gouverneur fort surpris de cette réponse, s'imagina qu'il viendroit plus aisément à bout de réduire son Ami, s'il le séparoit d'avec cette Femme; il le fit conduire chez un Payen, où on lui livra les plus violens combats, mais ce fut inutilement. Enfin le Gouverneur lui envoya sur le soir un de ses Parens, pour lui signifier l'Arrêt de sa mort, & pour en être lui-même l'Exécuteur. Taquenda reçut sa Sentence en homme, qui l'attendoit avec la plus vive impatience : il se retira un moment pour prier ; il passa ensuite dans l'Appartement de sa Mere, puis dans celui de sa Femme, qui avoit nom AGNEZ, pour leur faire part de l'heureuse nouvelle, qu'il venoit de recevoir. Ces deux Héroïnes, qui étoient au lit, se leverent sur l'heure, & sans qu'il parût sur leur visage la moindre émotion, se mirent à préparer elles-mêmes toutes choses pour l'exécution, dont elles devoient être témoins, selon l'Arrêt. Taquenda de son côté mettoit ordre à ses affaires domestiques avec la même tranquillité ; & ce dont on se seroit le moins douté, si on fût alors entré dans cette maison, c'eût été la scene tragique, qui alloit s'y passer.

Tout étant prêt, Agnez s'approcha de son Epoux, se jetta à ses pieds, & le conjura de lui couper les cheveux, sa résolution étant prise, dit-elle, si on ne la faisoit point mourir après lui, de renoncer au monde. Taquenda en fit quelque difficulté, mais sa Mere le pria de donner cette derniere satisfaction à son Epouse, & il le fit. Quelques momens après, un Gentilhomme nommé FIGIDA, qui avoit depuis peu renoncé au Christianisme, entra chez Taquenda, sur le bruit de sa condamnation ; & comme il n'avoit jamais bien connu, combien il est doux de mourir pour son Dieu, il fut extrémement surpris de la joye, qui éclatoit partout dans une maison, qu'il avoit cru trouver dans le deüil & dans les larmes ; mais bientôt son étonnement fit place à des impressions plus salutaires pour lui. Il ne put voir, sans être ému jusques au fonds de l'ame, des Femmes en prières, des Domestiques en mouvement, des Chrétiens occupez à consoler ceux, qui croyoient avoir perdu toute espérance de mourir pour Jesus-Christ, & à féliciter les autres de se trouver au comble de leurs vœux ; & Taquenda se disposant au supplice, comme à un véritable Triomphe. Il courut embrasser ce généreux Confesseur, il loüa son courage, se reprocha son infidélité, & promit de la réparer, quoi qu'il lui en dût coûter. Le saint Martyr remercia le Seigneur de lui avoir encore donné cette consolation avant sa mort, & après avoir achevé ses Prieres, embrassé sa Mere & sa Femme, congedié & récompensé ses Domestiques, & s'être recuëilli quelques momens au pied d'un Crucifix, il présenta sa tête à l'Exécuteur, qui la lui trancha d'un seul coup le neuviéme de Décembre, deux heures avant le jour.

Les deux Dames, qui avoient eu le courage d'être jusqu'au bout spectatrices de cette sanglante tragédie, eurent encore la force de demeurer auprès du corps, de prendre entre leurs mains la tête du Martyr, de l'embrasser, & en la présentant au Ciel, de conjurer le Seigneur par les mérites d'une mort si précieuse, d'agréer aussi le sacrifice de leur vie. Elles passerent ensuite dans un Cabinet, où elles employerent tout le jour en Priéres, pour demander à Dieu la grace du Mar-

M ij

tyre. Sur le soir elles furent agréablement surprises de voir entrer chez elles la Veuve de Minami, qui se nommoit MAGDELEINE, avec un Enfant de sept à huit ans, nommé LOUIS, Fils de son Frere, qu'elle & son Mari avoient adopté, parce qu'ils étoient sans Héritier, & sans espérance d'en avoir jamais. Magdeleine en abordant les deux Dames, leur apprit qu'elles devoient être toutes trois crucifiées cette nuit-là même, & l'Enfant aussi; ce qui les jetta dans des transports de joye si extraordinaires, qu'elles en furent quelque tems tout hors d'elles-mêmes. Revenuës de cette espece de ravissement, elles éclaterent en actions de graces; c'étoit à qui releveroit davantage la gloire du Martyre. Le petit Loüis étoit dans un contentement, qui rejaillissoit sur son visage, & la Grace suppléant à la raison, cet Enfant parloit d'une maniere ravissante du bonheur, qu'il y a de répandre son sang pour Jesus-Christ.

On attendit, pour les mener au supplice, que le jour fût entierement baissé, & alors on les mit dans des Litieres, pour leur épargner la peine du voyage, & la honte d'être exposées aux insultes de la Populace. C'étoit peut-être la premiere fois, qu'on punissoit de ce supplice des Personnes de cette qualité; mais les Servantes de Jesus-Christ ne se plaignirent que des ménagemens, qu'on eut pour elles, & la Mere de Taquenda demanda en grace, qu'on la cloüât à sa croix, pour être, disoit-elle, plus semblable à son divin Sauveur; mais les Bourreaux lui répondirent qu'ils n'en avoient point d'ordre, & que cela ne dépendoit pas d'eux. Ils se contenterent donc de la lier, selon la coûtume, & ils commencerent par elle; ils l'éleverent ensuite, & cette illustre Matrone voyant devant elle un assez grand Peuple, qui malgré l'obscurité de la nuit, étoit accouru à ce spectacle, parla avec beaucoup de force sur la fausseté des Sectes du Japon. Elle n'avoit point encore fini, lorsqu'on lui porta un grand coup de Lance, qui la blessa, mais légerement; le Bourreau redoubla sur le champ, & lui perça le cœur.

Loüis & sa Mere furent ensuite liez, & élevez vis-à-vis l'un de l'autre. Tandis que Magdeleine exhortoit son Fils, en qui on ne remarquoit point d'autre mouvement, que ceux d'une piété Angelique, un Bourreau le voulant percer, le manqua aussi, le fer n'ayant fait que glisser. Dans l'appréhension, où fût la Mere, qu'il ne s'effrayât, elle lui cria d'invoquer Jesus & Marie. Loüis aussi tranquile, que si rien ne fût arrivé, fit ce que sa Mere lui suggéroit; aussitôt il reçut un second coup, dont il expira à l'instant, & le Soldat n'eut pas plutôt retiré le fer de la playe, qu'il avoit faite au Fils, qu'il l'alla plonger dans le sein de la Mere.

La vertueuse Agnez restoit seule; sa jeunesse, sa beauté, qui étoit ravissante, sa douceur & son innocence, attendrirent jusqu'aux Exécuteurs. Elle étoit à genoux en oraison au pied de sa Croix, & personne ne se présentoit pour l'y attacher; elle s'en apperçut, & pour engager les Soldats à lui rendre ce service, elle s'ajusta elle-même sur ce Bois fatal le mieux qu'il lui fût possible; mais la grace & la modestie, qu'elle fit paroître dans cette action, acheverent de percer les cœurs les plus insensibles. Enfin quelques Misérables poussez par l'espoir du gain, lui servirent de Bourreaux, & comme ils ne sçavoient pas bien manier la Lance, ils lui porterent quantité de coups, avant que de la blesser à mort. Tout le monde souffroit à la vûë de cette boucherie, & peu s'en fallut qu'on ne se jettât sur ces Malheureux, pour les mettre en piéces. Elle seule paroissoit insensible, & elle ne cessa de bénir le Ciel, & de prononcer les noms salutaires de Jesus & de Marie, qu'au moment qu'elle fut atteinte au cœur.

Canzugedono s'étoit persuadé que de si sanglantes Exécutions auroient disposé les Chrétiens à déférer à ses volontez ; il s'apperçut bientôt qu'elles avoient produit un effet tout contraire ; mais ce qui le chagrina davantage, ce fut que le Parent de Taquenda, qui avoit décolé ce généreux Martyr, fut si touché de ce qu'il avoit vû, qu'il demanda & reçut le Baptême. Il porta ensuite à l'Evêque du Japon le Sabre, qu'il avoit teint du sang du Martyr, & lui protesta que son unique desir étoit de subir un pareil sort. On demanda au Roi la permission d'enterrer les quatre Corps, qui étoient restez sur les Croix, & il la refusa ; de sorte qu'on fut obligé d'en recüeillir les ossemens à mesure qu'ils tomboient : on les mit dans des caisses séparées, & on les envoya à Nangazaqui, où on leur rendit par ordre de l'Evêque tous les honneurs, qui leur étoient dûs. Le Prélat fit aussi dresser des Actes juridiques de ce Martyre, & les envoya au Souverain Pontife.

§. X.

Le Roi de Buygen tire l'Epée pour les Chrétiens contre le Roi de Fingo. Un Calomniateur retracte juridiquement ce qu'il avoit avancé contre les Jésuites. Le Cubo-Sama s'indispose contre les Chrétiens. Il fait donner à son Fils le Titre de XOGUN-SAMA. *Imprudente Réponse d'un Castillan. Le Cubo-Sama ordonne qu'on fasse sortir du Japon tous les Religieux Espagnols. Commencement de Persécution dans l'Isle d'Amacusa & dans le Naugato. Ce qui en empêche les suites.*

CE qui rassûroit les Ouvriers de l'Evangile au sujet de cette Persécution, c'est qu'il ne paroissoit aucun danger qu'elle s'étendît dans les Royaumes voisins, parce que les Princes, qui y régnoient, étoient presque tous, ou Chrétiens, ou déclarez en faveur du Christianisme, & que les Missionnaires passoient pour être assez bien auprès du Cubo-Sama, Jecundono Roi de Buygen étoit toujours fort vif sur les intérêts du Christianisme ; ce Prince ne manquoit jamais, au jour de l'Anniversaire de la Reine son Epouse, de faire faire à ses dépens un Service pour le repos de l'Ame de cette illustre Défunte ; & pour l'ordinaire il mangeoit ce jour-là avec les Peres. On dit même que le Roi de Fingo lui ayant un jour témoigné sa surprise de cette conduite, & s'étant

M iij

emporté à ce sujet contre la Religion Chrétienne d'une maniere, dont il se tint choqué, il lui donna un démenti, mit l'Epée à la main, & Canzugedono ayant été obligé d'en faire autant, ils alloient s'égorger, si un Seigneur, qui se trouva présent, ne les eût séparez. Ce n'étoit pas la premiere mortification, qu'eût attirée au Roi de Fingo sa haine contre les Chrétiens.

Il arriva l'année suivante 1603. une chose, que je ne dois pas omettre. Un Japonnois Chrétien, nommé Pierre CANO, Habitant de Méaco, & Syndic des Peres Franciscains, étant sur le point de passer aux Philippines, alla le sixiéme de Mars trouver l'Evêque du Japon, Dom Loüis Serqueyra, & en présence d'un Notaire Apostolique, qu'il avoit eu soin de mener avec lui, il lui fit en bonne forme une retractation, qu'il confirma par serment sur les Evangiles, de plusieurs calomnies atroces, qu'il avoit répanduës de vive voix & par écrit en plusieurs endroits contre les Jésuites, sur le témoignage de gens, dont il auroit dû, ajoûta-t-il, se défier. Un des articles, sur lequel il insista davantage, & qui lui faisoit plus de peine, est qu'il avoit publié que les Jésuites étoient fort opposez en tout aux Peres de Saint François, & ne les voyoient au Japon, qu'à leur grand regret. Il protesta qu'il avoit reconnu évidemment la fausseté de tous ces discours, & la sagesse de la conduite des Peres de la Compagnie dans tout ce qui s'étoit passé depuis l'arrivée des premiers Franciscains venus des Philippines. Il dit de plus, qu'il avoit écrit & fait signer à trois autres personnes des Lettres pour les Provinciaux des Ordres de Saint Augustin, de Saint Dominique, & de Saint François, toutes remplies de faits injurieux aux Jésuites, qu'il avoit crus trop légerement, & qu'il sçavoit certainement être de pures calomnies. C'étoit néanmoins ces Lettres, dont on avoit fait courir partout des Copies, & qu'on faisoit passer pour des témoignages irréprochables de toute la Chrétienté du Japon contre ceux, qui l'avoient formée avec tant de fatigues. C'est ainsi que dans le partage des sentimens, qui divise quelquefois les plus gens de bien, il se trouve de ces ames basses, qui cherchent à se rendre agréables & importans aux uns au préjudice des autres. Le mal est, que la disposition des esprits, dont le cœur ne se défend pas toujours assez bien, fait quelquefois trop aisément saisir des rapports, qu'un peu trop de prévention empêche de voir à quel coin ils sont marquez. La maniere différente de penser ne seroit point attachée aux Instituts, & ne s'y transmettroit point comme un héritage, si l'on faisoit réflexion que le véritable Sage n'épouse que la vérité; & si les divers Ordres Religieux étoient bien persuadez qu'ils forment tous ensemble une même Société, dont la force dépend de leur union, & dont la gloire, à laquelle ils doivent tous également concourir, ne souffre point de partage, parce qu'elle doit être toute en Jesus-Christ. Après tout la meilleure défense des premiers Missionnaires du Japon, plus sûre que toutes les retractations, a été le peu de concert de leurs Ennemis, la fureur, avec laquelle on les attaqua, la conduite de la Cour de Rome & de celle d'Espagne à leur égard, malgré tout ce qui avoit été publié contre eux, & surtout leur patience & leur modération; la crainte de récriminer les ayant plus d'une fois empêchez de profiter des avantages, qu'ils avoient en main pour se défendre.

Ces Religieux voyoient assez souvent alors le Cubo-Sama, & en étoient toujours bien reçus. Ce Prince ayant appris qu'un Navire Portugais, où étoient tous leurs revenus de cette année, avoit été enlevé par les Pirates Hollandois assez près de Macao, & que ce triste accident, qui avoit été accompagné de plusieurs autres pertes, les avoit réduits à une extrême indigence, il leur fit sur le champ toucher une somme considérable, & la maniere, dont il leur fit cette libéralité, les charma encore plus, que le bienfait même, qui ne les mit pourtant pas tellement au large, qu'ils ne fussent contraints de renvoyer une partie de leurs Séminaristes. La conversion d'une Fille de Nobunanga, & celle d'un proche Parent de l'Empereur Fide-Jori, furent regardées comme l'effet en partie des favorables dispositions du Cubo-Sama à l'égard du Christianisme. Il est vrai que ces dispositions durerent peu. Le Monarque conçut bientôt contre les Chrétiens des soupçons, qui n'éclaterent pas d'abord, mais dont il ne se défit jamais, & qui dégénererent enfin en une véritable haine. Toutefois il dissimula encore si bien pendant quelque tems le dessein, qu'il avoit formé de les perdre, qu'on y fut trompé, & que la Religion en profita.

Ce Prince étoit alors occupé d'une affaire, dont la conclusion ne laissa plus aucun doute, qu'il ne se regardât comme Empereur du Japon, & qu'il ne comptât bien de rendre l'Empire héréditaire dans sa Famille. Il s'étoit rendu à Fucimi, où l'on vit bientôt arriver son Fils, qui portoit alors la qualité de Roi de Bandoüé, ou du Quanto, & faisoit sa résidence à Jedo. Ce Prince avoit une suite fort leste, & sept mille hommes de bonnes Troupes, ce qui donna beaucoup à penser à tout le monde. Peu de jours après les deux Princes partirent pour Méaco, & le Roi de Bandoüé reçut solemnement du Dayri le titre de XOGUN-SAMA. On étoit fort attentif à la maniere, dont le Cubo-Sama en useroit à l'égard de l'Empereur Fide-Jori, lorsqu'on apprit, qu'il avoit fait inviter ce jeune Prince à venir rendre une visite au nouveau Xogun-Sama, qui étoit son Beau-Pere. On soupçonna avec fondement que c'étoit pour le tirer d'Ozaca; mais l'Impératrice le fit prier de trouver bon, que son Fils se dispensât de cette visite, qu'elle ne croyoit pas à sa place, & lui ajoûta, que s'il vouloit l'y contraindre, & qu'elle ne se trouvât pas en état de l'empêcher, elle fendroit elle-même le ventre à ce jeune Prince, plûtôt que de le livrer ainsi à sa discrétion. Le Cubo-Sama n'avoit pas encore assez bien lié sa partie, pour le prendre sur le haut ton, il protesta de la sincérité de ses intentions, & les esprits s'étant adoucis, ou en ayant fait semblant, il y eut une espece d'accommodement. Les Princes se visiterent par Procureur, & se firent de magnifiques Présens; ensuite le Xogun-Sama retourna à Jedo, & le Cubo-Sama à Surunga, où avant la fin de la même année 1604. il arriva aux Espagnols une fâcheuse affaire, qui découvrit une partie des sentimens, que ce Monarque avoit dans le cœur à l'égard de la Religion Chrétienne.

Quelque tems auparavant, des Religieux de Saint François voulant s'établir dans le Quanto, avoient proposé au Cubo-Sama un commerce réglé entre les Philippines, & ce canton, que ce Prince regardoit toujours comme son propre Domaine, & lui avoient assûré, que tous les ans il y arriveroit un Navire de Manile abondamment pourvû de toutes les Marchandises, dont les Japonnois étoient plus curieux : il accepta l'offre, & accorda à ceux, qui la lui faisoient, un assez bel emplacement dans la Ville de Jedo. Une année se passa, sans qu'il parût aucun Navire des Philippines dans le Quanto, & le Prince crut que ces bons Peres l'avoient voulu jouer ; de sorte, que quelques-uns d'entr'eux s'étant présentez sur ces entrefaites, pour avoir Audience, il la leur refusa. Ils voulurent s'excuser, sur ce que les Ports du Quanto étoient de difficile abord, mais un Pilote Anglois s'étant offert d'y conduire un Bâtiment, qui venoit d'arriver des Philippines à un Port voisin de Méaco, & l'ayant heureusement exécuté, le Cubo-Sama ne douta plus de la mauvaise foi des Castillans; jusques-là qu'ayant appris en même tems, qu'un autre Navire de la même Nation venoit de mouïller à un Port de la Province de Kii-no Kuni, & y avoit débarqué quelques Peres de Saint François, il se mit fort en colere, & fit de grandes menaces. Le Capitaine Espagnol, pour en prévenir l'effet, lui envoya de fort beaux présens : l'expédient étoit immanquable, car jamais Prince ne fut plus accessible par cet endroit ; mais celui qui en eut la commission, gâta tout par une parole, qui lui échappa, pour n'avoir pas assez connu, jusqu'où l'on étoit en garde au Japon contre sa Nation. Le Cubo-Sama lui ayant demandé, combien il étoit arrivé à Manile de Navires d'Espagne cette année-là, & de quoi ils étoient chargez ; il répondit, qu'il en étoit venu un très-grand nombre, & qu'il y avoit dessus toutes sortes d'armes & de munitions de Guerre ; *& pour quelle expédition*, reprit le Prince, *votre Gouverneur fait-il tant de préparatifs ? C'est*, reprit le Castillan, *pour la Conquête des Moluques.*

Le Cubo-Sama ne lui en demanda pas davantage, mais il se confirma dans la pensée, qu'il ne pouvoit trop veiller sur les démarches de Voisins si puissans, & si entreprenans. Il écrivit sur le champ à celui, qui commandoit dans le Port, où les Espagnols avoient pris terre, de les faire tous embarquer, & de ne laisser aucun de leurs Religieux dans le Pays. Ce Commandant lui fit réponse, que quant à ce qui regardoit les Marchands & les Mariniers, il lui seroit aisé d'obéïr, mais que les Religieux étoient partis, les uns pour Méaco, & les autres, pour d'autres Provinces ; sur quoi les ordres furent envoyez partout, & publiez à son de trompe dans la Capitale, & dans les plus grandes Villes, d'en faire une exacte recherche, avec défense sous de très-griéves peines à quelconque de leur donner azyle, &
de

de leur rien fournir pour leur subsistance. On n'en découvrit pourtant aucun, mais à cette occasion tous ceux d'entre les Princes, & les Gouverneurs, qui ne cherchoient qu'un prétexte pour persécuter les Chrétiens, furent ravis d'en trouver un aussi plausible de leur donner des marques de leur mauvaise volonté.

La persécution continuoit toujours dans le Fingo, les Prisons étoient remplies, & le sang des Fideles couloit de toutes parts. Terazaba voulut aussi inquiéter ses Sujets de l'Isle d'Amacusa : ils étoient tous Chrétiens ; & comme lui-même avoit fait profession du Christianisme, il ne pouvoit souffrir tant d'objets, dont la vûë lui reprochoit sans cesse son infidélité. Il étoit rentré depuis quelque tems dans les bonnes graces du Cubo-Sama, auprès duquel nous avons vû qu'il avoit été assez mal : il s'étoit mis dans l'esprit, ou on lui avoit persuadé, qu'il avoit obligation de ce retour de faveur aux Dieux, dont il avoit de nouveau embrassé le culte, & pour leur marquer sa reconnoissance, il étoit revenu de Surunga, où il étoit allé faire sa Cour, bien résolu de faire main basse sur tous les Fidéles, qui refuseroient d'abjurer leur Religion : mais il les trouva si fermes, & tellement unis entr'eux, qu'il perdit bientôt toute espérance de réüssir dans son détestable projet. Il en conçut un très-grand chagrin, mais, toute réflexion faite, il aima encore mieux avoir des Sujets Chrétiens, que de n'en avoir point du tout. Il abattit néanmoins toutes les Eglises, & toutes les autres marques publiques de Christianisme, & ce fut ce qu'il put faire, pour té-

moigner à ses Dieux son zele, & aux Fidéles son ressentiment.

Le Roi de Saxuma ne fut pas plus heureux dans un pareil dessein ; il avoit entrepris de regagner au culte des Idoles un jeune Seigneur de quatorze ans nommé SACOJAMA, qu'il aimoit pour ses belles qualitez, jusqu'à vouloir lui faire épouser une Princesse de son sang, mais ses efforts furent inutiles, & il ne jugea pas à propos de se commettre davantage avec les Chrétiens, d'autant plus, que ses Ports étoient toujours assez fréquentez par les Espagnols, & les Portugais. Le Roi de Naugato, que les Mémoires de ce tems-là nomment toujours MORINDONO, poussa les choses plus loin, & donna des Martyrs à l'Eglise. Le premier, qui signala sa constance dans cette persécution, fut Melchior BUGENDONO, un des plus riches Seigneurs de sa Cour. Le Roi vouloit faire un exemple, qui intimidât tous les autres Fidéles, & la foi de Bugendono fut mise à toutes les épreuves possibles, mais elle triompha d'une maniere éclatante. Enfin Morindono le condamna à avoir la tête tranchée ; on lui en porta la nouvelle chez lui, & il pria instamment celui, qui la lui annonça, d'obtenir du Roi, qu'il fût auparavant traîné par toutes les ruës d'Amanguchi ; afin, disoit-il, qu'il eût le bonheur de participer aux ignominies du Sauveur des hommes. Il ne fut point écouté, & le Prince, qui dans la crainte qu'il ne voulût se défendre, avoit fait environner sa Maison par des Soldats, ordonna qu'on l'exécutât chez lui. Sa Femme, ses Enfans, son Gendre, & ses Neveux, imitateurs de sa vertu, en reçurent la même récompense.

Ce Martyre fut suivi de celui d'un homme de basse condition, mais dont le triomphe ne fit pas moins d'honneur à la Religion. C'étoit un Aveugle nommé Damien, qui ne subsistoit que des Aumônes, qu'il alloit mandiant de porte en porte, mais que Dieu avoit rempli de son esprit, & qui dans l'absence des Missionnaires faisoit dans ce Royaume des conversions admirables : il ne craignoit pas même de se mesurer avec les Bonzes, & il les confondit plusieurs fois dans des disputes réglées. Ils ne manquerent pas l'occasion de s'en venger, & dès qu'ils virent le Roi disposé à sévir contre les Fidéles, ils accuserent Damien d'être un des plus entêtez, & des plus dangereux. Ils n'eurent pas beaucoup de peine à obtenir une Sentence, qui le condamnât à avoir la tête tranchée ; ils porterent même leur fureur jusques sur son corps mort ; il fut coupé en morceaux, & jetté dans la Riviere ; mais des Chrétiens trouverent sa tête, & son bras gauche, & les porterent à l'Evêque du Japon, qui envoya encore à Rome les Actes juridiques de ces Martyrs, ce que l'on continua de faire dans la suite autant que la persécution le put permettre.

Celle-ci en demeura là pour lors, quelques efforts que fissent les Bonzes, pour engager le Prince à la pousser plus loin. Le supplice de Bugendono fit ouvrir les yeux à tous les Grands du Royaume, qui s'imaginerent que le prétexte de la Religion ne seroit pas toujours le seul, dont on se serviroit, pour se défaire de ceux, dont on ne seroit pas content : ils témoignerent leur indignation de ce que le Roi faisoit si peu de cas de la vie des premiers Officiers de sa Cour, & de ses plus fidéles Serviteurs, & ils parlerent si haut, que dans la frayeur, qu'en eut Morindono, il alla s'enfermer dans une Place forte avec ses Femmes, ses Trésors, & une Troupe de Bonzes, qui ne voulurent apparemment pas demeurer exposez à la fureur des Grands. Par là les Chrétiens se virent en toute liberté de servir le Seigneur, comme ils faisoient auparavant, & rien n'empêcha les Missionnaires de les visiter, d'augmenter leur nombre, & de leur donner tous les secours, qui dépendoient de leur Ministere.

Les affaires de la Religion alloient encore mieux à Méaco & dans la plûpart des grandes Villes, qui obéïssoient immédiatement au Cubo-Sama. Itacundono, Gouverneur de la Capitale, fit bâtir dans la haute Ville une magnifique Eglise aux Jésuites, qui en avoient déja une assez belle dans la Ville basse. Un Hôpital, qui fut érigé vers le même tems à Ozaca en faveur des Lépreux, gagna aux mêmes Missionnaires l'affection & l'estime de toute cette grande Ville, où résidoit toujours le jeune Empereur Fide-Jori. Enfin le Séminaire des Nobles fut rétabli dans tout son lustre à Nangazaqui, au grand contentement de tous ceux, qu'on avoit été contraint de congédier, & qui avoient mieux aimé se tenir à la suite des Peres, & essuyer toutes les fatigues, que ces Religieux avoient sans cesse à souffrir ; & s'exposer à manquer souvent du nécessaire, que de retourner chez leurs Parens, où ils auroient pû vivre dans l'abondance de toutes choses.

Fin du Livre onzième.

HISTOIRE DU JAPON.

LIVRE DOUZIE'ME.

De J. C.
1604-05
De Syn Mu.
2264-65

IL ne paroissoit rien de bien décisif, par rapport à la Religion, dans les traits, qui avoient échappé au Cubo-Sama contre quelques Missionnaires particuliers ; & ce Prince politique, qui avoit encore quelque chose à craindre, ou à espérer des Seigneurs Chrétiens, pour l'exécution du grand Projet, qu'il méditoit, de renverser son Pupille du Trône, où il s'étoit engagé par tant de sermens à le maintenir, ne manquoit gueres, quand il avoit laissé entrevoir sa mauvaise humeur contre ceux des Prédicateurs de l'Evangile, dont il croyoit avoir sujet de n'être pas content, de donner aux autres de nouvelles marques de sa bienveillance. Nous avons vû aussi combien peu la haine, que quelques Princes particuliers portoient à notre sainte Religion, causoit d'inquiétudes aux Fidéles & à leurs Pasteurs. Enfin le nouveau lustre, que recevoit l'Eglise du Japon de la constance de ceux, sur qui tomboit la Persécution, étoit pour les Ouvriers Evangéliques un grand sujet de consolation, & le sang des Martyrs ne fructifia peut-être jamais d'une maniere plus sensible.

§. I.

Histoire du Prince d'Omura ; son Apostasie, ce qui y donne occasion, & quelles en furent les suites. L'ancien Roi de Buygen meurt saintement, & son Fils renonce au Christianisme.

MAis la joye commune, causée par tant de succès, se tourna bientôt en un deüil universel par une suite de malheurs, qui annonçoit une décadence entiere du Christianisme, & qui lui fit perdre en assez peu de tems presque tout ce qui faisoit sa gloire aux yeux des hommes, & son principal appui contre la puissance de ses Persécuteurs. Le premier coup, qui lui fut porté, lui coûta des pleurs, qui coulerent longtems, & lui fit une playe, que rien ne put jamais bien fermer. S'il y avoit quelqu'un dans le Japon, sur qui cette Eglise eût plus de raison de com-

N ij

pter, dans quelque situation qu'elle se trouvât, c'étoit sans doute Sanche, Prince d'Omura. Héritier d'un Pere & d'une Mere, dont le zele, la constance & la piété avoient éclaté dans tout l'Orient, & y avoit laissé une impression de respect & de vénération, qui duroit encore; Frere d'une Princesse (*a*), dont la fidélité & le courage héroïque au milieu d'une Cour Idolâtre faisoient l'admiration des Infidéles mêmes: Epoux (*b*), & Beau-Frere (*c*) de deux autres Princesses, qui étoient mortes en odeur de sainteté, & dont la mémoire étoit en bénédiction parmi les Fidéles; il sembloit avoir rassemblé en sa Personne toutes les vertus de sa Famille. Nous avons vû que du vivant du Prince son Pere, il avoit eu le courage de confesser Jesus-Christ dans la Cour du Roi de Firando & dans celle de Riozogi, Usurpateur du Chicungo, où il avoit été envoyé en ôtage. Il avoit depuis ce tems-là, & même tout récemment, donné des preuves si peu équivoques de son inviolable attachement à la Religion de ses Peres, que le feu Empereur Tayco-Sama, qui l'estimoit, & le Régent, qui lui avoit obligation, persuadez qu'il sacrifieroit tout à sa Foi, n'avoient jamais osé l'inquiéter sur cet article; & l'on étoit convaincu, que si le Christianisme n'étoit pas aboli dans le Ximo, la gloire, après Dieu, n'en étoit dûë à personne plus, qu'au Prince d'Omura.

Ce zele admirable de Sanche étoit le fruit d'une piété éminente, d'une exactitude la plus grande, qui se puisse imaginer à tous ses devoirs, & d'une austérité de vie, qui auroit fait honneur à un Pénitent par état & par profession. On en rapporte un trait, entre plusieurs autres, dont on parla beaucoup dans tout le Japon. Ce Prince allant à Méaco, où étoit la Cour, logea un jour chez un Payen; c'étoit pendant le Carême, & Sanche jeûnoit avec la derniere rigueur. Son Hôte le remarqua, & en fut fort édifié; mais ce qui le toucha davantage, ce fut d'entendre ce Prince, quand il se fut retiré dans son Appartement, se déchirer le corps par une sanglante discipline. Une vertu si rare le pénétra à un point, que sans différer, il voulut être instruit & baptisé, en disant qu'il ne lui falloit point d'autre preuve de la vérité de notre Religion, que ce qu'il avoit vû faire au Prince d'Omura. Sanche avoit encore une Sœur, dont nous avons déja parlé, & dont nous parlerons plus d'une fois dans la suite. Elle vivoit dans le Célibat, & ne s'occupoit qu'à soulager les Pauvres, qui la regardoient comme leur Mere; elle y employoit tout son bien, & ses facultez étant beaucoup moins grandes, que sa charité, elle tiroit de son Frere tous les secours, dont elle avoit besoin, pour y suppléer.

Qui eût jamais cru, qu'un Prince de ce caractere, eût un jour dû causer à l'Eglise d'autres regrets, que ceux, dont sa mort ne pouvoit, ce semble, manquer d'être suivie? Cependant la divine Providence, dont les mysteres sont l'écüeil de l'esprit humain, juge quelquefois à propos

(*a*) Mancie, Princesse de Firando.
(*b*) Catherine d'Arima.
(*c*) Maxence d'Arima, Princesse d'Isafay.

de donner aux Juftes des exemples de terreur, qui leur apprennent à ne jamais compter fur leurs mérites paffez, à regarder ce qui les éleve au-deffus des autres, comme l'ouvrage de la Grace, encore plus que le leur, mais d'une Grace, qui ne leur eft point dûë; & à fe bien convaincre, que réduits aux Graces communes, ils peuvent tomber dans des excès, dont les plus grands Pécheurs auroient honte. C'eft ce qui arriva au malheureux Prince, dont nous parlons, & l'occafion d'une chute fi déplorable fut une paffion, à laquelle il n'avoit même jamais paru fujet.

Depuis que Nangazaqui étoit devenu Ville Impériale, il s'étoit tellement accru, que le terrein y manquant, on avoit été obligé de bâtir comme une nouvelle Ville, qui en peu de tems ne fut inférieure à la premiere, ni pour le nombre, ni pour la beauté des Edifices. Elle appartenoit toute entiere au Prince d'Omura, parce qu'elle étoit fur un fonds, dont on ne lui avoit point ôté la propriété, en lui enlevant Nangazaqui, & elle le dédommageoit affez bien de la perte, qu'il avoit faite de l'ancienne Ville. Mais cette proximité de deux Villes, qui malgré leur union, appartenoient à deux Maîtres, & fe gouvernoient fuivant des Loix fort différentes, & fouvent contraires, caufa bientôt de grands défordres, furtout par la facilité qu'avoient ceux, qui avoient commis quelque crime, ou contracté des dettes dans l'une, de fe réfugier dans l'autre, & d'y être à l'abri des pourfuites de la Juftice, ou de leurs Créanciers.

On avoit effayé plufieurs fois d'y apporter remede; mais fans fuccès. Enfin un nommé ICIAN, qui avoit la principale autorité dans la Ville Impériale, depuis qu'on en avoit ôté le Gouvernement à Terazaba, crut devoir interpofer celle du Cubo-Sama, pour couper la racine du mal, & lui propofa ce qu'il avoit imaginé, pour en venir à bout. C'étoit de réünir au Domaine le nouveau Nangazaqui, comme l'ancien l'avoit été par le feu Empereur Tayco-Sama, & de céder en dédommagement au Prince d'Omura un autre Terrein, qui étoit fort à fa bienféance. Le Cubo-Sama approuva ce projet, & ordonna fur le champ qu'il fût exécuté. On fit fçavoir au Prince d'Omura que déformais les deux Villes de Nangazaqui n'en feroient plus qu'une, & n'auroient plus qu'un Maître; que l'on ne prétendoit pourtant pas lui faire tort, & qu'à la place de ce qu'il perdoit, on lui cédoit un grand terrein, qu'on lui marqua, & dont il pourroit tirer un très-grand revenu.

Il eft pourtant vrai qu'il perdoit à ce change, & cette perte lui fut d'autant plus fenfible, qu'il croyoit avoir moins lieu de s'attendre à ce coup, furtout de la part de celui, qui le lui portoit. Mais ce ne fut pas encore ce qui le picqua davantage: l'intérêt n'avoit jamais été fa paffion dominante, il n'avoit prefque point paru reffentir la perte de l'ancien Nangazaqui, & le facrifice du plus beau fleuron de fa Couronne lui avoit peu coûté, à en juger par les apparences. Il étoit alors dans les plus beaux jours de fa ferveur; mais il eft bien peu d'hommes, qui foient inacceffibles à tous les traits de l'Ennemi de notre falut.

N iij

Le dépit, celle de toutes nos passions, qui s'éteint plus rarement tout-à-fait, qui se rallume plus aisément, & qui se porte à de plus grands excès, fut ici l'écueil, où échoüa toute la vertu de Sanche.

Ce Prince s'alla mettre en tête, que les Peres François Pasio & Jean Rodriguez, qui étoient alors à la Cour du Cubo-Sama, avoient eu part à ce qui s'étoit passé à son préjudice, ou du moins en avoient eu connoissance, & n'avoient pas daigné lui en donner avis, avant que le mal fût sans remede ; & dans cette persuasion il conçut une haine si violente contre ces deux Religieux, que dès-lors il n'y eut rien, à quoi il ne parût disposé à se porter, pour leur en faire ressentir les effets. Après avoir délibéré quelque tems sur les moyens de se venger, il résolut de lier amitié avec Canzugedono Roi de Fingo, le plus grand Ennemi qu'eût alors le Christianisme au Japon. Dans la Lettre de l'Evêque Dom Loüis Serqueyra, d'où j'ai tiré tout ce détail, il est dit, qu'il fit aussi amitié avec le Roi de Gotto, qui y est traité d'Apostat ; c'est tout ce que nous sçavons de cette Apostasie. Le Prélat ajoûte que ces Princes persuaderent aisément à Sanche de chasser tous les Missionnaires de ses Etats, de faire venir en leur place des Bonzes du Fingo, & de convertir les Eglises Chrétiennes en des Temples d'Idoles : qu'il leur fut plus difficile de l'engager à sacrifier aux fausses Divinitez du Pays, mais qu'il franchit enfin cette barriere, & qu'il ne l'eut pas plutôt fait, qu'il entreprit d'entraîner après lui dans ce précipice ses principaux Officiers, dont plusieurs se rendirent d'abord,

& le Prince BARTHELEMI son Fils, en qui il ne trouva point alors la même docilité.

Ce qu'il y eut d'étonnant, c'est que non seulement l'Evêque, qui sur la premiere plainte, que fit le Prince du Vice-Provincial & du Pere Rodriguez, avoit fait faire des informations juridiques, & dressé un Procès-Verbal en bonne forme de tout ce qui s'étoit passé à Surunga & à Nangazaqui ; mais encore le Commandant des Portugais, Dom Diego MENEZEZ DE VASCONCELLOS ; Icïan lui-même & le principal Ministre du Cubo-Sama ayant protesté hautement, que les deux Missionnaires n'avoient nullement été instruits de l'affaire en question, ils ne pûrent jamais faire revenir Sanche de sa prévention contre eux. Il étoit trop avancé, pour pouvoir reculer : d'ailleurs, si le desir de se venger avoit seul suffi, pour le précipiter dans l'abîme de malheurs, où il étoit plongé, il y fut bientôt retenu par d'autres chaînes, qui en firent un exemple terrible d'endurcissement.

Les engagemens, qu'il avoit pris avec ses nouveaux Alliez, ne furent pas même les plus forts. Les promesses, dont ils l'amuserent longtems, & qui réveillerent son ambition, la vie dissoluë, qu'il commença de mener sans honte, au grand scandale des Infidéles mêmes, dont quelques uns lui en firent de sanglans reproches ; mais surtout les prospéritez, dont Dieu permit qu'il joüit au milieu de ses dérèglemens, & qui furent regardées avec justice comme le sceau de sa réprobation, ôterent toute espérance de le regagner. Il ne craignoit point de dire, qu'il n'avoit que faire de se donner tant de peine, pour se procurer une vie heureuse après sa mort, qu'il ne falloit point quitter le certain & le présent, pour l'incertain & le futur, & qu'il avoit trouvé sur la terre le Paradis, qu'on lui promettoit dans le Ciel. Quelques années après, il donna au Prince son Fils l'investiture de ses Etats, & délivré de tout autre soin, que de celui de ses plaisirs, il s'y livra sans réserve.

On remarqua néanmoins, qu'on ne put jamais l'engager à mettre le pied dans aucun Temple d'Idoles, & il disoit sans façon, qu'il étoit toujours aussi convaincu, qu'il l'avoit jamais été des véritez Chrétiennes. Il avoüa même un jour, qu'il ne lui étoit pas possible d'endormir entierement sa conscience, dont les remords lui faisoient quelquefois passer des momens fort tristes, & répandre bien des larmes. Enfin ayant eu plusieurs Enfans d'une Concubine, qu'il entretenoit publiquement, il les envoya tous à la Princesse Marine sa sœur, qui avoit quitté la Cour, pour n'y être pas exposée à voir ce qu'elle ne pouvoit point empêcher; & il la pria de les faire élever dans la Religion Chrétienne. Voilà où le premier mouvement d'une passion inconnuë, ou mal éteinte, conduisit un Prince Confesseur de Jesus-Christ, & un des plus zélez défenseurs de ses Autels.

Pour surcroît d'affliction, Simon Condera mourut à Fucimi pendant le séjour, qu'y fit la Cour du Cubo-Sama, auprès duquel il étoit le principal soutien de la Religion Chrétienne. Sa mort fut aussi sainte, que l'avoit été sa vie. Il avoit ordonné par son Testament, que son corps fût porté à Facata Capitale de Chicugen, où regnoit son Fils, pour y être enterré dans l'Eglise des Chrétiens. Le Roi de Chicugen exécuta ponctuellement cette derniere volonté du Roi son Pere, auquel il fit de magnifiques Obséques; mais ce fut là la derniere marque de Christianisme, qu'il donna. Depuis quelque tems on remarquoit un grand refroidissement dans la piété de ce Prince, & il avoit même fallu employer le crédit du Roi son Pere, pour l'engager à remettre les Missionnaires en possession de leur ancienne Maison de Facata. Le mal avoit commencé par la corruption de ses mœurs, & il avoit bientôt porté la débauche aux plus grands excès. Nous ne sçavons pas au juste qu'il ait jamais fait profession de l'Idolatrie; mais le silence, que gardent les Historiens sur son sujet, après avoir parlé de sa chute d'une maniere fort générale, donne lieu de croire, que s'il ne fut point adorateur des Idoles, il n'eut plus jusqu'à sa mort d'autre Dieu, que son plaisir.

HISTOIRE

§. II.

Caractere de Constantin Joscimon Roi de Bungo. Ses chutes réitérées. Sa conversion. Ses nouvelles disgraces. Une de ses Niéces meurt en odeur de sainteté. Grand exemple de vertu d'une de ses Sœurs, & quel en fut le fruit. Sacrilege puni & converti. Situation des affaires de la Religion.

De J. C. 1604-05
De Syn Mu 2264-65

Les Colonnes étant ainsi presque toutes tombées, l'Edifice parut sur le penchant de sa ruine; mais Dieu, qui n'a pas besoin des hommes, pour l'exécution de ses plus grands desseins, & qui d'un seul de ses doigts soutient, dit l'Ecriture, tout ce vaste Univers, ne donna jamais des marques d'une protection plus visible sur la Chrétienté du Japon, que dans des conjonctures si affligeantes ; & dans le tems, qu'il remplissoit les Fidéles de la terreur de ses Jugemens, il les consola, & ranima leur confiance, par un des plus grands Miracles, qu'ait peut-être jamais opérez sa miséricorde. Je parle de la conversion & de la mort toute sainte du Roi de Bungo, celui peut-être de tous les Japonnois, qui avoit le plus deshonoré le Caractere de Chrétien, & dont on avoit moins espéré un retour sincere vers Dieu.

Constantin Joscimon, Roi de Bungo, à en juger par tout ce que nous en avons rapporté jusqu'ici, fut un de ces Princes, en qui l'on est toujours étonné de ne rien trouver de ce grand Caractere, que donne ordinairement une naissance auguste, surtout quand elle est jointe au Pouvoir souverain ; qui paroissent déplacez sur le Trône ; & pour qui un revers de fortune, qui les réduit à la condition des Particuliers, doit moins être regardée, ce semble,

comme une disgrace, que comme un trait de la justice du Ciel, qui les remet à leur place. En effet peu de Rois ont porté la Couronne avec moins d'honneur que lui, & nul ne mérita moins d'être plaint en la perdant. On ne dit point que ses mœurs ayent été corrompuës, mais la foiblesse de son esprit, & son mauvais naturel le rendant susceptible de toutes les mauvaises impressions, qu'on voulut lui donner, on lui fit commettre des crimes énormes, qui le rendirent aussi odieux, qu'il étoit déja méprisable.

De J. C 1604-05
De Syn Mu 1264 6

De fervent Catéchumene ce Prince devint, sur de simples soupçons & de mauvais rapports, ennemi mortel des Chrétiens, le meurtrier de son Frere, & en quelque façon le persécuteur de son propre Pere. Il se reconnut & reçut le Baptême, mais il en souïlla bientôt la sainteté par une honteuse Apostasie, & il n'eut pas honte de verser le sang des Chrétiens, dans un tems, où tout ce qu'il y avoit de Grands dans l'Empire, même parmi les Infidéles, se faisoient un honneur de protéger le Christianisme. Retiré de cet abîme de malheurs, où les conseils pernicieux de son Oncle Cicatondono l'avoient précipité, il ne tarda pas à s'y replonger. Nous avons vû qu'il avoit perdu son Royaume, pour avoir mis par sa lâcheté l'Armée Impériale en danger de périr pendant

la

la Guerre de Corée : il s'imagina, ou se laissa persuader que les Divinitez, qu'on adoroit dans l'Empire, lui pourroient rendre une Couronne, qui lui avoit été enlevée, tandis qu'il servoit le Dieu des Chrétiens, & il n'est sorte de superstitions & d'abominations, qu'il ne mît en usage, pour se procurer la protection de ces Dieux sourds & impuissans.

La Guerre s'étant déclarée sur ces entrefaites entre les Régens, il crut cette occasion favorable, pour remonter sur son Trône. Nous avons vû que les Confédérez lui avoient donné des Troupes, avec lesquelles il rentra dans son Royaume ; mais abhorré des siens, devenu pour ses plus proches un objet d'exécration, & frappé de la malédiction du Ciel, il ne trouva personne, qui se déclarât en sa faveur, & il se comporta parmi ses Sujets, comme auroit pû faire un Partisan furieux, ravageant & désolant un Pays, où il voyoit bien qu'il ne régneroit jamais sur les cœurs. Il fut enfin battu & pris par le brave Condera, son ancien Protecteur, qui fut encore assez heureux pour profiter de la triste situation, où il venoit de le réduire, pour l'engager à rentrer dans le sein de l'Eglise, & pour lui sauver la vie. Cette conversion, peut-être un peu forcée, ne l'avoit pourtant pas encore entierement changé, & ses nouvelles disgraces l'ayant réduit à une extrême indigence, il traîna quelque tems sa misere & son infamie de Contrée en Contrée ; les Ministres de l'Evangile le suivant partout, à dessein de profiter des momens favorables, que la Providence leur feroit naître, pour achever de réconcilier avec le Ciel un Prince, au salut duquel la mémoire du feu Roi son Pere les intéressoit particulièrement.

Enfin un de ces Peres le joignit un jour à NASACAVA au Royaume de Buygen, & le trouvant assez disposé à l'écouter, il lui parla avec tant de force, & sçut si bien ménager son esprit, que la Grace secondant son zele, il fut surpris de le voir tout-à-coup changé en un autre homme. Il profita de ces heureuses dispositions, & ses soins eurent tout le succès, qu'il pouvoit souhaiter. Joscimon fit une confession générale de toute sa vie, & sa pénitence fut si sincere, qu'elle se trouva assez forte, pour soutenir d'abord les plus rudes épreuves. Peu de jours après que ce Prince eut été réconcilié avec Dieu, il reçut ordre du Cubo-Sama de se rendre incessamment à Méaco. On craint tout, quand on est malheureux ; Joscimon ne douta point, que le Régent ne se fût ravisé, & ne le mandât pour lui faire son Procès ; mais sa Religion n'en fut point ébranlée. *Dieu soit béni*, s'écria-t-il, *puisqu'il a bien voulu me recevoir en grace ; la mort n'a plus rien, qui m'effraye, je devrois même la souhaiter*, ajoûta-t-il, *mes inconstances & mes infidélitez passées me donnant de si justes sujets de me défier de moi-même.*

Il partit dans ces sentimens pour Méaco : le Cubo-Sama avoit eu véritablement le dessein de le faire mourir, apparemment sur quelque nouvelle accusation ; car ce Prince lui avoit fait authentiquement grace de la vie, & les Souverains du Japon se font un point d'honneur de garder exactement leur parole : mais

Condera, qui vivoit encore, l'adoucit de nouveau, & dès que Joscimon fut arrivé à la Cour, il reçut ordre d'aller en exil au Royaume de Deva, un des plus Septentrionaux du Japon. Peu de tems après le Roi de Deva fut disgracié, & le Roi de Bungo eut permission de se retirer près de Méaco avec trois Domestiques ; mais on ne lui assigna aucun revenu, & il auroit souvent manqué du nécessaire, sans le secours du Pere Gnecchi. Il n'y a gueres, qu'au Japon, où l'on voye de ces contrastes de la fortune, sans en être étonné. Qui auroit cru que cette grande puissance du Roi Civan, qui possédoit plus de la moitié du Ximo, s'évanoüiroit de telle sorte, que ces pauvres Etrangers, qu'il avoit accueillis avec tant de bonté dans ses Etats, se verroient obligez à s'ôter le pain de la bouche, pour le donner à son Fils ?

Cependant cette nouvelle disgrace de Joscimon servit encore à ranimer sa ferveur : on ne croiroit pas à quel excès d'austéritez le porta l'esprit de componction, dont Dieu l'avoit rempli. On avoit beau l'exhorter à se modérer, & lui représenter qu'il abrégeoit ses jours, comme il fit en effet ; il ne répondoit autre chose, sinon qu'un pécheur comme lui, qui avoit tant de sortes de crimes à se reprocher, n'avoit pas à craindre d'en faire trop, & qu'il craignoit bien même de n'en point faire assez. On eût dit, que la Grace lui avoit donné une ame d'une autre trempe, que celle qui l'avoit animé jusques-là, tant il étoit différent de lui-même. Il ne cessoit de loüer Dieu de l'avoir dépoüillé de tout ce qu'il possédoit sur la terre, pour lui assûrer une Couronne immortelle, & mourant de la mort des Saints, il laissa toute cette Eglise dans l'admiration de voir élevé à une si sublime perfection un Prince, qu'elle avoit pleuré deux fois Apostat, & détesté comme son premier Persécuteur.

Le Roi de Bungo fut suivi de bien près à la gloire par une de ses Niéces, qui nous est représentée dans les Mémoires de cette année 1605. comme un aussi grand prodige d'innocence, que son Oncle l'avoit été de la pénitence Chrétienne, & comme une de ces ames précieuses, que le Seigneur prend plaisir de montrer de tems en tems à la terre, pour faire éclater en elles toutes les richesses de sa Grace. Cette jeune Princesse portoit le nom de MAXENCE, qu'une de ses Tantes avoit déja rendu cher & respectable aux Fidéles du Japon. Prévenuë des plus abondantes bénédictions du Ciel dès sa plus tendre enfance, elle avoit conçû dès-lors, que Dieu vouloit seul posséder son cœur, & elle le lui avoit consacré par le vœu de Virginité. Sa fidélité à se conserver pure des moindres défauts, l'avoit élevée à la plus éminente sainteté, & l'exemple de ses vertus contribuoit merveilleusement à animer la piété des Fidéles. Sa mort, qui arriva dans la fleur de son âge, répondit à sa vie, & fut avancée par ses pénitences. Dans sa derniere maladie, la joye de se voir sur le point d'être réünie à son céleste Epoux, lui faisoit oublier ses douleurs, quoique vives & fort longues, & le dernier moment, qui a quelque chose de si terrible pour les plus gens de bien, fut pour elle un avant-goût de ces torrens de délices, que le Seigneur réserve à ceux, qui n'ont point mis de bornes à leur amour pour lui.

Je ne sçaurois mieux finir ce qui regarde cette illustre Famille, dont on ne trouve plus rien depuis ce tems-là dans les Lettres des Missionnaires, que par l'action héroïque d'une Sœur du Roi de Joscimon. Cette Princesse, qui avoit reçu au Baptême le nom de THECLE, avoit été mariée avec un Seigneur Chrétien du Royaume de Bungo, qui n'est connu dans nos Relations, que sous le nom de JUSTE. Le Roi son Beau-Frere ayant été dépoüillé de ses Etats, il avoit été enveloppé comme bien d'autres dans la disgrace de ce Prince, & s'étoit retiré au bout de quelque tems à Nangazaqui, ou pour comble de maux, il fut frappé de la Lepre. Cette maladie, ainsi que je l'ai remarqué ailleurs, est assez commune au Japon, & ceux, qui en sont attaquez, outre l'incommodité, qu'elle leur cause, ont encore à souffrir un délaissement général; la coutume autorisant leurs proches Parens à les abandonner à leur triste sort, sans presque leur donner aucun secours. La Princesse Thecle, non seulement ne se sépara point de son Epoux, quoiqu'on pût faire pour l'y engager; elle ne voulut pas même se reposer sur ses Domestiques du soin de lui rendre les services, dont elle étoit capable. Ses attentions, & ses assiduitez n'étant pas toujours payées de la reconnoissance, qu'elle avoit droit d'en attendre, parce que la violence de la douleur, ou la longueur du mal rendoit le Malade fort impatient; bien loin de se rebuter, ce fut pour elle un nouveau motif de redoubler ses charitables soins. Une si rare patience toucha sensiblement le cœur de celui, qui en étoit l'objet; il reconnut, & adora la main, qui le frappoit, & il devint un modele accompli de la plus parfaite résignation aux ordres de Dieu. Il mourut dans ces sentimens avec le seul regret d'avoir commencé si tard à profiter de la grace de la tribulation, que Dieu lui avoit ménagée pour le sanctifier.

Il n'est pas étonnant, que Dieu conduise au Ciel ses Prédestinez par cette voye, où le Sauveur des hommes a marché lui même toute sa vie; mais ce qui fait mieux sentir sa Toute-Puissance, & son infinie bonté, c'est qu'il se sert même de leurs crimes, pour les attirer à lui. En voici un exemple des plus frappans. Un Payen, habitant de Méaco, étoit allé à Nangazaqui pour quelques affaires: un jour, qu'il entra seul dans une Chambre, où couchoit un Chrétien, il y apperçut une Image de Saint Michel: à cette vûë saisi tout à coup d'une fureur diabolique, il tira son Poignard, perça l'Image de plusieurs coups, & ajoûtant le blasphême au sacrilege, il dit, qu'il vouloit voir si le Dieu des Chrétiens le puniroit de cette action. Il partit fort peu de tems après, pour s'en retourner à Méaco, & en y arrivant il fut frappé d'une maladie fort extraordinaire, qui lui faisoit souffrir des douleurs inconcevables. Il reconnut d'abord, d'où venoit le coup, il fit chercher un Missionnaire, lui avoüa son crime, se fit instruire, demanda le Baptême, & mourut pénitent.

Les affaires de la Religion se trouvoient alors dans une situation, où

O ij

108   HISTOIRE

De J. C.
1605.
De
Syn Mu.
2265.

il paroiffoit qu'on pouvoit également tout craindre, & tout efpérer. On comptoit au Japon à la fin de 1605. dix-huit cent mille Chrétiens, & ce nombre augmentoit tous les jours. L'année fuivante l'Evêque Dom Loüis Serqueyra ayant témoigné au Gouverneur de Nangazaqui, qu'il auroit fouhaité de rendre une vifite au Cubo-Sama, ce Seigneur lui promit de lui en obtenir l'agrément de ce Prince, & lui tint parole. Il alla peu de tems après à Fucimi, où étoit la Cour du Régent, & témoigna à ce Prince le défir, qu'avoit le Chef de tous les Miffionnaires du Japon de lui faire la révérence : il lui dit beaucoup de bien de la perfonne du Prélat, & ajoûta que fa dignité lui donnoit un grand crédit parmi les Portugais. Le Cubo-Sama vouloit entretenir le commerce avec cette Nation; il répondit au Gouverneur de Nangazaqui, qu'il verroit volontiers leur Evêque, lequel partit dès qu'il eut reçu cette nouvelle, & fut accueïlli du Prince avec une diftinction, qu'il n'avoit ofé efpérer.

Cette réception l'engagea à vifiter les Provinces, où il y avoit un plus grand nombre de Fidéles, & il trouva partout des fujets de confolations, qui le dédommagerent bien des fatigues d'une fi longue marche. Les Payens même femblerent le difputer aux Chrétiens dans les marques, qu'ils lui donnerent de leur affection pour le Chriftianifme, & de leur eftime, pour fa perfonne; mais nul ne fe diftingua davantage, que le Roi de Buygen. Ce Prince ayant fçû que le Prélat devoit paffer par Cocura fa Capitale, il s'y trouva avec une nombreufe Cour, pour l'y recevoir, & Dom Loüis Serqueyra lui ayant rendu de très-humbles actions de graces de la protection conftante, qu'il donnoit aux Chrétiens, & aux Miffionnaires; » cela ne mérite pas un » remerciment, dit le Roi, je ne fais » que fuivre mon inclination; car je » me regarde moi-même comme » Chrétien, & je vous fupplie de » croire, que je le fuis de cœur, & » d'inclination.

De J. C.
1605.
De
Syn Mu.
2265.

§. III.

Edit du Cubo-Sama contre la Religion, fans effet. Réception que ce Prince fait au Provincial des Jéfuites. Ce Pere vifite auffi le Xogun-Sama, & l'Empereur. Quel fut le fruit de fon voyage. Mort du Pere Valegnani. L'Evêque du Japon parcourt le Ximo. Particularitez de ce voyage.

L'Evêque étoit à peine de retour à Nangazaqui fort fatisfait du fuccès de fon voyage, lorfqu'il apprit une nouvelle, qui l'étonna, & qui l'inquiéta. L'Impératrice Mere de Fide-Jory ayant fçû que quelques Dames du Palais avoient reçu le Baptême, fans en avoir eu fon agrément, fit beaucoup de bruit, & en porta fes plaintes au Cubo-Sama, qui pour la contenter fit publier un Edit, par lequel il étoit défendu d'embraffer la Religion des Européens, & ordonné à tous ceux, qui la profeffoient, d'y renoncer au plutôt. Mais comme on eut remarqué que cet Edit n'étoit point dans la forme ordinaire, on comprit qu'il n'avoit été rendu, que pour donner quelque satisfaction à une Femme irritée; il ne fut même publié qu'à Ozaca, & il fit si peu d'impression sur l'esprit des Infidéles, qu'il n'empêcha pas que cette même année 1606. il y en eût plus de huit mille, qui reçurent le Baptême.

Ce qu'il y eut de plus consolant, c'est que l'Impératrice revint bientôt à ses premiers sentimens en faveur de notre sainte Religion, & se déclara ouvertement la Protectrice des Chrétiens, charmée, disoit-elle, de la sainteté de leur Loi, & de la piété sincere de ceux qui la professoient sous ses yeux. Enfin le Cubo-Sama continua d'en user avec les Missionnaires comme il faisoit auparavant. CONZUQUEDONO son premier Ministre étoit leur Protecteur déclaré, & Iquinocami, jusques-là si mal disposé à leur égard, & qui gouvernoit alors la Cour d'Ozaca, fit un jour à quelques-uns d'entr'eux de grandes excuses des Ordonnances, qu'il avoit autrefois publiées contre leur Religion, & promit de réparer le tout, quand le tems en seroit venu. Itacundono Gouverneur de Méaco étoit dans les mêmes sentimens, & nous avons vû ailleurs les preuves effectives, qu'il en avoit données. Ainsi tous ceux, qui avoient le plus de part au Gouvernement, étant favorables au Christianisme, on se flattoit que le calme, dont il joüissoit, seroit durable. Toutefois cette sérénité ressembloit à celle de ces beaux jours de l'arriere saison, qui ne le cedent point aux plus agréables du Printems, mais dont on ne goûte qu'à demi la douceur, parce qu'on sçait que d'un moment à l'autre, ils peuvent se changer dans un triste Hyver, & que d'ailleurs la Terre n'y a plus cette fécondité, qui semble donner une nouvelle vie à la Nature. Aussi les plus éclairez d'entre les Missionnaires ne s'aveugloient-ils point sur l'état présent de l'Eglise du Japon, & leurs trop justes pressentimens les préparoient aux malheurs, dont elle étoit menacée.

L'année suivante la Cour étant retournée à Surunga, le Cubo-Sama témoigna à son premier Ministre, un peu de surprise de ce que le Supérieur des Jésuites ne l'avoit point visité depuis longtems, & Conzuquedono l'ayant mandé sur le champ au Pere Pasio, qui exerçoit toujours la charge de Vice-Provincial, ce Pere partit au mois de Mai de Nangazaqui, pour se rendre à la Cour. Il apprit en y arrivant qu'un Fils du Cubo-Sama, que ce Prince aimoit tendrement, venoit de mourir. Il ne douta point que le chagrin de cette perte ne rendît longtems le Monarque inaccessible, mais Conzuquedono prit sur soi d'empêcher que cette triste nouvelle ne parvînt sitôt jusqu'à lui, & cependant il lui donna avis, que le Supérieur des Jésuites étoit à Surunga. Le Monarque en témoigna beaucoup de joye, & voulut donner au Pere une Audience de cérémonie, dans laquelle il parut avec tout l'éclat de sa Majesté. Dès qu'il l'apperçut, sans lui donner le tems de dire un seul mot, il le remercia de ce qu'il avoit pris la peine de faire un si long voyage pour le venir voir, & après bien des politesses, il lui fit présent d'un fort joli Navire, sur lequel il l'invita d'aller voir de nouvelles Mines.

O iij

d'or & d'argent, qu'on avoit découvertes depuis peu dans le Pays d'Itzu. Il lui fit entendre aussi qu'il lui feroit plaisir d'aller rendre une visite au Xogun-Sama son Fils.

Le Vice-Provincial reçut ces invitations, comme une nouvelle grace, & il en témoigna sa reconnoissance à Sa Majesté dans une seconde audience, qu'il en eut. La Femme du Régent y étoit présente, & le Cubo-Sama après avoir dit à cette Princesse quantité de choses à la loüange des Missionnaires, ajoûta en se tournant vers les Courtisans, que le Japon étoit heureux de posséder des personnes de ce mérite. Le Pere fut ensuite reconduit jusqu'à la porte du Palais par les deux premiers Officiers de la Maison du Prince, dont l'un étoit le principal Ministre Conzuquedono; & ces deux Seigneurs en le quittant se prosternerent jusqu'à frapper la terre des deux mains. Ces honneurs n'avoient garde d'éblouïr celui, qui les recevoit, sa longue expérience lui avoit fait connoître, qu'il n'en devoit rien conclure en faveur du Christianisme, & l'exemple du Pere Cuello, un de ses Prédécesseurs, qui peu d'heures après avoir reçu une visite du feu Empereur Tayco-Sama, avoit été proscrit, & traité ignominieusement, avoit appris aux Prédicateurs de l'Evangile à recevoir ces marques de distinction avec crainte, & à se hâter d'en tirer tout l'avantage, qui pouvoit en revenir à la Religion.

Ce qui rassûroit un peu le Pere Pasio dans l'occasion, dont je parle, c'est que le Cubo-Sama avoit encore besoin de ménager les Chrétiens, dont le nombre étoit assez considérable, pour lui aider, ou pour lui nuire beaucoup dans le dessein, qu'il méditoit de se rendre Maître absolu de l'Empire; & il y a bien de l'apparence que son premier Ministre, qui les aimoit, lui avoit fait faire cette réflexion, pour le porter à les bien traiter. Quoiqu'il en soit, le Vice-Provincial partit de Surunga, pour aller voir les Mines d'Itzu, qu'il trouva très-abondantes: il se rendit ensuite à Jedo, où par l'entremise du Pere de Conzuquedono, qui faisoit dans cette Cour la même figure, que son Fils dans celle de Surunga, & peut-être aussi par l'ordre du Cubo-Sama, il fut encore reçu avec plus de distinction, qu'il ne l'avoit été de ce Prince. Le jeune Monarque lui fit des caresses infinies, le combla de Présens, & le pria de lui laisser un Jésuite Japonnois nommé Paul, qui n'étoit pas Prêtre, & qui étoit habile Horlogeur.

Le peu de Chrétiens, qui se trouvoient à Jedo, où la Foi n'avoit jamais été préchée qu'en passant, avoient un désir extrême d'entendre la parole de Dieu. Le Pere Pasio & ses deux Compagnons les satisfirent, & le premier les consola, en leur promettant de leur envoyer des Missionnaires, qui s'établiroient parmi eux, si on en pouvoit avoir l'agrément du Prince. Il donna ordre ensuite au seul Compagnon, qui lui restoit, de visiter les Provinces du Nord, où il y avoit beaucoup de Fidéles destituez de tout secours spirituel. Pour lui, après avoir reçu des assûrances des Ministres du Xogun-Sama, qu'ils favoriseroient la Religion Chrétienne en tout ce qu'ils pourroient, il reprit la route de Surunga, d'où il se rendit à Ozaca. Fide-Jory & sa Mere lui firent à peu près le même accueil, qu'on lui avoit fait dans les deux Cours, d'où il venoit. Il y avoit plusieurs Missionnaires dans cette grande Ville, le Vice-Provincial n'y jugea point sa présence longtems nécessaire, & il retourna à Nangazaqui, où l'on rendit à Dieu de solemnelles actions de graces pour l'heureux succès de son voyage. Il eut effectivement des suites très-avantageuses pour la Religion.

Ce ne fut pas seulement dans les Cours de Surunga, de Jedo, & d'Ozaca, que le Vice-Provincial travailla utilement pour l'œuvre de Dieu, il eut le bonheur de bien disposer en faveur du Christianisme, tous les Princes, dans les Etats desquels il passa ; il y en eut même quelques-uns, & entr'autres le Roi de Firoxima, qui ne lui parurent pas éloignez du Royaume de Dieu ; mais rien n'étoit alors plus rare au Japon, que de voir les Grands Seigneurs embrasser la Loi de Jesus-Christ, & c'étoit surtout en cela, qu'on reconnoissoit que le Maître de l'Empire ne lui étoit point favorable. En quoi le Pere Pasio crut avec raison pouvoir se flatter d'avoir rendu à l'Eglise un service plus solide, & plus durable, c'est qu'il s'appliqua surtout à bien instruire du fonds de notre Croyance, & de la sainteté de la Morale Chrétienne, les Ministres des trois Cours principales. Il n'y eut pas jusqu'au Roi de Naugato, qui ne lui fît honnêteté : ce Prince discontinua même à sa considération de molester ses Sujets Chrétiens, & il permit à tous ceux, qui n'étoient pas Nobles, de recevoir le Baptême.

La Chrétienté de Nangazaqui étoit dans le deüil, lorsque le Pere Pasio arriva dans cette Ville. On y avoit reçu peu de tems auparavant la triste nouvelle de la mort du Pere Alexandre Valegnani, arrivée à Macao le vingtiéme de Janvier de l'année précédente 1606. Cette perte étoit commune à toutes les Eglises de l'Orient ; l'Evêque du Japon en donna avis à toutes celles, qui étoient sous sa Jurisdiction, & qui pleurerent avec des larmes bien sinceres ce grand Homme, un des plus dignes Successeurs, qu'ait eu l'Apôtre des Indes dans le Gouvernement de sa Compagnie en l'Asie.

Dom Loüis Serqueyra s'occupoit alors à parcourir les Eglises du Ximo, & à remédier aux maux, que les persécutions particulieres & l'Apostasie de quelques Princes pouvoient y avoir causez. Comme il ne lui étoit pas possible de voir tout par lui-même, il s'étoit fait accompagner dans cette visite par un grand nombre de Missionnaires, qu'il envoyoit dans les Provinces trop éloignées de sa route, où dont l'entrée ne lui auroit pas été facile. Celui, qui par son ordre visita le Royaume de Saxuma, lui rapporta des choses assez curieuses, & fort consolantes, dont il avoit été témoin. Assez près de Cangoxima le Missionnaire rencontra une Dame fort âgée, dont le Pere avoit été un des plus riches Seigneurs du Pays, & il y a toute apparence, que c'étoit Ekandono, dont nous avons tant parlé au commencement de cette Histoire. La Dame avoit été baptisée par Saint François Xavier, & le défaut de secours spirituels, dont elle étoit privée depuis très-longtems, n'avoit rien diminué de sa ferveur.

Dans un autre canton il trouva un Vieillard, qui l'ayant abordé avec une joye inconcevable, commença par lui rendre compte de l'état de sa conscience, après quoi il lui parla en ces termes: » Mon Pere étant au » lit de la mort m'appella, & m'ayant » donné sa bénédiction, me montra » un Chapelet avec un petit vase, » où il y avoit de l'Eau-bénite, en » me disant que je gardasse l'un & » l'autre, comme la plus précieuse » portion de l'héritage, qu'il me » laissoit. Il m'ajoûta qu'il les tenoit » d'un saint Homme, qu'on nom- » moit le Pere FRANÇOIS, (a) le- » quel étant venu d'un Pays fort » éloigné, pour apprendre aux Ja- » ponnois le chemin du Ciel, avoit » logé chez lui, l'avoit baptisé, & » lui avoit laissé ce Chapelet, & » cette Eau, comme un remede sou- » verain contre toutes les maladies; » qu'il en avoit fait plusieurs fois l'é- » preuve, & qu'en effet rien jusques- » là n'avoit résisté à la vertu divine, » qui etoit renfermée dans ces cho- » ses, si viles en apparence. Depuis » la mort de mon Pere, continua le » Chrétien, je n'ai point manqué de » faire ce qu'il m'avoit recomman- » dé, & j'ai vû peu de Malades, que » je n'aye guéris en leur appliquant » mon Chapelet, ou en versant sur » eux un peu de l'Eau-bénite. Mais, » reprit le Missionnaire, quand tou- » te votre eau est épuisée, comment » faites-vous pour en avoir d'autre? » Quand je m'apperçois, répondit » le Vieillard, qu'il n'en reste plus, » que quelques gouttes, je remplis » le vase d'eau commune, & cette » nouvelle eau participe à la béné-

(a) Saint François Xavier.

» diction de l'ancienne.

Un autre Religieux découvrit dans le même Royaume une Secte, qui avoit en horreur toutes celles du Japon; les gens du Pays la nom- moient LENGICUXU, c'est-à-dire, *Secte venuë des Indes* ; car dans la lan- gue du Japon LENGICU signifie l'*Inde*. Le Missionnaire, après l'avoir bien examinée, ne douta point que ce ne fût une corruption du Chri- stianisme. Quelques-uns de ceux, qui la professoient, avoient une idée as- sez distincte d'un Dieu en trois Per- sonnes, mais dans la plûpart cette connoissance étoit très-confuse. Il est difficile de comprendre com- ment des Chrétiens, qui avoient toujours eu des Pasteurs à leur porte, ont pû en si peu de tems défigu- rer leur Croyance à ce point : il faut que les Bonzes, ou les Seigneurs de ce Canton ayent toujours em- pêché les Ouvriers de l'Evangile d'en approcher, & les Habitans de les aller trouver, pour achever de s'instruire de nos Mysteres, dont ils n'avoient pû avoir qu'une connois- fance telle, que les Adultes la doi- vent nécessairement avoir avant que d'être baptisez. Quoiqu'il en soit, le Jésuite persuadé que ces pau- vres gens ne péchoient que par igno- rance, s'appliqua à leur donner les instructions, dont ils avoient be- soin, & les ayant trouvez fort do- ciles, il baptisa tous ceux, qui n'a- voient point encore été régénérez dans les eaux du Sacrement.

Il y avoit parmi eux une vieille Femme, qui passoit dans tout le Pays pour Sorciere : le Pere, qui s'apperçut bientôt qu'elle ne l'étoit point, lui demanda ce qui avoit

donné

donné lieu à ces bruits fâcheux, & avec quoi elle exerçoit ses prétendus Maléfices ? Elle lui montra un vieux Chapelet tout brisé ; il voulut sçavoir de qui elle le tenoit, & elle répondit qu'elle ne s'en souvenoit pas, il l'interrogea sur l'usage, qu'elle en faisoit : elle dit qu'elle l'appliquoit sur les Malades, en priant Dieu de les guérir, si c'étoit son bon plaisir, & que ce fût pour sa gloire, & leur salut. Elle tira encore une petite bourse de soye, sur laquelle il y avoit cette inscription *Lignum Crucis*, & au-dedans étoit un morceau de bois, qui fut jugé être de la vraye Croix. Enfin elle montra une Médaille, & un *Agnus Dei* : « Je ne » sçai, dit-elle, ce que c'est que » tout cela ; mais je m'en sers avec » succès, pour guérir toutes sortes de » maux. Le Religieux l'instruisit de ce qu'elle ignoroit, & lui fit comprendre l'excellence du Trésor, qu'elle possédoit. Il s'attendoit à pousser plus loin ses découvertes & ses Conquêtes spirituelles ; mais il rencontra en son chemin les Bonzes, qui étant soutenus de la Cour, & commençant à faire du bruit, l'obligerent enfin à quitter la partie, pour éviter un éclat, qui pouvoit avoir des suites fâcheuses. Quelques Peres de Saint Dominique travailloient néanmoins avec succès dans les Isles, qui dépendoient du Saxuma, & cela sous la protection, & avec le secours des Seigneurs particuliers, à qui elles appartenoient. Ils s'étoient aussi établis dans cette partie du Figen, où est la Principauté d'Isafay, & y avoient trouvé les mêmes secours.

§. IV.

La Persécution recommence dans le Fingo. Martyre de deux Gentilshommes & de deux Enfans. Vengeance, que Dieu tire de leur mort. Effet de ces Persécutions particulieres parmi les Fidéles. La Cour d'Ozaca favorise les Chrétiens. Constance d'un Enfant au milieu des tourmens. Mort du Pere Gnecchi. Etablissement de plusieurs Hôpitaux pour les Lépreux.

IL y eut cette même année & la suivante quelques Martyrs dans le Saxuma, & dans le Naugato. La moindre chose suffisoit alors à la plûpart des Princes Idolâtres, pour réveiller leur haine contre les Chrétiens, & ils étoient fort persuadez que le Cubo-Sama ne leur sçavoit pas mauvais gré de leur conduite à l'égard d'une Religion, qu'il n'aimoit pas, & qu'il ne paroissoit favoriser, que par politique. Mais le feu de la persécution ne s'étoit jamais bien éteint dans le Fingo, & s'il se ralentissoit quelquefois, ce n'étoit que pour causer dans la suite de plus grands embrasemens. Il y avoit trois ou quatre ans, que Canzugedono retenoit dans ses Prisons trois Gentilshommes, qu'une éminente vertu, & de grands travaux entrepris pour la gloire de Dieu avoient mis à la tête de cette Chrétienté affligée, & que ce Prince regardoit avec raison, comme ses principaux appuis. Ils se nommoient Michel Mizuisci, Faciemon, Joachim Girozayemon, & Jean Tingoro ; ils avoient la direction d'une Confrairie erigée dans ce Royaume sous le titre *de la Miséricorde*, & formée sur le modele d'une autre, établie longtems auparavant à Nangazaqui. Les Relations leur donnent le nom de GIFIAQUES, d'un mot Japonnois, lequel signifie un homme tout occupé des œuvres de charité. La Prison, où on les avoit renfermez, étoit si étroite, & la nourriture, qu'on leur donnoit, si mal saine, que malgré les soins du Pere Loüis NIABARO Jésuite Japonnois, qui parcouroit tout ce Royaume, & visitoit les Prisonniers, déguisé, tantôt d'une maniere, & tantôt d'une autre, Girozayémon mourut de misere. L'intention du Roi étoit apparemment, que les deux autres perissent de même, parce qu'il vouloit éviter de les faire exécuter publiquement ; mais le Ciel leur réservoit un combat plus glorieux, & plus utile à cette Eglise.

Un jour qu'un des premiers Officiers de ce Prince s'avisa de lui parler en leur faveur, & lui représenta la longueur & l'excès de leurs souffrances, il en reçut pour toute réponse un ordre de leur faire couper la tête, & à leurs Enfans. La nouvelle en fut portée sur l'heure aux Prisonniers, qui en firent paroître une joye inexprimable. Ils ajoûterent même, qu'il ne leur restoit plus rien à désirer, sinon, qu'avant que de les exécuter, on leur fît souffrir tous les tourmens, dont les Bourreaux pourroient s'aviser. Le commandement du Roi pressoit, parce que ce Prince ne vouloit pas donner au Peuple le tems de s'attrouper : ainsi dès qu'on eut signifié aux Confesseurs l'Arrêt de leur mort, on les conduisit, la corde au col, hors de la Ville de Jateuxiro, & deux Soldats furent détachez, pour aller chercher leurs Enfans. Ils avoient chacun un Fils ; celui de Faciémon étoit âgé d'environ douze ans, & se nommoit THOMAS ; celui de Tingoro n'avoit que sept ans, & avoit reçû au Baptême le nom de PIERRE. Le premier sembloit n'avoir apporté en naissant d'autre passion, que le désir du Martyre, & dès le berceau il ne falloit, dit-on, pour l'appaiser, quand il pleuroit, que le menacer de n'être point Martyr. Au premier bruit, qui se répandit de sa condamnation, sans attendre qu'on le vînt saisir, il courut paré de ses plus beaux habits au-devant de ceux, qui le cherchoient, & ayant rencontré son Pere à la Porte de la Ville, il se jetta à son col, & l'embrassa avec des transports de joye, qui pénétrerent ce généreux Chrétien de la plus vive consolation, qu'il eût jamais ressentie.

Arrivez au lieu du supplice, les Confesseurs attendirent longtems l'autre Enfant ; mais comme il tardoit trop, l'Officier, qui étoit chargé de l'exécution, les fit décapiter à l'endroit même, où ils étoient arrêtez. L'Enfant arriva un moment après : on l'avoit trouvé chez son Ayeul, & il dormoit encore ; on l'éveilla, & on lui dit qu'il falloit aller mourir avec son Pere, à qui on alloit couper la tête pour le Nom de Jesus-Christ : il répondit d'un ton assûré, qu'il en étoit très-aise : on l'habilla fort proprement, & on le livra au Soldat, qui le prenant par la main, le mena au lieu du supplice. Le Peuple suivoit en foule, & la plûpart ne pouvoient retenir leurs larmes. Il arriva, & sans paroître étonné du sanglant spectacle, qui s'offrit à ses yeux, il se mit à genoux auprès du corps de son Pere, abaissa lui-même sa Robe, joignit ses petites mains, & attendit tranquillement le coup de la mort. A cette vûë il s'éleva un bruit confus mêlé de sanglots & de soupirs: le Bourreau saisi jette son Sabre, & se retire en pleurant: deux autres s'avancent successivement, pour prendre sa place, & se retirent de même: il fallut avoir recours à un Esclave Coréen, lequel après avoir déchargé plusieurs coups sur la tête & sur les épaules de ce petit Agneau, qui ne jetta pas un seul cri, le hacha en pieces, avant que de lui abattre la tête.

Il étoit dit dans la Sentence, qu'elle demeureroit exposée au lieu de l'exécution, avec les têtes des Martyrs; mais cette Sentence fut enlevée, malgré la vigilance des Gardes, & l'Evêque du Japon, à qui on la remit, l'envoya au Pape. Elle portoit que ces Chrétiens seroient mis à mort, parce que malgré les Edits du Roi, ils avoient persisté à faire une profession publique de leur Religion, & à y rappeller ceux, qui étoient retournez au culte des Dieux du Pays. Peu de jours après, les Fidéles profiterent d'une Solemnité publique, pour enlever les Corps des Martyrs; on eut plus de peine à avoir leurs têtes, mais on y réüssit enfin: on les rejoignit aux troncs, & ces sacrées Reliques furent portées à Arima, à l'exception de celle du plus petit des deux Enfans, que le Pere FERRARO, qui l'avoit baptisé, retint à Conzura. Les unes & les autres furent reçûës dans ces deux Villes avec un concours extraordinaire des Chrétiens: les Infidéles mêmes ne pouvoient s'empêcher d'exalter le courage qu'inspire le Christianisme, & il n'y eut pas jusqu'aux Auteurs de la persécution, qui pleins d'estime pour une vertu si héroïque, persuaderent à Canzugedono de laisser les Fidéles tranquiles.

On parla beaucoup de cet événement à la Cour de Surunga, & le Roi de Fingo, qui n'y étoit pas bien depuis quelque tems, y fut fort blâmé. Il arriva sur ces entrefaites dans cette même Cour une chose, qu'on regarda comme un effet de la Justice Divine, qui vouloit venger d'une maniere éclatante le sang des Martyrs. Les Bonzes de la Secte, que suivoit Canzugedono, eurent avec ceux d'une autre Secte une dispute assez semblable à celle, dont nous avons parlé ailleurs, & dont Nobunanga avoit été choisi pour Arbitre. Le Cubo-Sama le fut de celle-ci. Les Bonzes de la Secte, que le Roi de Fingo avoit embrassée, furent vaincus, & subirent le même sort, que Nobunanga avoit fait alors subir aux Foquexus. Quatre ans après, le Pere Ferraro voulut retirer les os de son petit Martyr d'une Caisse, où il avoit fait renfermer le Corps avec de la chaux vive, & il fut agréablement surpris de le trouver tout entier, & sans aucune marque de corruption.

Le Roi de Firando s'étoit de tout tems trop déclaré contre le Christianisme, pour laisser en repos les Fidéles de ses Etats, dans un tems, où tous ses Voisins lui donnoient l'exemple de les persécuter. Il y eut donc aussi des Martyrs dans ce

Royaume ; mais ces petits orages n'empêchoient point que l'Eglise du Japon ne joüît dans tout le reste de l'Empire d'un assez grand calme : ils contribuoient même beaucoup à relever sa gloire, & à entretenir les Fidéles dans une ferveur, qui tenoit véritablement du prodige. Les Relations de cette année 1609. & des suivantes, en rapportent des exemples incroyables, & sont aussi remplies de traits d'une protection singuliere du Ciel sur des Chrétiens, qui servoient leur Dieu avec un zele vraiment digne de lui.

C'étoit surtout à Ozaca, que la Religion étoit florissante. Les Jésuites, qui étoient très-bien venus à la Cour du jeune Empereur, avoient dressé depuis quelques années dans leur Maison un Observatoire, où ils faisoient quantité d'observations, qu'un peu d'attention dans ces Peres, pour les envoyer en Europe, auroit peut-être renduës fort utiles. Les Japonnois, qui sont peu versez dans cette science, étoient extrêmement surpris de voir prédire les Eclipses, & rendre raison de plusieurs Phénomenes, qu'ils avoient toujours cru des secrets réservez au seul Auteur de la Nature : on alloit en foule chez les Missionnaires, pour voir spéculer les Astres, & apprendre l'usage de quantité d'Instrumens jusqu'alors inconnus au Japon. Les Peres, sans abuser de leurs connoissances, en donnant un air de merveilleux à leurs opérations Astronomiques, ce qu'ils ne croyoient pas permis, même pour accréditer la Religion ; ne manquoient pas de profiter de cette curiosité & de cette surprise, pour le but principal, qu'ils s'étoient proposé, & l'on en-

tendoit les plus honnêtes gens se dire entre eux, qu'il n'étoit pas vraisemblable, qu'avec tant de lumieres & de modestie, des mœurs si pures, une conduite si sage, & un si rare désintéressement, on fût dans l'erreur sur le fait de la Religion.

On n'a jamais bien sçû au juste, quels étoient les sentimens de Fide-Jory touchant le Christianisme. J'ai déja observé que quelques Ecrivains ont prétendu, que lui & l'Impératrice sa Mere l'avoient embrassé secretement ; mais il y a bien de l'apparence que cette opinion fut uniquement fondée sur le grand nombre de Chrétiens, qui s'étoient attachez au jeune Monarque, & qui suivirent ses Etendarts, lorsqu'il eut rompu avec son Tuteur : ou peut-être aussi sur le désir, que plusieurs firent un peu trop paroître de voir son parti prévaloir. Il est certain d'ailleurs que l'Impératrice sa Mere varia beaucoup à l'égard des Missionnaires. Nous avons vû, il n'y a pas longtems, qu'il n'avoit pas tenu à elle, qu'ils ne fussent proscrits de nouveau. Le Baptême d'un de ses Neveux, auquel elle s'étoit inutilement opposée, renouvella les allarmes, que l'on avoit euës alors ; néanmoins il arriva peu de tems après une chose, qui fit connoître que l'on conservoit encore dans cette Cour quelque estime pour la Religion Chrétienne, ou du moins, que la politique vouloit qu'on ne s'y déclarât pas ouvertement contre elle.

Deux Enfans au-dessous de douze ans entrerent un jour dans l'Eglise des Jésuites d'Ozaca, & y ayant rencontré un de ces Religieux, ils le prierent instamment de les baptifer. Le Pere craignit d'abord, que ce ne fût un caprice, ou un empreſſement d'Enfans, & il leur demanda, s'ils étoient ſuffiſamment inſtruits de nos Myſteres : ils répondirent qu'ils croyoient en ſçavoir aſſez, pour recevoir le Sacrement : il les interrogea, & trouva qu'ils diſoient vrai. Il leur dit qu'il leur manquoit encore une condition néceſſaire, ſçavoir le conſentement de leurs Parens : ils l'aſſûrerent que leurs Familles conſentoient qu'ils ſe fiſſent Chrétiens ; & ſe jettant à genoux, ils proteſterent, les larmes aux yeux, qu'ils ne ſe releveroient point, que leurs vœux n'euſſent été exaucés. Le Miſſionnaire attendri & charmé, ne ſongea point à examiner, s'ils ne le trompoient pas au ſujet du conſentement de leurs Parens, il leur accorda ce qu'ils ſouhaitoient, & ne douta point, en voyant la maniere, dont ils ſe comporterent durant la cérémonie de leur Baptême, que le Saint Eſprit n'eût répandu ſes dons les plus précieux dans ces cœurs innocens.

Quelques jours après il rencontra le plus jeune de ſes Néophytes, & l'Enfant le conjura de lui donner une Image de dévotion, devant laquelle il pût faire ſes prieres : il le refuſa, & lui dit qu'il craignoit qu'on ne fît à cette Image quelque inſulte dans une Maiſon toute remplie d'Idolâtres. L'Enfant ne ſe rebuta point, s'adreſſa à un jeune Eccléſiaſtique, qui demeuroit avec les Miſſionnaires, & en obtint ce qu'il vouloit. A peine l'Image fut-elle expoſée dans la Chambre, où couchoit l'Enfant, que ſon Pere l'ayant apperçuë, lui demanda tout en colere s'il étoit Chrétien ? » Oui, dit-il, mon Pere, » je le ſuis, & ſi je ne me trompe, » vous m'en avez vous-même donné la permiſſion. Quoi, Perfide, » reprit cet Homme, je t'aurois permis d'abandonner nos Dieux ? Si » tout à l'heure tu ne les adores, je » vais te fendre la tête. Mon Pere, » repliqua l'Enfant, ma vie eſt entre vos mains, vous ferez de moi » tout ce qu'il vous plaira ; mais je » ſuis réſolu de vivre & de mourir » Chrétien. Je ne crains ni la mort, » ni les tourmens.

A ces mots le Pere entre en fureur, prend ſon Fils, lui arrache ſes habits, le ſuſpend tout nud par deſſous les bras, & le met en ſang à coups de foüet. *Adoreras-tu encore le Dieu des Chrétiens*, lui diſoit-il de tems en tems ? l'Enfant ne répondoit rien autre choſe, ſinon, *je ſuis Chrétien, & je le ſerai juſqu'au dernier ſoupir*. Enfin ce petit corps n'étant plus qu'une playe, le Barbare en eut lui-même horreur, il ceſſa de frapper, détacha ſon Fils, & le laiſſa avec une ſimple Tunique, expoſé à un froid des plus piquans, aux reproches de ſes Parens, & aux inſultes des Domeſtiques. Le petit Martyr à tant de mauvais traitemens n'oppoſoit qu'une douceur angélique, & une invincible patience, qui bien loin de toucher le Pere, acheverent de le mettre au déſeſpoir. Il déchargea ſa rage ſur un Chrétien de ſon quartier, à qui il s'en prit de ce que ſon Fils s'étoit fait baptiſer ; & ſon emportement auroit eu ſans doute de plus fâcheuſes ſuites, ſi un Jéſuite n'eût prié le Gouverneur d'Ozaca d'en arrêter le cours. Le Gouverneur manda ce Furieux, & après lui avoir fait une ſévere réprimande de ſon inhumanité, il lui déclara que son Fils & tous les Chrétiens étoient sous la protection de l'Empereur.

La Mission du Japon fit cette même année plusieurs pertes considérables par la mort d'un grand nombre de ses plus illustres Ouvriers. Celui qui y laissa un plus grand vuide, fut le Pere Organtino Gnecchi, qui alla dans une extrême vieillesse recevoir au Ciel la récompense d'une vie toute sainte, & consommée dans les plus pénibles travaux de l'Apostolat (a). Ce qui lui avoit surtout attiré les bénédictions, que lui donnoient à l'envie les Idolâtres, aussi bien que les Fidéles, c'est l'Etablissement d'un grand nombre d'Hôpitaux des Lépreux. Nous avons vû que le Pere Loüis Almeyda lui en avoit donné l'exemple; mais cette bonne œuvre étoit tombée depuis les Révolutions arrivées dans le Royaume de Bungo, où elle avoit été bornée jusques-là. On ne peut croire jusqu'où alloient les soins du Pere Gnecchi pour soulager ces Misérables; il fut imité de plusieurs autres Missionnaires, qui firent partout de pareils Etablissemens, dont les Japonnois furent merveilleusement édifiez. Le Pere Gnecchi leur avoit fait changer de sentiment sur ce point. D'ailleurs en soulageant la misere des Lépreux, on s'appliquoit à guérir les maladies de leurs ames; & c'étoit toujours une moisson sûre, que recueilloit la charité des Missionnaires, sans que les plus séveres Edits pussent y apporter aucun obstacle.

(a) Ce Religieux étoit né à CASTRO DI VALSABBIA, dans le Brescian; son Pere étoit de la Famille des GNECCHI, & sa Mere de celle des SOLDIS, toutes deux des plus illustres de cette Province. Je ne sçai pourquoi il est plus souvent nommé par les Auteurs de la Compagnie *Organtino Soldi*, que *Gnecchi*.

§. V.

Premier Etablissement des Hollandois au Japon. Produit du Commerce des Portugais en ce tems-là. Désordres causez par des Japonnois à Macao. Le Gouverneur de Nangazaqui rend de bons services aux Portugais en cette occasion. Le Commandant du grand Navire du Commerce de Macao en use mal avec lui. Le Roi d'Arima se rend Accusateur des Portugais auprès du Cubo-Sama.

MAis l'Evénement le plus mémorable de cette année 1609. fut le premier Etablissement des Hollandois au Japon. Quelques années auparavant un de leurs Navires, qui avoit pris sa route par le Détroit de Magellan, pour passer aux Indes, étant monté jusqu'à la hauteur des Moluques; les maladies & les disettes de vivres réduisirent l'Equipage à vingt personnes, de cent soixante & dix, qu'ils étoient partis de Hollande (a). Je ne sçai quel étoit leur dessein, ni où ils prétendoient aller dans le triste état, où ils étoient; mais une Tempête les jetta sur la Côte Orientale du Japon assez près de Jedo. Ce sont ceux-là mêmes,

(a) Ce Navire étoit de l'Escadre de Jacques MAHU, qui partit de Hollande en 1598. Le Capitaine, qui le commandoit, s'appelloit QUAECKERNAECK, & il avoit pour Pilote Guillaume ADAMS, dont il sera beaucoup parlé dans la suite de cette Histoire.

dont nous avons parlé ailleurs à l'occasion du Miracle, qu'un Religieux avoit promis de leur faire voir. Leur Navire avoit été confisqué suivant les barbares Loix du Japon, & on les avoit même dans la suite arrêtez & mis en prison. Ils n'y demeurerent pourtant pas longtems: on leur restitua même leurs effets, mais on en fixa le prix à moins de trois pour cent de leur valeur. Ils avoient été contraints d'en passer par-là, & ils s'étoient flattez que, s'ils pouvoient obtenir la liberté du Commerce, ils ne tarderoient pas à se dédommager de la perte, qu'on leur faisoit souffrir.

Je trouve encore que dès l'année 1586. un Vaisseau Hollandois, qui avoit pour Pilote un Portugais nommé François Païs, avoit parcouru une partie des Côtes du Japon. Deux ans auparavant Jean Hugues de LINSCHOOTEN avoit fait la même chose, & si on en croit l'Auteur (a) des derniers Mémoires sur le Japon, il y avoit longtems, que ces Républicains regardoient avec un œil jaloux les grandes richesses, que le commerce de ces Isles procuroit aux Portugais. Il prétend que les profits de ces derniers étoient alors de cent pour cent, & il ne dit rien de trop, s'il est vrai, ce qu'il ajoûte, qu'en l'année 1636. lorsque leur commerce étoit déja extrémement déchû, ils emporterent à Macao deux mille trois cent caisses d'argent, & que peu d'années auparavant ils avoient chargé dans un seul de leurs plus petits Navires plus de cent Tonnes d'or. Mais il paroît qu'il y a ici beaucoup d'exageration. Les Hollandois ne furent pourtant pas sitôt, qu'ils l'avoient espéré,

(a) Kœmpfer.

en état de faire de si gros profits; les Portugais & les Espagnols même des Philippines, avoient sur eux un grand avantage, en ce qu'ils pouvoient fournir le Japon de Soyes cruës, & d'Etoffes de soye; marchandises, dont la consommation est très-grande dans un Pays aussi peuplé, & où les gens mêmes du commun sont vêtus de soye. Les Hollandois ne pouvoient pas faire la même chose, parce qu'ils n'avoient encore aucun Comptoir à la Chine, ni dans les Royaumes voisins, qui produisent la meilleure soye: au lieu que les Portugais avoient Macao à la Chine même, & que les Espagnols des Philippines n'en étoient pas fort éloignez.

Cependant le Capitaine du Navire Hollandois, dont j'ai parlé, avoit obtenu pour lui & pour un de ses Officiers nommé Melchior de SAND-VOORT, la liberté de retourner aux Indes, & la permission, pour ceux de sa Nation, de trafiquer avec les Japonnois. Il paroît qu'après son départ du Japon une partie de son Equipage y demeura encore quelque tems, & le Pilote Anglois Guillaume Adams, qui étoit homme de mérite, s'introduisit si bien à la Cour de Surunga, qu'il y devint en quelque sorte le Favori du Souverain. Les Hollandois instruits de ces favorables dispositions des Japonnois en leur faveur, se hâterent d'en profiter: dès le premier de Juillet de cette même année 1609. deux petits Bâtimens Hollandois moüillerent dans le Port de Firando, & celui qui les commandoit ayant envoyé les deux Commis à la Cour de Surunga avec des Préfens, le Cubo-Sama leur permit de faire le commerce, & d'avoir un Comptoir à Firando. Cette nouvelle allarma d'autant plus les Portugais, qui mirent inutilement tout en ufage pour s'y oppofer, qu'ils fe voyoient alors à la veille d'être eux-mêmes exclus du commerce du Japon, pour peu que les Japonnois cruffent pouvoir fe paffer d'eux. Voici de quoi il s'agiffoit.

L'année précédente 1608. quelques Japonnois du Royaume d'Arima, que le Cubo-Sama avoit envoyez au Royaume de CIAMPA, pour y établir le commerce, & pour en rapporter d'un Bois précieux, qu'on appelle *Calemba*, retournant au Japon avec un Ambaffadeur du Roi de Ciampa, furent contraints par les calmes & les vents contraires de relâcher à Macao, & d'y paffer l'hyver. Ils y rencontrerent plufieurs autres Bâtimens de leur Nation, & fe voyant en affez grand nombre dans ce Port, ils crurent y pouvoir impunément faire tout ce qu'ils voudroient, & commirent en effet de grandes violences contre les Habitans. On crut même entrevoir qu'ils avoient quelque deffein de fe rendre maîtres de la Place, ce qui obligea ceux, qui commandoient, à les obferver de plus près. On les avoit affez ménagez d'abord, dans l'efpérance qu'ils en deviendroient plus circonfpects; mais cette modération n'ayant fervi qu'à les rendre plus infolens, on réfolut de ne plus fouffrir leurs incartades, & de leur faire comprendre, qu'on ne les craignoit point. En effet, en plufieurs rencontres, où l'on en vint aux mains avec eux, ils eurent du deffous, mais ils n'en rabattirent rien de leur arrogance, & les chofes furent portées aux dernieres extrémitez.

André Peffoa, homme de tête & de réfolution, avoit alors la principale autorité dans la Ville; il fut averti un jour que tous les Japonnois s'étant attroupez à l'occafion d'une querelle furvenuë entre des Particuliers des deux Nations, plufieurs Portugais étoient accourus au fecours des leurs, & qu'on étoit aux prifes. Il y alla auffitôt avec main forte, & les Japonnois prêts d'être accablez par le nombre, fe féparerent en deux bandes, & fe réfugierent dans deux Maifons, où ils fe barricaderent. Peffoa les fuivit, inveftit la Maifon, où les Japonnois étoient en plus grand nombre, & leur fit dire que, s'ils ne rendoient leurs Armes, il les feroit tous brûler. Plufieurs obéïrent fur le champ; mais comme parmi ceux-ci il s'en trouva un, qui fut convaincu d'un vol confidérable; Peffoa, par une févérité, qui n'étoit peut-être pas trop de faifon, le fit conduire en prifon, où il fut étranglé. Il fomma enfuite une feconde fois ceux, qui au nombre de vingt-fept continuoient à fe défendre; & fur leur refus de rendre les Armes, le feu fut mis à la maifon. Ce fut alors pour eux une néceffité d'en fortir, mais à mefure qu'ils parurent, on les tira à coups de fufil, & on n'en manqua aucun. L'autre bande, qui n'étoit que de cinquante, alloit fubir le même fort, lorfqu'un Jéfuite & un autre Portugais, qui parloient affez bien leur Langue, les allerent trouver, & les engagerent à fe remettre entre les mains de l'Evêque de Macao, qui fit leur paix avec Peffoa.

Ce Commandant fit auffitôt dreffer

fer un Procès-verbal de tout ce qui venoit de se passer, & l'envoya par la premiere occasion à Nangazaqui ; mais les Japonnois, qui l'avoient signé, n'eurent pas de honte de déclarer qu'ils l'avoient fait par force, & de publier une Relation toute contraire, où ils n'omirent rien pour aigrir leurs Compatriotes contre les Portugais. L'année suivante 1609. Pessoa conduisit à Nangazaqui le grand Navire du Commerce, que la Ville de Macao avoit coutume d'envoyer tous les ans au Japon, & que la crainte des Pirates Hollandois avoit empêché les deux années précédentes de faire ce voyage. La premiere chose, qu'il fit en débarquant, fut de présenter à FASCENGAVA SAFIOYE, Gouverneur de Nangazaqui, une copie du Procès-verbal, dont je viens de parler ; il vouloit même en envoyer une autre à la Cour de Surunga, mais on l'en dissuada, & on fit mal. Il arriva ensuite entre le Gouverneur & les Portugais quelques difficultez au sujet du commerce : on se broüilla & on se réconcilia plusieurs fois : enfin il parut que la bonne intelligence étoit parfaitement rétablie, & l'on convient que le Gouverneur de Nangazaqui fit paroître en cette occasion beaucoup de bonne foi & de franchise.

Sur ces entrefaites ce Seigneur eut avis que Pessoa se disposoit à partir pour la Cour, dans le dessein de disculper sa Nation au sujet de l'émeute de Macao, & on l'assûra même, qu'il devoit faire quelques plaintes contre lui : il en fut extrémement picqué, & il faut avoüer que, si le fait étoit vrai, il en avoit quelque sujet. Peu de tems auparavant il avoit appris que deux Corsaires Hollandois attendoient un Navire Portugais à la hauteur de Firando ; il sçavoit aussi que des Marchands de la même Nation demandoient l'agrément, pour être reçûs à fournir seuls au Japon toute la soye, qui se tiroit de la Chine, puisque c'étoit à lui-même qu'on s'étoit adressé, pour solliciter cette affaire auprès du Cubo-Sama, & il avoit refusé de leur rendre ce service ; mais comme il paroissoit que le motif de ce refus étoit, qu'il les regardoit comme gens sans aveu, ils lui avoient montré une Commission du Comte Maurice de Nassau ; ils lui avoient ajoûté qu'ils étoient les Maîtres de la Mer, & qu'ils le seroient bientôt de Macao. Enfin sur la nouvelle de ce qui s'étoit passé dans cette Ville l'année précédente, ils s'étoient offerts à attaquer le Navire de Pessoa, promettant d'en faire présent au Cubo-Sama, quand ils s'en seroient emparez.

Safioye, non seulement avoit donné avis de tout cela au Commandant Portugais, mais encore voyant que les Japonnois revenus de Macao vouloient envoyer des Mémoires contre lui à Surunga, il lui avoit conseillé de les prévenir, & il avoit fait en sorte que son Député arrivât le premier. Mais dès qu'il se vit payer d'ingratitude, il résolut de se venger. Il commença par faire de nouvelles informations sur l'affaire de Macao, il y mit tout ce qui pouvoit charger les Portugais, & les envoya en Cour. Il engagea ensuite le Roi d'Arima à y aller lui-même demander justice pour ses Sujets, & ce Prince, à qui l'on avoit sans doute raconté les choses autrement qu'elles n'étoient arrivées, & qui ne réfléchit pas assez sur les suites fâcheuses de la démarche, qu'on lui faisoit faire, entra avec une facilité surprenante dans un projet, contre lequel un Payen honnête homme auroit été en garde. Il partit pour Surunga, il parla vivement au Cubo-Sama contre les Portugais, & ajoûta, qu'ils se seroient bien gardez d'insulter ses Sujets, comme ils avoient fait, si un pareil attentat n'avoit point été déja souffert de la part des Espagnols des Philippines.

§. VI.

Irrésolution du Cubo-Sama. Ce qui le détermine à agir contre les Portugais. Le Roi d'Arima va combattre les Portugais ; il est repoussé d'abord. Le Navire Portugais est brûlé, & tout l'Equipage tué ou noyé. Le Cubo-Sama s'adoucit en faveur des Portugais. Relation du même Combat par Kæmpfer.

LE Cubo-Sama étoit naturellement modéré, & bien des raisons d'intérêt & de politique le détournoient de prendre en cette rencontre une résolution violente. D'un autre côté son avarice le poussoit à profiter de cette occasion, pour saisir le riche Galion de Macao, d'autant plus, que quelques refus, que des Marchands Portugais lui avoient faits depuis peu, l'avoient indisposé contre leur Nation; & que les offres des Hollandois le rassûroient contre la crainte de perdre le commerce des Européens. Dans cette disposition le discours du Roi d'Arima l'ébranla beaucoup, mais il ne pouvoit encore se résoudre, & il appréhendoit de sacrifier un gain certain & présent à des promesses éloignées & incertaines, lorsque Dom Rodrigue d'URBERO (*a*) parut à sa Cour avec une nombreuse suite de Castillans. Ce Seigneur, qui fut depuis Comte d'Orizavalle, avoit été Gouverneur Général des Philippines, & comme il passoit à la Nouvelle Espagne sur un grand Navire nommé *le Saint François*, un coup de vent l'avoit jetté sur les Côtes du Quanto, où son Vaisseau s'étoit brisé.

Il venoit demander au Cubo-Sama la main-levée de tous les effets, qu'on avoit pû sauver du Naufrage, & ce Prince, après la lui avoir accordée de bonne grace, lui demanda si, supposé qu'on accordât aux Espagnols un Port franc au Japon, ils y apporteroient autant de Marchandises, que les Portugais en avoient apporté jusques-là. Dom Rodrigue n'avoit garde de manquer une si belle occasion de supplanter les Portugais, & d'enrichir les Philippines à leurs dépens : il répondit sans balancer, que les Espagnols fourniroient le triple de ce que Macao avoit envoyé jusques-là, & sur cette assûrance l'ordre fut donné au Roi d'Arima d'aller saisir le grand Navire de Portugal, de faire main-basse sur tout ce qu'il pourroit rencontrer de Portugais, & surtout de lui envoyer la tête de Pessoa ; & parce que les Peres de la Compagnie ne venoient au Japon, que par Macao, & n'y étoient tolérez, que par consi-

(*a*) Ou de VIBERO.

dération pour la Nation Portugaise, l'Empereur commanda qu'on les en fît sortir au plutôt ; que les Religieux des autres Ordres, plus attachez aux Espagnols des Philippines, fussent mis en possession de leurs Etablissemens, & qu'on les assûrât qu'il feroit encore plus pour eux dans la suite : enfin il vendit à Dom Rodrigue un Vaisseau, qu'il avoit fait construire à l'Européenne par des Hollandois, & ce Seigneur monta ce Bâtiment pour retourner à la Nouvelle Espagne.

Tandis que cette intrigue se formoit à la Cour de Surunga, le Capitaine Portugais, qui s'étoit apperçu de bonne heure que l'air du Bureau ne lui étoit pas favorable, avoit repris la route de Nangazaqui, & se tenoit dans son bord, où il se préparoit à tout évenement. Le Roi d'Arima de son côté assembla fort secrettement douze cent hommes de bonnes Troupes, les fit marcher par différentes routes vers Nangazaqui, & les suivit de près. Il se flattoit de surprendre Pessoa, mais ce Capitaine avoit été averti de ses préparatifs & de sa marche, & s'étoit mis en devoir de sortir du Port, pour aller à Facunda. J'ai dit ailleurs que Facunda est un petit Port à deux lieuës de Nangazaqui. Le dessein de Pessoa étoit d'y attendre les vents propres pour retourner à Macao, & il croyoit pouvoir s'assurer qu'on ne l'y viendroit pas attaquer. Il n'étoit déja plus que sur une ancre, & il se disposoit à la lever, lorsqu'il apprit que les Troupes Japonnoises arrivoient. Il se hâta d'appareiller, & fit avertir tous ceux de ses gens, qui étoient encore à terre, de s'embarquer sans différer ; mais les uns furent arrêtez par le Gouverneur, d'autres n'étoient pas contens de leur Capitaine, & regardoient cette querelle comme une affaire, qui lui étoit purement personnelle : quelques-uns avoient dans la Ville des Effets, qu'ils ne pouvoient se résoudre à abandonner, de sorte que peu se rendirent à bord.

D'autre part le Roi d'Arima, qui avoit fondé de grandes espérances sur le succès de son Entreprise, avoit continué de garder un grand secret sur son Armement, & pour mieux tromper son Ennemi, il lui envoya faire mille protestations d'amitié. Il l'invita ensuite à le venir trouver dans la Ville, disant qu'il vouloit traiter avec lui d'une bonne partie de ses Effets. Il poussa même la dissimulation plus loin, & il n'omit rien pour engager l'Evêque du Japon à se joindre à lui, pour obtenir de Pessoa une entrevûë : il lui représenta que ce Capitaine ne devoit pas se défier d'un Prince Chrétien, qui avoit donné tant de preuves d'un attachement sincere à sa Nation ; & comme il vit que le Prélat n'entroit point dans ses vûës, il alla jusqu'à user de menaces pour l'y contraindre. C'étoit se démasquer trop tôt ; l'Evêque tint bon ; Pessoa ne répondit, que par des politesses aussi peu sinceres, que les amitiez du Roi d'Arima, & ne songea plus qu'à se bien batre, s'il y étoit forcé.

Enfin le soir du sixiéme Janvier 1610. dès qu'il fut tout-à-fait nuit, le Roi s'embarqua avec toutes ses Troupes sur trente Bâtimens à rames, qu'il rangea sur deux aîles. Pessoa, que la lenteur de ses gens à le rejoindre, & un peu trop de complaisance pour eux, avoient retenu dans le Port, en fut averti sur l'heure, coupa son cable, & voulut éventer ses voiles, mais le vent lui manqua absolument; les Japonnois s'approchent, chaque Bâtiment allume son feu, & s'étant avancé à la portée du trait, ils décochent leurs fléches, & font jouër leur mousqueterie; faisant à chaque décharge retentir tout le rivage de leurs cris. Le Navire Portugais au contraire ne mit point de feu, personne ne parut sur le Pont, on ne tira pas un seul coup, & l'on eût dit que tout ce mouvement ne le regardoit point. Les Japonnois surpris de cette inaction & de ce silence, s'approchent de plus près, & recommencent à tirer. Pessoa leur répondit de cinq coups de Canon, dont aucun ne porta à faux, & ce qui causa un plus grand dépit aux Japonnois, c'est que chaque coup fut accompagné d'un concert de fluttes. Choquez de cette insulte, qui véritablement auroit été plus à sa place, si les Portugais eussent été sûrs de la Victoire, ils se retirerent, & ne reparurent point le jour suivant.

Ce jour-là même un Courier partit de Nangazaqui pour Surunga, & il y a bien de l'apparence, qu'il y fut dépêché par le Gouverneur: ce qui est certain, c'est que ce Courier assûra au Cubo-Sama que le Roi d'Arima avoit été battu, & que le Navire Portugais s'étoit échappé. Le Prince à cette nouvelle entra en fureur, & envoya ordre à Safioye de faire passer par le tranchant de l'Epée tout ce qui seroit resté de Portugais dans son Gouvernement, sans épargner, ni les Missionnaires, ni l'Evêque même; mais le Courier trouva à son retour les choses bien changées. Le calme ayant duré tout le septiéme, Pessoa ne put encore s'éloigner beaucoup, ce qui commença à l'inquiéter. Il ne pouvoit douter que les Japonnois ne revinssent à la charge, & ils n'y manquerent point; mais ils n'avancerent pas plus que la premiere fois. Les Portugais firent la même manœuvre, les Japonnois n'oserent encore les aborder, & le jour commençant à poindre, ils rentrerent dans le Port. La troisiéme nuit le Roi d'Arima fortifia sa petite Flotte de quelques Brûlots, mais ils ne firent aucun effet.

Le neuviéme il s'éleva une petite fraîcheur, Pessoa en profita, & sur le soir, il se trouva hors de la rade, mais il ne put entrer avant la nuit dans le Port de Facunda, & les Japonnois firent un si grand effort, qu'il succomba enfin. Le Roi d'Arima avoit fait construire une Machine en forme de Tour, qu'il fit porter sur deux gros Batteaux. Elle avoit des Créneaux, qui étoient garnis de Mousquetaires, ou d'Archers, & elle étoit revêtuë en dehors de peaux toutes fraîches. Pessoa faute de vent ne pouvoit manœuvrer, & fut porté par le courant dans un Détroit, où la Machine le battit par un feu continuel d'une maniere terrible. Il se défendoit pourtant avec beaucoup de valeur, & ne désespéroit point encore de se tirer de ce mauvais pas, lorsque le feu prit à son Navire, & gagna en un moment de telle sorte, que tout le derriere parut embrasé. Alors jettant ses Armes, & prenant son Crucifix, il s'écria, dit-on, *Dieu soit béni, puisqu'il l'a ainsi voulu, mes Camarades, sauve qui peut.* En même tems il sauta à la

Mer, après avoir donné ordre, qu'on mît le feu aux Poudres. Tous ses gens se jetterent à la nage après lui, & un moment après le Navire s'entr'ouvrit, & coula à fond. Les Japonnois au desespoir de voir une si belle proye leur échapper, tirerent sur les Portugais, qui ne pouvant se défendre, furent tous tuez, ou noyez.

Les jours suivans on pêcha quelques paquets de soye, & trois caisses d'argent. On chercha longtems le Corps de Pessoa, mais on ne le put trouver. Ce Capitaine étoit fort homme de bien, & s'étoit confessé la veille de sa mort à un Père Augustin Espagnol, qu'il avoit sur son bord, & qui périt avec les autres. On célébra par quantité de réjoüissances la Victoire du Roi d'Arima, mais la joye n'en fut pas bien pure pour ce Prince. Le désir de se venger n'avoit pas plutôt été satisfait, qu'il avoit fait place dans son cœur à de grands remords. Au bout de quelque tems, le Courier, qui avoit été dépéché à Surunga, étant de retour, le Gouverneur de Nangazaqui se préparoit à exécuter les ordres du Cubo-Sama, mais le Roi le pria de différer, & prit sur soi ce délai. Il partit aussitôt pour la Cour, où il fit agréer ce qu'il avoit fait : il sçut même tellement adoucir l'esprit du Prince, que ce Monarque fit dire aux Portugais, que malgré ce qui venoit d'arriver, ils pouvoient continuer leur commerce en toute liberté; qu'il n'en avoit jamais voulu à la Nation, & que Pessoa ayant porté la peine de son insolence, il étoit pleinement satisfait. Je ne crois pourtant pas que le Cubo-Sama en soit venu jusqu'à

envoyer un Exprès aux Jésuites de Macao, pour les engager à persuader aux Portugais de continuer le commerce; & il me paroît que l'Auteur, qui a avancé ce fait, ne connoissoit pas assez, ni les Japonnois, ni les Portugais, pour juger un Souverain du Japon capable d'une pareille démarche, & s'imaginer que les Portugais se soyent fait prier, pour ne pas rompre avec ce Prince. Il est bien plus vrai que la perte du grand Navire du Commerce réduisit bien des Particuliers à de grandes extrémitez; surtout les Missionnaires, qui y furent pourtant beaucoup moins sensibles, qu'aux suites, qu'ils prévoyoient, de ce commencement de broüillerie entre les Japonnois & les Portugais, & qu'au scandale, que le Roi d'Arima venoit de donner à tout le Japon.

Au reste, il y a bien de l'apparence, que c'est de ce même événement, que parle Kœmpfer sur la foi d'un Manuscrit Japonnois, à l'autorité duquel je n'ai pas crû devoir plutôt déférer, qu'à celle des Mémoires, qui ont été écrits sur les lieux par des Témoins oculaires. Il est vrai, que le Roi d'Arima dans son Discours au Cubo-Sama, dont nous avons parlé, fait mention d'un démélé survenu peu de tems auparavant entre les Japonnois & les Espagnols, mais il se plaignoit en même tems qu'on n'en eût pas tiré raison. Cependant c'est sur le compte des Espagnols, que l'Auteur Allemand met la défaite, dont il nous donne le récit, & il y a bien de l'apparence, qu'il a été mal informé. On en jugera. Voici ses propres termes. »Les Castillans...prirent une Jon- » que du Japon près de Manile, &

Q iij

» la coulerent à fond avec tous les gens, qui étoient à bord, croyant par ce moyen éteindre la mémoire d'une action si barbare : néanmoins la chose fut d'abord sçûë à la Cour de l'Empereur du Japon. Environ un an après, un Navire Espagnol à trois Ponts, équipé aux Isles Philippines pour le Japon, jetta l'ancre dans le Havre de Nangazaqui ; de quoi les Gouverneurs de la Ville informerent d'abord la Cour. Sur cela le Prince d'Arima reçut ordre de l'Empereur de mettre le feu à ce Navire, & de faire périr dans les flammes les Marchandises & l'Equipage. Trois jours avant l'arrivée de cet ordre, les Espagnols furent avertis par quelques-uns de leurs amis, & des personnes, qui ne vouloient pas les voir périr, que la foudre étoit prête à crever sur leur tête, & qu'ils se hâtassent d'éviter ce danger par une prompte fuite. Mais l'avarice premierement, ensuite les vents contraires, les empêcherent de suivre cet avis salutaire. Ils travaillerent seulement nuit & jour à charger leur Navire d'or, d'argent, & de précieuses Marchandises du Japon ; portant à leur Vaisseau autant de richesses, qu'il en pouvoit contenir ; & ensuite ils se mirent en état de partir, ou de se défendre, au cas qu'on vînt les attaquer. Cependant le Prince d'Arima, nommé pour mettre les ordres de l'Empereur à exécution, arriva dans le Port avec un grand nombre de Batteaux chargez de Soldats : le Navire Espagnol fut investi d'abord, & le vent étant devenu contraire, il lui étoit impossible de s'ouvrir un chemin, pour échapper à ses Ennemis. Les Espagnols se trouvant réduits à cette extrémité, prirent une résolution unanime de vendre chérement leur vie, & les Japonnois éprouverent qu'il n'étoit pas si aisé, qu'ils l'avoient cru, de prendre & de brûler ce Navire. Le Prince d'Arima fit de son côté tout ce qu'il put, encourageant ses Soldats par sa présence, & par les récompenses, qu'il leur promettoit, s'ils attaquoient ce Navire avec vigueur. Mais voyant que personne ne vouloit s'exposer le premier, il sauta à bord du Navire, & fut suivi en même tems d'un si grand nombre de ses Soldats, que le Tillac en fut couvert. Sur cela les Espagnols se retirerent sous le Pont, fermant les Ecoutilles sur eux. Le Prince soupçonnant que cela n'étoit pas fait sans dessein, & craignant quelque mauvais tour, retourna d'un saut à son Batteau, comme pour en tirer plus de Soldats, & un moment après les Espagnols mirent le feu à quelques Barils de poudre, qu'ils avoient mis sous le Tillac, qu'ils firent sauter en l'air avec tous les Japonnois, qui étoient dessus. Ce premier coup étant parti, le Prince commanda des Troupes fraîches, pour aller à l'abordage une seconde fois : sur quoi les Espagnols s'étant retirez sous le second Pont, le firent sauter de la même maniere. Ils en firent autant du troisiéme, après que les Japonnois y eurent fait une nouvelle attaque. Les Espagnols s'étant tous mis à fond de cale par ces coups répétez, le Port

» se trouva couvert de Japonnois morts, blessez & fracassez, avant qu'ils pussent attaquer les Espagnols, qui se défendirent avec la derniere bravoure pendant quelques heures, ne voulant point se rendre, jusqu'à ce qu'ils fussent tous tuez jusqu'au dernier. Cette attaque, où plus de trois mille Japonnois perdirent la vie, dura six heures. On trouva des Trésors incroyables dans la suite à l'endroit, où le Navire fut coulé à fond ; & l'on assûre que l'on y pêcha plus de trois mille Caisses d'argent. Voilà ce que porte le Manuscrit de mon Auteur Japonnois. On me dit encore, qu'il y a peu d'années, que des Plongeurs avoient tiré de l'argent de ce même endroit.

Pour dire ce que je pense de cette Relation, il me paroît que Kœmpfer, ou celui de qui il la tenoit, a confondu deux choses, qu'il falloit séparer, & dont le récit, en passant de bouche en bouche, a même été fort altéré : à sçavoir le meurtre de quelques Japonnois par les Castillans aux Philippines, & qui, selon le Roi d'Arima, étoit demeuré impuni ; & la vengeance, que le même Roi d'Arima tira de ce qui étoit arrivé à Macao à ses Sujets.

§. VII.

La Foi fait quelques progrès dans le Quanto. Projet du Pere Sotelo Franciscain. Le Cubo-Sama dépose le Dairy. Entrevûë du premier avec Fide-Jory. Le Pere Sotelo dans le Royaume d'Oxu. Le Christianisme fleurit à Méaco. Mort du Roi de Fingo. Celui de Bungo persécute les Chrétiens. Leur fermeté le déconcerte.

QUoiqu'il en soit, tandis que le Ximo étoit dans le trouble & la confusion, où nous venons de le voir, les affaires de la Religion sembloient prendre une meilleure forme à l'autre extrémité de l'Empire. Les Provinces du Nord, où les Missionnaires n'avoient gueres eu jusques-là, que des Etablissemens passagers, n'avoient aussi vû qu'en passant la lumiere de l'Evangile. Le Pere Pasio, en exécution des promesses, qu'il avoit faites aux Fideles de Jedo, lorsqu'il alla visiter le Xogun-Sama, leur avoit envoyé depuis peu quelques Jésuites, mais en petit nombre, & il restoit encore bien des Provinces, où le grain de la Parole n'avoit point été semé.

C'est ce qui fit naître aux Religieux de Saint François, & à quelques autres, la pensée de s'y transporter. La commodité, qu'ils trouvoient aux Philippines, pour le trajet, leur en facilita les moyens, les Espagnols ne fréquentant gueres alors, que les Ports de la Côte Orientale du Japon.

Quelque tems auparavant, le Pere Loüis Sotelo, Franciscain de l'Observance, avoit formé un autre dessein, qui auroit pû, s'il eût réüssi, avoir des suites avantageuses pour la Religion dans ces quartiers-là. Ce Religieux, que sa haute naissance, (a) ses vastes projets, ses voyages, ses traverses, & enfin son Martyre, ont rendu célebre dans l'Histoire;

(a) Le Martyrologe Franciscain dit que le Pere Sotelo étoit né à Séville de Sang Royal.

que j'écris, mais qui est encore plus connu par le Mémoire publié sous son nom après sa mort contre les Jésuites, & dont je parlerai ailleurs, s'étoit acquis du crédit à la Cour de Surunga, par l'espérance, qu'il y avoit donnée, que le Quanto retireroit un grand profit du Commerce avec le Mexique. Il s'étoit trouvé à la Cour du Cubo-Sama, lorsque Dom Rodrigue d'Urbero vint voir ce Prince; il avoit eu plus de part que personne au Traité, qui se projetta alors, pour lier le Commerce entre les Castillans & les Japonnois; & ce fut même à sa persuasion, que le Régent ayant fait construire un Navire de fabrique Européenne, le vendit à Dom Rodrigue. Mais cette Négociation n'eut point de suite: il y eut même peu de tems après entre les deux Nations de grandes broüilleries, qui renouvellerent les anciennes défiances, & les Portugais en profiterent.

Cependant la puissance & l'autorité du Cubo-Sama s'affermissoient de jour en jour. Il en fit alors un essai, qui surprit tout l'Empire, & qui lui réüssit. Il partit de Surunga à la tête de soixante & dix mille hommes, se fit suivre de tous les Grands du Japon, & s'étant rendu à Méaco, il déposa le Dairy, (*a*) & mit sur le Trône le Fils de ce Prince. On ne nous dit rien des raisons, qu'il eut de faire un si grand coup d'éclat, & l'on n'a pas eu plus de soin de nous instruire des circonstances de la Conquête, que fit peu de tems auparavant le Roi de Saxuma des Isles de Lequios ou de Riuku, qui sont encore aujourd'hui soumises aux Successeurs de ce Prince. Pour revenir au Cubo-Sama, ce Monarque, après avoir donné la Loi à l'Empereur Héréditaire du Japon, voulut faire sentir aussi au Fils de Tayco-Sama, qu'il étoit dangereux de ne le pas assez ménager; il l'envoya inviter à le venir voir, ajoûtant néanmoins, que son grand âge lui donnoit lieu de croire que ce seroit la derniere fois, qu'il auroit cette consolation. Le jeune Empereur s'en défendit d'abord, comme il avoit déja fait dans une autre occasion; mais les Seigneurs de sa Cour représenterent à l'Impératrice, que son Fils n'étant pas en état de résister au Cubo-Sama, s'il changeoit son invitation en un ordre, il ne falloit pas l'irriter, tandis qu'il avoit les Armes à la main. Ils ajoûterent, qu'ils accompagneroient le jeune Prince dans ce voyage, & qu'ils verseroient plutôt jusqu'à la derniere goutte de leur sang, que de souffrir qu'on entreprît rien contre lui.

L'Impératrice vit bien, qu'il n'y avoit pas moyen d'éviter cette entrevûë, & Fide-Jory partit d'Ozaca avec un Cortege magnifique. Le Cubo-Sama alla fort loin au-devant de lui, & les deux Princes entrerent ensemble dans Méaco, au milieu des acclamations du Peuple. Plusieurs jours se passerent en fêtes & en réjoüissances; le Cubo-Sama témoigna à son Pupille un grand attachement à ses intérêts; il lui parla du feu Empereur son Pere en des termes, qui sembloient marquer une grande reconnoissance des bienfaits,

---

(*a*) Selon Kœmpfer Daiseo Kwo, CIX. Dairy, succéda à son Pere Go-Josey en 1612. mais j'ai observé ailleurs qu'on ne compte point l'année commencée. Du reste cet Auteur ne parle point de Déposition.

qu'il en avoit reçûs, & il s'attendroit même plusieurs fois sur ce sujet, jusqu'à répandre des larmes. On remarqua pourtant qu'il ne donna jamais la main à ce jeune Prince ; mais il voulut que le Xogun-Sama, qui l'accompagnoit, traitât toujours avec lui, comme un Sujet avec son Souverain. On raisonna beaucoup sur cette démarche du Régent, & plusieurs se persuaderent que, puisque ce Prince, tandis qu'il avoit l'Empereur entre ses mains, n'avoit rien entrepris contre sa personne, il n'avoit aucun dessein de lui ôter l'Empire ; mais qu'il étoit seulement bien-aise de se conserver l'exercice du Pouvoir suprême jusqu'à la fin de ses jours, qui ne pouvoit pas être fort éloignée. L'événement n'a pas vérifié ces conjectures, & a fait voir que l'intention du Régent étoit bien plutôt d'amuser son Pupille, & de lui inspirer une confiance, qui l'empêchât de se tenir sur ses gardes.

Cette même année plusieurs Missionnaires finirent leur course, la plûpart chargez d'années & épuisez de travaux, mais quelques-uns moururent dans la force de leur âge. Le plus connu de tous, étoit le Pere Mancie Ito, le premier des quatre Ambassadeurs, qui étoient allez à Rome : ce Religieux soutint jusqu'à la mort le caractere de piété & de zele, qui l'avoit distingué dès sa plus tendre jeunesse, & il fut généralement regretté. Ces pertes étoient sur le point d'être réparées par une troupe de sept Jésuites, qu'on attendoit avec beaucoup d'impatience, lorsqu'on apprit qu'ils étoient tombez entre les mains des Corsaires Chinois, qui les avoient impitoyablement massacrez. D'un autre

Tome II.

côté les Hollandois & les Espagnols n'ayant pas tenu les grandes promesses, qu'ils avoient faites au Cubo-Sama, les Portugais se retrouverent presque les seuls Maîtres du Commerce, & le Pere Sotelo, qui craignit que le contre-coup du manque de parole de ceux de sa Nation ne retombât sur lui, jugea à propos de quitter la Cour de Surunga. Mais sans se décourager du peu de succès de ses premieres Négociations, il passa aux Provinces du Nord, où il trouva dans la personne de DATE MAZAMONEY l'homme du monde le plus capable de l'éblouïr par de belles espérances, & de le tromper en effet.

Mazamoney, que quelques Relations nomment Roi d'Oxu, n'étoit Seigneur que d'une des sept Provinces, qui forment ce Royaume, dont il paroît que personne n'étoit alors Titulaire. Il étoit néanmoins fort riche, & il comptoit bien d'augmenter sa puissance par le Commerce ; de sorte que le Pere Sotelo lui ayant proposé celui de la Nouvelle Espagne, il crut ne devoir rien omettre, pour engager ce Missionnaire dans ses intérêts. Pour cela il lui fit entrevoir qu'il n'étoit pas éloigné de se faire Chrétien, goûta fort la proposition, que le Pere lui fit d'envoyer un Ambassadeur en Espagne & à Rome, & nomma pour cet effet un de ses Gentilhommes, appellé FRAXECURA ROCUYEMON, qui paroissoit dans la disposition d'embrasser le Christianisme ; mais il se passa bien des choses, avant que cette Ambassade partît du Japon.

On travailloit avec moins de bruit & plus de succès à Méaco. Le goût que la Cour d'Ozaca avoit pris aux

R

Mathématiques, fit juger aux Jésuites de cette Capitale, & surtout au Pere Spinola, qui avoit enseigné cette Science en Italie avec honneur, que l'on pouvoit s'attacher les Grands, & les rendre ou dociles pour le Royaume de Dieu, ou du moins favorables aux Prédicateurs de l'Evangile, en les occupant de ces belles connoissances. Ils établirent donc une espece d'Académie, composée de tout ce qu'il y avoit à Méaco de Personnes distinguées par leur mérite & par leurs emplois; ils les assembloient souvent, & en leur expliquant le cours des Astres & les plus beaux secrets de la Nature, ils avoient soin d'élever leurs esprits jusqu'à l'Etre invisible, qui a créé le Ciel & la Terre, & qui en conserve l'admirable harmonie. L'effet que produisit cette institution, fit voir que c'étoit Dieu même, qui en avoit inspiré le dessein. On disoit publiquement à Méaco, comme on l'avoit déja dit à Ozaca, que des hommes aussi éclairez sur ce que la Nature a de plus merveilleux, ne pouvoient, que par la plus déraisonnable prévention, être accusez d'ignorance ou d'erreur sur le fait de la Religion; & l'on ne sçauroit croire le nombre de Seigneurs & de Personnes en place, qui furent baptisez dans le peu de tems que dura cette Académie. Le Peuple suivit bientôt l'exemple des Grands, & l'on compta jusqu'à huit mille Adultes baptisez en une seule année dans Méaco.

Les Fidéles du Fingo commençoient aussi à respirer, après avoir essuyé une si longue & si rude persécution; le cruel Canzugedono ayant été frappé d'une apoplexie, qui l'étouffa dans le tems, qu'il paroissoit le plus déterminé à abolir le Christianisme dans ses Etats. Mais ceux du Buygen, jusques-là si tranquiles, entrerent à leur tour dans la lice, & ne firent pas moins paroître de constance, que n'avoient fait leurs Freres du Fingo. Le Pere Gregoire de Cespedez, qui avoit longtems gouverné cette Eglise, retournant de Nangazaqui, où quelques affaires l'avoient appellé, & rentrant dans la Maison, que sa Compagnie avoit à Cocura, Capitale du Buygen, expira subitement entre les mains de ses Religieux, accourus avec empressement pour le recevoir. Cette perte leur fut d'autant plus sensible, qu'outre le mérite personnel de ce Missionnaire, à qui sa vertu & ses belles qualitez avoient donné beaucoup de crédit parmi les Grands, le Roi avoit déclaré publiquement, qu'il ne souffriroit plus de Prédicateurs dans ses Etats, sitôt que le Pere de Cespedez auroit les yeux fermez. On n'a jamais sçû au juste les causes de ce changement de Jécundono: on convient seulement, que ce Prince se plaignoit du Pere Pasio Vice-Provincial des Jésuites, & qu'il en avoit quelque sujet. Mais le véritable motif de la conduite, que tint alors ce Prince, c'est qu'il étoit bon Courtisan, fort attaché au Cubo-Sama, & qu'il avoit pénétré les sentimens de ce Monarque à l'égard de la Religion Chrétienne. Ce qui est certain, c'est qu'il tint parole aux Missionnaires, qu'il les chassa de ses Etats, aussitôt après la mort de leur Supérieur, & qu'il entreprit de ramener par prieres & par menaces tous ses Sujets Chrétiens au culte des Idoles.

Il est vrai qu'il les trouva en si grand nombre, si résolus à tout risquer pour leur Foi, & se disposant à la mort de si bonne grace, qu'il ne jugea pas à propos de pousser d'abord les choses plus loin. D'ailleurs, il estimoit dans le fond leur Religion, & il lui suffisoit, pour faire sa Cour au Cubo-Sama, de régler ses démarches sur celles de ce Prince, qui paroissoit encore vouloir laisser les choses sur le pied, où elles étoient. Il se contenta donc de faire publier que les Chrétiens avoient encouru son indignation, qu'il leur en feroit ressentir les effets avec le tems; mais qu'il vouloit bien pour le présent leur faire grace de la vie, en considération du feu Pere de Cespedez, dont la mémoire lui étoit chere, & d'un autre Missionnaire encore vivant, dont je n'ai pû trouver le nom. Les Chrétientez de Farima & de Chicungo furent aussi un peu inquiétées, & donnerent de grands exemples de ferveur & de constance. Il sembloit que Dieu voulût par ces petits combats tenir les Fidéles en haleine, & les préparer peu à peu à soutenir cette horrible Guerre, que l'Enfer déchaîné devoit bientôt leur déclarer. Quelques merveilles opérées dans le même tems en faveur de plusieurs Chrétiens d'une vertu éminente, & surtout de la Reine d'Arima, qui demandoit au Ciel, non la guérison d'une maladie dangereuse, dont elle étoit attaquée, mais la patience pour la supporter, & qui fut guérie subitement, contre toute espérance; ces merveilles, dis-je, qui étoient le fruit de la Foi des Fidéles, augmenterent encore leur confiance & leur ferveur, & jamais on ne vit une plus grande ardeur pour le Martyre, à la veille d'une sanglante persécution.

§. VIII.

Arrivée d'un Navire Hollandois à Firando. Le Capitaine va à Surunga, & quel fut le succès de son voyage. Députation de la Ville de Macao vers le Cubo-Sama, & quel en fut le succès. Un Ambassadeur Espagnol arrive à Jedo, & de quelle maniere il s'y comporte. Ses demandes, les réponses qu'on lui fait. Ce qui se passe entre le Trésorier Général du Cubo-Sama & les Hollandois.

CEpendant les Hollandois avoient donné parole au Cubo-Sama d'envoyer tous les ans au Japon un Navire richement chargé; & toute l'année 1610. s'étoit passée, sans qu'ils eussent paru. Enfin le premier Juillet 1611. un petit Bâtiment de leur Nation entra dans le Port de Firando avec une Carguaison assez modique. Celui qui le commandoit, eut d'abord quelque démêlé avec les Officiers Impériaux, qui vouloient l'obliger à donner une liste de ses Marchandises au Facteur du Cubo-Sama; mais comme c'étoit une nouveauté, il tint ferme dans son refus. Il eut d'ailleurs tout lieu d'être content des deux Rois de Firando, Pere & Fils; mais il ne laissa point de s'appercevoir que le Peuple panchoit encore plus vers les Portugais, que vers ceux de sa

Nation. On étoit instruit au Japon que les Hollandois s'étoient soustraits de la domination du Roi d'Espagne, que depuis quelques années ils mettoient tout en œuvre, pour ruiner le Commerce des Espagnols & des Portugais, & qu'ils venoient tout récemment de faire une tentative sur les Philippines, où ils avoient été bien battus. On se souvenoit encore qu'en 1606. ils avoient inutilement assiégé Malaca, & que l'échec, qu'ils y avoient reçu, étoit en bonne partie l'effet de la valeur d'une troupe de Japonnois, qui s'étant trouvez enfermez dans la Place, s'étoient chargez de toutes les sorties, & les avoient exécutées avec une vigueur, qui avoit beaucoup contribué à la levée du Siége. Enfin les Portugais étoient venus à bout de persuader à bien du monde, que quand ces Pirates, ainsi qu'ils parloient, auroient entierement ruiné Macao, ils ne songeroient plus au Japon, où ils n'étoient pas en état de porter les soyes de la Chine ; de sorte que, si on continuoit à les favoriser à leur préjudice, on laisseroit échapper un avantage réel, pour courir après une chimere.

Ces préjugez, que toute la politesse Japonnoise ne pouvoit pas bien cacher aux yeux des Hollandois, tenoient ceux-ci en grande inquiétude, & engagerent le Capitaine à aller lui-même à la Cour de Surunga, où il comptoit beaucoup sur les lumieres & le crédit de Guillaume Adams, ce Pilote Anglois, dont nous avons déja parlé. Une seule chose l'embarassoit au sujet de ce voyage : il prévoyoit qu'il lui faudroit faire des présens considérables au Prince & à ses Ministres. On lui conseilloit même de voir l'Empereur Fide-Jory à Ozaca, & le Xogun-Sama à Jedo, parce qu'il étoit douteux lequel de ces deux Princes seroit le Maître dans l'Empire après la mort du Tuteur de l'un, & du Pere de l'autre. Ces visites l'engageoient dans des frais, qui excédoient de beaucoup les profits, qu'il pouvoit faire sur les Marchandises, qu'il avoit apportées ; mais il comprit qu'ils étoient indispensables, & que c'étoit là une de ces occasions, où il faut sçavoir perdre. Ainsi il fut résolu dans le Comptoir de Firando de ne rien épargner, pour mettre dans les intérêts de la Compagnie tous ceux, dont elle pourroit avoir besoin dans la suite ; & on eut d'autant moins lieu de s'en repentir, qu'on apprit peu de jours après l'arrivée d'un Ambassadeur du Vice-Roi de la Nouvelle Espagne à Jedo, & d'un Député de la Ville de Macao dans un Port de Saxuma, l'un & l'autre avec des Equipages superbes, & des Présens magnifiques.

Le Capitaine Hollandois partit donc de Firando le dix-septiéme de Juillet avec des Lettres de recommandation des deux Rois (a), & arriverent à Surunga le seiziéme d'Août. Les Députez Portugais & l'Ambassadeur Castillan avoient déja eu leur Audience. Les premiers, si nous en croyons les Mémoires des Hollandois, avoient demandé un dédommagement pour la perte du Navire commandé par André Pes-

(a) Le Journal de ce Voyage ne les nomme que Gouverneurs ; mais la suite fait voir que c'étoit les Rois mêmes, d'autant plus que les Empereurs du Japon n'ont jamais eu de Gouverneurs à Firando.

foa, soutenant que les Portugais n'avoient rien fait, qui méritât un pareil traitement. L'Auteur ajoûte que cette proposition fut d'abord rejettée avec hauteur, mais que les Députez ayant insisté, & prétendant que le massacre des Japonnois à Macao, qui avoit été la source de tout le mal, n'étoit point une affaire concertée, mais une légitime défense; on leur dit de mettre leurs raisons par écrit, & que si elles étoient trouvées bonnes, on y auroit égard. Les Lettres des Missionnaires ne parlent point de cette Négociation, & il est vraisemblable qu'il ne s'agissoit dans cette Députation, que du rétablissement du Commerce, & que les Portugais demanderent plus, qu'ils n'espéroient d'obtenir, pour parvenir plus sûrement à ce qu'ils souhaitoient, & qu'ils obtinrent en effet.

Quant à l'Ambassade du Vice-Roi de la Nouvelle Espagne, voici quel en étoit le sujet. Nous avons vû il n'y a pas longtems, que Dom Rodrigue d'URBERO étoit parti du Japon sur un Navire, que le Cubo-Sama avoit fait construire à la maniere d'Europe; il s'étoit servi pour cette construction de quelques Hollandois, qui avoient été jettez par la Tempête sur la Côte de Jedo, en revenant de Magellan. Dom Rodrigue avoit acheté ce Bâtiment cinq mille sept cent ducats, & comme il ne pouvoit pas alors donner cette somme, il étoit convenu de la payer en Marchandises par le premier Vaisseau, qui viendroit du Mexique. C'étoit pour acquitter cette dette, & en même tems pour cimenter le Traité de Commerce fait par Dom Rodrigue avec le Cubo-Sama, que le Vice-Roi s'étoit déterminé à envoyer une Ambassade à ce Prince. Il avoit chargé de cette Commission un Biscayen, nommé SEBASTIEN, Capitaine d'une Caravelle, bon Homme de Mer, mais peu propre à être Ambassadeur dans une Cour, comme celle du Japon. Il prit terre à Jedo en 1611. & dès qu'il eut moüillé les ancres, il débarqua avec une grande suite de Gens de guerre, faisant porter devant lui un Etendart, où étoient les Armes d'Espagne; & il entra avec ce Cortége au son des Flûtes & des Hautsbois dans le Palais du Xogun-Sama. Ces manieres déplurent fort à ce Prince, & choquerent les Courtisans, qui dirent assez haut, qu'on entroit ainsi dans une Place conquise, mais que ce n'étoit pas comme cela, qu'on venoit demander des graces, ou renouveller un Traité de Commerce.

Toutefois, comme il parut que cet Ambassadeur n'avoit péché que par ignorance, & qu'on le reconnut honnéte homme, on le traita assez bien dans cette Cour. Il passa ensuite à celle de Surunga, & si on en croit le Mémoire des Hollandois, il n'y rabattit rien du faste, qu'il avoit étalé à Jedo. Il n'y gagna rien : il vit le Cubo-Sama, mais ce Prince ne lui parla point, de sorte qu'il fut obligé de faire ses demandes par écrit. Elles se réduisoient à ces quatre articles. 1°. Qu'il ne fût point permis aux Hollandois, Sujets Rébelles du Roi d'Espagne, de trafiquer au Japon. 2°. Que l'on obligeât tous les Espagnols, qui demeuroient au Japon sans la permission du Roi Catholique, de le suivre à la Nouvelle Espagne, où l'on préparoit un Armement, pour chasser les Hollandois des Moluques. 3°. Qu'il lui fût permis de visiter les Ports, & de sonder les Côtes du Quanto, pour la sûreté des Navires, qui y viendroient du Mexique. 4°. Qu'on lui donnât la liberté de construire des Vaisseaux au Japon.

Quelques Historiens prétendent qu'il avoit demandé ce qui étoit contenu dans le troisiéme article au Xogun-Sama, qui le lui avoit accordé, & qu'on le trouva fort mauvais à la Cour de Surunga, ce qui n'est pas vraisemblable. Quoiqu'il en soit, la réponse du Cubo-Sama fut, 1°. que les Ports de l'Empire étoient ouverts à tous ceux, qui y voudroient faire le Commerce, pourvû qu'ils se conformassent aux Loix du Pays, & qu'il ne convenoit pas à l'Empereur d'entrer dans les démêlez des Princes de l'Europe. 2°. Que le Japon étoit l'asyle de toutes les Nations, & qu'on n'obligeoit personne d'en sortir, tandis qu'on s'y comportoit de maniere à ne point offenser le Gouvernement. 3°. Que les Espagnols pouvoient construire des Vaisseaux, & choisir tel Port, qui leur paroîtroit plus commode pour pour ce dessein. 4°. Que non seulement on ne trouveroit point mauvais qu'ils reconnussent les Ports & les Côtes du Quanto, mais qu'on leur fourniroit même pour cela des Barques, s'ils en avoient besoin.

Les choses étoient en ces termes, lorsque les Hollandois arriverent à Surunga. Adams leur avoit préparé les voyes, & ils furent très-bien reçus du Prince, & fort caressez des Ministres. Ils ne laisserent pourtant pas de trouver le Trésorier Général un peu prévenu des idées, que les Portugais avoient répanduës contre eux dans le Ximo. Ce Seigneur avoit témoigné à Adams qu'il craignoit bien que les grandes promesses de ces nouveaux venus au sujet du Commerce ne fussent pas sinceres ; qu'ils ne paroissoient attirez au Japon, que par l'espérance d'y faire des prises sur leurs Ennemis ; qu'ils y étoient venus cette année, parce qu'ils sçavoient bien qu'ils les y rencontreroient ; que la même chose étoit arrivée deux ans auparavant, & que l'année précédente on n'y avoit vû, ni les uns, ni les autres : que cette conjecture se confirmoit par le peu de Marchandises, que les Hollandois avoient apportées, & qu'on les soupçonnoit de ne trafiquer, que des dépoüilles d'autrui. Adams lui avoit répondu que les Hollandois n'étoient point des Pirates, mais des Marchands ; & que bientôt les Japonnois connoîtroient qu'ils faisoient le Commerce avec plus de sincérité & de droiture, que les Espagnols, ni les Portugais : qu'au reste il étoit si peu vrai qu'ils vinssent au Japon, pour épier les Vaisseaux de Macao & des Philippines, qu'il y avoit une tréve de douze ans entre eux & le Roi d'Espagne.

Le Trésorier Général parut content de cette réponse ; toutefois il voulut encore s'expliquer avec les Hollandois mêmes, & fut très-attentif à tout ce qu'ils répondirent aux questions, qu'il leur fit ; ils s'accorderent parfaitement avec Adams, leurs réponses, ajoûte le Mémoire, contenant la vérité toute pure ; mais le fait est, que l'Anglois les avoit avertis de tout, & qu'il leur avoit été fort aisé de concerter ce qu'ils devoient répondre. Ils allerent ensuite à Jedo, où le Xogun-

Sama leur fit un accueil fort gracieux. Il paroît qu'ils n'allerent pas à Ozaca : ce qui est certain, c'est qu'ils reprirent la route de Firando, charmez des manieres nobles & désintéressées de la plûpart des Grands du Japon, & surtout de la conduite généreuse du vieux Roi de Firando, qui étoit même en de grandes avances avec eux. Mais on peut douter si la haine invétérée de ce Prince contre les Chrétiens n'entroit pas pour quelque chose dans cette générosité à l'égard de gens, qu'il prévoyoit avec plaisir devoir bientôt supplanter les Espagnols & les Portugais. Le Capitaine Hollandois, après avoir mis ordre aux affaires de son Comptoir, fit voiles pour les Indes le vingt-huitiéme de Septembre, fort content du train, que prenoient les affaires de sa Compagnie au Japon, & ayant obtenu beaucoup plus, qu'il n'auroit osé espérer. Il étoit néanmoins bien loin de son compte, s'il croyoit les Espagnols & les Portugais entierement perdus dans l'esprit des Japonnois ; & nous verrons qu'il en coûta encore bien des crimes & des bassesses aux Hollandois, pour s'établir solidement sur les ruines de leurs Rivaux.

§. IX.

Bref du Pape, & fausse démarche de l'Evêque du Japon à ce sujet. Pressentiment d'une prochaine Persécution. Invention de deux Croix. Merveilles opérées à cette occasion. Sources de la Persécution. Fausseté de Kæmpfer. Troisiéme Croix miraculeuse, & l'effet qu'elle produit.

CEtte même année on reçut au Japon un Bref du Pape Paul V. par lequel le Pontife, à la priere du Roi Catholique, permettoit à tous les Religieux, de quelqu'Ordre qu'ils fussent, d'aller dans ces Isles indifféremment par les deux voyes de Manile & de Macao. Cette permission étoit devenuë nécessaire pour les Jésuites mêmes, depuis que le Commerce étoit également libre des deux côtez, & qu'on veilloit de plus près sur les démarches des Portugais. D'ailleurs il étoit de la sagesse du Saint Pere de permettre ce qui continuoit à se pratiquer sans sa permission, afin de lever le scandale de la désobéïssance ; mais comme ce Bref faisoit mention de ceux de Grégoire XIII. & de Clément VIII. auxquels il dérogeoit sur le seul point, que je viens de dire, quelques Personnes prierent Dom Loüis Serqueyra, à qui il étoit adressé, de vouloir bien supprimer cet endroit en le publiant, de peur, disoient-ils, que comme certaines gens avoient voulu faire passer les deux premiers pour subreptices, les anciennes querelles ne se renouvellassent, si on les voyoit citez dans ce nouveau Décret. Il est manifeste qu'on auroit dû tirer de cette clause une conséquence toute contraire, & cette raison-là même devoit engager le Prélat à ne pas omettre ce qui confirmoit des Brefs, qu'on avoit voulu mal à propos révoquer en doute : toutefois l'Evêque donna dans le piége, qu'on lui tendoit. Il supprima l'article du dernier, qui rappelloit les premiers, & par-là donna lieu de croire qu'en effet les Jésuites les avoient, ou supposez, ou extorquez ; ce qui produisit un très-mauvais effet. Le bon Pasteur vouloit par cette connivence rétablir la paix dans son Troupeau, & il y ralluma la guerre plus vive que jamais.

A cela près, tout paroissoit assez tranquile ; mais un certain pressentiment, trop universel, pour n'être fondé, que sur de vaines conjectures, & des craintes frivoles, donnoit tout lieu de juger que ce calme cachoit un grand orage. Il fut encore confirmé par la découverte miraculeuse de deux Croix, qui furent aussi les instrumens de plusieurs merveilles. La premiere fut trouvée au Territoire de Cori, petite Ville de la Principauté d'Omura, dont nous avons parlé ailleurs, dans un Village, que les uns nomment ISCIBATISCI, & les autres YMADUMI ; la seconde, près de Nangazaqui, dans la cour d'un ancien College des Jésuites, qui portoit le nom de *Tous les Saints* ; toutes deux dans un Arbre appellé *Cachinochi*, ou *Caqui*, auquel les Portugais ont donné le nom de Figuier Japonnois. Voici les circonstances du premier de ces deux Evénemens.

Un Chrétien, nommé FABIEN, du Village d'Ymadumi, avoit dans son Champ un de ces Figuiers, qui depuis trois ans ne portoit point de fruit : il prit enfin la résolution de le couper, d'autant plus qu'il étoit fort propre à faire un pilier, dont il avoit besoin. L'Arbre étant abattu, Fabien commença par le dépoüiller de ses branches, & laissa le tronc se sécher une année entiere. Le sixiéme de Décembre 1611. il revint avec son Fils, pour le mettre en œuvre, & en ayant levé quelques éclats, il fut fort surpris de voir une Croix noire au milieu de ce bois, qui est blanc. Il crut d'abord que ses yeux le trompoient, & demanda à son Fils, s'il appercevoit quelque chose : le jeune homme répondit qu'il voyoit une Croix : en même tems il acheva de la découvrir, & la prit entre ses mains, car elle ne tenoit point à l'Arbre. Elle étoit très-bien faite, le titre mis à sa place, & très-lisible ; la traverse avoit deux pieds, & les proportions étoient très-bien gardées dans tout le reste.

Il paroissoit constant qu'une Croix de cette grandeur n'avoit pû être naturellement formée dans le tronc d'un Arbre, & hors de toute apparence qu'elle y eût été inférée. Fabien la porta dans sa Maison, & résolut de tenir la chose secrete ; mais il ne put s'empêcher d'en faire confidence à quelques-uns de ses Amis, & bientôt ce ne fut plus un secret. Déja on portoit la Croix de maison en maison, pour contenter la piété des Fidéles, lorsqu'un Chrétien, qu'une fiévre quarte tourmentoit depuis longtems, s'avisa de prendre un morceau de l'Arbre, d'où elle avoit été tirée, le fit tremper dans de l'eau, qu'il but, & fut guéri sur le champ. La nouvelle de ce miracle inspira la même confiance à plusieurs autres Malades, qui recouvrerent pareillement la santé : on porta la Croix dans une Maison, qui jour & nuit étoit infestée de malins Esprits, & depuis qu'elle y fut entrée, on ne vit, & on n'entendit plus rien.

Tant de prodiges accrûrent la dévotion des Fidéles, on courut à l'endroit, où étoit le Figuier, dont on ne laissa rien ; on en arracha jusqu'aux qu'aux racines, que ce bon Peuple regardoit comme quelque chose de sacré. Alors le Pere Alphonse Lucena Jésuite, qui cultivoit cette Chrétienté, jugeant qu'il y avoit de l'indécence à laisser un si précieux Dépôt dans la Maison d'un Laïc, envoya prier Fabien de lui remettre la Croix; Fabien refusa de la donner, & s'excusa sur ce qu'il ne pouvoit pas s'en défaire sans l'agrément du Seigneur du lieu. La Princesse Marine d'Omura fut plus efficace; elle dépêcha un Gentilhomme à Ymadumi, pour ordonner à Fabien de lui apporter la Croix, ou de la lui envoyer à Omura. Il obéït, & fit partir son Fils avec la Croix pour la Capitale. Il n'avoit qu'une lieuë à faire, mais la foule de ceux, qui étoient allez au-devant de lui, fut si grande, que s'étant mis en chemin presqu'au point du jour, il n'arriva que le soir chez la Princesse.

La Croix y fut reçuë avec toute la solemnité possible, & placée dans une Chambre richement ornée, où il se fit bientôt un concours extraordinaire des Chrétiens de toutes les Provinces circonvoisines, ce qui obligea enfin l'Evêque à prendre connoissance de cette affaire. Il fit faire des Informations juridiques de tout ce qui s'étoit passé; & après avoir gardé toutes les formalitez requises en pareil cas par les Saints Canons, il approuva le culte, que l'on rendoit à cette Croix, la déclara Miraculeuse, & ordonna une Procession générale, où elle fut portée par le Pere Valentin CARVAILHO, qui cette même année 1612. fut nommé Provincial (*a*) des Jésuites: le Prélat y assista lui-même, & fit chanter une Messe votive de la Croix. En un mot on n'omit rien de tout ce qui pouvoit exciter les Fidéles à entrer dans les desseins du Ciel. Je ne dirai rien de l'Invention de la seconde Croix, parce que les circonstances en sont presque les mêmes, que dans la premiere, & que je serai bientôt obligé de parler d'une autre merveille de même nature, qui avoit précédé celle-ci de plusieurs années.

Quant aux véritables causes de la Persécution, dont cette Eglise se voyoit menacée, on peut dire qu'il y en a eu de toutes les especes; mais toutes celles, qu'on a rapportées, ne sont pas également certaines. J'en ai déja touché quelques-unes, on en remarquera d'autres dans la suite; toutes ont concouru à faire naître dans l'esprit des Monarques Japonnois des défiances & des soupçons, qui ont porté des Hommes naturellement pleins d'équité & de modération à ces excès de fureur, dont toute la terre a été étonnée: mais il faut convenir que, non seulement la premiere source du mal a été, comme nous l'avons déja remarqué, la jalousie du Commerce, qui s'alluma entre les Espagnols & les Portugais, peu de tems après leur union sous une même Monarchie; mais que toutes les autres ont été une suite de celle-là, qui produisit peut-être de la part des uns & des autres, mais plus certainement, & d'une maniere plus marquée de la part des Castillans, ces scandales & ces indiscrétions, dont nous

---

(*a*) Ce fut en 1612. que les Jésuites établirent une Province pour le Japon, laquelle comprenoit la Chine, le Tunquin, la Cochinchine, & tous les Royaumes voisins. Elle porte même encore aujourd'hui ce nom.

Tome II. S

avons rapporté les premiers effets. Les Hollandois venant enfuite, n'eurent gueres pour les fupplanter tous, qu'à appuyer ce que quelques-uns avoient avancé. Mais ils crurent ne s'en devoir pas tenir là, & par des calomnies, dont ils ne fe laveront jamais, ils ont d'un même coup renverfé le Commerce des Catholiques, & le Chriftianifme au Japon, ainfi que nous le verrons bientôt fur leurs propres Mémoires.

L'Ecrivain Proteftant, que j'ai fouvent occafion de citer, & à qui je ne crains point qu'on m'accufe de n'avoir pas rendu toute la juftice, qui lui eft dûë, a avancé, fans citer fes garants, qu'une des chofes, qui contribuerent le plus à faire prendre au Cubo-Sama la derniere réfolution de profcrire abfolument le Chriftianifme, fut la plainte, que lui porta un des plus Grands Seigneurs de l'Empire, contre l'Evêque des Chrétiens, lequel l'ayant un jour rencontré dans un chemin, où ce Prélat étaloit un fafte peu convenable à la fainteté de fon Miniftere, ne voulut jamais lui donner les marques de refpect, que ce Seigneur croyoit être dûës à fon rang. Mais outre le défaut de preuves, pour établir un fait de cette nature, & qu'on ne croira certainement pas fur le fimple témoignage d'un Proteftant, cet Ecrivain fe contredit lui-même, en le plaçant dans un tems, où le Cubo-Sama n'étoit pas encore le Maître de l'Empire, & plufieurs années avant la Perfécution. D'ailleurs quelle apparence qu'une chofe fi légere foit entrée pour beaucoup dans une affaire de cette importance?

Il eft bien plus vrai que ce qui acheva de prévenir la Cour de Surunga contre les Chrétiens, fut la conduite du Roi d'Arima dans une affaire odieufe, dont je vais parler tout-à-l'heure, après que j'aurai repris plufieurs circonftances de la vie de ce Prince, qu'il m'a paru nécessaire de rapprocher ici fous un même point de vûë. Le Roi d'Arima en recevant le Sacrement de la Confirmation, avoit fubftitué, ou ajoûté au nom de PROTAIS, qu'on lui avoit donné au Baptême, celui de JEAN, fous lequel feul il eft connu dans les dernieres Relations, qui parlent de lui; ce qui caufe d'abord quelque obfcurité dans l'hiftoire, parce que les Auteurs de ces Relations n'ont pas eu foin d'avertir de ce changement. Mais il n'eft que trop certain que ce même Roi, qui avoit été fi longtems l'ornement & l'appui du Chriftianifme dans le Japon, s'étoit infenfiblement relâché de fa premiere ferveur. Sur quoi l'on rapporte qu'en l'année 1586. il eut un fonge, qui ne lui parut point naturel. Il vit deux Vieillards, qui l'aborderent avec un vifage févere, le reprirent de fa négligence à s'acquitter de quelques-uns de fes devoirs de piété, l'avertirent que le figne du falut étoit caché dans fes Etats, ajoûterent que ce figne n'étoit point l'ouvrage d'une main mortelle, & lui recommanderent de le faire chercher, pour lui rendre les honneurs, qui lui étoient dûs.

Ce fonge le fit rentrer en lui-même, & quoique fon relâchement n'eût pas encore paru dans fa conduite extérieure, & ne fût pas même confidérable, il le pleura fincerement, & en fit une pénitence rigoureufe. Il ordonna enfuite des prieres dans tout son Royaume, pour demander à Dieu qu'il lui fît sçavoir, où étoit caché le précieux Tréfor, qu'on lui avoit ordonné de chercher. Quelque tems après, environ la Fête de Noël, un jeune Chrétien, nommé MICHEL, du Bourg d'Obama, célebre par ses Bains chauds, étant allé couper du bois à la campagne, apperçut un Arbre, qui lui parut mort, c'étoit un *Tara*, espece d'Arbre, dont l'écorce est semée d'épines, & dont le bois est blanc & fort beau. Les Japonnois en font beaucoup de cas, & disent qu'il a une vertu particuliere pour chasser les Diables; on prétend même qu'au commencement de chaque année ils en emportent chez eux une branche, pour leur servir de préservatif contre la vexation de ces malins Esprits. Le Paysan ayant abattu celui-ci, & l'ayant fendu par la moitié d'un seul coup de hache, fut bien surpris de trouver au milieu une Croix, qui en faisoit comme le cœur, & qui s'étoit aussi fenduë en deux avec l'Arbre, ce qui paroissoit en ce que vers le pied une des deux parties étoit beaucoup plus épaisse que l'autre. Sa couleur étoit la même que celle de la vraye Croix, & elle étoit si bien travaillée, qu'on eût dit qu'elle avoit été faite au tour.

Michel ne douta point, qu'il n'y eût là quelque chose de surnaturel; il chargea sur ses épaules les deux parties de l'Arbre, s'en retourna chez lui, & du plus loin qu'il put se faire entendre, il se mit à crier qu'il apportoit un miracle. Le bruit de cette merveille se répandit bientôt partout, & il ne fut pas plutôt venu aux oreilles du Roi, que ce Prince se transporta sur le lieu même, accompagné de quelques Missionnaires. Dès qu'il eut jetté les yeux sur la Croix: *Voici enfin*, s'écria-t-il, *voici l'explication de mon songe: voici le signe mystérieux, que j'ai reçu ordre de chercher dans mes Etats*: il se prosterna ensuite devant la Croix, & après l'avoir arrosée de ses larmes, il la fit porter dans sa Capitale, & enchâsser dans un magnifique Reliquaire d'argent orné de Cristaux. Elle fut ainsi exposée à la vénération publique, & le Ciel autorisa le culte, qu'on lui rendit, par plusieurs prodiges. Quelques mois après, le premier Edit de Tayco-Sama contre la Religion Chrétienne fut publié, & chacun demeura persuadé que Dieu en avoit voulu avertir les Fidéles par la découverte de cette Croix.

S ij

§. X.

Le Roi d'Arima se relâche de nouveau de ses devoirs. Son ambition le fait entrer dans une mauvaise intrigue, dont il est la victime. Son Fils devient Apostat, se rend son Accusateur, & se fait mettre sur le Trône à sa place. Le malheureux Roi est condamné à la mort & exécuté. Circonstances édifiantes de sa mort. Courage de la Reine son Epouse. Les Anglois obtiennent la permission de trafiquer au Japon. Ils aigrissent le Cubo-Sama contre les Espagnols & les Missionnaires.

De J. C.
1612.
——
De
Syn Mu.
2272.

Nous avons vû avec quel courage le Roi d'Arima soutint alors la Religion ébranlée ; avec quelle intrépidité il osa plusieurs fois porter devant l'Empereur même les marques les moins équivoques de sa Foi ; les dangers, ausquels il exposa sa Couronne, & sa vie pour la cause du Ciel ; & le zele qu'il témoigna pour achever, comme il fit heureusement, la conversion de tout son Royaume, dans un tems, où ç'eût été déja beaucoup faire, que de conserver les choses sur le pied, où elles étoient. On le vit dans les circonstances les plus critiques travailler en Apôtre à l'instruction de ses Sujets, sans garder même aucun de ces ménagemens, que la prudence prescrivoit aux Missionnaires ; visiter avec eux les Villes & les Bourgades, afin de rendre leurs travaux plus efficaces par sa présence ; & l'on eut assez de peine à lui faire quitter le dessein, qu'il avoit conçu, de déclarer la Guerre à Tayco-Sama, pour l'obliger à révoquer ses Edits. Mais après tant d'actions vraiment héroïques, on fut surpris de voir la ferveur de ce Prince se ralentir de nouveau ; & par la raison que dans les maladies de l'ame, encore plus que dans celles du corps, les rechûtes sont toujours très-dangereuses,

le Roi d'Arima tomba cette seconde fois dans un bien plus grand relâchement, que n'avoit été le premier. Nous en avons vû, il n'y a pas long-tems, des suites bien tristes ; quel scandale ne fut-ce pas pour l'Eglise du Japon, de voir ce Prince, dont la vertu, le courage, le désintéressement avoient fait l'admiration de tout l'Empire ; par un ressentiment mal fondé contre des Particuliers, attirer sur toute une Nation, dont la chûte devoit entraîner celle du Christianisme, un orage, que rien n'a pû calmer depuis ? Mais il ne s'en tint pas là.

De J. C
1612.
——
De
Syn Mu
2272.

Sa passion dominante étoit l'ambition de s'agrandir ; il avoit surtout fort à cœur de recouvrer un canton du Figen, qui avoit appartenu à sa Famille, & qui avoit été démembré de son Royaume. Pour en venir à bout, il ne fit point difficulté de consentir au divorce du Prince Michel Suchendono son Fils aîné & son héritier présomptif, avec la Princesse Lucie son Epouse légitime, Niéce du feu Grand Amiral Tsucamidono Roi de Fingo, dont il avoit des Enfans, pour épouser une arriere-petite-Fille du Cubo-Sama, qui avoit nom Fime. Mais Dieu permit que ce mariage scandaleux devînt pour lui la source des plus grands malheurs. La Princesse Idolâtre, dont l'alliance lui avoit fait espérer l'agrandissement de son Etat, fut une furie, qui soufla le feu de la discorde dans sa maison, y commit & y fit commettre les crimes les plus odieux, & la remplit de trouble & d'horreurs. Enfin ce malheureux Prince, qui s'étoit livré à sa passion, & qui n'écoutoit plus son devoir, en permettant à son Fils un adultere, le mit dans l'occasion de devenir Apostat & Parricide.

La jeune Princesse commença par corrompre le cœur de son Epoux sur le fait de la Religion, & de l'infidélité elle le conduisit bientôt jusqu'à entreprendre de monter sur le Trône de son Pere, quoiqu'il lui en dût coûter. Elle fit plus, car trouvant que Suchendono n'agissoit pas d'abord avec toute la vivacité, qu'elle tâchoit de lui inspirer, elle l'engagea, sans qu'il s'en apperçût, de maniere à ne pouvoir plus reculer. Une malheureuse intrigue, que le Roi son Beau-Pere faisoit joüer à la Cour de Surunga, pour la restitution de ce qu'il prétendoit lui appartenir dans le Figen, & dans laquelle il ne se conduisoit pas avec toute la droiture & la prudence, qu'on devoit attendre de lui, comme il arrive toujours, quand on a lâché la bride à une passion violente, fournit à Fime une occasion de le perdre, & elle ne la manqua point. Voici de quoi il s'agissoit.

Conzuquedono, ce premier Ministre du Cubo-Sama, que nous avons vû si favorable aux Missionnaires, avoit un Sécretaire Chrétien, nommé DAIFACI, qui passoit pour un honnête homme, & qui l'étoit peut-être, avant que la tentation & la facilité de s'enrichir l'eussent perverti. Le Roi d'Arima en avoit fait son Correspondant, & lui avoit envoyé de l'argent pour l'employer à l'usage, qui conviendroit à ses vûës : Daifaci avoit reçu l'argent, & dans l'espérance d'en recevoir davantage, il amusoit le Roi de grandes promesses, & tiroit l'affaire en longueur. Enfin il lui manda que tout étoit fini, & lui envoya de fausses Patentes. Le Roi y fut trompé, & fit faire par tout son Royaume des réjoüissances publiques de l'heureux succès de sa négociation. Peu de jours après il reçut des Lettres de Daifaci, qui lui mandoit que le Gouverneur de Nangazaqui avoit tout gâté, & que le mal étoit sans remede. On ne peut croire le dépit, qu'il en conçut, parce qu'il comprit qu'il alloit être la fable de tout le Japon : il éclata en invectives contre Safioye, & jura de se venger du tour, qu'il lui avoit joüé. Il eut même l'imprudence de faire confidence à Daifaci de son ressentiment ; mais après ces premieres saillies, il appréhenda de s'être trop avancé, & comme il commençoit à se défier du Sécretaire, il résolut de se transporter à la Cour de Surunga, & engagea son Fils & sa belle-Fille à l'accompagner dans ce voyage.

Le Prince, qui avoit déja formé le dessein de supplanter son Pere, ne se fit pas prier, non plus que la Princesse. Ils étoient l'un & l'autre exactement instruits de tout ce qui s'étoit passé entre le Roi & Daifaci, & la premiere chose, qu'ils firent en arrivant à Surunga, ce fut de dénoncer le Sécretaire à son Maître. Daifaci fut arrêté sur le champ & appliqué à la question : il n'avoüa rien, mais

S iij

il fut convaincu par ses propres Lettres. Alors se voyant perdu, il découvrit toute l'intrigue, & chargea le Roi d'avoir voulu prendre des mesures pour se défaire du Gouverneur de Nangazaqui. Le Roi, avec qui on le confronta, & à qui on produisit ses propres Lettres, demeura interdit ; mais ce qui acheva de le déconcerter, c'est que son Fils & sa belle-Fille levant tout à coup le masque, allerent se jetter aux pieds du Cubo-Sama, & chargerent leur Pere de plusieurs crimes odieux. Le Roi auroit pû aisément se disculper, mais il ne lui fut pas possible d'obtenir une audience. Le Procès fut fait à Daifaci, & ce Malheureux, après avoir été ignominieusement traîné dans une Charette par les rues de Surunga, fut brûlé vif ; sa femme, quoiqu'innocente, & fort bonne Chrétienne, fut traitée de la même maniere. Elle fit paroître jusqu'à la mort beaucoup de constance & de résignation aux ordres du Ciel, & eut la consolation de voir mourir son Mari pénitent. On étoit dans l'attente de ce que deviendroit le Roi d'Arima, mais son sort ne fut pas longtems incertain ; il fut privé de son Royaume, dont le Prince son Fils obtint l'investiture, & envoyé en exil à GIAMURA dans la Province de Kainokuni, à trois journées de Surunga.

Un traitement si dur fait à un Prince, qui avoit bien servi le Cubo-Sama, & qui n'étoit dans le fond coupable, que de quelques emportemens contre un Particulier, qu'il croyoit son Ennemi, surprit bien du monde, mais ne satisfit pas encore la nouvelle Reine d'Arima. Cette Princesse n'ignoroit pas que son Beau-Pere avoit des Amis, elle le connoissoit Homme de tête & de cœur ; elle sçavoit que son Bisayeul avoit un fond d'équité & de modération, dont il y avoit tout à espérer pour le Prince exilé, & elle ne se crut pas bien affermie sur le Trône, tant que celui, qu'elle en avoit fait descendre, seroit en vie. Elle conjura donc sa mort, & soutenuë du Gouverneur de Nangazaqui, elle fit entrer son Mari dans ses craintes & dans son détestable projet. Le moyen qu'ils prirent pour le faire réüssir, fut d'intenter de nouvelles accusations contre le Roi, & malheureusement pour ce Prince, le Cubo-Sama, qui venoit de se déclarer enfin contre les Chrétiens, & qui avoit intérêt que le Royaume d'Arima, où le Christianisme étoit dominant, ne fût pas gouverné par un Souverain de la même Religion, ne cherchoit qu'un prétexte pour le perdre. Il ne se fit donc pas beaucoup prier pour signer tout ce qu'on voulut, & sans garder aucune formalité de Justice, il envoya au Roi d'Arima un Officier & des Soldats, avec ordre de lui couper la tête, s'il n'aimoit mieux mourir en brave.

L'Officier se rendit à Giamura au mois de Juin de cette année 1612. quarante jours après que le Roi y fut arrivé. Il laissa ses Soldats hors de la Ville, & entra seul chez le Roi, à qui il signifia les ordres, dont il étoit chargé, & lui demanda s'il vouloit se défendre, ou se fendre le ventre, ajoûtant qu'il étoit prêt à le combattre, supposé qu'il prît le premier de ces deux partis. Le Roi lui répondit que sa Religion lui défendoit également l'un & l'autre, & qu'il recevoit la mort, comme un ordre du Ciel, auquel il se soumettoit de bon cœur. La Reine Juste sa Femme l'étoit venu joindre, & ne l'avoit point quitté. L'exemple & les discours de cette vertueuse Princesse avoient tellement secondé la Grace dans le cœur de son Epoux, qu'il ne se pouvoit rien voir de plus édifiant, ni de plus résigné aux volontez du Seigneur. Ils menoient l'un & l'autre une vie angélique dans leur exil, & l'Officier fut dans une surprise extréme de la réception qu'ils lui firent. Ils ne lui en auroient pas fait une autre, quand il leur auroit annoncé le retour de leur premiere fortune; & il ne sçavoit ce qu'il devoit admirer davantage, ou la joye tranquille du Roi, en apprenant qu'il étoit condamné à mourir; ou la piété, avec laquelle il se prépara à la mort; ou le courage, que fit paroître la Reine jusqu'à la fin de cette Scene tragique.

Le Roi demanda quelque tems pour régler ses affaires, & s'étant retiré dans son Cabinet, écrivit au Gouverneur de Nangazaqui, & au Roi d'Arima son Fils; au premier, pour lui demander pardon de ce qu'il avoit trâmé contre lui; & au second, pour l'assûrer qu'il lui pardonnoit sa mort, & pour l'exhorter à craindre les jugemens de Dieu. Il prit ensuite son cimeterre, le tira de son fourreau, & le mit entre les mains d'un de ses Confidens: c'étoit le charger d'être son Exécuteur. La Reine ne l'abandonna point d'un moment, & le zele de cette Héroïne la fit même passer par-dessus les bienséances ordinaires. Elle ne cessa de lui remettre devant les yeux les grandes véritez du Christianisme, qu'au moment qu'elle vit tomber sa tête à ses pieds. Mais alors sa douleur fut d'autant plus vive, qu'elle avoit plus longtems été suspenduë. Elle ne s'y livra pourtant point: aussi n'étoit-elle pas au bout de ses malheurs.

Cette fâcheuse affaire ne pouvoit pas venir dans des circonstances plus critiques pour le Christianisme. Le Cubo-Sama, déja résolu à abolir cette Religion dans tout l'Empire, n'étoit plus gueres retenu, que par l'estime, où il voyoit les Chrétiens dans l'esprit de la plûpart des Grands. Le mauvais exemple, que venoient de donner à tout le Japon le Roi d'Arima & le Sécretaire du premier Ministre, avoient fort diminué cette estime; car c'est une injustice aussi ancienne que le monde, & qui est de tous les lieux, comme de tous les tems, de rendre responsable le parti de la vérité & de la justice des fautes des Particuliers, qui font profession de le suivre; injustice, dont la source est dans la corruption de notre cœur, qui ne cherche qu'un prétexte pour se justifier à soi-même ses désordres. Mais il arriva encore peu de tems après une chose, qui par une autre espece d'iniquité acheva de faire crever l'orage, dont l'Eglise du Japon étoit menacée.

Nous avons vû que le Capitaine Sébastien, Ambassadeur du Vice-Roi de la Nouvelle Espagne, avoit eu la permission de sonder & de visiter les Côtes du Qanto. J'ai dit sur la foi des Mémoires des Hollandois, que c'étoit le Cubo-Sama lui-même, qui la lui avoit donnée; d'autres Auteurs prétendent qu'il ne l'avoit euë, que du Xogun-Sama. Mais soit que l'on ignorât à la Cour de Surunga cette permission, soit que la maniere, dont le Capitaine Espagnol en usa, eût choqué ceux, qui ne vouloient pas de bien aux Chrétiens ; on ne l'eut pas plutôt vû, accompagné du Pere Loüis Sotelo, parcourir en plein jour la fonde à la main toutes les Côtes du Midi & du Couchant, qu'il s'éleva un cri général contre cette entreprise. Sur ces entrefaites le Chevalier Guillaume Saris Anglois, dont nous avons déja parlé, arriva dans le Port de Firando, au retour d'un voyage, qu'il avoit fait aux Moluques. Le vieux Roi de Firando le reçut parfaitement bien, & celui de Gotto même, ayant sçu son arrivée, lui rendit visite. Le grand crédit, où ce Capitaine sçut que son Compatriote Adams étoit auprès du Cubo-Sama, l'engagea à lui écrire, pour le prier de le venir trouver, & Adams n'eut pas plutôt reçu sa Lettre, qu'il se rendit à Firando.

Il conseilla à Saris de faire avec lui le voyage de Surunga, & ils partirent ensemble sur un Bâtiment, que leur donna le Roi de Firando. Saris dit dans son Journal qu'il fut surpris de la grandeur & de la richesse de cette Ville, & ne fait point difficulté de la comparer à Londres, qui à la vérité n'étoit pas alors ce qu'il est aujourd'hui. Peu de jours après son arrivée le Capitaine Sébastien parut aussi à la Cour, apparemment pour y justifier sa conduite, peut-être uniquement pour prendre son Audience de congé. On ne dit pas que le Cubo-Sama lui ait fait aucun reproche, mais il ne fut pas regardé de bon œil, & à peine put-il voir un moment le Prince, à qui il n'eut pas même la liberté de parler. Il demanda encore qu'on obligeât les Espagnols, qui étoient au Japon, de le suivre au Mexique, & peut-être fit-il alors cette demande pour la premiere fois ; car il y a beaucoup de confusion dans les Journaux des Hollandois & des Anglois, de qui seuls nous apprenons ces particularitez. Ce qui est certain, c'est qu'il ne put rien obtenir.

Saris au contraire ne trouva aucune difficulté sur toutes les demandes qu'il fit. Le Cubo-Sama lui accorda la permission d'avoir un Comptoir à Firando, & une liberté entiere pour tous les Sujets du Roi de la Grande-Bretagne de trafiquer dans tous les Ports de l'Empire, avec des Privileges fort étendus. Il se hazarda ensuite à proposer la découverte du Pays d'Yesso, & de toutes les autres Contrées, qui sont au Nord du Japon, & le Prince y consentit, quoique les Portugais, dit-on, dans le tems même, que la bonne intelligence étoit parfaite entr'eux & les Japonnois, n'eussent jamais pû en avoir l'agrément. Il retourna enfin à Firando, où il laissa le Chevalier Richard Cock pour y avoir la direction du Commerce, & s'embarqua pour l'Angleterre avec des Lettres du Cubo-Sama pleines de politesses pour Sa Majesté Britannique, & une Copie en Caracteres Chinois des Privileges, qu'il avoit obtenus. Mais je ne sçai pas quelle foi on peut ajoûter à ce qui est dit dans les Mémoires, d'où j'ai tiré ce récit, sçavoir que le nom Anglois étoit si célebre au Japon, que les Hollandois s'y faisoient passer pour être de cette Nation, & qu'on y joüoit des Comédies, où l'on représentoit les Anglois aux prises avec les Sujets du Roi Catholique, & les premiers

miers toujours Victorieux des seconds.

Mais si l'on a un peu exagéré en parlant de la faveur, où étoit Guillaume Adams auprès du Cubo-Sama ; comme il n'est pas nécessaire d'avoir un si grand crédit pour faire du mal, ce Pilote desservit alors d'une maniere cruelle les Espagnols & tous les Chrétiens. Le Cubo-Sama lui ayant demandé un jour si c'étoit l'usage en Europe de sonder les Ports des Royaumes étrangers, il répondit que cela étoit toujours regardé comme une hostilité, & il ajoûta qu'il se pouvoit bien faire que les Castillans eussent quelque dessein sur le Japon ; que c'étoit une Nation ambitieuse, qui vouloit dominer partout ; que les Religieux, qu'ils envoyoient de toutes parts en si grand nombre, étoient leurs Emissaires & leurs Espions, qui sous couleur de zele pour le salut des Peuples, ne faisoient point difficulté de débaucher les Sujets de l'obéissance dûë à leurs Souverains ; que pour cette raison la plûpart des Princes d'Allemagne, les Rois d'Angleterre, de Dannemark, de Suede, & la République de Hollande les avoient chassez de leurs Etats, & n'avoient trouvé le secret d'assûrer le repos public, qu'en se délivrant de ces hommes dangereux par leurs intrigues ; qu'au reste les Portugais & les Espagnols, étant soumis au même Prince, il étoit de la prudence d'être également en garde contre les uns & les autres.

A ce discours, qui s'accordoit si bien à ce qu'avoit dit autrefois un Pilote Castillan, & qu'on n'avoit point encore oublié au Japon, le Cubo-Sama prit feu, & interrompant l'Anglois : » Les choses étant » ainsi, dit-il, on ne doit donc pas » trouver étrange, si moi, qui suis » d'une autre Religion, que les Eu- » ropéens, je chasse de l'Empire des » Broüillons, qu'on ne souffre pas » dans leur propre Pays, & que » ceux, qui adorent le même Dieu » qu'eux, regardent comme des » hommes, dont il faut se défier. » Il est bien vrai, reprit Adams, » que notre Religion est la même » pour le fond, que celle des Espa- » gnols ; mais, Seigneur, ils l'ont » altérée dans des Points capitaux, » & nous la conservons nous autres » dans toute sa pureté ; nous som- » mes surtout fort éloignez de nous » en faire une raison pour entre- » prendre sur les Etats des Princes, » qui ne servent pas le même Dieu » que nous. Il continua quelque tems sur le même ton, & laissa le Monarque Japonnois dans une disposition, dont il crut pouvoir tout espérer pour le but, qu'il s'étoit proposé.

Fin du douziéme Livre.

HISTOIRE DU JAPON.

LIVRE TREIZIE'ME.

De J. C.
1613.
—
De
Syn Mu.
2273.

ON ne doutoit point que le Cubo-Sama s'étant déclaré d'une maniere si forte & si précise contre le Christianisme, ne commençât par interdire le Commerce du Japon aux Espagnols & aux Portugais ; mais on se trompa. Peu de jours après qu'il eut eu avec Adams l'entretien, dont nous avons parlé à la fin du Livre précédent, il fit dire au Capitaine Sébastien que les Navires de sa Nation auroient toujours une libre entrée dans les Ports de l'Empire ; mais que pour la Religion Chrétienne, il ne la goûtoit pas, & qu'il étoit bien résolu de n'en plus souffrir l'Exercice. La conduite du Roi d'Arima, ou plutôt les calomnies, dont on avoit noirci ce malheureux Prince, non seulement lui avoient fait perdre toute l'estime, qu'il avoit euë pour le Christianisme, mais lui en firent même concevoir de l'horreur, & il lui échappa de dire qu'il n'y avoit pas au monde une Secte plus méchante, ni plus pernicieuse, que celle des Chrétiens ; qu'elle ne faisoit que des Scélérats, qu'elle tendoit au renversement des Etats, & qu'il en vouloit une bonne fois purger le Japon. Cependant, pour peu qu'il eût voulu peser avec équité les diverses circonstances de cette même affaire, il eût raisonné tout autrement ; il eût compris que le Roi d'Arima ne s'étoit perdu, qu'en suivant une passion, que sa Religion condamnoit, & que son Fils n'étoit devenu Parricide, qu'après avoir cessé d'être Chrétien. Mais dans la disposition d'esprit, où étoit ce Prince, on ne devoit pas s'attendre qu'il fît ces réflexions : la raison n'est plus écoutée, quand les préjugez ont pris le dessus, & que ces préjugez sont d'accord avec le cœur.

De J. C.
1613.
—
De
Syn Mu.
2273.

HISTOIRE DU JAPON, Livre XIII.

§. I.

Le Xogun-Sama veut commencer la Persécution, & on l'en dissuade. Belle réponse de plusieurs Seigneurs Chrétiens au Cubo-Sama. Ils sont exilez. Ferveur de deux Pages, & de quelques Dames de la Cour de Surunga. Persécution dans le Royaume d'Arima. Foiblesse du Roi. Constance de la Princesse, qu'il avoit répudiée. Les Chrétiens se présentent de bonne grace au Martyre.

CEpendant, sur les premieres marques de chagrin, que le Régent avoit données contre le Christianisme, le Prince son Fils avoit perdu en un moment tout ce qu'il avoit paru jusques-là avoir d'estime & d'affection pour les Fidéles ; & comme il étoit naturellement cruel & précipité dans ses résolutions, il vouloit d'abord employer le fer & le feu contre ceux du Quanto. Mais les plus Sages de son Conseil lui représenterent qu'il pouvoit y avoir des inconvéniens à aller si vîte ; que les choses pouvoient encore changer, & que le Cubo-Sama son Pere avoit sans doute de bonnes raisons pour ne pas éclater sitôt : que d'ailleurs en différant, il ne risquoit rien, & qu'il trouveroit toujours bien les Chrétiens, quand il seroit tems de les obliger par la rigueur des supplices à se soumettre aux Edits. Ces représentations eurent leur effet ; le Prince apprit que son Pere toléroit encore le Christianisme par la crainte d'un soulévement général des Chrétiens en faveur de Fide-Jory, lequel ayant atteint l'âge de Majorité, commençoit à ressentir vivement l'esclavage, où il étoit retenu.

Mais les Ennemis du vrai Dieu n'eurent pas longtems à attendre, pour se voir en liberté de donner carriere à leur aversion pour la Loi de Jesus-Christ, ou à leur zele pour les Dieux de l'Empire. Le Cubo-Sama se crut bientôt assez fort, pour n'être plus retenu par aucune considération, & il résolut de ne plus garder de mesures. Il commença par assembler quatorze Seigneurs Chrétiens de sa Cour, & d'un ton, qu'il jugea capable de les intimider, il leur demanda, s'ils ne s'étoient point apperçus de ses sentimens à l'égard de la Secte, qu'ils avoient embrassée, & s'ils ne craignoient point de lasser sa patience, en s'obstinant à refuser de rendre aux Dieux Tutélaires de l'Empire l'adoration, qui leur étoit dûë ? Ils lui répondirent qu'ils ne pouvoient reconnoître des Dieux, qu'ils sçavoient avoir été des hommes, & souvent des hommes corrompus : qu'en toute autre chose Sa Majesté les trouveroit les plus soumis de ses Sujets ; qu'elle pouvoit leur rendre cette justice, que lorsqu'il s'étoit agi de risquer leur vie pour son service, ils s'y étoient présentez de bonne grace ; que leur Religion leur inspiroit ces sentimens, mais que le Dieu, qu'ils adoroient, étoit leur premier Maître ; qu'ayant reçu de lui la vie, ils lui en devoient le sacrifice, s'il falloit le faire, pour maintenir son culte, & qu'ils ne mériteroient pas que ce même Dieu continuât les bon-

T ij

tez, dont il les avoit comblez juſques-là, ſi la crainte de la mort étoit capable de les rendre infidéles dans un point auſſi capital, que l'étoit celui de la Religion.

Le Cubo-Sama ne s'étoit point attendu à une réponſe ſi ferme; mais il crut qu'en faiſant un exemple des plus réſolus, il intimideroit les autres. Il les exila, & les dépoüilla de leurs biens. Il ſe trompa : deux de ſes Pages, qui étoient freres, & qui n'avoient reçu le Baptême, que depuis deux ans, apprirent qu'on ne les avoit pas inſcrits ſur une liſte, que ce Prince avoit fait dreſſer de tous les Chrétiens de ſa Cour ; ils allerent ſur l'heure trouver le Gouverneur de Surunga, qui étoit chargé de cette commiſſion, & qui les voyant venir avec empreſſement, les larmes aux yeux, ſans attendre ce qu'ils vouloient lui dire, leur aſſura qu'on ne ſongeoit point à les inquiéter. » C'eſt cela même, reprirent-» ils, qui nous allarme ; nous ſom-» mes Chrétiens, & nous appre-» nons avec douleur qu'on ne nous » regarde pas comme tels. Si vous » avez, Monſieur, quelque bonté » pour nous, ne nous ſéparez point » de nos Freres. « Le Gouverneur ſurpris, leur dit qu'apparemment ils feroient plus aviſez, quand ils auroient réfléchi ſur les ſuites de leur entêtement, qu'ils y penſaſſent à loiſir, & qu'ils ne contraigniſſent point le Cubo-Sama à leur faire ſentir qu'on ne réſiſtoit pas impunément à ſes volontez.

Quelques jours aprés, ils furent citez l'un après l'autre devant une très-nombreuſe Aſſemblée de Seigneurs, & l'on commença par étaler à leurs yeux l'appareil d'une cruelle torture ; mais cette vûë ne fit que les encourager. On voulut voir ſi la voye de la douceur feroit plus efficace, que celle des menaces ; on leur fit les plus flatteuſes promeſſes, mais on ne gagna rien. Enfin ils furent chaſſez de la Cour, & il y eut défenſe à quiconque de les recevoir, & de leur donner la moindre aſſiſtance, non plus qu'aux autres Exilez, qui ſe trouverent réduits avec leurs Femmes & leurs Enfans à errer dans les Bois & les Déſerts, ſans autre reſſource, que cette même Providence, qui nourrit les Oiſeaux du Ciel. Ils mirent en elle toute leur confiance, & cette nombreuſe Troupe de perſonnes élevées dans l'abondance & dans les honneurs, tombées tout-à-coup dans la plus affreuſe miſere, fit connoître à ce Prince, par la maniere, dont elle ſoutint ce renverſement de fortune, qu'il n'avoit pas bien connu les Chrétiens.

Mais ce qui l'en convainquit d'une façon encore plus ſenſible, ce fut le courage avec lequel le Sexe le plus foible triompha de tous ſes efforts. Jamais l'ambition, ni les autres paſſions, qui agitent les Cours des Princes, ne firent joüer plus de reſſorts, qu'on n'en vit dans cette occaſion parmi les Dames Chrétiennes, pour mériter d'être Martyres de Jeſus-Chriſt. Non contentes de ſe montrer en public avec toutes les marques extérieures de leur Religion, chacune appréhendant d'être oubliée dans la recherche, que l'on feroit de celles, qui n'obéïroient pas aux Edits, elles s'aſſemblerent toutes dans les maiſons les plus expoſées & les plus connuës. Il arriva même que le Cubo-Sama s'étant ataché à trois des plus remarquables par leur pieté, mais qu'il s'étoit flatté de trouver plus dociles, il eut le chagrin de ne pouvoir pas seulement obtenir d'elles qu'elles dissimulassent, & de les voir tout perdre avec joye, & préférer le plus rude exil aux délices de la Cour. L'une se nommoit Julie OTA; nous ne connoissons les deux autres, que sous les noms de LUCIE & de CLAIRE, qu'elles avoient reçûs au Baptême.

Julie Ota étoit Coréenne, d'une naissance illustre, d'un mérite distingué, & très-estimée du Cubo-Sama, qui s'étoit fait un point d'honneur d'en faire le Parti le plus considérable de sa Cour. Cette courageuse Fille ne vit pas plutôt l'orage prêt à crever, que pour attirer sur elle les graces du Seigneur, elle fit vœu de chasteté perpétuelle. Devenuë par ce sacré lien l'Epouse de Jesus-Christ, elle se sentit une force toute divine, & rien en effet ne fut capable de l'ébranler. Le Prince, qui ne pouvoir digérer de se voir vaincu par une Fille & par une Etrangere, qu'il avoit comblée de biens, lui livra les plus rudes assauts; mais ils ne servirent qu'à relever sa gloire. Enfin il la mit entre les mains d'une Compagnie de Soldats, qui la menerent d'Isle en Isle avec ses deux Compagnes, & la laisserent seule dans une, où il n'y avoit que quelques misérables Pécheurs logez dans des Cabannes. A peine put-elle en obtenir un endroit, où elle fût à couvert; & elle y vécut quarante ans, sans aucune consolation de la part des hommes, mais comblée des caresses du Ciel, qui lui firent trouver un vrai Paradis dans ce Desert. Elle eut d'abord quelque chagrin de n'avoir pas, disoit-elle, été jugée digne de donner son sang pour la Foi; mais le Pere Pasio, à qui elle en écrivit, lui ayant fait réponse que l'Eglise reconnoissoit pour Martyrs plusieurs Saints, qui n'avoient souffert que le bannissement, elle ne ressentit plus aucune peine.

Après ce premier éclat, le Cubo-Sama parut occupé de toute autre chose, que de ce qui regardoit les Chrétiens; mais le feu de la persécution, qui avoit été allumé dans le Royaume d'Arima, au moment que le Parricide Suchendono avoit pris possession d'une Couronne acquise par tant de crimes, ne s'éteignit pas sitôt. Elle avoit commencé par un Edit de bannissement contre les Missionnaires; mais l'Apostat s'apperçut bientôt qu'il n'étoit pas en son pouvoir, ni de faire quitter le champ de bataille à ces Ouvriers Evangéliques, ni de les empêcher de fortifier la Foi des Chrétiens. On comptoit alors au Japon cent trente Jésuites, dont la moitié étoient Prétres, quelques Ecclésiastiques Séculiers, & environ trente Religieux des trois Ordres de Saint Augustin, de Saint Dominique, & de Saint François. Tous étoient distinguez par un grand zele soutenu d'une éminente vertu; & l'on peut dire que la réputation de cette Eglise y avoit attiré une bonne partie de ce que les Indes Orientales avoient de plus illustres Missionnaires. Or de tous les Royaumes du Ximo, celui d'Arima en étoit le mieux fourni.

Aussi le nouveau Roi sentit bien d'abord qu'il avoit affaire à forte partie; d'ailleurs, dès qu'il fut un peu plus de sang froid, il eut quelque honte de sa conduite, d'autant plus qu'il n'avoit pas encore publiquement idolâtré. Il fit même dire au Pere Julien de Nacaura son Parent, que cette persécution n'étoit point son ouvrage, mais celui du Gouverneur de Nangazaqui, duquel il étoit obligé de dépendre beaucoup ; & que s'il pouvoit venir à bout de secoüer le joug de cet Homme impérieux, qui étoit son Tyran, plutôt que son Protecteur, & qui avoit perdu le feu Roi son Pere, il feroit bientôt voir que ses premiers sentimens sur la Religion n'étoient point changez. Il envoya en même tems un Seigneur de sa Cour au Provincial des Jésuites, pour lui donner les mêmes assûrances ; & ayant sçû que le Pere Loüis Niabaro étoit à Arima, & le Pere Jean-Baptiste Fonseca à Aria, il les fit avertir sous main qu'ils pouvoient y rester, pourvû que Safioye n'en sçût rien.

Les choses parurent quelque tems devoir en demeurer là ; & quoique toutes les Maisons des Missionnaires eussent été abattuës, aussi-bien que leurs Eglises, la Cour sçavoit fort bien qu'aucun de ces Religieux n'étoit sorti du Royaume, & elle sembloit fermer les yeux sur ce qui les regardoit. Mais un second Edit, qui avoit été publié avec le premier, & dont l'exécution avoit d'abord été suspenduë, dissipa bientôt cette fausse lueur d'espérance. Il portoit que tous les Sujets du Roi, de quelque état & condition qu'ils fussent, seroient tenus de lui prêter un nouveau serment de fidélité, & jureroient sur les Dieux de l'Empire, de ne se départir jamais de son obéissance. Il n'est pas aisé d'exprimer l'effet, que produisit une telle déclaration dans un Pays, où le zele & la piété de deux Rois n'avoient pas laissé un seul Idolâtre. Toutefois les menaces terribles qu'on employa, quand on voulut faire prêter le serment, intimiderent quelques Courtisans, & ce commencement de succès fit prendre à Suchendono le dessein de ne rien précipiter. Cette conduite, bien loin d'augmenter le nombre des Infidéles, donna à ceux, qui étoient tombez, le moyen de se reconnoître, & plusieurs expierent leur faute par la plus rigoureuse pénitence. La Cour en fut surprise, & elle crut arrêter ce progrès par la mort de quelques-uns : mais le sang de ces illustres Confesseurs de Jesus-Christ inspira à toute cette Eglise une ferveur, qui alla toujours croissant.

A ces premieres exécutions succéderent les bannissemens & la perte des biens : on attaqua tous ceux, dont la vertu & le mérite donnoient plus d'ombrage, ou reprochoient plus vivement au Roi son Apostasie. Mais la Princesse Lucie, (a) que le Prince avoit répudiée, fut celle, à qui on porta les plus rudes coups, & sa Religion ne fut gueres qu'un prétexte pour couvrir les véritables motifs de la conduite, qu'on tint à son égard. Elle étoit jeune & belle ; son mérite, sa vertu, sa constance, tout reprochoit au Roi son divorce, & inspiroit à la nouvelle Reine une jalousie, qui troubloit ses plaisirs. Pour se défaire d'un objet si incommode on voulut engager cette Princesse à se remarier, & sur son refus elle fut condamnée comme Chré-

(a) Quelques Mémoires lui donnent le nom de Marthe.

tienne à l'exil. Elle y passa le reste de ses jours, logée dans une Cabanne couverte de paille, & manquant souvent du nécessaire ; mais dans un contentement, qu'elle n'avoit pas goûté à la Cour. On se préparoit à pousser les choses plus loin, & les Fidéles de leur côté se disposoient au combat avec une joye & une confiance, qui tenoient du prodige.

Tout sembloit suspendu dans ce Royaume : honorer sa Religion, & se mettre en devoir de sceller sa Foi de son sang, étoit l'unique affaire, dont on paroissoit occupé : tant de milliers de Chrétiens, comme s'ils n'eussent fait qu'une même Famille, prenoient tous ensemble les mêmes mesures, pour se disposer au combat : on ne voyoit partout qu'associations, qui tendoient à cette fin ; les Enfans avoient fait entr'eux une société, qui n'avoit point d'autre but ; ils s'étoient eux-mêmes prescrit des régles, dont ils ne s'écartoient point, & ils s'assujettissoient avec une exactitude étonnante à des pratiques de piété & de pénitence, dont leur âge ne paroissoit point capable. Tant de résolution arrêtoit le Roi, & il ne pouvoit se résoudre à en venir aux dernieres extrémitez : c'étoit en quelque façon malgré lui, & peut-être à son insçû, qu'on avoit déja fait mourir quelques Chrétiens, & il ne signoit même des Arrêts de bannissement, qu'à regret, & par pure complaisance pour l'impérieuse Fime, & pour quelques-uns des principaux Seigneurs de sa Cour, qui avoient dès le commencement abjuré le Christianisme, qu'ils deshonoroient depuis longtems par leur vie scandaleuse.

Ce Prince avoit à son service deux Gentilhommes, qui étoient Freres, & qu'il aimoit ; l'un se nommoit Thomas ONDA FERBOYE, & l'autre, Matthias XOCURO. Tous deux pouvoient, par une légere complaisance, se procurer de grands Etablissemens à la Cour. Le Roi avoit d'abord fait tout son possible, pour les engager à prêter le serment impie, dont nous avons parlé, & n'ayant pû y réüssir, il les avoit exilez ; mais il les rappella bientôt. On ne leur parla plus de rien, & pour peu qu'ils eussent voulu se ménager, ils auroient pû vivre tranquiles ; mais le moindre ménagement leur parut en de pareilles circonstances une véritable infidélité, & ils continuerent à se déclarer ouvertement Chrétiens, sans que pour cela le Roi leur fît plus mauvais visage. Cette mollesse de Suchendono déplaisoit fort à Safioye, & ce qui lui faisoit encore plus de peine, c'est que dans plusieurs autres Royaumes, où il n'y avoit pas à beaucoup près tant de Chrétiens, que dans celui-ci, il se faisoit de tems en tems d'assez sanglantes exécutions ; de sorte qu'il craignoit fort que le Cubo-Sama ne lui fît des reproches du peu de fermeté du Roi d'Arima, dont il avoit répondu.

§. II.

Le Gouverneur de Nangazaqui se croit insulté par des Chrétiens. Il oblige le Roi d'Arima à persécuter les Fidéles. Deux Gentilhommes condamnez à mort avec leurs Familles. Leur Martyre. Histoire tragique de deux Freres du Roi. Piété de la Reine leur Mere.

De J. C.
1612-13

De
Syn Mu.
2272-73

MAis ce qui mit le comble au chagrin de Safioye, ce fut l'action de quelques Chrétiens, qu'il prétendit l'avoir voulu insulter. Le Roi lui avoit écrit à Nangazaqui, pour le prier de le venir trouver à Arima, où il avoit des affaires de conséquence à lui communiquer, & lui avoit envoyé un petit Bâtiment, pour faire le voyage par Mer. Il fut bien surpris, lorsque s'étant embarqué, il vit que tous les Rameurs avoient un Chapelet au col : il leur commanda avec menaces d'ôter cette marque de leur Religion, qui le choquoit ; mais ils répondirent qu'ils mourroient plutôt, que de déférer à un pareil commandement. Ils étoient au nombre de quarante, & Safioye n'avoit avec lui que peu de Domestiques. Il n'osa insister ; mais dès qu'il fut arrivé à Arima, il songea à se venger, & parla si haut, qu'il engagea enfin le foible Suchendono de maniere à ne pouvoir plus reculer.

Il devoit bientôt aller avec ce Prince à la Cour de Surunga, pour rendre au Cubo-Sama les hommages ordinaires au commencement de l'année, qui approchoit : l'occasion lui parut favorable, pour obliger le Roi à faire un coup d'éclat. Les Vassaux de ce Prince étoient venus lui souhaiter un heureux voyage, & les deux Freres Thomas Ferboye & Matthias Xocuro étoient du nombre : le Roi leur parla encore de renoncer au Christianisme, & les trouva plus fermes que jamais. Il en demeuroit là, mais Safioye l'ayant sçû, le prit en particulier, & lui dit qu'il risquoit beaucoup d'aller se présenter devant le Cubo-Sama, après avoir marqué tant de foiblesse à l'égard de ses Sujets Chrétiens. » Le moins » que puisse croire ce Prince, ajoû- » ta-t-il, c'est que vous ne sçavez » pas vous faire obéir ; mais il est » bien naturel, qu'il se persuade que » vous êtes encore Chrétien dans le » cœur, & je ne vous réponds point » de ce qui en arrivera.

De J
1613

De
Syn M
2272

Il n'en falloit pas tant, pour intimider un homme du caractere de Suchendono. Son Trône n'étoit appuyé que sur des crimes, & ces crimes s'élevoient sans cesse contre lui dans son cœur. En cet état il ne pouvoit, ni se résoudre de lui-même, ni résister aux conseils violens qu'on lui donnoit. Il se laissa donc enfin déterminer à faire avant son départ un exemple, qui ne laissât aucun doute sur sa Religion : il exila un de ses Oncles, & plusieurs Seigneurs des plus déclarez pour le Christianisme. Il fit ensuite appeller l'aîné des deux Freres, dont je viens de parler, & prenant un air courroucé : » J'aurois cru, lui dit- » il, que votre exil vous auroit ren- » du sage, je vois avec chagrin que » je me suis trompé ; cependant vo- » tre obstination me choque, ma

patience

» patience est à bout, & je prétens » que vous, votre Frere, & toute » votre Famille obéïssiez à mes or- » dres. Seigneur, lui répondit Fer- » boye, dût-il m'en coûter la vie, » je ne perdrai point de vûë la Ban- » niere de Jesus-Christ : ce seroit » inutilement, que vous me feriez » sur cela de nouvelles instances. Après cette réponse il se retira, & ne pensa plus qu'à se disposer à la mort. Il fit prier un Pere Jésuite de venir tous les jours dire la Messe chez lui, autant que les besoins des autres Chrétiens le pourroient permettre ; & comme il pouvoit s'attendre que chaque jour seroit le dernier de sa vie, il n'en passa aucun sans recevoir le Pain des Forts.

Sur ces entrefaites un de ses amis l'étant venu voir, lui dit qu'il feroit prudemment de se cacher, ou du moins de mettre ses Enfans en lieu de sûreté. » Je m'en garderai bien, » reprit le Serviteur de Dieu, nous » ne sçaurions être mieux nulle part » mes Enfans & moi, que sous le » glaive, qui nous immolera au Sei- » gneur. Son Ami n'en ayant pû rien tirer autre chose, le quitta fort triste. Il étoit tard, le fervent Chrétien se mit en prieres, y passa toute la nuit, & une bonne partie de la matinée suivante. On vint alors l'avertir que le Gouverneur d'Arima avoit à lui parler, & le prioit de se rendre chez lui : il se douta bien de ce qu'on lui vouloit. Il alla sur le champ chez sa Mere, qui avoit nom MARTHE, se mit à genoux devant elle, & lui demanda sa bénédiction, que cette généreuse Femme lui donna, en l'exhortant à se montrer jusqu'à la fin digne du nom de Chrétien. Il appella ensuite deux Enfans qu'il avoit, les embrassa, les bénit ; & après avoir assûré à son Frere, qu'on ne tarderoit pas à l'appeller aussi, il se transporta chez le Gouverneur.

Ce Seigneur lui parla d'abord de quelques affaires indifférentes, puis l'invita à dîner. Tandis qu'on dressoit les tables, le Gouverneur se fit apporter un sabre, le tira du fourreau, & le montrant à son Hôte, lui demanda ce qu'il en pensoit ? Ferboye le prit, l'examina, le baisa avec respect, & le rendant au Gouverneur : » Voilà, dit-il, un glai- » ve fort propre à couper la tête » d'un homme, qui s'attend bien » que ce sera l'unique mets, que » vous lui servirez. Le Gouverneur ne répliqua rien, & prenant le moment que Ferboye avoit détourné la vûë, il lui déchargea sur la tête un si grand coup de son sabre, qu'il le renversa mort à ses pieds. Presque dans le même tems Xocuro fut mandé chez un Officier de la Cour ; il y alla, après avoir aussi reçu la bénédiction de sa sainte Mere, & y trouva ce que son Frere aîné avoit trouvé chez le Gouverneur d'Arima.

Ces exécutions faites, la Mere des deux Martyrs fut avertie que ses deux Fils venoient de payer de leur tête leur rébellion aux Edits, & qu'elle étoit condamnée à mourir comme eux pour le même sujet, avec ses deux Petits-Fils. Le premier mouvement, qu'excita cette nouvelle dans le cœur de cette admirable Femme, fut un saisissement de joye, dont elle ne fut pas d'abord la maîtresse. Elle éclata en actions de graces ; puis faisant venir ses deux Petits-Fils, dont l'un portoit le nom de JACQUES, & l'autre celui de JUSTE : *Mes Enfans*, leur dit-elle, *votre Pere & votre Oncle sont morts pour le nom de Jesus-Christ, il faut vous disposer à les aller rejoindre. Nous mourrons donc aussi comme eux*, reprirent ces petits Innocens ? *Oüi, mes Enfans*, répondit la généreuse Dame. *O quelle joye*, s'écrierent-ils, *de mourir Martyrs !*

Leur Mere comptoit bien de n'être pas plus épargnée que les autres, & en faisoit paroître une allégresse extrême : mais elle perdit bientôt cette espérance ; la Sentence, qu'on lui montra, ne faisant nulle mention d'elle. Alors, comme si on lui eût annoncé la nouvelle la plus affligeante, elle se mit à pleurer inconsolablement. Elle fit néanmoins quelque effort sur elle-même, &, voyant à ses pieds ses deux Enfans, qui revêtus de Robes blanches, qu'ils alloient teindre de leur sang, lui demandoient à genoux sa bénédiction, & le secours de ses prieres, ce spectacle si capable naturellement de la saisir, fit sur son cœur un effet tout contraire. Elle arrêta ses larmes, pour leur inspirer tout le courage, dont elle étoit animée, & leur parla en ces termes : » Allez, mes » chers Enfans, allez rendre à Dieu » la vie, qu'il vous a donnée, & en » échange de laquelle il vous pré- » pare la Couronne de l'immortali- » té. Gardez-vous bien de témoi- » gner la moindre frayeur à la vûë » d'un supplice, qui sera pour vous » le principe d'un bonheur inesti- » mable. Allez rejoindre votre Pe- » re dans le sein de la Divinité, & » quand vous y serez avec lui, n'ou- » bliez pas que vous avez laissé dans » cette vallée de pleurs une Mere, » que rien ne consolera jamais d'a- » voir été la seule de sa Famille pri- » vée de la palme du Martyre. El- le les baisa en achevant ces mots, & se retira, pour ne plus s'occuper que de ses larmes, & de l'amour céleste, qui les faisoit couler.

Aussitôt les deux Enfans furent mis dans une Litiere avec leur Ayeule, qui s'étoit aussi revétuë de blanc. Le peuple les suivoit en foule, & remplissoit de telle sorte les ruës, qu'ils furent longtems à se rendre au lieu, où ils devoient être exécutez. Les deux Enfans au sortir de la Litiere apperçurent un soldat, qui avoit à la main un sabre nud, & coururent se mettre à genoux à ses pieds ; puis joignant les mains, & prononçant à haute voix les sacrez Noms de JESUS & de MARIE, ils attendirent avec une tranquillité charmante le coup de la mort. Le Soldat commença par l'Aîné, dont la tête, après avoir fait plusieurs bonds, alla tomber auprès du Cadet. Cet Enfant, bien loin d'en être effrayé, parut dans un redoublement extraordinaire de joye, & se mit à prier avec une nouvelle ferveur. Le Soldat, qui se sentoit ému, appréhenda de n'être plus maître de soi, s'il différoit davantage, & il se hâta d'immoler cette seconde Victime, qui se présentoit de si bonne grace au Sacrifice.

Marthe cependant à genoux au milieu d'une Place publique, & dans la posture d'une Criminelle, conservoit toute sa dignité, & marquoit plus de joye de voir sa Maison éteinte sur la Terre, que si elle l'y eût vûë élevée aux plus grands honneurs. Dès qu'elle s'apperçut qu'on alloit venir à elle, sa ferveur reprenant une nouvelle force, elle parut quelques momens toute abîmée en Dieu. Ensuite elle tira deux Reliquaires, qu'elle portoit au col, & les remit entre les mains d'une Personne sûre, à qui elle avoit déclaré ses intentions. L'un étoit pour le jeune Prince FRANÇOIS, l'Aîné des deux Fils, que le feu Roi d'Arima avoit eus de la Reine Juste, sa seconde Femme : Marthe avoit été Gouvernante de ces deux Enfans, dont elle prédit la mort funeste, que nous verrons bientôt. L'autre Reliquaire étoit destiné pour une Fille de notre illustre Martyre, établie à Nangazaqui. Enfin Marthe, après avoir ainsi disposé de tout ce qui lui restoit, présenta sa tête au Bourreau avec une fermeté digne de sa vertu, & de la cause, pour laquelle elle souffroit. Elle étoit âgée de soixante & un an; son Fils aîné en avoit quarante & un, le second vingt-huit; pour les deux Enfans, le plus âgé étoit dans sa douziéme année, & le plus jeune dans sa dixiéme. Ce Martyre arriva le vingt-huitiéme de Janvier 1613.

Le Roi d'Arima ayant donné les ordres, dont nous venons de voir l'exécution, partit avec le Gouverneur de Nangazaqui pour Surunga, où le Cubo-Sama lui fit l'accueil le plus gracieux, qu'il pouvoit desirer. Safioye ne manqua pas de lui faire entendre que cette réception étoit le fruit de son zele pour l'ancienne Religion de l'Empire, & qu'il ne pouvoit rien faire de plus avantageux pour sa fortune, que de pousser les Chrétiens à toute outrance; il prit ensuite avec lui des mesures pour les réduire, ou les exterminer; mais avant que de servir sa haine contre la vraye Religion, il engagea pour son intérêt particulier l'aveugle Prince, qu'il vouloit perdre, dans une démarche, qui acheva de le rendre l'exécration des Payens mêmes.

Le feu Roi son Pere avoit eu de son second mariage avec la Reine Juste, deux Princes & deux Princesses. La Mere, après la mort du Roi, ayant eu la permission de se retirer à Méaco, y avoit fait venir ses deux Filles, & les deux Princes étoient restez auprès du Roi leur Frere. L'aîné n'avoit que huit ans, & se nommoit FRANÇOIS; le cadet, qui avoit nom MATTHIEU, étoit plus jeune de deux ans. On ne pouvoit rien voir de plus aimable, que ces deux Enfans; mais ils s'étoient attiré l'indignation de la nouvelle Reine par un attachement à leur Religion, qui passoit de beaucoup leur âge. Cette Princesse n'avoit jamais pû obtenir de l'aîné qu'il parût en public sans avoir au col un Reliquaire, ou un Chapelet; & le Roi, qui avoit inutilement essayé de le rendre imitateur de son Apostasie, avoit pris le parti de ne lui en plus parler. Mais quelque chose de plus pressant, que la Religion de ces deux jeunes Princes, intéressoit le Gouverneur de Nangazaqui à leur perte.

Safioye avoit été le principal auteur de la disgrace & de la mort du feu Roi leur Pere, & il craignoit leur ressentiment. Il résolut donc leur mort, & pour cela il représenta à Suchendono qu'en conservant ces deux jeunes Princes, c'étoit deux Viperes, qu'il nourrissoit dans son sein. Il ajouta que l'exercice libre, qu'ils avoient de leur Religion, ne pouvoit pas être longtems ignoré à la Cour de Surunga; qu'on sçavoit que la Reine son Epouse ayant menacé le Prince François de la colere du Cubo-Sama, il lui avoit répondu qu'on pouvoit le faire mourir, mais qu'on ne lui arracheroit jamais la Foi du cœur; qu'il sembloit prendre à tâche de braver cette Princesse, sa Belle-Sœur, qui s'en plaindroit sans doute à son Bisayeul, & que cela lui pourroit attirer une affaire fâcheuse auprès du Monarque. Enfin il l'intimida de sorte, qu'il l'amena au point, qu'il souhaitoit; & l'imbécile Suchendono, après s'être rendu Parricide à la sollicitation d'un Homme, qui s'étoit mis en possession de le maîtriser, se laissa facilement persuader de lui sacrifier encore ses Freres: il envoya un ordre au Gouverneur d'Arima, de faire mourir secretement les deux jeunes Princes; mais il lui recommanda de commencer par les renfermer pendant quelque tems, & de faire courir le bruit, qu'il les avoit envoyez à leur Mere à Méaco.

Le Gouverneur exécuta ponctuellement tout ce qui lui avoit été prescrit. Le dix-huitiéme de Mars il fit passer les deux Princes dans un Appartement retiré, où personne ne sçavoit qu'ils fussent, excepté un Page, nommé IGNACE, qu'il leur laissa pour les servir; & de peur qu'on ne découvrît leur retraite, il en fit exactement garder toutes les avenuës par des Soldats. Quelque prétexte, que l'on eût pris pour les tenir ainsi renfermez, ils ne douterent nullement que leur mort ne fût résoluë, & ils s'y disposerent avec autant de soin, qu'auroient pû faire des hommes consommez dans la vertu. Leur Page, qui étoit un jeune homme très-accompli, & à qui l'on n'avoit pas jugé à propos de s'ouvrir sur le sort, qu'on leur préparoit, avoit beau faire pour les détourner de cette pensée, ils y revenoient sans cesse, non point par cette inquiétude, que devoit naturellement leur causer la situation, où ils se trouvoient, mais comme par une espece d'inspiration. Ils avoient toujours eu leurs Prieres, leurs Pénitences même, & toutes leurs Pratiques de dévotion réglées, ils les redoublerent alors, & leur Page eut bien de la peine à modérer leur ferveur.

Ils vécurent ainsi jusqu'au vingt-septiéme d'Avril; & ce jour-là Ignace fut averti que la nuit suivante on viendroit les égorger par ordre du Roi leur Frere. Ce vertueux jeune Homme à cette nouvelle eut le cœur saisi; il se remit pourtant, & comme les Japonnois ont au souverain dégré le talent de se posséder, il parut aussi tranquile, qu'à l'ordinaire, en présence de ses jeunes Maîtres, qui dès ce moment même eurent un pressentiment de leur mort prochaine. Sur le soir, Ignace fit mettre le Couvert à l'ordinaire, & les avertit de se mettre à table; mais le Prince François lui dit qu'il croïoit avoir donné, sans y penser, quelque sujet de mécontentement à un de ses Gardes, & qu'il vouloit en faire pénitence, en ne soupant point ce soir-là. Ignace fit tout ce qu'il put pour lui persuader que Dieu ne demandoit point cela de lui; tout ce qu'il gagna, fut que le saint Enfant se mit un moment à table, pour faire compagnie à son Frere, & prit par complaisance assez peu de choses.

Après le repas, Ignace coucha le plus petit des deux Princes, & l'aîné entra dans son Oratoire : comme il y demeuroit trop longtems, le Page l'avertit qu'il se faisoit tard. » Ah! mon cher Ignace, lui dit le » jeune Prince, je pensois à la Pas- » sion de notre adorable Rédem- » pteur, & je ne pouvois retenir » mes larmes : quelle bonté à un » Dieu, de mourir pour de miséra- » bles Esclaves! Que j'ai pitié de » ceux, qui ne connoissent pas un » si aimable Sauveur ! » Le Page s'imaginoit entendre parler un Ange, tant ce merveilleux Enfant s'énonçoit avec grace & avec onction, & la pensée du sort, qui attendoit ces deux innocentes Victimes, le saisissant de nouveau, il eut toutes les peines du monde à se contenir. Il lui échappa même quelques larmes. Le Prince crut que c'étoit de dévotion, qu'il pleuroit, & lui voyant entre les mains un grain béni & une Médaille, il lui demanda ce que c'étoit; Ignace répondit qu'il y avoit des Indulgences attachées à l'un & à l'autre. L'Enfant voulut sçavoir ce qu'il falloit faire pour les gagner, & il le fit sur le champ. Le Page lui conseilla ensuite de se mettre sous la protection de la Sainte Vierge; il le fit par une fervente priere, conjurant la Mere de Dieu, s'il avoit à mourir cette nuit, d'avoir soin de son ame. Il répéta plus de trente fois les sacrez Noms de Jesus & de Marie, pendant qu'on le deshabilloit, & dès qu'il fut au lit, Ignace lui jetta de l'Eau bénite, & se retira dans une Chambre voisine pour prier. Environ le minuit un Soldat envoyé par le Gouverneur d'Arima, entra dans la Chambre, où étoient les deux Princes; il les trouva dormant d'un profond sommeil, & tirant son Poignard, il l'enfonça dans le sein du plus jeune, puis dans la gorge de l'aîné, & les laissa nageant dans leur sang.

Ignace rentra dès qu'il fut sorti, & les voyant morts, son premier mouvement fut d'une tendre vénération pour ce qui restoit de deux Enfans, qu'il regardoit comme deux Saints. Aussitôt qu'il fut jour, il donna avis de tout aux Chrétiens, qui se trouvant sans ressource par la perte, qu'ils faisoient de ces deux Princes, le plus pur Sang de leurs derniers Rois, furent dans une consternation, qu'il est difficile d'exprimer. Le Confesseur de la Reine Juste, qui étoit le Pere Pierre Morejon, fut chargé de lui apprendre cette triste nouvelle. La vertueuse Princesse ne put refuser quelques larmes à des Enfans si dignes de sa tendresse; mais elles ne l'empêcherent point d'en faire à Dieu le sacrifice avec une résignation héroïque. Elle protesta même qu'elle aimoit mieux les sçavoir morts avec leur innocence, que d'être dans une continuelle inquiétude, si, malgré les soins, qu'elle s'étoit donnez pour les faire élever dans la piété, & pour leur inspirer de bonne heure les plus solides principes de la Religion, ils résisteroient jusqu'au bout à la séduction de l'exemple pernicieux de leur Frere, & des caresses de leur Belle-Sœur. Elle se sépara ensuite plus que jamais du commerce du Monde, & finit ses jours dans la pratique des plus excellentes vertus.

§. III.

Le Roi d'Arima mene avec lui dans ses Etats un célebre Bonze, pour pervertir les Fidéles. Exemple d'une grande constance dans une Fille d'honneur de la Reine, & dans un Page du Roi. Les Peres de saint Dominique sont chassez du Figen. Le Gouverneur de Nangazaqui presse de nouveau le Roi d'Arima de persécuter les Fidéles à toute outrance. Discours de ce Prince à ses Courtisans, & quel en fut le fruit. Huit Personnes de qualité sont condamnées au feu.

De J. C. 1613.
De Syn Mu 2273.

POur revenir au Gouverneur de Nangazaqui, rien ne lui coûta plus, après qu'il eut fait commettre au Roi d'Arima ce nouveau crime, pour le porter aux derniers excès contre les Chrétiens ; mais afin de joindre la voye de la conviction à celle des menaces & des supplices, il lui conseilla de mener avec lui dans ses Etats un fameux Bonze, nommé BANZUI, fort accrédité dans sa Secte. Le Roi goûta fort cet avis, dont son Caractere mol & timide s'accommodoit beaucoup mieux, que de la violence ; & la réputation du Docteur, jointe à la consternation, où il croyoit trouver les Chrétiens, sembloit lui répondre du succès de son Entreprise. Mais il fut bien étonné, lorsqu'en arrivant à Arima, il apprit que dans la Famille, dont il avoit prétendu faire un exemple de terreur, il n'y avoit eu de larmes répanduës, que par ceux, qu'on avoit épargnez, & que tous les Fidéles attendoient son retour avec une extrême impatience, tous se flattant d'avoir bientôt part à la Persécution.

Ce fut bien pis encore, quand la Reine ayant fait venir le Bonze Banzui en présence de toute sa maison, elle ne put jamais, ni par prieres, ni par promesses, encore moins par menaces, obliger personne d'avoir aucune communication avec ce faux Prêtre. Une de ses Filles d'honneur, nommée MAXIME, osa même en sa présence jetter à la tête du Bonze une espece de Chapelet, qu'il lui avoit mis entre les mains. Elle fut envoyée sur l'heure même en prison, où elle demeura douze jours, sans qu'on lui donnât aucune nourriture. Elle fut même les sept premiers jours si étroitement liée à une colomne, qu'elle ne pouvoit avoir le mouvement libre d'aucun de ses membres. En cet état des personnes apostées par la Reine ne cesserent de lui faire les propositions les plus séduisantes pour l'engager à se rendre aux volontez de sa Maîtresse, mais tout fut inutile ; Maxime soutint ces différentes attaques avec une constance, qui charma jusqu'aux Ennemis de la Religion : mais ce qui étonna davantage toute cette Cour, c'est qu'après une si excessive abstinence & tant de mauvais traitemens, cette généreuse Fille sortit de sa Prison avec tout l'embonpoint, qu'elle avoit en y entrant. Tout cela ne fit pourtant qu'irriter la Reine, Maxime fut chassée du Palais & mise au rang des Esclaves dans une Cuisine, où la perte de sa liberté & de sa fortune la consola un peu de n'avoir pas scellé sa foi

De J. C. 1613.
De Syn Mu 2273.

de son sang, & où, après avoir fait vœu de virginité, elle fit son unique soin & sa plus agréable occupation de plaire à son céleste Epoux.

Un Page du Roi fut encore plus hardi; c'étoit un Enfant de neuf ans. Suchendono ayant voulu lui donner lui-même un de ces Chapelets que le Bonze distribuoit: » Seigneur, lui dit-il, vous feriez bien » mieux de reprendre celui des Chrétiens, que vous avez si longtems » porté, que de vouloir rendre vos » Sujets complices de votre Apostasie. Il ne s'attendoit à rien moins qu'à la mort, après une telle réponse, mais le Roi se contenta de le bannir. Dans le fond tant de constance irritoit encore moins ce Prince, plus foible que méchant, qu'elle ne le lassoit, & soit qu'il ne fût pas capable d'une résolution suivie, ou que la honte d'une conduite, dont il lui étoit impossible de ne pas sentir l'indignité, l'arrêtât tout court, on cessa pendant quelques mois d'inquiéter les Chrétiens dans ce Royaume, tandis que tout étoit en feu dans la plûpart des Provinces voisines, & que dans Jedo même, on faisoit des Martyrs.

Les Religieux de Saint Dominique travailloient alors avec succès dans les Etats du Prince de Figen, situez à une des pointes Occidentales du Ximo, vers le Nord, suivant la Carte du Pere Briet (a). Le Prince, à qui ce petit Etat appartenoit, les avoit d'abord très-bien reçûs, & leur avoit donné une Maison dans sa Province, mais cette faveur avoit peu duré, & le Prince de Figen fut des premiers à entrer dans les vûës de la Cour de Surunga. Il alla même plus loin que plusieurs autres: car tandis que partout ailleurs on se contentoit de faire couper la tête aux Chrétiens, il fut le premier, qui employa le feu pour les exterminer. Trois Peres Dominicains, à sçavoir les Peres Jean de RUEDA, Alphonse de MENA, & Hyacinthe ORFANELLI, accoururent au secours de ces Fidéles persécutez, & eurent le bonheur de leur voir bénir le Ciel au milieu des flammes, qui les consumoient. Ils auroient pû, ce semble, leur être encore plus utiles, en se montrant un peu moins à découvert, & en changeant d'habit; ils ne le firent pas, & il leur en coûta l'exil, qui en les honorant du titre glorieux de Confesseurs de Jesus-Christ, leur ôta pour quelque tems les moyens de soulager des Fidéles au plus fort de leur besoin. Ils le comprirent fort bien, & ils prirent enfin le parti de faire comme les autres.

La persécution devenoit insensiblement générale, mais ce qui est surprenant, c'est que Nangazaqui gouverné par le plus grand Ennemi qu'eût alors la Religion Chrétienne au Japon, n'y avoit encore que très-peu de part. Safioye avoit beaucoup plus d'envie de perdre le Roi d'Arima, que d'abolir le Christianisme, & selon toutes les apparences il recevoit des ordres secrets du Cubo-Sama de ne pas user sitôt des voyes de fait dans sa Ville, pour

---

(a) Je crois que ce Pere, qui distingue Figen d'Isafay, se trompe. Il y a même bien de l'apparence que la Ville & le Territoire de Figen étoient ce que le Roi d'Arima avoit voulu revendiquer. Mais dans le vrai, on n'a sur cela que des conjectures. Il paroît du moins certain que les Etats du Prince de Figen se sont fort accrus dans la suite.

ne point trop allarmer les Portugais, qu'on vouloit encore ménager. Toute son attention étoit donc pour le Royaume d'Arima : la lenteur & les irrésolutions de Suchendono le déconcertoient, & il vit bien qu'à moins de réveiller ce Prince par les plus puissans motifs, il ne viendroit jamais à bout de l'amener où il prétendoit. Pour y réüssir, il s'avisa de lui mander qu'il étoit échappé au Cubo-Sama de dire qu'apparemment le Roi d'Arima étoit encore Chrétien, puisque tous ses Sujets, & les Principaux mêmes de sa Cour faisoient publiquement & en toute liberté profession du Christianisme. Ce Prince, dont la passion dominante étoit la crainte de perdre son Royaume, donna dans le piége, & résolut de détruire la fausse opinion, qu'il crut que le Cubo-Sama avoit de sa Religion. Mais il voulut encore une fois essayer la voye de la douceur & de la persuasion, avant que d'employer la force. Il assembla quelques-uns des principaux Seigneurs de sa Cour, & après leur avoir communiqué les avis, qu'il avoit reçus du Gouverneur de Nangazaqui, il leur parla en ces termes.

« Vous voyez la triste situation, » où je me trouve : cependant il ne » tient qu'à vous de me rendre le » plus heureux des Rois du Japon, » & il ne vous en coûtera presque » rien, pour me donner cette marque » de votre attachement. Il n'y a point » de Royaume aussi florissant que ce- » lui-ci, à un article près, qui dans » le fond n'est qu'un mal entendu. » Faut-il que si peu de chose nous » nous empêche de goûter, & altere » même une félicité si digne d'envie? » Les malheurs des tems m'ont obli- » gé de dissimuler ma Religion ; j'ai » encore eu le chagrin d'apprendre » qu'on me faisoit passer pour en » être le Persécuteur, moi qui y suis » attaché plus que personne, & qui » espere en convaincre bientôt les » plus incrédules. Quoi, pour avoir » puni du dernier supplice des » Brouillons, qui sous couleur de » zele vouloient troubler la tran- » quilité publique, doit-on se per- » suader, que j'ai entrepris d'exter- » miner le Christianisme ? Les Chré- » tiens sont-ils donc impeccables, » & les Loix ne sont-elles pas faites » pour eux, comme pour les autres ? » Les Monarques de l'Europe, qui » professent la même Religion que » nous, ne condamnent-ils jamais » à mort ceux de leurs Sujets Chré- » tiens, qui se rébellent contre eux ? » & qui s'avise de leur en faire un » crime ? Vous demandez des preu- » ves de ma Religion; j'en donnerai, » quand il sera tems. Pourquoi par » des éclats hors de saison mettre le » Christianisme en danger d'être » détruit sans ressource ? Ce que » j'en fais, ce qui vous scandalise » mal à propos, ce n'est que pour le » conserver, que je le fais. Secondez- » moi, si vous avez un vrai zele, dis- » simulez avec moi pour un peu » de tems ; & par une opiniâtre ré- » sistance à des ordres, dont j'ai bien » voulu vous découvrir les vérita- » bles motifs, ne me réduisez pas » à la fâcheuse nécessité de vous per- » dre, ou de me perdre moi-même.

Le Roi, après avoir fini de parler, sortit sans attendre de réponse, & l'on remarqua qu'il laissoit couler quelques larmes. Cette feinte eut une partie de son effet : des Seigneurs,

gneurs, qui étoient présens, il n'y en eut que trois, qui déclarerent qu'ils ne voyoient point de milieu entre se déclarer dans une semblable occasion, & trahir sa Foi : tous les autres crurent pouvoir dissimuler, sans rien faire contre leur devoir. Suchendono fut bientôt instruit de ces différentes dispositions, mais la docilité du plus grand nombre lui fit juger qu'ayant du premier coup si fort avancé son entreprise, il ne lui faudroit qu'un peu de tems & de patience pour venir à bout du reste. Il le manda au Gouverneur de Nangazaqui, mais ce Seigneur lui fit réponse qu'il prenoit le change, s'il attendoit du bénéfice du tems, que toute sa Cour achevât de se soumettre à ses volontez, & que plus d'une expérience devoit lui avoir appris qu'une telle conduite, bien loin de gagner les Rebelles, n'étoit propre qu'à lui faire perdre ceux, qu'il avoit réduits : que son avis étoit donc qu'il poussât les Réfractaires à bout, & qu'il les condamnât au feu avec leurs Femmes & leurs Enfans, s'ils persistoient dans leur désobéïssance ; que cet exemple rempliroit son Royaume d'une terreur nécessaire, & ne laisseroit aucun doute au Cubo-Sama sur ses véritables sentimens.

Cette proposition parut dure à Suchendono, mais la Reine, qui avoit un empire absolu sur son esprit, l'ayant appuyée, il se rendit. Le cinquième d'Octobre le Gouverneur d'Arima eut ordre d'arrêter les trois Seigneurs, & de leur signifier qu'ils étoient condamnez au feu avec leurs Familles, si par un prompt acquiescement au désir du Roi ils ne méritoient le pardon de leur résistance aux Edits. Leur réponse fut conforme à leur premiere déclaration ; sur quoi on s'asûra de leurs personnes, & l'on commença de procéder contre eux. Ces illustres Confesseurs se nommoient Adrien Tacafati Mondo, Leon Faïuxida-Luguyemon, & Leon Taquendomi Caniemon. Mondo avoit une Femme, qui avoit reçu au Baptême le nom de Jeanne, une Fille âgée de dix-neuf ans, nommée Magdeleine, qui s'étoit consacrée à Dieu par le vœu de Chasteté perpétuelle, & un Fils d'environ douze ans, qui avoit été baptisé sous le nom de Jacques. Faïuxida avoit aussi sa Femme, appellée Marthe, & Caniémon un Fils âgé de vingt-sept ans, qui se nommoit Paul. Des Amis mirent de bonne heure sa Femme en lieu de sûreté.

On eut cet égard pour la qualité des Prisonniers, qu'on ne les mit point dans les Prisons publiques. On les consigna dans une Maison particuliere, où la Femme de Caniémon s'étant échappée de sa Retraite forcée, vint trouver son Mari & son Fils, pour mourir avec eux ; mais on ne l'y laissa pas longtems, & malgré ses pleurs & ses vains efforts, on la reconduisit au Logis, d'où elle s'étoit sauvée. D'un autre côté la nouvelle de ce qui devoit se passer à Arima s'étant répanduë de toutes parts, il se fit à cette Capitale un si grand concours de Chrétiens, attirez par l'espérance du Martyre, qu'on en compta jusqu'à vingt mille. Cette multitude causa d'abord quelque allarme à la Cour, qui leur envoya commander de se retirer ; mais quand elle eut appris qu'ils étoient sans Armes, & qu'ils ne demandoient pas mieux,

Tome II.   X

que d'être tous égorgez, elle prit le parti de les laisser en repos. Ils demeurerent campez hors de la Ville, aucun d'eux ne coucha dedans, & pendant trois jours, qu'ils furent là, leurs Freres d'Arima eurent soin de pourvoir à leur subsistance, car ils n'avoient apporté aucunes provisions.

Je n'ai pû sçavoir le nombre des Courtisans, qui avoient crû pouvoir dissimuler leur Religion pour contenter le Roi, mais je trouve que cinq avoient bientôt passé de la dissimulation à l'Apostasie ouverte, & que tous, à l'exception d'un seul, ne pûrent voir tant de ferveur & un si ardent désir de la mort, sans se reprocher leur lâcheté ; qu'ils la pleurerent avec des larmes si ameres, & qu'ils donnerent des marques si publiques de leur repentir, qu'ils convainquirent tout le monde de la sincérité de leur conversion. On exigea d'eux, avant que de les recevoir à la pénitence canonique, une profession authentique de leur Foi, & ils la donnerent sans balancer. Ils passerent par beaucoup d'autres épreuves, après quoi on ne fit plus difficulté de les réconcilier à l'Eglise. La premiere chose qu'ils firent ensuite, ce fut d'aller embrasser les Prisonniers, qu'un tel changement combla de joye ; de là ils se rendirent chez le Gouverneur d'Arima, & le conjurerent de les rejoindre à leurs Freres, puisque leur cause étoit la même ; mais ce Seigneur ne fit pas semblant de comprendre ce qu'ils lui vouloient dire. Enfin après bien des instances inutiles, ces généreux Pénitens déchus de toute espérance d'obtenir ce qu'ils souhaitoient, & se reconnoissant indignes d'une grace, qu'ils regardoient dans leurs Freres, comme la récompense de leur fidélité, renoncerent à tout ce qu'ils possédoient dans le monde, & s'exilerent avec toutes leurs Familles. Genre de Martyre souvent plus difficile à soutenir, qu'une mort violente, & le seul, qu'il soit permis de se procurer.

§. IV.

On signifie aux Confesseurs l'Arrêt de leur mort. Leur marche triomphante au lieu du supplice. Circonstances édifiantes de leur Martyre. Le culte qu'on leur rend après leur mort, autorisé par un Bref du Pape Urbain VIII. Suite de cette Persécution.

LE septiéme d'Octobre au matin les Confesseurs de J. C. apprirent que l'Arrêt de leur condamnation étoit signé, & peu de tems après on vint leur en faire la lecture. Ils l'entendirent avec un air de contentement, qui n'avoit rien d'équivoque, & l'on vit bien qu'ils attendoient avec impatience l'heure de l'exécution. Une seule chose manquoit à leur bonheur, c'étoit de se repaître du Pain des forts, avant que d'aller au combat : ils conjurerent le Seigneur de leur accorder cette grace, & ils furent exaucez. Deux Jésuites trouverent moyen de s'introduire dans leur logis, les confesserent, les communierent, & ne pouvant rester plus longtems avec eux, sans s'exposer à être reconnus, ils laisserent à leur place quelques Chrétiens de confiance, & se retirerent comblez de la plus vive joye. Enfin le moment de leur sacrifice approchant, on vit commencer une espece de triomphe, qui n'avoit peut-être point eu d'exemple depuis la naissance de l'Eglise.

Les vingt mille Chrétiens de la Campagne, au signal qu'ils en reçurent, entrerent dans la Ville en très-bel ordre, la tête couronnée de guirlandes & tenant leur Chapelet à la main. Ceux de la Ville, dont le nombre étoit aussi grand, selon quelques Historiens, couronnez aussi de guirlandes, & ayant un cierge à la main, les attendoient, & dans l'instant que les Confesseurs parurent, tous se mirent en marche dans le rang, qui avoit été marqué à chacun. Les huit Martyrs étoient au milieu ; ils n'étoient point liez, mais leurs bourreaux les suivoient avec une Compagnie de Soldats ; foible défense contre quarante mille (*a*) hommes, mais inutile précaution contre quarante mille Chrétiens, dont l'unique regret étoit de ne pouvoir mourir avec ceux, qu'ils accompagnoient au lieu de leur supplice. Ceux qui se trouvoient les plus proches des Prisonniers, n'étoient occupez qu'à se conjoüir avec eux du bonheur qu'ils avoient de donner leur sang pour Jesus-Christ. D'autres levoient les mains au Ciel pour leur obtenir la grace de la persévérance : le plus grand nombre publioient les loüanges du Seigneur, & les campagnes retentissoient de leurs chants d'allégresse.

Quand on fut arrivé au lieu, où se devoit faire l'exécution, chacun prit sa place sans confusion, & avec une promptitude, qu'on auroit admirée dans les Troupes les mieux disciplinées. Pour les Martyrs, dès qu'ils eurent apperçu leurs poteaux, ils coururent les embrasser. Ces poteaux étoient huit Colonnes, qui soutenoient un toit de charpente, & cette espece d'édifice étoit dressée au milieu d'une grande Esplanade sous les fenêtres du Palais. Tandis que tout se disposoit pour le dernier Acte de cette sanglante Tragédie, Leon Caniémon monta sur le toit, que portoient les Colonnes, & qui n'étoit pas fort élevé, & ayant fait silence de la main, parla de cette sorte : » Mes Freres, admirez la for-
» ce de la Foi dans de foibles Créa-
» tures : les préparatifs d'un Suppli-
» ce affreux, vous le voyez, ne
» nous inspirent que de la joye, &
» j'espere que cette joye redoublera
» au milieu des flammes. Je laisse
» aux Infidéles à en conclure quelle
» doit être la sainteté & la suprio-
» rité d'une Religion, qui nous éle-
» ve si fort au-dessus de l'humanité :
» pour vous, mes Freres en Jesus-
» Christ, que ces feux ne vous ef-
» frayent point, leur activité ne sera
» qu'accélérer notre victoire, ou
» plutôt celle de la grace, qui nous
» fait combattre, & quelques mo-
» mens de douleur nous produiront
» un poids immense de gloire, qui
» durera autant que l'Eternité. A ces mots il fut interrompu par les applaudissemens des Fidéles ; & comme il vit qu'on ne l'écoutoit plus, il descendit & alla se ranger à sa Colonne, où il fut lié.

Les autres l'étoient déja, & dans l'instant on mit le feu au bois, qui étoit éloigné de trois pieds des Martyrs. Un Chrétien, qui s'étoit

(*a*) Le Pere Bartoli n'en met que trente mille en tout.

placé exprès le plus proche du bucher, leur fit alors une courte, mais pathétique exhortation, & élevant une banniere, qu'il portoit, & où étoit l'Image du Sauveur des hommes, attaché comme eux à la colonne, il les avertit de jetter souvent les yeux sur ce divin Modele, & de se souvenir qu'un Dieu avoit fait le premier pour eux, ce qu'ils alloient faire pour lui. La flamme parut dans le moment avec une fumée si épaisse, qu'on fut quelque tems sans rien voir. Elle se dissipa enfin, & alors la vûë de ces illustres Mourans occupa de telle sorte toute cette nombreuse Assemblée, qu'il s'y fit un très-grand silence. Les Martyrs témoignerent jusqu'à la fin une constance vraiment héroïque, & nul ne donna la moindre marque de foiblesse : mais la plûpart étant morts, ou sur le point d'expirer, il arriva deux choses, qui causerent bien de l'admiration.

Les liens, qui attachoient le Fils d'Adrien Mondo, étoient brûlez, & il sembloit que le feu n'eût pas encore touché cet Enfant, lorsqu'on l'apperçut, qui couroit au travers des flammes & des brasiers. On crut d'abord que ne pouvant plus supporter l'ardeur de cette horrible fournaise, il cherchoit à s'échapper, & on lui cria d'avoir bon courage, mais on cessa de craindre, lorsqu'on le vit tourner du côté, où étoit sa Mere, & après l'avoir jointe, la tenir étroitement serrée, comme pour mourir entre ses bras. Cette sainte Dame, qui depuis quelque tems ne donnoit plus aucun signe de vie, sembla revivre en ce moment : elle oublia ses propres douleurs, & ne parut plus occupée que du soin d'exhorter son Fils à consommer son sacrifice avec le même courage, qu'il avoit montré jusques-là. L'Enfant tomba enfin à ses pieds, un moment après elle tomba elle-même sur lui ; & ils expirerent ainsi tous les deux presque en même tems.

La Fille de cette Héroïne donnoit de son côté un spectacle encore plus surprenant. Elle restoit seule debout, & quoique toute embrasée, elle paroissoit encore pleine de vie & de force. A la voir immobile, & les yeux doucement élevez vers le Ciel, on eût dit qu'elle étoit tout-à-fait insensible, ou dans une profonde contemplation, qui lui causoit une aliénation de tous ses sens, lorsque tout à coup on l'apperçut, qui ramassoit des charbons allumez, les portoit sur sa tête, & s'en formoit une Couronne. Il sembloit que sentant approcher sa fin, elle vouloit se parer pour aller au-devant de son céleste Epoux. Cependant elle se consumoit peu à peu, mais à mesure que son corps s'affoiblissoit, sa ferveur paroissoit se ranimer, & l'on ne cessa de l'entendre loüer les miséricordes du Seigneur, que quand on la vit se couler doucement le long de sa colonne, se coucher sur les charbons ardens, aussi tranquillement qu'elle eût fait sur un lit, & rendre les derniers soupirs.

Alors les Soldats, qui gardoient une espece de barriere, qu'on avoit faite autour du bûcher, n'en furent plus les maîtres, & les Chrétiens emporterent sans résistance les corps des Martyrs, qui furent trouvez entiers, & sans aucune odeur. On enleva jusqu'aux charbons, sûr lesquels ces sacrées Reliques étoient étenduës, & aux Colonnes, où elles avoient été attachées. Le corps de l'illustre Magdeleine fut porté d'abord à Conzura par ceux de cette Bourgade, qui avoient assisté à l'exécution, mais on les obligea de le restituer, & tous furent mis dans des Caisses d'un bois précieux, garnies de velours en dedans, & transportez à Nangazaqui, où on les présenta à l'Evêque du Japon avec les Actes de ce Martyre signez d'un grand nombre de témoins oculaires. Le Prélat les examina avec soin, entendit de nouveau les Témoins, dressa un Procès-verbal revêtu de toutes les formalitez prescrites par l'Eglise, & déclara par provision, que ces huit personnes étoient véritablement Martyrs de Jesus-Christ, & en conséquence fit rendre à leurs sacrez Corps tous les honneurs, qui leur étoient dûs. Il envoya ensuite à Rome toutes les Piéces du Procès, & le Procès même avec des Reliques des nouveaux Martyrs.

J'ai vû à Florence au Monastere des Anges, occupé par des Religieuses Carmelites de l'ancienne Observance, une Croix d'argent, qui y a été envoyée par le Pape Urbain VIII. dans le tems de la Béatification de Sainte Marie Magdeleine *de Pazzis* Religieuse de cette même Maison. Ce présent étoit accompagné d'un Bref, dont j'ai eu aussi l'Original entre les mains, & dans lequel le Pontife déclare qu'il a mis au haut de la Croix une parcelle de la vraye Croix de notre Seigneur; au bras droit, des Reliques de Sainte Marie-Magdeleine, l'Amante de Jesus-Christ, lesquelles lui avoient été envoyées de Provence; & au bras gauche, *un ossement de la main de la bienheureuse Marie-Magdeleine, Vierge Japonnoise, qui a souffert le martyre du feu pour la foi de Jesus-Christ, & qui tandis qu'elle étoit consumée par les flammes, ayant pris de ses propres mains des charbons ardens, & les ayant mis sur sa tête, les yeux élevez vers le Ciel, rendit ainsi son ame à Dieu.* (a)

Sur quoi il est bon d'observer que ce même Pontife, qui propose à la vénération d'une Communauté Religieuse une Relique de cette sainte Fille, à laquelle il ne fait point difficulté de donner les titres de Bienheureuse Vierge, & de Martyre, avoit expressément défendu d'honorer de ces noms augustes, ceux que l'Eglise n'a point encore reconnus en ces qualitez. Aussi les Carmelites de Florence furent-elles si persuadées qu'en vertu de cette démarche du Vicaire de Jesus-Christ, elles pouvoient rendre une sorte de culte religieux à l'illustre Vierge Japonnoise, qu'elles ont fait faire un Tableau, où elle est représentée avec leur bienheureuse Sœur, & la sainte Amante du Sauveur, sous le titre *des trois saintes Maries-Magdeleines.* Je reviens au Japon.

Un brave Chrétien nommé Thomas CAVACAMI, suivit de près à la gloire les illustres Confesseurs, dont nous venons de voir le triomphe. Il avoit été chassé du Fingo, sa Patrie, pour son attachement à la Religion, & s'étoit réfugié dans une Bourgade du Royaume d'Arima, nommée ORIQUE, où il faisoit

_____

(a) *A cornu verò sinistro de manu Beatæ Mariæ Magdalenæ Virginis Japonensis, quæ pro Christi fide Martyrium ignis sustulit; & dum combureretur, propriis manibus carbonibus ardentibus acceptis, & supra caput suum positis, in Cælum aspiciens, spiritum ad ipsum Cælum emisit.*

l'office des Missionnaires, autant que sa condition le lui pouvoit permettre. Il fut condamné à être décollé, & fut exécuté dans sa propre maison le vingt-neuviéme d'Octobre. Le Prince Sanche d'Omura voulut aussi dans le même tems chagriner la Princesse Marine sa Sœur, mais il n'y gagna rien. Quelques Seigneurs de la Cour d'Ozaca maltraiterent leurs Vassaux Chrétiens, & partout les Fidéles firent paroître la même fermeté. Tous les âges & toutes les conditions fournirent d'admirables exemples d'un courage vraiment Chrétien, mais le Cubo-Sama n'ayant pas continué à inquiéter les Fidéles, ces persécutions particulieres, quoiqu'allumées dans toutes les parties de l'Empire, ne paroissoient point encore avoir rien de décisif, & jusqu'à la fin de cette année 1613. il sembloit qu'on n'avoit point encore perdu toute espérance de voir les affaires de la Religion reprendre un meilleur train. Il se forma néanmoins dans le Quanto un orage, dont on craignit quelque tems les suites, mais qui n'en eut pour lors aucune. Voici quelle en avoit été l'occasion.

§. V.

Négociation du Pere Sotelo à la Cour de Jedo. Diverses avantures de ce Religieux. Persécution à son sujet. Il est exilé. Mort de l'Evêque du Japon. Dispute entre les Franciscains & les Jésuites, pour le Gouvernement de l'Eglise du Japon pendant la vacance du Siége. Comment elle fut terminée.

LE Pere Loüis Sotelo, qui avoit formé de grands desseins sur tout le Nord du Japon, où il voyoit avec regret que le nombre des Ouvriers de l'Evangile ne suffisoit pas pour l'abondante récolte, qu'il projettoit d'y recuëillir, avoit, ainsi que nous l'avons déja dit, engagé Mazamoney, le plus puissant des Princes, qui possédoient le Royaume d'Oxu, à envoyer une solemnelle Ambassade au Souverain Pontife & au Roi Catholique, pour obtenir du premier des Missionnaires, & du second, l'ouverture du Commerce entre la Nouvelle Espagne & ses Etats. Le Pere Sotelo avoit été nommé lui-même Ambassadeur; mais il avoit obtenu qu'un Gentilhomme nommé FAXECURA ROCUEYMON, eût tout l'honneur de l'Ambassade, dont il devoit être l'ame, & avoir tout le secret. Comme les préparatifs de ce voyage tiroient en longueur, le Missionnaire, qui portoit encore ses vûës plus loin, fit un voyage à Jedo, où il entreprit de faire entrer le Xogun-Sama dans le même projet de Commerce, qu'il avoit proposé au Prince d'Oxu.

Le Monarque, dit-on, y donna les mains, & l'on ajoute que des Ambassadeurs Hollandois, que le Pere Sotelo trouva à la Cour ayant essayé de s'y opposer, furent mal reçus: que le Missionnaire représenta au Prince que ces Nouveaux-Venus étoient les Ennemis déclarez de toutes les Puissances légitimes, des Sujets révoltez contre leur Souverain, & des Pirates, qui troubloient le Commerce de toutes les Nations: qu'il en fut cru sur sa parole: qu'il y eut ordre d'arrêter ces Ambassadeurs, comme Gens, qui n'étoient point revêtus d'un Caractere suffisamment autorisé; & que, s'ils ne s'étoient pas mis en sûreté par une prompte fuite, ils auroient éte traitez en Corsaires. Ce qui paroît certain, c'est que le Xogun-Sama fit équiper un Vaisseau pour porter le Pere Sotelo à la Nouvelle Espagne, & lui donna une Lettre pour le Roi Catholique. Il est vraisemblable que ce Religieux n'avoit pas communiqué son dessein à Mazamoney, & que ce Prince ne l'apprit, que par le bruit public; mais, soit qu'il l'eût ignoré jusques-là, soit qu'il eût été formé de concert avec lui, il en fut, ou feignit d'en être fort content; & comme il alloit au solide, il jugea que ses affaires n'en iroient que mieux, si ses intérêts se trouvoient mêlez avec ceux du Xogun-Sama; il manda donc au Pere Sotelo que son Ambassadeur ne pouvoit pas être prêt pour profiter de l'armement, qui se faisoit à Jedo en sa faveur, qu'il ne vouloit pourtant pas que cette considération retardât son voyage, & il lui envoya deux Personnes de confiance pour l'accompagner, & pour veiller à ses intérêts.

Le Vaisseau du Xogun-Sama fut bientôt en état de se mettre en mer, & le Pere Sotelo fit voiles le troisiéme d'Octobre 1612. Mais il n'alla pas bien loin; dès la nuit suivante il fut battu d'une violente tempête, & comme son Navire n'étoit pas bien lesté, il fut contraint de retourner à Jedo, où en entrant dans le Port, il fut brisé contre un écüeil. Le Pere Marien, de qui j'ai tiré tout ce récit, prétend que le Missionnaire ayant invoqué son Patriarche Saint François, dont on célébroit la Fête ce jour-là, tout l'Equipage fut sauvé à la réserve d'un seul homme: d'autres assûrent que le plus grand nombre périt, & que le reste eut bien de la peine à gagner la terre. Quoiqu'il en soit, ce contre-tems eut des suites bien fâcheuses pour les Chrétiens, & pour le Pere Sotelo en particulier. J'ai dit que ce Religieux étoit de l'ancienne Observance (*a*); mais il étoit venu au Japon sous les auspices des Réformez, il en avoit pris l'habit, & l'Auteur, que je viens de citer, ne met pas même en doute qu'il n'eût embrassé la Réforme. Il est du moins certain que les Supérieurs, auxquels il s'étoit soumis en entrant dans la Mission, jugerent alors à propos de le rappeller à Nangazaqui.

Ces Peres avoient été instruits des mouvemens, qu'il se donnoit pour attirer dans les Ports du Quanto & d'Oxu les Navires de la Nouvelle Espagne: ils sçavoient de plus, si on en croit quelques Historiens, qu'il vouloit introduire dans ces mémes Provinces les Religieux Observantins, ce qui prouveroit qu'il ne les avoit pas abandonnez. Ils n'ignoroient pas non plus les ombrages, que prenoient de ses intrigues les Espagnols des Philippines, & ils ne le voyoient pas volontiers se mêler d'une affaire, qu'ils ne jugeoient pas convenable à sa Profession. Ils crurent que le plus court étoit de le

(*a*) Dom Jean Cevicos prétend qu'il étoit de la Réforme; mais il ignoroit peut-être qu'il avoit d'abord fait profession dans l'ancienne Observance.

tirer de ces quartiers éloignez, où, en vertu de la qualité de Commissaire, dont ils l'avoient revêtu, personne n'avoit droit de le gêner, & ils lui envoyerent un ordre de se rendre incessamment auprès d'eux. C'est une tentation bien délicate contre l'obéïssance, qu'un grand zele & de bonnes intentions, jointes à l'espérance d'un grand succès. Le Pere Sotelo ne se promettoit rien moins des Négociations, qu'il avoit entamées à la Cour de Jedo, & à celle du Prince d'Oxu, que la conversion de la plus grande partie de l'Empire Japonnois; son rappel à Nangazaqui renversoit tous ses projets, & il n'est pas surprenant qu'il se persuadât de pouvoir ne pas déférer à un tel commandement. Il crut donc être en droit de supposer qu'on ne le lui auroit pas fait, si l'on avoit été instruit de l'état des choses, & il n'obéït point.

Cette résistance allarma ses Supérieurs; ils craignirent tout d'un Homme, qui paroissoit vouloir se soustraire à leur autorité; & cette raison jointe à la considération des Castillans de Manile, ausquels ils devoient la protection & les secours, qui les soûtenoient au Japon, les obligea de réïterer les ordres, qu'ils avoient envoyez au Pere Sotelo; mais ce fut inutilement. Par malheur pour ce Missionnaire, son zele lui suscita bientôt une affaire, qui pensa le perdre, & avec lui toute la Chrétienté de Jedo. Il voulut profiter de l'accident, qui lui étoit arrivé, pour exercer son Ministere dans cette Ville Impériale, & il ne fit pas réflexion, ou il ignoroit absolument que l'air de la Cour étoit changé à l'égard du Christianisme, depuis la malheureuse catastrophe du Roi d'Arima. Il bâtit donc assez près de la Ville, dans un lieu nommé ASACUSA, une petite Eglise, & y fit publiquement l'Office Divin.

Dès le jour même, les Gouverneurs de Jedo en reçurent des plaintes; & comme on leur avoit fort exagéré le concours des Chrétiens, qui s'étoit fait à Asacusa, ils crurent qu'il étoit de leur devoir d'en donner avis au Xogun-Sama. Ce Prince, qui avoit tout récemment porté des Edits très-féveres contre les Fidéles, & qui auroit même fait quelque chose de plus, si on ne l'eût arrêté, ainsi que nous l'avons dit ailleurs, entra dans une grande colere, & donna ordre qu'on dressât une liste exacte de tous ceux, qui y avoient contrevenu. Il ne fut pas bien difficile de le contenter, quelques-uns des plus fervens, & qui jugeoient des autres par eux-mêmes, en ayant pris volontiers le soin, & ayant porté la liste aux Gouverneurs. Ce qu'il y eut de plus fâcheux, c'est que plusieurs de ceux, dont on avoit donné les noms, désavoüerent ces indiscrets, & promirent de renoncer au Dieu, qu'ils adoroient: les autres furent soigneusement gardez, & entr'autres le Pere Sotelo, lequel s'étoit flatté d'abord de conjurer la Tempête en allant parler aux Gouverneurs. Mais il ne put même en obtenir Audience, & dès qu'il fut de retour chez lui, on lui donna des Gardes.

Cela fait, le Prince écrivit au Cubo-Sama son Pere, pour sçavoir de quelle maniere il en devoit user envers les Prisonniers, & la réponse fut, qu'il falloit faire un exemple des Chefs. Il en étoit déja mort un un en Prison, les autres au nombre de huit, furent conduits en un lieu nommé TONCA, situé entre Jedo & Asacusa, & destiné à l'exécution des Criminels, où ils eurent la tête coupée le seiziéme d'Août 1613. Leur Sentence, qu'on portoit devant eux écrite en gros caracteres, marquoit qu'ils étoient condamnez à mourir, parce qu'ils étoient Chrétiens, & qu'ils avoient désobéï aux Edits du Prince. Après leur mort, on permit aux Soldats d'essayer leurs sabres sur leurs Cadavres. Le lendemain quatorze autres Chrétiens, qui avoient été conduits dans les Prisons de Jedo par les gens d'un Seigneur voisin, lequel vouloit faire sa Cour au Xogun-Sama, subirent le même sort. Il étoit dit dans leur Sentence, qu'après avoir abjuré le Christianisme, ils avoient de nouveau renoncé au culte des Dieux Tutélaires de l'Empire: mais il fut vérifié qu'il n'y avoit que trois d'entre eux, qui eussent apostasié. Enfin le septiéme de Septembre on exécuta de la même maniere cinq Chrétiens, parmi lesquels il y avoit encore deux Apostats Pénitens. Le Pere Pineyro, qui n'en compte que trois en tout, a peut-être ignoré l'Apostasie de ces deux derniers.

Il ne restoit plus de tous ceux, qu'on avoit arrêtez, que le Pere Sotelo; & comme on ne l'avoit pas mis en prison, ni chargé de chaînes, comme les autres, bien des gens croyoient que le dessein du Xogun-Sama étoit de se contenter de l'exiler; mais lorsqu'on s'y attendoit le moins, on lui signifia un Arrêt de mort. Il ne fut pourtant pas exécuté: plusieurs des principaux Seigneurs de cette Cour étoient intéressez dans l'Etablissement du Commerce, que ce Religieux vouloit ménager entre le Mexique & les Provinces du Nord & de l'Est; & ils obtinrent sans peine du Prince que la peine de mort fût commuée en celle de Bannissement. Alors le Pere Sotelo se rendit auprès de Mazamoney; & comme il le trouva plus résolu que jamais à poursuivre le projet de son Ambassade, il se disposa à partir. Tandis que l'Ambassadeur Faxecura faisoit ses préparatifs, le zele du Missionnaire ne demeura point oisif, & il fut assez heureux, pour faire d'assez illustres Conquêtes. On assûre qu'un Oncle Paternel de Mazamoney, & plusieurs Gentilshommes de marque reçurent le Baptême. Enfin tout étant prêt pour le départ, le Prince d'Oxu fit délivrer de magnifiques Présens aux Ambassadeurs. Il voulut lui-même être présent à leur embarquement, & il déclara au Capitaine du Navire & à tout l'Equipage que son intention étoit, que tous obéïssent au Pere Sotelo, comme à lui-même. Ce fut vers la fin de l'année 1613, ou au commencement de la suivante, que ce Religieux mit à la voile. Nous parlerons en son tems du succès de cette Ambassade, que quelques-uns ont mal à propos voulu faire passer pour supposée, mais dont les suites ne répondirent pas à la maniere, dont elle fut reçuë dans les Etats du Roi Catholique, & à Rome, ni aux espérances, qu'en avoit conçûës celui, qui en avoit été l'Auteur.

Cependant l'Eglise du Japon n'avoit jamais eu en même tems un si grand nombre de Missionnaires d'un mérite distingué. Il ne leur manquoit qu'un peu plus de concert, & de subordination de la part des Religieux Mendians, qu'on ne put jamais engager à reconnoître la Jurisdiction de l'Ordinaire. A cela près, tous travailloient avec beaucoup de zele & une égale ferveur. Mais cette Chrétienté fit alors une véritable perte dans la personne de son Pasteur, dont plus d'une raison lui rendoit la présence infiniment nécessaire. Ce Prélat mourut au commencement de l'année 1614. & ce fut, dit-on, de douleur de voir les affreux périls, où il voyoit son Troupeau sur le point d'être exposé. Dom Loüis Serqueyra étoit né à Evora vers l'an 1552. Il entra dans la Compagnie de Jesus en 1566. n'ayant que quatorze ans, & il s'y distingua toujours, autant par sa piété, que par son mérite. Les vertus, qui brillerent le plus en lui, furent celles, que le Sauveur des hommes a le plus recommandées à ses Apôtres : sçavoir, l'humilité & la douceur. Aussi avoit-il gagné tous les cœurs, & il fut presque également regretté des Fidéles & des Idolâtres. La maniere pleine d'égards & de modération, dont il se comporta avec les Religieux, dont je viens de parler, n'est pas la moindre partie de son éloge. Les Princes & les Seigneurs Payens le voyoient très-volontiers, & ne prenoient point d'ombrage de l'autorité, que lui donnoit sa dignité sur les Chrétiens. Il employoit ses revenus, ou pour parler plus juste, les aumônes, qu'il recevoit, à faire élever de jeunes gens, qu'il avoit soin de bien choisir, & qu'il destinoit au Sacerdoce. Rien n'échappoit à sa vigilance, & il ne s'épargna jamais en rien, pour conserver & pour accroître le Troupeau, qui lui étoit confié.

L'état déplorable, où cet Evêque laissoit le Christianisme au Japon, & surtout l'Edit de Bannissement, qui venoit d'être porté contre tous les Missionnaires à l'occasion, que je dirai tout à l'heure, demandoient sans doute une grande union entre tous ces Ouvriers Evangéliques ; mais il ne falloit pas s'en flatter, après tout ce qui s'étoit passé, depuis que les Espagnols avoient voulu partager avec les Portugais le Commerce de ces Isles. Dès qu'on sçut à Rome la nouvelle de la mort de Dom Loüis Serqueyra, le Pape lui donna pour Successeur le Pere Diego Valens, Jésuite, lequel ne put jamais obtenir la permission de visiter en personne son Eglise, & resta jusqu'à sa mort à Macao ; mais comme indépendamment des raisons, qui l'y retinrent, on avoit bien prévû que pendant la vacance du Siège, qui ne pouvoit manquer d'être longue, il ne falloit point laisser cette Mission sans un Supérieur Ecclésiastique ; le Souverain Pontife y avoit pourvû d'avance, & le Pere Valentin Carvaglio, Provincial des Jésuites, étoit muni d'un Bref Apostolique, en vertu duquel, dès que l'Evêque eut expiré, il se porta pour Vicaire Général & Administrateur de l'Evêché. Le Clergé Séculier, qui n'étoit composé, que de sept Personnes, ne fit d'abord aucune difficulté de le reconnoître en cette qualité ; mais on fut assez surpris d'apprendre que le Pere Pierre Baptiste, Commissaire des Peres de Saint François, avoit la même prétention. Il la fondoit sans doute sur ce que regardant l'Evêché du Japon, comme Suffragant de la Métropole de Manile, il s'étoit persuadé que les Religieux de son Ordre, ayant été envoyez immédiatement par le Gouverneur, & par le Métropolitain des Philippines, avant les Peres de Saint Augustin & de Saint Dominique, le Gouvernement de cette Eglise étoit dévolu de plein droit à leur Supérieur Général.

Ce qu'il y eut de plus fâcheux, c'est qu'on voulut rendre le Public juge de ce démêlé, & qu'on vit bientôt courir des Placards contre le Pere Carvaglio. Quelque tems après il en arriva de plus violens encore des Philippines ; le Provincial y étoit ouvertement traité d'Intrus, & l'on y avertissoit les Fidéles de ne le pas reconnoître. Enfin le Clergé Séculier intimidé, ou séduit, ou se flattant de rétablir la paix, & de lever le scandale, se crut autorisé à faire un Mandement, qui fut affiché par toute la Ville, & qui déclaroit le Pere Pierre Baptiste seul Vicaire Général, & défendoit sous peine de péché mortel, de reconnoître en cette qualité le Provincial des Jésuites. Cette démarche si irréguliere & si insoûtenable de sept Ecclésiastiques, qui ne composoient pas un Corps de Chapitre, & dont nul n'étoit revêtu d'aucune Dignité, aigrit le mal, bien loin de le guérir, ainsi qu'il arrive toujours à ceux, qui s'ingérent dans les affaires, qui ne les regardent pas. Les Fidéles voyoient en tout cela bien des choses, qui ne les édifioient point, & je crois pouvoir assûrer, sans craindre qu'on m'accuse de trop donner à la conjecture, que le Japon auroit vû peu de mauvais Chrétiens & d'Apostats, si, en voulant partager le Troupeau entre Cephas, Paul, & Apollon, on n'eût pas affoibli le lien, qui le tenoit attaché à Jesus-Christ.

On auroit peut-être pû trouver des tempéramens, en attendant le Jugement définitif & contradictoire du Saint Siége ; mais dans ces occasions, ce qu'on s'est d'abord cru autorisé à entreprendre, on se fait un devoir de le soûtenir, & l'on n'est point arrêté par la vûë du scandale, qu'on rejette sur son Adversaire. Le Schisme dura donc jusqu'à ce que l'Archevêque de Goa en ayant été averti, se crut obligé, en qualité de Primat, de le faire cesser. Il déclara le Provincial des Jésuites, & ses Successeurs, à l'avenir seuls Administrateurs de l'Evêché du Japon, toutes les fois que le Siége seroit vacant ; il fit une réprimande aux Prêtres de Nangazaqui, lesquels de leur propre autorité s'étoient érigez en Chapitre, avoient osé déposer un Grand Vicaire établi par le Saint Siége, & en avoient nommé un autre à sa place. L'Archevêque de Manile même, quoiqu'intéressé, ce semble, à soûtenir le Pere Commissaire, écrivit sur le même ton, & la Sentence du Primat fut depuis confirmée par un Bref de Paul V. du trente-uniéme Janvier 1618. & par un autre d'Urbain VIII. du vingt-cinquiéme Janvier 1632. Au reste je crois devoir avertir ici que le Pere Pierre Baptiste, dont je viens de parler, est le même, qui se trouvant en Espagne, lorsque l'on publia sous le nom du Pere Loüis Sotelo, cette fameuse Lettre, dont nous parlerons en son lieu, & la signature lui en ayant été montrée, déclara qu'elle n'étoit point de ce

172 HISTOIRE

Religieux, dont il connoissoit parfaitement le caractere, en ayant reçu plusieurs Lettres, tandis qu'il étoit son Supérieur au Japon. Je reviens au nouvel Edit de proscription contre les Missionnaires: mais il faut reprendre les choses de plus haut.

§. VI.

Mémorial présenté au Cubo-Sama par les Espagnols & les Portugais contre les Hollandois. Réponse de ce Prince. Les Hollandois récriminent avec succès. Le Gouverneur de Nangazaqui anime le Cubo-Sama contre les Chrétiens. Nouvel Edit contre le Christianisme. Mauvaise foi du Gouverneur de Nangazaqui. Quelques Fidéles se laissent séduire à Méaco. Supplice singulier, dont on s'avise, pour obliger les autres à se rendre.

NOus avons vû, il n'y a pas longtems, que les Anglois avoient obtenu, aussi bien que les Hollandois, d'établir un Comptoir à Firando. Les Portugais & les Espagnols en furent également allarmez; ils comprirent qu'on visoit à se pouvoir passer d'eux, & l'intérêt, qu'ils avoient à s'opposer à l'Ennemi commun, les réunissant enfin, ils dresserent ensemble un Mémorial, par lequel ils représenterent au Cubo-Sama, que les Hollandois étant des Sujets rebelles du Roi d'Espagne, il ne convenoit pas à un Prince, qui vouloit bien vivre avec Sa Majesté Catholique, de les recevoir dans ses Ports. Ils ne parlerent point des Anglois, mais ils se persuadoient sans doute, que la chûte du Commerce des uns entraîneroit infailliblement celle des autres; d'autant plus, que les Anglois n'étoient pas assez bien établis dans les Indes Orientales, pour être en état de fournir aux Japonnois les Marchandises, que demandoient ces Insulaires.

Quoiqu'il en soit, la réponse du Cubo-Sama fut la même, qu'il avoit déja faite à l'Ambassadeur du Vice-Roi de la Nouvelle Espagne, sçavoir, qu'il n'entroit point dans les différends des Puissances de l'Europe; que les Hollandois, fussent-ils des Démons sortis de l'Enfer, tant qu'ils feroient bien le Commerce, seroient reçus au Japon, comme s'ils étoient des Anges du Paradis, & qu'en cela il n'avoit égard, qu'à l'utilité des Sujets de l'Empire. Ce qu'il y eut de plus fâcheux pour les Catholiques, c'est que les Hollandois, à qui leur Mémorial ne put être caché, ne manquerent pas de leur rendre la pareille, & le firent avec plus de succès. Ils ne cessoient point de faire observer à la Cour de Surunga, que le Japon se trouvoit environné de Pays conquis par les Armes des Espagnols, ou des Portugais, tous également Sujets du Roi Catholique; & qu'une preuve, qu'il y avoit tout à craindre de leurs projets ambitieux, c'est ce qu'on avoit vû il n'y avoit pas encore longtems à Arima, où trente mille hommes s'étoient attroupez au bruit de la condamnation de huit Chrétiens. Il étoit naturel, ce semble, de tirer de ce fait une conséquence toute contraire, puisque les trente mille Chrétiens d'Arima n'avoient fait autre chose, que se présenter à la mort, & accompagner leurs Freres au supplice, sans causer le moindre tumulte. Mais dans les affaires, dont la discussion semble plus difficile, qu'utile, tout dépend ordinairement du tour, que l'on a d'abord sçu donner aux choses; les Princes, & le Public même, prennent rarement la peine de les approfondir, & il est infiniment rare qu'ils reviennent de la premiere impression. D'ailleurs, le Cubo-Sama étoit naturellement ombrageux, & comme il avoit encore un Concurrent à l'Empire, sa politique se trouva d'accord avec son tempérament; ainsi il n'y a pas lieu d'être surpris, si les discours, que je viens de rapporter, à force d'être rebattus, produisirent enfin tout ce qu'avoient prétendu ceux, qui les tenoient.

Plusieurs autres choses contribuerent beaucoup à irriter de nouveau le Régent contre les Chrétiens; mais le Gouverneur de Nangazaqui fut celui, qui leur porta les plus rudes coups, & rien n'est plus noir, que la manœuvre, qu'il fit en cette occasion pour les perdre. On avoit été surpris dans plusieurs Cours du Japon que le Roi d'Arima eût fait publiquement brûler vifs des personnes de la premiere qualité, dont le seul crime étoit de n'avoir pas voulu cesser d'être Chrétiens; & comme on sçavoit que Safioye étoit le conseil de ce Prince, presque tout l'odieux de cette exécution retomboit sur le Gouverneur de Nangazaqui. Pour s'en décharger, il n'est point de calomnies, qu'il ne suscitât aux Fidéles; il insista principalement sur

ce qu'on devoit craindre d'une Secte, qui inspiroit le mépris de la mort au point d'ambitionner les plus infâmes supplices, & de faire l'objet d'un culte Religieux, ceux qui avoient passé pour leurs crimes par la rigueur des Loix. » Des gens » animez de cet esprit, disoit-il, & » dans la dépendance entiere d'u- » ne Troupe d'Etrangers capables » de tout entreprendre, ne sçau- » roient manquer d'être pernicieux » dans un Etat. Doit-on trouver » étrange que les Princes, qui ont » pénétré les détestables desseins de » leurs Conducteurs, fassent tout » leur possible, pour les en déta- » cher, & passent par-dessus les ré- » gles ordinaires, pour punir leur en- » têtement? Faut-il donc, pour en » purger l'Empire, attendre que leur » nombre, qui croît tous les jours » d'une maniere sensible, les ait ren- » du formidables, & peut-être in- » vincibles?

Safioye ne s'en tint pas à ces discours généraux, qu'il tenoit en toute occasion; il parla en particulier au Cubo-Sama, & aux principaux Seigneurs de sa Cour, & il sçut donner tant de vraisemblance à ses impostures, qu'on vit peu de tems après paroître un Edit, qui enjoignoit à tous les Prêtres & Religieux, qui suivoient la croyance des Portugais, de sortir incessamment de toutes les Terres de l'Empire, de quelque Nation qu'ils fussent; & à tous les Japonnois, qui avoient embrassé leur Doctrine, d'y renoncer au plutôt, sous peine de mort; & qui ordonnoit que toutes les Maisons des premiers, & toutes les Eglises Chrétiennes fussent démolies. On ne croiroit peut-être pas, qu'un malentendu, & qui n'étoit même en soi qu'une batagelle, servit infiniment à faire accélérer ce funeste Edit. Un Chrétien, Habitant de Nangazaqui, convaincu d'avoir porté dans le Ximo de l'argent, qui n'avoit pas la marque du Prince, fut condamné à mourir en Croix, & exécuté à Méaco, où il avoit été arrêté. Plusieurs Chrétiens l'accompagnerent au supplice, pour l'aider à bien mourir, & au moment que le Bourreau alloit le percer avec sa Lance, tous se mirent à genoux, pour demander à Dieu qu'il lui accordât la grace d'une bonne mort. Quelques Idolâtres s'en formaliserent, & publierent qu'au mépris des Loix & de la Justice, les Chrétiens adoroient des Scélerats condamnez pour leurs forfaits. On le manda à Safioye, qui n'oublia point ce trait en parlant au Cubo-Sama, pour l'engager à faire enfin partir la foudre, que ce Prince sembloit avoir encore quelque peine à lancer.

Le Gouverneur de Nangazaqui ne laissoit pas, tandis qu'il portoit de si cruels coups à la Religion Chrétienne, de garder en apparence quelques mesures avec les Jésuites, & il avoit même trouvé le secret de persuader à quelques-uns de ces Peres, qu'il n'étoit pas aussi opposé au progrès de l'Evangile, que la plûpart des autres le croyoient. Le Provincial étoit de ce nombre, & il ne desespéra point d'obtenir par son entremise quelque adoucissement au dernier Edit. Il lui envoya le Pere de Mesquita, qui avoit été long-tems assez bien auprès de ce Seigneur, pour le prier de trouver bon qu'il allât détromper le Cubo-Sama des faux bruits, qu'on faisoit courir sur le compte des Chrétiens; mais il ne put rien obtenir. Safioye lui répondit que le mal étoit sans remede, & le congédia de maniere à l'en convaincre. Il en avoit usé un peu plus honnétement, mais avec encore moins de sincérité, avec le Pere Gabriël DE MATOS, Recteur du College de Méaco, auquel, dès que l'Edit eut été signé à Surunga, il écrivit la Lettre suivante. »Je vous
» dépêche exprés le Porteur de ce
» Billet, pour vous donner avis que
» le Très-puissant Cubo-Sama ayant
» sçû qu'un grand nombre de Chré-
» tiens avoient adoré à Méaco la
» Croix, sur laquelle le nommé GI-
» ROBIOYE, Habitant de Nanga-
» zaqui, étoit attaché, a dit qu'u-
» ne Secte, qui enseigne à rendre
» les honneurs divins aux infrac-
» teurs des Loix de l'Empire, à des
» gens mis en croix, décapitez, &
» brûlez vifs pour leurs crimes, est
» une Secte diabolique, & ne peut
» être observée, que par des Scélé-
» rats. La part que je prens à ce qui
» vous touche, a fait que j'ai été
» saisi de douleur, lorsque j'ai en-
» tendu Sa Majesté s'exprimer de la
» sorte, & je n'ai pas voulu différer
» d'un moment à vous instruire de
» ce qui se passe, afin que vous pre-
» niez vos mesures, pour n'être pas
» surpris. A Surunga l'onziéme jour
» de l'onziéme Lune.

Enfin l'Edit parut vers le commencement de Janvier de l'année 1614. & l'on peut dire que jamais volonté souveraine ne fut plus promptement exécutée. Des Officiers furent envoyez de toutes parts, pour renverser ce qui restoit d'Eglises sur pied, & tout ce qu'on put découvrir de Missionnaires, fut conduit à

Nangazaqui, pour y être embarqué fur les premiers Navires, qui fortiroient du Port. Le Pere de Matos n'eut pas même le loifir de profiter de l'avis de Safioye, pour fe mettre en fureté, & Méaco fe trouva tout-à-coup fans Pafteurs, dans le tems, où leur préfence y eût été plus néceffaire. L'Officier, qui avoit été chargé de l'exécution des ordres du Prince dans cette Capitale, commença par faire réduire en cendres tout ce qu'il y trouva d'Eglifes, de Chapelles, & de Maifons Religieufes. Il fit enfuite publier dans tous les Quartiers, que ceux, qui n'abjureroient point la Religion des Européens, feroient brûlez vifs, & le Crieur ayant ajoûté, apparemment pour fe divertir, que les réfractaires n'avoient toujours qu'à préparer leurs poteaux, le lendemain il s'en trouva devant toutes les portes des Chrétiens, autant qu'il en falloit pour tous ceux de chaque maifon. On fçut même qu'un pauvre homme avoit vendu fon habit, & une femme fa ceinture, pour acheter leurs poteaux.

Comme on vit que par les menaces on ne gagnoit rien, on eut recours aux prieres & à la perfuafion, & l'on engagea ceux d'entre les Idolâtres, qui avoient des Parens Chrétiens, à effayer, pour les ramener au culte des Dieux de l'Empire, les promeffes les plus fpécieufes, & toutes les raifons, que l'amitié leur feroit imaginer : tout fut inutile. Mais un expédient, dont ceux-ci s'aviferent, eut une partie de l'effet, qu'ils en attendoient. » Nous ne prétendons point, dirent-ils à leurs Parens, que vous renonciez réellement au fervice du Dieu, que vous

» adorez ; ceci eft un orage, qui » paffera : fouffrez feulement que » l'on efface vos noms de la lifte des » Chrétiens, qui a été dreffée, & » qui doit être envoyée au Cubo-» Sama ; ce Prince s'appaifera peut-» être, fi cette lifte n'eft pas auffi » chargée, qu'il l'avoit cru. Quelques-uns y confentirent par fimplicité, ou par furprife ; d'autres apprenant qu'on avoit effacé leurs noms, fans leur en rien dire, fe tinrent tranquiles ; mais le plus grand nombre fit paroître une fermeté à toute épreuve. Alors l'Officier, qui avoit fondé toute l'efpérance de fa fortune fur le fuccès de fa Commiffion, fit reffentir à ces fervens Chrétiens tout ce que peut inventer la brutalité d'un homme, que la paffion d'intérêt a rendu furieux, & fa rage lui fit imaginer un fupplice affez fingulier.

Il choifit d'abord parmi les Fidéles vingt-fept des principaux, Hommes, Femmes & Enfans, les fit dépoüiller, les uns tout-à-fait nuds, les autres à moitié, & les fit enfermer dans des facs faits d'un tiffu de paille, dont tous les bouts étoient en dedans : puis il les fit frotter contre ces picquans avec beaucoup de violence ; enfuite il fit mettre les facs les uns fur les autres, comme fi ç'eût été des facs de bled. Mais comme il craignit que ceux, qui y étoient enfermez, n'étouffaffent, d'autant plus que quelques-uns n'avoient pas même la tête dehors, il ne les laiffa pas longtems dans cette fituation ; il les fit tous arranger fur une ligne, & ils y demeurerent vingt-cinq heures, fans rien prendre, expofez à toute la rigueur de la faifon, qui étoit très-froide. Pendant ce tems-là des Bonzes, accompagnez des Parens & des Amis des Confesseurs, ne cessoient de les exhorter à se rendre aux volontez du Prince ; & ce qui faisoit un contraste assez particulier, une troupe d'Enfans accourus pour avoir part à leurs souffrances, pleuroient amérement de ce qu'on leur refusoit cette grace.

Cependant l'Officier vouloit absolument qu'il fût dit, qu'il étoit venu à bout de réduire les Chrétiens. Il envoya donc aux Martyrs une troupe d'Idolâtres, qui lui avoient répondu de les réduire, & qui demanderent qu'on les remît entre leurs mains : on le fit, & peu de tems après, le bruit courut que tous avoient obéï aux Edits. Rien n'étoit pourtant moins vrai; mais quoique ces généreux Confesseurs pûssent dire, pour détromper le Public, on ne fit pas semblant de les entendre. Il y avoit alors à Méaco une Princesse JULIE de Tamba, sœur de Jean Naytadono, qui avoit été dépoüillé de ce Royaume. Toute son occupation étoit d'instruire des articles de notre sainte Foi les personnes de son sexe, chez qui les Missionnaires ne pouvoient pas avoir un libre accès ; & elle s'étoit associé dans un si noble emploi dix-huit ou vingt Filles & Veuves de qualité, dont le zele & la vertu jettoient un très-grand éclat dans cette Eglise. L'Officier, dont je viens de parler, leur fit dire qu'en vain elles se flattoient de mourir pour leur Dieu, qu'il avoit un moyen infaillible de vaincre leur obstination, & qu'il verroit ensuite ce qu'il ordonneroit d'elles. Sur cette menace la Princesse Julie fit mettre en sûreté quelques-unes des plus jeunes & des mieux faites, & croyant pouvoir compter sur la constance des autres, elle se prépara avec elles au combat par la pénitence & par la priere.

On vint quelques jours après les saisir, on les dépoüilla, & on les mit jusqu'au col dans des sacs, que l'on suspendit à des poutres. Après qu'elles eurent resté quelque tems en cet état, on détacha les sacs, & des Soldats les ayant chargez sur leurs épaules, les promenerent dans les principales ruës de la Ville. Un tel supplice & un tel affront, soufferts par ces généreuses Chrétiennes avec une patience, & même une joye inaltérable, attirerent les huées de la Canaille, & l'indignation de tous les honnêtes Gens. Quelqu'un pria celui, qui présidoit à cette Comédie, de lui remettre une de ces Filles, pour être conduite chez son Pere, qui étoit Idolâtre; & il l'obtint. Les autres furent portées à l'endroit, où l'on avoit accoutumé d'exécuter les Criminels, & rangées sur la Place, où elles demeurerent jusqu'au lendemain au soir. Elles s'y exhortoient mutuellement à la persévérance, & bénissoient le Ciel de les avoir jugé dignes de souffrir cette ignominie pour la vérité. Mais ce qui mit le comble à leur consolation, c'est que celle, qui avoit été séparée de la Troupe, vint les rejoindre portant son sac, où on la remit. On voulut ensuite les confier à quelques Idolâtres, qui se flattoient de vaincre leur constance ; mais elles demanderent qu'on les laissât plutôt mourir dans l'état, où elles étoient, ou qu'en attendant les ordres de la Cour, on les donnât en garde à des Chrétiens connus

DU JAPON, LIVRE XIII. 177

connus, qui répondroient d'elles; & on prit ce dernier parti. Enfin on eut nouvelle qu'elles étoient comprises dans l'Arrêt de bannissement, qui venoit d'être porté contre un très-grand nombre de Chrétiens, & dont nous verrons bientôt l'exécution.

§. VII.

Fermeté des Fidéles d'Ozaca. Histoire merveilleuse de la constance d'un Enfant. Plusieurs Familles exilées dans le Nord du Japon. Leurs souffrances & leurs vertus pendant le voyage. Situation, où ils se trouvent dans le lieu de leur exil. Belle Réponse d'un Gentilhomme Chrétien.

LE même Officier, qui venoit de donner tant de Scenes ridicules à Méaco, alla ensuite à Ozaca, où il fit publier en arrivant que le lendemain on feroit main-basse sur tous ceux, qui persisteroient dans leur résistance aux ordres de la Cour: mais il fut bien surpris lorsque le jour suivant on vint de grand matin l'avertir que trois cent personnes attendoient dans une Place de la Ville l'exécution de ses menaces, & qu'à leur tête étoit un jeune Prince de la Maison Royale d'Arima, avec la Princesse sa Femme. Cette nouvelle lui fit comprendre qu'il ne seroit pas plus heureux à Ozaca, qu'il ne l'avoit été à Méaco; mais il crut que s'il venoit à bout des Enfans, il sapperoit le Christianisme par le fondement, & il en fit enfermer un très-grand nombre, qui furent fouëttez de la maniere la plus cruelle: mais ni ce traitement barbare, ni la faim, qu'on leur fit souffrir, ne pûrent en ébranler un seul.

Ce fut en ce tems-là, & apparemment à l'occasion de ces premieres exécutions, qu'il arriva une chose, dont un Ecrivain Hollandois (*a*) a prétendu conclure qu'il n'y avoit pas tant de merveilleux, qu'on se l'imaginoit, dans la constance des Martyrs du Japon, & qu'on ne la devoit attribuer qu'à cette fermeté d'ame, qui fait le caractere de la Nation. Voici de quelle maniere il raconte le fait. Un Gentilhomme de la Province de Deva, (*b*) voyant qu'il ne pouvoit éviter d'être arrêté au premier jour, commença par mettre ordre à ses affaires domestiques; ensuite voulant sonder la disposition de sa Famille, pour voir s'il pouvoit compter sur la constance de tous, il appella son Fils, qui n'étoit encore qu'un Enfant, & lui demanda s'il auroit assez de cœur pour se laisser brûler vif, plutôt que de renoncer à Jesus-Christ: *& vous mon Pere,* reprit l'Enfant, *que ferez-vous, si l'on vous donne le choix? Moi,* dit le Pere, *je ne balancerai pas à me laisser brûler. Ni moi non plus,* repliqua l'Enfant. *Mais,* repartit le Pere, *est-ce tout de bon! Oui sans doute,* répondit-il, *& quand vous voudrez, je vous en donnerai toutes les assurances que vous pouvez desirer.* Hé bien, dit le Pere, en lui mettant dans la main

(*a*) Montanus Ambassades mémorables des Hollandois au Japon.
(*b*) La Persécution a commencé beaucoup plus tard dans ce Royaume.

Tome II.   Z

un charbon ardent, *si tu as autant de courage, que tu le prétends, tiens ce charbon jusqu'à ce que je t'ordonne de le jetter.* L'Enfant obéit, & se laissa brûler jusqu'à l'os, sans témoigner la moindre douleur. *Hé quoi, mon Fils,* s'écria le Pere, en lui commandant de jetter ce feu, *n'as-tu senti aucun mal ? Pardonnez-moi, mon Pere,* répondit l'Enfant, *j'en ai senti beaucoup, mais je vous avois assuré, que j'étois prêt à me laisser brûler pour ma Religion, & il m'a semblé que ceci n'étoit rien au prix de ce que je vous promettois de souffrir.*

Je n'ai garde de garantir ce récit, encore moins la conséquence, qu'en tire l'Auteur, qui d'ailleurs n'a pas la réputation d'être fort exact. Il se pourroit pourtant bien faire que cette Histoire ne fût ici que déplacée & défigurée dans quelques-unes de ses circonstances, comme le sont presque tous les traits historiques, qu'on a inférez dans ce même Ouvrage. En effet je trouve dans des Mémoires plus sûrs quelque chose d'assez semblable d'un Enfant de Sacai. Il n'avoit que six ans, & ayant un jour ouï dire à son Pere qu'il falloit s'attendre à mourir bientôt pour Jesus-Christ, il entra dans des transports de joye surprenans, en disant qu'il seroit Martyr : » Tu seras Martyr ! » reprit le Pere, & comment pourras-tu souffrir les tourmens, dont » on use envers les Chrétiens, toi, » qui ne sçaurois tenir un moment » la main sur le feu ? vous allez voir » tout-à-l'heure le contraire, repartit aussitôt l'Enfant : & en disant cela, il prend les pincettes, les fait rougir dans le feu, & se disposoit à les reprendre à pleine main, lorsque son Pere & sa Mere, qui le regardoient faire, lui arrêterent le bras. Alors il se mit à pleurer, & il ne fut pas possible de l'appaiser, qu'en lui disant qu'il pourroit être Martyr. Je reviens au Cubo-Sama.

Les Missionnaires avoient perdu toute espérance de regagner ce Prince, qui paroissoit pourtant ne pouvoir se résoudre à répandre le sang des Chrétiens. Il se flattoit sans doute qu'en leur ôtant leurs Pasteurs, & en éloignant les Chefs, il réduiroit peu à peu le reste : ainsi après avoir donné ses ordres pour l'embarquement des Religieux, il rendit une Sentence, en vertu de laquelle un grand nombre des plus considérables Familles Chrétiennes de Méaco, de Sacai & d'Ozaca devoient être transportées dans les Provinces du Nord, avec soixante & treize Seigneurs ou Gentilhommes, parmi lesquels je trouve un Frere du Saint Martyr Paul Miki & un Roi d'Ava, dont je n'ai rien pû trouver de particulier. Il n'est pas hors de vraisemblance que c'étoit ce troisiéme Fils de Nobunanga, que Tayco-Sama avoit dépouillé de ses Etats, & qui du vivant de son Pere avoit solemnellement promis de se faire Chrétien. Ce fut pour tout l'Empire un grand spectacle, que la vûë de tant de personnes illustres, menées comme une chaîne de Galériens de Ville en Ville, & condamnées à n'avoir plus d'autre demeure, que les Bois & les Montagnes, ni d'autre compagnie, que les Bêtes sauvages. On pourra comprendre quelle étoit la vertu de ces généreux Confesseurs, & ce qu'ils eurent à souffrir dans une si longue marche, par une Lettre qu'écrivit au Pere Balthazar de Torrez un Chrétien, qui les vit à Surunga, lorsqu'ils passerent par cette Ville, pour se rendre au terme de leur bannissement. La voici.

» Le vingt-deuxiéme de la troi-
» siéme Lune, (c'est-à-dire, vers la
» fin de Mai) j'allai voir les Exilez,
» & je ne sçaurois, mon Révérend
» Pere, vous exprimer combien leur
» vûë m'inspira de dévotion & de
» confusion de moi-même. Ils font
» leurs prieres tous ensemble, & ils ne
» manquent pas un jour d'ajoûter à
» leurs souffrances quelque austérité
» volontaire : ils ont formé entr'eux
» une espece de République, dans la-
» quelle chacun a son emploi, & son
» occupation marquée. En arrivant
» ici, où ils ont séjourné, ils cou-
» cherent sur la terre nuë, dans un
» grand Magazin, où on les enfer-
» ma sous la clef. La nuit suivante
» on leur donna à chacun une natte.
» La nourriture répondoit à la ma-
» niere, dont ils étoient couchez,
» mais ils se consoloient, en s'entre-
» tenant continuellement des souf-
» frances des Saints Martyrs de la
» primitive Eglise. Un jour un des
» Officiers, qui les conduisoient,
» leur avoüa qu'il n'avoit accepté
» cette commission qu'en tremblant,
» sçachant bien que quelques-uns
» d'entr'eux étoient de vieux Guer-
» riers en réputation de valeur ;
» mais que sa crainte s'étoit bientôt
» dissipée, & qu'il reconnoissoit qu'il
» n'y avoit rien à appréhender de
» Gens, à qui leur Religion inspire
» un plus grand désir des souffran-
» ces, qu'on n'en peut avoir de les
» faire souffrir ; que leur conduite lui
» paroissoit prouver invinciblement
» la vérité & la sainteté de leur Loi,
» & que si les tems devenoient plus
» favorables, il ne tarderoit pas à
» l'embrasser.

Dans la suite le nombre des Bannis augmenta considérablement, & tout un Canton, nommé Tsugaru, jusqu'alors entierement désert, en fut tout peuplé. L'on y voyoit des personnes du plus haut rang habiter dans des Cabannes, qu'ils étoient obligez de se bâtir eux-mêmes, défricher à force de bras un terrein stérile, & n'avoir pour soûtenir une vie languissante, que ce qu'une terre ingrate, cultivée par des mains peu accoûtumées à ce pénible travail, pouvoit leur fournir. Aussi la plûpart seroient-ils bientôt morts de faim, si les Fidéles n'avoient trouvé le secret de leur faire passer de tems en tems quelques mesures de ris, & d'autres provisions faciles à porter. Nous aurons dans la suite plus d'une occasion de parler de cet affreux Désert, où le Japon a vû ce que l'Egypte & la Palestine ont montré à l'Univers de plus héroïque, soit pour la pénitence, soit pour le détachement des biens de la Terre ; avec le relief, que la qualité de Confesseurs de Jesus-Christ donnoit aux Solitaires Japonnois.

Les recherches continuoient dans toutes les Provinces de l'Empire avec une exactitude, qui marquoit bien qu'à ce coup on ne vouloit plus de Chrétiens au Japon. Quelques-uns de ceux, qui en étoient chargez, s'étoient attendus à beaucoup de résistance, & à quelque chose même de plus, parce qu'on leur avoit dépeint les Chrétiens, comme les plus méchans & les plus séditieux des hommes. Leur surprise fut extrême, quand ils virent qu'ils ne pouvoient suffire à écrire les noms de tous ceux, qui se présentoient. Un Gentilhomme de Fucimi avoit été exilé

Z ij

à Nangazaqui, il dit à celui, qui lui signifioit cet ordre, qu'il en appelloit au Cubo-Sama ; l'Officier se mocqua de lui, & l'assûra que ce Prince ajoûteroit plutôt à sa Sentence, qu'il ne l'adouciroit : en un mot, qu'il n'y avoit point de milieu pour lui entre l'exil, & une prompte obéïssance aux Edits. Il y en a un, reprit le généreux Chrétien, c'est de me faire mourir, ou sur une Croix, ou dans le feu, ou du moins par le glaive. Mais si vous n'avez pas ce pouvoir, ajoûta-t-il, ni assez de crédit pour m'obtenir cette grace, je vous conjure au moins de changer le lieu de mon exil, je trouverai trop d'Amis à Nangazaqui, je n'y vivrois pas en Exilé.

§. VIII.

Ucondono & quantité de Personnes de la premiere condition sont bannis du Japon. Sainteté du Roi de Tamba, & du Prince son Fils. De quelle maniere l'exil de tant de Personnes illustres est reçû du Public. On les presse inutilement de se soumettre aux Edits. Ils arrivent à Nangazaqui. Réception qu'on leur fait dans cette Ville.

ENfin il parut un nouvel Edit de la Cour de Surunga, qui priva l'Eglise du Japon de presque tout ce qui lui restoit de personnes de la plus haute Noblesse. Il portoit que Juste Ucondono, l'ancien Roi de Tamba, Jean Naytadono, le Prince Thomas son Fils, la Princesse Julie sa Sœur, dont nous avons vû il n'y a pas longtems les Combats, Thomas UQUINDA, un des plus grands Seigneurs du Royaume de Buygen, & quantité d'autres personnes qualifiées : en un mot tout ce qu'il y avoit dans l'Empire de Chrétiens, qui fissent quelques figure, ou pûssent donner de l'ombrage, seroient conduits à Méaco, & livrez par le Gouverneur de cette Capitale à celui de Nangazaqui, pour être ensuite embarquez, & transportez hors des Terres du Japon. Depuis les dernieres années du Regne du Tayco-Sama, Ucondono avoit mené une vie assez tranquille auprès de Figendono Roi de Canga, dont nous avons vû qu'il s'étoit fait un Ami, pendant qu'il étoit exilé chez lui, & il n'avoit point voulu se mêler des affaires de l'Etat pendant les mouvemens, qui troublerent le commencement de la Régence. Sa Famille étoit alors composée de la Princesse Marie sa Femme, d'une Fille mariée à un Seigneur du Royaume de Canga, & de cinq Fils, dont l'aîné n'avoit que dix-huit ans : pour lui, il étoit âgé d'environ soixante.

Jean Naytadono étoit plus vieux & fort infirme. Peu de tems après sa disgrace, arrivée sous le regne de Nobunanga, il s'étoit retiré dans le Fingo avec le Prince Thomas son Fils, qui passoit, aussi bien que lui, pour un des plus braves hommes du Japon, & ne lui étoit point inférieur en vertu. Ils y vivoient en grands Seigneurs, & y honoroient la Religion par une vie véritablement chrétienne. Ils avoient suivi tous deux le célebre Augustin Tsucamidono Roi de Fingo à la Guerre de Corée, & ils y combattirent toujours sous sa banniere en qualité de simples Volontaires. Lorsqu'on proposa à Naytadono d'aller négocier à la Cour de Pekin, ainsi que nous l'avons rapporté en son lieu, il y a bien de l'apparence, que c'étoit Tsucamidono son ami, qui lui avoit ménagé cette occasion, pour le faire rétablir dans sa premiere fortune : mais un motif plus grand & plus chrétien lui fit accepter la commission, dont l'inconstance de Tayco-Sama empêcha les suites avantageuses, qu'elle pouvoit avoir. Il ne s'étoit proposé rien moins, que de faire connoître Jesus-Christ au Monarque Chinois, & d'introduire la Foi dans ses Etats ; mais il n'en eut pas le tems.

Le Roi de Fingo étant mort, & Canzugedono son Successeur ayant allumé dans son Royaume le feu de la persécution, on ne peut dire dequel secours le Roi & le Prince de Tamba furent aux Fidéles pour les maintenir dans cette ferveur, qui fit tant d'honneur à la Religion. Canzugedono ne fut pas longtems à s'en appercevoir, & il osa menacer les deux Princes de leur faire sentir tout le poids de son indignation : mais il trouva qu'il avoit affaire à des Héros, que rien n'étoit capable d'ébranler, & qui ne demandoient pas mieux que d'être poussez à bout. » La persécution » va toujours croissant, écrivoit le » saint Roi au Pere Pasio, & par la » miséricorde du Seigneur, nous » sommes en fort grand nombre » disposez à donner tout notre sang » pour la cause de Dieu. Je crois » que ceci ne finira pas sitôt, & je » me flatte que le divin Sauveur » veut que nous ayons quelque part » à ses souffrances. Si cela arrive, » nous aurons la consolation de marcher sur les pas de ces anciens » Martyrs, qui ont fait la gloire de » l'Eglise dans ses plus beaux jours, » & qui l'ont cimentée de leur sang. » Priez pour nous, mon cher Pere, » & conjurez l'Auteur de tout bien » de nous accorder la grace de persévérer jusqu'à la fin. Qui l'eût cru, » que notre chere Patrie dût être » assez heureuse, pour donner des » Martyrs à Jesus-Christ, & que de » misérables Pécheurs comme nous, » dussions être choisis, pour entrer » des premiers dans la lice ! Cette » seule pensée me remplit d'une joye » inexprimable, & me fait verser des » larmes en abondance, dans le souvenir des bontez d'un Dieu à mon » égard.

Deux Lettres, qu'on nous a conservées du Prince Thomas, font voir que le Fils ne le cédoit pas à son Pere pour le zele & pour les sentimens. Elles sont si belles, que j'ai cru les devoir rapporter ici, pour faire connoître de quel esprit étoient animez ces Chrétiens, dont on avoit publié longtems auparavant la honteuse Apostasie, & sur quels fondemens étoit appuyée leur vertu. » J'ai » reçu de votre Paternité, mandoit le Prince au même Pere Pasio, alors Vice-Provincial des Jésuites, » plusieurs Lettres, qui m'ont paru remplies d'une sagesse toute divine, & nous en avons tous » été merveilleusement animez à la » constance. Graces infinies soient » rendues au Souverain Seigneur » du Ciel & de la Terre, rien jusqu'ici n'a pû ébranler ma foi ; aussi » est-ce du meilleur de mon cœur, » que je fais à mon Dieu le sacrifice

Z iij

» de mes biens, de ma Famille, & de » ma vie. Je reconnois même avec » sincérité que ce sacrifice, qui me » coûte si peu, est beaucoup plus » son ouvrage que le mien, & bien » loin de prétendre qu'il m'en sça- » che aucun gré, je lui en suis obli- » gé, comme d'une des plus insignes » faveurs, que j'aye reçûes de sa » main libérale. Quelle langue, mon » cher Pere, peut exprimer, quelle » imagination peut se représenter » une si excessive miséricorde envers » de chétives créatures, & surtout » envers moi, qui l'ai offensé en » tant de manieres, & qui continuë » encore à l'irriter dans le tems, qu'il » me prodigue ses biens! Il y a long- » tems que faisant réflexion à la mul- » titude de mes péchez, je me disois » à moi-même qu'il n'étoit pas pos- » sible que je fusse sauvé par une » autre voye, que celle du Martyre. » Enfin par la miséricorde infinie du » Tout-Puissant, m'y voici presque, » dans cette voye si désirée, & si » sûre. Je vous conjure, mon très- » cher Pere, au nom de notre com- » mun Roi & Souverain Seigneur, de » m'enseigner ce que je dois faire » pour me préparer comme il faut » au combat, que je ne crois pas » fort éloigné. Aidez-moi aussi à » remercier ce Dieu de bonté d'une » grace, dont le seul souvenir me » tire les larmes des yeux; c'est de » m'avoir délivré des écueils & des » embarras de la Cour. Quand la » perte de mes biens & celle de no- » tre premiere fortune ne m'auroit » procuré que ce seul avantage, je » me croirois assez dédommagé, & » récompensé au centuple de ce que » j'ai fait & sacrifié pour le service » de mon Dieu. Il n'y a que l'expé- » rience, qui puisse apprendre & faire » sentir que jusques dans les fers, un » Chrétien est plus libre, que ne le » peut être un Amateur du monde au » milieu des grandeurs de la Terre.

La seconde Lettre du Prince de Tamba fut écrite aux Fidéles de Cumamoto, tandis qu'il étoit enfermé dans une Forteresse du Fingo, où l'on mettoit sa foi aux plus rudes épreuves: on ne peut la lire, sans se représenter un Saint Paul dans les fers. La voici. » J'eus bien du » chagrin, mes très-chers Freres, » lorsque j'appris dernierement que » la persécution avoit fait quelques » Infidéles; mais la fidélité du plus » grand nombre me consola. Ah » que j'aurois de joye d'être auprès » d'eux, s'ils ont le bonheur de » mourir Martyrs! Je baiserois le » sang, qu'ils verseroient pour Je- » sus-Christ, & je les conjurerois de » demander à mon divin Sauveur la » même grace pour moi. Je vous » fais à tous cette priere, mes très- » chers Freres, & c'est avec d'autant » plus de confiance, que je recon- » nois plus visiblement mon indi- » gnité. Je suis ravi que ces géné- » reux Confesseurs ayent renoncé à » tout ce qu'ils possédoient sur la » Terre, mais je n'en suis nullement » surpris. Peut-il y avoir des hom- » mes assez insensez, pour préférer » de vaines richesses à un Dieu, dont » les Trésors sont intarissables, & » qui ne se laisse jamais vaincre en » libéralité? Que ceux, qui les dé- » poüillent de ces faux biens, leur » rendent un grand service! Car en- » fin que peuvent ils leur ôter, qu'il » ne leur faille quitter un jour? » D'ailleurs n'est-il pas constant que » ce sont ces biens périssables, qui

» sont le plus grand obstacle à no-
» tre salut ? J'ai toujours regardé
» ceux, qui les sacrifient, pour ac-
» quérir les Trésors du Ciel, comme
» de sages usuriers, qui donnent de
» la bouë pour recevoir de l'or. Au-
» trefois je tâchois de m'exercer dans
» ce saint trafic, en m'occupant tout
» entier de la priere & de la fréquen-
» tation des Sacremens, mais j'ai
» tout gâté depuis par ma tiédeur.
» Aujourd'hui j'ai quelque espéran-
» ce de suppléer à ce défaut par le
» Martyre. Quelques-uns disent que
» vous n'êtes pas assez fervens, pour
» mériter que Dieu vous fasse la gra-
» ce de confesser son saint Nom au
» péril de votre vie ; que sera-ce
» donc de moi, qui suis bien plus
» lâche que vous dans son service ?
» J'ai néanmoins un secret pressenti-
» ment que le Seigneur ne rejettera
» point mes désirs, & que j'aurai
» l'honneur de verser mon sang pour
» lui. Ce n'est pas à moi à vous don-
» ner des avis, mais je vous conjure
» comme mes Freres, & nos chers
» Fils en la Foi, de mettre sous les
» pieds tout ce qui est terrestre. Vous
» pouvez bien vous souvenir de ce
» que nous avons souvent dit dans
» nos Conférences spirituelles, que
» de négliger les biens du Ciel pour
» courir après ceux de la Terre,
» c'est renverser l'ordre naturel des
» choses.... Songez aussi que nous
» voici au tems de l'épreuve : c'est
» à coups de ciseaux, que d'une
» pierre brute on en fait une pier-
» re propre à bâtir, & c'est par le
» moyen du feu & du marteau,
» qu'on donne au fer la forme, qu'-
» on veut lui faire prendre. Jésus-
» Christ, pour construire l'Edifice
» spirituel de son Eglise, en a usé de

» la même maniere : il a commencé
» par lui-même, qui en devoit être
» la pierre angulaire, & c'est par le
» feu des tribulations, qu'il a éprou-
» vé & sanctifié ceux, qu'il a voulu
» y faire servir de base & de fonde-
» ment. Montrons-nous dignes d'ê-
» tre traitez de la même maniere,
» que l'ont été ses Disciples les plus
» chéris : il n'auroit point permis
» que nous fussions attaquez, s'il
» n'avoit eu dessein de nous couron-
» ner. Quant à ce qui me regarde,
» on ne peut avoir plus d'assauts à
» essuyer, que j'en ai eu, depuis que
» je suis ici. On me représentoit ma
» jeunesse, ma naissance, mes ser-
» vices, ce que je devois à mes En-
» fans, les affreux périls, ausquels je
» m'exposois ; jugez, si n'ayant per-
» sonne avec moi pour m'animer &
» me fortifier, je n'ai pas eu besoin
» d'une assistance toute particuliere
» du Ciel, pour me soûtenir. De-
» puis quelque tems on me laisse
» un peu en repos, & je vois bien
» qu'on désespere de me gagner.
» Aussi ne tient-il qu'à nous d'être
» invincibles, assistez que nous som-
» mes du bras du Tout-puissant.
» Mais ce n'est pas assez d'être sorti
» une ou deux fois victorieux du
» combat ; la récompense n'est don-
» née qu'à celui, qui persévérera
» jusqu'à la fin : ne vous lassez point
» de demander pour vous & pour
» moi une grace si nécessaire.

On peut bien juger que des Princes, qui pensoient ainsi, ne craignoient pas beaucoup le ressentiment du Roi de Fingo ; mais les menaces du Tyran eurent une partie
de leur effet. Naytadono & son Fils
furent exilez au Royaume de Canga, dont la compagnie d'Ucondo-

no leur ancien ami leur rendit le séjour fort agréable. D'ailleurs le Roi de Canga, que l'admiration des vertus de ses illustres Hôtes avoit fort prévenu en faveur de la Religion Chrétienne, ne manquoit à rien, pour les bien traiter. Mais on ne les y laissa pas longtems, & le Cubo-Sama les bannit enfin du Japon. La nouvelle de ce bannissement, & de celui de tant d'autres personnes qualifiées, surprit bien du monde, & la joye avec laquelle ces illustres Confesseurs la reçurent, n'étonna que ceux, qui ne connoissoient point les Chrétiens. Jecundono Roi de Buygen, qui leur rendit toujours justice, après même qu'il eut cessé de les aimer, dit un jour qu'Ucondono ne lui avoit jamais paru plus grand, que dans les deux occasions, où il avoit tout sacrifié à sa Foi : il lui écrivit même lorsqu'il apprit son exil, une Lettre très-polie, dans laquelle il ne sembloit plaindre que le Cubo-Sama, qui se perdoit d'honneur, disoit-il, en traitant d'une maniere si indigne des personnes de ce mérite. Il ajoûtoit à la louange des Missionnaires beaucoup de choses, qui faisoient bien voir que la politique avoit plus de part, que ses mécontentemens particuliers, à la conduite qu'il tenoit depuis quelque tems à leur égard.

Cependant toute la Troupe des Confesseurs s'étant réünie, ils marcherent ensemble vers Méaco. Ils étoient à pied, & la saison étoit très-rude. Les Princes & les Seigneurs prenoient les devants, pour frayer les chemins, & tous suivoient avec un air de contentement, qu'on ne se lassoit point d'admirer. Dès que le Gouverneur de la Capitale eut appris qu'ils approchoient, il appréhenda une émeute des Chrétiens de cette grande Ville, s'ils y entroient, & leur envoya dire de s'arrêter à Sacomoto, où ils recevroient les derniers ordres de la Cour. Il alla ensuite les trouver, & en les abordant il leur dit, qu'ils pouvoient encore se garantir des malheurs, qui les menaçoient ; qu'ils se consultassent bien, avant que de faire une derniere réponse, d'où dépendoit leur sort. Ce discours fut reçu avec indignation, & le Gouverneur, qui étoit ce même Itacundono, jusques-là si favorable aux Chrétiens, fut si déconcerté de la réponse, qu'ils lui firent, qu'il se retira sans rien repliquer.

Les Bannis resterent trente jours à Sacomoto. Enfin l'ordre arriva de les faire partir pour Nangazaqui. On offrit aux Femmes de les laisser à Méaco, mais toutes rejetterent cette offre avec mépris. On assûre que peu de jours après leur départ, un Exprès de l'Empereur Fide-Jory arriva à Sacomoto, avec un ordre secret de proposer à Ucondono de venir s'enfermer avec lui dans Ozaca. Ce jeune Prince s'ennuyoit plus que jamais de la longue captivité, où son Tuteur le retenoit, & dont il ne voyoit aucune apparence de sortir. Il songeoit sérieusement à secoüer un si indigne joug, & il est certain qu'il ne pouvoit pas acquerir un homme plus capable d'accréditer son Parti, & de tenir tête à son Tyran, que Juste Ucondono ; mais son Envoyé arriva trop tard. Il n'y a pourtant gueres d'apparence qu'Ucondono eût voulu s'engager dans une affaire de cette nature : depuis plus de vingt-cinq

cinq ans, il ne pouvoit plus goûter que les choses de Dieu ; & quoique la proposition, que lui vouloit faire le jeune Empereur, fût la seule ressource, qui restât à l'Eglise du Japon, dont il eût pû assûrer le rétablissement ; que de servir son légitime Souverain contre un Usurpateur, fût sans doute ce qu'il pouvoit faire de mieux pour sa gloire & pour l'avantage de la Religion, & que quand bien même le succès n'eût pas répondu à ses vœux, les affaires du Christianisme étoient dans une situation, où elles ne pouvoient pas empirer : il étoit trop jaloux de la qualité de Confesseur de Jesus-Christ, pour y renoncer sur une espérance incertaine ; & son grand principe avoit toujours été de souffrir plutôt la persécution, que de la repousser les Armes à la main.

Quoiqu'il en soit, les Bannis étant arrivez à Nangazaqui, où l'exercice de la Religion Chrétienne étoit encore toléré en faveur du Commerce, y furent reçûs avec toute la magnificence, dont les Fidéles pûrent s'aviser ; & l'on peut dire aussi que le séjour, qu'ils firent dans cette Ville, en attendant les Navires, sur lesquels ils devoient s'embarquer, ne servit pas peu à inspirer à toute cette Chrétienté ce courage & cette constance, qui a produit tant de Martyrs. D'autre part le Cubo-Sama ayant persuadé par de si grands éclats, qu'il ne falloit plus espérer qu'il revînt en faveur du Christianisme, les Princes & les Seigneurs Idolâtres ne ménagerent plus rien. Tous ne haïssoient pourtant pas la Religion Chrétienne, & Taydono Roi d'Aqui & de Bungo, & Seigneur de Firoxima, fit voir alors par quelques traits assez marquez, qu'en inquiétant ses Sujets Chrétiens, il cherchoit plus à faire sa Cour, qu'à suivre le mouvement de son zele pour la Religion de l'Empire.

§. IX.

Constance de deux Gentilshommes Chrétiens, & modération du Roi de Bungo. Quelques Martyrs dans ce Royaume. Merveilles opérées en faveur des Fidéles. Conduite du Cubo-Sama à leur égard. Courage de plusieurs Femmes Chrétiennes. Apostats dans le Buygen. Constance des Lépreux.

CE Prince avoit à sa Cour un Gentilhomme Chrétien, qu'il aimoit, & qu'il espéra d'abord d'engager par douceur à dissimuler au moins sa Foi. Il le combla de caresses, & lui fit les promesses les plus séduisantes, mais ce fut inutilement; enfin il eut recours à ce stratagême. Il lui ordonna de lui envoyer le plus jeune de ses deux Enfans, pour être contraint par la rigueur des supplices à obéir aux Edits. Quelque tems après il manda son Aîné, puis sa Femme. Il lui fit dire ensuite que tous avoient porté la peine de leur obstination, & qu'il lui conseilloit de penser sérieusement à lui-même. Cette déclaration, bien loin de l'intimider, ne fit qu'augmenter l'impatience, qu'il avoit d'aller au Ciel, où il se promettoit de rejoindre sa Famille. Il se rendit au Palais plein de ce sentiment ; mais il fut bien étonné de n'y recevoir que des loüanges, & d'y retrouver sa Femme & ses Enfans, qui ayant témoigné la même constance que lui, n'avoient reçu que des traitemens dignes de leur vertu.

Un autre Gentilhomme de cette même Cour ne fit pas moins paroître de résolution, & ne ressentit pas de moindres effets de l'équité du Prince. Il y avoit longtems, que Taydono le pressoit de changer de Religion, il parut se lasser de parler en vain ; & un jour il lui fit dire qu'il iroit dans peu lui rendre visite, & qu'il songeât à le satisfaire sur ce qu'il désiroit. Le généreux Chrétien repartit que sa réponse étoit toute prête, & dès qu'il eut été averti que le Roi venoit, il se mit à l'entrée de sa maison, seul, sans Armes ; & du plus loin qu'il apperçut le Prince, il se jetta à genoux, en s'écriant : » Seigneur, je suis Chré- » tien, je veux vivre & mourir Chré- » tien ; vous êtes le Maître absolu » de mes biens & de ma vie, vous » pouvez en disposer comme il vous » semblera bon ; mais vous n'avez » aucun pouvoir sur ma Religion.

Ce Gentilhomme avoit un Fils âgé de neuf ans. Cet Enfant n'eut pas plutôt apperçu son Pere dans la posture que j'ai dit, qu'il courut le joindre, en criant de toute sa force : *Je suis Chrétien, & je le serai jusqu'à la mort.* Ce spectacle, qui commençoit à attendrir tout le monde, devint encore bien plus touchant, par la vûë de la Mere & de la Femme de ce fervent Chrétien, qui vinrent se jetter aux pieds du Roi, & lui faire les mêmes protestations. Taydono, qui s'étoit beaucoup contraint jusques-là, ne put alors retenir ses larmes ; il les releva tous avec bonté, leur donna mille témoignages d'estime & d'affection, & se retira. Enfin ce Prince rencontrant partout la même fermeté, prit le parti de fermer les yeux, & dit même un jour, qu'il s'estimoit heureux d'avoir à son service des hommes, sur la fidélité desquels il croyoit pouvoir compter.

Il y eut néanmoins cette même année des Martyrs dans le Bungo, mais il y a bien de l'apparence, que le Roi n'y eut point de part, ou qu'on se servit de quelque prétexte, pour lui faire signer des Arrêts de mort. Les premiers coups porterent sur une Femme de condition, nommée MAXENCE, dont le courage fut un puissant aiguillon pour tous les autres Fidéles. Après qu'elle eut souffert avec son Mari & son Beau-Frere toutes sortes d'assauts & de tourmens, les deux Freres ayant été condamnez au feu, on la mena la corde au col, pour assister à leur supplice, afin de voir, si l'horreur de ce genre de mort ne l'intimideroit point. Mais tout le contraire arriva. Maxence ne put voir les deux Martyrs chanter au milieu des flammes, sans être émuë jusques au fond du cœur, & il fallut la retenir de force, pour l'empêcher d'aller embrasser ces illustres Mourans à travers les brasiers ardens, qui les consumoient. Après qu'ils eurent expiré, comme on recommençoit à tenter sa constance, pour toute réponse elle se fit un bandeau de ses cheveux, se jetta à genoux aux pieds des Soldats, qui la conduisoient, & leur présenta sa tête, qu'ils lui couperent à l'instant.

On jetta enſuite ſon corps dans le feu, où étoient ceux de ſon Mari & de ſon Beau-Frere, & on les y laiſſa réduire en cendres ; mais on dit qu'à la faveur de trois brillantes lumieres, qui parurent la nuit au-deſſus du lieu de l'exécution, les Fidéles recuëillirent quelques oſſemens, qui avoient échappé aux flammes. On ajoûte que ce ne fut pas le ſeul prodige, que le Seigneur opéra, pour illuſtrer la Foi de ces Chrétiens perſécutez, qui ſe préſentoient de ſi bonne grace au Martyre : que quelques-uns furent honorez du don de Prophétie ; que d'autres, après avoir été décapitez, furent entendus prononcer diſtinctement les ſaints Noms de JESUS & de MARIE : on aſſûre même que le feu Roi d'Arima avoit prédit en mourant bien des choſes touchant la perſévérance & la chûte de pluſieurs de ſes Sujets, & qui ſe trouverent exactement vrayes. Mais la plus grande merveille étoit de voir dans des Néophytes de tout âge, de tout ſexe, & de toute condition, cette grandeur d'ame, cette ardeur pour le Martyre, & cette fermeté au milieu des ſupplices, qui faiſoient l'admiration de tout l'Empire.

Le Cubo-Sama ſuivoit toujours ſon premier plan, qui étoit de ne point répandre le ſang des Fidéles. On attribuoit cette conduite principalement à deux choſes : la premiere étoit une forte perſuaſion, que les exécutions ſanglantes avoient ordinairement un effet contraire à celui, qu'on prétendoit : la ſeconde, qu'il ne doutoit point qu'après le départ des Miſſionnaires, dont il ne croyoit pas qu'un ſeul eût échappé aux recherches de ſes Officiers, la ferveur de leurs Diſciples ne ſe ralentît peu à peu. Il paroit même que les Gouverneurs des Villes Impériales, & les autres Seigneurs, qui recevoient leurs ordres immédiatement de lui, n'avoient pas encore la liberté de faire mourir perſonne. On l'a pû voir par ce qui ſe paſſa d'abord à Méaco & à Ozaca ; cela parut encore par la conduite d'Itacundono, Gouverneur de la premiere de ces deux Villes, & Vice-Roi de la Tenſe. Ce Seigneur avoit ſous lui deux Commandans à Méaco, l'un pour la haute Ville, & l'autre pour la baſſe : celui-ci traitoit aſſez doucement les Chrétiens, perſuadé que ſon Supérieur les aimoit toujours, ou du moins les eſtimoit : mais le Commandant de la haute Ville, ou ignoroit cette diſpoſition du Vice-Roi, ou n'eut pas pour lui la même complaiſance. Par malheur Itacundono ayant fait courir le bruit, que pluſieurs Chrétiens avoient renoncé à leur Foi, & cela pour éviter de recevoir des ordres plus violens contre eux, ceux, dont il avoit marqué les noms parmi ces prétendus Apoſtats, proteſterent juridiquement contre cette ſupercherie : il craignit qu'on ne l'accuſât de favoriſer le Chriſtianiſme, & dans l'appréhenſion de s'attirer de fâcheuſes affaires, il fit quelques exemples ſur les principaux.

Après les avoir fait ſaiſir, il les livra à un de ſes Officiers, homme d'une férocité au-deſſus de toute expreſſion. Ce Barbare voyant que les Bourreaux ménageoient un peu les Martyrs, dans la crainte qu'ils n'expiraſſent entre leurs mains, & qu'on ne les en rendît reſponſables,

A a ij

parce que l'ordre du Vice-Roi portoit qu'on ne feroit mourir personne, leur dit de faire du pis qu'ils pourroient, & qu'il prenoit sur lui tout ce qui en arriveroit. Quelque tems après on l'avertit qu'un des Patiens paroissoit prêt à rendre l'ame, & il commanda sur le champ, qu'on le jettât à la voirie ; ce qui fut exécuté. Mais les Chrétiens n'en furent pas plutôt informez, qu'ils l'enleverent, & l'ayant trouvé qui respiroit encore, ils le firent panser avec tant de soin & de bonheur, qu'il guérit parfaitement.

Les Confesseurs étant sortis victorieux de ce premier combat, on songea à leur en livrer un second beaucoup plus dangereux. On choisit parmi leurs Femmes douze des plus jeunes & des plus belles, & on les envoya à ceux, qui tenoient des lieux publics de débauche. Ceux-ci firent d'abord quelque difficulté de les recevoir, disant qu'elles se tuëroient plutôt, que de se laisser deshonorer ; mais on leur répondit que la Religion Chrétienne, dont elles faisoient profession, défendoit d'attenter à sa vie, sous quelque prétexte que ce fût, & sur cette assûrance ils les accepterent. A peine ces ferventes Chrétiennes se virent-elles enfermées dans ce lieu d'horreur, qu'elles s'aviserent de demander la permission de se couper les cheveux ; on la leur accorda sans peine, & on leur donna des cizeaux : mais au lieu d'en faire l'usage, qu'elles avoient dit, elles s'en tailladerent tout le visage, & se défigurerent tellement, que de jeunes débauchez, qui les attendoient, en furent effrayez, & se retirerent d'abord. Ceux qui les avoient achetées, appellerent aussitôt des Chrétiens, & les prierent de reconduire ces Femmes à leurs Maris, en qui leur difformité ne fit qu'augmenter l'amour qu'ils leur portoient, & qui les firent si bien panser, qu'aux cicatrices près, marques glorieuses de leur vertu, elles furent très-bien guéries.

Le stratagême diabolique de tenter les Fidéles par la prostitution de leurs Femmes, eut plus de succès dans le Buygen. Ceux qui commandoient à Cocura, Capitale de ce Royaume, après bien des efforts inutiles, pour abattre la constance de plusieurs, les menacerent, s'ils ne se rendoient aux volontez du Prince, d'exposer toutes nuës, & d'abandonner au Public leurs Meres, leurs Femmes & leurs Filles. Il n'en fallut pas davantage pour vaincre des gens, que la vûë des plus horribles supplices n'avoit pû ébranler ; mais après que les Forts furent tombez, Dieu, qui veut nous faire sentir que la véritable force vient de lui, accorda une insigne victoire à ceux d'entre les Fidéles, qu'on en auroit cru moins capables. Il y avoit près de Cocura un Hôpital de Lépreux ; le Roi leur fit dire, qu'il prétendoit que désormais ils adorassent les Dieux de l'Empire : ils répondirent tous unanimement, qu'en tout ce qui leur seroit ordonné de la part de leur Souverain, & qui ne seroit point contraire à la Loi de Dieu, ils obéiroient sans peine, dût-il leur en coûter la vie, mais qu'ils devoient encore plus de fidélité à celui, dont ils avoient reçu l'être & tout ce qu'ils étoient ; on les menaça de les brûler dans leur Hôpital, & l'on fit même semblant d'en venir à l'exécution : ils protesterent qu'ils n'en sortiroient point, de peur qu'on ne prît leur fuite, pour un signe d'Apostasie. On rendit compte au Roi de leur résistance, & ce Prince, bien loin d'en être irrité, la trouva digne des plus grands éloges, & voulut qu'on les laissât en repos.

§. X.

Le Roi d'Arima reconnoît la main de Dieu sur lui, & ne se convertit pas. Il remet son Royaume au Cubo-Sama, qui lui donne en échange celui de Fiunga beaucoup plus petit. Mouvement dans le Royaume d'Arima, qui est donné au Gouverneur de Nangazaqui. Plusieurs Missionnaires demeurent déguisez au Japon. Indiscrette ferveur des Chrétiens de Nangazaqui.

SUchendono Roi d'Arima continuoit la persécution avec plus de fureur que jamais ; mais enfin après avoir fait mourir les plus illustres de ses Sujets, & dépouillé de leurs biens les plus riches de sa Cour, qui ne voulurent pas imiter son Apostasie, il désespera de pouvoir tenir au Cubo-Sama la parole, qu'il lui avoit donnée, de faire changer de Religion à tout son Royaume. Alors Dieu permit qu'il commençât lui-même à se faire justice de tant d'excès, où la passion de régner l'avoit fait tomber. Il écrivit à ce Prince, qu'il ne pouvoit plus se résoudre à vivre parmi les irréconciliables Ennemis des Dieux Tutélaires de l'Empire, & qu'il le prioit de le transférer à un autre Royaume. Il ne doutoit point que son alliance avec la Famille de ce Prince, & son zele pour les Sectes du Japon, ne lui fissent obtenir quelque chose de meilleur, que ce qu'il avoit ; mais il fut trompé dans son attente. Le Royaume d'Arima fut donné à Safioye, qui y aspiroit depuis long-tems, & qui de simple Artisan se vit enfin Maître d'un assez grand Etat, Gouverneur d'une Ville Impériale, & Lieutenant Général du Ximo.

Le malheureux Suchendono n'eut en échange que le Fiunga, petit Royaume, si on le compare à celui qu'il perdoit, & qu'il fut obligé d'accepter, de peur de n'avoir rien du tout. On fut assez surpris de cette conduite du Cubo-Sama envers un Prince, qui avoit épousé son arriere Petite-Fille : mais ce n'est pas la premiere fois, qu'on a vû la Justice Divine exercer ses plus terribles vengeances par ceux-là même, dont les Coupables avoient préféré le service au sien, & qui auroient été bien embarassez à rendre d'autre raison de ce qu'ils faisoient, que celle que fit Titus en marchant à Jerusalem, pour détruire cette Ville. Le malheur est que ces grands châtimens sont plus souvent l'effet de la colere d'un Dieu justement irrité, que d'un reste de bonté d'un Pere, qui n'a pas encore fermé le sein de sa miséricorde. Suchendono, dit-on, reconnut bien la main, qui le frappoit, surtout après que s'étant embarqué avec tous ses Tréfors, pour se rendre dans le Fiunga, il en eut perdu la meilleure partie par un Naufrage. Mais on n'ajoûte point qu'il ait profité de ce rayon de lumiere, pour rentrer dans la voye du salut ; & le

A a iij

silence des Historiens à cet égard, donne tout lieu de croire que, s'il se confessa pécheur, ce fut comme Caïn & comme Saül, pour commencer dès cette vie son Enfer par toutes les horreurs du désespoir.

Safioye de son côté n'étoit pas sans inquiétude au sujet de sa nouvelle acquisition : tout y étoit dans un grand mouvement à l'occasion que je vais dire. Suchendono, dans le tems même qu'il négocioit à la Cour de Surunga pour l'échange, dont nous venons de parler, après avoir fait abattre tout ce qui restoit dans ce Royaume d'Eglises & de Lieux saints, s'étoit laissé persuader par son Conseil secret de n'attaquer plus les Chrétiens, que par la prostitution de leurs Femmes & de leurs Filles ; la résolution en avoit été prise : mais sur l'avis, qu'en eurent les Fidéles, ils s'assemblerent pour déliberer sur ce qu'ils avoient à faire en une conjoncture si délicate. Quelques-uns furent d'avis de mettre en lieu sûr toutes les personnes, pour qui l'on avoit à craindre, & de prendre les Armes pour défendre leur honneur, ne pouvant pas croire que la Loi de Dieu leur défendît de repousser par la force, même contre leur Souverain, un affront, où leur salut n'étoit pas moins intéressé que leur honneur. Mais d'autres plus sages & mieux instruits n'approuverent point ce parti extrême, & en firent prendre un plus modéré, & qui fut efficace. Ce fut de faire une Députation au Roi, pour le supplier de s'en tenir contre les Chrétiens aux termes des Edits du Cubo-Sama ; d'ajoûter même, s'il le souhaitoit, à la peine de bannissement & de confiscation, la croix, le feu, & tous les supplices, qu'il pourroit imaginer, mais de ne point se couvrir lui-même d'un opprobre éternel, en voulant satisfaire la brutale passion de ceux, qui lui suggéroient l'infâme dessein, dont on leur avoit parlé. Cette remontrance fut assez favorablement écoutée, le Roi eut honte de lui-même, & peut-être aussi eut-il le vent du premier avis, qui avoit été proposé, & craignit-il qu'on n'y revînt, s'il persistoit dans sa résolution ; de sorte qu'il laissa les choses sur le pied, où elles étoient.

Sur ces entrefaites la réponse du Cubo-Sama au sujet de l'échange proposé par Suchendono arriva. On ne peut croire l'effet qu'elle produisit dans cette nombreuse Chrétienté ; il fut tel, que le nouveau Roi y crut sa présence nécessaire. Il partit pour Arima, & trouva en arrivant que tous les Chrétiens, jusqu'aux Enfans, se disposoient à la mort ; il comprit même que ce feu ne s'appaiseroit pas aisément, à moins que d'en venir à des extrémitez toujours dangereuses dans un commencement de domination. Toutefois il essaya de gagner par la douceur & par la persuasion, ceux qu'il désespéroit de vaincre par les menaces, & l'appareil des supplices ; il parla aux Chefs, il leur représenta les maux affreux, que ce Peuple séduit, disoit-il, alloit attirer sur soi ; & il leur demanda quelle étoit leur manie, d'en croire plutôt à des Etrangers, dont la doctrine renversoit l'ordre & la subordination entre les Sujets & les Souverains, qu'à ceux, qui avoient jusques-là maintenu les premiers dans la tranquillité, & dans la soumission ? A tout cela les Chrétiens ne firent point d'autre réponse, sinon, qu'on pouvoit leur ôter tout ce qu'ils possédoient au monde, les exiler, les faire mourir, mais non pas leur arracher du cœur la Foi, que Dieu y avoit gravée lui-même avec des traits ineffaçables. Des Députez de Cochinotzu, qu'on avoit fait venir à la Capitale pour le même sujet, s'exprimerent à peu près dans les mêmes termes, & le nouveau Roi congédia les uns & les autres, en leur déclarant, qu'après qu'il auroit fait embarquer les Missionnaires, il reviendroit, & leur feroit bien tenir un autre langage.

C'étoit non seulement la pensée du Cubo-Sama & de la plûpart des Grands, mais encore une opinion répanduë dans tout l'Empire, que la fermeté des Chrétiens étoit l'effet de la présence des Prédicateurs de l'Evangile; & c'est pour cela qu'à Nangazaqui, où le Gouverneur se flattoit de les avoir tous réünis, on toléroit encore bien des choses, qu'on étoit fort résolu de ne plus souffrir, dès qu'ils seroient partis. Il y avoit alors, dit-on, jusqu'à cinquante mille Chrétiens dans cette Ville. Il est certain d'ailleurs que le Japon devoit au Christianisme, qu'un lieu presque désert, & moins qu'un Hameau, fut devenu un des plus riches Ports de l'Orient. Mais on comptoit pour rien cet avantage, tandis qu'un Poste de cette importance étoit en quelque façon entre les mains de gens, qu'on regardoit comme les plus dangereux Ennemis de l'Etat. Il falloit commencer par leur ôter leurs Pasteurs & leurs Chefs, & c'étoit alors l'unique attention du Gouvernement. On attendoit pour cela des Navires de Macao, ou des Philippines : il arriva enfin à Nanga- zaqui un Vaisseau Portugais, & la premiere chose qu'on fit, dès qu'il eut mouillé l'ancre, fut de déclarer au Capitaine l'ordre du Cubo-Sama, pour embarquer incessamment sur son bord, & conduire à Macao tous ceux, contre qui l'Arrêt de bannissement avoit été porté. Cet Officier crut qu'en faisant quelques présens à la Cour de Surunga, il obtiendroit d'être déchargé d'une Commission, qui dérangeoit fort ses affaires, mais Safioye lui fit manquer son coup, & le vingt-cinquiéme d'Octobre de cette année 1614. tous les Bannis furent avertis de se tenir prêts pour l'embarquement. La plûpart s'y étoient disposez par une retraite d'un mois, & par quantité de pratiques de piété, & de pénitence, qui augmenterent beaucoup la vénération, que l'on avoit déja pour eux. Comme ils avoient d'ailleurs encore plus d'empressement de sortir de leur malheureuse Patrie, qu'on n'y en avoit de les voir dehors, ils se mirent sur le champ en devoir d'obéir. Je ne sçai ce qui arriva ensuite, mais il paroît que ce Navire n'en reçut que fort peu, ou point du tout, soit que le Capitaine se fût enfin accommodé avec le Gouverneur de Nangazaqui, soit que son Bâtiment fût trop petit pour tant de monde.

Pour ce qui est des Missionnaires, qui, suivant l'ordre du Prince, les devoient accompagner tous, jusqu'aux Catéchistes; dans la triste nécessité, où ils se voyoient d'abandonner leurs Troupeaux, tout ce qu'ils pûrent faire, ce fut de prendre dès mesures pour retourner au Japon l'année suivante, comme ils firent la plûpart déguisez en mille manieres différentes. Les Jésuites en particulier, dans une Assemblée qu'ils tinrent entr'eux le quatorziéme d'Octobre, députerent à Rome le Pere Gabriel de Matos, & le Pere Pierre Morejon à Madrid, pour informer ces deux Cours de l'état présent des affaires du Japon, & proposer les remedes, que demandoit la nature du mal. Peu de jours après tous les Jésuites, qui étoient à Nangazaqui, au nombre de quatre-vingt-huit, furent conduits à Facunda, où le Gouverneur aimoit mieux qu'ils attendissent l'embarquement, qu'à Nangazaqui même, au milieu des Chrétiens ; mais il en étoit resté vingt-huit, qui avoient échappé aux recherches des Commissaires du Cubo-Sama, & qui étoient répartis dans tous les lieux, où il y avoit des Chrétiens. Quelques autres Religieux avoient eu le même bonheur, mais en petit nombre : une intrigue conduite par un des Magistrats de Nangazaqui, nommé Antoine Moriama, homme, dont les mœurs n'étoient dignes, ni de sa Religion, ni de la place qu'il occupoit, & qui fut découverte par le Gouverneur, fit juger à ce Prince que quelques-uns de ces bons Peres n'auroient pas été fâchez de voir partir tous les Jésuites du Japon, pourvû qu'eux-mêmes y fussent restez ; il est néanmoins fort croyable que Moriama avoit agi à leur insçû, & qu'ils n'eurent point d'autre part dans la mauvaise manœuvre, qu'il fit, que de n'avoir pas assez dissimulé leurs sentimens.

D'autre part les Chrétiens de Nangazaqui par un zele un peu indiscret, ne laisserent pas de contribuer beaucoup à presser le départ de ceux, qu'ils auroient voulu retenir au prix de tout ce qu'ils possédoient sur la terre. Car sans faire réflexion qu'on examinoit toutes leurs démarches, & que le moindre soupçon suffisoit pour les rendre criminels, ils firent de fréquentes Assemblées, & ne prirent aucune des précautions, que leur prescrivoit la prudence. Ils instituerent des Associations, qui furent prises pour des Cabales ; ils dresserent des Réglemens, où la discrétion ne fut pas assez bien gardée ; & ils firent des Processions & des Pénitences publiques, qui remuerent toute la Ville. Les Enfans mêmes, & les Dames de la premiere qualité, parmi lesquels on voyoit une Princesse Lucie fille de Civan Roi de Bungo, se donnerent en spectacle, une Croix d'une main, & de l'autre un foüet, dont ces zélez, mais indiscrets Pénitens, se déchiroient les épaules d'une maniere terrible.

Safioye, qui se trouvoit alors à la Cour de Surunga, & que l'on eut soin d'informer d'un éclat si hors de saison, ne manqua point d'en profiter : il dépeignit au Cubo-Sama Nangazaqui comme une Ville, dont les Chrétiens étoient absolument les Maîtres, & où ils étoient en état de tout entreprendre. Le Prince prit feu à ce récit, & sur l'heure il envoya un ordre exprés de faire incessamment embarquer les Bannis, qui furent tous conduits le vingt-sept à Facunda. On ne les fit pas entrer dans le Bourg, & en attendant que tout fût prêt pour le départ, on les logea dans de méchantes Cabannes de jonc, qui furent dressées à la hâte. Le Pere Diégo de Mesquita, qui avoit accompagné à Rome les Ambassadeurs des Rois de Bungo & d'Arima & du Prince d'Omura, d'Omura, y tomba dangereusement malade ; & comme tous les secours lui manquoient dans ce lieu désert, on demanda la permission de le transporter à Nangazaqui. Elle fut refusée, & cet ancien Missionnaire, jusques-là si chéri & si respecté des Infidéles mêmes, y mourut sans autre consolation, que celle de mourir Confesseur de Jesus-Christ.

§. XI.

Les Exilez sont embarquez, les uns pour Manile, & les autres pour Macao. Réception faite aux premiers. Ucondono tombe malade. Discours qu'il tient à sa Famille. Sa mort. Ses Obseques. Générosité du Roi d'Espagne envers les autres Exilez.

ENfin on contraignit tous les Bannis de s'embarquer sur trois Joncs Chinois assez mal équipez. Ucondono, le Roi & le Prince de Tamba, avec toutes leurs Familles, tous les Religieux de Saint Augustin, de Saint Dominique & de Saint François, & vingt-trois Jésuites, prirent sur un de ces Bâtimens la route des Philippines. Soixante & treize Jésuites & quantité de Japonnois de toute condition tournerent sur les deux autres du côté de Macao, & y arriverent en peu de jours. Les Portugais eussent fort désiré que les Princes eussent aussi choisi leur Ville pour le lieu de leur Retraite ; eux-mêmes le souhaitoient beaucoup : mais après un mûr examen ils jugerent qu'ils ne le devoient pas. Macao avoit de grands ménagemens à garder avec l'Empereur de la Chine, qui en est le Souverain, & ce Monarque n'eût peut-être pas vû volontiers dans ses Etats tant de braves Japonnois, & surtout ce fameux Ucondono, dont le Cubo-Sama ne faisoit point difficulté de dire, qu'il valoit lui seul une Armée entiere. C'est la réflexion d'un de nos Historiens. Pour moi je suis persuadé que c'étoit bien moins la Cour de la Chine, dont on craignit en cette occasion les ombrages, que le Cubo-Sama même. Ce Prince, qui étoit toujours à la veille d'en venir à une rupture ouverte avec l'Empereur son Pupille, n'auroit pas été tranquile, tant qu'il auroit sçu Ucondono à portée de se joindre à son Rival : & c'est apparemment ce qui fit prendre à ce Seigneur le parti de s'éloigner davantage ; mais je ne donne ceci, que comme une conjecture, au défaut des connoissances plus certaines, que mes Mémoires ne me fournissent pas.

Il s'en fallut bien que le Bâtiment, qui portoit cette illustre Troupe, eût le vent aussi favorable, & la Mer aussi calme, que les avoient eus les deux autres ; il fut presque toujours en danger de périr, & on y manqua bientôt des choses les plus nécessaires. Quatre Jésuites moururent dans la traversée, & comme on n'étoit pas loin de terre, on y porta leurs corps pour les y enterrer, & quelques Castillans profiterent de l'occasion pour donner à Manile la nouvelle de l'arrivée prochaine de tant d'illustres Bannis. Enfin ils parurent à la vûë de cette Capitale. Dès que le Gouverneur Dom Juan de Sylva en fut averti, il détacha un Officier de marque sur une Galere magnifiquement ornée, pour aller prendre les Princes le plus loin qu'il seroit possible, & dans le moment que la Galere aborda le Jonc, il se fit une décharge générale de tout le canon des Navires, qui étoient dans le Port, & de celui de la Place. Le Gouverneur s'avança ensuite sur le rivage, & reçut les Princes & les Princesses à la tête du Conseil, des Officiers Royaux, & d'un Peuple infini, toutes les Troupes étant sous les Armes. Après les premiers embrassemens, où il y eut de part & d'autre bien des larmes répanduës, on alla en cérémonie à l'Eglise Métropolitaine au bruit des acclamations du Peuple, & le Clergé y reçut les Confesseurs, comme s'il eût reçu le Roi même. De-là ils furent conduits à l'Eglise des Jésuites, où le *Te Deûm* fut chanté en Musique. Ils dînerent chez les Perés avec le Gouverneur, qui ne les quitta point, qu'il ne les eût menez dans les Maisons, qu'on leur avoit meublées, & où ils reçurent les visites de tout ce qu'il y avoit de plus considérable dans la Ville.

Le lendemain ils visiterent le Gouverneur & l'Archevêque, puis ils allerent dans les Carosses du premier chez tous les Religieux de Manile, qui les reçurent processionnellement, & au son des Cloches. On fit aussi aux autres Exilez toutes sortes de bons traitemens, & de plus de mille qu'ils étoient, en comptant ceux, qui par un bannissement volontaire avoient prévenu les ordres du Cubo-Sama, il n'y en eut pas un seul, qui ne fût défrayé avec une espece de profusion aux dépens du Roi. Le Gouverneur fit au nom de Sa Majesté Catholique des offres très-sinceres aux Princes, & aux plus considérables d'entre les Exilez, de tout ce qui seroit le plus à leur bienséance; mais ils répondirent unanimement qu'ils ne vouloient pas être dédommagez sur la terre de ce qu'ils avoient perdu pour la cause Dieu; qu'ils regardoient la pauvreté, à laquelle ils se voyoient réduits, comme quelque chose de plus précieux, que ce qu'ils avoient sacrifié; qu'ils ne changeroient pas leur situation pour tous les Empires du monde; & qu'ils étoient résolus de passer le reste de leur vie en Bannis. Ils ajoûterent que n'ayant jamais rien fait pour le service du Roi d'Espagne, il n'étoit pas juste qu'ils possédassent ce qui devoit être la récompense de ceux, qui avoient bien mérité de l'Etat & de leur Prince. Tous les autres, à qui on fit de pareilles offres, témoignerent le même désintéressement & la même noblesse, ce qui fut pour les Espagnols d'un grand exemple, & redoubla la vénération, qu'on avoit pour leur vertu.

Il n'y avoit gueres qu'un mois qu'ils étoient à Manile, lorsque la joye publique, qui duroit encore, fut troublée tout-à-coup par la maladie d'Ucondono. Ce grand Homme fut d'abord attaqué d'une fiévre continuë, qui en peu jours fit désespérer de sa vie. Dès qu'il sçut le danger, où il étoit, il fit appeller son Confesseur, & après lui avoir témoigné le plaisir, qu'il ressentoit de mourir exilé pour Jesus-Christ, il lui ajoûta; *Je ne recommande ma Famille à personne, ils ont l'honneur, aussi bien que moi, d'être proscrits pour la Religion, cela leur doit tenir lieu de tout.* Il parla sur le même ton à sa

Femme & à ses Enfans : » Quelle » comparaison, leur dit-il, du ser- » vice des hommes au service de » Dieu ! J'ai dès l'enfance, & jus- » qu'à mon premier exil, fait la guer- » re pour mes Seigneurs, & pour » les Empereurs. Pendant tout ce » tems-là j'ai plus souvent endossé » la cuirasse, que je n'ai vêtu la ro- » be de soye, j'ai blanchi sous le » casque, & mon épée n'est pas de- » meurée dans le fourreau, tant que » j'ai eu les Ennemis de l'Etat à com- » battre ; j'ai cent fois risqué ma vie » pour mes Souverains ; quel fruit en » ai-je retiré ? Vous le voyez. Mais » au défaut des hommes, Dieu ne » m'a point manqué. Dans le tems » de ma plus brillante fortune me » suis-je vû plus honoré & dans une » plus grande abondance de tout, » que je le suis ici ? Et qu'est-ce en- » core, que cette prospérité passa- » gere, au prix de la récompense, » que j'attens dans le Ciel ? Que je » ne voye donc point couler de lar- » mes, si ce n'est de joye : vous avez » bien plus de raison de me féliciter » que de me plaindre : & quant à ce » qui vous touche, je ne sçaurois » vous croire malheureux, puisque » je vous laisse à la garde d'un Dieu, » dont la bonté & la puissance n'ont » point de bornes. Continuez à lui » être fideles, & soyez assûrez, qu'il » ne vous abandonnera point.

Le Malade fit ensuite son Testament, qui fut assez semblable à celui du Saint Homme Tobie : aussi n'avoit-il, comme cet autre Chef d'une Famille exilée, que des vertus & de grands exemples à laisser à ses Héritiers. Il conclut tout ce qu'il avoit à leur dire, par déclarer, qu'il désavoüoit pour son sang quiconque d'entr'eux se démentiroit dans la suite de ce qu'ils avoient fait paroître jusqu'alors de piété & de religion. Il mourut dans ces sentimens le cinquiéme de Février 1615. après avoir reçu les Sacremens de l'Eglise avec une dévotion, & dans des transports de ferveur dignes d'un Héros Chrétien, & d'un Confesseur de Jesus-Christ. Sa mort, qui fut annoncée par le son des cloches de toute la Ville, mit également en deüil les Japonnois & les Espagnols : il sembloit que chaque Particulier eût perdu son Pere, & l'on n'entendoit de tous côtez que des gens, qui se disoient les uns aux autres en gémissant ; *le Saint est donc mort ! Ah ! nous n'étions pas dignes de le posséder.* Dom Juan de Sylva surtout étoit inconsolable, & pour charmer sa douleur, autant que pour honorer la Religion dans un homme, qui avoit fait la gloire de la plus belle Chrétienté de l'Univers, il s'appliqua à lui faire de magnifiques obseques.

On l'exposa d'abord dans une grande Sale sur un lit de parade, où le Commissaire du Saint Office suivi d'un grand nombre de Religieux de tous les Ordres, vint aussitôt lui baiser les mains. Tous les Corps, sans en excepter aucun, en firent autant. Le Peuple y accourut en foule, & il n'y eut personne, qui ne voulût lui baiser les pieds. Le jour marqué pour l'enterrement, le Gouverneur Général, & les Auditeurs Royaux leverent le Corps & le porterent jusqu'à la ruë, où ils les remirent aux Confreres *de la Miséricorde,* parce que le Défunt avoit été au Japon de cette Société. Dès qu'il fut arrivé à l'Eglise des Jésuites, où il avoit choisi sa sépulture, & qui

Bb ij

étoit toute tenduë de soye, & ornée d'Emblêmes & de Devises en Castillan, en Japonnois, en Chinois & en Latin, il fut reçu par le Commissaire du Saint Office, & par les Supérieurs des Religieux, qui le porterent sur leurs épaules jusqu'au grand Autel, devant lequel il fut placé. Ce fut le Clergé de l'Eglise Métropolitaine, qui fit le Service, & le Recteur du Collége des Jésuites prononça l'Oraison funebre, qui fut cent fois interrompuë par les sanglots & les soupirs des Assistans. Quand il fut question de le mettre en terre, le Clergé ne voulut point souffrir qu'aucun Laïc y mît la main, & ce furent les Chanoines, qui lui rendirent ce dernier devoir. On lui fit ensuite dans la Métropole, & dans toutes les Eglises des Réguliers des Services solemnels; les Peres Augustins en firent un second dans l'Eglise, où il étoit inhumé, & partout son Panégyrique fut répété, & entendu avec un nouveau plaisir. Le Peuple ne se lassoit point d'élever au Ciel un homme, dont la présence avoit infiniment augmenté l'opinion, qu'il en avoit conçuë sur la renommée publique, & il fallut même, pour le satisfaire, imprimer tout ce qu'on put recuëillir des particularitez de sa vie.

Tout cela néanmoins n'étoit qu'un léger adoucissement à la douleur, dont étoit pénétrée la Famille de ce Héros. Celle du Roi & du Prince de Tamba étoit extrême, ils avoient perdu tout ce qu'ils avoient au monde de plus cher, & le compagnon de leurs disgraces. Il est vrai que les uns & les autres étoient hors d'eux-mêmes, quand ils faisoient réflexion à la maniere, dont les Espagnols en usoient à leur égard. Dom Juan de Sylva n'ayant pû les engager à accepter les Etablissemens, qu'il leur avoit plusieurs fois offerts, leur assigna des pensions sur le Trésor Royal, & en ayant rendu compte au Roi son Maître, non seulement ce Prince ratifia tout ce qu'il avoit fait, mais il lui écrivit même une Lettre de remerciment, comme d'un des plus signalez services qu'il eût pû jamais lui rendre.

Fin du treiziéme Livre.

HISTOIRE DU JAPON.

LIVRE QUATORZIE'ME.

De J. C. 1614.
De Syn Mu. 2274.

Tandis que les Philippines & Macao, où les Exilez n'avoient pas été moins bien reçus, qu'à Manile, profitoient avec joye de ce que le Japon venoit de rejetter, sans en connoître le prix, les Ennemis du Nom Chrétien se répandoient de toutes parts dans les Provinces de cet Empire, & y laissoient partout des traces sanglantes de leur fureur contre le Troupeau, qu'ils croyoient trouver sans Pasteurs. Mais comme nous avons vû que malgré l'extrême vigilance des Officiers Impériaux, & les recherches des Espions de Safioye, il étoit resté dans ces Isles un bon nombre d'excellens Ouvriers, qu'il en arrivoit de tems en tems de nouveaux, soit d'Europe, soit des Indes, & qu'une grande partie de ceux, qui en étoient sortis avec l'Habit de leur Ordre, ne tarderent pas à y retourner déguisez en Marchands, en Soldats, en Matelots, & en Esclaves ; on peut dire que l'Eglise du Japon ne fut jamais moins destituée des secours spirituels, que les six ou sept premieres années, qui suivirent le Bannissement de ses Ministres.

C'est ce que le Gouverneur de Nangazaqui étoit bien éloigné de se persuader ; car il se flatta longtems qu'il ne restoit plus, au moins dans tous les lieux, où il commandoit, aucun Prêtre Chrétien, & il en fit une Fête magnifique en l'honneur d'un Cami, auquel il étoit fort dévot. Cependant c'étoit là même, qu'il y en avoit actuellement, & qu'il y en eut toujours un plus grand nombre. D'ailleurs vingt mille Habitans de moins dans sa Place & aux environs, y avoient laissé un vuide, qu'il n'étoit pas aisé de remplir. Ce n'est pas que tout ce monde fût sorti du Japon ; mais la plûpart s'étoient retirez dans les Bois & sur les Montagnes, pour éviter la fureur de la Persécution, surtout les Personnes du sexe, qui croyoient leur honneur encore moins en sureté, que leur Foi, au milieu des Persécuteurs.

HISTOIRE

§. I.

Terrible appareil de Persécution dans le Royaume d'Arima. Cruautez inouïes exercées contre les Chrétiens. Leur constance. Martyre d'un Gentilhomme, & son discours au Tyran.

De J. C. 1614.
De Syn Mu. 2274.

IL y a bien de l'apparence que ce fut la crainte de dépeupler entierement une Ville aussi importante, que Nangazaqui, & d'en éloigner pour toujours les Marchands Portugais & Castillans, dont on ne croyoit point encore pouvoir se passer au Japon, qui engagea le Tyran à transporter le feu de la Persécution dans son Royaume d'Arima; outre qu'il vouloit avoir l'honneur de commencer la ruine du Christianisme par la réduction des Peuples, qui lui étoient plus particulierement soumis. Il est vrai qu'il s'y prit de maniere à persuader qu'il aimoit mieux n'avoir point de Sujets, que d'en avoir, qui fussent Chrétiens. On ne lit rien dans toute l'Histoire Ecclésiastique, qui approche de ce qu'on vit alors dans ce malheureux Royaume : dix mille hommes, armez de toutes piéces, divisez en trois Corps, dont le Roi commandoit le plus considérable, entrerent en même tems dans ce Pays par trois endroits différens. Dès qu'ils arrivoient dans une Ville, ou dans une Bourgade, des Commissaires nommez par le Prince faisoient dresser des Tribunaux dans la Place publique, & on y citoit les Chrétiens les plus connus. L'appareil des supplices, qu'on y étaloit à leurs yeux, étoit capable d'intimider les plus hardis; mais rien n'ébranloit des gens, qui comptoient les occasions de souffrir pour de véritables faveurs.

On passa donc des menaces à l'exécution : les Tribunaux étoient placez au milieu d'un grand espace palissadé ; à mesure qu'on appelloit les Fidéles par leur nom, on les faisoit entrer dans cet Enclos, on les saisissoit par les oreilles avec des crochets de fer, on les traînoit par les cheveux, on les jettoit par terre, on les fouloit aux pieds ; enfin on déchargeoit sur eux de si cruelles bastonnades, que presque tous restoient un tems considérable comme morts. Ce qui irritoit davantage les Présidens & les Bourreaux, c'est que ces généreux Chrétiens ne daignoient pas même se plaindre, & paroissoient insensibles; & que ceux, qui étoient hors de la barriere dans l'attente d'un pareil traitement, faisoient tout retentir de leurs chants d'allégresse, publioient les loüanges de ce même Dieu, dont on vouloit leur faire abandonner le culte, exhortoient sans cesse leurs Freres à la patience, & paroissoient eux-mêmes fort impatiens de partager leurs souffrances.

Parmi les divers supplices, que la fureur des Présidens leur fit imaginer pour lasser la constance de ces généreux Soldats de Jesus-Christ, un des plus cruels, & celui, auquel on s'attacha le plus, fut de leur fracasser les jambes entre deux piéces de bois ; mais tous ces genres de tortures furent sans effet. Enfin on fit mourir quelques-uns des plus intrépides, leurs têtes exposées sur les Palissades, & leurs corps hachez

De J. C. 1614.
De Syn Mu 2274.

en piéces furent laiſſez ſur la place, pour ſervir de pâture aux Oiſeaux, & aux Bêtes carnacieres. On choiſit enſuite parmi les autres un certain nombre, & après leur avoir mis des bâillons à la bouche, on publia qu'ils avoient abjuré la Foi, & on les renvoya; mais ils eurent grand ſoin de déſabuſer le Public. Les Relations font ſurtout mention de deux Freres, nommez Pierre & Loüis Gotto, qui déclarant partout qu'ils n'avoient jamais adoré, & n'adoreroient jamais d'autre Dieu, que celui des Chrétiens, furent arrêtez de nouveau, appliquez aux plus cruelles tortures, & enfin décapitez avec dix-ſept autres Chrétiens à Arima le vingt-uniéme de Novembre de cette année. Deux autres le furent le lendemain à Sugava, petite Bourgade du même Royaume, dix-huit à Cochinotzu le même jour, & quatre moururent le vingt-trois dans les tourmens.

Le Roi avoit choiſi ſon poſte dans ce Port; ce fut là, que furent portez les plus grands coups, & que la conſtance des Fidéles triompha d'une maniere plus éclatante. Safioye s'apperçut bientôt qu'il avoit affaire à des gens, qu'il n'étoit pas aiſé de réduire: Il crut qu'il falloit laiſſer un peu ralentir cette ferveur; il fit diverſes courſes de côté & d'autre; puis s'imaginant que le tems, & l'horreur des ſupplices, dont il avoit fait courir de toutes parts des deſcriptions effrayantes, auroient rendu plus traitables les Habitans de Cochinotzu, il rabattit dans cette Ville. Il y arriva le vingt-uniéme de Novembre, & le lendemain on l'avertit que ſoixante Chrétiens, ſans attendre qu'on les appellât, s'é-

toient rendus dans une Place, où ils jugeoient que ſe devoit faire l'exécution; que pluſieurs avoient fait proviſion de cordes, dans la crainte que les Bourreaux n'en euſſent pas aſſez pour les lier tous, & qu'ils attendoient avec impatience qu'on vînt pour les tourmenter.

A cette nouvelle le Roi outré de colere proteſta qu'il n'en auroit pas le démenti, & ſur l'heure il donna ordre qu'on environnât la Place de trois rangs de Soldats, Arbaleſtriers, Piquiers & Aquebuſiers. Cela fait, on vit arriver les Bourreaux armez de toutes ſortes d'Inſtrumens de ſupplice, & un moment après un Officier nommé Gozaïmon, parut ſur un Tribunal fort élevé, pour préſider à la ſanglante Scene, qui ſe préparoit. Elle commença dans l'inſtant; on fit venir les Chrétiens cinq à cinq, on leur lia les bras derriere le dos, & après les avoir élevez en l'air, on les rejetta ſi rudement à terre, que les uns en furent dangereuſement bleſſez, & que d'autres eurent tous les os briſez. A pluſieurs le ſang couloit par les yeux, par le nez, les oreilles & la bouche; quelques uns reſterent comme morts, & l'on ne comprenoit pas comment un ſeul pouvoit vivre après de ſi rudes ſecouſſes; car il eſt vrai de dire que les Lions & les Tygres en fureur ne s'acharnent point ſur leur proye, comme on faiſoit ici de ſang froid contre les Serviteurs de Dieu.

Au bout de quelque tems on leur donna un peu de relâche; puis on les reprit, on les dépoüilla tout nuds, on leur lia de nouveau les bras, les mains & le col; on les piqua par tout le corps, on les élança encore contre terre, & on leur foula aux pieds le visage. En cette situation, les Martyrs rappellant tout ce qu'il leur restoit de force, baisoient les pieds de ceux, qui les traitoient avec tant d'ignominie & d'inhumanité : enfin on les releva, & on les présenta au Président, lequel affectant une tendre compassion du triste état, où il les voyoit, n'oublia rien pour leur persuader de renoncer à un Dieu, qui les abandonnoit, disoit-il, au pouvoir de leurs Ennemis. Il eut beau dire, il ne gagna rien, ce qui le fit entrer en fureur. Il commanda aussitôt qu'on leur fît endurer un nouveau tourment, qui, pour être une des plus horribles inventions de l'Enfer, n'en eut pas davantage l'effet, qu'il prétendoit. On les étendit sur le ventre, on leur mit sur les reins une grosse pierre, que quatre hommes pouvoient à peine porter, & par le moyen d'une poulie, on les éleva en l'air avec des cordes, qui les prenant par les pieds & par les mains, les replioient en arriere de telle sorte, qu'ils ne pouvoient manquer d'avoir en un moment tous les membres disloquez, & le corps fracassé.

Ils demeurerent en cette posture, jusqu'à ce que la douleur les fit évanoüir; alors on les détacha, & dès qu'ils eurent repris leurs sens, on recommença à les tourmenter en mille façons. On leur fracassoit les jambes entre deux poutres octogones armées de pointes, qui leur entroient bien avant dans la chair, on leur coupoit les doigts des pieds les uns après les autres; enfin, quand on eut épuisé sur eux toutes les tortures imaginables, Gozaïmon leur fit imprimer sur le front une Croix avec un fer tout rouge. Ainsi marquez du sceau des Elûs, ils témoignerent une joye, qui mit leurs Bourreaux hors d'eux-mêmes de rage & de dépit. A mesure qu'on les marquoit, on leur demandoit s'ils persistoient encore dans leur obstination ; & comme ils répondirent tous qu'ils perdroient plutôt mille vies, que de commettre la moindre lâcheté, on leur fit à grands coups de cailloux sauter toutes les dents de la bouche : il y en eut même, à qui on creva les yeux, & d'autres, qui perdirent la vûë, les yeux leur étant sortis de la tête, tandis qu'ils étoient élevez de terre dans l'horrible posture, dont j'ai parlé. Enfin on coupa la tête à dix-huit, & quatre autres expirerent sur la place. Le reste fut renvoyé.

Ils faisoient horreur à voir, & Gozaïmon ne voulut pas qu'on les fît mourir, il ordonna seulement qu'on leur coupât les jarrets ; mais il y a bien de l'apparence qu'ils ne vécurent pas longtems. Il y avoit parmi eux un Gentilhomme nommé Thomas ARAQUI RIEMON : le Président choqué de ce qu'il étoit venu se présenter de lui-même, & avoit apporté des cordes pour être lié, s'étoit acharné à le faire souffrir plus, qu'aucun autre. Les yeux lui étoient sortis de la tête, & il étoit tellement défiguré, qu'on ne pouvoit le regarder sans frémir. Gozaïmon, avant que de se retirer, voulut voir, si l'excès de ses maux ne l'auroit point abattu ; il s'approcha de lui, & prenant un ton de voix fort radouci :
» Est-il possible, lui dit-il, qu'un
» Homme de votre âge, de votre
» mérite, & de votre naissance, par
» pur entêtement, & pour ne vou-
» loir pas obéïr à votre Roi, qui
ne

» ne vous demande rien, que de
» raisonnable, me contraigne à vous
» traiter de la forte? L'antiquité de
» nos Sectes, & l'autorité de tant de
» Grands Hommes également diſtin-
» guez par leur doctrine & par leur
» vertu, ne ſont-elles pas des titres
» ſuffiſans, pour vous convaincre
» que vous êtes dans l'erreur?

» C'eſt vous-même, Monſieur,
» qui vous trompez, reprit le Con-
» feſſeur de Jeſus-Chriſt, & je n'en
» veux point d'autres preuves, que
» celles, que vous venez de m'ap-
» porter; je veux dire l'antiquité &
» l'autorité: vos Dieux ont com-
» mencé d'être, la plûpart même
» ne ſont pas fort anciens; nos An-
» nales font mention de leur naiſ-
» ſance & de leur mort. Le Dieu,
» que j'adore, n'a point eu de com-
» mencement, & n'aura point de
» fin. Son culte eſt auſſi ancien,
» que le monde, puiſque dès le mo-
» ment, que les hommes, qui ſont
» l'ouvrage de ſes mains, ont paru
» ſur la Terre, il a eu des Adora-
» teurs. Si Jeſus-Chriſt eſt mort
» ſur une Croix, c'eſt un Myſtere,
» que je vous expliquerai, quand
» il vous plaira. Quant à l'autorité
» de vos Docteurs, ſur laquelle vous
» appuyez ſi fort; de bonne foi,
» Monſieur, parlez-vous ſérieuſe-
» ment? Un homme, qui fait en-
» core quelque uſage de ſa raiſon,
» peut-il mettre des Hypocrites avé-
» rez, qui ne trompent que le peu-
» ple groſſier, en paralelle avec des
» gens, à qui leurs plus grands En-
» nemis ne ſçauroient refuſer de ren-
» dre cette juſtice, que l'auſtérité
» de leur vie eſt auſſi réelle, que ſur-
» prenante, & que le ſeul deſir de
» nous procurer un bonheur éter-

» nel leur a fait entreprendre des
» travaux immenſes, & s'expoſer à
» mille dangers ſans aucune vûë d'in-
» térêt? Quelles marques n'ont-ils pas
» donné de leur déſintéreſſement ?
» Les a-t-on jamais ſurpris à dégui-
» ſer en rien la vérité ? Perſonne
» s'eſt-il plaint qu'ils lui ayent don-
» né un mauvais conſeil, ou qu'ils
» ayent refuſé de l'aſſiſter dans ſes
» beſoins ? A quoi s'apperçoit-on
» du ſéjour, qu'ils ont fait dans une
» Ville, ou dans une Province?
» N'y voit-on pas régner l'ordre &
» l'innocence, à la place du trouble
» & du déréglement des mœurs ?
» Pour ce qui eſt de la ſcience, y
» a-t-il aujourd'hui un homme d'eſ-
» prit dans l'Empire, qui ne regarde
» les Miniſtres de vos Dieux, com-
» me des ignorans, en comparaiſon
» des Religieux d'Europe ! Les pre-
» miers n'en ſont-ils pas convenus
» eux-mêmes, toutes les fois qu'ils
» ont voulu ſe meſurer avec eux ?
» N'avons-nous pas vû en mille oc-
» caſions des Femmes, de ſimples
» Artiſans, & des Enfans, à peine
» inſtruits des premiers élemens de
» notre Foi, réduire au ſilence les
» Bonzes les plus célebres ? Et dans
» ces derniers tems Ozaca & Méa-
» co n'ont-ils pas admiré, avec quel-
» le facilité ces Religieux Etrangers
» montroient à découvert tout ce
» que la nature a de plus caché, &
» prédiſoient ce qui devoit arriver
» de plus merveilleux dans le Ciel !
» Enfin, Monſieur, il n'y a perſon-
» ne dans les premieres Cours du
» Japon, qui ne convienne que ces
» Iſles ont changé de face, depuis
» que ces Docteurs y ont mis le
» pied; qu'on y remarque, & plus
» de politeſſe & plus de ſcience, &

» que notre chere Patrie perd beau-
» coup par leur éloignement.

Le Roi d'Arima ayant sçu l'extrémité, où étoit réduit ce Gentilhomme, lui fit faire à peu près le même compliment, que lui avoit fait Gozaïmon. Araqui lui fit une réponse, dont il se tint offensé, & sur l'heure il envoya ordre au Président de le remettre à la torture. Le Serviteur de Dieu a depuis avoüé qu'il avoit senti à cette nouvelle un saisissement, qui lui faisoit craindre de ne pouvoir résister jusqu'au bout à de si cruels supplices ; mais que s'étant souvenu de quelques Chrétiens de Facata, qui avoient été deux jours de suite suspendus à un Arbre, il s'étoit dit à lui-même : *Pourquoi ne pourrai-je pas souffrir ce qu'ils ont souffert ! Le secours du Ciel n'est-il pas donné à tous ! Enfin tout mon désir est de glorifier Dieu, qui n'a jamais manqué à ceux, qui lui ont été fidéles* ; ma

défiance l'offenseroit. Il ajoûta que dès ce moment il n'avoit presque rien senti. Cependant on le suspendit de nouveau en l'air, & toutes ses playes se renouvellerent. On cherchoit à le lasser, mais on desespéra enfin d'y réüssir ; & le Président lassé de tourmenter en vain un homme, qui n'avoit plus sur le corps un endroit, où on pût le frapper, commanda qu'on lui tranchât la tête. On se disposoit à exécuter cette Sentence au lieu même, où il étoit ; mais il supplia qu'on le conduisît à la Place, où les Compagnons de son Martyre étoient morts : ceux, à qui il fit cette priere, paroissoient assez disposez à lui donner cette consolation ; mais Gozaïmon changea de sentiment, & le fit reconduire chez lui, où il mourut de ses blessures, en exhortant sa Famille à la constance.

§. II.

Nombre prodigieux de Martyrs. Quelques merveilles opérées dans le cours de cette Persécution. Elle cesse dans le Royaume d'Arima. En quelle situation étoient alors les affaires de l'Empire. Le Cubo-Sama leve des Troupes. Trahison du Gouverneur d'Ozaca découverte. Le Cubo-Sama forme le Siége de cette Ville, & le leve. Paix simulée entre ce Prince & l'Empereur.

DE tant de courageux Athletes, qui triompherent de la rage des Tyrans en cette occasion, il n'y en a aucun, dont on ne pût rapporter des choses tout-à-fait édifiantes, mais il en faudroit faire un volume entier. Nous avons les Procès-verbaux de ces Martyrs envoyez à Rome par le Pere Charles Spinola, qui étoit alors revêtu de l'autorité de Vicaire Général dans cette partie Méridionale du Ximo, & l'on y voit que le nombre de ceux, qui signalerent leur courage dans cette persécution, est incroyable. Car ce qui se fit à Cochinotzu, où le Roi étoit en personne, ses Lieutenans le firent à Aria, à Obama, à Ximabara, à Sucuta & dans la Capitale ; & pas un de ceux, qui parurent devant les Tribunaux, ne témoigna la moindre foiblesse. Dieu de son côté concourut par plus d'un effet furnaturel à relever la gloire de ces braves Chrétiens, qui facrifioient de bon cœur leurs biens & leurs vies pour la confeffion de fon faint Nom : je n'en rapporterai que quelques exemples des plus marquez.

Un jeune Gentilhomme, qui avoit été pris en Guerre, & fait Efclave, fanctifioit fa captivité par une vie très-chrétienne : on ne l'avoit point cité pour répondre de fa Foi, mais il s'étoit préfenté de luimême, comme plufieurs autres, & malgré les Soldats, qui s'opiniâtrerent longtems à le repouffer, il s'étoit infinué parmi ceux, qu'on tourmentoit d'une maniere plus cruelle. Il fut encore moins épargné que les autres, mais il protefta toujours qu'il ne fouffroit rien. Les Bourreaux épuiferent toute leur rage, pour effayer de le rendre fenfible, mais il ne faifoit que rire de leurs vains efforts. Enfin ils lui couperent la tête. Un autre, dans le moment qu'il rendit l'ame à Arima, fut vû de fes deux Enfans, qui en étoient fort éloignez : l'aîné, qui n'avoit que huit ans, s'étant mis tout-à-coup à pleurer, on lui en demanda le fujet, & il répondit que fon Pere venoit de mourir ; le plus jeune, qui étoit entre les bras de fa Mere, s'écria au même inftant que fon Pere alloit au Ciel. Le lieu, où l'on tourmentoit les Fidéles à Cochinotzu, étoit la place, où avoit été l'Eglife ; peu de tems après on y apperçut pendant plufieurs nuits de grandes lumieres en forme d'étoiles, & l'on obferva qu'aux jours de Fête elles jettoient un plus grand éclat.

En quelques endroits, après qu'on avoit coupé aux Confeffeurs de Jefus-Chrift les jarrets, & les doigts des pieds, on les obligeoit de monter certains dégrez faits exprès & fort hauts ; & comme ils tomboient à chaque pas, on les contraignoit à grands coups de bâtons de fe relever. Il y en eut un, qui avant que d'être mis à la torture, pria les Bourreaux, que s'il tomboit entre leurs mains, ils lui fiffent endurer tous les tourmens, dont ils pourroient s'avifer ; fes fouhaits furent accomplis, & il mourut fous les coups : un autre nommé Michel Ixinda paroiffant fur le point d'expirer, fut laiffé fur la place, & y demeura toute une nuit, expofé à un froid des plus picquans. Le lendemain on le reporta chez lui, & il vécut encore cinquante jours. Comme il étoit prêt de mourir, il raconta que quinze jours après fon fupplice, deux jeunes Enfans d'une rare beauté, s'étoient approchez de lui, & lui avoient fait prendre d'une certaine liqueur très-exquife, dont il s'étoit trouvé parfaitement raffafié, & fi fort dégoûté de tout autre aliment, qu'il n'en avoit pû fouffrir aucun depuis ce tems-là. En effet on avoit été fort furpris, qu'il eût pû vivre fi longtems fans prendre aucune nourriture.

Le Roi d'Arima étoit bien réfolu de ne pas demeurer en fi beau chemin, & les Fidéles de leur côté ne regardoient tout ce que nous venons de voir, que comme les préludes de la perfécution, dont il les avoit menacez ; mais la Guerre, qui fut déclarée fur ces entrefaites entre l'Empereur Fide-Jory & le Cubo-Sama, l'obligea de mener toutes fes forces au fecours de celui-ci, dont il étoit la Créature.

C c ij

La maniere indépendante, dont ce Prince gouvernoit l'Empire depuis sa victoire sur ceux, que Tayco-Sama lui avoit associez à la Régence ; la possession paisible, où il étoit depuis plusieurs années de la Tense, qui est le Domaine Impérial, & le droit qu'il s'étoit arrogé, de faire publier ses Edits, & de donner des ordres souverains jusques dans Ozaca, où son Pupille faisoit sa résidence, avoient fait presque oublier le légitime Héritier de la Couronne. Les Traitez avec les Etrangers ne faisoient aucune mention de lui, de sorte qu'au dedans & au dehors, on s'étoit accoûtumé à regarder le Cubo-Sama comme le véritable Souverain du Japon.

Il s'en falloit bien néanmoins qu'il fût tranquile ; une nouvelle domination, quand elle n'est point encore parvenuë à se faire reconnoître universellement pour légitime, n'est jamais établie sur des fondemens bien solides, un rien peut la renverser, parce que le Prince naturel, tandis qu'il a les Armes à la main, quelque foible que soit son parti, a une grande ressource dans le cœur de ses Sujets, qui ne peuvent contester son droit, & ausquels sa personne est toujours respectable. Fide-Jory n'en étoit pas même réduit, où bien des Gens le croyoient ; tous ceux d'entre les Grands, qui avoient été sincerement attachez au feu Empereur son Pere, ou qui n'étoient point à la Cour de Surunga dans la même considération, où ils s'étoient vûs dans celle de Fucimi, étoient par nécessité, par intérêt, ou par affection liez à sa fortune ; & l'on ne doutoit pas que les Chrétiens, quoique peu assûrez d'être mieux traitez par ce Prince, qu'ils ne l'avoient été par son Pere, ne se déclarassent ouvertement pour lui, par la raison que s'ils avoient peu à espérer de ce côté-là, ils n'avoient rien à perdre de l'autre, & que leur situation présente étoit leur pis aller. Le Cubo-Sama n'ignoroit point leur disposition à son égard, & il se repentit un peu tard de s'être persuadé trop tôt qu'il n'avoit rien à craindre de leur part.

Enfin, quand bien même ce Prince eût cru sa domination assez affermie, pour se flatter de se maintenir le reste de ses jours dans la supréme Puissance, il comprenoit que, s'il vouloit assûrer le Trône Impérial à sa Famille, il ne falloit pas lui laisser un droit litigieux, ni personne, qui fût en état de le lui contester ; d'autant plus que le Xogun-Sama son Fils, Prince d'un génie médiocre, & d'une hauteur féroce, ne s'étoit fait, ni estimer, ni aimer, & que lui-même s'étoit rendu odieux en thésaurisant. Ce fut vers la fin de Novembre de l'année 1614. qu'après plusieurs tentatives pour se rendre maître de la personne de l'Empereur, & plusieurs intrigues que l'habileté de l'Impératrice Mere déconcerta, voyant toutes ses mines éventées, & n'ayant plus d'autre parti à prendre, que la force ouverte, il s'y résolut. Il mit sur pied une très-nombreuse Armée, & quoiqu'il eût encore voulu couvrir cet armement d'un prétexte spécieux, son dessein fut bientôt pénétré.

Nous avons vû que le jeune Empereur avoit fait rebâtir magnifiquement le Temple du *Daibods*, non point à Nara, où il avoit été en dernier lieu, mais auprès de Méaco. Comme il devoit assister à la Dédicace de cet Edifice, le Cubo-Sama crut l'occasion favorable, pour se rendre Maître d'Ozaca, & marcha avec une promptitude extrême, ayant fait courir le bruit que son dessein étoit d'accompagner Sa Majesté à Méaco, & de lui faire cortége dans une occasion de cet éclat; mais Fide-Jory ne prit point le change, & resta dans sa place. Cette résolution surprit son Ennemi, mais ne le déconcerta point ; il fit dire à Iquinocami, qui commandoit toujours dans Ozaca, qu'il avoit une affaire de conséquence à lui communiquer, & ce Seigneur l'étant venu trouver, il affecta de lui faire en public de grandes plaintes contre l'Empereur, lequel ayant fait fondre une cloche d'une grandeur extraordinaire, y avoit mis des Inscriptions, qui lui étoient injurieuses. Il le prit ensuite en particulier, & après lui avoir fait confidence de son véritable dessein, il l'asûra qu'il devoit tout se promettre de sa reconnoissance, s'il lui livroit Ozaca. Il sçavoit bien qu'il ne risquoit rien en s'ouvrant ainsi à un homme, dont il connoissoit de longue main le cœur double & intéressé, & qui lui avoit de grandes obligations. En effet Iquinocami lui promit tout, & se hâta d'aller exécuter sa trahison. Par malheur pour lui il ne sçut pas assez se déguiser; on entra en défiance contre lui, & on étoit sur le point de l'arrêter, lorsqu'il en eut le vent : il se sauva secrétement, & alla trouver le Cubo-Sama.

Ce Prince vit bien alors qu'il n'y avoit plus à dissimuler, & le perfide Iquinocami lui ayant donné avis que la Forteresse d'Ozaca étoit dépourvûë de vivres & de munitions, il manda à son Fils de le venir joindre à Méaco avec le plus de Troupes, qu'il en pourroit lever: mais comme il se passa du tems, avant que cette jonction pût se faire, l'Empereur en profita pour fournir sa Place de tout ce qui étoit nécessaire à une longue défense. Enfin le vingt-quatriéme de Décembre l'Armée Ennemie forte de deux cent mille hommes, campa à la vûë d'Ozaca. C'étoit sans contredit la meilleure Place du Japon ; elle étoit inaccessible du côté de la Riviere, qui l'environnoit presque entierement, & du côté de Terre, elle avoit de bons Bastions avec des Tranchées, soutenuës de Redoutes, qui couvroient une grande Esplanade, où une Armée entiere pouvoit être rangée en bataille. J'ai dit ailleurs qu'au-delà du Fleuve le feu Empereur Tayco-Sama avoit bâti une seconde Ville plus grande & plus magnifique que la premiere ; mais comme elle n'étoit pas assez fortifiée, & qu'il auroit fallu trop de monde pour la défendre, Fide-Jory l'avoit brûlée. La Citadelle, avantageusement située sur une hauteur, avoit trois enceintes de murailles d'une épaisseur prodigieuse, & chacune avoit un Fossé trés-profond. Du milieu de cette Citadelle il s'en élevoit une autre, dont le centre étoit une Pyramide en forme de Donjon extrémement élevée, & de laquelle on pouvoit battre la Ville de toutes parts.

Les premieres attaques furent trés-vives, & les Assiégeans donnerent coup sur coup plusieurs assauts, mais ils furent toujours repoussez avec perte. Sept semaines entieres se passerent sans qu'ils eussent pû gagner un poulce de terrein ; ils furent même battus dans toutes les sorties, ce qui joint à la famine, à la rigueur de la saison, & aux maladies, qui se mirent dans leur Camp, leur firent perdre plus de trente mille hommes de leurs meilleures Troupes. Quelques Auteurs disent que le Cubo-Sama avoit des intelligences dans la Ville, mais qu'elles furent découvertes, & les Auteurs punis : d'autres asûrent avec plus de vraisemblance, qu'il feignit d'en avoir, pour se tirer d'un mauvais pas par un accommodement. Ce qui est certain, c'est que le mauvais succès de ce Siége décrédita extrêmement ses Armes, & comme la renommée, qui se déclare ordinairement contre les malheureux, augmente toujours le mal, le bruit se répandit dans toutes les Provinces, qu'il avoit été contraint de lever honteusement le Siége, après avoir été entierement défait, & que son parti étoit sans ressource. Quoiqu'il en soit, la Paix fut concluë, les deux Princes la signerent de leur sang, & jurerent sur tout ce qu'ils estimoient plus respectable dans la Religion de l'Empire, d'en observer exactement toutes les conditions. Fide-Jory fut très-fidele à son serment, mais son Tuteur, qui ne croyoit point aux Dieux du Japon, ne vouloit que gagner du tems, & l'on fut bientôt informé qu'il faisoit partout de grandes levées de Troupes, & qu'il remplissoit ses Magasins.

Si nous en croyons les Mémoires des Hollandois, il arriva alors à Ozaca une chose, qui dut faire beaucoup de bruit dans le Japon, & que l'Auteur cite, comme un exemple de la fidélité des Femmes Japonnoises envers leurs Maris. Le Roi de Buygen (a) ayant pris le parti du Cubo-Sama, avoit laissé la Reine son Epouse & ses Enfans à Ozaca : l'Empereur, qui en fut informé, donna ordre qu'on les lui amenât dans la Forteresse, espérant sans doute que de tels ôtages engageroient au moins Jecundono à demeurer neutre. La Princesse refusa de sortir de chez elle, & écrivit à l'Empereur un Billet en ces termes : » Seigneur, je suis une Femme sous » la puissance du Roi mon Epoux, » comme il est sous la vôtre : don- » nez-lui vos ordres, afin qu'il me » donne les siens, & que par-là il » me mette en état de vous obéir. » L'Empereur insista, & menaça la Reine de la faire brûler dans sa Maison, si elle persistoit dans son refus : mais elle tint bon, & déclara qu'elle étoit résoluë à tout. Comme elle vit qu'on se disposoit à lui faire violence, elle entra dans sa chambre avec ses Enfans, sa Nourrice, & celles de ses Femmes, qui ne voulurent point la quitter ; fit mettre tout autour du bois, & de la poudre à canon, écrivit son Testament de sa propre main, & quelques Vers tragiques, les remit à un Gentilhomme fidéle, qui étoit à son service, & lui ordonna que, dès qu'il verroit la flamme sortir de sa Chambre, il partît pour les porter au Roi son Seigneur. Elle fit ensuite mettre le feu aux poudres, & fut bientôt réduite en cendres avec tous ceux, qui étoient avec elle. Nous avons vû ailleurs que Jecundono étant

―――――――
(a) La Relation Hollandoise l'appelle Roi de COCURA ; cette Ville étoit la Capitale du Buygen.

Roi de Tango avoit perdu fa premiere Femme par une avanture affez femblable; ce qui donne tout lieu de foupçonner que cette cataftrophe de la Reine de Buygen pourroit bien être la même que celle de la Reine Grace de Tango ; d'autant plus que, comme je l'ai déja remarqué, les Hollandois, qui n'ont fçu ces faits hiftoriques, que par le rapport de gens, dont ils n'entendoient pas bien la langue , les ont fouvent défigurez de maniere à n'être pas reconnoiffables.

§. III.

Indifcrétion de quelques Religieux, & quel en fut le fruit. La Guerre recommence entre l'Empereur & le Cubo-Sama. Les Chrétiens prennent le parti du premier. Ce Prince fait rafer la Ville de Sacai. Bataille générale. Victoire du Cubo-Sama. Belle action de plufieurs Vierges Chrétiennes. Courage d'un Fils naturel de l'Empereur. Ce que devint le malheureux Fide-Jory. Extrémitez, où font réduits les Miffionnaires.

CEpendant fur les premieres nouvelles du mauvais fuccès de l'entreprife du Cubo-Sama, quelques Miffionnaires, qui fe tenoient cachez à Nangazaqui, croyant n'avoir plus rien à craindre de ce Prince, recommencerent à fe montrer en public, & firent leurs fonctions avec auffi peu de ménagement, que s'ils euffent été au milieu de Manile, excepté qu'ils ne reprirent point l'habit de leur Ordre. Comme leur exemple ne fut pas imité de tous, un peu de mauvaife humeur fe mêla avec leur zele, & ils s'échapperent jufqu'à taxer la difcrétion des autres de fauffe prudence & de lâcheté ; mais ils eurent bientôt lieu de reconnoître qu'ils s'étoient trop preffez. On apprit à Surunga ce qui fe paffoit à Nangazaqui, & le Roi d'Arima, qui tenoit la Ville de Sacai pour le Cubo-Sama, en fut auffi inftruit d'abord. Le Cubo-Sama diffimula fon reffentiment, parce qu'ayant parmi fes grands Vaffaux plufieurs Chrétiens, il ne voulut pas les chagriner, de peur d'affoiblir fon parti : mais Safioye, qui n'étoit pas retenu par les mêmes confidérations, manda à GONZOCO (a) fon Neveu, qu'il avoit laiffé à Nangazaqui pour y commander pendant fon abfence, & aux principaux Magiftrats de cette Ville, qu'il iroit bientôt apprendre aux Chrétiens, que le Cubo-Sama étoit encore en état de fe faire obéïr, & que s'il trouvoit un feul Miffionnaire dans fon Gouvernement, il feroit rafer la Ville, & en pafferoit tous les Habitans au fil de l'épée. Ces menaces eurent leur effet ; tous les Religieux furent obligez de fortir de Nangazaqui, où il ne leur fut pas fitôt poffible de rentrer, & ce fut tout le fruit, qu'on retira de cet éclat, qui n'étoit bon à rien, que le Cubo-Sama n'oublia jamais, & qui caufa des maux infinis à la Religion.

Le Chriftianifme ne laiffa pourtant point de profiter en plufieurs endroits de la conjoncture des tems pour réparer fes pertes, fi l'on peut

(a) Ou GONROCO.

s'exprimer ainsi sur le grand nombre de ses Enfans, qu'elle avoit envoyez au Ciel par la voye du Martyre. Mais cet heureux calme, causé par la violente agitation de tout l'Empire, & par la nécessité, où étoient les Puissances de donner toute leur attention à des affaires, qui les intéressoient davantage, ne fut pas de durée.

Les grands préparatifs, que faisoit le Cubo-Sama, ne pouvant être dissimulez, ni colorez d'aucun prétexte, on en vint bientôt à une rupture ouverte, & la Guerre fut déclarée dans les formes. L'Empereur, soit qu'il craignît toujours quelque trahison dans Ozaca, ou qu'il crût qu'il ne lui convenoit pas de s'en tenir à une simple défensive; parut le premier en Campagne à la tête d'une Armée de deux cent mille hommes, composée en partie de Chrétiens, dont on voyoit dans tous les quartiers les Enseignes ornées des sacrez Noms de Jesus & de Marie, & quelques-unes même de celui du grand Protecteur de l'Espagne. Ce fut là encore une indiscrétion, dont le Cubo-Sama fit dans la suite porter la peine à ceux mêmes, qui y avoient eu moins de part. Des cinq Généraux, qui commandoient sous les ordres du jeune Monarque, deux étoient Chrétiens; l'un se nommoit Jean ACASCIAMON, je n'ai pas trouvé le nom de l'autre. L'Armée du Cubo-Sama étoit plus nombreuse d'un tiers, mais on y voyoit beaucoup moins de vieilles Troupes. Enfin tout le Japon se remua pour vuider une querelle, dont la décision devoit rendre pour longtems le calme à cet Empire, continuellement déchiré de Guerres intestines depuis tant de siécles.

Sacai s'étoit tout récemment déclaré pour l'Empereur, & le Roi d'Arima avoit été contraint d'en sortir, mais il y avoit pratiqué des intelligences, qui furent fatales à cette grande Ville. Fide-Jory, qui en fut informé, la fit raser & brûler, & il traita de la même maniere tous les lieux, d'où son Ennemi pouvoit tirer des provisions, ou qui pouvoient servir à faire subsister ses Troupes. Sur la fin de Mai le Cubo-Sama s'approcha d'Ozaca, aprés avoir passé sans opposition sur le Pont de Sceta, qu'on avoit négligé de couper, ce qui fut une faute irréparable. Les Impériaux eurent pourtant bientôt leur revanche; ils battirent les Rebelles en plusieurs rencontres; mais les deux Armées étoient trop nombreuses pour pouvoir subsister longtems dans un Pays qu'elles avoient ruiné à l'envie. D'ailleurs il étoit également de l'intérêt de l'un & de l'autre Prince que la Guerre ne traînât pas en longueur. On se chercha donc, & le troisiéme de Juin les deux Concurrens se trouverent en présence à la vûë d'Ozaca, & rangerent sur le champ leurs Armées en bataille.

L'Empereur ne doutoit point de la Victoire, & il avoit tout lieu de s'en flatter. Il s'en falloit bien que le Cubo-Sama fût aussi rassûré; la seule nécessité le forçoit à combatre, & il comptoit si peu de vaincre, qu'avant la Bataille il fit promettre, dit-on, à son Fils, & à ses principaux Officiers, que s'il avoit du pire, ils lui couperoient la tête, & ne souffriroient pas qu'il tombât vif au pouvoir de Fide-Jory; ne craignant point de faire paroître par cette précaution, & qu'il se fioit peu

peu à ſes Troupes, & qu'il n'avoit pas aſſez de courage, pour ſe donner lui-même la mort. Comme rien ne ſéparoit les deux Armées, & que l'ardeur Japonnoiſe ne permet pas de ſe retrancher à la vûë de l'Ennemi, on en vint d'abord aux mains. La première charge ſe fit avec un acharnement, qu'on ne voit, que dans les Guerres Civiles, & l'Armée du Cubo-Sama y fut fort maltraitée. Ses premiers rangs furent enfoncez, le déſordre ſe communiqua au centre, & le Prince n'étoit plus ſoûtenu que par ſon déſeſpoir, lorſque par un de ces revers de fortune, que toute la prudence humaine ne ſçauroit parer, les choſes changerent de face en un moment.

L'Empereur, après avoir donné ſes ordres pour la Bataille, étoit rentré dans Ozaca, pour tenir cette Ville & ſa nombreuſe Garniſon dans le devoir par ſa préſence. SANANDONO, qui avoit le principal commandement dans l'Armée, voyant la Victoire comme certaine, ſe crut obligé d'en déférer la gloire à ſon Maître, & lui dépêcha un Officier, pour le prier de venir achever de vaincre. Fide-Jory ſortit ſur le champ d'Ozaca, on le vit bientôt aux premiers rangs, & les Troupes reprenant une nouvelle vigueur à la vûë de leur Souverain, firent des efforts, qui alloient lui aſſûrer la Couronne, lorſque tout à coup Ozaca parut en feu. Il y avoit été mis par ceux-là mêmes, à qui l'Empereur avoit confié la Foreteresſe, & que le Cubo-Sama avoit trouvé moyen de corrompre. Ce Prince avoit bien compté que Fide-Jory ne manqueroit pas d'y courir dans le moment, pour mettre en ſûreté ſa Famille & ſes Tréſors, & c'eſt ce qui arriva en effet. Une partie des Troupes le ſuivit, l'autre crut que l'Ennemi étoit dans la Ville, & craignit de ſe trouver entre deux feux; le déſordre devint bientôt général, & les Armes tomberent des mains de toute cette grande Armée, qui non ſeulement ceſſa de pouſſer un Ennemi plus qu'à demi vaincu, mais ne fit pas même la moindre réſiſtance.

Le Cubo-Sama étoit trop habile, pour ne pas profiter de l'imprudence de ſon Rival, & pour ne pas ſeconder la fortune, qui ſe montroit ſi favorable. Il lui fut aiſé de défaire des gens, qui ne ſe défendoient point, & qui paroiſſoient comme frappez de la foudre. Il en fit un carnage horrible, & il paſſa pour conſtant qu'il étoit demeuré cent mille hommes ſur le champ de Bataille. Ce qui eſt vrai, c'eſt que le nombre des corps, qu'on jetta dans la Riviere, fut ſi grand, qu'elle déborda juſqu'à trois milles de chaque côté. La plus grande partie des Fuyards avoit tourné du côté de Méaco; mais ils trouverent les paſſages gardez. Le Cubo-Sama craignant que le déſeſpoir ne les obligeât à tourner tête, & qu'ils ne vendiſſent au moins cherement leur vie, envoya promptement un ordre de les laiſſer paſſer; mais il les fit ſuivre, & à meſure qu'ils ſe débanderent, on donna ſur eux, de ſorte que très-peu échapperent.

D'autre part Ozaca avoit ouvert ſes portes, & l'infortuné Fide-Jory eut bien de la peine à ſe ſauver avec un petit nombre de Seigneurs, qui ne le quitterent point. Comme on vouloit s'aſſûrer de ſa perſonne, & qu'il n'avoit point été reconnu, à peine étoit-il sorti de la Ville, qu'on en ferma les portes, & que tout ce qui parut ennemi, fut passé au fil de l'épée, sans distinction d'âge, de condition, ni de sexe. Quand le Soldat vainqueur fut las de tuer, il se mit à piller; mais le feu, que personne ne songeoit à éteindre, gagna si vîte, qu'en moins de quatre ou cinq heures cette grande Ville fut presque toute réduite en cendres. Jamais on ne vit un plus horrible spectacle: on ne distinguoit plus les Partis, un Ennemi commun obligeoit tout le monde à fuir, & on ne sçavoit de quel côté tourner. Les Blessez, les Vieillards, les Femmes & les Enfans, qui ne pouvoient pas s'aider, jettoient des cris affreux, & un grand nombre d'entre les Victorieux, que leur avarice, ou leur lubricité avoient trop longtems retenus dans les lieux, où ils avoient trouvé de quoi satisfaire leur passion, & leur cupidité, se virent investis par les flammes, sans pouvoir s'en dégager. Tous les Trésors de l'Empereur furent consumez, & l'on voyoit, comme autrefois à Corynthe, les plus précieux métaux fondus & mêlez ensemble couler dans les ruës les plus proches du Palais.

On a sçu tout ce détail par les Peres Balthazar de TORREZ & Jean-Baptiste PORRO Jésuites, qui pendant la Bataille étoient dans Ozaca, & dans la maison de Jean Acasciamon. Il s'en fallut même fort peu qu'ils ne fussent la proye des flammes, ou du Soldat Vainqueur; surtout le Pere de Torrez, que quelques Catéchumenes prierent de ne point les abandonner, qu'il ne leur eût conféré le Baptême. S'étant enfin sauvé, comme avoit déja fait son Compagnon, il donna dans plusieurs Partis Ennemis, dont l'un le mit tout nud: il fit deux lieuës en cet état, marchant toujours sur des corps morts, & entendant de toutes parts des gens, qui crioient qu'on l'arrêtât. Le Pere Porro avoit passé au travers des flammes, dont il demeura tout noirci, & courut d'ailleurs les mêmes risques, que le Pere de Torrez. Presque tous les Fidéles d'Ozaca, qui étoient en très-grand nombre, périrent dans cette fatale journée; mais on assûre que les Filles & les Femmes Chrétiennes firent des choses incroyables pour sauver leur honneur. La Fille du malheureux Acasciamon, lequel avoit été tué dans la déroute, se distingua entre toures les autres d'une maniere si héroïque, que le Cubo-Sama ayant été averti du danger, où elle étoit malgré sa résistance, la fit délivrer des mains d'un impudique, qui l'avoit déja liée à un poteau, pour la deshonorer; & ce Prince, après avoir donné de grands éloges à sa vertu, lui accorda la vie & la liberté.

L'Empereur avoit un Fils naturel âgé de sept ans, qui fut présenté au Vainqueur avec d'autres Prisonniers de marque. Cet Enfant parut devant le Cubo-Sama avec une contenance, qui ne se sentoit point de sa situation présente, & qui passoit de beaucoup son âge; il eut même, dit-on, le courage de lui reprocher son usurpation, & l'on ajoûte qu'il se fendit ensuite le ventre. Le Cubo-Sama n'étoit pas homme à s'embarasser de ces reproches; on prétend même, qu'ayant vû tomber l'Enfant à ses pieds, il demanda froidement, de quoi avoit servi à Fide-Jory sa dévotion envers les Dieux, & quelle récompense il avoit reçû de tant de Temples, qu'il avoit bâtis en leur honneur ? *Pour moi*, continua-t'il, *je n'ai jamais dépensé un sol pour toutes les Divinitez, qu'on adore dans l'Empire, & me voici le Maître absolu de tout le Japon.* Il parla ensuite des Chrétiens, invectiva contre eux, & jura qu'il se ressentiroit de la maniere, dont ils s'étoient déclarez pour son Ennemi. Quelques Auteurs ont avancé néanmoins que la considération des services de ceux, qui avoient combattu pour lui, lui fit dire un jour, qu'il avoit crû jusques-là que tous les Chrétiens étoient ses Ennemis, mais qu'il étoit désabusé.

Il est vraisemblable, qu'il s'exprima de l'une & l'autre maniere, suivant les personnes, à qui il parloit; & il est certain qu'il avoit encore des ménagemens à garder avec ceux, qui s'étoient attachez à lui. Il n'étoit pas tout-à-fait sans inquiétude de la part de l'Empereur, dont il ignoroit encore la destinée; mais cela dura peu. La précaution, qu'il prit d'abord après sa Victoire, de faire démolir toutes les Forteresses, où Fide-Jory pouvoit se retirer, obligea ce malheureux Prince à sortir du Japon, ou à se tenir dans quelque lieu obscur, où il finit ses jours. Kœmpfer paroît persuadé qu'il prit le premier de ces deux Partis, & qu'il passa à la Chine ; mais il l'a crû apparemment sur quelque tradition, qui n'avoit point d'autre fondement, que des bruits populaires, car aucun des Auteurs contemporains n'a rien dit sur cela de bien précis. Quelques Mémoires portent que le Cubo-Sama fit démanteler jusqu'à quatre cent Places fortes, ce qui n'est pas aisé à croire, presque toutes les Villes du Japon étant dès-lors, comme elles le sont aujourd'hui, sans murailles, & sans aucune défense; à moins qu'on ne veüille mettre au nombre des Places fortes les Châteaux des Seigneurs particuliers, qui en ce tems-là étoient en assez grand nombre dans toutes les Provinces.

A peu près dans le même tems il parut un Edit Impérial, portant que quiconque seroit convaincu d'avoir donné retraite aux Docteurs des Chrétiens, seroit mis à mort sans remission avec toute sa Famille. Cet Edit fut suivi de recherches très-exactes, & les Missionnaires, pour ne pas exposer les Fidéles, qui malgré les défenses s'empressoient à les recüeillir, crurent devoir un peu céder à la premiere impétuosité de ce torrent, & se retirerent dans les Forêts, & jusques dans les antres des plus inaccessibles Montagnes. Le Pere de Torrez, dont nous venons de parler, & le Pere Jérôme de Angelis, tomberent même entre les mains des Emissaires de l'Empereur, mais ils furent délivrez par un Gentilhomme Chrétien, qui se rencontra heureusement sur leur chemin, lorsqu'on les conduisoit en prison. Ils n'avoient pas encore fourni toute la carriere de leur Apostolat, & leur Martyre ne fut que différé.

§. IV.

Ferveur admirable des Chrétiens. Mort du Cubo-Sama. Ses dernieres volontez au sujet des Chrétiens, & son Apothéose. Politique de ses Successeurs.

De J. C. 1615.
De Syn Mu. 2275.

IL falloit que la ferveur des Chrétiens eût alors quelque chose de bien merveilleux, puisque la consolation, qu'elle causoit à leurs Pasteurs, non seulement faisoit disparoître les rigueurs de la vie dure, qu'ils étoient obligez de mener, mais que, si on les en croit eux-mêmes, ils vivoient plus contens, qu'aux heureux jours de la plus grande liberté du Christianisme. Leurs Lettres sont remplies de traits capables de convaincre ceux, qui sçavent quelle douceur on goûte en souffrant pour Dieu, qu'ils parloient sincerement. Le Pere François EUGENII raconte dans une des siennes, qu'étant arrivé un jour sur la cime d'une Montagne fort haute, pour visiter un bon Vieillard, qui s'y étoit réfugié avec sa Femme, il les trouva l'un & l'autre dans l'état, où Saint Antoine rencontra Saint Paul, premier Hermite, c'est-à-dire, dans un dénuëment entier de toutes choses, ne tenant plus à la terre, & uniquement occupez de la contemplation des Véritez éternelles ; que les ayant fortifiez & animez par la participation des Sacremens, ils moururent tous deux le jour suivant en priant Dieu, & sans qu'il parût en eux le moindre signe de maladie ; comme s'ils n'eussent attendu, que ce sacré Viatique, pour entreprendre le grand passage du tems à l'Eternité.

Le même Missionnaire parle aussi d'un Enfant de sept à huit ans, qui portoit le nom de Jacques, & dont

De J. C. 1615.
De Syn Mu. 2275.

il ne fait point difficulté de dire, qu'à cet âge il étoit peut-être le Chrétien le plus ferme dans sa croyance, & le plus courageux, qui fût alors au Japon, & qu'il sembloit avoir été choisi de Dieu, pour faire connoître aux Idolâtres, que ce qu'ils admiroient si fort dans les Fidéles, étoit l'effet d'une vertu plus qu'humaine. Ce merveilleux Enfant donnoit tous les jours une heure & demie à la contemplation des Souffrances du Sauveur des hommes, & Dieu s'y communiquoit à lui d'une maniere ineffable. Il y puisoit surtout une ardeur pour le Martyre, qui le mettoit souvent hors de lui-même : il ne pouvoit parler d'autre chose, il y rêvoit toutes les nuits, & lorsqu'à son réveil il voyoit évanoüir ce qui l'avoit si agréablement occupé pendant son sommeil, il répandoit un torrent de larmes. Des Gardes vinrent un jour pour arrêter son Pere & sa Mere ; le Pere ne se trouva point ; la Mere, qui étoit malade au lit, se leva, se présenta pour être conduite en prison, & offrit son Fils à la place de son Mari. Les Gardes, qui crurent avoir bon marché d'un Enfant de cet âge, lui firent de grandes menaces, pour l'obliger à renoncer au Dieu des Chrétiens, mais il leur montra un désir si sincere & si vif de souffrir pour son Dieu, qu'après s'être regardez quelque tems les uns les autres, ils le laisserent avec sa Mere, & allerent rendre compte au Magistrat de ce qu'ils venoient de voir. Celui-ci voulut s'inſtruire par lui-même d'une choſe, qui lui paroiſſoit un conte; il ſe tranſporta au logis, où étoit cet Enfant, & trouva qu'on ne lui en avoit pas encore aſſez dit. Il ne put ſe réſoudre à pouſſer les choſes plus loin, mais il ſe donnoit de tems en tems le plaiſir de paſſer devant la Maiſon; il appelloit l'Enfant, prenoit un air courroucé, & le menaçoit des plus grands ſupplices, pour voir ſa contenance aſſûrée, & pour l'entendre parler du bonheur d'un Chrétien, qui meurt pour ſon Dieu.

Une Femme de condition ne fit pas moins paroître de courage dans une occaſion toute pareille. Les promeſſes les plus flatteuſes, & les menaces les plus capables d'effrayer, ayant été inutilement employées, pour ébranler ſa conſtance, on lui dit qu'on alloit l'envoyer dans un endroit, où elle payeroit de ſa tête ſon obſtination & ſa déſobéïſſance aux ordres de l'Empereur, & on amena en effet un Cheval pour l'y conduire: elle répondit qu'elle étoit prête à partir, mais qu'elle vouloit faire le voyage à pied, & comme il convenoit à une perſonne condamnée à la mort. Celui, à qui elle parloit, ſe choqua, ou fit ſemblant de ſe choquer de ce diſcours, & lui dit qu'il alloit la faire mettre toute nuë: elle frémit d'abord à cette menace; néanmoins s'étant un peu recüeillie, elle dit qu'on pouvoit lui faire tous les affronts, qu'on voudroit; qu'elle en ſeroit plus ſemblable à ſon divin Sauveur, qui étoit mort tout nud ſur une Croix; mais qu'elle ſeroit encore plus contente, ſi, après l'avoir dépoüillée de ſes habits, on lui arrachoit encore la peau. Le Préſident vit bien qu'il n'y avoit rien à gagner avec cette Héroïne, il ne jugea pas à propos de ſe commettre davantage avec elle, & ſe contenta de confiſquer ſes biens, & de l'envoyer en exil, ce qui la mortifia infiniment.

Pendant toute cette année, & les premiers mois de la ſuivante, l'Empereur & les Princes particuliers ne furent pas fort occupez des Chrétiens; la Révolution, qui venoit d'arriver, & qui ne pouvoit manquer de faire bien des mécontens: les grands changemens, qui ſuivent toujours dans cet Empire la chûte d'un Souverain: tout cela attiroit toute l'attention de la plûpart de ceux, qui auroient pû inquiéter les Fidéles, mais ceux-ci ne doutoient nullement que la Perſécution ne recommençât bientôt plus vivement que jamais, & qu'elle ne devînt générale. L'Empereur étoit extraordinairement aigri, & le Prince ſon Fils n'avoit déja que trop montré juſqu'où pouvoit le porter ſa haine contre le Chriſtianiſme; en ſorte qu'on en étoit preſque réduit à ſouhaiter qu'il ne montât pas ſitôt ſur le Trône, quelque choſe qu'on eût à appréhender de ſon Pere. Il y monta pourtant cette même année 1616. Le Cubo-Sama ne voyant plus d'Ennemi en Campagne, & perſuadé que Fide-Jory étoit, ou mort, ou hors du Japon, ou du moins abſolument hors d'état de cauſer le moindre mouvement dans l'Empire, donna ſes ordres pour rétablir la Ville de Sacai, après quoi il licencia la plus grande partie de ſes Troupes, & ſe retira à Surunga, où étoient ſes Tréſors, dont il ne s'éloignoit, que le moins qu'il pouvoit : car le goût de théfaurifer, qui lui étoit venu d'abord par le befoin, où il prévoyoit bien qu'il fe trouveroit d'argent, pour s'afsûrer l'Empire, étoit paffé dans lui en une véritable paffion. Il mourut dans cette Ville vers le commencement de Juin, mais on n'en fçait pas précifément le jour, parce que fa mort fut tenuë quelque tems fort fecrette.

Il ne recommanda rien plus expreſſément à fon Fils en mourant, que d'arracher de fes Etats jufqu'à la racine de la Religion Chrétienne, & de tenir furtout la main à ce qu'il n'y reftât aucun Docteur Européen. Il marqua pour le lieu de fa fépulture la cime d'une Montagne appellée *Nitquo*, fituée dans la Province de Couzuqui, à trois journées de Jedo. C'eft une des plus hautes du Japon, & elle étoit célebre par un Temple, où il fe faifoit un grand concours de Pélerins. Ce Prince, qui vouloit être Dieu après fa mort, quoiqu'il eût affecté de n'en reconnoître aucun pendant fa vie, fe flattoit de partager les hommages du Peuple avec l'Idole, qu'on adoroit en ce lieu, & le Xogun-Sama y fit effectivement porter fon corps avec une pompe extraordinaire. Il lui fit enfuite bâtir un Temple beaucoup plus fomptueux, que l'ancien, & n'oublia rien pour rendre augufte la Cérémonie de fon Apothéofe.

Dans la vérité ce Prince avoit de grandes qualitez, & fut un des plus habiles Politiques, que le Japon ait peut-être jamais eus. Il n'étoit pas regardé comme un grand Homme de guerre, ce qui dans l'efprit d'une Nation Guerriere fut une tache pour fa réputation; mais il avoit dans l'étenduë & la fécondité de fon génie des reffources, qui le firent réüſſir dans toutes fes Entreprifes militaires Le défaut, qu'on lui a le plus reproché, fut fon avarice; car pour ce qui eft de fon ufurpation, outre que dans le fonds il ne dépoüilla que le Fils d'un Ufurpateur, tout odieux qu'eft ce crime en lui-même, & qu'il fut dans la maniere, dont ce Prince renverfa du Trône un jeune Empereur, qui lui avoit été confié; qui ne fçait que la plûpart des hommes méprifent la vertu malheureufe, & canonifent les plus grands forfaits, quand la fortune les a couronnez! Pour ce qui eft de la conduite, qu'il tint à l'égard des Chrétiens les dernieres années de fa vie, il eft vrai de dire qu'il fe laiffa trop aifément prévenir contre eux; qu'il fuivit trop tôt fa haine, & qu'il fe mit en danger d'en être la victime. Il étoit d'ailleurs d'un Prince auffi éclairé que lui, de fçavoir démêler dans tout ce qu'on lui difoit des prétendus deffeins des Efpagnols fur le Japon, ce qu'il y avoit de frivole & d'infenfé dans ce Projet, que la jaloufie du Commerce, des intérêts de Nation, les intrigues & les indifcrétions de quelques Particuliers avoient fait imaginer. Mais n'eft-ce point trop exiger d'un Homme tout occupé à envahir une Couronne, & que fon âge avancé & fon caractere d'efprit rendoient de jour en jour plus défiant & plus ombrageux? Il feroit peut-être revenu de fes préventions, lofqu'il fe vit fans Concurrent, & tout le Japon réüni à fes pieds, fi les Chrétiens ne s'étoient pas trop ouvertement déclarez contre lui, & ne l'avoient pas mis à deux doigts de fa perte.

Enfin fi ce Prince joüit peu du

fruit de sa Victoire, il eut du moins en mourant au milieu des lauriers, qu'il venoit de cüeillir, la consolation de laisser le Trône Impérial aussi afsûré à sa Famille, que s'il l'eût reçu par une succession légitime d'une longue suite d'Ayeux, & dans la plus profonde paix, dont le Japon eût peut-être joüi depuis les premiers tems de sa Monarchie. C'est cette même Famille, qui l'occupoit encore à la fin du dernier siécle, depuis lequel tems nous n'avons rien appris de ce qui s'est passé dans cet Empire ; & elle a porté la suprême Puissance beaucoup plus loin, ou du moins à un plus grand éclat, que les premiers Dairys.

La politique de ces Princes a été de tenir les Rois particuliers & tous les Grands Vassaux, dans une si grande dépendance, & de les affoiblir à un tel point, qu'il ne leur est pas possible de causer le moindre trouble dans l'Etat. Mais ces Souverains si absolus & si paisibles se garantiront-ils toujours des abus & des excès, qui ont renversé tant de Monarchies beaucoup plus puissantes ? Le faste & la mollesse, qui suivent presque toujours l'abondance & la paix, ne les feront-ils pas dégénérer, & devenir semblables à ces Idoles de Prince, qu'on a si souvent vû encenser d'une main, & renverser de l'autre ; & leur trop grande sécurité ne les livrera-t-elle point entre les mains d'un Ennemi, dont elle fera toute la force ? C'est ce que le tems seul pourra nous apprendre, & ce que l'expérience constante de tous les tems doit leur faire appréhender. Il est vrai qu'on ne peut porter plus loin la précaution, qu'on la porte présentement au Japon, pour écarter tout ce qui pourroit altérer la constitution de l'Etat. L'Empereur, qui tient sa Cour à Jedo, oblige tous les Grands d'y laisser leurs Familles & leurs Trésors comme en ôtage ; il les dépoüille de leurs Etats, ou change leurs Domaines, quand il le juge à propos : & l'on peut dire que les Princes & les Seigneurs les plus puissans sont les plus soumis de ses Sujets, & les plus dépendans de ses volontez souveraines. Il habite un Palais au milieu d'un Château, qui est la plus forte Place de son Empire, & dont on sera peut-être bien aise de voir ici la description avec celle de la Ville Impériale, où il est situé : les voici l'une & l'autre telles, que le plus moderne des Ecrivains du Japon (*a*) nous les a laissées. La sincérité, avec laquelle il avoüe qu'il ne lui a pas été possible de nous les donner plus exactes, est sans doute le meilleur garant de ce qu'il en dit. J'y ajoûterai ce que j'ai pû tirer de plus sûr de quelques autres Mémoires, & je tâcherai d'y mettre un peu plus d'ordre, qu'on n'en trouve dans l'Auteur Allemand.

(*a*) Kœmpfer.

§. V.

Situation de Jedo. Description de cette Capitale. Le nombre de ses Habitans. Ses Edifices. Son Commerce. Sa Police. Ses Fauxbourgs. Ses Forts. Son Château. Le Palais de l'Empereur. Les Souterrains. Les Jardins.

De J. C. 1616.
De Syn Mu. 2276.

JEdo est la Capitale du Royaume de Musasi. Sa situation est par les 35. dégrez 32. minutes de latitude Septentrionale, dans une grande plaine fort agréable, au fond d'une Baye extrêmement poissonneuse, mais basse, & dont le fond est de vase, ou plutôt d'une argile vaseuse; de sorte que les Navires Japonnois, qui ne tirent pas beaucoup d'eau, ne sçauroient approcher de la Ville plus près qu'une lieuë. Ce n'est pas un défaut dans le systême du Gouvernement présent, lequel ne permet à aucun Navire étranger de moüiller dans le Port, & ne souffre point que les Sujets de l'Empire en construisent d'assez grands & d'assez forts, pour entreprendre de naviguer en haute Mer.

Cette grande Ville n'est point fermée de murailles, mais elle est environnée de bons fossez, & coupée en plusieurs endroits de canaux larges & profonds, tous également relevez sur les deux bords de remparts, sur lesquels on a planté des allées d'arbres, qui lui donnent un air champêtre : cela ne gâte rien, & fait, surtout de loin, un très-bel effet. Ces remparts sont fermez du côté du Château avec des portes assez bien fortifiées, pour éviter la surprise, & soûtenir un coup de main. Une jolie Riviere, qui a sa source au couchant de la Ville, la traverse d'un bout à l'autre, & se décharge dans le Port par cinq embouchures, dont chacune a son nom particulier, & un Pont d'une structure magnifique. Le principal de ces Ponts est celui, qu'on appelle NIPONBAS, c'est-à-dire, le *Pont du Japon* ; d'où j'ai déja dit que l'on mesure les distances de toutes les grandes routes du Japon.

De J. C. 1616.
De Syn Mu. 2176.

Le nombre des Habitans de Jedo est incroyable ; la seule Cour de l'Empereur peupleroit une grande Ville, ce qui n'a rien que de vraisemblable, si l'on considere ce que je viens de dire, que tous les Rois, Princes, Gouverneurs, & autres Grands de l'Empire, y ont leurs Familles, & qu'eux-mêmes ne peuvent s'en absenter plus de six mois de l'année pour vacquer à leurs affaires domestiques, & au gouvernement de leurs Etats, ou des Places, qui leur sont confiées. Au reste, on ne remarque point à Jedo cette régularité dans la distribution des ruës, des quartiers & des Places, qui se voit dans la plûpart des autres Villes du Japon ; ce qui vient de ce qu'elle n'est parvenuë, que par dégrez, à ce point de grandeur & de magnificence, où elle est aujourd'hui. Il est vrai que comme elle a souffert plusieurs incendies, & de grands tremblemens de Terre, à mesure qu'on a rebâti les quartiers, qui avoient été renversez, ou consumez par les flammes, on a eu soin d'y aligner les ruës ; & pour peu que l'on continuë dans la suite d'avoir

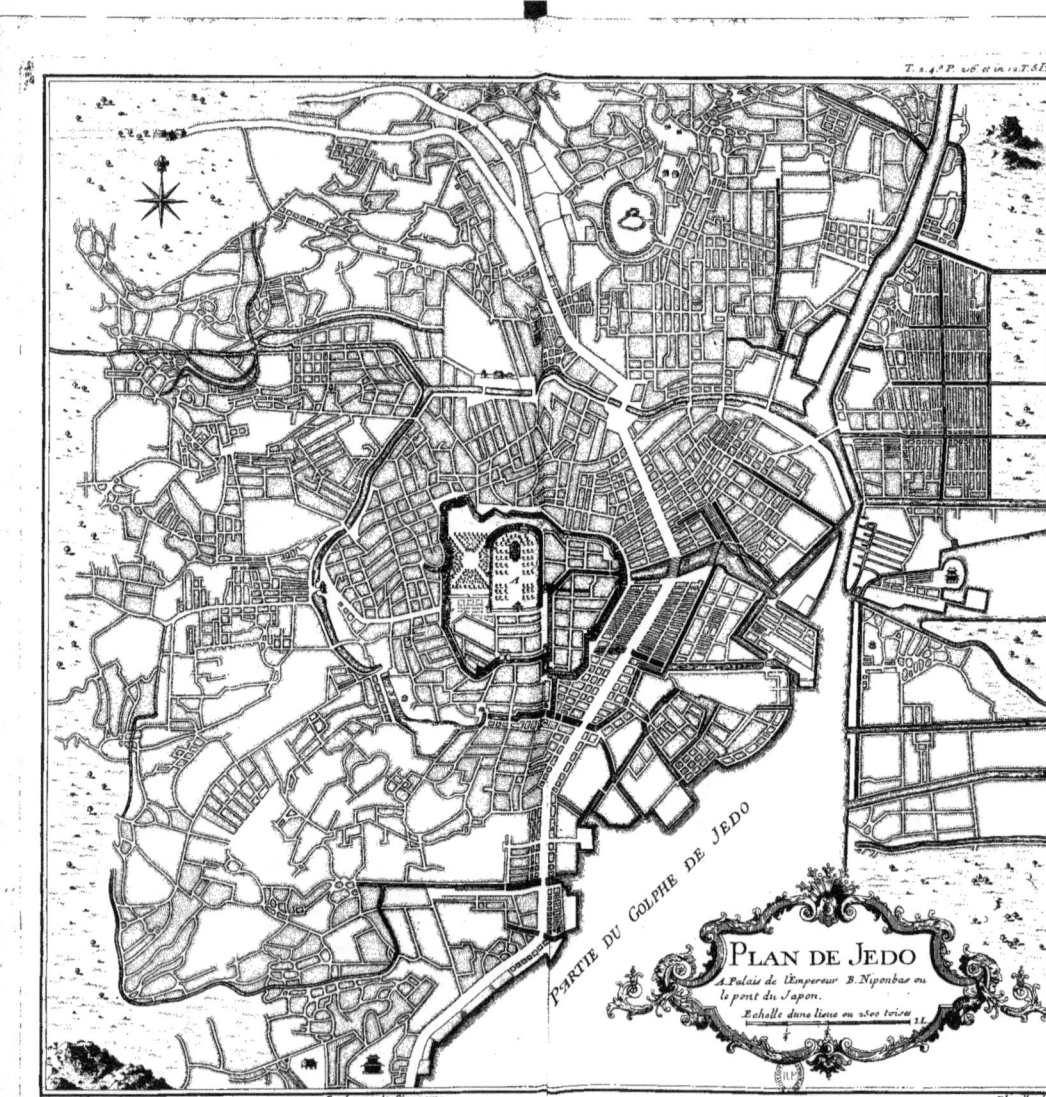

DU JAPON, LIVRE XIV.

voir la même attention, elle fera avec le tems auſſi réguliere, que toutes les autres.

Les Maiſons des Particuliers n'y ſont, ni plus hautes qu'ailleurs, ni plus grandes ; les matériaux en ſont les mêmes, & chacune a, comme celles de Méaco, une cuve toujours pleine d'eau ſur le toit, avec tous les inſtrumens néceſſaires pour ſe garantir du feu ; mais on n'a pas toujours le tems de s'en ſervir. On voit à Jedo un très-grand nombre de Monaſteres, qui ne different des Maiſons des Particuliers, qu'en ce qu'ils ſont bâtis dans les plus beaux quartiers, & le plus ſouvent ſur des endroits élevez, avec de magnifiques eſcaliers de pierre pour y monter. D'ailleurs la plûpart ſont accompagnez de petites Chapelles, qui les font aiſément remarquer. Le nombre de ces Chapelles, & celui des Temples égalent celui des Dieux, qu'on adore dans l'Empire, & pluſieurs ſont d'une richeſſe & d'une magnificence ſurprenante. Les Palais des Grands n'ont qu'un étage, & l'on n'y voit point ces Tours ſuperbes, qui relevent ſi fort les Palais & les Châteaux des Provinces, parce qu'elles ſont des marques de domaine, & que dans une Ville, où réſide le Souverain, nul autre que lui n'a aucun domaine. A cela près tous ces Palais ont quelque choſe de grand. Ils ſont iſolez & diſtinguez des Maiſons ordinaires par de vaſtes cours, & de grandes portes, auſquelles on monte par des eſcaliers fort ornez & couverts d'un beau vernis.

On ne voit en aucun autre endroit de l'Empire plus de Marchands & d'Ouvriers de toutes les ſortes, que dans cette Capitale, à cauſe du grand abord, qui s'y fait de toutes les Provinces, ſoit par terre, ſoit par Mer. Quant à ſon Gouvernement particulier, & à la Police, qui s'y obſerve, on n'a pas eu ſoin de nous en inſtruire, & il y a bien de l'apparence, qu'ils ne different point, ou different peu de ce qui ſe pratique dans les autres Villes Impériales. Quand on vient de Méaco à Jedo, on entre par un Fauxbourg, qui a deux lieuës de long, & qui conſiſte dans une ruë aſſez irréguliere, entre la Mer, qu'on laiſſe à droite, & une montagne, ou plutôt une eſpece de côteau, ſur lequel ſont bâtis pluſieurs Temples. Quelques-uns ſont fort grands ; tous ſont dans la plus agréable ſituation du monde, & l'on y va par des ſentiers aſſez étroits. Ce Fauxbourg eſt diviſé en deux parties égales, mais la ſéparation ne ſe remarqueroit point, ſi l'on n'en étoit averti. Ce n'eſt qu'une hôtellerie agréablement placée ſur le bord de la Mer, d'où l'on découvre en plein la Ville & le Port, & ce point de vûë eſt ſi charmant, qu'on y vient de Jedo exprès pour en joüir. La premiere partie du Fauxbourg, c'eſt-à-dire, celle, qui eſt la plus éloignée de la Ville, ſe nomme SINAGAWA, du nom d'une Riviere, qui la traverſe.

Le Château eſt preſque au milieu de la Ville : ſa figure eſt irréguliere, tirant ſur la ronde, & il a environ cinq lieuës Japonnoiſes de circuit.(a) Il eſt compoſé de trois enceintes, dont le Palais Impérial occupe le centre, la premiere environne la ſeconde avec de grands Jardins &

(a) C'eſt-à-dire trois lieuës Eſpagnoles.

une partie du Palais, lequel est flanqué de deux autres Châteaux beaucoup plus petits, que chacune des trois enceintes, mais très-bien fortifiez. Pour ce qui est de la défense des trois enceintes, elle consiste en une bonne muraille, un fossé profond avec des Pont-levis, & des Portes capables de résistance, où il y a de nombreux corps-de gardes. Tout ce Château est coupé, comme la Ville, de canaux, qui servent également à la commodité, & à l'agrément de ce beau lieu. Mais je crois devoir avertir que le plan, qu'on en trouvera ici, n'a pas été levé avec toute la justesse, qui auroit été à désirer; le Voyageur, à qui nous en sommes redevables, n'ayant pas eu, dit-il, toute la liberté d'examiner cette Place, n'ayant pas été satisfait des Plans, que les Japonnois, peu versez dans ce travail, en ont tracez, & n'ayant pas cru qu'il lui fût permis d'y suppléer d'imagination.

C'est dans la premiere enceinte, que la plûpart des Princes de la Maison Impériale ont leurs Hôtels: la seconde est occupée par les Conseillers d'Etat, les grands Officiers de la Couronne, & généralement tous ceux, que leurs emplois approchent le plus près de la personne du Monarque. Quoique cette seconde enceinte soit la plus petite des trois, la Garde y est néanmoins plus forte que dans la premiere. Le Palais de l'Empereur, qui occupe toute la troisiéme, est sur un terrein plus élevé que les deux autres. C'étoit anciennement une colline, dont on a applani le sommet; on l'a environnée d'une muraille forte & très-épaisse de pierres de taille,

flanquée de Bastions, qui approchent assez des nôtres, & fortifiée d'un Terre-plein, sur lequel on a bâti, autant pour l'ornement, que pour la défense, plusieurs Edifices de la forme d'un quarré long, & des guérites en maniere de Tours à plusieurs étages.

Tout ce qui compose le Palais Impérial est d'une solidité extraordinaire bâti de pierres d'une grosseur énorme, posées les unes sur les autres sans ciment, ce qui les met plus en état de résister aux tremblemens de terre. Il y a dans le centre une Tour à plusieurs étages d'une hauteur surprenante. Chaque étage a son toit selon la coûtume, & tout l'édifice est d'une beauté & d'une richesse, qui passe tout ce qu'on en peut dire. Les autres Bâtimens ont aussi leurs toits recourbez avec des Dragons dorez à tous les angles, ce qui produit un très-bel effet. Le Palais n'a qu'un étage, ce qui ne l'empêche pas d'être assez haut. Il est très-vaste, on y voit de longues galeries, & des chambres spacieuses, que l'on agrandit, ou rétrécit avec des Paravens, de la maniere, que nous avons dit, en parlant des maisons particulieres. Les façades des Corps de logis, & l'intérieur des Appartemens sont d'une beauté exquise dans le goût de l'Architecture Japonnoise: les Plafonds, les Solives, les Piliers sont de Cedre, de Camphre, & de ce beau bois de *Jesery*, dont les veines forment naturellement des fleurs, & d'autres figures très-variées. En quelques endroits on se contente d'y jetter une simple couche de vernis clair; en d'autres, tout est vernissé en plein, & ciselé avec art; c'est apparemment suivant la nature du bois, qui y eſt employé. Les bas reliefs ſont des oiſeaux, des feüillages, & des branches d'arbres fort proprement dorées & bien travaillées. Le plancher eſt partout couvert de belles nattes blanches, avec un bord, ou une frange d'or ; mais dans tous les Appartemens, où l'on a la liberté d'aller, il n'y a aucun meuble.

Kœmpfer ſe récrie ici avec force contre Montanus, (a) qui en parlant de l'Apartement de l'Empereur, dit : » La face eſt un grand Pavillon » flanqué de deux autres tous pa- » reils ; ils ſont tous trois à neuf éta- » ges, & finiſſent en pyramides, au » haut deſquels ſont deux gros Dau- » phins couverts de plaques d'or. La » Salle d'Audience, qui eſt ſoutenuë » de groſſes Colonnes dorées, eſt » vis-à-vis du Pavillon, qui ſert de » face à ce magnifique édifice ; le » platfond eſt de lames d'or, où » ſont tracées des figures & des pay- » ſages ; la couverture même en eſt, » & tout y paroît enchanté. C'eſt-là » qu'eſt aſſis l'Empereur ſur un Trô- » ne tout rayonnant d'or & de pier- » reries, ſoit qu'il donne Audience » aux Ambaſſadeurs étrangers, ſoit » qu'il reçoive les hommages des » Rois & des Princes de ſon Empire. » Un peu à côté de cette Salle ſont » les Appartemens des Femmes, qui » ne ſont gueres moins ſuperbes. J'avouë qu'il me paroît que ce récit ne s'accorde pas en tout ce que nous avons rapporté de la maniere de bâtir uſitée de tout tems au Japon ; mais il ne s'enſuit pas que le Trône tout rayonnant d'or & de pierreries ſoit abſolument une des fables de l'Auteur des Ambaſſades mémorables, & ſi l'on ne voyoit plus rien de ſemblable au tems de Kœmpfer, il faut ſe ſouvenir que quelques années auparavant le Palais de Jedo avoit été brûlé.

On prétend que ce Palais , tel qu'il eſt aujourdhui, a un Appartement ſouterrain, dont le platfond ſoutient un grand Réſervoir d'eau, & où l'Empereur ſe réfugie, quand il tonne. On aſſure que l'eau rompt tellement le bruit du tonnerre, qu'on ne l'y entend point du tout : il paroît au moins qu'on n'a rien à craindre en ce lieu des effets de la foudre. On a auſſi ménagé au même endroit deux chambres, où ſont les Tréſors du Monarque, & où de bonnes portes de fer, & des toits de cuivre les mettent à couvert des voleurs & du feu. Les Jardins ſont encore plus élevez que le Palais, de beaux vergers bien entretenus y forment une variété admirable, & la vûë y eſt terminée par un Boſquet charmant, planté ſur la cime d'une petite colline. On n'y voit point d'autres arbres, que des Planes, mais il y en a de deux eſpeces ; l'une eſt dans ſa beauté au Printems, & l'autre en Automne. Leurs feüilles étoilées, & mêlées de jaune, de verd & de rouge, forment un coup d'œil, qui ſurprend. Les deux petits Châteaux, dont j'ai parlé, ſont du même côté, & n'ont aucun ornement extérieur ; mais ils ſont extrémement forts, les murs en ſont très-exhauſſez, & de larges foſſez, où l'on a conduit l'eau de la grande Riviere, les environnent de toutes parts. C'eſt dans ces Châteaux

(a) *Ambaſſades mémorables de la Compagnie des Indes Orientales des Provinces Unies vers les Empereurs du Japon.*

HISTOIRE

qu'on éleve les Enfans de l'Empereur. Après cette petite digreſſion, je reprens le fil de mon Hiſtoire.

§. VI.

Les Chrétiens ſe flattent d'une vaine eſpérance. Nouvel Edit contre eux. Conduite des Miſſionnaires, dont le Prince d'Omura eſt chargé de faire la recherche. Martyre d'un Franciſcain & d'un Jéſuite. Zele trop ardent de deux autres Religieux. Mauvais diſcours de quelques Chrétiens à ce ſujet. Caractere des deux Religieux. Leur Martyre.

NOn ſeulement les Chrétiens, à la faveur de la Guerre civile, avoient un peu repris haleine, mais les eſpérances, que les premiers ſuccès de l'Empereur Fide-Jory leur avoit fait concevoir d'un Gouvernement plus favorable pour la Religion, quoiqu'aſſez peu fondées, avoient conſidérablement augmenté leur nombre; la défaite de ce Prince infortuné ne les avoit pas même découragez, & le Peuple, qui aime à ſe flatter, ſe perſuada longtems que Fide-Jory s'étoit réfugié dans les Etats de quelqu'un de ſes Vaſſaux, & s'attendoit à le voir reparoître à la mort du Cubo-Sama. Bien des gens s'imaginoient auſſi que pluſieurs des plus puiſſans Princes de l'Empire, qui ſe voyoient ſans emploi, ſans crédit, & la plûpart même ſans biens, ne manqueroient pas l'occaſion de ſe joindre à leur Empereur, s'il ſe remontroit, d'autant plus qu'on ne regardoit pas le Xogun-Sama comme un Ennemi fort redoutable. Mais toutes ces idées flatteuſes s'évanoüirent, dès qu'on vit le nouvel Empereur monter ſur le Trône ſans obſtacle. D'ailleurs Fidé-Jory ne parut point, & la tranquillité de l'Etat produiſit le renouvellement d'une perſécution, qui n'a fini, qu'avec l'extinction du Chriſtianiſme dans l'Empire.

Elle fut annoncée par un nouvel Edit de proſcription beaucoup plus formel que tous les précédens, & accompagné de menaces ſi terribles, qu'elles firent tomber bien des Fidéles, ſurtout dans les lieux, où ils ſe trouvoient deſtituez de Paſteurs : voici l'occaſion qui attira le nouvel orage. Il y avoit alors au Japon trente-trois Jéſuites, ſeize Religieux des trois Ordres de Saint Auguſtin, de Saint Dominique & de Saint François, & ſept Prêtres Séculiers, avec un très-grand nombre d'excellens Catéchiſtes, qui dans la ſituation, où ſe trouvoient les affaires de la Religion, ne travailloient pas moins utilement, que les Miſſionnaires mêmes. Les Prêtres Séculiers, ſept Jéſuites, & tous les autres Religieux, excepté un Pere Franciſcain, nommé le Pere de Sainte MARTHE, demeuroient à Nangazaqui, & aux environs; quelques Jéſuites réſidoient dans les autres Villes Impériales, où ils avoient encore de bons Protecteurs ; le reſte parcouroit les Provinces, & ſe tenoit à portée d'accourir d'abord, où leur préſence pouvoit être plus néceſſaire.

Tous ceux, qui étoient à Nangazaqui, étoient vétus à la Portugaiſe, & il leur étoit d'autant plus facile de ſe ſouſtraire aux recherches des

Officiers de l'Empereur, & des Espions du Gouverneur sous ce déguisement, qu'on ne les pouvoit pas distinguer des Marchands de cette Nation, lesquels avoient toute liberté de rester dans la Ville. Ceux qui étoient dans le centre de l'Empire, avoient pris l'habit, que les Japonnois portent, quand ils ont renoncé au monde, & qui consiste dans une longue robe, sans armes, & la tête rasée: ceux qui avoient pénétré dans le Nord & aux autres extrémitez de l'Empire, étoient vêtus à la Japonnoise, les uns d'une maniere, & les autres d'une autre, suivant qu'ils vouloient communiquer, ou avec les Grands, ou avec le Peuple. Ces précautions donnoient à tous le moyen d'avancer l'œuvre de Dieu, & de conserver le bien, qui étoit fait; mais ce calme, qui étoit en partie le fruit de cette façon d'agir, fit juger à quelques-uns qu'ils pouvoient exercer plus librement leurs fonctions: ils reprirent l'habit de leur Ordre, & recommencerent à prêcher en public.

L'Empereur, que nos Relations continuënt à nommer Xogun-Sama, quoique selon toutes les apparences il ait pris celui de Cubo-Sama aussitôt après la mort de son Pere, fut bientôt informé de cet éclat, & sur le champ il envoya ordre au Prince d'Omura de faire arrêter tout ce qu'il pourroit découvrir de Prêtres & de Religieux dans cette partie du Ximo, qui portoit autrefois le nom de Figen. Ce Prince étoit BARTHELEMI Fils & Successeur du malheureux Sanche, lequel n'ayant pû, ni par autorité, ni par la voye de la persuasion l'engager à sacrifier aux Idoles, étoit enfin venu à bout de lui persuader d'obéir à tous les ordres, qu'il recevroit de la Cour Impériale, pour agir contre les Chrétiens. Ainsi l'on vit ce Prince aveugle, par un mélange monstrueux, & sans exemple peut-être jusqu'à lui, adorer en secret le même Dieu, qu'il persécutoit ouvertement dans la personne de ses Ministres.

Ses diligences ne furent pas inutiles, le Pere Pierre de L'ASCENSION Franciscain Espagnol fut arrêté sur les Terres du Prince d'Isafai; & quelque tems après le Pere Jean-Baptiste TAVORA DE MACHADO Jésuite Portugais, ayant été envoyé aux Isles de Gotto par ses Supérieurs, se mit en chemin, malgré les avis, qu'il eut qu'on le suivoit. Le vent contraire le fit relâcher, & l'obligea de prendre un détour par le Firando, d'où le trajet à Gotto est fort aisé; mais à peine fut-il arrivé dans le premier de ces deux Royaumes, qu'un jeune homme, dont il ne se défioit point, le découvrit aux Emissaires du Prince d'Omura. Il fut saisi dans le tems, qu'il achevoit d'entendre une Confession, & conduit à la Prison d'Omura, où il trouva le Pere de l'Ascension, dont il étoit ami particulier. Il y entra le vingt-neuviéme d'Avril 1617, & le vingt-deuxiéme de Mai lui & son Compagnon furent décapitez dans la Place publique d'Omura.

Le Prince d'Omura ne manqua point de faire beaucoup valoir auprès de l'Empereur ces premiers succès de son zele; mais il en eut bientôt honte lui-même, & ne put se résoudre à continuer ses recherches; d'autant plus qu'on avoit assuré à Gonzoco, devenu Gouverneur de

Nangazaqui à la place du Roi d'Arima son Oncle, lequel commandoit toujours à Sacaï, qu'il ne ressortoit plus ni Prêtre ni Religieux dans son Gouvernement. Mais le zele plus vif que prudent de deux Missionnaires l'engagea bientôt à changer une seconde fois de conduite. Il apprit que le Pere Alphonse Navarrette Dominicain, & le Pere Ferdinand de Saint Joseph Augustin, parcouroient le Pays revêtus de l'habit de leurs Ordres, & qu'ils étoient suivis d'un grand nombre de Chrétiens, & il reçut en même tems une Lettre de ces deux Religieux, adressée à son Pere & à lui, toute remplie de reproches sur leur infidélité, & sur la mort des Peres de Machado & de l'Ascension. On les y exhortoit à une prompte & sincere pénitence ; & on les menaçoit des peines de l'Enfer, s'ils différoient de recourir à la miséricorde du Seigneur.

On ne peut dire le mal, que produisit cette démarche. Dans les Actes du Martyre de ces deux Religieux, qui étoient véritablement d'une vertu éminente, & d'un zele, qui ne voyoit point d'obstacles, quand il s'agissoit de gagner des ames à Dieu, on a prétendu prouver qu'ils avoient agi en cette rencontre par inspiration divine. Je sçai que l'Eglise a reconnu que des Saints avoient été poussez par l'Esprit de Dieu à faire des choses, que toutes les regles de la prudence sembloient condamner ; mais on pourroit douter que jamais cela ait eu lieu dans des occasions, où de pareilles actions pouvoient avoir des suites aussi funestes au Christianisme, qu'en eut celle-ci. On voit encore dans ces mêmes Actes que le motif, qui engagea les deux Religieux à en user comme ils firent, fut que les Chrétiens étoient étrangement scandalisez de voir les Ouvriers de l'Evangile se cacher, & se retirer des lieux, où ils craignoient d'être découverts, disant qu'il faisoit beau entendre des personnes de leur caractere relever si fort le bonheur de ceux, qui donnent leur vie pour Jesus-Christ, tandis qu'eux-mêmes ne négligeoient aucune précaution pour se soustraire à la mort ; que dans la primitive Eglise les Evêques & les Prêtres étoient les premiers à signer la foi de leur sang, mais qu'au Japon les Pasteurs laissoient tomber tout le poids de la persécution sur leurs oüailles, & les abandonnoient sans défense aux Loups, pour se mettre eux-mêmes en sûreté.

Ce qu'il y eut de pis, fut que des Missionnaires mêmes sembloient autoriser ces discours, au lieu d'instruire un Peuple naturellement porté à un héroïsme outré, des regles de sagesse & de discrétion, que le Sauveur même a tracées à ses Disciples, en leur disant : *lorsque l'on vous persécutera dans une Ville, fuyez dans une autre.* (a) Regles, que tous les Successeurs des Apôtres ont suivies, aussi bien que les Apôtres mêmes ; surtout, quand ils ont fondé de nouvelles Eglises, & qui consistent à se comporter avec prudence, avec modération, avec tous les égards dûs aux Puissances, quand le service de Dieu n'y est point intéressé ; à se défier d'un zele impétueux & précipité, dont les pernicieux effets sont souvent sans remede ; & à se souve-

(a) Matth. 10. 23.

nir que le but, que doit se proposer un homme Apostolique, n'est pas précisément de mourir pour Dieu, quoiqu'il doive toujours être dans la disposition de se sacrifier pour le Troupeau commis à ses soins ; & que s'il peut envisager le Martyre comme la récompense de son Apostolat, il ne lui est pas permis, hors certains cas particuliers, d'y contribuer lui-même directement.

Je suis très-persuadé que l'erreur, dont je parle, fut uniquement dans l'esprit, & ne passa point jusqu'au cœur : on crut voir un grand scandale dans ce qui étoit l'effet d'une prudence toute Evangélique de la part de ces grands Hommes, que nous verrons bientôt souffrir de si bonne grace les plus horribles tourmens pour la cause de Dieu ; & l'on se crut obligé de passer par-dessus les regles ordinaires pour le lever ; sans considérer qu'on réalisoit ce scandale, en voulant y remédier. Le Pere Navarrette, dans une de ses Lettres inférée au Procès, qui a été fait pour sa Canonisation, assûre qu'il ne lui étoit pas libre de parler & d'agir autrement, qu'il fit alors ; d'où l'on peut conclure que Dieu, qui permet quelquefois de grands péchez, qui sont la cause de la perte de bien des ames, & cela pour des raisons, qui ne sont connuës que de lui, peut bien aussi permettre pour les mêmes fins des indiscrétions, qui ne soient pas coupables ; & que les Saints prennent quelquefois pour inspiration ce qui ne l'est pas.

Ce qui est certain, c'est que les Historiens Dominicains nous représentent ce saint Religieux comme un homme intrépide, infatigable,

grand zélateur des ames, & d'une ardeur incroyable pour le Martyre. Une de ses plus ordinaires occupations étoit d'aller ramasser les Enfans, que leurs Parens exposoient dans les ruës, faute de les pouvoir nourrir ; il les faisoit élever par des Chrétiens charitables, & il en mit un très-grand nombre dans le Ciel, en les baptisant, lorsqu'il les trouvoit prêts à expirer. Il apprit un jour qu'on devoit brûler dans une Place publique quantité de Chapelets, d'*Agnus Dei*, & d'autres choses semblables, qui avoient été saisies chez des Chrétiens, & que des Femmes étoient condamnées à être exposées toutes nuës dans le même endroit, si elles ne vouloient pas renoncer au Christianisme : il y courut aussitôt, parla aux Exécuteurs de ces ordres impies & barbares avec beaucoup de liberté, & voyant que ceux-ci ne tenoient aucun compte de son discours, il se jetta au milieu du feu pour en tirer ce qu'on y avoit déja mis. Alors les Soldats commencerent à le charger à grands coups de bâtons, & de tisons allumez ; il fut dangereusement blessé à la tête, & il alloit être assommé, si un Gentilhomme Chrétien ne l'eût tiré malgré lui des mains de ces furieux, & ne l'eût mené par force dans son logis.

Le Pere Ferdinand D'AYALA, appellé communément le Pere de Saint JOSEPH, étoit aussi un Religieux d'une vertu éminente : sa douceur, sa charité, son zele l'avoient rendu extrêmement cher à tout le monde, & Dom Loüis Serqueyra Evêque du Japon avoit eu jusqu'à sa mort une tendresse particuliere & une véritable estime pour lui. En 1614. quoiqu'il fût expressément compris dans l'Edit de bannissement, il acheta une Barque, trouva le moyen de sortir secrétement du Port de Nangazaqui, & parcourut déguisé toutes les côtes voisines, où il consola beaucoup les Fidéles, que le départ de leurs Pasteurs avoit consternez. Peu de tems après, comme il se trouva seul de son Ordre au Japon, il se joignit au Pere Navarrette, le prit pour son Directeur, lui fit vœu d'obéïssance, & lui fut toujours depuis aussi soumis, que s'il avoit été le dernier de ses Inférieurs. Ainsi on ne vit jamais deux hommes d'un caractere d'esprit plus différent, agir plus de concert, la douceur de l'un, sa docilité, & la dépendance, à laquelle il s'étoit volontairement assujetti, le rendant susceptible de toutes les impressions de l'autre, que son zele boüillant, actif, entreprenant portoit souvent au-delà des bornes. Ce qu'ils avoient de commun, étoit la droiture de leurs intentions, & de ne consulter qu'euxmêmes, & ceux, qui pensoient comme eux sur les moyens de parvenir au but, qu'ils se proposoient.

Ces deux Missionnaires, qui étoient devenus inséparables, n'eurent donc pas plûtôt appris la glorieuse mort des Peres de l'Ascension & de Machado, que saisis d'une sainte jalousie pour un sort, qui depuis longtems faisoit l'unique objet de leurs vœux, ils conçurent le dessein de sortir de leur retraite. Avant que de l'exécuter, ils voulurent s'asûrer de la volonté du Ciel, ils redoublerent à cette fin leurs prieres & leurs austéritez, & ils eurent plusieurs conférences sur le même sujet avec tout ce qu'ils pûrent assembler de Religieux de Saint Dominique. Tous les ayant, dit-on, confirmez dans leur résolution, ils se revêtirent de l'Habit de leurs Ordres, & parcoururent en prêchant tout le Pays circonvoisin. Ils inspirerent sans peine le même désir, dont ils étoient animez pour le Martyre, à la plûpart de ceux, qui les entendirent, & une très-grande multitude de Fidéles se mit à leur suite. Dieu sembla même d'abord bénir leur Entreprise, ils firent plusieurs conversions, & regagnerent à Jesus-Christ quelques Apostats. Ces premiers succès leur donnerent de grandes espérances, mais elles durerent peu. Le Prince d'Omura, dans les Etats duquel se faisoit tout ce fracas, en fut allarmé, & comprit que, s'il n'usoit de diligence pour le faire cesser, on lui en pourroit faire un crime à la Cour de l'Empereur. Il envoya des Gardes pour arrêter les deux Missionnaires, qui, sur les premiers avis, qu'ils en eurent, se déguiserent: mais peu de tems après, soit qu'ils desespérassent d'échapper malgré cette précaution, ou qu'ils se repentissent de l'avoir prise, ils se remontrerent avec leurs Habits, & allerent même se présenter à ceux, qui les cherchoient. Ils furent arrêtez & liez: tous les Chrétiens, qui les accompagnoient, comptoient bien d'avoir part à leurs chaînes; mais quelque instance, qu'ils en fissent, on les obligea de retourner chez eux. Le Prince d'Omura ne cherchoit pas à faire des Martyrs, mais il ne voyoit point que par la conduite, qu'il tenoit, il ruinoit la Religion Chrétienne, & ne servoit point son Souverain.

Quelques jours après les deux Religieux,

ligieux, & un Gentilhomme nommé Leon Tonaca, qui avoit été pris avec le Pere de Machado, à qui il servoit de Catéchiste, furent conduits à une Isle voisine, (*a*) pour y être décapitez ; mais les Chrétiens y étant passez en foule, on les transporta dans une autre plus éloignée, après qu'on eut pris de bonnes mesures, pour empêcher qu'on ne les y suivît, & ils y furent exécutez le premier jour de Juin. Les Corps des deux premiers Martyrs avoient été mis en un lieu, d'où il n'avoit pas été possible aux Fidéles de les enlever, mais on n'avoit pû empêcher qu'ils n'y allassent pour les révérer, & la Princesse Marine d'Omura s'étoit acquittée des premieres de ce devoir de piété. Le Prince son Neveu lui en fit de grands reproches, mais elle les reçut de maniere à lui ôter l'envie de lui en faire de pareils.

Elle lui déclara même qu'elle vouloit être jointe aux premiers Martyrs, qui mourroient par son ordre. Pour arrêter ce concours, les deux saints Corps furent portez dans l'Isle, où s'étoit faite la derniere Exécution : on mit ensuite ceux des quatre Religieux dans deux caisses, & celui de Leon Tonaca dans une troisiéme. On remplit ces caisses de grosses pierres, & on les jetta à la Mer. Les Chrétiens furent néanmoins assez heureux, pour en pêcher une, où étoient les Reliques des Peres de l'Ascension & de Saint Joseph, & les mirent en lieu sûr. L'Isle, que les trois derniers Martyrs avoient arrosée de leur sang, devint le terme d'un Pélerinage, & le Sabre, qui avoit été l'Instrument de leur Martyre, fut acheté cent cinquante écus par les Peres de Saint Dominique, & porté à Manile.

(*a*) Un Auteur Dominicain dit que cette Isle & plusieurs des environs s'appelloient les Isles de Tacaxima, autrement les Isles *des Epines*.

§. VII.

Autres Martyrs. Ferveur des Chrétiens. Mort de Safioye Roi d'Arima. Ferveur des Exilez de Tsugaru. Le Gouverneur de Nangazaqui fait de grandes recherches des Chrétiens. Fureurs & fin tragique d'un Apostat.

AU commencement d'Octobre (*a*) de la même année, le Pere Thomas de Zumarraga Dominicain, & le Pere Apollinaire, Commissaire Général des Peres de Saint François, qui avoient été arrétez à Arima, où ils étoient accourus au secours des Fidéles, eurent la tête tranchée dans la petite Isle de Tacabuco avec quinze ou seize Chrétiens de Nangazaqui, condamnez à la mort pour avoir retiré chez eux des Missionnaires, & s'en être vantez. Alors, non seulement on jettoit à la Mer les Corps des Martyrs, mais on cachoit même souvent aux Fidéles le lieu de leur supplice. Ils tâchoient de s'en consoler

(*a*) Le Martyrologe de l'Ordre de Saint François marque ce Martyre au trente-uniéme de Mai : les Histoires du Japon paroissent néanmoins le faire postérieur à celui des Peres Navarrette & de Saint Joseph, qui n'arriva que le premier de Juin.

Tome II. Ff

en conservant précieusement tout ce qui avoit été à l'usage de ces illustres Confesseurs ; on se contentoit aussi souvent de tourmenter ou de mutiler ceux, qui se déclaroient plus ouvertement ; car la plûpart des Seigneurs, qui commandoient dans le Ximo, & en particulier le Gouverneur de Nangazaqui, ne songeoient qu'à empêcher, ou à prévenir les éclats, & l'occasion étoit belle d'augmenter le Royaume de Dieu, si l'on avoit sçu en profiter ; mais il régnoit depuis quelque tems dans cette Chrétienté un esprit de ferveur, que la prudence ne régloit point assez, & le grand nombre des Ouvriers Evangéliques avoient plus à craindre de la part des Fidéles, qui se scandalisoient des plus sages ménagemens, que de celle des Persécuteurs mêmes, parce que tous ne parloient pas le même langage, & ne tenoient pas la même conduite. Tous vouloient sincérement le bien ; d'ailleurs le point d'héroïsme, auquel étoient montez les Chrétiens, leur faisoit faire tous les jours des actions, qui étonnoient les Idolâtres, & leur donnoient une grande idée du Christianisme. C'étoit surtout quelque chose de fort édifiant, que de voir l'empressement des Meres & des Epouses à panser les playes de leurs Enfans & de leurs Maris, qu'on leur renvoyoit souvent dans un état affreux. C'étoit à qui témoigneroit plus de vénération pour ces Reliques vivantes, & à qui leur rendroit plus de services : les pauvres Parens de ceux, qui étoient morts pour la Foi, devenoient bientôt riches par la charité des Fidéles, & un Martyr dans une Famille étoit un titre, qui la rendoit illustre, & faisoit rechercher son alliance.

L'année suivante 1618. le quatorziéme d'Août, le Pere Jean de SAINTE MARTHE (*a*), qui avoit été Commissaire des Peres de Saint François, fut décapité à Méaco, coupé par morceaux, & jetté à la voirie. Ce saint Religieux avoit travaillé longtems, & avec beaucoup de succès dans la Principauté d'Omura ; mais ayant écrit au Prince une Lettre très-vive sur son procédé à l'égard des Chrétiens, il en reçut un ordre de sortir des Terres de son Domaine ; il refusa d'obéïr, & pour l'y contraindre, le Prince envoya sa Lettre à Safioye Roi d'Arima, qui le fit prendre & conduire dans les Prisons de Méaco, où il souffrit beaucoup, & où il fit quantité de conversions. Il gagna même l'estime du Gouverneur de cette Capitale, qui, pour lui sauver la vie, voulut le faire sortir du Japon ; mais le fervent Religieux, qui craignoit de perdre la Palme du Martyre, lui fit dire qu'il s'échapperoit des mains de ceux, qu'il chargeroit de le conduire, & recommenceroit à prêcher comme auparavant ; de sorte que ce Seigneur, pour ne pas s'attirer des reproches de la Cour, se vit comme forcé de le faire mourir. Le cruel Safioye avoit déjà reçu le juste châtiment de tous les maux, qu'il avoit faits à l'Eglise. Il étoit mort à Sacai au commencement de cette même année, & sa fin fut digne d'un Tyran. Son sang se corrompit,

---

(*a*) L'Auteur du Martyrologe Franciscain l'appelle Jean de Sainte MARIE, & marque dans une note qu'il le croit le même, que d'autres Auteurs appellent le Pere de Sainte MARTHE. Vading met son Martyre en 1606. Il y a toute apparence qu'il se trompe.

& le rendit infecté à un point, que personne ne pouvoit plus approcher de lui.

Le Canton de Tſugaru, où nous avons vû qu'on avoit exilé un grand nombre de Perſonnes de condition, ſe peuploit encore de jour en jour de Chrétiens de tout âge & de tout ſexe, qu'on y envoyoit de toutes les Provinces de l'Empire; & leur ferveur croiſſoit à meſure, qu'ils ſe multiplioient. Ils étoient preſque nuds, & ſeroient bientôt morts de froid, & des autres miſeres, qu'ils enduroient, ſans les ſecours, que leurs Freres avoient ſoin de leur faire tenir de tems en tems. Les Peres Jérôme de Angelis, Diego Carvailho, & Jacques Yuki, Jéſuites, qui ont été tous trois Martyrs, les ſecouroient ſpirituellement avec des dangers & des fatigues extrêmes, mais dont ils ſe croyoient bien dédommagez par la conſolation, qu'ils reſſentoient à la vûë de ces véritables Chrétiens, dont la patience & la ſainteté faiſoient l'admiration des Infidéles mêmes, & le plus bel ornement de cette Egliſe. Tout le tems, que leur laiſſoit libre la néceſſité, où ils étoient, de pourvoir par eux-mêmes à leur ſubſiſtance, ils le donnoient à la priere, & ils ajoûtoient des jeûnes très-rigoureux & de rudes pénitences aux incommoditez d'une vie ſi pénible d'elle-même. Je trouve dans mes Mémoires que ſix d'entre ces illuſtres Confeſſeurs furent brûlez vifs, mais on ne dit point à quelle occaſion, ni en quel tems. De ce nombre étoient deux Femmes, dont l'une n'avoit pas été condamnée avec les autres, mais ne voulut pas être ſéparée de ſon Mari, qui étoit compris dans la Sentence. Nous verrons dans la ſuite que la plûpart de ceux, qui reſtoient de cette glorieuſe Troupe, ſignerent auſſi leur Foi de leur ſang.

Le Royaume de Chicugen fut alors un de ceux, où le feu de la Perſécution fit de plus grands ravages, & l'on aſſûre que deux ans auparavant Dieu en avoit averti les Fidéles par un prodige fort ſingulier. Ils avoient élevé ſur le ſommet d'une Montagne une très-belle Croix, au pied de laquelle ils s'aſſembloient faute d'Egliſe, pour leurs Exercices de piété. Au commencement de l'année 1616. elle fut abattuë, & le Samedi Saint ſuivant on apperçut au même endroit un grand feu, du milieu duquel s'elevoit dans l'air une Croix toute ſemblable à celle, qui avoit été renverſée, mais ſi brillante, que de plus d'une lieuë on liſoit ſans peine les caractères de l'Inſcription. Ce Phénomene dura deux heures, & fut vû des Idolâtres, auſſi bien que des Fidéles. Jecundono Roi de Buygen fit auſſi des Martyrs, & l'on en compta cette même année juſqu'à trente-ſix en différens quartiers de ſes Etats: mais le fort de la tempête tomba ſur Nangazaqui.

Gonzoco, depuis qu'il étoit devenu Gouverneur de cette importante Place, n'avoit pas fort inquiété les Chrétiens; il s'aviſa enfin, ou il eut ordre de la Cour de faire viſiter toutes les Maiſons des Particuliers, pour voir, ſi l'on n'y trouveroit point quelques Miſſionnaires cachez, & pour y dreſſer une liſte de tous ceux, qui faiſoient profeſſion du Chriſtianiſme. Un des Officiers, qu'il avoit chargez de cette Commiſſion, entrant un jour chez un Bourgeois, se mit à crier de toute sa force qu'on lui apportât du papier, pour écrire les noms de ceux, qui ne vouloient pas obéir aux Edits de l'Empereur. Aussitôt une petite Fille de huit ans lui en apporta avec de l'encre & un Pinceau, & le pria de l'inscrire la premiere : sa Mere, qui l'entendit, vint aussi se présenter, & lui demanda la même grace ; & comme l'Officier sortoit sans faire de plus amples informations, la Mere courut après lui portant son Fils entre ses bras, & dès qu'elle l'eut joint ; *Monsieur*, lui dit-elle, *j'avois oublié cet Enfant, obligez-moi de prendre aussi son nom.* Cette recherche remplit en peu de jours toutes les Prisons de Nangazaqui & d'Omura ; & ce qui fut infiniment sensible aux Fidéles, ce furent deux Apostats, qui se distinguerent le plus en cette occasion. L'un se nommoit Antoine TOAN, & l'autre Jean FEIZO.

Le premier étoit un homme de néant, & tant qu'il étoit demeuré dans la bassesse de la condition, où il étoit né, il avoit eu une conduite fort réguliere. Les Missionnaires, qui ne l'avoient pas assez étudié, le mirent en voye de s'avancer, & la prospérité le pervertit, ou le fit mieux connoître. Devenu un des Lieutenans du Gouverneur de Nangazaqui, il ne fut pas longtems sans abjurer le Christianisme : ensuite n'étant plus retenu par le frein de la Religion, il se porta aux plus grands excès ; il fit enfin profession ouverte de l'Athéïsme. Alors il se déclara publiquement l'Ennemi des Prédicateurs de l'Evangile, & fut un de ceux, qui contribuerent davantage à inspirer au feu Empereur, & à Safioye Gouverneur de Nangazaqui, cette haine irréconciliable contre la Religion Chrétienne, dont nous avons vû les funestes effets. Il haïssoit les Jésuites, à qui il devoit tout ; & comme il vit que quelques personnes venuës des Philippines n'étoient pas bien disposées en leur faveur, il se joignit à eux, se contrefit assez pour les tromper plus aisément, les servit de son crédit & de sa plume, & fut l'Auteur d'une bonne partie de ces Ecrits scandaleux, dont nous avons dit que l'Ancien & le Nouveau Monde avoient été inondez. Cela fait, il leva tout-à-fait le masque, mais dès lors il ne fut plus si fort à craindre, & le Ciel ne différa pas longtems à en faire un exemple.

Après la mort de Safioye son Protecteur, Jean Feizo, aussi mauvais Chrétien que lui dans le fond, mais qui se ménageoit encore avec les Missionnaires, entreprit de le supplanter, & fit un voyage à Jedo, pour l'accuser du crime d'Etat. Toan, qui se sentoit coupable, & qui n'avoit plus de Patron, espéra de se tirer d'affaire aux dépens des Fidéles ; il en entreprit la recherche, s'appliqua surtout à découvrir les Missionnaires, & par le moyen de deux Apostats comme lui, dont l'un avoit été Catéchiste, & l'autre avoit porté un Habit de Religieux, il fut informé de la retraite de plusieurs Missionnaires, dont il envoya une Liste à la Cour. Le Pere Matthieu de Couros, Provincial des Jésuites, le Pere Charles Spinola, Procureur Général de la Mission, & le Pere Jean-Baptiste de Baëza, Recteur du College de Nangazaqui, étoient à la tête de cette Liste, où l'on ne voyoit que des Jésuites. Toan ajoûta que Feizo ne l'avoit accusé, que pour avoir sa place, & pour être plus en état de favoriser les Chrétiens, & que pour lui, tout son crime étoit son zele à faire exécuter les Edits de l'Empereur contre une Religion, à laquelle il avoit renoncé, dès qu'il avoit vû qu'elle n'étoit pas agréable à son Souverain.

Le Conseil Impérial reçut avec joye les notices, que Toan lui donnoit touchant les Missionnaires ; mais il ne prit point le change sur ce qui regardoit personnellement ce Scelerat. Il fut cité à comparoître, & interrogé juridiquement sur plusieurs malversations, dont on l'avoit chargé ; sur l'argent, qu'il avoit détourné de la Caisse des Droits de Nangazaqui, & sur quatre cent Soldats, qu'il avoit envoyez au secours de Fide-Jory sous la conduite d'un de ses Fils. Il demeura sans replique aux deux premiers articles, & rejetta le troisiéme sur les Missionnaires. Cette réponse ne le justifioit point, & on lui ôta son Emploi : on lui permit néanmoins de retourner à Nangazaqui, où à peine fut-il arrivé, que ses Parens & ses Amis exciterent une espece de soulevement contre les Jésuites, les accusant d'être les auteurs de la dis-

grace d'un Homme, qui, bien qu'en apparence opposé à la Religion Chrétienne, lui rendoit, disoient-ils, sous main des services essentiels.

Quelque tems après on lui signifia un Arrêt de Bannissement, mais il ne fut point exécuté, parce qu'il fut suivi de près d'une Sentence, qui condamnoit Toan à avoir la tête tranchée, avec ses Enfans, qui l'avoient imité dans son Apostasie. Ce qu'il y eut de singulier, & ce qui fut une preuve sensible que c'étoit la Justice divine, qui poursuivoit ce Malheureux, c'est que le seul André TOCUAN, l'aîné de ses Fils, lequel étoit resté fidéle à Dieu, ne fut point compris dans sa disgrace. Nous le verrons bientôt mourir pour une meilleure cause, & en meilleure compagnie. Mais il est bon d'avertir ici que dans la Relation de son Martyre on trouve le nom de son Pere à la place du sien, ce qui est une méprise manifeste, puisqu'il a été prouvé juridiquement à Manile que Toan avoit été décapité pour ses crimes, & n'avoit donné à la mort aucun signe de répentir, au lieu que Tocuan avoit été brûlé vif pour la Foi avec Leonard KIMURA, & Dominique GEORGE, dont nous parlerons bientôt.

§. VIII.

Apostasie de Jean Feizo. Plusieurs Chrétiens sont brûlez vifs, & plusieurs Missionnaires sont arretez. Ce qui se passe entre le Pere Spinola & Feizo. Chûte de plusieurs Fidéles. Mauvais discours de quelques-uns. L'Idolâtrie est introduite dans Nangazaqui. Histoire & Apostasie d'un Prêtre Japonnois.

CEpendant Feizo avoit obtenu l'Emploi, dont on avoit dépoüillé Toan, & il y a bien de l'apparence qu'il l'avoit acheté au prix de sa Religion. Ce qui est certain, c'est qu'à son départ de Jedo on lui fignifia, aussi bien qu'au Gouverneur de Nangazaqui, qu'ils payeroient de leur tête la moindre connivence, dont ils seroient convaincus, en ce qui regardoit les Docteurs Etrangers ; & qu'ils arriverent l'un & l'autre dans le Ximo bien résolus d'y exterminer le Christianisme. Tout ce que Feizo crut devoir à son honneur, & peut-être à un reste d'estime, qu'il conservoit pour une Religion, que le seul intérêt lui avoit fait abandonner, ce fut d'avertir en secret le P. de Couros, que l'unique moyen, qui lui restoit de sauver sa vie & celle de ses Religieux, étoit de s'embarquer avec eux sur le premier Navire, qui partiroit du Japon, & de prendre garde qu'aucun d'eux n'y remît jamais le pied. Le Provincial répondit à celui, qui lui porta ce message, que Feizo le connoissoit mal, s'il le croyoit capable d'une pareille lâcheté ; & l'Apostat ayant reçu cette réponse, déclara qu'il se tenoit désormais quitte de tout ce que son amitié pour les Peres exigeoit de lui, & qu'on ne devoit pas trouver mauvais qu'il fît le devoir de sa Charge.

Gonzoco, qui n'avoit pas les mêmes raisons de ménager les Missionnaires, ni les Chrétiens, alla aussi plus vîte, & commença par faire brûler vifs tous ceux, qui se trouverent dans les Prisons de Nangazaqui. De ce nombre étoient plusieurs petits Enfans, que leur âge ne garantit point d'un si horrible supplice, & une Femme enceinte, dont le Gouverneur ne voulut pas qu'on attendît les couches. Cette Exécution, & les terribles menaces, dont elle fut accompagnée, répandit partout la terreur. A la vérité le grand nombre des Fidéles étoit encore dans sa premiere ferveur, mais l'esprit de division avoit un peu ralenti dans plusieurs cette charité sublime, & cette ardeur pure du Martyre, que les Japonnois avoient jusques-là regardée comme un attribut presque inséparable du Christianisme. C'est assez l'effet ordinaire des dispositions extrêmes, où la Nature domine toujours, de ne pouvoir regagner le juste milieu, en quoi consiste la véritable vertu. La Grace n'est point promise pour aller au-delà des bornes ; & de l'excès de la présomption à celui de la défiance & du découragement, le chemin est bien court, & le passage infiniment glissant.

Gonzoco souhaitoit fort d'avoir en sa puissance les Peres de Couros & Spinola, & il n'épargna rien pour découvrir leur retraite. Il réüssit enfin à l'égard de ce dernier. Le Pere Spinola fut arrêté dans la maison d'un Portugais nommé Dominique George, avec le Frere Ambroise FERNANDEZ, son Compagnon ordinaire. On les conduisit d'abord chez le Gouverneur, où le Pere Ange ORSUCCI Dominicain, & un autre Religieux du même Ordre, dont je n'ai pû sçavoir le nom, furent aussi amenez peu d'heures après. On les laissa toute la nuit & le jour suivant dans une Chambre ouverte à tous les vents, si étroitement liez, qu'ils ne pouvoient s'aider en rien. Sur le soir du second jour, quelques Domestiques de Gonzoco eurent pitié d'eux, lâcherent un peu des cordes, & permirent à plusieurs Chrétiens de les visiter. Les Serviteurs de Dieu en confesserent quelques-uns, & même des principaux Officiers du Gouverneur.

Le troisiéme jour, qui étoit un

DU JAPON, LIVRE XIV. 231

Samedi, ils fubirent le premier interrogatoire; après quoi le Pere Spinola voulut profiter de quelques momens, où il fe rencontra feul avec Gonzoco, pour lui parler du Royaume de Dieu, mais il trouva un cœur inacceffible à toutes les impreffions de la Grace. Gonzoco de fon côté tenta inutilement de tirer du faint Homme & des Compagnons de fes chaînes quelques lumieres touchant la retraite des Miffionnaires, & il les fit enfin conduire dans la Prifon de Suzuta, près d'Omura, où peu de mois auparavant on avoit renfermé un Religieux de Saint Dominique, un de Saint François, & quelques Séculiers. La raifon pour laquelle Gonzoco ne laiffa point ces Religieux dans les Prifons de Nangazaqui, fut la crainte qu'il ne s'y fît un trop grand concours des Fidéles, dont en effet les Prifonniers trouverent les chemins bordez jufqu'à Suzuta.

Le Pere Sébaftien VIEYRA, qui exerçoit alors parmi les Jéfuites l'Office de Vifiteur de la Chine & du Japon, & le Pere Chriftophe FERREYRA fon Sécretaire, étoient dans la maifon attenante à celle de Dominique George, lorfque le Pere Spinola fut arrêté dans celle-ci. Il n'y avoit pas de prudence à y demeurer plus longtems, mais la difficulté étoit de trouver une autre retraite: ils furent quelque tems à errer de côté & d'autre, ne trouvant de fûreté nulle part; & l'Hyver étant furvenu, on ne peut dire combien ils eurent à fouffrir. Cependant Gonzoco fit affembler les principaux Habitans de Nangazaqui, Portugais, Japonnois, & Chinois, leur déclara les intentions de l'Em-

pereur, leur dit que Sa Majefté ne feroit plus retenuë par aucune confidération, & vouloit, à quelque prix que ce fût, exterminer le Chriftianifme de fes Etats: il leur exagéra les malheurs, qu'ils alloient attirer fur leur Ville, s'ils perfiftoient dans leur obftination: il leur parla avec un air de bonté, qui lui étoit affez naturel: il laiffa même échapper quelques larmes, qu'une tendre compaffion fembloit lui arracher des yeux; enfin il fe tourna & fe replia en tant de manieres, qu'il vint à bout de faire figner à quelques-uns un Ecrit, par lequel ils s'obligeoient, non feulement à ne retirer chez eux aucun Miffionnaire, mais à déclarer même ceux, qui les retireroient, & cela fur la parole expreffe, qu'il leur donna de ne point faire d'autre mal aux Prêtres & aux Religieux, qui feroient découverts, que de les embarquer pour les Indes.

Il y en eut d'autres, qui à la perfuafion de Feizo, lequel vouloit toujours qu'on le crût fincerement Chrétien, fe mirent dans l'efprit que les Prédicateurs de l'Evangile feroient prudemment, & rendroient un véritable fervice à la Religion, s'ils s'éloignoient pour quelque tems, puifqu'on ne demandoit que cela, pour faire ceffer la Perfécution, & ils allerent jufqu'à dire hautement, que fi ces Peres refufoient de fe rendre à une fi jufte demande, on pourroit les regarder comme des Perturbateurs du repos public, & des Broüillons, qui empêchoient qu'on ne donnât la paix à l'Eglife, & comme tels, les dénoncer aux Magiftrats. Foibles Brebis, qui ne s'appercevoient pas que les Loups ne vouloient les engager à fe priver elles-mêmes de leurs Pasteurs, que pour éloigner d'eux ceux, qui les empêchoient de les devorer ! Mais le plus grand nombre eut horreur de ces propositions séduisantes, dont ils reconnurent aisément l'artifice, & gémirent sur un aveuglement, qu'ils prévoyoient devoir bientôt dégénérer en une véritable Apostasie.

Quelques Auteurs ont avancé que le nouvel Evéque du Japon Dom Diego VALENS, étoit alors taché à Nangazaqui, mais ils se sont certainement trompez. Ce Prélat ne fut sacré à Lisbonne, que le troisiéme Dimanche du Carême de cette année 1618. & ne partit que quelque tems après pour Macao, d'où il ne sortit point jusqu'à sa mort. Sur ces entrefaites Gonzoco, qui se disposoit à aller à la Cour de Jedo pour le commencement de l'année, fit afficher à Nangazaqui une déclaration, par laquelle il promettoit cent cinquante écus à quiconque dénonceroit un Assassin, un Incendiaire, ou un Prêtre Chrétien; & supposé que le dénonciateur fût coupable d'avoir logé chez lui un de ces derniers, il l'asûroit de sa grace, & de celle de neuf de ses voisins; ce qui prouve que dès-lors les voisins étoient responsables les uns pour les autres en ce qui concernoit l'affaire des Chrétiens, & que la retraite donnée aux Ministres de l'Evangile étoit mise au nombre des crimes capitaux: l'argent étoit suspendu dans une bourse auprès de l'affiche, & gardé par un Soldat.

Le zele de ce Gouverneur ne l'empêcha pourtant point d'être assez mal reçû de l'Empereur, qui lui reprocha sa négligence à purger le Ximo des Docteurs Etrangers, & le menaça de tout le poids de son indignation, s'il apprenoit encore qu'il y en fût demeuré un seul. Il n'en falloit pas davantage pour obliger Gonzoco à se porter aux dernieres extrêmitez; il retourna dans son Gouvernement bien résolu de ne plus garder aucunes mesures; mais comme il étoit naturellement ennemi des violences, il jugea qu'il devoit commencer par instruire les Peuples, nez Chrétiens pour la plûpart, des principes de la Religion Japonnoise, dont ils n'avoient aucune connoissance, & pour cet effet il fit venir à Nangazaqui des Bonzes de toutes les Sectes; il leur fit bâtir des Monasteres & des Temples, & ce fut alors, qu'on vit pour la premiere fois l'idolâtrie publiquement introduite dans une Ville, que les Chrétiens avoient fondée, & qui devoit au Christianisme tout son éclat & toutes ses richesses. Il y restoit encore quelques Eglises Chrétiennes sur pied, le Gouverneur les fit abattre, après quoi il tourna toutes ses pensées à la recherche des Missionnaires.

Le premier, qui tomba entre ses mains, fut un jeune Prêtre Japonnois, que les uns nomment Thomas ARAQUI, & les autres, Pierre ANTOINE, apparemment parce que pour se mieux déguiser il prenoit tantôt un nom, & tantôt un autre. Il avoit voyagé en Europe, & avoit fait ses Etudes à Rome, où il avoit reçu les Ordres sacrez. Il y avoit même acquis une grande réputation de vertu, & l'on ne douta point, en le voyant partir pour retourner au Japon, qu'il ne rendît de très-grands services à sa Patrie dans les tems fâcheux, où se trouvoit cette Eglise. Mais à peine fut-il arrivé

arrivé à Macao, où il resta quelque tems, qu'on s'apperçut, qu'il cherchoit à rendre odieux auprès de ceux de ses Compatriotes, qu'il y trouva, plusieurs Ministres de l'Evangile, en leur disant qu'il avoit appris à Madrid que des Religieux d'un certain Ordre, qu'il nommoit, faisoient tous leurs efforts pour engager le Roi d'Espagne à entreprendre la Conquête du Japon, & que les Jésuites seuls s'y opposoient de toutes leurs forces. A la vérité il n'y avoit rien là qui dût rendre encore suspecte la Religion de cet Ecclésiastique : les Japonnois Chrétiens n'avoient point perdu, en recevant le Baptême, les sentimens, que la Nature & la raison leur inspiroient pour le lieu de leur naissance, & il est bien pardonnable à un bon Citoyen d'être allarmé sur le péril de sa Patrie. D'ailleurs ce que disoit Araqui n'étoit que trop fondé, mais il y avoit bien de l'imprudence & de l'étourderie à tenir de tels discours devant toutes sortes de personnes, & dans des circonstances, où ils pouvoient avoir les plus funestes suites pour la Religion.

Ce qu'il y eut de plus fâcheux, c'est qu'à son arrivée à Nangazaqui, il continua à parler sur le même ton, & qu'il ne fut pas longtems sans faire soupçonner qu'il y étoit poussé par un autre motif, que celui de son zele pour sa Patrie. Il se portoit néanmoins toujours pour Missionnaire, & se tenoit caché avec soin ; mais la dissolution de ses mœurs annonçoit encore plus une Apostasie prochaine, que son aigreur & ses préventions contre la Nation Espagnole. Enfin il fut pris, & trouva moyen de s'échapper ; mais ayant sçu qu'une Femme étoit en péril de sa vie à son sujet, il se découvrit lui-même, & se constitua Prisonnier. Action héroïque, s'il conservoit encore la Foi dans son cœur, ce que la suite a rendu fort douteux. Quoiqu'il en soit, il fut conduit dans la Prison de Suzuta, & fut reçu des autres Prisonniers au chant des Hymnes & des Cantiques.

Il est vrai que cette joye dura peu ; Pierre Antoine parut d'abord si mélancolique & si chagrin, que les Compagnons de sa captivité augurerent mal de sa persévérance. Il justifia bientôt toutes leurs craintes : au bout de trois semaines il envoya au Gouverneur de Nangazaqui un Ecrit de sa main, par lequel il déclaroit qu'il renonçoit au Christianisme, & demandoit d'être mis en liberté. Cette premiere démarche n'ayant pas eu son effet aussi promptement, qu'il l'avoit espéré, il fit une seconde déclaration plus formelle, & Gonzoco, qui la reçut, la rendit publique. Le Prêtre Apostat fut ensuite élargi, & donna les noms de tous les Missionnaires, qu'il connoissoit, & de tous ceux, qui avoient accoutumé de les retirer. Il n'eut pas de honte après cela de se montrer avec son habit Ecclésiastique, & d'aller en cet équipage à Jedo, où il promit de fournir de bons Mémoires contre les Religieux Etrangers. Il y fut méprisé, mais sa perfidie n'en fut pas moins funeste à la Religion. Il rendit aussi de fort mauvais services à Antoine Toan, qui n'étoit encore qu'exilé, & ce fut lui principalement, qui attira à ce Malheureux la Sentence de mort, qui fut bientôt après portée contre lui.

§. IX.

Prife du Pere Ifcida & de Leonard Kimura Jéfuites Japonnois. Ce qui se passa dans la prison du premier. Le second fait de grandes conversions dans la sienne. Il est condamné au feu. Particularitez de son Martyre. Ferveur des Chrétiens. Extrémité, où sont réduits les Missionnaires. Cinquante Personnes sont condamnées au feu par l'Empereur. Histoire de quelques-uns de ces Martyrs.

De J. C.
1619.
De Syn Mu.
2279.

Quelque tems auparavant on avoit arrêté à Firoxima deux hommes, qu'on ne connoissoit point pour ce qu'ils étoient, & que peu de gens de cette Contrée sçavoient être deux des plus illustres Ouvriers, qu'eut alors la Chrétienté du Japon. C'étoit le Pere Antoine Iscida Pinto, & Leonard Kimura, tous deux Jésuites Japonnois, & voici à quelle occasion ils furent saisis par les Gardes du Roi de Bungo. J'ai dit que parmi les Lieutenans Généraux de l'infortuné Fide-Jory, il y en avoit deux qui étoient Chrétiens, dont l'un, nommé Jean Acasciemon, avoit péri à la Bataille d'Ozaca: ses Enfans s'étoient sauvez à l'exception d'une de ses Filles, nommée Reyne, à qui nous avons vû que sa vertu avoit procuré la liberté & la vie. On avoit inutilement cherché les autres, & tout ce qu'on en avoit pû découvrir, c'est que les Jésuites en avoient retiré un, l'avoient fait mettre en lieu sûr, & l'entretenoient autant bien, que leurs facultez le leur pouvoient permettre. Comme on épioit toutes les occasions de s'éclaircir sur ce qu'ils étoient devenus, on eut quelques soupçons sur les deux Missionnaires, qu'on regardoit comme des Chrétiens du commun, & on s'asura de leurs personnes.

Dès qu'ils se virent Prisonniers, ils déclarerent qui ils étoient, mais ils protesterent qu'ils n'avoient nulle connoissance de ce qu'on vouloit sçavoir d'eux. Ils ne persuaderent point, & l'on crut qu'à force de mauvais traitemens on les obligeroit à parler. On commença par les séparer ; Kimura fut envoyé dans les Prisons de Nangazaqui, le Pere Iscida fut renfermé dans celles de Firoxima, où pendant deux mois on lui fit souffrir tout ce qu'on put imaginer, pour abattre sa constance. Un colier de fer lui tenoit le cou si serré, qu'il ne pouvoit presque pas changer de posture. Il fut ensuite jetté dans un cachot obscur, & dont le plancher étoit si bas, qu'il lui falloit même baisser la tête étant assis. Un bout du plancher lui servoit de lit, & la nourriture, qu'on lui donnoit, étoit si dégoûtante, que la seule nécessité la lui pouvoit rendre supportable : à peine même suffisoit-elle pour le soûtenir. C'étoit avec une extrême répugnance, que le Roi de Bungo en usoit de la sorte, car il ne haïssoit point la Religion Chrétienne, & il y a tout lieu de croire que c'étoit ce même Taydono Roi de Bungo & d'Aqui, & Seigneur de Firoxima, dont nous avons raporté dans le Livre précédent quelques traits, qui faisoient voir sa modération, & son estime pour le Christianisme : mais son Prisonnier s'étoit découvert trop pu-

De J. C.
1619.
De Syn Mu.
2279.

bliquement, & il auroit couru trop de risques, en le relâchant, ou même en adoucissant les rigueurs de sa Prison.

Leonard Kimura ne fut pas plus épargné dans celles de Nangazaqui. Cette Ville lui avoit donné la naissance, & il avoit été élevé au College d'Arima. Ses Etudes finies, il s'attacha aux Peres de la Compagnie, en qualité de Catéchiste, & après avoir exercé longtems ce saint emploi avec beaucoup de zele & de succès, il prit la soutane de Jésuite à l'âge de vingt-sept ans. Quoiqu'il eût toute la capacité nécessaire pour être promu aux Ordres sacrez, il voulut par humilité demeurer dans le rang de simple Laïc, ce qui n'empêcha point qu'on ne l'occupât toujours dans les fonctions du Ministere Evangélique, qui pouvoient convenir à son état. Aussi avoit-il pour cela de grands talens, un esprit vif, un jugement solide, une vertu héroïque, & une connoissance exacte de nos divins Mysteres. Personne au Japon n'étoit plus au fait des différentes Sectes, qui régnoient dans l'Empire, & ne parloit mieux sa Langue maternelle. Il étoit naturellement éloquent, & par la maniere insinuante, dont il entroit dans les cœurs, il achevoit ordinairement de gagner ceux, que la force de ses raisons avoit ébranlez.

Il ne fut pas plutôt dans sa prison, qu'il la convertit en une Maison de Prieres, où jour & nuit on chantoit les loüanges du Seigneur, & où tous les exercices étoient aussi réglez, qu'ils l'auroient pû être dans une Maison Religieuse. L'inhumanité, dont on usoit envers lui, ne satisfaisoit pas encore la faim, qu'il avoit des souffrances, & il y ajoûtoit de très-grandes austéritez. La seule pensée que le Martyre ne pouvoit plus lui manquer, le mettoit hors de lui-même, & Loüis Martinez de Figheredo, qui étoit alors Commandant des Portugais à Nangazaqui, & qui le visitoit souvent, a rendu juridiquement témoignage dans les informations, qui furent faites après la mort du Serviteur de Dieu par l'autorité Apostolique pour sa Canonisation, que plusieurs fois il lui avoit vû prendre avec les mains des charbons de feu, & s'écrier dans un transport de joye, dont il ne paroissoit point le maître : *Voici ce qui doit réduire mon corps en cendres pour la confession du Nom de Jesus-Christ : Est-il au monde un plus grand bonheur que le mien !* Tant de vertus ne pouvoient pas demeurer sans fruit, ni un si grand zele sans action : & l'on voit par les mêmes Actes, dont je viens de parler, que Kimura baptisa dans sa Prison jusqu'à quatre-vingt-seize Idolâtres.

Tout ceci se passoit dans l'absence de Gonzoco, & pendant le dernier voyage de ce Gouverneur à la Cour Impériale. Il ne fut pas plutôt de retour à Nangazaqui, que quatre des Compagnons de prison de Kimura, parmi lesquels étoient André Tocuan, Fils du malheureux Antoine Toan, & Dominique Georges, l'Hôte du Pere Spinola, furent avertis qu'ils étoient condamnez à être brûlez vifs Les deux autres se nommoient Jean Xoum, & Côme Taquea. Il n'étoit point fait mention du Missionnaire dans la Sentence; néanmoins la nuit, qui précéda l'Exécution, tandis que le

Gg ij

Saint Religieux animoit ces illustres Confesseurs à la constance, on vint lui dire qu'il y avoit cinq Buchers dressez dans la Place, & qu'on en remarquoit un plus élevé que les autres. Alors transporté de joye : *C'est pour moi, mes Freres*, s'écriat-il, *c'est pour moi, que ce Bucher est destiné : Dieu de mon ame, ne souffrez pas que mon espérance soit vaine*. En effet le lendemain de grand matin on le fit comparoître avec les quatre autres, & il sortit de la Prison en chantant le Cantique du Saint Vieillard Siméon. Lorsqu'il fut en présence de Gonzoco, ce Gouverneur lui demanda, s'il étoit Jésuite ? » Vous n'en sçauriez douter, Sei-» gneur, répondit-il ; vous pouvez » vous souvenir que j'ai eu plusieurs » fois l'honneur de paroître devant » vous, revêtu de l'Habit de ma Re-» ligion. Pourquoi donc, reprit le » Gouverneur, êtes-vous demeuré » au Japon malgré les Edits du » Prince ? C'est, repartit le Mis-» sionnaire, pour y annoncer la » Loi du vrai Dieu, & tandis qu'il » me restera un souffle de vie, rien » ne m'empêchera de prêcher Jesus-» Christ crucifié pour le salut des » hommes. Hé bien, repliqua Gon-» zoco, vous serez donc brulé vif » aujourd'hui comme Prédicateur » de votre Secte.

A ces mots le Saint Religieux se tournant vers l'Assemblée avec un visage épanoüi : *Vous m'êtes tous témoins*, dit-il, *que je suis condamné à mort en qualité de Ministre du Dieu vivant* ; ce qu'il fut bien aise de faire remarquer, parce qu'ayant été emprisonné pour un autre sujet, il craignoit qu'on ne prît le change sur le motif de sa condamnation. Il adressa ensuite la parole à ses quatre Compagnons, & leur fit une exhortation vive & pathétique, qu'il finit en leur recommandant de remercier Dieu de la grace, qu'il leur faisoit. Puis ayant apperçu quelques Renégats parmi les Assistans, il leur parla d'une maniere très-forte, & avec une liberté vraiment évangélique, sur l'énormité de leur crime, & le terrible châtiment, qui les attendoit, si par un prompt repentir ils ne se hâtoient de désarmer le Ciel. On ne lui laissa pas le tems d'en dire davantage, & il fut sur l'heure même conduit au supplice, dont l'appareil avoit quelque chose d'affreux.

Sa joye redoubla à cette vûë, mais ce fut encore toute autre chose au milieu des flammes. Le feu sacré, qui embrasoit son cœur, lui faisoit trouver celui, qui consumoit son corps, comme une douce rosée, ainsi qu'il s'exprimoit lui-même, & jusqu'à la fin il protesta qu'il ne sentoit aucune douleur. Ses liens s'étant rompus, on le vit, à l'exemple de l'illustre Vierge Magdeleine Mondo, se couronner de charbons ardens, & quelques momens après il expira doucement, & alla recevoir dans le Ciel la récompense, qui étoit dûë à son invincible courage. Ses Compagnons eurent aussi le bonheur de consommer leur Sacrifice, sans avoir donné la moindre marque de foiblesse. Ce Martyre arriva le dix-huitiéme de Novembre.

Les Mémoires de cette année s'étendent fort sur la ferveur des Chrétiens, sur les prieres, les jeûnes & les austéritez, qui se faisoient partout, pour appaiser la colere du Ciel, & sur la surprise toujours nouvelle, que caufoit aux Idolâtres un courage, où ils ne voyoient rien de naturel. Les Meres, qui avoient des Enfans à la mammelle, ne leur donnoient du lait qu'une fois le jour, dans l'efpérance que Dieu fe laifferoit fléchir par l'abftinence & par les larmes de ces innocentes Créatures, & rendroit enfin la paix à fon Eglife. Un des Auteurs de ces Mémoires mandoit au Général de la Compagnie, qu'il ne falloit plus demander combien les Jéfuites avoient de Maifons dans ces Ifles, mais combien ils y occupoient de Prifons; ceux, qui n'étoient pas encore tombez entre les mains des Perfécuteurs, n'habitant plus que les antres des Bêtes fauves, & les creux des Rochers, où ils étoient moins en liberté, & fouffroient bien autant que ceux, qui languiffoient dans les plus ténébreux Cachots.

Neuf jours après l'Exécution, dont je viens de parler, onze Chrétiens furent décapitez à Nangazaqui, & de ce nombre étoit un Vincent Kimura, de la même Famille que Léonard. Toutes les au-

tres parties du Ximo fumoient aufli du feu de la Perfécution; on ne voyoit que des Troupes de vingt & de trente Chrétiens, que l'on conduifoit au fupplice. Les Peres & les Meres faifoient avec joye le facrifice de leurs Enfans; les Femmes, comme autant de *Natalies*, exhortoient leurs Epoux à fe montrer dignes du nom, qu'ils portoient, & les perfonnes les plus délicates furmontant la foibleffe du fexe & de l'âge, couroient aux Echaffauts & aux Buchers avec la même ardeur, qu'on en a ordinairement pour éviter la mort. D'autre part, c'étoit à qui des Princes, des Seigneurs particuliers, & des Gouverneurs, montreroit plus de zele pour l'exécution des ordres du Souverain, par leur empreffement à découvrir les Miffionnaires, & par la cruauté des fupplices, qu'ils inventoient pour effrayer les Fidéles. L'Empereur lui-même dans un voyage, qu'il venoit de faire à Méaco & à Fucimi, leur en avoit donné l'exemple, & ils le fuivirent à l'envie.

§. X.

L'Empereur condamne cinquante Chrétiens au feu. Hiftoire de ces Martyrs. Honneur que cette grande exécution fit à la Religion Chrétienne. Les Fidéles font accufez d'avoir mis le feu à Méaco, & juftifiez. Les deux Princes d'Omura meurent Apoftats.

CE Prince, en arrivant à Méaco, apprit que les Prifons étoient pleines de Chrétiens: il ordonna fur le champ que fans aucune diftinction d'âge ni de fexe, ils fuffent tous brûlez vifs, & il ne voulut pas même permettre de différer le fupplice d'une Dame de qualité, qui étoit toute prête d'accoucher, jufqu'à ce qu'elle fut délivrée. INGANDONO, Gou-

verneur de cette Capitale, étoit l'homme du monde le plus doux & le plus modéré; il eût bien fouhaité de pouvoir au moins changer le genre de leur mort, qui lui paroiffoit inhumain, mais il y alloit de fa tête de le prendre fur lui; il n'ofa même le propofer, & il obéit: il procura d'ailleurs aux Martyrs tous les foulagemens, dont il put s'avifer. Le jour

Gg iij

marqué pour l'Exécution étant venu, on fit entrer tous les Confesseurs dans une cour, où ils furent liez ; on les conduisit ensuite dans la Place publique, où ils trouverent neuf Charrettes, sur lesquelles on les fit monter, les hommes dans la premiere & la derniere, les femmes & les enfans, dont quelques-uns étoient encore à la mammelle, dans celles du milieu. Comme tous les Grands de l'Empire s'étoient rendus à Méaco, pour rendre leurs hommages au Dairy, après que l'Empereur se fut acquitté le premier de ce devoir, cette Capitale se trouvoit remplie d'un nombre infini de gens de toutes conditions, & il se fit un concours incroyable, pour voir un spectacle, qui étoit encore nouveau pour plusieurs.

Un Trompette alloit devant, & à chaque bout de ruë publioit que l'Empereur avoit condamné ces gens-là au feu, parce qu'ils étoient Chrétiens. Les Martyrs de leur côté ajoûtoient : *Il est vrai, nous allons mourir pour celui, qui a lui-même donné sa vie pour nous*, & de tems en tems ils s'écrioient tous ensemble, *Vive Jesus*. Ils disoient ensuite des choses si tendres, & témoignoient un contentement si parfait, que les Assistans ne pouvoient retenir leurs larmes. On leur fit traverser une bonne partie de la Ville, & le peuple les suivoit en foule. Un morne silence régnoit partout, & n'étoit interrompu, que par quelques soupirs & par quelques cris, que la compassion faisoit pousser de tems en tems : mais l'action d'une femme, faillit à exciter un véritable tumulte. On la vit tout-à-coup fendre la presse, comme si elle eût eu quelque chose de conséquence à dire à l'Officier, qui conduisoit la marche ; arrivée auprès des Martyrs, elle s'approcha d'une des Charrettes, où il y avoit quelques femmes de condition, & fondant en larmes, elle les supplia de se souvenir d'elle auprès du Seigneur, quand elles seroient avec lui dans son Royaume. Les Gardes lui demanderent si elle étoit Chrétienne ? *Oüi, sans doute*, répondit-elle, *je la suis & la serai jusqu'à la mort* : elle s'attendoit que cette réponse lui vaudroit la palme du Martyre ; mais l'Officier craignit que, s'il l'arrêtoit, d'autres ne suivissent son exemple, & il la fit retirer par force.

Les Buchers étoient dressez dans une Place du Fauxbourg de Fucimi ; les Confesseurs y étant arrivez, apperçurent des Croix plantées, autour desquelles on avoit fait de grands amas de bois ; leur joye redoubla à cette vûë, & ils la firent paroître par leur promptitude à sauter en bas des Charrettes. On les lia deux à deux à chaque Croix par le milieu du corps, & la face tournée l'un contre l'autre. Les hommes étoient ensemble, & les femmes de même ; mais les plus petits enfans étoient à côté de leurs meres. Dès que cela fut fait, on approcha le bois, & on le disposa de telle sorte par l'ordre du Gouverneur, que les Patiens fussent d'abord étouffez par la fumée. Tandis que les Bourreaux étoient occupez à ce travail, quelques Chrétiens eurent le courage de porter un peu d'eau aux Confesseurs, qui souffroient beaucoup de la soif, & le Président ne fit pas semblant de s'en appercevoir. Enfin on mit le feu au bois, & en moins de rien la flâme, précédée d'une fumée épaisse, gagna partout.

La fumée s'étant dissipée, & la nuit étant survenuë, on vit distinctement les Martyrs, qui les yeux élevez vers le Ciel, & le corps immobile, sembloient goûter au milieu de cette fournaise ardente toutes les joyes du Paradis. Quelque tems après on les entendit qui chantoient tous ensemble les loüanges du Seigneur, ce qui joint aux cris des Assistans, & aux hurlemens des Bourreaux, formoit un bruit confus, qui inspiroit tantôt la terreur, & tantôt la compassion. Mais ce qui attendrit jusqu'aux plus insensibles, ce fut de voir les pauvres Meres, qui toutes occupées de leurs Enfans, sembloient oublier leurs propres douleurs, pour soulager celles de ces petits Innocens, leur passant continuellement la main sur le visage, afin de leur diminuer le sentiment du feu : les caressant, les baisant, essuyant leurs larmes, étouffant leurs cris, & les encourageant par les paroles les plus tendres à souffrir encore quelques momens un supplice, qui alloit finir, & qui leur procureroit un bonheur sans bornes & sans fin. Ils expirerent enfin tous les uns après les autres, & à mesure qu'ils rendoient l'ame, les soupirs & les sanglots redoubloient dans l'Assemblée.

Les plus considérables de cette illustre & nombreuse Troupe de Confesseurs, étoient Jean *Faximoto Tasioye*, un des plus riches Seigneurs de la Cour Impériale, & sa femme, celle-là même, dont le cruel Empereur n'avoit pas voulu qu'on attendît les couches, pour la faire mourir. Ils avoient six enfans ; l'aîné des garçons fut sauvé malgré le Pere & la Mere, qui avoient fort souhaité de pouvoir se présenter devant la Cour céleste avec toute leur famille. Les cinq autres, deux filles de douze & de trois ans ; & trois garçons d'onze, de huit, & de six, les accompagnerent au supplice, & se montrerent jusqu'au dernier soupir dignes de tels Parens. Après leur mort on trouva la plus petite des Filles tellement collée contre le sein de sa Mere, que ces deux corps sembloient n'en faire qu'un. On raconte aussi d'une jeune Dame de cette même Troupe qui avoit reçû au Baptême le nom de *Monique*, que sa sœur l'ayant un jour apperçûë, qui prenoit entre ses mains un fer tout rouge de feu, & lui en ayant demandé la raison ; elle répondit qu'elle se disposoit au Martyre ; qu'elle étoit déja venuë à bout de vaincre la faim, & qu'elle espéroit d'en faire autant du feu.

Tous étant expirez, on fut surpris de les voir dans la même posture, où on les avoit mis, le visage serein, & les yeux doucement tournez vers le Ciel. Quantité de gens voulurent s'asûrer d'une chose si admirable ; & comme il y en avoit de toutes les Provinces du Japon, la gloire de la Religion Chrétienne se répandit à leur retour chez eux, d'une extrémité de l'Empire à l'autre. Les Payens étoient les premiers à publier la puissance du vrai Dieu, & plusieurs assûrerent que le jour même de cette grande Exécution ils avoient vû en l'air une lumiere, qui avoit la forme d'une Etoile chevelûë, & que la flâme, qui s'élevoit du Bucher, n'étoit point noire à l'ordinaire, mais blanche & presque transparente.

Vers le même tems on brûla vif à Fucimi un jeune homme d'environ trente ans, qui se nommoit Ignace FUCIEMON, & qui s'étoit disposé par une vie pleine de vertus à une mort si précieuse. On ne gardoit plus nulle part aucune mesure avec les Fidéles, de quelque rang qu'ils fussent: les Prédicateurs de l'Evangile se virent bientôt par-là réduits à manquer du nécessaire, & à ne pouvoir plus entrer dans aucune maison, sans exposer tous ceux, qui y demeuroient, & tous les voisins, à un danger manifeste de mourir dans les plus horribles supplices: leurs têtes étoient à prix, & tant de personnes n'avoient point d'autre occupation, que de les rechercher, qu'il est surprenant qu'au bout d'un mois il en restât un seul dans tout le Japon. A voir cependant avec quel empressement on y accouroit de toutes les parties de l'Inde, on eût dit que tout l'Empire tendoit les bras aux Prédicateurs de la Foi, & qu'il n'y manquoit que des Ouvriers, pour recueillir une moisson sûre & abondante.

Au mois de Mai de l'année suivante, le feu fut mis par deux fois à plusieurs quartiers de Méaco; comme on fut longtems sans pouvoir découvrir les auteurs de cet incendie, les Chrétiens en furent accusez & traitez, comme s'ils eussent été convaincus. On croit aisément coupables ceux, qu'on a intérêt de persécuter, parce qu'on est bien aise de se justifier à soi-même les maux, qu'on leur fait. On mutina donc la populace contre les Fidéles, & ce fut une espece de miracle, que dans le premier tumulte ils n'eussent pas été tous égorgez. Les uns se cacherent, d'autres s'exilerent volontairement: quelques-uns furent assez foibles, pour sauver leur vie aux dépens de leur foi. Enfin au bout de six semaines on sçut que les incendiaires étoient des voleurs, qui à la faveur de la confusion inévitable dans ces sortes d'accidens s'étoient réünis pour piller les maisons des riches; ils furent pris & exécutez, & l'on rendit justice aux Chrétiens, mais il étoit un peu tard: cette triste avanture les avoit presque tous dispersez, & cette Eglise, auparavant si nombreuse & si florissante, fut dès-lors réduite à très-peu de chose, & ne se rétablit point.

Cependant le malheureux Sanche Prince d'Omura étoit mort, sans donner le moindre signe de repentir. Le Prince Barthélemi son Fils & son Successeur vérifia bientôt qu'on ne peut servir deux Maîtres, & que, quand après avoir voulu essayer ce monstrueux mélange, on se trouve forcé de prendre un parti, on choisit toujours mal. Il avoit cru pouvoir concilier ce qu'il devoit à Dieu, avec ce que l'Empereur exigeoit de lui, c'est-à-dire, son ambition & son intérêt avec sa Religion; il sentit bientôt l'incompatibilité de ces deux services, & l'inconséquence d'une telle conduite; & comme les ménagemens, qu'il avoit voulu garder entre Jesus-Christ & ceux, qui avoient entrepris de ruiner son culte, l'avoient rendu indigne du service de Dieu, & faisoient bien voir qu'il ne connoissoit pas le prix des Trésors célestes, on ne fut pas étonné de la préférence qu'il donna sur Dieu à Belial. Il renonça donc publiquement au Christianisme, & ne se contenta plus de rechercher les Chrétiens pour les emprisonner; il n'eut pas honte de verser leur sang, mais le Ciel ne différa pas à le lui redemander. Il en avoit encore les mains souillées, lorsqu'il fut cité au Tribunal du Souverain Juge. Il mourut cette même année 1620. âgé de vingt-cinq ans, & avec lui fut éteinte la race du premier Prince Chrétien du Japon, mais dont les Chefs avoient dégénéré de la vertu de l'illustre Sumitanda.

Fin du quatorziéme Livre.

HISTOIRE DU JAPON.

LIVRE QUINZIE'ME.

De J. C. 1620.
De Syn Mu, 2280.

IL s'en falloit bien que les Chrétiens des Provinces Septentrionales eussent été aussitôt inquiétez, que ceux des autres Parties de l'Empire. Le Pays d'Oxu entre autres avoit été longtems assez tranquile, au moins jusqu'à ce que Mazamoney eût changé de systême à l'égard du Christianisme. Aussi pendant tout ce tems-là, cette ferveur, que produit le sang des Martyrs, ne régnoit-elle point dans ces Contrées éloignées, comme elle faisoit ailleurs, & quelques-uns même de ceux, qui avoient reconnu la vérité, & s'étoient déterminez à l'embrasser, différoient sans beaucoup de sujet de recevoir le Baptême. Parmi ces indolens Catéchumenes, il y avoit un Gentilhomme, qui, à cela près, menoit une vie irréprochable, & pratiquoit toutes les vertus du Christianisme. Le Seigneur le tira enfin de cette dangereuse léthargie : il vit, ou crut voir en songe une Dame d'une beauté respectable, qui tenoit à la main une Croix liée avec un cordon de soye ; il s'efforça de prendre cette Croix, mais ses efforts furent inutiles, & là-dessus il s'éveilla ; il comprit bien par la disposition, où l'avoit laissé ce songe, que c'étoit un avertissement du Ciel ; il se reprocha sa négligence à recevoir le Sacrement, qui devoit lui donner part à l'adoption divine ; il le demanda avec instance, & trois jours après l'avoir reçu, il mourut subitement. Sa Femme, qui étoit Chrétienne & craignant Dieu, fut un peu inquiéte sur son salut ; mais un petit Enfant, qu'elle avoit, lui dit peu de jours après d'un ton, qui sentoit l'inspiration, que son Pere étoit dans le Ciel : il se mit ensuite à discourir de la gloire du Paradis, & le fit avec une grace, qui ravit en admiration tous ceux, qui l'écoutoient : il s'endormit, dès qu'il eut cessé de parler ; & comme à son réveil on lui eut rappellé les belles choses, qu'il

De J. C. 1620.
De Syn Mu, 2280.

Tome II.   H h avoir dites, il parut n'en avoir aucun souvenir; ce qui confirma tout le monde dans la pensée, que l'Esprit Saint s'étoit exprimé par sa bouche.

§. I.

Disposition de Mazamoney Prince d'Oxu par rapport à la Religion. Travaux du Pere de Angelis dans le Nord du Japon. Description du Pays d'Oxu. Ambassade de la part de Mazamoney au Pape. Son Ambassadeur est baptisé à Madrid. Lettre du Prince au Pape. Réponse du Sécretaire du Consistoire au nom de Sa Sainteté. Apostasie de l'Ambassadeur. Le Pere Sotelo est nommé Evêque. Le Roi d'Espagne s'oppose à son Sacre. Ses Supérieurs l'empêchent de retourner au Japon. Edits de Mazamoney contre la Religion Chrétienne.

De J. C. 1620.
De Syn Mu. 2280.

Depuis quelques années les Missionnaires faisoient de fréquentes excursions dans tous ces quartiers-là, où les voyages ne se pouvoient faire, qu'avec des fatigues incroyables. Les chemins en plusieurs endroits y sont affreux, & bordez de précipices, la plûpart du tems cachez sous la neige. Nous avons vû que le Pere Sotelo étoit parti du Japon en 1613. avec un Ambassadeur, que Mazamoney Prince d'Oxu envoyoit au Pape & au Roi Catholique : l'année suivante le Pere de Angelis arriva à la Cour de ce Prince, & ne le trouva, ni Catéchumene, comme on avoit publié qu'il étoit, ni dans la disposition de le devenir, mais plongé dans les plus infames débauches. La Lettre, qu'il avoit écrite au Souverain Pontife, marquoit néanmoins qu'il étoit sincerement résolu à recevoir le Baptême, quand la conjoncture des tems seroit devenuë plus favorable : il prioit ensuite le Saint Pere de le recommander au Roi d'Espagne, afin que ses Etats pussent profiter du Commerce du Mexique, & il le conjuroit de lui envoyer des Peres de Saint François, & un Evêque pour le Nord du Japon ; celui qui faisoit sa résidence à Nangazaqui, n'étant pas, disoit-il, à portée de secourir les Chrétiens de ces Contrées Septentrionales.

De J. 1620
De Syn M 2280

Le Pere de Angelis pénétra sans peine le véritable dessein de cette Ambassade, & le peu de fond, qu'il y avoit à faire sur la parole, que Mazamoney avoit donnée d'embrasser le Christianisme ; mais il crut pouvoir profiter de la disposition, où le desir de s'enrichir par le Commerce de la Nouvelle Espagne, avoit mis ce Prince, pour avancer l'œuvre de Dieu dans ses Etats, où l'on comptoit alors environ deux cent Chrétiens. Il fixa donc sa résidence à XENDAÏ, Capitale de la Province ; mais à peine avoit-il eu le tems de reconnoître le Terrein, qu'il reçut un ordre du Pere Valentin Carvaglio, son Provincial, pour se rendre à Nangazaqui, parce qu'il étoit nommément compris dans l'Edit de Bannissement porté contre les Missionnaires. Il obéit, mais le Provincial trouva ensuite le moyen de le faire échapper, & peu de tems après lui permit de retourner en Oxu.

Ce grand Pays s'étend jufqu'à l'extrêmité Septentrionnale du Japon : il a au Couchant les Royaumes de Deva & de Mogami, & la Mer au Nord & au Levant. Il y a bien de l'apparence qu'il avoit autrefois appartenu à un feul Prince, puifque dans le récenfement des Royaumes du Japon il n'y eft compté que pour un ; mais il étoit fans contredit le plus grand de tous, & j'ai déja obfervé que depuis plufieurs années il étoit divifé en plufieurs Provinces, qui toutes avoient leur Prince particulier, entre lefquels Mazamoney paffoit pour le plus puiffant. Les Provinces voifines, furtout celle de Nambu, la plus reculée de toutes vers le Nord, avoient été les dernieres éclairées des lumieres de l'Evangile, & depuis quelque tems les Peres Diego Carvailho & Matthieu Adami y avoient formé une des plus nombreufes & des plus illuftres Chrétientez, qui fuffent au Japon : plufieurs Bonzes, des Tundes mêmes, & quantité de Perfonnes de la premiere Nobleffe, avoient été gagnez à Jefus-Chrift ; & il fembloit que la Foi perfécutée & affoiblie dans le Ximo, où elle avoit fi longtems régné avec tant d'éclat, fe fût réfugiée dans ces Provinces reculées, où elle avoit eu tant de peine à pénétrer.

Ces progrès allarmerent enfin Mazamoney, qui dès lors n'efpéroit plus rien du côté de la Nouvelle Efpagne, & qui croyoit avoir tout à craindre de la Cour de Jedo, s'il continuoit à favorifer les Chrétiens. Mais pour faire avec ordre le récit de ce qui fe paffa alors dans les Etats de ce Prince, il faut reprendre l'Hiftoire de fon Ambaffade, où nous l'avons interrompuë. Le premier Port, où les Ambaffadeurs prirent terre dans la Nouvelle Efpagne, fut Acapulco, & ils y furent reçus avec une magnificence extraordinaire. Ils s'y arrêterent peu, & ils fe rendirent à Mexico pendant la Semaine Sainte de l'année 1,614. Le Vice-Roi leur rendit de très-grands honneurs, & leur fit équiper un Navire, qui les porta heureufement à Séville, où ils débarquerent au mois d'Octobre. De là ils pafferent à Cordouë, puis à Tolede, & enfin à Madrid. Partout on leur donna des Fêtes fplendides, & le Roi Catholique, dans l'Audience, qu'il leur donna, les combla de marques de la plus grande diftinction. Le Pere Sotelo, qui malgré le changement de la Cour de Jedo à fon égard, avoit gardé la Lettre, que le Xogun-Sama lui avoit remife d'abord pour le Roi d'Efpagne, crut devoir la préfenter à ce Prince, & les efpérances, qu'elle donna à Philippe III. d'une Alliance durable avec l'Empereur du Japon, ne contribuerent pas peu à l'éclat, qu'eut alors cette Ambaffade.

Mais ce qui acheva de perfuader la Cour d'Efpagne qu'on pouvoit tout fe promettre pour la Religion, au moins de la part du Prince d'Oxu, c'eft que Fraxecura voulut recevoir le Baptême avant que de fortir de Madrid. La cérémonie s'en fit avec beaucoup d'appareil en préfence du Roi & de toute la Cour dans l'Eglife des Peres Francifcains de l'Etroite Obfervance, & le Néophyte y reçut

Hh ij

le nom de PHILIPPE. (*a*) Les Ambassadeurs partirent au mois de Janvier de l'année suivante, pour se rendre à Rome, & dans tous les lieux de leur passage ils furent reçus comme l'auroit été la personne même du Roi. Ils arriverent à Rome vers la fin d'Octobre, & le troisiéme de Novembre, ils eurent audience de Sa Sainteté en plein Consistoire. Nous avons la Lettre, qu'ils présenterent à Paul V. de la part de Mazamoney, qui y prend la qualité de Roi d'Oxu. La voici traduite de l'Exemplaire Latin, qui se trouve dans l'abrégé du Bullaire de FLAVIO CHERUBINO.

IDATE MAZAMONEY, Roi d'Oxu, dans l'Empire du Japon, baisant avec beaucoup de révérence & une profonde soumission les pieds du Grand, Universel, & Très-Saint Pere du Monde entier, le Seigneur PAUL V. lui dit avec respect.

« Le Pere Sotelo, Religieux de l'Ordre de S. François, étant venu dans mon Royaume, & y ayant prêché la Loi de Jesus - Christ, m'a rendu visite, & m'a instruit de beaucoup de choses, qui regardent les Mysteres & le culte de la Religion Chrétienne. J'ai été surpris qu'en réfléchissant sur tout ce qu'il m'a dit, j'en ai trouvé en moi-même la conviction, & si quelque raison indispensable ne m'avoit retenu, j'aurois d'abord embrassé une Loi si sainte, & si raisonnable ; mais ce que je ne puis encore faire pour moi, je désire fort le faire pour mes Sujets, & c'est à ce dessein, Très-Saint Pere, que je vous supplie de m'envoyer des Religieux de Saint François, qu'on appelle *de l'Observance*, & de leur accorder tous les Privileges nécessaires pour seconder leur zele, & l'amitié que je leur porte. Cependant je vais m'appliquer à donner à ceux de ces Religieux, qui sont déja dans les Terres de mon obéïssance, les secours, qui pourront dépendre de moi ; je leur bâtirai des Monasteres, & je fournirai abondamment à tous leurs besoins. De votre côté, Saint Pere, faites dans mon Royaume tout ce que vous jugerez à propos, pour y établir solidement votre sainte Loi, mais surtout je vous conjure d'y envoyer un Evêque, dont l'autorité & la vigilance contribuëront beaucoup à soumettre tous mes Sujets au joug de la Foi. C'est pour obtenir cette grace de VOTRE SAINTETE', (*b*) que je lui envoye le susdit Pere Loüis Sotelo en qualité de mon Ambassadeur, je vous supplie de le bien recevoir, & il pourra vous instruire parfaitement de tout ce qui me regarde. Je lui ai donné pour Collegue un Gentilhomme de ma Maison, appellé Fraxecura Rocuyémon ; tous deux vous rendront obéïssance, & baiseront vos sacrez Pieds en mon nom ; & si par malheur il arrivoit

(*a*) Le Pere Marien dit qu'il fut nommé François : dans la réponse, qui lui fut faite dans le Consistoire, il est nommé PHILIPPE. La Lettre du faux Sotelo lui donne les deux noms.
(*b*) Il y a dans le Latin *Altitudo*. J'ai cru qu'il falloit garder le style, & qu'il suffisoit d'avertir ici de ce changement.

» que le Pere Sotelo mourût, avant
» que d'arriver à Rome, je lui ai
» donné pouvoir de substituer en sa
» place, avec le même caractere,
» quiconque il jugera à propos. J'ai
» appris que mon Royaume n'est
» pas fort éloigné de la Nouvelle
» Espagne, qui est de l'Empire du
» puissant Roi Philippe, & je sou-
» haite fort établir une alliance du-
» rable avec ce grand Prince ; je me
» flatte d'y réüssir, Très-Saint Pere,
» si vous voulez bien vous y intéres-
» ser, & vous ne me refuserez pas
» cette grace, si vous faites réflexion
» que la voye de la Nouvelle Espa-
» gne est la plus commode & la plus
» courte pour les Missionnaires, qui
» voudront venir dans ces Provin-
» ces Orientales. Je prie encore Vo-
» tre Sainteté de croire qu'elle
» a dans mes Etats une autorité sans
» bornes, & qu'elle y sera obéie en
» tout ce qu'elle désirera. Les Pré-
» sens, que j'ai chargé mes Ambas-
» sadeurs de lui offrir, sont peu de
» choses, la longueur du voyage
» m'a empêché de faire mieux. Du
» reste je me remets en tout à mes
» deux Ambassadeurs, & je promets
» de ratifier tout ce qu'ils auront
» conclu avec Votre Sainteté.
» Fait à Xendai dans notre Palais &c.
» le sixiéme d'Octobre 1613.

Après la lecture de cette Lettre, Monseigneur Pierre Strozza Sécrétaire du Palais Apostolique répondit au nom du Pape en ces termes.
» Sa Sainteté a appris de vous avec
» bien du plaisir, Dévot & Religieux
» Prêtre, Loüis ; Noble Chevalier,
» Philippe Fraxecura, Ambas-
» deurs, que le très-illustre Idate

» Mazamoney Roi de Voxu, (a)
» dont les Etats sont si étendus dans
» le Japon, & les forces si consi-
» dérables, non seulement par le
» grand nombre de Troupes, qu'il a
» sur pied, mais encore par sa dou-
» ble alliance avec l'Empereur, que
» ce puissant Prince, dis-je, embra-
» sé du divin Amour a reçu la Foi
» Chrétienne, que tout Catéchu-
» mene qu'il est encore, il travaille
» avec un véritable zele à étendre le
» culte du vrai Dieu parmi ses Su-
» jets, & que c'est par le même motif,
» qu'il vous a envoyez avec le titre
» d'Ambassadeurs vers le Saint Siége
» Apostolique. Sa Sainteté m'or-
» donne de vous dire, qu'elle est
» charmée, & qu'elle rend à Dieu
» de très-humbles actions de graces,
» de ce que les Provinces Orientales
» du Japon ont reçu la lumiere de
» l'Evangile sous son Pontificat, &
» que la nouvelle en est venuë tren-
» te-trois ans après qu'une pareille
» Ambassade a été envoyée à un
» de ses Prédécesseurs des quartiers
» Occidentaux de ce vaste Empire ;
» comme si l'espérance, que la pre-
» miere de ces deux Ambassades
» avoit fait concevoir, d'achever
» la prédication de l'Evangile au-
» tour du monde, devoit être ac-
» complie dans le nombre mysté-
» rieux des années, que le Sauveur
» des hommes a passées sur la terre.
» Le Saint Pere se flatte donc que le
» Roi Mazamoney se revêtira bien-
» tôt de la robe de l'innocence par
» le Baptême, & elle l'y exhorte de
» tout son cœur. C'est dans cette
» confiance qu'elle reçoit avec ses
» vénérables Freres les Cardinaux

(a) J'ai déja remarqué qu'on écrit indifféremment Oxu, & Voxu, comme Vo-mi & Omi, &c.

» de la Sainte Eglife Romaine, la
» déclaration, que lui fait ce Prince
» de fes bonnes & pieufes intentions,
» & les marques de foumiffion & de
» révérence qu'il lui rend par votre
» Miniftere. Elle fait au Seigneur les
» vœux les plus ardens pour l'enga-
» ger à achever fon ouvrage dans le
» cœur du Roi Mazamoney, & elle
» affûre ce Prince qu'elle ne négli-
» gera rien pour feconder fes bons
» deffeins, & pour faciliter le falut
» éternel de fes Sujets. C'eft ce que
» j'ai ordre de vous dire de fa part.

Quelques jours après cette Audience, le Secretaire de l'Ambaffade reçut en préfence d'un grand nombre de Cardinaux & d'autres perfonnes du premier rang, les Sacremens de Baptême & de Confirmation. Le Pape accorda au Pere Sotelo tout ce qu'il demandoit, le nomma Evêque de la partie Septentrionnale & Orientale du Japon, & le fit fon Légat dans toutes ces Provinces; mais cette démarche ne plut pas au Roi d'Efpagne: car quoique Paul V. eût ordonné que le nouvel Evêque ne feroit point facré, fans avoir eu l'agrément de Sa Majefté Catholique, Philippe refufa de la donner par la feule raifon que la nomination avoit été faite au préjudice de fon droit de Patronage. Ce contre-tems mortifia beaucoup le Pere Sotelo; & comme on a fuppofé que l'oppofition du Roi Catholique étoit l'ouvrage des Jéfuites, quoique ces Peres ayent propofé plus d'une fois de partager les Provinces du Japon entre les quatre Ordres Religieux, qui y avoient des Miffionnaires; on s'eft fervi du nom du Pere Sotelo

pour les décrier de la maniere la plus outrageufe, fans faire réflexion qu'en donnant à fa prétenduë Lettre un air de récrimination peu féante dans un Saint & dans un Martyr, on lui ôtoit toute créance auprès des perfonnes fenfées, & qui n'étoient point prévenuës contre fes Adverfaires.

Mais ce Religieux avoit des Ennemis bien plus réels, & beaucoup plus à craindre pour lui, que les Jéfuites. Le Roi d'Efpagne avoit reçu des Philippines des Lettres, où il n'étoit nullement épargné, au fujet de fes entreprifes pour le commerce du Japon, avec la Nouvelle Efpagne, & fur ces plaintes le Confeil des Indes envoya à Manile un ordre de faifir toutes les dépêches, qui n'avoient point été vûës dans ce Confeil. Le Pere Sotelo eût pû rendre cet ordre inutile, rien ne l'obligeant de paffer aux Philippines; mais étant arrivé en 1617. à Acapulco avec Fraxecura, & y ayant rencontré un Navire de Mazamoney, qui y faifoit le commerce, il y trouva un nouveau Gouverneur (a) des Philippines, qui alloit relever Dom Juan de Sylva; & comme ce Gouverneur n'avoit pas affez de Vaiffeaux pour embarquer tout fon monde & fes effets, il propofa au Capitaine Japonnois de l'accompagner à Manile. Le Capitaine y confentit d'autant plus volontiers, qu'il trouvoit un grand avantage pour lui dans ce voyage; il avoit fait beaucoup d'argent de fes Marchandifes, & s'il eût été obligé de retourner en droiture au Japon, il lui eût fallu le porter en efpeces, au lieu qu'en paffant par les Philippines, il pouvoit

(a) Ce nouveau Gouverneur n'eft point ici nommé; mais il n'y a nul lieu de douter que ce ne fût Dom Sébaftien HURTADO DE CORCUERA.

en acheter, comme il fit en effet, des soyes de la Chine, sur lesquelles il y avoit un grand profit à faire. Le Pere Sotelo, qui ne prévoyoit peut-être pas les suites de ce voyage, l'y accompagna, & il arriva à Manile au mois de Juin 1618.

L'ordre du Conseil des Indes, qui le regardoit, n'y étoit pas encore arrivé, mais il y reçû apparemment des nouvelles du Japon, qui l'empêcherent de continuer son voyage avec Fraxecura. Ce qui est certain, c'est que cet Ambassadeur ne put être reçû dans les Etats de son Prince, qu'en abjurant le Christianisme, & que Mazamoney s'étoit déja déclaré contre les Chrétiens, qu'il persécutoit avec vivacité, pour dissiper les ombrages, que son Ambassade à Rome avoit inspirez à la Cour de Jedo. On ne laissa point d'être surpris à Manile de ce retardement du Missionnaire, dont on ignoroit les motifs; & comme on sçavoit qu'il avoit été nommé Evêque de la partie Orientale du Japon, on soupçonna qu'il y attendoit ses Bulles. Si cela étoit, il eut tout lieu de s'en repentir, car non seulement ses Bulles ne vinrent point, mais l'ordre du Conseil des Indes, dont j'ai parlé, y arriva peu de tems après; tous ses Papiers furent saisis en conséquence de cet ordre, & ses Supérieurs, pour empêcher qu'il ne retournât au Japon, le firent embarquer en 1620. pour la Nouvelle Espagne.

J'ai dit que Mazamoney persécutoit les Chrétiens, lorsque son Ambassadeur prit terre au Japon; il n'avoit pourtant point encore publié aucun Edit contre eux, mais lorsqu'il eut nouvelle que Fraxecura étoit débarqué au Port de Nangazaqui, ses frayeurs se renouvellerent au sujet de la Cour Impériale, & pour les calmer, non seulement il envoya ordre à son Ambassadeur d'abjurer le Christianisme, mais il publia trois Edits, dont le premier portoit peine de confiscation contre les Riches, & de mort contre les Pauvres, qui ne voudroient pas retourner au culte des Dieux de l'Empire: le second promettoit de grandes récompenses à quiconque découvriroit un Chrétien; & le troisiéme ordonnoit à tous les Ministres de l'Evangile de sortir au plutôt de ses Etats, sous peine de la vie. Mais tout ce que produisirent alors ces Edits, ce fut, ainsi que je l'ai déja remarqué, un renouvellement de ferveur parmi les Fidéles de cette Province. A la vérité quelques-uns tomberent, mais en très-petit nombre : tous les autres se présenterent de bonne grace à l'exil & à la mort, & Mazamoney, après quelques exécutions, qui ne servirent qu'à fertiliser cette terre par le sang des Martyrs, content d'avoir témoigné son zele à l'Empereur, ne poussa pas alors les choses plus loin.

§. II.

L'Evangile prêché en Yeſſo. Le Pere de Angelis s'y tranſporte. Mines d'or, & la maniere d'en tirer ce Métal. Caractere des Peuples d'Yeſſo. Leur Gouvernement, leur Croyance, leur Commerce. Diverſes excurſions des Miſſionnaires dans ce Pays.

De J. C. 1620.
De Syn Mu. 2280.

PEu de tems auparavant le Pere de Angelis, qui dans un premier voyage au Nord du Japon, avoit eu quelque connoiſſance du Pays d'Yeſſo (*a*) & en avoit envoyé une Relation au Pere Jerôme Rodriguez, qui gouvernoit pour lors la Miſſion du Japon, eut ordre de ſe tranſporter lui-même dans ce Pays, pour en prendre une connoiſſance plus exacte, & pour tâcher d'y avancer les affaires du Chriſtianiſme; car il y avoit déja fait quelque progrès à l'occaſion que je vais dire. En 1613. le Pere Camille de Constanzo étant allé viſiter les Exilez de Tſugaru, apprit que le Prince de Matsumay avoit demandé un Médecin Japonnois, & qu'on avoit fait choix d'un Chrétien, homme ſûr & de bon ſens, qui devoit partir au plutôt pour Yeſſo. Il crut cette conjoncture favorable, pour annoncer Jeſus-Chriſt dans ces vaſtes Contrées; il inſtruiſit parfaitement le Médecin de la maniere d'enſeigner aux Infidéles la Doctrine Chrétienne; il lui donna par écrit la formule du Baptême, avec un Recüeil des Prieres & des Pratiques, qui ſont le plus en uſage dans l'Egliſe, & il lui recommanda de l'informer exactement du ſuccès, dont Dieu béniroit ſes travaux. Le Médecin s'acquitta ponctuellement de tout ce qui lui avoit été preſcrit; après quelques entretiens, qu'il eut avec les principaux Habitans de Matſumay, il ſe hazarda à faire des Conférences publiques ſur l'exiſtence d'un ſeul Dieu, & ſur l'immortalité de nos ames. Ces Barbares n'avoient jamais rien ouï de ſemblable, & ils furent extrêmement ſurpris de n'y rien trouver que de conforme à la raiſon. De là le Médecin les conduiſit par dégrez juſqu'à la connoiſſance de nos principaux Myſteres, & il les trouva ſi dociles, qu'en peu de mois il en baptiſa un aſſez grand nombre. Le Pere de Conſtanzo averti par ſon Catéchiſte des admirables diſpoſitions de ce Peuple à embraſſer le Chriſtianiſme, demanda à ſon Provincial la permiſſion de ſe tranſporter lui-même en Yeſſo; mais l'Edit de banniſſement, qui ſur ces entrefaites fut porté contre les Miſſionnaires, déconcerta ce projet; le Pere de Conſtanzo ſe trouva des premiers ſur la Liſte, qu'on avoit préſentée au Cubo-Sama, & il fut obligé de ſe rendre au plutôt à Nangazaqui.

De J. C. 1620.
De Syn Mu. 2280.

La gloire de fonder une Egliſe Chrétienne en Yeſſo étoit réſervée au Pere de Angelis. Ce Miſſionnaire étant allé de nouveau à Tſugaru en 1620. reçut ordre de paſſer à Matſumay: il eut en meme tems avis qu'un Bâtiment Japonnois étoit ſur le point de faire voiles de Nigata, Port du Jetcingo, pour Matſu-

(*a*) Quelques-uns diſent Jesso, d'autres Jeso; les Chinois l'appellent Yeço, d'où nous avons formé le nom d'Yesso.

may;

may, & il s'y embarqua. On avoit depuis peu découvert des Mines d'or aux environs de cette Ville, & elle se peuploit tous les jours de Japonnois. Le Prince de Matsumay l'étoit lui-même, au moins d'origine, & reconnoissoit l'Empereur du Japon pour son Souverain : le Pere de Angelis étant débarqué à un Port nommé Tzuga, souffrit beaucoup pour se rendre à la Capitale, les chemins étant presque impraticables dans tout ce Pays ; ce qui pourroit faire juger que Matsumay n'est pas bien marqué dans les Cartes sur le bord de la Mer. Quoiqu'il en soit, j'ai dit que ce qui attiroit depuis peu tant de Japonnois dans ce Pays, étoit la découverte des Mines d'or. Ces Mines n'étoient pas dans le creux de la Terre ; mais une Riviere, qui passe à côté de cette Ville, rouloit avec son sable une très-grande quantité de grains de ce précieux Métal. Le Prince de Matsumay en tiroit de gros profits, & les Marchands Japonnois n'y trouvoient pas moins leur compte. Ils payoient au Prince un droit considérable pour avoir la permission de chercher de l'or ; on assignoit ensuite à chacun l'endroit, où il devoit travailler ; ce qui se faisoit en cette maniere. Le Marchand, par le moyen d'un bon fossé & d'une digue, mettoit à sec l'espace de la Riviere, qui lui étoit échu, puis il cherchoit de l'or dans le sable, & quand il n'en trouvoit plus, il faisoit reprendre à la Riviere son cours ordinaire. On prétend que l'année d'après on y retrouvoit autant d'or qu'auparavant.

Le Pere de Angelis rencontra quantité de Chrétiens parmi les Japonnois, qui trafiquoient à Matsumay, & dont plusieurs s'y étoient établis. Il crut que les prémices de son zele dans cette Terre étrangere étoient dûës aux Domestiques de la Foi, d'autant plus qu'ils étoient presque tous Néophytes, & avoient encore besoin d'instruction. Il traita ensuite avec les Naturels du Pays, & il lui en coûta peu pour en gagner un bon nombre à Jesus-Christ. Il y a bien de l'apparence, quoiqu'il n'en dise rien dans ses Mémoires, qu'il y trouva quelques-uns de ceux, qui avoient été baptizez par le Médecin Japonnois, dont nous avons parlé. Il ajoûte seulement, qu'il ne rencontra dans ces Infidéles presqu'aucun de ces obstacles, qui ont accoûtumé de retarder si fort l'œuvre de Dieu dans les autres Pays. Mais il n'eut pas le tems de faire une aussi ample récolte, qu'il l'avoit espéré, n'ayant reçu ordre, que de reconnoître le terrein, d'examiner s'il étoit propre à recevoir la semence de l'Evangile, & d'en rendre compte à ses Supérieurs ; ce qu'il fit dans une seconde Lettre, dont voici la substance.

Les Yessois sont grands, plus robustes & plus blancs que les Japonnois ; ils laissent croître leur barbe, qui leur descend quelquefois jusqu'à la ceinture ; mais ils se rasent le devant de la tête, & tous, hommes & femmes, se percent les oreilles. Ceux qui sont à leur aise, y passent des anneaux d'argent ; les Pauvres, au défaut d'argent, se servent de fils de soye. Le vin est fort commun en ce Pays, & tout le monde en boit : mais quoiqu'ils n'en usent pas fort modérément, il est rare qu'ils s'enyvrent ; ce qu'on attribuë à l'huile d'un Poisson nommé *Todo Noëvo*, dont on assaisonne le ris, qui est, comme au Japon, la nourriture ordinaire de ces Peuples. Lors même qu'ils ont bû excessivement, ils ne perdent pas tout-à-fait la raison ; mais on les voit courir & sautiller, comme font les Enfans dans des momens de joye, dont ils ne sont pas les maîtres. L'habillement des deux sexes consiste en de longues robes de soye, de coton, ou de lin, picquées & bordées de petites houpes de même étoffe, & travaillées en forme de Croix, ou de roses de différentes grandeurs. Le Pere de Angelis leur demanda pourquoi ils mettoient ces figures sur leur habit ; » c'est, répondirent-ils, » pour montrer que nous sommes » toujours de bonne humeur. Mais, » reprit le Missionnaire, pourquoi ces » Croix, plutôt que d'autres figu-» res ? Ils repliquerent que c'étoit » l'usage, & qu'ils n'en sçavoient pas » la raison. « Leurs armes sont l'Arc, la Fléche, la Lance, & une espece de Cimeterre, qui n'est gueres plus long que le poignard des Japonnois. Ils sont fort querelleurs, & ont la détestable coûtume d'empoisonner leurs fléches. On assûre néanmoins qu'il arrive peu de meurtres parmi eux. Au lieu de Cuirasses, ils ont une maniere de cotte de maille faite de petites planches de bois, qui leur donne un air assez ridicule.

Pour ce qui regarde le Gouvernement civil, ils ont des Loix fort sages, c'est tout ce que le Pere de Angelis nous en apprend ; il n'entre sur cela dans aucun détail. Ces Peuples se respectent beaucoup les uns les autres, & usent entr'eux d'un cérémonial fort gênant. Ils ont plusieurs Femmes, mais une seule porte le nom d'Epouse, & en a tous les droits.

Ils ont en horreur le péché contre nature, & la jalousie regne beaucoup dans les mariages. Une Femme convaincuë d'adultere est rasée, afin qu'on la reconnoisse pour ce qu'elle est : la peine du complice consiste en ce que le Mari & les Parens de la Femme, qu'il a séduite, ont droit de lui ôter ses Armes, & même de le dépoüiller, toutes les fois qu'ils le rencontrent, sans qu'il puisse se défendre. Cette Nation n'a qu'une idée fort confuse de la Divinité ; elle rend de grands hommages au Soleil & à la Lune, qu'elle regarde comme les Auteurs de tous les biens. Elle révere néanmoins un Roi invisible, à qui elle prétend qu'appartiennent les Montagnes, les Forêts, les Mers & les Rivieres ; d'où les hommes tirent toutes les choses nécessaires à la vie, mais il n'a aucun culte réglé, & on ne voit à Matsumay ni Prêtre, ni aucune pratique extérieure de Religion. On n'y connoît point l'usage de l'écriture, & l'histoire du Pays s'y transmet d'âge en âge par une tradition, qui en apprend peu de choses. Le Pere Diego Carvailho, qui alla en Yesso peu de tems après le Pere de Angelis, s'appliqua fort à examiner ces traditions, & il crut d'abord y avoit découvert quelques vestiges du Christianisme ; mais en observant les choses de plus près, il ne trouva rien, qui pût fonder une conjecture solide.

Le commerce des Yessois est de Poissons secs, de Harangs, de Cygnes, de Grüës, de Faucons, & autres Oiseaux de proye, de Baleines, & de peaux de Todo Noëvo. C'est un petit poisson tout velu, & qui a quatre pieds semblables à ceux du

Porc ; on pourroit juger que c'est une espece particuliere de Loup marin. Pour toutes ces denrées les Yessois ne prennent ni or, ni argent; mais du ris, du coton, du fil, des étoffes, du lin, & plusieurs autres marchandises à leur usage, qu'ils ne trouvent point chez eux. Ils font encore un assez grand trafic de la peau de certains Poissons, qu'ils nomment *Raccons*, & qu'ils vont pêcher dans trois Isles voisines, dont les Habitans, disent-ils, n'ont point de barbe, & parlent une langue toute différente de la leur. Les Barques, dont ils se servent, ne sont ni chevillées, ni clouées, mais cousuës avec de la ficelle faite de l'écorce d'un Arbre, qu'ils nomment *Cocco*, lequel ressemble assez à nos Chênes noirs, & ne pourrit point dans l'eau. Ces Barques ainsi cousuës se défont, quand le voyage est fini, afin que les planches & les autres pièces, dont elles sont composées, puissent se sécher plus aisément, & l'on assure que ces Bâtimens portent d'assez grosses charges.

Au reste, il n'est pas possible de voir un Peuple plus humain, ni mieux disposé à recevoir la lumiere de l'Evangile ; c'est ce que le Pere de Angelis fit sçavoir à ses Supérieurs, dès qu'il fut de retour au Japon, & sur son témoignage il fut réglé que désormais les Missionnaires, qui seroient chargez de visiter les Exilez de Tsugaru, comme on avoit accoutumé de faire tous les ans, iroient jusqu'en Yesso, & y demeureroient quelque tems, pour tenir cette petite Chrétienté en haleine.

Le Pere Carvailho avoit prévenu cet ordre ; dès le mois de Juillet de cette année 1620. il étoit parti du Royaume d'Oxu, pour se rendre à Tsugaru, dans le tems que le Pere de Angelis étoit encore à Matsumay: comme il lui falloit traverser une partie du Royaume de Deva, où il y avoit des Mines d'argent, dans lesquelles cinq mille hommes étoient continuellement occupez, il s'étoit habillé en Mineur, avoit passé les Montagnes d'Oraxi, les plus hautes, qui soient au Japon, étoit descendu dans une plaine, où est bâtie la Ville de Cubota Capitale du Royaume d'Achita, où régnoit un Prince nommé Daïbudono ; il y étoit entré, & y avoit rencontré un assez bon nombre de Chrétiens qui y étoient fort maltraitez par ce Prince, & ausquels il donna toute la consolation, dont ils avoient besoin. Ayant ensuite voulu pénétrer dans le Tsugaru, il en trouva les passages si bien gardez, qu'il ne lui fut pas possible de les franchir. Le seul parti, qu'il lui restoit à prendre, pour ne point perdre le fruit d'une si pénible marche, fut de s'embarquer, comme il fit, pour Yesso, sur un Bâtiment, qui appartenoit à un Marchand Chrétien. Il arriva heureusement à Matsumay, d'où il n'y avoit pas longtems, que le Pere de Angelis étoit parti, & eut la consolation d'y célébrer le premier publiquement nos divins Mystères. Ce fut le jour de l'Assomption de la Sainte Vierge, que les Japonnois avoient accoutumé de célébrer avec beaucoup d'appareil.

HISTOIRE

§. III.

Notices du Pays d'Yeſſo, ſelon le Pere de Angelis. Raiſons, qui portoient ce Pere à croire que Matſumay eſt dans une Iſle. Sentiment des Japonnois à ce ſujet. Opinion de Kœmpfer & celle de ſon Traducteur Anglois.

De J. C. 1610.
De Syn Mu. 2280.

POur revenir aux Notices, que le Pere de Angelis nous a données du Pays d'Yeſſo, que les Naturels, dit-il, nomment AINOMOXORI; j'ai dit que dans une premiere Lettre, qu'il avoit écrite au Pere Jerôme Rodriguez Vice-Provincial du Japon, avant que d'y avoir pénétré lui-même, il étoit du ſentiment que Matſumay, & tout ce que l'on comprenoit alors ſous le nom d'Yeſſo, étoit l'extrémité méridionnale de la Tartarie; il ajoûtoit que cette Terre avoit à l'Oüeſt une pointe qu'on appelloit QUIVIRA, & qu'entre les deux étoit le Détroit D'ANIAN; il ſe fondoit en cela ſur ce que les Habitans de Matſumay, pour arriver à la Mer de ce côté-là, marchoient quatre-vingt-dix jours, & qu'au contraire en allant à l'Occident, ils la trouvoient au bout de ſoixante jours de marche. Or, diſoit-il, il n'y a nulle apparence qu'une Iſle ſoit ſi grande, qu'il faille cinq mois entiers de marche, pour la traverſer. Cette difficulté n'a point arrêté le Duc de Northumberland, Auteur de *l'Arcano del Mare*, lequel ne balance point à décider qu'Yeſſo eſt une Iſle, à lui donner neuf cent lieuës de long d'Orient en Occident, & à ne mettre que trois cent lieuës de Mer entre cette Iſle & l'Amérique. Nous verrons bientôt qu'il ſe trompe dans la plûpart de ces points; mais je crois devoir avertir d'avance, que les noms de FIGAXI & de NIXI, qu'il donne à la pointe Orientale & à l'Occidentale de ſon Iſle d'Yeſſo, ne ſont point des noms propres, car le premier de ces deux termes, ainſi que le Pere de Angelis le dit expreſſément, ſignifie l'Orient dans la langue du pays, & le ſecond veut dire l'Occident.

Le Miſſionnaire étant arrivé en Yeſſo, & ayant pris une connoiſſance plus parfaite du pays, commença à révoquer en doute, ſi Matſumay n'étoit pas dans une Iſle, & pancha même fort à croire que cette Ville n'étoit pas dans le Continent, comme il l'avoit penſé d'abord; mais il n'eſt pas vrai, comme le Traducteur Anglois de Kœmpfer l'a avancé, qu'il l'ait formellement décidé: car voici les propres termes de ſa Lettre, que le Sieur Sceuchzer n'a pas examinez avec aſſez d'attention. « Je trouve préſentement que
» l'opinion qui fait une Iſle d'Yeſſo
» n'eſt pas ſans probabilité, & voici
» les preuves dont elle eſt appuyée.
» La premiere, eſt qu'il eſt certain
» que ce Pays eſt terminé à l'Orient & au Midi par la Mer. D'un
» autre côté la Terre de TESSOI, qui
» eſt l'extrémité Occidentale d'Yeſ-
» ſo, eſt bornée par une troiſiéme
» Mer, où les courans ſont ſi violens, que des terres, qui ſont à la
» vûë, & où l'on diſtingue juſ-
» qu'aux chevaux, n'ont jamais pû
» être abordées par les Habitans de
» Yeſſo, par la raiſon qu'ils ont re-
» marqué que des cannes fort groſ-

DU JAPON, LIVRE XV.

» ses, qui sont au milieu de ces cou-
» rans, se courbent jusques sous
» l'eau, puis se redressent avec une
» force, qui mettroit leurs petites
» Barques en danger de tourner,
» s'ils se hazardoient à faire ce tra-
» jet. De là je conclus, que selon
» toutes les apparences Yesso a une
» quatriéme Mer au Nord, & par
» conséquent qu'elle est séparée de
» la Tartarie : car d'où pourroient
» venir des courans si impétueux,
» que d'une Mer, qui court au Nord
» d'Yesso de l'Orient à l'Occident,
» & de l'Occident à l'Orient, & se
» déchargeant au Midi dans celle,
» qui est à l'Occident d'Yesso, y
» cause cette rapidité, qui la rend
» impraticable aux gens du Pays ?
» La seconde raison est, que les
» Yessois n'ont point de Souverain,
» qui commande à tous, ni même
» de Seigneur particulier, qui soit
» fort puissant ; ils ne reconnois-
» sent en rien le Kan des Tarta-
» res ; ils ne sont soumis à aucun
» Roi, ni Empereur ; chaque famille,
» ou tout au plus chaque petit Can-
» ton a son Chef indépendant de
» tout autre ; ce qui me paroît une
» preuve assez forte, qu'ils sont sé-
» parez par la Mer de tous les Etats
» voisins, qui se gouvernent d'une
» toute autre maniere. Je sens bien
» qu'on pourra opposer à ma pre-
» miere raison, que les courans,
» dont j'ai parlé, peuvent être cau-
» sez par l'embouchure de quelque
» grande Riviere, qui se décharge
» dans cette Mer quelques dégrez
» plus Nord que Yesso ; & il est
» vrai que dans Yesso il y a des
» Fleuves, dont l'entrée est si large
» & si profonde, qu'on y trouve des
» Baleines, que les Pêcheurs du Pays

» vont vendre à Matsumay. Il se
» peut donc faire qu'il y ait un de
» ces grands Fleuves, qui sépare Yes-
» so de la Tartarie, & qui en se dé-
» chargeant dans la Mer y produi-
» se les courans, qui empêchent les
» Habitans de Tessoi de pouvoir
» passer aux Terres, qui sont vis-à-
» vis d'eux. Je crois néanmoins plus
» vraisemblable que cette sépara-
» tion est formée par un bras de
» mer : c'est du moins le sentiment
» le plus commun, & je me sou-
» viens d'avoir vû en Sicile une an-
» cienne Mappemonde, qui fait une
» Isle du Pays d'Yesso. Pour ce qui
» est des Habitans du Pays, j'en ai
» interrogé, qui venoient du côté
» de l'Orient, & d'autres, qui ve-
» noient de l'Occident, & je les ai
» trouvez également ignorans sur ce
» point de Géographie.
» Je place la Corée vis-à-vis de
» Tessoi, & voici sur quoi je me
» fonde. Les Yessois m'ont dit qu'ils
» marchoient soixante jours pour
» aller de Matsumay à Tessoi, & qu'il
» alloient toujours à l'Occident ; d'où
» je conclus que la terre, qui est vis-
» à-vis de Tessoi, est la Corée, ou le
» Pays d'Orancay, qui est au Nord
» de la Corée. En effet de la pointe
» de la Corée jusqu'à Nangoya,
» Port du Ximo, il y a, selon les
» Japonnois, quatre-vingt lieües
» par mer ; si le voyage se faisoit
» par terre, il est certain qu'on
» le feroit en huit jours. De Nan-
» goya à Nigata, Port de Jet-
» cingo, si l'on marchoit aussi tou-
» jours par terre, on arriveroit en
» trente-trois, ou trente-quatre au-
» tres jours : à sçavoir, de Nangoya
» à Ximonosequi, Port du Nauga-
» to, on iroit en cinq jours ; de

Ii iiij

» Ximonofequi à Méaco, en treize ; » de Méaco à Canga, en cinq ; & » de Canga à Nigata, en dix, » fuppofant toujours qu'on feroit » dix lieuës par jour. (*a*) Voilà » donc en tout quarante - deux » jours, pour aller de la pointe » de Corée par terre (*b*) à Nigata : » or cette Ville eft vis-à-vis de Mat- » fumay. J'ai dit que pour aller de » Nigata par terre à Teffoi, on mar- » che foixante jours, avant que de » s'embarquer ; je conclus de ces » deux routes que la Corée eft vis-à- » vis de Teffoi, & je prouve ain- » fi la conféquence. La Côte de Co- » rée court Nord & Sud, ainfi la » pointe de la Corée, & l'extrémi- » té feptentrionale de la Corée » font en ligne droite : il n'y a donc » pas plus loin de Nigata à la pointe » de la Corée, que de Matfumay à » l'extrémité feptentrionale de Co- » rée, puifque l'on va de Nigata à » Matfumay, & d'une extrémité de » la Corée à l'autre par deux lignes » également droites, & par confé- » quent paralelles.

» On m'objectera que fi la diftan- » ce de Matfumay à l'extrémité fep- » tentrionale de la Corée eft égale » à la diftance de Nigata à la pointe » méridionale de cette même Pref- » qu'Ifle, les Yeffois ne doivent » marcher que quarante-deux jours » pour aller de Matfumay à Teffoi, » puifque les Japonnois n'en met- » troient pas davantage pour aller » par terre de Nigata, vis-à-vis la » pointe méridionale de Corée ; je » réponds que la chofe feroit ainfi, » fuppofé que les chemins fuffent » battus, & auffi faciles en Yeffo, » qu'au Japon : mais outre qu'il s'en » faut beaucoup qu'ils le foient, les » Yeffois ne vont jamais qu'en fa- » mille ; & comme ils fçavent bien » qu'ils ne trouveront aucune com- » modité fur leur route, ils portent » avec eux tout leur bagage, & » s'arrêtent pour camper, dès qu'ils » voyent le Soleil prêt à fe cou- » cher.

Quoiqu'il en foit de tout ce raifonnement du P. de Angelis, il paroît que ce Miffionnaire ne diftinguoit point entre ce qu'on appelle aujourd'hui affez communément l'Ifle & le Continent d'Yeffo ; mais il eft certain qu'il eft le premier, qui ait eu fur cela quelque doute. Pour ce qui eft des Japonnois, on ne fçauroit compter fur leur témoignage en cette matiere. Une Mappemonde de leur façon, que Kœmpfer nous affûre avoir vûë, & qui étoit en oval, fait une Ifle d'Yeffo, & marque derriere cette Ifle un Continent deux fois grand comme la Chine, divifé en plufieurs Provinces, dont un tiers eft placé au-delà du Cercle polaire ; fes côtes s'avancent à l'Orient beaucoup plus loin que le Japon, & on voit vers le milieu un grand Golphe quarré. L'Amérique eft vis-à-vis, féparée par la mer, & dans l'entre-deux, il y a deux Ifles pofées Nord & Sud, dont la plus Méridionale eft fort petite, & l'autre touche prefqu'aux deux Continens. Une autre Carte, faite pareillement au Japon ne met point d'Ifle entre le Japon & le Continent d'Yeffo.

(*a*) C'eft-à-dire de Nangoya, où l'on traverfe par Mer de la pointe de la Corée.
(*b*) Ce calcul n'eft pas exact felon la Carte, qui a été dreffée fur les meilleurs Mémoires.

§. IV.

Opinion de Kæmpfer, & celle de son Traducteur Anglois. Découvertes des Hollandois dans ces quartiers-là. De la Terre des Etats, & de l'Isle de la Compagnie.

LE Voyageur Allemand n'est pas de cette opinion, mais il donne ce semble dans une autre extrémité; car il distingue deux Isles au Nord du Japon, l'une, où il place Matsumay, & l'autre, qu'il appelle *Isle d'Yesso*. Son Traducteur Anglois, Jean Gaspard Scheuchzer, n'en fait qu'une; mais il lui donne deux noms, à sçavoir MATMANSKA & MATSUMAY. Il ajoûte que la grande Terre de KAMTSCHATKA, dont parlent les Russiens, & qu'ils font contiguë à la Sibérie, est le véritable Continent d'Yesso : il le divise en trois parties, & dit qu'il est habité par trois sortes de Peuples, dont les plus voisins de la Sibérie sont ennemis des Russiens : ceux du milieu payent contribution à l'Empereur de Russie, & les plus Méridionaux, qu'ils appellent KOURILSKIS, reconnoissent l'Empereur du Japon pour leur Souverain, & dépendent immédiatement du Prince de Matsumay. Si cela est vrai, il y a bien de l'apparence que la révolte d'Yesso, dont j'ai parlé dans le Livre préliminaire de cet Ouvrage, est arrivée dans le Continent, que les Japonois nomment OKU JESO, c'est-à-dire, *Jeso supérieur*, puisqu'au rapport de Kæmpfer celui, qui commandoit dans le pays pour l'Empereur du Japon, voulant prévenir les suites de cette rébellion, & montrer qu'il n'y avoit point de part, envoya une Ambassade au Prince de Matsumay, & lui livra vingt des plus mutins, qui furent exécutez à mort.

Nous avons vû que le Chevalier Guillaume Saris avoit obtenu de l'Empereur du Japon la permission de découvrir toute cette Contrée ; mais ni lui, ni aucun autre Anglois n'a exécuté ce projet : les Hollandois l'ont tenté longtems après, mais sans beaucoup de succès. En 1643. la Compagnie des Indes fit partir de Batavia à ce dessein le Yackt *Breskens* commandé par Henri Corneillo Schaep; & le *Castricoom*, monté par Martin HERITSZOOM DE URIEZ, avec ordre de se rendre à la pointe la plus septentrionale du Japon, & de s'élever jusqu'aux cinquante-six dégrez : mais à cinquante-six lieuës de Jedo une tempête les sépara, & ils ne se revirent plus. Nous parlerons en son tems du sort, qu'eut le Breskens. Le Castricoom tint sa route & rangea tout la côte orientale du Japon jusqu'au Cap Nabo, que les Hollandois nomment CAP DE GOEREE, & qui est situé par les trente-neuf dégrez quarante-cinq minutes de latitude Nord.

De-là Uriez ayant navigué jusqu'aux quarante-deux dégrez, il apperçut la terre, qu'il rangea jusqu'aux quarante-trois : il y découvrit plusieurs Bourgades assez proches les unes des autres : il mit pied à terre, & les gens du Pays lui dirent qu'aux environs de ces Bourgades, il y avoit des Mines d'argent. La terre en quelques endroits paroissoit aride, n'étant pas même couverte d'herbe: assez près de là il y avoit des terres doubles; le terrein le plus proche de la mer étoit semé de bouquets de bois. Les Hollandois trouverent la côte fort poissonneuse, ce qu'ils attribuerent aux Baleines, qui chassoient les poissons vers le rivage. Les gens du Pays se servoient de chiens pour la pêche. Uriez s'étant remis en mer, aborda vers les quarante-quatre dégrez trente minutes à une terre remplie de Montagnes fort hautes, & il donna à la plus élevée le nom de PIC D'ANTOINE. Il y trouva encore des Mines d'argent, & des arbres propres à faire des mâts. Le terrein y étoit de glaise, fort humide, & couvert par tout d'oseilles & de ronces. Il navigua encore environ deux dégrez au Nord, & entra dans un grand Golphe, où ses gens pêcherent en quatre jours plus de mille livres de Saulmon le long de la Côte. Les terres en dedans lui parurent comme celles d'Angleterre, couvertes d'herbes & fort grasses, quoiqu'en quelques endroits ils découvrissent des Dunes, qui s'étendoient assez loin.

Mais avant que d'arriver à ce Golphe, Uriez fit une autre découverte plus considérable à la hauteur de cinquante-cinq dégrez cinquante minutes: il se trouva entre deux terres séparées par un Détroit de quatorze lieuës, auquel il donna son surnom D'URIEZ. (*a*) La Carte de Russie le place aux cent soixante-dixiéme dégrez de longitude; & le Cap Mendocin, qui est la pointe de la Californie, par conséquent celle de l'Amérique, que nous connoissions la plus avancée à l'Occident, est communément placée par les deux cent cinquante. Ainsi il y a quatre-vingt dégrez d'environ vingt lieuës entre l'extrémité Orientale connuë de l'Asie, & l'extrémité Occidentale de l'Amérique; ce qui est bien différent du compte du Duc de Northumberland, qui ne met que trois cent lieuës de distance entre son Isle d'Yesso, & la Californie. Uriez nomma la Terre qu'il avoit à sa gauche, l'ISLE DES ETATS, & donna à l'autre le nom de TERRE DE LA COMPAGNIE. Il descendit dans celle-ci, aborda près d'une Montagne, d'où sortoit un torrent d'eau de neiges fonduës, & il y vit une espece de Terre minérale, qui brilloit, comme si elle avoit été toute d'argent: elle étoit mêlée d'un sable extrêmement friable, & mise dans l'eau, elle se fondoit entierement. Le courant étoit très-fort le long de cette Côte, & il ne paroissoit pas sûr d'y jetter l'ancre, parce qu'il y avoit plusieurs rochers cachez sous l'eau. L'Isle des Etats a des Montagnes très-hautes, sans arbres & sans verdure, & dont les sommets sont couverts de neiges; mais elle en a de fort bien boisées, & de bonnes terres. Les Vallées sont pleines de lys de dix à douze pieds de haut; & les rivages de la mer, de rosiers, qui portent des roses rouges, qu'ils poussent parmi les écailles d'huitres, dont tout le terrein est couvert, & qui ont une aulne & demie de long, sur un demi quartier de large. Les Hollandois ne virent point dans cette Isle de bêtes sauvages, si ce n'est un Ours noir & fort gros; point de moutons, ni d'autre bétail, ni même de Canards,

(*a*) C'est ce qu'on appelle communément le Détroit d'URIEZ.

DU JAPON, LIVRE XV.

& de Poules, mais beaucoup d'Aigles & de Faucons.

Il est certain que ces dernieres découvertes sont fort éloignées de l'Isle de MATSUMAY ou de MATMANSKA. Or l'Auteur du Journal marque expressément que la Capitale du Pays, dont il parle, se nomme MATSMEY, d'où je crois qu'on doit conclure que cette Ville est la même, que le Pere de Angelis nomme MATSUMAY; & que la différence de l'une à l'autre, ne vient que de la prononciation. D'ailleurs nous avons vû que le Pere de Angelis n'a point assûré que Matsumay fût dans une Isle, & si elle eût été véritablement dans l'Isle de Matmanska, qui est assez petite, il n'y auroit eu sur cela aucune contestation. Il faut donc dire que l'on n'a donné à l'Isle le nom de Matsumay, que parce qu'elle dépend du Seigneur de la Ville de Matsumay, ou Matsmey. Enfin l'Auteur Hollandois en parlant de cette Ville, dit que le Gouverneur, ou le Prince y fait sa résidence, & que les Japonnois nomment ce Seigneur *Matsmey Sinnadone*, qu'il passe tous les ans à la Côte du Japon, nommée NABO, & que de là il se rend par terre à Jedo, pour faire son hommage à l'Empereur, auquel il présente beaucoup d'argent, des plumes d'oiseaux, & quantité de fourrures fines. Cela est assez conforme à ce que nous avons dit du Prince de Matsumay, & s'il y a quelque différence dans ce que le Pere de Angelis & cet Hollandois rapportent des mœurs & des coutumes des Yessois, c'est que le premier n'a gueres connu que les Habitans de la Ville & des environs, & que le second parle de ceux, qui en sont plus éloignez au Nord, & à l'Est. Nous verrons bientôt que le Pere Martini a eu connoissance d'autres Peuples d'Yesso, qui ressemblent encore moins aux uns & aux autres. Au reste, l'Auteur du Journal du Castricoom, qu'on trouvera tout entier à la fin de ce Volume, a tiré la meilleure partie de ce qu'il dit, d'un Japonnois nommé OERY, qui trafiquoit alors à Matsmey, & qui lui ajoûta que le pays, où il se trouvoit, étoit une Isle. Nous avons vû que c'étoit le sentiment de la plûpart des Japonnois, & les raisons, qui avoient fait pancher le Pere de Angelis de ce côté-là.

§. V.

Oppositions entre plusieurs Mémoires des Hollandois sur ce sujet. S'il y a un passage entre Yesso & la Tartarie. Dernieres découvertes des Japonnois de ce côté-là. Habitans d'Yesso selon les Peres Martini & Maffée.

CEpendant s'il étoit vrai, comme les Chinois le prétendent, que la Tartarie s'étende trois cent lieuës vers l'Orient au-delà de la grande Muraille, qui la sépare de la Chine, il faudroit nécessairement convenir qu'elle fait un même Continent avec Yesso; mais cela ne s'accorde nullement avec ce qu'assûrent le Pere de Angelis & les Habitans de Matsumay, plus croyables, ce semble, que les Chinois, sçavoir qu'il y a un bras de Mer entre ce Pays & la Tartarie; ce qui paroît encore se confirmer par le rapport de quelques Hollandois, qui firent naufrage sur les Côtes de Corée, (a) où ils virent une Baleine au dos de laquelle étoit attaché un harpon de Gascogne, ce qui leur fit juger que cet animal avoit passé de SPITSBERG, par le bras de Mer le plus proche du lieu, où il avoit été frappé, plutôt que par les Mers d'Afrique: & cela s'accorde assez avec ce que nous apprenons des Itinéraires de Moscovie. Il semble surtout qu'on ne puisse douter d'un passage entre Spitsberg & la Nouvelle Zemble, car on assûre dans les Itinéraires, que je viens de citer, que les Côtes de Tartarie ne s'avancent pas vers le Nord au-delà de cette derniere Terre, qu'on avoit longtemps prise pour une Isle, mais qu'au contraire elles déclinent beaucoup vers l'Orient, & que la Nouvelle Zemble est contiguë au Pays des Tartares Orientaux. On peut l'inférer encore des Histoires de la Chine, où l'on voit que ceux, qui partent de la grande Muraille, & marchent au Nord, peuvent arriver à la Mer en quatorze jours. Les terres de la Tartarie, qui sont au-delà du Pays des Samojedes, ont encore, si on en croit quelques Voyageurs, des indices du voisinage de la Mer; car plus on avance vers l'Orient, plus l'air est doux & modéré, & les Moscovites ont découvert dans ces quartiers-là de grandes Rivieres, qui leur paroissoient n'être pas loin de leur embouchure à l'endroit, où ils les ont découvertes.

Enfin un Navire Japonnois ayant été surpris d'un coup de vent, fut jetté sur les Côtes du Continent d'Yesso, & ceux, qui étoient dessus, trouverent parmi les Habitans grossiers & sauvages quelques personnes, qui avoient des habits de la plus fine soye de la Chine; d'où ils jugerent que ces Peuples avoient communication avec les Tartares voisins de ce grand Empire. En 1684. un autre Bâtiment Japonnois eut ordre d'aller reconnoître ces mêmes Côtes: il ne fut que trois mois dans son voyage, & le Capitaine rapporta la même chose, que ce que je viens de dire; mais il ajoûta qu'entre le Japon & l'Isle d'Yesso les courans portent alternativement à l'Est & à l'Ouest, & que derriere cette Isle il n'y en a qu'un, qui porte toujours au Nord, d'où il concluoit que la Mer s'étend fort loin de ce côté-là. Depuis ce tems-là l'Empereur du Japon a encore envoyé un Vaisseau pour cette découverte; on ne dit pas en quelle année ce Bâtiment sortit de Jedo, ou de quelqu'autre Port voisin; mais qu'après avoir beaucoup souffert vers les cinquante dégrez, ceux qui le montoient, apperçurent un très-grand Continent, dont ils s'approcherent; qu'ils y trouverent un très bon Port, & qu'ils y passerent l'hyver. Ils n'allerent pas plus loin, & à leur retour ils dirent que ce Pays s'étendoit beaucoup vers le Nord-Ouest, & qu'ils croyoient que c'étoit l'Amérique. Nous avons vû que le Duc de Northumberland place l'Amérique à trois cent lieuës de la pointe Orientale de l'Isle d'Yesso, & il peut bien se faire que le Continent d'Yesso touche à l'Amérique même par le Nord; mais si cela est, c'é-

(a) Voyez le Tome IV. des Voyages au Nord, & le IV. Volume de cet Ouvrage.

toit au Nord-Est, & non pas au Nord-Ouest, que la terre apperçuë par les Japonnois devoit s'étendre. Quoiqu'il en soit, le peu de succès de ces entreprises, ou pour mieux dire, le peu de goût des Japonnois pour les voyages de long cours, & pour les découvertes, a fait enfin prendre aux Monarques du Japon la résolution de ne plus penser à ces Pays inconnus, & il n'y a plus d'espérance de bien éclaircir ce point de Géographie, que par les Russiens.

J'ai dit que le Pere Martini parle des Habitans d'Yesso ; cet Historien doute, s'ils sont dans une Isle, ou dans le Continent le plus voisin des Tartares ; car voici ce qu'il en dit dans son *Atlas Sinensis*. » Le Royaume de
» NIULHAN est aussi dans la Tarta-
» rie ; c'est une dépendance de celui
» de NIUCHE, & proprement la par-
» tie de ce Royaume, qui regarde
» le Nord-Est & le Nord. Les
» Tartares Yupiens, qui ne sont pas
» loin de la Mer, sont proches de
» Niulhan .... plus loin il y a une
» Terre ferme de grande étenduë,
» que les Chinois appellent Yeço,
» & qui est sans doute la même
» qu'on nomme ordinairement JES-
» SO, dans laquelle ils assûrent qu'il
» y a un grand Lac appellé PE'.
» Maffée décrit ainsi Jesso au cin-
» quiéme Livre de ses Lettres, sur
» les Mémoires des Chinois. Il y a
» un Pays d'une fort grande éten-
» duë, plein d'hommes sauvages,
» & qui touche au Japon du côté
» du Nord, (*a*) éloigné de trois
» cent lieuës de Méaco, ou de deux
» cent cinquante-quatre, selon quel-
» ques-uns. Les Habitans y sont vê-
» tus de peaux, ont le corps tout

» velu, la barbe fort grande, & des
» moustaches, qu'ils sont obligez
» de relever, quand ils veulent boi-
» re. Cette Nation aime fort le vin,
» elle est belliqueuse & redoutable
» aux Japonnois, ils lavent leurs
» playes avec de l'eau salée, & c'est
» le seul remede, qu'ils y appliquent.
» On dit qu'ils portent sur leur poi-
» trine une plaque de cuivre pour se
» garantir des fléches de leurs En-
» nemis, & que les plus riches d'en-
» tre les Tartares en portent aussi.
» Ils attachent leur Epée à leur tête,
» & la poignée pend sur leurs épau-
» les. Ils n'ont point d'autre culte
» religieux, que celui d'adorer le
» Ciel .... Quelques-uns doutent,
» si leur Pays est une Isle, ou un
» Continent : si nous en voulons
» croire les Chinois, c'est vérita-
» blement une partie de la Tarta-
» rie déserte, qui tient à Niulhan
» & aux Yupiens avec qui elle fait
» un même Continent ... On voit
» aussi par les Mémoires des Chinois
» que par de-là le Pays de LEAO-
» TUNG il y a des Terres au Nord-
» Est, vers le Continent, qui ont six
» mille stades, c'est-à-dire, près de
» vingt-quatre dégrez, par où l'on
» voit qu'il y a de très-grandes éten-
» duës de Pays jusqu'au Détroit d'A-
» nian, qui doit être proche de Qui-
» vira. Je n'oserois pourtant assûrer
» que ce Détroit existe.

J'ai cru devoir mettre ici de suite tout ce qui a rapport au Pays d'Yesso, parce que je ne trouve plus rien de ce qui le regarde, ni les Chrétiens, qu'on y avoit faits, dans les Relations des années suivantes, si ce n'est que les Peres de Angelis & Carvailho y firent plusieurs voyages, &

(*a*) C'étoit alors l'opinion la plus commune.

que tant qu'il y eut des Missionnaires au Nord du Japon, on ne cessa point de visiter les Exilez de Tsugaru, & de leur porter les aumônes que l'Evêque, quoique résidant à Macao, & les Chrétiens les plus aisez leur faisoient tenir. Il y avoit une vraye émulation entre les Ouvriers Evangéliques pour être chargez de cette visite. Les dangers & les fatigues, qu'on y avoit à essuyer, étoient extrêmes, mais on en étoit bien dédommagé par la vûë de ces saints Pénitens, qui soûtenoient la qualité de Confesseurs de Jesus-Christ, partout ce que la plus héroïque vertu peut opérer dans de grandes ames. On voyoit des personnes élevées dans l'opulence, des Femmes délicatement nourries, des Enfans & des Vieillards caducs, à qui la ferveur inspiroit une force, que le plus bel âge ne donne pas toujours; des Courtisans & des Guerriers, qui n'avoient conservé de leur premier état, que la noblesse des sentimens, qu'ils sçavoient parfaitement allier avec l'humilité & l'abnégation, que prescrit l'Evangile; tous occupez sans relâche, ou à bénir, & remercier le Seigneur de leur avoir fait part de sa Croix, ou à fertiliser par un travail opiniâtre une terre sauvage & stérile, plutôt pour avoir de quoi prolonger leurs souffrances, que pour se procurer de quoi se conserver la vie.

§. VI.

Les Japonnois font un Etablissement à l'Isle Formose. Industrie des Hollandois pour s'y établir. Les Japonnois l'abandonnent. La Persécution se ralentit un peu. Le Pape avance le Jubilé de l'Année Sainte de trois ans en faveur des Japonnois. Il est publié par tout le Japon. Un Apostat publie un Libelle diffamatoire contre les Missionnaires. Conduite modérée de quelques Princes Idolâtres. Prise du Pere Sébastien Kimura. Belle action de son Catéchiste.

VErs ce même tems, c'est-à-dire, sur la fin de l'année 1620. une Escadre Japonnoise aborda à l'Isle Formose. Celui, qui la commandoit, trouva le Pays tout-à-fait à son gré, & propre à y établir une Colonie. Il résolut de s'en emparer, y laissa une partie de ses gens, & leur ordonna de prendre toutes les connoissances nécessaires à l'exécution de son dessein. Peu de tems après un Navire Hollandois, qui alloit au Japon, ou en revenoit, fut jetté par la tempête au même lieu; le Capitaine y trouva les Japonnois fort peu en état de lui résister, mais il n'étoit pas de l'intérêt de sa Nation de se broüiller avec ces Insulaires: cependant la beauté du Pays le tenta, & plus encore l'avantage de sa situation pour le commerce entre la Chine, le Japon, les Philippines, les Moluques, & les Indes. Il prétexta le besoin, qu'il avoit de faire de l'eau, & de radouber son Navire, pour avoir la liberté d'y faire quelque séjour; en ayant obtenu la permission, quelques Hollandois pénétrerent assez avant dans l'Isle, & de retour à leur Navire, ils augmenterent encore l'envie, qu'avoit le Capitaine, d'y faire un Établissement. Il pria donc les Japonnois de souffrir qu'il bâtît une Maison à l'entrée du Port, afin que leurs Vaisseaux, qui trafiqueroient au Japon, pussent y trouver des rafraîchissemens.

Les Japonnois le refuserent d'abord, mais ils se laisserent enfin gagner par cet artifice. Le Capitaine Hollandois leur fit la même proposition, qu'avoient faite autrefois aux Afriquains les Tyriens, qui bâtirent Carthage, c'est-à-dire, qu'il leur demanda autant de terrein seulement, qu'en pouvoit enfermer le cuir d'un Bœuf: on le lui accorda, & ayant coupé le cuir en petites lanieres, il en enferma un assez grand espace. Les Japonnois furent un peu choquez de cette espece de supercherie, mais le tour leur parut ingénieux, & ils consentirent que les Hollandois bâtissent une Maison. Cette Maison devint bientôt un Fort, qui ne fut pourtant achevé qu'en 1634. car on y voit encore aujourd'hui sur la porte cette inscription: *Zelanda Castel* 1634. Ce poste les rendoit Maîtres de la seule entrée du Port, par où les plus gros Navires pouvoient passer, & soit pour cette raison, soit pour quelqu'autre, qu'on n'a point sçuë, les Japonnois se dégoûterent bientôt de l'Isle Formose, & l'abandonnerent. Les Hollandois l'ont possédée en bonne partie assez longtems, mais ils en ont enfin été chassez par les Chinois.

Cependant la persécution continuoit dans le Ximo, mais avec moins de vivacité que dans le commencement: on y donnoit de tems en tems quelque relâche aux Fidéles, & les Missionnaires en profitoient, pour se transporter plus aisément partout, où les besoins de leur troupeau les appelloient. Le Pere Matthieu de Couros étoit toujours Provincial des Jésuites, & Administrateur de l'Evêché, il ne se pouvoit rien ajoûter à sa vigilance, pour ne point laisser sans Pasteurs les lieux, où leur présence étoit plus nécessaire, & lui-même se trouvoit partout. Il reçut alors, malgré la diligence des Gouverneurs & de ses Emissaires, un renfort considérable d'Ouvriers Apostoliques, & il les distribua aux Eglises, qui les lui demanderent. Le Pere Christophe Ferreira étoit dans le Firando, où il avoit inspiré aux Fidéles de ce Royaume une si grande résolution, que le Roi aima mieux les laisser en repos, que de les inquiéter, au hazard de n'être pas obéi, ou d'être obligé de se défaire de ses meilleurs Sujets. Le Pere Sixte Tocuun & le Pere Julien de Nacaura, l'un dans le Saxuma, & l'autre dans le Buygen & le Chicungo, soûtenoient aussi merveilleusement la ferveur des Fidéles. Dans le même tems le Pere Benoît FERNANDEZ visitoit toutes les Provinces de la Tense; il passa ensuite à Surunga, puis à Jedo, & eut partout la consolation de trouver des Chrétiens, qui soupiroient après le Martyre.

Il y a bien de l'apparence que ce qui procuroit à cette Eglise le repos, dont elle joüissoit, étoit le grand nombre de Missionnaires, qui étoient dans les Prisons, & la prudence des autres, qui se comportoient de telle maniere, qu'on se flatta sans doute à la Cour de Jedo, qu'il n'en restoit plus aucun dans le Japon. Mais on s'attendoit bien que

K k iij

ce calme ne durcroit pas, & l'on profitoit de la Tréve, pour se disposer à soûtenir de nouveaux combats. Rien n'y contribua davantage que la publication d'une Bulle du Pape Paul V. dattée de l'année 1617. & qui arriva au Japon le vingtiéme d'Août 1620. elle étoit accompagnée d'un fort beau Bref de Sa Sainteté aux Fidéles du Japon, en faveur de qui le Saint Pere avançoit de trois ans le Jubilé de l'Année Sainte 1625. Cette attention du Vicaire de Jesus-Christ à fournir à ces Fidéles persécutez les armes spirituelles, dont ils avoient un si pressant besoin ; les éloges qu'il donnoit à toute cette Eglise, dont la sainteté jettoit un si grand éclat dans toutes les Parties du Monde ; les exhortations tendres & paternelles, qu'il joignoit à ses loüanges ; tout cela inspira à cette Chrétienté un redoublement d'ardeur pour le Martyre. Renouvellez, pour ainsi dire, dans le sang de l'Homme-Dieu, dont les mérites leur étoient appliquez avec tant de profusion, ils ne soupirerent plus qu'après le moment de répandre le leur pour la défense de son saint Nom ; & l'on peut dire qu'en leur permettant de puiser avant tous les autres à la source des graces, le Pere commun travailla pour l'intérêt de tout le troupeau ; tant de milliers de Martyrs, qui les années suivantes arroserent le Japon de leur sang, ayant considérablement grossi les Trésors de l'Eglise.

On fut d'abord assez embarassé à trouver les moyens de faire sçavoir aux Fidéles dispersez dans toutes les parties de l'Empire, ce qu'ils devoient faire pour profiter de la libéralité du Saint Pere ; quelques Jésuites Japonnois, ausquels il étoit moins difficile de se déguiser, choisirent les endroits, où la recherche se faisoit avec plus de rigueur, & le Pere Jacques Yuki eut le courage de publier le Jubilé à Méaco, à Ozaca, dans toutes les Provinces circonvoisines, à Suringa, & même dans Jedo. Le Pere Fernandez avoit été obligé de sortir depuis peu de cette Capitale, où il commençoit à être trop connu, pour y être en sûreté ; il étoit passé delà jusqu'à l'extrémité du Quanto, où il eut la consolation d'établir la Foi dans plusieurs Villes, qui n'avoient point encore vû de Missionnaires, & il y fit d'illustres & de nombreuses Conversions. Il entra ensuite dans le Royaume de Canga, où il baptisa un proche Parent de l'Empereur, qui se trouva pour lors à CANAZAVA, Capitale de cet Etat.

Ce que les Missionnaires ne pouvoient pas toujours faire par eux-mémes, ni par leurs Catéchistes, ils le faisoient par des Livres de piété, qu'ils avoient composez, ou traduits en Japonnois, & dont ils avoient soin que les Fidéles fussent bien fournis. Les Ennemis de l'Evangile crurent ce moyen de gagner les Peuples à Jesus-Christ, si immanquable, qu'ils résolurent de le mettre en usage, pour les ramener au culte de leurs Dieux. Un Scélerat, nommé FABIEN, doublement Apostat, qui avoit rendu de grands services à la Religion, mais qu'une Femme avoit perverti, composa un Ecrit, qu'il fit courir, & dans lequel il prétendoit prouver que les Missionnaires n'avoient point d'autre but, en répandant leur Doctrine, que de faciliter au Roi d'Espagne la Conquête du Japon; ce qu'il appuyoit du témoignage des Anglois & des Hollandois, d'autant plus croyables, difoit-il, qu'ils étoient de la même Religion, que les Espagnols. Mais on avoit répondu déja plus d'une fois à cette calomnie, dont nous avons vû que les Hérétiques n'étoient pas les premiers auteurs, & l'Ouvrage de Fabien ne produifit pas l'effet, qu'il s'en étoit promis.

Le Fiunga, où Suchendono régnoit encore, avoit beaucoup de Chrétiens, mais l'exemple de ceux d'Arima empêchoit ce Prince de les poufler à bout : d'ailleurs il n'avoit plus Safioye, pour l'engager dans des éclats, qui n'étoient point de fon caractere. Il falloit néanmoins, pour ne pas s'attirer des affaires de la part de la Cour Impériale, donner quelques preuves, qu'on ne toléroit point dans fes Etats une Religion fi hautement profcrite; mais tout fe termina à quelques Banniffemens, & à quelques confifcations de biens. Le Succeffeur de Safioye au Royaume d'Arima, dont je ne trouve nulle part le nom, eftimoit les Chrétiens, & les laiffoit affez tranquiles. Il en reçut de grands reproches, qui l'obligerent à faire quelques Exécutions; mais il fe laffa bientôt, & reprit fa premiere conduite. Gonzoco agiffoit plus efficacement, parce qu'il étoit éclairé de plus près; mais les fréquens avis, & les menaces, qu'il avoit à effuyer toutes les fois, qu'il alloit à la Cour, donnent lieu de croire qu'il ne haïffoit pas le Chriftianifme, ou qu'il n'étoit pas naturellement cruel.

Il y avoit longtems qu'il cherchoit le Pere Sébaftien Kimura, qui n'en étoit pas moins ardent à courir au plus fort du péril. Il fut enfin arrêté le troifiéme de Juin 1621. chez un Coréen, nommé Antoine Cori, zélé Chrétien, & ils furent trahis par une jeune Efclave Coréenne, à qui Antoine avoit donné la liberté. On les lia d'abord, & on leur joignit un jeune homme, qui s'étoit rencontré là par hazard, & qu'on prit pour le Catéchifte du Pere. Comme on les conduifoit chez le Gouverneur, un Gentilhomme du Royaume de Fingo, nommé Thomas Acafoxi, âgé de cinquante ans, courut après eux, & dit aux Gardes qu'ils s'étoient mépris, & que c'étoit lui, qui étoit le Catéchifte du Pere Kimura. Il difoit vrai : depuis la mort du Roi Auguftin Tfucamidono, à la Cour duquel il avoit été élevé, & dont la difgrace avoit ruiné fa fortune, ayant été dépoüillé de tous fes biens, il s'étoit retiré à Nangazaqui, où il s'occupoit tout entier à procurer le falut des ames, dans l'efpérance d'être reçu dans la Compagnie de Jefus. En 1611. il fut banni, & paffa aux Philippines; mais il retourna peu de tems après au Japon, & s'attacha au Pere Kimura, qu'il fuivoit partout. Il voulut le fuivre jufques dans la prifon, & repréfenta fon droit à ceux, qui avoient faifi le Miffionnaire : ils le crurent fur fa parole, & le mirent à la place du jeune homme, qui s'étoit laiffé prendre fans dire mot, & qui fut délié & renvoyé libre.

Les Prifonniers furent d'abord préfentez à Gonzoco, & le Pere Kimura voulut paroître devant ce Gouverneur avec fon Habit de Religion. Il fut beaucoup interrogé

264 HISTOIRE

sur les lieux, où se retiroient les Prédicateurs de l'Evangile ; mais Gonzoco eut beau le menacer, il n'en put rien tirer sur cet article : enfin il l'envoya avec son fidéle Catéchiste dans la Prison de Suzuta. La premiere chose, que fit Acafoxi en arrivant à Suzuta, fut de demander l'Habit de la Compagnie, & il l'obtint du Pere Spinola, qui avoit déja fait la même grace à quatre jeunes gens, dont nous parlerons dans la suite. La prise du Pere Kimura fut suivie de sanglantes Exécutions, mais elles n'étoient que le prélude de ce qui arriva l'année suivante 1621. à l'occasion, que je vais dire.

§. VII.

Deux Religieux allant au Japon sont pris par des Hollandois, & déférez au Roi de Firando. Ils ne conviennent point de ce qu'ils sont, & l'on fit venir des Religieux Prisonniers de divers Ordres, pour les convaincre. Ce qui se passe en cette occasion entre le Pere Spinola & des Anglois. Le Missionnaire tâche envain de convertir Feizo. Il engage un des deux Religieux à se déclarer. Entreprise du Pere Collado pour sauver l'autre, & ce qui en arrive.

De J. C. 1621.
De Syn Mu. 2281.

UN Gentilhomme Japonnois, nommé Joachim FIRAYAMA, qui avoit passé aux Philippines avec sa Famille, & s'étoit établi à Manile, eut envie de revoir encore une fois sa Patrie, ou peut-être y fut-il appellé par quelque intérêt particulier. Il fretta un petit Navire, sur lequel il ne voulut admettre, que des Chrétiens, & il y reçut deux Religieux, qui attendoient avec une exrême impatience une commodité pour aller au Japon. L'un étoit un Pere Augustin, nommé Pierre de ZUGNICA, l'autre s'appelloit le Pere Loüis FLOREZ, & il étoit de l'Ordre de Saint Dominique : le premier étoit Espagnol, & le second Flamand ; tous deux se déguiserent en Marchands. Une Tempête, qu'ils essuyerent à la hauteur de Macao, les obligea d'entrer dans ce Port, d'où étant partis au mois d'Août 1620, ils furent rencontrez entre l'Isle Formose & la Chine, par un Navire Hollandois, d'autres disent Anglois, qui se nommoit l'*Elizabeth*. La partie n'étoit pas égale, & le Bâtiment Japonnois, dont l'Equipage, y compris les Passagers, n'étoit que de dix personnes, fut bientôt contraint de se rendre. Tous furent dépoüillez & visitez ; & en examinant les hardes des deux Religieux, on trouva leurs habits, & jusqu'à leurs Patentes. Cette découverte fit d'autant plus de plaisir aux Hollandois, qu'elle leur fournissoit un prétexte plausible, pour colorer leur brigandage, & pour retenir le Bâtiment, que sans cela ils se seroient contentez de piller. Ils s'en saisirent donc, & le conduisirent à Firando. Le Capitaine donna aussitôt avis au Roi, qu'ayant rencontré un Navire Japonnois, sur lequel il sçavoit que deux Religieux partis des Philippines étoient embarquez, il l'avoit cru armé contre les intérêts de Sa Majesté Impériale, & s'en étoit emparé.

De J. C. 1621.
De Syn Mu. 2281.

Sur

Sur la parole de l'Hérétique, le Capitaine Firayama & tous ses gens furent mis en prison ; mais les deux Religieux étoient déguisez : ils nioient constamment qu'ils fussent autre chose, que ce qu'ils paroissoient, & ils soûtenoient que rien ne leur appartenoit de ce qu'on avoit trouvé dans le Navire. Ils crurent apparemment pouvoir en user ainsi, pour tirer d'affaire un honnête homme, qui les avoit obligez, & tout un Equipage, dont on leur reprocheroit la perte ; outre qu'ils ne pouvoient douter que, s'ils étoient découverts, il ne s'élevât une nouvelle bourrasque contre la Religion. Le Roi de Firando & le Gouverneur de Nangazaqui se trouvoient assez embarassez ; le parti, qu'ils prirent, fut d'informer la Cour de ce qui étoit arrivé, & en attendant la réponse de l'Empereur, les deux Religieux furent laissez à la garde des Hollandois, qui ne les traiterent pas bien. La réponse fut une année entiere à venir de Jedo : elle vint enfin, & elle portoit qu'on feroit sortir de la prison de Suzuta un Religieux de chaque Ordre, pour être envoyé à Firando, & confronté avec les deux Accusez.

Sur cet ordre, le vingt-troisiéme de Novembre 1621. le Pere Charles Spinola Jésuite, le Pere François de Moralez Dominicain, & le Pere Pierre d'Avila Franciscain, partirent pour Firando avec le Prêtre Apostat Pierre Antoine, qui avoit été remis en prison, je ne sçai pour quel sujet. Gonzoco dit un jour au Pere Spinola qu'on le soupçonnoit d'être encore Chrétien ; mais quelques Lettres, que le Saint Homme reçut en même tems, donnent lieu de croire que ce Malheureux étoit l'Espion du Gouverneur, & qu'il n'avoit été renvoyé dans la prison, que pour tâcher de tirer des Missionnaires, qui y étoient, quelques lumieres sur les lieux, où se retiroient leurs Confreres. Ce qui est certain, c'est qu'aussitôt aprés son arrivée à Firando, il adora publiquement les Idoles, ce qu'il n'avoit point encore fait jusques-là. Il soutint ensuite devant le Roi & le Gouverneur de Nangazaqui, que le Pere de Zugnica étoit Prêtre & Religieux, & qu'il le sçavoit de quelques-uns des Prisonniers de Suzuta ; ce qui étoit vrai. Aprés une démarche si peu équivoque, Pierre Antoine fut mis en liberté, & par l'ardeur, qu'il fit paroître dans la recherche des Chrétiens, il ne justifia que trop les soupçons, que les Missionnaires avoient eus de sa perfidie.

Les trois Religieux, qui l'avoient accompagné à Firando, furent d'abord citez à comparoître devant les Commissaires de l'Empereur, dont les premiers étoient le Roi de Firando & le Gouverneur de Nangazaqui. Ils soutinrent devant ce Tribunal toute la dignité de leur Caractere, & par leur prudence ils éluderent tous les artifices, qui furent mis en usage pour les obliger à parler. Sur quoi l'Apostat Jean Feizo, qui étoit présent à l'Interrogatoire en qualité de Lieutenant du Gouverneur de Nangazaqui, s'étant avisé de dire qu'il ne comprenoit pas comment des Chrétiens & des Prêtres pouvoient allier la feinte & le déguisement avec les grands Principes de leur Morale, qu'ils faisoient tant valoir ; un Anglois ajoûta que dans son Pays c'étoit assez la maniere des Ministres de la Religion Romaine. Le Pere Spinola ne put souffrir cette calomnie, & adressant d'abord la parole à Feizo, il lui dit qu'il y avoit bien de la différence entre nier sa Foi, & cacher sa Profession ; que le premier étoit toujours une horrible infidélité, mais que le second n'étoit défendu par aucune Loi, & pouvoit en certaines rencontres être regardé avec justice comme un acte de prudence. Il se tourna ensuite vers l'Anglois, & lui soutint que, si les Prêtres de la Communion de Rome ne se donnoient pas publiquement pour ce qu'ils étoient, dans la crainte de se mettre par cette déclaration absolument hors d'état de faire aucun fruit, ils ne le nioient pas, quand on les interrogeoit juridiquement sur ce point : que lui-même avoit été en Angleterre (a), & qu'il s'y étoit déclaré Prêtre & Jésuite ; qu'on sçavoit assez que plusieurs de ses Freres en avoient usé de même, & qu'il leur en avoit coûté la vie ; puis s'adressant au Roi de Firando : » Seigneur, lui dit-il, rendez-nous » justice, avons-nous accoutumé » de feindre en pareil cas, & avons- » nous instruit les Japonnois à le » faire ?

Ce discours contenta fort tout le monde, mais le triste état, où les Religieux & ses deux Compagnons étoient réduits, toucha jusqu'aux Ennemis de la Religion. Ce fut surtout pour les Hérétiques d'Europe un spectacle bien frappant, que la vûë d'un Homme de ce nom, le Fils unique d'un des premiers Officiers de l'Empereur d'Allemagne (b), & le sang de tant de Héros, dans la posture d'un Criminel, avec une peau livide collée sur les os, les fers aux pieds & aux mains, couvert d'une Soutane toute percée, & qui pourrissoit depuis si longtems dans une prison, dont on n'auroit pas voulu faire une Ecurie pour des Chevaux. Gonzoco sentit lui-même qu'il y avoit de l'inhumanité dans ce traitement, & il donna ordre que les Prisonniers ne manquassent pas du nécessaire. Il fut obeï, mais cela n'empêcha point que le Pere Spinola, qui depuis son départ de Suzuta avoit presque toujours eu la tête nuë, exposée à toutes les injures de l'air, dans la plus rigoureuse saison de l'année, ne retournât à sa Prison avec un Catarre, dont il pensa être étouffé.

Avant que de partir de Firando, il entreprit deux choses bien dignes de son zele, mais qui ne lui réüssirent pas également. Il chercha l'occasion de parler en particulier à Feizo, & l'ayant trouvée, il n'omit rien de tout ce qu'il put imaginer de raisons & de motifs, pour remplir le cœur de ce malheureux Apostat de la frayeur des Jugemens de Dieu. Ce fut en vain : Feizo étoit parvenu à cet état d'endurcissement, où l'on n'écoute plus la grace, & où elle ne fait plus d'impression. On assûre même que le Gouverneur ayant permis à quelques Portugais de soulager les Religieux Prisonniers, son

(a) Le Pere Spinola & le Pere Jerôme de Angelis allant au Japon, furent pris par un Bâtiment Anglois, qui les mena en Angleterre, où ils furent quelque tems Prisonniers.

(b) Le Pere Spinola étoit Fils d'Octave Spinola, Comte de TASSAROLE, Grand Ecuyer & Favori de l'Empereur Rodolphe II.

Lieutenant rendit cette permiffion prefque inutile, quoique Loüis Martinez de Figueredo fe fût mis à genoux devant lui, pour le fléchir; ce qui fait voir qu'un Infidéle peut avoir de la probité & du fentiment, mais que rarement un Renégat eft un honnête homme.

Le Pere Spinola fut plus heureux dans une feconde Entreprife, qu'il n'avoit pas moins à cœur, que la premiere; il n'étoit pas content de la conduite des deux Religieux, qui avoient été l'occafion de fon voyage à Firando; & parce que les indices étoient beaucoup plus forts contre le Pere de Zugnica, & que ce bon Pere s'étoit imprudemment ouvert à des Anglois, aufquels il fut depuis confronté, le Saint Homme lui dit qu'il étoit tems de lever le fcandale, que commençoit à caufer parmi les Fidéles la diffimulation, où lui & le Pere Florez perfiftoient encore; il ajoûta qu'ils fe flattoient envain l'un & l'autre d'être jamais relâchez, & de pouvoir fauver la vie à ceux, qui les avoient amenez au Japon. Il n'en falloit pas tant pour déterminer un homme, qui dans le fond n'afpiroit qu'à figner fa Foi de fon fang: il donna fa déclaration par écrit, & protefta que la feule confidération du Capitaine Firayama & de fon Equipage l'avoit empêché de le faire plutôt. Sur le champ il fut envoyé en prifon dans l'Ifle d'Iquinoxima, & l'on commença auffi à inftruire le Procès du Capitaine & de tous fes gens. Quant au Pere Florez, comme il n'y avoit aucune preuve contre lui, & qu'il ne s'étoit pas coupé, on le remit entre les mains des Hollandois, qui le traiterent encore plus durement qu'auparavant, mais qui le garderent mal.

En effet il y avoit à peine trois mois qu'il étoit de retour dans leur Comptoir de Firando, lorfque le P. Diego Collado fon Confrere, craignant tout pour lui de la fureur de ces Hérétiques, forma le deffein de le leur enlever. Il communiqua fon projet à un Chrétien qui l'approuva, & s'offrit même à y entrer. Le Pere accepta fon offre, partit avec lui & trois autres Japonnois de Nangazaqui, fur une Barque, & arriva fans être reconnu à Firando. Il ne voulut pourtant point paroître dans le lieu, où le Pere Florez étoit gardé; mais le Chrétien, qui avoit voulu l'accompagner, ayant trouvé le moyen de parler au Prifonnier fans témoins, prit avec lui des mefures pour fon évafion. Elles fe trouverent juftes, leReligieux captif à la faveur des ténebres gagna la Barque, qui étoit moüillée dans un endroit écarté, & qui reprit auffitôt à force de rames la route de Nangazaqui.

A peine étoit-il embarqué, qu'on s'apperçut à Firando de fa fuite; les Hollandois en donnerent auffitôt avis au Roi, qui fans perdre de tems fit courir après lui: & comme fa Barque étoit beaucoup plus forte de Rameurs, que celle du Miffionnaire, elle la joignit bientôt. Le Pere Collado avoit pris les devants fur une Chaloupe: dès qu'il eut appris ce qui étoit arrivé à fon Confrere, il fe fauva à terre & s'enfonça dans l'épaiffeur d'un bois. Le Pere Florez, après avoir été fort maltraité par les Soldats, qui le reprirent, fut ramené triomphamment à Firando, où les Hollandois firent

L l ij

éclater leur joye par une décharge de toute leur Artillerie. Ce Religieux ne voyant plus alors aucune espérance d'échapper, se déclara enfin, & les Hollandois le resserrerent plus étroitement que jamais.

§. VIII.

Ordres donnez par l'Empereur au Gouverneur de Nangazaqui. Martyre des deux Religieux, dont il a été parlé dans le paragraphe précédent, & de tout l'Equipage du Navire, qui les avoit conduits au Japon. Ferveur des Prisonniers de Nangazaqui. Belle Réponse d'un Catéchiste à Gonzoco.

De J. C. 1620.
De Syn Mu. 2280.

D'Autre part l'Empereur informé de l'entreprise du Pere Collado, entra dans une grande colere; on avoit, dit-on, persuadé à ce Prince que le Pere de Zugnica, qui étoit d'une des meilleures familles d'Andalousie, & fils du Marquis de VILLAMANRIQUE, autrefois Viceroi du Mexique, étoit un Fils naturel du Roi d'Espagne, & qu'il venoit se mettre à la tête des Chrétiens, pour ranger le Japon sous le joug des Castillans. Il ne fut pas difficile après cela à ceux, qui avoient intérêt à fomenter ses soupçons, de lui faire regarder l'enlevement du Pere Florez comme un coup d'essai de gens, qui n'en demeureroient pas là, si on les laissoit faire. Il appella sur l'heure Gonzoco, qui se trouvoit pour lors à la Cour, lui reprocha que tous ces désordres étoient le fruit de sa négligence à faire exécuter ses Edits, lui commanda de se rendre en diligence à son Gouvernement, de faire mourir tous les Prisonniers de Firando, de Suzuta & de Nangazaqui, & lui ajoûta que, si désormais il recevoit la moindre plainte au sujet des Chrétiens, il seroit la premiere victime, qu'il sacrifieroit à sa juste indignation.

Le Gouverneur ayant reçu ces ordres, partit sans délai, & à son arrivée dans le Ximo il fit publier l'Arrêt de mort, que l'Empereur avoit porté lui-même contre le Capitaine Firayama, son Equipage, & les deux Religieux, qu'il avoit amenez au Japon; le Capitaine & les deux Missionnaires étoient condamnez au feu, & l'Equipage à avoir la tête tranchée. L'Exécution suivit de près, & se fit à Nangazaqui le dixiéme d'Août 1622. près du lieu, où les premiers Martyrs avoient été crucifiez en 1597. sous le regne de Tayco-Sama. On offrit la vie à tous, s'ils vouloient adorer les Dieux de l'Empire, mais ils rejetterent cette proposition avec dédain. Gonzoco étoit présent, lorsqu'on leur signifia leur Sentence, & le Pere de Zugnica s'étant approché de lui, le pria de vouloir bien lui dire pour quelle raison l'Empereur persécutoit si vivement les Chrétiens, qui étoient ses plus fidéles Sujets? » Ce que vous me demandez, répondit le Gouverneur, est » un mystere, qui vous passe, & que » je ne dois pas vous révéler : qu'il » vous suffise de sçavoir que l'Em» pereur ne fait rien, qui ne soit » très-sage. » Le Capitaine Firayama, en allant au supplice, prêcha Jesus-Christ avec un zele digne d'un

De J. C. 1620.
De Syn Mu. 2280.

Martyr; les Soldats, qui le conduisoient, voulurent lui imposer silence; mais il les pria d'une maniere si honnête & si douce de lui laisser cette petite consolation, pour le peu de tems, qui lui restoit à vivre, qu'ils en furent attendris, & cesserent de l'inquiéter. Son supplice, & celui des deux Religieux dura deux heures, parce que les Bourreaux retiroient le bois, quand le feu approchoit trop. On raconte des choses merveilleuses de ce Gentilhomme, & les Infidéles mêmes célébrerent son courage & sa vertu; les deux Missionnaires firent aussi paroître jusqu'à la mort une constance, qui corrigea avec avantage, ce que leur conduite avoit eu d'abord de moins régulier.

Gonzoco avoit des ordres trop précis, pour en demeurer là, comme il auroit infailliblement fait, s'il en eût été le maître; on prétend même qu'il assûra que, sans la tentative du Pere Collado, pour sauver son Confrere, le pis qui seroit arrivé aux Prisonniers, eût été de mourir en prison, ou d'être exilez. Il n'y avoit pourtant rien que de bien excusable dans cette action, & je voudrois bien en pouvoir dire autant de toutes celles, que je rapporterai dans la suite de ce Religieux: mais il n'avoit pas assez étudié la Carte du Pays, où il se trouvoit. Peu de jours avant l'exécution, dont je viens de parler, Gonzoco fit sortir d'une des Prisons de Nangazaqui, & comparoître devant son Tribunal dix Japonnois, & un Européen, nommé ALPHONSE DE CASTRO, convaincus d'avoir donné retraite aux Missionnaires. La vûë de ces généreux Chrétiens, qui depuis deux ans n'étoient point sortis d'un Cachot, & à qui l'on fit traverser la Ville chargez de chaînes, tira des larmes des yeux de tout le monde. Une femme de condition les ayant rencontrez & jettant les yeux sur Castro, qui marchoit nuds pieds, & récitoit son Chapelet avec une piété charmante, lui offrit une paire de souliers; il la remercia, & protesta que le souvenir de Jesus-Christ traîné de la même maniere que lui devant les Tribunaux, lui inspiroit une joye, qui lui donnoit de la force.

Le Gouverneur s'étoit persuadé en les voyant pâles, décharnez, & la plûpart pouvant à peine se soûtenir, qu'il ne lui seroit pas difficile de les ramener au Culte des Dieux, mais il avoit affaire à des Chrétiens, qui s'étoient préparez au combat par tout ce que la Pénitence a de rigueurs, & par le continuel exercice de la Priere: il s'apperçut bientôt qu'il en avoit mal jugé, & n'en ayant pû ébranler aucun, il les renvoya tous en prison. Le lendemain les parens d'un de ces Confesseurs, gens d'une grande distinction, obtinrent la permission de le mener chez eux, où ils se faisoient fort de le réduire: ils y employerent en effet tout ce que l'amitié & la liaison du sang leur pûrent fournir de raisons & de caresses; mais ce fut inutilement: ils n'en pûrent jamais tirer que ce peu de mots; » Un homme » de bon sens ne doit point préfé- » rer l'espérance d'un bonheur, qui » doit finir avec la vie, à une félici- » té parfaite & sans fin: il est inu- » tile de me flatter, encore plus de » me menacer. On peut tirer de » mes veines jusqu'à la derniere

» goute du fang, qui y coule; » mais il n'eſt pas au pouvoir des » hommes de bannir de mon cœur » l'amour de Jeſus-Chriſt, que lui- » même y a gravé. « On le laiſſa donc en pleine liberté de ſuivre tel parti qu'il voudroit, & il retourna ſur le champ à ſa Priſon, où il fut reçû avec une allégreſſe incroyable des compagnons de ſes chaînes, qui n'avoient point diſcontinué de lever les mains au Ciel, tandis qu'il étoit aux priſes avec les Ennemis de ſon Salut.

Je n'ai rien trouvé de certain touchant le ſort de ces généreux Chrétiens: deux Billets, qui ſont venus juſqu'à nous, & qui furent écrits dans ce même tems par Alphonſe de Caſtro au Pere Jean-Baptiſte de Baeza, Recteur du College de Nangazaqui, rendent douteux s'ils n'ont pas été élargis. » La » nouvelle que votre Révérence me » donne, dit-il dans le premier, » que je dois bientôt ſortir de cette » priſon, me cauſe une véritable » douleur; je ne donnerois point » mes fers pour tous les Sceptres » & toutes les Couronnes du Mon- » de.. Je ſuis ici plus content & plus » joyeux, dit-il dans le ſecond, que » je ne ſçaurois être par tout ail- » leurs; ſi ce n'eſt ſur une Croix, » ou au milieu des flammes, mais » mes péchez ſont ſi grands, & en » ſi grand nombre, que ſi vous ne » m'aidez, mon très-cher Pere, par » vos Prieres, ils m'empêcheront » d'obtenir cette grace, à laquelle » il n'y a que les ames innocentes, » qui ayent quelque droit de pré- » tendre. » Il n'y a pourtant gueres d'apparence que Gonzoco avec les ordres, qu'il avoit apportez de la Cour, ait renvoyé libres des perſonnes, dont la conſtance avoit ſi fort éclaté, & il y a tout lieu de croire qu'ils firent partie de la Troupe, dont je vais rapporter le triomphe. Cela eſt au moins certain de trois Catéchiſtes, & d'un autre Chrétien, nommé Jacques MIXUMAYA, que le Gouverneur avoit plus particulierement eſſayez de réduire, & dont la réſiſtance l'irrita davantage.

Les trois Catéchiſtes avoient nom ANTOINE KIUNI, PIERRE SAMPO, & MICHEL XUMPO. On leur avoit propoſé de demeurer au moins en repos, & de ne plus s'employer au Miniſtere Evangélique; mais Kiuni répondit, qu'une vie, qui devenoit inutile au ſervice de Dieu, lui ſembloit une véritable mort; à quoi Sampo ajoûta qu'il ne voyoit rien, par où il pût mieux s'acquitter de ce qu'il devoit à ſa Patrie, qu'en lui procurant la connoiſſance du vrai Dieu, & en apprenant à ſes Compatriotes la maniere, dont il veut être ſervi; & ſur ce que Gonzoco lui répliqua que le premier devoir d'un Sujet étoit d'obéir à ſon Souverain; » Seigneur, reprit le généreux Ca- » téchiſte, permettez-moi de vous » déclarer mes ſentimens par cette » ſimilitude. Suppoſons pour un mo- » ment que le Japon ſoit affligé de » la peſte, ou de quelque autre ma- » ladie contagieuſe, & qu'un Méde- » cin, qui ſeul auroit un ſecret in- » faillible contre ce mal, ne voulût » l'employer que pour ſoi, & pour » ſa famille; ne mériteroit-il pas les » plus rudes ſupplices, pour laiſſer » ainſi périr par ſa faute tant de » milliers de perſonnes? Or tous » ceux, qui ne font pas profeſſion » du Chriſtianiſme, non ſeulement

» sont attaquez d'une maladie mortelle, mais sont déja morts: je » sçai un moyen sûr de les faire revivre, & de les garantir pour toûjours d'une mort éternelle, dont » celle, à laquelle nous sommes » tous condamnez, n'est que l'ombre: il s'agit de mes Freres & de » mes Compatriotes; & vous croyez » que pour leur avoir voulu faire » part d'un si admirable secret, je » suis digne de châtiment? Vous en » ordonnerez, Seigneur, tout ce » qu'il vous plaira; pour moi, je » m'estimerois le plus inhumain & » le plus indigne de tous les hommes, si je ne travaillois pas de tout » mon pouvoir, & au risque même » de ma vie, à délivrer mes Freres » d'un aussi grand danger. Des Etrangers viennent des extrémitez de » la terre, pour rendre ce service à » des inconnus, dont ils n'esperent » rien: à quels périls ne s'exposent-ils pas, quelles fatigues n'endurent-ils pas, que de rebuts n'essuyent-ils » pas par un motif si noble & si désinteressé! La vie, qu'ils menent, » se peut-elle comprendre! Les Prisons, les tortures, la mort la plus » cruelle, sont la récompense qu'ils » en peuvent attendre, elle fait même l'objet de tous leurs vœux; & » je pourrois demeurer tranquile, » ayant de si grands exemples devant les yeux?

» Tout cela, reprit le Gouverneur, » qui l'avoit écouté avec bien de » l'attention, tout cela est fort bon » dans la spéculation, mais dans la » pratique la sagesse veut qu'on » s'accommode au tems, & je ne » vous demande autre chose, sinon » que vous me donniez votre parole » de ne plus prêcher votre Religion. » C'est ce que je ne puis faire, repartit le saint Catéchiste; je n'ai » qu'un déplaisir, ajoûta-t-il, c'est » de n'avoir pû faire connoître le » vrai Dieu à un plus grand nombre de mes Compatriotes: & si » je souhaitois de vivre encore, ce » ne seroit que pour suppléer à ce » que je n'ai pû faire jusqu'à présent. » Le Gouverneur se tourna alors vers les deux autres, comme pour sçavoir quelle étoit leur derniere résolution, & ils témoignerent qu'ils pensoient comme leur Compagnon. Ils se flattoient qu'on les envoyeroit sur le champ au supplice; mais Gonzoco les fit partir pour la prison de Suzuta. Ce délai les mortifia un peu d'abord, mais la compagnie de tant de Saints, qu'ils trouverent dans ce triste lieu, les consola. La premiere chose, qu'ils firent en y entrant, ce fut de demander au Pere Spinola l'habit de sa Compagnie, & ils eurent d'autant moins de peine à l'obtenir, qu'ils avoient été plus longtems exercez dans le Ministere Apostolique, & qu'ils venoient de confesser Jesus-Christ d'une maniere vraiment héroïque.

HISTOIRE

§. IX.

Trente Chrétiens de tout âge & de tout sexe condamnez à mort. Ils sont joints à une autre Troupe de trente-deux, presque tous Religieux. La vie que ces derniers avoient menée dans leur prison. Prédiction du Pere Spinola à son Catéchiste. Avis qu'il donne à quelques Européens. Ce qui lui arrive au lieu de son supplice avec son Hôtesse.

De J. C.
1622.

De
Syn Mu.
2282.

Quelque tems après Gonzoco, qui vouloit convaincre une bonne fois l'Empereur, qu'il ne tiendroit pas à lui, que le Christianisme ne fût aboli dans le Ximo, se fit amener trente Personnes choisies dans toutes les prisons de Nangazaqui, hommes, femmes & enfans; & comme ils se trouverent inébranlables dans la Foi, il les condamna à avoir la tête tranchée; on auroit cru, à les voir sortir de chez le Gouverneur, qu'ils avoient été renvoyez absous, tant ils paroissoient contens. Les Femmes, dont plusieurs portoient des Enfans au-dessous de quatre ans, ayant fait une Troupe à part, une d'entre elles prit un Crucifix en main, se mit à la tête des autres, & entonna un Cantique spirituel; ses Compagnes y répondirent, & formerent un Concert, qui ravit tous les Assistans en admiration. On eût dit une Compagnie d'Amazones, qui sortoient victorieuses du combat, ou qui se disposoient à y entrer; elles reprirent ainsi avec les autres le chemin de leur Prison, où toute cette Troupe demeura encore quelques jours, jusqu'à l'arrivée de trente-deux autres Prisonniers, qui venoient de Suzuta, pour être brûlez vifs, & qui étoient presque tous Religieux.

Le plus ancien de tous ces Ouvriers Evangéliques étoit le Pere Charles Spinola, dont nous avons la Vie écrite en plusieurs Langues. J'ai déja beaucoup parlé de ses travaux Apostoliques. Le Pere Valentin Carvalho étant sur le point de repasser aux Indes avec les autres Exilez, l'avoit chargé du Territoire de Nangazaqui, lequel étant menacé d'une plus sanglante Persécution, avoit besoin d'un homme tel que lui; ferme, intrépide, ne se rebutant de rien, portant toujours son ame entre ses mains, incapable d'une indiscrétion, & plus encore d'une lâcheté. A l'emploi, que l'obéissance lui avoit confié pour le spirituel, on ajoûta bientôt le soin de pourvoir aux nécessitez corporelles de ses Freres; par-là il se vit le Missionnaire du Japon le plus exposé, ce qui l'obligea de changer de nom, & de se faire appeller Joseph DE LA CROIX. Mais il ne put longtems demeurer inconnu; on le chercha bientôt avec un soin tout particulier, & au bout de quatre ans il fut pris à Nangazaqui avec son Compagnon Ambroise Fernandez, & conduit dans la prison de Suzuta.

Cette Prison se trouva bientôt trop petite pour le nombre des Chrétiens, qu'on y amenoit de toutes les parties du Figen, & il en fallut construire une plus grande, laquelle ne consistoit qu'en quatre murailles fort épaisses, sans rien, qui défendît les Prisonniers contre les injures de l'air.

DU JAPON, Livre XV.

l'air. Elle étoit environnée d'une double Palissade, où les Confesseurs de Jesus-Christ eurent quelque tems la liberté de se promener; mais cela dura peu, & la dureté de leurs Gardes alla même dans la suite jusqu'à les empêcher de sortir pour les plus pressantes nécessitez. D'ailleurs ils étoient à la fin en si grand nombre, qu'ils n'avoient pas assez d'espace pour être couchez. Leur nourriture ne pouvoit être, ni plus modique, ni plus insipide; & les Fidéles s'empressant pour leur faire tenir les choses, dont ils pouvoient avoir besoin, il en parvenoit rarement quelque partie jusqu'à eux. Au bout de quelque tems, leurs Gardes touchez de l'état, où ils étoient, & charmez de leur douceur, devinrent plus traitables; mais on ne s'en fut pas plutôt apperçu, qu'on les changea, ce que l'on fit plusieurs fois.

A tant de souffrances les Prisonniers ajoûtoient des jeûnes & des macérations, & le Pere Spinola ne quitta point le Cilice, même pendant de grandes maladies, qu'il eut dans sa prison. Dès le commencement ils s'étoient prescrits une forme de vie, qu'ils garderent constamment jusqu'au bout : chaque jour les Prêtres disoient la Messe, & tour à tour étoient Supérieurs pendant une semaine. L'Office se récitoit à deux Chœurs, & Dieu récompensoit tant de vertus d'une si grande affluence de délices spirituelles, que le tems ne leur duroit rien. Tous ne purent pourtant pas soutenir jusqu'au bout un genre de vie si terrible; le Pere Jean de Saint Dominique mourut au commencement de l'année 1619. & fut bientôt suivi du Frere Ambroise Fernandez,

Compagnon du Pere Spinola. Enfin un Officier du Gouverneur de Nangazaqui vint signifier aux Prisonniers qu'ils étoient condamnez à mourir.

La joye fut grande parmi eux, mais elle ne fut pas de durée pour tous. Il ne se trouva dans la Sentence, que les noms de vingt-deux Religieux; à sçavoir, deux Prêtres de la Compagnie de Jesus, le Pere Charles Spinola & le Pere Sébastien Kimura, avec sept Novices, parmi lesquels étoient les trois Catéchistes, dont nous venons de parler; six Prêtres de l'Ordre de Saint Dominique, le Pere François de Moralez, le Pere Alphonse DE MENA, le Pere Ange ORSUCCI, le Pere Joseph de Saint HYACINTHE, le Pere Hyacinthe ORFANELLI, & le Pere Thomas DU ROSAIRE; un Frere, qui avoit nom ALEXIS, & un nommé JEAN, de leur Tiers-Ordre : deux Prêtres de Saint François, le Pere Pierre d'AVILA, & le Pere Richard de SAINTE ANNE, un Frere nommé LEON, & un autre appellé VINCENT. Nous parlerons dans la suite des deux autres, dont je n'ai pû sçavoir de quel Ordre ils étoient.

Tous, à la réserve des deux Freres Dominicains, furent condamnez au feu avec une Femme nommée Lucie FRAÏTEZ, & trois Séculiers, parmi lesquels étoient un Coréen, nommé ANTOINE, celui là même apparemment, chez qui le Pere Kimura avoit été arrêté, & un Catéchiste des Peres de Saint Dominique, nommé Paul NANGAXI. Les autres devoient avoir la tête tranchée : un des jeunes Jesuites fut joint à ces derniers, parce qu'il se trouva un Poteau de moins. Cette seconde Troupe étoit presque toute composée de Veuves & de Femmes de Martyrs, avec leurs petits Enfans, dont les plus âgez n'avoient que douze ans. Paul Nangaxi y avoit sa Femme, nommée THECLE, & un Fils, qui avoit nom PIERRE.

Le Pere Spinola, qui sçut qu'un de ses anciens Catéchistes l'attendoit au passage, écrivit, avant que de sortir de la prison, plusieurs Lettres à ses Amis & à sa Famille; on nous en a conservé quelques-unes, qui sont signées *Charles condamné à mort pour le Nom de* JESUS-CHRIST. Il semble que ce soit l'Esprit Saint, qui les ait dictées, & on ne peut les lire, sans être enflammé du même feu, qui consumoit ce généreux Martyr. Les Prisonniers furent embarquez à Suzuta même sur un petit Bâtiment, qui les porta en peu d'heures à Nangoya, où on les fit monter à cheval. Un Officier marchoit devant avec des Gardes bien armez; les Confesseurs, au milieu d'une Compagnie de Soldats, suivoient la corde au col, chacun ayant son Bourreau, qui tenoit le bout de la corde. On ne permettoit à personne de les approcher, & l'on maltraita fort un Gentilhomme, qui s'étoit avancé vers le Pere Kimura, dont il étoit ami, sous prétexte d'ajuster ses étriers, & en effet pour se recommander à ses prieres, & pour couper un morceau de sa Soutane. La nuit les surprit en un lieu, nommé VORACAM, & l'on fut obligé de s'y arrêter.

Ce fut là, que le Pere Spinola vit son Catéchiste, de qui il sçut qu'il devoit être brûlé vif, car on ne leur avoit point encore déclaré le genre de mort, qui leur étoit préparé. Le Serviteur de Dieu avoit prédit, il y avoit longtems, à cet homme, qu'il ne lui arriveroit aucun mal, & sa Prophétie fut accomplie. Le lendemain on les fit remonter à cheval de grand matin, & ils commencerent à trouver les chemins bordez d'une multitude infinie de Chrétiens, qui se jettoient à genoux, pour recevoir leur bénédiction. Le lieu du supplice étoit une petite Colline près de Nangazaqui, sur le bord de la Mer, & éloignée de cinq cent pas de celle, où vingt-cinq ans auparavant les vingt-six Martyrs canonisez par Urbain VIII. avoient été crucifiez. On ne laissa point entrer les Prisonniers de Suzuta dans Nangazaqui, mais on les fit attendre sur la Colline, jusqu'à ce que ceux de la Ville fussent venus. De bons Corps-de-Gardes furent posez de distance en distance, pour contenir la Multitude, car on prétend qu'il s'y trouva au moins trente mille Chrétiens, outre les Idolâtres. Les deux Troupes étant réünies, un Officier de Gonzoco, nommé XUQUENDAÏU, parut sur une espece de Tribunal couvert de beaux Tapis de la Chine, & à peine fut-il placé, qu'il donna le signal pour commencer l'Exécution.

Aussitôt ceux, qui devoient être brûlez, furent liez à leur Poteau, & avant qu'on mît le feu au bois, on commença d'exécuter les autres. Alors le Pere Spinola, qui se trouvoit placé le premier du côté de cette Troupe de Femmes & d'Enfans, adressa la parole à quelques Européens, qui étoient proche de lui, & leur dit qu'ils ne s'attendissent point à voir cesser la Persécution, qu'elle ne feroit que croître de jour en jour. Il les exhorta ensuite à donner bon exemple aux Japonnois, & leur conseilla de s'en retourner dans leur Pays, tandis que la sortie du Japon leur étoit encore libre, parce qu'un jour viendroit qu'elle ne le seroit pas. Dans ce moment il apperçut Isabelle FERNANDEZ, Veuve de Dominique George, chez qui il avoit été arrêté, & il se souvint que la veille du jour, qu'il fut pris, il avoit baptisé un Enfant, dont cette Femme venoit d'accoucher, & l'avoit nommé IGNACE, parce qu'il étoit né le jour de la Fête du Saint Fondateur de la Compagnie.

L'Enfant étoit derriere sa Mere, & le saint Homme ne le voyoit point ; il craignit qu'on ne l'eût caché, pour le soustraire à la mort : *Où est mon petit Ignace*, s'écria-t-il, en s'adressant à Isabelle ? *Qu'en avez-vous fait ! Le voici*, répondit la Mere, le prenant entre ses bras, *je n'ai eu garde de le priver du seul bonheur, que je sois en état de lui procurer*. Puis elle dit à l'Enfant ; *mon Fils, voilà votre Pere, priez-le qu'il vous bénisse*. Aussitôt ce petit Innocent se mit à genoux, joignit ses mains, & demanda au Pere sa Bénédiction. Il fit cela d'un air si touchant, que comme l'action de sa Mere avoit attiré de ce côté-là les yeux des Spectateurs, il s'éleva tout à coup un bruit confus de cris & de gémissemens, dont on apprehenda les suites. On se hâta donc de finir cette premiere Exécution, & dans l'instant on vit voler deux ou trois têtes, qui allerent tomber aux pieds du petit Ignace. Il n'en parut pas étonné : on vint à sa Mere, il en vit aussi tomber la tête sans changer de couleur ; enfin avec une intrépidité, que cet âge ne peut feindre, & dont il n'est pas capable naturellement, il reçut le coup de la mort.

On rapporte de cet admirable Enfant, qu'au moment de sa naissance ses Parens l'avoient offert au Seigneur, pour le servir dans la Compagnie de JESUS ; on ajoûte qu'à la nouvelle de la mort de son Pere, il se mit à crier en bégayant qu'il seroit aussi Martyr ; & que se tournant ensuite du côté de sa Mere, il reprit d'un air assûré : *Oüi, je serai Martyr, & vous aussi, ma chere Mere ; mais ma Sœur ne le sera point*. Prédiction, que l'évenement vérifia dans toutes ses parties. Il ne pouvoit voir un Cimeterre sans tressaillir de joye, dans la pensée du bonheur, qui l'attendoit ; & quand il faisoit un présent à quelqu'un, il ne manquoit jamais de lui dire ; *gardez bien cela, car je serai Martyr*. Sa Mere avoit eu les mêmes pressentimens dans son enfance, & toute sa vie n'avoit été qu'une préparation au Martyre. Elle entra au lieu du Combat tenant un Crucifix d'une main, & de l'autre un Chapelet, & chantant le Pseaume *Laudate Dominum omnes Gentes*.

§. X.

Discours du Pere Spinola au Président & à l'Assemblée. Circonstances de sa mort, & de celle des autres Martyrs. Deux Religieux paroissent apostasier. Vérité de ce fait. Un Gentilhomme est brûlé vif, pour avoir voulu enlever des Reliques des Martyrs. Histoire d'Antoine SANGA.

De J. C.
1622.
De
Syn Mu.
2282.

DE's que cette premiere Bande eut consommé son Sacrifice, on plaça les têtes vis-à-vis de ceux, qui devoient être brûlez, & on alluma le feu. Il étoit éloigné de vingt-cinq pieds des Poteaux, & le bois tellement disposé, que le feu ne pouvoit gagner que lentement ; on eut même soin de l'éteindre toutes les fois, qu'on s'apperçut qu'il gagnoit trop vîte. Tout étant ainsi disposé, le Pere Spinola donna une derniere Absolution à Lucie FRAÏTEZ, qui se trouva attachée à côté de lui, comme elle l'avoit désiré. Puis se tournant vers le Président, il lui dit d'une voix assez forte, qu'il voyoit bien ce que les Religieux d'Europe venoient chercher au Japon, & que leur joye au milieu d'un si affreux supplice, devoit lever pour toujours les soupçons, dont on s'étoit laissé prévenir contre eux. Il fit ensuite une courte exhortation à l'Assemblée : » Ce feu, qui va nous brû-
» ler, dit-il, n'est que l'ombre de
» celui, dont le vrai Dieu punira
» éternellement ceux, qui auront
» refusé de le reconnoître, ou qui
» après l'avoir reconnu & adoré,
» n'auront pas vécu d'une maniere
» conforme à la sainteté de sa Loi.

Enfin le feu s'approcha, & les Martyrs commencerent à en ressentir les plus vives atteintes, surtout du côté du Pere Spinola, où le vent souffloit assez fort. A les voir les yeux levez vers le Ciel, & l'esprit abîmé en Dieu, on eût dit qu'il ne leur restoit aucun sentiment. Quelque tems après Lucie Fraïtez se trouva toute nuë, le feu ayant entierement consumé ses habits. Son courage en parut un peu ébranlé. Elle comptoit pour rien la douleur, que lui causoit le feu, dont elle étoit déja plus qu'à demi rôtie, mais sa nudité la mettoit presque au desespoir. Le Pere Spinola lui en fit une petite réprimande, & l'exhorta à souffrir cette confusion pour l'amour de celui, à qui elle avoit offert de si bonne grace ses douleurs & sa mort.

De J. C.
1622.
De
Syn Mu.
2282.

Au bout d'une heure le Serviteur de Dieu parut lui-même tout en feu, & ses liens se brûlerent. Il y a bien de l'apparence qu'on éteignit le feu, & qu'il ne mourut pas sitôt, ainsi que l'ont écrit la plûpart des Historiens de sa vie ; car un Témoin oculaire interrogé juridiquement, & dont la déposition se trouve dans les Actes du Procés de sa Canonisation, assûre qu'après sa mort on le trouva tout entier avec sa Soutane, que le feu avec l'eau, qu'on y avoit jettée, avoit durcie & collée sur son corps. Ce même Témoin ajoûte que le saint Homme n'étoit mort, que de la seule ardeur du feu, ainsi qu'il arriva au Pere Kimura, & à quelques autres, qui étoient à l'extrémité opposée. Le Pere Spinola mourut âgé de cinquante-huit ans, après en avoir passé trente-huit dans la Milice Chrétienne, où il parvint aux premiers honneurs, qui font l'Apoſtolat & le Martyre. Car depuis que le Sauveur du Monde a vaincu ſes Ennemis par ſa mort, c'eſt en mourant pour lui, que triomphent ceux, qui ſuivent ſa Banniere, & les fers, qu'ils portent, ſont leurs lauriers, & les plus glorieuſes marques de leur Victoire. Auſſi l'illuſtre Maiſon Spinola, lorſqu'elle apprit l'heureux ſort du Serviteur de Dieu, fit-elle bien connoître, en le plaçant parmi les Héros de ſa race, qu'elle ne ſe trouvoit pas moins honorée de ſon Martyre, que d'avoir donné en même tems aux Armées Imperiales & Catholiques, en la Perſonne du célebre Ambroiſe Spinola, un Général, qui faiſoit repentir les Hérétiques des Pays-Bas de leur déſobéiſſance à l'Egliſe, & de leur Révolte contre leurs légitimes Souverains.

Après la mort du Pere Spinola tous ceux, qui ne l'avoient pas précédé, ne firent plus que languir, mais ce ne fut qu'après trois heures de ſouffrances que le Pere Kimura, & un nommé Antoine Sanga obtinrent la palme du Martyre. C'eſt ce qu'on a ſçu de perſonnes dignes de foi, qui meſurerent le tems avec des Sables. Il n'auroit rien manqué à la gloire du Chriſtianiſme, ſi deux jeunes Japonnois qui avoient été revêtus dans la Priſon d'un habit Religieux, n'avoient fait paroître une foibleſſe, qui les a fait paſſer pour Apoſtats dans la plûpart des Hiſtoires du Japon. Je vais d'abord rapporter le fait, comme il ſe trouve dans le grand Ouvrage de Bartoli, & dans tous ceux, qui l'ont copié, ou qui ont travaillé ſur les mêmes Mémoires que lui. Je ferai enſuite remarquer les circonſtances, qui ſe ſont trouvées fauſſes dans ce récit, & je rapporterai les preuves, que j'ai de leur fauſſeté. Rien ne montre mieux combien il faut être en garde contre les bruits populaires, quelque autoriſez qu'ils paroiſſent.

Les deux Religieux, dont il s'agit, ſe nommoient Diego Kimbaye, & Dominique Tandu ; dès la priſon, le Pere Spinola, qui les vit fort entêtez ſur une choſe tout-à-fait déraiſonnable, ſe crut obligé de leur faire une légere correction, d'autant plus, qu'il étoit queſtion d'une réſiſtance aux ordres de leur Supérieur, lequel étoit Priſonnier avec eux. Ils n'eurent pas plus d'égard à la remontrance du ſaint Homme, qu'ils n'en avoient eu à la volonté de celui, qui leur tenoit la place de Dieu ſur la terre ; ce qui fit dire au Pere Spinola, qu'il craignoit bien que ces jeunes Religieux ne renouvellaſſent l'exemple du lâche Soldat de la Troupe des quarante Martyrs de Sebaſte. On a ſçu tout ceci d'un Garde de la priſon, qui après l'événement conçut une grande idée du Serviteur de Dieu, parce qu'il croyoit, comme tous les autres, que ces deux hommes avoient apoſtaſié, & l'accompliſſement apparent de cette prétenduë prédiction, qui dans le fond n'étoit qu'une crainte bien fondée, ſervit encore beaucoup à faire paſſer pour conſtant que les deux Religieux étoient morts Apoſtats.

En effet, continuë la Relation, qui fut publiée alors, & envoyée à Macao, d'où elle paſſa en Europe ; ces deux Malheureux commencerent à peine à reſſentir l'impreſſion du feu, qu'ils perdirent patience, &

parurent dans un état, qui fit un fâcheux contraste avec la tranquillité, qu'on remarquoit dans les autres. Louis Cavara, qui se trouvoit à côté d'eux, fit de son mieux pour les animer à la constance : plusieurs Chrétiens s'avancerent pour le même dessein, & leur dirent les choses du monde les plus touchantes, pour ranimer leur foi presque éteinte : tout fut inutile, ils rompirent leurs liens, ce qu'on avoit rendu fort aisé à tous, avec promesse de la vie pour ceux, qui invoqueroient les Dieux de l'Empire; coururent de toutes leurs forces vers le Président, & le prierent au nom d'Amida de leur faire grace. Un troisiéme les suivit, c'étoit Paul Nangaxi, que le Pere Bartoli a cru avoir aussi été Religieux, mais nous avons vû qu'il étoit marié, & que sa Femme & son Fils venoient d'être décapitez à ses yeux. A la vérité, dit cet Auteur, on ne l'entendit point invoquer Amida, & il est certain qu'il retourna de lui-même à son poteau, où il mourut sans avoir donné depuis aucune marque de foiblesse. Pour les deux autres, on fut bien étonné, lorsque le Président, sans les vouloir entendre, les fit rejetter dans le feu, où ils moururent en désespérez.

On ne peut disconvenir que la chose ne se soit passée à l'extérieur, comme on vient de la rapporter; mais nous apprenons de témoins oculaires, qui ont déposé au Procès-verbal de ce Martyre, & dont quelques-uns étoient tout proche des poteaux, que Paul Nangaxi se trouvant auprès des deux jeunes Religieux, & les voyant hors d'eux-mêmes par la violence de la douleur, il n'oublia rien de tout ce que son zele pour l'honneur de la Religion lui put suggérer, pour relever leur courage; que n'y ayant pas réüssi, & les ayant vû sortir de leur place, il les suivit pour les y ramener, mais que comme ils couroient beaucoup plus vîte que lui, il retourna à la sienne, & y mourut avec autant de constance, qu'aucun autre de la Troupe : que ces jeunes gens allerent se jetter aux pieds des Soldats, pour les conjurer de leur couper la tête, & mettre fin par une prompte mort à un supplice, qu'ils ne pouvoient plus soûtenir; qu'ils ne voulurent pourtant donner aucun signe d'apostasie, & qu'ils furent rejettez dans le brasier, où ils expirerent peu de tems après. Tout cela ne peut être douteux, vû les témoignages, dont il est appuyé; outre qu'il est bien plus naturel de croire, qu'ils furent traitez de la sorte, parce qu'ils n'accomplirent pas la condition, sous laquelle on leur avoit promis la vie, que d'attribuer ce traitement à un caprice de barbare, dont les Japonnois ne sont nullement capables.

On ne convient pas non plus du jour de cette exécution, qui fut appellée le grand Martyre, & qui est ainsi nommée dans le Recüeil du Procès de Canonisation des Martyrs du Japon, que j'ai vûs à Rome, & d'où j'ai tiré la plus grande partie des détails, que j'en rapporte. Quelques-uns la mettent au second de Septembre, mais l'opinion la plus suivie & la mieux autorisée, est qu'elle se fit un Samedi dixiéme du même mois. Les Martyrs ne donnant plus aucun signe de vie, on mit des Gardes à toutes les avenües de la place, & les corps y demeurerent exposez pour inspirer de la terreur aux Fidéles ; mais une telle vûë étoit bien plus propre à ranimer leur ferveur. Un très-grand nombre d'entre eux resta tout ce tems aux environs du même lieu, dans l'esperance de pouvoir enlever quelques-unes de ces saintes Reliques, mais ils furent trompez dans leur attente, & il en coûta la vie à Leon FRACUZAYEMON, celui-là même, qui avoit voulu ajuster les étriers du Pere Kimura. Il s'étoit habillé comme les Gardes, & dans l'obscurité de la nuit il voulut couper la main d'un des Martyrs: il fut surpris, arrêté, & mis en prison. On lui offrit la vie, s'il vouloit abandonner la Religion Chrétienne, il le refusa généreusement, & fut brûlé vif. Plus heureux d'avoir eu part à la Couronne de ces Héros, que d'avoir possédé leurs sacrées Reliques.

Enfin au bout de trois jours on alluma un grand bucher, & on y jetta tous les corps ; on remplit ensuite des sacs de toutes les cendres, & de la terre même, qui avoit été arrosée de sang, & on les alla vuider en pleine mer. On porta la précaution si loin, que les Soldats, qui furent employez à ce travail, étoient nuds, afin qu'ils ne pussent rien cacher ; tous ceux, qui voulurent s'approcher d'eux, furent chargez de coups de bâton, dépoüillez, & attachez aussi tout nuds à un poteau, où ils demeurerent jusqu'à la fin de l'opération. On donna néanmoins le corps de Marie KIMURA, qui avoit été décapitée, à Feïzo, dont elle étoit Niéce, & qui ne la demandoit apparemment pas pour lui. Cette sainte Martyre étoit Veuve d'André Tocuan, dont nous avons rapporté ailleurs la précieuse mort.

Mais tandis que les Infidéles prenoient de si justes mesures pour empêcher qu'il ne restât rien de ces illustres Confesseurs, le Ciel releva leur gloire par plusieurs prodiges, que l'on trouve dans les Actes, dont je viens de parler, avec leurs preuves juridiques, & qu'on pourra voir encore dans la Vie du Pere Spinola, écrite en François par le Pere d'Orleans. Mais ce qui plus que tout le reste, fit comprendre aux Japonnois combien le Dieu des Chrétiens s'intéressoit à la gloire de ses Serviteurs, ce fut la terrible vengeance qu'il tira du cruel Xuquendaiu, qui avoit présidé à leur supplice, & qui apparemment étoit l'auteur de la maniere inhumaine, dont on prolongea leurs souffrances. Cet Officier étant un jour à table, tomba mort tout-à-coup, & lorsqu'on voulut le relever, son corps parut grillé, comme si on l'eût tiré du feu.

Je ne finirois point, si je voulois raporter tout ce que je trouve d'édifiant dans les Mémoires, qui parlent de ce Martyre, mais je ne puis me dispenser de faire connoître quel fut Antoine Sanga, un de ceux, qui souffrirent davantage dans cette journée. Il étoit d'une Famille illustre, & qui a donné plus d'un Saint à l'Eglise du Japon. Dès sa plus tendre jeunesse il se mit à la suite des Missionnaires, & quand il fut un peu plus avancé en âge, il entra parmi les Jésuites : sa santé ne lui permit pas d'y demeurer, & il épousa une Fille nommée MARIE, qui l'accompagna au Martyre. Sanga, pour être engagé dans le mariage, n'en fut ni moins saint, ni moins zélé, & peu de Missionnaires ont travaillé avec plus de succès que lui à la vigne du Seigneur.

Tandis qu'il s'occupoit ainsi à gagner des ames à Jesus-Christ, on fit courir le bruit, que sous les dehors de la dévotion il cachoit de fort mauvais desseins, & surtout qu'il trâmoit quelque chose contre les Jésuites. Le Serviteur de Dieu fut si touché de cette calomnie, qu'il crut que pour la faire tomber, il lui étoit permis de passer par-dessus les regles ordinaires de la prudence Chrétienne. Il alla trouver un des Magistrats de Nangazaqui, lui déclara que toute sa vie il avoit été très-attaché aux Peres de la Compagnie de Jesus, qu'il avoit porté leur habit, & que sous leurs auspices & sous leur direction il n'avoit jamais cessé de procurer de nouveaux Adorateurs au Dieu des Chrétiens; qu'il sçavoit sur cela les défenses de l'Empereur, mais qu'il se croyoit plus obligé d'obéir au Souverain Maître du Ciel, qu'à tous les Monarques de la Terre, & qu'il étoit bien résolu de finir ses jours dans un si saint exercice.

Le Magistrat fort surpris d'une telle déclaration, dit à Sanga, qu'il oublioit ce que sa naissance, son devoir, & l'honneur même exigeoient de lui; qu'il l'exhortoit de faire réflexion aux suites, que pouvoit avoir une pareille conduite, & qu'il lui donnoit du tems pour s'aviser. » Cela est inutile, repliqua le géné- » reux Chrétien; tant que j'aurai un » souffle de vie, je prêcherai Jesus- » Christ, & si je l'ai fait avant qu'on » eût exilé un si grand nombre de » Prédicateurs, croyez-vous que » je puisse me taire maintenant, » qu'il en reste si peu? « Le Magistrat voyant cet homme déterminé à ne plus garder de mesures, le fit sur le champ conduire en prison. Sanga y alla avec une joye, qui éclatoit au dehors: on ne dit point s'il y demeura longtems. Ce qui est certain, c'est que dans une Lettre, qu'il écrivit au Provincial des Jésuites, aussitôt après avoir reçu la nouvelle de sa condamnation, & dans laquelle il déclare que ne pouvant mourir Enfant de la Compagnie, il meurt au moins son Esclave, il dit qu'il avoit baptisé trente-deux personnes, depuis qu'il étoit Prisonnier.

Fin du quinziéme Livre.

HISTOIRE

HISTOIRE DU JAPON.

LIVRE SEIZIE'ME.

De J. C. 1622.
De Syn Mu. 2282.

UNe auſſi grande Exécution, que celle, dont nous venons de faire le récit, étoit bien plus capable d'entretenir, & d'augmenter même la ferveur des Fidéles, que de produire l'effet, que s'en étoient promis les Perſécuteurs. Ils s'en apperçurent bientôt, & il paroît que dès lors leur principale attention fût à exterminer tout ce qui reſtoit d'Ouvriers Evangéliques au Japon, & à empêcher qu'il n'en revînt d'autres, pour prendre leur place. Auſſi la plûpart du tems on n'inquiétoit gueres les Chrétiens préciſément à cauſe de leur Religion; il auroit fallu dépeupler des Villes, & même des Provinces entieres. D'ailleurs on étoit fort perſuadé que, dès qu'ils n'auroient plus de Paſteurs, il ſeroit aiſé de les réduire, ou que du moins après deux ou trois générations le Chriſtianiſme tomberoit de lui-même. Mais toute la rigueur des Edits tomba ſur les Miſſionnaires, ſur ceux, qui ſe joignoient à eux, pour les ſoulager dans leurs travaux Apoſtoliques, qui leur donnoient retraite, qui leur procuroient quelques ſecours, ou qui favoriſoient leur entrée dans le Japon; & comme on enveloppoit dans la diſgrace de ceux-ci leurs Familles entieres, & quelquefois leurs voiſins, le nombre en étoit aſſez conſidérable, pour occuper tous ceux, qui étoient chargez de travailler à l'extinction de la Religion Chrétienne.

De J. C. 1622.
De Syn Mu. 2282.

§. I.

Martyre de pluſieurs Religieux de différens Ordres. Ce qui ſe paſſe entre le Pere Navarro & le Seigneur de Ximabara. L'Empereur remet l'Empire à ſon Fils.

DE's le lendemain du grand Martyre, c'eſt-à-dire, l'onziéme de Septembre, Gaſpard COTENDA & onze autres Chrétiens furent décapitez à Nangazaqui. Quelques Auteurs ont écrit que Cotenda étoit du

Tome II.

N n

Tiers-Ordre de Saint Dominique. Ce qui est certain, c'est qu'il fut pris avec le Pere de Constanzo, dont il étoit Catéchiste, aussi bien qu'un jeune homme, nommé Augustin OTA, qui subit le même supplice, & mourut Jésuite. Pour le Pere de Constanzo, il fut brûlé vif à Firando le quinziéme du même mois. Des Anglois & des Hollandois, qui assisterent à sa mort, admirerent le courage, qu'il fit paroître jusqu'au dernier soupir, & confesserent qu'une vertu si sublime étoit au-dessus de leurs expressions.

Le douziéme on avoit fait passer par le même supplice à Omura le Pere Thomas de ZUMARRAGA Dominicain, après quatre ou cinq ans d'une très-pénible prison; le Pere Apollinaire FRANCO, Commissaire des Religieux de Saint François, & deux Convers du même Ordre, nommez Paul de SAINTE CLAIRE, & François de SAINT BONAVENTURE. Quelques Mémoires y joignent un Pere Augustin, nommé le Pere APOLLINAIRE, & deux Freres du Tiers-Ordre. Le deuxiéme d'Octobre Loüis IAQUICHI Catéchiste des Peres de Saint Dominique, fut aussi brûlé vif, après avoir enduré jusqu'à dix-sept sortes de tourmens; il étoit un de ceux, qui avoient enlevé le Pere Florez de la prison de Firando, où les Hollandois avoient mis ce Religieux, & il avoit été arrêté dans cette occasion. Plusieurs Témoins ont déposé avec serment, qu'après sa mort son corps étoit demeuré debout, sans être appuyé de rien. Sa Femme, nommée LUCIE, & ses deux Fils, dont le plus âgé, qui avoit nom ANDRE', n'avoit que huit ans, & le cadet appellé FRANÇOIS, n'en avoit que quatre, furent décapitez dans le même tems.

Enfin le premier de Novembre l'Eglise du Japon perdit encore un de ses illustres Ouvriers. Il y avoit près d'un an, que le Pere Pierre Paul NAVARRO étoit dans la prison de Ximabara. L'ordre vint enfin de le faire brûler vif. Ce Religieux (*a*) étoit allé fort jeune au Japon, où il arriva en 1585. il en apprit si facilement la Langue, que dès l'année suivante il la parloit, & qu'en très-peu de tems il fut en état de l'écrire aussi élégamment que les plus habiles du pays. Les Royaumes de Naugato & de Bungo furent les lieux, où il travailla plus longtems; & comme il marchoit sur les pas de l'Apôtre du Japon, on peut dire qu'il se remplit de son esprit. La persécution l'obligea ensuite à errer de Province en Province, & partout il fit des fruits infinis. Enfin il fut arrêté par un Domestique de BUNGONDONO, Seigneur de Ximabara.

Ce Seigneur s'étoit vanté à l'Empereur qu'il n'y avoit point de Religieux dans ses Terres, & il l'avoit fait en partie à dessein d'empêcher qu'on ne les y recherchât; car il les estimoit: ainsi l'emprisonnement du Pere Navarro fut pour lui un double sujet de chagrin; mais sa peine augmenta beaucoup, quand il eut connu son Prisonnier. En effet on a écrit des choses surprenantes de ce Missionnaire. Avec un talent rare pour le Ministere auquel Dieu l'avoit élevé, il possédoit au souverain dégré celui de s'attirer l'estime & la confiance de ceux mêmes, qui ne

(*a*) Le Pere NAVARRO étoit de Laino, petite Ville de Calabre.

goûtoient pas sa doctrine. Il étoit néanmoins naturellement colere, & il avoit si bien corrigé ce défaut, que ce qui paroissoit dominer en lui, étoit une douceur inaltérable. C'étoit le fruit d'une mortification héroïque; le saint Religieux avoit tourné contre lui-même ce que son caractere avoit de véhément; & tout le tems qu'il fut au Japon il ne quitta point la haire, dont on le trouva revêtu après sa mort; mais Dieu, comme il arrive pour l'ordinaire, avoit récompensé une si grande austérité de vie d'un don d'Oraison des plus sublimes; il sembloit habiter plus dans le Ciel, que sur la Terre.

Bungondono le faisoit souvent sortir de sa Prison, sous prétexte de l'interroger, mais en effet pour avoir le plaisir de l'entretenir : les premieres conversations roulerent sur la Religion, sur l'établissement de l'Eglise, sur la conversion des Empereurs Romains; & le Seigneur de Ximabara fut si charmé de tout ce qu'il y apprit, qu'il témoigna un extrême chagrin de ce que l'Empereur ne connoissoit pas quels hommes il persécutoit. Il fut beaucoup parlé dans les entretiens suivans des Conquetes des Castillans & des Portugais dans les Indes & dans le Nouveau Monde : c'étoit alors au Japon la matiere du tems, & il n'étoit presque plus possible de persuader aux Grands Seigneurs Japonnois que les Missionnaires n'étoient point les avant-coureurs des Conquérans. Le Pere Navarro dit sur tout cela des choses si sensées, & si convainquantes, qu'aucun des Assistans n'eut rien à lui répliquer. Un Gentilhomme Chrétien ayant ouï dire à Bungondono, qu'il ne croyoit pas qu'on pût trouver, ni le repos de l'esprit, ni le salut de l'ame, dans aucune Secte du Japon, il courut fort joyeux en faire part au Prisonnier; mais le Pere sçavoit bien que son sort ne dépendoit pas de ce Seigneur, & il répondit qu'il ne songeoit plus qu'à mériter la grace du martyre.

Ce zele de sa propre perfection ne l'occupoit pourtant pas de sorte, qu'il oubliât le prochain. Sa prison ne désemplissoit point, il passoit tout le jour à prêcher & à confesser, & il partageoit la nuit entre la Priere, à laquelle il donnoit tout le tems qu'il pouvoit, & le repos. Il trouva même encore assez de loisir pour mettre en Japonnois le Livre des loüanges de Marie, composées en Italien par le Pere SPINELLI. Enfin le vingt-troisiéme d'Octobre l'Arrêt de sa mort arriva de Jedo; on ne lui en parla que le premier de Novembre, qui avoit été choisi pour le jour de l'Exécution; mais le Serviteur de Dieu sçavoit par une voye bien sûre qu'il devoit célébrer dans le Ciel la Fête de tous les Saints, & l'on ne fut fort surpris, lorsqu'après avoir dit la Messe de grand matin, on lui vit distribuer aux Fideles tout ce qui lui restoit de Reliquaires, & d'autres choses semblables, se défaire même de tout ce qui étoit à son usage ordinaire, & prendre congé de tout le monde.

Au bout de quelques heures on vint lui signifier sa Sentence; elle portoit que lui & trois Japonnois, qui avoient été arrêtez avec lui, seroient brûlez vifs. Ces trois hommes étoient un Catéchiste, nommé CLEMENT, & deux Freres Jésuites, dont l'un s'appelloit Denis F U G I X I-

N n ij

MA, & l'autre Pierre ONIZUCA. L'Homme Apoſtolique écouta la lecture de ſa Sentence, comme une choſe, dont il étoit inſtruit, & qu'il attendoit avec impatience, & Bungondono, à qui on en fit le rapport, en fut ſi attendri, qu'il ne put retenir ſes larmes. Le Pere s'étoit retiré d'abord pour faire part à ſes amis de l'heureuſe nouvelle, qu'on venoit de lui annoncer, & deux de ces Billets ſe ſont conſervez: l'un étoit adreſſé au Pere François PACHECO, alors Provincial des Jéſuites, & l'autre au Pere Matthieu de Couros, qui l'avoit été avant le Pere Pacheco. On voit dans l'un & dans l'autre que le feu céleſte conſumoit le cœur de ce généreux Confeſſeur de Jeſus-Chriſt, avant que les flammes réduiſiſſent ſon corps en cendres: il ſoutint juſqu'au bout ce caractere d'héroïſme, & ſes Compagnons montrerent auſſi juſqu'à la mort une conſtance digne de la cauſe, qu'ils défendoient. Bungondono, qui avoit reçû ordre de préſider à l'Exécution, & qui ne ſe plaiſoit pas à voir ſouffrir des perſonnes, qu'il eſtimoit, avoit pris de bonnes meſures, pour empêcher qu'on ne prolongeât leur ſupplice, & en effet à peine eut-on mis le feu au bois, qu'ils furent étouffez par les flammes & par la fumée.

Je ne trouve pas qu'il y ait eu beaucoup de ſang répandu le reſte de cette année, ni les premiers mois de la ſuivante. L'Empereur s'étant déchargé du ſoin des affaires ſur le Prince ſon fils, le fit revêtir par le Dairy du Titre de Xogun-Sama, & prit ou garda pour lui celui de Cubo-Sama. Le nouveau Monarque ne tarda pas à faire connoître qu'il haïſſoit encore plus les Chrétiens, que n'avoit fait ſon Prédéceſſeur; du moins ſa haine leur fut-elle beaucoup plus funeſte; mais l'occupation, que donna à toute la Cour le changement, dont je viens de parler, procura quelque relâche à l'Egliſe du Japon. Il eſt vrai que la plûpart des Miſſionnaires ſe virent dans le même tems ſur les bras une autre guerre, qui pour n'être pas ſanglante, ne leur fut pas moins ſenſible, & où, quelqu'en pût être le ſuccès, il n'y avoit qu'à perdre pour le Troupeau, qui leur étoit confié. Voici de quoi il s'agiſſoit.

§. II.

Le Pere Collado paſſé en Europe, & pourquoi. Son Caractere. Calomnies qu'il débite contre les Jéſuites. De quelle maniere ils ſe défendent. Lettre attribuée au Pere Sotelo Franciſcain. Suite de l'Hiſtoire de ce Religieux. Preuves de la ſuppoſition de la Lettre.

PEu de jours après la mort du Pere Navarro, un Vaiſſeau Eſpagnol, qui étoit dans le Port de Nangazaqui, mit à la voile pour s'en retourner aux Philippines, & le Pere Diego Collado, obligé de ſortir du Japon par l'ordre de ſes Supérieurs, profita de cette occaſion, pour aller donner à tout le monde Chrétien des nouvelles des Jéſuites, qui travailloient dans cet Empire. Qui n'eût crû qu'ayant vû brûler vifs en moins de trois mois, juſqu'à quatorze de ces Religieux, pour le nom de Jéfus Christ, & ne pouvant ignorer que tous les autres s'exposoient sans ménagement au danger d'être traitez de la même maniere, comme en effet ils le furent presque tous dans la suite, il n'allât faire l'éloge d'une Compagnie, qu'il avoit connuë par son plus bel endroit? Mais le Japon n'eût pas été le plus bel endroit des Jésuites, si avec les croix, les feux, & les fosses, ils n'y eussent eu à souffrir tout ce que la calomnie a de plus odieux. Nous avons vû que depuis trente ans on ne les avoit pas épargnez de ce côté-là, mais leurs Calomniateurs, soit qu'ils se découvrissent, ou se tinssent cachez, ne leur avoient point paru jusques-là des Ennemis assez redoutables, pour mériter qu'ils se défendissent; & cette tranquillité, qui est la véritable preuve de l'innocence, avoit encore mieux fait leur Apologie, que les réponses de leurs Confreres des Indes & de l'Europe.

Ici le coup leur fut d'autant plus sensible, qu'il étoit porté par un homme, que le caractere, dont il étoit revêtu, rendoit respectable, qui leur faisoit une guerre ouverte, & qu'ils ne pouvoient prendre à partie, sans repousser un scandale par un autre; outre que la plûpart des choses, qu'on leur imputoit, sembloient avoir pour garant un autre Religieux actuellement chargé de fers pour la Foi, & qui bientôt après fut couronné d'un glorieux martyre. D'ailleurs ils n'apprirent que par parties les Chefs de l'accusation intentée contre eux, & ils ignorerent même toujours les plus considérables. Ce ne fut que trois mois après le départ du P. Collado, qu'ils sçurent que ce Religieux avoit fait de grandes informations contre eux, qu'il avoit sollicité plusieurs personnes à les signer, & entr'autres le Pere Barthelemi GUTTIEREZ, Augustin, qui fut depuis Martyr; qu'il n'avoit pas même épargné les menaces, pour engager ce saint homme à appuyer ses calomnies de son témoignage, & qu'il devoit présenter au Souverain Pontife, au Roi Catholique, & au Conseil des Indes, au nom de tous les Fidéles du Japon, un Mémoire rempli des plus atroces accusations contre eux.

Quelque résolution que ces Missionnaires eussent prise jusques-là, de ne point se défendre de pareilles calomnies, ils crurent qu'en cette occasion il ne leur étoit pas permis de garder le silence. Mais deux choses les embarassoient. La premiere, qu'ils ne sçavoient pas, ainsi que je viens de le dire, tout ce que le Mémorial du Pere Collado devoit contenir; la seconde, que les Vaisseaux Portugais, qui seuls se trouvoient alors au Japon, étoient sur le point de partir pour Macao, ce qui leur ôtoit les moyens de faire des informations juridiques pour leur défense. Enfin le Pere Pacheco leur Provincial prit le parti de dresser un petit Mémoire, dans lequel, sans se plaindre & sans accuser personne, il se contenta d'attester avec serment, sur ce qu'il y a de plus sacré, le contraire de ce qu'on lui avoit dit des accusations du P. Collado; & parce que la briéveté du tems, & la rigueur de la persécution ne lui permirent pas de faire signer cet Ecrit par tous les Religieux, qui étoient sous ses ordres, il se contenta de le faire souscrire à douze, qui se rencontrerent à Nangazaqui, & aux environs ; en attendant qu'il eût le loisir & la commodité d'envoyer, s'il en étoit besoin, une plus longue Apologie, & des témoignages plus juridiques & en plus grand nombre. Il fit faire trois Copies authentiques de son Mémoire, & on en garde une à Rome dans l'Archive de la Compagnie ; le Pere Bartoli, qui l'avoit entre ses mains, lorsqu'il écrivoit son Histoire, l'a rapportée en son entier, excepté qu'en certains endroits il s'est contenté, pour abréger, d'en prendre le sens, & d'y faire quelques changemens légers dans les termes, & dans l'ordre. J'ai cru en devoir user de même, & pour les mêmes raisons ; on trouvera cet Ecrit à la fin de ce Volume.

Il fut bientôt imprimé à Séville sous les yeux du Pere Collado, qui n'osa jamais s'inscrire en faux contre son authenticité, & il produisit l'effet, que nous verrons dans peu. Le Mémorial de ce Religieux fut quelque tems sans paroître, mais il fut précédé d'une Lettre *(a)* attribuée au Pere Loüis Sotelo, qu'on prétendoit que ce Missionnaire avoit écrite dans sa prison d'Omura, & qui étoit dattée du vingtiéme de Janvier 1624.

Ce Religieux, ainsi que nous l'avons dit, avoit été envoyé à la Nouvelle Espagne par ses Supérieurs, qui vouloient l'empêcher de retourner au Japon ; mais la qualité de Légat du Saint Siége, dont il assûroit qu'il étoit revêtu, en vertu d'un Bref, qui avoit été saisi avec ses autres Papiers, lui faisant croire qu'il n'étoit point soumis à ces mêmes Supérieurs, il s'évada du Méxique & repassa aux Philippines, sur la fin de 1620. Il s'y trouva fort embarassé ; il ne pouvoit douter que le Pere Commissaire de la Nouvelle Espagne, sitôt qu'il sçauroit son évasion, n'écrivît aux Philippines & ne donnât ordre de le lui renvoyer : il étoit fort persuadé d'ailleurs que le Provincial des Philippines obéiroit ponctuellement au Commissaire, & le feroit embarquer par force. Pour parer ce coup, il s'adressa à D. Jean Cevicos, qui étoit alors Proviseur de l'Archevêché de Manile, & le pria d'obliger ceux, qui avoient ses Papiers, à les lui rendre, afin qu'il pût prouver qu'il étoit Légat du S. Siege, & qu'on n'étoit point en droit de s'opposer à son retour au Japon : mais Cevicos ne jugea pas à propos d'entrer dans cette affaire, où il ne voyoit pas assez clair.

Sur ces entrefaites l'Evêque de la nouvelle Ségovie, qui étoit Franciscain, & ami particulier du Pere Sotelo, passa par Manile, pour se rendre à son Diocèse. L'occasion étoit trop favorable au Missionnaire, pour n'en pas profiter, d'autant plus qu'en suivant le Prélat, il s'approchoit du Japon, & qu'il espéroit trouver dans la Province de Cagayan, où est la nouvelle Ségovie, des facilitez pour se rendre à sa chere Mission. Il partit donc en 1621.

(a) Le Pere Luc Vvading n'avoit assûrément pas lû cette Lettre du Pere Sotelo, lorsqu'il en parle ainsi. *Scripsit Ludovicus Sotelus, dum esset in vinculis, gravem, christianam, doctamque Epistolam ad Paulum prædictum summum Pontificem de statu rerum Japonicarum, de mittendis idoneis Operariis in vastissimam illam vineam, deque corrigendis quorumdam excessibus, per quos retardari videbatur illius Gentis conversio :* & il étoit bien peu au fait de ce qui regardoit Mazamoney, lorsqu'il avançoit que le Pere Sotelo avoit soumis ce Prince au joug de la Foi : *Voxii Regem Idatum Mazamoneum ad fidem reduxit.*

de Manile avec l'Evêque. Dès qu'on en fut informé dans cette Ville, le Provincial envoya deux Religieux munis d'un ordre du Gouverneur pour faisir le Bâtiment; mais l'Evêque ne voulut pas souffrir qu'ils usassent de violence contre un homme revêtu d'un caractere, qui l'autorisoit à retourner au Japon. Ce qui est certain, c'est que le Pere Sotelo suivit le Prélat jusques dans son Diocèse, qu'en 1622. il en partit déguisé sur un Bâtiment Chinois, & qu'au mois d'Octobre de cette même année il prit terre à Nangazaqui, où il fut saisi presque en débarquant. On l'enferma d'abord dans la Prison de cette Ville, & peu de tems après il fut transféré dans celle d'Omura, d'où l'on prétendit qu'il avoit écrit la Lettre, que le Pere Collado publia sous son nom, & dans laquelle on lui faisoit dire contre les Jésuites, & contre les Evêques du Japon des choses si étranges, qu'on auroit peine à les croire, si elles avoient été écrites contre des Templiers, dans le tems que cet Ordre fut aboli par Clement V.

La Lettre est adressée au Pape Urbain VIII. qui n'étoit sur le Trône Pontifical, que depuis cinq mois, lorsqu'elle fut écrite : premiere preuve de sa supposition, n'y ayant point d'exemple qu'on ait fait le voyage de Rome au Japon en si peu de tems, & la chose étant même moralement impossible. Mais cette preuve est la moindre de toutes, & jamais calomnie ne fut plus dénuée de vraisemblance. Il ne faut que jetter les yeux sur cet Ecrit, pour être convaincu que son Auteur n'a jamais été au Japon : & il est d'ailleurs si violent, que les Protestans d'Allemagne n'ont pas cru qu'il pût être sorti d'une autre plume, que de celle de Gaspard SCIOPPIUS leur Compatriote, & le plus furieux Ecrivain de son siécle. Au reste il y a bien de l'apparence que le Pere LUC VADING ne l'avoit pas lûë, du moins dans son entier, lorsqu'il a mis le Pere Sotelo à ce titre dans le Catalogue des Ecrivains de son Ordre. Il étoit trop sage, pour faire honneur au saint Martyr d'un Ouvrage, qui lui feroit beaucoup plus de tort, qu'il n'en a fait à ceux, qui y sont si maltraitez.

Mais ce qui acheva de décréditer cette infame Satyre, c'est que le Pere Pierre Baptiste Franciscain, qui avoit été au Japon avec le Pere Sotelo, dont il connoissoit parfaitement le caractere, & qui y avoit eu un assez grand démêlé avec les Jésuites, interrogé s'il reconnoissoit le seing de ce Religieux, déclara juridiquement que ce ne l'étoit pas : & que Dom Jean Cevicos, dont nous avons parlé, il n'y a pas longtems, se trouvant alors à Madrid, présenta au Conseil Royal des Indes un Mémoire, dans lequel il répondoit article par article à la Lettre du prétendu Sotelo, & en faisoit voir l'extravagance, & la supposition d'une maniere, qui ne souffre point de replique ; d'autant plus que ce Docteur ayant été lui-même au Japon, étoit plus en état que personne de connoître la fausseté des faits avancez par le prétendu Sotelo. Cevicos fit plus, car la déclaration des douze Jésuites du Japon lui ayant été présentée dans le tems qu'il se préparoit à donner son Mémoire au Public, il la trouva si conforme à la vérité, qu'il la fit imprimer à la suite de son Ecrit, avec une attestation juridique qu'il y ajoûta. On trouvera à la fin de ce Volume la réponse de Cevicos à la Lettre du faux Sotelo. Cette Piece renferme plusieurs traits historiques, qu'on verra avec plaisir, mais il m'a paru nécessaire de donner ici en peu de mots un précis de l'une & de l'autre.

Les calomnies, dont la Lettre est remplie, se rapportent à quatre chefs; sçavoir, 1°. Les oppositions formées par les Jésuites à la nomination du Pere Sotelo à l'Evêché, à son Sacre, & à son retour au Japon. 2°. Les scandales, qu'ils y causoient par leur mauvais exemple, & par leur doctrine pernicieuse. 3°. Les vexations, qu'ils faisoient aux autres Religieux. 4°. Les causes de ces désordres, avec les remedes, qu'il y falloit apporter, au jugement de l'Auteur. Or voici ce que Cevicos répond sur chacun de ces Articles.

I. Sur le premier il fait voir que ce fut le Conseil d'Espagne, qui empêcha le Sacre du Pere Sotelo, non en faveur des Jésuites, ou à leur sollicitation, mais par des raisons, qui regardoient les intérêts du Roi. Il ajoûte, que ni les Jésuites, ni tous les autres Religieux, quand ils se seroient joints pour faire lever cet obstacle, n'en seroient pas venus à bout avec tout leur crédit : Que si les premiers témoignerent en cette occasion, qu'il n'étoit point à propos dans les conjonctures présentes, qu'on laissât aller aucun Evêque au Japon, soit de leur Compagnie, soit d'un autre Ordre, c'étoit avec très-grande raison, qu'ils parloient de la forte, ainsi qu'on en peut juger par les remontrances, que les autres Religieux venoient de faire au Roi dans un Mémorial sur les affaires de la Mission : Que ce furent après cela les propres Supérieurs du Pere Sotelo aux Philippines, qui s'opposerent toujours à son retour dans le Japon, & que pour ce sujet ils eurent d'assez grands démélez avec lui, sans que les Jésuites y eussent aucune part, que celle d'en être spectateurs, comme le fut Cevicos, & tous les Habitans de Manile ; de quoi il donne pour garants, & des Religieux du même Ordre, que ce Pere, & plusieurs autres personnes, qui en furent témoins oculaires, & qui se trouvoient actuellement à Madrid dans le tems, qu'il y donna ce Mémoire au Conseil Royal des Indes.

II. Pour second chef d'accusation, la Lettre décrit la vie édifiante des autres Religieux du Japon, dont la pauvreté, l'humilité, l'austérité paroissoient dans leur conduite & dans leurs maximes ; pendant que les Jésuites tout occupez de leur trafic, y vivoient avec le faste, qui accompagne l'abondance, & y enseignoient une doctrine conforme au déreglement de leurs mœurs : ce qui donnoit occasion aux Infidéles de dire, qu'il y avoit deux Dieux parmi les Chrétiens ; l'un riche & puissant, qui étoit celui des Jésuites ; l'autre pauvre & humble, que prêchoient les autres Religieux. Sur cela Cevicos fait remarquer, comme une bévûe ridicule, & une preuve manifeste de la supposition de la Lettre, qu'on y faisoit parler le Pere Sotelo de même, que si, lorsqu'elle fut écrite, tous les Religieux eussent encore été au Japon, chacun avec l'habit de son Ordre ; au lieu que le Pere Sotelo sçavoit bien qu'il n'avoit osé y entrer, qu'en habit

habit féculier, & que depuis plus de dix ans nul Miſſionnaire n'y avoit pû demeurer que déguiſé. A quoi Cevicos ajoûte qu'avant cette perſécution, lorſqu'il étoit lui-même au Japon, & que tous les Religieux y vivoient dans leur propre habit, il n'avoit remarqué nulle différence entre les Jéſuites, & ceux des autres Ordres, que celle, qu'on y voyoit à Madrid : que c'étoit auſſi un ſentiment public, fondé ſur l'expérience, & qui avoit paſſé en proverbe dans l'Eſpagne, que les Jéſuites d'une Province ſe conduiſoient de la même maniere, que ceux des autres ; & qu'ainſi la conduite, qu'on leur voyoit tenir à Madrid, devoit juger de celle, qu'ils tenoient au Japon ; ſi ce n'eſt qu'on veüille croire, dit-il, que ceux d'entre eux, qui vont s'expoſer au Martyre, pour travailler à la converſion des Infidéles, ſont tellement abandonnez de Dieu, qu'en mettant le pied dans le Japon, ils perdent tout d'un coup & le ſens & la conſcience, juſqu'à oublier les véritez les plus communes du Chriſtianiſme, ou à pratiquer & enſeigner tout le contraire de ce qu'ils ſçavent. Quant à leur trafic du Japon, duquel on a tant parlé, la vraye cauſe des bruits, que l'on en faiſoit courir, n'étoit, ſelon Cevicos, que la jalouſie de quelques gens intéreſſez, à qui l'envie d'être ſeuls Maîtres de tout le commerce, ou quelques reſſentimens particuliers, avoient fait inventer les contes extravagans, qui s'en étoient répandus dans les Indes, & juſques dans l'Europe.

III. Le troiſiéme chef d'accuſation contre les Jéſuites, ſur quoi roule la plus grande partie de la Lettre, regarde la perſécution, qu'on dit qu'ils faiſoient aux autres Religieux, les pourſuivant partout, pour les troubler dans leurs fonctions ; défendant aux Chrétiens de ſe mettre de leurs Confréries, & abuſant des pouvoirs de l'Evêque, pour excommunier publiquement les uns & les autres, au grand ſcandale, non ſeulement des Néophytes, mais encore des Infidéles, qui prenoient de là occaſion de mépriſer notre ſainte Loi, & d'en faire des railleries. A quoi Cevicos répond, qu'il n'y a rien de plus inſenſé, que de faire faire à des gens, qui ne l'étoient pas, tous ces mouvemens & toutes ces inſultes, à la vûë même des Idolâtres, dans un tems, où la perſécution étoit ſi terrible, que nul Miſſionnaire, ſoit des Jéſuites, ſoit des autres Ordres, n'oſoit paroître, que de nuit, & à la dérobée ; la plûpart étant contraints de demeurer cachez tout le jour dans des lieux ſouterrains, ou dans les Forêts, ainſi qu'il eſt marqué dans la Lettre même du faux Sotelo : Que ſi avant la perſécution il y avoit eu quelque différend entre les Miſſionnaires du Japon, au ſujet des Bulles du Pape, qui les regardoient, & auſquelles les Jéſuites croyoient qu'on étoit obligé de ſe ſoumettre, il falloit, avant que de condamner les derniers, examiner ſi la raiſon étoit de leur côté, ou ſi elle étoit de l'autre : Que ces Bulles obligeant tous les Réguliers des Indes, & en particulier ceux du Japon, conformément aux Décrets du Concile de Trente, à prendre l'approbation de l'Evêque Diocéſain, & ceux-ci refuſant tous, non ſeulement de la demander, mais même de l'accepter, parce

Tome II.   O o

qu'ils prétendoient, en vertu de leurs privileges, n'en avoir pas besoin ; que si cela produisoit quelques contestations, la faute n'en devoit pas tomber sur l'Evêque du Japon, sur l'Administrateur de l'Evêché, sur les Grands Vicaires, ni sur les autres Jésuites. Voilà sans doute, ajoûte-t'il, une accusation bien étrange faite à un Souverain Pontife : Saint Pere, vos Prédécesseurs ont ordonné suivant le Concile de Trente, que tous les Réguliers, qui travaillent aux Indes & au Japon, reçoivent les pouvoirs de l'Ordinaire ; nous n'avons pas cru devoir déférer à ces ordres, parce qu'ils sont contraires à nos Privileges, & les Jésuites nous troublent dans nos fonctions, parce que nous ne voulons pas dépendre en cela de leur Provincial, qui est Administrateur de l'Evêché. Cependant cette accusation, toute extraordinaire qu'elle est, a été jugée par l'Auteur *de la Morale pratique des Jésuites* très-propre à rendre ces Peres odieux. Mais comme tout est bon à un Calomniateur, l'Auteur de la Morale pratique n'a pas assez d'anathêmes pour en accabler quelques Jésuites du Mexique, qu'il supposoit faussement avoir été par rapport à l'Evêque de la Ville des Anges dans le même cas, où les Religieux Mandians étoient au Japon à l'égard de l'Evêque de ces Isles & de ses Grands Vicaires ; comme si cet Evêque & les Grands Vicaires Jésuites n'avoient pas eu autant de droit qu'un Evêque du Mexique d'exiger qu'on prît leurs pouvoirs, & que les Privileges des uns & des autres ne fussent pas les mêmes : ou que l'Ordonnance d'un Evêque particulier dût avoir plus de force, que les Bulles expresses des Papes.

IV. Comme tout le désordre de l'Eglise du Japon, si on en croit le prétendu Pere Sotelo, venoit de ce qu'elle n'avoit qu'un seul Evêque, qui étoit Jésuite, & qui faisant son séjour à Macao, abandonnoit à des personnes violentes & intéressées le soin de son Troupeau, l'unique remede à tant de maux, disoit la Lettre, étoit d'envoyer dans ces Isles au moins quatre Evêques, un de chaque Ordre ; de les obliger tous à y entrer en personne, & de leur partager à chacun leur district, pour ôter tout sujet de disputes, soit entr'eux, soit entre leurs Missionnaires. Sur quoi Cevicos fait premierement l'Apologie de l'Evêque du Japon touchant sa résidence à Macao, dont on lui faisoit un crime. Il montre donc par des preuves évidentes, prises des circonstances du tems, qu'il n'étoit ni expédient, ni même possible dans l'état, où étoient les choses, que ce Prélat mît le pied au Japon : parce que les Portugais ne lui permettroient jamais d'y passer, & que l'Empereur du Japon ne pouvant manquer d'en être bientôt informé, ce seroit l'irriter de nouveau, & achever de ruiner avec le commerce de Macao, les affaires du Christianisme. Par les mêmes raisons Cevicos fait voir l'illusion de l'expédient proposé par le faux Sotelo, parce que, non seulement il étoit impraticable dans les conjectures présentes, mais encore, que quand il n'eût été ni impossible, ni dangereux, il ne falloit pas espérer, qu'aucun de ces Religieux de l'Orient pût jamais se résoudre à demander, ni à recevoir l'approbation d'un Evêque, fût-il de leur Ordre : ayant tous protesté d'un commun accord, qu'ils abandonneroient plutôt tou-

DU JAPON, Livre XVI. 291
tes les Missions, que de renoncer ainsi à leurs prétendus Privileges.

§. III.

Décret du Roi d'Espagne à ce sujet. Imposture du Pere Collado au sujet du Mémoire de Dom Jean Cevicos. Ce Religieux présente un Mémorial contre les Jésuites. Bref du Pape Urbain VIII. aux Chrétiens du Japon, & de quelle maniere ce Pontife y parle des Jésuites. Le Pere Vieyra va à Rome, conduite qu'il y tient.

TElle est en substance la réponse du Docteur Cevicos, dont le témoignage eut tout l'effet que l'Auteur pouvoit souhaiter : car après que le Roi Catholique Philippe IV. eut vû & fait examiner dans son Conseil le Mémoire de cet Ecclésiastique, & la Lettre attribuée au Pere Sotelo, Sa Majesté rendit le Décret suivant. » Ayant été informé que » depuis qu'il est entré des Religieux » de divers Ordres dans le Japon, » la prédication de l'Evangile n'y a » pas eu le même succès, que par » le passé, lorsqu'il n'y avoit dans » ces Isles, que ceux de la Compagnie de Jesus, lesquels marchant sur les traces de Saint François Xavier, qui a donné commencement à la conversion de » ces Peuples, ont rendu un service particulier à notre Seigneur ; & » qu'au contraire la maniere d'agir » de certains Religieux a fait naître » des jalousies entre les Ordres, » d'où s'est ensuivi, non seulement » que l'Evangile a perdu de son crédit, mais qu'on a pris occasion » de les chasser de ce Royaume, ordonnant de griéves peines » contre ceux, qui y rentreroient. » Les avis & les relations, que nous » avons eu de toutes ces choses, » ayant causé en nous le juste ressentiment, que peuvent imaginer » ceux, qui connoissent notre affection pour le plus grand service de » Dieu, & pour la propagation de » la sainte Foi Catholique, nous » avons ordonné qu'il se fît une Assemblée de ceux de nos Ministres, » qui ont le plus de zele, d'expérience, de lumieres & d'autorité ; afin qu'on y délibérât sur les » moyens les plus convenables, » pour recouvrer le crédit, qu'on a » perdu en ce Pays-là, & qu'on y » prît des résolutions utiles pour l'avenir, en vûë de l'agrandissement » de la sainte Eglise. Après donc » avoir fait faire là-dessus diverses » consultations dans cette Assemblée, nous avons résolu par l'avis » commun & uniforme de tous, que » d'ici à quinze ans, plus ou moins, » selon que l'état des affaires le demandera pour l'avantage de la » Religion, il ne doit passer aucun » Religieux au Japon, ni pour y » prêcher, ni pour quelqu'autre sujet que ce soit, excepté ceux de la » Compagnie de Jesus ; ordonnant » que l'Evêque du Japon y entrera, » s'il est possible ; ou, si l'état des » affaires ne le permet pas, qu'il sera sa résidence à l'endroit le plus » proche, d'où il puisse mieux s'acquitter des obligations de sa charge, &c.... Nous voulons aussi, » en conséquence du présent Décret, » qu'on demande à Sa Sainteté en » notre nom, qu'elle fasse expédier

O o ij

» les Brefs néceſſaires pour cet effet, » & que l'on faſſe toutes les dépê-» ches qu'il faudra. Fait à Madrid » le ſixiéme de Juin 1628.

Le Pere Collado étoit en Eſpagne, lorſque Cevicos y fit imprimer ſon Mémoire, il n'y repliqua rien pour lors ; il n'avoit point publié ſon Mémorial, & il ne ſe déclaroit pas encore auſſi hautement qu'il fit dans la ſuite. Mais dès qu'il ſçut le Docteur arrivé au Mexique, il s'inſcrivit en faux contre le Mémoire, & n'eut point de honte de publier que c'étoit une Piece fabriquée par les Jéſuites de Séville. On ſe mocqua de cette accuſation, qui venoit après coup, & à laquelle on ne pouvoit donner créance, ſans ſuppoſer les Jéſuites auſſi inſenſez, qu'il vouloit les faire croire méchans. En effet il citoit un déſaveu de Cevicos fait au Méxique de ſon Mémoire, & l'on voyoit à la tête de ce Mémoire imprimé une Lettre de l'Auteur à Dom Antoine MORENO grand Pilote de la Maiſon du Roi Catholique, où il lui marquoit que c'étoit à ſa ſollicitation, qu'il l'avoit rendu public, & qu'il le lui envoyoit imprimé tel mot à mot qu'il l'avoit préſenté au Conſeil Royal des Indes. Or Dom Antoine Moreno auroit-il ſouffert qu'on eût oſé employer ſon nom dans une falſification ſi manifeſte ? D'ailleurs le prétendu déſaveu de Cevicos n'a jamais été vû nulle part, quelque défi qu'on ait fait de le produire, tandis que le Mémoire de Cevicos & l'Acte des douze Jéſuites du Japon paroiſſoient en public avec l'approbation même des Peres Dominicains ; & l'on ne comprend pas comment un Ecrivain moderne (a) a eu l'aſſurance de revenir ſur la déclaration de Cevicos contre un Mémoire, ſi inconteſtablement avoüé de l'Auteur, imprimé par ſes ſoins, & approuvé par des Religieux de l'Ordre, dont étoient cet Ecrivain, & le Pere Collado.

Cependant le mauvais ſuccès de la Lettre attribuée au Pere Louis Sotelo ne découragea point l'Accuſateur des Jéſuites : en 1633. il préſenta & publia contre eux un Mémorial, lequel méritoit de partir de la même plume, qui avoit enfanté la Lettre : auſſi eut-il le même ſort. Ce qu'il y a de ſingulier, c'eſt que ces deux Ecrits, dont on vouloit que l'un ſervît d'appui & en quelque maniere de preuve à l'autre, ſe contrediſent dans pluſieurs articles eſſentiels, de ſorte qu'on ne vit jamais mieux qu'en cette occaſion l'iniquité, ſuivant l'oracle du Prophete (b) ſe démentir elle-même. D'ailleurs toute la conduite de l'Auteur d'une ſi indigne trame, & ſurtout ſes violences exercées contre ſes propres Freres, l'ont dans la ſuite tellement décrié, que ſon Mémorial n'a jamais perſuadé que ceux, qui cherchoient dans ces différends entre les Catholiques, des armes pour combattre l'Egliſe Romaine, & des argumens pour décréditer ſes Miniſtres. Nous avons vû ce que le Conſeil du Roi d'Eſpagne conclut des troubles, qu'avoit cauſez la Lettre du prétendu Sotelo ; les invectives, dont le Pere Collado remplit Rome contre les Jéſuites, en 1625. & dont le Mémorial, qu'il publia huit ans après en Eſpagne, n'eſt qu'une répé-

(a) Echard *Scriptores Ordinis Prædicatorum recenſiti.*
(b) *Mentita eſt iniquitas ſibi.* Pſ. 26. 12.

tition, firent à peu près la même impreſſion ſur le Pape Urbain VIII. lequel répondant l'année ſuivante 1626. aux Lettres, que pluſieurs Chrétiens avoient écrites à Paul V. par le Pere Vieyra, ne craignit point de s'y faire le Panégyriſte des Jéſuites.

Ce Pontife, après avoir dit aux Chrétiens d'Arima, que s'il ne falloit que ſon ſang, pour aſſûrer leur ſalut, il le répandroit avec joye, ajoûte : » A notre défaut nous vous
» envoyons des troupes de Prêtres,
» qui altérez du Martyre, & non
» pas de votre or, quittent leur Pays
» & leur Famille, afin que l'Orient
» reconnoiſſe combien l'Egliſe Romaine a votre ſalut à cœur... (a)
» Nous ſommes très-aiſes, dit-il aux
» Chrétiens de Farima & de quatre
» autres Royaumes, de la grande
» conſolation, que vous apportent
» les Prêtres de la Compagnie de
» JESUS, dont vous devez recon-
» noître le zele par toutes ſortes de
» bons offices & de marques de
» reſpect. Vous pouvez juger par-là
» combien vos ames ſont cheres à
» l'Egliſe Romaine, puiſque pour
» vous procurer la liberté des En-
» fans de Dieu, elle vous envoye
» des Prêtres ſçavans & d'une ver-
» tu peu commune, qui changent
» leur patrie en des lieux d'exil, &
» ne craignent point de s'expoſer
» ſur un Ocean toûjours irrité &
» fameux par ſes naufrages, pour
» arriver à des Ports, où la rage
» des Perſécuteurs eſt encore plus
» furieuſe, que les plus violentes
» tempêtes.... Nous nous réjoüiſ-
» ſons, porte le Bref adreſſé aux
» Fidéles de Deva & d'Oxu, de ce
» que les travaux de notre bien-ai-
» mé Fils Jerôme de Angelis ſont ſi
» utiles à cette Egliſe.... notre
» bien-aimé Fils Sebaſtien Vieyra,
» dit le Pere commun aux Chré-
» tiens de Méaco, d'Ozaca, de
» Sacai & de Fucimi, retourne vers
» vous avec un nouveau renfort
» d'Ouvriers, & quoiqu'il ait à paſ-
» ſer au travers de mille dangers, il
» ſe ſent attiré par la fureur des Per-
» ſécuteurs, bien loin d'en être ef-
» frayé.

Le Pere Vieyra, dont parle Urbain VIII. dans le dernier de ces Brefs, fut envoyé à Rome par ſes Supérieurs cette même année 1623. pour informer ſon Général & le Souverain Pontife de l'état, où ſe trouvoient les affaires du Japon, & quoique porteur de Lettres des Chrétiens des Egliſes les plus diſtinguées du Japon, ne s'étoit point donné pour député de ces Egliſes. Auſſi, ni lui, ni ces Fidéles ne ſongeoient-ils point à ſe plaindre de perſonne, mais uniquement à repréſenter au Vicaire de Jeſus-Chriſt, les beſoins, qu'ils avoient de ſon aſſiſtance. Nous verrons dans ſon tems quel fruit il retira de ſon voyage, mais je ne ſçaurois finir cet Article ſans faire une réflexion, qui ſe préſente ici bien naturellement. Si le Pere Collado, & le prétendu Sotelo n'avoient fait contre les Jéſuites

(a) *Gaudemus tanto vobis ſolatio eſſe Sacerdotes Societatis Jeſu, quorum caritatem debetis certè omni officiorum genere & grati animi cultu remunerare. Hinc enim conjicere poteſtis, quàm pretioſæ animæ veſtræ habeantur in Romanâ Eccleſiâ : ad eas enim redimendas iſthuc ſe trajiciunt Sacerdotes litteris exculti, qui patrias exiliis mutant, & per naufragantis Oceani minas ad eos partus navigant, ubi omni tempeſtate crudeliorem ſævire ſciunt iram Tyrannorum.*

du Japon que quelques accufations vagues, comme en ont de tout tems ufé à l'égard de ces Religieux, les Ennemis de l'Eglife, & leurs Ennemis particuliers, lefquels ne ceffent point de les repréfenter comme des ambitieux, qui veulent dominer partout, & des intriguans, qui fe mêlent de toutes fortes d'affaires, on pourroit juger que le Souverain Pontife & le Roi Catholique, perfuadez qu'on ne pouvoit les rappeller du Japon, fans caufer quelque trouble dans cette Eglife auroient fermé les yeux fur des défauts, qui ne les empêchoient pas d'y être utiles, furtout dans un tems, où il n'étoit pas aifé de les remplacer, en leur fubftituant des Ouvriers fçavans dans la langue du Pays, & qui euffent la connoiffance néceffaire du génie & des manieres de fes Habitans. Mais peut-il entrer dans l'efprit de gens fenfez qu'Urbain VIII. & fes Cardinaux, que Philippes IV. & fon Confeil, s'ils avoient feulement foupçonné ces Miffionnaires d'être véritablement caufes de la perfécution du Japon, de fcandalifer cet Empire par leurs mauvais exemples & leur pernicieufe doctrine, & de ne s'y occuper que du commerce, & à maltraiter les autres Religieux; non feulement n'euffent pas employé toute leur autorité pour les en faire fortir, mais euffent porté la foibleffe, & la prévarication jufqu'à leur donner les plus magnifiques éloges, & à vouloir qu'ils y reftaffent feuls ! Mais c'eft de tout tems que l'atrocité des calomnies, dont on a voulu les noircir, a fait leur juftification. Je reviens à des objets plus édifians.

§. IV.

Les Anglois & les Hollandois affiégent Macao, & quoiqu'ils en levent le Siége, ils font beaucoup de tort aux Portugais. L'Empereur fait de rigoureufes recherches des Chrétiens, & avec quel fuccès. Un Seigneur Chrétien eft arrêté. Belle action du Pere de Angelis. Un Pere Francifcain eft mis en prifon. L'Empereur fait brûler vifs à Jedo cinquante Chrétiens. Autres Martyrs. Inhumanité exercée envers de petits Enfans.

A Peine le P. Vieyra étoit parti du Japon pour les raifons, que j'ai dites à la fin du Livre précédent, que neuf ou dix Religieux de différens Ordres y entrerent heureufement, fans être reconnus. Mais la joye, qu'avoit caufée aux Fidéles & aux Miffionnaires un renfort fi confidérable d'Ouvriers, fut bientôt altérée par de fâcheufes nouvelles qu'on apprit de Macao. Les Anglois & les Hollandois joints enfemble avoient tenu longtems cette Ville affiégée, & quoiqu'ils euffent été contraints de lever le Siége, elle ne fe trouva point en état d'envoyer cette année fon grand Navire de Commerce à Nangazaqui, ce qui fit un très-grand tort aux Portugais; les Hollandois qui étoient au Japon n'ayant pas manqué une fi favorable occafion de faire remarquer aux Japonnois, qu'ils ne devoient plus compter déformais fur une Nation, dont ils avoient d'ailleurs tant à craindre les ambitieux projets.

D'autre part le nouvel Empereur fit faire une recherche si exacte des Chrétiens & des Missionnaires dans les Provinces voisines de Jedo, qu'en très-peu de tems les Prisons se trouverent remplies. Un des premiers qu'on arrêta, fut un Seigneur allié à la Famille Impériale. Il se nommoit Jean FARA MONDO, & il y avoit déja biens des années, que par sa constance, & par sa fermeté au milieu des plus indignes traitemens, il étoit l'admiration & l'exemple de toute l'Eglise du Japon. Il avoit été banni en 1612. depuis l'Empereur l'avoit rappellé; mais sur le refus qu'il fit de nouveau d'adorer les Dieux de l'Empire, on lui coupa les extrémitez des pieds & des mains, on lui imprima sur le front une Croix avec un fer rouge, on le chassa de Jedo, & on défendit à quiconque de lui donner retraite. Quelque tems après un Valet, qu'on lui avoit laissé, & dont il ne soupçonnoit point la fidélité, alla déclarer au Gouverneur de la Ville Impériale que son Maître y étoit retourné. Il ajoûta qu'il y avoit à Jedo plusieurs Religieux, & il lui en nomma deux, qui étoient le Pere François GALVEZ Franciscain, & le Pere Jérôme de Angelis.

Sur cet avis le Gouverneur envoya arrêter Fara Mondo, & visiter toutes les maisons suspectes. Le Pere de Angelis ne l'eut pas plutôt appris, qu'il sortit de la sienne, & à peine en étoit-il dehors, que les Gardes du Gouverneur y entrerent; mais parce qu'ils avoient de violents soupçons que le Missionnaire y avoit logé, ils en emmenerent le Maître,

qui étoit un vertueux Chrétien nommé Leon TAKEIA, avec toute sa Famille. Ils ne balancerent pas à se déclarer Chrétiens, mais ce n'étoit pas tout ce qu'on vouloit sçavoir d'eux, & jusqu'alors, ainsi que je l'ai déja remarqué, la qualité de Chrétien n'étoit pas toujours un titre suffisant pour être traité en criminel. On leur demanda en quel lieu le Pere de Angelis s'étoit retiré, & sur ce qu'ils répondirent qu'ils n'en sçavoient rien, Takeia fut appliqué à la question. Il la souffrit longtems, sans qu'on en pût rien tirer: à la fin il craignit de succomber à la violence des tourmens, & demanda du tems, pour réfléchir sur ce qu'on souhaitoit de lui. On le lui accorda, mais le Pere de Angelis, qui fut bientôt instruit de ce qui se passoit, ne crut pas devoir exposer cet homme à commettre une infidélité, & alla sur le champ se livrer lui-même.

Il fit part de sa résolution aux Fidéles, qui mirent tout en usage pour le détourner de son dessein, & qui voyant qu'ils ne gagnoient rien, s'offrirent à l'accompagner chez le Gouverneur. Le Serviteur de Dieu leur dit qu'il n'étoit ni de la prudence, ni de l'interêt de la Religion de faire une démarche de cet éclat, & leur conseilla d'attendre avec une résignation parfaite aux ordres du Ciel, & sans faire aucune indiscrétion, que la Providence décidât de leur sort. Il vouloit même que le Frere Simon JEMPO son Compagnon demeurât caché, puisqu'il n'avoit point été fait mention de lui, mais ce bon Religieux n'y voulut jamais entendre, & le Pere fut obligé de consentir qu'il ne le quittât point. Ils allerent donc ensemble chez le

Gouverneur de Jedo, revêtus de leur habit de Religion. Ce Seigneur fut fort surpris d'une telle visite. Mais il le fut bien davantage du discours, que lui tint le Missionnaire. « Seigneur, lui dit le Pere, il y a vingt-deux ans que je suis venu d'Italie dans ces Isles pour instruire des véritez éternelles les Japonnois, dont on m'avoit extrêmement vanté le bon esprit & l'excellent naturel. J'ai compté pour rien les fatigues & les périls inséparables d'une pareille entreprise, ou plutôt ils n'ont servi qu'à animer mon courage; & la mort, si j'ai le bonheur de la souffrir pour une si belle cause, sera le comble de mes vœux. Me voici entre vos mains, prêt à tout ce qu'il vous plaira ordonner de moi. » Il n'étoit pas besoin d'un long interrogatoire, après une confession si nette & si précise ; le Gouverneur ne laissa pourtant pas de faire aux deux Religieux bien des questions, apparemment sur les endroits, où ils avoient accoutumé de se retirer ; après quoi il les envoya dans deux Prisons séparées.

L'allarme fut alors si grande dans toute la Ville, que le Pere François Galvez ne s'y croyant pas en sûreté, en sortit, & se retira dans une Bourgade voisine nommée CAMACURA; il ne s'y arrêta pas même longtems, mais de quelque diligence qu'il usât pour se dérober à ceux, qui le cherchoient, il fut enfin découvert. On saisit en même tems plusieurs personnes de toutes conditions, & pour sçavoir tous ceux, qui logeoient des Missionnaires, on promit de grandes récompenses à quiconque les feroit connoître, ce qui réüssit au-delà même de ce qu'on avoit espéré. On publia ensuite un Edit, qui ordonnoit à tous les Particuliers de déclarer quelle Secte ils professoient, & cela s'exécuta avec une si rigoureuse exactitude, que plusieurs furent contraints de sortir du Pays. On les voyoit par Troupes errer dans les Campagnes, exposez à toutes les miseres, qu'entraîne la plus extrême indigence, & dans un état à faire compassion à leurs Ennemis mêmes.

Cependant le Pere de Angelis ne rencontra dans sa prison que huit Infidéles, qu'il convertit & baptisa. Son Compagnon trouva plus de bien à faire dans la sienne, & il eut la consolation de conférer le Baptême à quarante Idolâtres ; il eut apparemment fait une plus abondante récolte, mais on ne lui en donna pas le tems. Le Cubo-Sama étant venu à Jedo, on l'instruisit de toutes les découvertes, qu'on venoit de faire : il ne voulut point prononcer sur le sort des Prisonniers, & renvoya l'affaire à l'Empereur son Fils, qui sur le champ condamna cinquante personnes au feu. Le quatrième de Décembre de grand matin, on leur signifia leur Sentence, qui devoit être exécutée le même jour. On leur mit la corde au cou, & on les sépara en trois bandes. A la tête de la premiere étoit le Pere de Angelis, monté sur un méchant cheval, & portant sur ses épaules un Ecriteau, où étoit l'Arrêt de sa mort en gros caracteres : Simon Jempo, son Compagnon, Léon Takeia son Hôte, & quatorze autres Chrétiens suivoient à pied. Le Pere Galvez conduisoit la seconde : il étoit aussi à cheval, & suivi de seize Chrétiens, parmi

parmi lesquels étoit un brave Gentilhomme nommé Hilaire MANGAZAYEMON avec sa femme. Jean Fara Mondo, dans le même équipage que les deux Missionnaires, conduisoit la troisiéme. Grand nombre de Soldats les environnoient de toutes parts, & on les mena ainsi hors de la Ville dans un lieu fort propre à contenir la multitude infinie de peuple, qui étoit accouruë à un Spectacle, assez nouveau encore dans ces quartiers-là.

Toute la Cour s'y trouva, & les Princes & Seigneurs avoient fait retenir des places sur une hauteur, qui commandoit le lieu de l'Exécution ; Dieu permettant pour la gloire de ses Serviteurs que presque tout ce qu'il y avoit de Grand dans l'Empire fût témoin de leur constance. Fara Mondo, & les deux Religieux Prêtres furent laissez à cheval durant le supplice des autres, & ne furent attachez à leurs poteaux, qu'après qu'ils eurent tous expiré. La joye & la constance, que firent paroître ces généreux Chrétiens au milieu des flammes, rendirent un témoignage fort glorieux à la Religion, & les Infidéles se retirerent en avoüant que les forces de la nature n'alloient point jusques-là. Tous les corps des Martyrs demeurerent trois jours & trois nuits au lieu même, & dans la même posture, où chacun d'eux étoit mort, gardez par une bonne sentinelle, & l'on voyoit auprès du Corps-de-Garde un Ecrit en gros caracteres qui portoit : *ceux-ci ont été brûlez, parce qu'ils étoient Chrétiens.* Les Gardes s'étant enfin retirez, les Fidéles enleverent d'abord les corps des deux Prêtres, puis quelques autres : cela fit du bruit, & l'on parut surpris à la Cour qu'il y eût encore des Chrétiens dans la Ville ; mais de peur qu'on n'en vînt à de nouvelles recherches, les Fidéles s'abstinrent de rien enlever davantage.

Le vingt-neuviéme du même mois on punit encore du feu à Jedo vingt-quatre Chrétiens, & quelques jours après dix-sept autres, parmi lesquels étoit la mere de Léon Takeia, nommée MARIE, femme d'un courage plus que viril, & dont la vertu avoit été tentée de toutes les manieres imaginables. Treize Idolâtres souffrirent avec eux le même supplice, & il n'y eut pas jusqu'aux Ennemis de notre Religion, qui confesserent qu'il y avoit une grande différence entre voir des Chrétiens mourir pour leur Religion, & ceux, qui ne l'étoient pas, souffrir pour leurs crimes. Quant aux prétendus Martyrs de Sectes Japonnoises, on ne s'avisoit plus d'en faire le paralelle avec les nôtres ; les Missionnaires ayant eu soin de faire remarquer, combien il y avoit peu de véritable courage dans ces morts promptes & volontaires, qui tiennent plus du fanatisme, que d'une vertu conduite par la raison ; & dont on ne voyoit gueres d'exemples, que parmi le Peuple.

Avant que d'attacher ces derniers Martyrs à leur poteau, on voulut qu'ils fussent témoins d'un Spectacle bien touchant. C'étoit dix-huit petits Enfans, qu'on fit mourir à leurs yeux, avec une inhumanité & une barbarie, qui n'eut peut-être jamais rien d'égal. Enfin on exécuta au même lieu un grand nombre de personnes de tout âge, de tout sexe, & même de toute Religion ; car on procédoit avec la même rigueur contre les Infidéles, qui étoient convaincus d'avoir retiré des Missionnaires, ou de ne les avoir pas déclarez. Les uns furent décapitez, les autres crucifiez, & l'on peut juger à quelle extrémité cette conduite de la Cour Impériale, qui fut bientôt suivie par tous les Princes particuliers, & par les Gouverneurs de Provinces, réduisit les Chrétiens, & surtout les Missionnaires.

§. V.

Persécution dans le Royaume d'Oxu & de Deva. Courage des Chrétiens, Martyre de plusieurs.

EN effet, après que l'Empereur se fut déclaré par tant & de si sanglantes Exécutions, il y eut parmi les Grands de l'Empire une sorte d'émulation, à qui feroit paroître plus de fureur contre le Christianisme. Celui, qui éclata le premier, ou du moins, qui se distingua davantage, fut Mazamoney. Par toute la suite de cette Histoire, on voit que ce Prince n'étoit pas violent ; mais il étoit ambitieux, intéressé & politique : d'ailleurs on sçavoit à Jedo qu'il y avoit un grand nombre de Chrétiens dans ses Etats, & l'on prétend même que s'étant trouvé à la Cour dans le tems de la mort de Fara Mondo, & de ceux, qui avoient été brûlez avec ce Seigneur, il reçut de l'Empereur quelques reproches sur sa négligence à extirper le Christianisme parmi ses Sujets. Il n'en falloit pas tant à un homme de son caractere pour l'engager à suivre l'exemple, que son Souverain venoit de lui donner : il envoya sur le champ les ordres les plus précis pour obliger les Fidéles, qui dépendoient de lui, à changer de Religion, & en moins de rien toute cette Contrée fut dans l'allarme. L'orage tomba d'abord sur un Gentilhomme nommé Jean GOTTO, & sur le Pere Diego Carvailho, qui depuis quelque tems faisoit sa résidence ordinaire dans cette Province.

Gotto étoit un des plus riches Seigneurs de tout le Royaume d'Oxu, & il n'y avoit rien, à quoi sa naissance, & la faveur du Prince, dont il étoit Vassal, ne lui donnassent droit d'aspirer. Mazamoney n'ignoroit pas qu'il étoit Chrétien, & non seulement il lui avoit permis d'abord, & à toute sa famille, l'exercice de sa Religion ; il l'excepta même dans l'ordre, dont je viens de parler. Mais ceux, à qui cet ordre fut adressé, & qui étoient instruits du zele, avec lequel Gotto s'employoit depuis longtems à étendre par tout le Christianisme, s'étant plaints assez hautement de cette distinction, les amis de ce Gentilhomme virent bien qu'il étoit perdu, s'il ne se ménageoit avec le Prince. Amitiez, promesses, menaces, vexations mêmes, tout fut mis en usage, & tout fut inutile. Le ressentiment qu'en eurent quelques-uns les porta fort loin, ils désolerent ses Terres, & brûlerent ses maisons. Il n'en fut pas plus ému ; au contraire il bénit le Seigneur de ce qu'on avoit rompu les liens, qui l'attachoient au siecle ; enfin il fut exilé. D'autres disent qu'il s'exila volontairement. Ce qui est certain, c'est qu'il passa dans la solitude le reste de ses jours, & qu'il s'y adonna tout entier à la pratique des plus folides vertus.

Au premier bruit de cette perfécution le Pere Carvailho, qui avoit accoutumé de loger chez cet illuftre Chrétien, s'étoit retiré dans une Vallée écartée, où foixante Fidéles, qui l'avoient fuivi, s'étoient dreffé des Cabanes de jonc. On ne fut pas longtems fans les découvrir, & l'on envoya des Soldats pour les arrêter. Dès que le Miffionnaire les vit venir, il alla au-devant d'eux, & les pria de fe contenter de le prendre, mais il ne put rien obtenir. Tous furent faifis, & quoiqu'on fût au cœur de l'Hyver, on les dépoüilla tout nuds. On les conduifit d'abord en prifon, dans un lieu nommé MINAKA, d'où ils furent enfuite transférez à MIDRUSAWA, & enfin à Xindaï, Capitale de la Province. Les chemins étoient affreux partout, & la neige tomboit en abondance: avec cela dans tous les lieux, où paffoient les Prifonniers, on les préfentoit devant les Officiers du Prince, & fur le refus, qu'ils faifoient d'obéir aux Edits, on les maltraitoit de la maniere la plus cruelle. Il arriva même que deux vieillards, dont l'un fe nommoit Dominique DOSAÏ, & l'autre Alexis COYEMON, ne pouvant pas fuivre les autres, les Soldats laffez de les traîner & de les attendre, leur couperent la tête dans le fond d'une Vallée.

Ces mêmes Soldats prierent un jour le Pere Carvailho de les prêcher, comme il avoit accoutumé de faire aux Chrétiens; il le fit, & ils parurent touchez; ils lui demanderent enfuite s'il étoit vrai que les Religieux Européens vouluffent fe rendre les Maîtres du Japon? L'homme Apoftolique n'eut pas beaucoup de peine à leur faire fentir l'abfurdité de cette calomnie, dont on ne les chargeoit, leur dit-il, que pour les rendre odieux au Peuple, & juftifier la maniere, dont on traitoit les Chrétiens & leurs Docteurs. Il leur fit même obferver que dans les Sentences de mort portées contre eux, il n'étoit nullement fait mention de ce chimérique deffein, ce qui montroit bien que l'Empereur & les autres Princes ne l'avoient jamais cru férieufement. Le lieu, où les Prifonniers furent plus indignement traitez, fut Midrufawa. Mais quoiqu'on pût faire pour ébranler leur conftance, elle triompha de tout. Une Dame de qualité, nommée SABINE, fe trouvoit dans cette Troupe de Confeffeurs avec fon mari. Nul autre ne déconcerta davantage les Officiers du Prince, que cette Heroïne, non feulement par l'élévation de fon courage, mais encore par l'éloquence toute célefte, avec laquelle elle foutint fa Foi devant les Tribunaux.

Les Prifonniers trouverent, en arrivant à Xindaï, toute cette Capitale en trouble: plufieurs Chrétiens y avoient déja été mis à mort, on en avoit brûlé une partie, le refte avoit été jetté dans la Riviere, qui étoit toute glacée. Le Pere Carvailho & fes Compagnons furent d'abord enfermez dans des Cachots, d'où on les tira le dix-huitiéme de Février, pour les mener au Supplice. On avoit creufé de grands trous fur les bords de la Riviere, & on y avoit fait entrer l'eau à la hauteur de deux pieds. On obligea les Martyrs à s'y affeoir tout nuds; & dès qu'on s'apperçut que le froid commençoit à les saisir, on leur déclara que s'ils vouloient renoncer Jesus-Christ, on les délivreroit sur le champ d'un si cruel supplice ; mais que s'ils persistoient dans leur opiniâtreté, on alloit les brûler vifs. Tous s'écrierent qu'on ne pouvoit leur faire un plus grand plaisir, que d'en venir à l'exécution de cette menace ; mais on les laissa encore quelque tems dans l'eau, & après qu'ils y eurent demeuré trois heures, on les en retira.

Ils étoient tellement saisis de froid, qu'ils tomberent tous sur le sable ; il y en eut même deux, qui expirerent dans le moment ; le seul Pere Carvailho s'assit tranquillement à terre, & se mit en Oraison. On les fit tous relever, & on les reconduisit en prison, où ils resterent jusqu'au vingt-deuxième, qu'on les remit dans l'eau sur le midi. D'abord on les y fit tenir debout, ensuite on leur commanda de s'asseoir, & dans cette posture ils avoient de l'eau jusqu'à la poitrine. Ils ne cessoient pourtant point de chanter les loüanges du Seigneur, tandis que leurs parens & leurs amis Idolâtres les sollicitoient vivement de se rendre aux volontez du Prince, & chargeoient de malédictions le Missionnaire, qu'ils regardoient comme l'Auteur de tout le mal. Sur le soir ils expirerent tous les uns après les autres. Le Pere Carvailho mourut le dernier de tous vers le minuit, & eut la consolation de voir qu'aucun n'avoit donné la moindre marque de foiblesse.

Comme il paroissoit être d'une complexion fort délicate, on fut surpris qu'il eût vécu si longtems, & que dans tout le cours d'un si cruel genre de mort, on ne l'eût pas même vû trembler. Ce Religieux avoit été exilé du Japon en 1614. & il accompagna le Pere François Busoni en Cochinchine, où ces deux grands Ouvriers jetterent les fondemens d'une des plus belles Chrétientez de l'Orient. Le Pere Carvailho retourna au Japon en 1615. gouverna l'espace d'une année l'Eglise d'Omura, & fut ensuite envoyé dans les Provinces du Nord, qu'il parcourut plusieurs fois avec des peines incroyables. Il alla deux fois en Yesso, & visita trois fois les Exilez de Tsugaru : il fonda plusieurs Eglises dans ces Cantons septentrionaux, & à l'âge de quarante-six ans, il termina de la maniere, que nous venons de voir, une vie très-innocente, & infiniment laborieuse.

Le Royaume de Déva, un des plus fertiles du Japon, malgré ses Montagnes, dont plusieurs sont d'une hauteur extraordinaire ; & un des plus riches par ses Mines d'or & d'argent, devint aussi alors le Théâtre d'une très-sanglante Persécution. Elle avoit été commencée dès l'année 1622. par les Bonzes, qui à force de faire du bruit, étoient enfin venus à bout de persuader à ceux, qui gouvernoient pendant l'absence du Roi, que le Christianisme ne différoit en rien de la Secte de DAÏGAN, méprisée & détestée des plus honnêtes gens, parce qu'elle approuve les meurtres, & les plus infames débauches. Sur cette accusation, on commença à faire main-basse sur les Chrétiens ; mais le Roi, qui les estimoit, & qui sur ces entrefaites étoit retourné dans ses Etats, ne l'eut pas plutôt appris, qu'il en témoigna son indignation à ceux, qui en étoient les auteurs, & n'omit rien pour consoler & rasûrer les

Fidéles, dont il visita même les principaux. Cependant sur la fin de l'année suivante, ce Prince voyant que la Cour Impériale se déclaroit sans aucun ménagement, il changea de conduite, mit partout des Espions en campagne, pour tâcher de découvrir les Missionnaires, qu'il sçavoit être cachez dans ses Etats, & remplit en peu de tems ses prisons de Chrétiens. Plusieurs s'exilerent volontairement, d'autres plus courageux attendirent de pied ferme qu'on vînt les arrêter : trente-deux Gentilshommes furent brûlez vifs en un même jour à CUBOTA, & un très-grand nombre de Fidéles de tous états périrent en divers lieux par le fer.

Mais on avoit beau faire mourir des Chrétiens, le nombre en augmentoit encore tous les jours, non seulement dans ce Royaume, mais dans la plûpart des autres du Nord. Des conversions faites en de pareilles circonstances ne pouvoient pas être suspectes, puisqu'on pouvoit dire de ces Néophytes, ce que Tertullien disoit de ceux de son siécle, qu'en recevant de l'eau, ils promettoient du sang. Ce n'est pas qu'un assez grand nombre de Rois & de Seigneurs particuliers n'estimassent la Religion Chrétienne, elle leur devenoit même tous les jours plus respectable par le courage des Fidéles ; mais on les éclairoit de si près, que souvent ils se voyoient malgré eux dans l'obligation de se défaire de leurs plus zélez Serviteurs. C'est ce qui arriva cette année au Prince de Firoxima, qui fut contraint de faire trancher la tête à François SINTORO, celui de tous ses Courtisans, qu'il aimoit le plus, mais que son grand attachement à sa Religion, soutenu d'un mérite éclatant, avoit trop fait connoître, pour le sauver, sans s'exposer à attirer l'orage sur soi-même. La Mere de Sintoro ne se fit pas moins admirer, en exhortant son Fils à mourir pour son Dieu, que ce saint jeune homme en sacrifiant à la fleur de son âge une brillante fortune, & de grandes espérances.

§. VI.

Ambassade des Espagnols rejettée avec mépris. Tout le Japon, à l'exception du Firando & de Nangazaqui, fermé au Commerce Etranger. Nouveaux Edits contre le Christianisme. Plusieurs Martyrs. Etat de la Religion dans différentes Provinces.

LEs choses étoient en ces termes, & le Japon, au milieu de la plus grande paix, dont il eût peut-être jamais joüi, nâgeoit dans le sang de ses Peuples, lorsqu'on vit arriver dans un Port de Saxuma un Galion Espagnol ; sur lequel étoient deux Ambassadeurs (*a*), avec une suite de plus de cent Personnes, dont la plûpart étoient Gentils-

(*a*) François Caron dans un Mémoire, qu'il dressa en 1663. par ordre de M. Colbert, pour l'Etablissement du Commerce des François au Japon, dit que ces Ambassadeurs étoient deux Chevaliers de la Toison d'or, & qu'ils venoient de la part du Roi d'Espagne ; mais il ne les nomme point. Il ajoûte que la raison, pour laquelle ils ne réüssirent point, fut qu'ils n'avoient pas suivi leurs instructions, & avoient voulu se conduire à leur fantaisie.

hommes. Il paroît qu'ils étoient envoyez par le Gouverneur des Philippines ; mais ils publierent qu'ils venoient de la Nouvelle Espagne , & qu'ils avoient une commiſſion expreſſe du Roi Catholique. Ce qui eſt certain , c'eſt qu'ils étoient chargez de magnifiques Préſens pour l'Empereur du Japon, auquel ils devoient propoſer d'établir un Commerce fixe entre les Sujets des deux Empires , & d'exclure les Hollandois de celui du Japon. Le Roi de Saxuma , auquel ils firent des préſens conſidérables , ſe donna de grands mouvemens , pour leur obtenir une Audience favorable ; mais il reçut de la Cour Impériale une réponſe , qui lui fit perdre l'envie de ſe mêler jamais de pareilles ſollicitations. Les Ambaſſadeurs crurent trouver à Nangazaqui une protection plus efficace ; mais ils s'apperçurent bientôt qu'ils s'étoient abuſez ; les ſeuls Portugais leur firent quelque amitié , & les reçurent chez eux par pure compaſſion ; car ils trouvoient cette Ambaſſade tout à fait hors de ſaiſon. Les Fidéles Japonnois de leur côté parurent fort ſcandaliſez, qu'un ſi grand Roi ſemblât rechercher pour un intérêt temporel un Prince , qui perſécutoit ſi cruellement le Chriſtianiſme ; ce qui pourroit faire juger que les Caſtillans , pour ſe rendre la Cour & les Princes particuliers plus favorables., affecterent de ne prendre aucune part aux affaires de la Religion.

Cependant, après que les Ambaſſadeurs eurent attendu aſſez longtems le retour d'un Courier , qu'ils avoient dépêché à Jedo , ils furent avertis qu'ils pouvoient partir pour cette Cour. Ils ſe mirent auſſitôt en chemin ; mais ils furent bien ſurpris, lorſqu'en arrivant au Port de Muro , ils y trouverent un ordre de laiſſer en cet endroit tous leurs Equipages, & de ſe rendre avec très-peu de Domeſtiques à Méaco. Là le Gouverneur de cette Capitale , & Gonzoco Gouverneur de Nangazaqui, les firent comparoître devant eux, leur demanderent qui ils étoient, d'où ils venoient, qui les avoit envoyez ? & voulurent avoir leur réponſe par écrit. Ils la donnerent, & les Gouverneurs l'ayant lûë , leur dirent , qu'ils croyoient les Japonnois bien ſimples & bien peu clairvoyans , puiſqu'ils s'étoient flattez de leur faire regarder comme une Ambaſſade Royale , une miſérable Députation du Gouverneur des Philippines , ou du Vice-Roi de la Nouvelle Eſpagne ; qu'il étoit aiſé de voir que cette prétenduë Ambaſſade étoit une induſtrie des Religieux Eſpagnols , qui cherchoient à remettre en crédit leur Secte diabolique : que l'Empereur ne ceſſeroit point de perſécuter par le fer & par le feu cette Secte maudite , juſqu'à ce qu'elle fût entierement éteinte dans ſes Etats, perſuadé qu'elle n'étoit bonne , qu'à cauſer le renverſement des Empires.

Les Ambaſſadeurs voulurent répliquer ; mais on leur ferma la bouche , en leur diſant que le plus ſûr pour eux , étoit de s'en retourner le plus promptement qu'ils pourroient, d'où ils étoient venus , & reporter leurs préſens à ceux, qui les en avoient chargez. Il fallut obéïr, & reprendre la route de Nangazaqui , où étoit leur Gallion , ſur lequel on les obligea de ſe rembarquer d'abord. Ils reſterent quelques mois en rade à attendre les vents , & pendant tout ce tems-là ils furent gardez à vûë le jour & la nuit ; perſonne de leurs gens n'eut la liberté d'aller à terre ; il fut défendu à quiconque de les viſiter, & deux Japonnois furent nommez pour leur porter les proviſions, dont ils avoient beſoin pour vivre. La ſaiſon étant enfin devenuë favorable, ils mirent à la voile, & regagnerent Manile, où pour comble de diſgrace on apprit bientôt que peu de tems après leur départ du Japon, il y avoit paru un Edit Impérial, qui défendoit aux Chrétiens Japonnois tout commerce avec les Pays Etrangers.

Ce premier Edit fût ſuivi de près d'un ſecond, en vertu duquel tous les Ports du Japon, excepté celui de Nangazaqui, pour les Portugais, & celui de Firando, pour les Hollandois, étoient fermez aux Marchands des Indes & de l'Europe. Il y étoit ordonné de plus, que dès qu'un Vaiſſeau Européen auroit moüillé l'ancre dans un des deux Ports, que nous venons de nommer, un Officier iroit le viſiter, & dreſſeroit une liſte exacte de tous ceux, qui compoſeroient l'Equipage, marqueroit le nom & la condition d'un chacun, ſon âge, ſa taille, & juſques aux traits de ſon viſage ; & comme on étoit perſuadé qu'il reſtoit encore dans l'Empire un aſſez grand nombre de Miſſionnaires dont pluſieurs ſe déguiſoient en Marchands Portugais ou Eſpagnols, un troiſiéme Edit condamna au banniſſement tous les Sujets du Roi Catholique, dont pluſieurs étoient habituez au Japon, y avoient leurs Familles, & s'y étoient faits de grands Etabliſſemens. Les Chinois & les Coréens furent compris dans cet Edit, & l'on en

vint juſqu'à cet excès de barbarie, que d'obliger ceux, qui avoient épouſé des Femmes Japonnoiſes, à les laiſſer dans le Pays, auſſi bien que les Enfans, qu'ils en avoient eus, au moins les Filles, leurs Eſclaves, & preſque tout leur bien. Les ſeuls Etrangers, auſquels on ne toucha point, furent les Hollandois, parce que bien loin de mener des Miſſionnaires au Japon, ils étoient les premiers à dénoncer ceux, dont ils avoient connoiſſance.

Il n'y eut perſonne alors, qui ne regardât le Chriſtianiſme comme une Religion détruite au Japon, ſurtout par l'extrême difficulté, que les Ouvriers Evangéliques devoient trouver à y entrer, & par l'impoſſibilité, où ſe trouverent les Jéſuites de fournir de Sujets un Séminaire de jeunes Japonnois que le Pere Mutio VITELLESKI leur Général avoit ordonné qu'on établît à Macao, pour en faire une pépiniere de Catéchiſtes, & même de Miſſionnaires. D'ailleurs on pouvoit bien croire que les nouveaux Edits n'étoient que des Préludes, qui annonçoient les plus tragiques évenemens. En effet, quand on eut ainſi mis ordre au dehors, on ne garda plus de meſure au dedans, & la perſécution devint ſi générale & ſi ſanglante, qu'il ſembloit que tout l'Empire fût armé pour exterminer le Chriſtianiſme. Gonzoco & ſon Lieutenant Feizo commencerent par faire ruiner le Cimetiere de Nangazaqui, où il reſtoit encore quelques monumens de la piété Chrétienne, qu'on avoit juſques-là reſpectez ; Les Tombeaux mêmes ne furent pas épargnez ; ils furent briſez, les cadavres exhumez & diſperſez ; & ce traitement fait aux morts fit juger ce qu'on préparoit aux vivans.

La Chrétienté de Firando se distingua en cette occasion, comme elle avoit toujours fait ; le Roi fit de grandes enquêtes de ceux, qui contrevenoient plus ouvertement aux Ordonnances de l'Empereur, & la premiere Famille, qui lui fut déférée, fut celle d'un Gentilhomme nommé Michel FIEMON; il fut décapité avec sa Femme & ses trois Enfans ; & ce Martyre, dont toutes les circonstances firent beaucoup d'honneur à la Religion, fut suivi de plusieurs autres, qui inspirerent une grande ferveur aux Fidéles.

Vers ce même tems une Dame de qualité, qui avoit reçu au Baptême le nom de CATHERINE, fut tourmentée d'une façon bien singuliere dans l'Isle de PISIMO, dont je n'ai pû trouver la situation. D'abord on l'attacha toute nuë à un arbre, & on l'y laissa plusieurs jours exposée à toutes les insultes de la populace. La servante de Dieu se voyant en cet état, s'avisa de se frotter contre l'écorce de l'arbre, & elle le fit avec tant de violence, qu'elle se mit tout le corps en sang : on la détacha enfin, & on lui donna de méchans haillons, qui ne la couvroient qu'à demi. On la menaça en même tems de tout ce qu'on jugea plus capable de l'effrayer, si elle ne se rendoit aux volontez de l'Empereur ; elle s'en mocqua. *Faites-moi*, dit-elle, *tous les affronts, que vous pourrez imaginer, mon Dieu en a bien souffert d'autres pour moi.* On reconnut enfin que c'étoit inutilement, qu'on vouloit l'intimider, & on lui trancha la tête : son Mari l'avoit précédée de deux ans au Martyre.

Il se trouvoit pourtant encore quelquefois, parmi les Persécuteurs, des sentimens d'humanité & de compassion pour les maux, qu'on faisoit aux Chrétiens, & de l'estime pour leur Religion. De tems en tems même ces sentimens l'emportoient sur toute autre considération. Le Gouverneur d'une Ville, qui n'est pas loin d'Omura, mais qui n'est point nommée dans mes Mémoires, avoit cité à son Tribunal un grand nombre de Fidéles, & employoit pour les ébranler les plus terribles menaces : le plus jeune de la Troupe prit la parole pour tous, & lui fit entendre qu'il perdoit son tems s'il prétendoit les effrayer. Le Gouverneur indigné de la hardiesse du jeune Chrétien, se fit apporter du feu, & lui adressant la parole, lui dit : » Je veux confon- » dre ta vanité. Pourrois-tu tenir » un moment le bout du doigt sur » ce brasier ? « Le Chrétien ne répondit pas un mot, mais faisant paroître une contenance ferme, s'avança vers le brasier, y enfonça tout le doigt, & le laissa brûler d'un air aussi tranquile, que s'il n'eût senti aucune douleur : le Gouverneur tout hors de lui-même, resta quelque tems sans pouvoir proférer une parole ; puis revenant de cette grande surprise, il embrassa le généreux Chrétien, & sans s'embarasser des suites, il se retira, laissant à chacun la liberté de professer telle Religion, qu'il jugeroit la meilleure.

Il y avoit alors plus d'un an que quatre Religieux pourrissoient dans les Prisons d'Omura, & de ce nombre étoit le célebre Pere Louis Sotelo, dont nous avons si souvent parlé. J'ai dit qu'étant enfin arrivé au Japon au mois d'Octobre de l'année 1622.

1622. il avoit été presque aussitôt reconnu & fait prisonnier. Le Pere Louis SASSANDRA son Compagnon, & un Domestique nommé aussi Louis, tous deux Japonnois, furent saisis avec lui. Ils avoient été trahis par un Marchand Chinois, sur le Vaisseau duquel ils avoient pris terre à Nangazaqui, & auquel ils ne s'étoient pourtant point découverts ; mais celui-ci s'étant douté de ce qu'ils étoient, en avertit d'abord le Gouverneur de Nangazaqui. Les deux autres Religieux étoient le Pere Pierre VASQUEZ (*a*) Dominicain, & le Pere Michel (*b*) CARVAILHO Jésuite, dont la prétenduë Lettre de Sotelo dit que c'étoient *deux hommes assûrément fort vertueux & des Ministres de Dieu pleins de zele*. Ce qui n'a pas empêché le Pere Collado de dire beaucoup de mal de ce dernier. Dans le vrai tous ceux, qui ont parlé de ce Missionnaire, nous le représentent comme un Religieux d'une sainteté consommée, d'une innocence & d'une simplicité de mœurs dignes des premiers siécles de l'Eglise, & surtout d'une mortification, qui pourroit passer pour excessive : car on assûre qu'il étoit toujours couvert d'un cilice armé de pointes de fer, qui lui entroient bien avant dans la chair.

Tels étoient les cinq Confesseurs prisonniers, que Gonzoco, voulant donner à l'Empereur une nouvelle marque de son zele pour ses Edits, fit brûler vifs à Omura le vingt-cinquiéme du mois d'Août 1624. (*c*)

On les tira de prison la veille, & on les mena la corde au cou à un lieu nommé FACO, où ils trouverent un bucher tout dressé. Les quatre Prêtres avoient chacun une Croix à la main, & comme on se disposoit à les lier, le Père Carvailho s'étant approché de ceux, qui devoient présider à leur supplice, leur fit un discours pathétique sur les véritez éternelles. Le Pere Sotelo voulut en faire autant, mais ces Officiers, que la liberté du Pere Carvailho avoit déja fort irritez, ordonnerent aux Bourreaux de les délivrer de l'un & de l'autre, & de commencer l'exécution. Ils furent obéïs sur le champ ; les Martyrs furent attachez à leurs poteaux, mais légerement, & on mit le feu au bois. On entendit alors ces généreux Confesseurs, qui récitoient tous ensemble quelques prieres. Un moment après un des Bourreaux voulant ajuster quelque chose au poteau du Pere Vasquez, lui monta brutalement sur les épaules, ce que le saint Religieux souffrit avec une patience, qui charma tous les Spectateurs. La flamme s'approchant, & ayant brûlé les liens du bon Frere Louis, (*d*) on le vit aller se mettre à genoux aux pieds des quatre Prêtres l'un après l'autre, & leur baiser la main, après quoi il retourna tranquillement à son poteau, où il acheva son sacrifice. Le Pere Sassandra se mit aussi en devoir d'aller saluër les Compagnons de son Martyre, mais le feu lui avoit tellement endommagé les pieds,

(*a*) On l'appelloit communément le Pere DE SAINTE CATHERINE.
(*b*) Le Memorial du Pere Collado le nomme CARAVALLO.
(*c*) Le Pere Fontana Auteur du Livre intitulé *Monumenta Dominicana*, met le Martyre du Pere Vasquez en 1618. & cite le Procès de sa Béatification ; mais il se trompe assûrément, peut-être n'est-ce qu'une faute d'impression dans le chiffre.
(*d*) Ce Domestique des Peres Sotelo & Sassandra étoit du Tiers-Ordre de Saint François.

qu'il lui fut impoſſible de faire un pas. Enfin ils expirerent tous, après trois heures de ſouffrances ; laiſſant toute l'aſſiſtance étonnée de leur courage.

Le Pere Julien de Nacaura parcouroit en ce tems-là les Royaumes de Buygen & de Chicugen avec de ſi grandes fatigues, que ſouvent la laſſitude jointe à pluſieurs incommoditez, qui lui étoient ſurvenuës, l'obligeoit à ſe faire porter dans les lieux, où il croyoit ſa préſence plus néceſſaire. Le Chicugen avoit alors deux Rois Mineurs, tous deux Fils du malheureux Damien Caïnocami. (*a*) Ceux, qui gouvernoient l'Etat pour eux, voulurent d'abord intimider les Chrétiens, mais comme ils les virent déterminez à donner mille vies, plutôt que de renoncer à leur Foi, ils aimerent mieux les laiſſer vivre tranquilles, que de répandre inutilement tant de ſang. Le Buygen étoit gouverné par FOSSECAVA Fils de Jécundono, jeune Prince, qui ſans appréhender la colere de l'Empereur, protégeoit ouvertement le Chriſtianiſme. Il y a bien de l'apparence qu'il étoit luimême Chrétien, & avoit été baptiſé & inſtruit de nos divins Myſteres par les ſoins de ſa Mere, cette illuſtre Reine de Tango, dont nous avons ſi ſouvent parlé dans cette Hiſtoire.

Le Bigen, où le Pere Jean-Baptiſte Porro cultivoit une très floriſſante Chrétienté, donna auſſi alors à l'Egliſe un grand nombre d'illuſtres Martyrs. Les Royaumes de Gotto, de Bungo, de Firando, d'Aqui, de Fingo, d'Yo, la Principauté d'Omura, & preſque toutes les Provinces, où les Chrétiens faiſoient nombre, & qui étoient plus à portée d'être ſecouruës par les Miſſionnaires, ſembloient des Pays nouvellement conquis, où le ſang couloit de toutes parts, & ſe dépeuploient autant par la fuite, que par le maſſacre des Fidéles. L'embrâſement pénétra juſques dans le canton de Tſugaru, où l'on avoit exilé tant de Nobleſſe ; on entreprit de faire des Apoſtats de ces généreux Confeſſeurs : mais leur vertu étoit trop éprouvée, pour être même ébranlée ; pluſieurs y furent brûlez vifs, & le reſte périt bientôt de miſere. Il y eut de ſemblables exécutions dans les Provinces voiſines, où le Pere Jean Matthieu Adami avoit pris la place des Peres Jerôme de Angelis, & Diego Carvailho, & où il eut la conſolation de voir que la ferveur des Néophytes, & leur ardeur pour le Martyre, ſurpaſſoit encore la fureur des Tyrans. Pluſieurs Ecrivains illuſtres n'ont rien laiſſé ignorer du détail de ces perſécutions, mais j'ai cru devoir me contenter de les indiquer légerement.

(*a*) Nous avons vû que ce Prince étoit mort Apoſtat.

DU JAPON, LIVRE XVI.

§. VII.

L'Empereur assujettit tous les petits Souverains du Japon. Nouveaux Edits publiez à Nangazaqui. Invention du Gouverneur pour y exterminer le Christianisme. Les Navires Espagnols ne sont point reçus au Japon. Précautions pour empêcher qu'il n'y entre plus aucun Missionnaire. Avantures singulieres d'un Coréen, & son Martyre. Merveilles arrivées au Tombeau d'une Martyre.

Les commencemens de l'Année suivante firent espérer que l'Empereur, embarassé d'autres affaires, laisseroit pour quelque tems les Chrétiens en repos; car ce fut alors, que ce Prince commença proprement à mettre en exécution le projet de cette domination despotique, formé par son Ayeul, & pour lequel il avoit fallu prendre ses mesures de fort loin. Le Xogun-Sama ne parut donc alors occupé, que du soin d'assujettir ceux des Rois & des Princes, qui avoient encore conservé quelques restes de leur ancienne indépendance. Bien des gens s'étoient attendus que cette grande affaire ne se passeroit pas tranquillement, & qu'il en faudroit venir aux armes; ils se tromperent, jamais volonté souveraine ne fut reçuë avec plus de soumission; tous se rendirent sur la simple sommation, qui leur en fut faite, & ce qui sembloit devoir procurer quelque relâche aux Fidéles, contribua infiniment à les faire poursuivre avec plus de chaleur, & porta le dernier coup au Christianisme dans le Japon. Ces Souverains devenus Sujets semblerent avoir dépoüillé tout ce qu'il leur restoit de noblesse dans les sentimens, & on les vit aussitôt faire bassement leur Cour à leur nouveau Maître, en persécutant de toute leur force une Religion, à laquelle ils

ne trouvoient dans le fond rien à redire, sinon qu'elle étoit proscrite par celui, dont ils n'osoient plus se dispenser de recevoir aveuglément les ordres.

Sur ces entrefaites le Gouverneur de Nangazaqui publia quelques Edits, qui acheverent de réduire les Chrétiens du Ximo aux plus fâcheuses extrémitez. Le premier portoit que ceux, qui avoient de l'argent dans le commerce, soit au dehors, soit au dedans de l'Empire, eussent à en donner un compte exact au Trésorier de la Chambre Impériale; & il y avoit peine de mort pour quiconque seroit convaincu d'en avoir célé un seul denier. Chacun obéît ponctuellement, & la supputation faite, il se trouva que la somme montoit pour les Chrétiens à deux cent cinquante mille écus; ce qui montre qu'on avoit obligé tout le monde à déclarer en même tems sa Religion. Peu de jours après la publication de cet Edit, il en parut un second, en vertu duquel tout l'argent de ceux, qui ne voudroient pas adorer les Dieux de l'Empire, étoit déclaré confisqué au profit de l'Empereur, & cela fut exécuté avec la derniere rigueur. On ne dit point qu'aucun Fidéle ait été tenté de conserver son bien aux dépens de sa Foi. Un troisiéme Edit, qui suivit de fort près,

Qq ij

les deux autres, déclaroit tous les Chrétiens exclus de leurs emplois, & inhabiles à en posséder jamais aucun.

Gonzoco entreprit ensuite les Marchands & les Artisans, & commença par faire fermer les Boutiques de deux grands quartiers de Nangazaqui, où il n'y avoit que des Chrétiens. Il en fit bientôt autant de toutes les autres Boutiques suspectes ; mais comme on ne pouvoit se passer du travail de tant de gens, sans que toute la Ville, & le commerce en souffrissent beaucoup, il ordonna à ceux, qui eurent permission de travailler & de vendre, de le faire tous les jours, sans distinction de Fêtes & de jours ouvrables. Il prit en même tems ses mesures pour empêcher qu'aucun Japonnois de ceux, qui négocioient encore dans les Pays étrangers, ne rentrât au Japon, qu'il ne fît profession ouverte de quelqu'une des Sectes reçûës dans l'Empire. Il fut aussi ordonné à tous ceux, qui dans la suite auroient permission de voyager hors du Japon, ou seroient envoyez dans quelque Pays étranger, de ne point loger ailleurs, que chez les Idolâtres : enfin il fut expressément défendu de recevoir dans aucun Port, sous quelque prétexte que ce fût, les Navires, qui viendroient des Philippines.

Cette défense étoit à peine publiée, que quatre Vaisseaux partis de Manile se présenterent à l'entrée de la rade de Nangazaqui. On leur fit dire de se retirer. Deux autres, qui les suivoient de près, reçurent le même ordre. & le Gouverneur fit ajoûter à l'un des deux Capitaines que désormais les Bâtimens Espa-

gnols, qui se hazarderoient à entrer dans cette rade, seroient brûlez avec tous leurs Equipages. L'arrivée de quelques Religieux nouvellement venus de Philippines avoit donné lieu à ces Ordonnances. Les Portugais avoient encore la liberté du commerce à Nangazaqui, mais rien ne sortoit de leurs Navires, qui ne fût visité avec la derniere exactitude: On ouvroit jusqu'aux Lettres, & il n'est pas concevable combien d'avanies on leur faisoit tous les jours ; aussi personne n'osoit-il plus se charger d'aucune Lettre pour les Missionnaires, ce qui jetta ces Religieux dans de grands embarras.

Ce fut bien pis encore, quand il fut question d'en faire passer quelques-uns dans le Japon. Un Député du Gouverneur de Nangazaqui résidoit à Macao, pour examiner tous ceux, qui s'y embarquoient sur le grand Navire du Commerce, & on rejettoit absolument ceux, dont il ne pouvoit pas répondre. Il faisoit plus, il dressoit une liste notée de tous les passagers & de tous les Matelots, & la donnoit au Capitaine, qui étoit obligé de la remettre à un Officier du Port, lequel faisoit passer en revûë tout l'Equipage, avant que de permettre à quiconque de descendre à terre. La même chose se pratiquoit au départ du Navire, & s'il manquoit un seul de tous ceux, qui étoient débarquez, le Navire étoit confisqué, & tout l'Equipage condamné à mort. Les Vaisseaux, qui venoient d'ailleurs, que de Macao, étoient encore plus soigneusement visitez, de sorte que le Pere Jerôme RODRIGUEZ & le Pere André PALMEYRO, que le Général des Jésuites envoya successivement les années suivantes au Japon, en qualité de Visiteurs, tenterent inutilement pour y entrer les voyes de Macao, de Siam, & de l'Isle Formosa.

Peu de tems après Feizo, & un autre Apostat, qui avoient le principal Commandement à Nangazaqui, en l'absence du Gouverneur, reçurent, ou feignirent d'avoir reçu un ordre de l'Empereur pour faire inscrire tous les Habitans de cette Ville dans une des Sectes de l'Empire, & le premier n'eut point de honte de s'adresser d'abord à sa Mere, qui avoit été baptisée par S. François Xavier, ou par le Pere de Torrez, & à ses deux Freres. Il n'en reçut que des reproches, & il n'osa les pousser. Lui & son Collegue appellerent ensuite les plus considérables d'entre les Chrétiens, & les attaquerent par toutes les voyes imaginables: caresses, persuasions, promesses, menaces, bons offices, rien ne fut épargné, & tout fut inutile. On fit même dans plusieurs Maisons des reponses à ces Malheureux, où ils ne furent nullement ménagez. Il sembloit qu'on ne cherchoit qu'à les irriter, pour en obtenir ce qui faisoit l'unique objet des vœux de ces fervents Chrétiens, & le bruit ayant couru, que tous ceux, qui avoient refusé de se faire inscrire, devoient être brûlez vifs, la joye fut extrême partout.

Quelques Missionnaires, qui se tenoient cachez dans cette Ville, & les autres, qui parcouroient les Provinces, contribuoient beaucoup à entretenir ces grands sentimens dans les Chrétiens, mais la perfidie d'un vil Esclave leur en ôta bientôt presque tous les moyens. Un Noir, qui appartenoit à un Chrétien Européen, & qui étoit Chrétien lui-même, avoit commis tant de crimes, que son Maître ne pouvant plus se fier à lui, avoit été contraint de le faire lier, & garder à vûë: un Japonnois Idolâtre, avec qui ce malheureux étoit en commerce de friponneries, l'ayant trouvé en cet état, lui dit qu'il avoit un moyen sûr de se tirer de misere, s'il le vouloit, & de recouvrer même, pour toujours, sa liberté: qu'il ne falloit pour cela qu'abjurer sa Religion, à laquelle il ne paroissoit pas fort attaché. L'Esclave le crut, s'échappa de la maison de son Maître, alla se jetter aux pieds de Feizo, renonça publiquement au Christianisme, & fut déclaré libre, mais à condition qu'il découvriroit tous les Missionnaires, qu'il connoissoit. Il en connoissoit en effet plusieurs, son Maître s'étant souvent servi de lui pour leur porter des Lettres, ou pour d'autres semblables commissions. Feizo lui donna des Soldats, & il n'est pas croyable combien ce Transfuge fit de ravages dans tous les lieux, où il porta ses pas. Les plus légers indices suffisoient pour mettre à la torture, ceux, dont on espéroit tirer quelques lumieres sur ce que l'on cherchoit: des Villes entieres furent abandonnées au pillage; toutes les personnes suspectes furent mises aux arrêts, ou jettées dans des Cachots: avec cela le perfide Renégat ne put faire découvrir un seul Prêtre, ni Religieux, mais il vint à bout de les contraindre de demeurer tellement cachez dans leurs retraites, qu'ils ne pouvoient presque plus en sortir, pour visiter les Fidéles. Par bonheur cet orage ne fut pas de durée; mais le dépit, que conçurent les Commandans de Nangazaqui du peu de succès de ces recherches, leur fit bientôt faire de nouveaux efforts, qui ne furent pas inutiles.

Un des premiers, à qui ce redoublement de persécution procura la Palme du Martyre, fut un Coréen nommé CAIE, dont l'histoire a quelque chose de fort singulier. Il étoit né plusieurs années avant la guerre de Corée, & sembloit n'avoir apporté en naissant d'autre passion, qu'un extrême désir d'être éternellement heureux. Dès qu'il fut en âge de raisonner, il pensa sérieusement aux moyens de parvenir à la possession de ce qu'il souhaitoit avec tant d'ardeur, & pour cela il se retira dans une solitude, où il demeura long-tems enfermé dans une Caverne. On dit qu'un Tygre, qu'il y rencontra, resta quelque tems couché auprès de lui, & qu'enfin il lui céda la place. Le jeune Solitaire menoit dans cet affreux séjour une vie très-dure, & très-innocente; il s'abstenoit de tout ce qui n'est pas absolument nécessaire pour vivre, & n'étoit occupé qu'à se procurer une félicité sans fin. Il a depuis raconté qu'une nuit, pendant qu'il dormoit, un homme s'apparut à lui, le consola, & lui assura que l'année suivante il passeroit la mer, & arriveroit après bien des travaux au but de tous ses désirs. Il regarda cette vision comme un songe; toutefois l'année n'étoit pas encore révoluë, que les Japonnois entrerent en armes dans la Corée sous la conduite du Grand Amiral Augustin Tsucamidono, Roi de Fingo, & que le Solitaire fut fait Esclave.

Le Vaisseau, qui le portoit au Japon, ayant fait naufrage sur les côtes de l'Isle de Zeuxima, il y a apparence qu'il fut mis en liberté; car dès qu'il eut pris terre au Japon, il alla s'enfermer à Méaco dans un Monastere de Bonzes, pour y vacquer plus tranquillement à la grande affaire, qui l'occupoit sans cesse. Il eut même d'abord quelque dessein de prendre parti parmi ces Religieux Idolâtres; mais il demeura bientôt convaincu qu'il ne trouveroit jamais chez eux ce qu'il cherchoit; & comme il ne sçavoit plus à qui avoir recours, il tomba dans une mélancolie, qui lui causa une grande maladie. Un jour, qu'il étoit au lit, il lui sembla voir le Monastere tout en feu; une autre fois il vit en songe un enfant d'une beauté ravissante, qui lui dit d'avoir bonne espérance, & qu'il ne tarderoit pas à être satisfait. Il s'éveilla là-dessus fort consolé, & se trouva parfaitement guéri; ce qui lui fit juger que ce songe n'étoit pas naturel. Il quitta sur le champ les Bonzes, & le même jour il rencontra un Chrétien, qui lui parut un homme sage, & à qui il fit le récit de toutes ses avantures.

Celui-ci le mena sur le champ au College des Jésuites de Méaco, où on l'instruisit avec soin de nos Mysteres. Comme il cherchoit sincerement la vérité, on n'eut aucune peine à le faire entrer dans tout ce qu'on lui proposa de croire; il demanda bientôt le Baptême avec empressement, & on ne jugea pas à propos de le faire attendre beaucoup, surtout après ce qui lui arriva un jour, tandis qu'un Jésuite l'instruisoit: car ayant jetté les yeux sur un Tableau, qui représentoit Notre-Seigneur, *Ah, mon Pere*, s'é- cria-t'il, *voilà celui, que j'ai vû dans ma caverne, & qui m'a prédit tout ce qui m'est arrivé depuis.* Il fut donc baptisé, & fidele à la grace du Sacrement, il fit de merveilleux & de rapides progrès dans la voye de la sainteté. Il se donna d'abord aux Missionnaires, & les accompagna dans leurs courses Apostoliques: sa charité pour les Malades, & surtout pour les Lépreux, parut en mille occasions, & il n'est point de vertu, dont il n'ait donné des exemples admirables.

En 1614. il suivit Ucondono aux Philippines ; mais après la mort de ce Grand Homme, il retourna au Japon, où il reprit son ancienne façon de vivre; le péril pressant de plus en plus, il se crut obligé à redoubler ses austéritez & ses oraisons. Enfin un jour, qu'il étoit allé dans les prisons de Nangazaqui visiter les Fidéles, qui y étoient renfermez, on lui demanda s'il étoit aussi Chrétien ; il répondit que non seulement il l'étoit, mais de plus qu'il étoit Catéchiste des Peres de la Compagnie; sur quoi on l'arrêta. Il fut longtems prisonnier, ajoûtant aux incommoditez de sa prison des austéritez incroyables. Enfin il couronna tant de vertus par un glorieux Martyre, ayant été brûlé à petit feu le quinziéme de Novembre 1625. (*a*) Il eut pour Compagnon de supplice un Habitant de Nangazaqui, nommé Jacques Coïci, chez qui le saint Martyr, le Pere Pierre Vasquez, avoit été arrêté, & dont les Relations de ce tems-là racontent des choses admirables. Tous deux firent paroître jusqu'au dernier soupir une constance & une ferveur, qui tenoit du prodige.

Il arriva dans le même tems au Royaume de Deva une chose, qui inspira une grande estime pour le Christianisme aux Habitans de ces Contrées. Une jeune Femme Chrétienne nommée Monique Oïva, avoit été répudiée par son Mari, qui étoit un des principaux du Pays, mais Idolâtre. Elle se retira chez son Frere, où elle fut fort surprise peu de tems après d'apprendre qu'on l'avoit accordée à un autre Infidéle. Elle déclara nettement que pour toutes choses au monde elle ne consentiroit jamais à un tel mariage : il lui en coûta la vie ; ses Parens s'assemblerent, pour essayer de vaincre sa constance, & firent pour cela bien des efforts inutiles. Enfin on lui signifia qu'il falloit obéïr, ou mourir. A cette proposition, la Servante de Jesus-Christ se jetta à genoux, & présenta sa tête, qu'un de ses Parens lui trancha dans le moment. On enterra fort secrétement son corps, & l'on eut grand soin de cacher aux Chrétiens le lieu de sa sépulture.

Au bout de quelques mois, une Riviere s'étant débordée d'une maniere, qui n'avoit point eu d'exemple, une espece de coffre, où l'on avoit renfermé le corps de Monique, fut entraîné par les eaux, & trouvé dans un Temple d'Idoles. Les Bonzes, qui desservoient ce Temple, furent fort surpris à cette vûë, & s'imaginant que ce coffre renfermoit quelque trésor, ils l'ouvrirent. Comme ils n'y trouverent qu'un corps de Femme parfaitement sain, la couleur vermeille, & les habits même dans leur entier, ils l'enterre-

(*a*) De bons Mémoires le font mourir une année plutôt.

rent dans un jardin, qui joignoit le Temple. La nuit suivante quelqu'un apperçut autour de l'endroit, où repofoit le facré Dépôt, une grande lumiere: les Bonzes ne fçachant à quoi attribuer une chofe fi merveilleufe, qui fe renouvelloit toutes les nuits, firent à leurs Dieux quantité de facrifices, qui n'aboutirent à rien. Enfin, le quatorziéme de Février, qui étoit l'anniverfaire de la mort de Monique, un feu s'éleva tout à coup de terre, & réduifit en cendres le Temple & la maifon des Bonzes. On reconnut en même tems que le corps, qui étoit caché dans cette terre infidelle, étoit celui d'une Chrétienne, qui avoit donné fon fang pour Jefus-Chrift, & le nom du Dieu des Chrétiens devint plus célebre que jamais dans ce Royaume, & dans les Provinces voifines, qui ne laifferent pourtant pas d'être arrofées cette même année du fang d'un très-grand nombre de Martyrs.

§. VIII.

Admirable ferveur des Chrétiens. Le Provincial des Jéfuites eft arrêté avec fon Compagnon & fes Catéchiftes. Difpute entre deux Freres, à qui fera prifonnier. Le Pere Zola eft pris. Hiftoire de fon Catéchifte. Le Pere de Torrez eft faifi en difant la Meffe.

JE ne m'arrêterai point à décrire plufieurs autres merveilles, que je trouve dans ce peu de Lettres, qui échapperent les années fuivantes à la vigilance des Efpions du Gouverneur de Nangazaqui. On conçoit bien qu'une Eglife dans l'état, où fe trouvoit alors celle du Japon, ne devoit pas être privée de ces marques furnaturelles de la puiffance & de la bonté d'un Dieu, auquel tant de milliers de Chrétiens facrifioient fi généreufement leur vie; mais le plus grand prodige, & dont on ne peut contefter la vérité, étoit cette même multitude de Martyrs, de tout âge, de tout fexe, & de toutes conditions, & les converfions, que l'on continuoit de faire par tout, où il y avoit encore des Miffionnaires en état d'exercer leurs fonctions Apoftoliques. Par malheur le nombre en diminuoit tous les jours, & le Japon en perdit cette même année plufieurs des plus illuftres, & qui ne furent point remplacez.

Il y avoit trois ans que le Pere François Pacheco gouvernoit cette Eglife (*a*) avec toute la prudence, que demandoient les tems difficiles, où il fe trouvoit. Son féjour le plus ordinaire, depuis quelque tems, étoit le Port de Cochinotzu, & la Maifon de deux Freres, zélez Chrétiens, & Fils du faint Martyr Thomas Araqui Riémon, qui fouffrit avec tant de conftance fous le regne de Safioye, Gouverneur de Nangazaqui, & Roi d'Arima. On eut beau repréfenter aux deux (*b*) charitables Hôtes, qu'un

---

(*a*) Il faut fe fouvenir que le Provincial des Jéfuites étoit en même tems Adminiftrateur de l'Evêché.

(*b*) L'un fe nommoit MANCIE, & l'autre MATTHIAS.

Miffionnaire

Missionnaire si célebre demeuroit trop longtems chez eux, & que s'il venoit à y être découvert, ce qui ne pouvoit pas manquer d'arriver, ils ne le sauveroient pas, & ils se perdroient eux-mêmes ; ils répondirent, qu'ils avoient tout prévû, & que leur unique appréhension étoit de manquer l'occasion du Martyre. Un de leurs voisins, qui logeoit chez lui un des Compagnons du Provincial, fit la même réponse à d'autres, qui lui tinrent un pareil discours, & ils furent bientôt tous trois dans l'heureuse nécessité de faire voir qu'ils avoient parlé sincerement.

Bungondono, qui de Prince de Ximabara, étoit devenu Roi d'Arima, se trouvoit alors à la Cour de Jedo, où la présence du Souverain, & sa nouvelle fortune l'ayant rendu plus timide & plus politique, il manda à ceux, qu'il avoit chargez du Gouvernement de ses Etats en son absence, de ne rien épargner pour y faire rendre une obéissance entiere aux Edits de l'Empereur, contre les Chrétiens. Un de ces Gouverneurs, nommé TAQUA MONDO, eut ordre en particulier, de faire la recherche des Missionnaires ; & ayant eu avis par un Indien de Bengale, Chrétien Apostat, & peut-être ce même Esclave, dont nous avons parlé plus haut, que le Pere Pacheco étoit à Cochinotzu, la Ville fut aussitôt investie, & le Port même gardé. Mondo prit ensuite un prétexte pour faire sortir tous les hommes de Cochinotzu : il y trouva de la résistance ; mais il avoit la force en main ; il fut obéï, après qu'il eut fait couper la tête à trois des plus apparens Chrétiens. Enfin, le dix-huitiéme de Décembre 1625. lui-même, conduit par son Renégat, se transporta à la maison, où étoit le Provincial, lequel vint d'abord au-devant de lui. Un Soldat, qui l'apperçut le premier, se détourna, & feignit ne l'avoir pas vû ; mais un autre, qui suivoit celui-ci, l'arrêta, & déchargea même sur lui plusieurs coups de bâton. Mondo, qui n'étoit pas loin, accourut aussitôt, le cimeterre à la main, & transporté de colere, lui alloit fendre la tête en deux, lorsqu'un de ses Collégues, qui l'accompagnoit, lui retint le bras, & consigna le Missionnaire à celui, qui commandoit les Soldats.

De cette Maison, Mondo entra dans la voisine, où il trouva le Frere Gaspard SANDATMAZU, Compagnon du Provincial, il le fit arrêter & conduire en prison, avec le Pere, trois Catéchistes, (*a*) les deux Hôtes, & toutes leurs familles. On ne songeoit point à se saisir du plus jeune des trois Catéchistes, (*b*) qui n'avoit que vingt & un an ; mais un des Gardes lui ayant demandé ce qu'il faisoit là, Sandatmazu prit la parole, &, feignant de ne le pas connoître, dit, qu'apparemment il s'étoit rencontré par hazard dans cette maison. A ces paroles, le rouge monta au visage du jeune Catéchiste, & les larmes lui vinrent aux yeux ; puis regardant le Frere : « Quoi donc, lui » dit-il, j'ai été jusqu'ici des vôtres, » & à présent, que cette qualité peut » me procurer le plus précieux de » tous les biens, vous faites sem- » blant de ne me pas connoître !

(*a*) Ils se nommoient Paul KINSUQUI, Paul RINXI, & Jean KIRAKU.
(*b*) Jean Kiraku.

Tome II.

» Hé bien, je déclare que je suis le
» Catéchiste du Pere Pacheco, &
» Prédicateur de la Religion Chré
» tienne. » On l'en crut sur sa parole, & on lui mit la corde au col.

Ce qui se passa entre les deux Freres, qui avoient logé le Provincial, eut encore quelque chose de plus touchant. Il étoit porté par les derniers Edits, qu'on ne feroit subir la rigueur des Loix, qu'aux Propriétaires (*a*) des maisons, où l'on auroit surpris des Religieux ; à leurs Femmes, & à leurs Enfans. Par conséquent, un des deux Freres devoit être renvoyé libre : en effet, quoiqu'on les eût arrêtez tous les deux, on n'avoit lié que le plus jeune, à qui la maison appartenoit ; parce que l'aîné, qui étoit mal sain, lui avoit cédé tous ses droits. Mais celui-ci prétendoit qu'étant le chef de la Famille, c'étoit lui qui étoit responsable de tout. Son Frere alléguoit en sa faveur la cession, qui lui avoit été faite, & vouloit qu'on s'en tînt aux termes de l'Edit. La contestation s'échauffoit, lorsque les Magistrats de Cochinotzu survinrent, & prétendirent que c'étoit à eux seuls, qu'il falloit s'en prendre, puisque c'étoit de leur consentement, que l'un & l'autre avoient retiré les Missionnaires chez eux. Mais on ne vouloit pas tant de coupables à la fois ; les Magistrats furent renvoyez chez eux ; l'on mit les deux Freres d'accord en les arrêtant l'un & l'autre, avec leurs Femmes, celle de leur Voisin, les Enfans, les Esclaves, & trois autres Femmes, dont les Maris avoient été martyrisez peu de jours auparavant. Tous furent conduits avec les Missionnaires & les Catéchistes, la corde au col, au bord de la Mer, pour être embarquez. Toute la Ville les suivit dans un morne silence jusqu'au rivage, & le Pere Pacheco, que par respect on n'avoit pas lié, ne cessa point d'exhorter ce bon peuple à demeurer ferme dans le service du vrai Dieu. Mondo monta dans la Barque avec les Prisonniers, & deux Officiers allerent par terre pour se saisir du Pere de Couros, dont on leur avoit indiqué la retraite, mais on les avoit mal instruits, & ils le manquerent.

Il n'en fut pas de même du Pere Jean-Baptiste ZOLA. Ce Missionnaire étoit à Ximabara, où la nouvelle de la prise du Pere Pacheco étant arrivée le même jour, son Hôte, qui ne le crut pas en sûreté chez lui, le fit passer, tout malade qu'il étoit, dans une cabanne du Fauxbourg. Il vouloit même, pour plus grande précaution, le faire embarquer, mais le Pere ne se trouva point en état de supporter la Mer. Quelques jours après un Chrétien nommé Jean NAYSEN vint offrir sa maison au Missionnaire, & lui assûra qu'on ne viendroit point l'y chercher. Le Pere Zola eut de la peine à l'accepter, & paroissoit avoir un pressentiment de ce qui arriva dans la suite à cet homme. Il céda néanmoins à ses instances, & se laissa transporter chez lui. Au bout de deux autres jours, se trouvant un peu mieux, & ne voulant pas exposer toute une Famille à périr pour son sujet, il fit chercher une Barque, qui le portât ailleurs ; il l'avoit

(*a*) Ceci étoit conforme à ce que nous avons dit en parlant de la police des Villes où les seuls Propriétaires des Maisons sont responsables de ce qui s'y passe.

trouvée, & il étoit sur le point de s'embarquer, lorsqu'une Troupe de Soldats entra chez Naysen à l'improvîte. Le Missionnaire fut reconnu d'abord, & saisi avec Vincent Caun son Catéchiste, Naysen son Hôte, & tous ceux, qui se trouverent dans cette maison.

Dans une Lettre que le Pere Zola écrivit de sa prison, il dit que peu après son arrivée au Japon, cette Eglise joüissant d'une paix profonde, comme il partoit pour Facata, le Pere Jean-Baptiste de Baëza son Supérieur, à qui il avoit demandé sa bénédiction, la lui donna en prononçant ces paroles qui sont en usage dans l'Eglise pour la bénédiction de l'encens, *ab illo benedicaris, in cujus honorem cremaberis:* c'est-à-dire, « soyez beni par celui, en l'honneur duquel vous serez brûlé. » Dans une autre Lettre, qu'il écrivit vers le même tems au Pere Mutio Vitelleski son Général, il assûre que le Pere Navarro, qu'il avoit souvent visité dans sa Prison, lui voyant répandre des larmes, qu'une sainte jalousie lui tiroit des yeux, le consola en lui disant, que certainement il boiroit le même calice que lui : qu'à la vérité le saint Martyr craignant peut-être d'en avoir trop dit, & ne voulant pas se donner pour Prophete, ajoûta qu'il seroit son intercesseur dans le Ciel pour lui obtenir cette grace, & qu'il se promettoit de la bonté de Dieu d'en être exaucé.

Le Catéchiste du Pere Zola, nommé Vincent Caun, & surnommé Cafioye, étoit le Fils d'un des principaux Officiers du Roi de Corée. Son Pere en partant pour l'Armée, que son Souverain devoit commander en personne contre le Grand Amiral du Japon, mit sa Famille en sûreté dans un endroit assez inaccessible ; mais il arriva que Caun, qui n'avoit que treize ans, s'étant un peu éloigné en se promenant, s'égara, & se trouva fort près de l'Armée Japonnoise. Bien loin d'être effrayé du péril, où il se trouvoit engagé, la curiosité le prit d'entrer dans le camp, & il alla tout droit à la Tente du Général. Le Roi de Fingo fut charmé à la vûë de cet Enfant, qui étoit d'une rare beauté ; il le prit en affection, & pria un Seigneur de ses Parens d'en avoir soin. Celui-ci le tint auprès de lui jusqu'à la fin de la Guerre ; ensuite étant repassé au Japon, il le mena à Xequi dans l'Isle d'Amacusa, & le donna aux Jésuites, qui l'éleverent avec soin, le baptiserent & se l'attacherent entierement. Il sortit du Japon en 1614. apparemment avec quelqu'un des Missionnaires, & alla à Macao, d'où il fut envoyé en Corée, je ne sçai à quel dessein. Il prit son chemin par terre, traversa toute la Chine, & pénétra jusqu'à Pekin ; mais la Guerre, que les Tartares faisoient alors aux Chinois, l'empêcha d'aller plus loin, il retourna sur ses pas, & peu de tems après son retour à Macao, il fut renvoyé au Japon.

J'ai dit que l'on avoit manqué le Pere Matthieu de Couros ; effectivement il n'étoit qu'à vingt pas de la maison de Naysen, lorsqu'on y arrêta le Pere Zola, & Mondo avoit été averti qu'il n'étoit pas loin. La maison même, où il étoit, parut tout à coup investie de Soldats, & le Missionnaire crut véritablement alors, qu'il n'y avoit plus moyen

R r ij

d'échapper. Il mit son Rosaire à son cou, & il se préparoit à sortir en cet équipage, lorsque son Hôte l'arrêtant par le bras, lui dit qu'on n'avoit aucune preuve qu'il fût dans sa Maison; que les Soldats n'étoient point là pour lui, & qu'on le cherchoit dans un autre endroit. Il disoit vrai, les Soldats passerent plus avant, allerent saisir les biens de Naysen, qui venoit d'être conduit en prison avec le Pere Zola, & le Missionnaire eut tout le loisir de se retirer sur une haute Montagne, où il demeura six semaines dans une Etable abandonnée.

Cependant la nouvelle de tant de découvertes ayant été portée à Nangazaqui, Feizo, qui y commandoit encore, voulut avoir part à de si heureux succès; ses diligences ne furent pas inutiles, & il fit faire à l'Eglise du Japon une perte irréparable. Le Pere Baltazar de Torrez avoit presque toujours gouverné cette Chrétienté depuis la Bataille d'Ozaca, où nous avons dit qu'il avoit couru tant de risques, & dans un corps usé de travaux, il conservoit toute la vigueur de son esprit & la ferveur de ses premieres années. Enfin après avoir longtems soutenu la constance des Chrétiens de cette grande Ville par toute la vivacité & les heureuses industries de son zele, il leur donna l'exemple de mourir pour Jesus-Christ.

Il étoit allé avec son Hôte nommé CAÏE, pour confesser la Fille de cet homme, qui demeuroit dans le voisinage, & on avoit oublié de fermer le coffre, où étoient les ornemens Sacerdotaux, dont le Pere venoit de se servir. Les Gardes de Feizo entrerent un moment après dans cette Maison, & à la vûë de ces ornemens ne douterent point qu'un Missionnaire n'y logeât, ou n'y eût logé depuis peu. Tandis qu'ils visitoient tous les Appartemens, Caïe rentra, on l'arrêta, & on lui fit de grandes menaces pour l'obliger à parler sur ce qu'on soupçonnoit, mais on ne put jamais tirer de lui que ces deux mots: *Je suis Chrétien, & il y a longtems que je désire de donner mon sang pour le Dieu que j'adore. Vous serez content*, lui dirent les Gardes, & après l'avoir lié & mis en lieu sûr, ils allerent chez Jean RUGO son Gendre. Le Pere de Torrez y étoit encore, car c'étoit la Femme de Rugo, qu'il étoit allé confesser; mais cet homme au premier bruit cacha le Missionnaire dans une double muraille pratiquée de maniere, qu'il falloit être averti pour s'en douter; ainsi les Gardes ne le trouverent pas. Le Serviteur de Dieu fut deux jours dans cette espece de cachot, sans oser se remuër, & au bout de ce tems il fut conduit dans un Village, où il demeura un mois. Il y disoit la Messe d'abord en secret, mais peu à peu le nombre de ceux, qui voulurent y assister, augmenta, & ils firent découvrir sa retraite: deux Soldats se présenterent à la porte comme Chrétiens, ils furent admis, quoiqu'on ne les connût point; un moment après ils sortirent sous je ne sçai quel prétexte, & revinrent avec une Compagnie de Gardes, comme le Pere finissoit la Messe. Ils se jetterent sur lui, le lierent fort étroitement, le conduisirent comme en triomphe dans toute la Ville de Nangazaqui, & le traiterent très-mal.

Feizo n'en usa pas de même: il

ordonna qu'on mît en prison tous ceux, qui avoient été arrêtez avec le Saint Homme, & pour lui, il le fit garder dans une chambre de son logis, où il le visita plusieurs fois, & eut avec lui plusieurs entretiens particuliers. Quelque tems après il reçut l'ordre de l'envoyer à Omura, & il obéït, mais avec beaucoup de répugnance.

§. IX.

De quelle maniere les Prisonniers sont traitez à Ximabara. Changement merveilleux d'un Officier. Le Pere Pacheco tombe malade. Constance d'un Jésuite Coréen. Les Jésuites prisonniers sont brûlez vifs avec des Espagnols. Mort précieuse de deux Missionnaires.

LE Pere Pacheco étoit toujours dans la Prison de Ximabara, où il menoit avec les Compagnons de ses fers une vie plus angélique qu'humaine. Il y reçut dans la Compagnie ses trois Catéchistes, & celui du P. Zola, lequel avoit d'abord été mis dans une Prison séparée, mais qui fut bientôt réüni avec les autres. Il accorda dans la suite la même grace à Michel Tozo Catéchiste du Pere de Torrez, & il reçut les vœux de tous ces Novices dans le lieu même de leur supplice, où ils se consacrerent, non en qualité d'Ouvriers dans la vigne du Seigneur, ce qu'ils ne pouvoient plus être, mais en qualité de victimes de l'amour divin, dont ils étoient remplis, & qu'ils avoient si longtems tâché d'inspirer aux autres.

Rien ne fut plus rude, que l'épreuve, par laquelle ils se preparerent à leur sacrifice. A la vérité dès que Bungondono Roi d'Arima eut appris que les Peres Pacheco & Zola étoient dans ses Prisons, il envoya ordre de les traiter le mieux qu'il seroit possible, sans toutefois donner le moindre sujet de plainte contre lui à l'Empereur. D'abord ses intentions furent assez bien suivies, les Chrétiens eurent la liberté de visiter les Prisonniers & de leur porter des rafraîchissemens, & quoiqu'ils fussent dans des enclos séparez, ils pouvoient communiquer entr'eux pendant le jour, aussi souvent qu'ils le souhaitoient. Il leur manquoit néanmoins une chose, dont la privation leur fut bien sensible : c'est de pouvoir célébrer les divins Mysteres : mais ils ne pûrent avoir, ni leurs Chapelles, ni leurs Bréviaires, ni des habits de Religieux. Je ne sçai ce qui arriva dans la suite, mais ces distinctions, & ces bons traitemens furent changez en tout ce que l'inhumanité la plus barbare peut imaginer pour appésantir les fers des Prisonniers. Il est vrai qu'après quelque tems de souffrance, les Gardes charmez de la douceur & de la patience de ces saints Religieux, eurent la curiosité de sçavoir comment des personnes, qui pour la plûpart paroissoient assez foibles, pouvoient parmi tant de miseres conserver une si grande gayeté ; ils se rendirent plus affables, on les instruisit des principaux articles de notre Religion, ils furent convaincus, & promirent, que si les tems devenoient meilleurs, ils se feroient Chrétiens, restriction, qui les rendit sans doute indignes de cette grace. Un seul surmonta les difficultez, qui effrayoient les autres, & reçut le Baptême. Tous eurent pour des Prisonniers, qu'ils respectoient, tous les égards possibles, & ne se lassoient point de publier la pureté de leurs mœurs, & la sainteté de leur doctrine.

Mondo en fut bientôt averti, & entra dans une fort grande colere. Il envoya pour commander les Gardes un Gentilhomme son Parent, & l'homme du monde, qu'on eût le moins soupçonné de devenir jamais Chrétien. C'étoit la brutalité même, & il disoit d'ordinaire qu'il falloit être bête pour embrasser le Christianisme: néanmoins dès la premiere fois, qu'il vit les Prisonniers, il se trouva tellement changé, qu'il ne se reconnoissoit plus lui-même. Il continua de les voir, & au bout de huit jours on fut assez surpris de lui entendre publier qu'il ne connoissoit d'hommes, que les Chrétiens, & que ceux, qui n'adoroient point le vrai Dieu, n'en avoient que l'apparence. Les Historiens ne s'expliquent pourtant pas bien nettement sur sa conversion; ils se contentent de dire qu'il ne fut pas possible à Mondo, ni par menaces, ni par promesses, de lui faire reprendre ses premiers sentimens à l'égard de la Religion Chrétienne, dont il se déclara en toute occasion le panégyriste: de sorte que ce Commandant fut obligé de le retirer de son emploi & de lui donner encore un Successeur. Ainsi la condition des Serviteurs de Dieu n'en devenoit pas meilleure, pour avoir apprivoisé les bêtes farouches, ausquelles on les donnoit en garde. C'étoit toujours à recommencer.

Sur ces entrefaites le Pere Pacheco tomba dans une paralysie, qui fut bientôt suivie d'un tremblement continuel de tous ses membres. Mais tant de souffrances ne suffisoient pas encore aux Serviteurs de Jesus-Christ, ils y ajoûterent de très-grandes austéritez. Il paroissoit que Mondo avoit entrepris de lasser leur constance, & vouloit se faire un mérite à la Cour de les avoir vaincus sans effusion de sang. Désespérant enfin d'en venir à bout par cette voye, il résolut de les tourmenter, mais séparément, de peur qu'ils ne s'encourageassent mutuellement; & parce que Vincent Caun étoit étranger, il crut qu'il seroit plus aisé à réduire. Il le fit venir chez lui, & commença par l'accabler de caresses. Il lui représenta qu'il avoit pitié de la simplicité, avec laquelle il s'étoit laissé séduire, lui promit tout ce qu'il jugea capable de le tenter, & en même tems il lui fit voir l'appareil des supplices, ausquels son obstination alloit l'exposer.

Tout cela n'ayant eu aucun effet, le Tyran fit étendre le saint Novice tout nud sur le pavé, & l'y laissa quelque tems exposé à un froid des plus piquans. Ensuite il le fit tenailler, & le tenailla lui-même par tout le corps avec une fureur, qui ne se peut imaginer. Comme il vit que Caun ne faisoit que rire de cette torture, il commanda qu'on lui fît avaler quantité d'eau, & qu'ensuite on la lui fît rendre avec le sang; ce qui fut exécuté avec la derniere cruauté. Ce tourment épuisa de telle sorte le Martyr, qu'il tomba en défaillance, mais tout à coup il revint à lui, recouvra toutes ses forces au grand étonnement de ses

Bourreaux, & depuis ce moment il ne sentit plus de mal, qu'un peu d'engourdissement aux pieds & aux mains. On continua encore quelques jours à le faire souffrir en différentes manieres; mais comme on vit que c'étoit inutilement, on le transféra dans une Prison ouverte à tous les vents, où pendant vingt-quatre jours on le laissa manquer absolument de tout. C'est ainsi que ce saint jeune homme soutint dans le combat la démarche héroïque, qu'il avoit faite en s'y exposant; car lorsque le Pere Zola fut pris, il lui étoit fort aisé de se sauver. D'abord il douta s'il pouvoit en conscience se livrer lui-même, ou se laisser prendre; il proposa son scrupule à plusieurs Chrétiens, qui se trouverent présens, ceux-ci le lui leverent, & sur le champ comblé de joye, il se mit à crier qu'il étoit le Catéchiste du Pere Zola.

Mondo se préparoit à pousser encore plus loin ses cruautez, mais il reçut un ordre exprès de MIDZUNO CAVACCI, qui venoit de succéder à Gonzoco dans le Gouvernement de Nangazaqui, & dans la Lieutenance générale du Ximo, de lui envoyer les Religieux, qu'il tenoit dans ses Prisons. Il les fit partir aussitôt, & à leur arrivée, ils apprirent qu'ils étoient condamnez au feu. Gonzoco avoit longtems demandé son rappel, ne pouvant plus se résoudre à faire souffrir des Innocens. Le Successeur qu'on lui donna, si l'on en croit REYER GYSBERG, étoit Prince du Sang Impérial, passoit pour un homme sage, équitable, exact & rigide dans l'observation des Loix: d'ailleurs sa haute naissance le faisoit craindre des Habitans de Nangazaqui, lesquels n'avoient eu jusques-là pour Gouverneurs que des gens d'une extraction peu relevée, & la Noblesse au Japon gouverne avec dureté & avec hauteur. Cependant Cavacci n'étoit pas cruel, mais il avoit des ordres précis; & il n'osa prendre sur soi d'y faire le moindre changement. Toutefois il ne laissa point de soulager les Martyrs autant qu'il le put, sans trop s'exposer. Un de ses domestiques étant allé visiter le lieu de l'exécution, qui étoit une des collines, dont la Ville de Nangazaqui est environnée d'un côté, remarqua qu'on avoit laissé un grand espace entre le bois & les poteaux; il en demanda la raison, & on lui répondit que c'étoit pour prolonger le supplice; *cela est inhumain*, reprit cet homme, qui sçavoit les intentions de son Maître, *c'est tout ce qu'on pourroit faire contre les plus grands scélérats*; il fit aussitôt rapprocher le bois, & en étant allé rendre compte à Cavacci, il en reçut de grands éloges.

Les Prisonniers de Ximabara traverserent toute la Ville de Nangazaqui, & joignirent sur la Colline le Pere de Torrez & son Compagnon, Michel Tozo; qui les y attendoient. Le premier n'eut pas plutôt apperçu son Provincial, qu'il courut à lui, & le tint longtems embrassé. Un moment après Cavacci arriva, & les Martyrs furent liez à leurs poteaux. On avoit joint aux neuf Religieux quatre Espagnols des Philippines, ou selon d'autres quatre Japonnois, qui étoient revenus de Manile, où ils avoient été exilez, & qui auroient pû racheter leur vie aux dépens de leur Foi. Dès que le Gouverneur eut pris sa place, on mit le feu au bois,

& il gagna en peu de tems jufqu'aux Confeffeurs. C'étoit quelque chofe de nouveau pour ce Seigneur de voir mourir avec tant de joye au milieu d'un fi affreux fupplice des perfonnes déja affoiblies par une longue & rigoureufe Prifon; il en fut furpris au dernier point, & cela augmenta de beaucoup fon chagrin d'être obligé de faire périr fi cruellement des hommes, dont il ne pouvoit fe difpenfer d'admirer la vertu & le courage.

Le Japon perdoit ainfi infenfiblement tous fes Miffionnaires, & fe voyoit fans aucun efpoir de remplacer ces pertes; l'Exécution que je viens de rapporter, & qui fit à cette Eglife une playe mortelle, s'étoit faite le vingtiéme de Juin de l'année 1626. & le feptiéme du mois de Mai précédent, deux de fes plus infatigables Ouvriers étoient morts prefque à la même heure. C'étoit les Peres Jean-Baptifte de Baëza & Gafpard de Caftro. Le premier avoit un talent fi rare de toucher les cœurs, qu'il n'y eut peut-être jamais au Japon de Miffionnaires, qui ait tant converti d'Idolâtres. On afûre qu'en trois ans, qu'il demeura au Royaume de Fingo, il baptifa foixante & quinze mille Adultes, outre un nombre infini d'Enfans. Ce talent étoit accompagné d'un mérite rare, d'une grande fageffe, & d'une expérience confommée dans la fcience des Saints. Le Pere de Caftro entra tard dans la Compagnie, & comme il avoit peu de Lettres, il fe borna d'abord aux Offices domeftiques. Il fçavoit un peu de Médecine, & le Pere de Moralez ayant été nommé Evêque du Japon le mena avec lui. Ce Prélat mourut aux Indes, en allant à fon Eglife, ainfi que je l'ai déja dit ailleurs. Le Pere Martinez fon Succeffeur conferva fon Compagnon, & lui ayant trouvé beaucoup de zele, de la facilité pour acquérir les connoiffances, qui lui manquoient, & un grand fens, il le fit Prêtre. L'humilité de Caftro ne fouffrit point de ce changement de condition, & il a rendu à la Miffion des fervices infinis. Ni lui, ni le Pere de Baëza, n'eurent point devant les hommes la gloire du Martyre; mais il eft à croire qu'ils en ont eu le mérite devant Dieu. En effet on ne peut regarder la vie, qu'ils menerent jufqu'à la fin, que comme une mort continuelle, & qui avoit même quelque chofe de plus difficile à fupporter que les plus rudes fupplices. D'ailleurs ils ne manquerent aucune occafion de s'expofer aux plus grands périls. Le Pere de Baëza fur la fin de fa vie étoit devenu paralytique de tout fon corps, & fouffroit de violentes douleurs caufées par une contraction de nerfs prefque générale. Il ne laiffoit pas en cet état de travailler au falut des ames, & il fe faifoit porter dans une efpece de Cercüeil partout, où fa préfence étoit plus néceffaire.

§. X.

§. X.

Constance héroïque de deux Femmes Chrétiennes. Leur Martyre. Jean Nayſen apoſtaſie. Sa converſion. Son Martyre.

LE douziéme de Juillet de cette même année les Hôtes des Peres Pacheco, Zola & de Torrez, & ceux de leurs Compagnons, furent brûlez à Nangazaqui. Mondo n'avoit rien oublié pour vaincre la conſtance de ceux d'entre ces braves Chrétiens, qui avoient été dans ſes priſons. Il avoit commencé par une jeune Femme, nommée Suſanne, qui étoit née à Facata de Parens nobles & Chrétiens. Il la fit expoſer toute nuë en ſpectacle aux riſées de la Populace. Après cela on la conduiſit dans le même état, la corde au col, dans toutes les ruës de la Ville; enſuite on la pendit par les cheveux à un arbre. Deux de ſes Servantes la ſuivoient, & une des deux portoit entre ſes bras une petite Fille, que ſa Maîtreſſe nourriſſoit. On lui demanda à qui étoit cette Enfant? la Servante, qui eſpéroit de la ſauver, ou du moins d'épargner à ſa Maîtreſſe la vûë de ſa mort, répondit qu'elle étoit à elle; Suſanne l'entendit, & comme elle craignoit qu'on ne privât ſa Fille de l'honneur du Martyre, elle fit à ſa Servante une reprimande ſur ſon menſonge, & ſe déclara la Mere de l'Enfant. On la traita de Marâtre, & on lui dit qu'on alloit mettre ſa Fille en piéces à ſes yeux: « Rien » ne ſera plus ſelon mes déſirs, re- » prit-elle, je ſerai la Mere d'une » Martyre, & ce ſera un Sacrifice » de plus, que je ferai à mon » Dieu. « Ces paroles rapportées à Mondo, le mirent en fureur; il fit dépoüiller l'Enfant, & la fit attacher aux pieds de la Mere, qui étoit toujours ſuſpenduë en l'air par les cheveux; il faiſoit un froid extrême, cette petite Créature jettoit des cris capables de fendre les pierres: la Mere attendrie demanda au Tyran s'il avoit perdu toute humanité, & ce qu'avoit fait cette petite Innocente pour être ainſi traitée? « Au reſ- » te, ajoûta-t-elle, vous aurez beau » faire, ſi j'avois mille vies, je les » ſacrifierois du meilleur de mon » cœur pour la cauſe que je dé- » fens. « Elle a depuis aſſûré que dans ce moment elle fut pénétrée d'une joye intérieure, qui lui ôta tout ſentiment de ſes maux.

Au bout de huit heures on la détacha, on lui rendit ſes habits, & on la laiſſa couchée ſur une natte, & ſa petite Fille à côté d'elle; d'abord elle voulut donner la mammelle à cette Enfant, mais elle n'eut pas la force d'étendre les bras pour la prendre, outre que la petite Créature, à force de crier, avoit jetté une grande quantité de ſang, & en étoit toute couverte. La pauvre Mere ne ſçavoit plus que faire, lorſqu'un Officier de Cuiſine lui vint ordonner de la ſuivre; elle crut que c'étoit pour la faire mourir, & la joye, qu'elle en conçut, lui redonna ſur le champ toutes ſes forces. Elle ſe leva ſans peine, & fut conduite à la Cuiſine, où on lui mit au col un collier de fer, qu'on attacha avec une groſſe chaîne à un pillier. Le lendemain on la détacha, & Mondo la fit venir en sa présence, la menaça de la mettre dans un mauvais lieu, de l'abandonner à ses Valets, de tourmenter tous ses parens devant ses yeux, & de la faire passer elle-même par les plus effroyables tourmens ; à ces menaces il ajoûta les plus flatteuses promesses, elle se mocqua de tout. Mondo lui fit endurer le supplice de l'eau, & on lui en fit avaler une très-grande quantité, qu'elle rendit avec le sang ; elle fut ensuite menée dans une étable, où on l'attacha avec les Bêtes, & elle y demeura jusqu'au soir, ne cessant de bénir le Seigneur, & de chanter ses loüanges. Sur le soir elle fut reconduite à la Cuisine, où elle resta six mois attachée, comme elle l'avoit été la premiere fois. Au bout de ce tems-là, sa constance choquant les Infidéles, Mondo la fit partir pour Nangazaqui, où elle mourut avec son Mari, qui avoit reçu au Baptême le nom de PIERRE ; Mancie & Matthias Araqui, ces deux freres, chez qui le Pere Pacheco avoit été arrêté, Jean Naysen, Monique sa Femme, & Loüis leur fils, Jean TANARA & Catherine sa Femme.

Parmi ces Martyrs, qui se distinguerent tous par une fermeté digne de la cause, pour laquelle ils souffroient, & par la constante pratique des plus rares vertus, il n'y en eut point, qui se fit plus admirer que MONIQUE Femme de Jean Naysen. Son Epoux étoit un homme de condition, que mille belles qualitez faisoient également chérir & estimer d'un chacun. Dès son enfance, il avoit fait paroître une piété peu commune ; il avoit généreusement sacrifié à sa Religion la faveur de son Prince, dont il pouvoit tout

espérer. A l'âge de dix ans il avoit signé de son sang, qu'il périroit plutôt de la mort la plus cruelle, que de trahir sa Foi, & il n'avoit retiré chez lui le Pere Zola, que dans l'espérance de mourir avec ce Missionnaire, qu'il sçavoit bien qu'on cherchoit partout. Au moment qu'il se vit arrêté, il distribua aux Pauvres tout ce qu'il avoit d'argent, & ses Amis, qui le vouloient sauver, mirent inutilement tout en usage pour le pervertir. Il soutint ce caractere héroïque dans la Prison, & devant les Tribunaux, où on le fit comparoître, & les plus terribles menaces ne produisirent en lui, qu'un redoublement de ferveur. Toutefois la vûë de sa Femme, qu'on fit semblant d'abandonner à de jeunes débauchez, lui fit oublier son devoir. *Cruels*, s'écria-t-il, *ne deshonorez point mon Epouse, je ferai tout ce que l'on voudra.*

Dès qu'il eut lâché cette parole, on les renvoya tous deux libres : mais Mondo apprenant que Monique ne cessoit point de reprocher à son Epoux sa lâcheté, il la fit venir, lui montra du feu, lui demanda si elle pourroit en supporter l'ardeur, & lui ordonna d'en faire l'essai. Monique sans balancer, se mit en devoir de prendre des charbons embrasez : Mondo tira son sabre, & le leva, comme pour lui couper le bras ; elle ne le retira point, & le Tyran au désespoir de ne pouvoir réduire une Femme ; sçachant d'ailleurs qu'on murmuroit tout haut de cette conduite outrageante & inhumaine à l'égard d'une Personne de condition, déchargea sa rage sur trois Servantes qu'elle avoit. Il voulut néanmoins essayer d'abord de les gagner par douceur, & il leur représenta, que leur Maître ayant obéï à l'Empereur, elles devoient imiter son exemple. Toute la réponse qu'il en reçut, fut qu'elles dévoient plus de fidélité au Maître qu'elles avoient dans le Ciel, qu'à celui, qu'elles servoient sur la terre. Picqué de cette résistance, il leur fit tenailler les doigts ; & comme une des trois, nommée MAGDELEINE, encourageoit les deux autres à souffrir constamment un supplice passager, il prit lui-même les tenailles, & fit endurer à cette courageuse Fille tout ce que la fureur lui put inspirer de tortures. Ce fut en vain : il se lassa, & ordonna qu'après les avoir dépoüillées toutes trois, on leur versât de l'eau glacée sur le corps, qu'on leur en fit avaler autant qu'il seroit possible, pour la leur faire rendre par force ; puis les voyant presque évanoüies, il les renvoya à leur Maîtresse, comme si elles se fussent renduës ; mais elles eurent grand soin de publier le contraire.

Monique de son côté n'avoit pas eu beaucoup de peine à faire rentrer son Mari en lui-même, & ce jeune homme étoit abîmé dans un chagrin mortel, répandant jour & nuit un torrent de larmes. La vûë de sa Femme, qui avoit si glorieusement triomphé du Tyran, redoubloit sa douleur, & ne la pouvant plus supporter, il alla trouver Mondo, lui dit qu'il venoit réparer son infidélité, & lui protesta que son cœur n'avoit point eu de part à l'indiscrete parole, qui lui avoit échappé. Mondo, après bien des efforts inutiles pour l'obliger à demeurer du moins dans le silence, le renvoya en prison, où Monique l'alla joindre d'abord avec ses deux enfans, dont l'un avoit sept ans, & l'autre n'en avoit que deux ; les trois Servantes s'y présenterent aussi, mais on ne voulut point les recevoir. Naysen écrivit alors plusieurs Lettres, qui furent répanduës dans toutes les Provinces, & firent un très-bon effet. L'Hôte & l'Hôtesse du Pere de Torrez furent peu de tems après envoyez dans la même Prison, apparemment sur ce que Mondo s'étoit promis qu'à force de tourmens il viendroit à bout au moins de quelques-uns de ses Prisonniers, & il faut convenir qu'il les fit souffrir au-delà de toute expression. Ils ne laissoient pourtant pas encore d'y ajoûter dans les intervalles, où on les laissoit respirer, des austéritez volontaires ; & Dieu, qui se communique sans réserve à ceux, qui n'en ont point pour lui, les combloit de tant de délices spirituelles, que ce triste séjour leur paroissoit un Paradis anticipé ; nuit & jour on y entendoit célébrer les miséricordes du Seigneur, & plusieurs y reçurent des graces très-signalées.

Enfin l'ordre arriva de les envoyer tous à Nangazaqui. Mondo, avant que de les faire partir, voulut encore tenter la constance de quelques-unes des Femmes ; mais il n'en remporta que de la confusion. Il fit enlever à Monique & à Suzanne leurs petites Filles, à qui on avoit eu la cruauté de faire souffrir le tourment de l'eau. Mais on laissa à la premiere son Fils nommé LOUIS. On ne peut dire la douleur, que causa à ces deux Héroïnes le danger, auquel ces pauvres Enfans alloient être exposées de perdre la Foi. Les autres Prisonniers sçachant qu'on les conduifoit au fupplice, firent pendant tout le voyage retentir les Campagnes de leurs chants d'allégreffe; enfin ils arriverent le douziéme de Juillet à la vûë de la Colline, fur laquelle ils devoient confommer leur facrifice, & qu'on appelloit communément *la Sainte Montagne*, pour les raifons, que j'ai dites ailleurs. Ils entrerent dans le champ de bataille en chantant les Litanies de la Vierge, & dans l'inftant les hommes furent liez à leurs Poteaux; on y attacha auffi le corps de Mancie Araqui, lequel étoit mort quatre jours auparavant dans la prifon. Les Femmes, qui devoient avoir la tête coupée, fe jetterent à genoux devant les Poteaux, & un Soldat, qui portoit le petit Loüis, le mit à terre.

Ce petit Innocent, qui ne fçavoit ce que tout cela vouloit dire, courut à fa Mere, qui le repouffa de la main, parce qu'elle vouloit achever quelques prieres, & peut-être auffi parce qu'elle fe fentoit trop émûë. Le pauvre Enfant tout trifte & tout déconcerté, fe tourna vers le Soldat: alors fon Pere lui cria de fon Poteau d'avoir bon courage, & que bientôt ils feroient tous enfemble dans le Ciel. Les Femmes firent enfuite un dernier adieu à leurs Maris, & dans l'inftant on commença l'Exécution. Le petit Loüis ayant vû tomber à fes pieds la tête de fa Mere, fe mit à pleurer; il s'éleva auffitôt un cri dans l'Affemblée, & dans le moment un Bourreau ayant pris l'Enfant à fon avantage, lui abattit la tête d'un feul coup. Toutes ces Femmes étant mortes, on mit le feu au bois, que Feizo avoit fait moüiller, pour l'empêcher de brûler trop vîte; cela fit d'abord élever une fumée épaiffe, qui déroba quelque tems les Martyrs aux yeux des Spectateurs. Quand elle fut diffipée, on apperçut Jean Tanara, chez qui le Pere de Torrez avoit logé, lequel marchoit au milieu des flammes. Il alla d'abord embraffer le corps de Mancie Araqui, puis il embraffa tous les autres Confeffeurs, après quoi il s'en retourna à fon Poteau. C'étoit un bon Vieillard d'une grande fimplicité, & d'une ferveur admirable. Dès que tous eurent expiré, on jetta leurs cendres à la Mer.

Fin du Livre feiziéme.

HISTOIRE DU JAPON.

LIVRE DIX-SEPTIE'ME.

De J. C.
1616.
De
Syn Mu.
2286.

JE ne crois pas avoir lieu de craindre qu'on m'accuse de ne pas rendre toute la juſtice, que je dois en qualité d'Hiſtorien, aux Proteſtans, dont j'ai occaſion de parler, & j'attends même de leur équité qu'ils reconnoîtront qu'on ne peut être plus en garde, que je l'ai été, contre ce que les Catholiques, qui ont parlé du Japon, ont publié à leur deſavantage. C'eſt d'eux-mêmes & des Mémoires, qu'ils ont le plus vantez, que je tire les faits, qu'on leur a le plus reprochez ; je les ai diſculpez ſur d'autres, qui m'ont paru avancez ſans preuves, & je ne fais même, qu'après un de leurs illuſtres Auteurs (a), ces deux réflexions, que tout Lecteur attentif ne peut manquer de faire en liſant cet Ouvrage.

La premiere, que le progrès du crédit des Proteſtans au Japon, & la décadence du Chriſtianiſme dans cet Empire, ont été juſqu'à la fin tellement liez, que l'une ſembloit ſuivre néceſſairement de l'autre. La ſeconde, que ſi la chûte entiere de la Religion de Jeſus-Chriſt, bien loin de rendre le Commerce de ces Meſſieurs plus floriſſant, comme ils avoient lieu de s'en flatter, a été l'époque fatale de ſa diminution, la conduite qu'ils ont tenuë avec les Catholiques, en a été la principale cauſe, en leur attirant le mépris d'une Nation, que ſa haine pour le Chriſtianiſme n'aveugla point, juſqu'à l'empécher de voir qu'il ne convenoit pas à des Chrétiens de s'en faire les inſtrumens.

De J. C.
1616.
De
Syn Mu.
2286.

(a) Kœmpfer.

Sf iij

§. I.

Marque de distinction donnée par l'Empereur à un Ambassadeur Hollandois. Entrevûë de l'Empereur & du Dairy.

Quoiqu'il en soit, tandis que toutes les Provinces de l'Empire Japonnois fumoient du sang des Martyrs, l'Empereur sembloit prendre à tâche de combler de faveurs les Hollandois; il leur donna même alors une marque de distinction, qui surprit beaucoup. Ce Prince se disposoit à partir pour Méaco, où il alloit rendre son hommage au Dairy, & il est d'usage en ces occasions, qu'on ne lui parle d'aucune affaire. Deux Ambassadeurs, l'un Portugais (*a*), l'autre Siamois, sollicitoient depuis quelque tems une Audience. On leur signifia qu'il falloit attendre jusqu'après le retour de Sa Majesté. Le seul Conrad KRAMMER, qui venoit d'arriver avec le caractere d'Ambassadeur de la Compagnie des Indes Orientales, fut excepté de cette Loi: il vit l'Empereur & le vieux Cubo-Sama son Pere, & en fut parfaitement bien reçu. Etant ensuite allé rendre visite aux principaux Ministres, ces Seigneurs l'inviterent à ne point s'en retourner à Firando, où étoit toujours le Comptoir de la Compagnie Hollandoise, qu'il n'eût vû la Cérémonie de l'Entrevûë des deux Empereurs à Méaco. Il suivit ce conseil, & arriva à Méaco quelques jours avant le Xogun-Sama. Il trouva cette Capitale si pleine de monde, qu'il lui fut impossible, après avoir vû l'Entrée de l'Empereur, de sortir de sa Loge pour regagner son Auberge, & qu'il fut contraint de passer la nuit au même endroit. C'étoit le vingt-quatriéme d'Octobre, ancien style.

Le jour suivant, qui étoit destiné à l'entrevûë des deux Princes, la foule se trouva si grande, que Méaco, tout vaste qu'il étoit, ne la pouvoit contenir. Voici la description, que l'Ambassadeur Hollandois nous a donnée de cette auguste cérémonie. Entre le Palais de l'Empereur & celui du Dairy, les ruës étoient couvertes de sable blanc, & de poudre de Talc, ce qui sembloit faire un pavé d'argent. On avoit dressé des balustrades tout le long des maisons, & elles étoient bordées de deux hayes de soldats, habillez d'une robe blanche traînante, & la tête couverte d'un petit bonnet vernissé; ils avoient chacun deux sabres au côté, & à la main une espéce de demie pique, que Krammer dans sa Relation appelle *Nanganet*. Ils resterent en faction tout le tems, que l'Empereur fut à Méaco, occupant toutes les avenuës, par lesquelles les Carosses & les Chevaux devoient passer, & empêchant la multitude de les remplir; les ruës & les maisons étoient si pleines nuit & jour, qu'à peine pouvoit on respirer; tout s'y vendoit sur la bonne foi des Marchands, qui n'avoient pas le tems de peser, ni de mesurer.

La Fête commença avec le jour; d'abord on vit défiler les Domestiques des deux Souverains; ceux du

---

(*a*) Nos Relations ne parlent point de cet Ambassadeur Portugais, & il y a bien de l'apparence que c'étoit un simple Député de la Ville de Macao.

Dairy portoient les préfens de leur Maître pour l'Empereur dans de grandes caisses vernissées, sur lesquelles étoient les armes de ce Prince, & quelques Compagnies de Soldats leur faisoient escorte. Après cela venoient quarante-six Litieres, (a) dans chacune desquelles il y avoit une Dame d'honneur des Concubines du Dairy. Ces Litieres étoient portées par quatre hommes, elles étoient d'un bois fort blanc, de la hauteur d'une brasse, ayant sur l'impériale, qui étoit de laton, quantité de festons, & d'autres pareils ornemens; vingt & une autres Litieres suivoient portées pareillement par quatre hommes, mais elles étoient d'une autre figure, & couvertes d'un vernis brun. On y voyoit aussi des Dames, dont l'air majestueux & modeste inspiroit le respect; vingt-sept Norimons, où étoient les Gentilshommes du Dairy, ayant chacun quatre Porteurs tous habillez de blanc, aussi bien que les Valets, qui les accompagnoient, marchoient immédiatement après; à chaque Norimon il y avoit un grand Parasol, dont le fonds étoit de soye blanche, & presque tout d'or. Ceux-ci étoient suivis de vingt-quatre Gentilshommes à cheval, ayant sur la tête de petits bonnets d'un vernis brun en forme de coquille, garnis d'une plume noire; les manches de leurs robes étoient fort longues, & leurs hauts-de-chausses faits de satin de plusieurs couleurs, étoient longs, étroits, & bordez en quelques endroits d'or & d'argent; ils avoient au côté des sabres de vermeil doré, & à la ceinture des carquois pleins de fléches.

Les deux bouts de leurs écharpes flottoient sur la croupe du Cheval, & ils avoient des bottines d'un cuir vernissé & rayé d'or; leurs chevaux étoient petits, pleins de feu, & bien dressez; leurs selles brodées, & les housses de peaux de Tigres; le reste étoit couvert d'un caparaçon de soye rouge, qui tomboit au dessous des sangles; ils avoient auprès des oreilles deux petites cornes dorées, & les crinieres tressées avec des fils d'or & d'argent; au lieu de fers on leur avoit fait une espéce de chaussure d'un tissu de soye rouge écruë; deux hommes tenoient les rênes de chaque cheval d'une main, & de l'autre un parasol de drap fin cramoisi, doublé d'une toile fort déliée, & bordé d'une belle frange. Chaque Cavalier étoit suivi de huit Valets, tous vêtus de blanc, chacun desquels avoit deux sabres à son côté.

Cette troupe de Cavaliers étoit suivie de trois Carosses tirez par deux grands Taureaux noirs, couverts d'un réseüil de soye cramoisi, & mené chacun par quatre Valets. Chaque Carosse étoit haut de quatre brasses, long de deux, & large d'une, le tout orné de dorures de toutes sortes, sur un fonds de vernis brun; il y avoit aux trois portieres des rideaux rayez d'or, & aux deux côtez de celle, par où l'on entroit, qui étoit sur le derriere, deux petites vedettes fort propres pour deux Sentinelles; les cercles des roües étoient d'or, & leurs raies d'or émaillé: le haut de l'impériale étoit rond, & faisoit face à droite & à gauche, ainsi qu'un Château par le bas, avec des lames d'or

(a) Krammer dans sa Relation les nomme *Palanquins*, & paroît les distinguer des *Norimons*.

aux quatre angles; le fonds étoit d'un vernis noir avec les armes du Dairy en or. Les trois Maîtresses Concubines, ou les Favorites du Prince, étoient escortées d'une foule d'Estafiers. Derriere chaque Carosse étoient portez un marche-pied couvert de lames d'or, & des pantoufles vernissées. On prétend que chacun de ces Carosses coûtoit cent quatre-vingt-neuf mille neuf cent florins. Outre ce grand nombre de Valets, dont ils étoient suivis, ils l'étoient encore de vingt-trois Norimons faits d'un bois blanc comme l'albâtre, & couverts de lames de cuivre; ils étoient remplis de Concubines & de Dames d'honneur. Chacun étoit porté par quatre hommes, & flanqué de deux autres, qui soûtenoient un grand parasol.

Après ces Femmes on voyoit soixante-huit Gentilshommes, tous à cheval & deux à deux, mais dans un équipage bien plus leste, que les précédens. Il est difficile d'imaginer le grand nombre d'Estafiers, dont ils étoient suivis. Ensuite les Seigneurs de la premiere qualité portoient les Présens comme en triomphe; c'étoient deux grands sabres, dont la chaîne de la poignée étoit de diamans fins, le reste étoit à proportion: un horloge d'un artifice merveilleux; deux grands chandeliers d'or; deux colomnes d'ébene; trois tables quarrées, aussi d'ébene, diversifiées d'yvoire & de nacre, & dont la layette étoit pleine de Livres curieux, délicatement reliez; il y en avoit encore quatre autres de même matiere, mais bien plus grandes: deux grands plats d'or, & une paire de pantoufles d'un vernis admirable.

Tout ce que nous avons dit, n'étoit rien au prix de la beauté des deux Carosses, qui suivoient; tout le dedans étoit orné des armes de l'Empereur dans une bordure d'or. Dans le premier étoit l'Empereur lui-même, & dans l'autre le Prince son Fils; ils étoient précedez de deux cent soixante Gentilshommes des premieres Maisons de l'Empire, qui marchoient deux à deux, ayant chacun deux sabres au côté, & une pique à la main. Ces Gentilshommes nommez *Sambreys*, sont les Gardes ordinaires du Corps. Huit vieillards vénérables précédoient immédiatement le Carosse de l'Empereur, & faisoient faire place; les quatre premiers avec un bâton d'ébene, & les quatre autres avec une verge de fer. On menoit aussi en main devant le Carosse deux beaux chevaux de selle, chacun desquels marchoit au milieu de dix Soldats armez d'arcs & de fléches, & d'une javeline. Ensuite paroissoient les Freres de l'Empereur, puis cent soixante-quatre, tant Rois que Princes Tributaires de Sa Majesté Impériale, chacun ayant un cortége proportionné à son rang; les Freres de l'Empereur marchoient un à un, & les autres Princes deux à deux, les plus qualifiez ayant la gauche, qui est estimée au Japon la place d'honneur. Après eux quatre cent Soldats fort bien mis, fermoient le cortége en très-belle ordonnance.

Ils étoient suivis de six beaux Carosses tout neufs, une fois plus grands que les précédens, mais à peu près de la même forme, & tirez chacun par un Bœuf; ils étoient encore pleins de Concubines du Dairy. Après elles venoient soixante-huit

huit Gentilshommes, & un très-grand nombre de Valets, puis le Secretaire du Dairy dans un Carosse, au milieu de trente Cavaliers; il étoit suivi de quinze Litieres d'yvoire & d'ébenne; celles-ci de treize autres toutes d'ébenne, mais vernissées & dorées avec un art admirable, & enfin de dix-huit autres d'un vernis noir, si clair & si luisant, qu'il sembloit que ce fussent autant de glaces de miroirs. Plusieurs hommes portoient tour à tour quarante-six grands parasols autour de ces Litieres. Ensuite marchoient cinquante-quatre Musiciens, tous vêtus de même, & d'une maniere fort bizarre; ils faisoient un bruit confus de voix & d'instrumens, qui ne relevoient pas l'éclat d'une si belle marche.

Après tout cela le Dairy parut; il étoit assis dans une Litiere infiniment plus belle, que toutes les autres. Il y avoit sur un pivot au dessus de l'impériale un cocq d'or massif, qui avoit les aîles étenduës, comme pour prendre son vol; cette Litiere étoit haute d'une brasse & demie, & toute entourée de grandes figures faites par les meilleurs Ouvriers du Japon: il y avoit aux quatre coins un rang d'agrafes d'or depuis le haut jusqu'en bas; le fonds représentoit un Ciel, où le Soleil & les Etoiles étoient d'or sur un fonds d'azur. Cinquante Gentilshommes vêtus de longues robes blanches, & coëffez de petits bonnets d'un parfaitement beau vernis, portoient cette Litiere sur leurs épaules. Devant ceux-ci marchoient deux à deux quarante autres Gentilshommes vêtus, presque à la maniere des anciens Romains; ils avoient le casque en tête, tenant d'une main un *Nan-ganet* de vermeil doré, & de l'autre un bouclier, au milieu duquel étoit attaché un trousseau de fléches: ces quarante Gentilshommes composent la Garde du Corps. Derriere eux étoient cinquante-deux hommes portant treize grandes cassettes du plus beau vernis, qu'on puisse voir; & après ceux-ci quatre cent autres vêtus de blanc, marchoient six à six.

Tout ce Cortege marchoit lentement, & il étoit nuit, quand il arriva au Palais de l'Empereur; mais quand il fut passé, ce fut une confusion effroyable: car ceux, qui étoient aux fenêtres, sur les auvents, & autres lieux élevez, étant descendus presque en même tems dans la ruë, la foule augmenta de sorte, qu'il y en eut plusieurs d'étouffez, d'écrasez, & d'estropiez. Le désordre augmenta par la Cavalerie, qui, sous prétexte de tenir les passages libres, renversoit & fouloit aux pieds des Chevaux tout ce qui se rencontroit; de sorte que les ruës ruisseloient de sang. A cette cruauté ceux, qui se sentoient trop pressez, en ajoûtoient une autre; ils tiroient les sabres de leurs voisins, & en frappoient sans distinction, à tort & à travers; plusieurs tomboient à terre dangereusement blessez, sur ceux-là il en tomboit d'autres; ceux qui suivoient, & qui avançoient toujours, tomboient aussi, ce qui produisit une confusion, une désolation, & un carnage, qui faisoient horreur, & inspiroient de la pitié. Les esprits échauffez s'acharnerent même tellement, qu'on les eût plutôt pris pour des gens assemblez à dessein de se massacrer, que pour voir une Fête. L'air retentissoit des gémissemens des mourans & des blessez; ceux qui échapperent, pleuroient les uns, la perte de leurs Femmes, qui avoient péri dans la foule, d'autres leurs maris écrasez sous les pieds des Chevaux, ou mis en piéces à coups de sabre; outre une infinité de Vieillards & d'Enfans, qui n'avoient pû se tirer de la presse. Ainsi ce jour-là fut plutôt un jour de tristesse & de deüil, que de plaisir & d'allégresse.

L'insolence devint telle, que plusieurs des Litieres, qui s'en retournoient, furent pillées & enlevées. Les Princes & les Rois mêmes furent insultez & exposez, aussi bien que les autres, à la rage d'une populace effrénée. Krammer, de qui j'ai tiré tout ce récit, & qui fut témoin de tout, ajoûte qu'il se trouva fort en peine, le péril étant égal pour lui, soit qu'il demeurât, où il étoit, soit qu'il en sortît, parce qu'il y avoit à craindre que le désordre ne passât jusques dans les maisons; qu'enfin, comme il étoit tems de se retirer, il s'abandonna au hazard, & prit le chemin de son logis; que dès en sortant, il fut serré de telle sorte, qu'il se trouva au bout de la ruë, sans avoir mis le pied à terre, mais sans autre mal, que quelques meurtrissures, qu'il souffrit d'autant plus patiemment, qu'il n'avoit pas esperé d'en être quitte à si bon marché.

Le Dairy demeura trois jours dans le Palais de l'Empereur, où il fut toujours servi par ce Monarque, son Fils, & ses Freres, avec toutes les marques du plus profond respect. Ces Princes prenoient eux-mêmes le soin de préparer les viandes, qu'on lui servoit sur cent quatorze plats. (a). Les premiers Ministres de l'Empereur servoient à table les trois principales Femmes du Dairy, auquel le Fils de l'Empereur fit présent de trois mille lingots d'argent, de deux sabres, dont les fourreaux étoient d'or massif, de deux cent robes de chambre de ce beau taffetas figuré, que les Européens admirent si fort, de trois cent piéces de satin, de douze mille livres de soye écruë, d'une piéce de *Calembacq*; de cinq grands pots d'argent pleins de musc, & de dix beaux chevaux, dont les housses en broderie étoient d'un prix inestimable. On donna à son Sécretaire trois cent barres d'argent, & vingt robes de chambre fort belles; mais les présens de l'Empereur n'étoient pas si considérables, ce qui pourroit faire juger, que cet Empereur étoit le vieux Cubo-Sama (b) & son Fils, le Xogun-Sama, qui régnoit actuellement. Il paroît surprenant, qu'on ne dise rien ici de la visite que ce Prince fit au Dairy. La marche en devoit être magnifique, puisqu'il s'agissoit de l'hommage rendu au premier Souverain par un Vassal plus puissant que lui. Peut-être, que le Sieur Krammer n'ayant pas aussi bien vû cette premiere marche, que la seconde, a mieux aimé n'en point parler, que de n'en pas donner une déscription exacte; il ne dit rien non plus des Fêtes, que l'on donna au Dairy pendant les trois jours, qu'il fut chez l'Empereur, apparemment par la même raison.

Bernard de Varennes, qui a traduit en Latin cette Relation de Krammer, y ajoûte quelques circonstances, qui ne se trouvent point

(a) Bernard de Varennes dit 140.
(b) Varennes le dit expressément, en distinguant *Cafar senier* & *Cafar junior*.

dans la Traduction Françoise : on y voit entr'autres choses, que plusieurs personnes de condition, dont quelques-uns étoient venus d'Ozaca, de Sacai, & des autres Villes voisines pour voir cette cérémonie, n'avoient pas encore au bout de quatorze jours retrouvé leurs Femmes & d'autres leurs Filles, & qu'on eut de fortes présomptions qu'elles avoient été enlevées & deshonorées par des Gentilshommes de la suite des Princes, qu'on avoit vû courir presque nuds dans ce tumulte : Qu'il y eut plusieurs bagages des plus grands Seigneurs pillez avec perte de ce qu'il y avoit de plus précieux; des Litieres, où étoient des Dames, renversées, après qu'on en eut massacré les Porteurs ; & que ces Dames avoient été dépoüillées de ce qu'elles avoient de plus riche. Enfin le Latin dit que ce n'étoit pas l'Empereur & ses Fils, qui préparoient, comme le dit le François, les mets, que l'on devoit présenter à l'Empereur, mais leurs principaux Officiers.

§. II.

Plusieurs Religieux de Saint Dominique brûlez vifs. Cruautez inoüies. Nombre prodigieux de Martyrs. Relation des Hollandois. Réflexions sur cette Relation. Nouveaux combats & nouvelles victoires des Chrétiens.

Cependant la persécution augmentoit tous les jours, & les Relations des années suivantes ne présentent qu'un détail fort ample des cruautez, qu'on exerçoit sur les Fidéles. Le récit en fait frémir, & le nombre des Martyrs, dont il y est parlé, est infini. Néanmoins les Auteurs de ces Relations protestent au Général des Jésuites, à qui elles sont adressées, qu'ils ne parlent que du Ximo, & qu'ils en omettent beaucoup plus, qu'ils n'en rapportent. Le vingt-sixiéme de Juillet 1627. le Pere Loüis Bertrand XARCH Dominiquain, dont la Mere avoit l'honneur d'être Parente de saint Louis Bertrand, fut brûlé vif à Omura avec deux Freres Convers, Japonnois de naissance, dont l'un se nommoit Mancie DE LA CROIX, & l'autre Pierre DE SAINTE MARIE. Deux autres Japonnois du Tiers Ordre ; quelques Femmes, qui étoient sous la direction du Pere Xarch, & qui ne voulurent point se séparer de lui, quand il fut arrêté, eurent le même sort au mois d'Août suivant.

Le Royaume d'Arima étoit alors le Théâtre, où se passoient les plus sanglantes Scenes. Bungondono, que j'ai dit avoir ajoûté cette Couronne à sa Principauté de Ximabara, avoit eu quelques affaires fâcheuses à la Cour de Jedo, & sur la nouvelle, qu'on avoit découvert des Religieux dans ses Etats, il s'étoit vû sur le point d'en être dépoüillé. Il se tira enfin de ce mauvais pas, mais ce fut en promettant avec serment qu'il extermineroit le Christianisme de son Royaume, & les ordres qu'il envoya aussi-tôt à ses Lieutenans, firent bien voir qu'il étoit résolu de tenir parole. Il les suivit de près, & d'abord il ne parut ne point du tout songer aux Chrétiens ; mais les plus clairvoyans s'apperçurent bien que ce calme cachoit quelque orage funeste. Plusieurs s'exilerent, quelques-uns crurent pouvoir sans infidélité donner de l'argent pour faire effacer leurs noms des Listes, qu'on avoit dressées : d'autres perdirent tout-à-fait courage, mais ces taches furent bientôt effacées par les grands exemples de constance, que nous allons voir.

Vers le commencement de Février de l'année 1627. un mois après le retour du Roi dans son Royaume, l'orage creva, & tomba d'abord sur Ximabara. Trois Lieutenans de ce Prince partagerent entre eux les différens quartiers de cette Ville, & exercerent sur les Fidéles sans distinction d'âge, ni de sexe, des cruautez, qui passerent tout ce qu'on avoit encore vû jusques-là. Le Pere de Couros n'étoit alors qu'à une lieuë & demie de Ximabara, dans une petite Bourgade appellée FUCAYE. Il apprit dans cette retraite avec bien de la douleur que les Chefs du Peuple étoient tombez dans l'Apostasie, & comme il craignoit les suites d'un si pernicieux exemple, il voulut courir au secours de cette Chrétienté désolée, qu'il croyoit sur le penchant de sa ruine ; mais on l'arrêta par force ; & sa consolation fut que ce qu'on ne lui permit pas de faire à Ximabara, il le fit heureusement à Fucaye, qui donna en cette rencontre plus de Martyrs à l'Eglise, que tout le reste du Royaume ensemble. L'exemple de Bungondono fut bientôt imité de la plûpart des Princes & des Gouverneurs ; & peut-être ne vit-on jamais une barbarie semblable. Les Hollandois, qui ont été témoins oculaires de ce qui se passoit à Firando, n'en parlent qu'avec horreur. (a)

Aux uns, disent-ils, on arrachoit les ongles, on perçoit aux autres les bras, & les jambes avec des virebrequins, on leur enfonçoit des alaines sous les ongles, & on ne se contentoit pas d'avoir fait tout cela une fois, on y revenoit plusieurs jours de suite. On en jettoit dans des fosses pleines de Viperes ; on remplissoit de souphre & d'autres matieres infectes de gros tuyaux, & on y mettoit le feu, puis on les appliquoit au nez des Patiens, afin qu'ils en respirassent la fumée, ce qui leur causoit une douleur intolérable. Quelques-uns étoient picquez par tout le corps avec des roseaux pointus ; d'autres étoient brûlez avec des torches ardentes. Ceux-ci étoient foüettez en l'air jusqu'à ce que les os fussent tout décharnez ; ceux-là étoient attachez, les bras en croix, à de grosses poutres, qu'on les contraignoit de traîner, jusqu'à ce qu'ils tombassent en défaillance. Pour faire souffrir doublement les Meres, les Bourreaux leur frappoient la tête avec celle de leurs Enfans, & leur fureur redoubloit à mesure que ces petites Créatures crioient plus haut.

La plûpart du tems tous, hommes & femmes étoient nuds, même les personnes les plus qualifiées & pendant la plus rude saison. Tantôt on les promenoit en cet état de Ville en Ville, & de Bourgade en Bourgade ; tantôt on les attachoit à des poteaux, & on les contraignoit de se tenir dans les postures les plus humiliantes, & les plus génantes. Pour l'ordinaire on ne les laissoit pas un

(a) Voyez la Relation de Reyer Gysbertz.

moment en repos, les Bourreaux, comme autant de Tygres affamez, étant fans cesse occupez à imaginer de nouvelles tortures. Ils leur tordoient les bras, jusqu'à ce qu'ils les eussent tout-à-fait disloquez; ils leur coupoient les doigts, y appliquoient le feu, en tiroient les nerfs: enfin ils les brûloient lentement, passant des tisons ardens sur tous les membres. Chaque jour, & quelquefois chaque moment avoit son supplice pasticulier.

Cette barbarie fit bien des Apostats, mais le nombre des Martyrs fut très-grand, & la plûpart même de ceux, qui avoient cédé à la rigueur des tourmens, n'étoient pas plutôt remis en liberté, qu'ils faisoient ouvertement pénitence de leur infidélité. Souvent on ne faisoit pas semblant de s'en appercevoir; ou vouloit avoir l'honneur de faire tomber des Chrétiens, & quelquefois il suffisoit que dans une grande troupe deux ou trois eussent témoigné de la foiblesse, pour les renvoyer tous, & publier qu'ils avoient renoncé au Christianisme. Il y en eut même, à qui l'on prit par force la main, pour leur faire signer ce qu'ils détestoient à haute voix. Enfin plusieurs, après avoir été mis à force de tortures dans l'état du monde le plus déplorable, étoient livrez à des Femmes publiques, & à de jeunes Filles débauchées, afin que par leurs caresses elles profitassent de l'affoiblissement de leur esprit, pour les pervertir.

On promena un jour à Ximabara cinquante Chrétiens dans une situation à les couvrir de la plus extrême confusion, puis on les traîna à une espece d'esplanade, pour les y tourmenter en toutes manieres. Il y en eut surtout sept, du nombre desquels étoit une Femme, dont le courage choqua celui, qui présidoit à cette barbare exécution, & il s'acharna sur eux avec une rage de forcéné. Il fit creuser sept fosses à deux brasses l'une de l'autre; il y fit planter des Croix, sur lesquelles on étendit les Patiens, & après qu'on leur eut pris la tête entre deux ais échancrez, on commença à leur scier avec des cannes dentelées, aux uns le col, aux autres les bras; on jettoit de tems en tems du sel dans leurs playes, & ce cruel supplice dura cinq jours de suite sans relâche. Les Bourreaux se relevoient tour à tour, leur fureur étant obligée de céder à la constance de ces généreux Confesseurs de Jesus-Christ, & des Médecins, qu'on appelloit de tems en tems, avoient soin de leur faire prendre des cordiaux, de peur qu'une mort trop prompte ne les dérobât à la brutalité de leurs Tyrans, ou que la défaillance ne leur ôtât le sentiment du mal. Ainsi par un rafinement d'inhumanité, jusques-là inconnu aux Peuples mêmes les plus barbares, on employoit à prolonger les souffrances des Fidéles un art uniquement destiné au soulagement & à la conservation des hommes.

Voilà une partie de ce que les Hollandois nous ont laissé par écrit de la maniere, dont ils avoient vû traiter les Chrétiens; & ils conviennent que depuis la naissance du Christianisme on n'a point ouï parler, ni d'une plus longue persécution, ni de plus horribles supplices, ni d'une Chrétienté plus féconde en Martyrs. Ne doit-on pas être bien surpris, après un témoignage si authentique, d'entendre dire (a) à un Religieux ; qu'il n'étoit pas étrange que le plus grand nombre de ces nouveaux Chrétiens, qui ne sçavoient de la Religion, que ce que les Jésuites leur en avoient appris, préférassent les instructions douces & accommodantes, qu'ils leur avoient données, à de plus saintes & de plus severes, que donnoient les autres Religieux à ceux, qui étoient sous leur conduite, & favorisassent l'ambition de leurs Instructeurs, parce que ceux-ci favorisoient à leur tour la cupidité de leurs Disciples. Mais si les Disciples ne doivent pas s'attendre à être mieux traitez que leurs Maîtres, il ne faut pas s'étonner qu'on fît passer pour des hommes charnels & corrompus, des Fidéles, qui faisoient, & qui feront à jamais un des plus beaux ornemens de l'Eglise, dans le même tems qu'on représentoit, comme *des Séducteurs, dont la morale portoit le venin dans le cœur de qui que ce fût, qui en approchoit,* (b) ceux, qui selon l'expression d'un grand Pape étoient leurs Peres & leurs Maîtres en Jesus-Christ. Après tout il suffit pour la défense des Jésuites, que leurs plus grands Ennemis reconnoissent, ce qui est d'ailleurs sans contredit, que le plus grand nombre des Fidéles Japonnois ont été leurs Eleves, & que d'autres Hérétiques, qui ne les ont jamais flattez, ayent été contraints de publier qu'il n'y a point eu de persécution plus sanglante, ni d'Eglise plus féconde en Héros Chrétiens, que celle du Japon. Voilà en deux mots de quoi fermer la bouche aux Calomniateurs des Missionnaires & des Chrétiens, qui ont arrosé ce grand Empire de leur sang, & dont nous allons continuer de rapporter les combats & les victoires.

De tous les Lieutenans de Bungondono Roi d'Arima, Mondo étoit le plus acharné contre les Fidéles. Il fit un jour venir une troupe de Chrétiens dans une Sale, dont il avoit fait couvrir tout le plancher de braises allumées, & après avoir ordonné qu'on les dépoüillât tout nuds, il leur dit de se tenir à genoux au milieu de ce brasier, ajoûtant qu'il prendroit pour un signe d'Apostasie, le premier mouvement, qu'ils feroient. Ils obéïrent, & le Tyran voyant que pas un ne branloit, quoiqu'ils fussent à demi rôtis, il ne put souffrir plus longtems une constance, qui le bravoit, & les fit retirer. C'étoit de jeunes gens, à qui il s'étoit adressé, il espéra de venir plus aisément à bout des personnes avancées en âge ; il y avoit dans le territoire d'Aria un Vieillard de soixante & douze ans, nommé Leon KEISAYEMON, qui en l'absence des Pasteurs soûtenoit la Foi des Fidéles de cette Ville ; Mondo le fit venir, & le regardant d'un œil courroucé : »J'apprens, lui dit-il, que vos En-»fans & vous étes à la tête de ce »qu'il y a dans ce Royaume de Sé-»ditieux & de Rebelles aux volon-»tez du Roi. Il faut que tout à »l'heure vous offriez de l'encens à »nos Dieux, ou je ferai de vous un »exemple, qui intimidera les plus »hardis. Mon âge, reprit le Vieil-»lard, & les mesures que j'ai prises, »pour n'être point trompé sur le »fait de la Religion, sont de grands

---

(a) Mémorial du Pere Collado pages 135. & 136.
(b) Là même.

» préjugez en faveur du choix, que
» j'ai fait ; & j'efpere de la bonté du
» Dieu que j'adore, que bien loin
» d'être un exemple de terreur, ma
» mort fervira d'un nouveau motif
» pour animer de plus en plus la
» Foi de mes Freres.

Comme il parloit encore, Mondo l'interrompit pour lui commander de fe coucher tout nud fur des charbons embrafez ; il ne repliqua rien, fe dépoüilla lui-même, & s'étendit fur le feu auffi tranquillement, qu'il auroit pû faire fur le meilleur lit. Après qu'il y eut été quelque tems, on lui dit de fe tourner de l'autre côté, & il fe tourna, ce qu'il fit plufieurs fois. Mondo ne put foûtenir longtems ce fpectacle, il fe retira confus & défefpéré, & le Vieillard fut reporté chez lui. Toute fa Famille, jufqu'à une petite Fille de quatre ans, fut traitée de la même maniere ; Keifayémon, à qui on les renvoya demi morts, les reçut, tout mourant qu'il étoit lui-même, avec un tranfport de joye, qui parut d'abord le faire revivre, mais qui acheva d'épuifer fes forces. Après les avoir tous tendrement em-braffez, il alla dans le Ciel prendre pour lui & pour eux poffeffion de la récompenfe, qui les attendoit.

Une autre Famille ne fut, ni moins maltraitée, ni moins conftante : Gafpard GUICHISUQUE, & fa Femme, qui portoit le nom de LUCE, furent citez pour répondre de leur Foi, & confefferent Jefus-Chrift avec beaucoup de fermeté. On les dépoüilla, & on les brûla lentement avec des tifons, & ils expirerent dans ce cruel fupplice, fans avoir donné le moindre figne de foibleffe. Ils avoient un Fils âgé de treize ans, qui avoit nom PIERRE : après qu'on lui eut ôté fes habits, on le fufpendit à un arbre, & on le brûla avec des torches : comme il paroiffoit infenfible, on le détacha, on fit chauffer un vafe de terre plombée, on l'obligea de le prendre tout brûlant avec la main, & on l'avertit, que s'il laiffoit tomber à terre, cela feroit pris pour une marque d'obéïffance aux Edits de l'Empereur. Le vafe brûla la main de l'Enfant, fans qu'il branlât : la Relation n'en dit pas davantage.

§. III.

Defcription des eaux enfouffrées du Mont Ungen. Le Roi d'Arima y fait conduire les Chrétiens. Grandes actions de Paul Ucibori. Il eft mis en prifon. La vie qu'il y mene. Ses Enfans font tourmentez en fa préfence. Leur Martyre. Ucibory eft tourmenté de nouveau. Sa mort.

MAis le tourment, dont on fe fervit plus efficacement, pour affoiblir la Foi des Chrétiens dans ce Royaume, fut l'eau enfouffrée du Mont Ungen. J'ai dit ailleurs que cette Montagne eft fituée dans le Bigen entre Nangazaqui & Xima-bara. Elle n'eft pas fort haute, mais elle a beaucoup d'étenduë, & fon afpect a quelque chofe d'affreux : fon fommet eft pelé, blanchâtre, & n'eft gueres qu'une maffe brûlée. La terre y eft brûlante en plufieurs endroits, & partout fi fpongieufe qu'à l'exception de quelques petits bouquets de bois, qu'on y rencontre d'espace en espace, on n'y marche qu'en tremblant; outre qu'on y entend un grand bruit sous ses pieds. Il en sort une fumée, qu'on apperçoit de trois lieuës seulement, & qui n'est pas fort épaisse; mais toute la montagne exhale une odeur de soufre si forte, qu'à plusieurs milles à la ronde on n'y voit pas un seul Oiseau. L'eau de pluye, qui y tombe, boüillonne d'abord, & on diroit alors que toute la Montagne est une fournaise : elle a plusieurs têtes, qui sont séparées par des précipices, ou des Etangs d'eau brûlante. Il y avoit surtout un de ces abîmes, où depuis peu d'années il s'étoit fait une ouverture de figure ronde, & d'environ six pas de diamettre. Il en sortoit des exhalaisons si infectes, qu'on l'avoit nommé *Bouche d'Enfer*. On ne s'étoit pas encore avisé d'y tourmenter les Malfaiteurs, comme on faisoit à toutes les autres, pour certains crimes : elle étoit pleine jusqu'à la superficie, non d'une eau brûlante, comme celles-ci ; mais d'un composé de matiere & de soufre, qui s'élevoit quelquefois en boüillonnant, & qu'on ne pouvoit alors regarder sans frayeur.

Le Roi d'Arima persuadé que toute la constance des Chrétiens échoüeroit à cet écüeil, y fit conduire tous ceux, qu'il tenoit actuellement dans ses prisons, & ordonna qu'après les avoir dépoüillez, on les y plongeât, d'abord par parties, puis qu'on les retirât, pour voir s'ils ne se rendroient point, & qu'on recommençât la même manœuvre, jusqu'à ce qu'ils fussent vaincus, ou qu'on eût perdu l'espérance de les vaincre. Ses ordres furent fidélement exécutez ; & comme ce premier essai ne réüssit point, on varia ce supplice en mille manieres différentes. La plus ordinaire fut d'étendre le Patient tout nud sur le bord de l'abîme, puis de l'arroser de la matiere, qu'on en tiroit ; & comme il n'en falloit qu'une goutte, pour former une ulcere, les Martyrs étoient bientôt dans un état à faire horreur. Souvent leur supplice duroit quinze jours, & lorsque leur corps n'étoit plus qu'une playe, on les abandonnoit comme des cadavres jettez à la voirie, sans aucun secours, & souffrant des douleurs inexprimables. Pendant quelque tems tous triompherent, mais à la fin ce supplice causa bien des chûtes.

Les premiers, qui de cette bouche d'Enfer parvinrent à la Couronne de gloire, fut une troupe de seize Chrétiens, parmi lesquels étoit une Femme nommée MARIE. Le Chef de tous étoit Paul UCIBORY, un des principaux Habitans de Ximabara, & qui par la sainteté de sa vie, & la maniere, dont il triompha de tous les assauts, qu'on lui livra, fut longtems l'admiration de tout le Pays. Dès l'année 1614. Safioye Gouverneur de Nangazaqui, & Roi d'Arima, auquel on l'avoit représenté comme le plus ferme soûtien du Christianisme dans Ximabara, s'étoit avisé, pour le deshonorer, & lui ôter tout son crédit, de le faire promener tout nud dans la Ville & dans toutes les Bourgades d'alentour ; mais cette confusion, que le Serviteur de Dieu avoit soûtenuë avec une constance de Héros, avoit eu un effet tout contraire aux prétentions

tions du Tyran; ayant ajoûté la qualité de Confesseur de Jesus-Christ à toutes celles, qui distinguoient déja Ucibory, & l'autorisoient dans les fonctions de son zele.

Quelques années après le Pere Jean-Baptiste Zola vint au secours de cette Chrétienté, & Ucibory ne voulut point souffrir que ce Missionnaire logeât ailleurs que chez lui. Le Pere accepta son offre, mais quelques soins qu'apportât Ucibory, pour empêcher qu'on ne le recherchât, il reçut un jour avis, que l'on songeoit à visiter sa maison. Le parti qu'il prit, fut d'équiper une Barque dans le dessein de se retirer ailleurs avec son Hôte, & en attendant que la Barque fût prête, il pria Jean Naysen, dont nous avons parlé dans le Livre précédent, de retirer chez lui le Pere Zola; Naysen y consentit avec joye, & alla offrir sa maison au Missionnaire, lequel y étoit à peine entré, que les Gardes du Gouverneur en furent avertis, & le vinrent saisir de la maniere, que nous avons vûë. Le bruit s'en étant répandu, Ucibory courut chez le Gouverneur, lui déclara que le Missionnaire avoit toujours demeuré chez lui, que Naysen ne l'avoit eu qu'en dépôt, & par conséquent que c'étoit à lui, & non pas à son Ami, de mourir avec ce Religieux.

Naysen & sa Femme Monique furent appellez aussitôt, pour être confrontez avec Ucibory, mais ils plaiderent si bien leur cause, que ce dernier ne fut plus écouté; le fervent Chrétien frustré de son espérance, ne perdit pourtant pas courage, il en appella au Gouverneur de Nangazaqui, alla trouver ce Seigneur, & lui parla avec tant de force, que

Cavacci, après l'avoir entendu, ne put s'empêcher de dire : « Voilà une » Religion, qui met l'homme bien » au dessous de la bête, si c'est la » fureur, qui fait agir ces gens-ci; » ou bien au dessus de l'homme, si » c'est courage, ou grandeur d'ame. » Il confirma néanmoins la Sentence du Gouverneur de Ximabara, & Ucibory fut contraint de s'en retourner chez lui, sans avoir pû même obtenir d'être mis en prison. Mais peu de tems après l'Empereur ayant ordonné qu'on sévît généralement contre tous ceux, qui feroient profession ouverte de la Religion Chrétienne, Ucibory fut arrêté des premiers, avec sa Femme, & trois Enfans, qu'ils avoient, & dont le dernier n'avoit que cinq ans. Dès qu'Ucibory se vit prisonnier, il se traça un réglement de vie conforme à son nouvel état; il redoubla ses prieres, ses jeûnes & ses autres austéritez; de sorte que tout son tems étoit consacré à l'oraison, à la mortification, & à tous les exercices, que sa piété & son zele lui inspirerent, pour se préparer au combat, & y disposer les Compagnons de sa captivité.

Il est vrai qu'on ne leur en donna pas beaucoup de tems. Le Gouverneur paroissoit s'être fait un point d'honneur de les réduire, & il s'y prit de maniere à faire juger qu'il n'en vouloit pas avoir le démenti. Tous les Prisonniers ayant comparu devant son Tribunal, lequel étoit environné de Bourreaux; on demanda à Ucibory, quels doigts il vouloit qu'on coupât à ses Enfans; il répondit, que la chose lui étoit assez indifférente, & qu'il ne souhaitoit à ses Enfans, non plus qu'à lui, que des souffrances & du courage;

Tome II.   V u

on les prit donc les uns après les autres, & on leur coupa à chacun trois doigts de chaque main. Ces pauvres Enfans donnoient leurs mains, pour être mutilées, & souffroient les plus vives douleurs, avec une insensibilité, que Dieu seul peut donner, & qui fit couler les larmes des yeux de tous les Assistans. Le Pere seul embrassoit ces petits Martyrs avec des yeux secs, baisoit leurs playes avec respect, les félicitoit de leur courage, & les offroit à Dieu, comme d'innocentes victimes, dont il le conjuroit d'accepter le sacrifice entier.

Il obtint sur l'heure ce qu'il souhaitoit. Le Gouverneur s'apperçut qu'il perdoit son tems en s'arrétant aux supplices ordinaires, & il fit conduire les Prisonniers sur le bord de la Mer; là ils furent partagez en deux bandes, l'une de vingt, où étoit Ucibory; l'autre de seize, parmi lesquels étoient ses Enfans; les premiers furent mis dans une grande Barque, & les autres dans deux petites. Quand ils furent tous à quelque distance du rivage, on commença à plonger les seize dans la Mer; on les y tenoit quelque tems, puis on les retiroit, pour voir s'ils ne se rendroient point: ensuite on les replongeoit, & après trois ou quatre tentatives pareilles, on leur attachoit une pierre au col, ou à quelqu'autre partie du corps, & on les laissoit aller au fonds. Les trois enfans d'Ucibory moururent de cette sorte à la vûë de leur Pere, qui éclatoit en actions de graces, & s'estimoit le plus heureux Pere, qui fût au monde. On avoit tenu jusqu'à trois quarts d'heure de suite le petit IGNACE, le plus jeune de ces trois enfans, pendu par les pieds, avant que de le précipiter dans la Mer, sans qu'il branlât seulement, & le Pere goûtoit à longs traits le plaisir, que lui causoit une si grande fermeté.

Tous les seize étant morts, l'autre bande fut reconduite à terre, & dès qu'elle y fut, celui qui présidoit à l'exécution, nommé MIRAJAMA, les appella tous les uns après les autres, & ordonna qu'on les marquât au front & aux deux joues avec un fer chaud. Cela fait, il les rappella une seconde fois, & leur fit couper plusieurs doigts des mains. Le premier, qui passa ainsi en revûë, fut Ucibory: on ne lui laissa à chaque main que le poulce & le petit doigt, & quand l'opération fut finie, il se tourna vers ses Compagnons & leur dit: » Ne craignez point, mes Fre- » res, je ne sens aucun mal, & j'es- » pere que vous éprouverez aussi la » même chose. « En effet, aucun de ces généreux Confesseurs ne fit aucun mouvement, qui parût causé par la douleur, quoique pour les faire souffrir davantage on eût pris de méchans couteaux, qui leur scioient plutôt, qu'ils ne leur coupoient les doigts.

On leur mit ensuite sur le dos un Ecriteau, qui étoit conçu en ces termes: CELUI-CI A E'TE' PUNI DE LA SORTE, POUR N'AVOIR PAS VOULU OBEÏR AUX EDITS, QUI ORDONNENT D'ABANDONNER LA LOI DE DIEU. S'IL DEMANDE L'AUMÔNE, ON PEUT LA LUI DONNER, MAIS QUICONQUE LE RETIRERA CHEZ SOI, NE FUT-CE QUE POUR UN MOMENT, OU LUI LOUERA UN LOGIS, SERA SEVEREMENT CHATIE'. S'IL MEURT, IL EST DEFENDU DE L'ENTERRER, MAIS IL FAUT EN AVERTIR

DU JAPON, Livre XVII. 339

le Gouverneur; il y a peine de mort pour celui, qui sera assez hardi, que de l'enlever, de le cacher, ou de l'inhumer. Il est bon de remarquer ici que dans l'usage ordinaire les Idolâtres mêmes donnoient au Christianisme le beau nom de *Loi de Dieu*.

Les Confesseurs de Jesus-Christ portant ainsi sur eux l'Arrêt & la cause de leur condamnation, eurent liberté entiere de se retirer partout, où ils pourroient, pourvû qu'ils n'entrassent point dans les endroits peuplez, & qu'ils ne sortissent point du Royaume. Toutefois à peine les Exécuteurs se furent retirez, qu'un grand nombre de Chrétiens, dont plusieurs avoient manqué de courage dans les tourmens, accoururent à eux, pour leur porter des rafraîchissemens, & pour leur donner tous les soulagemens, qu'ils étoient en état de recevoir. La vûe de ceux, qui avoient été infidéles, fit quelque peine aux Martyrs, qui exhorterent fort ces Malheureux à rentrer en eux-mêmes, & à craindre plus la mort de l'ame, que celle du corps. Ils allerent ensuite tous ensemble passer la nuit, qui fut très-froide (car on étoit au mois de Fevrier,) auprès d'une vieille masure, dans laquelle même plusieurs par esprit de pénitence ne voulurent pas entrer, pour y profiter du peu de couvert, qu'on y pouvoit trouver.

Quand la nuit fut tout-à-fait obscure, quelques Chrétiens leur apporterent des nattes pour les couvrir, & du ris, dont ils avoient un extrême besoin, n'ayant rien pris de tout le jour. Après qu'ils eurent mangé, ils s'entretinrent du bonheur qu'il y a de souffrir pour Jesus-Christ;

mais tandis qu'ils discouroient de la sorte, Ucibory, qui avoit perdu beaucoup de sang, eut un évanoüissement, pendant lequel il crut voir ses Enfans, qui le consoloient. A peine étoit-il revenu à soi, qu'un nommé Jean Faci tomba aussi dans une foiblesse, qui dura si longtems, qu'on le crut mort: ses Compagnons commençoient déja à envier son sort, lorsque reprenant tout-à-coup ses esprits, & comme s'il n'eût fait que se réveiller d'un profond sommeil:» Hé, mon Dieu, dit-il, en poussant un soupir qui attendrit tout le monde, où suis-je? puis regardant de côté & d'autre, » je sors, mes Freres, ajoûta-t'il, du » plus délicieux séjour, que vous » puissiez jamais vous figurer. Je » croyois être déja parvenu au bon- » heur éternel, mais un Personnage » inconnu s'est présenté à mes yeux, » & m'a dit que le tems de la joüis- » sance n'étoit pas encore venu » pour moi, & m'a ordonné de re- » tourner vers vous: dans ce mo- » ment ma vision a disparu.

Le lendemain au lever de l'Aurore les Serviteurs de Dieu se séparerent, afin de trouver plus aisément de quoi vivre; mais au bout de quelques jours le Roi d'Arima informé que leur exemple & leurs saints discours avoient déja fait rentrer plusieurs Apostats dans le sein de l'Eglise, les fit chercher & remettre en prison. Il ordonna ensuite qu'on les menât à la bouche d'Enfer, & ils y étoient à peine arrivez, qu'un d'entr'eux, nommé Louis Sinzaburo, inspiré sans doute du même esprit, qui poussa autrefois sainte Apolline dans les flammes, & prononçant les sacrez Noms de Jesus & de Marie,

V u ij

se précipita dans l'abîme. Plusieurs autres l'auroient peut-être suivi, avant que les Gardes se fussent mis en devoir de l'arrêter, mais Ucibory les avertit de n'en rien faire ; qu'il étoit contre la Loi de Dieu, de se donner ainsi la mort à soi-même. Ils attendirent donc qu'on les jettât, ce que l'on fit, après qu'on les eût traitez longtems de la maniere du monde la plus inhumaine.

Ucibory fut le dernier, qu'on y précipita, mais ce ne fut qu'après sa mort ; tant qu'on lui remarqua un soufle de vie, on s'appliqua à le faire souffrir. Il fut plongé jusqu'à trois fois la tête la premiere dans cette matiere infernale, & il expira entre les mains des Bourreaux, n'ayant qu'un regret, c'est qu'on eût laissé sa Femme en prison. Je n'ai pû sçavoir si elle a eu le bouheur de mourir Martyre : je trouve seulement qu'on fit encore longtems bien des efforts inutiles pour lui persuader de renoncer à Jesus-Christ. Cette grande Exécution fut suivie de plusieurs autres toutes semblables, ce qui répandit une si grande consternation dans tout le Pays, que toute la Chrétienté d'Arima, jusques-là si nombreuse, parut presque entierement exterminée par la chûte des uns & par la fuite des autres.

§. IV.

Divers autres Martyrs. Histoire du Pere Tzugi Jésuite Japonnois, & son Martyre. Le Gouverneur de Nangazaqui s'attache à faire des Apostats. Nouveaux ordres donnez au Roi d'Arima. Tourmens inoüis. Chûte de plusieurs.

LA Foi continuoit pourtant à s'étendre dans les Provinces du Nord, & elle y regagnoit ce qu'elle perdoit dans le Ximo. La récolte y auroit même été plus abondante, surtout dans le Royaume d'Oxu, si on avoit pû y faire passer des Missionnaires : mais il ne fut pas possible à un seul d'y pénétrer ; d'ailleurs le nombre de ces Ouvriers diminuoit tous les jours, & il n'en venoit presque plus au Japon. A Jedo un Crucifix, qu'on trouva dans la Maison d'un Pauvre, qui étoit malade, fit arrêter soixante personnes des deux sexes, presque tous lépreux, ou aveugles. On les enferma, & on les laissa mourir de faim. En un mot partout, où il y avoit des Chrétiens, on faisoit des Martyrs, & le Pere Jean Rodriguez ci-devant Interprete de l'Empereur Tayco-Sama, & qui étoit alors à Macao chargé d'envoyer à Rome les Mémoires, qu'on recevoit du Japon, pouvoit à peine suffire à les transcrire, quoiqu'il fût toujours très-difficile d'y entretenir un commerce de Lettres bien réglé.

Le Pere Bartoli nomme parmi les Martyrs, qui souffrirent à Nangazaqui l'année 1627. un Pere François DE SAINTE MARIE, & un Frere BARTHELEMY de l'Ordre de Saint François, brûlez vifs le seiziéme d'Août, avec huit Chrétiens des deux sexes, accusez d'avoir donné retraite à des Missionnaires. Il est surprenant que le Martyrologe Franciscain n'en fasse aucune mention. Ce qu'il y eut de plus fâcheux, c'est qu'en arrêtant ces deux Religieux, on trouva parmi leurs hardes une liste de ceux, qui leur donnoient retraite. Mais la prise d'un petit Bâtiment, qu'on avoit frette au Japon pour aller chercher des Missionnaires aux Philippines, produisit encore un plus mauvais effet, parce qu'il donna lieu à de nouveaux Réglemens pour les Gardes-Côtes; en sorte qu'il paroissoit moralement impossible d'aborder en aucun endroit de ces Isles, sans être reconnu d'abord.

Le sixiéme de Septembre 1627. le Pere Thomas Tzugi Japonnois, fut brûlé vif à Nangazaqui avec son Hôte & un autre Chrétien. Ce Religieux étoit né à Omura d'une Famille noble; il fut élevé dans le Séminaire d'Arima, & se fit Jésuite en 1569. il avoit de grandes qualitez, qui n'étoient pas sans mélange de quelques défauts, & il étoit surtout d'une franchise, que la prudence n'accompagnoit pas toujours. Il offensoit quelquefois plus, qu'il ne corrigeoit, en disant trop librement des véritez, qu'il auroit mieux fait de taire, d'autant plus qu'il ne sçavoit pas toujours les assaisonner. Il croyoit que tout consiste à dire le vrai, & il ne faisoit pas réflexion que la charité & la sagesse doivent quelquefois nous porter à dissimuler ce qui ne peut pas avoir un bon effet, & à souffrir ce que l'on ne sçauroit empêcher.

En 1614. il sortit du Japon, & passa à Macao. Quatre ans après il retourna dans sa Patrie, & y travailla d'abord très-utilement à soutenir la Foi des Fidéles. La Persécution croissant de jour en jour, il manqua tout à coup de courage, & frémit à la vûë des dangers, où son Ministre l'exposoit. C'est assez souvent la maniere, dont Dieu punit ceux, qui ont eu trop de confiance en leurs propres forces, ou qui sont trop libres à condamner les autres. Il demanda donc sa démission, qui lui fut accordée au commencement de l'année 1626. Il ne l'eut pas plutôt reçûë, qu'il se repentit de l'avoir demandée, & il pria avec larmes qu'on le reçût de nouveau. On lui refusa longtems cette grace; mais enfin sa persévérance, les épreuves qu'il subit, & le besoin de Missionnaires engagerent les Supérieurs à le contenter; ils n'eurent pas lieu de s'en repentir. Autant que le Pere Tzugi avoit appréhendé le péril, avant que de sortir de la Compagnie, autant montra-t-il de ferveur, quand il y fut rentré. Il s'exposa de bonne grace au plus fort du danger, aussi ne tarda-t-il pas à être découvert.

Un jour qu'il sortoit de l'Autel, des Gardes du Gouverneur de Nangazaqui entrerent dans sa Chambre, & lui demanderent s'il étoit Religieux? Il répondit qu'il ne méritoit pas cet honneur. On ne laissa point de le mener à Feizo, qui lui ayant fait la même question, il dit sans balancer qu'il étoit Jésuite. Cet Officier lui demanda pourquoi il ne l'avoit pas avoüé en parlant aux Gardes: » C'est, reprit-il, qu'alors » je n'y étois pas obligé, ceux, qui » me questionnoient, n'étant pas en » droit de me faire une telle deman- » de; mais devant une Personne re- » vêtuë de l'autorité du Prince, & » qui m'interroge juridiquement, je » dois dire la vérité. » Il parla ensuite avec sa liberté & son éloquence ordinaire à Feizo sur son Aposta-

V u iij.

fie, mais il ne gagna rien fur ce cœur endurci. Il fut envoyé dans les Prifons d'Omura, où il refta plus d'un an. Pendant tout ce tems-là, outre les incommoditez inféparables de la fituation, où il fe trouvoit, les promeffes les plus flatteufes furent employées pour l'ébranler, mais il tint ferme. La derniere batterie, qu'on dreffa contre lui, furent les follicitations de fes Parens, qui avoient abandonné la Religion Chrétienne ; mais elle n'eut pas plus d'effet que les autres. Il fut enfin condamné au feu. Plufieurs perfonnes, qui affifterent à fon fupplice, ont attefté avec ferment, qu'au moment qu'il expira, ils virent une flamme extrémement brillante, qui fortoit de fa poitrine, & qui monta fort haut, fans fe diffiper.

J'ai dit que ces Exécutions n'étoient point du goût de Cavacci ; d'ailleurs elles n'avoient ordinairement d'autre effet, que d'animer la ferveur des Fidéles : auffi ce Gouverneur, fuivant les ordres, qu'il avoit de la Cour, ne fongea plus qu'à faire des Apoftats, & il crut que le meilleur moyen pour y réuffir, étoit de laffer les Fidéles par des vexations, fans leur donner la confolation de mourir pour leur Dieu. Il s'avifa un jour de défendre à quiconque de fortir des maifons des Chrétiens, & d'y entrer. Cet expédient eut une partie du fuccès, qu'il en attendoit. Une autre fois il chaffa de la Ville quatre cent perfonnes de tout âge & de tout fexe, fans leur permettre de rien emporter, que l'habit, qu'ils avoient fur le corps ; Il pouffa même l'inhumanité jufqu'à leur défendre de fe bâtir des Cabannes, pour fe mettre à couvert, & à quiconque de leur donner retraite. Ils furent ainfi longtems à errer fur les Montagnes & dans les lieux deferts, dans un manquement général de toutes chofes. Des Soldats envoyez pour les obferver, ne leur permettoient pas feulement d'étendre une natte fur eux, pour fe garantir des injures de l'air ; & n'étoient touchez, ni de voir les Meres réduites à abandonner leurs petits Enfans, qu'elles ne pouvoient plus nourrir, ni de la patience, avec laquelle tant de perfonnes innocentes fouffroient tant de maux. Le Pere Rodriguez afsûre dans fes Mémoires qu'aucun de ces généreux Chrétiens ne fe départit en cette occafion de la fidélité, qu'ils devoient à Dieu, & que la vie toute fainte, qu'ils menoient, faifoit beaucoup d'honneur à la Religion.

Peu de tems après le Roi d'Arima & le Gouverneur de Nangazaqui s'étans trouvez enfemble à Jedo, & le premier s'étant vanté d'avoir purgé fes Etats du Chriftianifme, Cavacci, qui n'en pouvoit pas dire autant de fon Gouvernement, & qui d'ailleurs étoit trop fincere, pour fe faire honneur aux dépens de la vérité, eut ordre d'envoyer à Bungondono tous les Chrétiens, dont il n'avoit pû venir à bout, & furtout ceux, qu'il avoit chaffez de la Ville. Il obéit, & le fit avec une fi grande ponctualité, qu'une Femme, qui étoit à l'agonie, fut mife fur une civiere, & embarquée fur un Bâtiment, qui devoit les porter tous à Ximabara. Elle mourut en y arrivant, & fon Cadavre fut promené aux environs de la Ville, & dans les Bourgades voifines, pour infpirer de la terreur au Peuple. Tous les autres trouverent en débarquant des Bourreaux, qui se mirent d'abord en devoir de les tourmenter, & qui commencerent par les dépoüiller tout nuds.

Un orage étant survenu dans le moment avec le tonnerre, on les laissa en cet état sur le sable, & ils y passerent la nuit. Ils furent ensuite enfermez pendant quelques jours dans une espece de Parc, comme des Bêtes, où, malgré la vigilance des Gardes, ils reçurent quelques secours du Pere de Couros, & une Lettre de ce Missionnaire si belle & si touchante, qu'ils se sentirent, en la lisant, animez d'une nouvelle ferveur, & d'un désir extraordinaire de souffrir pour Jesus-Christ. Tout le Japon avoit les yeux sur eux, & les Ministres des fureurs de Bungondono eurent quelque peine à les entreprendre, craignant de perdre la réputation, qu'ils s'étoient acquise jusques-là.

Ils s'y hazarderent néanmoins, & Dieu, dont les jugemens sont un abîme sans fond, permit qu'ils réüssissent au-delà même de leurs espérances. Il est vrai qu'on n'avoit jamais rien vû de pareil à la maniere, dont ils s'y prirent pour tourmenter ces Malheureux. Ils commencerent par les exposer pendant plusieurs jours tête nuë aux plus grandes ardeurs du Soleil, & l'on étoit au plus fort de l'Eté ; il n'y a rien, à quoi les Japonnois soient plus sensibles ; aussi ce supplice causa-t-il aux Patients des douleurs si aiguës, qu'ils crurent en mourir. Il leur en resta même une foiblesse, dont il y a bien de l'apparence que l'esprit se ressentit. On arracha ensuite aux Femmes leurs Enfans, & on les jetta dans un fossé. Les cris de ces petites créatures percerent le cœur des pauvres Meres, dont plusieurs se rendirent, & entraînerent leurs Maris dans leur infidélité. Les Bourreaux espérerent beaucoup de ce commencement de succès, & imaginerent, pour réduire les autres, des tortures si étranges, sans leur laisser un moment pour respirer, que ces pauvres gens ne sçavoient plus où ils en étoient. Les bastonnades, l'eau avalée par excès, les cannes creuses, qu'on leur faisoit entrer dans les parties charnuës, en tournant comme on fait une visse, & qu'on retiroit tout d'un trait pleines de chair ; mille autres supplices, dont le détail seroit trop d'horreur, furent mis en œuvre pendant plusieurs jours ; mais le plus efficace de tous fut celui, qu'on appelle *Surunga*.

On étend une personne toute nuë, couchée sur le ventre, on lui met une grosse pierre sur les reins, puis avec quatre cordes attachées aux deux bras & aux deux jambes, on l'éleve en l'air, comme nous avons vû qu'il s'étoit déja pratiqué dans ce même Royaume d'Arima, sous le Regne de Safioye ; mais il y a ici quelque chose de plus. Quand le Patient est à une certaine hauteur, on le fait pirouëtter pour tordre les cordes, qu'on laisse ensuite revenir à leur premier état, ce qui cause des douleurs inconcevables, & un étourdissement capable de faire perdre le jugement. De tems en tems on descendoit le Patient, pour lui faire reprendre ses esprits, & on lui donnoit des restaurans. On lui demandoit alors, s'il ne vouloit pas obéir à l'Empereur ? & sur son refus on recommençoit. Une Femme nommée Ursule, mourut presque d'abord, aussi étoit-elle extrêmement affoiblie, lorsqu'on l'exposa au Surunga. Il est difficile de voir un courage plus mâle, que celui de cette généreuse Chrétienne. Elle étoit si pauvre, que dans une maladie, dont son Mari fut attaqué, se trouvant absolument hors d'état de lui procurer les soulagemens nécessaires, elle voulut se vendre en qualité d'Esclave pour neuf ans ; mais Dieu récompensa sur le champ une résolution si héroïque, il lui vint de toutes parts des secours, & même d'où elle en devoit moins attendre. Lorsque la Persécution commença d'être un peu plus vive, son Mari lui conseilla de se cacher, en disant qu'étant femme, elle devoit se défier de ses forces. « Cela seroit » bon, reprit-elle, si je comptois » sur ma propre vertu ; mais je suis » bien asûrée que celui, qui forti-» fie les foibles, ne m'abandonne-» ra pas. »

De tous les Compagnons de ses souffrances, on prétend qu'il n'y en eut que sept, qui soûtinrent jusqu'au bout le Surunga, sans se démentir de leur premiere vertu. On les mena ensuite au Mont Ungen ; où quatre se rendirent encore, de sorte que d'une si grande multitude de Confesseurs, qui avoit été si longtems l'admiration des Infidéles, trois hommes seulement, & les deux Femmes, dont nous avons parlé, obtinrent la palme du Martyre. Ces trois Héros méritent sans doute que leurs noms soient consacrez dans les Fastes de l'Eglise. Ils s'appelloient Jean Co, Joachim Iqueda, & Jean Magazaqui. Ce dernier étoit le Mari de la courageuse Ursule. Ils furent longtems tourmentez auprès de la Bouche d'Enfer, & quand on les eut mis dans un tel état, que tout leur corps n'étoit plus qu'une playe, on leur rendit leurs habits, & on les porta dans un bain de la même Montagne, qui a, dit-on, la vertu de guérir promptement toutes sortes d'ulcéres : mais quand on voulut les y plonger, leurs habits se trouverent tellement collez à leur peau, que pour les ôter, il fallut les écorcher depuis la tête jusqu'aux pieds. Ils guérirent néanmoins, & aussitôt on les reconduisit à la Bouche d'Enfer, où l'on joignit à ce supplice toutes sortes de tortures.

§. V.

Plusieurs Martyrs. Ce qui empêche plusieurs Religieux d'entrer au Japon. Ce qui se passe entre le Pere Iscida Jésuite, & le Gouverneur de Nangazaqui.

LE second de Novembre Jean Magazaqui mourut, son corps fut porté à Nangazaqui, où il fut brûlé, & les cendres jettées au vent. On en avoit fait autant du corps de sa Femme. Les deux qui restoient, furent encore tourmentez au même lieu l'espace de sept jours ; après quoi on le remena à Ximabara, où ils furent jettez, l'un dans une étable, l'autre dans une vieille mazure ouverte à tous les vents. Ils y demeurerent soixante & douze jours dans des douleurs inexprimables, & ne pouvant

pouvant se servir d'aucun de leurs membres. Mais à la moindre menace, qu'on leur faisoit, les forces leur revenoient tout à coup, & ils ne se plaignirent jamais, que de ce qu'on sembloit se lasser de les tourmenter. Quelqu'un eut un jour la cruauté d'arracher à Iqueda l'habit, qui le couvroit, & la vûë de ce Cadavre vivant, tout couvert de pourriture, & fourmillant de vers, lui causa tant d'horreur, qu'il se retira en chargeant d'injures le Saint Martyr. Celui-ci ne fit qu'en rire, & demanda si l'on avoit épuisé toutes les tortures ? » Eh ! que peut-on vous faire de » plus, répondit-on ? M'ouvrir le » dos, reprit-il, & me remplir le » corps de la matiere embrasée du » Mont Ungen ; & mille autres cho- » ses, que je ne puis dire, mais que » je suis prêt à souffrir. » Il ne tint pas à ses Bourreaux qu'il ne fût satisfait ; mais un nouveau Prisonnier, qu'on leur amena sur ces entrefaites, les occupa entierement, & fit donner un peu de relâche à Iqueda & à son Compagnon. C'étoit un Jésuite Japonnois, nommé Michel NAGAXIMA. Après qu'il eut souffert tous les supplices, dont j'ai parlé jusqu'ici, on fut plus d'un an sans le tourmenter. Enfin le vingtième de Décembre de l'année suivante, il fut conduit de nouveau avec les deux Chrétiens, dont je viens de parler, au Mont Ungen, où les Bourreaux eurent ordre d'imaginer tout ce qu'ils pourroient de tortures, pour les contraindre à obéir aux Edits de l'Empereur. Jamais commandement ne fut mieux exécuté : depuis le matin jusqu'au soir on ne fit autre chose, qu'arroser les Martyrs de la matiere brûlante, qui leur enleva presque toute la peau du corps ; puis on les jetta sur de la paille, sans leur donner la moindre chose pour se couvrir. Ainsi, après avoir été brûlez tout un jour, ils souffrirent pendant la nuit tout ce que le froid a de plus cuisant. Un des Bourreaux s'étant avisé de visiter Nagaxima vers le minuit, le trouva aussi tranquile, & aussi content, que s'il eût joüi de la plus parfaite santé, & qu'il eût été couché dans un bon lit. Il lui demanda d'où lui venoit ce contentement ? & le Serviteur de Dieu lui répondit qu'il le devoit à la méditation des tourmens, que son divin Sauveur avoit endurez pour le salut des hommes. Il exhorta ensuite le Bourreau à avoir pitié de son ame, & à adorer un Dieu bienfaisant, jusqu'à mourir pour ses Persécuteurs. Cet homme parut touché, & pria le Saint Martyr de lui pardonner tout le mal, qu'il lui avoit fait.

Le lendemain vingt-cinquième, sur les huit heures du matin, on recommença tout ce qu'on avoit fait la veille, mais d'une maniere toute nouvelle ; on fit d'abord tenir les Martyrs debout, les bras étendus, & attachez à une corde de traverse. En cette posture, ils souffrirent pendant deux heures tant de maux, & avec une si grande fermeté, que les Bourreaux n'en parloient dans la suite, qu'avec une espece de saisissement. On ne put même jamais venir à bout de leur faire garder le silence sur cela, & ils ne cessoient point de publier la sainteté d'une Religion, qui inspire un si grand courage aux hommes les plus ordinaires. Celui, qui avoit visité Nagaxima pendant la nuit, disoit qu'il sentoit une puissance supérieure, qui l'obligeoit à faire l'éloge d'une vertu si héroïque. Il ajoûta que ceux, qui avoient manqué de courage, n'eussent jamais commis une si grande lâcheté, s'ils avoient été témoins de ce qu'il avoit vû. Enfin au bout de deux heures on plongea les trois Martyrs dans la bouche d'Enfer, & après les avoir retirez plusieurs fois, on les y précipita.

Au mois de Septembre de cette même année, parmi le nombre presque infini de Chrétiens de tout état, de tout âge & de tout sexe, qui périrent en différens endroits du Ximo, & la plus grande partie par le feu, les Mémoires, que j'ai vûs, font surtout mention de trois Religieux de Saint Dominique, & de trois de Saint François. Je n'ai pû sçavoir le nom de ceux-ci, supposé que ce ne soit pas les mêmes, dont j'ai parlé plus haut. Le Martyrologe de l'Ordre Séraphique ne fait mention, ni des uns, ni des autres. Les Dominicains étoient le Pere Dominique CASTELET (a), Vicaire Provincial de son Ordre au Japon, & deux Freres Convers, Japonnois de naissance, dont l'un se nommoit Antoine de SAINT DOMINIQUE, & l'autre Thomas de SAINT HYACINTHE; deux autres Japonnois, du Tiers-Ordre, & quelques Femmes, qui avoient été sous la direction du P. Loüis Bertrand Xarch, dont nous avons rapporté ailleurs le Martyre, & qui s'étoient laissé prendre avec lui.

Tant de pertes, au lieu de rebuter les Religieux de Saint Dominique, ne firent que les animer davantage; & la plûpart de ceux de cet Ordre, qui étoient alors aux Philippines, soupiroient après la Mission du Japon. Peu de tems après leur ferveur se renouvella à l'occasion d'un Décret, qu'ils reçurent du Chapitre Général assemblé à Toulouse cette même année 1628. & par lequel il étoit ordonné au Provincial de cette Province d'envoyer au Japon le plus grand nombre d'Ouvriers, qu'il seroit possible. Mais soit que la diligence des Officiers de l'Empereur du Japon ait rendu inutiles tous les efforts de ces Religieux, ou que le Decret du Conseil Royal des Indes expédié à Madrid dans le même tems, & que j'ai rapporté dans le Livre précédent, fût arrivé à Manile avant le départ de ceux, qui avoient été destinez pour cette Mission, il paroît certain que depuis ce tems-là il n'entra plus au Japon, que le peu de Jésuites, dont nous parlerons dans la suite de cette Histoire; & deux ou trois Dominicains, dont nous rapporterons bientôt le Martyre.

Vers la fin de l'année suivante le Pere Barthelemi Guttierez Augustin, celui-là même, qui n'avoit pas voulu signer les informations du Pere Collado contre les Jésuites, fut arrêté à Nangazaqui, & quelques jours après le Pere Antoine Iscida, Jésuite Japonnois, qui onze ans auparavant avoit été pris à Firoxima, ainsi que nous l'avons dit en son tems, & qui avoit été relâché à l'occasion d'un Interregne survenu dans cette Province, fut saisi de nouveau à Nangazaqui, comme il sortoit de l'Autel. Il ne faisoit que d'arriver dans cette Ville, où son Supérieur l'avoit envoyé confesser un Malade; il n'ignoroit pas à quoi il s'exposoit

(a) Ou CASTELOT.

en entreprenant ce voyage dans un tems, où il n'étoit pas sûr de se fier à qui que ce fût ; mais il ne crut pas même devoir représenter, & son obéïssance lui valut l'honneur du Martyre.

Unémondo avoit depuis peu succédé à Cavacci dans le Gouvernement de Nangazaqui, & on avoit porté chez ce Seigneur tous les ornemens sacrez, dont le Pere Iscida s'étoit trouvé revêtu. Cela lui donna occasion de faire à son Prisonnier quantité de questions sur leur usage, il l'obligea même à se revêtir d'un Surplis & d'une Etole, & le pria de prêcher, comme il avoit accoûtumé de faire aux Chrétiens. L'homme Apostolique n'avoit garde de manquer une si belle occasion d'annoncer Jesus-Christ ; il parla avec tant de grace & de force, que le Gouverneur tout ému s'écria que cette Religion étoit la seule véritable. Néanmoins quelques lumieres, qu'eussent répandues dans son ame les grandes véritez, qu'il venoit d'entendre, elles ne passerent point jusqu'à son cœur, & le Prédicateur fut assez surpris, qu'après qu'il lui eut donné de grandes loüanges sur son courage, & sur l'éminence de sa doctrine, il lui demanda s'il n'y avoit pas lieu d'espérer qu'il obéïroit à l'Empereur, dont il étoit Sujet naturel. » Hé Seigneur, lui répondit le saint Religieux, vous » seriez le premier à m'accuser de lâ- » cheté, si je le faisois. Vous par- » lez en homme d'honneur, reprit » Unémondo. Il s'en faut bien que » nous fassions paroître la même fi- » délité envers nos Princes & envers » nos Dieux. « Il ordonna aussi-tôt qu'on brûlât dans une cour de son Palais tous les Ornemens d'Autel, dont il se trouvoit saisi, afin, dit-il, qu'on ne profanât point des choses, qui avoient servi à des usages si saints. Sur le soir il envoya le Missionnaire dans la prison, où étoit le Pere Guttierez, & où deux autres Peres Augustins, le Pere François DE JESUS, & le Pere Vincent DE SAINT ANTOINE, furent encore amenez peu de jours après. Au bout de six semaines ces quatre Religieux furent transportez à Omura, & renfermez dans un cachot, qui n'avoit pas une toise en quarré, & on les y laissa languir plus de deux ans.

§. VI.

Zele & pieté d'un Tono du Royaume de Deva & de toute sa Famille. Plusieurs Personnes de qualité sont décapitées pour Jesus-Christ. Leur courage & leur éloge.

CEpendant il s'éleva dans le Nord du Japon une tempête, qui pensa dissiper en un moment toutes les espérances des Ouvriers de l'Evangile sur la belle Chrétienté, qu'ils avoient formée avec tant de fatigues dans ces quartiers Septentrionaux. Le Pere Matthieu Adami, le Pere Jean-Baptiste Porro, & deux autres Jésuites, dont les noms ne sont point marquez dans nos Annales, parcouroient ces vastes Provinces, avec autant de succès, que de zele : mais le principal appui de la Religion, dans ces nouvelles Eglises, étoit un Seigneur Chrétien nommé Louis AMAGASU-YEMONDONO, Fils du Tono de XIROUXI, un des plus braves hommes de l'Empire. Louis n'avoit pas dégénéré de la vertu de son Pere, & il devoit à sa propre valeur une bonne partie des Terres, qu'il possédoit, & qui l'avoient rendu un des plus puissans Seigneurs du Royaume de Deva. Depuis quelque tems il s'étoit retiré dans ses Châteaux, pour ne s'occuper qu'à y faire régner Jesus-Christ; il ne croyoit pas même qu'il fût au-dessous de lui d'instruire ses Vassaux & ses Sujets des véritez du Christianisme. Il prêchoit souvent; & il le faisoit avec tant de force, que les prédications du Tono Yemondono avoient passé en proverbe, quand on vouloit parler de sermons pathétiques. Le succès répondoit à un zele si ardent, & il y eut, entr'autres plusieurs Bonzes, qui demandant le Baptême, se confesserent vaincus par la raison, & plus encore par les grands exemples de vertus d'un si illustre Prédicateur. Yemondono avoit deux Fils, qui par une sainte émulation, imitoient ses vertus, & secondoient son zele. L'Aîné âgé pour lors de vingt-trois ans, se nommoit Michel AMAGASU TAYEMON, il avoit gagné à la Religion Chrétienne un jeune Gentilhomme appellé NIKIFORI-XIQUIBU, qui reçut au Baptême le nom de Paul, & dont nous parlerons bientôt. Le cadet, nommé Vincent ICHIBIOYE, étoit dans sa dix-septiéme année, & paroissoit chercher toutes les occasions de confesser Jesus-Christ, dans l'espérance de parvenir à la couronne du Martyre; qui faisoit l'unique objet de ses vœux. Ces deux jeunes Seigneurs avoient épousé deux Demoiselles d'une noblesse, qui ne le cédoit point à la leur, & d'une vertu encore au-dessus de leur naissance. L'Epouse de l'aîné avoit reçu au Baptême le nom de DOMINIQUE, & celle du plus jeune, celui de THECLE. Elles avoient chacune une Fille au berceau, qu'elles avoient fait baptiser au moment de leur naissance, l'une sous le nom de JUSTE, & l'autre sous celui de LUCE. Telle étoit la Famille de Louis Yemondono, laquelle après avoir montré aux Chrétiens de ces Provinces Septentrionales à vivre selon les maximes de l'Evangile, leur apprit à mourir pour la défense des véritez Evangéliques.

Yemondono étoit Vassal de VIESUQUI Prince de JONEZAVA, vieux Capitaine, qu'une grande réputation à la Guerre, & de grandes Conquêtes avoient mis au rang des plus puissans Princes de l'Empire. Il estimoit la Religion Chrétienne; la vertu & l'innocence de ceux, qui en faisoient profession, l'avoient charmé, & il ne put jamais se résoudre à souffrir qu'ils fussent inquiétez. Pour ne l'être pas lui-même sur cet article par l'Empereur, il avoit fait entendre à ce Prince qu'il n'étoit point question du Christianisme dans toutes les Terres de son obéïssance, & s'il n'en avoit pas été cru sur sa parole, le Monarque avoit jugé à propos de fermer les yeux sur une chose, dont il aimoit mieux ne se point trop informer, que d'être obligé de chagriner un homme, qu'il croyoit devoir ménager. Ainsi tandis que les Etats de Mazamoney & de Sataquedono Princes d'Oxu & voisins de Viésuqui, étoient en feu par la persécution, que la politique de ces deux Seigneurs y avoient excitée contre les Fidéles, ceux du Prince de Jonezava joüissoient d'une paix profonde.

Par malheur pour la Religion Chrétienne Viéfuqui mourut, & Dangio son Fils & son Successeur, pour qui la Cour Impériale ne se croyoit pas obligée d'avoir les mêmes égards, qu'elle avoit eus pour son Pere, n'eut pas plutôt pris en main le Gouvernement, qu'on eut tout lieu de craindre une révolution, qui entraîneroit la ruine du Christianisme dans cet Etat. En effet Dangio commença par solliciter Yemondono & ses enfans à reprendre la Religion de leurs Peres. Il les trouva d'une fermeté, qui l'étonna, & après leur en avoir témoigné son mécontentement, il desespéra enfin de les gagner, & se résolut à les pousser à bout. Il appella le Gouverneur de Jonezava, nommé Xuridono, & lui donna par écrit un ordre signé de sa main, par lequel il lui enjoignoit de faire mourir plusieurs Criminels, qui étoient dans ses prisons, de faire une recherche exacte de tous les Chrétiens, & de punir du dernier supplice tous ceux, qui refuseroient de changer de Religion, sans aucune exception.

Xuridono étoit ami particulier d'Yemondono, & dès qu'il avoit prévû l'orage, il l'en avoit averti, & l'avoit exhorté à le prevenir. L'ordre du Prince lui fit la même peine, que s'il l'eût regardé lui-même, & il mit tout en usage pour le faire révoquer. Pour cet effet il s'avisa un jour de mettre par écrit tout ce qu'il sçavoit des maximes de notre sainte Religion, & en les présentant au Prince, » Seigneur, lui dit-il, » pourrez-vous bien vous résoudre » à faire mourir des personnes, qui » pratiquent une morale si pure ? « Dangio ne répondit rien, & le bruit courut qu'il avoit changé de pensée. La joye fut grande parmi les amis d'Yemondono, mais elle fut de peu de durée. Un Gentilhomme des amis de Tayémon, fils aîné de ce Tono, étant à la Cour de Dangio, apprit qu'on y avoit résolu la perte de toute cette Famille; il partit sur le champ pour en donner avis à son Ami, afin qu'il prît ses mesures, & se mît en sûreté. Tayémon étoit malade au lit : dès qu'il eut entendu son Ami, il se leve tout joyeux, s'écrie qu'il est guéri, & monte sur le champ à cheval au grand étonnement de tous ses Domestiques. Il arriva en effet en parfaite santé chez son Pere, à qui il fit part de la bonne nouvelle, qu'il venoit d'apprendre.

Elle fut bientôt confirmée à l'un & à l'autre par deux Officiers du Prince, qui vinrent leur déclarer de sa part, que s'ils persistoient à ne vouloir point sacrifier aux Dieux de l'Empire, ils se préparassent à la mort pour le lendemain. Yemondono répondit qu'il étoit Chrétien, & le seroit jusqu'à la fin, & que quand on voudroit exécuter les ordres du Prince, on le trouveroit lui & toute sa Maison dans l'impatience de verser leur sang pour une si belle cause. Les Officiers se retirerent avec cette réponse, & dès le même jour toute la Famille, sans en excepter les deux petites Filles, fut réünie chez Yemondono, lequel ne put voir cette ardeur pour le Martyre, sans verser des larmes de joye. Quelque tems auparavant il avoit voulu congédier tous ses Domestiques, mais ils lui avoient témoigné un si grand désir de le suivre à la mort, qu'il n'avoit pû se dispenser de demander pour eux la même grace, qu'on lui faisoit à lui-même, de sorte qu'on ne songea plus dans cette maison qu'à se disposer par la priere à se rendre digne de la couronne.

Tandis que ces choses se passoient chez Yemondono, plusieurs Gentilshommes, & un grand nombre d'autres Chrétiens de toute condition & de tout sexe, avoient à soûtenir de grands assauts de la part de leurs Amis & de leurs Parens ; mais celui, qui fut le plus vivement attaqué, & dont la constance fit plus d'honneur à la Religion, fut ce Paul Nikifori Xiquibu, que Michel Tayémon avoit converti à la Foi. Ce Gentilhomme étoit fort avant dans les bonnes graces de Dangio, qui le vouloit sauver. Ce Prince, après avoir inutilement employé toute son industrie, pour l'engager à sacrifier aux Dieux, fit appeller son Beau-Pere, & lui dit de voir, s'il auroit plus de pouvoir sur son Gendre, qu'il n'en avoit lui-même. Le Beau-Pere alla trouver Xiquibu, & dans un entretien assez long, qu'il eut avec lui, il n'omit rien pour l'ébranler. Il n'y réüssit pas, & retourna chez le Prince, à qui il dit que son Gendre étoit déterminé à tout perdre, plutôt que de renoncer à sa Religion. *Il mourra donc*, repartit Dangio : en effet peu de jours après Xiquibu apprit qu'il étoit condamné à avoir la tête tranchée avec la Famille d'Yemondono. La même Sentence avoit été portée contre plusieurs autres Chrétiens, & le nombre des condamnez montoit en tout à vingt-neuf personnes. Le Prince avoit ordonné qu'on les partageât en petites troupes, & qu'on les exécutât hors de la Ville, apparemment de peur qu'il ne se fît quelque mouvement parmi le Peuple.

Le douziéme de Janvier 1629. deux heures avant le jour, les Ministres de la Justice se transporterent au logis d'Yemondono, & furent surpris qu'à l'exception de ce Tono, toute la maison avoit la corde au col, & les mains liées derriere le dos. Plusieurs autres Chrétiens du nombre de ceux, contre qui l'Arrêt de mort avoit été porté, s'y étoient aussi venus rendre, pour épargner aux Soldats la peine de les aller chercher, & ils étoient en tout quatorze personnes, en comptant les Domestiques, dont on avoit obligé plusieurs à se retirer. Parmi ceux, qui n'avoient pû se résoudre à quitter leurs Maîtres, il y avoit deux Enfans d'environ douze ans, dont l'un étoit Page du second Fils d'Yemondono : ils n'étoient pas compris dans la Sentence, & ils en avoient conçu un chagrin mortel. Yemondono pour les consoler, & peut-être aussi pour leur procurer le bonheur, auquel ils aspiroient, leur conseilla de prendre, l'un une espece de Banniere, où étoit l'Image de la Mere de Dieu, & l'autre un cierge béni ; & de marcher à la tête des Martyrs, quand ils iroient au supplice.

L'heure arriva de les y conduire, & ils se mirent en marche avec une joye, qui éclatoit sur leur visage. Yemondono paroissoit le premier, comme Chef de cette heureuse troupe, & ils traverserent ainsi toute la Ville. Comme ils passoient devant la maison de Xiquibu, Yemondono l'appella, & lui dit, qu'il alloit mourir au lit d'honneur, & qu'il l'y attendroit avec impatience. Xiquibu répondit qu'il ne tarderoit pas à l'y aller joindre, & qu'il n'en attendoit plus que l'ordre. Il y avoit encore chez ce Gentilhomme une troupe de Confesseurs, qui soupiroient après le moment de leur sacrifice. Un bon Laboureur, nommé JOACHIM, fort riche, & baptisé seulement depuis treize mois, étoit de cette bande, mais voyant passer la premiere en si bel ordre, il sortit sans rien dire de la maison, & suivit Yemondono, avec lequel il obtint la palme du Martyre. Il étoit grand jour, quand ces premiers Confesseurs arriverent au lieu de l'Exécution, ce qui fut cause qu'on se hâta de la faire. Les Femmes furent décollées d'abord; Yemondono mourut le dernier avec la joye d'avoir vû toute sa Famille s'offrir de bonne grace en holocauste à celui, qui les avoit rachetez au prix de son sang. Je ne sçai pourtant, si ses deux petites Filles ne furent pas épargnées, car il n'en est point parlé dans la Relation de ce Martyre.

Après la mort d'Yemondono, les deux Enfans, dont j'ai parlé, & trois autres Chrétiens allerent se jetter à genoux aux pieds des Bourreaux, dans l'espérance qu'on leur couperoit aussi la tête; mais celui, qui avoit présidé à l'Exécution, leur fit dire de se retirer. Alors ils se mirent à pleurer inconsolablement: » Quoi donc, s'écrioient-ils, ne » sommes-nous pas Chrétiens, com- » me les autres? Et pourquoi ne » mourrons-nous pas aussi bien qu'- » eux? Souvenez-vous, Monsieur, ajoûterent-ils en adressant la parole à l'Officier, « qu'hier on nous pro- » mit, que si nous venions ici, on » nous feroit mourir: pourquoi ne » nous tient-on point parole? Ils eurent beau faire, leurs prieres & leurs gémissemens furent inutiles; & comme ils s'obstinoient à ne se point lever, on usa de violence, & on les éloigna.

Cette premiere Troupe ayant été immolée au Seigneur, on en vit paroître une seconde, composée de sept personnes, toutes de la même Famille, & qui furent exécutées d'abord. Après eux vint un Gentilhomme, nommé Simon TACAFIXI XUZAYEMON, accompagné seulement d'une petite Fille âgée de treize ans, laquelle s'étoit échappée des mains de quelques Gentils, qui la vouloient sauver. A peine l'un & l'autre avoient été décapitez, que Paul Xiquibu arriva. Il n'avoit sçu que la veille l'Arrêt de sa mort, & suivant la coutume du Pays, il envoya sur le champ son Cimeterre & son Poignard au Gouverneur; ensuite il mit ordre à ses affaires domestiques. Sur le minuit il reçut la confirmation de sa Sentence, & après avoir bien régalé celui, qui la lui apporta, il se jetta sur un lit, & dormit assez longtems d'un sommeil fort tranquile. Il n'étoit pas encore éveillé, quand Yemondono passa devant son logis. Il se leva alors pour le saluer, puis il se fit apporter ce qu'il avoit d'habits plus précieux. Son Epouse, nommée MAGDELEINE, en fit autant, & peu après on le vint avertir de la part du Gouverneur, qu'il étoit tems de partir ; mais on déclara à sa Femme qu'à la sollicitation de son Pere le Prince lui donnoit la vie.

La généreuse Dame fut frappée de cette nouvelle, comme d'un coup de foudre : « je suis Chrétienne, s'é-
» cria-t-elle, pourquoi ferai-je plus
» épargnée, que les autres Femmes,
» à qui on vient d'accorder la grace
» du Martyre ? Mais peut-être qu'-
» on a trompé le Prince, & qu'on
» lui a dit que j'avois renoncé à ma
» Religion : je vais le détromper.
» Non, Madame, lui dit l'Envoyé
» du Gouverneur, le Prince est fort
» instruit de vos sentimens. Et pour-
» quoi donc, reprit Xiquibu, met-il
» cette différence entre elle & les au-
» tres Femmes, qui sont mortes avec
» leurs Maris ? Il est le Maître, re-
» partit l'Officier, & c'est à nous à
» exécuter ses ordres. » Cependant la Dame versoit des torrens de larmes, & jettoit des cris, qui attendrissoient tout le monde. » Ah ! Sei-
» gneur, disoit-elle d'une voix en-
» trecoupée de sanglots, je vois bien
» que la multitude de mes péchez,
» & ma tiédeur dans votre service
» m'ont renduë indigne de la grace
» du Martyre ; ô mon Pere, vous
» m'ôtez bien plus aujourd'hui, que
» vous ne m'avez donné, en me met-
» tant au monde. Cruelle tendresse,
» qui me ravit le Ciel, & ne sert qu'à
» me prolonger une vie malheureu-
» se ! » La douleur de cette fervente Chrétienne alla si loin, que l'Officier lui promit de représenter au Prince ses justes plaintes, & de faire instance, pour obtenir qu'il lui fût permis de lui venir couper la tête chez elle.

Cette promesse l'appaisa un peu ; elle se retira dans son appartement, & Xiquibu sortit, sans prendre congé d'elle, pour aller au supplice. Elle s'en apperçut bientôt, & voulut le suivre ; mais on la retint de force, avec une jeune Servante, qui mit tout le quartier en rumeur, en criant, qu'elle étoit Chrétienne, & qu'elle devoit mourir avec son Maître. Xiquibu continua son chemin, suivi d'un fort grand Peuple, qui ne pouvoit se lasser de louer le Dieu des Chrétiens. A peine le Serviteur de Dieu fut-il arrivé au lieu de l'exécution, qu'il se mit à genoux devant une Image de la Vierge, qu'il avoit fait porter devant lui. Il fit ensuite quelques legs pieux en faveur des Pauvres, car on laissoit quelquefois aux Martyrs la disposition de leurs biens : enfin il présenta sa tête au Bourreau, qui la lui trancha d'un seul coup. Ceux qui l'accompagnoient, furent ensuite exécutez ; après quoi le Serviteur qui portoit le Tableau, sa Femme, & un autre Chrétien, accompagné aussi de son Epouse, se jetterent aux pieds des Exécuteurs, & les conjurerent de les faire aussi mourir, puisqu'ils professoient la même Religion. C'étoit pour la troisième fois, que ces fervens Chrétiens se présentoient ainsi à la mort ; mais ils ne pûrent jamais obtenir ce qu'ils souhaitoient. Cette sanglante journée finit par le Martyre d'un Vieillard de quatre-vingt ans, nommé Louis Inyemon, & de sa Femme, qui étoit presque de même âge ; ils étoient l'un & l'autre Néophytes, n'ayant été baptisez que l'année précédente. Ils eurent pour Compagnons d'un si précieux sort, un Gentilhomme, qui dans une occasion semblable n'avoit pas montré

montré toute la constance, qu'on attendoit de sa vertu; il se nommoit Mancie JOXIMO SAYEMON; sa Femme, qui portoit le nom de JULIE, fut décapitée avec lui.

Cependant l'infortunée Magdelaine, Femme de Paul Xiquibu, avoit perdu toute espérance de mourir Martyre, & s'abandonnoit à sa douleur, sans vouloir entendre parler de consolation. Son Pere, à qui on rapporta, qu'elle étoit continuellement noyée dans les larmes, l'alla voir, & comme il s'imaginoit qu'elle pleuroit la mort de son Epoux: » Ma Fille, lui dit-il, je prens part » à votre douleur, mais je ne vous » dissimulerai pas que vous auriez » pû vous l'épargner, si vous aviez » voulu conseiller à votre Mari de » retourner au Culte de nos Dieux. » Ah! mon Pere, reprit la Sainte » Veuve, que vous me connoissez » mal, & que vous êtes peu instruit » du sujet de ma peine! Ce n'est » pas mon Epoux, que je pleure, » mais ce qui sera pour moi jusqu'à » la mort une source intarissable de » larmes, c'est de n'avoir pas été » jugée digne de mourir avec lui. » Hélas! si le Ciel s'appaisoit en ma » faveur; si l'on me venoit dire, que » je suis condamnée à la mort, que » vous verriez bientôt changer en » une joye parfaite cette cruelle » tristesse qui m'accable! « Le Pere se retira fort chagrin, sans néanmoins désespérer de regagner sa Fille; mais lorsqu'on y pensoit le moins, cette courageuse Femme fut avertie de se tenir prête à mourir; elle reçut cette nouvelle avec des transports d'allégresse, qui surprirent tous ceux, à qui il n'étoit pas donné de sentir quel bonheur c'est, que de répandre son sang pour Jesus-Christ, & elle soûtint jusqu'au dernier soupir l'opinion, qu'elle avoit fait concevoir de son courage.

Le Prince de Jonezava s'étoit imaginé que les Chrétiens intimidez par la maniere, dont il venoit de traiter les principaux d'entr'eux, seroient plus dociles, & qu'au moins avec le tems il lui seroit aisé de les engager de gré ou de force à se soumettre aux Edits. Il ne fut pas longtems sans s'appercevoir, qu'il s'étoit mépris, & comme il ne vouloit pas en avoir le démenti, bientôt toute cette Contrée fut une de celle, où le sang des Martyrs coula avec plus d'abondance.

§. VII.

Cruautez du Gouverneur de Nangazaqui. Menaces qu'il fait aux Chrétiens. Apostasie de plusieurs. Histoire singuliere d'un jeune Martyr. Plusieurs Apostats se reconnoissent. Formule, qu'on fait signer à ceux, qui renoncent à Jesus-Christ. Presque tous les Chrétiens disparoissent de Nangazaqui.

MAis rien n'est comparable à ce qui se passoit dans le même tems à Nangazaqui, où le Gouverneur Unémondo sembloit s'être fait un point d'honneur de surpasser en cruauté tous ceux, qui s'étoient mêlé jusques-là de persécuter les Fidéles; soit qu'il fût naturellement sanguinaire, ou qu'il cherchât davantage à faire sa Cour à l'Empereur son Maître.

Il n'en étoit pas à son apprentissage. Dès l'année 1614. il avoit mis en combuftion tout le Royaume de Bungo, où il commandoit en qualité de Gouverneur Impérial, & dont il poffédoit même une bonne partie ; & c'étoit fur fa réputation, que le Xogun-Sama l'avoit envoyé à Nangazaqui avec des ordres précis, & une autorité fans bornes dans tout le Ximo, dont ce Prince vouloit abfolument bannir jufqu'au fouvenir du Nom Chrétien. Toutefois, avant que de fe faire voir tel qu'il étoit, il voulut fe donner le tems de reconnoître le terrein ; & il affecta d'abord une modération, qui trompa certaines gens, toujours portées à faifir les moindres lueurs d'efpérance. Les plus défians mêmes commençoient à fe rafsûrer, & à revenir de l'épouvante, où le nom feul d'Unémondo avoit jetté tous les efprits, lorfque ce Gouverneur fit un jour préparer à Nangazaqui & aux environs un grand nombre de Buchers, & ordonna un grand amas de bois ; mais comme il eut reconnu que ces préparatifs caufoient plus de joye, que de terreur, il fit déterrer tout ce qu'il put de corps de Chrétiens, & après qu'on les eût brûlez, il commanda qu'on en jettât les cendres à la Mer.

On publia enfuite par fon ordre que tous ceux, qui refuferoient de rendre aux Camis & aux Fotoques les hommages, qu'ils leur devoient, fe flattoient vainement, s'ils comptoient de mourir pour leur Dieu : qu'il fçavoit l'art de les faire fouffrir, fans abréger leurs jours, & que les plus fages n'attendroient pas à fe rendre, qu'ils fuffent réduits dans un état à ne pouvoir plus joüir de la vie. Perfonne ne branla, & tous ceux, à qui on s'adreffa en particulier, répondirent comme il convenoit à des Chrétiens. Dès le lendemain treiziéme d'Août de cette même année 1629. une Troupe de Fidéles des deux fexes fut conduite au Mont Ungen, où, après qu'on les eût arrofez par tout le corps de la matiere infernale, on les laiffa tout nuds expofez aux ardeurs du Soleil, qui étoit alors dans toute fa force.

Ils refterent toute la nuit & tout le jour fuivant dans la même fituation, après quoi on leur déclara qu'ils devoient s'attendre à paffer le refte de leur vie dans cette alternative de tortures & d'un repos auffi infupportable, que les tortures mêmes : auffitôt ils fe rendirent. Un fi heureux fuccès donna de grandes efpérances à Unémondo. Il fit venir d'autres Chrétiens, & ne les ayant pas trouvez auffi faciles à ébranler, que les premiers, il leur fit fouffrir des chofes, qu'on ne croiroit pas pouvoir tomber dans l'imagination d'un homme : l'humanité & la pudeur ne permettent pas d'en dire davantage. De vingt, qu'ils étoient, dix-fept manquerent à la fin de courage ; les trois autres, après qu'on eut defefpéré de les réduire, furent renvoyez chez eux, & moururent bientôt après de leurs playes, fans avoir témoigné la moindre foibleffe. C'étoient un jeune Japonnois, un jeune Indien de Ceylan, & une Femme, appellée ISABELLE. La conftance de l'Indien, dont je n'ai pû trouver le nom, & la chûte de tant de Japonnois, apprirent à ceux-ci que la force, qui fait les Martyrs, eft l'ouvrage de la grace, & que Dieu donne cette grace à qui il lui plaît de la donner.

L'histoire du jeune Japonnois, qui triompha en cette occasion d'une maniere si glorieuse, a quelque chose de singulier. Il étoit né à Facata un jour de Noël ; ses parens, qui étoient Chrétiens, eurent la dévotion de le porter à l'Eglise le jour de la Chandeleur, & de l'y offrir au Seigneur, comme Jesus-Christ avoit été offert à pareil jour dans le Temple de Jérusalem. Le Pere Julien de Nacaura l'y reçut, le baptisa, & le nomma SIMEON. Il parut bien que Dieu avoit agréé le sacrifice de ces bonnes gens ; Siméon prévenu des bénédictions du Ciel étoit un Saint dans un âge, où il est rare qu'on soit homme, & sa vertu alla toujours croissant. Sa Famille ayant été chassée de Facata au sujet de la Religion, se retira à Nangazaqui, où Siméon s'employa sans relâche au salut des ames. Cavacci, alors Gouverneur de cette Ville, informé des mouvemens, que se donnoit ce jeune homme pour maintenir les Fidéles dans la Foi, lui défendit de sortir de la maison de son Pere ; & il y avoit environ un an, qu'il étoit dans cette situation, lorsqu'Unémendo, Successeur de Cavacci, le fit conduire au Mont Ungen.

On observa que dix jours avant qu'on le tirât de chez lui, il alloit toutes les nuits faire oraison sur une grande pierre, qui étoit dans la cour de son logis, & qu'il se tenoit toujours tourné vers les ruines d'une Eglise, que les Infidéles avoient démolie ; on ajoûte qu'il prédit que son corps seroit brûlé sur cette même pierre, ce qui arriva en effet. Il fut dix jours sur le Mont Ungen, & il n'y eut pas un des Bourreaux, auxquels on l'avoit livré, qui n'épuisât, pour le tourmenter, toutes les inventions, que sa rage lui put fournir. Enfin on fit sçavoir à Unémondo qu'il étoit sur le point d'expirer, & ce Gouverneur, qui vouloit tenir aux Chrétiens la parole, qu'il leur avoit donnée, commanda qu'on le renvoyât chez son Pere ; il y fut à peine arrivé, qu'il rendit son ame à son Créateur. Il expira entre les bras de ses vertueux Parens, qui ne se sentoient pas de joye d'avoir un Fils Martyr, & qui renouvellerent de bon cœur à Dieu le sacrifice, qu'ils lui avoient déja fait de ce cher Enfant.

Ces grands exemples, outre l'honneur, qui en revenoit à la Religion, ne manquoient jamais de produire encore un autre fruit très-solide ; car la plûpart des Apostats, que l'excès des tourmens, & presque toujours l'affoiblissement de leur raison avoient fait tomber, se relevoient à la vûë d'un courage, qui leur reprochoit leur lâcheté, & s'efforçoient de laver par leurs larmes, & les autres fruits d'une sincere pénitence, la tache de leur infidélité. Ordinairement on ne les inquiétoit plus, les Gouverneurs & les Seigneurs particuliers, charmez de pouvoir mander en Cour qu'un grand nombre de Chrétiens avoit renoncé au Christianisme, ne vouloient, ni recommencer à les tourmenter, ni s'exposer aux reproches de l'Empereur, s'ils faisoient sçavoir à ce Prince ce nouveau changement ; mais ces Pénitens & la plûpart des autres Chrétiens destituez de tous secours spirituels, perdirent enfin beaucoup de leur ancienne vertu, & l'on commençoit en bien des endroits à ne plus reconnoître les Fidéles du Japon.

D'ailleurs Unémondo prit une précaution pour retenir dans l'infidélité ceux, qui avoient apostasié, laquelle lui réüssit à l'égard de plusieurs. Il composa une Formule, qu'il leur faisoit prononcer & signer, & elle étoit exprimée en ces termes: *Je crois & confesse que la Loi des Chrétiens est une invention & un ouvrage du Démon, & je la renonce. Si quelque Pere veut m'engager à l'embrasser de nouveau, je jure de n'y consentir jamais. J'y renonce, non seulement pour moi, mais encore pour ma Femme & mes Enfans; & s'il m'arrive de manquer à mon serment, je consens d'être brûlé vif avec tous les miens.* Cette Formule, sous les Successeurs d'Unémondo, devint encore plus horrible, & fut considérablement augmentée. Il y étoit dit que le Christianisme étoit une industrie des Religieux d'Europe, qui n'avoient autre chose en vûë, en la préchant, que de conquerir des Royaumes. Elle contenoit les plus exécrables blasphêmes contre la Très-Sainte Trinité, & contre tous nos sacrez Mysteres, & une renonciation expresse à tous les biens, dont on avoit espéré, en embrassant la Religion Chrétienne, de joüir dans l'autre vie. Avec le tems on y ajoûta la cérémonie de fouler aux pieds certaines Images, dont nous parlerons en son lieu.

Dans les commencemens peu voulurent souscrire, & prononcer ces Formules; mais on les faisoit signer par force à quelques-uns, même d'entre ceux, qui n'avoient donné aucune marque d'Apostasie, & l'on feignoit de ne pas entendre les protestations, qu'ils faisoient de la violence, dont on usoit à leur égard. On dressoit des listes de ces prétendus Apostats, & on les grossissoit souvent des noms de ceux, dont les Parens Infidéles avoient répondu, sans qu'ils en eussent connoissance. La plûpart de ceux, qui voulurent se soustraire à ces surprises & à ces supercheries, ou qui craignirent de ne pouvoir soûtenir la violence des tourmens, prirent le parti de s'enfuir dans les Montagnes & dans les Forêts, & y pénétrerent malgré les Gardes, qu'on avoit envoyez pour en fermer les passages; mais plusieurs y périrent misérablement, parce qu'ils y furent poursuivis, & qu'on mit le feu à des Forêts entieres. Enfin en très-peu de tems il ne parut à Nangazaqui aucun Chrétien, qui fût connu pour tel: un Hollandois a écrit, qu'étant dans ce Port en 1626. on l'asûra qu'on y comptoit alors quarante mille Chrétiens, & qu'y étant retourné en 1629. on lui dit qu'il ne s'y en trouvoit plus. La suite fera pourtant voir, ou qu'il y en restoit encore beaucoup, ou qu'un très-grand nombre y retournerent bientôt.

§. VIII.

Bungondono est accusé de ménager les Chrétiens. Il se dispose à les pousser à toute outrance. Supplice extraordinaire, & le succès qu'il eut. Bungondono est frappé de Dieu, & meurt comme Antiochus. Nouveaux Martyrs à Nangazaqui. Constance héroïque de trente Enfans. Martyrs à Jedo & en quelques autres endroits.

De J. C. 1630.
De Syn Mu. 2290.

Quelque tems auparavant Bungondono Roi d'Arima étant allé à Jedo, apprit en y arrivant qu'Unémondo l'avoit accusé de donner retraite dans une de ses Terres à un Religieux d'Europe, & que le bruit étoit grand partout que ceux, à qui il avoit fait abjurer le Christianisme, s'étoient de nouveau déclarez Chrétiens. Ce second article étoit vrai en partie : mais si l'on en faisoit un crime à ce Prince, Unémondo n'étoit pas plus innocent, que lui. Quant au premier, il y a bien de l'apparence qu'il étoit faux, & certainement jamais homme ne mérita moins le reproche d'avoir ménagé les Fidéles, que ce Prince; car, autant qu'il avoit fait paroître de modération, n'étant que Seigneur de Ximabara, autant étoit-il devenu cruel, depuis qu'il étoit Roi d'Arima, & qu'il avoit plus à perdre en s'attirant la disgrace de l'Empereur. Ce qui rendra même sa mémoire exécrable à tous ceux, qui liront cette Histoire, c'est qu'au lieu qu'avant lui ceux, qui étoient chargez de persécuter les Fidéles, en ôtant des Chrétiens à l'Eglise, lui donnoient des Martyrs, il fut le premier, qui travailla à lui ravir cette consolation, en s'appliquant surtout à faire des Apostats, en quoi il ne réüssit que trop bien.

Toutefois comme ceux, que la Justice divine poursuit, ne se tiennent pas même asseûrez, lorsqu'ils croyent n'avoir rien à se reprocher, l'accusation intentée contre lui par un homme, qui avoit la confiance de l'Empereur, le fit frémir, & il ne crut pas pouvoir éviter sa perte, qu'en promettant d'inonder ses Etats du sang des Chrétiens. Il partit de la Cour dans cette disposition, & arriva au mois de Mai dans la Ville d'Aria, sur laquelle il déchargea les premiers accès de sa rage. Nous avons vû que les Fidéles y avoient triomphé de tous ses efforts en 1627. mais cette fois-ci son ingénieuse barbarie eut plus d'effet, & y causa des chûtes bien déplorables.

De J. C. 1630.
De Syn Mu. 2290.

Il avoit fait creuser des fosses assez larges, pour contenir un homme assis à la maniere des Orientaux, c'est-à-dire, les jambes croisées ; on avoit planté en dedans un pieu, qui ne s'élevoit pas plus haut, que les épaules du Patient, & sur ce pieu il y avoit une piéce de traverse. Les Patiens étoient liez par la poitrine au pieu; ils avoient les bras étendus & liez sur la traverse, & par le moyen de deux ais échancrez, qui leur serroient le col, ils étoient enfermez dans la fosse, n'ayant que la tête & une partie du col dehors. Cela fait, le Tyran commanda qu'on leur sciât le col, mais lentement, d'abord avec une scie de fer, & puis avec une de canne. On ne continuoit pas longtems de suite ce supplice, mais on recommençoit souvent, & tant que cela duroit, on laissoit pourrir ces Malheureux dans leur ordure. De tems en tems on jettoit du sel dans leurs playes, & lorsque la violence de la douleur, ou la foiblesse les faisoit évanoüir, on les obligeoit de prendre d'un certain breuvage préparé exprès, qui les faisoit revenir d'abord.

Les premiers, qui furent traitez de la sorte, étoient au nombre de sept. La nuit du cinquiéme jour, il y en eut cinq, à qui le courage manqua. Au bout de vingt-quatre heures un sixiéme, que le Roi avoit ordonné qu'on achevât la nuit suivante, se rendit aussi; il n'en restoit plus qu'un, nommé THOMAS, qui à son air paroissoit ne rien souffrir : le Roi l'admiroit, mais son courage l'irritoit. Il épuisa sur lui toute sa fureur, & celle de ses Bourreaux, sans rien gagner sur ce cœur intrépide : enfin le huitiéme jour on le fit mourir, & l'on remarqua sur son visage après sa mort une sérénité charmante. On avoit laissé jusques-là les six autres dans leur place, & dans la même posture, où on les avoit mis d'abord; on les détacha, dès que Thomas eut expiré, & il y en eut trois, à qui Bungondono par un caprice de Barbare, fit couper la tête. Peut-être craignoit-il qu'ils ne retournassent à leurs premiers sentimens. Ce qui est certain, c'est que deux donnerent en mourant de grands signes de repentir. Le troisiéme, qui étoit un Vieillard de quatre-vingt-trois ans, paroissoit comme abruti; c'étoit celui-là même, qui avoit manqué la Couronne du Martyre, au moment qu'il étoit sur le point de la recevoir. Parmi les trois autres il y avoit deux Femmes, dont l'une, à qui l'excès de ses maux avoit aliéné l'esprit, mourut peu de tems après, sans être revenuë à son bon sens.

Ce supplice avoit trop bien réüssi au Roi d'Arima, pour ne pas continuer à le mettre en usage, & il eut presque toujours le même succès. Ce Prince ne fût pas demeuré sans doute en si beau chemin, & il eût fait bien d'autres ravages dans le Bercail, dont il avoit trouvé moyen d'écarter les Pasteurs ; mais la Bonté divine jugea à propos de l'arrêter au milieu de ses fureurs, & de faire sur lui un exemple de terreur, qui rassurât les Fidéles, & intimidât leurs Tyrans. Unémondo venoit d'arriver de la Cour Impériale, Bungondono l'alla visiter, pour lui faire part de ses Victoires, & après avoir pris avec lui des mesures pour achever la ruine du Christianisme, il tourna du côté de Ximabara, qui étoit le lieu de son séjour ordinaire. Il n'avoit pas fait beaucoup de chemin, lorsque Dieu, qui sembloit l'attendre au passage, le frappa, comme il fit autrefois Antiochus dans une circonstance toute pareille. Une fiévre ardente alluma tout à coup dans son corps un feu, qui le brûloit sans relâche, & qui le jetta bientôt dans un véritable desespoir ; c'étoit quelque chose d'horrible à voir & à entendre, que la maniere, dont il s'agitoit, les cris & les hurlemens, qu'il poussoit ; & les instances qu'il faisoit, pour qu'on éloignât de lui un Chrétien, lequel, disoit-il, armé d'une faulx, le menaçoit sans cesse.

» Les Chrétiens, ajoûtoit-il, ne
» manqueront pas de m'insulter, &

» de publier que leur Dieu m'a puni & s'eft vengé ; mais ils n'en font pas, où ils croyent ; qu'ils attendent encore un peu, & je les ferai repentir de leur fauſſe joye. » Il arriva dans ces ſentimens à Ximabara, l'imagination toujours troublée par des têtes de Chrétiens, qu'il croyoit avoir devant les yeux, & qui le rejettoient ſans ceſſe dans de nouveaux accès de phrénéſie. Dès le même jour il fit crier par toute la Ville que ceux, qui auroient quelque bon remede contre la fiévre tierce, euſſent à le lui envoyer : il en reçut plus de vingt tous différens, & comme il ne ſçavoit auquel ſe déterminer, il ſe réſolut à les prendre tous enſemble, ſur ce principe, que ſi chacun en particulier pouvoit le guérir, un compoſé de tous ne pouvoit manquer d'avoir le même effet. A peine eut-il avalé ce monſtrueux mélange de drogues, que toutes les dents lui tomberent, & que le feu, qui le dévoroit, augmenta de telle ſorte, qu'il lui ſembloit que le ſang lui boüillonnoit dans les veines.

Il n'en falloit pas tant pour achever de lui renverſer l'eſprit ; auſſi avoit-il bien moins l'air d'un malade, que d'un Démoniaque. On commença en même tems à entendre dans tout le Palais des cris, des hurlemens, des voix horribles, & comme des coups contre les murailles, frappez par une main inviſible : alors il ſe fit conduire aux Eaux d'OBAMA ; & comme ces Eaux n'ont par elles-mêmes aucune qualité mauvaiſe, on eſpéroit que, ſi le Roi n'en recevoit aucun ſoulagement, au moins elles ne lui feroient aucun mal. C'étoit pourtant là, que la Juſtice vengereſſe de Dieu attendoit ce Tyran : il y fut ſon propre Bourreau, & il ſe punit du même ſupplice, qu'il avoit inventé le premier contre les Chrétiens. La principale veine d'eau, qui forme le Bain d'Obama, n'eſt point boüillante, mais il s'en faut peu, & elle n'eſt ſupportable, que quand on l'a tempérée. Bungondono, qui ne trouvoit rien de chaud, au prix du feu, qui le dévoroit, ne voulut pas qu'on touchât au Bain, ni qu'on y jettât de l'eau froide ; mais à peine y étoit-il entré, que tout ſon corps parut comme une chair boüillie, & peu après il s'en alla en piéces. Il lui ſembla en même tems que ſa chambre étoit en feu, & il ſe mit à pouſſer des hurlemens ſi affreux, & à ſe débattre d'une maniere ſi épouvantable, que malgré le triſte état, où on le voyoit, il inſpiroit plus d'horreur, que de pitié. Les cris & les mugiſſemens, qu'on avoit entendus dans ſon Palais, recommencerent auſſi, & au bout de quelques momens il expira dans un accès de rage. Ce fut au mois de Décembre de l'année 1630. Il n'y eut perſonne, qui ne regardât une mort ſi funeſte, comme un effet de la colere du Ciel ; mais ceux, qui avoient fait ſur cet évenement de plus ſérieuſes réflexions, les oublierent bientôt ; la vûë de ce qu'ils avoient à eſpérer de l'Empereur, s'ils obligeoient les Chrétiens à renoncer à leur Religion, leur ôtant juſqu'à la penſée de ce qu'ils devoient craindre de la Juſtice divine.

Unémondo ſurtout, inſenſible au ſort d'un Prince, qu'il ſembloit s'être fait un point d'honneur de ſurpaſſer en cruauté, ne rabattit rien des promeſſes, qu'il avoit faites à l'Empereur de lui rendre bon compte des Chrétiens de son Gouvernement. A son retour de Jedo il avoit trouvé dans une des Prisons d'Omura soixante & deux personnes de tout âge & de tout sexe. Les trois Peres Augustins, dont nous avons parlé, & le Pere Antoine Iscida étoient dans une autre. Ce dernier par ses manieres aimables, jointes à la facilité, avec laquelle il s'exprimoit dans sa langue naturelle, avoit eu le secret de gagner ses Gardes, qui l'entendoient volontiers parler de Dieu, & il se servoit même d'eux, pour entretenir un commerce de Lettres avec les Fidéles, qui étoient dans l'autre prison. Aussi leur inspira-t-il une si grande ardeur pour les souffrances, que tous persévérerent jusqu'à la mort, qu'ils souffrirent avec une grande constance. Le vingt-huitiéme de Septembre, quarante autres prisonniers, parmi lesquels il y avoit une Femme enceinte de six mois, furent brûlez à Nangazaqui. Le vingt-huitiéme d'Octobre on en décapita environ trente. Dix autres périrent par le même supplice, & trois par le feu quelque tems après. On nomme parmi ceux-ci un Frere du saint Martyr Michel Nagaxima, & sa Mere parmi les premiers.

L'Isle d'Amacusa, où le Pere Jacques-Antoine GIANNONE avoit trouvé le moyen de demeurer caché, & où les Fidéles étoient en très-grand nombre, se ressentit bientôt de l'embrasement excité dans le Royaume d'Arima, & à Nangazaqui. Térazaba en étoit encore le Maître, mais il paroît qu'il n'y résidoit pas ordinairement. Celui, qui y commandoit pour lui, voulut aussi se faire réputation à la Cour de l'Empereur, & ces pauvres Chrétiens, qu'on avoit laissez jusques-là assez tranquiles, ne furent pas plus épargnez que les autres. Le Commandant s'avisa un jour de faire prendre une trentaine de petits Enfans, de les enfermer dans une espece de Parc, & de les y exposer tout nuds aux ardeurs du Soleil, sans leur donner de nourriture, que ce qu'il leur en falloit pour ne pas mourir de faim. Dieu fit voir encore en cette occasion, que c'est lui, qui soutient les Martyrs. Ces petits Innocens tinrent fermes dans un supplice, qui avoit fait tomber les Colomnes de l'Eglise du Ximo. Ils refuserent même les soulagemens, que les Gardes, touchez de compassion de les voir souffrir, leur offroient en cachette; ne voulant pas, disoient-ils, diminuer le prix de la Couronne, qu'ils attendoient. Des témoins dignes de foi ont assûré que les Mouches, dont tous ceux, qui étoient autour d'eux, se trouvoient fort incommodez, ne les toucherent point, comme si ces Insectes eussent respecté la chair innocente de ces tendres Agneaux, qui s'offroient si courageusement en sacrifice au chaste Epoux des Vierges. Au bout de douze jours on les rendit à leurs Parens, qui n'avoient pas eu le même courage qu'eux, soit qu'on se flattât qu'ils les réduiroient plus facilement, soit que le Tyran, qui desespéroit de les vaincre, voulût s'épargner la honte d'en être vaincu.

Jedo eut aussi alors ses Martyrs & ses Apostats. Dix Chrétiens y moururent dans l'eau glacée au mois de Janvier 1630. & un Gentilhomme de la Chambre de l'Empereur eut le col scié en trois jours de la maniere,

maniere, que j'ai rapportée plus haut. Presque toutes les Eglises donnerent plusieurs semblables exemples de constance, surtout celles des Provinces du Nord, où l'on ne s'attachoit point encore, comme partout ailleurs, à faire des Apostats. Les Peres ADAMI & PORRO continuoient à les visiter, & il sembloit que le Seigneur les rendît invisibles à ceux, qui les cherchoient: Ils alloient de tems en tems jusqu'à Tsugaru, où il y avoit encore quelques restes de ces fameux Exilez, dont nous avons si souvent rapporté les souffrances & la ferveur, & quelques Mémoires disent qu'ils firent aussi quelques excursions en Yesso.

§. IX.

Mauvaise conduite de Pierre NUITS, *Ambassadeur de la Compagnie Hollandoise au Japon. Il est fait Gouverneur de l'Isle Formose. Il arrête deux Navires Japonnois, & leur fait un grand tort. Il est fait lui-même prisonnier dans sa maison par les Japonnois.*

SUr ces entrefaites on vit, ou l'on crut voir luire un rayon d'espérance que les Portugais alloient se retrouver seuls en possession du commerce, & l'on en tiroit déja les conséquences les plus favorables au Christianisme. Voici ce qui y donna lieu.

Nous avons vû il n'y a pas longtems que le Sieur Conrad Krammer avoit été envoyé à Jedo en 1626. en qualité d'Ambassadeur. L'année suivante le Conseil de Batavia y envoya en la même qualité le Sieur Pierre NUITS (a), homme naturellement vain, & qui n'avoit aucune expérience des affaires du Japon; aussi ne remporta-t-il que du chagrin & de la honte de sa Députation. Il ignoroit que c'étoit alors parmi ceux de sa Nation une maxime fondamentale, & que l'on trouve partout dans leurs Mémoires: *que la Compagnie de Hollande devoit gagner les Japonnois par une conduite douce, respectueuse, & soumise en effet, sans prétendre se couvrir de la peau*

du Renard; *& les amuser*. Il crut donc pouvoir tromper la Cour de Jedo, pour satisfaire sa vanité, & peu content du caractere, que lui avoit donné le Conseil de Batavia, il se donna pour Ambassadeur *du Roi de Hollande*. Il fut d'abord traité comme tel, mais la fourbe ayant été découverte, l'Empereur indigné qu'un Etranger osât le prendre pour dupe dans sa propre Cour, ne voulut plus traiter avec lui, & le renvoya sans réponse.

Un homme de ce caractere, & après une faute de cette nature, ne devoit pas être remis en place; cependant à peine Nuits étoit de retour à Batavia, qu'il fut nommé Gouverneur de l'Isle FORMOSE, & deux grands Navires Japonnois, sur lesquels il y avoit cinq cens hommes, ayant abordé dans cette Isle en 1629. l'y trouverent, ayant encore sur le cœur l'affront, qu'on lui avoit fait au Japon, & fort résolu de s'en venger, dès qu'il en pourroit avoir l'occasion. Il saisit celle-ci avec joye,

(a) Il n'arriva au Japon qu'en 1628.

mais n'ofant employer la force ouverte, pour ne point caufer de préjudice au commerce de la Compagnie de Hollande au Japon, il prit un prétexte pour chagriner ces Marchands. Il commanda qu'on fît la vifite de leurs Navires, & qu'on les defarmât, ce qui ne fe pratiquoit jamais en Formofe. Les Japonnois furpris de cette nouveauté, s'y oppoferent d'abord avec vigueur, mais comme ils manquoient d'eau, cette extrémité les obligea de fubir la loi du plus fort ; ainfi leurs Canons, leurs Armes, leurs Munitions, jufqu'aux voiles & aux Gouvernails, tout fut mis dans les magazins du Gouverneur, après néanmoins que les Capitaines des deux Navires eurent protefté contre la violence, qu'on leur faifoit.

Auffitôt qu'ils eurent fait de l'eau, & qu'ils eurent employé quelques jours à trafiquer dans l'Ifle, ils redemanderent tout ce qu'on leur avoit enlevé, pour continuer leur voyage à la Chine. Le Gouverneur leur répondit qu'il étoit trop de leurs amis, pour fouffrir qu'ils fe remiffent en mer au péril de tomber entre les mains des Corfaires, qui infeftoient ces Mers. Il ajoûta qu'il attendoit de jour en jour des Vaiffeaux de Batavia, qui devoient faire le même voyage qu'eux ; qu'il avoit même ordre de fes Supérieurs de joindre à ceux-ci tous les Bâtimens, qu'il avoit dans fon Port ; que les uns & les autres leur ferviroient d'efcorte, & qu'on le rendroit avec juftice refponfable au Japon, s'il leur avoit permis de s'expofer fans ce fecours à un danger auffi manifefte, que celui, qu'ils vouloient courir. Il accompagna cette réponfe de quantité de politeffes, aufquelles les Japonnois ne fe laifferent point prendre : ils craignoient de perdre le tems de la mouffon, après laquelle il n'eft pas poffible d'aller à la Chine, & ils la perdirent en effet.

Défefpérez de ce contre-tems, & n'apprenant aucune nouvelle des Vaiffeaux de Batavia, dont on les avoit leurrez, ils allerent trouver de nouveau le Gouverneur, & le conjurerent de leur reftituer ce qu'il leur retenoit, afin qu'ils puffent s'en retourner au Japon ; puifque le tems propre pour s'y rendre, étoit venu, au lieu que celui d'aller à la Chine étoit paffé. « Comment, leur dit Nuits, faifant l'étonné, vous voudriez retourner au Japon avec votre capital, & perdre ainfi le fruit de tant de peines & de dépenfes ! Croyez-moi, ce n'eft point là un parti à prendre pour des perfonnes fages ; donnez-vous un peu de patience, les Navires de Batavia viendront, & fi vous ne pouvez aller à la Chine, nous tâcherons de vous faire employer ici votre fond, de maniere que vous puiffiez y gagner raifonnablement. » Il les amufa ainfi plufieurs jours par de belles paroles ; fon but étant de leur faire perdre auffi la faifon de retourner chez eux, afin de les confumer en frais, & de les dégoûter de revenir jamais en Formofe : en quoi il rendoit un fort mauvais fervice à fon Ifle, mais tout cede à la paffion de fe venger.

Les Japonnois, qui ne pouvoient plus douter de la mauvaife volonté du Gouverneur Hollandois, répondirent qu'ils rifqueroient trop en différant leur retour au Japon, dans l'incertitude de l'arrivée des Vaisseaux Hollandois, dont on les avoit jusques-là inutilement flattez ; que ce qu'on leur proposoit de charger en Formose, ne leur convenoit point ; en un mot qu'il y alloit de tout pour eux de ne pas tarder davantage à se rendre au Japon. Mais plus l'on parle raison à ceux, qui veulent faire du mal, & qui ont la force, ou l'autorité en main, moins on avance ses affaires ; les Japonnois l'éprouverent d'une maniere bien sensible en cette occasion. Le Gouverneur ne leur repliquoit rien de solide, & se tenoit toujours sur la négative. Ils redoublerent leurs instances, & ils s'abaisserent même jusqu'à y ajoûter les plus humbles prieres, protestant qu'ils recevroient leur congé, comme une faveur, dont ils ne seroient point méconnoissans. Nuits repartit, qu'on lui feroit un crime au Japon de les laisser ainsi retourner à vuide ; qu'il avoit eu le malheur de déplaire à la Cour de leur Empereur, lorsqu'il avoit été envoyé en Ambassade vers ce Prince, & qu'il ne vouloit pas lui donner lieu de croire qu'il s'en vengeoit, en faisant un tort si considerable à ses Sujets ; qu'ainsi il ne pouvoit pas consentir à ce qu'ils désiroient de lui.

Les Japonnois voyant qu'ils ne gagnoient rien, ni par raison, ni par prieres, délibérerent entr'eux sur les moyens de se tirer d'un si mauvais pas. Ils proposerent d'abord d'y employer les présens, les bons offices de leurs Amis, & toutes les autres voyes de douceur, qu'ils pûrent imaginer ; mais après avoir un peu plus réfléchi sur le caractere de l'homme, à qui ils avoient affaire, ils demeurerent persuadez que tous ces expédiens ne seroient pas plus efficaces, que leurs prieres, & leurs représentations : & ne prenant plus conseil que de leur indignation, ils se déterminerent à une Entreprise des plus hardies, mais que la situation, où ils se trouvoient, avoit rendu nécessaire ; c'étoit de forcer le Gouverneur le poignard à la gorge de les laisser partir, ou de périr à la peine.

Cette résolution prise, voici les mesures, qu'ils imaginerent pour l'exécuter. Ils choisirent sept des plus braves d'entr'eux, & c'étoit en même tems les plus apparens des deux Navires. Ils devoient se saisir de la personne du Gouverneur, de son Fils, & de tous ceux, qui pourroient se rencontrer avec l'un & l'autre. Vingt-quatre hommes d'élite devoient les accompagner comme leurs Serviteurs, ou gens de leur suite ; la coutume des Japonnois étant de mener toujours beaucoup de monde avec eux. Ceux-ci étoient destinez à arrêter les Gardes du Gouverneur, qui se tenoient toujours dans son Anti-chambre au nombre de douze, avec cinq ou six Hallebardiers. Une troupe de cinquante hommes devoit les suivre de loin, & eut ordre d'entrer chez le Gouverneur par pelotons ; & après cette troupe, une autre de cent, divisée en petites bandes, eut ordre de se tenir aux environs du Château, de se rassembler au premier signal, & de fondre dans le logis du Gouverneur. Cette disposition faite, on mit les Vaisseaux, autant qu'on put, en état de tenir la Mer. On suppléa aux Gouvernails avec quelques pieces de bois & des planches, qu'on accommoda le mieux, qu'il fut possible; & de quelques vieilles Toiles, qui n'avoient pas été enlevées, parce qu'elles ne valoient rien, on fit deux Voiles pour chaque Navire.

Le succès d'une Entreprise si bien concertée, ne pouvoit pas être plus heureux. Les Japonnois armez chacun d'un Sabre & d'un Poignard, selon leur coutume, se mirent en marche, comme ils l'avoient concerté. C'étoit au mois de Juillet 1630. les sept, qui faisoient la tête avec leur nombreuse suite, entrerent chez le Gouverneur, & demanderent à lui parler. Ils furent reçus à l'ordinaire avec beaucoup de civilité, & introduits dans la Chambre, où Nuits étoit seul avec son Fils, & un Conseiller du Conseil d'Etat & de Justice : ils lui firent d'abord un long narré de leurs griefs : que depuis plus d'un an il les retenoit en Formose, sans accusation intentée contre eux, sans qu'ils eussent donné aucun sujet de plainte, sans même qu'il en eût fait aucune de leur conduite, & sous le bizarre prétexte du danger des Corsaires; danger, qui les regardoit proprement, & nul autre; Que cependant il leur avoit fait perdre l'occasion de passer à la Chine, qui étoit le but de leur voyage; ce qui leur causoit un extrême dommage en deux manieres : l'une, que leur comptant & leurs Marchandises destinées pour ce Païs-là, leur demeuroient sur les bras; l'autre, qu'ils avoient avancé l'année précédente le prix de vingt-cinq mille livres pesant de soye à des Marchands Chinois, à condition que cette soye leur seroit délivrée à la premiere saison, & que ce gros capital demeuroit mort à la Chine, faute à eux de s'y être rendus à tems pour le retirer : sans parler de l'interêt, qu'il leur en faudroit payer, ni du risque des Débiteurs, qui étoit pourtant une chose de poids dans le Négoce. Ils ajoûterent que joignant à ces pertes les frais pendant une année de détention dans son Port; frais, qui ne pouvoient être que très-grands pour deux Vaisseaux, où il y avoit cinq à six cens hommes, il étoit manifeste que son injuste procédé les ruinoit totalement; qu'ils avoient tous au Japon leurs familles, qu'il falloit entretenir, & qui se consumoient en leur absence; qu'ils vouloient pourtant bien oublier ces torts, tout considérables qu'ils étoient, pourvû qu'il les laissât aller, de quoi ils le supplioient très-instamment, & qu'il n'achevât point de les ruiner sans profit pour les Hollandois, ni pour lui-même.

Nuits, après les avoir écoutez d'un air tranquile, voulut leur répondre suivant son stile ordinaire; il leur protesta qu'il n'avoit rien fait que par amitié pour eux; qu'ils attendissent encore un peu, & qu'il les renvoyeroit contens. Les Japonnois repliquerent, & la conversation commença à s'échauffer. Enfin les raisonnemens ne produisant rien, les Japonnois changerent de ton, & dirent résolument, qu'ils ne vouloient pas attendre davantage; le Gouverneur les regardant fierement, leur déclara qu'ils ne partiroient point. A ces mots, le Chef des Japonnois donna le signal, dont on étoit convenu, & dans l'instant lui & deux autres saisirent le Gouverneur, & lui lierent les mains au cou; trois autres prirent le Conseiller à la gorge, un autre arrêta l'Enfant, & l'enveloppa dans sa Robbe; les deux derniers sortirent, & donnant le signal à leurs gens, pour se jetter sur tous les Hollandois; dans le moment les Japonnois, qui au nombre de cent soixante-quatorze, attendoient le signal, font main basse, & criant, *tuë, tuë*, le Corps de Garde, & toute la Maison du Gouverneur sont passez au fil de l'épée, à l'exception d'un petit nombre, qui s'échapperent. Tout ce qui étoit dans le voisinage, Artisans, Marchands, Officiers, Domestiques de la Compagnie; en un mot, tout ce qui n'eut pas le tems de fuir, fut égorgé, & les Japonnois ne voyant plus paroître personne, se retirerent au logis du Gouverneur, & s'y barricaderent.

§. X.

Les Japonnois obligent le Gouverneur à composer avec eux. Conditions de ce Traité. Ce qui arrive à leur retour au Japon. Embarras des Hollandois. Parti que prend le Conseil de Batavia. Nuits est livré aux Officiers de l'Empereur, qui lui pardonne, & rend son amitié aux Hollandois.

La nouvelle de ce massacre étant bientôt parvenuë au Château, le Commandant fit tirer plusieurs volées de Canon, mais sans oser pointer sur le logis du Gouverneur, qu'il sçavoit y être entre les mains de ses Ennemis. Les Japonnois ne laisserent pas de craindre d'être foudroyez par cette Artillerie; ils obligerent le Gouverneur de la faire cesser, le menaçant de l'égorger, s'il ne se montroit à la fenêtre, pour assûrer le Peuple qu'il étoit sain, & sans nul danger, & s'il ne mandoit au Château qu'on ne tirât plus. La Lettre fut portée au Commandant, lequel assembla son Conseil, qui fut d'avis d'obéir, mais d'envoyer des Députez au Gouverneur, pour sçavoir de lui en quel état étoient les choses; il fit ensuite demander aux Japonnois ce qui les avoit portez à une si grande violence, & quelle étoit leur intention. Ceux-ci répondirent qu'on ne pouvoit pour lors parler au Gouverneur, & que pour eux, ils ne pouvoient non plus donner de réponse; qu'ils avoient assez fait pour un jour, mais que le lendemain ils s'expliqueroient. Ayant ainsi congédié les Députez, ils composerent avec le Gouverneur & le Conseiller, qui étoient entre leurs mains; & obligerent l'un & l'autre à signer les Articles suivans.

1°. Que leur Entreprise seroit reconnuë pour juste, légitime, & nécessaire à leur propre sûreté, & à l'honneur de leur Nation. 2°. Qu'ils seroient libres de retourner au Japon, quand bon leur sembleroit, & que pour cet effet on leur rendroit incessamment tous les Agrès & Apparaux de leurs Navires. 3°. Que les Vaisseaux Hollandois, qui étoient dans le Port, ne pourroient pas venir après eux, pour les insulter, ni les obliger de rentrer dans le Port,

& que pour sûreté de cet Article, ces mêmes Vaisseaux mettroient à terre leurs Gouvernails & leurs Voiles la veille de leur départ, qui seroit le premier jour d'Août. 4°. Que pour assûrance de l'exécution de l'accord, on leur donneroit cinq Hollandois des principaux de l'Isle, en ôtages. 5°. Que puisque leur détention violente, & contre le Droit des Gens, les avoit empêché de passer à la Chine, pour recevoir les vingt-cinq mille livres pesant de soye, qu'ils y avoient achetées & payées l'année précédente, le Gouverneur leur en feroit livrer autant de la même qualité, qu'ils choisiroient dans les Magazins de la Compagnie, & qu'ils prendroient en échange les vûs & les obligations des Marchands Chinois, qui leur devoient payer ces vingt-cinq mille livres de soye. (*a*)

La hauteur avec laquelle les Japonnois imposerent ces conditions, dont ils ne voulurent jamais se relâcher en rien, étoit d'autant plus surprenante, qu'il étoit fort aisé aux Hollandois de les faire tous périr, sans qu'il s'en sauvât un seul; puisqu'il y avoit six cens hommes de garnison dans le Château, & en d'autres Redoutes aux environs de la Ville; & sept Navires dans le Port, dont on pouvoit encore tirer autant d'hommes propres au combat; mais il est certain que, si on en fût venu là, les Japonnois auroient commencé par poignarder le Gouverneur, & se seroient ensuite défendus en désespérez. Ils déclarerent depuis qu'ils s'étoient bien attendus à périr, mais qu'ils auroient vendu cherement leur vie, & qu'ils auroient été fort contens de mourir, après s'être bien vengez, & avoir mis à couvert l'honneur de la Nation, dont la maxime la plus inviolable est de ne pas survivre à un affront.

Nuits après avoir signé ce qu'ils voulurent, leur declara que cette Capitulation ne pouvoit avoir de force qu'autant qu'elle seroit aprouvée du Conseil, & il leur demanda la permission de l'assembler. Ils y consentirent, & le Conseil faisant réflexion que s'il refusoit de la ratifier, l'Empereur du Japon ne manqueroit pas de faire mourir par représailles tous les Hollandois, qui se trouveroient dans ses Etats, de confisquer leurs effets, & de les bannir à perpétuité de l'Empire, conclut à ratifier l'accord dans tous ses points, & à donner une entiere satisfaction aux Japonnois. Tout fut ensuite exécuté de bonne foi, on rendit aux deux Navires tout ce qui en avoit été enlevé; on donna les ôtages, on porta à bord la soye, on désarma tous les Navires Hollandois, & cela fait, les Japonnois élargirent le Gouverneur, s'embarquerent & leverent les ancres.

Dès qu'ils eurent pris terre au Japon, les principaux Officiers des deux Navires se rendirent en diligence à Jedo, & firent à l'Empereur un narré fidele de tout ce qui s'étoit passé en Formose. Ce Prince fut fort irrité de la conduite du Gouverneur Hollandois, & résolut d'en tirer une vengeance éclatante. Il y avoit alors au Japon neuf Vaisseaux de la Compagnie; ils furent mis aux arrêts, &

(*a*) Cet Article étoit considérable, vû le grand profit, que l'on faisoit au Japon sur les soyes de la Chine: car la livre de soye assortie s'acheroit quatre francs à Nanquin, & se vendoit au moins sept au Japon.

les ôtages furent renfermez dans une étroite prison. On apposa ensuite le scellé aux marchandises, qui étoient toutes dans les Magasins, & le commerce fut interdit à la Nation. Comme les Hollandois, qui trafiquoient au Japon, ignoroient parfaitement ce qui étoit arrivé dans l'Isle Formose, & qu'on ne leur en dit rien, un coup si imprévû les étourdit à un point, qu'ils ne sçavoient quel parti prendre. Ils se hazarderent enfin à présenter des Requêtes, pour avoir la liberté de vendre leurs Marchandises, & de renvoyer leurs Navires aux Indes.

Ces Requêtes ne furent pas répondues, & ce qui desespéroit les Hollandois, c'est qu'on continuoit à garder un profond silence sur le motif de ce changement, sur ce que l'on prétendoit faire d'eux, & sur ce qu'on vouloit qu'ils fissent. On ne leur disoit pas même que l'Empereur fût mécontent de leur conduite ; au contraire, comme si on avoit affecté de copier le procédé, que Nuits avoit eu avec les Japonnois de Formose, on paroissoit s'étudier à leur faire plus de civilitez encore, qu'à l'ordinaire. Ils ne pouvoient pourtant douter que l'Empereur ne fût extrêmement irrité, & pour en sçavoir la cause, ils s'adresserent à tous les Ministres, & firent passer plusieurs Requêtes jusqu'au Monarque. Ils n'en furent pas plus avancez ; on s'obstina à ne leur point répondre : tantôt on leur disoit que le Conseil étoit trop occupé, tantôt que l'Empereur étoit malade ; mais on ajoûtoit toujours qu'ils prissent patience, & qu'ils ne perdissent point courage.

Ils insisterent beaucoup sur le dépérissement de leurs Marchandises dans les Magasins, où on les avoit renfermées, & sur le dommage, qu'ils souffroient de la défense de les vendre. Comme il y a sur cela au Japon une très-grande Justice, on eut enfin égard à ces dernieres représentations. Il leur fut permis de vendre ; mais la Cour nomma des Commissaires, pour assister aux ventes, & elle donna ordre qu'à mesure que les Marchandises se délivreroient, le provenu en fût exactement enregistré, & déposé dans les Magasins, jusqu'à ce que tout fût vendu ; en sorte que les Hollandois ne toucherent pas un sol de cette vente, qui avoit produit plus d'un million d'écus.

Cependant le Chef du Commerce de la Compagnie au Japon avoit mandé à Batavia, par la voye des Vaisseaux Portugais & Chinois, le triste état, où se trouvoient les Hollandois au Japon. Le Conseil de cette grande Ville fut fort embarassé, en apprenant une si étrange nouvelle ; il ne sçavoit comment il devoit s'y prendre avec une Nation fiere & jalouse, avec laquelle il importoit extrêmement à la Compagnie de se ménager, & il n'osoit y envoyer des Navires, de peur qu'ils ne fussent arrêtez, comme les autres. Après bien des consultations, le parti qu'il prit, fut de faire expédier un Vaisseau sous le nom d'un Marchand de Batavia, comme étant le Navire d'un Particulier, qui n'avoit rien de commun avec la Compagnie. Cet expédient eut une partie du succès, qu'on s'en étoit promis : les Officiers du Vaisseau demanderent, en arrivant au Japon, la permission de vendre leurs Marchandises, qu'ils déclarerent appartenir à un Marchand particulier. Il fut dressé un Procès-verbal de leur exposé, pour être envoyé à la Cour, qui ne fit aucune difficulté d'accorder la liberté de vendre ; il y eut même ordre de faire beaucoup de civilitez à tous ceux, qui étoient sur le Navire, & cet ordre fut exécuté. Le Navire déchargea, vendit, acheta & retourna ensuite à Batavia, où il informa le Conseil que l'état des affaires de la Compagnie étoit toujours le même, mais ce Conseil n'en fut gueres plus avancé.

Les choses demeurerent trois ans entiers dans cette situation ; mais ce fut bien la faute du Capitaine Général, qui avoit été instruit de ce qui s'étoit passé en Formose, qui ne pouvoit douter que ce ne fût là le véritable motif de la conduite, qu'on tenoit au Japon avec la Compagnie, & qui s'étoit contenté de faire venir Nuits prisonnier à Batavia. Les Japonnois de leur côté continuoient à faire le même personnage, & tout ce que les Hollandois en pouvoient tirer, se réduisoit à des paroles vagues, *attendez, ne vous impatientez pas*. Enfin le Conseil de Batavia vit bien qu'il falloit sacrifier le Coupable au ressentiment de l'Empereur, & la résolution fut prise de lui envoyer le Gouverneur de Formose, pour qu'il en disposât à sa volonté. Nuits tomba pâmé d'horreur & d'effroi, lorsqu'on lui signifia cet Arrêt. Mais il eut beau gémir & protester contre une Sentence, qu'il traitoit d'injuste & de barbare, il ne gagna rien. Il implora la clémence du peuple, & le conjura de le protéger ; il pria qu'on lui fît son Procès, & déclara qu'il étoit prêt de mourir, si l'on trouvoit qu'il méritât la mort, mais qu'on ne le livrât point à ses Ennemis, à une Nation cruelle, qu'il avoit offensée. Tout fut inutile, il fut embarqué en 1634. & arriva la même année à Firando.

Dès qu'il fut débarqué, le Président & le Conseil des Hollandois envoyerent en Cour une Requête, où, après avoir témoigné que l'homme, qui avoit déplû à Sa Majesté Impériale, étoit entre les mains de ses Officiers, ils le supplioient de leur rendre ses bonnes graces, de leur faire donner main-levée de leurs Effets, & de mettre leurs gens en liberté. L'Empereur ayant reçu la Requête, envoya des Commissaires à Firando, avec quelques-uns des Officiers des Navires Japonnois, qui avoient été en Formose, pour sçavoir, si le Prisonnier étoit véritablement Nuits. Ils le reconnurent, & le manderent à la Cour, qui ordonna aux Commissaires de faire au Président & au Conseil des Hollandois les questions suivantes. 1°. Si le Gouverneur de Formose étoit venu de lui-même & de son propre mouvement ; & à quel dessein il étoit venu : que si c'étoit le Général de Batavia, qui l'eût envoyé, quelle étoit son intention. 2°. Si Nuits se présentoit pour se justifier, pour charger les Japonnois & pour plaider sa cause, ou simplement pour confesser sa faute, pour en témoigner son repentir, & pour en demander pardon. 3°. Si le Président & le Conseil étoient contens que le Coupable fût, ou grillé sur les charbons, ou mis en croix, selon que Sa Majesté Impériale &
son

son Conseil jugeroient qu'il auroit merité d'être traité. Les Commissaires avoient ordre d'ajoûter, qu'on ne donnoit que trois jours pour répondre, & que l'Empereur vouloit avoir la réponse par écrit.

Le Président & le Conseil eurent bien de la peine à convenir de ce qu'ils répondroient. Le Général & le Conseil de Batavia avoient envoyé un modele de ce qu'il falloit dire aux Ministres, en leur remettant le Coupable, mais ils avoient laissé la liberté au Conseil de Firando de le changer, selon que la nécessité des affaires le demanderoit. Il y eut deux avis dans le Conseil ; les uns vouloient que Nuits fût livré, sans qu'il fût fait aucune mention d'apologie; les autres au contraire ne pouvoient goûter qu'on l'abandonnât ainsi absolument & sans réserve : le premier avis étoit conforme au modele proposé par le Général de Batavia, & il fut suivi. On déclara donc aux Commissaires Impériaux, que l'homme, qu'on leur livroit, étoit ce même Pierre Nuits, qui cinq ans auparavant étant Gouverneur de l'Isle Formose, y avoit attiré sur sa Nation le courroux du feu Empereur; (a) que le Général de Batavia l'avoit envoyé au Japon pour y subir la peine, qu'il plairoit à Sa Majesté Impériale de lui imposer : Que les Hollandois étoient fort persuadez, que Sa Majesté ne puniroit point les Innocens avec le Coupable, & que même elle voudroit bien donner à un Etranger quelques marques de cette clémence, qui lui étoit naturelle, & qui lui faisoit tous les jours pardonner à ses Sujets les fautes les plus punissables ; d'autant plus, que Nuits n'avoit péché, que par ignorance des coutumes des Japonnois, & n'avoit eu nul dessein de les offenser ; que c'étoit avec ces sentimens, que le Conseil remettoit le Coupable entre les mains des Commissaires, & qu'il supplioit très-humblement Sa Majesté de relâcher tant de pauvres Marchands, qui se consumoient dans une si longue détention, & de leur donner la liberté d'emmener les Vaisseaux de la Compagnie avec tous leurs Effets.

Cette Requête fut bien reçûë, la saisie des Vaisseaux, des Hommes, & des Effets fut levée sur le champ ; la permission fut donnée aux Hollandois de partir, quand ils voudroient, le commerce fut rétabli, & il y eut ordre de tirer Nuits de la prison, où il étoit renfermé, & de lui donner une prison libre. Cette prison consiste à avoir des Gardes ; à cela près, on demeure où l'on veut, on va librement par tout, on peut fréquenter tout le monde indifféremment, & l'on vacque en toute liberté à ses affaires & à ses plaisirs ; ces Gardes sont des Soldats de l'Empereur, à qui l'on n'est point obligé de rien donner. On ne peut exprimer quelle fut la joye des Hollandois, lorsqu'on leur apprit le favorable succès de leur Requête. Les Vaisseaux mirent peu de jours après à la voile, & leur arrivée à Batavia avec une si heureuse nouvelle, & une si riche carguaison, remplit d'allégresse toute cette grande Ville, qui ne songea plus qu'à témoigner sa reconnoissance à l'Empereur du Japon.

(a) L'Empereur Xogun-Sama étoit mort dans cet intervalle en 1630.

La Compagnie Hollandoise faisoit dès lors, comme elle fait encore aujourd'hui tous les ans, un présent à l'Empereur ; elle résolut d'en envoyer un beaucoup plus riche qu'à l'ordinaire pour l'année suivante 1636. & François Caron en fut chargé. Entre autres choses il y avoit une grande Couronne de cuivre & un chandelier de laton à trente branches de la hauteur de quatorze pieds, & dont l'artifice étoit admirable. Mais ce qui en releva davantage le prix, ce fut la circonstance, dans laquelle il fut présenté. On préparoit alors les obséques (*a*) du feu Empereur, & cette piece venoit très-à propos pour relever la pompe du Mausolée. Sa Majesté Impériale l'admira, & dit qu'on n'avoit jamais vû une si belle piece au Japon. Celui des Ministres, qui étoit chargé des affaires des Hollandois, lui dit de lui-même, que les Hollandois l'avoient fait faire pour la cérémonie des Funérailles du feu Empereur son Pere, & le Monarque fut si satisfait d'un si beau présent, & fait si à propos, qu'il demanda s'il pouvoit leur faire quelque plaisir. » Votre Majesté, répon-
» dit le Ministre, peut à peu de
» frais leur faire une faveur, à laquelle ils seront infiniment sensibles, c'est la grace du malheureux Gouverneur de Formose,
» coupable envers elle, mais qui a
» moins péché par mauvaise volonté, que par ignorance. Je le
» veux bien, repartit l'Empereur,
» qu'on l'élargisse, & que l'on
» fasse un riche présent d'argent &
» de marchandises aux Hollandois. »
Tout cela fut exécuté, & les Hollandois charmez d'un évenement si favorable, & si imprévû, n'apprirent que quelque tems après, à qui ils en avoient obligation. Telle fut l'heureuse issuë de cette méchante affaire, dont toutes les circonstances représentent admirablement bien les différens traits du caractere de la Nation Japonnoise.

(*a*) Il y a de l'apparence qu'il s'agissoit de l'Apothéose de ce Prince, & non pas de ses obséques, puisqu'il étoit mort en 1630.

Fin du Livre dix-septiéme.

HISTOIRE DU JAPON.

LIVRE DIX-HUITIE'ME.

De J. C. 1631.
De Syn Mu. 2291.

L'Avanture, dont nous venons de parler dans le Livre précédent, apprit deux choses aux Hollandois, dit un de leurs Auteurs : la premiere, combien il leur importoit de ne rien omettre, pour se procurer un Protecteur auprès de l'Empereur du Japon ; l'autre, qu'il falloit traiter rondement avec les Japonnois, parce que c'est un Peuple adroit, fier, & fort jaloux sur tout ce qui touche son honneur & son autorité. Mais la maniere, dont ils étoient sortis de ce mauvais pas, acheva de convaincre les Portugais & les Chrétiens, que le parti étoit pris sans retour à la Cour de Jedo de se passer des uns, & de ne jamais revenir en faveur des autres.

§. I.

Mort de l'Empereur. Caractere de son Successeur. La Persécution se renouvelle. Unémondo entreprend de réduire le Pere Iscida. Martyre de ce Missionnaire, & de plusieurs autres Religieux. Mort du Pere de Couros. En quelle extrêmité les Missionnaires étoient alors réduits. Le Gouverneur de Nangazaqui est révoqué.

IL est vrai que dès lors le Christianisme étoit réduit à bien peu de chose dans cet Empire, ainsi que nous l'allons voir en reprenant le fil de notre Histoire, où nous l'avons interrompuë. Sur la fin de l'année 1630. le Xogun-Sama, Pere de l'Empereur régnant, mourut âgé de cinquante-deux ans (*a*) ; il paroît que ce Prince avoit conservé jusqu'à la mort tout le réel du Pouvoir souverain, & avoit moins cédé le Trône à son Fils, qu'il ne l'y avoit placé à son côté, pour lui en asfûrer la possession, parce que l'Usurpation de son Pere étoit encore récente ; &

(*a*) C'est celui que les Fastes Chronologiques nomment FIDE TADDA.

A aa ij

peut-être aussi pour l'engager davantage à s'appliquer aux affaires, dont il lui remarquoit un très-grand éloignement. Ce nouveau Monarque (*a*) avoit environ trente ans, lorsque son Pere mourut; il étoit fort mal sain de corps, & commençoit à ressentir les premieres atteintes de la lépre, dont il fut bientôt tout couvert. Dès son enfance on avoit entrevû en lui une férocité, qui se développa encore mieux, lorsqu'il se vit le Maître absolu de l'Empire. Il se fit nommer Toxo-gun-Sama, comme pour faire voir qu'il étoit autant au-dessus de ses Prédécesseurs, qu'ils avoient été eux-mêmes au-dessus de leurs Vassaux (*b*).

Cette même vanité l'empêcha longtems de se marier, ne croyant pas qu'il y eût au monde une Fille d'assez bonne Maison, pour mériter de partager sa Couronne avec lui. Mais dans le vrai une infame passion, qui le dominoit, & à laquelle il se livroit sans honte, lui donnoit un grand éloignement pour les Femmes. Peu de tems après la mort de son Pere, le Dairy, pour le tirer de cette abomination, lui envoya les deux plus belles Filles, qu'on eût pû trouver dans l'Empire, & le pria de choisir celle, qui lui agréeroit davantage, & d'en faire son Epouse. Il fit par complaisance ce que ce Prince désiroit; mais la nouvelle Impératrice n'eut que les honneurs attachez à ce haut rang, & l'Empereur continua le même train de vie, qu'il avoit commencé. La Princesse en tomba malade de chagrin; & comme elle cachoit la cause de son mal, pour ne pas s'attirer la disgrace de son Epoux, sa Nourrice, qui étoit en possession de parler avec assez de liberté à l'Empereur, se hazarda un jour à vouloir lui inspirer de l'horreur du vice, qui le deshonoroit, & ajoûta qu'il étoit d'autant plus inexcusable de se livrer à une si infame passion, qu'il avoit pour Epouse la plus belle Femme du monde. Le Monarque changea de visage à ce discours, & donna ordre sur le champ au Sur-Intendant de ses Bâtimens de faire construire un grand Palais, qui fût environné de murs fort élevez, & de fossez très-profonds. Il fut obéi avec cette promptitude, dont les Japonnois seuls sont capables; & dès que le Palais fut achevé, il y fit enfermer l'Impératrice, qui y fut toujours très-bien servie, mais étroitement gardée jusqu'à sa mort.

Cependant on voyoit avec regret que l'Empereur se consumoit de débauches, & ne donnoit aucune espérance de laisser après lui un Héritier de sa Couronne. Enfin sa propre Nourrice, qu'il considéroit beaucoup, s'avisa de faire choisir dans les Serrails de tous les Rois particuliers les plus belles personnes, qui y fussent, & quand on lui en eut amené un bon nombre, elle prit son tems pour les faire paroître devant Sa Majesté aux heures, qu'elle crut les plus favorables à son dessein. Le Prince arrêta les yeux sur la fille d'un Sellier, qui étoit effectivement d'une beauté rare; & il en eut un fils. Mais les Dames, à qui cette Favorite avoit été préférée, en conçurent un

--

(*a*) Les Fastes Chronologiques le nomment Jemitz, ou Jiemitzko.
(*b*) To au commencement d'un nom est une marque de prééminence & de souveraineté.

tel dépit, qu'elles complotèrent ensemble, pour faire mourir l'Enfant, qui étoit le fruit de cette préférence. Elles en vinrent à bout, & l'on prétend que l'on cacha fort longtems à l'Empereur la mort de son Fils, pour épargner le sang, qu'un si grand crime auroit fait répandre.

Tel étoit le Prince, qui sur la fin de l'année 1630. occupa seul le Trône des Cubo-Samas. L'Eglise du Japon, si elle avoit à finir, ne pouvoit périr plus glorieusement, que par la main d'un tel Monstre: aussi mourut-il dans les supplices plus de Chrétiens sous son Regne, qu'il n'en étoit mort depuis le commencement de la persécution. On s'apperçut bientôt de ce qu'on avoit à craindre de ce Monarque, par la maniere, dont les Princes & Seigneurs se comporterent à leur retour de Jedo, où ils étoient allez lui rendre leurs hommages, & le complimenter sur la mort de son Pere. On vit aussitôt de toutes parts des Buchers dressez, surtout à Jedo & à Ozaca, où les premiers coups furent portez, & où il y eut bien des Martyrs. Mais le Gouvernement de Nangazaqui & le Mont Ungen redevinrent bientôt les théâtres les plus sanglans de la persécution.

Il y avoit déja plus de deux ans que le Pere Guttierez, ses deux Confreres, & le Pere Iscida étoient dans les prisons d'Omura. Unémondo paroissoit avoir entrepris de lasser leur constance, & il s'attacha surtout au Pere Iscida, pour qui il avoit conçu de l'estime dans le premier entretien, qu'il avoit eu avec lui, mais dont la fermeté commençoit à le choquer: voyant enfin que la longueur, ni les incommoditez de la prison n'avoient point abattu son courage, il voulut essayer la voye de la persuasion, & il lui envoya un célebre Docteur, pour lui faire comprendre qu'étant né Japonnois, il devoit suivre les Loix & la Religion de son Prince. Le Bonze, quelque habile qu'il fût, sentit bientôt qu'il n'étoit pas de la force de son Adversaire, & quittant la voye du raisonnement, qui ne lui réüssissoit point, il fit au Missionnaire les offres les plus avantageuses: mais il avança encore moins par cet endroit, & se retira.

Unémondo au désespoir du peu de succès de cette attaque, commanda qu'on lui amenât le Prisonnier, auquel il renouvella d'abord les promesses, qui lui avoient été faites de sa part; il y ajoûta beaucoup de marques d'estime & d'amitié, & tout cela ne produisant encore aucun effet, il en vint aux plus terribles menaces. Alors le Serviteur de Dieu, qui jusques-là n'avoit gueres répondu à toutes ses offres & ses raisons, que par son silence, lui dit: » Si vous voulez, Sei-
» gneur, me faire une véritable pei-
» ne, menacez-moi de la vie, car
» je puis vous assurer que la mort
» & les supplices sont présente-
» ment l'unique objet de mes vœux.
» Faites donc du pis, que vous pour-
» rez, & nous verrons qui se las-
» sera le premier: je ne compte
» point sur mes forces, mais je mets
» toute ma confiance en celui, qui
» fortifie les foibles, & j'espere
» qu'il ne m'abandonnera pas, puis-

» que c'est pour lui, que je vais com-
» battre.

Unémondo accepta le défi, & le quatriéme de Décembre 1631. il fit conduire le Missionnaire au Mont Ungen. Là, après qu'on lui eut disloqué tous les os, on le suspendit en l'air, & on l'arrosa pendant trente jours de la matiere brûlante de la bouche d'Enfer. Enfin les Bourreaux rebutez de tourmenter un homme, qui paroissoit n'avoir point de sentiment, & sur lequel on dit même que la matiere infernale ne laissoit aucune cicatrice, le reconduisirent en prison. Il y demeura jusqu'au troisiéme de Septembre de l'année suivante, Unémondo étant allé sans doute à la Cour, pour faire son compliment au nouvel Empereur, & recevoir ses ordres. A son retour il apprit avec étonnement que le Pere Iscida survivoit aux cruelles tortures, qu'on lui avoit fait souffrir sur le Mont Ungen, & il ordonna qu'il fût brûlé avec les trois Peres Augustins, compagnons inséparables de ses chaînes, un Frere Franciscain nommé GABRIEL, un autre du Tiers Ordre, qui avoit nom Jérôme DE LA CROIX, l'Hôte du Pere Iscida, la Mere, la belle-Mere & les trois Enfans de ce charitable Chrétien, que quelques Mémoires appellent Jacques NAGAXIMA, & assûrent avoir été le Frere du Jésuite Michel NAGAXIMA. La Sentence fut exécutée, & tous rendirent à Jesus-Christ un éclatant témoignage au milieu des flammes.

L'Eglise du Japon étoit alors gouvernée pour la seconde fois par le Pere Matthieu de Couros. Il y avoit plus de trente ans, que ce Religieux travailloit au salut des Japonnois avec un succès, qui répondoit à son zele infatigable, & à son grand talent pour un si saint Ministere. Aussi a-t-il fait & souffert des choses incroyables pour la conversion des Japonnois; ayant été témoin de toutes les persécutions, & presque toujours au plus fort du péril. Voici ce qu'il nous apprend lui-même de l'extremité, où il étoit souvent réduit: & l'on peut bien juger qu'il en étoit à peu près de même de tous les autres Ouvriers Evangeliques.

» Mon Hôte (*a*) dit-il dans une de
» ses Lettres, avoit préparé sous ter-
» re une caverne, qui n'avoit que
» douze empans de long, sur quatre
» de large, & où il ne pouvoit y avoir
» aucun jour; il m'y fit entrer moi
» troisiéme, nul autre que lui ne sça-
» chant ce que nous étions devenus.
» Il falloit demeurer là nuit & jour,
» continuellement dans les téne-
» bres, si ce n'est que pour réciter
» mon Office, écrire quelques Let-
» tres, & prendre notre réfection,
» nous allumions une chandelle.
» Tous les trois jours on venoit
» nettoyer notre caverne, & nous
» apporter à manger. Après un
» mois de séjour dans ce cachot,
» je le quittai vers les Fêtes de Pâ-
» ques, & je passai dans un autre
» tout semblable, où je suis enco-
» re, mais j'en sors tous les soirs
» pour visiter les Chrétiens à la fa-
» veur des ténebres, & je n'y ren-
» tre, qu'après avoir célébré la sain-
» te Messe.

L'homme Apostolique fut contraint dans la suite de se tenir renfermé dans un lieu si mal sain,

(*a*) Cette Lettre est du dernier jour de Septembre 1626.

qu'il y tomba dangereusement malade. Il guérit contre toute espérance, & en l'année 1627. il courut au secours des Chrétiens d'Arima, contre lesquels Bungondono Roi d'Arima exerçoit alors toute sa fureur, ainsi que nous l'avons dit au Livre précédent. Il eut même la pensée de s'aller livrer à ce Prince, se flattant que le Tyran épargneroit le Troupeau, s'il pouvoit satisfaire sa rage sur le Pasteur. Les Fidéles le détournerent de ce dessein, & l'obligerent même à sortir de ce Royaume, où il ne faisoit pas sûr pour lui de demeurer davantage. Depuis ce tems-là il se vit toujours au moment d'être arrêté, les Gardes du Roi d'Arima & ceux du Gouverneur de Nangazaqui le suivant partout. On remarqua même comme une espece de miracle, que parmi tant d'Espions & d'Apostats, dont plusieurs ne pouvoient ignorer le lieu de sa retraite, parce que ses emplois l'obligeoient à se faire connoître à bien du monde, il ne fut point trahi.

Enfin accablé d'infirmitez, ne trouvant presque plus personne, qui pût lui donner un azyle assûré, & étant réduit à se cacher dans des buissons, ou dans les trous des rochers, il reprit le dessein de se faire connoître à ceux, qui le cherchoient. Il y étoit presque résolu, lorsqu'un Lépreux l'invita à se retirer dans sa cabane, qui étoit assez écartée des grands chemins. Il accepta son offre, & ce fut là, que

consumé de chagrin, de voir son Eglise à la veille d'être entierement détruite, il rendit son Ame à son Créateur âgé de soixante & quinze ans, le vingt-neuviéme d'Octobre de l'année 1633. (*a*) Il fut suivi de fort près à la Gloire par le Pere François BULDRINO Jésuite Romain, qui fit une fin toute semblable dans le Nord du Japon.

Vers ce même tems, Unémondo fut accusé auprès de l'Empereur de ne pas pousser assez vivement les Chrétiens. Sa conduite, au moins depuis quelques années, sembloit devoir le mettre à l'abri d'une pareille accusation; mais dans une Cour, où le vice domine, & fait tout le mérite auprès du Prince, les plus vicieux même ne peuvent compter sur rien, & l'on est assûré d'avoir autant d'Ennemis qu'il y a de gens, à qui la place qu'on occupe, peut devenir un objet d'envie. D'ailleurs les mauvais Princes sont fort crédules sur le mal; Unémondo fut donc condamné sur la simple accusation, & révoqué, & on lui donna deux Successeurs au lieu d'un. Ces deux nouveaux Gouverneurs, dont l'un se nommoit MATAZAYEMON, & l'autre DENXIRO, ne furent peut-être pas plus ardens à la recherche des Missionnaires, que l'avoit été Unémondo; mais ils furent plus heureux, & dès la premiere année de leur administration ils en firent mourir un plus grand nombre, que n'avoient fait tous leurs Prédécesseurs ensemble.

(*a*) Quelques Ecrivains le font mourir un an plûtôt.

§. II.

Martyre de deux Jésuites. Tourment de la Fosse. Plusieurs Lépreux Chrétiens sont embarquez pour les Philippines. Plusieurs Religieux martyrisez. Suite de l'Histoire du Pere Collado, & sa mort. Erreur de quelques Ecrivains au sujet de ce Religieux.

De J. C. 1633.
De Syn Mu. 2293.

LE premier, qui tomba entre leurs mains, fut un Jésuite Japonnois, qui n'étoit pas Prêtre. Il se nommoit Thomas NIKIFORI, & étoit natif du Royaume de Mino : il fut brûlé vif à Nangazaqui le vingt-deuxiéme de Juillet 1633. Mais le feu parut à l'Empereur du Japon un supplice peu propre à faire des Infidéles, ce que l'on se proposoit principalement depuis plusieurs années, & ce fut alors que ce cruel Prince mit en usage ce terrible tourment de *la Fosse*, si connu par les dernieres Relations du Japon. Celui, sur lequel on en fit l'essai, fut un ancien Missionnaire appellé Nicolas KEYAN SUCCUNANGA, natif du Royaume d'Omi, lequel, après avoir fait ses Etudes dans un des Séminaires des Jésuites, étoit entré dans leur Compagnie à l'âge de vingt-huit ans. Il en avoit alors soixante-trois ans, & selon toutes les apparences le seul défaut d'Evêque l'avoit empêché de recevoir les Ordres sacrez. Voici en quoi consistoit le supplice, dont il eut la gloire d'avoir triomphé le premier.

On dressoit des deux côtez d'une grande Fosse deux poteaux, qui soûtenoient une piece de traverse, à laquelle on attachoit le Patient par les pieds avec une corde passée dans une poulie. Il avoit les mains liées derriere le dos, & le corps étroitement serré avec de larges bandes, de peur qu'il ne fût suffoqué tout d'un coup. On le descendoit ensuite la tête en bas dans la Fosse, où on l'enfermoit jusqu'à la ceinture par le moyen de deux ais échancrez, qui lui ôtoient entierement le jour. Dans la suite on laissoit à ceux, qu'on y suspendoit, une main libre, afin qu'ils pûssent donner le signal, qu'on leur marquoit pour faire connoître qu'ils renonçoient au Christianisme, & l'on remplissoit souvent la Fosse de toutes sortes d'immondices, qui causoient une infection insupportable. Mais il n'étoit pas besoin de rien ajoûter à ce tourment, pour le rendre le plus cruel de tous ceux, qui avoient été inventez jusques-là. On y souffroit un étouffement continuel ; le sang sortoit par tous les conduits de la tête en si grande abondance, qu'il falloit avoir recours à la saignée, pour l'arrêter, & l'on sentoit un tiraillement de nerfs & de muscles, qui causoit une douleur au-dessus de toute expression. Malgré cela on y vivoit quelquefois neuf & dix jours de suite.

De J. C. 1633.
De Syn Mu. 2293.

Le saint Religieux, dont nous venons de parler, y mourut au quatriéme, & il y a bien de l'apparence qu'on n'avoit pas encore songé à prendre toutes les précautions, que nous venons de dire, pour prolonger la vie dans ce tourment. Les Gardes, qui reti-

rerent

rerent Keyan, après qu'il eut expiré, furent bien surpris de trouver au fond de la Fosse un vase plein d'eau, qu'aucun d'eux n'y avoit mis; & comme ils avoient toujours fait bonne sentinelle auprès du Martyr, ils étoient bien asseurez que personne n'en avoit approché pour l'y mettre. Ils se souvinrent alors que le saint Homme leur avoit dit plusieurs fois, tandis qu'il étoit suspendu dans la Fosse, que la Mere de Dieu le venoit consoler, & ne firent aucune difficulté de publier cette merveille.

Cependant les deux Gouverneurs de Nangazaqui avoient fait publier à leur arrivée dans cette Ville, que quiconque découvriroit un Missionnaire, recevroit quatre cens écus: ce qui leur réüssit de telle sorte, que dans l'espace de quatre mois seize Prêtres, & plusieurs autres Religieux tomberent entre leurs mains. Il paroît que tous ces Prisonniers étoient Jésuites, à l'exception peut-être du Pere Dominique Del Quitia Dominiquain, & d'un Frere Japonnois du même Ordre, que je trouve avoir consommé leur Martyre cette même année, après de grandes souffrances. Je n'ai pû sçavoir, ni le nom du Frere, ni le genre de leur mort. Vers le même tems l'Empereur fit publier un Edit, qui fut exécuté avec toute la rigueur possible. Il portoit que tout ce qu'il y avoit de Lépreux Chrétiens au Japon, seroient rassemblez à Nangazaqui, & transportez aux Philippines. On fit aussitôt une recherche très-exacte de ces Malheureux, on les fit partir pour Nangazaqui, où ils devoient être embarquez, & on leur déclara, que s'ils demandoient l'aumône sur la route, on le prendroit pour un signe d'Apostasie. On ne leur donnoit pourtant rien pour vivre; aussi y en eut-il un assez grand nombre, qui moururent de faim & de misere dans les chemins.

Au mois d'Août de la même année, la plus fatale de toutes à l'Eglise du Japon, quarante-deux personnes furent brûlées vives en plusieurs endroits, onze décapitez, & seize suspendus dans la Fosse par ordre des Gouverneurs de Nangazaqui. Du nombre de ces derniers étoient cinq Jésuites, les PP. Emmanuel Borghés, & Jacques-Antoine Giannoné & trois Japonnois, qui n'étoient point Prêtres (*a*) quatre Dominiquains & deux Augustins. Ces six derniers étoient entrez depuis peu au Japon, & venoient des Philippines. Leur arrivée avoit été divulguée d'abord, & l'on prétend qu'elle n'avoit pas peu contribué au rappel d'Unémondo. Je n'ai pû sçavoir les noms d'aucuns d'eux, & l'Auteur (*b*) Dominiquain, que j'ai déja cité, n'en parle point. Il met seulement sous cette année le martyre du Pere Del Quitia & de son Compagnon, que je viens de rapporter, & ajoûte que le Pere Collado retournant au Japon, pour y prêcher la Foi, périt en mer, ce qui n'est point exact; puisqu'il est manifeste par la Préface du Dictionnaire Japonnois, imprimé

(*a*) Ils se nommoient Jean Kidera, Joseph Reomuy, & Ignace Kindo.
(*b*) Fontana *Monumenta Dominicana*.

Tome II.   Bbb

par le Pere (a) Collado, qu'il ne sçauroit être parti de Rome avant l'année 1634. & qu'il ne périt, que bien des années après, dans un naufrage, non pas en allant au Japon, mais en revenant de la nouvelle Segovie à Manile, pour repasser en Espagne, suivant l'ordre, qu'en avoit donné le Roi Catholique Philippe IV. En voici la preuve imprimée à la fin de l'Histoire de la Province du Rosaire des PP. de S. Dominique des Philippines, Livre second, page 417.

LETTRE de SA MAJESTÉ CATHOLIQUE au R. P. Provincial de l'Ordre de S. Dominique aux Philippines.

» Venerable & Devot Pere Provincial de l'Ordre de Saint
» Dominique des Isles Philippines:
» Nous avons été informez par
» des Relations, qui nous sont ve-
» nuës de divers endroits, que la
» paix des Religieux de votre Pro-
» vince avoit été troublée à l'occa-
» sion de ce qu'on l'a divisée en
» deux, en vertu des Lettres Pa-
» tentes, que le Pere Diego Col-
» lado avoit apportées de son Gé-
» néral, & par le secours, que lui a
» donné pour cet effet D. Sebastien
» Hurtado de Corcuera notre Gou-
» verneur & Capitaine Général dans
» ces Isles (b); & attendu que les-
» dites Lettres ne devoient point
» avoir leur effet, n'ayant point
» été reçuës par notre Conseil
» Royal des Indes; Nous, ayant
» en vûe principalement l'union des
» Religieux, & la tranquillité de

» cette Province, & sçachant que
» la division susdite donne occasion
» au relâchement de s'y introduire,
» avons ordonné à notredit Gou-
» verneur & Capitaine Général &
» à notre Audience Royale de ces
» Isles, qu'ils ayent à retirer les
» susdites Patentes, & toutes les
» autres, qui ont été apportées par
» ledit Pere Diego Collado, sans
» souffrir qu'on les mette en exé-
» cution; de plus, que la division
» des Provinces, qui s'est faite, soit
» annullée, & qu'elles retournent
» au même état, où elles étoient
» auparavant. Ainsi nous vous prions
» & vous en chargeons que vous
» fassiez ce qui dépend de vous
» pour cet effet, & que vous ren-
» voyiez incessamment en Espagne
» ledit Pere Diego Collado. Et afin
» que cela s'exécute, Nous don-
» nons ordre par une Lettre d'au-
» jourd'hui à notre Gouverneur sus-
» dit, qu'il lui fasse tenir prêt un
» Vaisseau. Vous nous donnerez
» aussi avis à la premiere occasion
» de ce que vous aurez fait en exé-
» cution de la priere & du Com-
» mandement que nous vous fai-
» sons. A Madrid ce vingt-uniéme
» jour de Février 1637.

MOY LE ROY.

Par commandement du Roi N. S.
D. GABRIEL D'OCAGNA Y
ALARCON.

Ces ordres du Roi n'ayant pas encore été exécutez, en ce qui regardoit la personne du P. Collado, ou du moins la nouvelle n'en étant pas encore venuë à Madrid au mois de Février 1638. Sa Majesté jugea

---

(a) La même chose se voit dans le Livre de *Leo Allatius*, intitulé *Apes urbanæ*.

(b) On voit par la même Histoire de la Province du Rosaire, que le Pere Collado avoit fait cette division à main armée.

à propos de les réitérer sur les nouvelles Informations, qui lui vinrent de Macao. Ce Pere y avoit fait une excursion quelque tems auparavant ; & D. Manuel de Camara de Norogna, qui en étoit Gouverneur, voyant les troubles, qu'il y excitoit, se crut obligé d'en donner avis au Roi son Maître. C'est ce qu'on voit dans les Regiftres du Conseil de Portugal & des Indes, qui se gardent encore à Madrid, dont voici un Extrait authentique figné de la main d'un Sécrétaire d'Etat, dans lequel après le Décret de Philippes IV. donné en 1628. & le même, que nous avons rapporté ailleurs, on lit ce qui suit.

» L'on trouve encore dans les
» mêmes Papiers (des Archives du
» Conseil) que le Capitaine Géné-
» ral de la Chine, Manuel de Ca-
» mara de Norogna, donna avis à
» Sa Majefté que le P. Diego Col-
» lado, de l'Ordre de S. Domini-
» que, avoit imprimé un Livre fans
» permiffion de l'Ordinaire, ni du
» Conseil, & fans en d'Impri-
» meur, dans lequel il difoit contre
» les Religieux de la Compagnie de
» Jefus, des chofes indignes de fon
» habit, & contraires à la raifon,
» eu égard à l'édification que ces
» Peres avoient donnée dans ce Païs-
» là par leur science, & par leur
» grande vertu ; outre les travaux
» qu'ils souffroient dans l'inftruc-
» tion de ces Royaumes, prêchant
» la Foi aux dépens de leur sang,
» ainfi qu'on le pouvoit voir par les
» infignes Martyrs, qu'ils avoient
» eus encore depuis peu d'années
» au Japon. Que par le devoir de

» sa Charge de Capitaine Général,
» il se croyoit obligé à donner beau-
» coup de loüanges à ceux de la
» Compagnie, pour ce qu'il en avoit
» connu par expérience, & qu'il
» n'étoit point avantageux pour le
» service de Sa Majefté qu'il y eût
» de femblables divifions entre les
» Religieux ; furtout dans un tems,
» où les Hérétiques étudioient de fi
» près nos actions, pour voir s'ils y
» trouveroient de quoi autorifer
» leurs erreurs & leurs méchance-
» tez.

» En conféquence de ces remon-
» trances, & de celle, que fit en
» même tems le Procureur Général
» de la Compagnie : difant que le
» P. Diego Collado étoit retourné
» aux Philippines, & de-là à Macao,
» contre les défenses de Sa Majefté ;
» qu'il avoit troublé la paix des Or-
» dres Religieux, & de la Chrétien-
» té de la Chine & du Japon, &
» qu'il avoit imprimé le Livre, qu'on
» vient de dire, qui étoit un Libel-
» le diffamatoire contre la Compa-
» gnie, avec lequel il avoit fcanda-
» lifé tout le Peuple & les nouveaux
» Chrétiens de ces contrées-là, (*a*)
» il plut au Roi notre Seigneur,
» qui eft maintenant au Ciel, de
» réfoudre par l'avis de fon Conseil
» de Portugal le vingt-feptiéme
» jour de Février 1638. qu'on réi-
» terât les ordres donnez aupara-
» vant par Sa Majefté au fujet du
» P. Diego Collado ; & afin que
» tout ceci puiffe être connu, où il
» fera befoin, nous avons délivré le
» préfent Acte à la requête du Pro-
» cureur Général de la Compagnie
» de Jefus, & par le commande-

(*a*) Il y avoit alors à Macao un grand nombre de Japonnois Chrétiens, qui s'y étoient réfugiez, ou qui y avoient été exilez.

Bbb ij

380 HISTOIRE

» ment de Sa Majesté. A Madrid le » deuxiéme jour d'Août 1686.

CR. G. BOTELLO.

L'Ordre étant donc venu aux Philippines de renvoyer en Espagne le P. Diego Collado, son Provincial le rappella de la nouvelle Segovie, où il l'avoit relégué quelque tems auparavant. Mais le Vaisseau, qui le ramenoit de là à Manile, où il devoit s'embarquer, fit naufrage prés d'un Cap nommé de Boxeador, & ce Religieux y périt comme tous les autres Passagers, à l'exception d'un Indien, qui rapporta qu'on lui avoit vû donner en cette occasion de grandes marques de repentance. Un autre Auteur (a) du même Ordre, qui a prétendu justifier presque en tout, le P. Collado, ce qu'il ne peut faire sans donner un démenti public à l'Histoire de la Province du Rosaire de son Ordre, plus croyable que lui, & aux Pieces authentiques que nous venons de rapporter : cet Auteur, dis-je, ajoûte que ce Religieux ne périt, que pour n'avoir pas voulu laisser mourir sans Confession tous ceux de l'Equipage, qui imploroient son secours en ce dernier moment, & nous y souscrivons avec plaisir, charmez de voir un homme de son caractere, expier ses excès contre la charité & la justice, par un Acte de la charité la plus héroïque; mais qu'il prétende que l'Extrait des Regiftres du Conseil Royal de Portugal, délivré en 1686, par le Sécretaire d'Etat Botello, soit une Piece falsifiée,

parce qu'on y suppose, dit-il, le Roi Philippes IV. mort en 1638. quoique ce Prince ne soit mort qu'en 1644. c'est sur quoi nous ne pouvons nous dispenser de le relever, en faisant observer, que ces paroles (qui est maintenant au Ciel) sont de Botello, qui écrivoit en 1686. ce qui est si vrai, qu'il est dit positivement dans cet Ecrit, que ce Prince fit réitérer en 1638. les Ordres, qu'il avoit donnez en 1637. de faire revenir le P. Collado en Espagne. N'y falloit-il pas regarder de plus près, avant que d'avancer une pareille calomnie? Mais ce qui fait mieux voir combien il est difficile de s'accorder avec soi-même, quand on veut, à quelque prix que ce soit, faire passer pour un Saint & pour un Apôtre, un homme dont ses propres Freres nous ont appris les violences, & qui a répandu dans ses Ecrits contre de Saints Missionnaires, presque tous couronnez de Martyrs, les invectives & les calomnies les plus atroces ; c'est de voir le P. Fontana (b) nous représenter en 1631. le P. Diego Collado « brillant parmi les Missionnaires » de son Ordre au Japon, comme » le Soleil parmi les Astres ; » tandis qu'il est de notoriété publique, que ce Religieux étoit parti du Japon en 1622. qu'il n'y retourna jamais depuis ; qu'en 1633. il présenta son Mémorial contre les Jésuites au Conseil des Indes à Madrid, & que selon le P. Fontana lui-même, il ne partit d'Europe pour retourner en Asie que cette même année. (c)

(a) Echard *Scriptores Ordinis Prædicatorum*.
(b) *Monumenta Dominicana ad annum* 1631.
(c) Le Pere Collado n'ayant présenté son Mémorial, que le dix-septiéme de Décembre de l'année 1633. ne peut gueres s'être embarqué pour les Philippines, qu'au commencement de l'année suivante.

DU JAPON, Livre XVIII.
§. III.

Un Jésuite trahi par un faux Frere, est condamné au feu. Pourquoi son supplice est differé. Il meurt dans la Fosse. Plusieurs autres Jésuites martyrisez. Particularitez du Martyre des Peres Fernandez & Saïto. Plusieurs autres sont suspendus dans la Fosse.

CE n'étoit pas à Nangazaqui seulement, que la Fosse étoit en usage contre les Chrétiens; le premier de Septembre on y suspendit à Jedo un ancien Jésuite Japonnois, nommé Jean YAMA. Ce Missionnaire avoit longtems fait sa résidence dans le Royaume d'Oxu: il fut trahi en 1629. par un malheureux, qui pour faire sa fortune aux dépens des Prédicateurs de l'Evangile, feignit de vouloir être Chrétien. Ce Fourbe joüa si bien son personnage, qu'après avoir passé par les épreuves ordinaires, il fut baptisé. Il marqua ensuite un grand zéle, & on crut pouvoir se fier à lui. Il eut ainsi connoissance de tout ce qui regardoit les Fidéles, & muni de bonnes instructions, il alla à Jedo, où il les communiqua au Magistrat. Il fut bien reçu, & après qu'on l'eut comblé de loüanges, on lui donna en pleine Place une bourse de mille écus; un Crieur public avertissant le Peuple, que quiconque l'imiteroit, recevroit une pareille gratification. On arrêta ensuite un grand nombre de Chrétiens de Jedo, sur les indices, qu'en avoit donnez le perfide Délateur, & l'on envoya de bons Mémoires aux Commandans des Provinces, pour arrêter tous ceux, qu'il avoit nommez. Le P. Porro & Jean Yama, l'étoient des premiers; on manqua celui-là, parce que celui-ci se livra pour lui donner lieu d'échapper. Ce généreux Missionnaire fut mis en prison à VACOMATZU, & il y demeura un mois; au bout de ce tems-là on le conduisit à Jedo avec quinze autres Chrétiens, & à leur arrivée ils furent condamnez au feu, & à être auparavant promenez avec ignominie par la Ville.

Ils avoient déja subi cette opprobre, & on les alloit conduire au bucher, lorsqu'un des Magistrats fit reconduire Yama en prison; ce Religieux avoit trouvé moyen de répandre dans la Ville un petit Ecrit de sa façon, adressé aux Ministres, où il prouvoit solidement la vérité de la Religion Chrétienne: tous l'avoient lû, & en avoient été frappez; ils vouloient en connoître l'Auteur, & après l'exécution de ceux, avec qui il avoit été condamné, & qui moururent avec beaucoup de confiance, le Magistrat, dont je viens de parler, fit appeller Yama chez lui, le régala splendidement, & s'enferma ensuite avec lui dans son Cabinet, pour l'entendre parler de sa Religion. Ils furent ensemble plus de quatre heures, & le Magistrat s'écria en sortant, que si l'Empereur avoit seulement entendu la sixiéme partie de ce qu'il venoit d'entendre, il cesseroit de persécuter une Religion si sainte, & des hommes si estimables. Il ajoûta qu'il ne manqueroit pas la premiere occasion, qu'il auroit de lui en parler; il fit ensuite conduire le Missionnaire, non à la Prison des Malfaiteurs, où il avoit été enfermé d'a-

Bbb iij

bord, mais dans une autre, qu'on avoit bâtie depuis peu, pour y garder quelques personnes de condition, dont on vouloit s'assûrer. Yama y demeura quatre ans, pendant lesquels il composa quelques Ouvrages de Piété & de Controverse, & baptisa un grand nombre d'Idolâtres, parmi lesquels il y avoit plusieurs Gentilshommes de marque. Le bruit de ces Conversions se répandit, & le nouvel Empereur en ayant été informé, ne put souffrir qu'un Prisonnier fît de telles conquêtes dans sa Capitale; il le condamna au supplice de la Fosse, où le Serviteur de Dieu consomma son Sacrifice, environ le commencement de Septembre de cette année 1633.

Le second du même mois le Pere Michel Pineda, (a) Jesuite Japonnois, mourut à Nangazaqui de misere, & de l'excès de ses fatigues. Trois autres Religieux du même Ordre, & de la même Nation, nommez Loüis Cafuçu, Thomas Riocau, & Denis Yamamoto, furent brûlez à Cocura, Capitale du Royaume de Buygen. Un quatriéme, qui avoit nom Jacques Tacuxima, finit sa vie par le même supplice dans la Principauté de Xequi dans l'Isle d'Amacusa, le trentiéme de Septembre, & quelques jours auparavant on avoit suspendu dans la Fosse à Nangazaqui les PP. Benoît Fernandez & Paul Saïto. Le P. Fernandez étoit de Borba en Portugal, & lorsqu'il étoit encore Ecolier, un saint Religieux de la Compagnie de Jesus, appellé le P. Vasco Pirez, lui avoit prédit qu'il seroit Martyr. Le P. Saïto étoit Japonnois, du Royaume de Tamba. Depuis vingt-six ans ces deux Missionnaires ne s'étoient presque point quittez, & il est difficile de voir deux cœurs plus unis, que l'étoient ces deux Missionnaires. On dit même que le premier avoit la couleur & l'accent Japonnois, comme s'il fût né au Japon, ce qui lui servit beaucoup dans l'exercice de son Ministere, & lui donna moyen de parcourir presque toutes les Provinces, dans les tems les plus difficiles. Ces deux inséparables Ouvriers furent enfin pris ensemble, & peu de jours après suspendus dans la Fosse sur la Sainte Montagne.

Après qu'ils y eurent demeuré vingt-quatre heures, il prit une foiblesse au Pere Fernandez, on crut qu'il alloit expirer, & on le retira de la Fosse. Il revint bientôt à lui, mais ce qui lui étoit arrivé, & l'état de langueur, où il resta, fit croire qu'il ne seroit pas impossible de le réduire, & que son exemple entraîneroit un très-grand nombre de Chrétiens, ce qui fit qu'on n'omit rien pour le gagner; mais ce fut en vain. Au bout de sept jours les Soldats, qui gardoient le Pere Saïto, s'aviserent d'ouvrir la Fosse, où il étoit; ils le trouverent encore plein de vie, & il leur dit qu'il ne mourroit pas avant le Pere Fernandez. Le même jour celui-ci demanda des nouvelles de son cher Compagnon, on lui dit qu'il tiroit à sa fin : *Dieu soit béni*, reprit-il, *je n'attendois que cela* : aussitôt il leva les mains au Ciel, & rendit son ame à Dieu le deuxiéme jour d'Octobre. Quelques momens après on vint pour lui an-

---

(a) Son nom Japounois étoit Matzuda : je ne sçai pourquoi, ni à quelle occasion il avoit pris un nom Portugais.

noncer la mort du Pere Saïto, & l'on trouva qu'ils avoient expiré au même inftant; de forte qu'on peut dire de ces deux Hommes Apoftoliques, ce que l'Eglife chante à la gloire des deux Princes des Apôtres, *quomodò in vitâ dilexerunt fe, ita & in morte non funt feparati.* On brûla leurs corps pour en jetter les cendres à la Mer, & plufieurs témoins, tant Chrétiens, qu'Idolâtres, ont atteflé que, tandis qu'on les portoit au lieu, où ils devoient être brûlez, ils les avoient vû & entendu fe faluer, chacun en fa langue naturelle. Quelques Mémoires donnent à ces deux faints Religieux un troifiéme Compagnon, fans rien ajoûter, ni touchant fon nom, ni touchant fa Profeffion.

Vers le commencement du même mois d'Octobre, le Pere Jean d'ACOSTA, Portugais, le Pere Xyfte TOCUUN, & Damien FUCAYE tous deux Japonnois, pafferent par le même fupplice à Nangazaqui. Le Pere d'Acofta mourut le huitiéme, & les deux autres le neuviéme. Le dix-huitiéme on fufpendit auffi dans la foffe au même lieu le Pere Antoine DE SOUSA Portugais, le Pere Matthieu Adami Sicilien, le Pere Julien de Nacaura, & quatre autres Jéfuites Japonnois, qui n'étoient pas Prêtres.

Il y avoit quarante & un ans, que le Pere de Nacaura étoit entré dans la Compagnie, au retour de fon Ambaffade de Rome. Nous avons parlé ailleurs de la mort du Pere Mancie Ito de Fiunga, un des Chefs de cette Ambaffade, & de la chûte de Michel de Cingiva fon Collégue; je ne trouve nulle part en quel tems mourut le Pere Martin de Fara, qui les avoit accompagnez à Rome, & tout ce que j'en ai pû apprendre, c'eft que, comme il écrivoit dans fa langue avec une grande pureté, & qu'il en poffédoit toutes les graces, fa principale occupation fut de traduire en Japonnois plufieurs Livres Portugais, qu'on avoit foin de répandre parmi les Fidéles, pour nourrir leur piété, & pour les inftruire au défaut des Miffionnaires. Il y a bien de l'apparence que ce Religieux mourut avant le renouvellement de la Perfécution; puifque depuis ce tems-là il n'eft point parlé de lui; de forte que le Pere de Nacaura, le plus foible des quatre Ambaffadeurs, & fur la fanté duquel on avoit fi peu lieu de compter, fut pourtant celui, qui rendit le plus de fervice. Comme il ne s'épargnoit en rien, & que le fuccès répondoit à fon infatigable zele, on le chercha longtems avec un foin tout particulier; il fut enfin découvert dans le Royaume du Buygen, & conduit à Nangazaqui, où les fix autres Jéfuites, dont je viens de parler, furent amenez en même tems. Ils terminerent tous une vie très-fainte par une mort précieufe, & avec une conftance digne de la caufe, qu'ils défendoient.

A tant de pertes faites en même tems fut ajoûtée celle du Chef de la Miffion. Son Succeffeur eut à peine pris poffeffion de fon Emploi, qu'il tomba entre les mains de ceux, qui le cherchoient avec un empreffement extraordinaire. Nous parlerons bientôt du trifte fort du premier. Le fecond étoit le Pere Sébaftien Vieyra, un des plus accomplis Miffionnaires, qu'ait eus le Japon, & dont le Martyre a fait le plus d'honneur à la Religion. Mais avant que d'en rapporter les circonstances, il est nécessaire de reprendre les choses de plus haut.

§. IV.

Histoire du Pere Vieyra ; Il est conduit à Jedo. Ce qui se passe entre lui & les Ministres de l'Empereur. Ce qui arriva à lui-même. Le Missionnaire est suspendu dans la Fosse, il prédit qu'il n'y mourra point, & il est brûlé vif. La Ville de Macao célebre son Martyre.

De J. C. 1634.
De Syn Mu. 2294.

NOus avons vû qu'en 1623. ce Religieux fut député à Rome par ses Supérieurs, pour informer le S. Siége & le Général de sa Compagnie des besoins de cette Eglise; sa commission eut tout le succès, qu'il en pouvoit espérer. Il n'étoit point allé pour se plaindre de ceux, qui travailloient avec ses Freres dans une Vigne, où il y avoit dequoi occuper tout le monde ; il n'accusa personne, il ne récrimina point contre ceux, qui dans le même tems tenoient une conduite si différente de la sienne ; il ne porta aux pieds du Pere Commun, que des sujets capables d'attendrir son cœur paternel : aussi en fut-il reçu comme le méritoient sa vertu & ses services. Je ne sçai ce qui l'avoit arrêté si longtems en chemin, mais il n'étoit arrivé en Italie qu'en 1627. Il rendit à Urbain VIII. qui occupoit alors la Chaire de S. Pierre, les présens & les Lettres, dont il étoit chargé par les Fidéles du Japon pour le Pape Paul V. & l'on dit qu'il fut longtems à ses pieds, sans pouvoir proférer une seule parole, par l'abondance des larmes, que lui tiroit des yeux l'état déplorable, où il avoit laissé l'Eglise du Japon. Le Pontife y mêla les siennes, & les redoubla, lorsque par la lecture de ses Lettres il eut été instruit des combats, & de la constance des Chrétiens Japonnois. Il répondit à ces Lettres par cinq Brefs, dont j'ai rapporté ailleurs les principaux traits, & après avoir donné au Pere Vieyra de grandes loüanges & la bénédiction Apostolique, il lui dit ces paroles, qui surprirent extrêmement ceux, qui les entendirent. » Allez, retournez au combat, continuez de défendre la » Foi au péril de votre vie, & si » vous êtes assez heureux, pour verser votre sang, en soûtenant une si » belle cause, nous vous mettrons » solemnellement au nombre des » Saints Martyrs, que l'Eglise Romaine révere.

De J. C. 1634.
De Syn Mu. 2294.

Le Serviteur de Dieu ne perdit point de tems, mais il ne put rentrer au Japon, qu'en 1632. il eut même besoin de toute sa fermeté pour n'être point retenu à Macao, où il étoit extraordinairement aimé, & où bien des gens jugeoient sa présence nécessaire. Mais quelques instances, qu'on lui fit, & quoique plusieurs personnes de considération se fussent jettées à ses pieds, pour le conjurer de ne pas s'exposer, & avec lui toute l'espérance de l'Eglise du Japon, pour laquelle on croyoit le devoir réserver à des tems plus favorables, il passa à Manile, où il espéroit trouver plutôt un embarquement pour le Japon. Il y rencontra les Peres

Peres Mancio CONIXI, & Paul SAÏTO, différent de celui, dont nous venons de rapporter le Martyre, qui y attendoient auſſi une pareille occaſion, & il la leur procura. Il ſe traveſtit en Marinier Chinois, & il s'abandonna à un Pilote de cette Nation, dont il eut infiniment à ſouffrir: ce Malheureux voulut même pluſieurs fois le jetter à la Mer, quoiqu'il l'eût très-bien payé. Enfin après lui avoir enlevé tout ce qu'il avoit, il le débarqua ſur une Côte déſerte du Japon, au mois de Février de l'année 1632.

Les Hiſtoriens de ſa Vie diſent qu'à la deſcente de la Chaloupe il baiſa la terre en prononçant ces paroles du Pſalmiſte, *voici le lieu de mon repos juſqu'à la fin des ſiécles*. Le bruit ſe répandit auſſitôt dans les Villes les plus proches qu'il étoit arrivé un Religieux de Rome; la nouvelle en fut portée à l'Empereur, qui ſur le champ envoya partout des ordres pour le ſaiſir, ce qui n'empêcha point l'Homme Apoſtolique de ſe rendre à Nangazaqui, & de reprendre les fonctions de ſon Miniſtere. Il parcourut même pluſieurs Provinces, ſans qu'on pût le découvrir, ce qui fut regardé comme une eſpéce de miracle. L'année ſuivante le Pere Chriſtophe FERREYRA Provincial des Jéſuites & Adminiſtrateur de l'Evêché, ayant été pris & ſuſpendu dans la Foſſe, le Pere VIEYRA fut chargé du ſoin de cette Egliſe, & ſe crut encore plus obligé d'expoſer ſa vie pour le Troupeau, qui lui étoit confié. On peut juger ce qui lui en coûta dans un tems, où l'on n'étoit pas en ſûreté dans les creux des Rochers; & c'eſt ſans doute avec raiſon, que le ſaint Homme a toujours regardé comme une grace de Dieu des plus ſingulieres, que quelques dangers, qu'il ait courus, & quelques précautions, qu'il ait été obligé de prendre, pour n'être point découvert, il ne fut jamais privé de la conſolation de conſacrer le Corps de Jeſus-Chriſt, & de ſe nourrir de ce Pain céleſte. Un jour celui, qui l'aſſiſtoit au Sacrifice, fut bien étonné de voir le Sang boüillonner dans le Calice, comme s'il avoit été ſur le feu. Il le prit pour un préſage de la mort prochaine du Serviteur de Dieu, & en effet peu de jo s après le Pere fut arrêté près d'Ozaca & mené à Nangazaqui avec cinq autres Jéſuites.

Il demeura fort peu dans cette Ville, d'où les Gouverneurs le firent transférer dans les Priſons d'Omura avec ſes Compagnons, & ils y trouverent un Pere Franciſcain nommé le Pere Loüis GOMEZ. L'Empereur fut au comble de ſa joye d'apprendre que le Prêtre Romain étoit dans les fers, & il envoya auſſitôt ſes ordres pour le faire conduire à Jedo avec les autres Religieux, qui l'accompagnoient. Le Courier n'étoit point encore arrivé, & perſonne ne ſçavoit même qu'il en vînt un, lorſque les Gardes de la priſon s'apperçurent que le Pere Vieyra ſe préparoit à un voyage: ils lui en demanderent la raiſon, & il leur répondit qu'il ſe diſpoſoit à partir pour la Capitale. Ils crurent que la tête lui avoit tourné, & ils en eurent compaſſion; mais bientôt leur pitié ſe changea en admiration; car dès le lendemain le Courier arriva. Le Pere Vieyra fut conduit à Jedo, mais il ne vit point l'Empereur, quoique ce Prince en eût une fort grande envie ; parce que, suivant l'ufage du Japon, dès qu'un Criminel a eu l'honneur de paroître devant Sa Majefté, il n'eft plus permis de le faire mourir.

Les Prifonniers furent mis enfemble dans la même prifon, où le Monarque envoyoit tous les jours des perfonnes de confiance, pour fçavoir du Pere Vieyra des nouvelles de l'Europe. On le fit auffi comparoître plufieurs fois devant des Commiffaires nommez par la Cour, & il parut toujours devant ces Tribunaux avec la liberté d'un Apôtre. Il rapporte lui-même dans une de fes Lettres à Dom Vincent TAVAREZ fon intime ami, que deux Commiffaires s'étant un jour tranfportez dans la prifon, le firent venir dans une cour la corde au col, & les mains liées derriere le dos ; qu'après l'avoir fait affeoir à terre, ils firent étaler devant lui toutes fortes d'inftrumens de fupplice, & lui déclarerent qu'il falloit choifir, ou de mourir de la plus cruelle mort, ou d'embraffer la Religion de l'Empire : qu'après qu'on lui eut fait cette propofition, on lui délia les mains, & qu'on lui préfenta de l'encre & du papier, pour avoir fa réponfe par écrit : qu'il la fit en peu de mots, & qu'elle portoit en fubftance ; qu'il étoit âgé de foixante-trois ans, & que depuis le moment de fa naiffance il avoit reçu des biens infinis du Dieu, qu'il adoroit ; que les Divinitez du Japon n'avoient pas le pouvoir de lui en faire aucun, & qu'il n'avoit reçu de l'Empereur que du mal; qu'il feroit donc bien ingrat & bien déraifonnable de quitter le fervice d'un Dieu bienfaifant, pour donner de l'encens à des Dieux de bois ou de métal ; & pour obéir à un homme mortel, dont néanmoins il refpectoit le caractere, & auquel il obéïroit toujours en tout ce qui ne feroit pas contre le fervice de fon Dieu, le Roi des Rois & le Seigneur des Seigneurs ; qu'il fouffriroit mille morts, plutôt que de faire ce qu'on lui demandoit ; que les promeffes ne le tentoient point ; que les fupplices n'avoient rien d'effrayant pour lui, & que la mort la plus affreufe, ni la plus brillante Couronne ne lui feroient jamais oublier ce qu'il devoit à fon Créateur. Le Pere Gomez, qui étoit préfent, ne put parler dans cette occafion, parce qu'il ne fçavoit point la Langue du Japon, mais deux jours après le Pere Vieyra ayant eu ordre de mettre par écrit les principaux Articles de notre fainte Loi, le Pere Francifcain voulut avoir la confolation de les figner.

L'Empereur, à qui on porta cet Ecrit, le lut avec une attention, dont on ne l'auroit pas cru capable, & en fut vivement frappé. » Cet Euro- » péen, s'écria-t-il, eft un homme » d'efprit, & fi ce qu'il dit de l'im- » mortalité de nos Ames eft vrai, » que deviendrons-nous ? En achevant ces mots, il fut faifi d'une fi grande frayeur, qu'on en appréhenda les fuites : il parut même tout-à-fait changé à l'égard des Chrétiens ; il ne pouvoit fe laffer de relire l'Ecrit du Miffionnaire, & l'allarme fut fi grande parmi tous les Ennemis de notre sainte Loi, qu'on publioit déja que l'Empereur penſoit à ſe faire Chrétien. Mais il n'en étoit pas digne : ce Prince ne ſe gouvernoit que par le conſeil d'un de ſes Oncles nommé OINDO-NO, un des plus méchans hommes, qui fût au Japon, lequel ayant appris ce qui ſe paſſoit, alla tout émû trouver l'Empereur, & avec l'aſcendant, qu'il avoit ſur ſon eſprit, lui parla en ces termes.

» Que vois-je, Seigneur, & quel
» eſt cet Ecrit, que vous tenez en-
» tre les mains, & qui vous rend
» ſi rêveur ? Seroit-il bien poſſible
» que vous ajoûtaſſiez foi au diſ-
» cours d'un Chrétien, qui chaſſé
» de ſon Pays, eſt venu ſe réfugier
» au Japon ? d'un extravagant &
» d'un inſenſé, dont toute la con-
» duite fait pitié, & dont la Do-
» ctrine reſſemble plus à celle des
» Démons, qu'à celle d'un homme,
» qui fait encore quelque uſage de
» ſa raiſon ? Faites-vous réflexion
» que tout l'Empire a les yeux at-
» tachez ſur vous, & qu'une lége-
» reté comme celle, dont on com-
» mence à dire que vous êtes tenté,
» peut vous faire perdre en un mo-
» ment tout ce que vous avez ac-
» quis d'eſtime par votre ſageſſe,
» depuis que vous êtes aſſis ſur le
» Trône ? D'ailleurs ne ſçavez-vous
» pas quel eſt le but de ces Etran-
» gers, en publiant leur damnable
» Religion? Conſultez les autres Eu-
» ropéens, qui ne ſont pas de la
» même Secte, & ils vous diront,
» ce que je ſçai d'eux-mêmes, que
» ces Prêtres Romains ſont les E-
» miſſaires du Roi d'Eſpagne, &
» que ſous prétexte de Religion ils
» travaillent à ſéduire vos Sujets, à
» les attirer au parti de ce Prince
» ambitieux ; & déja ſi puiſſant
» dans notre Voiſinage, & à les
» diſpoſer à un ſoulevement géné-
» ral en ſa faveur. Ignorez - vous
» que c'eſt pour cette raiſon, que
» vos Prédéceſſeurs, ces Monar-
» ques ſi ſages, & à la bonne con-
» duite deſquels vous devez la
» Couronne, que vous portez, ont
» banni de l'Empire ces dangereux
» Docteurs? N'y allât-il que de
» votre gloire, vous devez ſuivre
» leurs traces ; mais il y va encore
» de votre Couronne, & peut-être
» de votre vie. Quittez donc cette
» noire fantaiſie, qui vous rend ſi
» méconnoiſſable depuis quelques
» jours, & qu'il ne ſoit pas dit
» qu'un Impoſteur vous a ſéduit au
» point de vous engager à préparer
» vous-même les voyes à une Puiſ-
» ſance étrangere, pour s'emparer
» de vos Etats.

Ce diſcours ne fit qu'augmenter l'irréſolution de l'Empereur : Oïndono s'en apperçut, & craignant que ce Prince ne voulût s'entretenir ſecrétement avec le Miſſionnaire, il ne lui donna point de repos, qu'il ne lui eût fait ſigner la condamnation de tous les Priſonniers. La Sentence portoit que le Prêtre Romain & tous ceux, qui l'accompagnoient, ſeroient honteuſement promenez par les ruës de Jedo, & enſuite ſuſpendus dans la Foſſe. L'exécution ſuivit de près ; mais le Pere Vieyra dit aux Bourreaux, qui le mettoient dans ſa Foſſe, qu'il ne mourroit que par le feu. En effet, comme au bout de trois jours on l'eut trouvé auſſi frais, que le premier, on alluma dans la Foſſe un grand feu, qui le réduiſit en cen-

Ccc ij

dres le sixiéme de Juin 1634. La nouvelle de ce Martyre fut bientôt portée à Macao, où le Serviteur de Dieu, ainsi que je l'ai déja remarqué, étoit dans une estime extraordinaire. Le Capitaine Général D. Manuel de CAMARA de NOROGNA son ami intime fit aussitôt mettre toutes les Troupes sous les Armes, & monter la Jeunesse à cheval, on ferma les Boutiques, on sonna toutes les Cloches, il y eut pendant treize jours & treize nuits des Fêtes & des illuminations; en un mot on n'omit rien dans cette Ville pour célébrer le triomphe d'un Martyr, qu'elle regardoit comme son Protecteur dans le Ciel.

§. V.

Nouveaux efforts des Hollandois pour perdre les Portugais au Japon, & quel en fut le succès. Nouvel Edit contre la Religion. Martyre d'un Jésuite Japonnois. Apostasie d'un Ecclésiastique Japonnois, & d'un Jésuite Portugais.

VEritablement elle n'avoit jamais eu un plus grand besoin de se faire de puissans Intercesseurs auprès de Dieu; les Hollandois, après avoir tenté plusieurs fois de s'en emparer, se voyant toujours repoussez avec perte & avec honte, entreprirent de faire tomber son Commerce. C'étoit un moyen sûr pour la ruiner, & ils prirent pour y réüssir des mesures si justes, qu'elle y succomba enfin. Huit Vaisseaux Hollandois richement chargez moüillerent en 1635. au Port de Firando, d'où le Président du Commerce & le Conseil envoyerent à l'Empereur un magnifique présent des plus belles soyes de la Chine, & des plus fins Draps d'Angleterre. Ce Monarque reçut ce présent avec de si grandes démonstrations de joye, que ceux, qui en étoient les porteurs, se hazarderent à lui faire une proposition bien hardie, surtout dans un tems où l'affaire de Pierre Nuits n'étoit pas encore entierement finie.

Ils demanderent donc que Sa Majesté interdît absolument le Commerce aux Portugais, & aux autres Sujets du Roi Catholique, & qu'elle chassât même du Japon tous ceux de ces deux Nations, qui y étoient encore; l'assurant que son Empire n'y perdroit rien, & qu'ils fourniroient aux Japonnois toutes les Marchandises, qu'ils souhaiteroient, bien mieux conditionnées, en plus grande quantité, & à meilleur compte, que ne faisoient ni les uns, ni les autres; & comme ils sçavoient que la chose du monde, que la Cour Impériale avoit le plus à cœur, étoit qu'il n'entrât plus de Missionnaires dans l'Empire, ils ajoûterent qu'on devoit d'autant plus s'en fier à eux pour cela, qu'ils avoient en horreur les sentimens des Prêtres Romains sur plusieurs articles essentiels de leur Religion, & qu'il ne tiendroit pas à eux que la Terre n'en fût une bonne fois purgée.

Ils allerent encore plus loin; car ils proposerent d'aller assiéger Macao, & ils firent assûrer à l'Empereur, qu'ils se flattoient de détruire la Puissance Portugaise dans cette Ville, si Sa Majesté vouloit leur donner autant d'hommes de débarquement, que leurs Navires en pouvoient porter. Ce n'étoit pas la premiere fois, que les Hollandois faisoient de pareilles propositions, mais la Cour Impériale les avoit toujours si hautement rejettées, qu'il est assez étonnant qu'ils ayent osé les renouveller, surtout dans les conjonctures, où ils se trouvoient : car le Commerce ne se faisoit alors qu'au nom des Particuliers, & nullement en celui de la Compagnie. Mais il y a des momens décisifs, où les difficultez les plus insurmontables s'applanissent d'elles-mêmes. Ce n'est pas que les Hollandois obtinssent d'abord ce qu'ils demandoient, & ils avoient sans doute visé plus haut, afin d'adresser plus sûrement au but, qu'ils se proposoient alors. On leur témoigna donc que leurs ofres n'avoient point été désagréables, & on leur ajoûta qu'on en délibéreroit. L'effet de cette délibération fut, que peu de tems après on vit paroître de nouveaux Edits, qui ne tendoient qu'à chagriner les Portugais.

Ce fut bien pis encore l'année suivante, que la Compagnie Hollandoise des Indes rentra tout-à-fait en grace auprès de l'Empereur. Quatre Vaisseaux Portugais arrivant de Macao à Nangazaqui, furent assez surpris de trouver à l'entrée du Port une espece d'Isle, qui avoit été faite à la main, & dans laquelle on avoit construit deux rangées de Maisons, qui formoient une ruë : elle étoit jointe à la Ville par un Pont fermé d'une bonne Porte, où il y avoit un Corps de Garde, & il ne paroissoit pas une ame dans toute l'Isle. Tandis qu'ils faisoient leurs réflexions sur cette nouveauté, un Officier arriva à bord du Commandant, & lui déclara de la part des Gouverneurs que les Maisons, qu'il voyoit, étoient les seules, où désormais ceux de sa Nation, qui viendroient pour trafiquer dans l'Empire, pourroient loger ; il tira ensuite une grande feüille de papier, où étoient marquées les conditions, sous lesquelles on vouloit bien encore leur permettre de faire le Commerce. Elles étoient comprises en plusieurs Articles, dont voici les principaux, les autres n'étant gueres que des explications de ceux-ci, & des redites, suivant le style scrupuleusement diffus de cette ombrageuse Nation.

1°. Dès qu'un Navire Portugais aura moüillé l'ancre, tous les Canons, & toutes les Armes à feu, en seront enlevez, & portez chez les Gouverneurs, qui rendront le tout fidélement au départ desdits Navires. 2°. Aucun Portugais ne mettra le pied dans la Ville, ni dans aucun autre lieu de l'Empire, sans avoir un Garde, qui l'accompagnera partout, & il ne pourra aller que dans les endroits, où les affaires de son Commerce demanderont sa présence. 3°. On n'apportera de Macao, ni Lettres, ni hardes, ni quoique ce soit, qui puisse être à l'usage des Missionnaires ; on ne donnera même, & on ne vendra point de Vin aux Sujets de l'Empereur, qu'un Officier député pour cela ne sçache à qui, & ne soit bien assuré que ce ne sera point pour la Messe. 4°. Il ne sera permis à personne de donner de l'argent aux Japonnois, même par aumône, de peur que ce ne soit pour aider à l'entretien des Religieux Européens. 5°. On ne parlera aux Sujets de l'Empereur, que de ce qui regardera le Commerce, & nullement de la Religion, sous quelque prétexte que ce puisse être. 6°. Hors la petite Isle, où les Portugais seront logez, ils n'exposeront aucune Croix, ni Image, ni rien, qui puisse rappeller aux Japonnois l'idée du Christianisme; ils auront même grand soin que les propriétaires des Maisons de l'Isle, & ceux, qui communiqueront avec eux, ne puissent appercevoir aucune marque de leur Religion, ni les entendre prier.

On vouloit encore les obliger à défendre aux Supérieurs des Religieux de Macao, & des Philippines, d'envoyer aucun de leurs Inférieurs au Japon ; & sur ce qu'ils repliquerent, qu'ils n'en avoient pas le pouvoir, on leur dit de le demander au Pape de Rome. On leur fit ensuite mille supercheries au sujet de leur Commerce, & lorsqu'il fut question de partir, on les contraignit par force de se charger d'une troupe de deux cens personnes de tout âge & de tout sexe, qui avoient des parens Portugais, ou qui avoient été adoptées par des Marchands de cette Nation ; & cela, leur dit-on, de peur que l'affection, que cette alliance laisseroit dans le Païs pour les Portugais, ne fût une ressource pour le Christianisme. On continua d'en user de la même maniere les années suivantes, ce qui remplit les Indes d'un nombre infini de ces Exilez, qui s'y trouverent bientôt réduits à la plus extrême indigence.

Il parut vers le même tems un Edit Impérial, qui ordonnoit à tous les Particuliers de porter sur la poitrine une Idole, ou quelque autre marque extérieure, par laquelle on fût instruit de la Secte, dont chacun faisoit profession ; & pour s'assurer qu'il n'entreroit plus de Religieux, ni même de Chrétiens dans l'Empire, il fut reglé que tous ceux, qui aborderoient dans quelque Port, ou Havre que ce fût, seroient conduits dans un endroit nommé *Xoya* ; c'est-à-dire, *la Salle de l'Inquisition*, où on les obligeroit à fouler aux pieds publiquement des Images du Sauveur des Hommes, de sa Sainte Mere, & de quelques autres Saints. Il n'y eut d'exemptez de cette Loi générale, que les Marchands d'Europe, à qui le Commerce étoit permis ; car il n'est pas vrai, ou du moins il n'y a aucune preuve, que les Hollandois ayent jamais commis cette impieté. Mais nous verrons bientôt qu'ils croyoient le pouvoir faire sans crime, suivant les principes de la Religion Prétenduë Réformée, dans laquelle on pense sur cela comme pensoient autrefois les Iconoclastes.

Il n'est pas étonnant qu'après tant d'Edits, de Réglemens, de recherches, & de précautions, l'Eglise du Japon se soit insensiblement trouvée presque absolument dénuée de Pasteurs. Il ne lui restoit plus gueres en effet, que quelques Jésuites Japonnois, & elle en avoit encore perdu un d'un grand mérite au commencement de cette même année 1636. il se nommoit le P. Jacques Yuki, & étoit natif du Royaume d'Ava. Ce Religieux, après avoir mené dans les Déserts une vie plus dure de beaucoup que la mort, fut arrété à Ozaca, & suspendu dans la Fosse, au même lieu. Les Chrétiens ainsi destituez de Guides & de Chefs, ne laiſſoient pas de ſe ſoûtenir encore, & il ne ſe paſſoit preſque point de jour, qui ne donnât des Martyrs à l'Egliſe. Mais la Chrétienté du Japon, quoique perſécutée d'une maniere ſi cruelle, pleuroit bien moins la mort de ſes Enfans, & la perte des Paſteurs, que la chûte déplorable de deux Prêtres, à qui la crainte des tourmens avoit fait commettre la plus grande des infidélitez. C'étoit un Eccléſiaſtique Japonnois, nommé Thomas SAMA, & le Pere Chriſtophe FERREYRA Portugais, Provincial des Jéſuites, & Adminiſtrateur de l'Evêché.

Le premier étoit allé à Rome ſous le Pontificat de Paul V. & s'y étoit acquis une ſi grande réputation de ſainteté, que les plus vertueux Prélats de la Cour Romaine, avoient comme à l'envi recherché ſon amitié. On dit même que le Cardinal Bellarmin avoit vêcu fort familierement avec lui. Le zéle du ſalut des ames le fit retourner au Japon, mais à peine y étoit-il arrivé, que la vûë des ſupplices, qu'on faiſoit endurer aux Chrétiens, lui fit oublier ſon devoir; il renonça au Chriſtianiſme pour mettre ſa vie en ſûreté. Au reſte le ſilence du P. Bartoli ſur ce Prêtre Apoſtat, & celui des autres Hiſtoriens ſur Thomas Araqui, ou Pierre Antoine, dont le ſeul Pere Bartoli rapporte l'Apoſtaſie, me donnent quelque lieu de juger que ce ne ſont point deux hommes, & que le ſeul changement de nom, ſi ordinaire dans cet Empire, a pû tromper ceux, qui ont crû le contraire; d'autant plus que les circonſtances du voyage de Rome de Thomas Araqui, ſont les mêmes qu'on rapporte ſous le nom de Thomas Sama.

Le P. Ferreyra étoit un ancien Miſſionnaire, que beaucoup de zéle, & de grands talens avoient rendu très-utile à cette Miſſion, mais qui s'étant un peu trop répandu au dehors, diſſipa enfin preſque tout ce qu'il avoit de vertu ſolide, & de véritable ferveur. Comme il n'y paroiſſoit pas beaucoup à l'extérieur, & que peu de Jéſuites étoient plus au fait que lui des affaires du Japon, il avoit été nommé Provincial & Adminiſtrateur de l'Evêché, après la mort du P. Matthieu de Couros, & il s'acquitta avec ſoin de ces deux Emplois. Il fut enfin pris en 1633. & mis dans la Foſſe à Nangazaqui; mais à peine y avoit-il été cinq heures, qu'il donna le funeſte ſignal de ſon Apoſtaſie. On le retira ſur le champ; mais comme il n'étoit point rare de voir retirer de la Foſſe les Martyrs pour les tourmenter de nouveau, ou parce qu'ils paroiſſoient tirer trop tôt à leur fin, ou même pour voir ſi la douleur ne les auroit point rendus plus dociles; que tout récemment on en avoit uſé ainſi à l'égard du P. Benoît Fernandez, d'un Pere Dominiquain, & d'un Pere de S. François, qui ne ſont point nommez, & qui moururent Martyrs; que le Pere Ferreyra fut reconduit dans la même Priſon, d'où on l'avoit tiré pour le conduire au ſupplice, & qu'on l'y gardoit très-étroitement; peu de perſonnes furent inſtruites d'abord qu'il eût renoncé au Chriſtianiſme, de ſorte que des Navires ayant mis à la voile ſur ces entrefaites pour Macao, on publia à leur arrivée dans cette Ville, que le Provincial avoit été honoré du Martyre, & la nouvelle s'en répandit partout, où l'on étoit dans l'usage de mander ce qui se passoit au Japon.

L'année suivante le P. Vieyra son Successeur, fut pris, & nous avons vû que peu de tems après il y eut des Ordres de l'Empereur de le conduire à Jedo avec les autres Religieux, qui étoient en prison avec lui. Le P. Ferreyra étoit resté jusques-là dans la sienne, & l'on ne sçavoit encore trop que croire dans le Public d'une si longue captivité, d'autant plus que ceux, qui étoient informez de son Apostasie, tenoient la chose fort secrete. Enfin on le vit partir avec les autres Prisonniers, dans le même équipage qu'eux, traité & gardé de même ; & bien des gens ne douterent plus qu'on ne l'eût reservé, dans l'espérance de l'obliger à donner quelques lumieres touchant les Prédicateurs de l'Evangile, dont il étoit le Chef, ou pour quelqu'autre sujet semblable. Mais on commença à se détromper, lorsqu'au retour de la Ville Impériale, où il demeura fort peu de tems, on le vit marcher librement par la Ville de Nangazaqui, vêtu à la Japonnoise, sous le nom D'YEDO TZUA, & bientôt son infidélité ne fut plus un mystere pour personne.

§. VI.

Consternation des Jésuites. Calomnies contre eux à ce sujet. L'Ecclésiastique se reconnoît, & meurt Martyr. Le Pere Mastrilli est destiné du Ciel à réparer la faute du Pere Ferreyra. Miracle éclatant opéré en sa personne.

ON peut juger combien ce triste évenement consterna toute la Société, dont ce malheureux étoit Membre, & quelles Armes il fournit à ses Ennemis, pour donner de la vraisemblance aux calomnies, qu'on avoit jusques-là publiées contr'elle. Cent Jésuites morts au Japon dans les plus affreux supplices, & plus de trois cens dans les autres Parties du Monde, en moins d'un siécle, avoient sans doute lavé par avance la tache qu'un seul venoit de faire à tout le Corps : mais ce ne fut que dans l'esprit de ceux, qui jugent sans passion ; & c'est ordinairement, surtout à l'égard des Jésuites, le plus petit nombre ; de maniere qu'un seul Apostat fit oublier, ou compter pour rien, quatre cens Martyrs. Après tout, je ne sçai si la Compagnie ne peut pas goûter une sorte de consolation dans ces grands éclats, qu'ont toujours fait dans le monde les fautes vrayes ou prétenduës de quelques Particuliers, parce qu'ils prouvent que ces fautes sont rares : or il est de l'humanité de tomber, & il semble qu'il soit au-dessus de la condition humaine, & qu'on doive regarder comme un effet d'une protection toute particuliere de Dieu, sur un Corps si répandu dans tout le Monde, que les chûtes y soient assez rares, pour attirer l'attention, & causer l'étonnement du Public.

Quoiqu'il en soit, la vérité toute simple de ce triste évenement n'auroit pas fait sur les personnes équitables & sensées assez d'impression, pour

DU JAPON, Livre XVIII. 393

pour satisfaire les Ennemis de la Société ; ils eurent encore recours à la calomnie, & bientôt pour un Jésuite infidéle, on publia qu'il y en avoit quatre. Il est vrai que ces bruits tomberent d'abord, & eurent même un effet tout contraire à celui, qu'on avoit prétendu : d'ailleurs la maniere, dont les Jésuites se comporterent dans une si fâcheuse conjoncture, ne leur fit pas moins d'honneur, que le vain triomphe & les exagérations de ceux, qui ne leur vouloient pas de bien. Il est vrai que jamais consternation ne fut pareille à la leur, & on ne peut dire, jusqu'où la ferveur les porta, pour obtenir la conversion de leur indigne Confrere. Les Fidéles Japonnois y joignirent leurs prieres & leurs souffrances, & cette Eglise expirante poussa vers le Ciel ses derniers soupirs, pour tâcher de le fléchir en faveur de ses deux infidéles Ministres.

On a tout lieu de croire que tant de vœux ne furent pas inutiles. A la vérité le fruit en fut tardif : l'Ecclésiastique passa trente ans dans l'infidélité ; mais il est certain qu'il la répara, ainsi que nous le dirons en son lieu. La conversion du P. Ferreyra est plus douteuse : elle est pourtant appuyée des témoignages d'un grand poids ; mais la preuve la plus authentique qu'on en puisse, ce me semble apporter, c'est la quantité du plus illustre sang de la Compagnie, versé pour l'obtenir, & cette suite étonnante des prodiges, que nous allons voir, & par lesquels l'Apôtre du Japon voulut préparer une Victime destinée à appaiser le Ciel en faveur de l'Apostat. C'est du P. Mastrilli dont je parle : mon dessein n'est point de raconter toutes les merveilles d'une vie, qui n'en a été qu'un tissu. Nous en avons l'Histoire dans toutes les Langues ; mais je ne puis me dispenser d'en dire ici tout ce qui fait plus particulierement à mon sujet.

Marcel-François Mastrilli naquit à Naples le quatriéme de Septembre de l'année 1603. de Jerôme Mastrilli, Marquis de San-Marzano, & Duc de Monte-Santo, d'une Famille originaire de Nole ; & de Béatrix Caraccioli, d'une des plus grandes & des plus anciennes Maisons de Naples. Il fut baptisé dans l'Eglise de la Maison Professe des Jésuites de cette Ville, & dès lors consacré à Dieu par les vœux de ses Parens, pour le servir dans la Compagnie de Jesus. Son Enfance eut quelque chose d'extraordinaire ; sa Vocation à l'Etat Religieux fut miraculeuse, & dès l'entrée de la carriere on remarqua en lui des traits d'une sainteté consommée. Il étoit encore Novice, qu'il assûra qu'on lui couperoit la tête au Japon ; & l'on rapporte que sa Mere ne parloit jamais des Martyrs de cette Eglise, qu'elle ne mît son Fils du nombre ; ce qu'elle faisoit d'un ton si assûré, qu'on ne doutoit point qu'elle n'eût sur cela quelque chose de plus, qu'un simple pressentiment. Enfin un jour qu'on parloit devant le jeune Religieux des premieres Persécutions sous les Empereurs Romains, il dit que le Japon auroit aussi son Marcellin. C'étoit plusieurs années avant la chûte du Pere Ferreyra.

Mastrilli finissoit ses Etudes de Théologie, lorsque le P. Sébastien Vieyra se disposoit à partir d'Italie, pour retourner dans sa Mission ; il demanda avec instance la per-

Tome II.   Ddd

mission de l'accompagner, mais ses poursuites furent inutiles. Il falloit qu'il reçût du Ciel même sa Mission pour le Japon, & il devoit moins y aller pour y prêcher l'Evangile à une Nation, qui l'avoit rejetté, que pour y laver dans son sang la tache, qu'un de ses Freres y avoit faite à la Religion, & à sa Compagnie.

Il n'étoit pas encore engagé dans les Ordres sacrez, lorsque son Frere aîné mourut, & on le pressa beaucoup de rentrer dans le Siécle, du moins pour quelque tems, & jusqu'à ce que ses Neveux fussent en âge de se conduire. Il le refusa constamment; mais il joüissoit à peine du repos, que cette Victoire lui avoit procuré, qu'il tomba malade. Il fut en très-grand danger, & ayant vû plusieurs fois en songe son Frere, qui sembloit l'inviter à un voyage, il prit ces invitations comme des présages d'une mort prochaine; mais il guérit de cette maladie. Enfin l'an 1633. environ deux mois après que le Pere Ferreyra eut apostasié, le Comte de MONTEREY Vice-Roi de Naples, voulant célébrer l'Octave de la Conception de la Vierge avec une magnificence extraordinaire, le Seigneur Charles BRANCACCIO, qui s'étoit chargé d'une partie des préparatifs, pria le Pere Mastrilli, dont il étoit ami intime, de lui aider dans ce pieux travail. Le Pere y consentit avec joye, & le soir de la Fête, tout étant fini, comme il parloit à un Ouvrier, qui détendoit une tapisserie, un marteau pesant deux livres lui tomba de vingt-cinq pieds de haut sur la tête, & le frappa à la temple droite. Il fut renversé du coup, & ce qui parut un très-mauvais signe, il sentit de grandes envies de vomir.

On le porta au College, les Médecins & les Chirurgiens y accoururent, mais comme en pansant la playe, ils n'avoient pas fait attention au contre-coup, qui avoit été violent, le Malade ne reçut aucun soulagement des remedes, qu'ils lui firent, & ils se retirerent en disant que l'air de Naples étoit contraire aux blessures à la tête. Le plus fâcheux fut, qu'ils avoient extrémement fatigué le Malade, qui après vingt-cinq jours d'opérations violentes, se trouva réduit à une telle extrémité, qu'on ne concevoit pas comment il pouvoit vivre. Il ne lui étoit plus possible de desserrer les dents, ni par conséquent de prendre aucune nourriture, & un froid si opiniâtre le saisit par tout le corps, qu'on ne pouvoit parvenir à l'échauffer. Aussi le pleuroit-on déja comme mort, & sa Chambre ne désemplissoit point de Personnes de condition, qui vouloient recevoir ses derniers soupirs. Mais son heure n'étoit pas encore venuë, & il n'avoit été conduit par la Providence jusqu'aux portes du Tombeau, que pour donner lieu à un des plus grands, & des plus évidens miracles, qui se soient jamais opérez.

Le Pere Mastrilli a depuis écrit à plusieurs de ses Amis que ces jours avoient été pour lui des jours de délices. « Ce n'étoit, dit-il, que nou-
» velles heureuses, que visites célestes, que consolations divines :
» j'ai compris beaucoup de choses
» sur ce qui m'arriva pour lors, le
» reste est encore un mystere pour
» moi. » Dès le commencement de

sa maladie, un homme vêtu comme un Chevalier de quelque Ordre Militaire, se montra à lui portant un Cierge d'une main, & de l'autre un Bourdon. On a depuis appris par une Lettre du Serviteur de Dieu à Dom Antoine TELLEZ de SYLVA, Commandant de la Flotte, qui le porta aux Indes, que ce Chevalier étoit l'Apôtre de l'Orient. Le Saint dit au Malade qu'il choisît, du Cierge, ou du Bourdon; c'est-à-dire, ainsi qu'il le comprit d'abord, de mourir de cette maladie, ou de se consacrer au Ministere Evangélique parmi les Infidéles. Il répondit qu'il ne désiroit rien, que l'accomplissement de la volonté de Dieu sur lui. Le Saint Apôtre parut satisfait de cette réponse, revint plusieurs fois visiter le Malade, & eut avec lui plusieurs entretiens, qui lui faisoient goûter toutes les joyes du Paradis. Il lui fit voir un jour un Chevalier de l'Ordre Militaire d'Alcantara, & lui dit que ce Chevalier lui seroit un jour d'un grand secours. Le Pere Mastrilli a depuis reconnu que c'étoit Dom Sébastien Hurtado de Corcuera, Chevalier de l'Ordre d'Alcantara, Gouverneur des Philippines, le Conquérant de Mindanao, un des plus grands Sujets, qu'eût alors l'Espagne, & en qui la prudence, l'expérience dans les affaires, & la valeur furent toujours accompagnées d'une piété rare, & d'une vertu solide. C'est le même, dont nous avons déja parlé en plus d'un endroit de cette Histoire.

Cependant le Malade s'affoiblissoit toujours; le second jour de Janvier il envoya prier le Pere Charles de SANGRO, son Provincial, de le venir voir, & fit entre ses mains, après lui en avoir demandé la permission, le vœu d'aller aux Indes (*a*), s'il recouvroit la santé. On lui donna ensuite l'Extrême-Onction. Depuis quelques jours il ne voyoit plus Saint François Xavier; pour suppléer en quelque sorte à ces visites, il fit mettre à côté de son lit une Image du Saint, & le pria instamment de lui obtenir de Dieu la grace de ne point mourir sans Viatique. Aussitôt ses dents se desserrerent, on le communia, & peu de tems après il parut entrer en l'agonie. Cependant au bout d'une heure ou deux il assûra à un Religieux, qui étoit au chevet de son lit, que le lendemain il diroit la Messe.

La nuit suivante le Pere Vincent CARAFE, qui étoit alors Recteur du College de Naples, & qui fut depuis Général de la Compagnie, étant resté quelque tems seul avec le Malade, celui-ci ne l'entretint, que du voyage des Indes. Le Recteur regarda ce discours comme des égaremens d'un esprit, qui est en délire; puis l'ayant examiné de près, il crut qu'il ne lui restoit pas un quart d'heure à vivre, & fit sonner l'agonie. Toute sa Chambre fut en un moment remplie de monde; & ceux, qui étoient les plus proches de son lit, l'entendirent qui disoit d'une voix basse, qu'il lui sembloit être dans une Vallée, d'où il voyoit une petite lueur dans l'air. Il n'y avoit rien là, qui ne pût être un jeu de l'imagination frappée d'un Moribond, & on le regarda sur ce pied-là. Un moment après il dit qu'il appercevoit un Globe lumineux, & au milieu de ce Globe Saint François Xa-

(*a*) On comprenoit alors le Japon sous le nom des Indes.

vier, qui venoit à lui d'un air extrêmement aimable. Il a depuis aſſûré plus d'une fois que le ſeul ſouvenir de cette viſion ſuffiſoit pour chaſſer de ſon cœur juſqu'à l'idée de la triſteſſe.

Il étoit quatre heures du matin, & l'on continuoit de réciter les Prieres des Agoniſans. Le Malade entendit alors une voix, qui lui paroiſſoit venir de fort loin, & qui l'appella deux fois par ſon nom ; il ſe tourna du côté droit, & ne vit perſonne ; il fit faire ſilence de la main, & comme il s'entendit nommer une troiſiéme fois, il ſe retourna du côté gauche, où étoit l'Image de Saint François Xavier. Ces mouvemens ſurprirent beaucoup, parce que depuis quelques jours il ne pouvoit plus ſe remuer. On obſerva enſuite qu'il parloit à quelqu'un ; en effet, dès qu'il ſe fut tourné, ayant voulu jetter les yeux ſur l'Image du Saint, il l'apperçut lui-même en habit de Pélerin. L'Apôtre lui demanda, s'il ſe ſouvenoit du vœu, qu'il avoit fait la veille ? Il répondit qu'il s'en ſouvenoit fort bien. Alors le Saint lui commanda de réciter avec lui la formule des Vœux de la Compagnie, en y ajoûtant celui d'aller aux Indes.

Il lui ordonna enſuite d'appliquer à ſon mal un Reliquaire, qu'il avoit ſous ſon chevet, & où il y avoit du bois de la vraye Croix, & des Reliques du Saint même ; & comme le Malade le mettoit ſur ſa playe, il lui fit ſigne de la tête que le mal n'étoit point là, & lui montra du doigt le derriere de la tête, en diſant : « c'eſt là qu'il faut porter » le Reliquaire ; » en effet les plus vives douleurs du Malade avoient toujours été en cet endroit. Tandis qu'il y tenoit la ſainte Relique, le Saint lui commanda de réciter avec lui en Latin cette priere. *Je vous ſaluë, Bois ſacré, Croix précieuſe, & vous, mon divin Sauveur, qui l'avez teinte de votre ſang, je me conſacre tout entier à vous, & pour toujours. Je vous ſupplie humblement de m'octroyer la grace de répandre pour votre ſaint Nom juſqu'à la derniere goute de mon ſang ; grace, que l'Apôtre des Indes n'a pû obtenir après tant de travaux.* Cette priere finie, le Saint lui fit encore prononcer les paroles ſuivantes. *Je renonce à mes parens, à la Maiſon paternelle, à mes Amis, à l'Italie, & à tout ce qui pourroit apporter quelque retardement à la Miſſion des Indes, & je me conſacre tout entier au ſalut des ames en préſence de Saint François Xavier mon Pere* (a) ; il ajoûta de lui-même ces deux derniers mots. Enfin l'Apôtre lui dit d'avoir bon courage, & de renouveller tous les jours les promeſſes, qu'il venoit de faire.

Il diſparut auſſitôt, & dans l'inſtant même le Pere Maſtrilli ſans fiévre, ſans fluxion, ſans langueur, ſans paralyſie, ſans mouvement convulſif, ſans aucun reſte du pitoyable état, où on l'avoit vû un quart d'heure auparavant, appella ſes Freres, & leur déclara ce qui venoit de ſe paſſer ; tous ſe mirent à crier *Miracle*, toute la maiſon accourut à l'Infirmerie, & l'on chanta le *Te Deum*. Le Malade ôta enſuite ſes bandes, & l'on fut bien ſurpris de ne voir plus, ni playes, ni cicatrices ; les

---

(a) *Abrenuncio Parentibus, propriæ domui, Amicis, Italiæ, & omnibus, quæ mihi retardare poſſent Indicam Miſſionem, & me totum in animarum ſalutem apud Indos dico coram Sancto Franciſco Xaverio, Patre meo.*

cheveux mêmes, qu'on avoit rasez, étoient revenus; il se leva, s'habilla seul, & la premiere chose, qu'il fit, fut de se prosterner devant l'Image de son saint Médecin. Il y resta fort longtems en prieres, après quoi il écrivit pendant deux heures tout le détail de sa guérison, dont il a laissé plusieurs relations de sa main. Le lendemain il dit la Messe à la vûë de tout Naples, & il reçut les visites de quantité de Personnes de distinction. Le Cardinal Bon Compagni, Archevêque de Naples, fut de ce nombre. Ce Prélat voulut ensuite ouïr juridiquement tous les témoins, & avoir l'attestation de tous les Médecins & Chirurgiens, qui avoient vû le Pere Mastrilli pendant sa maladie; puis ayant dressé un Procès-Verbal, qui fut signé de tous, il permit de divulguer le Miracle, & de le faire graver: on en fit des Estampes, qui se répandirent bientôt dans toute l'Europe, & dans les deux Indes.

Quant à l'Image de Saint François Xavier, devant laquelle cet Apôtre s'étoit montré, pour opérer une si étonnante guérison, elle fut portée en procession, & placée ensuite avec une solemnité extraordinaire dans une Chapelle de l'Eglise du College. Enfin on fit un Sanctuaire de l'Infirmerie, où s'étoit fait le Miracle. J'ai visité ce Sanctuaire, un des plus riches, qui soit en Italie; la guérison miraculeuse du Pere Mastrilli; les principales actions de sa vie, & son Martyre, y sont représentez au naturel en plusieurs Tableaux, tous de la main du Cavalier LANFRANC. On ne voit dans cette Chapelle, & dans la belle Sacristie, qui est vis-à-vis, que des ornemens précieux, avec plusieurs monumens authentiques des Miracles de l'Homme Apostolique, la Soutane, dont il étoit revêtu pendant l'Expédition de Mindanao, où il accompagna le Gouverneur des Philippines, & sur laquelle il reçut un coup de Canon, dont le boulet s'arrêta après avoir fait son trou, & le Sabre, dont il eut la tête tranchée au Japon.

Il y avoit au plus quatre jours, que le saint Homme étoit guéri, lorsque la Duchesse sa Mere tomba dangereusement malade à Noles; il se rendit en diligence auprès d'elle, & jusqu'à ce qu'il lui eût fermé les yeux, il ne la quitta, ni le jour, ni la nuit. Cela dura une semaine entiere, & il ne se ressentit nullement d'une si grande fatigue, lui, qui auparavant n'auroit pû veiller une seule nuit, sans en être incommodé. De Noles il retourna à Naples, où il ne pensa plus qu'au voyage des Indes. Il s'y prépara surtout par l'Oraison, qui dès lors lui devint continuelle, & par la pratique de la plus austere pénitence. La lecture des Epîtres de Saint François Xavier, & la méditation des vertus de cet Apôtre, étoient aussi un de ses plus ordinaires exercices, il ne négligeoit rien pour se remplir de l'esprit Apostolique, & l'on peut dire qu'il fut toute sa vie une image vivante de son saint Patron. Immédiatement après sa guérison, il avoit écrit au Pere Mutio Vitelleski son Général, pour avoir la permission de passer en Orient, & il en reçut cette réponse. « Je ne puis, ni ne » dois empêcher que Votre Révé- » rence n'employe sa vie & sa santé » au salut des Infidéles de l'Inde, » puisque le Saint Apôtre vous en a » donné lui-même l'ordre. » Il partit peu de tems après.

§. VII.

Le Pere Maſtrilli part pour les Indes. Réception que lui fait le Roi d'Eſpagne. Il s'embarque à Lisbonne. Son arrivée à Goa. Il paſſe aux Philippines, dont le Gouverneur le mene à la conquête de Mindanao. Ce qui lui arrive en cette occaſion. Il arrive au Japon, où il eſt arrêté d'abord.

De J. C. 1636.
De Syn Mu. 2296.

IL prit ſa route par Rome, où il étoit bien aiſe de recevoir la Bénédiction de ſon Général, & de ſe remplir de l'Eſprit Apoſtolique ſur le Tombeau du Prince des Apôtres. De Rome il alla s'embarquer à Gennes pour l'Eſpagne. Le Roi Catholique le voulut voir, & le reçut comme un Saint deſtiné au Martyre, ne lui parla que debout & découvert, & lui dit ces paroles, qui cauſerent beaucoup d'étonnement à toute la Cour: « Votre Révérence me fera un ſingulier plaiſir, toutes les fois qu'elle voudra m'ordonner quelque choſe; je la prie de me recommander à Dieu, & de m'écrire quelquefois. » La Reine enchérit encore ſur ces marques de diſtinction: cette Princeſſe ayant ſçû que l'Homme Apoſtolique devoit paſſer par Goa, lui fit délivrer une magnifique Chaſuble, dont elle le chargea de revêtir lui-même le corps de S. François Xavier, & elle fit mander au Vice-Roi des Indes de lui envoyer celle, dont le Sacré Corps étoit actuellement revêtu. Le Pere Maſtrilli fit préſent à la Reine d'un Portrait du Saint, qu'il avoit fait peindre ſur le Cuivre, tel qu'il lui avoit apparu. Et comme il l'avoit fait graver, il en donna pluſieurs Images à Sa Majeſté, qui les diſtribua dans ſa Cour. Le Comte Duc d'Olivarez préparoit alors un Armement pour chaſſer les Hollandois du Bréſil; & il propoſa au Pere Maſtrilli de s'embarquer ſur cette Flotte, lui promettant de lui fournir à ſon retour tout ce qui lui ſeroit néceſſaire pour ſon voyage des Indes. Mais le Serviteur de Dieu lui répondit, que les ordres de l'Apôtre de l'Orient ne lui permettoient point de s'écarter, & ne ſouffroient point de retardement. Il ſe hâta donc de gagner Lisbonne.

De J. C. 1636.
De Syn Mu. 2296.

La Flotte des Indes étant prête, il s'y embarqua avec trente-deux autres Jéſuites, qui tous faiſoient le voyage aux frais du Roi Catholique. Cette Flotte étoit commandée, ainſi que je l'ai déja dit, par D. Antoine Tellez de Sylva, lequel, auſſi-bien que le nouveau Vice-Roi des Indes, D. Pedro de Sylva, voulut avoir le P. Maſtrilli ſur la Capitane. L'idée, qu'on avoit de ſa ſainteté, les honneurs, qu'on lui avoit rendus à la Cour d'Eſpagne, les choſes miraculeuſes, qui lui étoient arrivées ſur toute ſa route, & la haute piété dont le Général de la Flotte, & le Vice-Roi, faiſoient une profeſſion ouverte; tout cela donna au Serviteur de Dieu une autorité, dont il ſe ſervit pour faire des Saints de tous ceux, qui étoient embarquez avec lui. Dieu fut ſervi ſur ce Vaiſſeau comme il l'auroit pû être dans la Communauté la plus fervente.

La Navigation fut longue & périlleuſe, mais la préſence du P. Maſtrilli inspiroit aux Portugais une confiance, qui les rasûroit contre la fureur des flots & des vents ; & la Flotte prit enfin terre à Goa sans aucun accident. La premiere chose, que fit le Serviteur de Dieu en débarquant, fut de courir au Tombeau de Saint François Xavier, où, après qu'il eut satisfait sa piété avec des transports de ferveur, qu'il est difficile d'exprimer, & qu'il se fût acquitté de la commission, que lui avoit donnée la Reine d'Espagne, il mit entre les doigts du Saint un Billet écrit de son sang, par lequel il se déclaroit son Serviteur & son Disciple. On auroit bien souhaité de le retenir à Goa, mais il profita pour en sortir, de la premiere occasion, qu'il put trouver ; & il s'embarqua pour les Philippines, après avoir écrit à ses amis plusieurs Lettres toutes remplies de prédictions, que l'évenement justifia bientôt. Il en écrivit de semblables sur sa route, dans l'une desquelles il promettoit à Dom Antoine Tellez, qu'il sçauroit le premier des nouvelles de son triomphe ; ce qui arriva en effet.

Le saint Homme prit terre à Manile le dernier jour de Juillet de l'année 1636. & dès qu'il eut vû D. Sebastien Hurtado de Corcuera, Gouverneur des Philippines, il reconnut ce Chevalier, qui lui avoit été montré pendant sa maladie, & dont il lui avoit été dit que le secours ne lui seroit pas inutile pour entrer au Japon. La chose néanmoins paroissoit avoir alors des difficultez insurmontables. En attendant quelque conjoncture heureuse, le Gouverneur, qui se disposoit à la conquête de l'Isle de Mindanao, y mena le Saint Homme, lequel y fit tant de miracles, qu'il passa pour constant dans toute l'Asie, que les Espagnols devoient bien autant à ses mérites auprès de Dieu, qu'à leur valeur, une si belle acquisition. Aussi le Gouverneur regardant le Missionnaire, comme un homme, à qui rien ne pouvoit résister, résolut de le faire conduire dans sa Mission, quoiqu'il lui en dût coûter. Il avoit dans ses Prisons un Pilote condamné à mort, pour avoir entrepris le voyage du Japon contre les défenses expresses, qu'il en avoit faites ; il le fit venir, lui promit la vie, & même une récompense considérable, s'il vouloit mettre le P. Mastrilli sur quelque rivage de ces Isles ; car l'Homme Apostolique ne demandoit rien autre chose. Le Pilote accepta cette proposition, & fut bientôt en état de partir.

Le Pere, dès son arrivée à Goa, avoit fort bien compris qu'il ne pourroit jamais entrer au Japon avec toute sa troupe, & il paroit qu'il ne mena avec lui aux Philippines, que quatre Jésuites ; à sçavoir le Pere Antoine CAPECI, Napolitain, le Pere Baltazar CITTADELLA, Lucquois, le P. François CASSOLA, Parmesan, & le Pere Joseph CHIARA, natif de Chiusa en Sicile. Il fut même obligé, pour des raisons particulieres, de s'en séparer, & il les envoya à Macao ; mais comme après leur avoir témoigné le chagrin, que lui causoit cette séparation, & les avoir tendrement embrassez sur le rivage, il se fut retiré un moment à l'écart pour recommander leur voyage à S. François Xavier ; à peine avoit-il commencé sa Priere devant une Image du Saint, qu'il portoit par tout, qu'il les fit rappeller. Ils le trouverent tout ému, & lui de son côté leur ayant montré l'Image de l'Apôtre, leur demanda s'ils ne remarquoient rien sur son visage; ils lui répondirent que non. « Quoi, reprit-il, vous ne voyez pas cet air » sombre, qui le rend presque méconnoissable! Ils lui firent la même réponse. Allez donc, mes Peres, leur dit-il, ne perdez pas l'occasion de vous embarquer: mais » soyez persuadez que nous nous » reverrons bientôt à Manile, où je » vais me rendre; » car l'embarquement se faisoit à six lieues de cette Capitale. L'évenement suivit de près la prédiction; à peine les Peres étoient en haute Mer, qu'une violente tempête brisa leur Navire contre un Rocher; une partie de l'Equipage fut noyée, & les Missionnaires furent assez heureux pour gagner la Côte de Manile. Ils se rembarquerent pourtant quelques jours après, & arriverent heureusement à Macao.

Rien n'arrêtant plus le Pere Mastrilli aux Philippines, il en partit le dixiéme de Juillet 1637. il s'étoit déguisé en Chinois, & son Bâtiment prit d'abord la route de la Chine; mais sur le soir du même jour il rabattit vers le Japon, & prit un habit Japonnois. Ce dernier voyage fut encore plus traversé que les autres, par les mauvais tems & les vents contraires. Enfin le Pilote alla jetter les Ancres derriere une petite Isle, vis-à-vis de Saxuma. Le Pere y acheta une Barque, & renvoya son Pilote, auquel il prédit que son voyage seroit heureux, & que dans peu on apprendroit à Manile ce qu'il seroit devenu. Quelques Japonnois réfugiez aux Philippines l'avoient accompagné; il fit tout ce qu'il put pour les obliger à s'en retourner, mais ils refuserent constamment de l'abandonner; il resta quelques jours dans son Isle, & il écrivit à quelques-uns de ses amis, qu'il touchoit au moment de faire à Dieu le sacrifice de sa vie.

Il entra ensuite dans le Port de Cangoxima, mais il ne s'y arrêta point; son dessein étoit d'aller à Jedo, & de solliciter une Audience de l'Empereur, pour avoir occasion de lui annoncer JESUS-CHRIST. Il s'avança dans ce dessein jusques dans le Fiunga, & entra dans le Païs de XIQUISO, pour y racommoder sa Barque, parce qu'elle avoit essuyé un gros tems, qui l'avoit ouverte de toutes parts. Dès que cela fut fait, il passa dans un autre Port nommé CUTO, où il fut reconnu pour Européen; il donna de l'argent, & on le laissa aller. Ce fut apparemment cette avanture, qui l'obligea de quitter sa Barque; il y laissa ses gens, ausquels il recommanda de suivre la Côte, tandis que lui-même accompagné d'un Japonnois, nommé LAZARE, marcha le long du rivage, jusqu'à ce que sa Barque étant tombée entre les mains des Gardes-Côtes, il fut contraint de s'écarter, & de s'enfoncer dans un bois, qui étoit proche. Ses gens furent conduits à Nangazaqui, & traitez d'abord avec assez de douceur. On leur fit subir plusieurs interrogatoires, & quoiqu'ils se fussent coupez, on n'en put rien tirer de ce qu'on souhaitoit. On les appliqua ensuite à la question, & ils la souffrirent longtems avec beaucoup de courage; il y eut même un d'entre eux, nommé André COTENDA, qui mourut dans les tourmens.

Les six autres céderent enfin, mais
ils

ils crurent se tirer d'affaire, en a-voüant qu'ils avoient amené au Japon un Pere Franciscain. On avoit des indices qu'un Jésuite étoit avec eux, & on continua de les presser. Ils se rendirent, & déclarerent qu'ils étoient venus des Philippines avec un Pere de la Compagnie, qui étoit un homme miraculeux; & sur cela ils raconterent tout ce qu'ils sçavoient du Serviteur de Dieu, & en particulier tout ce qui s'étoit passé à la conquête de Mindanao. On les remit aussitôt en prison, & sur les instructions, qu'ils donnerent, deux cens cinquante Soldats furent détachez pour courir après le Missionnaire. Il n'avoit pas fait beaucoup de chemin, depuis que ses gens avoient été arrêtez, mais il avoit pénétré assez avant dans la profondeur des bois, & il y a bien de l'apparence qu'il y auroit été en sûreté, s'il n'y avoit pas allumé du feu. La fumée le trahit, & le livra à ceux, qui le cherchoient. Ils le trouverent à genoux, & il leur parut quelque chose de si auguste dans toute sa personne, qu'ils demeurerent assez longtems comme immobiles. Le Saint Homme de son côté ne les eut pas plutôt apperçûs, qu'il se leva, & alla au-devant d'eux: *C'est moi, leur dit-il, que vous cherchez, qui vous empêche de me prendre?* Il prononça ces paroles avec un air de douceur, qui les rassûra; mais dans le moment qu'ils mirent la main sur lui, ils crurent sentir la terre trembler.

§. VIII.

Ce qui se passe entre le Pere Mastrilli & le Gouverneur de Nangazaqui. On commence à le tourmenter. Son entrevûe avec ses Compagnons de voyage. Son Martyre. Prodige arrivé à sa Mort. Martyre de quelques Religieux.

ILs avoient ordre de conduire leur Prisonnier à Nangazaqui; & ils en étoient éloignez de quatre à cinq journées; le Serviteur de Dieu ne souffrit pas beaucoup dans ce voyage, parce que ses Conducteurs eurent de grands égards pour lui, & le traiterent même avec respect. Le cinquiéme d'Octobre il parut devant les Gouverneurs de Nangazaqui, lesquels furent tout étonnez de lui voir un Cercle de lumiere autour de la tête. Cela s'étant dissipé, ils l'interrogerent sur bien des choses, & en particulier sur la Conquête de Mindanao. Le Pere, sans s'arrêter à cet Article, qui blessoit sa modestie, déclara son Pays, sa profession, le dessein, qui l'avoit amené au Japon, qui étoit, non seulement de prêcher l'Evangile, mais encore de guérir l'Empereur, qu'il sçavoit être fort malade. Les Gouverneurs lui demanderent quel remede il prétendoit y employer, & il en prit occasion de parler de S. François Xavier, de ses Travaux Apostoliques, de ses Miracles, de son pouvoir auprès de Dieu, de ce qu'il avoit fait & souffert pour le salut des Japonnois; il ajoûta qu'avec un peu de ses entrailles pulvérisées, il se tenoit assûré de rendre une santé parfaite à l'Empereur, en quelque état qu'il trouvât ce Prince.

Les Gouverneurs eussent bien

voulu sauver un homme, pour qui ils se sentoient pénétrez d'une véritable vénération, mais la crainte de se faire des affaires fut la plus forte, & cette crainte étoit d'autant mieux fondée, que la Conquête de Mindanao avoit réveillé toutes les défiances des Japonnois contre les Espagnols, & qu'on sçavoit que le Pere Mastrilli avoit eu grande part à cette expédition. Ils se crurent même obligez d'appliquer leur Prisonnier à la question pour le faire parler sur le sujet de son voyage. Le premier supplice, qu'ils lui firent endurer, fut celui de l'eau, ce qui fut exécuté en cette maniere. On l'éleva fort haut en l'air avec des cordes torses, les jambes écartées, puis on le laissa retomber la tête la premiere dans une cuve pleine d'eau, ce qui fut recommencé plusieurs fois. Ces chûtes précipitées lui ôterent la respiration, & lui firent rejetter avec des douleurs inconcevables toute l'eau, qu'il avoit bûë. On s'y prit encore d'une autre façon: on arrangea sur le pavé plusieurs morceaux de bois en forme d'échelle, on l'étendit dessus, & on le lia fortement à tous ces échelons; on ne lui laissa de libre, que la main droite, & on l'avertit, que quand il voudroit parler, il n'auroit qu'à mettre cette main sur sa poitrine; on lui éleva un peu la tête, & en cette posture on lui fit avaler une très-grande quantité d'eau par le moyen d'un entonnoir, qu'on lui enfonça fort avant dans le gosier. On lui mit ensuite sur le ventre une petite planche, sur laquelle deux hommes sautant de toutes leurs forces, lui firent rendre l'eau avec le sang par tous les conduits du corps.

Ce tourment lui causa une foiblesse, dont on appréhenda les suites: on le détacha, & on le conduisit en prison. Il y trouva ses Compagnons, & à leur contenance, il comprit qu'ils avoient manqué de courage: il en gémit devant Dieu, & leur infidélité, qu'il n'avoit que trop pressentie, lui fit pousser des soupirs, que les tortures n'avoient pû lui arracher. Ces Malheureux, qui avoient célé quelque chose dans leurs dépositions, se jetterent à ses genoux, quand ils pûrent lui parler sans témoins, lui expliquerent ce qui faisoit le sujet de leur inquiétude, & le conjurerent de ne rien dire, qui pût leur faire de la peine. Il le leur promit, mais il leur reprocha si vivement leur chûte, qu'ils lui jurerent, que dût-il leur en coûter la vie, ils la répareroient, & quelques Mémoires asûrent qu'ils ont tenu parole. Au bout de quelques jours les Gouverneurs interrogerent de nouveau le Saint Homme, & il paroît qu'ils vouloient le contraindre d'avouer qu'il avoit été envoyé par le Gouverneur des Philippines. Mais tout ce qu'ils en pûrent tirer, c'est qu'il étoit venu au Japon par l'ordre de Saint François Xavier; que si on vouloit le mener à l'Empereur, il le guériroit; qu'il avoit une Image du Saint, laquelle, si on la mettoit dans un Temple d'Idoles, y opéreroit des prodiges, dont tout l'Empire seroit étonné; qu'on pouvoit en faire l'essai, le retenir cependant en prison, & le traiter ensuite comme un Imposteur, s'il n'arrivoit rien de ce qu'il promettoit.

Les Gouverneurs lui répondirent que l'Empereur du Japon n'étoit pas de si facile abord, surtout pour un Etranger sans caractere; qu'il devoit bien moins encore s'attendre que l'on confiât la santé de ce Monarque à un Inconnu, suspect par tant d'endroits, & l'Ennemi déclaré des Dieux Tutélaires de l'Empire ; & que puisqu'il s'opiniâtroit à ne point répondre aux questions, qu'on lui faisoit, on trouveroit bien le moyen de l'y contraindre par des tourmens, dont tout ce qu'il avoit souffert jusques-là, n'étoit qu'un léger échantillon. Comme on vit que cette menace ne faisoit aucune impression sur lui, on en vint sur le champ à l'exécution. On le dépoüilla tout nud, & on se disposoit à lui appliquer sur la chair des lames ardentes, sans aucun égard à la pudeur ; mais l'indignation, qu'il en conçut, lui fit rompre le silence, qu'il avoit gardé jusques-là. Il dit avec quelqu'émotion que l'on pouvoit bien le faire souffrir, sans en venir à ces excès, dont les Nations mêmes les plus barbares avoient horreur, & qui deshonoroient la nature ; qu'il avoit toujours eu des Japonnois une idée, qu'il ne pouvoit concilier avec ces manieres d'agir, & que, fût-il le plus criminel des hommes, il y avoit certaines loix de bienséance, que rien ne permettoit de violer, & dont l'infamie retomboit sur ceux, qui s'oublioient à ce point. Ces reproches retinrent les Bourreaux, qui y furent très-sensibles, & les Gouverneurs feignant de n'avoir point ordonné ce qui les leur avoit attirez, firent recommencer la question de l'eau. Elle fut réïtérée pendant trois jours, au bout desquels, comme on vit qu'il s'affoiblissoit trop, on le reconduisit en prison.

Il y reprit bientôt toutes ses forces, & l'on eût dit, à le voir, qu'il n'avoit rien souffert. Enfin un soir il fut averti que le lendemain il seroit suspendu dans la Fosse. *Cela va bien, dit-il, la chair est foible, mais l'esprit est prompt, & il y suppléra ; je ne mourrai pourtant pas dans ce supplice,* ajoûta-t-il, *c'est le Sabre, qui tranchera mes jours.* Il se retira ensuite dans un coin de la prison, & quelques-uns de ses Gardes ayant eu la curiosité de voir ce qu'il y faisoit, le trouverent abîmé dans une profonde contemplation ; son visage sembloit respirer toutes les joyes du Paradis, & son corps étoit élevé au-dessus de terre, & environné d'une lumiere éblouïssante. Les Gouverneurs, à qui on en donna avis sur le champ, voulurent être témoins de cette merveille, & non seulement ils le furent, mais ils apperçurent encore une grande lumiere, qui étoit comme suspenduë au-dessus de la prison, & paroissoit venir du Ciel. Leur surprise fut extrême à cette vûë, mais ils ne jugerent pas à propos de rien changer à la Sentence, qu'ils avoient portée contre le Serviteur de Dieu. Les miracles peuvent convaincre l'esprit ; mais ils changent rarement les cœurs, que l'interêt & l'ambition dominent.

Le lendemain, qui étoit un Mercredi, quatorziéme d'Octobre, une heure avant le jour, on fit monter le Confesseur de Jesus-Christ sur un méchant cheval, pour être conduit à la Sainte Montagne. Il étoit couvert d'une Soutane toute usée, qui ne lui venoit qu'aux genoux, il avoit à la bouche un morceau de bois garni de pointes de fer ; un côté de la tête rasé, & frotté d'une terre rouge, ce qui est au Japon une très-grande marque d'ignominie; les mains liées derriere le dos, & sur les épaules un Ecriteau, où étoit l'Arrêt de sa mort, conçu en ces termes : LES GOUVERNEURS DE NANGAZAQUI ONT CONDAMNE' A LA MORT CET INSENSE', POUR ETRE VENU AU JAPON, A DESSEIN D'Y PRESCHER UNE LOI CONTRAIRE A CELLE DES DIEUX DE L'EMPIRE : ACCOUREZ TOUS, CAR IL DOIT MOURIR DANS LA FOSSE, AFIN QUE SON EXEMPLE SERVE DE LEÇON A CEUX, QUI SEROIENT TENTEZ DE L'IMITER. Tandis qu'on l'attachoit, & qu'on le serroit avec des bandes par tout le corps, selon la coutume, il répéta aux Bourreaux, ce qu'il avoit déja dit dans la prison, qu'il ne mourroit pas de ce supplice : en effet le dix-septiéme on le trouva aussi frais, que s'il eût été dans la situation du monde la plus commode ; & parce que le jour suivant on devoit célébrer la Fête d'une des Divinitez du Pays, & que pendant ces Solemnitez il n'est pas permis de faire souffrir les Criminels, les Gouverneurs commanderent qu'on lui coupât la tête.

On le tira aussitôt de la Fosse, & l'on fut étonné qu'il ne lui fût pas tombé une seule goute de sang à la tête : il sembloit même que ses forces fussent augmentées. Dès qu'il eut été détaché, il se mit à genoux, & aussitôt un Bourreau lui déchargea un grand coup de Sabre, qui ne fit rien. Il redoubla, & ce second coup ne laissa qu'une petite trace rouge à l'endroit, où le sabre avoit porté. L'Exécuteur saisi de frayeur, pensa tomber à la renverse ; il jetta son sabre, & se retira. Le saint Martyr cependant étoit abîmé dans une douce contemplation ; sa priere finie, il se tourna vers le Bourreau, l'exhorta à reprendre son sabre, & lui assûra que pour cette fois il seroit plus heureux ; celui-ci le crut, & sans aucun effort il lui abattit la téte, tandis qu'il prononçoit les saints Noms de Jesus & de Marie. En même tems la terre trembla, & quoique le Ciel fût serein, une nuée extrêmement noire s'éleva à la vûë de tout le monde, & alla couvrir le Palais des Gouverneurs.

On réduisit aussitôt en cendres le corps du Martyr, selon la prédiction, qu'il en avoit faite dans une de ses Lettres au Pere Gabriel Mastrilli son Oncle. On brûla aussi le corps de Cotenda, & quoiqu'il fît un fort grand vent, on observa que la fumée ne se rabattit point, & qu'elle s'éleva aussi droit, que dans le plus grand calme. Au reste, il paroît certain que le Pere Mastrilli n'a point vû le Pere Ferreyra, au sujet duquel il étoit venu au Japon, ainsi qu'il le déclara solemnellement au Pere Michel SOLANA, pendant qu'il étoit aux Philippines : car ce Pere lui représentant le peu d'apparence de faire aucun fruit au Japon, au lieu que l'Isle de Mindanao offroit à son zele un champ bien vaste, & une moisson plus assûrée ; il répondit que Saint François Xavier l'envoyoit au Japon, & que l'objet de sa Mission étoit d'essayer de ramener le malheureux Apostat au sein de l'Eglise, ou du moins d'effacer avec son sang la tache, qu'il avoit faite à l'Eglise, & à la Compagnie.

Je n'ai pû rien apprendre de particulier du Religieux Franciscain, qui étoit venu au Japon avec le Pere Mastrilli, ni ce qu'il devint ; quelque tems auparavant trois Peres de Saint Dominique avoient été pris dans de petites Isles, qui sont entre le Japon & les Philippines, comme ils se disposoient à passer au Japon. Ils furent menez à Nangazaqui, & moururent dans les tourmens. Un Auteur de leur Ordre (*a*), qui parle de ce Martyre, dit que les Peres Jourdain de Saint Etienne, & Thomas de Saint Hyacinthe, furent arrêtez dans le Japon même, & furent martyrisez en 1636. avec deux Sœurs Professes du Tiers-Ordre, qui avoient nom Martine & Magdeleine, & qui leur donnoient retraite chez elles ; que l'année suivante le Provincial des Philippines apprenant que dans les Isles Lequios, qui sont au Nord des Philippines, il y avoit quantité de Chrétiens destituez de tous secours spirituels, profita de l'occasion d'un Navire, qui devoit y passer, pour y envoyer quatre de ses Religieux, deux Espagnols, les Peres Antoine Gonzalez, & Michel de Osaraza ; un François, appellé le Pere Guillaume Courtet, & un Japonnois, qui n'étoit Profès, que depuis un an, nommé Vincent de la Croix ; que l'année suivante ils furent pris ; il ne dit point de quelle maniere, ni par quel hazard : qu'on les conduisit à Nangazaqui, où ils arriverent le treiziéme de Septembre : qu'on leur fit souffrir le tourment de l'eau de la maniere, que j'ai décrite, en parlant du Pere Mastrilli ; qu'on leur enfonça des aleines entre les ongles ; qu'on les renvoya ensuite en prison, où le Pere Gonzalez mourut le vingt-quatre du même mois ; que le vingt-neuf ses Compagnons, ausquels on avoit joint deux Japonnois Séculiers, furent suspendus dans la Fosse, où ils ne moururent pas, & qu'ils consommerent leur sacrifice par le glaive.

(*a*) Fontana *Monumenta Dominicana*.

§. IX.

Situation des Portugais au Japon. Réfutation d'une calomnie inventée pour les perdre. Révolte des Chrétiens d'Arima. Ils sont assiégez dans Ximabara par une Armée Impériale. En quelle situation étoient alors les Hollandois au Japon. Ils reçoivent ordre de détruire leur Comptoir de Firando, & d'envoyer du secours aux Troupes de l'Empereur, qui assiégeoient Ximabara.

CEpendant les Portugais confinez dans la petite Isle, qu'on leur avoit bâtie, & qui est cette même Isle de Desima, qui sert aujourd'hui comme de prison aux Hollandois, se flattoient qu'au moins on les y laisseroit joüir tranquillement de leur Commerce, aux conditions, qui venoient de leur être signifiées, lorsqu'un accident des plus funestes, & auquel ils avoient moins lieu de s'attendre, acheva de ruiner toutes leurs espérances. Mais avant que d'entrer dans le récit d'un évenement, qui porta aussi le dernier coup à la Chrétienté du Japon, je crois devoir examiner ici un fait, qui est rapporté dans Kœmpfer, & que ce Voyageur a cru un peu légerement sur une Tradition, dont la source est une Rela-

Eee iij

tion fauffement attribuée à feu M. Tavernier; or il ne faut que jetter les yeux fur cet Ouvrage, pour fe convaincre que jamais Roman ne fut plus mal imaginé; que tout y eft rempli de contradictions & de parachronifmes, qui fautent aux yeux, & que fi M. Tavernier en eft l'Auteur quant au fond, elle a été altérée au point, que ce Voyageur ne l'auroit pas reconnuë. C'eft ce qu'un Ecrivain Catholique (*a*) a fait voir d'une maniere qui ne fouffre point de réplique. Voici néanmoins ce que Kœmpfer en a tiré, ou plutôt ce qu'on lui en a raconté.

Un Navire Hollandois ayant enlevé près du Cap de Bonne Éfpérance un Vaiffeau Portugais, qui paffoit du Japon, ou des Indes en Europe, on publia qu'on y avoit trouvé des Lettres adreffées au Roi Catholique par un certain Moro, Japonnois de naiffance, zélé Chrétien, & qui étoit à la tête du Commerce des Portugais au Japon, (circonftance abfolument fauffe, ainfi que nous le verrons bientôt.) Ces Lettres, que les Hollandois remirent entre les mains du Roi de Firando, leur Protecteur déclaré, contenoient le plan d'une Confpiration contre la perfonne de l'Empereur du Japon, formé par les Chrétiens du Païs, & accepté par les Portugais. Le nombre des Vaiffeaux & des Soldats, que ceux-ci devoient fournir, & les noms des Princes (*b*) & Seigneurs du Japon intéreffez dans ce complot, y étoient marquez, & l'on n'attendoit plus, difoit-on, que la bénédiction du Pape, pour commencer l'Entreprife. Pour fortifier cette accufation, on fit courir en même tems le bruit, qu'un Navire Japonnois avoit intercepté, on ne difoit, ni où, ni comment, une Lettre que le Capitaine Moro écrivoit au Capitaine Général de Macao, & qui rouloit toute fur le même fujet.

Il paroît que l'Auteur de la Relation attribuée à M. Tavernier, regardoit ce Projet comme une calomnie, qu'il imputoit au Sieur François Caron, alors Préfident du Commerce des Hollandois au Japon, & l'on n'a point douté dans le tems que cette Fable n'eût été forgée, pour faire tomber fur cet homme, qui venoit de quitter le Service des Etats Généraux, & de fe donner à la France; tout l'odieux du renouvellement de la perfécution du Japon, qu'on fuppofoit par un parachronifme groffier, avoir été l'effet de cette calomnie; mais Kœmpfer n'en parle point, & nous débite tout ce Roman comme quelque chofe de fort réel; ce qui montre qu'il n'avoit pas vû lui-même la Relation.

Il ajoûte que celui des Gouverneurs de Nangazaqui, auquel la derniere Lettre interceptée, fut remife, & à qui le Roi de Firando avoit auffi envoyé les Papiers faifis auprès du Cap de Bonne Efpérance, étoit fort dans les interêts des Portugais; mais que comme il eût trop rifqué s'il eût voulu affoupir cette affaire, il ne put fe difpenfer de faire mettre Moro en prifon, & d'informer la Cour de ce qu'il avoit appris : Qu'il fit enfuite

---

(*a*) Le Pere le Tellier. *Défenfe des nouveaux Chrétiens.* Tome II.

(*b*) Il n'y avoit plus alors aucun Prince, ni Seigneur du Japon, qui fût connu pour être Chrétien, qu'un jeune Prince de la Maifon des anciens Rois d'Arima, dont nous allons bientôt parler, & qui vivoit en fimple Particulier.

DU JAPON, Livre XVIII. 407

Prêter l'interrogatoire à l'Accusé, qui nia tout, mais qui fut convaincu par son propre caractere, & par son cachet, condamné à être brûlé vif, & exécuté: Enfin que peu de jours après sa mort, le Gouverneur reçut un Edit Impérial signé de tout le Conseil d'Etat, avec ordre de le mettre au plutôt en exécution. En voici les principaux Articles. 1º. Qu'aucun Bâtiment Japonnois ne pourroit à l'avenir trafiquer dans les Païs Etrangers, & qu'il ne seroit plus permis aux Sujets de l'Empereur de sortir du Japon ; le tout sous peine de mort, & de confiscation de biens. 2º. Que quiconque découvriroit un Prêtre Catholique Romain, recevroit pour récompense une somme d'argent, que Kœmpfer évalué à cinq cens livres sterlings. 3º. Que tout Japonnois, qui après la publication du présent Edit, retourneroit (a) d'un Païs Etranger, seroit mis à mort. 4º. Que tout Chrétien, ou fauteur de Chrétiens, seroit renfermé dans les Prisons publiques. 5º. Que tous les Portugais, qui se trouvoient encore au Japon, & les Japonnois mêmes, qui étoient de race Portugaise, seroient embarquez sur les premiers Navires, qui partiroient pour Macao. 6º. Qu'aucun Gentilhomme ne pourroit rien acheter directement des Etrangers ; c'est-à-dire sans doute, des Portugais, puisque le Commerce étoit encore permis aux Hollandois.

Ce qu'il y a ici de bizarre, c'est que l'Auteur Protestant, dont je ne fais gueres que rapporter les propres paroles, assure qu'après la publication de cet Edit, les Portugais se maintinrent encore pendant deux ans en possession de leur Commerce; & il est certain, qu'ils ne furent entierement chassez du Japon, que l'année suivante, à l'occasion que je vais dire, en observant que le prétendu Tavernier & Kœmpfer confondent encore ici le fait véritable, que je vais raconter, avec le fabuleux, qu'on vient de voir, quoique selon leur propre récit, il doive y avoir eu au moins une année d'intervale entre l'un & l'autre. Voici ce fait, qui acheva la ruine de l'Eglise Japonnoise.

Le Royaume d'Arima étoit alors gouverné par un Prince, lequel traitoit ses Sujets avec une dureté, qui sentoit plus le Tyran, que le Prince légitime. Le P. Bartoli prétend, que ce Peuple intimidé par l'horreur des supplices, avoit, au moins à l'extérieur, abandonné la Foi de Jesus-Christ : mais il se trompe, ou il en dit trop. La vérité est, que les Chrétiens poussez à bout par le Roi, destituez de Pasteurs, qui les soutinssent & les consolassent, & persuadez que s'ils portoient leur plainte au Tribunal de l'Empereur, leur condition n'en deviendroit que plus fâcheuse, après avoir longtems gémi dans le silence, prirent enfin conseil de leur désespoir, & se révolterent ouvertement. Ils étoient au nombre de trente-sept mille combattans, ils mirent à leur tête un jeune Prince de la Maison de leurs anciens Rois, & se saisirent de Ximabara.

Le Roi d'Arima, & le Gouverneur de Nangazaqui, comprirent

(a) Il auroit, ce semble, fallu ajoûter, & qui seroit sorti du Japon après la défense, ou bien que cela s'entendoit uniquement de ceux, qui en avoient été chassez, & de ceux, qui s'étoient volontairement exilez au sujet de la Religion.

bien que des désespérez dans un poste de cette importance, ne seroient pas aisez à forcer. Ils en écrivirent à l'Empereur, qui en jugea comme eux, & qui crut qu'il ne falloit rien moins que toutes les Troupes, qu'il avoit actuellement sur pied, pour étouffer ce commencement de Guerre civile. Ces Troupes marcherent avec une extrême diligence, & Ximabara se vit bientôt assiégé par une Armée de plus de quatre-vingt mille hommes, y compris les Hollandois, qui y vinrent en assez grand nombre avec un train d'Artillerie. On ne peut douter qu'une telle démarche ne coûtât beaucoup à ces Marchands, dont elle dérangeoit fort les affaires; mais ils se trouvoient eux-mêmes alors dans une situation bien fâcheuse pour des gens, qui regardoient comme un des plus grands malheurs, qui leur pût arriver, de perdre le Commerce du Japon. Pour entendre ceci, il faut reprendre la chose de plus haut.

Nous avons vû ailleurs que le Cubo-Sama, ayeul de l'Empereur régnant, avoit accordé en 1611. à la Compagnie Hollandoise des Indes la liberté du Commerce, un Comptoir à Firando, & de très-grands Privileges. A la mort de ce Prince, qui arriva en 1615. les Directeurs du Commerce jugerent à propos de demander à son Successeur la confirmation de ces Privileges; démarche imprudente, & que ces Messieurs se feroient sans doute bien gardez de faire, s'ils avoient été instruits que les Monarques Japonnois se picquent si fort de garder les paroles, que leurs Peres ou leurs Ancêtres ont données sous le sçeau de l'autorité Souveraine, qu'ils trouvent très mauvais qu'on ait sur cela le moindre doute; & que leur demander ces sortes de confirmations de Privileges, c'est marquer une défiance, qui les offense. Aussi le nouvel Empereur fut-il choqué de la Requête des Hollandois. Il leur accorda néanmoins ce qu'ils lui demandoient, mais pour leur faire sentir son mécontentement, il fit écrire ses nouvelles Patentes en caracteres beaucoup moins favorables, que ceux dont le Cubo-Sama son Pere s'étoit servi dans les premieres.

Les Hollandois sentirent vivement cette diminution de la bienveillance du Prince, & n'eurent rien de plus pressé, que de se rétablir dans les bonnes graces de Sa Majesté. Ils n'épargnerent pour cela, ni soins, ni dépenses: ils s'appliquerent à se rendre favorables les Ministres & les Conseillers d'Etat, & firent plus assiduëment, que jamais, leur cour au Roi de Firando. Tout ce qu'il y a de rare & de précieux dans les Indes, fut employé à faire des présens à ceux, qui avoient du crédit à la Cour Impériale: néanmoins tout ce qu'ils gagnerent fut de se soûtenir; encore leur fallut-il pour cela essuyer bien des contre-tems, & souffrir bien des avanies. L'affaire de Pierre Nuits, Gouverneur de l'Isle de Formose, qui survint quelques années après, indisposa encore la Nation Japonnoise contre eux, & quoiqu'elle eût été, ce semble, fort bien raccommodée, elle avoit laissé dans les esprits un levain, qui fermenta longtems, & produisit enfin les plus sinistres effets.

Le premier fut, que les Hollandois ayant bâti à Firando un Comptoir & un Magasin de pierre de taille, le, ces Edifices étoient à peine achevez, qu'ils reçûrent ordre d'en abattre le frontispice, & cela uniquement parce qu'il étoit trop magnifique, & que l'année de sa construction y étoit marquée, selon l'Ere Chrétienne ; ils obéïrent sans délai, & sans donner la moindre marque de mécontentement ; ce qui au Japon lorsqu'il s'agit des ordres du Souverain, seroit regardé comme un crime irrémissible ; mais ils gagnerent peu par cette prompte & aveugle soumission. Il sembloit qu'on ne cherchât que les occasions de les chagriner, ou de les trouver coupables. (*a*) Leur prompte obéïssance les mit à l'abri du ressentiment de la Cour, mais elle les rendit méprisables.

Ce fut sur ces entrefaites, que la révolte des Chrétiens éclata, & les Hollandois en furent instruits des premiers. Ils avoient alors plusieurs Vaisseaux dans le Port de Firando, & ceux, qui les commandoient, ne douterent point qu'on ne les invitât à donner du secours à l'Empereur, pour remettre les Rebelles dans le devoir ; ils résolurent de prévenir l'embarras, où une telle invitation ne pouvoit manquer de les jetter ; & ils appareillerent sur l'heure pour les Indes. Dès le lendemain le Sieur KOCKEBECKER, Président du Commerce, fut prié de se joindre aux Troupes Impériales, qui faisoient le Siége de Ximabara, & il crut devoir se faire un mérite d'accorder une chose, qu'il ne pouvoit refuser, sans risquer de tout perdre. Il fit donc de bonne grace ce qu'on lui demandoit, il monta le seul Vaisseau, qui lui restât, y fit embarquer tout ce qu'il avoit de monde en état de porter les Armes, & se rendit devant la Place assiégée. Dès qu'il y fut arrivé, le Général Japonnois le fit prier de lui donner du Canon, pour garnir une Batterie, qu'on avoit dressée sur le Rivage, il n'en fit aucune difficulté ; & avec le peu, qu'on lui laissa d'Artillerie, il canonna la Place pendant quinze jours.

Cette complaisance lui attira de grands éloges, & de grands remercimens de la part de l'Empereur ; car encore que les Assiégez ne parussent pas disposez à se rendre, quatre cens vingt-cinq coups de Canon, qu'on leur avoit tirez, avoient beaucoup diminué leur nombre, & fort maltraité leurs Retranchemens ; en sorte qu'on ne douta plus qu'avec un peu de tems & de patience, on ne les réduisît bientôt à se soûmettre, ou que l'on ne fût en état de les forcer. Alors le Sieur Kockebecker représenta la nécessité, où il étoit de faire partir son Navire pour les Indes, & le tort considérable, que lui feroit un plus long retardement. On entra dans ses raisons, & on lui permit de se retirer, mais à condition de laisser au Camp six piéces de Canon, outre celles, qui étoient dans la Batterie ; il en fallut passer par là, & le Navire mit à la voile, assez peu en état de se défendre, s'il étoit attaqué sur la route.

(*a*) Je ne voudrois pas garantir que l'Auteur, qui rapporte ce fait, comme arrivé en 1638. ne l'eût pas mal placé. Nous verrons sous l'année 1640. de quelle maniere tous ces Bâtimens furent démolis, & il n'est gueres vraisemblable que les Japonnois en ayent fait à deux fois. Il se pourroit bien néanmoins que l'ordre eût été porté alors, que les Hollandois se fussent mis en devoir d'obéïr, mais que le besoin, qu'on avoit d'eux, fit qu'on les laissa pour lors en repos.

Tome II.   Fff

§. X.

Les Chrétiens révoltez se font tous tuer, plutôt que de se rendre. Les Japonnois se défient des Hollandois. Ceux-ci accusent les Portugais d'avoir eu part à la révolte des Chrétiens. Justification du Sieur François Caron. Nouvel Edit contre les Portugais.

De J. C.
1638.

De
Syn Mu.
2298.

APrès son départ on continua de foudroyer les Rébelles dans Ximabara; mais les pertes, qu'ils faisoient tous les jours, sembloient ne servir qu'à relever leur courage. Cependant un Ennemi domestique, contre lequel, ni l'expérience, ni la valeur, ni l'habileté ne peuvent rien, les réduisit bientôt aux dernieres extrémitez. C'étoit la faim; ils n'avoient pas eu le tems de faire leurs provisions; & à peine étoient-ils investis, qu'ils étoient déja fort à l'étroit de ce côté-là. On en étoit instruit dans l'Armée Impériale, & on leur fit à diverses fois des propositions assez avantageuses, mais ils ne voulurent jamais entendre parler de se rendre. Ils firent de si vigoureuses sorties, & reçûrent si bien les Assaillans à toutes les attaques, qu'en peu de tems ceux-ci se trouverent diminuez, au moins d'un tiers; enfin les Vivres manquerent tout-à-fait dans la Ville, & il fallut songer à se soumettre, ou à tenter la fortune d'un combat. Les Rébelles ne délibérerent point à prendre ce dernier parti, d'autant plus qu'ils sçavoient fort bien que, s'ils se remettoient à la discrétion de l'Empereur, il leur faudroit nécessairement, ou renoncer à leur Religion, ou périr dans les plus cruelles tortures. Ils aimerent encore mieux mourir les Armes à la main, & ils s'y résolurent. Ils sortirent en bataille, & présenterent le combat aux Impériaux, qui ne le refuserent point. On se battit longtems avec cette fureur, qu'on ne voit, que dans les Guerres civiles, & dans celles, qui ont la Religion pour motif, ou pour prétexte. Tant que les Chrétiens pûrent tenir leurs Armes, tout l'avantage fut de leur côté, & ils firent un massacre effroyable de leurs Ennemis: mais à la fin, la foiblesse & la lassitude les leur ayant fait tomber des mains, ils périrent tous jusqu'au dernier, sans avoir été vaincus.

De J. C.
1638.

De
Syn Mu.
2298.

Le succès de cette Guerre; la part, que les Hollandois y avoient euë; & la satisfaction, que l'on avoit témoignée au Président de leur Comptoir, firent espérer à ces Marchands, que leur Commerce étoit désormais établi sur des fondemens inébranlables; & il est vrai, que la maniere, dont on se comporta pendant quelque tems avec eux, leur donna tout lieu de s'en flatter. Toutefois les plus sages d'entre les Japonnois, ne porterent pas un jugement bien favorable de la conduite, qu'ils avoient tenuë au sujet du Siége de Ximabara: il leur parut contre toute raison d'espérer que ces Etrangers seroient sincerement fidéles à un Monarque, dont ils croyoient la Religion fausse, tandis qu'ils faisoient paroître tant de zéle pour la ruine de celle, qu'ils professoient eux-mêmes, quant aux points fondamentaux, & qu'ils se déclaroient ouvertement Ennemis de gens, qui entroient au Ciel par la même porte, par laquelle ils prétendoient y entrer : car, c'est ainsi que s'exprimoient ces Infidéles, instruits par les Missionnaires Portugais & Castillans, si nous en croyons Kœmpfer, dont j'emprunte ici les propres termes. Ce Voyageur assûre même, que plus de cinquante ans après le tems, dont je parle, il a plusieurs fois ouï des Japonnois s'expliquer sur cela en des termes, qui ne faisoient point d'honneur aux Hollandois. Aussi ne fait-il point de difficulté d'ajoûter, que la conduite humble & complaisante de ceux-ci, contribua si peu à leur gagner la confiance & l'amitié de cette Nation fiere & impérieuse, qu'au contraire sa jalousie & sa défiance sembloient s'être augmentées à proportion des preuves de sincérité & de docilité, qu'ils lui donnoient, & que plus les Hollandois faisoient pour mériter son estime, & ses bonnes graces, plus ils en étoient haïs & méprisez.

Nous verrons bientôt les effets de cette fâcheuse disposition des Japonnois à l'égard des Hollandois, & toujours sur le témoignage de Kœmpfer, à qui sa droiture naturelle, & sa sincérité Germanique a arrachées ces paroles, que l'on n'auroit point pardonnées en Hollande à un Auteur Catholique : « L'avarice des Hol» landois, dit-il, & l'attrait de l'or » du Japon, a eu tant de pouvoir » sur eux, que plutôt que d'aban» donner un Commerce si lucratif, » ils ont volontairement souffert » une prison presque perpétuelle ; » car c'est la pure vérité, que l'on » peut nommer ainsi notre demeu» re à Desima. Ils ont bien voulu » essuyer pour cela une infinité de » duretez de la part d'une Nation » Etrangere & Payenne, se relâcher » dans la célébration du Service di» vin les Dimanches & Fêtes solem» nelles, s'abstenir de faire des Prie» res, & de chanter des Pseaumes en » public, éviter le Signe de la Croix, » & le nom de Jesus-Christ, en pré» sence des Naturels du Païs, & en » général toutes les marques exté» rieures du Christianisme ; enfin, » endurer patiemment & bassement » le procédé injurieux de ces or» gueilleux Infidéles, qui est la cho» se du monde la plus choquante » pour une Ame bien née.

Quid non mortalia pectora cogis, Auri sacra fames ?

» Détestable soif de l'or, à quoi ne » réduis-tu pas le cœur des Mor» tels ! » On sera sans doute étonné de voir un pareil aveu publié sous les yeux des Etats Généraux.

Mais n'est-il pas plus surprenant encore qu'un homme, qui s'exprime de la sorte, ait entrepris de justifier les mêmes Hollandois, qu'il traite si mal, d'avoir mis en œuvre pour ruiner le Commerce des Portugais au Japon, & par une suite nécessaire, pour abolir la Religion Chrétienne dans cet Empire, les calomnies, dont nous avons parlé plus haut ? Indigne moyen, dont ils ne manquerent pas de se servir encore après la prise de Ximabara, & la défaite des Chrétiens : car ils ne craignirent pas de faire dire à l'Empereur que les Portugais avoient été les Auteurs d'une révolte, qui venoit de coûter tant de sang aux Japonnois, & de répéter ce qu'ils avoient déja tant de fois rebattu, que cette Nation ne faisoit aucune difficulté de se ser-

Fff ij

vir du prétexte de la Religion, pour porter les Peuples à se soustraire de l'obéissance dûe à leurs Souverains; & il est bon de remarquer, que ces discours calomnieux avoient d'autant plus mauvaise grace dans la bouche des Hollandois, que dans ce tems-là même ils n'apportoient gueres d'autre motif, pour sécoüer le joug du Roi Catholique, leur Prince légitime, que la gêne, où ils prétendoient que Philippe II. avoit voulu retenir leurs consciences allarmées.

Quelques-uns ont mal-à-propos prétendu que les premieres accusations, dont nous avons parlé, ne furent intentées, que dans cette occasion, & cela pour en faire tomber tout l'odieux sur le Sieur François Caron, lequel venoit de succéder à Kockebecker, dans l'Emploi de Président du Commerce des Hollandois au Japon. Il ne seroit pas à la vérité bien facile de justifier cet homme de tout ce qui lui a été reproché sur le sujet, dont il s'agit; mais quant au fait, dont il est ici question, le même Auteur (*a*) Catholique que j'ai déja cité, en parlant de la Relation faussement attribuée à M. Tavernier, l'avoit parfaitement disculpé, & les Hollandois, qui l'ont chargé d'une si odieuse délation, sont d'autant moins croyables sur ce qui le regarde, qu'ils ne l'ont indignement dénigré dans le Public, qu'après qu'il eut passé au service de la France.

Quoiqu'il en soit, peu de tems après la bataille de Ximabara il parut un nouvel Edit Impérial, qui défendoit sous peine de la vie aux Sujets du Roi d'Espagne, de mettre le pied sur les Terres du Japon, ni d'entrer dans aucun de ses Ports,

sous quelque prétexte que ce fût. Il y étoit dit encore, que de tous les Européens, les seuls Hollandois auroient désormais la liberté du Commerce dans l'Empire; qu'on feroit des recherches exactes pour découvrir les Auteurs de la révolte d'Arima, & qu'on interrogeroit juridiquement sur ce point D. François de CASTEL BLANCO, qui l'année précédente avoit été Commandant des Portugais à Nangazaqui, & D. Jean PEREYRA, qui l'étoit actuellement; ce qui prouve au moins, que les précédens Edits n'avoient pas encore eu tout leur effet, ou qu'on avoit donné terme aux Portugais pour achever la vente des Marchandises, que leurs derniers Navires avoient apportées au Japon.

L'année suivante 1639, ce dernier Edit fut confirmé, & rendu public, & deux Vaisseaux Portugais étant entrez sur ces entrefaites dans la Rade de Nangazaqui, il fut signifié dans les formes à D. Vasco PAGLIA D'ALMEYDA, Capitaine-Major, qui montoit le premier: on lui en donna même copie pour la porter à Macao. Les motifs de l'Edit y étoient énoncez, & se réduisoient à ces trois points. 1°. Que les Portugais avoient toujours continué, malgré les défenses, de porter des Missionnaires au Japon. 2°. Qu'ils les y avoient entretenus de vivres, & de toutes choses. 3°. Qu'ils avoient fomenté la rébellion des Chrétiens d'Arima. Dom Vasco reçut ordre en même tems de faire voiles avec ses deux Navires au premier bon vent, sans qu'il fût permis aux Portugais de rien vendre de ce qu'ils avoient apporté; ni aux Japonnois, de rien acheter d'eux,

---

(*a*) Le Pere le Tellier. *Défense des nouveaux Chrétiens.* Tome II.

Enfin il lui fut déclaré, que ces deux Navires seroient les derniers de leur Nation, qui ne seroient point traitez en Ennemis, & ausquels on permettoit de s'en retourner, comme ils étoient venus : que tous ceux de leur Nation, qui dans la suite oseroient paroître sur les Côtes du Japon, y eussent-ils été jettez par la tempête, seroient brûlez avec toute leur charge, & qu'il en coûteroit la tête à l'Equipage.

§. XI.

La Ville de Macao envoye une Ambassade au Japon. Réception faite aux Ambassadeurs à Nangazaqui. Ils sont condamnez à mort, & exécutez, après avoir refusé la vie, qu'on leur offroit, à condition qu'ils renonceroient au Christianisme. De quelle maniere cette nouvelle est reçûë à Macao. Ordonnances de l'Empereur au sujet du Commerce avec les Chrétiens.

LA consternation fut grande à Macao, lorsque Dom Vasco y eut annoncé la réception, qu'on lui avoit faite à Nangazaqui, & l'ordre, qu'on lui avoit intimé. On n'y crut pourtant pas encore le mal sans ressource ; & il y fut arrêté sur le champ par une délibération commune, que pour fléchir l'Empereur du Japon, on lui députeroit une solemnelle Ambassade, & qu'on n'omettroit rien pour détruire les sinistres impressions, que l'on avoit fait prendre à Sa Majesté contre la Nation Portugaise. D. Loüis PAEZ PACHECO, D. Roderic SANCHEZ DE PAREDEZ, D. Gonzalez MONTEYRO DE CARVAILHO, & D. Simon VAZ DE PAVIA, s'offrirent d'eux-mêmes pour cette commission, & l'on regarda comme un coup du Ciel, que des personnes de cette considération voulussent bien se risquer dans une conjoncture si délicate, pour la Religion & pour la Patrie. Car le premier, âgé de soixante-huit ans, avoit commandé avec honneur les Armées dans les Indes : les trois autres étoient âgez d'environ cinquante ans, & les deux derniers avoient déja été Ambassadeurs au Japon. Mais leur mérite & leur vertu étoient encore au-dessus de leur naissance, & de leurs Emplois, & l'on assure que ce fut, au moins pour quelques-uns, la seule espérance du Martyre, qui leur fit entreprendre un si dangereux voyage. Ils ne perdirent point de tems ; le Navire, qui les devoit porter au Japon, fut bientôt prêt à faire voiles, & après qu'ils eurent essuyé une tempête, qui les mit en un extrême danger de faire naufrage, ils entrerent dans la Rade de Nangazaqui le neuviéme de Juillet de l'année 1640.

A peine avoient-ils jetté les ancres, qu'on vint leur demander de la part des Gouverneurs ce qu'ils prétendoient, & pourquoi, sans avoir égard aux défenses si expresses de l'Empereur, ils osoient paroître dans un Port du Japon ? Ils répondirent qu'ils étoient revêtus du Caractere d'Ambassadeurs, lequel a toujours été sacré chez tous les Peuples de la terre ; qu'ils venoient pour désabuser Sa Majesté Impériale des préjugez, qu'on lui avoit inspirez contre leur Nation, & pour essayer de renoüer le Commerce entre ses Sujets & la Ville de Macao. Les Gouverneurs firent au moins semblant d'être satisfaits de cette réponse, & promirent de servir les Ambassadeurs à la Cour. Toutefois dès le même jour ils firent enlever le Gouvernail, & tous les agrès de leur Navire, après l'avoir fait remorquer jusqu'au pied de l'Isle de KISMA. Ils firent ensuite moüiller tout autour de ce Bâtiment plusieurs Barques remplies de Soldats pour le garder, & le lendemain ils obligerent tout l'Equipage de descendre à terre, à la réserve de huit Matelots Noirs. Tous les autres, & les Ambassadeurs mêmes, furent débarquez dans l'Isle, & renfermez dans une espece de retranchement, qui leur tenoit lieu de prison, & où l'on posa deux bons Corps-de-Garde.

Les Gouverneurs avoient dépêché d'abord à Jedo un Courier, qui fit le voyage en onze jours, & deux Seigneurs, que l'Empereur nomma pour porter ses ordres à ces Officiers, arriverent en dix jours à Nangazaqui, quoiqu'on en mette ordinairement trente de voyage. Le lendemain de leur arrivée, qui étoit le deuxiéme d'Août, vers les onze heures du matin, les Ambassadeurs avec toute leur suite, au nombre de soixante & quatorze personnes, Portugais, Espagnols, Chinois, Canarins, & Indiens, furent conduits à la Maison de Ville, où on les fit comparoître en posture de Criminels devant les Gouverneurs & les deux Commissaires Impériaux. On leur fit lecture du dernier Edit,

& on leur demanda, s'ils n'en avoient pas eu connoissance ? Ils répondirent qu'ils ne l'avoient pas ignoré, mais qu'il n'y étoit mention, que des Négocians ; qu'ils ne l'étoient point, & que leur Navire ne portoit aucune marchandise. On leur dit que cette distinction étoit une défaite, dont on ne seroit pas les dupes ; qu'ils avoient encouru la peine de mort portée par l'Edit, & sur l'heure ils furent liez & conduits en prison.

Ils y passerent tout le reste du jour & la nuit suivante, & convaincus que leur Religion étoit le principal motif de leur condamnation, ils ne s'occuperent plus, qu'à se disposer & à s'animer mutuellement au Martyre. Le troisiéme, vers les cinq heures du matin, on vint leur prononcer leur Sentence. Elle portoit que les quatre Ambassadeurs, & ceux, qui les avoient accompagnez, à l'exception de treize, qui seroient renvoyez à Macao, auroient la tête tranchée, pour être venus au Japon au mépris de l'Edit de l'Empereur. On leur déclara ensuite que Sa Majesté faisoit grace à ceux, qui renonceroient au Christianisme, & après qu'on leur eut donné quelques momens pour se consulter, comme on les vit tous inébranlables dans leur Foi, ils furent menez à la Sainte Montagne. Ils y allerent en loüant Dieu à haute voix, & témoignant une extrême joye d'être ainsi traitez contre le Droit des gens en haine du Christianisme, & pour la confession du Nom de Jesus-Christ. Arrivez au lieu du supplice, ils se prosternerent, & baiserent avec beaucoup de dévotion cette Terre déja consacrée par le sang de tant de Martyrs, &

qu'ils alloient encore arroſer du leur. Enſuite un des Ambaſſadeurs leva la voix, & demanda, ſi c'étoit en qualité de Chrétiens, qu'on alloit les faire mourir ? Il leur fut répondu par trois fois que leur Religion étoit la ſeule cauſe de leur mort, puiſqu'il ne tenoit qu'à eux de ſe conſerver la vie, en renonçant au Dieu, qu'ils adoroient.

Cette réponſe les remplit d'une nouvelle allégreſſe, qui parut ſenſiblement ſur leurs viſages. L'Exécution commença fort tard, & comme il étoit nuit, quand elle fut finie, on ramena en priſon les treize, qu'on avoit réſervez. Le lendemain, avant qu'il fût jour, le Gouverneur les fit venir en ſon Palais, & après leur avoir demandé, s'ils avoient vû brûler leur Vaiſſeau ? il ajoûta : » Ne manquez donc point d'avertir » les Habitans de Macao que les » Japonnois ne veulent plus rece- » voir d'eux, ni or, ni argent, ni » aucune ſorte de préſens & de Mar- » chandiſes : en un mot rien abſolu- » ment, qui vienne de leur part. » Vous êtes témoins que j'ai même » fait brûler les habits de ceux, qui » furent exécutez hier : qu'ils en faſ- » ſent de même à notre égard, s'ils » en trouvent l'occaſion, nous y » conſentons ſans peine, & qu'ils ne » ſongent non plus à nous, que ſi » nous n'étions pas au monde. »

Il étoit dû conſidérablement à pluſieurs Japonnois par des Portugais, mais aucun de ces Créanciers n'oſa parler de ſa dette ; il ſembloit que ce Peuple eût en exécration juſqu'à l'argent des Catholiques. Du Palais du Gouverneur les treize Matelots furent conduits au lieu, où leurs gens avoient été exécutez, afin qu'ils en reconnuſſent les têtes, qui avoient été poſées ſur des planches, & rangées en trois ordres ; celles des Ambaſſadeurs au premier, celles des autres Européens au ſecond, & celles des Etrangers au troiſiéme ; & tout auprès leur Sentence écrite en gros caractères. On ne ſe contenta pas de leur faire jetter un coup d'œil ſur ces têtes, on voulut qu'ils les examinaſſent toutes en particulier, & qu'ils nommaſſent ceux, dont elles étoient. On leur montra enſuite au même lieu une grande caiſſe toute revêtuë de fer blanc, dans laquelle on leur dit qu'étoient renfermez tous les corps, & on y avoit mis une inſcription fort longue, dont il leur fallut encore entendre la lecture. Elle marquoit le nombre & la qualité des Martyrs ; d'où ils étoient venus ; à quel deſſein ; pour quelle raiſon, & par l'ordre de qui ils avoient été mis à mort ; & finiſſoit par ces paroles : « Ceci » ſoit pour la mémoire du paſſé, & » un avertiſſement pour l'avenir. TANT QUE LE SOLEIL E'CHAUFFERA LA TERRE, QU'AUCUN CHRETIEN NE SOIT ASSEZ HARDI POUR VENIR AU JAPON ; ET QUE TOUS SÇACHENT QUE LE ROI PHILIPPE LUI-MESME, LE DIEU MESME DES CHRE'TIENS, LE GRAND XACA, UN DES PREMIERS DIEUX DU JAPON, S'ILS CONTREVIENNENT A' CETTE DE'FENSE, LE PAYERONT DE LEUR TESTE.

Après ce long & ennuyeux Cérémonial, on mena les Priſonniers au Camp des Portugais, c'eſt-à-dire, à l'Iſle de Déſima, où on les garda à vûë juſqu'à leur embarquement. On leur donna enſuite un aſſez mauvais Navire, qu'ils préférerent à cinq grands Vaisseaux, que les Hollandois avoient au Port de Firando, quoiqu'on leur donnât toutes les assûrances possibles de les débarquer à Macao. Ils mirent à la voile le premier de Septembre avec un Passeport de l'Empereur du Japon, pour les garantir des Corsaires Hollandois & Chinois, qui infestoient ces Mers. Ils firent heureusement le voïage, & remplirent à leur arrivée à Macao toute cette Ville de deüil. Les premiers momens furent néanmoins donnez à la piété ; l'on ne pensa d'abord qu'à honorer le triomphe des nouveaux Martyrs, & on le fit avec cette solemnité & cette magnificence, que les Portugais portent plus loin, que tous les autres, en semblables rencontres.

La Fête commença par le *Te Deum*, qui fut chanté en Musique ; & comme il y avoit peu de Familles, qui n'eussent quelque Parent, ou quelque Allié parmi les nouveaux Confesseurs de Jesus-Christ, & que les Ambassadeurs y avoient leurs Femmes & leurs Enfans, tous les Ordres de la Ville célébrerent à l'envie leur victoire. Tous, jusqu'à leurs plus proches, se revêtirent de leurs plus précieux habits ; leur Veuves & leurs Enfans furent félicitez en cérémonie, ceux des Ambassadeurs par le Chapitre & le Corps de Ville, & les autres, à proportion de leur rang, par des Députez nommez à cet effet. Cependant il fut réglé qu'on ne feroit plus aucune tentative pour renoüer le Commerce avec les Japonnois, ce qui consterna quantité de Jésuites, qui n'étoient venus aux Indes, que dans l'espérance d'arroser le Japon de leurs sueurs & de leur sang, & parmi lesquels étoient les Compagnons du Pere Mastrilli. Ils ne perdirent pourtant point courage, surtout le Pere RUBINO, qui trouva enfin le moyen de venir à bout de ce qu'il désiroit ; mais avant que de dire quel fut le succès de son voyage, il est bon de voir quel fruit les Hollandois recüeillirent de la chûte du Commerce des Portugais, qui faisoit depuis longtems le principal objet de leurs vœux, & qui étoit, au moins en bonne partie, leur ouvrage.

Au reste, il y a bien de l'apparence, que ce fut quelque tems après cette grande exécution, que parut l'Ordonnance suivante de l'Empereur, laquelle fut envoyée par deux Commissaires Impériaux à tous les Gouverneurs des Villes & Païs Maritimes, & des environs. La voici telle qu'on la trouve, sans datte, dans le troisiéme Recüeil des Voyages au Nord, & dans les Voyages du Chevalier Chardin.

» Les Commandemens exprès &
» réiterez contre la promulgation de
» la Religion & Doctrine des Chré-
» tiens, ont été publiez avec soin,
» & répandus partout ; mais com-
» me ils n'ont pas eu l'effet, qu'on
» s'en étoit promis, il a été défendu
» aux Etrangers de cette Religion
» d'aborder aux Côtes du Japon.
» Cependant au mépris de ces dé-
» fenses, quelques-uns sont venus à
» Nangazaqui ; & en punition de
» leur désobéïssance, ils ont été mis
» à mort. On vous signifia l'année
» derniere un Commandement ex-
» près, expedié par écrit à chacun
» de vous en particulier, qu'en cas
» que quelque Bâtiment parût sur
» les Côtes, ou dans les Ports, dès
» qu'il auroit jetté l'Ancre, on y mît
» une

» une forte Garnison, & que les propositions du Capitaine fussent envoyées à Sa Majesté. Ce Commandement là est révoqué & aboli, & l'on vous donne celui-ci à la place, qu'on vous enjoint par ces Présentes d'exécuter ponctuellement : à sçavoir, que ces Bâtimens soient entierement consumez par le feu, & que tout l'Equipage, jusqu'au dernier, soit mis à mort, sans rien écouter, & quelque soit le motif de leur voyage.

» Il est de plus fortement commandé à chacun de vous, de construire dans toute l'étenduë de son Gouvernement, des Redoutes avec des Sentinelles sur la pointe des Montagnes, tout le long des Côtes, & de faire faire continuellement bonne garde, pour découvrir les Navires Portugais, afin que la nouvelle s'en répande partout en toute diligence ; car s'il arrive que quelque Bâtiment soit découvert d'un lieu éloigné plutôt, que des plus proches, le Gouverneur, ainsi pris en défaut, sera privé de son Gouvernement, & de ses Emplois. Dès qu'on aura découvert un Bâtiment Portugais, de quelque grandeur qu'il soit, on en enverra la nouvelle en poste au Seigneur d'Arnua (*a*), aux Régens de Nangazaqui, & à Osaca; sans oublier de l'envoyer aussi aux lieux & Païs voisins.

» Il vous est expressément défendu d'attaquer, ni molester aucun Navire Portugais en Mer, mais seulement lorsqu'il sera en quelque Rade, Havre, ou Port de cet Empire. En quoi vous vous conduirez selon les ordres, qui vous seront envoyez par le Seigneur d'Arnua, ou par les Régens de Nangazaqui, à moins que la nécessité ne vous force à agir, avant que de les avoir reçûs ; & en ce cas vous exécuterez ce qui vous est prescrit ci-dessus. Quant aux Bâtimens des autres Nations, vous aurez soin, suivant la teneur des Ordonnances, que vous avez par écrit, de les compter, visiter, & examiner ; & après y avoir mis une forte Garde, sans permettre à personne de descendre à terre, vous les enverrez à Nangazaqui.

(*a*) Il y a bien de l'apparence qu'il faut lire *Arima*.

Fin du Livre dix-huitiéme.

HISTOIRE DU JAPON.

LIVRE DIX-NEUVIE'ME.

De J. C. 1640.
De Syn Mu. 2300.

NOus avons vû que dans les derniers Edits portez contre les Européens au sujet du Commerce, les Hollandois avoient été formellement exceptez, & par-là ils étoient parvenus au comble de leurs vœux. Leur Commerce étoit monté fort haut, surtout depuis l'année 1637. qu'ayant trouvé une entrée libre dans la Perse & dans le Royaume de Bengale, ils s'étoient vûs en état de porter au Japon toute la soye, & les autres marchandises, qui étoient le plus au goût des Japonnois; de sorte que leurs profits dans une seule année furent de six millions de florins, quoiqu'alors les Portugais en fissent encore de très-considérables. Aussi Kœmpfer appelle t-il cet heureux tems le siécle d'or du Commerce de la Compagnie Hollandoise au Japon : mais il dura peu, & finit précisément à l'exclusion absoluë des Portugais, qui sembloit devoir leur en assûrer pour toujours la continuation. C'est ainsi que la Justice divine punit quelquefois les Criminels, en tournant contre eux-mêmes leurs coupables intrigues.

De J. C. 1640.
De Syn Mu. 2300.

§. I.

Les Hollandois reçoivent de Jedo des avis, qui les inquiétent. Arrivée d'un Commissaire Impérial à Firando. Il visite les Magazins des Hollandois. Discours qu'il leur tient. Réponse du Directeur. Comment elle est reçuë du Commissaire. Défiance & diligences de ce Seigneur.

IL n'y avoit pas encore quatre mois, que les Ambassadeurs Portugais avoient été exécutez à Nangazaqui, & les Hollandois se croyoient mieux établis que jamais dans les bonnes graces de l'Empereur du Japon, auprès duquel le Roi de Firando leur Protecteur étoit mieux, qu'aucun autre Prince de l'Empire, lorsqu'ils furent avertis par quelques Amis, qu'ils avoient à la Cour, que l'Empereur paroissoit fort mécontent des Bâtimens, qu'ils avoient à Firando, & que Sa Majesté avoit fait partir à ce sujet un Commissaire pour ce Royaume, sans en avoir rien communiqué à son Conseil, ni même aux Ministres, qui étoient chargez de leurs affaires. Quelque tems après, c'est-à-dire le quatriéme de Novembre, un Exprès envoyé par un des Gouverneurs de Nangazaqui leur dit de la part de ce Seigneur, que son Maître étoit parti pour aller au-devant du Commissaire Impérial, nommé INOYE TSI KINGOE, lequel venoit par mer, & arriveroit incessamment à Firando.

Sur le soir du huit ils découvrirent les Barques du Commissaire & celles du Gouverneur, & à l'instant ils les saluërent de tout le Canon de leurs Vaisseaux; ce qui dura jusqu'à ce que les Barques fussent arrivées dans le Port. Tous les Hollandois se trouverent sur le rivage, pour recevoir ces deux Seigneurs, & le Commissaire commença par les prier de le conduire au plus grand de leurs Vaisseaux, qui se nommoit l'*Eléphant blanc*: ce qu'ils firent sur l'heure même. Le Commissaire, le Gouverneur de Nangazaqui, & toutes leurs suites, qui étoient fort nombreuses, furent régalez splendidement à bord; ils visiterent ensuite le Bâtiment, & comme ils n'étoient point accoutumez à en voir de pareils, ils se récrierent beaucoup sur tout ce qu'ils y remarquerent. La nuit approchant, ils se rendirent à la Ville, où ils furent reçus avec magnificence: les principaux Hollandois les y accompagnerent, leur donnerent le divertissement d'un fort beau feu d'artifice, les régalerent de nouveau avec profusion, les complimenterent sur leur heureuse arrivée, avec toutes les marques de respect & de soumission, qu'ils pûrent imaginer, & ayant reçu leur congé de ces Seigneurs, ils se retirerent à leur Loge.

Le neuviéme, sur les neuf heures du matin, ces Messieurs se transporterent au Bureau de la Compagnie, dont ils avoient ordre de faire la visite, ce qu'ils exécuterent avec une exactitude surprenante: il n'y eut ni coin, ni recoin dans la maison, depuis la Cave, jusqu'aux Greniers, où ils n'allassent; & comme les Magasins étoient remplis de Marchandises, il fallut les étaler toutes à leurs yeux; ils les manierent, & les tournerent en tout sens, colorant néanmoins cette visite du prétexte d'une simple curiosité, & faisant d'ailleurs aux Hollandois toutes sortes de civilitez. Leur dessein étoit de voir, s'ils ne découvriroient point quelques Ornemens d'Eglise, ou autre chose servant au culte de la Religion Chrétienne; mais n'y ayant rien trouvé, après quelques momens de conversation sur des sujets peu importans, ils retournerent au Palais du Roi de Firando, où le Commissaire étoit logé.

Ils y étoient à peine arrivez, qu'ils manderent le Directeur du Commerce, avec tous les Commis & tous les Officiers, & ceux-ci s'étant rendus sans délai à cet ordre, le Commissaire leur parla ainsi: « Le très-redou- » table Empereur du Japon, mon

Ggg ij

» Souverain Seigneur, est bien in-
» formé, que vous êtes Chrétiens,
» & de la même Religion, que les
» Portugais. Vous gardez le Di-
» manche, vous datez de la naissance
» de Jesus-Christ, & vous mettez
» cette date sur les frontispices de
» vos Maisons, & de tous les Bâti-
» mens de Mer & de Terre, que
» vous construisez; ainsi ce nom de-
» meure exposé aux yeux de notre
» Nation. Votre Loi souveraine est
» celle des dix Commandemens,
» votre Priere est celle de Jesus-
» Christ, & votre Confession de
» Foi, celle de ses Disciples. Vous
» lavez avec de l'eau vos Enfans,
» dès qu'ils sont nez, & vous offrez
» dans votre culte religieux du Pain
» & du Vin : votre Livre est l'Evan-
» gile, les Prophetes & les Apôtres
» sont vos Saints. En un mot, car
» à quoi bon descendre dans un plus
» grand détail? votre créance est la
» même, que celle des Portugais,
» & la différence, qu'il peut y avoir
» sur cela, entre vous & eux, & que
» vous prétendez être considérable,
» nous l'estimons fort peu de chose.
» Nous avons bien sçû de tout tems,
» que vous étiez Chrétiens ; mais
» comme nous vous voyions Enne-
» mis des Portugais & des Espa-
» gnols, & que vous vous opposiez
» à ce qu'ils établissent leur Religion
» dans ce Païs, nous pensions que
» votre Christ & le leur, n'étoit pas
» le même. L'Empereur a été ins-
» truit du contraire, & Sa Majesté
» m'a envoyé ici exprès pour vous
» déclarer, que vous ayez à mettre
» incessamment à bas toutes vos Ha-
» bitations, & les autres Bâtimens,
» où la date de Jesus-Christ est
» marquée, en commençant par le

» côté septentrional : (c'étoit celui
» qui avoit été achevé le dernier ;)
» que désormais vous vous absteniez
» d'observer ouvertement votre jour
» de Dimanche, afin que la mémoire
» de ce nom prenne entierement fin
» au Japon ; que désormais le Ca-
» pitaine, ou Chef de votre Nation,
» ne demeure pas plus d'une année
» dans cet Empire, de peur qu'un
» plus long séjour ne produise la
» contagion de votre Doctrine par-
» mi ses Sujets. Faites état que la
» moindre résistance à ce qui vient
» de vous être prescrit, donneroit de
» justes défiances de votre soumis-
» sion aux ordres de l'Empereur.
» Pour ce qui est de la conduite, que
» vous aurez à garder à l'avenir dans
» tout le reste, les Seigneurs Régens
» de Firando vous le feront sçavoir.

Quand le Commissaire eut cessé
de parler, le Directeur Hollandois,
sans faire paroître la moindre émotion sur son visage, répondit d'un
ton sérieux & ferme, mais respec-
tueux : « Nous sçavons, illustre Sei-
» gneur, que quand le redoutable
» Empereur du Japon fait intimer
» ses Ordres à quelqu'un, il n'y a
» point d'autre parti à prendre, que
» d'y acquiescer sans retardement,
» & que si l'on croit être en droit
» de faire à Sa Majesté quelque re-
» montrance, ou quelque supplica-
» tion, il n'est point permis de les
» faire sur le champ. Ainsi nous sup-
» plions Votre Excellence d'être
» bien persuadée, que nous exécu-
» terons promptement & entiere-
» ment tout ce qu'il a plû à Sa Ma-
» jesté Impériale de nous comman-
» der par votre bouche. » Cette
réponse faite, les Hollandois furent
congédiez, & passerent dans une

grande Salle du Palais, où ils attendirent la suite des ordres, qu'on avoit à leur intimer.

Quelques momens après, des Gentilshommes de la suite du Commissaire, les vinrent trouver, & leur dirent, que dès qu'ils avoient été retirez, ce Seigneur avoit témoigné hautement beaucoup de satisfaction de leur réponse ; & avoit ajouté d'un air fort réjoüi : « Je n'eusse jamais cru cela d'eux, je ne pouvois m'ôter de l'esprit, connoissant, comme je fais, les Chrétiens, avec qui j'ai eu beaucoup de communication, qu'ils ne manqueroient pas de se jetter, ou sur les plaintes, ou sur les excuses, ou sur les supplications : c'est leur salut que cela ne soit point arrivé, & j'en suis en mon particulier fort charmé ; car par-là ils m'épargneront beaucoup de travail, des violences, qui me coûteroient infiniment, & une grande effusion de sang. » En effet, les Hollandois étant retournez chez eux, & ayant commencé sur l'heure même à exécuter l'ordre, qu'ils avoient reçû, tandis que tous étoient occupez à ce travail, on leur vint dire en grand secret, que s'ils avoient fait la moindre remontrance, ou demandé le moindre délai, ou qu'il leur fût même échappé la plus légere plainte contre ceux, qui leur avoient attiré l'indignation de l'Empereur, vingt Gardes armez, qui étoient assis à leurs côtez, & derriere eux, auroient reçû un signal pour les foudroyer de ces paroles ; *désobéïssans au commandement de l'Empereur, vous êtes indignes de vivre*, & dans l'instant les auroient percez de coups ; qu'on auroit ensuite arrêté toute leur suite, qu'on auroit fait avancer les Troupes de Fingo, de Chicungo, & d'Arima, que le Commissaire avoit placées à une lieuë de Firando, sans qu'on en sçût le sujet ; qu'on auroit fait main basse sur tous les autres Hollandois, & brûlé leurs Vaisseaux, & tous leurs Bâtimens de terre.

Sur le soir le Roi de Firando les fit avertir aussi secrettement, par une personne affidée, que le Commissaire avoit envoyé deux fois d'une heure à l'autre, observer quelle diligence on apportoit à travailler au déménagement & à la démolition des Edifices ; que sur le rapport de ses premiers Envoyez il étoit entré dans une grosse colere, & avoit répeté plusieurs fois avec emportement. « Je connois les artifices du Capitaine des Hollandois ; c'est un homme rusé ; je m'imagine qu'à l'heure qu'il est, il dépêche à la Cour, aux Conseillers, & aux Ministres d'Etat, SAMINKEDO, CANGEDO, TACKEMONDO, & à d'autres ses amis, & affectionnez à sa Nation, comme ces trois Seigneurs, que je sçai qui le sont beaucoup ; mais je sçai aussi, que ni ces Seigneurs, ni nul autre Ministre d'Etat, que moi seul, qui ai reçû tête à tête de la bouche de l'Empereur ses instructions & ses ordres sur cette importante affaire, n'en ont aucune connoissance. Oüi assûrément, ce Capitaine n'oublie ni prieres, ni présens, ni promesses, pour obtenir seulement quelque délai. Cependant si je découvre quelque sorte de lenteur dans l'accomplissement des ordres, que je lui ai signifiez, & que ses gens ne travaillent pas avec plus de vivacité, qu'ils ne font, à démolir

» leurs Edifices, je ferai couper la
» tête aux huit ou dix principaux
» Hollandois, en préfence du Capi-
» taine ; & fi cela ne produit rien,
» j'accomplirai le Commandement,
» que j'ai reçû de l'Empereur, quel-
» que chofe qu'il en puifle arriver.

§. II.

Les Hollandois démoliffent tous leurs Edifices de Firando. Nouveaux ordres touchant la conduite, qu'ils doivent tenir au Japon. Ils font transférez à l'Ifle de Defima. Mauvaife conduite de leur Directeur. Defcription de Defima.

LE Roi de Firando s'intéreffoit fort à tout ce qui regardoit les Hollandois, & c'étoit ce qui l'avoit engagé à leur donner cet avis ; fon Envoyé ajoûta, que ce Seigneur partageoit avec eux la douleur, que leur caufoit la trifte fituation, où ils fe trouvoient, mais qu'il leur confeilloit de faire plus de diligence, qu'ils n'avoient fait jufques-là. Le Directeur pria cet homme de témoigner au Roi combien ils étoient fenfibles aux marques de bonté, qu'il leur donnoit, & qui étoient d'autant plus finceres, que le Roi voyoit avec chagrin, que tout cela fe termineroit à éloigner les Hollandois de fes Etats. Enfuite, pour profiter de l'avis de ce Prince, il fit defcendre à terre deux cens hommes des Navires qui étoient dans le Port ; il y en joignit encore autant, qu'il prit à journée parmi les Japonnois, dont la Compagnie avoit accoutumé de fe fervir ; enfin dès le dix tout le côté feptentrional de l'Edifice fut ruiné à fleur de terre.

Le foir du même jour, le Roi de Firando fit dire au Directeur, qu'il lui confeilloit de rendre une vifite au Commiffaire, qui n'attendoit pour s'en retourner à la Cour, que de voir la démolition de leurs Edifices avancée au point, où elle l'étoit, mais qu'il prît bien garde de ne témoigner aucun chagrin, ni de donner aucune marque de reffentiment de ce qui étoit arrivé. Le Directeur fuivit ce confeil, & fe rendit fur l'heure même chez le Commiffaire, qui le reçut avec un air très-affable, lui témoigna fon défefpoir d'avoir été chargé d'une commiffion auffi mortifiante pour lui-même, & pour eux, & qu'il l'exhortoit à fupporter cette affliction, non-feulement avec patience, mais avec un cœur content, comme il le faifoit lui-même. Le Directeur répondit, que lui & tous fes gens étoient parfaitement difpofez à obéir & à fe foûmettre avec une entiere réfignation à tout ce qui leur feroit prefcrit de la part de Sa Majefté Impériale, & qu'il fupplioit très-humblement Son Excellence de vouloir bien leur marquer lui-même la conduite, qu'ils auroient à tenir dans la fuite.

Le Commiffaire prenant alors un air férieux, lui répondit d'un ton affez trifte : « Ç'a été pour moi un
» grand fujet d'affliction, que d'être
» obligé de vous déclarer des or-
» dres, que je fçai, qui vous morti-
» fieront beaucoup ; vous n'en devez
» point douter, fçachant l'amitié,
» qu'il y a depuis longtems entre
» nous, & dont nous nous fommes
» réciproquement donné des mar-

» ques dans toutes les occasions. » Mais mettez-vous à ma place, & » considérez que j'ai reçû ce Commandement d'un très-haut & d'un très-redoutable Empereur, dont la volonté doit toujours être exécutée avec promptitude & avec zéle. Pour ce qui concerne la conduite, que vous avez désormais à tenir, tant par rapport au Commerce, que pour la maniere de vous comporter en toute autre chose ; on vous en donnera l'ordre en son tems. Vous pourrez en attendant vous servir de vos Magasins, & de vos logemens du côté du Midi, jusqu'à la fin de vos affaires, & au départ de votre Flotte. » Le Directeur le remercia fort de son affection, & le supplia de la leur continuer. Le jour suivant on acheva de démolir tout le côté septentrional, dont on rangea les Matériaux au milieu de la Place publique. Le Commissaire ayant vû les choses en cet état, partit de Firando au coucher du Soleil, & fut reconduit à ses Barques par les Seigneurs & les Magistrats de la Province ; les principaux Hollandois se trouverent aussi à son embarquement, cachant le mieux qu'il leur étoit possible, leur chagrin de ce qui venoit de se passer, & leurs craintes pour l'avenir.

Ces craintes n'étoient que trop bien fondées, & ils ne tarderent pas à les voir justifiées. Assez peu de tems après le départ du Commissaire Impérial, & lorsque leur Flotte eut mis à la voile, on leur signifia un ordre absolu de sortir du Firando, & de se transporter avec tous leurs Effets dans cette même Isle de DESIMA, où quelques années auparavant ils avoient vû avec une maligne joye renfermer les Portugais. Le comble de cette joye avoit été de les en avoir chassez peu de tems après, & de n'avoir plus à partager avec eux le plus riche Commerce du monde. Mais par un sort, qui leur pouvoit rappeller celui de l'orgueilleux Aman, ils s'apperçûrent à la fin qu'ils n'avoient travaillé, ce semble, à faire bâtir, & puis à évacuer cette prison, que pour y être eux-mêmes renfermez. Au reste ils ont toujours cru que deux choses avoient presque également contribué à cette premiere décadence de leur crédit & de leur commerce au Japon. 1º. L'aversion extrême de l'Empereur contre le Chriftianisme, que ce Prince regardoit comme une peste publique, & la seule cause de la perte de plusieurs milliers de Japonnois. 2º. Le procédé fier & hautain du Sieur François Caron, alors Directeur de leur Commerce à Firando ; ainsi ils étoient doublement malheureux de souffrir pour le nom Chrétien, dans le tems même, qu'ils persécutoient ceux, qui travailloient à établir le Christianisme dans cet Empire, & de n'être pas avoüez de Jesus-Christ. Pour ce qui regarde en particulier le Sieur Caron, nous avons déja observé, qu'il ne faut pas aisément ajoûter foi à tout ce que les Hollandois ont publié contre lui.

Il faut pourtant convenir, que l'accusation, dont est ici question, n'étoit pas sans fondement. Kœmpfer, dont nous avons en plus d'une occasion reconnu la sincérité, assûre que le premier Interprete des Hollandois, qu'il trouva à Desima, lorsqu'il y arriva pour la premiere fois, & qui étoit âgé d'environ quatre-vingt-dix ans, lui dit, que le Sieur Caron s'étoit rendu fort odieux aux Japonnois, lesquels, ajoûta-t'il, ne peuvent souffrir l'orgueïl dans des Marchands, qu'ils regardent comme gens de la plus vile condition : que le Président de Justice de Méaco, qui avoit dans le tems, dont nous parlons, la Direction de toutes les affaires étrangeres, fut un jour si outré des hauteurs de ce Président, qu'il refusa de lui donner Audience, & rejetta les présens, qu'il lui offroit au nom de la Compagnie Hollandoise : & qu'ayant sçû peu de tems après que les Hollandois avoient élevé à Firando de beaux Bâtimens de pierre, il en parla à l'Empereur comme d'une entreprise, qui ne devoit pas être soufferte, & attira par-là à ces Marchands les ordres mortifians, dont nous venons de voir l'exécution.

Quoiqu'il en soit, depuis ce tems-là les Hollandois n'ont plus d'autre demeure au Japon, que l'Isle de Desima, dont on sera peut-être bien aise de voir ici la description. Les Japonnois la nomment quelquefois DESIMAMATZ, c'est-à-dire, la ruë de la Ville de devant ; ce n'est en effet qu'une ruë, qui est comptée parmi celles de Nangazaqui, & sujette aux mêmes Reglemens, que les autres. Ses fondemens jusqu'à la hauteur de deux toises au-dessus du rez de chaussée, sont de pierres de taille, & s'élevent environ une demie toise plus haut, que les plus fortes marées : sa figure approche de celle d'un Eventail (*a*), dont on auroit coupé le manche. C'est un carré oblong, dont les deux grands côtez sont en segmens de cercles.

Elle est jointe à la Ville par un petit Pont de pierre, au bout duquel il y a un bon Corps de Garde, & l'on y fait régulierement sentinelle le jour & la nuit. Le côté septentrional a deux grosses Portes, qu'on nomme les Portes de l'Eau, & qui ne s'ouvrent jamais, que pour le chargement & le déchargement des Navires; ce qui se fait toujours en présence d'un grand nombre de Commissaires, nommez par les Gouverneurs.

Toute l'Isle est environnée de Planches de sapin, médiocrement exhaussées, couvertes d'un petit toit, sur lequel est planté un double rang de Picques, ce qui fait à peu près la figure de nos Chevaux de frise ; mais cette espece de retranchement est très foible, & incapable de faire la moindre résistance. A quelques pas de l'Isle on a planté dans la Mer treize poteaux fort élevez, à une distance raisonnable l'un de l'autre, & chacun porte une planche de bois, sur laquelle est écrit, en gros caracteres Japonnois, un ordre des Gouverneurs, qui défend sous des peines très-severes à tous Navires, ou Batteaux de passer outre, & d'approcher plus près de la Ville. Devant le Pont, à côté de la Ville, il y a une espece de Pillier de pierre, où l'on affiche les Edits de l'Empereur, & les Ordonnances des Gouverneurs. Comme cette Isle, ainsi que je l'ai dit, est comptée pour une ruë de Nangazaqui, elle a, comme toutes les autres, un premier Magistrat, qu'on nomme OTTONA, lequel pour faire voir son application au bon ordre, & le pouvoir, dont il est revêtu, a soin, surtout dans le tems

(*a*) Voyez cette Figure dans la Carte de la Baye de Nangazaqui.

de la vente des Marchandises, de faire aussi afficher au Pilier, dont je viens de parler, des Réglemens en son nom.

La plus grande longueur de l'Isle est du côté du Havre, & elle est de deux cens trente-six pas: sa largeur n'est nulle part de plus de quatre-vingt-deux: une ruë assez large regne d'un bout à l'autre, & on peut faire le tour de l'Isle en suivant le long des Planches de Sapin, qui en font la clôture. Les eaux des goutieres s'écoulent dans la Mer par des tuyaux étroits & recourbez: on leur a donné cette figure, de peur qu'on ne s'en serve, pour faire sortir quelque chose de l'Isle en cachette. Il n'y a que la grande ruë, qui ait des Maisons des deux côtez; les autres Maisons ne forment pas même des ruës bien régulieres, & le nombre n'en est pas fort considérable. Ces Maisons, & toute l'Isle ont été bâties aux dépens de quelques Particuliers de Nangazaqui, dont les héritiers en sont demeurez Proprietaires; & en vertu du Contrat primitif, les Hollandois sont obligez de leur payer une rente annuelle, qui excede le capital de la valeur réelle; cette rente est de six mille cinq cens siumomes.

Toutes les Maisons sont de bois, & fort petites; ce sont des Huttes plutôt que des Maisons. Elles ont néanmoins deux étages, dont le plus bas sert de Magasin, les Hollandois logent dans le second, & le meublent à leurs dépens avec du Papier de couleur, au lieu de Tapisseries, & des Nattes pour couvrir le plancher, suivant la mode du Païs; les autres Bâtimens, qui sont dans l'Isle, consistent en trois Corps de Gardes, un à chaque extrémité, & l'autre au milieu; une espece de serre à l'entrée, où l'on tient les instrumens nécessaires pour éteindre le feu; & des Puits, dont l'eau est salée. Toute celle, dont on se sert pour la cuisine, & pour l'usage ordinaire, vient de la Riviere, qui traverse la Ville. Elle est portée dans l'Isle par des tuyaux faits de bambou, & se décharge dans un Réservoir, où on la puise selon les besoins: c'est un article, qui se paye à part. Outre cela les Hollandois ont fait construire à leurs frais derriere la grande ruë une Maison destinée à la vente de leurs Marchandises, & deux Magasins à l'épreuve du feu, de la pluye, & des voleurs; inconvéniens, ausquels sont exposez les Magasins des maisons particulieres: une cuisine fort grande, une maison pour loger les Subdéléguez des Gouverneurs, qui sont chargez de la direction du Commerce; une autre Maison pour les Interprétes, un Jardin de plaisance, qui a aussi sa cuisine, un lavoir pour le linge; quelques Jardins particuliers, & un Bain. L'Ottona a aussi dans l'Isle sa Maison & son Jardin. Enfin il y a un petit endroit à l'écart pour y mettre les cordes, & tout ce qui est nécessaire pour l'embalage des Marchandises. Nous parlerons en son lieu des mortifications, qui ont encore été données aux Hollandois par rapport à leur Commerce. Je reviens à l'entreprise du Pere Rubino, pour soûtenir les malheureux restes du Christianisme dans le Japon.

§. III.

Efforts du Pere Rubino pour passer au Japon. Les obstacles, qu'il trouve à ce dessein. Quels furent ceux, qu'il choisit pour l'accompagner. Ils arrivent au Japon, & sont d'abord découverts & arrêtez. Ce qui se passe à leur premier Interrogatoire. Leur Martyre. Autres Martyrs. Tremblement de terre extraordinaire.

De J. C. 1641.
De Syn Mu. 2301.

CE Missionnaire, après avoir cultivé avec succès presque toutes les Eglises fondées par Saint François Xavier dans les Indes, passa en 1638. à Macao, où sa principale occupation pendant quelque tems, fut de défendre sa Compagnie, des calomnies, dont on cherchoit à la noircir ; mais l'année suivante ayant été nommé Visiteur à la Chine & au Japon, il quitta la plume, pour courir au Martyre. Sa premiere attention, dès qu'il se vit chargé du soin de tant d'illustres Eglises, le porterent à chercher les moyens de secourir en personne celle du Japon ; & comme il ne vit nulle apparence d'y pouvoir passer par la voye de Macao, il s'embarqua au mois de Novembre 1640. pour les Philippines. Les vents contraires le contraignirent de relâcher à la Cochinchine, où il passa l'hyver ; il en partit au mois d'Avril de l'année 1641. & après six semaines d'une très-rude navigation, il prit enfin terre au Port de Manile. Il y proposa son dessein de se transporter au Japon, & il y fut généralement approuvé par les Supérieurs de la Compagnie, & par le Gouverneur Général des Philippines, qui étoit encore D. Sebastien Hurtado de Corcuera : ainsi il ne songea plus qu'à prendre ses mesures pour l'exécuter. Au mois de Septembre il retourna à Macao, pour y donner les ordres nécessaires pendant son absence ; il ne trouva point les Jésuites de cette Ville dans le même sentiment, que ceux de Manile touchant son expédition. Il paroît même qu'ils entreprirent de lui faire changer de pensée, mais ils n'y réüssirent point. Ils voulurent essayer au moins de s'opposer à son retour à Manile, & ils persuaderent à leurs Freres des Philippines que sa présence étoit plus utile à Macao, que nulle part ailleurs, & qu'il étoit plus à propos d'envoyer au Japon quelques autres Jésuites.

De J. C. 1641.
De Syn Mu. 2301.

Mais le Pere Rubino étoit convaincu que le Ciel l'appelloit au Japon, & le Pere Alexandre de RHODES, qui l'avoit vû à la Cochinchine, & qui nous a instruit du détail de cette entreprise, dit qu'on ne pouvoit le voir, ni l'entendre, sans être persuadé que l'Esprit de Dieu le portoit effectivement dans ces Isles ; il se crut même obligé d'écrire aux Peres de Macao, qu'ils résistoient à la volonté de Dieu, en s'opposant au dessein de leur Visiteur, & que s'ils ne changeoient de conduite à cet égard, il craignoit qu'il ne leur arrivât quelque grand malheur. Je ne sçai s'il les persuada ; ce qui est certain, c'est que le Pere Rubino eut besoin de tout son courage pour surmonter les difficultez, qui sembloient naître sous ses pas, à mesure qu'il avançoit, & qu'apparemment son projet eût échoüé, si Dom Sebastien Hurtado n'eût pris en main les intérêts de son zéle. Le Visiteur étoit retourné à Manile, pour s'y embarquer, & un grand nombre de Jésuites avoient eu parole de lui, qu'ils l'accompagneroient au Japon, mais on lui persuada de ne pas risquer tout à la fois tant de bons Ouvriers; & il se borna en effet à cinq, qui furent les PP. Albert MECINSKI, Polonois (*a*), Diego de MORALEZ, Espagnol, Antoine CAPECI, Napolitain, le même qui étoit parti d'Italie avec le Pere Mastrilli, & François MARQUEZ, Japonnois. (*b*)

Outre ces Missionnaires, le Pere Rubino prit encore avec lui trois Séculiers, qui se montrerent jusqu'au bout dignes de son choix. L'un étoit un Portugais, nommé Pascal CORREA, l'autre un Japonnois, appellé THOMAS, & le troisiéme un Indien de Patane, qui avoit nom JEAN. Le premier avoit été obligé de sortir de Macao, pour se soustraire à la Justice, qui le poursuivoit: il se comporta si bien aux Philippines, où il s'étoit refugié, & il s'offrit de si bonne grace au Visiteur, qu'il fut accepté; ainsi Dieu, qui seul sçait tirer le plus grand de tous les biens du péché même, qui est le plus grand de tous les maux, fit trouver à ce jeune homme l'occasion du Martyre dans ce qui devoit, selon le cours ordinaire des choses, le conduire à un supplice infame. Le second avoit soin à Camboge d'une Eglise de sa Nation, lorsque les Peres Mécinski & Capéci arriverent dans ce Royaume, & ces deux Missionnaires remarquerent en lui de si grands talens, qu'ils s'attacherent, & l'engagerent à les suivre aux Philippines. Je n'ai rien appris de particulier de l'Indien.

Tout étant prêt pour le départ des Missionnaires, ils s'embarquerent le neuviéme de Juillet 1642. sur un Navire, que Dom Hurtado faisoit semblant d'envoyer au secours du Fort de KESANG dans l'Isle Formose, possédé alors par les Espagnols, & dont les Hollandois se rendirent dans la suite les Maîtres. Le Navire tourna en effet de ce côté-là, mais après quelques jours de navigation, il changea de route, & prit celle du Japon. Il eut les vents très-favorables, & le douziéme d'Août les Peres entrerent dans un Port du Saxuma, où ils se firent débarquer sur le champ. Quoiqu'ils fussent déguisez, ils furent découverts au bout de deux jours, & conduits à Nangazaqui, où ils arriverent le vingt-uniéme. Dès le lendemain ils parurent devant les Gouverneurs, qui pour les interroger se servirent d'un Prêtre Apostat, que l'on soupçonne avec beaucoup de fondement avoir été le Pere Ferreyra. On leur demanda qui ils étoient, & ce qu'ils venoient faire au Japon? & ils répondirent à ces deux questions sans aucun déguisement, si ce n'est qu'ils avoient changé de nom, ce qui paroît par le Journal du Sieur Jean ELSDRACHT, alors Président du Commerce des Hollandois, qui semble s'être trouvé présent à leur Interrogatoire.

(*a*) Il étoit parent de Saint Stanislas KOSTKA, & Fondateur du College de Cracovie.
(*b*) Ce Religieux étoit né au Japon d'un Pere Portugais, & d'une Mere Japonnoise; alliée à la Maison Royale de Bungo.

» Ignorez-vous, reprit le Gouverneur, les Edits du redoutable Empereur du Japon ? Non, Seigneur, repliquerent-ils; mais le Dieu du Ciel & de la Terre, dont l'Empereur du Japon est Sujet, comme le dernier des hommes, nous a donné des ordres contraires; le zele du salut éternel des Japonnois l'a emporté dans nos esprits sur toute autre considération, & nous vous prions d'être bien persuadé qu'il n'est point de supplice, que nous ne soyons prêts d'endurer pour une si belle cause. Le Gouverneur fut surpris d'une réponse si ferme, & plus encore de l'air intrépide, dont elle fut faite; il vit bien qu'il ne lui seroit pas aisé de venir à bout de ses Prisonniers. Il ne laissa pourtant pas de leur proposer de fort bons Etablissemens, s'ils vouloient renoncer à leur Religion; mais le Pere Rubino adressant la parole à l'Apostat, qui lui parloit au nom du Gouverneur, lui reprocha en des termes si forts l'indigne personnage, qu'il faisoit, que ce Malheureux se retira couvert de confusion, & n'osa plus se montrer devant lui. Le Gouverneur admira une si grande liberté dans les fers; il renvoya les Serviteurs de Dieu en prison, & commanda qu'on ne leur donnât de nourriture, qu'autant qu'il étoit nécessaire, pour ne point mourir. Peut-être se flattoit-il qu'en les affoiblissant il les rendroit plus dociles.

Si ce fut là son dessein, il fut bien trompé; car jamais on ne vit plus de force dans les supplices. Le premier, qui fut mis en usage contre les Confesseurs, fut le tourment de l'eau, & pendant sept mois ils le souffrirent de deux jours l'un, sans presqu'il y parût; ils trouvoient même de si grandes délices dans les souffrances, & en tiroient tant de vigueur, que les jours, qu'on leur donnoit de relâche; ils étoient beaucoup plus abattus le soir, qu'au sortir du supplice. Au bout de six mois le Gouverneur ayant sçû que le Pere Marquez avoit des Parens à Nangazaqui, il le leur envoya, & leur recommanda de ne rien épargner pour le réduire; mais tous leurs efforts furent sans effet, & ils furent contraints de le remettre entre les mains du Gouverneur, qui le réünit à ses Freres. Il en fut reçu avec des transports de joye, qu'on ne peut exprimer. Tout le tems de son absence, ils n'avoient cessé de faire des prieres pour sa persévérance, ils les changerent à son retour en actions de graces, qu'ils rendirent à Dieu avec une allégresse, dont les Idolâtres furent extrêmement surpris.

Au tourment de l'eau succéda celui du feu; on les brûla avec des torches & des lames ardentes par tout le corps, & quand il n'y eut plus de place pour de nouvelles playes, on les mit entre les mains des Chirurgiens, qui les guérirent en très-peu de tems; après quoi on recommença le même supplice. Comme on vit que c'étoit inutilement, ils furent condamnez à la Fosse. La lecture, qu'on leur fit de leur Sentence, les combla d'une si grande joye, que le Gouverneur crut qu'ils ne l'avoient pas bien entenduë, & la fit recommencer. Ils se douterent de son erreur, & l'un d'eux lui dit qu'ils n'avoient jamais rien tant souhaité au monde, que de mourir pour le Dieu, dont ils étoient les Prédicateurs & les Envoyez. Dès le jour même on les fit monter sur des Chevaux ; & on les promena dans toute la Ville les mains liées par derriere, & sur le dos un Ecriteau, où il étoit dit qu'ils étoient condamnez au supplice de la Fosse, pour avoir voulu prêcher au Japon la Religion Romaine. Enfin on les conduisit dans une espece de Préau, où leurs Fosses étoient creusées. Ils y demeurerent aussi longtems, que s'ils n'avoient encore rien souffert ; le Japonnois Thomas mourut le premier après cinq jours, le vingtiéme de Mars 1643. le Pere Rubino expira le vingt-deux, le Pere Mécinski le jour suivant, & Pascal Correa le vingt-quatre. Ce même jour les trois autres Jésuites ne paroissant pas devoir aller bien loin, on les détacha, on leur coupa la tête, & tous les corps furent portez dans une place, où les Soldats eurent permission d'essayer leurs sabres sur ces sacrez dépôts ; après quoi on les brûla, & les cendres furent jettées à la mer. On y avoit joint les restes d'un corps enterré depuis vingt-deux ans, & qu'on crut être celui d'un Jésuite, parce que le Tombeau, où on l'avoit trouvé, avoit été découvert par un ancien Domestique de ces Peres.

Quelques-uns ont écrit que le vingt-trois, jour auquel le Pere Mécinski mourut, un jeune homme appellé COCHINCHINE, & qui pourroit bien être l'Indien de Patane, avoit donné le signal d'apostasie, mais qu'ayant été tiré de la Fosse, on reconnut d'abord qu'il avoit perdu le jugement, & qu'il mourut peu de tems après, sans être revenu à soi. Quoiqu'il en soit de ce fait, que je ne trouve pas trop bien autorisé, autant que la Ville de Macao avoit été opposée au voyage des Martyrs, autant prit-elle de part à leur triomphe. Dès le soir même, qu'on en reçut la nouvelle dans cette Ville, le College des Jésuites fut illuminé, & le lendemain toute la Garnison & la Bourgeoisie allerent par ordre du Capitaine Général processionnellement le flambeau à la main dans l'Eglise du même College. Les Religieux de la Maison revêtus de Surplis sortirent assez loin pour les recevoir ; le *Te Deum* fut chanté en Musique, & suivi d'une décharge de deux cent piéces de Canon. Le soir toute la Ville fut illuminée, & la joye publique n'eût pas été plus grande, si l'on eût appris le rétablissement du Commerce au Japon.

Il ne restoit depuis plusieurs années d'Ouvriers Evangéliques dans cet Empire, que quelques Jésuites Japonnois. Un des plus connus, nommé le Pere Pierre CASSUI, avoit été martyrisé en 1639. Il étoit natif d'Omura, & ayant été banni en 1614, il traversa à pied la Chine, la grande Presqu'Isle du Gange, l'Indostan, la Perse & la Turquie ; visita les Saints Lieux de la Palestine ; de là passa à Rome, où il se fit Jésuite. Dès qu'il eut reçu les Ordres sacrez, il partit pour retourner au Japon ; & afin d'y rentrer plus aisément, il se fit pendant deux ans Esclave sur les Galeres, ou Barques, qui servoient de Gardes-Côtes à Nangazaqui. Ayant trouvé moyen de se débarquer sans être apperçu, il passa jusqu'aux Provinces du Nord, & y fit quantité de conversions. Il fut enfin arrêté par les Gardes de l'Empereur, & conduit à Jedo, où il consomma son Martyre par le tourment de la Fosse. Ce fut au mois de Juillet, mais on n'en sçait pas le jour ; il étoit âgé de cinquante & un ans.

Presque en même tems qu'on eut nouvelle de sa mort, on apprit que le Pere Jean-Baptiste Porro, le plus ancien Missionnaire, qui fut alors au Japon, & un de ceux, qui y ont travaillé avec plus de succès, avoit été brûlé avec tous les Habitans d'une Bourgade, où l'on avoit mis le feu, sans permettre à personne d'en sortir. C'est tout ce qu'on a pû sçavoir de cet évenement. Le Pere Martin Xiquimi vivoit encore en 1640. & depuis on n'en a point entendu parler. Des Chinois chassez du Japon peu d'années après la mort du Pere Rubino & de ses Compagnons, rapporterent qu'on y avoit encore fait mourir le P. Mancie Coniki, lequel avoit fait son Noviciat à Rome, & un autre Jésuite Japonnois, qu'ils ne nommerent point, & qui pouvoit bien être le Pere Xiquimi. Ils ajoûterent que de tems en tems il se faisoit à Nangazaqui de terribles Exécutions, & qu'en 1646. un effroyable tremblement de terre fit ouvrir une Montagne près d'Omura, qu'on y découvrit deux corps de Martyrs, ce qu'on reconnut par une inscription latine, qu'on y trouva : que l'Empereur, à qui on le fit sçavoir, ordonna que ces corps fussent brûlez, & que la nuit suivante on l'entendit, qui crioit aux armes, comme un furieux ; qu'on lui demanda s'il voyoit quelque chose ? & qu'il répondit qu'il avoit devant les yeux une Armée de Chrétiens, qui venoient pour lui enlever sa Couronne.

§. IV.

Cinq Jésuites passent encore au Japon. Avanture d'un Navire Hollandois à la Côte orientale du Japon. Le Capitaine & les principaux Officiers sont arrêtez. Ils sont conduits à Nambou, & ce qui leur arrive dans cette Ville. Ils sont conduits à Jedo & interrogez juridiquement.

CEpendant sur la nouvelle du Martyre du P. Rubino & de ses Compagnons, le Pere Pierre Marquez, qui depuis le départ du Visiteur étoit à la tête des affaires de sa Compagnie dans ces quartiers-là, ne craignit point de s'exposer à courir la même fortune, que son Prédécesseur. Un cœur vraiment Apostolique ne balance pas à se charger d'une Entreprise, dont le pis aller est le Martyre, pour peu qu'il se flatte d'y procurer la gloire de Dieu. Ce fut encore aux Philippines, qu'il s'embarqua, menant avec lui les Peres François Cassola, Joseph Chiara, Alphonse Arrojo, & un Frere Japonnois, nommé André. Tout ce qu'on a sçu de plus certain de leur Expédition, c'est qu'ayant débarqué aux Isles Lequios, qui dépendoient dès lors du Roi de Saxuma, ils y furent saisis, & menez à Jedo par ordre de l'Empereur, qui leur fit scier les membres ; que trois moururent sur le champ, & que les deux autres furent reportez en prison, où il y a bien de l'apparence qu'ils ne vécurent pas longtems. Nous n'avons, pour fixer le tems de leur Martyre, que ce qui en eſt rapporté dans un Journal des Hollandois, à l'occaſion d'une avanture fort triſte, qui arriva à un Navire de cette Nation. Voici de quoi il s'agiſſoit.

J'ai dit, en parlant de la Terre d'Yeſſo, que la Compagnie Hollandoiſe des Indes Orientales ayant jugé à propos de reconnoître tout le Pays, qui eſt au Nord du Japon, c'eſt-à-dire, les Côtes ſeptentrionales de la Tartarie, le Détroit d'Anian, le Pays d'Yeſſo, & les célebres Iſles d'or & d'argent, dont j'ai auſſi fait mention au commencement de cette Hiſtoire, elle y envoya le Breskens & le Caſtricoom, le premier monté par Henri-Corneille Schaëp, & l'autre par Martin Heritozoon de Vriez : qu'ils partirent de Batavia le troiſiéme de Février 1643. que les mauvais tems les ſéparerent bientôt : que le Caſtricoom fit ſa route, & viſita ce qu'il put des pays, qu'on lui avoit marquez. Pour le Breskens, il fut obligé de prendre terre dans un Port de la Côte orientale du Japon ſitué par les quarante dégrez de latitude Nord, & où il n'y avoit qu'un Village habité par des Pêcheurs. Dès qu'il eut jetté les ancres, les Matelots demanderent la permiſſion d'aller échanger quelques-unes de leurs marchandiſes pour celles du Pays, & ſurtout pour du ris, & d'autres rafraîchiſſemens, dont ils avoient un extrême beſoin, & le Capitaine y conſentit.

Une viſite, que Schaëp reçut peu de tems après d'un Gentilhomme de la Province, & du Seigneur du Village, lui fit croire qu'il étoit en pays ami, il régala ces Meſſieurs de ſon mieux, & leur rendit leur viſite accompagné de ſes principaux Officiers ; mais il s'apperçut bientôt que toutes ces politeſſes n'avoient été, que pour l'attirer hors de ſon Bord ; & en effet, comme ils prenoient le plaiſir de la promenade dans le plus beau Pays du monde, ils furent arrêtez & traitez d'une maniere tout-à-fait inſultante. Ils voulurent ſe ſauver & regagner leur Navire, mais ils avoient affaire à trop forte partie ; leur eſcorte groſſiſſoit à chaque moment, & on les mena liez & garottez, comme des Criminels, du côté de Jedo. Toute la grace, qu'on leur accorda, ce fut de pouvoir écrire à l'Equipage de leur Vaiſſeau qu'on les conduiſoit vers l'Empereur, qu'on les flattoit que dans un mois ils ſeroient de retour à leur Bord, & qu'on leur envoyât des habits. L'Auteur de la Relation ajoûte que ſur leur route on leur fit remarquer quantité de Croix, pour voir, s'ils les adoreroient, comme avoient fait des Eſpagnols, leur diſoit-on, mais qu'ils témoignerent bien, par le peu de cas, qu'ils en faiſoient, qu'ils étoient d'une autre Religion, que les Caſtillans. Il dit encore qu'on leur fit voir dans tous les Carrefours d'un Village, où ils paſſerent, des Ecriteaux, qui portoient que l'Empereur donneroit trente Koupans (a) d'or pour chaque Chrétien, qu'on lui découvriroit : enfin que dans un autre endroit on leur demanda avec beaucoup d'empreſſement de quelle Religion ils étoient ? que quelques Japonnois mettant leurs doigts en

(a) C'eſt apparemment ce que Kœmpfer appelle Cobangs.

Croix, leur firent signe de les baiser, & que les Hollandois l'ayant refusé, tous s'écrierent plusieurs fois Hollande, & se retirerent. Dès le lendemain on les délia, & ils connurent à cela, & à plusieurs autres marques de civilité, qu'ils reçurent de leurs Conducteurs, qu'on étoit enfin persuadé qu'ils étoient Hollandois, & non Espagnols.

Le Gentilhomme, qui par de feintes apparences d'amitié, les avoit engagez dans cette malheureuse affaire, & qui avoit nom ORITIDO CANSAIMONDONO, ne les quittoit point, non plus que le Seigneur du Village, auprès duquel leur Navire étoit moüillé : mais depuis qu'on les avoit reconnus pour Hollandois, ils en étoient beaucoup mieux traitez. Ils arriverent le premier d'Août à NAMBOU, belle Ville, fort marchande, & séjour du Roi de FITACHI, qui y avoit un magnifique Palais. Ils y furent reçus assez civilement de ce Prince, qui leur fit servir un magnifique repas. Au sortir de table, le Roi les fit venir auprès de lui, leur demanda s'ils étoient Chrétiens ? & mettant ses doigts en Croix, leur fit signe d'en faire autant, & de les baiser. Ils répondirent que leur Religion ne leur permettoit pas de le faire, & aussitôt il leur fit apporter à chacun deux tasses de vin. Tandis qu'ils les buvoient, un Vieillard s'approcha d'eux, & leur demanda en Portugais, s'ils étoient Espagnols, Portugais, François, Anglois, ou Danois ? fit plusieurs Croix, & les invita à les adorer ; ils répondirent encore par signes, car ils ne pouvoient s'exprimer autrement, que leur Religion étoit contraire à ces pratiques, si ordinaires parmi les Espagnols, & les autres Européens de la Religion Romaine. Le Roi leur fit ensuite apporter un Tableau de la Sainte Vierge portant son Fils entre ses bras, pour voir, s'ils ne lui donneroient point quelque signe de respect ; & comme il vit qu'ils n'en faisoient aucun cas, il se mit à rire, & fit retirer cette Peinture.

Dès lors on ne leur fit plus que des traitemens gracieux, on les régaloit splendidement, & Cansaimondono, à qui ils demanderent s'ils étoient encore bien loin de Jedo leur répondit qu'ils avoient encore vingt jours de marche pour y arriver, mais qu'ils ne se missent en peine de rien, & que tout iroit bien. Il leur tint parole, & ils n'eurent plus d'autre incommodité à essuyer les jours suivans, que la foule incroyable de gens de toute espece & de toutes conditions, qui accouroient pour les voir, & ne leur laissoient presque pas un moment de repos. Ils s'apperçurent seulement, aux questions, qu'on leur faisoit sans cesse, qu'on n'étoit point persuadé qu'ils fussent partis de Batavia, ni au service de la Compagnie des Indes, mais qu'on les soupçonnoit d'être venus de Macao, ou de Manile, & d'avoir amené des Religieux au Japon. Au sortir de Nambou, où le Roi de Fitachi les visita (*a*) dans leur Auberge, Cansaimondono les quitta, & deux autres Gentilshommes prirent sa place ; pendant le chemin ils apperçu-

(*a*) L'Auteur de la Relation observe qu'aussitôt qu'on les eut avertis qu'ils alloient recevoir une visite du Roi de Fitachi, ils virent venir quantité de Valets & de Servantes, qui laverent toute la Chambre, où ce Prince devoit être reçu, & en changerent tous les meubles.

rent

rent quantité de Croix, à chacune desquelles il y avoit des Chrétiens, qu'on avoit fait mourir par divers genres de supplices. On ne cessoit point de leur faire à tous momens des questions, pour voir, s'ils ne se couperoient point; & ils remarquerent entr'autres un Bonze, qui parloit fort bien Espagnol, qui s'exprimoit assez bien en Portugais, en Anglois, & en Flamand, & qu'ils s'imaginerent être quelque Religieux Renégat. Cet homme leur faisoit toutes les politesses imaginables, mais ne cessoit point de les questionner sur cent choses différentes, ce qui les fatiguoit beaucoup. A cela près, ils n'avoient qu'à se loüer des Japonnois, qui les accabloient de civilitez & d'offres de service. Leur captivité excitoit la compassion du peuple; chacun vouloit avoir leurs noms par écrit, & c'étoit à qui leur donneroit plus de marques de bonne volonté. On avoit néanmoins continuellement l'œil sur eux, & soit qu'ils veillassent, ou qu'ils dormissent, ils n'avoient jamais moins de cent hommes de garde.

Ils n'étoient plus qu'à une lieuë de Jedo, lorsque le Seigneur du Village, où ils avoient abordé, prit aussi congé d'eux, & leur apprit que leur Navire avoit fait voiles, sans qu'on sçût quelle route il avoit pris, ce qui les mit dans de grandes inquiétudes. Ils entrerent enfin à Jedo, ayant changé huit fois de relais depuis Nambou, & vû plus de cent Villages, tous bien bâtis, & fort peuplez. Ils étoient à peine arrivez dans cette Capitale, qu'ils virent entrer dans leur Chambre Cansaimondono, qu'ils croyoient bien loin. Cette visite les chagrina, d'autant plus que ce Gentilhomme ne paroissoit plus si empressé à leur faire amitié, & qu'il trouva mauvais qu'on les eût logez dans l'Appartement des Ambassadeurs Hollandois, disant qu'ils n'étoient pas au service de la Compagnie des Indes; & que lui ayant demandé, s'il avoit fait tenir les Lettres, qu'ils écrivoient à leurs gens, & dont il s'étoit chargé! il ne fit pas semblant de les entendre.

Le jour même de leur arrivée, qui étoit le vingt-cinquiéme d'Août, & le jour suivant, on les fit comparoître devant deux Seigneurs, qui avoient été Gouverneurs de Nangazaqui, & le même Bonze, dont nous avons parlé, servant de truchement, on leur demanda par quelle avanture ils avoient moüillé au Port de MANSONI (*a*)? Ils répondirent que la tempête les y avoit jettez, & qu'ils avoient fait bien des efforts pour gagner Nangazaqui, mais inutilement. Comme ils sortoient du Palais, ils apperçurent quatre Prêtres Portugais sur de méchans Brancards: c'étoit les quatre Jésuites, dont nous avons parlé en dernier lieu, & cependant quelques-uns des leurs, qu'on avoit interrogez séparément, eurent une terrible allarme, en voyant entrer dans la Salle, où ils étoient, des hommes, qui portoient des paniers pleins d'habits Ecclésiastiques, de Livres & de papiers écrits, & d'autres remplis de fers, de menottes,

---

(*a*) Ce Port est appellé Nambou dans la Relation, & plus bas MANSONI. Celui-ci étoit apparemment un petit Havre dépendant du Port de Nambou. Au reste on écrit Nambu, mais on prononce Nambou, comme Tsugaru, Tsugarou, &c.

de chaînes, & de plusieurs instrumens propres à tourmenter les Criminels : mais ils en avoient été quittes pour la peur.

§. V.

Ils reçoivent de fâcheuses nouvelles de Nangazaqui. Ils sont conduits en prison hors la Ville. Ils reçoivent des nouvelles du Directeur de leur Commerce. Les Japonnois découvrent le véritable dessein de leur voyage. Ils sont interrogez de nouveau. On leur propose un Ecrit à signer. Embarras, où ils se trouvent par l'ignorance des Interprétes. Ils comparoissent de nouveau, comme des Criminels, avec des Jésuites. Ce qui se passe entre ceux-ci, & un Apostat.

PEu de tems après, ils furent rappellez au même Palais, où le premier spectacle, qui se présenta à leurs yeux, furent les quatre derniers Jésuites, dont nous avons parlé, que l'on y garottoit (*a*) ; leur premiere frayeur les reprit, lorsqu'ils virent le Bonze, qui les avoit déja si souvent questionnez, chercher à les embarasser, & paroissant toujours persuadé qu'ils venoient de Macao, ou de Manile. On les renvoya ensuite à leur logis, où peu après arriverent deux Officiers accompagnez du même Bonze, qui leur dirent qu'ils étoient Interprétes de la Compagnie, & qu'ils avoient amené les quatre Jésuites à Jedo par ordre de l'Empereur ; qu'on s'étoit saisi à Nangazaqui de la personne de Jean ELSERAK Président du Commerce ; qu'il seroit à Jedo dans un mois avec deux Interprétes, & un Religieux Apostat, nommé SYOVAN ; qu'on avoit aussi saisi cinq Navires Hollandois : qu'Elserak devoit leur être confronté, & interrogé lui-même sur quelques affaires, qui regardoient les Chinois ; qu'ils prissent néanmoins bon courage, & qu'il n'y avoit rien à craindre pour eux, puisque les deux anciens Gouverneurs de Nangazaqui, devant lesquels ils avoient déja comparu, étoient des amis de leur Nation.

Le cinquiéme de Septembre ils virent entrer dans leur chambre l'Apostat Syovan, avec deux Interprétes, qui leur faisant très-mauvais visage, les menerent hors de la Ville au milieu d'une foule de Gardes de l'Empereur, & les enfermerent dans une Prison du Fauxbourg, où étoient les Jésuites, avec quelques autres Chrétiens, ayant tous les fers aux pieds & aux mains. Quelque tems après on les fit entrer dans une cour, où il y avoit quantité de Croix dressées, avec de grandes Cuves pleines d'eau. Cette cour & une Gallerie, dont elle étoit environnée, étoient remplies de toutes sortes de gens, parmi lesquels il y avoit des Greffiers, des Huissiers, des Bourreaux, & des Sergens, dont la vûë leur glaça le sang dans les veines. La chaleur étoit extrême, ils n'avoient ni bû ni mangé de tout le jour, & on les laissa fort longtems sans leur rien dire. Toute la faveur, qu'on leur

---

(*a*) Il y a bien de l'apparence que le Frere Japonnois, qui accompagnoit les quatre Peres, avoit été séparé d'eux, ou qu'étant vêtu à la Japonnoise, les Hollandois ne le crurent pas Jésuite.

DU JAPON, LIVRE XIX.

fit, ce fut de leur envoyer de tems en tems quelque morceau de Sucre, de la part de Sicungodono, un des deux anciens Gouverneurs de Nangazaqui. Enfin ils virent arriver les Jésuites, dont il leur fallut essuyer l'interrogatoire, qui fut très-long. Ils en eurent ensuite à subir eux-mêmes un, où on leur fit quantité de questions très captieuses, puis on les renvoya à leur logis, où ils resterent assez tranquiles jusqu'au vingt-troisiéme de Septembre.

Ils eurent les jours suivans plusieurs allarmes, dont la principale fut causée par un tremblement de terre, qui fit de grands ravages à Jedo; on les visitoit de tems en tems, & toujours pour leur faire de nouvelles questions, dont quelques-unes les embarassoient fort. Mais ce qui les inquiétoit davantage, c'est qu'ils avoient celé le véritable sujet de leur voyage; car ils ne doutoient point que, si les Japonnois l'apprenoient d'Elserak, il ne leur en coûtât la vie, par la raison que les Loix du Païs punissent de mort le mensonge. D'ailleurs on ne leur laissoit pas un moment de repos, & quand on étoit las de les interroger, on leur faisoit faire mille bouffonneries, dont les Japonnois se divertissoient à leurs dépens. Un Billet, qu'ils reçûrent sur ces entrefaites des Sieurs Elserak & Overtwater, les calma un peu. Il étoit conçû en ces termes: « Aujourd'hui dixiéme de Décembre, » le Gouverneur de cette Ville nous » a fait sçavoir, que le Capitaine » Schaëp ayant ancré à Mansoni, » avoit été fait prisonnier avec dix » autres de son Vaisseau, qu'on avoit » menez à Jedo, ne sçachant pas » de quelle Nation ils étoient: mais » maintenant que les Japonnois » sont assûrez, que vous êtes Hollandois, il ne faut pas douter qu'ils » ne vous mettent bientôt en liberté. Vous sçaurez cependant, que » tout est ici en bon état, que cinq » Vaisseaux de Batavia sont arrivez » en peu de tems à Desima, ce qui » nous fait croire que la Compagnie fera cette année un profit » considérable. Nous espérons que » vous serez bientôt en état de nous » venir voir, & qu'en attendant » vous souffrirez avec patience le » malheur, où le Ciel a voulu que » vous soyez tombez. Nous apprenons, que le Breskens a levé » l'ancre du Port de Nambu. »

Le lendemain du jour, qu'ils eurent reçû ce Billet, les Interprétes leur dirent qu'on avoit eu avis du Gouverneur de Nangazaqui, que le troisiéme de Février 1643. il étoit parti de Batavia deux Navires pour aller vers la Tartarie dans le dessein d'y faire des découvertes; qu'ils menoient avec eux un Tartare pour leur servir de guide, & que le Sieur Elserak croyoit que le Breskens étoit un de ces deux Vaisseaux. Ils avoüerent, que la chose étoit vraye, que s'ils ne s'étoient pas bien expliquez jusqu'alors, c'étoit parce qu'ils n'entendoient pas bien ce qu'on leur disoit en Portugais: On parut se contenter de cette réponse, & quand on les eut laissé seuls, ils concerterent ensemble de s'en tenir à ce qu'ils avoient dit; mais de ne point parler du dessein qu'ils avoient eu de chercher des Mines d'or & d'argent; cette circonstance étant seule capable de les faire traiter en Criminels.

Les Interprétes, qu'on attendoit depuis si longtems de Nangazaqui, étant arrivez, on recommença à les interroger de nouveau; ce qui se fit à diverses reprises, & toujours d'une manière embarassante & captieuse. Mais de toutes les questions, qu'on leur fit, nulle ne les allarma davantage, que celle-ci: pourquoi ils avoient jetté dans la Barque d'un Pêcheur un Livre de la Religion Romaine, rempli de figures? Schaëp prit le parti de nier le fait, & protesta que, si on pouvoit l'en convaincre, il étoit prêt de subir tous les supplices imaginables, & que si quelqu'un de ses gens se trouvoit coupable, il le désavoüoit & l'abandonnoit à toute la rigueur des Loix. Une des choses, sur quoi on insista davantage ce jour-là, & les suivans, ce fut les coups de Canon & de Fusil, qu'ils avoient tirez de leur bord, & dont l'Empereur, leur dit-on, étoit extrêmement indigné; on leur fit aussi un crime de s'être voulu défendre, lorsqu'on les avoit arrêtez; mais ils donnerent de si bonnes raisons de tout cela, qu'on en parut satisfait.

Enfin Sicungodono leur fit demander, s'ils vouloient s'obliger par un Acte à comparoître devant les Juges du Japon, dès qu'ils en seroient sommez par ordre de l'Empereur, quand même ils seroient en Hollande; en cas qu'on eût de quoi les convaincre d'avoir mis à terre des Prêtres ou des Jésuites, de quelque Nation qu'ils fussent: mais on leur ajoûta, qu'il faudroit que cet Acte fût signé par le Résident de la Compagnie, qui étoit à Desima, & que celui-ci s'engageât en personne avec tous les biens, que les Hollandois possédoient dans leur Isle, de les représenter, quand on le jugeroit à propos. Schaëp répondit, qu'il acceptoit la proposition, & qu'il ne doutoit pas, que le Chef de la Compagnie ne le cautionnât. L'Acte fut aussitôt minuté, & remis à un des Interprétes, pour être traduit en Hollandois, & Sicungodono congédia Schaëp, en lui recommandant de lui apporter le lendemain l'Acte signé. En voici la teneur. « Henry » Corneille Schaëp, & Guillaume » Byvelt, avec les autres Prisonniers » Hollandois, confessent d'avoir ti- » ré sur les Côtes du Japon quel- » ques coups de Canon de leur » bord, suivant la coutume de leur » Païs; mais ils protestent qu'ils » l'ont fait, ne sçachant pas que cela » fût défendu, & ils en demandent » pardon. De plus ils déclarent être » partis de Batavia pour aller en » Tartarie, sans avoir eu la moindre » pensée de transporter sur ces ter- » res des Prêtres Espagnols, ni Por- » tugais, & s'obligent, en cas qu'on » les puisse convaincre de menson- » ge en cela, de venir comparoître » en quelque part du Monde qu'ils » soient, devant les Ministres de » l'Empereur, au premier ordre » qu'ils en recevront, afin d'être pu- » nis conformément à la grandeur » de leur crime.

Les Hollandois s'attendoient qu'après avoir signé cet Acte, ils ne rencontreroient plus aucun obstacle à leur élargissement; mais ils furent deux jours sans entendre parler de rien, & le troisiéme ils se retrouverent dans le plus grand embarras, où ils eussent encore été; un de leurs Interprétes leur ayant fait entendre que leurs réponses avoient été mal expliquées, d'où il étoit arrivé qu'ils avoient paru se couper. Ce contre-tems donna lieu à de nouveaux interrogatoires, qu'on leur fit essuyer coup sur coup. La faute venoit des Interprêtes mêmes, qui ne sçavoient pas bien la langue Hollandoise, mais qui furent d'assez bonne foi pour remédier au mal, qu'ils avoient fait. Le quatorziéme d'Octobre ils furent avertis de se tenir prêts à comparoître le lendemain une heure avant le jour, devant les Ministres de l'Empereur, & on les conduisit en effet à l'heure marquée au Palais de Sicungodono, où, après qu'on les eut fait attendre assez long-tems, on les fit entrer dans une grande Salle, & asseoir sur de méchantes Nattes, à côté des Jésuites, qu'ils trouverent fort pâles & fort défaits par l'excès des tourmens, qu'on leur avoit fait souffrir.

Cette compagnie, & l'appareil de l'interrogatoire, leur donnerent beaucoup à penser. Les Jésuites furent interrogez les premiers sur plusieurs articles de leur Foi, & répondirent avec une grande fermeté. Quelques Renégats, qui étoient présens, prirent la parole, & leur dirent: » Misérables, quel aveuglement est » le vôtre, d'adorer un Dieu, qui » est sourd & impuissant, puisqu'il » vous abandonne au milieu des » supplices, où vous implorez en » vain son secours ! S'il a créé le » Ciel & la Terre, s'il les conserve, » comme vous dites, que ne vous » tire-t'il de l'abîme, où vous êtes » tombez; que ne change-t'il les » miseres, qui vous rendent si difformes, en un état plus doux ! » N'avouërez-vous pas que l'Empereur est plus puissant que lui, » puisqu'il fait de vous ce qu'il lui » plaît, & que votre Dieu ne sçauroit vous délivrer de ses mains? »

A tous ces blasphêmes un des Jésuites répliqua, qu'il étoit vrai que Dieu sembloit les abandonner, mais que ce n'étoit qu'aux yeux du monde & des Infidéles, comme eux; qu'ils voyoient bien leurs Croix, mais non pas l'Onction, qui les leur rendoient délicieuses. Quelques autres Jésuites parlerent aussi avec la même intrépidité, & dirent des choses si sublimes, que les Juges ne voyant personne dans l'Assemblée, qui pût y répondre, firent venir Syovan, à qui ils ordonnerent de réfuter tout ce que les Jésuites venoient d'avancer sur l'excellence de leur Religion.

Ce Malheureux, qui pouvoit bien être le Pere Ferreyra, obéit à cet ordre, & parla, disent les Hollandois, avec une impudence, qui fit gémir ses Confreres, dont l'un, armé d'une sainte indignation, lui répliqua au nom de tous, & d'un ton, qui ne se sentoit point de l'accablement, où il étoit réduit. Il lui réprocha ses excès, la dureté de son cœur, ses résistances à la Grace; puis prenant un ton plus radouci, il lui fit une pathétique exhortation, pour l'engager à rentrer dans son devoir, & à ne pas abuser de la bonté du Seigneur, qui lui ouvroit encore le sein de ses miséricordes, prêt à le recevoir au nombre de ses Enfans, pour peu qu'il secondât la Grace. Le Missionnaire n'auroit pas sitôt fini son exhortation, mais elle n'étoit pas du goût des Juges, qui lui imposerent silence, & le firent retirer, aussi-bien que tous les autres Jésuites & les Chrétiens. Les Hollandois étant restez seuls, on commença de les interroger de nouveau sur plusieurs choses, qui avoient été souvent rebattuës, mais on infifta particulierement fur le départ de leur Navire de la Rade de Nambu, & fur la paix, que les Etats Généraux avoient faite depuis peu avec le Roi de Portugal, ce qui, leur dit-on, donnoit à l'Empereur de juftes ombrages contre eux. Ils répondirent au premier article, qu'ils ne pouvoient pas fçavoir quelle raifon avoit euë leur Pilote de partir de Nambu ; & fur le fecond, ils dirent que la trop grande puiffance des Efpagnols avoit obligé leurs Maîtres de fe joindre aux Portugais contre cet Ennemi commun ; mais qu'on ne devoit pas craindre pour cela, qu'ils favorifaffent les Religieux de cette Nation, y ayant trop d'oppofition entre fa Religion & la leur.

§. VI.

L'Empereur prend de nouveaux ombrages contre les Hollandois. Ils apprennent des nouvelles du Caftricoom. Ils font confrontez avec le Directeur du Commerce, qui les cautionne. Ils font mis en liberté. Ce qu'ils difent de plufieurs Jéfuites, & ce qu'on en doit penfer. Ambaffade des Hollandois vers l'Empereur du Japon.

LE premier de Novembre on leur déclara, que l'Empereur n'étoit pas encore bien raffûré fur leur fujet ; que ce qui tenoit le plus au cœur de ce Prince, étoit la diffimulation, dont ils avoient ufé, par rapport au projet de leur voyage, & que Sa Majefté ne vouloit pas qu'ils fuffent élargis avant l'arrivée du Sieur Elferak, lequel ne devoit pas tarder à fe rendre à Jedo ; enfin qu'on les foupçonnoit fort d'être venus dans ces Parages pour y chercher les Tréfors de l'Empire, qui font les Mines d'or & d'argent. Ce qu'il y eut de plus furprenant, c'eft qu'après qu'ils eurent protefté qu'ils n'avoient jamais ouï parler de ces Mines, un des Interprétes leur dit, qu'elles étoient à cinquante-neuf lieuës de la Pointe. Les Hollandois ne firent pas femblant de l'avoir compris ; mais ils fe reffouvinrent, que quand ils avoient été féparez du Caftricoom, la nuit du quatorziéme de Mai, ils étoient fuivant leur eftime à cinquante-fix lieuës Eft Sud-Eft de Jedo.

Quelques jours après ils apprirent, qu'un Navire, qu'ils jugerent être le Caftricoom, avoit paru fur la Côte Orientale du Japon ; qu'il y avoit traité quelques Marchandifes pour des provifions ; que ceux de l'Equipage, qui avoient mis pied à terre, avoient été arrêtez, & qu'on les amenoit à Jedo. Cela donna lieu encore à bien des queftions, qu'on leur fit, mais qui les ennuyerent beaucoup plus, qu'elles ne les embarafferent ; d'autant plus, qu'on les affûra, que les autres Prifonniers n'avoient rien dit dans les interrogatoires, qu'on leur avoit fait prêter, qui ne fût conforme à leurs réponfes. Le vingt-fixiéme de Novembre ils reçûrent ordre de changer de logis, celui qu'ils occupoient étant deftiné pour le Sieur Elferak, avec qui l'Empereur ne vouloit point qu'ils euffent aucune communication, avant qu'il eût été interrogé. Ils le furent eux-mêmes encore plufieurs fois, & dans un de ces interrogatoires, où ils disent que les Juges parurent dans un appareil, que toute la pompe des Princes de l'Europe ne sçauroit imiter; Sicungodono les somma de lui parler avec sincérité; ajoûtant que, si par les réponses du Sieur Elserak il se trouvoit qu'ils eussent usé de la moindre dissimulation, il n'y auroit pas au Japon assez de supplices pour les en punir. On voulut ensuite avoir par écrit une Relation de tout ce qui leur étoit arrivé depuis leur départ de Batavia, pour la confronter, non seulement avec les réponses du Sieur Elserak, mais encore avec celles du Capitaine de l'autre Vaisseau, qui étoit du nombre des Prisonniers.

Le huitiéme de Décembre ils parurent devant le même Tribunal avec le Sieur Elserak, auquel on demanda s'il reconnoissoit Schaëp pour le Capitaine du Breskens, & Byvelt pour le sous-Marchand? à quoi le Président répondit, qu'ils étoient véritablement partis en cette qualité de Batavia le troisiéme de Février, & ajoûta, qu'il les cautionnoit pour le reste, non seulement de sa personne, mais de tous les Vaisseaux de la Compagnie, qui négocioient à Nangazaqui; sur quoi Sicungodono lui fit dire, qu'il eût à se représenter le lendemain devant l'Empereur, ou devant son Premier Ministre, pour signer ce qu'il venoit de déclarer. Après cela on les congédia tous; mais un moment après on fit rentrer le Président, à qui un des Juges dit, qu'on ne jugeoit pas qu'il dût encore s'en retourner avec les Prisonniers, & les Hollandois crurent, que l'on en usoit ainsi, parce qu'il convenoit, qu'ils reçûssent leur liberté de la bouche même de l'Empereur. On les laissa néanmoins souper ensemble, & sur la fin du repas Schaëp & Byvelt eurent ordre de ne point sortir de leur logis, que le Sieur Elserak n'eût eu Audience de Sa Majesté Impériale.

Il l'eut le même jour; Schaëp & Byvelt furent eux-mêmes conduits au Palais de l'Empereur, où après qu'on les eut fait longtems attendre, ils apperçurent Sicungodono, qui étoit suivi du Sieur Elserak, auquel il dit, qu'encore que les Hollandois, qui étoient là présens, eussent mérité d'être séverement punis, tant pour avoir croisé longtems sur les Côtes de l'Empire, que pour avoir épouvanté les Habitans du Païs par les coups de Canon, qu'ils avoient tirez, étant à la rade de Nambu; toutefois comme il ne paroissoit point qu'ils eussent amené au Japon, ni Prêtres, ni Jésuites, & que sa déposition s'accordoit avec la leur, l'Empereur vouloit bien leur faire grace, & les remettre en liberté à sa considération; à condition néanmoins, qu'il s'engageroit à répondre pour eux, en cas qu'on pût découvrir qu'ils eussent eu quelque dessein contre l'Empereur, & contre l'Empire. Elserak ayant répondu qu'il accepteroit ces conditions, Sicungodono se tourna vers Schaëp & Byvelt, & leur demanda s'ils promettoient de comparoître devant l'Empereur, ou ses Ministres, toutes les fois qu'ils en seroient sommez, en quelque part du monde qu'ils fussent; & comme ils eurent protesté, qu'ils le feroient: *c'est donc à ces conditions*, reprit ce Seigneur, *que l'Empereur vous rend la liberté: allez où vous voudrez.* A cette grace on leur en ajoûta une autre, qui fut de leur faire voir une partie du Palais Impérial, dont ils nous ont donné dans leur Relation une description, contre laquelle il paroît que Kœmpfer s'eſt inſcrit en faux; ce qui peut faire juger, que ce qu'ils en diſent, eſt au moins exageré.

Il eſt pourtant certain, & nous l'avons vû en pluſieurs occaſions, qu'il n'eſt peut-être point de Monarque au monde, qui ſe montre à ſes Sujets avec plus de cette pompe & de cet appareil, qui attire le reſpect, & imprime la crainte; ni dont le Palais renferme plus de richeſſes, & ſoit orné avec plus de goût. Je ne ſçai non plus trop ce qu'on doit penſer de ce qui fut dit un jour à Schaëp & à Byvelt, que deux Jéſuites Japonnois, qui avoient embraſſé la Religion du Païs, y avoient renoncé avec éclat, & que c'étoit pour tâcher de les ramener au culte des Dieux de l'Empire, que Syovan étoit parti bruſquement de Jedo. Ce qu'ajoûte la Relation, qu'on leur aſſûra encore que l'Empereur avoit fait grace aux Jéſuites, qu'ils avoient vûs, mais qu'ils ne ſeroient remis en liberté, qu'après l'arrivée du Sieur Elſerak, à qui on les confieroit, pour les envoyer à Batavia; cela, dis-je, eſt manifeſtement contredit par ce que nous avons rapporté plus haut de leur Martyre, & parce que s'ils avoient en effet été conduits à Batavia, on auroit ſçû ſans doute ce qu'ils ſeroient devenus. La raiſon qu'on leur apporta de cette réſolution de l'Empereur, ſi contraire à la conduite, que ce Prince avoit tenuë juſques-là avec les Religieux d'Europe, a encore moins de vraiſemblance; &

comme elle ne ſe trouve pas dans la premiere des deux verſions, que nous avons de leur Relation, elle pourroit bien avoir été ajoûtée après coup dans la ſeconde. C'eſt, dit-on, parce que ces Religieux paroiſſoient chanceler dans leur Religion, & qu'ils avoient découvert à l'Empereur un ſecret, qui étoit pour ce Prince d'une extrême importance, à ſçavoir, que les Jéſuites étoient ſur le point d'exécuter le deſſein, qu'ils avoient formé depuis long-tems de s'emparer du Japon: qu'ils eſpéroient d'autant plus y réüſſir, qu'on aſſûroit qu'il renaiſſoit de tous côtez des cendres des Martyrs une infinité de Chrétiens; & qu'enfin le nombre en étoit ſi grand; que l'Empereur craignoit pour ſa Perſonne, & pour ſon Sceptre. Je croi que ceci n'a pas beſoin de réfutation, & que ſi l'Auteur de la Relation ne l'a pas imaginé, les Japonnois ont cru les Hollandois bien ſimples, s'ils ont eſpéré de leur perſuader ces fables.

L'année ſuivante le Général de Batavia jugea à propos d'envoyer à l'Empereur du Japon, une ſolemnelle Ambaſſade au nom de la Compagnie des Indes, pour le remercier de la grace, que Sa Majeſté avoit faite à ſes Sujets, & nomma pour Ambaſſadeurs, les Sieurs BLOKHOVIUS & FRISIUS, qui partirent le vingt-huitiéme de Juin 1644. le premier mourut en Mer, & le ſecond entra dans le Port de Nangazaqui le dix-neuviéme de Septembre de la même année. Il y employa plus de deux mois à faire les préparatifs de ſon Ambaſſade, & il ſe mit en marche pour Jedo le vingt-cinquiéme de Novembre accompagné

gné du Sieur BROECKHORST, nouveau Directeur de la Compagnie Hollandoise au Japon. Nous avons le Journal de ce voyage, aussi bien que de la plûpart de ceux, que les Hollandois ont faits de Nangazaqui à Jedo, & rien ne seroit plus propre à dresser une Carte détaillée de ce grand Empire, si ces Messieurs s'étoient plus appliquez à s'instruire de la véritable situation des lieux ; mais quel fond peut-on faire sur leurs Mémoires, quand on les voit si peu d'accord entr'eux, qu'on ne croiroit presque pas, qu'ils eussent voyagé dans le même Païs, & tomber dans les erreurs les plus grossieres : mettre, par exemple, Firando au nombre des Villes du Bungo, & confondre ce dernier Royaume avec l'Isle de Xicoco ? Je ne sçai ce qui arrêta si longtems Frisius dans sa route ; mais il paroît certain qu'il ne repartit de Jedo qu'au mois d'Avril 1650. (a) Au reste cette Ambassade n'eut rien de fort remarquable, & il ne fut pas possible à Frisius de voir l'Empereur, qui étoit fort malade. Toutefois son séjour au Japon ne fut pas tout-à-fait inutile à la Compagnie des Indes, qui l'avoit envoyé : au moins est-il fort vraisemblable que ce fut lui, qui fit échoüer une nouvelle tentative des Portugais de Macao, pour rétablir leur Commerce au Japon. Voici de quelle maniere la chose se passa.

(a) Il paroît même que cet Ambassadeur & son Collégue ne sont partis de Batavia pour le Japon, qu'en 1646. au plutôt, & qu'il y a erreur dans le chiffre. En effet le Breskens & le Castricoom n'étant partis pour le Nord du Japon, qu'en 1643. il n'est gueres possible qu'ils ayent été de retour aux Indes en 1644.

§. VII.

La Ville de Macao propose au nouveau Roi de Portugal une Ambassade au Japon. Il y consent, & l'Ambassadeur arrive à Nangazaqui. Il est renvoyé sans audience. Mort de l'Empereur. Suite de l'Histoire du Pere Ferreyra. Sa conversion & son Martyre.

EN 1641. Antoine FIALHO FERREYRA arriva à Macao avec la nouvelle de la Révolution, qui avoit mis sur le Trône de Portugal Dom Jean Duc de Bragance. La joye fut grande dans cette Ville, où tous les Habitans avoient le cœur Portugais, & Ferreyra fut député sur le champ, avec un autre Gentilhomme, nommé Gonzalo FERRAZ, pour aller assûrer le nouveau Roi de la fidélité de la Ville, & lui présenter deux cens Canons de fonte, avec une très-grande quantité d'autres provisions de guerre. Ce Prince fut infiniment sensible à des marques aussi peu équivoques du zéle d'une Ville, qui étoit encore assez puissante alors, & dont la prompte réduction achevoit de lui assûrer le Commerce des Indes & de la Chine. Il ne lui manquoit plus que de rétablir celui du Japon. Ferreyra, après lui avoir représenté le tort, que la chûte de ce Commerce avoit fait à Macao en particulier, & en général à tout son Royaume, lui proposa d'envoyer une solemnelle Ambassade à l'Empereur Japonnois, pour faire part à ce Prince de son élévation sur le Trône, & de la séparation des deux Couronnes d'Espagne & de Portugal, dont la réünion sur une même tête avoit été la principale cause de la disgrace des Portugais.

Le Roi goûta cet avis, fit sur le champ armer deux Navires, en donna le Commandement à Ferreyra & à Ferraz, honora le premier du titre de Capitaine-Major, & le second de celui d'Amiral, & nomma pour son Ambassadeur auprès du Monarque Japonnois, D. Gonzalo de SEQUEYRA. Les deux Vaisseaux furent bientôt prêts, & mirent à la voile le vingt-neuviéme de Janvier 1644. Mais ayant voulu faire le voyage en droiture, sans toucher aux Indes, non seulement ils eurent beaucoup à souffrir dans cette traversée, ils furent encore contraints, après avoir longtems erré le long des Isles de Sumatra & de Java, de relâcher à Goa. Ils passerent ensuite à Macao, où l'Ambassadeur s'arrêta assez longtems, pour faire ses préparatifs; il en partit sur la fin de l'année 1646. ou au commencement de la suivante, & il arriva en peu de jours à Nangazaqui.

Dès qu'il eut moüillé les ancres, il donna avis aux Gouverneurs du sujet de son voyage, & leur fit représenter, que les Portugais, tant qu'ils avoient été seuls d'Européens au Japon, ayant toujours vêcu en très-bonne intelligence avec les Japonnois, & s'étant acquis l'estime & la bienveillance de la Nation, par leur droiture & leur sage conduite, il se flattoit, que puisque la Couronne de Portugal étoit retournée à ses Princes naturels, Sa Majesté Japonnoise rendroit ses bonnes graces à un Royaume, dont tout le crime à son égard, étoit d'avoir eu le malheur d'être réduit en Province d'une Monarchie, qui embrassoit les deux Hémisphéres. Les Gouverneurs ne répondirent, que par des politesses vagues, firent transporter à terre, selon la coutume, les Gouvernails & les Voiles des Navires, & expédierent aussitôt un Courier à l'Empereur.

On fut quarante jours sans avoir de réponse, & pendant tout ce tems-là Sequeyra eut lieu de se loüer des bonnes manieres des Gouverneurs. Cette conduite, si différente de celle, qu'on avoit tenuë sept ans auparavant avec les Ambassadeurs de Macao, faisoit bien augurer aux Portugais du succès de cette Entreprise; mais le retour du Courier ruina en un moment toutes ces espérances. Les Gouverneurs déclarerent à l'Ambassadeur, que l'Empereur leur Maître ne vouloit point entendre parler de renoüer le Commerce avec les Sujets du Roi de Portugal; il lui fit ensuite restituer tous les agrès de ses Navires, & lui enjoignit de partir sur le champ. Le Mémoire, d'où j'ai tiré ce récit, ajoute, qu'il s'en étoit assez peu fallu, que cette Ambassade n'eût mieux tourné pour les Portugais, mais que les clameurs des Bonzes, & les intrigues des Hollandois firent manquer le coup : & il ne faut point douter, que l'Ambassade de Frisius n'ait été un contretems fâcheux pour Sequeyra.

L'Empereur To-Xogun-Sama mourut la même année, que l'Ambassadeur Hollandois partit du Japon, c'est-à-dire en 1650. Son Successeur, que l'Auteur des Ambassades mémorables de la Compagnie des Indes au Japon, nomme QUA-NB (*a*), & Kœmpfer, JIETZNA-KO, étoit encore enfant ; le même Kœmpfer prétend qu'il étoit fils de To-Xogun-Sama ; d'autres Mémoires difent, qu'il étoit feulement de la Famille Impériale. On lui nomma des Tuteurs, qui gouvernerent avec beaucoup de fageſſe & de modération : on crut même que la Religion Chrétienne alloit être rétablie dans l'Empire ; la perſécution ceffa, & tout fembloit fe difpofer à une révolution en faveur du Chriſtianiſme ; mais ces belles apparences s'évanouirent bientôt, & d'ailleurs il reſtoit ſi peu de Chrétiens, & de veſtiges même du Chriſtianiſme au Japon, que ſi l'entrée y eût été de nouveau ouverte aux Miſſionnaires, ils n'y auroient pas été beaucoup plus avancez, que quand S. François Xavier y arriva pour prêcher l'Evangile.

Le Pere Ferreyra étoit toujours à Nangazaqui, où il avoit très peu de liberté. Ce qui obligeoit les Japonnois à en ufer ainſi à ſon égard, c'eſt qu'ils ne purent jamais tirer de lui aucune lumiere touchant les endroits, où fe retiroient les Miſſionnaires, dont ils croyoient qu'il reſtoit encore un aſſez grand nombre au Japon. Peu de tems après qu'il eut apoſtaſié, on l'avoit contraint d'époufer une Japonnoife fort riche, mais Veuve d'un Orfévre Chinois, lequel avoit été exécuté publiquement pour ſes crimes : & quoique les deux Parties euſſent une égale répugnance l'une pour l'autre, on fit publiquement les Cérémonies de ce monſtrueux Mariage ; mais il ne fut point conſommé, & jamais YEDOTZUA, c'eſt le nom Japonnois, que prit le Religieux Déferteur, ne demeura avec la femme, qu'on l'avoit forcé de prendre. Il n'en put même jamais tirer un ſol, & comme il ſe trouva bientôt réduit à la mandicité, il fe fit Ecrivain & Interpréte des Hollandois, pour avoir de quoi vivre.

Il menoit d'ailleurs une vie bien trifte : perſonne ne vouloit avoir de commerce avec lui, & il n'y avoit pas juſqu'aux Idolâtres, qui lui reprochoient ſa lâcheté. On lui remettoit ſans ceſſe devant les yeux, que des Femmes & des Enfans étoient morts dans les plus horribles tortures, ſans donner la moindre marque de foibleſſe : & un jour qu'il conjuroit un des Gouverneurs de Nangazaqui de lui donner au moins de quoi ſubfiſter, ce Seigneur lui répondit avec aigreur, qu'on ne lui devoit rien ; que s'il avoit embraſſé la Religion de l'Empire, il ne l'avoit point fait par eſtime pour elle, mais uniquement pour fe délivrer du ſupplice, & pour ſauver ſa vie : que ſi néanmoins il vouloit fe rendre digne des bienfaits de l'Empereur, il n'avoit qu'à découvrir où les Miſſionnaires fe retiroient. Mais la plus extrême indigence ne put jamais l'engager à trahir ſes Freres, & cette fermeté, jointe à l'état déplorable, où il étoit réduit, furent ſans doute

---

(*a*) Il y a ici une contradiction groſſiere dans les Mémoires des Ambaſſades des Hollandois. Ils marquent la mort de l'Empereur To-Xogun-Sama en 1650. Nous avons vû que leur tranſport de Firando à Defima étoit arrivé en 1640. & cependant ils diſent page 50. qu'au commencement de leur demeure à Defima ils reçurent des ordres de l'Empereur Quane, datez de la douziéme année de ſon Regne.

des traits de la bonté du Seigneur, qui ménageoit à ce Malheureux une derniere ressource, pour sortir de l'abîme, qu'il avoit lui-même creusé sous ses pas.

Il ne laissa point de courir sur son compte des bruits fort désavantageux, même par rapport à l'article, dont je viens de parler, mais ils n'avoient pour auteurs, que quelques autres Apostats, qui étoient bien aises d'autoriser de son exemple les excès, ausquels ils se portoient en cela contre les Ministres de l'Evangile. Les informations, qui furent faites sur les lieux à la priere & par les soins du Pere Emmanuel DIAZ, Visiteur des Jésuites de la Chine & du Japon, font foi qu'il donnoit même de très-bons avis à tous ceux, avec qui il traitoit en particulier, & que souvent les larmes lui venoient aux yeux, en parlant aux Portugais. Le même Pere Diaz n'ayant pû réüssir dans le dessein d'aller au Japon, qu'exécuterent dans la suite les Peres Rubino & Marquez ses Successeurs, lui écrivit des Lettres très-vives; le Pere Jean BONELLI Recteur du Collége de Macao y joignit les siennes, mais il ne reçut, ni les unes, ni les autres. Au reste on peut juger de la réponse, qu'il y auroit faite, si elles étoient venuës jusqu'à lui, par celle, qu'il fit à peu près dans le même tems à Dom Emmanuel MENDEZ de MOTA, Neveu du Pere Alphonse MENDEZ Jésuite, & Patriarche d'Ethiopie.

Ce Gentilhomme l'ayant un jour abordé, Yedo Tzua éclata d'abord en soupirs, & répandit un torrent de larmes. Dom Emmanuel voulut profiter de cette disposition, qui lui parut favorable, pour l'engager à rentrer dans son devoir; mais il n'en put tirer que ces mots, qui marquoient, ou un grand desespoir, ou un grand dérangement d'esprit: » Que peut faire de bien un homme, » lui dit-il, qui a si lâchement aban-» donné son Dieu? » Dom Emmanuel repliqua tout ce que son zele put lui suggérer, & voyant qu'il parloit en vain, lui fit de grands reproches sur son Mariage. » C'est la » crainte de la mort, repartit Yedo, » qui m'y a contraint, & il n'y a » rien, que je n'eusse fait pour sau-» ver ma vie. La seule pensée de la » Fosse me saisit d'horreur, & me » met hors de moi-même.

Il donna de meilleures paroles à une autre personne, qu'on ne nomme point, & à un Pere Dominicain, qui avoit été pris en arrivant au Japon, & qui lui rendit en présence des Juges quelques Lettres, qu'il avoit apportées de Manile pour lui. Le Pere Cassui, qui avant son Martyre trouva aussi le moyen de l'entretenir, n'en fut pas si content, & on perdit enfin toute espérance de le gagner, de sorte qu'en 1636. le Pere Diaz le déclara chassé de la Compagnie pour tout le tems, qu'il demeureroit incorrigible: cérémonie assez inutile, ce me semble, puisqu'un homme, qui avoit renoncé à Jesus-Christ & à son Baptême, ne pouvoit plus être regardé comme Religieux, & ne tenoit plus à la Religion & à son Ordre, que par des liens, que personne ne pouvoit rompre. Les efforts, que l'on continua de faire dans la suite, pour le retirer du précipice, & les prieres accompagnées de pénitences, que l'on ne cessa d'offrir à Dieu, pour fléchir sa justice en sa faveur, sauverent

DU JAPON, Livre XIX. 445

beaucoup mieux l'honneur de la Compagnie, & produifirent apparemment un meilleur effet.

Au bout de quelques années on commença à bien augurer de fa converfion. Un Portugais lui ayant écrit qu'on ne parloit pas bien de lui, il dit de bouche au Porteur de la Lettre qu'il ne pouvoit pas faire réponfe par écrit; mais qu'il efpéroit que Dieu lui feroit la grace de rentrer dans le fein de l'Eglife. Il n'y a toutefois aucun lieu de douter que les Officiers de l'Empereur ne fe foient fouvent fervis de lui, au moins en qualité de Truchement, pour interroger les Chrétiens & les Miffionnaires, & je ne vois point de raifons, qui empêchent que le SYOVAN, dont parlent les Hollandois, ne foit le même qu'Yedo Tzua. Enfin vers l'année 1652. il fe répandit tout à coup dans les Indes un bruit, qui fut même confirmé avec ferment par des Portugais & des Japonnois, & qui remplit d'autant plus de confolation tous ceux, qui s'intéreffoient à la gloire de la Religion, que ceux, qui en furent les auteurs, étoient d'un caractere à donner du poids à leur témoignage. Voici ce qu'ils rapporterent.

Le grand âge & les infirmitez d'Yedo Tzua l'ayant obligé de garder le lit; les remords de fa confcience fe firent reffentir plus vivement, qu'ils n'avoient encore fait: jour & nuit on l'entendoit foupirer, d'abord fans proférer aucune parole en préfence de ceux, qui l'obfer-

voient; mais bientôt il ne garda plus aucune mefure. Les Gouverneurs de Nangazaqui en furent avertis, & envoyerent informer contre lui. On l'interrogea, & il répondit fans héfiter qu'il étoit Chrétien; qu'il avoit commis contre fon Dieu une infidélité, que tout fon fang ne pourroit jamais bien laver; qu'il efpéroit néanmoins de la Bonté divine, qu'elle lui feroit miféricorde, qu'elle fe contenteroit du facrifice de ce peu de vie, qui lui reftoit, & qu'elle lui accorderoit la grace d'être plus fidéle, qu'il ne l'avoit été la premiere fois.

Sa réponfe fut portée aux Gouverneurs, qui la manderent en Cour, & fur le champ l'ordre fut expédié de le faire mourir dans la Foffe. Quand on lui fignifia cette Sentence, il en témoigna une joye, qui fembla lui redonner des forces: on le porta à la Sainte Montagne, car il ne pouvoit plus marcher: ce lieu confacré par le fang de tant de Martyrs, & qu'il avoit lui foüillé par fon apoftafie, ranima toute fa premiere ferveur: il vécut trois jours dans ce tourment, que dix-neuf ans auparavant il n'avoit pû fouffrir cinq heures, & jufqu'au dernier foupir il ne ceffa de bénir le Seigneur, & de renouveller fa profeffion de foi. On a fçu par des Hollandois que le peu, qu'il avoit poffédé depuis fa chûte, avoit été confifqué après fa mort, ce qui ne fe pratique au Japon, qu'à l'égard de ceux, qui ont été exécutez par ordre de la Juftice.

HISTOIRE

§. VIII.

Conversion & Martyre d'un Ecclésiastique Apostat. Nouvelle Ambassade de la Compagnie des Indes vers l'Empereur du Japon. Instructions données à l'Ambassadeur. Son Audience publique. Incendie de Jedo. Les Hollandois se broüillent avec les Japonnois. Seconde Ambassade de Wagenaa.

De J. C. 1652.
De Syn Mu. 2312.

IL y a bien de l'apparence que la conversion de l'Ecclésiastique, dont nous avons rapporté l'apostasie, en parlant de celle du P. Ferreyra, précéda de quelques années le retour du Provincial des Jésuites. Il assistoit au supplice de quelques Martyrs, qu'on traitoit avec beaucoup d'inhumanité. Leur patience ranima sa foi, & la brutalité des Bourreaux échauffa son zele. Il dit assez haut, pour être entendu, qu'on avoit grand tort d'en user de la forte avec des Innocens ; aussitôt on le saisit, on lui demanda s'il parloit sérieusement, & s'il étoit retourné au Christianisme ? Il répondit qu'il détestoit de tout son cœur les Dieux du Japon. On voulut lui imposer silence, mais comme il ne cessoit de protester à haute voix qu'il étoit Chrétien, & qu'il ne souhaitoit rien tant au monde, que d'expier par la plus cruelle mort son infidélité, on publia que la tête lui avoit tourné, & on le fit mourir en secret. Son Martyre a passé pour constant au Japon & dans les Indes, mais on n'en marque pas précisément le tems, & on n'a point sçu de quel genre de supplice il mourut.

La Compagnie des Indes de son côté, peu satisfaite du succès de l'Ambassade de M. Frisius, prit occasion de la mort de l'Empereur To-Xogun-Sama, pour en envoyer une à son Successeur, & ne négligea rien pour la rendre célebre. Elle eut même la précaution d'en donner avis par son Directeur aux Ministres, & aux Amis, que sa Nation avoit auprès du nouveau Monarque, & en ayant reçu une réponse favorable, le Sieur Zacharie WAGENAAR fut nommé pour cette importante Commission Le Général de Batavia lui donna ensuite ses instructions par écrit, avec ordre de les suivre ponctuellement & à la lettre : elles étoient conçuës en ces termes.

De J. C. 1652.
De Syn Mu. 2312.

» Vous tâcherez de vous accom-
» moder à l'humeur altiere & im-
» périeuse des Japonnois, n'y ayant
» pas de meilleur moyen de les ga-
» gner, & de s'insinuer dans leur
» esprit ; & comme Sicungodono
» est le meilleur ami, que la Com-
» pagnie ait à la Cour de l'Empe-
» reur, vous aurez soin de le con-
» tenter sur les Miroirs & les Lunet-
» tes, que ce Seigneur avoit deman-
» dez, & sur tout ce qu'il pourroit
» encore souhaiter. Vous ne partirez
» point de Nangazaqui pour Jedo
» sans la permission des Gouver-
» neurs, & vous vous tiendrez prêt
» à vous mettre en chemin entre le
» quinze & le vingt Décembre, Si-
» cungodono ayant fait espérer que
» vous aurez audience avant le trei-
» zième de Février, qui est le pre-
» mier jour de l'an selon les Japon-
» nois, ce qu'ils appellent *Songatz.*
» Vos premiers soins, en arrivant à

» Ozaca, feront de faire un Préfent » confidérable à MACHINA SONDO- » SAMMA, dont le Pere eft favori » de l'Empereur : vous lui deman- » derez un Paſſeport, & il n'y a » point de doute que vous ne l'ob- » teniez, ce Seigneur étant ami des » Hollandois, auſquels il donne » toujours audience, au lieu que » ſon Prédéceſſeur ne vouloit pas » ſeulement les voir.

» Vous ferez le même à Jedo à » l'égard des nouveaux Miniſtres, » & vous ſuivrez là-deſſus l'avis du » Truchement PHATSIOSAIMON & » des autres, que vous prierez de » vouloir bien conſulter en cela Si- » cungodono, pour ſçavoir de quelle » maniere vous en devez uſer. Vous » n'oublierez pas de faire les remer- » cimens de la Compagnie à BABA » SABRASAIMONDONO, ci-devant » Gouverneur de Nangazaqui, pour » les bons offices, qu'il lui a ren- » dus, & vous lui ferez préſent de » quelques bariques de vin, dont il a » témoigné quelque envie. Vous de- » manderez à Sicungodono, & au » Truchement SCHESCIMON, ce que » vous devez faire de l'Alcatif de Su- » rate, qu'on a racommodé depuis » peu, & qui eft encore à Déſima, » & s'il juge à propos qu'on en faſ- » ſe préſent à l'Empereur ? Quant à » la Seringue à feu, qu'on a de- » mandée, vous direz qu'elle n'a pû » être prête avant votre départ, & » qu'on l'envoyera ſans faute l'an » prochain; & parce que la graine, » que l'on a donnée à Sicungodono, » a réüſſi contre l'attente de quel- » ques Seigneurs de la Cour, vous » aurez ſoin pendant le chemin de » faire arroſer les Pommiers de Siam, » afin qu'ils ſoient en bon état,

» quand on les lui préſentera.

» Vous menerez avec vous un » Chirurgien Hollandois, pour » montrer aux Japonnois la manie- » re d'employer les Médicamens, » ainſi que l'a ſouhaité Sicungodo- » no. Pour ce qui eft des huit Fu- » ſils & des Piſtolets, qu'on a laiſſez » chez lui l'année précédente, ſans » les faire voir, pour certaines rai- » ſons; vous en donnerez deux Fu- » ſils à ce Seigneur, & vous ſuivrez » ſes ordres pour le reſte. Vous ne » ferez point de préſens à l'Empe- » reur, aux Miniſtres, ni aux Cour- » tiſans, que par l'avis de votre Hô- » te & des Interprétes, & vous les » ferez ſur le même pied, que les » années précédentes. Vous en re- » mettrez auſſi d'abord la liſte à » Sicungodono, afin qu'il les chan- » ge, ſelon qu'il le jugera à propos. » De plus, vous tâcherez de don- » ner à INABAMINOSAMMA, Sei- » gneur d'Odura, un Aſtrolabe, » avec trois pieces de Pane blan- » che, & deux Lunettes, qu'il a » ſouhaité d'avoir, & à MATHSEIN- » DAIRO ISSINOÇAMI, cinq Mi- » roirs, une paire de Lunettes gar- » nie d'yvoire, & trois autres en- » chaſſées différemment, ainſi qu'il » les a demandées. Au fils du pre- » mier Miniſtre INSIEN-SAMMA, » vous donnerez une piece de Da- » mas d'Angleterre, une piece de » Pane blanche, & trois de Serge » de Seigneur noire ; enfin vous » donnerez à MITO-SIOUNANGO- » SAMMA, grand Oncle de l'Empe- » reur, cinq Bracelets de Corail, » & trois paires de Lunettes.

» Les préſens pour l'Empereur » conſiſteront en pluſieurs pieces » du plus beau Velours, & quel-

448

» ques-unes de pou de Soye, deux » grandes Boules d'airain, un fort » beau Miroir, & un *Casuaire* (a) » en vie »; c'est un Oiseau, qui se trouve dans l'Isle de Banda, plus grand & plus gros qu'une Cigogne, & qui n'a, ni langue, ni queuë, ni aîles: il est si fort, que dans sa colere il peut avec son bec casser la jambe d'un homme. Il avale tout ce qu'on lui donne, jusqu'à des charbons ardens. Il a le cou à peu près comme un Coq-d'Inde, excepté que les plumes en sont bleuës & rouges, & se redressent vers la tête: ses pieds sont jaunâtres, & faits à peu près comme ceux d'une Autruche.

Le Sieur Wagenaar ayant reçû ces instructions, partit de Batavia l'onziéme de Juillet 1656. & prit possession en arrivant à Nangazaqui de la Charge de Président du Commerce, à la place du Sieur Bouchelíou, qui s'en retourna aux Indes le douziéme de Novembre de la même année. Le nouveau Président avoit compté de partir pour Jedo le vingt-septiéme de Décembre, mais un des premiers Magistrats (b) mécontent de ce qu'il ne lui avoit pas donné part de son voyage, avant que d'aller chez le Gouverneur, lui fit dire que le jour, qu'il avoit choisi pour son départ, étoit un jour malheureux parmi les Japonnois; qu'il jugeoit à propos, qu'il en prît un autre, & qu'il auroit soin de le lui assigner. Il lui marqua en effet le vingt-neuf; mais le Gouverneur se formalisa à son tour de la prétention du Magistrat, & peut-être aussi de la déférence, que l'Ambassadeur avoit euë pour lui, & ne voulut point qu'il partît avant le neuviéme de Janvier.

Il gagna en douze jours Ozaca, où il n'avoit pas eu dessein de s'arrêter longtems: mais le jour, qu'il avoit fixé pour son départ, qui étoit le troisiéme de Février 1657. comme il se disposoit à se mettre en chemin, on lui signifia un ordre de rester dans son logis, parce que c'étoit un jour consacré aux larmes, en mémoire de la mort du dernier Empereur. Il arriva le sixiéme (c) à Jedo, & il en fit aussitôt donner avis à Sicungodono, & à celui des Gouverneurs de Nangazaqui, qui résidoit en Cour, les priant de lui faire sçavoir les mesures, qu'il devoit prendre, pour avoir Audience de l'Empereur, & lui faire ses présens; la réponse de ces Seigneurs fut, qu'il pourroit avoir Audience le quinziéme du Songatz, & qu'en attendant ils feroient enfermer ses présens dans les Magasins. Ils tinrent parole pour l'Audience: tout s'y passa fort bien, les présens furent trouvez très-beaux, & les Ministres & les Seigneurs amis des Hollandois, furent aussi très-contens des leurs. Il y en avoit en tout pour quatorze mille trois cens soixante-six florins; les frais du voyage en coûterent quinze mille six cens trente-six, & de la vente des Marchandises, qui furent venduës en

(a) C'est apparemment le même Oiseau, dont nous avons parlé ailleurs, & que Kœmpfer nomme *Casuar*.

(b) La Relation de cette Ambassade le nomme le Bourguemestre, & il y a apparence que c'étoit l'*Ottona*, c'est-à-dire, le premier Magistrat de l'Isle de Desima.

(c) Il faut qu'il y ait ici erreur dans le chiffre; car il n'est nullement vraisemblable que l'Ambassadeur soit allé en deux jours d'Ozaca à Jedo: la Poste même ne le feroit pas, & il est certain qu'il y alla par terre.

Cour,

Cour, & qu'il fallut donner à très-bas prix, on ne fit que trois mille taëls. (a)

Sicungodono fut surtout très-satisfait, & voulut régaler l'Ambassadeur dans son Palais; mais comme on alloit se mettre à table, le troisiéme de Mars, on entendit crier au feu. Sicungodono y courut pour donner ses ordres; mais toutes ses mesures furent inutiles; un vent impétueux de Nord porta les flammes par toute la Ville, & en deux jours les deux tiers de Jedo, où l'on comptoit cent mille Maisons, & le magnifique Palais de l'Empereur, furent réduits en cendres, avec perte de plus de cent mille ames. Dans ce malheur, qui causa un dommage infini à la Compagnie des Indes, pour des raisons, qu'il seroit trop long de déduire; Wagenaar eut la consolation de recevoir de l'Empereur, des Ministres & des Gouverneurs de Méaco & d'Ozaca, des faveurs & des distinctions, qui le consolerent beaucoup, & il retourna fort content à Nangazaqui, où il arriva le septiéme d'Avril; mais la suite ne répondit pas à si heureux commencemens. Il arriva coup sur coup plusieurs démélez entre les Japonnois & les Hollandois; & comme ceux-ci, par la mauvaise conduite de quelques-uns d'entr'eux, y avoient donné occasion, les Japonnois, quoique la chose regardât uniquement les Chinois, porterent l'animosité si loin, que les Hollandois ne se trouvant plus en sûreté dans leur Isle, proposerent au Gouvernement de renoncer tout-à-fait au Commerce du Japon.

Ils avoient bien compté qu'on ne les prendroit pas au mot, & ils se flattoient même, que cette menace rendroit les Japonnois plus traitables; mais ils furent trompez pour ce second article. On ne répondit point à leur proposition, & il vint de la Cour des ordres, qui ne leur firent point de plaisir; un de ces ordres portoit, que désormais, dès qu'un Navire Hollandois seroit arrivé au Japon, on en ôteroit le Gouvernail, ce qui choqua tellement Wagenaar, qu'il prit sur le champ le parti de retourner à Batavia: mais il y étoit à peine arrivé, qu'on le fit repartir pour aller encore en Ambassade à la Cour de Jedo. Il fit voiles en 1658. & arriva heureusement à Nangazaqui, d'où il partit pour Jedo le dixiéme de Février 1659. Il apprit en arrivant, que le grand Protecteur des Hollandois, Sicungodono, cassé de vieillesse, s'étoit retiré, & ne se mêloit plus des affaires. Il ne laissa pourtant pas d'avoir une Audience assez favorable de l'Empereur, qui lui ayant fait demander, si on pouvoit compter sur les Hollandois, pour être averti de tout ce que les Espagnols & les Portugais pourroient entreprendre contre son service? il répondit que Sa Majesté Impériale pouvoit être en repos là-dessus. Les frais de cette Ambassade furent immenses, & pour comble de malheur Wagenaar ne put se faire payer de ce qu'il avoit vendu dans le voyage précédent aux Seigneurs de la Cour. Il fut de retour à Nangazaqui le second de Juillet, & il eut encore le chagrin de voir que le retardement d'un des Vaisseaux de la Compagnie, lui fit perdre huit cens

(a) Chaque Taël, ou Siumome, vaut cinquante-sept sols Monnoye de Hollande.

mille francs de profit, par la raison que ce Vaisseau n'arriva qu'après le terme fixé pour la vente. Car dès-lors elle ne pouvoit se faire que pendant le mois d'Octobre. On sera bien aise de sçavoir, de quelle maniere se faisoit cette vente, & en quoi consistoit alors le Commerce des Hollandois.

§. IX.

Quel étoit alors le Commerce des Hollandois au Japon. Maniere dont se faisoit la vente. Le Commerce de la Compagnie tombe par dégrez, & quelles en furent les vrayes causes.

DEs le premier jour tout étoit étalé dans les Magasins de la Compagnie. On y voyoit d'un côté du Poivre, du Girofle, des Noix muscades, du Macis, de la Canelle, & toutes sortes d'Epiceries, dans de grands Bassins d'argent; de l'autre étoient des Peaux de Cerfs, de Chiens de mer, & d'Elans: puis du Musc de Tonquin, de l'Ecarlate, des Serges, des Miroirs, du Bois de sapan, du Mercure, de l'Ambre jaune, & des Chapeaux, dont les gens de qualité au Japon se parent volontiers (*a*). Dans le Mémoire, d'où j'ai tiré ceci, il n'est point parlé de soye, apparemment qu'on l'y a supposée, comme faisant le fond principal du Commerce, ainsi que tous les autres Mémoires en conviennent. En échange de ces Marchandises les Japonnois donnoient du Cuivre, de l'Argenterie de toutes les manieres, d'une Racine (*b*) qu'on appelle en ce Pays, *Racine de la Chine*, du Camphre & de l'Arbre, qui le produit, de la Porcelaine, des Robes de chambre, du Tabac, des Coffres & des Cabinets d'un très-beau vernis. Ainsi dès-lors on ne tiroit plus du Japon, que de l'Argent ouvragé, & c'étoit le Cuivre, qui faisoit le principal objet de ce Commerce; les Hollandois y trouvoient encore plus leur compte, qu'avec l'Argent, sur lequel ils n'avoient gagné vers la fin que quatre pour cent; au lieu que le Cuivre leur rendoit quatre-vingt-dix ou quatre-vingt-quinze pour cent, surtout à Surate, où ils en envoyoient toutes les années six mille Caisses. Ils avoient déja fait ce Commerce dès les premieres années de leur Etablissement à Firando, & on le leur avoit interdit en 1637. mais peu de tems après leur translation à Desima, ils présenterent une Requête pour obtenir qu'on recommençât à les payer en Cuivre, & on le leur accorda. Les choses resterent sur ce pied jusqu'en 1672. que « la Toison d'Or, dit » ingénuëment Kœmpfer, que nous » avions tirée jusques-là de cette » nouvelle Colchos, fut changée en » une Toison ordinaire, & notre » Commerce réduit à un état dé- » plorable.

L'occasion de ce changement fut

___

(*a*) Kœmpfer parle de bien d'autres Marchandises, que les Hollandois portoient au Japon, & il fait surtout mention des soyes de la Chine & du Tonquin.
(*b*) Cette racine est le *Gin-Seng*, dont il est certain que les Hollandois font encore aujourd'hui quelque commerce.

une pique, qui vint d'une bagatelle. MINO-SAMA, Favori & premier Ministre de l'Empereur (*a*), & un Conseiller d'Etat, nommé UTO, gouvernoient alors l'Empire avec une autorité presque souveraine. Le premier, qui avoit seul la direction des Affaires étrangeres, crut qu'il feroit plaisir à l'Empereur son Maître, s'il mettoit dans un Temple, où est la sépulture de la Famille Impériale, une grande Lampe à l'Européenne, telle qu'il y en avoit eu autrefois dans les Eglises des Chrétiens; d'autant plus que les Hollandois, lorsqu'ils étoient encore à Firando, en ayant présenté une semblable à l'Empereur, qui régnoit alors, elle en avoit été parfaitement bien reçûë. Mino Sama fit donc prier le Directeur du Commerce de faire venir en toute diligence une pareille Lampe, & celui-ci en écrivit sur le champ à Batavia. La Lampe arriva au Japon en 1666. mais les Gouverneurs de Nangazaqui, auxquels on n'avoit rien communiqué des intentions du Premier Ministre, & à qui il appartenoit de choisir les présens, qui devoient être faits à la Cour, le mirent sur la Liste de ceux, qui étoient destinez à l'Empereur; Mino-Sama crut que cette disposition avoit été suggérée par le Directeur, dans le dessein de faire sa cour à Sa Majesté, & il en conçut contre toute la Nation une haine, dont il ne tarda point à lui donner des marques.

Quelques tems après, il obtint le Gouvernement de Nangazaqui pour un de ses Parens, & le premier ordre, que le nouveau Gouverneur intima aux Hollandois, ce fut qu'ils donneroient désormais des montres, & des échantillons de toutes leurs Marchandises, pour les faire voir à des Connoisseurs, qui en fixeroient le prix selon leur juste valeur. Les Marchands Japonnois en reçurent en même tems un autre de se rendre au Palais, & les Hollandois un second d'y apporter tout ce qu'ils avoient actuellement d'Effets. Les uns & les autres obéïrent, l'estimation des Marchandises fut faite, le Gouverneur convint du prix avec les seuls Marchands Japonnois; puis déclara aux Hollandois, qu'il falloit les donner à ce prix, ou les remporter. Ceux-ci aimerent mieux se contenter d'un profit médiocre, que de remporter leurs Marchandises avec perte: mais comme les années suivantes les Gouverneurs diminuoient toujours le prix, les Hollandois en porterent leurs plaintes à l'Empereur. La réponse fut trois ans à venir, & elle portoit que les Hollandois continueroient à jouïr, comme par le passé, des privileges, qui leur avoient été accordez par les Prédécesseurs de Sa Majesté.

Rien, ce semble, ne pouvoit leur être plus favorable, que cette réponse; elle leur fut néanmoins très-funeste. Les Gouverneurs de Nangazaqui ne pouvoient manquer d'en être mortifiez; & comme il est aisé, quand on a le pouvoir en main, de rejetter les effets de son chagrin sur ceux, qui en ont été la cause, ou l'occasion, ces Seigneurs résolurent de tourner contre les Hollandois la grace même, que l'Empereur venoit de leur faire. Mino-Sama, qui de

(*a*) Cet Empereur étoit Quane, qui mourut le quatriéme de Juin 1680. après trente ans de regne.

L ll ij

son côté n'avoit pas perdu de vûë le dessein de se venger de ces Marchands, n'étoit plus à la vérité en place, l'Empire ayant changé de Maître en 1680. mais KANGO-SAMA son Gendre, étoit auprès du nouvel Empereur TSINAJOS (*a*), ce qu'il avoit été lui-meme sous le précédent Regne, & son neveu étoit toujours un des Gouverneurs de Nangazaqui; ainsi il ne lui étoit pas difficile d'assûrer sa vengeance : & voici de quelle maniere l'affaire fut ménagée.

Les Gouverneurs de Nangazaqui représenterent à la Cour, que l'Edit, qui venoit d'être rendu en faveur des Hollandois, portoit un très-grand préjudice aux Sujets de l'Empereur, & procuroit un profit exorbitant aux Etrangers. Sûr cet exposé, il fut fait par le Conseil d'Etat un Réglement, qui subsiste encore, & qui amena le Commerce des Hollandois du troisiéme période au quatriéme, qu'on peut appeller, dit l'Auteur Allemand, son âge de fer. Ce nouveau Réglement fut signifié en 1685. au nouveau Directeur à son arrivée au Japon; on

lui déclara que sa Nation, en vertu des Privileges, qui lui avoient été accordez par les Empereurs, pouvoit envoyer au Japon telles Marchandises, qu'il lui plairoit, mais qu'il ne s'en pourroit vendre chaque année, que jusqu'à la valeur d'une certaine somme, qui fut marquée. Cette somme, qui n'est que la moitié de celle, qu'on accorde aux Chinois, se monte à dix tonnes & demie d'or, monnoye de Hollande, qui sont approchant de cent mille livres sterlings. Et en Monnoye du Japon elle revient à trois cens mille taëls ou siumomes, ou cinquante mille cobangs en or, haute valeur; car le cobang, tel qu'il court dans le Païs, est de soixante *Monis* ou *Maas*, en argent; mais les Japonnois ont obligé la Compagnie à le prendre pour soixante-huit, & à recevoir leur payement en or; de sorte qu'encore qu'elle vende chaque année, ainsi que je viens de le dire, pour trois cens mille taëls de Marchandises, elle n'en reçoit que la somme de deux cens soixante mille, valeur intrinseque de l'argent.

(*a*) Ce Prince étoit Frère de son Prédécesseur.

§. X.

Réglement pour les Particuliers, & comment, en vertu de ce Réglement, ils peuvent faire de grands profits. De quelle maniere se fait la vente. Profit des Japonnois. Profit des Hollandois. Du départ des Navires, & de leur chargement. Des Marchandises de contrebande.

IL est vrai que pour dédommager les Directeurs du Commerce, & les autres Officiers, qui sont intéressez avec lui, des rigueurs, qu'on exerce sur la Nation, on a fait quelques Réglemens, qui leur sont avantageux. Par exemple, on leur a ménagé certains profits, qu'ils peuvent faire indépendamment de ceux de la Compagnie, en leur permettant de vendre leurs Pacotilles à la concurrence de quarante mille taëls, inégalement partagées, suivant la condition & le grade d'un chacun;

DU JAPON, LIVRE XIX. 453

ou plutôt suivant qu'on a trouvé le secret d'être dans les bonnes graces des principaux Inspecteurs du Commerce, & des Interprétes, lesquels ont aussi droit d'entrer dans le partage de cette somme. Les mieux traitez de tous, comme il convient que cela soit, sont les Directeurs, ou Présidens du Commerce; car celui, qui sort de Charge, peut vendre pour la somme de mille taëls, & celui qui le releve, pour sept cens; d'où il s'ensuit qu'un Directeur, qui ne passe jamais plus d'une année de suite au Japon, peut pendant ce tems-là débiter pour dix-sept cens taëls d'Effets, sur lesquels on peut juger, par ce que nous avons vû plus haut, ce qu'il peut faire de profit. J'ai dit qu'un même Directeur ne peut jamais rester au Japon deux années de suite, mais, après un ou deux ans, il peut y être renvoyé.

Après tout, il n'est pas aussi difficile, qu'on le pourroit penser, d'éluder une partie des chicanes & des difficultez, dont nous avons parlé; & il y a des Particuliers, qui font très-bien leurs affaires au Japon. Il ne faut pour cela que sçavoir gagner les Interprétes: on en jugera par ce qui se passe à la vente des Marchandises, dont l'ordre a encore changé depuis 1685. Le tems en est déterminé par la Cour, & peu de jours avant qu'elle commence, on affiche à toutes les portes de la Ville une liste écrite en gros caractéres de toutes les Marchandises, qui doivent se vendre. Les Gouverneurs font en même tems sçavoir à tous les Ottonas des ruës de Nangazaqui, & ceux-ci à tous les Marchands de leurs quartiers, quels sont les droits pour cent, qui seront mis sur chaque Marchandise, afin qu'ils sçachent le prix, qu'ils pourront en donner. C'est encore un tour, que les Gouverneurs de Nangazaqui ont imaginé, pour les taxer indirectement, & pour joüer les Hollandois avec la fausse idée du rétablissement de leurs privileges, & de la liberté de leur Commerce; car, leur disent-ils, quand nous mettions le prix à vos Marchandises, vous veniez avec six ou sept Vaisseaux, qui n'avoient aucune difficulté à se défaire de leur carguaison; présentement vous n'en envoyez que trois ou quatre, & vous avez de la peine à trouver le débit de ce qu'ils portent, n'eût-il pas mieux valu pour vous demeurer comme vous étiez, que de solliciter un renouvellement de privileges, qui vous a été si préjudiciable?

La veille du premier jour destiné à la vente on met des affiches à toutes les portes des ruës, par lesquelles on invite les Marchands à se trouver le lendemain à Desima, afin de s'instruire davantage, par le moyen des Listes détaillées, qui sont aux portes de chaque Magasin. Comme la direction du Commerce est toute entiere entre les mains des Gouverneurs de Nangazaqui, il n'est pas permis de vendre, si ce n'est en présence de deux de leurs Subdéleguez: les principaux Officiers de l'Isle doivent aussi y assister, & le premier Interpréte y préside, tandis que les deux Directeurs, celui, qui est nouvellement arrivé, & celui, qui doit retourner aux Indes, n'ont rien à faire, & ne peuvent rien dire. C'est néanmoins à eux à exposer les échantillons des Marchandises, & à donner le signal en frappant sur une espece de Bassin. A ce signal les Marchands entrent dans le lieu de la vente, qui est un bâtiment fort propre : on l'ouvre du côté de la ruë en ôtant les volets, de sorte que les passans peuvent voir ce qui s'y fait. Il regne tout autour une petite galerie, qui est alors pleine de monde; & l'édifice est divisé en plusieurs compartimens fort commodes.

On n'expose qu'une espece de Marchandise à la fois : ceux qui veulent acheter, donnent des Billets signez d'un nom supposé, sur lequel est marqué ce qu'ils veulent donner de chaque chose, & ils lâchent plusieurs de ces Billets avec différens prix, afin de voir comment ira la vente, & de s'en tenir au plus bas, s'il est possible : & comme à cause du nombre des especes des petites Monnoyes, & de leurs soudivisions, il est rare que deux Billets conviennent, les Directeurs Hollandois les ouvrent d'abord, & les séparent selon le prix, qui est offert, puis les remettent à celui, qui préside, lequel les lit à haute voix les uns après les autres, commençant par ceux, qui offrent davantage. A chaque Billet il demande par trois fois quel est l'offrant, & si personne ne répond, il prend le suivant, & continuë ainsi, jusqu'à ce que quelqu'un se présente, & s'approche pour signer son Billet de son vrai nom; la Marchandise lui est aussitôt adjugée, & l'on passe à une autre, & ainsi du reste, jusqu'à ce que tous les droits soient levez, & que la somme marquée par l'Empereur soit fournie; ce qui est fait pour l'ordinaire en trois jours non consécutifs, au lieu qu'avant 1685. nous avons vu que la Foire duroit un mois. Le lendemain de la vente les Marchandises sont délivrées.

La taxe de l'Empereur est de quinze pour cent; mais les Marchandises, qui appartiennent aux Particuliers, ne payent jamais moins de soixante-cinq pour cent, quand elles se vendent par pieces; ainsi la valeur de vingt mille taëls de Marchandises en produit treize mille de Doüanne. Celles, qu'on vend au poids, payent soixante-dix pour cent. La raison de cette différence pour le droit entre les Marchandises de la Compagnie, & celles des Particuliers, est fondée sur ce que la Compagnie fait tous les frais, & court tous les risques du transport : au moins les Japonnois le pensent-ils ainsi. Par une raison assez semblable les Chinois payent soixante pour cent de toutes leurs Marchandises, & ce droit pris sur la somme de six cens mille taëls, à laquelle peut aller leur Commerce tous les ans, produit à la Doüanne trois cens soixante mille taëls chaque année. Si l'on ajoûte à cela les loyers des Bâtimens, qui est pour le compte des Hollandois de cinq mille cinq cens quatre-vingt taëls, & pour celui des Chinois de six mille, cela fait en tout la somme de quatre cens cinquante-quatre mille cinq cens quatre-vingt taëls, que le Commerce Etranger donne chaque année aux Magistrats & aux Habitans de Nangazaqui. Je dis aux Magistrats & aux Habitans, car il paroît que tout le profit de la Doüanne est au profit des uns & des autres.

A l'égard de celui, que la Compagnie Hollandoise fait sur ses Marchandises, cela varie; tout dépend de la maniere dont elles se vendent à Méaco, qui est le centre de tout le Commerce, & qui tire plus ou moins d'Effets de Nangazaqui, suivant qu'il s'en fait plus ou moins de consommation : mais on compte qu'une année portant l'autre, le profit des Hollandois est de soixante pour cent, & tous les frais déduits, de quarante ou quarante-cinq au plus. Celui des Particuliers est à peu près le même. Ils payent plus de droits, mais ils font moins de frais, l'un compense l'autre. Or voici comment ces Particuliers peuvent, s'ils s'entendent bien avec les Interprétes, augmenter considérablement leurs profits ; c'est en faisant en sorte que leurs Marchandises propres soient exposées en vente le premier, ou le second jour parmi celles de la Compagnie, & par conséquent ne payent que le droit imposé à celles-ci, & la Compagnie ne souffre aucun préjudice de cette manœuvre ; parce qu'en calculant les sommes payées pour ses Marchandises, on passe les autres sous silence. D'ailleurs, si les Particuliers ont plus de Marchandises, qu'il ne leur est permis par les Ordonnances de l'Empereur d'en vendre, il leur est aisé de s'en defaire en secret, par le moyen des Officiers de l'Isle, qui ordinairement les prennent de la main à la main ; surtout, si c'est du Corail rouge, de l'Ambre jaune, & d'autres choses semblables. Il est vrai qu'il y va de leur vie, s'ils sont découverts. En 1686. dix Japonnois furent décapitez, & le Directeur Hollandois banni du Japon à perpétuité, pour y avoir été surpris.

Le Directeur, qui réside à Desima, a encore un grand avantage, quand les Gouverneurs ne trouvent point dans les Magasins de la Compagnie de quoi faire à l'Empereur des présens, qui soient de leur goût, & que sans avoir recours aux Chinois, il peut lui en fournir du sien : car alors tout le profit est pour lui, & personne n'a rien à lui reprocher. Il y a bien d'autres moyens moins innocens de s'enrichir. Par exemple, les instructions du Général de Batavia portent de ne point acheter de Cuivre rafiné au-dessus de douze taëls, & cela pour tenir toujours en haleine les Rafineurs, & ne les pas décourager par de trop petits profits. Cependant s'ils peuvent l'avoir à meilleur marché d'un Maas, c'est sur douze mille pics, qu'on en achete ordinairement, une somme de seize cens taëls, qu'ils peuvent mettre en poche. S'ils le font ou non, dit Kœmpfer, c'est sur quoi je ne puis prononcer. Ce qui est certain, c'est que leur place est si lucrative, qu'ils ne la donneroient pas pour trois mille livres sterlings ; de sçavoir si avant 1685. ils pouvoient gagner cent mille écus en un an, ainsi que l'Abbé de Choisy l'a avancé dans le Journal de son voyage de Siam, c'est sur quoi on ne peut avoir que des conjectures, & ce que le peu que nous avons vû de l'état du Commerce pendant ce troisiéme période, pourra faire paroître exagéré.

Les Navires ne sçauroient être chargez, ni mettre à la voile, quand ils le sont, pour sortir du Havre, sans un congé exprès, & ce congé doit venir de la Cour, qui s'est encore réservée ce droit. Lorsqu'on les charge, tout ce qu'on y transporte est examiné avec la derniere rigueur.

D'abord deux des Propriétaires de l'Isle, deux Eleves d'Interprétes, & deux Commis de l'Ottona, avec quelques gens de travail, vont de maison en maison, & appellent tous les Hollandois, dont ils ont la liste; tant ceux, qui doivent demeurer à Desima, que ceux, qui doivent s'embarquer pour Batavia. Ils visitent ensuite tous les coins & recoins, & examinent toutes les hardes piéce à piéce, prennent un Mémoire fidéle de tout ce qu'ils trouvent, lient le tout avec des cordes de paille, y mettent leur cachet, & y joignent le Mémoire de tout ce que contient le paquet, pour en informer le Garde de la Porte, lequel sans cela déferoit le paquet pour le visiter.

Toutes les Marchandises de contrebande sont confisquées, & telles sont les figures des Idoles du Païs, ou des Cuges dans leurs Habits de cérémonie; les Livres imprimez, les Papiers, les Miroirs, les Métaux, qui sont marquez de caracteres Japonnois, l'Argent monnoyé, certaines Etoffes du Païs; mais surtout les Armes, & tout ce qui s'y rapporte, comme la figure d'une Selle, d'une Armure, d'un Arc, d'une Fléche, des Epées & des Sabres, des Navires même & des Batteaux. Si quelque chose de cette nature étoit trouvé sur un Hollandois, il feroit pour le moins banni du Païs à perpétuité, & les Interprétes & Serviteurs nommez pour veiller sur lui, seroient appliquez à la torture pour découvrir le Vendeur & les Complices, qui seroient tous punis de mort. Il y a environ quarante ans qu'un Sécretaire de l'Intendant de l'Empereur, ayant tâché de faire passer à la Chine quelques lames de Sabres, fut exécuté à mort avec son fils unique, âgé de sept à huit ans. L'or, qui appartient aux Particuliers, ne peut être transporté, qu'il n'ait été montré aux Commissaires, pour voir s'il a passé par leurs mains, ce qu'ils connoissent par une marque, qui s'imprime sur tous les Cobangs dans le Bureau des Finances. Il est pourtant vrai que leur vigilance peut être aisément trompée, à cause du grand embarras, dont ils se trouvent chargez dans le tems du départ des Navires.

Fin du Livre dix-neuviéme.

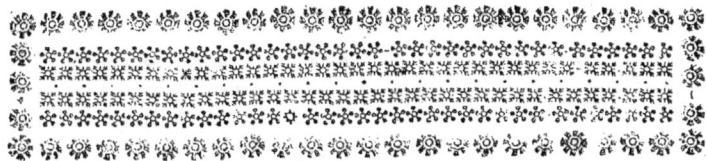

HISTOIRE DU JAPON.

LIVRE VINGTIE'ME.

De J. C.
1672-85
——
De
Syn Mu.
2332-45

Nous avons vû que depuis la Révolution, qui a mis sur le Trône des Cubo-Samas la Famille, qui l'occupoit encore à la fin du dernier siécle, il n'y a pas un Prince, ou Seigneur, qui ne soit obligé d'aller une fois l'année à Jedo, non seulement au commencement du Songatz (a), comme il s'est pratiqué de tout tems à l'égard de tous les Souverains de l'Empire, & même de tous les Princes particuliers, chacun dans leurs Etats, pour leur souhaiter une heureuse année, mais encore au jour marqué par le Monarque, pour lui faire ses soumissions. Le Directeur des Hollandois a été mis sur le même pied : ainsi c'est un véritable hommage, que ce Directeur va rendre au Cubo-Sama au nom des Etats Généraux, au moins paroît-il certain que l'Empereur l'entend ainsi. Le jour de son départ est marqué au quinziéme du premier mois, qui tombe vers le vingtiéme de Février, immédiatement après le départ de son Successeur ; & il est encore certain que, quoiqu'il porte alors le titre d'Ambassadeur, & qu'il ait un équipage conforme à ce caractere ; à la maniere, dont on le conduit à Jedo, on le prendroit plûtôt pour un Prisonnier d'Etat, dont on veut s'assûrer, que pour le Ministre d'une Puissance souveraine. Il semble même que cette pompe extérieure ne lui soit permise, que pour l'engager dans de plus grandes dépenses. Je ne parle encore ici, qu'après Kœmpfer, qui a accompagné deux fois ces Directeurs à Jedo.

De J. C.
1672-75
——
De
Syn Mu.
2332-45

(a) C'est-à-dire, au commencement de l'année Japonnoise.

Tome II.   M m m

HISTOIRE
§. I.

Départ du Président des Hollandois, pour aller rendre hommage à l'Empereur du Japon. Son équipage; les commoditez qu'on lui fournit sur sa route. Maniere, dont il est reçu dans les Auberges. Politesse des Japonnois à son égard.

Lorsque tout est prêt pour le départ, il va avec tout son cortége rendre visite aux deux Gouverneurs résidans à Nangazaqui, pour prendre congé d'eux, & leur recommander le peu de Hollandois, qui doivent demeurer à Desima. Le lendemain de cette visite, chacun fait son paquet, sur lequel il doit marquer tout ce qu'il contient, & avant que de le fermer, il doit le faire visiter. Les présens, qui doivent être faits sur la route, à Ozaca & à Méaco; ceux, qui sont destinez pour l'Empereur, pour les Ministres, & pour les Amis de la Compagnie des Indes; les vivres & les autres provisions, qui sont nécessaires pour le voyage par mer; le gros bagage & la grosse batterie de cuisine sont embarquez quelques semaines auparavant sur un petit Bâtiment, qu'on nomme *Berge*, & qui doit aller sans s'arrêter jusqu'au Port de Ximonoseki dans le Naugato. Enfin le jour du départ tous les Officiers de Desima, & généralement tous ceux, qui ont quelque intérêt dans ce qui concerne les Hollandois, se rendent chez le Directeur de grand matin avec ceux, qui doivent l'accompagner. Les Gouverneurs suivis de tous leurs Officiers & Subalternes, & de leur nombreuse Cour, y viennent peu de tems après, pour lui souhaiter un heureux voyage, & le féliciter de l'honneur, qu'il doit avoir d'être admis à l'audience d'un aussi grand Prince, que l'Empereur du Japon. La coutume est de les régaler, & de les reconduire ensuite jusques hors de l'Isle.

Tout cela est fini vers les neuf heures du matin, & le Directeur se met aussitôt en marche. Le Bugio, ou Commandant du Cortége, & le Directeur ont chacun un Norimon; le Chef des Interprétes, s'il est trop âgé, pour souffrir le cheval, est porté dans un Cangos; tous les autres sont à cheval, & les Valets à pied. Les Officiers Japonnois de Desima, & les Amis des Hollandois les accompagnent jusqu'à la premiere Hôtellerie; mais le train du Directeur n'est pas le même dans les trois parties du chemin, qu'il a à faire. Tant qu'il est dans le Ximo, c'est-à-dire, jusqu'à Cocura (*a*), il a toujours environ cent quarante personnes, en y comprenant les Gentilshommes, que les Seigneurs des Provinces, par où il passe, lui envoyent pour le complimenter, & pour lui faire cortége, tandis qu'il est sur leurs Terres. Dans le trajet, qu'il fait par mer, depuis Cocura jusqu'à Ozaca, son train n'est pas moins nombreux, mais il est moins noble, les Valets & les Matelots en font la plus grande partie. Depuis Ozaca jusqu'à Jedo, il est au moins

---

(*a*) Cocura est la Capitale du Royaume de Buygen. L'Auteur des Ambassades mémorables la nomme Kokero.

de cent cinquante personnes, & cela à cause des présens & des autres effets, qui sont venus par mer jusqu'à Ozaca, & qu'il faut alors porter par terre; mais on a soin de faire précéder le gros bagage de quelques heures, afin que la marche soit moins embarassée, & pour avertir les Maîtres des Hôtelleries, où l'on doit loger, de se tenir prêts. Au reste c'est le Bugio, qui donne tous les ordres: le Directeur ne se mêle de rien. On voyage à grandes journées, on part de grand matin, on arrive souvent fort tard; on n'arrête qu'une heure à la dînée, & il est assez ordinaire de faire treize lieuës par jour.

Le Directeur reçoit plus d'honneur dans le Ximo, que dans la grande Isle Nipon, & partout il est beaucoup mieux traité par les Japonnois, qu'il rencontre sur son passage, que par ceux, qui l'escortent, & qui mangent, pour ainsi dire, son pain. Les Seigneurs & les Princes du Ximo lui font à peu près les mêmes civilitez, qu'à leurs égaux: nulle part on ne manque de nettoyer & de balayer les chemins devant lui, & dans les Villages on jette de l'eau pour abattre la poussiere; on fait retirer à l'écart le petit peuple & tous les gens oisifs: les Habitans des Villes & des Villages le regardent passer assis sur les derrieres de leurs maisons, ou à genoux sur le devant; tous dans un grand respect, & un profond silence; les petites gens lui tournent le dos, comme ne se croyant pas dignes de le regarder, usage assez commun dans toute l'Asie. Mais ce qui prouve que ces honneurs ne regardent que bien indirectement l'Ambassadeur Hollandois, c'est que, quand un grand Seigneur,

ou un Prince lui envoye un Gentilhomme pour le complimenter, c'est le Bugio, qui reçoit le compliment, & que deux de ses propres Officiers précedent tout le cortége avec des bâtons à la main, marque certaine de sa supériorité sur le Directeur même: enfin les Interprétes ont grand soin d'avertir les Hollandois que ces distinctions sont pour le Bugio, qui représente les Gouverneurs de Nangazaqui.

Quand le Directeur traverse les Bayes d'Omura & de Ximabara, les Seigneurs de ces deux Villes lui prêtent leurs Berges de plaisir, & lui fournissent toutes sortes de provisions: l'usage est de ne leur faire aucun présent; néanmoins les Interprétes en marquent sur leurs comptes, & il faut les payer. Quant aux commoditez, qu'on peut avoir sur cette route, les Hollandois en trouvent, pour leur argent, autant qu'ils veulent, soit pour le transport du bagage, ou pour les voitures, soit par rapport aux Hôtelleries. Pendant la marche, si quelqu'un est obligé de descendre de cheval pour quelque besoin que ce soit, tout le monde s'arrête, & le Bugio accompagné de deux especes de Sergens met pied à terre. On ne laisse jamais un Hollandois seul, même pour les besoins les plus secrets.

Le Directeur descend aux mêmes Hôtelleries, où descendent les plus grands Seigneurs, & dès qu'il y est arrivé, on y arbore un Etendard, où sont les Armes de la Compagnie de Hollande. On ne change les Hôtelleries, que le moins qu'il est possible, & il se trouve des Bugios assez capricieux, pour ne faire aucune grace sur cela, fallût-il marcher

M m m ij

par les plus mauvais tems jusques bien avant dans la nuit, & même avec danger de la vie. Le Maître de l'Auberge vient au-devant du cortége hors de la Ville, ou du Village, en habit de cérémonie, & fait la révérence à chacun en particulier ; il la fait si profonde devant les Norimons, qu'il touche la terre des mains, & presque du front. Il reprend ensuite en diligence le chemin de sa maison, à la porte de laquelle il reçoit le Directeur & sa suite avec le même cérémonial. Dès que tout le monde a mis pied à terre, les Hollandois sont conduits à l'Appartement, qui leur est destiné, ce qui leur fait d'autant plus de plaisir, qu'ils sont plutôt délivrez de la foule des Curieux, & des brocards, qu'il leur faut essuyer d'une jeunesse, dont personne ne se met en devoir d'arrêter la pétulance ; outre que la fatigue d'une marche souvent forcée leur fait souvent souhaiter du repos & de la tranquillité. Ils ne sont pas plutôt entrez dans leurs chambres, que toutes les avenuës, les portes, les fenêtres, & les autres ouvertures, qui donnent sur la ruë, ou sur la campagne, sont fermées & cloüées : c'est, leur dit-on, pour les garantir des Voleurs, mais ils sont bien persuadez, dit Kœmpfer, que c'est pour les garder à vuë, comme s'ils étoient eux-mêmes des Voleurs, ou des Déserteurs.

L'Hôte vient ensuite, suivi de quelques Valets portant des tasses de Thé, qu'il présente lui-même aux Voyageurs, faisant une inclination de tête à proportion du rang d'un chacun. On apporte aussi à fumer, & plusieurs sortes de rafraîchissemens ; après quoi, ni le Maître, ni les Valets n'ont la permission d'approcher de l'Appartement : c'est aux Gardes & aux Domestiques du Cortége à faire le reste. Les Hollandois sont servis à l'Européenne, quoique leurs Cuisiniers soient Japonnois, mais il y a toujours un plat à la façon du Pays. On leur donne à boire des Vins d'Europe, & de la Bierre du Pays : on ne leur permet point d'autre délassement le jour, que la liberté de se promener dans le Jardin, & la nuit, que le bain. Quand on est sur le point de se remettre en route, on appelle l'Hôtellier, & le Directeur, en présence des Interprétes, le paye en espèces d'or, qu'il met sur une petite table : l'Hôtellier s'approche en se traînant sur les genoux & sur les mains, & avant que de prendre la table avec l'argent, qui est dessus, il fait une profonde révérence, jusqu'à toucher la terre du visage, en prononçant d'une voix basse & sourde, ah ! ah ! ah ! c'est une maniere, dont les Inférieurs témoignent leur respect à leurs Supérieurs. Il se met ensuite en disposition de rendre ses devoirs à tous les autres Hollandois, mais les Interprétes l'en dispensent pour l'ordinaire, & lui rendent sa civilité dans la même posture.

Par ce procédé honnête, surtout à l'égard de gens, qui dans le fonds ne sont, ni aimez, ni estimez, il est aisé de juger, dit Kœmpfer, de la politesse de la Nation, qui ne manque jamais d'en user ainsi, quand elle n'a pas des raisons particulieres de se comporter autrement ; telles, que ceux, qui accompagnent & servent les Hollandois, croyent en avoir. « Je puis dire, ajoûte ce Voyageur, que dans toutes les visites,

» que nous avons faites, ou reçûes » avec bien du plaisir : j'ai seule-
» en chemin, nous avons trouvé plus » ment remarqué que dans quelques
» de douceur & d'honnêteté chez » Villes & Villages les jeunes gar-
» les Japonnois, qu'on n'en peut at- » çons nous donnoient des bro-
» tendre du Peuple le mieux policé. » cards, qui tomboient sur les Chi-
» Leurs manieres d'agir, depuis le » nois, nous prenant pour des gens
» plus misérable Paysan, jusqu'au » de cette Nation. » Ceci prouve,
» plus grand Prince, sont telles, ce que nous avons déja observé au
» que tout l'Empire peut être ap- commencement de cette Histoire,
» pellé une Ecole de civilité. Ils ont une grande antipathie entre ces In-
» naturellement tant de bon sens & sulaires & leurs plus proches Voi-
» de curiosité, que, si on ne les sins, fondée, à ce qu'il paroît, sur
» empêchoit d'avoir commerce avec le peu de bravoure & l'esprit inté-
» les Etrangers, ils les recevroient ressé de ces derniers.

§. II.

Arrivée du Directeur à Jedo. De quelle maniere il va à l'Audience, & ce qui s'y passe. Seconde Audience, & en quoi elle consiste. Présens de l'Empereur. Visite des Temples de Méaco.

LE Directeur s'arrête ordinairement quelques jours à Méaco, où il rend une visite de cérémonie au Gouverneur, qui le reçoit toujours avec grand appareil, & à qui il doit faire des Présens. La même chose se pratique à Ozaca, qui n'est qu'à une bonne journée de cette ancienne Capitale. Mais dans la premiere de ces deux Villes, la premiere visite & les plus riches présens doivent être pour le Président du Tribunal de la Justice, qui est la troisiéme Personne de l'Empire. Depuis Ozaca jusqu'à Jedo, le Directeur ne séjourne nulle part ; il entre dans cette derniere Ville par le long Fauxbourg de Sinagawa, dont nous avons donné ailleurs la description, & où, après qu'il a marché environ trois quarts de lieuë, il se repose dans la petite Hôtellerie, qui sépare les deux parties de ce Fauxbourg. J'ai dit qu'elle est située sur le bord de la Mer, & que l'on découvre de là le plus beau point de vûë, qu'il soit possible d'imaginer ; c'est la Ville même, qu'on voit en plein, avec ses grands & vastes Bâtimens, & sa Rade ordinairement couverte de Navires, de Barques & de Batteaux de toutes les grandeurs & de toutes les figures. Le Bugio quitte son Norimon en cet endroit, & monte dans un Cangos, n'étant pas d'une condition assez relevée, pour entrer en Norimon dans une Ville, où réside l'Empereur : mais comme il n'est point dit qu'il fasse la même chose, avant que d'arriver à Méaco, où le Dairy fait son séjour, il y a bien de l'apparence que la véritable raison de ce changement, c'est que sa Commission finit, quand il arrive à Jedo. En effet tout le tems, que le Directeur est dans cette Ville Impériale, cet Officier ne paroît plus, que comme un simple Subalterne. Kæmpfer nous assure que le Peuple de Jedo ne s'arrête point à voir passer le train du Dire-

M m m iij

éteur Hollandois, comme il arrive dans toutes les autres Villes, ce qui ne se peut attribuer qu'à la modicité du cortége de ce prétendu Ambassadeur, effacé par une infinité d'autres dans un lieu, qui est l'abord continuel de tout ce que l'Empire a de plus grand.

Le jour marqué pour avoir Audience de l'Empereur, les présens destinez à Sa Majesté Impériale sont envoyez de bonne heure au Palais, pour être arrangez dans la Salle des cent Nattes, où l'Empereur les doit examiner. La marche commence peu de tems après ; elle n'a rien de magnifique. Quelques Hollandois à cheval précedent le Norimon du Directeur, lequel est suivi d'un premier Interpréte porté dans un Cangos : tout le reste des Officiers, & les Domestiques sont à pied. Les uns vont devant, & les autres suivent le Cortége, chacun dans l'ordre, qui lui a été prescrit. On arrive en cet équipage au premier enclos du Palais, lequel est bien fortifié de murs & de remparts, & d'abord on passe sur un grand Pont bordé d'une très-belle Balustrade ornée de boules de Cuivre de distance en distance. La Riviere, qui coule sous ce Pont, est large, & l'on y voit presqu'en tout tems un grand nombre de Barques & de Batteaux. On passe ensuite par deux Portes fortifiées, entre lesquelles il y a une petite Garde, puis dans une grande Place, où il y en a une beaucoup plus nombreuse. La Salle des Gardes est au dessous de cette Place ; elle est tapissée de drap, & une forêt de Piques plantées en terre en obsede l'entrée : le dedans est orné d'Armes dorées, de Fusils vernissez, de Piques, de Boucliers, d'Arcs, & de Carquois pleins de fléches, le tout rangé avec adresse, & dans un goût, qui fait plaisir. Les Soldats y sont assis à terre en très-bel ordre, les jambes croisées, habillez de soye noire, chacun avec deux Sabres : & il est bon d'observer que, quand le Directeur rend visite aux Gouverneurs d'Ozaca & de Méaco, les Soldats, qui sont en faction dans les Appartemens de ces Seigneurs, sont assis sur leurs genoux, ce qui est une posture bien plus respectueuse. La raison de cette différence, est que chez l'Empereur cette marque de respect est réservée à la Personne de Sa Majesté, ou tout au plus aux Princes du Sang.

Après qu'on a traversé le premier Enclos, ou, pour parler plus juste, le premier Château, on se trouve à la porte du second, qui est à peu près fortifiée de la même maniere, que celle dont nous avons parlé : mais le Pont, les autres Portes, la Garde intérieure, & les Palais, que renferme ce second Château, sont d'une plus belle structure, & ont plus de magnificence. Le Directeur laisse son Norimon en y entrant, & les Hollandois leurs chevaux ; pour les Valets, ils ne vont pas plus loin. Le Directeur & ceux, qui ont droit de l'accompagner chez l'Empereur, sont ensuite conduits au SONMATZ, qui est le Palais de ce Prince, & le troisiéme Enclos, ou Château. On y entre par un Pont de pierre fort long, & après avoir passé au travers d'un double Bastion, & de deux Portes fortifiées, on continuë de marcher dans une ruë irréguliere, disposée suivant le terrein, & fermée des deux côtez de murailles fort hautes. Elle aboutit à la Grand'Garde, qui est de cent hommes, & qui se tient à l'extrémité de la ruë, en dehors de la derniere Porte, qui mene aux Appartemens de l'Empereur.

On fait arrêter le Directeur en cet endroit, & le Capitaine de la Garde lui présente du Thé, & à fumer. Les Commissaires chargez des affaires étrangeres, avec une assez nombreuse suite de Gentilshommes, le viennent complimenter. Au bout d'environ trois quarts d'heure, pendant lesquels le Conseil d'Etat s'assemble, le Directeur, après avoir encore passé plusieurs Portes, & monté quelques Escaliers, se trouve dans une Salle obscure, mais très-richement parée, où on le fait encore attendre plus d'une heure (a). Enfin les Commissaires, dont je viens de parler, conduisent le Directeur seul dans la Salle d'Audience. L'Empereur y est assis à la façon des Orientaux, sur des Tapis & des Nattes, qui lui font une espece d'Estrade assez élevée. Dès qu'il est entré, un des Commissaires crie à haute voix *Hollanda Capitain*, & à ce signal le Directeur approche en se traînant avec les mains & les genoux jusqu'à un endroit, qui lui est marqué, & qui le met précisément entre le Monarque & les Présens de la Compagnie. Alors il se dresse sur les genoux, puis se courbe jusqu'à toucher la terre du front, ensuite il se retire en se traînant, comme il est venu, mais à reculons, & l'Audience finit, sans qu'il se dise un seul mot. On n'observe pas plus de cérémonie pour les plus grands Princes, mais ils viennent en Norimon jusqu'à la premiere Salle, où j'ai dit qu'on avoit fait attendre le Directeur: au moins Kœmpfer y vit-il arriver plusieurs de ceux, qui venoient pour assister au Conseil d'Etat. On appelle la Salle d'Audience la Salle des cent Nattes, parce qu'elle est véritablement couverte de cent Nattes toutes de la même grandeur, c'est-à-dire, d'une toise de long, & d'une demie de large. Mais l'Empereur est dans une Chambre assez obscure, qui donne dans cette Salle: il y est environné des Princes, des Grands Officiers de la Couronne, & d'un grand nombre de Seigneurs, qui forment une double haye, & sont assis dans un très-bel ordre, tous en habits de cérémonie. Il régne en ce lieu un profond silence, qui augmente beaucoup le respect, qu'inspire la présence d'un Souverain si puissant & si redouté.

Cette premiere Audience, pendant laquelle il n'est presque pas possible de voir ce Prince, tant à cause de l'obscurité du lieu, que parce qu'on est dans une posture, qui ne permet pas de lever les yeux assez haut pour le considérer; cette premiere Audience, dis-je, est suivie presque immédiatement d'une seconde dans l'intérieur du Palais, laquelle ne paroît ménagée, que pour contenter la curiosité du Monarque, & donner à l'Impératrice & aux Dames le plaisir de voir des Etrangers. L'Empereur, l'Impératrice, & les Dames y sont derriere des Jalousies, d'où elles peuvent voir sans être vûës. Les Conseillers d'Etat, & les autres Grands sont en dehors, aussi bien que les Hollandois, mais ceux-ci sont plus bas, parce qu'ils sont

---

(a) Les choses se passerent ainsi en 1686, & il y a bien de l'apparence que c'est à peu près toujours le même Cérémonial.

assis à terre, & les autres sur des Nattes, plus ou moins élevées suivant leur rang. Après le Cérémonial, qui est assez court, & quelques complimens, l'Audience se tourne en conversation, & dégénere ensuite en une espece de Comédie, que l'on fait donner aux Hollandois bien malgré eux. On leur fait quantité de questions, la plûpart ridicules; on les oblige à se mettre dans toutes sortes de situations, à ôter leurs Capes & leurs Manteaux, pour voir comment ils les mettent. On veut qu'ils parlent Hollandois & Japonnois, on les fait peindre, danser, chanter, lire en leur langue: le seul Directeur est exempt de faire ainsi personnage.

Le soir il faut qu'il visite les Ministres & les Conseillers d'État, & le lendemain les premiers Officiers de la Couronne & le Gouverneur de Nangazaqui actuellement résident à la Cour. Toutes ces visites doivent être accompagnées de présens, & ces présens sont réglez. L'Audience de congé n'a presque rien, qui differe de la premiere; mais après que le Directeur a fait les prosternemens accoutumez, on l'oblige à entendre la lecture des ordres de l'Empereur, lesquels consistent en cinq articles, presque tous concernant le Commerce des Portugais. Au sortir de cette Audience, les présens de Sa Majesté sont portez chez le Directeur: ils consistent en robes du Japon très-riches: tous les Seigneurs, à qui l'on en fait, en font aussi de même espece, mais moins magnifiques. Ordinairement, outre le Thé, que l'on présente aux Hollandois à la seconde Audience, on leur sert, avant que d'y entrer, un repas, dont la description, que Kœmpfer nous en a laissée, ne donne pas une grande idée de la délicatesse des Japonnois en ce genre.

Ce qu'il y a de plus remarquable dans le retour du Directeur à Nangazaqui, c'est qu'en repassant à Méaco, on l'oblige, & tous les Hollandois de sa suite, à visiter les Temples, qui sont aux environs de cette grande Ville. « C'est une coûtume
» établie depuis très-longtems, dit
» Kœmpfer, qu'à notre retour de la
» Cour, & le dernier jour de notre
» départ de Méaco, on nous accorde la liberté de voir la splendeur & la magnificence de ses
» Temples, qui sont les Bâtimens
» Religieux les plus grands, & les
» plus magnifiques de l'Empire. Ils
» sont placez avec beaucoup d'art
» sur le penchant des Collines, qui
» entourent cette Capitale. On peut
» dire même que cette coutume a
» acquis par dégrez une force de
» Loi; & de la façon, dont les cho-
» ses vont, à peine peut-on dire que
» nous ayons la liberté de les voir;
» on nous y mene, & nous devons
» les voir, que nous le voulions,
» ou non.

DU JAPON, LIVRE XX.

§. III.

Tentative des Anglois, pour rétablir leur Commerce au Japon, & quel en fut le succès.

De J. C.
1672-85
──
De
Syn Mu.
2332-45

CEpendant les Hollandois, dans le fort de leurs dernieres difgraces, dont je n'ai pas cru devoir interrompre le récit, ni en féparer celui de l'état préfent, où elles les ont réduits, fe virent fur le point d'avoir au Japon des Concurrens, qui leur auroient peut-être fait regretter les Portugais. Nous avons vû que les Anglois avoient établi en 1613. un Comptoir à Firando; on ne fçait ce qui leur avoit fait abandonner un Commerce, dont ils comprenoient parfaitement les avantages; ce qui eft certain, c'eft qu'en 1623. ou au plus tard en 1624. ils n'avoient plus rien au Japon. Ils y voulurent rentrer en 1673. mais ce fut inutilement: voici de quelle maniere la chofe fe paffa.

Le vingtiéme de Juin un Navire de cette Nation, nommé *le Retour*, parut devant l'entrée du Havre de Nangazaqui, & auffitôt quelques Batteaux, dont l'un avoit Pavillon Japonnois, & les autres celui de Hollande, allerent le reconnoître, & lui firent en Portugais les demandes ordinaires. Il répondit en Anglois & en Hollandois, qu'il étoit d'Angleterre, & qu'il venoit de Bantam : alors on lui cria du Batteau, qui portoit Pavillon Japonnois, de jetter les ancres, & de s'abftenir de fonner de la Trompette, & de tirer du Canon, à quoi il obéit. Environ deux heures après il vit venir deux Batteaux, dans l'un defquels étoit un des Gouverneurs & fon Sécretaire, accompagnez d'un Interpréte, qui parloit Portugais, & de quatre autres, qui parloient Hollandois. Ces Batteaux étant arrivez à bord, le Capitaine conduifit le Gouverneur & fa fuite dans la Chambre, où, après que tout le monde eut pris place, le Gouverneur lui demanda, s'il étoit Anglois : il répondit qu'il l'étoit, & qu'il venoit avec une Commiffion du Roi fon Maître, pour rétablir le Commerce, que fa Nation avoit eu près de cinquante ans auparavant avec le Japon. Il ajoûta, qu'il étoit porteur d'une Lettre de Sa Majefté Britannique, & d'une autre de la Compagnie du Commerce pour l'Empereur, & il remit au Gouverneur une copie en caractéres Japonnois des Privileges accordez aux Anglois par le Cubo-Sama, qui régnoit alors. (*a*) Le Gouverneur lut cet Ecrit d'un bout à l'autre, puis en demanda avec inftance l'original fcellé du Sceau du Prince; mais le Capitaine lui dit, qu'il avoit été remis au Confeil de Sa Majefté Impériale, lorfque les Anglois quitterent Firando.

Le Gouverneur garda la copie, mais il promit de la rendre; enfuite il demanda, fi l'Angleterre étoit en paix avec le Portugal & l'Efpagne; de quelle Religion étoient les Anglois ; s'il y avoit longtems que le Roi Charles étoit marié avec la Fille du Roi de Portugal, & combien il en avoit eu d'enfans? Le Capitaine répondit, que l'Angleterre étoit en

De J. C.
1672-85
──
De
Syn Mu.
2332-45

(*a*) C'étoit le Tuteur de Fide-Jory.

paix avec toutes les Nations ; qu'il y avoit longtems que le Roi Charles étoit marié, mais qu'il n'avoit point eu d'enfans de la Reine ; que les Anglois étoient Chrétiens comme les Hollandois, & non pas comme les Portugais & les Espagnols ; que la Coûtume vouloit en Europe que les Rois se mariassent avec des personnes de leur rang, pour se fortifier par des Alliances convenables, ou pour d'autres raisons d'Etat, & jamais avec des Filles de leurs Sujets. Il dit ensuite, qu'il étoit chargé de présens pour Sa Majesté Impériale, ce qui parut faire plaisir au Gouverneur, lequel se retira aussitôt. Il revint deux heures après, & dit au Capitaine, que si les Anglois vouloient se contenter de commercer comme les Hollandois, ils pourroient peut-être en obtenir la permission, mais que suivant la Coûtume du Païs, il falloit commencer par livrer les Canons & les munitions ; qu'il informeroit ensuite l'Empereur de tout, & qu'après avoir reçû la réponse de Sa Majesté, si cette réponse étoit favorable, il leur fourniroit une Maison.

Le Capitaine consentit à tout, les Armes & les munitions furent livrées ; ensuite le Gouverneur, qui avoit amené avec lui des Batteaux bien équipez de Soldats, pour garder le Navire, en plaça une partie à la poupe, d'autres à la proüe, le reste aux deux côtez ; tous à une petite portée du Canon. Cela fait, il prit les noms de tous les Anglois, chacun fut examiné en particulier, & pour n'y point être trompé, le Gouverneur avoit eu la précaution de se faire accompagner par un Hollandois, dont il se croyoit fort

assûré. Cet Interpréte demanda à chacun s'il n'étoit point Portugais, ou s'il ne parloit point la langue Portugaise ? On dressa aussi un Rôle de toutes les balles de Marchandises, dont le Navire étoit chargé, on en marqua les différentes sortes ; on voulut sçavoir, si d'autres Vaisseaux n'étoient point partis d'Angleterre avec celui-ci, ce qu'ils étoient devenus, combien ils avoient fait de séjour à Bantam & ailleurs, & après que le Capitaine eut satisfait à toutes ces demandes, le Gouverneur retourna à la Ville avec tout ce qui lui avoit été livré.

Le trentiéme il revint à bord avec un Sécretaire & des Interprétes : il dit aux Anglois que depuis quarante-neuf ans, aucun Navire de leur Nation n'avoit paru au Japon, & qu'il étoit bien aise de sçavoir la raison d'une si longue absence. Le Capitaine répondit, que l'Angleterre avoit été troublée pendant vingt ans par les Guerres civiles ; qu'elle avoit été depuis ce tems-là deux fois en guerre avec la Hollande ; & qu'ensuite on n'avoit pû aisément trouver des Pilotes, qui osassent entreprendre de conduire des Navires dans une Mer, qu'ils ne connoissoient point, & qui passoit en Europe pour être très-difficile. On lui demanda, si aucun de ses gens n'avoit encore fait le voyage du Japon ? il dit que non ; comment donc, reprit le Gouverneur, avez-vous pû trouver le chemin de ce Havre ? Nous avions, repliqua le Capitaine, des Cartes anciennes assez exactes, & elles nous ont bien guidez. Le Gouverneur parut satisfait, & s'en retourna à la Ville, laissant à bord son Sécretaire, lequel acheva de faire charger la Poudre, le Plomb, & les Armes des Particuliers, aufquels il n'en laiſſa aucune. On emporta juſqu'aux Fuſils à double canon, qui ſe trouverent parmi les préſens deſtinez à l'Empereur; mais on prit des notes de tout, & après qu'elles eurent été ſignées, & montrées au Capitaine, le Sécretaire prit congé de lui avec beaucoup de civilité, & lui promit de ne rien négliger de ſa part pour lui faire avoir une réponſe favorable de la Cour : le Capitaine le remercia de ſa bonne volonté, & lui aſſûra que ſa Nation avoit une confiance entiere aux Japonnois.

Le premier de Juillet le Gouverneur, & les Interprétes revinrent à bord, & firent diverſes queſtions au Capitaine. Il y eut à cette occaſion quelque altercation entre cet Officier & le Hollandois, qui ſervoit de Truchement, celui-ci prétendant que l'Anglois lui avoit dit certaines choſes, dont le premier proteſtoit ne lui avoir point parlé. Sur quoi on examina de nouveau tous les Anglois, & l'on mit par écrit le nom, l'âge, & l'emploi d'un chacun. Le Gouverneur avertit enſuite le Capitaine de tenir tout prêt pour le lendemain un compte exact des Effets, que chaque Particulier avoit à vendre, & de tous ceux, qui étoient dans les balles de la Compagnie. Enfin on prit les dimenſions du Vaiſſeau, des Mats, des Vergues, & généralement de tous les agrès. On dit auſſi au Capitaine que, s'il lui manquoit quelque choſe, il pouvoit faire un ſignal, qu'on lui marqua; on lui ordonna encore, s'il mouroit quelqu'un de ſes gens, de faire deux ſignaux, & de garder le corps juſqu'à ce qu'on fût venu pour le reconnoître.

Le jour ſuivant les Interprétes, & quelques Gentilhommes de l'Empereur arriverent le matin au Navire, & firent quantité de queſtions, auſquelles le Capitaine répondit d'une maniere, qui parut les contenter. Ils revinrent l'après-dîné, & apporterent quantité de rafraîchiſſemens, que le Commandant des Navires Hollandois avoit achetez, & qu'il fallut payer bien cher. Le Capitaine ne laiſſa point de les recevoir comme une grace, qu'on lui faiſoit : il demanda en même tems la permiſſion d'arborer ſon Pavillon, & de ſonner de ſes Trompettes, & il l'obtint. Les jours ſuivans ſe paſſerent à peu près de la même maniere: les Japonnois ne finiſſoient point de faire des queſtions, qui rouloient preſque toutes ſur les Portugais, ſur leur Religion, & ſur la différence de leur culte d'avec celui des Anglois & des Hollandois.

Enfin le vingt-huitiéme de Juillet, vers les dix heures du matin, les principaux Sécretaires, ſept Interprétes, & quelques autres Officiers, ſe rendirent avec une nombreuſe ſuite à bord du Navire Anglois, pour annoncer au Capitaine que la réponſe de la Cour étoit venuë, & qu'elle n'étoit point favorable ; Sa Majeſté Impériale ayant déclaré qu'elle ne vouloit point permettre le Commerce aux Sujets d'un Roi, qui avoit épouſé la Fille du Roi de Portugal, le plus grand Ennemi de ſon Empire : qu'ainſi il falloit qu'il ſe diſpoſât à partir au premier bon vent. Le Capitaine repréſenta qu'il ne pouvoit pas mettre à la voile avant la chûte des vents aliſez, qui

N n n ij

souffloient alors; & il lui fut permis d'attendre. Tous ces Messieurs lui témoignerent un très-grand chagrin du mauvais succès de cette affaire, ce qui l'enhardit à prier qu'on lui permît au moins de vendre sa Carguaison, vû qu'il avoit employé deux ans dans son voyage: mais il lui fut répondu que personne n'oseroit le prendre sur soi, ni même le proposer à la Cour. Néanmoins, comme il fut obligé d'attendre encore quarante-cinq jours que les vents fussent changez, & qu'il eut besoin de faire de nouvelles provisions, on consentit qu'il les payât en Marchandises.

Ce qui le surprit davantage dans tout le cours de ces pour-parlers, c'est que les Japonnois lui apprirent des nouvelles de l'Europe, qu'il ne sçavoit pas, & en particulier que les Anglois, les François, & l'Evéque de Munster, avoient conquis trois Provinces des sept, qui formoient la République de Hollande. Le vent étant devenu bon, le Gouverneur fit reporter à bord tout ce qui en avoit été emporté, à l'exception de la poudre, qu'il déclara ne pouvoir rendre, que quand le Navire seroit sorti du Havre; mais il promit au Capitaine de ne laisser partir aucun Vaisseau Hollandois, qu'il n'eût eu le tems d'arriver à Bantam; & sur ce que celui-ci demanda, si après la mort de la Reine d'Angleterre les Navires Anglois pouvoient espérer d'être reçus au Japon? il lui fut répondu qu'on ne leur conseilloit pas de hazarder le voyage, les ordres de l'Empereur étant comme la sueur du corps, qui n'y rentre jamais. Tout le tems qu'il demeura dans le Port, lui & ses gens furent extrémement fatiguez des questions, qu'on réitéroit sans cesse, que l'on tournoit en toutes sortes de sens, & dont quelques-unes ne laisserent pas de les embarasser. A cela près, ils furent toujours traitez avec beaucoup de politesse. Enfin le vingt-huitiéme d'Août, le vent étant bon pour sortir du Havre, le Capitaine reçut un ordre positif d'appareiller, ce qu'il fit sur le champ, persuadé sans doute que les Hollandois n'avoient pas peu contribué au mauvais succès de son entreprise.

§. IV.

Du Commerce des Chinois au Japon. Pourquoi ils y sont si fort observez. Des Temples, qu'ils ont à Nangazaqui. Bonze Chinois révéré comme un Dieu. Du Commerce des Habitans des Isles Liqueios.

CEtte conduite des Japonnois à l'égard de ceux, qui portent le nom de Chrétiens, est d'autant moins surprenante, que la Religion des Chinois ne les a pas mis à couvert des ombrages de ces Insulaires. Nous avons vû que quand l'Empereur du Japon interdit le Commerce à tous les Etrangers, il excepta les Chinois & les Hollandois, & se contenta de défendre aux uns & aux autres tous les Ports de son Empire, à la reserve de celui de Nangazaqui. Or sous le nom de Chinois sont compris, non seulement ceux, qui sont Sujets de l'Empereur de la Chine, mais encore tous ceux, qui se sont dispersez dans plusieurs Pays après l'invasion des Tartares. Mais la somme totale du Commerce des uns & des autres ne peut excéder six cens caisses d'argent, ce qui est le double de ce qu'on a accordé aux Hollandois. Leurs Marchandises doivent être portées au Japon par soixante-dix Jonques, suivant la distribution, que les Japonnois en ont faite : sçavoir, dix-sept de Nanquin, cinq de Canton, & ainsi à proportion des autres Provinces maritimes de la Chine, des Royaumes de Siam, de Tonquin, de Camboge, de la Cochinchine, de Formose, & autres endroits de l'Asie, où se sont établis ceux des Chinois, qui n'ont pas voulu se soumettre aux Tartares. Il ne leur est point permis d'avoir plus de trente hommes d'Equipage ; les Marchandises, qu'ils portent au Japon, doivent être du crû de leur Pays ; mais ils ont cet avantage sur les Hollandois, qu'ils ont beaucoup moins de frais à faire ; qu'ils ne sont point obligez d'aller en Ambassade à Jedo ; qu'ils peuvent acheter des vivres de tous ceux, qui leur en apportent ; au lieu que les Hollandois doivent les acheter de certains Commissaires, qui ont un privilege exclusif pour les leur vendre.

Il est vrai qu'on a mis de plus grands droits sur les Marchandises des Chinois, que sur celles des Hollandois : ce droit est de soixante pour cent, payable par l'Acheteur au profit de divers Officiers dans la direction de ce Commerce, & des autres Habitans de Nangazaqui, parmi lesquels cet argent est ensuite distribué. D'ailleurs il a été ordonné depuis la réduction du Commerce des Chinois, que l'argent, qu'on leur payeroit pour leurs Marchandises, ne sortiroit point du Japon, mais seroit employé à l'achat du Cuivre & des Manufactures du Pays; mais cette obligation ne leur est nullement onéreuse, parce que les retours sont plus avantageux en cuivre, qu'en argent.

Les Chinois ont trois ventes, l'une de vingt Jonques au Printems, l'autre de trente en Eté, & la troisiéme de vingt en Automne. Toutes les Jonques, qui arrivent après la vente finie, s'en retournent sans pouvoir décharger, au lieu que les Hollandois peuvent serrer en Magasins les Marchandises excédantes la somme limitée. En un mot à l'article près de la Religion, les Chinois sont traitez avec plus de dureté que les Hollandois, soit qu'on les regarde comme de simples Marchands, qui ne font pas un corps de Compagnie, soit parce que les Japonnois ont toujours sur le cœur d'avoir autrefois été exclus du Commerce, & chassez des Ports de la Chine, où ils commettoient de grandes insolences, & se rendoient redoutables; soit parce qu'ils n'ont point de Directeur, qui puisse les protéger contre les avanies, qu'on leur fait ; mais surtout, parce qu'ils ne justifient que trop par leurs querelles entr'eux, & par leur mauvaise foi, l'idée désavantageuse que les Japonnois ont conçuë d'eux depuis longtems ; de sorte que leurs Inspecteurs, leurs Gardes, & leurs Interprétes, ne leur donnent aucune marque de civilité, & ne leur épargnent pas même les coups de canne pour les fautes les plus légeres.

Au départ de leurs Flottes ils laissent leurs Maisons vuides ; mais comme il leur reste toujours des Marchandises, ils côtoyent le Japon pour y faire la contrebande. Ils vont aussi vers le commencement de l'année dans la Province de Saxuma, y débitent le plus qu'ils peuvent de leurs Effets, & s'en retournent chez eux prendre une nouvelle Carguaison. S'ils sont rencontrez par les Gardes-Côtes, ils font semblant d'y avoir été jettez par la tempête, ou de s'être égarez. Kœmpfer prétend que ce qui a le plus contribué à reduire le Commerce des Chinois sur le pied, où il est présentement, c'est-à-dire, à les renfermer comme les Hollandois dans le Port de Nangazaqui, c'est que le Christianisme commençant à faire de grands progrès à la Chine, des Chinois s'aviserent d'en parler au Japon avec estime, & y porterent même des Livres, qui traitoient de cette Religion. Ce qu'il ajoûte n'a pas, ce me semble, autant de vraisemblance, & ne répond pas à l'idée, que nous avons des Commerçans Chinois, sçavoir, qu'ils n'ont pas la même habileté, ni la même adresse, que les Hollandois, pour se garantir des rules & des supercheries des Japonnois: & il est bon d'observer encore, qu'il n'y a jamais eu que les Hollandois, qui se soient plaints de la mauvaise foi de nos Insulaires, lesquels ne sortent peut-être à leur égard de leur caractere, que par la haine, qu'ils leur portent, & par le mépris, dont ils leur ont donné de tout tems des marques si éclatantes.

Les Habitans des Isles Liqueios, quoique sujets de l'Empire Japonnois, ne peuvent trafiquer au Japon que pour la valeur de cent vingt-cinq mille taëls, & n'ont permission d'entrer que dans le Port de Cangoxima; mais ils ne sont, ni moins habiles, ni moins heureux que les Chinois à faire la contrebande. Ils portent au Japon des Etoffes de soye, & autres, des Marchandises de la Chine, des Denrées de leur Pays, comme du Bled, du Ris, des légumes, des fruits, de l'*Awamuri*, qui est une espece d'Eau-de-Vie du reste de leurs récoltes; des Nacres de Perles, de ces petites Coquilles, qu'on appelle *Coris* dans les Indes, où elles sont reçûes comme Monnoye courante. De celles des Côtes de Liqueios, où il s'en trouve en grande abondance, on fait une espece de Blanc, dont les jeunes gens des deux sexes se fardent. Ces Insulaires apportent aussi au Japon de grandes Coquilles plates, polies, & presque transparentes, dont les Japonnois se servent au lieu de vitres, pour se défendre du froid & de la pluye: des Fleurs rares, des Plantes curieuses, & diverses autres choses.

Les Chinois ont aujourd'hui dans Nangazaqui trois Temples remarquables par leur belle structure, & par le grand nombre de Bonzes, qu'ils y entretiennent pour les desservir. On y voit plusieurs Statuës & autres figures de leurs prétendus Saints, & de leurs Empereurs, toutes grandes comme nature, & dans les cours, qui sont aux environs de ces Temples, il y a des Arcs de triomphe, & divers ornemens d'un goût assez bizarre. Le plus considérable des trois a dans son voisinage des Chapelles fort propres, où l'on porte au son des instrumens avec de grandes cérémonies, & de grandes marques de respect, toutes les Idoles, dont les Navires Chinois sont toujours bien fournis: on les rapporte à bord avec le même appareil, quand on se dispose à mettre à la voile pour retourner à la Chine.

J'ai dit qu'il y avoit un grand nombre de Bonzes destinez au service des Temples, dont je viens de parler; mais il ne peut y en avoir que deux, qui soient Chinois de naissance, & je n'en sçai point la raison. Ce qui est certain, c'est que les Bonzes Budsoïstes du Japon ont eu, il n'y a pas encore longtems, à leur tête un Bonze Chinois. Il se nommoit INGEN, & il tenoit à la Chine le premier rang parmi les Sectateurs de Xaca. Le zele de sa Secte le porta à renoncer à sa dignité, & à passer au Japon, où il arriva en 1653. Il y fut reçu comme une Divinité. Plusieurs Princes & Seigneurs vinrent lui rendre leurs hommages en habits de cérémonie ; le Dairy lui fit offrir pour sa résidence une Montagne proche de Méaco, & cette grande Ville étant menacée de famine par une sécheresse extraordinaire, il fut supplié de vouloir bien obtenir de la pluye du Ciel par ses prieres. Il y consentit, & la pluye vint, dit-on, en si grande abondance, que la Riviere de Méaco se déborda, & que tous les Ponts furent renversez. C'étoit remédier à un mal par un autre ; mais le remede parut surnaturel, & on fut content. Le faux Prophéte fut jusqu'à sa mort en très-grande vénération dans tout l'Empire, mais les respects, qu'on rendoit à sa prétenduë sainteté, n'ont point passé à ses Compatriotes, & sa Nation ne s'est ressentie en rien de son grand crédit.

§. V.

Etat du Japon vers la fin du dix-septiéme siécle. Du Commerce des Siamois au Japon. Un Navire Japonnois est jetté par la tempéte sur la Côte de Macao, & ce qui en arrive. Projet de M. Colbert pour établir le Commerce au Japon. Maniere indigne, dont les Hollandois sont traitez à Nangazaqui. Précautions qu'on prend contre eux.

DE tout ce que nous venons de dire, il est aisé de voir quelle étoit la situation de l'Empire du Japon vers la fin du dernier siécle. Rien n'y faisoit plus obstacle aux vûës, ni aux volontez du Souverain. Il n'y avoit plus rien à craindre pour ces Princes, ni de l'ambition des Grands, qu'ils avoient assujettis, ni de l'esprit remuant & inquiet du Peuple, qu'ils avoient trouvé moyen d'occuper, dont ils avoient réprimé la curiosité & le désir de connoître les autres Nations, & qu'ils gouvernoient séverement sans dureté : ni des entreprises des Etrangers, qu'ils avoient écartez, ou mis absolument hors d'état de leur donner le moindre ombrage. Ils avoient établi partout un ordre admirable, & une exacte discipline, inspiré l'amour du travail, & une noble émulation pour la perfection des Arts, & ménagé entre toutes les parties de ce grand corps une circulation de Commerce, qui ne se voit peut-être que là, & qui entretient l'abondance dans un Pays, qui n'est pas universellement des plus fertiles. Ainsi ,, comptant avec raison sur le courage, & la fidélité de leurs Sujets, & ayant étouffé jusqu'aux moindres semences des diffenſions domeſtiques, ils mépriſoient la jalouſie des autres Nations, & gouvernoient leur Empire dans une profonde, mais ſage ſécurité, qui étoit le fruit de leur politique. En un mot il n'auroit rien manqué au bonheur du Souverain, & des Sujets, s'ils n'avoient pas eu à ſe reprocher d'avoir connu la fauſſeté de leurs Sectes, & de s'y être plus fortement attachez que jamais: d'avoir apperçû la lumiere de l'Evangile, & de s'être volontairement fermé les yeux pour ne la plus voir. Mais ce n'eſt qu'à la faveur de cette même lumiere, qu'on peut reconnoître le faux & le danger de la proſpérité humaine, quand elle eſt précédée d'une grande infidélité, dont elle eſt dans les principes de la Foi, la plus terrible punition.

Les Chinois de Siam trafiquoient au Japon, dès le tems que les François étoient à Siam en 1685. & M. l'Abbé de Choiſy, qui en vit partir quelques Navires pour Nangazaqui, nous aſſûre qu'on avoit ſoin de n'y laiſſer aucune figure, ni à la poupe, ni à la proue; les Japonnois s'imaginant qu'on ne les y mettoit, que pour ſe moquer de leurs Idoles. Si les Hollandois uſoient des mêmes précautions, Kœmpfer, qui porte juſqu'à la minucie l'exactitude à nous inſtruire de tout ce qui ſe paſſe entr'eux, & les Japonnois, ne nous l'auroit apparemment pas laiſſé ignorer. Je ſerois donc porté à croire que ces Siamois ne trafiquant au Japon, que ſous le Pavillon Chinois, donnoient à leurs Navires la forme des Navires de cette Nation. Au reſte il paroît que l'on abuſoit quelquefois à Siam de la crédulité des François, comme lorſqu'on aſſûra au même Abbé de Choiſy, que quand le Roi du Japon, c'eſt-à-dire le Cubo-Sama, va viſitér l'Empereur, c'eſt-à-dire le Dairy, les ruës, par où il doit paſſer, ſont couvertes de plaques d'or. Cet Abbé n'avoit pas été aſſez longtems aux Indes, pour connoître combien il faut ſe défier de ces Relations, où il entre tant de merveilleux.

Ce fut vers ce même tems, qu'un petit Bâtiment allant de Jedo dans l'Iſle de Xicoco, fut pris d'un coup de vent, qui l'écarta de ſa route, & l'obligea de faire vent arriere pour gagner le Port de Macao, où il entra comme par miracle. L'Equipage y fut reçu avec de grandes démonſtrations d'amitié, on n'omit rien pour lui faire oublier les fatigues d'une ſi pénible navigation, & quand il ſe fut bien repoſé, on s'offrit de le reconduire à Nangazaqui ſur un des meilleurs Vaiſſeaux, qui fût dans le Port, le leur n'étant point du tout en état de tenir laMer. Les Japonnois accepterent avec joye une offre ſi obligeante; le Navire fut bientôt en état, & l'on n'y mit que ce qu'il falloit de Portugais, pour le ramener à Macao. Cette courtoiſie avoit fait eſpérer aux Habitans, que l'on ſe radouciroit au Japon à leur égard, & cette penſée avoit engagé tout le monde à contribuer aux frais de l'Armement; mais on ſe trouva bien loin de compte, lorſque par le retour du Navire on apprit la réception, que les Gouverneurs de Nangazaqui avoient faite aux Portugais. Ces Seigneurs les remercierent aſſez civilement de leur généroſité, mais ils les avertirent de ne ſe pas donner une autre

DU JAPON, LIVRE XX.

tre fois la peine de reconduire eux-mêmes les Japonnois, si jamais pareil accident arrivoit.

Le Projet que M. Colbert avoit formé plusieurs années auparavant, d'établir le Commerce de la nouvelle Compagnie des Indes au Japon, n'a pas mieux réüssi. Ce Ministre en avoit chargé le Sieur François Caron, qui mécontent des Hollandois, s'étoit donné à la France : il ignoroit apparemment que cet homme, très-habile d'ailleurs, & qui avoit une parfaite connoissance de la Langue & des manieres Japonnoises, n'étoit point agréable à cette Nation. On voit dans ses Instructions (*a*) que M. Colbert, qui sçavoit tout prévoir, avoit bien compris que la Religion Catholique seroit un obstacle insurmontable à son Entreprise ; car il lui avoit recommandé de bien faire entendre à l'Empereur du Japon, ou à ses Ministres, qu'encore que le Roi de France professât cette Religion, il y avoit une partie de ses Sujets, qui suivoient celle des Hollandois, & que si Sa Majesté Japonnoise le souhaitoit, on ne lui envoyeroit jamais que de ceux - ci. Mais François Caron n'eut pas le tems de consommer cette affaire ; il partit en 1666. pour les Indes, où ses projets n'eurent pas le succès qu'il en avoit espéré, & s'étant embarqué pour retourner en Europe, il périt dans la Riviere, & presque à la vûë de Lisbonne.

Pour revenir aux Hollandois, il ne paroît pas que les affaires de leur Commerce y soient améliorées depuis les derniers Réglemens, dont nous avons parlé ; on en pourra juger par les Mémoires les plus récens, que nous en avons, & qui sont de la fin du dernier siécle. Je n'en dirai rien que sur l'autorité du même Auteur, que j'ai déja cité tant de fois, qui a été témoin de tout ce qu'il rapporte, & dont le témoignage ne peut être suspect à ceux, dont il parle. Du plus loin qu'un Navire est apperçû faisant voiles pour entrer dans le Havre de Nangazaqui, si on le juge Hollandois, on l'envoye sur le champ reconnoître par quelqu'un de ceux de cette Nation, qui sont restez à Désima, & qui a ordre de s'informer de son état & de sa cargaison. La Compagnie des Indes entretient pour ce sujet deux Barques. Grand nombre de Japonnois y entrent avec le Hollandois, & il faut les régaler dans une Isle nommée IWARAGASIMA. A voir la maniere aisée & gracieuse, dont ces Japonnois traitent en cette occasion les Hollandois, les complimens, les civilitez, & les présens, qu'ils leur font, les nouveaux Venus pourroient être tentez de croire, qu'ils n'auront que de l'agrément avec des gens si polis & si affables ; mais ils ne sont pas longtems dans cette erreur, & reconnoissent bientôt qu'ils n'ont ni l'amitié, ni l'estime de ces fiers Insulaires, qui leur font par principe tout le mal, qu'ils peuvent. Ce principe est qu'on ne peut aimer les Etrangers, sans trahir l'Etat &

(*a*) Ces Instructions, qui se trouvent dans les voyages au Nord, & dans ceux du Chevalier Chardin, ne sont, selon toutes les apparences, qu'un projet dressé par Caron lui-même, & il en faut dire de même de la Lettre du Roi de France à l'Empereur du Japon. En effet, nous ne sçavons pas que cet homme ait pris aucune mesure pour passer au Japon en qualité d'Ambassadeur.

la Patrie, & l'on en tire des conséquences, qui vont bien loin; car on y compte pour rien les avanies les plus marquées, ni les supercheries les plus criantes. Cela pourtant n'est point du tout dans le caractere de la Nation, c'est aux Hollandois à nous apprendre ce qui a changé ainsi les Japonnois de ce qu'ils ont été jusqu'à la fin à l'égard des Portugais, & de ce que nous les avons vû dans toute la suite de cette Histoire.

Aussitôt qu'un Navire Hollandois a jetté l'ancre dans le Port, on le visite avec la derniere exactitude. Il faut avoir été témoin de ce qui se passe alors, pour imaginer jusqu'où les Japonnois portent en cela le scrupule. On fait ensuite l'Inventaire des Marchandises, après quoi l'Equipage a la liberté de descendre à terre, & il y peut demeurer jusqu'au départ des Vaisseaux, c'est-à-dire, trois mois au plus; mais il faut qu'il y reste toujours avec le Directeur six ou sept hommes sans Armes; c'est la premiere chose, que les Japonnois mettent en lieu de sûreté; l'Inventaire des Marchandises est au même endroit, le tout sous la clef & sous le scellé. Peu d'années avant l'arrivée de Kœmpfer au Japon, deux Japonnois ayant commis quelque infidélité en cette matiere, ils furent exécutez à mort dans l'Isle même; les Hollandois qu'on soupçonnoit d'y avoir au moins connivé, ou en faveur de qui la faute avoit été commise, furent contraints d'être présens à l'exécution, le seul Directeur en fut exempté; mais les Gouverneurs le firent avertir, que si désormais il n'avoit soin d'empêcher de pareilles fraudes, ses gens seroient châtiez comme les Sujets de l'Empereur. Il n'y a pas jusqu'aux Etoffes, que ces Marchands apportent pour leur usage particulier, qui ne doivent être mises entre les mains de l'Ottona, jusqu'à ce qu'un Tailleur Japonnois, à qui ce Magistrat fait prêter serment, en ait coupé à chacun ce qu'il lui en faut pour un habit complet.

Mais ce n'est encore là qu'une partie des précautions que prennent les Japonnois, pour s'assurer des Hollandois, qui viennent trafiquer chez eux. « Il y a sans cesse autour » de nous, dit Kœmpfer, un nom- » bre infini de Gardes, de Compa- » gnies, de Sociétez, chacune avec » une grande suite, à qui on fait » prêter serment, jaloux, & se dé- » fiant les uns des autres, pour veil- » ler sur nous, & pour nous gar- » der, comme si nous étions les plus » grands Malfaiteurs du monde, » des traîtres, des espions, en un » mot la pire & la plus dangereuse » espece de gens, & pour me servir » d'un terme Japonnois, qui ex- » prime beaucoup, comme si nous » étions, ce que je crois que nous » sommes en effet, des *Fitozitz*, » c'est-à-dire, des ôtages de l'Em- » pereur. Au reste ce que ces Peu- » ples ont le moins à craindre de » nous, ajoûte le même Auteur, » c'est le renversement de leur Doc- » trine Payenne, & de leur Religion, » si peu nous faisons paroître dans » notre Doctrine & dans notre Re- » ligion, les principes du Christia- » nisme. » Ce ne seroit peut-être pas porter la conjecture trop loin, que de dire qu'une Nation aussi sage & aussi spirituelle que la Japonnoise, se défieroit moins, & feroit plus de cas des Hollandois, s'ils avoient montré plus de fidélité envers le Dieu, qu'ils font profession d'adorer. Je reviens au récit, que le Chirurgien Allemand nous fait de la triste figure, que font aujourd'hui les Protestans au Japon, au milieu de tant de Gardes & de Surveillans, dont ils font sans cesse environnez.

La premiere garde & la principale de toutes, s'appelle le *Monban*, ou Garde de la porte. Elle se tient à la porte du Pont, par où l'on entre dans la Ville, & qui est le seul passage pour les hommes, & pour les Marchandises. Cette Garde est montée tous les jours par cinq personnes, sans compter leurs Domestiques, & on l'augmente considérablement dans le tems de la vente. Deux hommes de la Garde du Port, deux des Vedettes, un Domestique du Consul, qui préside à cette vente, un Commis du premier Magistrat de la Ville en exercice, & les principaux Officiers de la Ville extérieure, y sont alors presque toujours en faction. Un de ces derniers tient le Journal de la Garde, où l'on écrit ce qui se passe d'heure en heure, les personnes, qui entrent & qui sortent, ce qui se porte dans l'Isle, & ce que l'on en transporte ailleurs; le tout pour en rendre compte aux Gouverneurs, qui se font représenter de tems en tems ces Journaux, & ne manquent point de les lire. Rien ne passe sans permission, & pour plus de sûreté, il y a trois Inspecteurs Jurez, dont l'un se tient toujours auprès de la Porte, pour foüiller tout le monde, à l'exception des Interprétes, & de ceux de leurs Fils, à qui on permet de traiter avec les Hollandois, pour apprendre leur Langue. De plus, tout le tems que les Vaisseaux font dans le Port, ou dans le Havre, quatre hommes doivent être entretenus dans le Monban aux dépens de la Ville, & quatre autres aux dépens des Marchands de soye, pour renforcer cette Garde. On voit attaché aux murailles du Corps de Garde des Fers pour garotter les Criminels, des cordes pour les attacher, de gros bâtons pour les battre, & un instrument assez singulier, dont on se sert pour attraper les Voleurs & les Déserteurs.

La seconde Garde est le *Mawariban*; c'est le Guét, ou la Ronde composée de six Habitans, gens de travail. Ils vont & viennent les uns à la rencontre des autres toute la nuit, dont ils marquent les heures en battant deux rouleaux de bois l'un contre l'autre. Leur principal emploi est de découvrir les Voleurs, & de prévenir les accidens du feu. Ils sont relevez tous les mois, & c'est aux Habitans de Nangazaqui à les fournir à tour de rüe. Cela dure tout le tems que l'Ottona, les Propriétaires des maisons, & les Officiers de la Tréforerie Hollandoise, font aussi la ronde, parce qu'ils sont responsables de tout ce qui peut arriver, c'est-à-dire, tandis que dure la vente; mais ils peuvent se contenter de faire faire cette ronde par des Domestiques affidez. Il faut néanmoins qu'ils la fassent de tems en tems en personne pendant la nuit, pour prévenir les accidens, surtout ceux du feu. La premiere fois ils frappent à toutes les portes, pour s'informer, si quelque Japonnois ne s'est point caché dans les Maisons,

& pour avertir de prendre garde au feu. L'Ottona doit assister au moins une fois chaque nuit à cette ronde. Enfin les Hollandois font de leur chef une espece de Patroüille pendant la nuit, pour se précautionner contre leurs propres Gardes, qui sans cela les voleroient sans façon.

§. VI.

Des Officiers, qui sont entretenus aux frais de la Compagnie. Leurs fonctions. Les sermens, qu'on leur fait prêter.

C'Est aux dépens de la Compagnie Hollandoise, que sont payez tous les Officiers, dont je viens de parler, ou plutôt on destine à cela une partie des Marchandises. Selon Kœmpfer les Hollandois regardent avec raison ces Officiers comme leurs Ennemis jurez, attentifs à leur rendre tous les mauvais offices, qu'ils peuvent, & d'autant plus à craindre, qu'ils cachent leur mauvaise volonté sous une apparence spécieuse d'amitié; c'est-à-dire, qu'ils font leur devoir, mais qu'ils le font poliment, suivant le caractere de cette Nation. C'est aux Hollandois, qui les connoissent, & qui sçavent les ordres, qu'ils ont reçûs, & les engagemens qu'on leur a fait prendre par des sermens réiterez, à ne recevoir leurs politesses, que pour ce qu'elles valent. D'ailleurs ces Officiers gagnent assez bien ce qu'on leur donne.

L'Ottona, par exemple, qui après le premier Interpréte, est le principal de tous, est chargé d'un détail infini: tout ce qui se vend, lui passe par les mains, il en est souvent le gardien, & il en doit répondre aux Particuliers, à qui ces Marchandises appartiennent. Il a soin que les ruës, les maisons, & tous les autres édifices de l'Isle, soient tenus en bon état, & à couvert des Voleurs, du feu, & des autres accidens ordinaires. Il est l'Arbitre des différends, qui s'élevent entre ceux, qui sont du ressort de sa Jurisdiction; & c'est à lui à les mettre en possession de leurs Emplois, à recevoir leurs Sermens, à expédier leurs Passeports, & les Billets d'entrée, à les congédier, quand ils ne sont pas en état de s'acquitter de leurs Emplois: il est obligé par sa Charge, & en vertu du serment, qu'il prête aux Gouverneurs, de veiller sur les Hollandois, & de leur faire observer à la rigueur les ordres de l'Empereur. Il leur en donne quelquefois de son chef, mais avec discrétion, & toute la circonspection possible : il les met même quelquefois aux Fers, quand ils se sont échappez. Cet Officier, outre les appointemens ordinaires affectez à son Emploi, en reçoit de la Compagnie Hollandoise, & quantité de présens des Propriétaires de l'Isle. Il a aussi son droit sur les loyers, que les Hollandois payent à ceux-ci; mais ses plus grands profits viennent des Marchandises étrangeres, qu'il achete à bon marché sous des noms empruntez, & qu'il revend ensuite fort cher.

Les Propriétaires de l'Isle ne passent gueres de jour pendant la vente, sans paroître dans les Maisons, tantôt pour aider à faire une liste des Marchandises, Meubles, Denrées & autres choses; tantôt pour avoir l'œil sur les Locataires, & pour examiner leur conduite, dont ils sont responsables selon les loix de l'Empire. Les Interprétes sont au nombre d'environ cent cinquante. Le Gouvernement a voulu par-là rendre inutile aux Hollandois la connoissance de la Langue du Pays, & par ce moyen leur cacher son état présent, ses forces, & ce qui peut y arriver journellement. D'ailleurs il a été bien aise de procurer à plusieurs Habitans de Nangazaqui le moyen de subsister honnétement aux dépens des Etrangers; outre que c'est toujours autant de surveillans, qui épient les Hollandois; car quoiqu'ils soient à leurs gages, ils ne les épargnent sur rien.

Le Corps des Commissaires des vivres est d'environ dix-sept Chefs de Famille: leur emploi est de fournir à Desima les vivres, la boisson, les meubles, & tous les ustenciles, dont on peut y avoir besoin: ils en ont le privilege exclusif, aussi les vendent-ils au double, & méme au triple, de ce que ces choses se vendent au marché. Ils ont encore le soin de fournir des Filles de joye à ceux, qui en souhaitent, & quoiqu'ils surfassent encore plus cette Marchandise, que les autres, ils en ont ordinairement un fort grand débit, ce qui n'aide pas à corriger l'idée, que les Japonnois ont d'ailleurs du peu de Religion des Hollandois. La Compagnie des Chefs de Cuisine affectée à Desima est composée de trois Cuisiniers, qui servent par tour pendant un mois, de deux Valets de Cuisine, d'un ou de deux Apprentifs, & de quelques Porteurs d'eau. Il faut nécessairement se servir de ces gens-là, dont les appointemens sont réglez & fort hauts, & qui sont de toutes les rondes, que l'Ottona fait, & fait faire dans l'Isle pendant la nuit.

Il y a encore d'autres Personnes, qui de tems en tems rendent quelques services à la Cuisine, comme le Jardinier, & celui, qui garde le Bétail; il les faut bien payer, quelque inutiles, qu'ils soient, surtout le dernier. Le Bétail n'est pas fort considérable; on a méme soin d'empoisonner secrétement les Mâles, ou de leur casser les jambes pendant la nuit, pour les empécher de se trop multiplier, ce qui seroit au désavantage des Commissaires des vivres. Ainsi les Hollandois sont obligez d'entretenir à leurs frais des gens pour leur faire tort. Il y a encore quelques autres Domestiques, dont l'emploi est fort recherché par les petites gens de Nangazaqui; mais ils ne peuvent servir qu'un mois; après quoi il faut qu'ils fassent place à d'autres, qui sont envoyez de chaque ruë de la Ville par tour. On craindroit qu'un long séjour avec les Hollandois ne les familiarisât trop avec eux, & ne les attachât insensiblement à leurs intérêts.

On prend les mémes précautions pour les jeunes garçons, qu'on permet à ces Marchands d'avoir en qualité de Valets, & qui sont enregistrez dans le Livre de l'Ottona, sous le nom de Messagers. Ce sont ordinairement les Fils des Interprétes du dernier rang, à qui on procure par-là le moyen d'apprendre la Langue Hollandoise, afin de pouvoir succéder à leurs Peres: on a soin de ne les point souffrir dans ce service au-delà de l'âge, où ils ne sont point encore capables de connoitre les intéréts du Pays, & l'état des affaires

O o o iij.

de l'Empire. Si on permet à quelques autres plus âgez d'y entrer, ce n'eſt que pour autant de tems, qu'il plaît à l'Ottona, qui n'acorde jamais cette permiſſion, que ſous une caution ſuffiſante, donnée avec ſerment par un notable Bourgeois de Nangazaqui, lequel ſe rend reſponſable de leur conduite. Il eſt vrai, & les Hollandois en conviennent, que tous ces gens-là les ſervent avec une promptitude, une adreſſe, & une fidélité, qu'on ne trouve pas ordinairement parmi les autres Nations. Enfin il n'y a pas juſqu'aux Ouvriers, & aux Artiſans, à qui il ne faille une permiſſion ſpéciale pour travailler dans l'Iſle, chaque fois que l'on y a beſoin d'eux ; & il les faut payer graſſement, par la raiſon qu'ils ſont obligez de partager leurs profits avec les autres Membres de leurs Compagnies, & que pour ſe conſerver les bonnes graces de l'Ottona & des premiers Interprétes, ils doivent leur faire chaque année un préſent.

On ne peut nier qu'un ſi grand nombre de Surveillans, qui ſe tiennent réciproquement en reſpect, & qui s'épient les uns les autres, autant que les Hollandois mêmes, ne doive raſſûrer beaucoup le Gouvernement ſur les deſſeins, que pourroient former les Etrangers contre l'Etat. Cela n'a pourtant point paru ſuffiſant aux Monarques Japonnois pour ſe mettre l'eſprit en repos de ce côté-là ; ils ont encore voulu lier leurs Sujets par la Religion & par la crainte, les deux plus puiſſans motifs, pour faire agir les hommes, & pour les retenir dans le devoir. Ils ont donc en premier lieu exigé un ſerment de tous ceux généralement, qui ont la moindre communication avec les Hollandois ; on y atteſte les Dieux ſuprémes, on ſe ſoumet à toute leur colere, & à celle des Souverains & des Magiſtrats, & on livre au même anathême ſa Famille, ſes plus proches Parens, ſes Amis, & ſes Domeſtiques, au cas que l'on tranſgreſſe le moindre des Réglemens faits pour l'Emploi, que l'on doit exercer. On ſigne enſuite ces Réglemens, & on les ſcelle de ſon cachet trempé dans de l'encre noire, où l'on a verſé quelques goutes de ſon ſang.

Ces ſermens varient ſelon les Perſonnes, les Emplois, & l'étenduë du pouvoir, dont on eſt revêtu. Ils ſe peuvent néanmoins réduire ſous trois eſpeces. Le premier, dont l'infraction doit être plus ſéverement punie, regarde l'Ottona, le premier Interpréte, ſon Commis, & ſes Eleves, qui ſont deſtinez à lui ſuccéder. Les uns & les autres renouvellent leur ſerment à l'arrivée d'un nouveau Gouverneur, qui le leur fait prêter lui-même dans ſon Palais. Le ſecond eſt pour les autres Interprétes, les Tréſoriers, les Sécretaires, les Commis, les Inſpecteurs, les Commiſſaires des vivres, & les Cuiſiniers. C'eſt l'Ottona & le premier Interpréte, qui le reçoivent dans un Temple, où ils ont coutume de tenir leurs Aſſemblées ordinaires. Le troiſiéme eſt pour tous les autres Officiers, & comme ce ſont tous gens de la plus vile populace, ou des Enfans, chacun d'eux eſt obligé de trouver un honnête Bourgeois, qui veüille bien ſe rendre ſa caution. Les deux derniers ſermens ſe prêtent deux fois l'année ; la premiere, au commencement du premier mois, vers le tems de l'Abjuration du

Chriſtianiſme, Cérémonie, dont nous parlerons bientôt; & à l'arrivée de la Flotte, qui apporte tous les ans un nouveau Préſident, ou Directeur du Commerce de la Compagnie Hollandoiſe. Ceux, qui accompagnent ce même Directeur, lorſqu'il va en Cour, doivent immédiatement avant leur départ prêter un ſecond ſerment, par lequel ils s'engagent à avoir l'œil ſur lui, & ſur toute ſa Suite, à tenir la main à ce que les Hollandois, & ceux, qui les ſervent, ſe comportent bien pendant le voyage; à ne leur donner aucune marque d'amitié, & à n'entrer dans aucune ſorte de familiarité avec eux.

§. VII.

Des Marchands, qui traitent avec les Hollandois. De quelle maniere ſont traitez les Hollandois, qui reſtent à Deſima. Ils ne peuvent avoir juſtice dans les démêlez, qu'ils ont avec les Japonnois.

Les Marchands, qui vont à Deſima, pour acheter, ou pour vendre, ne prêtent point de ſerment; mais il faut qu'ils ayent des Paſſeports de l'Ottona, qui ne les leur délivre point, qu'il ne les ait fait foüiller. Ces Paſſeports ſont écrits ſur de petites planches de deux pouces de long, & de deux de large. D'un côté eſt le nom de la Famille de l'Ottona, celui de la rüe, où demeure le Marchand, & le ſceau de ce premier Officier. De l'autre eſt ſa marque particuliere, ou ſi l'on veut, ſes Armes, ou ſon Chiffre. Les ordres du Gouvernement, qui regardent les Hollandois, ſont lûs en partie au Directeur de leur Commerce, dans le Palais de l'Empereur à Jedo, & en partie communiquez à tous par les Gouverneurs de Nangazaqui, ou par leurs Lieutenans. Dès qu'un Navire eſt arrivé, le premier Interprète ſe rend à bord, & recommande à l'Equipage l'obſervation de ces Réglemens, & ſurtout d'éviter de donner aucune marque de Chriſtianiſme en préſence des Naturels du Pays. En un mot on ne peut gueres porter plus loin la gène, où l'on retient ces Marchands. Si on leur permet de tems en tems de ſortir de leur Iſle, ce n'eſt jamais que pour aller rendre leurs devoirs à quelque Grand, ou pour d'autres affaires, qui intéreſſent autant les Japonnois, qu'eux-mêmes; d'ailleurs ils n'ont pas plus de liberté dans ces ſorties, que dans leur priſon; car ils ſont toujours au milieu d'une Troupe de Gardes & d'Inſpecteurs, qui les conduiſent, comme on feroit des Priſonniers d'Etat.

Ceux, qui reſtent à Deſima après le départ des Navires, ont une ou deux fois l'année la liberté de ſe promener dans la Campagne: on l'accorde pourtant un peu plus ſouvent aux Médecins & aux Chirurgiens, qu'on ſuppoſe chercher des Plantes médecinales; mais cette liberté coûte cher à ces Marchands. Ces promenades ſe font en grande & nombreuſe compagnie, l'Ottona y aſſiſte en perſonne avec les Interprétes ordinaires, & tous les autres Officiers, qui ſont à leur ſervice; & il faut donner un grand dîné à toute cette Troupe dans un Temple, dont les Miniſtres ont auſſi leur droit, qu'on qualifie d'*honnêteté*. Il y a encore un jour assigné pour la visite des cinq Batteaux, qui sont entretenus dans le Port pour le service & aux frais de la Compagnie des Indes : & cette visite se fait avec la même suite & la même dépense, que la promenade. Comme le *Matsuri*, dont je parlerai ailleurs, tombe dans le tems, que les Navires sont dans le Port, on dresse pour ceux des Hollandois, qui veulent assister à cette Fête, un échaffaut, qu'on leur fait payer bien cher, & leur curiosité les engage encore dans de grandes dépenses. D'ailleurs il est certain que cette assistance à un spectacle, dont la Religion est l'objet, est regardée comme un honneur, que ces Marchands rendent au Dieu, dont on célebre la solemnité. Enfin, avant que d'arriver à l'échaffaut, ils sont foüillez quatre fois, & quand ils descendent, on les compte à diverses reprises.

Ce ne sont pas les Hollandois, qui chargent & déchargent leurs Navires ; il y faut employer des Japonnois, qui ne le font point gratuitement. De plus, si l'on a besoin de vingt personnes, il en faut loüer quarante, & payer la journée entiere, quelquefois pour une ou deux heures de travail. Aucun Hollandois ne peut envoyer une Lettre hors du Pays, que le contenu n'en ait été regiftré dans un Livre destiné à cet usage, & qu'on n'en ait laissé une copie pour les Gouverneurs. A l'égard des Lettres, qui viennent du dehors, elles sont portées d'abord à un des Gouverneurs, qui les ouvre, s'il le juge à propos. Il paroît néanmoins qu'ils ne sont pas difficiles sur cet article, & qu'ils ferment assez

souvent les yeux sur les Lettres, qui se rendent furtivement, sans avoir passé par leurs mains. Conduite inconséquente, si on considere les minucies, & la scrupuleuse ponctualité, dont nous avons rapporté tant de traits. Mais rien n'est plus rare qu'une façon d'agir bien suivie, & les manieres extrêmes sont plus sujettes, que les autres, à ne se point soûtenir ; c'est qu'elles coûtent, & qu'on se lasse.

Il y a encore au Japon des personnes, qui sont issuës des Mariages, qu'on permettoit dans les commencemens entre les Hollandois & les Japonnois ; car aujourd'hui cela est absolument défendu. Si ces gens-là veulent écrire à leurs Parens, qui sont dans les Indes, ou en Europe, ou leur faire quelque présent, il faut porter le tout aux Gouverneurs de Nangazaqui, qui en disposent, comme bon leur semble. Aux premiers tems de la demeure des Hollandois à Desima, quand quelqu'un d'eux y mouroit, son corps jugé indigne de la sépulture étoit jetté à la Mer à la sortie du Port : mais depuis on leur a assigné par grace un petit espace de terre sur une Montagne voisine de la Ville, nommée Inassa, où ils peuvent enterrer leurs Morts, & quand quelqu'un y a été inhumé, on y pose une Sentinelle, qui ne permet à personne d'en approcher.

Mais rien ne montre mieux l'aversion, ou plutôt le mépris des Japonnois pour les Hollandois, que les difficultez presqu'insurmontables, que ceux-ci rencontrent, quand il est question de leur faire justice dans les causes, où leur droit est plus manifeste. En voici un exemple bien marqué. Un fameux Pirate Chinois,

nois, nommé COXENGA, s'étoit rendu Maître de l'Isle Formose, & du Fort, que les Hollandois y avoient ; ceux-ci crurent pouvoir user de représailles, & un de leurs Bâtimens ayant rencontré en 1660. une Jonque, qui appartenoit au Pirate, & sur laquelle il y avoit trois cens hommes, l'attaqua & la maltraita si fort, qu'il n'y resta que treize hommes en vie, mais ils ne pûrent la prendre, parce qu'elle eut le tems de se refugier dans le Port de Nangazaqui. Les Chinois porterent leurs plaintes aux Gouverneurs de cette Ville d'une hostilité faite à leur vûë, & ceux-ci condamnerent les Hollandois à un dédommagement considérable, qui fut pris sur leur Trésor. Douze ans après le *Kuilembourg*, Navire Hollandois, échoüa par malheur sur les Côtes de Formose, l'Equipage fut cruellement massacré, & la cargaison pillée par les Chinois Sujets de Coxenga : la Compagnie Hollandoise s'adressa au même Tribunal pour en avoir justice, mais ce fut inutilement.

Voilà en peu de mots ce qu'un Auteur, qui a été longtems au service des Hollandois, qui a fait deux fois le voyage du Japon sur leurs Navires, & dont l'Ouvrage vient d'être imprimé en Hollande, nous apprend de la triste figure, que font ces Négocians à Nangazaqui, depuis que par des démarches, que la qualité d'Ennemis n'autorise, ni selon l'honneur, ni selon la Religion : surtout parmi les Chrétiens, ils sont parvenus à exclure du Commerce du Japon une Nation, dont tout le crime étoit, ainsi qu'en convient le même Ecrivain, d'être Sujets d'un Prince, dont ils avoient secoüé le joug. Il est vrai que la premiere année de leur demeure à Desima fut pour eux une des plus lucratives, qu'ils ayent jamais euës, puisqu'ils vendirent leurs Marchandises jusqu'à la valeur de sept cens mille livres sterlings, & qu'ils en transporterent quatorze cens caisses d'argent. Mais nous avons vû combien les années suivantes ils trouverent à décompter, & combien ce changement de demeure leur apporta de préjudice.

§. VIII.

Etat du Christianisme au Japon en 1692. Cérémonie de fouler aux pieds les Images de Jesus-Christ & de la Vierge. Plusieurs Missionnaires tâchent en vain de s'introduire au Japon.

ON n'a rien appris des Chrétiens du Japon depuis l'année 1692. Alors, si nous en croyons Kœmpfer, qui étoit à Nangazaqui, il y en avoit environ cinquante de tout âge & de tout sexe dans les Prisons de cette Ville, & ils y avoient été amenez du Royaume de Bungo. Les Japonnois les nommoient par mépris *Bungojos*, c'est-à-dire, *la Canaille de Bungo* ; ils étoient fort ignorans, & l'on avoit beaucoup d'égard à leur simplicité. On se contentoit de les tenir enfermez, sans aucune espérance de recouvrer leur liberté autrement, que par l'Apostasie. Tous les deux mois on les faisoit venir chez les Gouverneurs, qui ne négligeoient rien pour les obliger à déclarer les autres Chrétiens, mais assez inutilement pour l'ordinaire. Du reste on ne les maltraitoit point, on leur permettoit même de se faire appliquer deux fois l'année le Moxas, (*a*) de se baigner six fois, & de se promener autant de fois dans un grand enclos, qui est hors de l'enceinte de la prison. Ils passoient leur tems à filer de la laine & du chanvre, pour ourler les Nattes; ils cousoient leurs habits avec des aiguilles de Bambou, n'ayant pas la permission d'avoir aucun outil de fer. Quelques-uns travailloient à d'autres métiers: l'argent, qu'ils gagnoient par leur travail, étoit à eux, & ils pouvoient en acheter des rafraîchissemens, dont ils faisoient part à leurs Femmes & à leurs Enfans, renfermez comme eux, mais séparément; en sorte qu'il ne leur étoit pas possible d'avoir ensemble la moindre communication. Des restes du ris, qu'on leur accordoit pour leur subsistance, ils faisoient du Sacki, ce qui étoit pour eux une grande douceur. On les sollicitoit souvent de se tirer d'une si dure captivité en renonçant au culte de Jesus-Christ, mais c'étoit en vain, & il arriva pour la premiere fois cette même année que trois de ces Malheureux envoyerent de l'argent aux Temples d'Amida, afin qu'on y fît des prieres pour les ames de leurs Parens décédez. Ce qu'il y eut de singulier, c'est que les Bonzes ne voulurent point recevoir cet argent, sans en avoir l'agrément des Gouverneurs, & que ceux-ci ne jugerent point à propos de le donner, mais en écrivirent à l'Empereur, dont la réponse n'étoit pas encore arrivée à Nangazaqui, lorsque Kœmpfer en

partit. Il y a tout lieu de croire que ce qui faisoit difficulté en ceci, est que ces pauvres Chrétiens ayant cru par ignorance pouvoir faire une pareille démarche sans préjudice de leur Foi, n'en étoient pas moins fermes à confesser Jesus-Christ.

Mais de toutes les inventions, que l'Enfer a suggérées aux Empereurs du Japon pour abolir la Religion Chrétienne parmi leurs Sujets, on peut bien juger qu'il n'en est point de plus efficace, que l'horrible & sacrilége Cérémonie, que je vais décrire, & qui se nomme le *Jesumi*. Je suis bien aise au reste d'avertir ici, qu'on n'a aucune preuve que les Hollandois en soient les auteurs, comme on l'a publié. Voici en quoi elle consiste. Vers la fin de l'année, on fait à Nangazaqui, dans le district d'Omura, & dans la Province de Bungo, les seuls endroits, où l'on soupçonne aujourd'hui qu'il y ait encore des Chrétiens, une liste exacte de tous les Habitans de tout sexe, & de tout âge; & le second jour du premier mois de l'année suivante, les Ottonas accompagnez de leurs Lieutenans, du Greffier & des Trésoriers de chaque ruë, vont de maison en maison, faisant porter par deux hommes du Guet, deux Images, l'une de Notre Seigneur attaché à la Croix, & l'autre de sa sainte Mere, ou de quelque autre Saint. On les reçoit dans une Salle, & dès qu'ils ont pris chacun leur place, le Chef de la Famille, sa Femme, ses Enfans, les Domestiques de l'un & de l'autre sexe, les Locataires, & ceux des Voisins, dont les maisons sont trop petites pour recevoir tant de monde, sont appellez les uns a-

(*a*) C'est un Caustique, dont il sera parlé dans l'Histoire naturelle.

près les autres par le Greffier, à qui on a donné tous les noms ; & à mesure qu'on les appelle, on leur fait mettre le pied fur les Images, qu'on a pofées fur le plancher. On n'en excepte pas les plus petits Enfans, que leurs Meres, ou leurs Nourrices foutiennent par les bras. Enfuite le Chef de Famille met fon fceau fur la lifte, qui eft portée aux Gouverneurs. Quand on a ainfi parcouru tous les quartiers, les Officiers eux-mêmes font le *Jefumi*, fe fervent mutuellement de témoins, puis apposent leur fceau au Procès Verbal. Cela eft fuivi d'une recherche, qui fe fait aufli tous les ans depuis l'année 1666. que l'Empereur Dairy KINSEN établit pour cela dans toutes les Villes, & même dans tous les Bourgs, ou Villages, un Tribunal, qui s'affemble pour s'informer quelle Secte chaque Famille, ou chaque Particulier a embraffée.

Une fi grande obftination dans ce Peuple aveugle, & une averfion fi marquée du Chriftianifme dans ceux, qui le gouvernoient, devoient, ce femble, perfuader les Miffionnai-

res que cette Nation ayant mis le comble à fon endurciffement, s'étoit abfolument fermé le retour aux miféricordes du Seigneur. Mais un cœur Apoftolique ne fçait pas défefpérer du falut des ames, que le Fils de Dieu a rachetées de fon fang, & croyant pouvoir dire à ce divin Sauveur ce que lui-même repréfenta à fon Pere, en priant pour fes Bourreaux, *Seigneur, ils ne fçavent ce qu'ils font*, il attend toujours le moment de la grace. Tout ce que nous venons de rapporter n'a donc point empêché que plufieurs Ouvriers Evangeliques n'ayent fait de tems en tems de grands efforts pour réparer les ruines d'une fi belle Eglife. Le fecret, que demandoient ces tentatives, n'a pas permis que nous en ayons été bien inftruits, & la feule, dont nous ayons appris quelque détail, eft celle de M. l'Abbé SIDOTTI, Eccléfiaftique Sicilien, d'une naiffance diftinguée, & un de ces Hommes, à qui rien ne coûte, & que rien ne rebute, quand il s'agit des intérêts du Ciel.

§. IX.

Tentative de M. Sidotti pour entrer au Japon, & quel en fut le fuccès.

IL partit d'Italie en 1702. avec Monfeigneur Charles Maillard de Tournon, Patriarche d'Antioche, & depuis Cardinal, que le Pape Clément XI. envoyoit à la Chine avec les pouvoirs de Légat *à latere*. Ils arriverent en 1704. à Pondichery fur un Navire du Roi de France, commandé par le Chevalier de Fontenay, qu'ils avoient trouvé aux Canaries, & j'ai fçû de la bouche même de cet Officier, autant diftingué par fa probité, fon défintéreffement

& fa Religion, que par fon habileté & fa valeur, que M. Sidotti, qui parloit paffablement la Langue Françoife, avoit fait fur fon bord pendant toute la traverfée l'office d'un véritable Apôtre. Il quitta le Patriarche d'Antioche aux Indes, & fe rendit à Manile en 1707. Il y employa deux ans à étudier la Langue Japonnoife, & il s'y fit connoître par les traits les plus marquez d'un Ouvrier vraiment Evangelique.

Le deffein, où il étoit de paffer au

Pppij

Japon, étant devenu public, il y eut de l'empreffement à le feconder; le Gouverneur des Philippines l'appuya de tout fon crédit, plufieurs Particuliers ouvrirent leurs bourfes, on lui équipa un Navire, & un Capitaine de mérite, nommé Dom Miguel DE ELORIAGA, s'offrit de le commander, promettant de débarquer le Saint Homme fur les Terres du Japon. Son offre fut acceptée, il fit fes préparatifs avec une très-grande diligence, & M. Sidotti partit de Manille au mois d'Août 1709. Il eut apparemment les vents long-tems contraires, car il n'arriva que le neuviéme d'Octobre à la vûë du Japon : le Navire approcha de terre le plus près, qu'il lui fut poffible, & l'on prenoit déja des mefures pour débarquer le Miffionnaire, lorfqu'on apperçut un Bâtiment, qui fe trouva être une Barque de Pêcheurs. Tout le monde fut d'avis qu'il falloit envoyer la Chaloupe la reconnoître, & prendre langue, & la commiffion en fut donnée à un Japonnois Idolâtre, qui avoit engagé fa parole au Gouverneur des Philippines, d'entrer au Japon avec M. Sidotti, & de le mettre en lieu de fûreté. On ne fçait point ce qui fe paffa entre cet Homme & les Pêcheurs, mais après un affez long entretien, le premier fit figne au Navire de ne pas approcher de la Barque. On en fut d'autant plus furpris, que les Pêcheurs au contraire fembloient faire figne qu'il n'y avoit rien à craindre.

Quelque tems après le Japonnois revint à bord, & tout ce qu'on en put tirer, c'eft que le Miffionnaire ne devoit pas penfer à mettre le pied au Japon; qu'il y feroit infailliblement arrêté en débarquant, & mené à l'Empereur, Prince extrêmement cruel, qui le feroit expirer dans les plus horribles fupplices. Il n'en dit pas davantage, mais on jugea à un certain trouble, qui parut fur fon vifage, qu'il avoit communiqué aux Pêcheurs le deffein de M. Sidotti. Alors le Saint Prêtre fe retira à l'écart pour confulter le Seigneur : il récita enfuite fon Office, puis fe remit en oraifon. Sur les cinq heures du foir il revint trouver le Capitaine, & l'abordant d'un air infpiré : « Monfieur, lui dit-il, me
» voici enfin parvenu à cet heureux
» moment, après lequel j'ai fi long-
» tems foupiré : nous touchons au
» Japon, & rien ne doit plus m'em-
» pêcher d'y entrer. Vous avez eu la
» générofité de me conduire jufqu'-
» ici, & vous n'avez pas craint de
» vous hazarder fur une Mer, que
» vous ne connoiffiez point, & que
» tant de naufrages ont rendu fa-
» meufe : achevez votre ouvrage,
» & livrez-moi à un Peuple, que
» j'efpere foumettre au joug de
» l'Evangile. Ce n'eft point fur mes
» propres forces, que je m'appuye;
» mais fortifié de la grace de Jefus-
» Chrift, & foutenu de la protec-
» tion de tant de faints Martyrs,
» qui ont arrofé ces Ifles de leur
» fang, que ne pourrai-je point ! »

Ce difcours ne furprit point Dom Miguel, il connoiffoit tout le zele & tout le courage de celui, qui lui parloit, mais il crut devoir lui repréfenter que felon toutes les apparences l'Empereur du Japon alloit être inceffamment informé de fon Entreprife, & qu'il paroiffoit plus fûr d'aller aborder à une autre Côte, où l'on ne feroit point fur fes gardes;

que cela ne dérangeoit en rien son projet, au lieu qu'en s'opiniâtrant à vouloir débarquer à l'endroit, où il se trouvoit, il couroit un risque trop évident de perdre tout le fruit de son Expedition. « Votre vûë, » lui ajoûta-t-il, n'est pas précisé-» ment de mourir Martyr, mais de » gagner des ames à Jesus-Christ : » prenez donc les mesures, que la » prudence vous dicte, pour parve-» nir à votre fin. » Il eut beau dire, il ne fit point changer M. Sidotti : » Le vent est bon, repliqua-t-il, il » en faut profiter ; que sçavons-» nous, si une tempête imprévûë » ne nous jettera point dans quel-» que autre Contrée ? Vous sçavez » qu'elles sont fréquentes dans ces » Mers. En un mot, Monsieur, mon » parti est pris, & si vous avez quel-» que bonne volonté pour moi, » n'apportez aucun retardement à » l'œuvre de Dieu. »

Le Capitaine vit bien qu'il étoit inutile de faire de nouvelles résistances ; il consentit, quoique malgré lui, à ce que souhaitoit le courageux Ecclésiastique, & commença à disposer toutes choses pour le débarquer à la faveur des ténèbres de la nuit. M. Sidotti au comble de ses vœux, alla aussitôt écrire quelques Lettres, puis il vint réciter le Chapelet avec l'Equipage, auquel il fit ensuite une courte, mais vive exhortation. En la finissant, il se mit à genoux, demanda publiquement pardon des mauvais exemples, qu'il avoit, disoit-il, donnez à tout le monde, depuis qu'il étoit sur le Bord. Il pria en particulier les Enfans de lui pardonner sa négligence à les instruire, & il termina une action si sainte par un exercice d'humilité, qui fut d'une grande édification : il baisa les pieds, non seulement aux Officiers, aux Matelots, aux Enfans, mais aux Esclaves mêmes, après quoi il alla s'enfermer pour traiter avec Dieu de la grande affaire, qu'il étoit sur le point d'entreprendre.

Vers le minuit il descendit dans la Chaloupe avec le Capitaine & sept autres Espagnols, qui voulurent l'accompagner jusqu'à terre. Il fut en oraison pendant tout le trajet : le tems étoit beau, & la Mer calme, toutefois on ne laissa point d'avoir beaucoup de peine à aborder, parce que la Côte se trouva fort haute, & presque sans rivage. Au sortir de la Chaloupe, l'Homme Apostolique baisa la terre, & remercia Dieu de l'avoir si heureusement conduit dans un Pays, qui faisoit depuis si longtems l'objet de ses vœux. Il s'avança ensuite dans les terres ; & tandis qu'il marchoit à grands pas suivi des Espagnols, un d'eux, nommé Dom Carlos DE BONIO, qui avoit voulu se charger de son paquet, eut la curiosité de voir ce qu'il contenoit. Il l'ouvrit, & n'y trouva qu'une Chapelle, des saintes Huiles, un Breviaire, l'Imitation de Jesus-Christ, quelques autres Livres de piété, deux Grammaires Japonnoises, un Crucifix, qui avoit été à l'usage du célebre Pere Mastrilli, une Image de la Vierge, & quelques Estampes.

Il fallut enfin se séparer : les Espagnols prirent congé de M. Sidotti, mais auparavant le Capitaine l'obligea de recevoir quelques piéces d'or, dont il se persuada que le Saint Homme pourroit avoir besoin. La Chaloupe en s'en retournant courut quelque danger sur des roches & des bancs de sable, où elle s'engagea faute de voir affez pour se conduire, & elle ne regagna le Navire, que sur les huit heures du matin. Dom Miguel apparcilla auffitôt d'un très-bon vent, & le dix-huitiéme d'Octobre il rentra dans le Port de Manile. On a sçu tout ce détail par le P. Pierre FAURE, Jéfuite François, qui arriva aux Philippines peu de tems après le départ de ce Capitaine, & qui au commencement de l'année 1711. se fit débarquer avec le Pere Bonnet par un Navire Malouin sur les Isles de NICOBAR de la même maniere, que M. Sidotti l'avoit été au Japon deux ans auparavant. Le sort des deux Jéfuites n'a pas été longtems inconnu : on a sçû qu'ils avoient fait plusieurs Chrétiens parmi les Insulaires de Nicobar, qui jusques-là n'avoient point encore entendu parler de Jesus-Christ ; mais qu'au bout de deux ou trois ans ils avoient été assommez par quelques-uns de ces Barbares. Pour M. Sidotti, il a couru des bruits bien différens sur sa destinée, & tous sans aucun fondement. Ce qu'on a pû recüeillir de plus vraisemblable de divers avis, qu'on a eus à la Chine sur ce qui le regardoit, c'est qu'il ne vit plus, & que sa mort a été violente : on a même dit affez constamment qu'il avoit été enfermé entre quatre murailles si proches les unes des autres, qu'à peine pouvoit-il s'y remuer, & qu'on l'y avoit laissé mourir de faim.

Dieu seul, dont les secrets sont impénétrables, mais dont les miséricordes sont infinies, sçait, si une Terre cultivée avec tant de fatigues, qui a produit tant de Saints & tant de Héros, que tant d'Hommes Apostoliques ont arrosée de leurs sueurs, & tant de Martyrs de leur sang, ne recouvrera point un jour sa premiere fécondité : si la voix de ces généreux Confesseurs, qui demandent à Dieu, non la vengeance, mais le fruit de leur précieuse mort, ne touchera point le cœur du souverain Pasteur des Ames, & si les vœux de tant de fervens Missionnaires, qui ne souhaitent rien tant au monde, que de se consacrer au salut d'un Peuple si propre au Royaume de Dieu, ne seront point enfin favorablement écoutez.

Fin du vingtiéme Livre, & de l'Histoire du Japon.

ADDITION
AU LIVRE XII.

Histoire de deux Religieux Augustins, dont l'un étoit Japonnois, & d'une Dame Polonoise, martyrisez en Moscovie en 1611.

LE Pere Loüis Pineyro, Jésuite, a cru que cet évenement appartenoit assez à l'Eglise du Japon, pour en inférer le récit dans l'Ouvrage, qu'il a composé sur ce sujet. Pour moi, persuadé d'une part que plusieurs personnes le verront avec plaisir, & de l'autre, que le plus grand nombre de mes Lecteurs le trouveroient déplacé dans le Corps même du Livre, j'ai cru que les premiers me sçauroient bon gré, & que les seconds ne trouveroient point à redire, si je le mettois en addition à la fin de ce Volume. Le voici donc traduit de l'Espagnol du Pere Pineyro, qui l'a tiré d'une Relation du Pere Jean Thadée de Saint Elise'e, Carme Deschaux, & Vicaire Général de la Mission de Perse, adressée à Dom Alexis de MENESEZ, de l'Ordre de Saint Augustin, Archevêque de Brague en Portugal, & Président du Conseil d'Etat.

Le Pere Nicolas de MELLO, d'une des plus illustres Maisons de Portugal, après avoir été employé seize ans au Ministere Evangélique dans les Isles Philippines, où il étoit allé fort jeune, & y avoir acquis la réputation d'Homme d'un mérite distingué, d'un saint Religieux, & d'un parfait Missionnaire, fut députê à Rome par ses Supérieurs pour des affaires importantes, dont il devoit communiquer avec son Général, & avec le Souverain Pontife. On lui donna pour Compagnon un jeune Frere Convers, Japonnois de naissance, lequel étant passé aux Philippines dans son enfance avec son Pere & sa Mere, avoit reçu avec eux le Baptême à Manile des mains du même Pere de Mello, qui lui avoit donné son nom, avoit pris un soin particulier de son éducation, & l'avoit fait recevoir dans son Ordre.

Les Espagnols, qui alloient en ce tems-là des Philippines en Europe, prenoient assez ordinairement leur route par la Nouvelle Espagne; mais pour des raisons, qu'on ne dit point, le Pere de Mello prit la sienne par les Indes Orientales, alla d'abord à Malaca, passa ensuite à Goa, & y vit Dom Alexis de Menesez, dont je viens de parler, qui étoit alors Archevêque de cette Capitale des Indes Portugaises, & avec qui il étoit peut-être bien aise de traiter des affaires, pour lesquelles il avoit été envoyé à Rome.

Par une nouvelle destination de la Providence, qui fait tout servir aux desseins, qu'elle a sur ses Elûs, il arriva que cette année il ne partit aucun Navire de Goa pour le Portugal, ce qui obligea le Pere de Mello, lequel étoit preffé de fe rendre à Rome, d'entreprendre le voyage par terre. Il arriva à Ispaham, Capitale de Perfe, dans le tems que le Sophi fe difpofoit à envoyer une folemnelle Ambaffade au Pape, & à plufieurs Princes Chrétiens, & il obtint facilement la permiffion d'accompagner l'Ambaffadeur. Celui-ci devoit commencer fa Négociation par la Cour de Pologne, & pour s'y rendre, il lui falloit paffer par la Mofcovie. Outre la longueur de ce détour, le voyage ne fe pouvoit faire fans de grands rifques ; mais il n'y en avoit pas de moindres pour les deux Religieux à prendre feuls un chemin plus court ; ils ne balancerent donc point à fe joindre au Cortege de l'Ambaffadeur Perfan.

Arrivez à Mofcou, ils y rencontrerent un Médecin Catholique, Milanois de Nation, appellé le Docteur PAUL, qui les reçut chez lui, & le Pere de Mello crut y pouvoir exercer en toute liberté les fonctions de fon Miniftere. Il y accourut bientôt un grand nombre de Catholiques, charmez de pouvoir entendre la Meffe d'un Prêtre Latin, & approcher des Sacremens, dont ils avoient été longtems privez. Par malheur il y avoit alors à Mofcou des Proteftans Anglois, qui s'aviferent d'y trouver à redire, & qui firent grand bruit. Ils allerent même plus loin, car la Femme du Docteur Paul étant accouchée d'une Fille, & le Pere de Mello ayant baptifé cette Enfant, ils en donnerent avis au Grand Duc BORITZ, (*a*) Ennemi déclaré des Catholiques, lequel fit auffitôt faifir les deux Religieux, & les envoya chargez de chaînes dans une des Ifles SOLOFKI, dans la *Mer blanche*, où ils furent enfermez dans un Convent de Moines Bafiliens Schifmatiques. Ils y pafferent fix ans étroitement gardez, y reçurent toutes fortes de mauvais traitemens, & y furent toujours très-mal nourris. On ne leur portoit jamais à manger, qu'on ne les chargeât d'injures, & aux jours des principales Fêtes, on les faifoit venir, tout chargez de chaînes qu'ils étoient, devant toute la Communauté. Là, après qu'ils avoient fervi quelque tems de récréation aux Moines, le Supérieur les obligeoit d'entendre la lecture d'un Livre rempli de blafphêmes contre l'Eglife Romaine : il entreprit même de leur perfuader d'embraffer le Schifme des Grecs, mais il avoit affaire à un homme d'efprit, bien inftruit de fa Religion, & qui le réduifit toujours au filence. Alors au défaut de bonnes raifons, on leur répliquoit par de rudes coups, & on les renvoyoit à leur Prifon, qui étoit un véritable cachot.

Au bout de fix ans Boritz mourut, & fon Fils, qui lui fuccéda, ayant été étranglé la même année, le Trône de Mofcovie fut poffédé par un Impofteur, (*a*) qui fe faifoit nommer DEMETRIUS IVANOWITZ, & fe difoit Fils de FOEDOR IVANOWITZ, Prédéceffeur de Boritz. Comme ce faux Prince faifoit profeffion de la Religion Catholique, tenoit toujours plufieurs Jéfuites à fa Cour, & avoit époufé la Fille du Palatin

---

(*a*) BORITZ HUDENOW commença de régner en 1598. & mourut en 1605.
(*b*) Tout le monde ne convient pas que ce Prince fût véritablement un Impofteur ; mais c'eft le fentiment le plus communément reçu.

de Sandomir, le Pape Clement VIII. qui le croyoit le véritable Demetrius, & qui étoit inftruit de la captivité & des fouffrances des deux Religieux Auguftins, lui écrivit, dès qu'il le fçut fur le Trône, pour le prier de leur rendre la liberté, & chargea deux Carmes Defchaux, qu'il envoyoit en Perfe, de lui remettre fon Bref. Demetrius accorda fur le champ ce que le Saint Pere lui demandoit, les deux Religieux furent élargis, & partirent pour Mofcou; mais en y arrivant ils trouverent leur Libérateur détrôné, & la Couronne de Ruffie fur la tête de Basilowitz Zuski.

Ce Prince auffi entêté Schifmatique, que l'avoit été Boritz, fit d'abord enfermer le Pere de Mello & fon Compagnon dans la Prifon des Malfaiteurs, où il leur envoya propofer dès le même jour d'abjurer la Communion de l'Eglife Romaine, & de fe faire baptifer à la maniere des Ruffiens. Ils répondirent que l'on pouvoit leur ôter la vie, qu'ils verferoient volontiers jufqu'à la derniere goute de leur fang pour une fi belle caufe, & qu'il ne falloit pas efpérer qu'ils changeaffent de fentiment. Sur cette réponfe le Pere de Mello, qui avoit porté la parole, fut cruellement fouëtté, & lui & fon Compagnon furent plus étroitement refferrez, & chargez d'un plus grand nombre de chaînes. Cela dura quatre ans entiers, pendant lefquels on les foüettoit fouvent d'une maniere plus que barbare. D'autres fois on les dépoüilloit tout nuds, & en cet état on les promenoit par les principales ruës de Mofcou, la populace les pourfuivant avec des huées, & les chargeant d'injures. On leur faifoit voir de tems en tems des buchers dreffez, difoit-on, pour les brûler tout vifs. On étaloit auffi à leurs yeux de grands appareils de fupplices, & en même tems, qu'on tâchoit de les intimider par cette vûë, on leur faifoit les offres les plus féduifantes pour les engager à faire de bonne grace, ce qu'on défefpéroit d'obtenir d'eux par la crainte des tourmens: mais leur conftance fut également à l'épreuve des promeffes & des menaces.

Enfin ils furent conduits à Nisna fur le Volga, où ils reçurent les mêmes traitemens, qu'ils avoient effuyez à Mofcou. Quelque tems après Zuski étant venu à Nifna, commanda qu'on allumât un grand Bucher dans la Place publique, & qu'on les y jettât s'ils perfiftoient dans leur obftination. C'étoit le trentiéme de Novembre de l'année 1611. (a) On les tira de leur Prifon fur le foir, & ils furent conduits à la Place, tenant chacun une Croix à la main, fuivis d'un peuple infini. Le bon Frere Nicolas, qui étoit plus jeune, marchoit d'un pas délibéré malgré fes chaînes, & faifoit paroître pour le Martyre une ardeur, qui étonna les Miniftres de la Juftice. Ils fe perfuaderent que c'étoit la préfence & les difcours du Pere de Mello, qui lui infpiroient ce courage, & dans l'efpérance d'en triompher plus aifément, quand il feroit feul, ils le féparerent de fon Maître. Ils le menerent dans une autre Place, où après

---

(a) Zuski avoit été détrôné en 1607, & renfermé dans un Convent. Il en fut tiré en 1610. & mourut l'année fuivante à Smolensko. Il pourroit bien y avoir quelque erreur de datte dans cette Relation.

lui avoir montré divers inſtrumens de torture, ils lui dirent tout ce qu'ils pûrent imaginer de plus perſuaſif, pour l'obliger à ſe rendre.

Comme ils virent qu'ils ne gagnoient rien par cette voye, ils s'aviſerent d'un ſtratagême, dont ils ſe promettoient beaucoup, mais qui ne leur réüſſit pourtant pas. Quelques-uns d'entr'eux feignirent qu'ils revenoient de la Place, où étoit le Pere de Mello, & affectant un air content, ils dirent au Saint Religieux qu'à ce coup rien ne pouvoit plus excuſer ſon entêtement, puiſque ſon Ancien & ſon Maître avoit reconnu la vérité, & s'y étoit ſoumis : Qu'au reſte il n'avoit pas lieu de s'en repentir, puiſque le Prince l'avoit comblé d'honneurs. » La » ruſe eſt trop groſſiere, répondit le » généreux Confeſſeur de Jeſus-» Chriſt, je connois trop mon Pere, » pour le croire capable d'une ſi » grande lâcheté ; ne vous flattez » donc point, ni de me tromper, » ni de me pervertir ; je ſuis Catho-» lique Romain, & je veux mourir » tel. « Cette réponſe fut portée ſur le champ au Grand Duc, qui tranſporté de colere ordonna qu'on reconduisît l'Indien : (c'eſt le nom, que l'on donnoit au Frere Nicolas,) à la Place, où étoit le Prêtre Portugais, & qu'en préſence de celui-ci on lui coupât la tête, afin que ce Pere vît à quel malheur il avoit réduit ce pauvre Etranger par ſes diſcours ſéduiſans.

Il fut obéï, le Frere en arrivant à la Place apperçut un grand feu, & ſon cher Maître à genoux dans un coin à l'écart, tout nud, & tremblant de froid. Il jetta, en le voyant, un grand cri de joye, & le Pere de ſon côté lui cria d'avoir bon courage, puiſqu'il touchoit au moment de recevoir la récompenſe de tout ce qu'il avoit fait & ſouffert pour le nom de Dieu. Auſſitôt le courageux Japonnois, rempli d'une nouvelle ferveur, ſe mit à genoux pour recevoir le coup de la mort, & le Bourreau lui ayant repréſenté qu'il ne tenoit encore qu'à lui de ſauver ſa vie, & de ſe procurer une brillante fortune, il ne fit point d'autre réponſe, que de préſenter ſa tête, qui fut abattuë à l'inſtant. Un torrent de larmes coula ſur le champ des yeux du Pere de Mello, & il n'eſt pas aiſé de dire, ſi la joye de ſçavoir ſon Diſciple dans le ſein de Dieu y eut plus de part que la douleur de lui ſurvivre.

La tête du Martyr fut portée au Prince, qui la reçut, comme ſi ç'eût été celle de ſon plus grand Ennemi, & la conſidéra avec une ſatisfaction, qu'un Tyran ſeul pouvoit goûter. Il ordonna enſuite qu'on fît dévorer le corps par des Pourceaux ; mais ces Animaux immondes, quoiqu'accoutumez à ſe repaître des Cadavres des Malfaiteurs, ne voulurent jamais approcher de ce ſacré Dépôt, quelque choſe qu'on fît, pour les y obliger. Des Hérétiques, qui étoient préſens, s'écrierent qu'il falloit que la chair des Catholiques fût bien infecte, puiſque les Pourceaux mêmes en avoient horreur : exemple, qui fait voir qu'un cœur, en qui l'erreur eſt enracinée à un certain point, s'aveugle & s'endurcit par cela même, qui devroit l'éclairer & le toucher. Mais les Schiſmatiques ſaiſis d'une frayeur preſque religieuſe, demeurerent dans le ſilence. Quelques Marchands Polonois & Allemands profiterent de cet événement, pour demander la permission de donner la sépulture à ces précieux restes d'un Martyr, & on la leur accorda sans peine, quoiqu'il fût inoüi que le corps d'une personne, qui avoit péri par la main d'un Bourreau, eût reçu cet honneur. Ils l'ensévelirent donc le plus proprement, qu'il leur fut possible, l'enterrerent dans un lieu écarté, & mirent sur sa Tombe une marque, à laquelle on la pût reconnoître.

Ils obtinrent en même tems du Grand Duc, qu'il se contenteroit, au moins pour le présent, de ce qui s'étoit fait, & que le Pere de Mello seroit reconduit en prison. Il y demeura encore une année entiere, après quoi la Princesse Veuve de Démetrius, laquelle se nommoit Marine GURGIA, & qui étoit fort zélée Catholique, eut le crédit de le faire élargir. Les nouveaux troubles de la Moscovie, qui suivirent bientôt, obligerent ensuite cette Princesse de se retirer à Astracan, avec une de ses Tantes nommée Barbe NOSKA (*a*), qui l'avoit élevée, & qui étoit une Dame d'une piété éminente. Depuis que sa Niéce avoit retiré chez elle le Pere de Mello, elle s'étoit mise sous sa Direction, & avoit même reçu de lui l'Habit du Tiers Ordre de Saint Augustin : son dessein, en se retirant à Astracan, étoit de passer en Perse, où elle espéroit de vivre plus tranquille, & de joüir d'une plus grande liberté dans l'exercice de sa Religion, mais le Ciel en avoit autrement ordonné.

Lorsqu'on y pensoit le moins, Astracan se trouva tout en Armes, le Palais, où la Princesse demeuroit, fut attaqué par les Schismatiques, la Garde forcée & taillée en piéces ; elle-même y périt avec toute sa Maison : sa Tante & le Pere de Mello furent pris & condamnez au feu, pour avoir fait une profession publique de la Religion Romaine ; mais on leur offrit la vie, & des Etablissemens capables de les dédommager de toutes leurs pertes, s'ils vouloient embrasser le Schisme, & recevoir le Bapteme des Russiens. Ils le refuserent constamment, & furent executez dans la Place publique, en présence d'un très-grand peuple, qui malgré son animosité contre les Catholiques, ne put voir sans admiration des Personnes si respectables soutenir dans un corps exténué de souffrances, & accablé sous le poids des années, un si horrible supplice avec un courage, que la seule vraye Religion peut inspirer.

(*a*) Il faut peut-être lire KOSKA. Vingt ou trente ans auparavant le Palatin de Sandomir étoit Jean KOSKA, Pere de Saint Stanislas KOSKA.

Fin de cette Relation.

PREMIERE ADDITION
AU QUINZIEME LIVRE.

Sentiment de Monsieur BELLIN, *Ingénieur au Dépôt des Cartes de la Marine, sur les Pays, que les Géographes François appellent* TERRE D'YESSO.

ON n'a eu jusqu'ici que des idées confuses de ce qu'on appelloit Terre d'Yesso. Tous nos Géographes François, même ceux, qui ont eu le plus de réputation, n'avoient aucune connoissance de ces vastes Païs, qui sont situez au Nord du Japon, & qui s'étendent depuis les quarante-deux dégrez de latitude septentrionnale, jusques sous le Cercle Polaire.

Les Japonnois, qui naturellement auroient dû pénétrer dans ce Païs, puisqu'ils en avoient conquis toute la côte du Sud, laquelle regarde le Japon, n'en sont pas mieux instruits, que nous ne l'étions il y a quelques années. Ils disent que l'ayant trouvé couvert de Forêts, & rempli de Montagnes, & ne voyant rien d'ailleurs parmi ces Peuples, qui pût être à leur usage, que quelques Fourrures, ils n'ont pas été engagez à pousser leurs découvertes plus loin ; de sorte qu'ils se sont contentez d'y entretenir quelques Garnisons, pour empêcher les Habitans de remuer, sans se soucier d'étendre leurs conquêtes.

Ainsi tout ce qu'on peut tirer de leurs Cartes & de leurs Mémoires, c'est que le Japon est séparé de cette Terre par un Détroit d'environ vingt lieuës, rempli d'un grand nombre de petites Isles, parmi lesquelles il y en a une plus grande, qu'ils appellent MATSUMAY, & que le Prince, qui en porte le nom, fait sa résidence dans la Province d'Oxu, la plus septentrionnale du Japon, & dont cette Isle est dépendante.

Les connoissances, que les Européens avoient de la Terre d'Yesso, n'étoient pas plus étenduës que celles des Japonnois, & les Relations qu'on en a euës jusqu'ici, sont en petit nombre, & peu précises. La principale est celle du Pere Jerôme de Angelis, Jesuite Sicilien, martyrisé au Japon en 1621. Le Navire le *Castricoom* envoyé en 1634. par les Hollandois, pour la découverte des Païs, qui sont au Nord du Japon, ne nous a donné qu'une notice assez superficielle des côtes, qu'il a parcouruës. On trouve dans les Lettres du P. Loüis Froez, Jesuite Portugais, un des plus anciens Missionnaires du Japon, quelques passages sur la Terre d'Yesso. Enfin le P. Martini Jesuite, natif de Trente, célebre Missionnaire à la Chine, nous donne, dans sa Description de la Tartarie Orientale, quelques conjectures sur ce Païs. Mais ces Mémoires n'étoient pas suffisans pour répandre beaucoup de jour sur la

CONJECTURES SUR LA TERRE D'YESSO.

Géographie ; tout ce qu'on en pouvoit inférer, c'est qu'il y avoit dans cette partie du Monde un grand Païs, qu'on ne connoissoit pas.

La découverte qui a été faite depuis quelques années par les Russiens du Païs de KAMTSCHATKA, débrouille un peu ce chaos. C'est de leurs Mémoires, & de leurs Cartes, que j'ai tiré celle, que je donne ici. Quoique je sois persuadé que cette découverte est encore bien imparfaite, elle ne laissera pas de nous satisfaire, en attendant qu'on puisse la perfectionner ; à quoi je ne doute pas qu'un de nos Sçavans (*a*), qui se trouve présentement au voisinage de ces Contrées, ne travaille pour l'utilité de la Géographie.

Il s'agit pour le présent de faire voir, que les connoissances, que les Japonnois ont de la Terre d'Yesso, de même que celles, que le P. de Angelis, & les Hollandois du Castricoom nous en ont données, peuvent assez bien s'accorder avec les nouvelles découvertes des Russiens.

On verra dans ma Carte, que le Païs de Kamtschatka n'est séparé du Japon, que par un Détroit rempli de petites Isles, parmi lesquelles il y en a une plus grande, que les Russiens appellent MATMANSKA. Or nous avons vû que les Japonnois nous représentent de même ce Détroit. On ne peut donc gueres douter que l'Isle de Matmanska des Russiens, ne soit celle, que les Japonnois appellent MATSUMAY. C'est aussi le sentiment du Traducteur de Kœmpfer, qui n'avoit pourtant pas toutes les connoissances, qu'on a eües depuis.

Il faut bien au reste se garder confondre cette petite Isle avec la Ville de MATSUMAY, ou MATSMEY, qui est dans le Continent d'Yesso, & où le P. de Angelis alla, après s'être embarqué au Port de Nigata. Cette conformité de nom ne doit point embarasser ; car outre que cette Ville est aussi nommée SINNADONE, elle pouvoit bien être appellée par les Japonnois Matsumay, parce que le Prince, qui portoit ce nom, avoit fait la conquête de ces Côtes. D'ailleurs ce que le P. de Angelis dit de la Terre d'Yesso, s'accorde parfaitement avec la Carte, où l'on voit que cette Terre n'est autre, que la partie Méridionale de Kamtschatka, habitée par les KURILSKIS, ausquels le portrait que fait le P. de Angelis des Habitans de Matsumay, convient parfaitement, & que les Russiens croyent venir d'une Colonie du Japon.

La seule objection, qu'on puisse faire contre ce que j'avance, c'est que le P. de Angelis, & les Mémoires Japonnois, font une Isle d'Yesso : mais je réponds, 1°. Que les Japonnois reconnoissent deux Yessos, ou, comme ils parlent, deux Jesos, à sçavoir le Jeso, où est Matsumay, qu'ils croyoient être une Isle, & l'Oku-Jeso ou Jeso supérieur, dont ils n'avoient nulle connoissance distincte. 2°. Que le P. de Angelis ne donnoit son sentiment, que comme une conjecture tirée en partie de la Tradition du Païs, des deux Mers, qu'il a à l'Est & à l'Oüest ; & de la force des courans de la première. J'ajoûte que l'embarras, où ces courans mettoient les Missionnaires, & une

(*a*) Monsieur de Lisle est actuellement par ordre de la Cour de Russie, aux environs de la Riviere d'AMOUR, dans la Tartarie Orientale.

494 CONJECTURES SUR LA TERRE D'YESSO.

Baleine harponnée, qu'on apperçut aux côtes Orientales de la Corée, se trouvent éclaircis par la Carte. En effet, il ne faut que jetter les yeux sur la situation de ces Terres, & des Mers, qui les environnent, avec les Détroits, qui en font la communication, pour être persuadé de la violence & de la diversité des courans, qui doivent régner dans ces parages, & que cette Baleine peut être venuë sur les côtes de Corée ; puisque le Détroit d'Uriez fait un passage de la Mer de Tartarie dans celle du Japon, & que le Détroit de Kamtschatka, ou de SANGAAR, fait la communication de celle de Corée avec ces Mers.

A l'égard de ce que quelques-uns ont appellé le Païs de TESSOY, dont ils n'ont parlé que par conjecture ; c'est cette partie de la Tartarie, habitée par les ORANCAYS, laquelle est au Nord de la Corée, & que nous nommons aujourd'hui la Tartarie Orientale. C'est le sentiment de M. de Lisle dans sa Carte de Tartarie, une des plus curieuses, que cet habile Géographe ait données au Public : car quoiqu'il n'eût pas connoissance du Païs de Kamtschatka, & qu'il n'ait pas vû les Mémoires des Russiens, il a été le premier à nous tracer des Côtes depuis le Château de LA LAMA, jusqu'à la Corée, & il a nommé Mer & Détroit de Tessoy, la Mer, qui baignoit les côtes de cette partie de la Tartarie Orientale, qui confine à la Corée.

Fin de la premiere Addition au Livre quinziéme.

SECONDE ADDITION
AU QUINZIE'ME LIVRE.

Relation de la Découverte de la Terre de JESSO, *ou* ESO, *au Nord du Japon, par le Vaisseau le* CASTRICOOM *en* 1643. *avec un Abrégé de la Description des Mœurs & Coutumes, &c. des Habitans de Jesso, tiré du Volume III. des Voyages au Nord.*

LEs Hollandois faisant voiles l'année 1643. sur le Vaisseau nommé le *Castricoom*, le long d'une Côte éloignée environ de trente milles d'un Port du Japon, nommé NABO par ceux du Pays, & que les Hollandois appellent Cap de GOE'RE'E, qui est à trente-neuf dégrez quarante-cinq minutes de latitude septentrionale, en rangeant la Côte de ce Pays depuis les quarante-deux dégrez, jusqu'aux quarante-trois, ils trouverent vingt brasses d'eau, bon fond vaseux, & de bonne tenuë.

Sous la hauteur de quarante-trois dégrez, ils virent les Villes de TOCAPTIE, SIRARCA, & un peu plus avant CONTCHOURI & CROEN. Aux environs de ces Places, qui sont proche les unes des autres, il y a plusieurs Mines d'argent. La terre en

RELATION DE LA DECOUVERTE DE JESSO.

quelques endroits de ces quartiers leur parut tout-à-fait sans herbes; en d'autres endroits ils virent des terres doubles; celles de devant étoient basses, avec de petits bocages; ils trouverent la Côte fort poissonneuse, ce qu'ils attribuerent aux Baleines, qui chassent le Poisson le long de ses bords, où ils virent beaucoup de Chiens, qui se jettent à l'eau, & sont dressez à prendre le Poisson, & à le porter à leurs Maîtres.

Nos gens mirent pied à terre sous la hauteur de quarante-quatre dégrez trente minutes; ils trouverent que cet endroit de la Côte d'Eso est plein de Montagnes fort hautes, dont on a appellé la plus haute *le Pic d'Anthoine*. Ceux qui en sont proche, disent qu'il y a des Mines d'argent fort riches. L'on y voit diverses sortes d'arbres fort droits & fort hauts, qui seroient très-propres à faire des Mâts : le terroir est de glaise, fort humide, & couvert presque partout d'ozeille & de ronces.

A la hauteur de quarante-six dégrez trente minutes, il y a un grand Golphe, où l'Equipage du Castricoom pêcha en quatre jours de tems plus de mille livres de Saumon le long de la Côte : les Terres au dedans sont couvertes d'herbes, & ressemblent assez à la Côte d'Angleterre: la terre y est grasse. Ce n'est pas qu'en quelques endroits il n'y ait aussi des Dunes, qui s'étendent assez loin. Les Habitans ne sement, ni ne labourent point, ainsi ils ne retirent aucun avantage de la bonté de leur Terre.

Sous le quarante-huitiéme dégré cinquante minutes, il y a de petites Collines couvertes d'une herbe courte ; la terre en cet endroit a à peine plus d'un mille de largeur, & fuit au Nord-Ouest ; aussi ne peut-on y être à couvert de la Mer. Il y a un bon ancrage à un mille, ou un mille & demi de la Côte à quarante, trente-cinq, vingt-cinq brasses, fond de sable.

Sous la hauteur de quarante-cinq dégrez cinquante minutes, est une Isle, que les Hollandois ont nommée *Isle des Etats*, & plus avant une autre, nommée la *Terre de la Compagnie*, qui est séparée de celle des Etats, par un Détroit, qui peut avoir quatorze milles (*a*) de largeur. Ils ont mis pied à terre dans l'Isle *de la Compagnie*, proche d'une Montagne, d'où sortoit un Torrent d'eau de neige fonduë : ils y trouverent une espece de terre minérale, qui brilloit, comme si elle eût été toute d'argent. Elle étoit mêlée avec un sable fort friable, car ayant mis la terre dans de l'eau, elle se fondit entierement. Il y a en cet endroit des Montagnes fort hautes, couvertes, aussi bien que les Vallées de la Côte, d'herbes fort longues, d'ozeille, &c. sans aucun arbre de bois fort, excepté quelques Bouleaux, & quelques Aunes. Il y a un grand Courant le long de cette Côte, qui porte au Nord Ouest ; il ne fait pas sûr d'y jetter l'ancre, car le long de la Côte il y a plusieurs Rochers.

L'Isle des Etats, qui est plus avant, a des Montagnes fort hautes, qui paroissent sans arbres & sans verdure, & dont les sommets sont couverts de Roches.

Lorsqu'ils furent arrivez à la hau-

(*a*) Remarquez que le mot Hollandois *Mys* doit être traduit *lieuë*, ces *Mylen* étans tout au moins d'une heure.

teur de quarante-cinq dégrez dix minutes, en un lieu nommé Acqueis, qui est au fond d'un Golphe, qui entre bien deux milles avant dans les terres, & qui peut avoir un demi mille de largeur; ils trouverent que la terre, qui le borde, est une haute terre, toute couverte d'arbres. C'est presque partout terre glaise; on ne la cultive, ni ne la séme point, mais elle ne laisse pas de porter de fort bons fruits, des Meures, des Groseilles rouges & blanches, des Framboises, &c. Il y a aussi beaucoup de Chênes, d'Aunes, & d'autres Arbres, qui croissent ordinairement sur les Montagnes. On y trouve dans les Vallées des Lys d'une hauteur prodigieuse, puisqu'ils passent de près de la moitié celle d'un homme.

Les Rivieres sont bordées de roseaux; la Gréve, le long de la Mer, est pleine de Rosiers, qui portent des roses rouges: vous les voyez pousser parmi les écailles d'Huîtres, dont tout le terrein est couvert, car la Mer en cet endroit a beaucoup d'Huîtres, qui ont pour la plûpart une aulne & demie de long, & un demi quartier de large. Ils n'y virent point d'autres bêtes sauvages, qu'un Ours noir fort gros, point de Moutons, ni d'autre bétail, pas même des Canards, ni des Poules, mais beaucoup d'Aigles & de Faucons.

Tous les Habitans de cette Terre d'Eso se ressemblent; ils sont tous d'une taille ramassée, courts & gros, ont les cheveux longs, la barbe de même, si bien que leur visage en est presque tout couvert, hormis sur le devant, où ils ont la tête rasée. Les traits de leur visage sont assez beaux;

(*a*) D'Armosin.

ils n'ont point le nez aplati, mais les yeux noirs, le front plat, & le teint jaune; ils sont fort velus par le corps. Les Femmes n'y sont point si noires, que les Hommes; quelques-unes d'entr'elles se coupent les cheveux autour de la tête, tellement qu'ils ne leur couvrent point le visage: d'autres les laissent croître, & les relevent, comme font les Femmes de l'Isle de Java; elles se marquent de bleu les lévres & les sourcils. Les Hommes, aussi bien que les Femmes, ont les oreilles percées avec des anneaux d'argent. Celles-ci en ont aussi aux doigts, & quelques-unes portent de petits tabliers d'une étoffe (*a*) de soye fort légere.

Autant que nous en pouvions juger, ces Peuples n'ont point de Religion, ou du moins ils n'en ont que fort peu; car on remarqua seulement que, lorsqu'ils bûvoient auprès du feu, ils jettoient quelques goutes d'eau en divers endroits du feu, comme par forme d'offrande. Ils fichent aussi en terre de certains petits bâtons coupez, au bout desquels il y a de petits Etendarts; on en voit de même façon pendus dans leurs maisons. Quand quelqu'un tombe malade, ils coupent de longs éclats de bois, & les lient sur la tête & sur les bras du Malade.

On ne remarque entr'eux aucune Police, ni forme de Gouvernement; ils sont aussi grands Maîtres les uns, que les autres. Ils n'ont point de Livres, & ne sçavent, ni lire, ni écrire; on les prendroit pour des Bandits, ou pour des gens, qui auroient été chassez de quelqu'autre Pays: ils ont presque tous des balafres, ou des cicatrices

sur

DE LA DECOUVERTE DE JESSO. 497

sur la tête. Chacun d'eux a deux Femmes ; elles sont occupées à faire des Nattes, à coudre les habits de leurs Maris, à leur accommoder à boire & à manger, & quand ils ont ramassé du bois dans les forêts, la Femme le porte dans la petite Barque, où elle rame aussi bien que le Mari. Ils sont fort jaloux des Etrangers, lorsqu'ils approchent de leurs Femmes & de leurs Filles, & que ces Etrangers se familiarisent tant soit peu : ils se mettroient en devoir de les tuer, s'ils s'appercevoient qu'ils les voulussent débaucher. Les Hommes & les Femmes aiment également à boire, & s'enyvrent aisément. Leur poil & leurs longs cheveux les font paroître d'abord fort barbares, mais leur maniere de traiter très-sage & très-avisée, montre bien qu'ils ne le sont point. Lorsqu'ils doivent paroître devant des Etrangers, ils se parent de leurs plus beaux habits, témoignent beaucoup de modestie, font la révérence en inclinant la tête, & passant & repassant les mains l'une sur l'autre, ils chantent, mais en tremblant, comme les Japonnois. Si on leur demande quelque chose, & qu'on leur donne occasion d'agir librement, ils se familiarisent aussi-tôt, & paroissent avec un visage riant & ouvert. Les Femmes en couche logent dans une maison particuliere, où les Hommes n'entrent point pendant deux ou trois semaines. Leurs Enfans sont tout-à-fait blancs, lorsqu'ils viennent au monde ; quand elles leur donnoient la mammelle, elles le faisoient de sorte, que nos Hollandois ne pouvoient rien voir de leur sein, dont elles ne découvroient, qu'autant qu'il en falloit pour la bouche de leurs Enfans.

Les petites Filles courent quelquefois toutes nuës par un beau tems, mais lorsqu'elles rencontroient nos gens, elles témoignoient assez, en baissant la tête, & croisant les cuisses, la honte qu'elles avoient de paroître en cet état. Les Femmes portent leurs Enfans avec elles, les tenant suspendus au dos par une sangle arrêtée à l'entour du front. Elles sont bien plus propres dans leur manger, dans leur boisson, & dans leurs Chambres, dont elles couvrent le Plancher de Nattes, que dans leurs habits, qui sont fort sales, & qu'elles ne changent point.

Leurs maisons sont sur la pente des Collines ; il y en a de bâties de planches jointes les unes aux autres, & couvertes d'écorces d'Arbres : la plûpart sont dressées & soûtenuës de troncs d'arbres plantez en terre, & couvertes par les côtez & par les bouts de planches & d'écorces d'arbres, avec une fenêtre par en haut, pour laisser sortir la fumée, car le feu se fait toujours au milieu de la Chambre. Plus avant, on en voit une autre séparée du reste, avec une espece de Paravent : elle est de dix ou douze pas de long, & de six ou sept de large, couverte par en bas de Nattes faites de jonc. Elles n'ont d'exhaussement, que deux fois la hauteur d'un Homme, & sont fort semblables aux maisons des Paysans de Hollande : d'ailleurs les portes sont si basses, qu'il se faut courber beaucoup pour y entrer. Dix ou douze de ces maisons sont écartées des autres & éparses : avec cela on n'en trouve que quinze à vingt ensemble. Ces assemblages de maisons sont fort souvent à une demie lieuë

Tome II.   R r r

les unes des autres : encore y en a-t-il beaucoup, qui ne font point habitées. Ils n'ont point d'autres meubles, que des Nattes de jonc, & pour tout ornement, des robes du Japon, & quelque peu d'argenterie; ils ont rarement des chaises & des lits. Cet hyver dernier il mourut de froid & de famine beaucoup de monde à Acqueis. Ils couvroient d'écailles d'Huîtres ces corps morts; ils les mettent ordinairement dans de petites caisses, qu'ils tiennent élevées de terre sur quatre petits bâtons. Les petites huttes, sous lesquelles ils les tiennent, font bien travaillées; on ne voit point d'offrandes autour de ces caisses, comme autour des Bieres des Chinois.

Leur nourriture la plus ordinaire est le lard de Baleine, l'huile de Baleine, & toutes sortes d'herbages, mais principalement des boutons de roses rouges, dont il y a grande quantité à Aqueis (*a*) : ils sont gros comme des Néfles, & après les avoir fait sécher, on les garde comme une bonne provision pour l'hyver. Ils ont de petites coupes vernies de brique, & d'autres petits vaisseaux de même, qui leur servent de plats, chacun a son petit plat & son vaisseau : ils se servent de petits bâtons au lieu de fourchettes. Ceux, qui sont sous le quarante-huitième dégré cinquante minutes, quoiqu'ils soient rasez, comme les Japonnois, qu'ils portent comme eux des robes de soye, ne leur ressemblent néanmoins pas de visage; ils ont le teint un peu plus blanc qu'eux; lorsqu'ils mangent, ils ne se servent point de ces petits bâtons.

Ils sont la plûpart habillez à la Japonnoise; il y en a peu, qui portent des Etoffes de soye; l'habit le plus commun est une étoffe, qu'ils nomment *Kingan*, avec des fleurs semblables à celles du Nénuphar peintes dessus. Quelques-uns sont eux-mêmes l'étoffe de leurs robes, ou se servent de Peaux de Bêtes. Les manches de leurs robes se joignent assez étroitement vers leurs mains : les Hommes portent ces robes ouvertes par devant, & les Femmes les portent fermées, comme une chemise.

Ces Peuples sont naturellement paresseux; ils ne cultivent la terre, ni ne la sement : ils passent le tems dans de petits Praos, ou Barques, qu'ils font en creusant le tronc d'un gros arbre, & ils en relevent les bords avec quatre planches, qui peuvent faire un pied de bord; ils les conduisent, comme font nos Paysans, lorsqu'ils apportent leur lait au marché, dans de petits Batteaux, car ils ne mettent point en même tems les deux rames dans l'eau. Ils vont avec ces petits Batteaux tirer des Loups marins, & à la pêche des Baleines : ils ont des harpons faits d'os, dont la pointe est armée de fer, ou de cuivre. Ils ont de plus tout ce qui est nécessaire pour cette Pêche, & des Saines pour la pêche des autres Poissons, semblables à celles, dont on se sert en Hollande. Ils dressent un piége aux Oiseaux avec un arc, au milieu duquel ils font un trou en rond, où ils mettent une amorce : quand les Oiseaux viennent à y toucher, l'arc se débande, & l'oiseau demeure pris. Ils portent toujours leurs

(*a*) *Knoppen.* C'est plutôt des Grattecus, que l'on mange aussi en Suede, & qui n'ont pas le goût désagréable.

coutelas & leurs flèches, quelque part qu'ils aillent, dont ils tuënt des Ours, des Cerfs, des Elans, des Renes (a), & d'autres Animaux inconnus en nos quartiers.

Ils filent du Chanvre, qui vient dans les bois sans être cultivé; ils le tiennent serré par le bout entre leurs dents, & les faisant servir de quenouille, ils le tordent de leurs mains, & en font d'assez bon fil. Ils troquent avec les Japonnois leur lard de Baleine, des huiles de Poisson, des laines féchées à la fumée, des fourrures, & plusieurs sortes de plumes d'oiseaux. Les Japonnois y viennent une fois tous les ans, & leur apportent du ris, du sucre, des robes Japonnoises de soye, ou de cette étoffe bleuë, qu'ils nomment *Cangan*, des pipes de cuivre, du tabac, des boëtes à mettre du tabac, & des petits vaisseaux vernis avec de la laque, pour y mettre à boire & à manger; des pendans d'oreilles d'argent, des anneaux de cuivre, pour mettre aux oreilles; des haches, des couteaux: enfin tout ce qu'ils ont, leur vient des Japonnois; leur langage même a quelque rapport au Japonnois. Ils sont fort subtils & intelligens en ce qui regarde leur commerce, mais point du tout portez au larcin.

Ceux, qui sont sous le quarantesixiéme dégré, estiment beaucoup le fer, & le prennent volontiers en échange de leurs fourrures & de leurs plumes d'oiseaux, qu'ils arrangent fort proprement dans les boëtes. Ils ont pour armes l'arc & les flèches, avec une épée courte, ou couteau orné d'un petit filet d'argent le long du plat de la lame. Ce couteau, ou coutelas est fort semblable à ceux, que l'on porte au Japon. Ils le portent attaché à une sangle, comme les Persans, & le Carquois au côté droit, pendu à une écharpe autour de leur tête. Leurs arcs sont de quatre ou de cinq pieds de long, & faits d'un bois d'aune. Les flèches sont longues de demie aulne, fort bien faites, avec un petit harpon de canne au bout, qu'ils trempent dans un poison noir & si violent, que ceux, qui en sont blessez, meurent subitement.

Quand ils veulent faire mourir quelqu'un de leurs Ennemis prisonniers, ils l'étendent tout de son long par terre, la face en bas; deux lui tiennent les bras, & deux autres les jambes, pendant que celui, qui doit faire l'exécution avec une Massuë armée de fer, qu'il tient à deux mains, prend sa course de dix ou douze pas, & vient en dansant en décharger un coup sur la tête de ce Misérable, & après il lui en donne d'autres coups, qui se croisent sur le dos. Ils traitent de même ceux, qui sont surpris avec leurs femmes, ou avec leurs filles.

Matsmey est la Capitale du Pays, quoiqu'elle ne soit pas fort grande. Avant que d'y arriver, on passe une grande Baye, nommée Cavendo, & tout proche de la Ville il y a treize pieds d'eau. C'est là que le Prince, ou Gouverneur du Pays, tient sa résidence: les Japonnois l'appellent Matsmey Sinnadonne. Il passe tous les ans à la Côte du Japon, nommée Nabo, & de-là il continuë son voyage par terre jusqu'à Jedo, pour faire sa révérence à l'Empereur du Japon, auquel il

(a) *Robbe* signifie *Veau marin*.

porte pour préfent beaucoup d'argent, des Plumes d'Oifeaux, dont ils fe fervent pour mettre à leurs Fléches, & avec cela quantité de Fourrures fines.

Les Places, qui font les plus renommées de ce Païs, font Matsmey, Sirarca, Tocapsie, Contchoury, Groen, Acqueis, Oubits, Porobits, Sobossary, Croen, Outchoeira, Esan, & Sirocany. Les Habitans de Contchouri nomment autrement ces Places : Matomey, Compso, Pascour, Hape, Tocaptsie, Abney, Sanpet, Oubits, Groen, Sirarca, Saro, Contchoury, & Acqueis. On dit qu'il y a des Mines d'argent fort riches autour de ces Places.

Voilà en peu de mots tout ce que nous avons pû apprendre jufqu'à cette heure, de ces Terres nouvellement découvertes. Nous donnons cette Relation fur notre propre examen, & fur le rapport d'un Japonnois, nommé Oery, qui trafiquoit alors à Matsmey, où il portoit du Ris, du Sucre, des Etoffes nommées *Kingan*, peintes en bleu, dont ils font leurs veftes, des Robes du Japon peintes avec de certaines eaux, des Pipes de tabac, & autres bagatelles, en retour defquelles il rapportoit des Fourrures, des Plumes d'oifeaux. Ce Japonnois nous dit que Jeffo ou Efo, eft une Ifle, & nous figna la Relation, qu'il nous en fit, & dont nous venons de donner le contenu.

Fin de la Relation de la Découverte de la Terre de Jeffo.

PREMIERE ADDITION
AU SEIZIEME LIVRE.

Atteftation fignée par douze Jéfuites Miffionnaires au Japon, & dont neuf ont été depuis martyrifez pour la Foi.

DEs perfonnes dignes de foi, nous ont rapporté que NN. ont fait une Relation de l'état de cette Eglife du Japon, contenant plufieurs chofes fauffes & injurieufes à la Compagnie de Jesus, & que leur deffein eft de l'envoyer à Rome & en Efpagne ; ainfi que celui même, qui l'a traduite, preffé des remords de fa confcience, eft venu nous l'avoüer ; outre que le Révérend Pere François Barthelemi Guttierez, Religieux de l'Ordre de Saint Auguftin, étant bien informé que cet Ecrit eft rempli de fauffetez, a déclaré à un des Peres fouffignez, qu'il n'avoit jamais voulu y foufcrire, quelques prieres, & quelques menaces, qu'on lui ait faites.

Ainfi pour rendre témoignage à la vérité, fans déguifement, & dans la plus grande fincérité, nous François Pacheco, Provincial de la Compagnie de Jesus dans le Japon, & Adminiftrateur de cette Eglife en l'abfence du Révérendiffime Seigneur Diego VALENS, Evêque du Japon, avons jugé à propos, de l'avis des Peres, dont les noms font ici foufcrits, d'attefter avec ferment la vérité des chofes, que nous allons marquer, parce qu'autrement, à caufe de la grande diftance des lieux, on auroit peut-être de la peine à croire tout ce que nous pourrions dire, ou écrire. Nous donc fouffignez, Religieux de la Compagnie de JESUS, demeurans au Japon, jurons par nos Ordres facrez que les Articles fuivans font véritables.

Au mois de Mars de cette année 1623. nous fommes au Japon vingt-huit Religieux de la Compagnie de JESUS, pour ne plus compter les quatorze, qui moururent l'année paffée pour la Foi, ainfi qu'on l'a fçû par la Relation, que nous en avons envoyée à notre Révérend Pere Général. De ces vingt-huit il y en a vingt-trois Prêtres; les cinq autres font des Freres, anciens Ouvriers dans cette Vigne, bons Catéchiftes & Prédicateurs. Nous y avons encore plufieurs Dogiques originaires du Pays, qui font auffi fort bien le Catéchifme, & plufieurs de ceux, qu'on nomme CAMBOS, qui dans l'abfence des Peres ont foin de parcourir différens quartiers, pour baptifer, pour faire l'Inftruction aux nouveaux Chrétiens, & pour leur lire des Livres de piété. De tous ces Prêtres, Freres, Catéchiftes & Cambos, une partie s'occupe à convertir les Gentils à la Foi, l'autre à adminiftrer aux Fidéles les Sacremens & la parole de Dieu.

Nous fommes tous difperfez dans les principales parties du Japon.

(*a*) Ou JETSINGO.

Dans les Royaumes d'OXU & de DEVA, qui font les plus reculez de ces Ifles vers l'Orient & le Nord, nous avons quatre Religieux, trois Prêtres, & un Frere Catéchifte. Ils font partagez dans les Villes des principaux Seigneurs de ces Royaumes; DATE-MAZAMONEY, CAMO-FIDADONO, & SATACHEDONO, trois grands Princes du Japon. Les mêmes ont encore foin de vifiter tous les ans les Chrétiens de CAGUECATSU, & de MOGAMI, ceux du Royaume de GECINGO (*a*), & de l'Ifle de SANDO, & ceux qui font bannis pour la Foi à TSUGARU. De-là ils paffent aux Royaumes d'YESSO, pour y confeffer plufieurs Fidéles Japonnois, qui font à MATSUMAY, pour y prendre une notice exacte de ce Pays, & pour prêcher l'Evangile à fes Habitans naturels.

Dans le Royaume de MUSASI, & dans la Ville de JEDO, où le XOGUN-SAMA, Souverain Seigneur du Japon, tient fa Cour, nous avons un Prêtre & deux Catéchiftes, qui ont foin de cultiver les Chrétiens, & de prêcher l'Evangile aux Idolâtres. Le Prêtre fait fouvent des excurfions dans les Provinces voifines, à NUMATA, à MIXIMA, & dans le Royaume de SURUNGA, où réfidoit le feu Empereur DAYFU-SAMA, & dans plufieurs autres endroits du QUANTO: il pénetre même dans les deux Royaumes de NOTO, & de CANGA, où il y a beaucoup de Chrétiens convertis par nos Peres, fous la protection de CICUGENDONO. Ce Religieux accompagné de fes Catéchiftes, adminiftre partout les Sacremens, releve ceux qui font tombez, & convertit un grand nombre d'Infidéles.

Dans les cinq Royaumes, qui forment ce qu'on appelle le GOCHINAY (a), & où font les trois plus célebres Villes du Japon, sçavoir, MEACO Capitale de l'Empire, OZACA, & SACAY, il y a trois Prêtres & un Frere Prédicateur & Catéchiste. Celui qui réside à Meaco, prend encore soin des Chrétiens de FUCIMI, des Royaumes de JAMAXIRO (b), D'OMI, de MINO, D'OUARI (c), & D'IXE. Celui d'Ozaca, avec qui est le Frere, parcourt les Royaumes de JAMATTO, D'IDZUMY (d), de KIINOCUNI, & D'AVA, dans l'Isle de XICOCO. Un Prêtre se tient ordinairement dans le Royaume de FARIMA, d'où il visite ceux de BICCIU, de BINGO, D'AQUI, de SUVO, de NAUGATO; les trois autres Royaumes de l'Isle Xicoco, qui sont IO, SANOQUI, & MIMASAKA, & le Royaume d'IDZUMO. Chacune de ces Provinces a peu de Chrétiens, mais tous ensemble forment une Chrétienté nombreuse, & nous en sommes seuls chargez.

Un Pere a soin de la Chrétienté de BUNGO, & quand il peut entrer dans le FIUNGA, il y court : quand il ne le peut pas, il y envoye son Catéchiste. Un autre réside dans le CHICUNGO, d'où il prend soin des Chrétiens, qui sont en grand nombre dans le CHICUGEN & dans le BUYGEN. Ces trois Royaumes n'ont point d'autres Missionnaires, que des Jésuites. Deux autres Prêtres font dans les Isles D'AMACUSA, d'où l'un d'eux va deux ou trois fois l'année administrer les Sacremens dans le FINGO : il y a un grand nombre de Chrétiens dans tous ces quartiers-là. Dans le Royaume D'ARIMA, où il n'y a que des Chrétiens, si on en excepte le Roi & sa Cour, qu'il y a menée avec lui, nous avons cinq Prêtres, & un Frere Catéchiste, qui parcourent sans cesse tout le Pays jusqu'à MIZ (e), & à CINGIVA ; mais dans ces deux endroits on voit de tems en tems des Religieux des autres Ordres.

Enfin à NANGAZAQUI, où est l'abord ordinaire des Navires Etrangers, nous avons présentement six Prêtres & deux Freres Japonnois, lesquels vont chaque année administrer les Sacremens aux Fidéles du SAXUMA, des Isles de GOTTO & de FIRANDO, D'OMURA, de CARATZU, D'URACAMI, de COGA, D'ISIACAMI, & de tous les environs de Nangazaqui, sans distinction de Portugais, d'Espagnols, & de Japonnois. Tous ces Ouvriers de la Compagnie recüeillent de leurs travaux le fruit, que l'on peut voir dans les Relations annuelles, soit pour la conversion de quantité d'Infidéles, soit par le retour & la Pénitence de plusieurs, qui avoient renoncé à la Foi : ils vivent d'une maniere édifiante, & la conduite, qu'ils tiennent en travaillant au service du Prochain, est telle, que quoique nous soyons dans le tems d'une très-rude persécution, nous n'avons point attiré jusqu'ici de mauvaises affaires aux Chrétiens, & que nous avons l'approbation universelle des Japonnois & des Européens.

Nous assistons indifféremment

(a) C'est la Tense. (b) Ou JAMATSIIRO. (c) C'est apparemment le VOARY. (d) Ou D'IZUMI. (e) Ou MYA.

toutes sortes de personnes, riches & pauvres, aussi-bien partout ailleurs, qu'à Nangazaqui, où nous sommes plus de la Compagnie, qu'il n'y en a d'aucun autre Ordre; & c'est au péril de notre vie, que nous les assistons, allant jusques dans les Prisons, pour entendre les Confessions, & dans les maisons des Lépreux, pour leur faire part des Sacremens. Depuis que la persécution s'est élevée, il m'est arrivé plusieurs fois, étant Recteur du College de CAMI (*a*), de passer les nuits dans l'Hôpital des Lépreux d'Ozaca & de Sacay, afin de pouvoir leur dire la Messe dès la pointe du jour, & communier ensuite ceux, qui étoient en état de le faire; après quoi je leur distribuois mes aumônes. Nous avons soin d'en ramasser pour secourir, autant que nous pouvons, les Pauvres, & ceux qui sont exilez en haine de la Foi.

Nous enseignons aux Enfans la Doctrine Chrétienne, & dans plusieurs endroits, mais surtout à Arima, nos Peres ont institué une Confrérie de jeunes Enfans, qui ont soin d'apprendre le Catéchisme à ceux du même âge. Il y a aussi à Nangazaqui une semblable Congrégation, que l'on appelle *des Innocens*, qui présentent tous les ans au Provincial de la Compagnie un Catalogue de millions de Chapelets & de Rosaires, qu'ils ont récitez pour l'avancement de la Religion dans cet Empire. Il y a une fois plus de Religieux de la Compagnie au Japon en cette année 1623. que de tous les autres Ordres ensemble, puisque nous sommes vingt-huit, & qu'ils ne sont en tout qu'onze ou douze, un de l'Ordre de Saint Augustin (*b*), deux de Saint Dominique (*c*), qui vinrent en 1621. & sept ou huit de l'Ordre de Saint François, avec un Clerc Japonnois de leur Tiers-Ordre.

Le Pere Augustin a fait de grands fruits à Nangazaqui, tandis qu'il y a trouvé, qui voulût le cacher; maintenant qu'il n'a plus où se retirer dans la Ville, il demeure sur les Montagnes voisines, d'où il vient encore travailler pour le prochain. Les deux Peres Dominiquains, pendant toute cette persécution, ont toujours été à Nangazaqui, ou aux environs, excepté qu'ils en sont quelquefois sortis, pour aller établir la dévotion du Rosaire dans les Missions voisines, que nous avons formées, & que nous entretenons. Les Religieux de S. François sont plus répandus; il y en a un (*d*) dans les prisons d'Omura, qui fut pris l'an passé, comme il arrivoit au Japon; ils ont deux Prêtres & un Frere Laïc à Nangazaqui & aux environs, trois ou quatre à Méaco, à Jedo, & dans le Pays d'Omura, où ils travaillent de tout leur pouvoir.

Nous protestons que personne de nous n'empêche aucun de ces Religieux d'ériger partout, où ils veulent, leurs Confréries: nous disons aux Fidéles qu'ils peuvent s'y enrôler; nous leur conseillons de réciter souvent le Chapelet & le Rosaire,

─────────
(*a*) Cami est ici la même chose, que Méaco. Cette Capitale de l'Empire est appellée par excellence *la Terre des Camis*, c'est-à-dire, le Domaine des Camis, parce que les Dairys sont de la race des Dieux Camis, & deviennent eux-mêmes Camis après leur mort.
(*b*) C'étoit le Pere Gutticrez, dont on a parlé au commencement de ce Mémoire.
(*c*) Les Peres Dominique Castelet, & Pierre Vasquez.
(*d*) C'étoit le Pere Louis Sotelo.

& pour établir parmi eux cette dévotion, & leur apprendre à méditer les Myſtéres, que l'on appelle *du Roſaire*, nos Peres longtems avant l'arrivée des Religieux de Saint Dominique au Japon, avoient fait imprimer en caractères Japonnois un Livre de ces quinze Myſtéres, avec la maniere de les méditer. Nous avons encore fait imprimer en Portugais & en Japonnois quantité d'autres Livres, qui ſont d'un grand ſecours aux Chrétiens, ſurtout dans cette perſécution, parce qu'ils leur tiennent lieu de Prédicateurs & de Maîtres : quelque dépenſe que nous ayons faite pour l'impreſſion de ces Livres, nous les donnons libéralement, & aux Chrétiens, & aux autres Religieux, quand ils en demandent, ſoit pour apprendre la Langue du Pays, ſoit pour l'inſtruction des Fidéles.

Il n'eſt pas vrai que, ni le Pere Collado, ni aucun Religieux d'un autre Ordre, ſoit député par les Chrétiens du Japon vers Sa Sainteté, ni vers Sa Majeſté Catholique, pour traiter d'aucune affaire, qui regarde cette Egliſe; que ſi ce Pere, qui ne peut avoir qu'une connoiſſance fort médiocre du Japon, où il n'a demeuré que trois ans ; ou ſi quelqu'autre Religieux préſentoit des Papiers ſouſcrits par quelques Japonnois, ce ne ſeroit que des Articles, qu'il auroit fait ſigner par quelques Ouvriers de ſes Confréries, gens de baſſe condition, dans les Bourgs de MIE, de CINGIVA, de JAGAMI, de COGA, par quelques-uns D'OMURA, & par quelques autres, qui étoient avec lui dans Nangazaqui : mais tous enſemble ne font rien pour le nombre, en comparaiſon des autres Chrétiens, qui ſont ſous notre conduite, dans tout le Japon, & dans les lieux mêmes, qu'on vient de nommer. Il n'eſt pas vrai non plus qu'on ait perdu l'eſtime, qu'on avoit pour les autres Religieux ; ceux de notre Compagnie les honorent, les traitent avec charité, & en parlent avec toute ſorte de reſpect ; & dans les occaſions, qui ſe préſentent, nous exhortons les Chrétiens à les recevoir, à les loger, & à les cacher, quand il eſt beſoin.

Ce ſont là les points, dont nous pouvons ici parler, ne ſçachant pas, ni tous les chefs, ſur leſquels on nous accuſe, ni la maniere, dont on a écrit contre nous. Pour ceux-ci, nous en envoyerions des atteſtations juridiques, ſi nous avions été avertis aſſez à tems pour pouvoir faire entendre des témoins, & autoriſer leurs dépoſitions en confirmation de ce que nous avons dit : mais parce que les Vaiſſeaux ſont prêts de mettre à la voile, & que le tems ne nous permet pas de faire d'autres diligences, qui en demanderoient un fort long, à cauſe de la diſtance des lieux, & qui ſont toujours difficiles à faire, mais encore plus durant une ſi cruelle perſécution, cette proteſtation ne ſçauroit être ſignée pour le préſent, que par les Prêtres de la Compagnie, qui ſe trouvent dans le voiſinage du Port de Nangazaqui : tous les autres en feroient autant, s'ils n'étoient pas diſperſez en des Royaumes ſi éloignez d'ici.

Nous donc, François Pacheco, Provincial de la Compagnie de JESUS, & Adminiſtrateur de l'Evêché du Japon, faiſons la préſente déclaration, & n'ayant point ici de Supérieur,

périeur, par qui on la puisse faire autoriser, nous assûrons avec serment sur nos Ordres sacrez, qu'elle ne contient rien que de vrai; & afin qu'on y puisse entierement ajoûter foi, soit en jugement, soit ailleurs, nous l'avons scellée du Sceau de notre Charge. Au Japon, dans le Royaume de FIGEN, un des neuf, que l'on appelle du Couchant, le septiéme jour de Mars 1623. François PACHECO, Provincial; Manuel BORGHEZ, Jean-Baptiste ZOLA, Antoine ISCIDA, Benoît FERNANDEZ, Xyste TOCUUN, Jean-Baptiste de BAEZA, Michel CARVAILHO, Balthazar de TORREZ, Jacques-Antoine GIANNONE, Matthieu de COUROS, Gaspar de CASTRO.

Fin de la premiere Addition au seiziéme Livre.

SECONDE ADDITION
AU SEIZIE'ME LIVRE.

MEMOIRE DONNE' AU CONSEIL ROYAL DES INDES, par D. Jean CEVICOS, lorsqu'il présenta le Discours suivant.

SIRE,

Le Docteur Dom Jean Cevicos représente à VOTRE MAJESTE', qu'ayant lû une Lettre adressée à SA SAINTETE', & qui a paru ici depuis quelques jours sous le nom du Pere Loüis Sotelo, qu'on suppose l'avoir écrite dans sa Prison, & sur le point de souffrir le Martyre; ce Docteur y a trouvé plusieurs choses, qu'il sçait certainement être contraires à la vérité. Ainsi pour détromper tout le monde, principalement ceux de vos Ministres, qui peuvent n'être pas instruits des faits rapportez dans cette Lettre, & pour empêcher les inconvéniens, qui en pourroient naître, il y a fait une réponse, qui contient plusieurs faits importans à la Chrétienté du Japon, & des Philippines, lesquels méritent d'être considérez dans le Conseil Royal des Indes. C'est ce qui l'a porté à y présenter ce Discours.
Tome II.

DISCOURS DU DOCTEUR
D. Jean Cevicos, Commissaire du Saint Office.

Sur le sujet d'une Lettre Latine à notre Saint Pere, qui a paru à Madrid au commencement de cette année 1628. dattée d'Omura, Ville du Japon, le vingtiéme Janvier 1624. & de laquelle on a fait Auteur le Pere Loüis Sotelo de l'Ordre de saint François, qui étoit alors Prisonnier, & sur le point de souffrir le Martyre, comme il fit en effet quelque tems après, pour la prédication de la Foi Chrétienne.

IL y a environ quinze jours, que la Lettre, dont il s'agit, est tombée par hazard entre mes mains; l'ayant lüe, j'ai été choqué de voir qu'on y pose en fait plusieurs choses, qui sont entierement éloignées de la vérité; & d'autres encore, qui en ayant l'apparence, sont remplies de malignité & de venin; les unes & les autres au préjudice de la réputation du prochain, en matiere de très-grande importance: ce qui m'a persuadé que c'étoit une Lettre supposée, ou du moins falsifiée, & non telle que le Pere Loüis Sotelo l'avoit écrite. Ayant donc communiqué ma pensée au R. P. Pierre Baptiste, Religieux Déchaussé du même Ordre de Saint François, qui demeure aujourd'hui dans le Convent de Saint Gilles de cette Ville (de Madrid) qui a vécu au Japon depuis l'an 1602. jusqu'en 1607. qu'il en fut banni, & qui a travaillé à l'affaire de la Canonisation des premiers Martyrs du Japon, qu'il a heureusement terminée; il m'a assûré qu'une Lettre de la même teneur que celle-ci, ayant été présentée l'an passé à Sa Sainteté, on ne sçait par qui, on la lui avoit montrée par ordre du Saint Pere, pour reconnoître, si c'étoit de la main du Pere Loüis Sotelo, qu'elle étoit signée; & que comme il l'avoit vû plusieurs fois écrire & signer, il avoit rendu témoignage que ce n'étoit là nullement sa signature.

C'est pourquoi, sans y être poussé par aucun autre motif, que par le zéle de la vérité, de quoi je prens Dieu à témoin, j'ai résolu de composer ce Discours contre l'Auteur de ladite Lettre, que je tiens pour certain n'être pas le Pere Diego Collado, de l'Ordre de S. Dominique, connoissant ce Pere depuis longtems pour un homme sincere (*a*). Au reste, quoique je n'approuve point sa conduite d'avoir imprimé & publié en cette Ville une telle Lettre, je n'entreprens pas aussi de la condamner, ne sçachant pas quelle a été son intention. Avant que d'entrer dans la réfutation de la Lettre, je suis bien aise de faire connoître à tout le monde, comment les choses que j'en dois dire, sont venuës à ma connoissance. Pour cet effet je vais faire un récit abregé de mes Voyages, & de quelques circonstances nécessaires à mon dessein.

Je suis né à Cantalapiedra: en 1604. je passai à la Nouvelle Espagne; quatre ans après j'en partis pour les Philippines sur le Navire nommé le Saint François, que je commandois; l'année suivante comme je repassois des Philippines à la Nouvelle Espagne, notre Vaisseau alla échoüer le dernier de Septembre sur les Côtes Orientales du Japon, près de la Ville d'Yendo (*b*). Il fallut traverser tout le Royaume pour m'aller embarquer au Port de Nangazaqui, situé dans la partie Occidentale de l'Isle (*c*). Je vis dans ce voyage les Villes d'Yendo, de Surunga, de Méaco, de Fugime (*d*), d'Ozaca, de Sacay, & de Nangazaqui, qui sont les plus belles & les plus considérables du Japon. Etant à Yendo, je m'entretins avec le Pere

---

(*a*) Si le Docteur Cevicos eût été instruit des manœuvres, que le Pere Collado avoit faites au Japon, pour faire signer ses Mémoires contre les Jésuites, & s'il eût vû le Mémorial, que ce Religieux publia en 1633. contre ces Missionnaires, il n'eût pas certainement fait ici l'éloge de sa sincérité; le Mémorial contenant presque toutes les mêmes calomnies, qu'il réfute dans son Discours.

(*b*) Jedo. (*c*) Cevicos ne parle jamais du Japon, que comme d'une seule Isle, en quoi il est évident qu'il se trompe. Il lui fallut même s'embarquer à Ximonosequi, pour passer de l'Isle Nipon, où est Jedo, dans le Ximo, où est Nangazaqui. (*d*) Fucimi.

A LA LETTRE DU FAUX SOTELO.

Pierre Baptiste qui demeure aujourd'hui, comme j'ai dit, dans le Convent de S. Gilles à Madrid : je vis à Surunga le Pere Loüis Sotelo, & en d'autres Villes quantité d'autres Religieux des Ordres de S. François, de S. Dominique, de S. Augustin, & de la Compagnie. Pendant six mois, que je demeurai dans cette Isle, j'eus soin de m'instruire de ce qui s'y passoit. Ce fut en ce tems-là qu'on vit pour la premiere fois au Japon dans le Port de Firando, voisin de Nangazaqui, les Navires des Hollandois, qui y établirent une Faiturie : & d'un autre côté le Galion des Portugais de Macao fut brûlé par les Japonnois dans le Port de Nangazaqui. Ces deux evenemens furent la principale cause de la persécution, qui s'éleva quelques années après contre les Religieux.

Enfin je m'embarquai pour Manile sur la fin du mois de Mars en l'année 1610. les Hollandois nous attaquerent & nous prirent à la vûë des Philippines ; mais je recouvrai bientôt ma liberté par la victoire, que remporta sur eux le Gouverneur D. Jean de Sylva. Etant arrivé à Manile, je me mis à faire mes Etudes ; ensuite ayant été ordonné Prêtre, je fus fait Trésorier de l'Eglise Métropolitaine de cette Ville, & puis Proviseur de tout l'Archevêché ; & c'est la derniere de ces deux Charges, qui m'a obligé de venir à la Cour pour les affaires de mon Eglise. Je partis des Philippines l'an 1622. sur la fin du mois d'Août, & j'arrivai en Espagne l'année suivante. En 1625. qui étoit l'année du Jubilé, je fus à Rome visiter les Tombeaux des Apôtres au nom de Monseigneur l'Archevêque des Philippines ; puis de Rome je revins à Madrid, où je demeure présentement. Après ce petit narré, il est tems de commencer ma réfutation. Je partagerai la Lettre en divers articles, & pour plus grande briéveté, je n'en rapporterai quelquefois que la substance : (j'en userai de même pour les réponses, dont je retrancherai même tout ce qui sera étranger à mon sujet.)

Texte de la Lettre.

Dans le premier Article, & dans une partie du second, l'Auteur raconte qu'il fut envoyé Ambassadeur à Rome vers le Pape Paul V. de la part de Mazamoney, Roi d'Oxu, dans la partie Orientale du Japon ; il dit que c'étoit un Prince encore Payen, mais Catéchumene, & qu'il souhaitoit qu'on prêchât dans ses Etats la Religion Chrétienne : que le P. Sotelo mena avec lui un des principaux Seigneurs de la Cour de Mazamoncy, nommé Philippes-François Fraxecura-Rocuyemon : (*a*) qu'ils arriverent l'an 1615. à Rome, où ils reçûrent de Sa Sainteté un accueil très-favorable : que le Pere Sotelo ayant exposé le sujet de son Ambassade, & fait une ample Relation des affaires du Japon, le Pape, de l'avis des Cardinaux de la Sacrée Congrégation, prit le dessein de faire un Evêque pour le Royaume d'Oxu, & la partie Orientale du Japon, & qu'ensuite Sa Sainteté jetta les yeux sur le P. Sotelo pour cet Emploi. C'est le sens des paroles de la Lettre.

(*a*) Cet Ambassadeur n'étoit pas encore Chrétien, & fut baptisé à Madrid.

RÉPONSE DE D. JEAN CEVICOS

Remarques de Cevicos.

Cette Ambassade du P. Sotelo, fit, comme l'on sçait, beaucoup de bruit dans les Indes, dans l'Espagne & dans l'Italie. J'étois aux Philippines dans ce tems-là, & je fus dès lors du sentiment de plusieurs, qui étoit, que Mazamoney avoit des vûës bien différentes de celles, dont le P. Sotelo s'étoit peut-être flatté : je veux dire, de la conversion de ce Prince, & de celle de ses Sujets. (L'Auteur rapporte ici la Lettre du Roi d'Oxu, que j'ai rapportée toute entiere, en parlant de cette Ambassade, & j'ai remarqué en même tems que Mazamoney n'étoit Prince que d'une partie du Royaume d'Oxu. Cevicos continuë ainsi au sujet de cette Lettre.) On peut voir par cette Lettre que le but du P. Sotelo dans son Ambassade étoit d'obtenir, premierement, qu'on envoyât au Japon des Religieux de l'Observance de S. François, dont il étoit lui-même, quoiqu'il portât l'Habit des PP. Déchaussez du même Ordre: en second lieu, qu'ils pussent passer de la Nouvelle Espagne droit au Japon, sans toucher aux Philippines : & enfin qu'on le fît Evêque du Roïaume d'Oxu, & de la partie Orientale du Japon. Car il étoit convaincu que ces trois choses étoient d'une extrême importance pour la gloire de Dieu, & pour la conversion de ces Peuples. Et au regard du second article, il avoit déja tenté par deux fois de faire aller des Vaisseaux de la Nouvelle Espagne au Japon. Sur quoi l'ayant rencontré en 1610, dans la Ville de Surunga, où l'Empereur de tout le Japon (*a*) tenoit alors sa Cour, il se plaignit à moi, & du peu de Religieux, qui venoient des Philippines, & du peu d'aumônes, qu'on leur envoyoit, qui suffisoient à peine pour leur entretien : au lieu, me disoit-il, que par la Nouvelle Espagne l'on pouvoit avoir beaucoup d'Ouvriers, & des aumônes en abondance.

Pour Mazamoney, il n'y a point de doute que la fin, qu'il se proposoit, en envoyant cette Ambassade, ne fût la gloire jointe au profit, qui devoit lui revenir du Commerce de ses Etats avec la Nouvelle Espagne, en y envoyant des Cabinets, & d'autres Raretez du Japon, comme il fit par deux fois à l'occasion de cette Ambassade. Car nous sçavions tous très-bien que ces Seigneurs du Japon, qui se nomment TONOS, & à qui nous avons donné le nom de Rois (*b*); que ces Princes, dis-je, poussez de l'envie du gain, ont toujours travaillé par l'entremise de nos Religieux, avant la persécution, à faire venir dans leurs Ports les Vaisseaux Marchands des Philippines, offrant de permettre qu'on prêchât notre Sainte Loi dans les Terres de leur obéïssance.

Mais comme le Royaume d'Oxu est à l'extrémité du Japon vers l'Orient, & par conséquent le plus éloigné des Philippines (*c*), il n'étoit

---

(*a*) C'étoit le Cubo-Sama Régent, & Tuteur de Fide-Jory. Nous avons remarqué que, comme il gouvernoit indépendamment de son Pupille, les Européens le traitoient d'Empereur.

(*b*) Les Tonos n'étoient que des Seigneurs particuliers, immédiatement au-dessus des simples Gentilshommes. Il n'est pas vrai qu'on les ait jamais appellé Rois dans nos Relations. Mazamoney étoit plus qu'un Tono, & moins qu'un Roi.

(*c*) Le Royaume de Deva, & quelques autres, sont plus éloignez des Philippines, que le Royaume d'Oxu.

pas possible d'engager nos Marchands à y aller. C'est pourquoi je m'imagine que le Pere Sotelo, qui ne pouvoit pas offrir à Mazamoney le Commerce des Philippines, lui fit espérer celui de la Nouvelle Espagne; croyant que le Saint Pere en obtiendroit aisément la permission de Sa Majesté Catholique. Au reste cette Entreprise rendit le Pere Sotelo peu agréable aux Habitans de Manile, où l'on étoit déja choqué contre lui pour deux raisons; l'une, que dès l'année 1604. il avoit traité avec un Pilote Espagnol, nommé Guillaume PEREZ, pour ouvrir ce Commerce du Japon avec la Nouvelle Espagne; l'autre, que l'année suivante Dom Rodrigue de VIBERO, aujourd'hui Comte d'Orizavalle, qui revenoit des Philippines, dont il avoit été Gouverneur, ayant fait naufrage sur les Côtes du Japon, dans le Vaisseau nommé *le Saint François*; ce fut principalement à la sollicitation du Pere Sotelo, que l'Empereur du Japon, qui avoit fait bâtir un Navire à la maniere d'Europe, le donna à ce Comte pour faire le voyage directement du Japon à la Nouvelle Espagne, sans retourner aux Philippines. C'est à cette négociation, que je trouvai le P. Sotelo occupé, lorsque je passai à Surunga, où l'Empereur tenoit sa Cour.

La Ville de Manile, qui craignoit le succès de cette Entreprise, à cause de la perte, qu'en devoit souffrir son Commerce avec la Nouvelle Espagne, écrivit à Sa Majesté contre le Pere Sotelo; & c'est pour cela, qu'après qu'il fut retourné d'Europe aux Philippines, le Conseil Royal des Indes envoya ordre de saisir toutes les dépêches, que ce Pere portoit, qui n'avoient point été vûës dans ce Conseil. A quoi il faut ajoûter que Dom Jean de Sylva, qui étoit alors Gouverneur des Philippines, ne fut pas moins choqué de voir que sans permission de Sa Majesté, ni de lui, un simple Religieux osât entreprendre une affaire de cette importance, qui pouvoit avoir des suites fâcheuses. Pour cette même raison ceux de son Ordre désapprouverent sa conduite, & déclarerent que ce Pere n'avoit suivi que ses propres lumieres, sans aucune permission de ses Supérieurs. D'ailleurs on n'ignoroit pas l'envie, qu'il avoit d'établir dans le Japon les Religieux de l'Observance de Saint François, quoiqu'il fût lui-même du nombre des PP. Déchaussez du même Ordre (*a*). Au reste, en rapportant ceci, je puis protester avec vérité que je n'ai aucun dessein de faire tort à sa mémoire, parce que je suis persuadé que ses intentions n'alloient qu'à procurer de plus en plus la conversion du Japon, & je n'en ai parlé, que parce que je l'ai cru nécessaire pour la suite de ce Discours.

Suite de la Lettre.

L'Auteur de la Lettre continuë à raconter, que le Pere Sotelo devant retourner par l'Espagne, Sa Sainteté ordonna qu'il y seroit sacré Evêque avec l'agrément de Sa Majesté: que pour l'obtenir, elle en écrivit au Roi & au Nonce; que le Pere Sotelo en partant de Rome, porta ces Lettres avec la Réponse

(*a*) Il étoit Observantin, mais il avoit pris l'Habit des Réformez, & étoit allé au Japon sous leurs auspices.

du Saint Pere à Mazamoney : qu'étant arrivé en Espagne l'an 1616. il y fut parfaitement bien reçu ; mais que les nouvelles étant venuës de la perfécution, qui s'étoit élevée contre les Chrétiens du Japon, où l'Empereur avoit démoli les Eglises, banni les Prêtres, & fait mourir plusieurs Fidéles ; les Jésuites fâchez qu'on envoyât au Japon un Evêque d'un autre Ordre, que du leur ; après avoir fait inutilement leurs efforts à Rome, pour empêcher l'Election du Pere Sotelo, se servirent de l'occasion, pour le traverser dans cette Cour de Madrid, en remontrant qu'il n'étoit pas à propos que, ni lui, ni le Pere Diego Valens de leur Compagnie, nommé depuis peu Evêque de Nangazaqui (*a*), & de la partie Occidentale du Japon, qui n'étoit pas non plus sacré, passassent au Japon ; parce que ce seroit irriter l'Empereur, & lui donner un prétexte de redoubler sa cruauté contre les Chrétiens : Que le Conseil des Indes persuadé par ces confidérations, n'avoit pas voulu permettre au Pere Sotelo de retourner au Japon en qualité d'Evêque, quoique le Nonce du Pape, le P. Commissaire Général des Indes, & lui Pere Sotelo, réfutassent fort bien ces raisons, faisant voir d'une part, que quand l'Empereur du Japon trouveroit mauvais qu'il entrât des Evêques dans ses Etats, les affaires de la Religion n'en seroient pas plus mal, puisque la persécution ne pouvoit pas être plus grande, qu'elle étoit alors : & de l'autre, qu'il étoit du devoir des Pasteurs, dans un besoin si pressant, d'aller défendre & consoler leur Troupeau : Que Sa Majesté elle même approuva ces raisons, mais que le Conseil des Indes étoit demeuré ferme dans sa résolution : Que cependant le tems du départ de la Flotte pour la Nouvelle Espagne étant arrivé, le Pere Sotelo s'y étoit embarqué avec l'Ambassadeur Japonnois ; de peur qu'un plus long séjour en Espagne ne parût plutôt un effet de son ambition, que de son zéle pour le salut des ames : & qu'ainsi il arriva à la Nouvelle Espagne l'an 1617.

Remarques de Cevicos.

Comme j'étois aux Philippines durant toutes ces oppositions, qu'on dit avoir été faites par les Jésuites au voyage du Pere Sotelo, je n'ai pû rien voir de ce qui se passa pour lors sur ce sujet à Madrid, ou à Rome. Mais ce que je puis assûrer, c'est que, sans qu'il fût nécessaire que les Jésuites s'opposassent à ce voyage ; bien plus, quand eux-mêmes, & tous les autres Religieux d'Espagne, se seroient joints ensemble pour faire sacrer le Pere Sotelo, jamais le Conseil des Indes n'y auroit consenti : parce que Sa Majesté Catholique étant en possession, & par la Coutume, & par son droit de Patronage, de nommer aux Evêchez des Indes, son Conseil n'avoit garde de souffrir le contraire en faveur de ce Religieux. Il est vrai qu'au rapport de cette Lettre, le Pape ordonnoit dans son Bref qu'on attendît le consentement de Sa Majesté, avant que de sacrer le Pere Sotelo ; mais l'Election de ce Pere ayant été faite indépendamment de la nomination du Roi, elle pouvoit tirer à conséquence, si on ne s'y étoit pas opposé.

(*a*) Le Pere Valens, & ses Prédécesseurs, étoient Evêques de tout le Japon.

Pour revenir aux Peres de la Compagnie, s'il m'eſt permis d'en dire ici mon ſentiment; il eſt certain, & l'expérience l'a bien montré dans la ſuite, que s'ils y formerent quelque oppoſition de leur côté, ils n'avoient pas ſi grand tort en cette occaſion. Pour en être convaincu, & pour connoître en même tems la principale cauſe de la perſécution, qui s'éleva contre les Chrétiens, il faut ſçavoir, que parmi le grand nombre de Sectes, qui compoſent la Religion du Japon, il n'y en a pas une, qui ne renferme tant d'extravagances, que ceux mêmes, qui les ſuivent, ne les eſtiment pas fort, & n'y ſont guéres attachez; de ſorte qu'à parler généralement, on peut aſſûrer que tous les Japonnois infidéles n'ont point de Religion (a). Il eſt encore vrai que la Doctrine d'un ſeul Dieu, & même d'un Dieu crucifié, ne les révolte pas au point, qu'elle faiſoit les Romains, & les autres Idolâtres dans les premiers ſiécles du Chriſtianiſme. Auſſi peut-on dire que les Peuples du Japon ne ſont Ennemis, ni de notre Religion, ni des Religieux, qui la prêchent. Mais pour l'Empereur du Japon, il y a deux choſes, qui lui ont fait concevoir une extréme averſion de la Loi de l'Evangile.

La premiere dure depuis longtems, ſelon que je l'ai appris, lorſque je voyageois dans cet Empire en l'année 1610. la plus féconde de toutes en converſions. Ç'a été depuis fort longtems une politique des Souverains, & des autres Princes Japonnois, de faire prêcher par leurs Bonzes que les Criminels, qu'on fait mourir pour leurs méchantes actions, ſont extrêmement haïs des Dieux, & condamnez dans l'autre vie à des peines éternelles: & quoique les Japonnois, comme j'ai dit, ajoûtent aſſez peu de foi à tout ce qui regarde l'autre vie, ces menaces fabuleuſes ne laiſſent pas de faire quelque impreſſion ſur le Peuple, & de tenir les eſprits dans la crainte. Etant donc arrivé quelquefois que des Chrétiens étoient condamnez à la mort pour leurs crimes, & que des Religieux, qui les aſſiſtoient pour les aider à bien mourir, diſoient enſuite aux Aſſiſtans, qu'ils devoient croire que ces pauvres gens alloient joüir de Dieu, puiſqu'ils mouroient en bon état, après avoir déteſté leurs péchez; l'Empereur trouva fort mauvais qu'on prêchât cette Doctrine, s'imaginant que c'étoit ôter la crainte des châtimens de l'autre vie, & qu'ainſi les Malfaiteurs en ſeroient d'autant moins retenus à l'avenir. Mais après tout il faut avoüer que cette raiſon toute ſeule n'auroit pas été capable d'exciter contre les Chrétiens, & contre les Religieux, une auſſi cruelle perſécution, que l'eſt celle, qu'ils ſouffrent dans ce Royaume depuis l'année 1614.

Ainſi la principale cauſe vient des Hollandois (b), qui n'ont ceſſé de repréſenter aux Empereurs du Ja-

(a) Cevicos ne paroît pas ici aſſez inſtruit de ce qui regarde les Japonnois. Nous avons bien dit que les Grands ne croyent rien, & vivent en Athées, mais ce n'eſt pas la même choſe pour le Peuple. Il n'en eſt peut-être pas un ſeul au monde parmi les Infidéles, qui ſoit plus perſuadé de l'exiſtence d'une autre vie, de la récompenſe des Bons, & de la punition des Méchans.

(b) Il ne faut pas oublier qu'un Pilote Eſpagnol avoit le premier avancé ce que les Hollandois ont depuis ſi ſouvent répété aux Japonnois, des deſſeins des Rois d'Eſpagne, en envoyant des Miſſionnaires aux Indes.

pon depuis l'année 1609. qu'ils établirent une Faiturie à Firando, que la coutume des Rois d'Espagne étoit de s'emparer des Etats des autres Princes, sous prétexte d'y convertir les Peuples : qu'ils commençoient par y envoyer des Religieux, & qu'ensuite par le moyen de ceux, qui avoient embrassé leur Loi, ils y excitoient des Révoltes ; & que c'étoit ainsi qu'ils s'étoient rendus Maîtres des Indes. Aucun Missionnaire du Japon n'a douté que cette calomnie ne fût la principale cause de la persécution d'aujourd'hui ; & c'est ce qu'on a vû tout récemment dans la Requéte imprimée, que ceux de S. Dominique, de S. François, & de saint Augustin, présenterent il y a six mois à Sa Majesté Catholique, pour s'opposer au partage, que les PP. Jésuites demandoient qu'on fit des Provinces du Japon entre les Missionnaires de différens Ordres, qu'on y envoyeroit.

» Ce qui a le plus contribué, disent les premiers, à exciter la persécution générale du Japon, est que les Hérétiques Anglois & Hollandois ont persuadé à l'Empereur, & aux autres Seigneurs du Pays, que le Roi d'Espagne & le Pape vouloient leur enlever leurs Etats, par le moyen des Religieux, qu'ils envoyoient... Si donc ces Princes venoient à sçavoir qu'on eût fait cette division des Provinces, ils se confirmeroient sans doute dans leur opinion, & cette erreur, qui n'est déja que trop répanduë, deviendroit enfin générale. Car d'espérer qu'un tel partage se puisse faire, sans qu'ils en soient bientôt instruits, soit par le moyen des Apostats, soit par l'imprudence de quelques Néophytes, ou par d'autres voyes; c'est à quoi il n'y a nulle apparence, puisqu'on sçait dans le Japon & le nombre, & même les noms de tous les Religieux, qui y sont.

Voilà ce que représentoient ces Peres, & je suis persuadé qu'ils avoient raison ; mais c'est par là même qu'on prouve qu'il n'étoit pas à propos de faire passer des Evêques au Japon, de peur d'irriter l'Empereur, & qu'ainsi les oppositions des Peres de la Compagnie à cet égard, étoient fort raisonnables. Car supposé, comme nous venons de le voir, que ce Prince eût tant d'aversion pour les Religieux, il est hors de doute qu'il devoit être encore plus éloigné de souffrir des Evêques. Quant à ce que l'on fait ici dire par le Nonce de Sa Sainteté, & par le Pere Commissaire, qu'il n'y avoit plus rien à ménager avec l'Empereur du Japon, parce que la persécution ne pouvoit pas être plus grande, qu'elle l'étoit ; l'expérience a bien fait voir le contraire, & l'Auteur de la Lettre, que je réfute, le reconnoît lui-même.

» L'Empereur du Japon, dit-il, ayant sçu par les Hollandois qu'il y avoit des Religieux habillez en Séculiers, qui étoient arrivez au Japon en se mêlant parmi les Marchands, il est entré en une telle fureur, qu'il a ordonné que tous les Marchands Etrangers, qui sont Chrétiens, sortent de ses Etats ; & l'on tient que le Juge de la Ville, où nous sommes arrêtez Prisonniers, est déja parti de la Cour de ce Prince pour exécuter cet Edit, & qu'il y a un ordre exprès, non seulement de me faire mou-
» rir;

» rir, & les deux Religieux qui font Prifonniers avec moi, mais encore tous les Chrétiens, qui ne voudroient pas renoncer à notre fainte Loi. » Ce font les paroles de la Lettre. (Me fera-t'il permis d'interrompre ici le Docteur Cevicos, pour faire obferver, que le principe fur quoi roule tout le Mémorial du Pere Collado, fçavoir que les Jéfuites vouloient être feuls au Japon, eft entierement détruit par la Requête des Religieux des trois Ordres, laquelle nous apprend que les Peres de la Compagnie avoient propofé de partager le Japon entre les differens Ordres des Religieux, qu'on y envoyeroit? Que n'auroit-on point dit, fi ç'eût été eux, qui euffent rejetté cet accommodement!)

Suite de la Lettre.

L'Auteur raconte enfuite qu'étant arrivé à la Nouvelle Efpagne, il y trouva dans le Port d'Acapulco un Vaiffeau Japonnois, que Mazamoney y avoit envoyé pour prendre le Pere Sotelo & fon Collegue d'Ambaffade: qu'un nouveau Gouverneur, qui alloit aux Philippines, fe trouva là dans le même tems, & que n'ayant pas affez de Vaiffeaux pour fes Soldats, il demanda celui des Japonnois, qui fe firent un plaifir de le lui accorder: que le Pere Sotelo s'y embarqua auffi en compagnie des Japonnois, qu'il ramenoit de Rome, dans le deffein de paffer des Philippines au Japon; qu'enfin ils arriverent heureufement aux Philippines en 1618.

Remarques de Cevicos.

Je n'ai qu'une réflexion à faire fur ce que dit notre Auteur, que les Japonnois accorderent de fort bonne grace leur Navire au Gouverneur des Philippines. Afin qu'on ne s'imagine pas que ce ne fut qu'un mouvement de générofité & d'amitié, il faut fçavoir que le Capitaine Japonnois agiffoit en cela pour fes propres intérêts, & pour ceux de Mazamoney fon Maître; parce qu'ayant retiré beaucoup d'argent de la vente des Cabinets & des autres Marchandifes, qu'il avoit apportées du Japon, il eût été obligé de l'y porter en efpeces, s'il fût allé tout droit; au lieu que paffant par Manile, il pouvoit en acheter, comme il fit en effet, des foyes de la Chine, fur lefquelles il y a un gain fi confiderable, que les Marchands Japonnois apportent tous les ans à Manile quantité d'or & d'argent, qu'ils n'employent qu'à cela.

Suite de la Lettre.

L'Auteur continuë, & raconte qu'après avoir abordé aux Philippines l'année 1618. il attendit la faifon propre à la navigation pour aller au Japon; mais que cette faifon étant venuë, il en fut empêché par les Corfaires Hollandois, qui croifoient devant le Port de Manile, & couroient les Côtes des Philippines, de forte qu'il ne put continuer fon voyage cette année-là, ni la fuivante.

Remarques de Cevicos.

L'Auteur avance ici une fauffeté, mais plus pardonnable, que celle qui foit après, puifque c'eft fans préjudice du Prochain. Il eft vrai que ces deux années 1618. & 1619. les Hollandois furent fur les Côtes des Philippines, & qu'ils y prirent quelques Vaiffeaux Chinois: mais il est faux que depuis 1620. jusqu'en 1622. que je partis de Manile, ils ayent entrepris d'empêcher le voyage des Philippines au Japon; ni même qu'ils l'ayent pû faire. La raison est que leurs Flottes, qui depuis le mois d'Octobre jusqu'au mois de Mars croisent sur ces Mers, ont toujours été obligées de se retirer avant le commencement de Juin. Car c'est à la Côte Occidentale de ces Isles, qu'ils attendent les Marchands Chinois, qui viennent pour la reconnoître. Or c'est à l'entrée de Juin, que les vents de Sud-Ouest s'y élevent avec une extrême violence: ce qui oblige les Hollandois à quitter ce poste, parce qu'en y demeurant plus longtems, ils s'exposeroient à se perdre, sans espérance de faire aucune prise. Cela est si vrai, que quand on n'a point eu aux Philippines des forces suffisantes pour rendre la navigation libre aux Chinois, on a eu soin de leur mander, ou qu'ils ne partissent point cette année-là de leurs Ports, ou qu'ils reglassent tellement leur voyage, qu'ils n'arrivassent aux Côtes des Philippines, que vers la fin de Juin. Par la même raison les Vaisseaux Chinois & Japonnois ne sortent du Port de Manile tout au plutôt, qu'à la fin de ce mois, & pour l'ordinaire pendant celui de Juillet. De sorte qu'il est faux que les Hollandois ayent jamais empêché le départ des Vaisseaux pour le Japon. Plus de vingt personnes, qui étoient alors aux Philippines, & qui sont aujourd'hui à Madrid, peuvent rendre témoignage de la vérité de ce que je dis.

Et qu'on ne m'oppose pas ce qui est rapporté dans la Lettre, article 7. que les Hollandois prirent en ce tems-là deux Religieux (*a*), qui étoient dans un Vaisseau Japonnois; car ce n'est pas sur les Côtes des Philippines, mais sur celles du Japon, qu'ils furent pris par des Hollandois sortis du Port de Firando, où ils ont leur Comptoir, & d'où ils peuvent aller en course, soit que les autres de leur Nation aillent, ou n'aillent pas croiser vers les Philippines; l'un étant indépendant de l'autre. Et c'est pour cela, qu'on ne sçait rien à Manile de ce qu'ont fait les premiers, que l'année d'après, quand on reçoit les nouvelles du Japon. Aussi étoit-on persuadé à Manile, qu'il n'avoit tenu qu'au Pere Sotelo de partir pour le Japon, soit en 1618. soit en 1619. ou du moins que ce n'étoit pas les Corsaires Hollandois, qui l'en avoient empêché.

J'ai dit qu'on en étoit persuadé, parce qu'effectivement plusieurs des Habitans, qui étoient animez contre ce Pere, pour les raisons rapportées ci-dessus, prenoient de là occasion de se venger par les railleries, qu'ils en faisoient, non pas toutefois en sa présence, lui reprochant que l'envie, qu'il avoit d'être Evêque, lui faisoit différer si longtems son voyage du Japon, pour attendre ses Bulles à Manile. On sçait que ceux de son Ordre ne s'opposoient pas non plus pour lors à son voyage, comme ils firent dans la suite, parce que depuis le mois de Juin 1618. que le Pere Sotelo arriva à Manile, jusqu'au départ des Vaisseaux, qui allerent au Japon en 1619. le Supérieur de cette Province fut le Pere

(*a*) Les PP. Loüis Florez Dominiquain, & Pierre de Zugnica Augustin. Voyez leur Histoire, Livre XV. §. VII.

de Sainte Marie Laruël, qu'on y avoit envoyé de la Nouvelle Espagne, en qualité de Commissaire; & que le Pere Sotelo fut en très-bonne intelligence avec lui durant tout ce tems-là, selon que nous en pouvions juger nous autres Séculiers.

Quelqu'un de ceux, qui liront cette Réfutation, pourront m'objecter que ce Pere Commissaire ne peut pas avoir été Supérieur aussi longtems que je dis, parce que selon les Constitutions de l'Ordre, il avoit commencé sa visite trois ou quatre mois avant le Chapitre, dans lequel il est obligé de se démettre de sa Charge. A cela je réponds en deux mots que ce fut là un cas extraordinaire & singulier, qui ne causa pas même peu de troubles parmi ces Religieux, comme le peuvent témoigner des personnes, qui sont présentement à Madrid.

Suite de la Lettre.

L'Auteur ajoûte qu'en 1620. le Pere Sotelo étant sur le point de partir, on reçut à Manile des Lettres de Macao, que le Pere Diego Valens de la Compagnie de Jesus écrivoit au Gouverneur & à l'Archevêque des Philippines, pour leur donner avis qu'il avoit été sacré Evêque du Japon, les priant instamment, qu'afin de prévenir les troubles, que la présence du Pere Sotelo y causeroit parmi les Chrétiens, ils ne lui permissent pas d'y retourner: que ces Lettres ayant été renduës au Gouverneur & à l'Archevêque par les Jésuites, elles eurent l'effet, qu'ils prétendoient, parce qu'à cause du grand commerce, qui est entre les deux Villes de Manile & de Macao, ceux, qui les gouvernent, sont en bonne intelligence, & se font volontiers plaisir les uns aux autres. Ainsi ni moi, ni mon Compagnon, dit l'Auteur, ne pûmes partir cette année.

Remarques de Cevicos.

Je ne puis dissimuler l'étonnement, où je suis, que cet Auteur ait osé dire que ce fut là la raison, qui empêcha le Pere Sotelo de partir pour le Japon dès l'année 1620. car voici comme la chose arriva... Cevicos fait ici un assez long détail des affaires, que le Pere Sotelo eut en ce tems-là avec ses Supérieurs des Philippines, qui le firent embarquer malgré lui pour la Nouvelle Espagne, afin d'empêcher qu'il ne retournât au Japon, sans que les Jésuites se mêlassent en aucune sorte de cette affaire. Comme j'ai parlé ailleurs de ces démêlez, autant qu'il étoit nécessaire pour connoître la suite de l'Histoire du Pere Sotelo, je n'ai pas cru devoir le répéter ici.

Suite de la Lettre.

L'Auteur raconte ensuite que, quand le Pere Sotelo vit son voyage ainsi rompu, il ne laissa pas d'envoyer des Religieux de son Ordre en compagnie de Fraxecura son Collégue d'Ambassade, & de faire prier Mazamoney qu'il lui procurât au plutôt les moyens de passer lui-même au Japon: que Mazamoney ayant appris de Fraxecura l'accueil favorable, & la réception magnifique, qu'on leur avoit fait à Rome & en Espagne il en témoigna une joye extraordinaire, & reçut ces Religieux avec beaucoup de bonté, leur fournissant libéralement ce qui étoit nécessaire pour leur entretien, quoiqu'il le fît secrétement, à cause des Edits rigoureux de l'Empereur contre les Chrétiens, & surtout contre les Religieux : que nonobstant tous ces Edits, les uns & les autres vivoient fort tranquillement dans le Royaume de Mazamoney : que l'année suivante 1621. ce Prince avoit envoyé à Manile deux Officiers de ses Troupes pour y prendre le Pere Sotelo : qu'ils équiperent pour cet effet en diligence un Vaisseau, qui devoit porter ce Pere : *Mais*, ajoûte l'Auteur, *lorsque je me disposois à partir, je fus pris & arrêté.*

Remarques de Cevicos.

De tout ce qui est rapporté dans cet article, excepté les dernieres paroles, je n'en ai eu par moi-même nulle connoissance, ni je n'en ai jamais entendu dire un seul mot à Manile. Mais, comme je l'ai déja dit, absolument parlant, cela pourroit être vrai, sans que j'en eusse rien sçû (a). Ce que je dois remarquer, c'est qu'en disant qu'il a été arrêté, il n'ajoûte point par ordre de qui il le fut. Car enfin, quiconque ne sçauroit pas ce que nous avons dit sur l'article précédent, & ce que nous allons dire sur celui d'après, s'imagineroit sans doute que ce furent l'Archevêque & le Gouverneur des Philippines, qui l'arrêterent encore cette année, comme il a dit qu'ils avoient fait l'année d'auparavant, sur les instances de l'Evêque de Nangazaqui & des Peres de la Compagnie. Mais nous allons voir dans la réfutation de l'article suivant, qui sont ceux, qui le retinrent cette année 1621. & qui travaillerent à l'arrêter aussi l'année d'après.

Suite de la Lettre.

Ces deux Officiers de Mazamoney, dit l'Auteur, ayant vû ce qui se passoit, s'en retournerent au Japon. Mais pour le P. Sotelo, voyant qu'il n'y avoit plus d'espérance pour lui d'y passer de Manile, il résolut de sortir de cette Ville, & prit pour cet effet l'occasion d'accompagner l'Evêque de la Nouvelle Ségovie, qui passoit alors par Manile, pour aller à la Province de CAGAYAN, où est son Evêché. Ce fut là, continuë la Lettre, que par le crédit de ce Prélat il trouva moyen de faire bâtir une Frégate dans la Province de PANGASINAY, qui est sur le chemin de Manile à Cagayan. Mais lorsqu'il pensoit s'y embarquer avec un Religieux de son Ordre, qui étoit Japonnois & quatre autres Prêtres du même Pays, le Gouverneur des Philippines en ayant été averti par les mêmes Personnes, qui s'opposoient à ce voyage, envoya faire défense, sous peine de la vie, aux Mariniers de s'embarquer avec lui, & donna ordre qu'on le ramenât à Manile. Ainsi le voyage du Pere Sotelo fut encore rompu une seconde fois.

Remarques de Cevicos.

C'est une chose surprenante, que de voir, ou le mensonge, ou l'artifice & le déguisement, qu'il y a dans ces deux articles : le mensonge, si celui, qui a forgé cette Lettre, a voulu faire entendre que ce fut à la poursuite de l'Evêque du Japon & des Peres de la Compagnie, qu'on l'ar-

---

(a) On a pû voir au Livre XV. §. 1. la fausseté de tout ce narré de la Lettre, & la Persécution, que Mazamoney faisoit dès lors aux Chrétiens, jusqu'à ne vouloir pas recevoir son Ambassadeur, qu'il n'eût renoncé au Christianisme.

rêta en 1621. & qu'on le ramena de la Nouvelle Ségovie l'année suivante à Manile par ordre du Gouverneur: l'artifice, s'il a évité exprès de nommer les personnes, pour s'exempter de dire qu'il ne se fit rien, que par l'ordre de ses Supérieurs: car voici la vérité du fait, qui fut si public à Manile, que de tous ceux, qui y demeuroient comme nous, il n'y en eut point, ou fort peu, qui n'en eussent connoissance.

Le Pere Sotelo étant retourné de la Nouvelle Espagne à Manile sur la fin de l'année 1620. comme nous l'avons déja dit, il se trouva dans un fort grand embarras. Il ne pouvoit douter que le Pere Commissaire de la Nouvelle Espagne, sitôt qu'il le sçauroit de retour aux Philippines, ne donnât ordre de le lui renvoyer. Il n'ignoroit pas non plus que le Provincial lui obéïroit très-ponctuellement, & que même il étoit homme à le faire embarquer de sa propre autorité. Comme j'étois Proviseur de l'Archevêché de Manile, un des expédiens, que le Pere Sotelo crut devoir prendre pour parer ce coup, fut de me prier d'obliger ceux de son Ordre à lui rendre les Papiers, qu'ils avoient enlevez, quand ils l'embarquerent pour la Nouvelle Espagne: car il disoit, que s'il les avoit, il me feroit voir qu'il étoit Légat du Pape, & par conséquent exempt, pour tout le tems de sa Légation, de rendre obéïssance au Commissaire de la Nouvelle Espagne, ou au Provincial des Philippines. J'avois la meilleure envie du monde de servir le Pere Sotelo, parce que j'étois sensiblement touché de l'état, où je le voyois; mais comme il ne pouvoit me donner aucune preuve, n'ayant, ni ses Papiers, ni aucun témoin, qui pût déposer qu'on les lui avoit enlevez, je ne trouvai point d'ouverture pour entrer dans cette affaire.

Il partit ensuite, comme dit la Lettre, avec l'Evêque de la Nouvelle Ségovie, soit pour ne pas demeurer exposé à quelque nouvelle insulte de la part de ses Confreres, soit plutôt, comme je le crois, pour tenter encore une fois le voyage du Japon. Le Provincial envoya aussi-tôt après lui deux Religieux, & eut recours au Gouverneur pour le faire revenir à Manile: mais l'Evêque de la Nouvelle Ségovie, qui protégeoit le Pere Sotelo, empêcha l'exécution de ces ordres, & ainsi les deux Religieux s'en retournerent seuls. Au reste il n'y eut en ce tems-là rien de plus connu dans Manile, que le sujet de leur voyage, comme le peuvent témoigner plusieurs personnes, qui y étoient alors, & qui sont aujourd'hui à Madrid. Je ne puis donc assez m'étonner que l'Auteur de la Lettre ne dise pas un seul mot, qui marque que tous ces chagrins, qu'eut le Pere Sotelo, lui vinrent de la part de son Ordre & de ses Supérieurs.

Suite de la Lettre.

L'Auteur poursuit en disant que le dessein du Pere étant ainsi renversé, il se vit obligé de suivre le Prélat jusqu'à la Nouvelle Ségovie, qui est la Ville Episcopale: que là il lui montra ses Lettres de Légat pour le Japon, & le pria de l'assister dans son Entreprise: que l'Evêque publia d'abord des censures contre ceux, qui s'opposeroient à son voyage; mais qu'ensuite craignant de choquer le Gouverneur des Philippines, il prit la résolution de faire embarquer le Pere Sotelo déguisé en habit séculier, avec un autre Religieux Japonnois, qui lui servoit de Compagnon, & de le faire aller au Japon sur le Vaisseau d'un Chinois Idolâtre, qui faisoit le voyage; qu'ils s'y embarquerent en effet, comme s'ils eussent été Domestiques de l'Evêque.

Remarques de Cevicos.

Une chose me fait peine dans cet article : c'est que le Pere Sotelo ait fait voir à l'Evêque de la Nouvelle Ségovie ses Lettres de Légat Apostolique ; lui, qui venoit, comme j'ai dit, de se plaindre à moi qu'on lui avoit enlevé ses Papiers, surtout ces mêmes Lettres, lorsqu'on le fit embarquer par force pour la Nouvelle Espagne. Peut-être trouva-t-il ensuite quelque moyen de les ravoir. Quoiqu'il en soit, lorsque je partis pour les Philippines sur la fin du mois d'Aout de l'année 1620. l'on n'avoit encore aucune nouvelle à Manile que le Pere Sotelo fût parti pour le Japon.

Suite de la Lettre.

La Lettre ajoûte que durant le voyage le Chinois ayant découvert que le Pere Sotelo & son Compagnon étoient Religieux, & sçachant qu'il y alloit de sa vie, s'il osoit les faire aborder au Japon, il eut la pensée de les jetter à la Mer : mais que Dieu permit qu'il s'élevât dans ce moment une si furieuse tempête, qu'elle étonna les gens du Vaisseau, & leur fit quitter une si abominable résolution : qu'étant délivrez de ces périls, ils arriverent heureusement au Port de Nangazaqui, le plus célebre de la Côte occidentale du Japon, & où l'Evêque faisoit sa demeure avant la Persécution : qu'il y avoit alors un Commissaire de l'Empereur établi pour l'exécution de l'Edit contre les Religieux : que les Chinois déférerent & livrerent à ce Juge le Pere Sotelo & son Compagnon, s'excusant sur ce qu'on les avoit forcez, disoient-ils, à la Nouvelle Ségovie de les prendre sur leur Vaisseau : que le Commissaire ayant sçu par les Espions, qu'il entretenoit à Manile, & par les Marchands Japonnois, qui avoient été la même année aux Philippines, ce qu'étoit le Pere Sotelo, & comme Mazamoney, avec la permission de l'Empereur, l'avoit envoyé à Rome en qualité d'Ambassadeur, il résolut de l'arrêter avec son Compagnon, jusqu'à ce que l'Empereur en eût été informé : qu'en attendant on les mit dans les Prisons de Nangazaqui, mais que bientôt après ils furent transportez à Omura, & resserrez dans une prison bien plus étroite.

L'Auteur raconte ensuite à Sa Sainteté, que dix-sept Religieux, dont huit étoient de l'Ordre de S. Dominique, un de Saint Augustin, quatre de Saint François, & quatre de la Compagnie de Jesus, avoient souffert l'année précédente un glorieux Martyre sous ce même Juge à Nangazaqui & aux environs, avec cent Japonnois, qui les avoient reçus & cachez dans leurs maisons : qu'on l'auroit aussi fait mourir lui-même (Pere Sotelo) sans la considération de Mazamoney, de qui l'on sçavoit qu'il étoit Ambassadeur ; mais qu'on se contenta de le tenir dans une très rigoureuse prison : que le Commissaire étant parti là-dessus, pour aller à la Cour, on prit peu de tems après le Pere Pierre de Sainte Catherine (*a*) Dominicain, & le Pere Michel Carvailho de la Compagnie de Jesus, Personnes d'une grande vertu & d'un zele ardent pour le salut des ames : qu'ils étoient tous ensemble dans la prison d'Omura, où ils souffrirent beaucoup, tant pour la petitesse du lieu, que pour d'autres incommoditez : qu'après tout ils souffrirent ces peines avec une joye & une consolation très-sensible : que l'Empereur ayant sçu par les Hollandois qu'il entroit dans le Japon des Religieux déguisez en Marchands, il en fut irrité, qu'il ordonna à ce Juge, qui avoit arrêté le Pere Sotelo, de le faire mourir avec les deux autres Religieux : que les mêmes Hollandois ayant arrêté deux autres Religieux, qui étoient en habit de Marchands dans un Navire Japonnois, & les ayant livrez au Gouverneur de Nangazaqui, il les avoit fait brûler avec le Capitaine & les Officiers du Vaisseau, sur lequel ils avoient été trouvez.

Remarques de Cevicos.

Ce n'est que pour faire voir la suite de la Lettre, que j'ai voulu rapporter en substance le contenu de ces trois ou quatre articles, n'ayant aucune réflexion à faire dessus.

Il n'est pas surprenant que Dom Jean Cevicos n'ait rien trouvé à dire sur ces articles, n'étant point instruit de ce qui s'étoit passé au Japon dans le tems, dont parle la Lettre ; mais rien ne marque mieux la supposition de cet Ecrit, que tout ce narré. 1°. Le Pere Sotelo, selon la Lettre même, étoit déja dans la Prison d'Omura au mois d'Octobre de l'année 1622. & le Martyre des dix-sept Religieux, & des Séculiers, dont il parle, étoit arrivé au mois de Septembre précédent. Avant que d'être transféré dans la prison d'Omura, il avoit été quelque tems dans celle de Nangazaqui ; il y étoit donc dans le tems de ce Martyre, ou du moins il y fut enfermé peu de tems après : comment donc a-t-il pû dire que ce Martyre étoit arrivé l'année précédente ? 2°. Il cite des particularitez de ce Martyre en homme, qui ne sçauroit avoir été au Japon dans ce tems-là. Il ne compte que quatre Martyrs de l'Ordre de Saint François, & il y en avoit cinq ; il ne marque que quatre Jésuites, & il y en avoit sept, dont le Pere Spinola étoit un, & onze en tout la même année. 3°. Il dit qu'il n'y eut que dix-sept Religieux brûlez cette année-là au Japon, & il conste par les Procès-Verbaux qu'il y en eut vingt-trois.

Suite de la Lettre.

L'Auteur, après avoir dit que c'est là l'heureux état, où il se trouve, commence son huitiéme article par ces paroles : « Dans cet état, quels » intérêts puis-je avoir, sinon de dé- » charger ma conscience, en décla- » rant à VOTRE SAINTETE' ce que je » sçais ? puis donc que le Saint Pere » Paul V. à qui je dois obéir, m'a or- » donné, lorsque je partis, que je lui » fisse un rapport fidéle de tout ce » qui se passeroit dans le Japon, » non seulement pour ce qui me re- » garde, mais encore pour ce qui » regarde en général cette Chrétien- » té ; c'est pour satisfaire à cette » obligation, qu'après avoir raconté » ce qui m'est arrivé, je vais defor-

(*a*) Le Pere Pierre Vasquez, ou de Sainte Catherine.

» mais repréſenter à Votre Sainteté
» l'état de ces Miſſions.

Remarques de Cevicos.

C'eſt à la faveur de ce préambule, que l'Auteur prétend donner quelque crédit à ſon Libelle diffamatoire contre les Peres de la Compagnie, & contre les Evêques, qu'ils ont eus au Japon. Il a pris encore le même tour en deux autres endroits de ſa Lettre, que j'ai cru devoir joindre à celui-ci par anticipation, afin qu'on les voye tout de ſuite.....

Ces deux endroits ne contiennent qu'une répétition plus étenduë de ce qu'on vient de voir, avec des proteſtations & des ſermens réitérez de ne rien dire contre les Jéſuites, qui ne ſoit, & très-certain, & très-public au Japon; de n'en parler, que pour le ſeul intérêt de la gloire de Dieu, & par la crainte du crime de prévarication, qu'il commettroit en n'informant point Sa Sainteté de tant de déſordres.

Suite de la Lettre.

L'Auteur pourſuivant ſa Relation, écrit avec la plume prétenduë d'un Martyr contre les PP. de la Compagnie de Jeſus, & les Evêques, qu'elle a donnez au Japon, des choſes ſi étranges, qu'on auroit peine à les croire, ſi c'étoit des Templiers, qu'elles euſſent été écrites, dans le tems que Clement V. abolit cet Ordres. Les voici en abrégé.

Le prétendu Sotelo dit donc à Sa Sainteté, qu'elle n'ignore pas que la Foi Catholique a fait des progrès conſidérables, non ſeulement dans la partie Occidentale du Japon, où furent d'abord les Jéſuites, & où ils ſont toujours demeurez, mais encore du côté de l'Orient, où les Freres Mineurs de S. François ont prêché les premiers l'Evangile: Que le nombre des converſions y eſt devenu ſi grand, que d'une multitude preſque infinie de Villes, de Bourgs, & de Villages, qu'il y a dans les deux parties de cette grande Iſle, il s'en trouve fort peu, où il n'y ait des Chrétiens, & où du moins on n'ait ouï parler de notre Religion: Que quoique la perſécution, qui s'éleva en 1614. ait fait abattre les Egliſes, & bannir les Prédicateurs, néanmoins pluſieurs Religieux, faiſant peu d'état de leur vie, y ſont demeuré cachez, nonobſtant l'Edit de l'Empereur: Que par leurs travaux, par leurs inſtructions, & par leurs bons exemples, ils ont non ſeulement conſervé la Foi des Fidéles, mais encore attiré au Chriſtianiſme pluſieurs Idolâtres: Qu'après tout, les Ouvriers étant toujours en petit nombre pour une ſi grande moiſſon, la perſécution s'allumant de plus en plus, & la rage des Loups contre le Troupeau de Jeſus-Chriſt croiſſant tous les jours, pluſieurs Brebis de cette Bergerie ſont dévorées, & que d'autres languiſſent deſtituées de la pâture ſpirituelle des Sacremens, & de la parole de Dieu: Qu'à la vérité il eſt arrivé de Macao & de Manile au Japon quelques Religieux de S. François, de S. Dominique, de Saint Auguſtin, & de la Compagnie de Jeſus, qui s'étoient cachez parmi les Marchands; mais qu'enfin ils ſont trop peu pour fournir à tous les beſoins de cette Egliſe; ſur tout ſi l'on conſidere que ces Religieux n'ont pas tous la liberté d'adminiſtrer les Sacremens, & la parole

parole de Dieu, quoique le S. Siége leur en ait donné le pouvoir.

Les trois feüilles suivantes de la Lettre, contiennent une ample Relation de diverses particularitez, qui vont toutes à faire voir combien la conduite des PP. de la Compagnie, & de ceux des leurs, qui ont été Evêques dans le Japon, est scandaleuse: que leur mauvais exemple, & les chicannes, qu'ils font continuellement aux Religieux des trois autres Ordres, sont un grand obstacle au progrès de l'Evangile: qu'il est à propos qu'on envoye au Japon des Missionnaires de ces Ordres, avec un Evêque de chacun des trois... Le Japon, dit-il, est partagé en soixante-six Royaumes, & plus de deux cens Provinces, dans chacune desquelles il y a plusieurs Villes fort grandes, & fort peuplées.... Comme les Japonnois sont extrêmement spirituels, & qu'ils cherchent sans cesse à faire leur salut, & que la Foi de l'Evangile est si conforme à la Loi naturelle, dont ils suivent parfaitement les lumieres: ceux d'entr'eux, qui sont sçavans, & sur tout les personnes de qualité, estiment pour la plûpart cette Loi juste & sainte, & la mettent beaucoup au-dessus de toutes leurs Sectes; de sorte qu'il est étonnant que depuis soixante-dix ans, qu'on la prêche au Japon, elle n'ait pas fait plus de progrès.

Remarques de Cevicos.

Ces remarques, qui sont très-longues, roulent toutes sur ce que l'Auteur de la Lettre, en exagérant la puissance du Japon, & les bonnes qualitez des Japonnois, fait bien voir, selon Cevicos, que cet Ecrivain n'a jamais été au Japon. Cevicos ignoroit sans doute que les Voyageurs, & les Missionnaires mêmes, s'enthousiasment souvent en faveur des Nations Etrangeres: & il nous paroît aussi qu'il déprime de son côté un peu trop les Japonnois, comme il arrive ordinairement, lorsqu'on veut prendre le contrepied de son Adversaire. Ce qui est certain, c'est que le faux Sotelo étoit fort peu instruit de ce qui regardoit ces Insulaires, & que Cevicos, qui n'avoit fait que parcourir quelques Provinces du Japon, ne les connoissoit pas non plus assez, pour en porter un jugement équitable. Ce qu'il auroit pû relever avec plus de justice dans ce que nous venons de rapporter de la Lettre, dont il avoit entrepris la réfutation, est ce qu'elle avance du peu de progrès de la Religion Chrétienne dans le Japon, & ce qu'elle dit que les Jésuites avoient toujours borné leur zéle aux Provinces Méridionnales. On a pû voir dans la suite de cette Histoire, combien le Christianisme étoit florissant, même avant le premier Edit de Tayco-Sama, dans tout le centre de l'Empire; combien de Jésuites pénétrerent jusqu'aux Provinces les plus Septentrionales, le grand nombre de conversions, qu'ils y firent, & qu'ils y passerent toujours celui des Missionnaires de tous les autres Ordres joints ensemble.

Suite de la Lettre.

Un des plus grands avantages, que retireroit le Japon d'avoir un plus grand nombre d'Evêques, dit l'Auteur de la Lettre, est qu'ils pourroient ordonner Prêtres plusieurs des Naturels du Païs, qui seroient d'un très-grand secours, sur tout en ce tems de perſécution, parce que ne pouvant pas être reconnu à la mine, comme les Européens, il leur ſeroit aiſé de ſe dérober aux recherches des Perſécuteurs. Enſuite, pour prévenir l'objection, qu'on lui pourroit faire, qu'il ſeroit à craindre que quelques-uns de ces Prêtres Japonnois ne vinſſent à renier la Foi, il y oppoſe quelques raiſons, avec des exemples de la primitive Egliſe.

Remarques de Cevicos.

Je n'entreprens pas ici de porter mon jugement ſur la propoſition, que fait l'Auteur. Je dirai ſeulement que les Japonnois ne ſont pas comme les Indiens de la Nouvelle Eſpagne, qui n'ont, ni aſſez d'eſprit, ni aſſez d'honneur, pour pouvoir être élevez à la dignité du Sacerdoce. Lorſque j'étois à Nangazaqui, j'ai vû quelques Japonnois, qui avoient fait leurs Etudes ſous les PP. de la Compagnie de Jeſus; j'en ai encore vû d'autres à Manile, Prêtres & Religieux, qui vivoient dans une grande opinion de vertu: & quoique je ne ſçache pas quelles marques ils en auront données depuis cette perſécution, je me perſuade que leur conduite aura été fort exemplaire.

Suite de la Lettre.

Les Hollandois, ajoûte l'Auteur, ayant donné avis à l'Empereur qu'il y avoit des Religieux cachez juſques dans ſa Cour, & qu'à Yendo, qui eſt, comme j'ai dit, la Capitale du Quanto ſon Royaume héréditaire, il ſe faiſoit tous les jours pluſieurs Chrétiens, même de la Nobleſſe; ce Prince irrité plus que jamais contre les Fidéles, ordonna qu'on fît toutes les recherches imaginables pour les découvrir. Ce fut alors, qu'on arrêta deux Religieux, l'un Eſpagnol & Franciſquain, nommé le Pere François Galvez, & l'autre Italien, de la Compagnie de Jeſus, nommé Jerôme de Angelis. On prit en même tems cinquante-trois Japonnois, du nombre deſquels étoit Dom Jean Faramond, d'une trèsilluſtre famille, & même allié de l'Empereur. Ce généreux Confeſſeur, lequel, outre les autres tourmens, dont il eſt parlé dans la Lettre, avoit déja eu les doigts des pieds & des mains coupez pour la Foi, conſomma enfin ſon glorieux Martyre dans le feu, où il finit ſa vie avec ces deux Religieux, & les autres Chrétiens, qu'on avoit arrêtez. Un jeune homme de qualité, qui aſſiſtoit à leur ſupplice, s'écria devant tout le monde qu'il étoit Chrétien, & s'élança au milieu des flammes, au grand étonnement des Aſſiſtans. D'autres Chrétiens, que l'on ſaiſit, comme ils ramaſſoient les Cendres & les Reliques de ces glorieux Martyrs, furent auſſi brûlez tout vifs, avec leurs Femmes & leurs Enfans. Ils faiſoient tous enſemble près de cent, qui ſouffrirent avec une joye admirable. Leur Martyre arriva au mois de Décembre de l'année 1623.

Remarques de Cevicos.

Je n'ai autre choſe à faire au ſujet de ce récit, que de loüer Dieu, de ce que notre Auteur a enfin trouvé quelques Jéſuites gens de bien: ſçavoir le Pere Jerôme de Angelis, les quatre autres, qu'il dit ailleurs avoir ſouffert le martyre, & celui qui étoit dans la Priſon avec le Pere Sotelo. Parlons maintenant de Mazamoney.

Suite de la Lettre.

L'Auteur nous a appris dans les Articles 1. 7. & 10. de sa Lettre, que Mazamoney étoit Catéchumene dès l'année 1613. qu'il eut beaucoup de joye, quand il apprit en 1620. l'accueïl favorable, que Sa Sainteté & Sa Majesté Catholique avoient fait à ses Ambassadeurs : qu'il reçut parfaitement bien les Religieux, qu'on lui envoya, & qu'il leur fit donner à ses dépens tout ce qui leur étoit nécessaire : que malgré tous les Edits de l'Empereur, non seulement eux, mais tous les Chrétiens vivoient en repos & en sûreté dans le Royaume de Mazamoney : qu'en l'année 1721. il envoya à Manile deux Officiers de ses Troupes, pour lui amener le Pere Sotelo : que quand ce Pere fut pris au Japon en 1622. le Gouverneur de Nangazaqui sçachant que Mazamoney l'avoit envoyé Ambassadeur à Rome, le traita d'abord assez doucement, &c. Il ajoûte dans les Articles 18. & 19. qu'il regarde toujours Mazamoney comme son Protecteur : que Philippe Fraxecura, son Compagnon d'Ambassade, avoit été comblé d'honneurs à son retour : que Mazamoney lui permit de se retirer dans ses Terres, pour se reposer après un si long voyage ; que Fraxecura y convertit sa Femme, ses Enfans, ses Domestiques, la plus grande partie de ses Vassaux, & quantité de Gentilshommes de ses Parens : qu'au milieu d'un si saint exercice il mourut l'année suivante, après s'être disposé à ce grand passage par la pratique de toutes sortes de vertus ; que Mazamoney ressentit extrêmement cette perte, ainsi que l'Auteur l'apprit par les Lettres, qu'on lui en écrivit. (*a*) Sur la fin de la Lettre il continuë ainsi dans l'Article 22. » Quelques uns » assûrent que Mazamoney sçachant que je suis Prisonnier, veut » demander mon élargissement à » l'Empereur. Mais ce ne sera pas » tant me rendre la liberté, que me » faire tomber dans une nouvelle » captivité, & me condamner à un » pélerinage plus rude & plus fâ- » cheux que jamais.

Remarques de Cevicos.

On voit par cette Relation, que Mazamoney n'étoit pas encore Chrétien au mois de Janvier de l'année 1624. que la Lettre fut écrite : il étoit cependant Catéchumene avant le 6. d'Octobre de l'année 1613. qu'il écrivit au Pape, en lui envoyant une Ambassade. Ce n'est pas là une trop bonne preuve de ce que nous disoit l'Auteur dans l'Article 17. que la Noblesse Japonnoise est dans un continuel empressement sur ce qui regarde l'affaire de son salut : supposé que ce Prince eût reconnu dès l'année 1613. comme il le disoit dans sa Lettre à Sa Sainteté, que la Religion Chrétienne est la véritable, & la seule où l'on puisse se sauver. Pour ce qui regarde la réception favorable, &

(*a*) La fausseté de cet article est une nouvelle preuve que la Lettre n'est pas du Pere Sotelo, lequel ne pouvoit pas ignorer en 1620. ce qui étoit public à Rome même, que Fraxecura avoit apostasié en arrivant au Japon, & que Mazamoney persécutoit ouvertement les Chrétiens, pour les raisons, & de la maniere, que nous avons vû dans cette Histoire.

les honneurs, qu'on dit ici qu'il fit à Fraxecura, le bruit courut à Manile, que bien loin de cela, il avoit été fort mal reçu, & que Mazamoney ne l'avoit pas même voulu voir, parce qu'il n'avoit, ni rapporté autant d'argent, que fouhaitoit ce Prince, ni obtenu que les Vaiffeaux Marchands puffent aller de fes Etats directement à la Nouvelle Efpagne: qu'au contraire le Capitaine de ce Vaiffeau Japonnois, que le Pere Sotelo trouva à Aquapulco, & qui le paffa aux Philippines en 1628. avoit été parfaitement bien reçu de Mazamoney, & avoit obtenu pour foi l'Exercice libre de la Religion Chrétienne, en confidération de la grande charge de foyes de la Chine, qu'il apportoit de Manile, où il les avoit achetées de l'argent de fes Marchandifes débitées dans la Nouvelle Efpagne. Je ne fçais pas fi tout cela étoit vrai (*a*), je puis feulement afsûrer que c'étoit là le bruit à Manile: & ce qui rend la chofe affez croyable, c'eft que Mazamoney ne fe mit point en peine de procurer au Pere Sotelo la permiffion de venir trouver; quoiqu'il eût un prétexte favorable pour le demander à l'Empereur, puifque le Pere Sotelo revenoit d'une Ambaffade, pour laquelle il n'étoit parti, qu'avec l'agrément de Sa Majefté; & quoique Mazamoney fût un des plus puiffans Princes du Japon, & même, à ce que j'ai appris fur les lieux, Parent de l'Empereur.

Suite de la Lettre.

Les principaux chefs d'accufation, que forme l'Auteur contre D. Diego Valens, Evêque du Japon, font: Qu'il avoit écrit à l'Archevêque & au Gouverneur des Philippines, de ne point laiffer paffer au Japon le Pere Sotelo, parce que l'Evêque n'avoit pas, comme ce Pere, l'avantage de fçavoir la Langue de ce Pays-là, d'y avoir demeuré plufieurs années, ni d'être afsûré de la protection d'un Prince, par la faveur duquel il pût y entrer & y demeurer: Que la caufe de ce grand nombre de defordres, dont notre Auteur a fait la relation, vient des perfécutions, que fouffrent les Religieux de Saint François, de Saint Dominique, & de Saint Auguftin, de la part du Provincial des Jéfuites du Japon, que cet Evêque a fait fon Grand Vicaire, Provifeur & Adminiftrateur de fon Eglife, pendant qu'il en demeure lui-même bien loin à Macao: Que l'Evêque de cette Ville ayant été rappellé en Efpagne par l'intrigue des Jéfuites, fans qu'il y ait aucune efpérance de retour pour lui, Dom Diego Valens s'occupe à gouverner ce Diocéfe, au lieu du fien propre: Qu'il eft certain que tant qu'il s'arrêtera là, il ne pourra remédier, quand il le voudroit, à tous les maux, que caufe dans le Japon la mauvaife conduite de fon Grand Vicaire. « Comment fe peut-il faire, dit-il encore, que l'Empire du Japon étant fi grand & fi vafte, & le nombre des Chrétiens fi répandu partout, ils puiffent être gouvernez par un feul Evêque, qui n'y fait point fa réfiden-

---

(*a*) Si les Jéfuites avoient mis la main à cet Ecrit de Cevicos, comme l'ont prétendu leurs Adverfaires, ils auroient certainement parlé fur tous ces faits d'une maniere beaucoup plus exacte & plus affirmative; puifqu'ils en étoient parfaitement inftruits par leurs Confreres, qui étoient alors dans le Royaume d'Oxu, & à Jedo.

» ce, qui n'y peut exercer aucune
» de ses fonctions, ni user, comme
» il faudroit, de son autorité; &
» qui sert même de prétexte à ceux
» de sa Compagnie, pour inquié-
» ter les Religieux des autres Or-
» dres, pour les maltraiter, & leur
» tendre des piéges? »

Remarques de Cevicos.

L'Auteur de la Lettre ne peut digérer que l'Evêque du Japon demeure à Macao, sans aller à son Eglise : mais il devroit prendre garde que les termes, dans lesquels il s'en explique, sont trop forts & trop contraires à la charité, pour croire que le Pere Sotelo sur le point de souffrir le Martyre, eût voulu écrire de la sorte. Mais afin de détromper ceux, qui s'imagineroient que ce Prélat manquoit à remplir ses devoirs en demeurant ainsi à Macao, sans entrer dans son Evêché, j'ai cru devoir faire ici les réflexions suivantes.

La premiere est, que quand il y a des raisons probables pour justifier la conduite d'un Evêque, sans que l'on ait des preuves évidentes contre lui, il n'est pas permis de dire qu'il manque aux obligations de conscience, que lui impose la dignité de son Ministere. La seconde est, que dans ces tems de persécution, la fin principale de ceux, qui cherchent à entrer dans le Japon, soit Evêques, soit Religieux, ne doit pas être, à mon avis, d'y aller cueillir la Palme du Martyre, quand même ils n'y envisageroient que la gloire, qui en revient à Dieu ; mais que leur premier motif doit être d'y travailler à la conservation & à l'augmentation de la Foi, à l'instruction & à la consolation des Fidéles, & enfin à la conversion des ames, par leurs prédications, & par l'exemple de leur sainte vie. Dans cette vûë, après être arrivé au Japon, chacun d'eux doit avoir soin de ménager sa propre vie, en usant pour cet effet de tous les moyens, où il n'y aura point de danger de péché pour lui, ni d'occasion légitime de scandale pour les autres. Par la même raison, si l'Evêque, ou le Religieux destiné au Japon prévoit qu'en y arrivant il sera pris infailliblement, & mis à mort, avant que d'y avoir prêché l'Evangile, ou fait aucun fruit ; & si d'ailleurs il prévoit qu'en différant d'y entrer, les choses pourront s'adoucir, & qu'il sera plus utile dans un autre tems ; il peut, & même il doit en ce cas-là suspendre son voyage, & le remettre à une occasion plus favorable, que des évenemens imprévûs peuvent faire naître.

Ajoûtez à ces raisons que, puisqu'on cherche à appaiser l'Empereur du Japon, l'on doit par conséquent éviter, autant qu'il sera possible, de lui donner aucun nouveau sujet de mécontentement : qu'ainsi, en attendant que la persécution cesse, il faut se contenter de maintenir les Chrétiens dans la Foi par le moyen des Religieux, qui sont cachez dans ce Royaume, & dont le nombre seroit aujourd'hui bien plus grand qu'il n'est, quand il n'y auroit que ceux, qui resterent en 1614. si d'autres de notre Nation, poussez d'un zele plus saint que prudent, ne se fussent pas si fort empressez d'y aller avec trop peu de précaution.

Outre l'intérêt de la Religion,

il y en a encore un autre, qui nous oblige à ménager l'esprit de l'Empereur du Japon; c'est de le porter à renvoyer les Hollandois, dont l'établissement dans cette Isle a déja fait, & fera sans doute dans la suite tant de tort au Commerce des Philippines, des Moluques, de toutes les Indes Orientales, & à la Chrétienté même du Japon. C'est pour cela que le Gouverneur des Philippines, à ce que j'ai appris, envoya il y a trois ou quatre ans, par ordre de Sa Majesté, une Ambassade solemnelle à l'Empereur du Japon, avec de magnifiques présens (*a*); mais ce Prince ne voulut, ni voir les Ambassadeurs, ni écouter leurs propositions, irrité de ce qu'on laissoit passer des Religieux de Manile au Japon. Aussi me souvient-il bien, qu'étant aux Philippines avant l'année 1622. que j'en partis, plusieurs personnes, dont je fus du nombre, étoient d'avis que, même pour le bien de la Religion, il étoit à propos qu'on ne laissât aller au Japon aucun Religieux, de peur de faire allumer de plus en plus le feu de la persécution, & de donner lieu à l'Empereur d'écouter la calomnie des Hollandois, qui lui vouloient persuader que le Roi d'Espagne se sert des Religieux, pour lui préparer & lui faciliter la conquête des Royaumes de ses voisins.

En effet, comme cet Empereur, ni son Conseil, n'estiment guercs leur propre Religion, & que pour la maintenir ils ne seroient pas d'humeur de hazarder, ni leur vie, ni même quelque chose de moins considérable, on voit assez qu'ils doivent avoir la même opinion de nous, &

(*a*) Voyez le XVI. Livre §. VI.

s'imaginer, que quand nos Religieux s'exposent ainsi à la mort pour entrer dans le Japon, c'est moins en vûë de leur Religion, que pour les intérêts de leur Prince, qui les y envoye. Mais, ni cette considération, ni d'autres encore plus fortes, dont je vais parler, puisque l'occasion s'en présente, n'ont pas été capables d'arrêter nos Religieux, quand il s'est trouvé quelqu'un, qui ait osé les passer au Japon. Le zéle de ces bons Peres va quelquefois si loin, & ils sont si attachez à leurs propres sentimens, qu'ils ne font point de scrupule de traiter de mauvais Chrétiens tous ceux, qui ne sont pas de leur avis. Pour moi j'avouë qu'en ce point-là il y a longtems, que je suis du nombre de ceux, sur qui tombe leur censure.

L'autre considération plus forte, dont je parlois présentement, est qu'Alexandre VI. en donnant, ou plutôt en confirmant au Roi Catholique Ferdinand, & à ses Successeurs, la Souveraineté des Indes Occidentales, ne le fit qu'à cette condition: « Nous vous enjoignons, dit-il, en » vertu de la sainte Obéïssance, d'en» voyer dans ces Terres & dans ces » Isles nouvellement découvertes, » des personnes vertueuses & sça» vantes, qui puissent instruire ces » Peuples dans la Foi & dans les » bonnes mœurs. C'est ce que Vo» tre Altesse nous a promis de fai» re, & votre piété, jointe à votre » libéralité royale, ne nous permet » pas de douter que vous n'accom» plissiez votre parole. » Ce sont les termes de la Bulle, qui se trouve la seconde de ce Pape, dans le Bullaire de Flavio Cherubini.

C'est donc pour satisfaire à cette obligation, que Sa Majesté fait des dépenses si considérables pour la nouvelle Chrétienté des Philippines, qu'elle y employe, comme tout le monde sçait, plus qu'elle ne retire du revenu de ces Isles, tant est grand le nombre des Religieux, qu'elle y envoye d'ici, & qu'elle y entretient des deniers de son épargne. Cependant depuis trente ans la plûpart de ces Religieux ont passé au Japon, abandonnant ainsi la Mission des Philippines, à laquelle ils étoient destinez ; de sorte qu'on y voit des Naturels du Pays, ou qui n'ont pas reçû le Baptême, & qui vivent encore dans l'idolâtrie, faute de gens, qui les instruisent, ou qui étant baptisez, demeurent par la même raison dans l'ignorance entiere de nos Mysteres, quoique les uns & les autres payent tribut à Sa Majesté, ou à ses Officiers, sous la protection desquels ils se sont mis.

Il y a même dans ces Isles des Peuples entiers, qui ne sont pas encore Sujets du Roi : & ainsi nos Religieux en étant tout proche, rien ne les empêcheroit d'y aller chercher la Couronne de Martyre. Cependant je n'ai point remarqué qu'ils ayent envie de l'aller mériter parmi ces Barbares, où ils pourroient l'obtenir, sans hazarder que leur propre vie ; au lieu que, pour aller être Martyr au Japon, ils exposent en même tems celle du Capitaine, & des Officiers du Vaisseau, qui les y porte : peut-être parce qu'ils veulent procurer à l'Eglise un plus grand nombre de Martyrs. Au reste, quand je parle de la sorte, ce n'est pas que je veüille les blâmer d'une action aussi héroïque, qu'est le désir du Martyre. C'est la seule affection, que j'ai pour les Philippines, où j'ai demeuré plusieurs années, qui m'arrache ces plaintes, parce qu'elle me fait souhaiter avec ardeur leur conversion.

Pour revenir à l'Evêque du Japon, ce que j'en disois tout-à-l'heure, & ce que j'ai remarqué ailleurs de la jalousie, que donne à l'Empereur du Japon l'entrée de nos Religieux dans ses Etats, avec les autres raisons, qui sont contenuës dans la Requête des Religieux de Saint François, de Saint Dominique, & de Saint Augustin, de laquelle j'ai déja parlé : tout cela, dis-je, nous fait assez voir, si l'on peut dire que cet Evêque manque à aucune de ses obligations, en demeurant à Macao : puisqu'on sçait qu'il évite par-là d'attirer un plus grand mal sur les Peuples, dont il est le Pasteur. Mais il y a plus, c'est que s'il eût tenté ce voyage, il est assûré que jamais les Portugais de Macao n'eussent voulu se charger de lui, dans la crainte d'être chassez du Japon, & d'en perdre pour toujours le Commerce, sans lequel leur Ville ne sçauroit subsister.

Quant à ce que dit la Lettre, que l'élection de ce Jésuite à l'Episcopat du Japon, n'a point eu d'autre effet, que de donner occasion à ses Confreres de persécuter les autres Religieux, nous verrons ailleurs combien cette plainte est mal fondée ; mais quand elle seroit très-vraye, quelle faute auroit fait en cela l'Evêque du Japon ? si ce n'est peut-être d'avoir nommé pour son Grand Vicaire le Provincial des Jésuites ; c'est-à-dire, une personne, que ni lui, ni aucun Chrétien ne pouvoit soupçonner d'être capable des excès, dont nous allons voir qu'il eſt accuſé dans cette Lettre. Comme j'ai l'honneur d'être Eccléſiaſtique, je me ſuis crû obligé de faire ainſi en peu de mots l'Apologie de ce Prélat, parce que j'ai vû ici un Religieux, qui n'eſt peut-être pas le ſeul, le blâmer du ſéjour, qu'il faiſoit à Macao.

Pour ce que l'Auteur de la Lettre dit de l'Evêque de Macao, que ce fut par l'intrigue des PP. de la Compagnie, qu'il fut rappellé en Eſpagne; quand la choſe ſeroit vraye, il paroît incroyable que ce fût le Martyr Sotelo, qui eût entrepris d'informer ainſi Sa Sainteté des fautes, que pouvoient faire les Jéſuites de Macao. Car outre qu'ils étoient tous diſtinguez de ceux du Japon, le fait dont il s'agit, n'a nul rapport aux affaires de cette Miſſion; & notre Auteur proteſte qu'il n'auroit pas même parlé de celles-ci à Sa Sainteté, s'il n'y avoit été forcé par les remords de ſa conſcience, à cauſe, dit-il, de l'ordre exprès, qu'il avoit eu de Paul V. de l'informer de l'état du Japon. Encore une fois, une conduite ſi éloignée de l'eſprit, je ne dis pas d'un Martyr, mais même de quelque Religieux que ce ſoit, montre aſſez que ce n'eſt point là le diſcours du Pere Sotelo.

Mais pour venir aux plaintes, qu'on fait des Jéſuites dans cette Lettre, comme il y en a de pluſieurs ſortes, je les réduirai à cinq chefs, joignant tout de ſuite, quoiqu'en ſubſtance ſeulement, ce qui ſe rapporte à chaque point. Je commence par les oppoſitions, qu'on prétend qu'ils font aux autres Religieux, en les empêchant de prêcher, & de convertir les Japonnois.

Suite de la Lettre.

Comme il y a dans le Japon juſqu'à ſoixante-ſix Royaumes, dit l'Auteur, avec le nombre des Provinces & des Villes, qu'on y a remarquées; & que les Jéſuites y ſont à peine au nombre de trente; un fort long eſpace de tems ne leur ſuffit pas même pour parcourir tant de Royaumes, ni à plus forte raiſon pour les aſſiſter. Cependant leur Provincial, en qualité de Vicaire Général, & d'Adminiſtrateur, a partagé tout le Japon à ces trente Miſſionnaires : & ſi quelqu'autre Religieux par charité, ou à la priere de quelque Chrétien abandonné, (car il s'en eſt trouvé, qui avoient été vingt ans & plus ſans confeſſion, & ſans avoir vû de Prêtres, à qui ils puſſent ſe confeſſer.) Si donc quelqu'un vient pour leur adminiſtrer les Sacremens, pour affermir dans la Foi ceux qui chancelent, pour ramener à Jeſus-Chriſt ceux, qui ont abandonné la Foi, ou pour la faire embraſſer à des Infidéles : le Jéſuite, à qui ce Provincial aura donné la charge de la Province, où cela ſe paſſe, n'en eſt pas plutôt averti, qu'il ſe rend promptement ſur les lieux, quoique fort éloignez de celui de ſa demeure, & quoiqu'auparavant il n'y eût jamais mis le pied. Il y accourt, dis-je, en diligence pour opprimer ce pauvre Religieux. Il lui déclare qu'il ne peut pas adminiſtrer les Sacremens en cet endroit, parce que c'eſt une Paroiſſe de ſon reſſort; & ſous prétexte que ce ſont là ſes Oüailles, il lui défend de s'en mêler.

Que ſi l'autre lui réplique, pourquoi, ſi ce ſont là ſes Oüailles, il n'en n'en a pris aucun soin depuis tant de tems; & s'il n'est pas plus raisonnable, qu'étant ainsi abandonnées, elles soient à quiconque veut bien s'en charger? « Qui vous a donné cette commission, reprend le Jésuite? De quoi vous mélez-vous? Est-ce à vous, que je dois rendre compte de mes actions? Quel intérêt prenez-vous à une chose, dont je suis chargé moi seul? » Puis tirant le Concile de Trente en présence de tous les Assistans, il lit tout haut l'endroit, où il est défendu sous peine d'excommunication à quelque Prêtre que ce soit, de confesser, & d'administrer les Sacremens dans aucune Paroisse, sans permission du Curé. Il fait plus, car il traduit en Japonnois ce Décret du Concile, pour le faire lire aux Néophytes; & si le Religieux veut répondre que ces paroles du Concile ne regardent pas les Pays nouvellement convertis, mais uniquement les Etats des Princes Chrétiens, où la Religion est établie, & les Paroisses distinguées depuis longtems; le Jésuite l'excommunie publiquement, comme un transgresseur du Concile, & l'oblige à sortir bientôt de ce lieu, en lui interdisant toute communication avec les Fidéles. Que si quelques-uns d'entr'eux ont la dévotion de s'enrôler dans les Confréries des autres Religieux, il leur en fait de grands reproches, comme s'ils n'étoient plus Chrétiens, & les chasse avec mépris.

L'Auteur ajoûte que les Religieux de Saint François étant les premiers, qui ayent prêché la Foi, & bâti des Eglises dans la partie Orientale du Japon, les Jésuites y envoyerent un des leurs, qui se disoit Vicaire de l'Evêque, pour les troubler dans leurs fonctions, & qu'ils en avoient fait autant aux Dominiquains dans le Figen: qu'ils rejettoient sur les autres Religieux tous les fâcheux accidens, dont ils étoient eux-mêmes la cause: qu'ils se servoient du crédit, qu'ils avoient à Rome & en Espagne, pour empêcher qu'on ne fût informé de leur mauvaise conduite: & que leur Evêque résidant à Macao ne faisoit que ce qu'ils vouloient: que tout cela, & les vexations, qu'ils faisoient aux autres Religieux, scandalisoient étrangement tout le Japon.

Remarques de Cevicos.

Jusqu'ici ce sont les paroles de la Lettre, que j'ai voulu rapporter sans interruption. Il est tems d'y faire mes réflexions, & de voir quelle créance mérite ce récit. Imaginons-nous donc que ce Provincial, & les autres Jésuites, dont on parle ici, ne sont point des Religieux, qui après avoir passé de l'Europe au Japon par le zéle du salut des ames, s'exposent à toute heure à la mort, & au Martyre, comme en effet plusieurs d'eux l'ont enduré; & entr'autres les six, dont cette Lettre fait mention. Supposons au contraire que ce Provincial avec ses Religieux, est un Capitaine de Bohemes avec sa Troupe: ou si ce n'est pas assez, supposons que c'est Julien l'Apostat avec ses Satellites. Je demande maintenant, si ce Capitaine de Bohemes & ses gens, en exerçant leur métier de dérober; ou si ce Julien l'Apostat & les siens, en travaillant à détruire le Royaume de Jesus-Christ, s'oublieront tellement eux-mêmes, qu'ils ne songeront pas à se conserver, & à s'empêcher de tomber entre les mains de ceux, qui les cherchent pour leur ôter la vie ? Cette inclination étant si naturelle, & si difficile à vaincre, comment peut-on croire que les Jésuites, persuadez qu'ils sont, que s'ils viennent à être découverts par quelqu'un des Japonnois infidéles, ils ne manqueront pas d'être incontinent arrêtez, & brûlez tout vifs, comme Infracteurs des Loix Impériales, qui les condamnent à l'exil: comment, dis-je, peut-on croire qu'ils ne laissent pas de courir tout le Japon, pour persécuter les autres Religieux ; & cela d'une maniere aussi publique, & aussi pleine d'orgüeil & de hardiesse, qu'on nous le dépeint ici ?

Car enfin l'Auteur marque assez que les Payens ont eu connoissance de ces divisions : comme quand il dit dans l'Article 12. « Les Infidé- » les mêmes, qui en sont extrême- » ment scandalisez, se mocquent de » nous, & de notre Religion.... Ils » disent aussi qu'il n'y a point de » différence entre leurs Bonzes & » nous, & que leur ressemblant si fort » par cet esprit de division & de » partialité, notre Doctrine ne peut » être non plus différente de la leur » pour le fond. » D'ailleurs on ne peut pas douter non plus que ces Infidéles, & surtout ceux d'entr'eux, qui étoient scandalisez de ce qu'ils voyoient, sçachant qu'il y avoit là un Religieux, n'allassent aussitôt le déférer, pour mériter les bonnes graces de l'Empereur. Car cette Lettre même nous apprend, & il n'est que trop vrai, que ce Prince & ses Ministres faisoient toutes les diligences possibles pour anéantir notre Religion dans le Japon ; & ils promet-

toient de si grosses récompenses à quiconque déceleroit quelque Religieux, que non seulement les Infidéles, mais encore des Chrétiens Hérétiques ou Apostats, en ont trahi quelques-uns.

On peut juger de là combien peu de créance mérite cet endroit de la Lettre ; surtout si l'on considére que l'Auteur est si passionné contre les Jésuites, que pour les décrier, il ne fait pas difficulté de mentir en des choses aussi publiques & aussi notoires, qu'étoient celles, que nous avons dites, qui se passerent à Manile. Car après cela doit-on être surpris, qu'en parlant des affaires du Japon, il se soit donné une plus grande liberté d'altérer & de déguiser la vérité ? Au reste je ne prétends pas contester ce que dit cet Auteur dans le douzième Article, que les Jésuites s'étoient opposez aux autres Religieux, lorsque ceux-ci commencerent d'entrer au Japon. Je ne disconviendrois pas même de quelques-uns des faits, qui sont rapportez à cette occasion, si cet Auteur les avoit placez quatre ans avant le commencement de la persécution, au lieu qu'il les fait arriver longtems après.

Mais pour faire entendre ma pensée, & pour écrire avec ordre, il faut partager en cinq parties tout le tems qu'il y a, que les Jésuites sont au Japon. La premiere sera depuis leur entrée jusqu'au vingtième Janvier de l'année 1585. que Grégoire XIII. expédia le Bref, par lequel il étoit défendu aux autres Religieux d'aller dans ces Missions ; & il ne paroît pas que dans tout cet espace de tems, quoique fort long, il en soit allé aucun. La seconde est depuis ce Bref, jusqu'au douzième jour de

Décembre de l'année 1600. que Clément VIII. en expédia un autre à la priere de Sa Majefté Catholique, comme Roi de Portugal. Par ce Bref il étoit permis aux autres Religieux Mendians d'aller au Japon, pourvû néanmoins que ce fût par la voye de Portugal, & non par celle des Philippines. C'eft dans cet intervalle, que les premiers Martyrs du Japon, dont je parlerai dans la fuite, donnerent fi glorieufement leur vie pour Jefus-Chrift.

Le troifiéme efpace a couru depuis le Bref de Clément VIII. jufqu'à l'onziéme de Juin de l'année 1608. que Sa Majefté Catholique demanda, comme Roi de Caftille, & obtint de Paul V. un Bref, qui permettoit à ces mêmes Religieux d'aller au Japon par les Philippines, & par toute autre voye, qu'ils jugeroient à propos. Ce dernier Bref n'avoit point encore paru au Japon, lorfque j'en fortis en 1610. & l'on n'y fçavoit pas même qu'il eût été expédié. Le quatriéme efpace fera donc celui des quatre années, que l'on peut compter, fi l'on veut, depuis que ce Bref de Paul V. fut reçû au Japon, jufqu'en l'année 1614. que la perfécution s'éleva, & qu'on bannit du Japon tous les Religieux. Le cinquiéme enfin, & le dernier, eft celui, qui s'eft écoulé depuis le commencement de la perfécution, jufqu'à préfent.

Comme il n'y a rien à dire fur le premier intervalle, je paffe au fecond, qui s'étend, ainfi que j'ai dit, depuis le Bref de Gregoire XIII. jufqu'à celui de Clement VIII. mais il faut que je marque ici les endroits de ce premier Bref, qui ont du rapport à mon deffein. (Comme nous avons rapporté ces Brefs dans le neuviéme Livre de cette Hiftoire, nous ne répéterons point ici ce qu'en dit Cevicos.) On doit, ajoûte ce Docteur, faire une attention particuliere fur ces paroles du Bref; *que perfonne n'aille au Japon, foit pour prêcher l'Evangile*, &c. & fur ce qu'il n'oblige pas de fortir du Japon ceux, qui y feroient déja (*a*), comme il fut ordonné depuis par le Bref de Clement VIII. que je rapporterai dans la fuite. Ces deux réflexions font importantes pour ce que j'ai à dire.

Ce fut dans l'intervalle, qu'il y eut entre ces deux Brefs, qu'arriva, comme j'ai dit, le glorieux Martyre de fix Religieux Déchauffez de l'Ordre de Saint François, qui ont été les premiers Martyrs de notre Nation dans ce Royaume.... Il eft certain que les Jéfuites de Méaco, Ville Capitale du Japon, dans laquelle ils étoient établis depuis longtems, eurent quelque différend avec le Pere Pierre Baptifte, qui fut un des Martyrs, & avec fes Compagnons. Le fujet fut, que fe fondant fur le Bref de Gregoire XIII. ils prétendoient que ces Religieux étoient obligez de s'en retourner aux Philippines, & de s'abftenir de prêcher au Japon: & même après le Martyre de ces derniers, ce ne fut pas une petite difficulté à examiner, s'ils n'avoient pas contrevenu aux ordres du Saint Siége. Pour ce qui regarde le Pere Baptifte, comme il étoit allé au Japon en qualité d'Ambaffadeur, il femble que ni lui, ni ceux, qui l'accompagnoient, ne pouvoient pas raifonna-

(*a*) Il n'y avoit au Japon aucuns autres Religieux, que des Jéfuites, lorfque le Bref de Gregoire XIII. fut publié aux Philippines.

blement être censez compris dans l'Excommunication portée par ce Bref.

Pour les autres, qui sans être de l'Ambassade, y passèrent uniquement à dessein de prêcher la Foi, on en doit faire le même jugement, supposé que la Bulle n'eût point encore été publiée à Manile, quand ils en partirent ; de quoi je n'oserois rien asfûrer (*a*). Mais on pouvoit douter en ce tems-là, si, après qu'elle leur eut été intimée dans le Japon, ils pouvoient encore continuer à y administrer les Sacremens. Quoiqu'il en soit, cette dispute seroit présentement fort inutile, puisqu'ils ont été déclarez Bienheureux : & quoiqu'en ce tems-là les Jésuites, au moins quelques-uns, fussent du sentiment, que j'ai dit, je me souviens néanmoins fort bien d'avoir ouï dire au Pere Pierre Baptiste (*b*), lorsqu'il étoit aux Philippines en 1622. pour faire les informations de leur Martyre, que le Pere Général de la Compagnie, non seulement ne l'avoit point desservi à Rome en cette affaire, mais au contraire avoit écrit aux Jésuites des Philippines de l'aider en tout ce qu'ils pourroient.

Quand la nouvelle du Martyre de ces saints Religieux fut arrivée à Manile, elle excita en plusieurs autres un tel désir de souffrir à leur exemple, que, comme on parloit alors de la défense faite par Gregoire XIII. un Religieux s'emporta jusqu'à dire en pleine Chaire, que malgré le Pape & le Roi il iroit prêcher Je-

sus-Christ au Japon : c'est ce que des personnes dignes de foi, qui étoient présentes, me rapporterent. Il est vrai que son Supérieur l'obligea de se retirer ; mais j'ai cru devoir rapporter cet exemple, qui servira à confirmer ce que je dois dire dans la suite, après que j'aurai rapporté en abrégé les endroits du Bref de Clement VIII. qui me sont nécessaires.

Il porte que Sa Majesté Catholique, comme Roi de Portugal, a exposé à Sa Sainteté que le nombre des Chrétiens étant considérablement augmenté dans le Japon, les Peres de la Compagnie de Jesus ne peuvent suffire à un si grand travail, & qu'il est à propos de permettre aux Religieux Mendians d'aller les aider : que par cette considération Sa Sainteté le leur permet, à condition néanmoins que ce sera par la voye de Portugal, & des Indes Orientales seulement ; défendant sous peine d'Excommunication majeure réservée au Saint Siége, qu'aucun Missionnaire n'aille au Japon, ni des Philippines, ni de quelqu'autre endroit que ce soit des Indes Occidentales. Le Pape enjoint encore sous les mêmes peines à tous ceux, qui sont actuellement au Japon, & qui y sont venus, ou qui y pourroient venir dans la suite par une autre voye, que celle de Portugal, de retourner incessamment & sans excuse aux Philippines, ou aux lieux, dont ils seroient venus, & cela auffitôt qu'on les en aura sommez : & il dé-

---

(*a*) Il est hors de doute qu'elle l'y avoit été, même avant que le Pere Baptiste en partît, puisque cette publication avoit été la source des calomnies, qu'on y avoit déja répanduës contre les Jésuites, & que le Pere Baptiste, avant que d'accepter l'Ambassade, consulta les Théologiens, pour sçavoir, s'il le pouvoit, nonobstant cette Bulle.

(*b*) C'est le même, qui se porta pour Grand Vicaire de l'Eglise du Japon après la mort de Dom Loüis Serqueyra.

clare que tout Juge Eccléfiaftique aura le pouvoir de les y contraindre. Enfin il ordonne que tous les Religieux, qui iront aux Indes (*a*), foient foumis à l'Evêque, dans le Diocèfe duquel ils fe trouveront, en ce qui regarde l'adminiftration des Sacremens & la Prédication de la parole de Dieu : que s'il arrivoit quelques différends entre ces Ordres Religieux, l'Evêque du lieu même, comme Délégué du Saint Siége, pourra les terminer : mais que fi l'affaire étoit de grande conféquence, on la renvoyera à Rome (*b*).

Enfuite du Martyre des Saints Religieux, dont je viens de parler, il en paffa plufieurs autres des Philippines au Japon ; & lorfque j'y étois vers la fin de 1609. il y avoit deux Convents de l'Ordre de Saint François à Yendo & à Urangava dans le Quanto, qui eft la partie orientale de cette Ifle, où les Jéfuites n'avoient point d'Eglife bâtie ; & ils n'y en avoient jamais eu, quoiqu'ils y euffent prêché la Foi, comme dans le refte du Japon, ainfi qu'on me l'affûra ; mais ils en avoient depuis longtems à Méaco, à Fucimi, à Ozaca, trois grandes Villes & fort confidérables, où les Peres de Saint François avoient auffi des Convents ; & même les Peres Dominicains commençoient à s'établir à Méaco. Pour Nangazaqui, les Peres de la Compagnie de Jefus, les Religieux de Saint François, & de Saint Dominique y avoient tous leurs Eglifes, que j'ai vûës moi-même. J'appris encore que les Auguftins & les Dominicains en avoient aux environs de la même Ville.

Cependant les Jéfuites faifoient publier à Manile les Brefs, dont je viens de parler : ils les intimoient eux-mêmes dans le Japon à ces Religieux ; & en vertu de celui de Clement VIII. ils les exhortoient à s'en retourner d'où ils étoient venus, apparemment parce qu'ils craignoient le malheur, qui arriva depuis. Mais ces bons Peres, ou faifoient femblant de ne rien fçavoir des Bulles, ou les interprétoient à leur maniere : & fans s'inquiéter beaucoup de l'Excommunication, ils ne fongeoient qu'à faire des Profélytes, & demandoient continuellement qu'on leur envoyât un plus grand nombre de leurs Religieux des Philippines. L'autorité de l'Evêque du Japon, qui étoit lui-même de la Compagnie (*c*), & qui demeuroit à Nangazaqui, ne fervit de rien aux Jéfuites dans cette affaire ; car quoique Clement VIII. ordonnât par fon Bref que tout Juge Eccléfiaftique pourroit obliger les autres Miffionnaires à fortir du Japon, néanmoins ceux-ci ne fe mettoient nullement en peine de l'Excommunication de l'Evêque ; & l'on ne pouvoit pas dans le Japon avoir recours au Bras féculier, pour les contraindre d'obéir. Ainfi je ne doute point qu'il n'y eût en ce tems-là quelques conteftations, & que cette divifion ne caufât même quelque fcandale. Mais en 1609. lorfque j'étois au Japon, les Peres

---

(*a*) Il faut fe fouvenir que la Chine & le Japon étoient ordinairement compris fous le nom des Indes.

(*b*) Cette Bulle fe trouve dans le Bullaire de Flavio Cherubini. Elle eft la foixante & quatorziéme de celles de Clement VIII.

(*c*) Dom Loüis Serqueyra.

de la Compagnie, laſſez, comme je crois, de travailler inutilement à faire garder les ordres du Saint Siége, ne faiſoient plus de nouveaux efforts pour cet effet ; quoique dans leur cœur ils regardaſſent peut-être comme des perſonnes, qui étoient tombées dans l'Excommunication, ceux qui n'avoient pas obéi.

Sur quoi il me ſouvient qu'étant à Cocura, où le Pere Gregoire de Ceſpedez de la Compagnie de Jeſus avoit une Egliſe, il y reçut fort charitablement le Pere François de la Mere de Dieu, qu'une tempête avoit jetté ſur ces Côtes. Il lui fit toutes ſortes de bon accueil, & lui donna des Ornemens pour célébrer la Meſſe, lui diſant qu'il n'étoit pas dans le cas des Bulles, puiſqu'il n'étoit venu au Japon, que par un pur hazard : qu'il étoit au reſte bien fâché de ne pouvoir pas recevoir les autres Religieux, mais qu'il en avoit eu défenſe de ſes Supérieurs. En effet c'étoit là le point de la difficulté. Les Jéſuites croyoient que ces autres Religieux avoient encouru l'Excommunication, & ceux-ci ſe mocquoient du ſcrupule des Jéſuites. Or, ſuppoſé ce dernier fait, qui eſt très-certain ; voici le raiſonnement, que je fais contre l'Auteur de la Lettre.

Si les Religieux ne ſe croyoient pas excommuniez, parce qu'ils n'étoient point compris, diſoient-ils, dans la Bulle de Clement VIII. quoiqu'ils le fuſſent effectivement, ſi je ne me trompe, les paroles y étant expreſſes : comment eſt-il poſſible qu'ils ſe miſſent en peine des Excommunications, que pouvoient lancer les Proviſeurs, ou les Grands Vicaires de l'Evêque du Japon, qui étoit à Macao ? & ſi l'on répond que ce qui leur faiſoit de la peine, n'étoit pas l'Excommunication, qu'ils croyoient nulle en conſcience, mais le ſcandale, que cela cauſoit parmi les nouveaux Chrétiens, parce qu'on les empêchoit par-là de communiquer avec les Religieux ; qu'on leur ôtoit les grains bénits, & qu'on leur faiſoit les autres violences, dont il eſt parlé dans la Lettre ; je repliquerai que ces Néophytes avoient déja vû tout cela, avant que la Perſécution commençât ; & qu'ainſi le tems, avec ce que les Religieux leur enſeignoient ſur ce ſujet, les avoit ſans doute accoutumez à ne ſe mettre pas en peine de toutes ces choſes, que l'Auteur de la Lettre fait ſonner ſi haut.

Mais ce qui me paroît entierement incroyable, eſt ce qu'il avance, qu'au plus fort de la Perſécution, les Jéſuites ayant ſçû qu'il y avoit des Religieux de Saint François dans les Etats de Mazamoney, qu'ils y vivoient paiſiblement, & que leur Egliſe y étoit nombreuſe & floriſſante, ils y envoyerent un des leurs, qui ſe diſant Vicaire de l'Evêque, non ſeulement alla troubler ces Religieux, mais perſécuta encore leurs Chrétiens, refuſant les Sacremens à ceux, qui ne lui obéïſſoient pas : encore une fois, c'eſt ce que je ne puis comprendre. Car enfin, quelque grande que fût autrefois la fureur de Saül Perſécuteur, lorſqu'il partit de Jéruſalem pour aller à Damas ſe ſaiſir des Chrétiens, qu'il y pourroit trouver, après tout néanmoins le voyage, qu'elle lui faiſoit entreprendre, n'étoit pas fort long ; & qui plus eſt, il n'avoit pas à craindre d'être pris lui-même ſur le chemin. Mais ce Vicaire, qui étoit un

Etranger dans le Japon, ne pouvoit le traverser d'un bout à l'autre, sans un péril evident d'être arrêté, & de mourir dans les supplices ; parce qu'il ne pouvoit manquer au moins d'être reconnu pour Espagnol (*a*), & soupçonné par consequent d'être Religieux : surtout lorsqu'on le verroit dans un Pays, où, ni le Commerce, ni aucune affaire ne pouvoit servir de prétexte à son voyage.

Mais supposons enfin qu'il arrivât, de quelque maniere que ce soit, jusques dans les Etats de Mazamoney : s'il est vrai, comme dit la Lettre, que les Religieux de Saint François y étoient si fort aimez & considérez, & que ces Peuples n'en connoissoient point d'autres : il n'y a point de doute qu'ils n'eussent plus de créance en ceux, qui étoient leurs prèmiers Maîtres, qu'en ce Visiteur, qui leur étoit inconnu : & qu'ainsi, sans faire aucun cas de toutes ses défenses, ils ne continuassent de porter le Cordon de Saint François, & d'approcher des Sacremens. Au reste, qu'on ne m'accuse pas de m'être trop arrêté sur ce raisonnement, puisque s'agissant de prouver des choses, que je n'ai point vûës moi-même, je puis me servir de toutes les conjectures raisonnables, que je trouve : & quiconque fera réflexion que dans cette occasion, & dans plusieurs autres, que j'ai déja remarquées, l'Auteur de la Lettre s'est éloigné de la vérité, comme j'en suis persuadé, doit aisément conclure qu'il n'aura pas été plus fidéle dans tout le reste.

Parlons maintenant de ce petit espace de tems, qu'il y eut entre la publication du Bref de Paul V. & le commencement de la persécution : c'est-à-dire, au plus depuis 1610. jusqu'en 1619. voici le Bref en substance. Après avoir rapporté ceux de Gregoire XIII. & de Clement VIII. le Pape dit que Sa Majesté Catholique, comme Roi de Castille, lui ayant représenté que la défense, qu'on avoit faite d'aller au Japon par une autre voye, que celle des Indes Orientales, ne s'étoit pas trouvée utile pour le bien des Missions, ce Prince l'a supplié de permettre à tous les Religieux d'aller par quelque chemin que ce soit, tant au Japon, qu'en tous les Pays & Royaumes d'alentour, à quoi le S. Pere ajoûte ces paroles, qu'il faut particulierement remarquer : *que pour le reste on observera en tout & partout ce que prescrit le Bref de Clement VIII. sans rien faire, qui y soit contraire.* Ce Bref de Paul V. est dans l'Addition au Bullaire, que j'ai déja cité, N. 2. ou autrement 50.

J'étois déja retourné aux Philippines, quand ce dernier Bref est venu au Japon ; ainsi je ne pus voir alors, & je n'ai pas même entendu dire depuis ce tems-là quel effet il eut. Il me semble qu'après cette permission de Paul V. il n'y avoit plus aucune occasion de dispute entre les Jésuites & les autres Religieux, au sujet de ceux, qui venoient au Japon par les Philippines. Mais il resta toujours matiere à de nouvelles contestations entre ces derniers & l'Evêque du

___

(*a*) On pourroit répondre que ce Vicaire étoit un Jésuite Japonnois : mais le fait est avancé sans preuve par un Auteur convaincu de faux, & démenti par le serment des douze Jésuites du Japon : c'en est assez pour le rejetter : d'ailleurs le Jésuite Japonnois n'auroit pû faire tout ce fracas, sans s'exposer à un péril évident d'être arrêté.

Japon, à l'occasion de cette clause du Bref de Paul V. par laquelle il est dit qu'en tout le reste il laisse dans toute sa force celui de Clement VIII. qui ordonne conformément au Concile de Trente, que tous les Religieux seront soumis à l'Evêque du lieu pour l'administration des Sacremens. Je dis qu'avant ce Bref de Paul V. il n'y avoit point eu de différend là-dessus, au moins qui soit venu à ma connoissance, entre les Evêques du Japon & les Religieux ; parce qu'on ne songeoit pas encore à contester sur ce point, qui paroissoit peut-être de moindre importance, en comparaison de l'autre, par lequel Clément VIII. défendoit à ces Religieux d'aller au Japon par les Philippines : & peut-être aussi parce que, si je m'en souviens bien, l'Evêque d'alors, que j'avois laissé plein de vie à Nangazaqui, en partant de ce Royaume, mourut peu de tems après.

Pour venir maintenant à ce qui s'est passé durant la persécution, je ne sçai non plus rien de ces démêlez, qu'on dit que ces Religieux ont eus, soit avec l'Administrateur de l'Evêché nommé par l'Evêque même ; (*a*) (c'étoit, comme dit la Lettre, le Pere Supérieur des Jésuites du Japon résidant à Nangazaqui ;) soit avec ses Grands Vicaires. Car effectivement je n'en ai jamais entendu parler à Manile. Mais cela n'empêche pas qu'il ne puisse être arrivé quelque chose de ce que répete la Lettre, pourvû qu'on suppose que ça été, non pas, comme dit l'Auteur, depuis le retour du Pere So-

telo au Japon ; car cela paroît impossible, la persécution étant alors trop violente ; mais quelques années auparavant. (*b*) Après tout, en quelque tems que ces contestations soient arrivées, il reste toujours à examiner, qui sont ceux, qui avoient tort, ou des Jésuites, qui étoient les Vicaires de l'Evêque ; ou des autres Religieux ? c'est sur quoi je n'entreprendrai point de décider, parce qu'il est aisé de se tromper dans les jugemens, qu'on fait des actions d'autrui, quand on n'en juge, que sur des conjectures. Je dirai donc seulement que, si pendant cette cruelle persécution, l'Administrateur de l'Evêché du Japon a refusé aux Religieux une permission générale d'administrer les Sacremens, lorsqu'ils ont pû la lui demander, ou même s'il a manqué de la leur envoyer de son propre mouvement, quand ils ne pouvoient pas le venir trouver pour l'obtenir, & qu'il a cru qu'ils voudroient bien la recevoir ; j'avoüerai, dis-je, que sa conduite marque beaucoup d'imprudence, & peu de zéle pour le salut des Ames : mais je ne puis me persuader que les choses se soient passées de la sorte.

Que diroit-on, si c'étoit au contraire les Religieux, qui n'eussent pas voulu se soumettre à recevoir cette permission, quoiqu'on la leur offrît, sans les faire passer par l'examen, & sans aucune autre formalité ! On s'imaginera peut-être que c'est-là supposer une chose tout-à-fait hors d'apparence : mais ce que j'ai vû moi-même en de sem-

---

(*a*) Nous avons vû ailleurs que par un Bref du Pape le Provincial des Jésuites étoit Administrateur né de l'Evêché pendant la vacance du Siége, & l'absence de l'Evêque.
(*b*) Voyez ce qui arriva en 1614. à la mort de l'Evêque Dom Loüis Serqueyra.

blables

blables occasions, me la rend beaucoup plus croyable. En effet, nos Religieux dans les Indes ont été de tout tems sur le pied d'administrer les Sacremens, & d'exercer toutes les fonctions de Pasteur, ou de Curé sans aucune dépendance de l'Ordinaire. Avant le Concile de Trente, c'étoit en vertu de leurs Privileges, qu'ils en usoient ainsi : depuis ç'a été en vertu du Bref de Pie V. donné en faveur des Religieux, & quoique Gregoire XIII. ait dérogé à ce Bref, en réduisant aux termes du Droit, & du Concile de Trente, ce qui leur a été accordé par Pie V. ils se sont toujours maintenus dans la même possession : les uns soutenant que cette Bulle de Gregoire XIII. n'a point été publiée, ainsi qu'ils l'ont même imprimée en quelques-uns de leurs Livres ; & les autres, que le Pape n'avoit point prétendu toucher à ce que Pie V. leur avoit accordé ; quoiqu'il y ait plusieurs Déclarations de la Congrégation du Concile, qui disent le contraire.

Ce qu'il y a de remarquable, c'est qu'en 1585. le Concile, qu'on célébroit à Mexico, ayant offert cette permission aux Religieux de la Nouvelle Espagne, en déclarant que les Evêques ne prétendoient par-là acquerir aucune Jurisdiction sur eux, & que c'étoit seulement pour lever les scrupules, & pour mieux pourvoir à la validité des Sacremens ; tous répondirent qu'ils ne vouloient point de cette permission, & qu'ils n'en avoient pas besoin. On peut voir ce récit dans un Livre imprimé à Mexico par le Pere Jean-Baptiste de l'Ordre de Saint François, & intitulé, *Avis aux Confesseurs*. Cependant il est certain que sans cette permission de l'Evêque, & les Confessions, & les Mariages sont nuls. Mais après tout l'affaire en demeura là. Je serois trop long, si je voulois rapporter tous les autres exemples, que je sçai en cette matiere. Comme il est donc vrai qu'il n'y a de rien de plus difficile, que de persuader à un Religieux des Indes qu'il ait besoin de la permission de son Evêque, pour administrer les Sacremens, ou que sous cette clause générale, *Non obstantibus &c.* le Saint Pere ait voulu comprendre les Bulles, qui leur donnoient ce privilege ; je ne doute point que les Religieux du Japon n'ayent été dans les mêmes sentimens, & que tous les efforts, soit de l'Evêque, ou de l'Administrateur & des Grands Vicaires, pour les obliger à se soumettre, ne fussent inutiles.

D'un autre côté, après la Décision formelle du Concile de Trente au Chap. 15. de la Session 23. les Jésuites ne pouvoient regarder les Confessions des Japonnois faites à des Prêtres non approuvez, que comme des Confessions nulles, excepté celles, qu'on faisoit à l'article de la mort ; par où l'on doit entendre plusieurs occasions pressantes, qui se rencontrent durant une persécution, comme celle-là. Et qu'on ne me dise pas que les Religieux, qui vont chercher le Martyre au Japon, ne sont point capables d'avoir des vûës intéressées, ni d'appréhender la perte, ou la diminution de leurs privileges : car c'est une chose assûrée, qu'ils croiroient avoir fait un grand péché, que de s'être soumis aux Evêques contre leurs pré-

Tome II.   Yyy

tendus privileges. Les Religieux d'Espagne le témoignerent assez haut dans le Mémorial, qu'on a depuis imprimé, & qu'ils présenterent à S. M. Catholique, lorsque, suivant le Bref de Pie V. l'Administrateur du Diocèse de Tolede, sans avoir égard aux Approbations, qu'ils avoient du dernier Archevêque, entreprit d'examiner ceux d'entre eux, qui devoient ouïr les Confessions des Séculiers.

Suite de la Lettre.

Les Japonnois nous imputent de dire qu'il y a deux Dieux, l'un riche & puissant, l'autre pauvre & misérable, qui est méprisé & opprimé par le riche : ce qui fait que beaucoup de gens, qui connoissent d'ailleurs que la Loi Chrétienne est juste & sainte, ne laissent pas de s'en éloigner, & de différer à embrasser la Foi.... Un peu plus bas l'Auteur oubliant ce qu'il venoit de dire, s'exprime ainsi. Les Japonnois voyant tous les différens Religieux ; les uns ne manquant de rien, & exerçant même le trafic ; les autres manquant même du nécessaire.... & qu'ils ne prêchent & ne pratiquent pourtant qu'une même Loi, & une Doctrine invariable ; ils reconnoissent par-là que le chemin, qu'ils leur montrent, est le vrai chemin du Salut, & par cette raison, il se trouve plus de personnes, qui le suivent.

Remarques de Cevicos.

On voit par-là que cet Auteur accuse les Jésuites du Japon d'être des Marchands riches & puissans, qui méprisent, & qui oppriment les autres Religieux, lesquels sont pauvres & humbles : d'où procede, dit-il, le scandale des Chrétiens, & les railleries des Infideles. Mais la vérité est que je n'ai jamais ni vû, ni entendu dire, soit au Japon, soit aux Philippines, qu'entre les Jésuites & les autres Religieux il y eût d'autre différence, que celle, que nous y voyons en Europe. Je sçai bien ce que quelques Marchands Espagnols & Portugais ont publié au Japon & à Macao, des richesses immenses des PP. de la Compagnie, & ce que l'on nous en a dit plusieurs fois en Espagne. Mais je sçai aussi que d'ordinaire on a coutume d'en parler & d'en juger avec plus ou moins de connoissance & de retenuë, selon que chacun a plus ou moins de lumieres, & selon qu'il est prévenu pour ou contre ces Peres : ce qui arrive aussi à l'égard de ceux des autres Ordres.

Il est vrai qu'avant la persécution il pouvoit y avoir quelque prétexte de dire que les Jésuites exerçoient la Marchandise. C'est que dans le Galion, (a) qui va tous les ans de Macao au Japon chargé de soyes, il y en avoit quelques balots pour le compte des Jésuites Missionnaires dans ce Royaume : parce que ne leur étant pas permis d'y posséder aucune Terre, ou autres Biens immeubles, ni même aucune hypotheque, c'étoit une chose publique dans le monde qu'ils avoient eu permission de Sa Sainteté, ou de leur Général, d'employer quelque argent au Commerce. Mais au lieu d'une somme fort modique, qui leur avoit été réglée, certains Portugais disoient que les Jésuites y met-

(a) Voyez ceci mieux expliqué au Livre X. §. V.

toient des sommes immenses. Or c'étoit au hazard, & avec des exagérations outrées, qu'ils en parloient ainsi par un motif de jalousie: car on sçait que le génie de tous ceux, quis se mêlent de négoce, est de vouloir être les seuls à acheter & à vendre, afin de pouvoir faire un plus grand gain.

Après tout, quoique les jugemens des personnes séculieres sur ce trafic des Jésuites du Japon, ne pussent être au fond que très-incertains; néanmoins ce qui paroissoit d'ailleurs, donnoit lieu de croire qu'il devoit être très-considérable. Car les Japonnois leur faisant fort peu, ou point du tout d'aumônes, il falloit trouver sur ce Commerce (*a*) de quoi entretenir, non seulement tous les Peres de la Compagnie, qui travailloient à ces Missions; mais encore un grand nombre de Japonnois, qui les secondoient dans leurs travaux Apostoliques; beaucoup d'Eglises, dont il y en avoit quelques-unes de magnifiques, & quantité de Chrétiens pauvres & abandonnez, qui ne subsistoient que des aumônes, que les Peres leur faisoient, comme je l'ai vû moi-même de mes propres yeux: sans parler de toutes les autres dépenses, qui regardent les Missions.

Mais pour ce que l'Auteur ajoûte que cette conduite des Jésuites causoit un grand tort à la Religion, & faisoit dire aux Gentils *que nous reconnoissions deux Dieux, l'un pauvre, & l'autre riche;* c'est de quoi je n'ai jamais entendu parler. Au contraire tout le monde sçait que les Japonnois infidéles regardent la pauvreté & la misere, comme un châtiment des Dieux, tels qu'ils les imaginent. Au reste, si cet endroit de la Lettre étoit vrai, il n'en faudroit pas davantage pour montrer que ce n'étoit point un inconvénient imaginaire, qu'avoit voulu prévenir Grégoire XIII. lorsqu'il défendit aux autres Religieux d'aller au Japon, *de peur*, dit sa Bulle, *que la nouveauté de leurs manieres n'y apportât quelque préjudice à la Religion.* Mais il est bon de remarquer que notre Auteur, apparemment ne se souvenant plus de ce qu'il avoit dit ici, assûre un peu après positivement le contraire: (nous l'avons vû dans le texte de la Lettre.)

Suite de la Lettre.

Avant l'entrée des autres Religieux dans le Japon, dit l'Auteur, quoiqu'il s'y fût élevé plusieurs persécutions contre la Religion Chrétienne, cependant aucun Religieux, (c'est-à-dire, aucun Jésuite) ni presque aucun Japonnois n'y avoit souffert le Martyre: au contraire, les Provinces entieres, qui avoient embrassé la Foi, y renoncerent au premier commandement de leurs Princes. Au lieu que depuis l'arrivée des autres Religieux, non seulement le Commissaire de l'Ordre de saint François, & ses Compagnons, mais encore plusieurs autres ont donné généreusement leur vie pour Jesus-Christ.

Remarques de Cevicos.

A la vérité avant le Martyre des Religieux de saint François & des vingt Japonnois, l'on n'avoit fait

___
(*a*) Cevicos n'étoit pas obligé de sçavoir les ressources, que les Jésuites pouvoient avoir pour toutes les dépenses, dont il parle. Voyez le Livre X. §. V.

mourir aucun Jésuite, ni peut-être même aucun autre Chrétien pour la Foi: (*a*) au moins n'oserois-je asſûrer le contraire. Mais pour ce qu'on dit, que les Provinces entieres avoient apoſtaſié, voici ce que j'appris étant au Japon... (Cevicos parle ici de l'apoſtaſie du Prince d'Omura, & le récit qu'il en fait n'eſt pas exact, non plus que ce qu'il dit qui arriva enſuite; ce qui fait voir que ſon Ecrit n'a point été fait de concert avec les Jéſuites. Mais il réfute fort bien cette prétenduë apoſtaſie des Provinces entieres du Japon.) Il continuë ainſi.

Si l'Auteur de la Lettre a prétendu faire un reproche aux Jéſuites de ce qu'avant le Martyre des ſix Religieux de ſaint François, ils n'ont point eu de Martyrs dans le Japon, il ſe trompe fort à mon avis; & c'eſt encore une preuve, que la Lettre n'eſt pas du ſaint Martyr Loüis Sotelo. En effet, outre que le Martyre eſt une grace particuliere, & que Dieu donne cette grace à qui il lui plaît, je ſuis de plus perſuadé, que l'intention, ſoit des Evêques, ſoit des Religieux, qui entrent au Japon, doit être, comme je l'ai déja dit, d'y étendre la Foi, de l'y bien établir, de convertir tous les Habitans; non pas de procurer que les Tyrans les faſſent mourir eux & les autres Chrétiens. Car enfin ce ſeroit un obſtacle à la converſion des Peuples, qui doit être cependant le deſſein principal, dont le Martyre n'eſt que comme l'acceſſoire, quoique ceux, à qui Dieu fait cette grace, la doivent recevoir avec joye, & ne jamais refuſer de donner leur vie, quand on le jugera néceſſaire, pour rendre témoignage à la vérité, & pour l'édification des nouveaux Chrétiens.

Au reſte, non ſeulement ce que je dis eſt fondé ſur l'autorité de l'Ecriture, & ſur l'exemple des Apôtres & des Saints; mais encore les Procureurs des Ordres Religieux, qui ſont au Japon, en tombent d'accord dans le Mémorial, dont j'ai parlé. « En ce tems fâcheux, diſent-ils, quand on nous perſécute dans une Ville, nous devons, ſuivant la parole du Fils de Dieu, fuïr en une autre; & cette conduite eſt abſolument néceſſaire dans le Japon. » Ainſi, lorſque ſous l'Empire de Tayco-Sama l'on ſaiſit à Macao les ſix Martyrs de l'Ordre de Saint François, avec les PP. de la Compagnie, qui s'y trouverent; les vingt Japonnois, & puis les trois Jéſuites, qui étoient à Ozaca: ſi quelques autres Jéſuites ſe cacherent alors pour éviter d'être pris, bien loin de blâmer leur conduite, je ſuis convaincu que c'étoit une action fort loüable & fort ſage: puiſqu'ils avoient en vûë de conſerver & d'augmenter cette Chrétienté... On doit envier le ſort de ces vingt-ſix Martyrs, qui ont eu le bonheur de donner leur vie pour Jeſus-Chriſt, mais il ne faut pas laiſſer de loüer l'action de ceux qui ont évité la mort, de peur que les Chrétiens ne demeuraſſent ſans ſecours. (*b*)

(*a*) Il y avoit déja eu quelques Martyrs au Japon, mais en petit nombre, & aucun n'avoit été condamné à mort en vertu d'aucun Edit.

(*b*) Il y a plus, c'eſt qu'avant le Martyre des vingt-ſix, parmi leſquels il y avoit trois Jéſuites, il n'y avoit eu encore que l'Edit de Tayco-Sama, dont les Jéſuites par leur bonne conduite avoient empêché l'effet; & que celui, qui condamna les Martyrs à la mort, fut un effet de l'indiſcrétion des Eſpagnols, & du zéle trop peu meſuré des PP. de S. François.

Suite de la Lettre.

La ferveur & la dévotion sont maintenant beaucoup plus grandes parmi les Chrétiens, dit la Lettre : parce que les exemples vivans, qu'ils ont devant les yeux dans la vie austere, que menent les Religieux, leur inspirent des sentimens de pénitence, & les animent fortement à l'imitation de Jesus-Christ. En effet, lorsqu'ils nous voyent aller nuds pieds, tout ce que nous sommes ici de Religieux de Saint Augustin & de Saint François, aussibien que les Dominicains Réformez des Philippines : les Japonnois considérant d'un côté que nous leur préchons un Dieu pauvre & humilié, qui enseigne à mépriser les choses de la terre, & d'un autre côté, que nous tâchons de l'imiter, & que nous pratiquons tout ce que nous enseignons aux autres, ils n'ont point de peine à se laisser persuader.

Remarques de Cevicos.

Il faut nécessairement que les choses, dont il s'agit en cet endroit de la Lettre, soient arrivées, non seulement depuis le commencement de la Persécution, mais quelques années après ; puisque parmi les Religieux, qui par l'austérité & l'exemple de leur vie, inspirent aux Japonnois l'esprit de Pénitence, l'Auteur nomme ici les Augustins Déchaussez, qui ne sont entrez au Japon, que depuis fort peu de tems, & quelques années après 1614. que la Persécution commença : au lieu que ceux de cet Ordre, qui ont les premiers fondé leur Mission du Japon, & qui ont été bannis, ou qui ont souffert le Martyre, étoient des non-Réformez.

D'ailleurs, afin que tous ces Religieux eussent pû augmenter la dévotion des Fidéles en allant pieds nuds, il faudroit qu'ils eussent tous gardé au Japon l'Habit de leur Ordre, & les Jésuites aussi. Comment donc auroient-ils pû s'empêcher d'être reconnus pour Religieux, & comment les verroit-on partir des Philippines en habit de Séculiers, avec une moustache relevée, & l'Epée au côté ? Ce qui est si vrai, que suivant cette Lettre, le Pere Sotelo lui-même en fit autant avec son Compagnon, quand il voulut passer au Japon. Qu'on juge par-là du soin, qu'apporte l'Auteur à examiner la vérité des faits, qu'il avance.

Une autre chose, qui m'a encore surpris, est de lui voir nommer les Dominicains Réformez des Philippines. Car enfin, parmi plusieurs avantages, qui distinguent l'Ordre de Saint Dominique, ce n'est pas, à mon avis, un des moindres, de s'être conservé sans aucun de ces démembremens, & de ces nouvelles Congrégations, qu'on voit ailleurs sous les noms de Réformez, de Déchaussez, de Récolets, &c. surtout en ces derniers tems, qu'il s'en est formé un si grand nombre ; ce que je n'entreprends pas néanmoins de blâmer. Que si par ces paroles : *Les Dominicains Réformez des Philippines*, l'Auteur a seulement voulu dire que ceux de cet Ordre, qui sont dans ces Isles, se rendent recommandables par leur vertu, qu'ils édifient tout le monde, & qu'ils ont l'approbation universelle, c'est de quoi je tombe d'accord avec lui.

Suite de la Lettre.

Les Religieux de ces trois Ordres

vivent dans une union, & une charité très-grande ; car ils s'entr'aident même dans le temporel pour les néceßitez de la vie : mais furtout en ce qui regarde le Miniftere Evangelique ; de forte que, comme ils ne prêchent qu'une même Doctrine, ils ont les mêmes fentimens dans les chofes, qu'il faut enfeigner aux Peuples, & ils y gardent la même méthode. Ils embraffent tous la Doctrine commune, reçûë & approuvée partout, fans qu'on puiffe remarquer entr'eux fur ce point aucune différence. Que s'il y a quelque défunion, & s'il arrive quelque conteftation, cela n'arrive pas entr'eux, mais feulement avec les Jéfuites. Car ces Religieux fuivent au Japon certaines maximes, qui ne fe pratiquent en nul autre endroit du Chriftianifme, & qui, en bonne Scholaftique, font plus que douteufes. Par exemple, ils n'avertiffent point les Catéchumenes avant leur Baptéme de la reftitution de leurs ufures, & de réformer le mal, qu'ils ont fait, mais ils remettent ce point à la Confeffion. Ils en font de même du bien mal acquis, & des Efclaves, qu'on poffede avec injuftice. Ils baptifent communément les Catéchumenes, avant qu'ils foient inftruits des premiers principes de la Foi ; & ne les baptifent qu'avec de l'eau, fans ufer du tout des faintes Huiles. Ils permettent à tous, tant aux Eccléfiaftiques, qu'aux Séculiers, même hors le cas de néceßité, de baptifer ceux, qu'ils auront gagnez à la Foi, quoiqu'il foit conftant qu'ils ne peuvent ni les difpofer au Baptême, ni les inftruire à former des Actes furnaturels de Foi & de Contrition, qu'il eft pourtant de néceßité de faire.

Ils permettent qu'on tire trente ou vingt pour cent dans les prêts, fans compter le gage, qu'on reçoit, & cela en vûë de la coûtume, qui eft telle, ou à caufe du plaifir, que l'on fait à celui, à qui l'on prête. Il y a quelque tems, qu'ils faifoient lire publiquement l'Evangile en préfence du Peuple dans les Meffes folemnelles à des perfonnes, qui n'étoient ni Diacres, ni dans aucun Ordre : & comme nos Coûtumes & nos ufages font fouvent fort différens de ceux des Infidéles ; lorfque les Religieux s'oppofent à quelque défordre, ce qui fait que la plûpart des Infidéles les aiment & les honorent plus qu'ils ne font les Jéfuites, qui les fouffrent ; ces Peres tâchent auffitôt de leur fufciter de la contradiction de la part des Infidéles.

Remarques de Cevicos.

Après avoir imputé tant de crimes aux PP. de la Compagnie, il ne reftoit plus qu'à les traiter encore d'ignorans : & c'eft ce que fait l'Auteur dans ce dernier Article. Pour moi, qui n'ai nulle connoiffance de tous les faits, qu'il vient d'avancer, je m'en tiens au fentiment commun, qui même a paffé en proverbe ; fçavoir, que la maniere d'agir de ces Peres eft ordinairement partout la même ; & là-deffus je fais ce raifonnement. Puifqu'il fuffit de connoître les Jéfuites d'une Province, pour connoître ceux des autres ; il faut donc croire qu'en tout ce qui regarde l'inftruction des Néophytes du Japon, & les décifions des cas, qui fe préfentent, ceux, qui font là, fuivent ce qu'enfeignent en Europe les Théologiens de la Compagnie. Ainfi l'on n'a qu'à ouvrir les Livres de ces derniers, pour connoître quels sont les sentimens, & quelle est la conduite des premiers : à moins qu'on ne dise que Dieu a entierement abandonné les Jésuites du Japon ; comme il y auroit lieu de le penser, si tout ce que la Lettre en a rapporté, étoit véritable. Mais je suis convaincu, sur ce que j'en ai vû de mes propres yeux, que ce sont des faussetez. C'est pourquoi, après avoir rapporté les calomnies les plus atroces, que l'Auteur a débitées contre eux ; il me reste seulement à faire quelques réflexions sur les preuves, par lesquelles il a voulu montrer de quelle utilité il seroit que chaque Ordre Religieux eût un Evêque au Japon. (Cevicos fait ici un assez long discours, que je n'ai pas jugé nécessaire de rapporter ici ; mais il a omis quelques articles, qui font une véritable démonstration que l'Auteur de la Lettre n'est pas le Pere Sotelo. On les verra à la fin de l'Article suivant.)

Suite de la Lettre.

L'Auteur, après s'être efforcé de montrer combien il seroit avantageux pour le Japon, qu'on y envoyât un Evêque de chaque Ordre Religieux, prévient les difficultez, qu'on lui pourroit opposer sur les moyens de faire subsister ces Evêques, sur le partage de leurs Evêchez, & sur le conflit de Jurisdiction, qui pourroit survenir entr'eux. Il veut donc que l'Evêque Jésuite soit soûmis à l'Archevêque de Goa, & les trois autres à celui des Philippines, ou de Mexico : & par-là il prétend que l'on verroit aussitôt cesser tous les différens.

Remarques de Cevicos.

Il seroit inutile de s'arrêter sur ce projet. Dans l'état déplorable, où est aujourd'hui l'Eglise du Japon, au milieu de la Persécution, qui croît de jour en jour ; au lieu de délibérer sur le choix des moyens, qui seroient avantageux pour la conversion de ces Peuples, c'est une nécessité d'embrasser ceux, que l'occasion présentera, quels qu'ils soient. Ainsi laissant à part ces belles imaginations de notre Auteur, touchant la création des nouveaux Evêchez pour le Japon, je n'oserois pas même déterminer s'il est expédient ou non, dans les conjonctures présentes, d'y envoyer des Religieux. Je dirai seulement que, supposé qu'ils y aillent des Philippines, il seroit à souhaiter, du moins tant que la Persécution durera, que Sa Sainteté permît à tous d'administrer les Sacremens, quelque part qu'ils se trouvent, sans être soûmis en cela à aucun Evêque, quoique Paul V. l'ait ainsi reglé par son Bref, & sans leur demander autre chose pour cet effet, que l'approbation de leurs Supérieurs.

Car enfin généralement parlant, il ne faut pas espérer que les Religieux, qui sont aux Indes, quoiqu'ils n'aillent au Japon, que pour y procurer le salut des ames, & pour y chercher le Martyre, puissent jamais se soûmettre à un Evêque d'un autre Ordre, ni même à un, qui seroit du leur (a). Il n'en faudroit pas davantage pour les désoler, & refroidir

---

(a) Il est évident que Cevicos ne comprend point de Jésuites dans ce qu'il dit ici : il sçavoit qu'au Japon, aux Philippines, & partout ailleurs, ces Peres ne manquoient jamais de demander les pouvoirs des Evêques, de quelque Ordre qu'ils fussent.

leur zéle. Bien plus, quand il leur offriroit toutes ses permissions, sans qu'ils les eussent demandées, cela ne suffiroit pas pour les obliger à être en repos. J'en parle avec assûrance, parce que j'en ai l'expérience : outre que les plus anciens & les plus considérables de tous ces Ordres, qu'il y ait aux Philippines, ont souvent publié qu'ils abandonneroient plutôt toutes les Missions, que de reconnoître en quoi que ce soit la Jurisdiction des Evêques. Je ne sçai pas si ces Religieux feroient effectivement ce qu'ils disent, mais l'extrême résistance, qu'ils ont faite dans la Nouvelle Espagne, même après les ordres réïterez du Roi Catholique, fait assez voir ce qu'on peut attendre d'eux en cette matiere. Enfin je suis persuadé, qu'à moins de prendre la voye, que j'ai dite, on ne verra jamais la paix entre les Religieux du Japon.

Je finis ici mes Remarques, après avoir rapporté fidellement ce que je sçavois. Ce qui m'a obligé de rendre ce témoignage à la vérité, c'est cette maxime de Ciceron dans le premier Livre des Offices; qu'il y a deux sortes d'injustices, l'une de faire le mal; l'autre, de ne pas l'empêcher, quand on le peut. Pour empêcher donc le tort, que cette Lettre pourroit faire, non seulement à Monseigneur l'Archevêque des Philippines, à qui j'ai de grandes obligations; & aux PP. de la Compagnie de Jesus, sous qui j'ai étudié à Manile la Philosophie & la Théologie, mais encore au glorieux Martyr le Pere Sotelo, que l'on deshonore, en lui supposant une telle Lettre; ou du moins en falsifiant celle, qu'il avoit écrite, s'il en

a écrit quelqu'une : c'est pour cela dis-je, que j'ai entrepris cette réfutation. Au reste tout ce que j'ai dit, soit en parlant des vûës, qu'on doit avoir, quand on s'expose au Martyre, en travaillant à la conversion des ames ; soit dans le reste de ce discours ; je le soumets entierement à la correction de la Sainte Eglise notre Mere, & de mes Supérieurs. A Madrid le cinquiéme jour de Mars 1628.

Le Docteur Dom JEAN CEVICOS.

Quelques Textes de la Lettre, dont Cevicos ne fait point mention.

» Telle doit être l'Eglise, que
» nous voulons élever dans le Ja-
» pon, & que nous sçavons déja
» avoir été annoblie d'Evêques si
» Apostoliques, que ses commen-
» cemens ressemblent tout-à-fait à
» ceux de la primitive Eglise. *Pag.* 198.

Remarques.

Il n'y a jamais eu que quatre Evêques du Japon, qui ayent gouverné cette Eglise ; sçavoir, D. Melchior Carnero, qui mourut à Macao, où il avoit eu ordre du Pape de rester ; D. Pedro Martinez, D. Loüis Serqueyra, & D. Diego Valens ; tous quatre étoient Jésuites. C'est ce que le Pere Loüis Sotelo ne pouvoit pas ignorer. Or le faux Sotelo ne vouloit pas assûrément parler des Jésuites, quand il a dit que les commencemens de l'Eglise du Japon, sous des Evêques si Apostoliques, ressembloient tout-à-fait à ceux de la primitive Eglise ; & il ignoroit sans doute, ce dont le Pere Sotelo étoit très-instruit, que c'étoit les Jésuites qui avoient fondé l'Eglise du Japon,

&

A LA LETTRE DU FAUX SOTELO.

& qu'ils y avoient été seuls pendant près de cinquante ans.

Texte de la Lettre.

» Tant qu'on vivra de la sorte, » les Evêques Religieux du Japon » seront toujours assistez & nourris » par leurs Monasteres, & par les » Fidéles, comme les autres Reli- » gieux. *Là même.*

Remarques.

Qui ne croiroit en entendant cela, qu'au tems même, où l'Auteur écrivoit, c'est-à-dire, au plus fort de la Persécution, il y avoit au Japon des Monasteres de Mendians, & qu'ils alloient faire la quête, à peu près comme en Europe? C'est une imagination, qu'il n'est pas besoin de réfuter. Cet Auteur faisoit peut-être comme le Pere Loüis Hennepin Récollet, qui ayant parcouru toute la Louisiane & le Canada, dans le tems des découvertes du Sieur de la Salle, & faisant imprimer ses Mémoires, s'avisa de mettre dans la Carte, qu'il fit graver, des Croix dans tous les endroits, où il s'étoit un peu arrêté, avec cette Inscription: *Mission de Récollets.* Sur ce pied, les Mendians pouvoient marquer des Missions, ou des Monasteres en bien des endroits du Japon, mais assurément leurs Evêques n'y auroient pas trouvé de quoi subsister.

Fin de la Réponse de D. Jean Cevicos, à la Lettre du faux Sotelo.

SUPPLEMENT
AU
LIVRE PRELIMINAIRE
DE L'HISTOIRE
DU JAPON.

Comme il m'a paru que je ne devois, dans une notice préliminaire du Japon, faire connoître cet Empire, qu'autant qu'il étoit nécessaire pour mettre mes Lecteurs en état de lire mon Histoire, sans que rien les arrêtât ; j'aurois cru y passer les bornes, si j'y étois entré dans un grand détail de ce qui regarde l'Histoire Naturelle, & certaines Descriptions, qui n'ont point proprement de place marquée. Mais comme l'Ouvrage ne seroit pas complet, si toutes ces choses y manquoient absolument, je vais y suppléer en les rangeant ici sous différens Chapitres, sans m'astraindre à aucun ordre dans une matiere, qui n'en demande pas nécessairement.

CHAPITRE I.
Description détaillée de la Ville & du Port de Nangazaqui.

Situation de Nangazaqui.

Nangazaqui est situé, ainsi que nous l'avons dit ailleurs, à l'extrémité Occidentale du Ximo, par les trente-deux dégrez trente-six minutes de latitude Nord, sur un terrain presque stérile, entre des rochers escarpez, & des Montagnes, dont la plûpart ne sont pas fort hautes, & s'élevent comme en amphithéâtre, La Ville n'est aujourd'hui que médiocrement peuplée, & une Lettre, qui m'a été écrite de la Chine au commencement de ce siécle, ne lui donne que huit mille ames. Ce qui est certain, c'est que l'on n'y voit gueres que des Marchands, & quelques Bourgeois aisez, qui profitent du Commerce des Etrangers. Ce qu'elle a de plus considérable, c'est son Havre & son Port, qui sont fort sûrs.

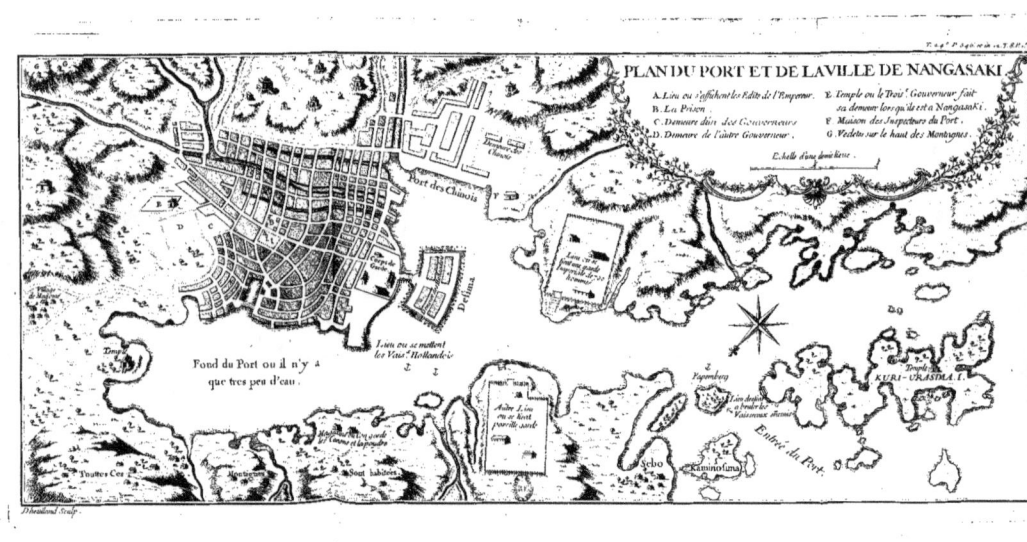

SUPPLEMENT A L'HISTOIRE DU JAPON.

Son Havre & son Port.

Le Havre commence au Nord de la Ville, l'entrée en eſt étroite, & n'a que peu de braſſes de profondeur ſur un fond de ſable. La Baye s'élargit enſuite, & devient plus profonde, & lorſqu'elle a une demie lieuë de large, & cinq ou ſix braſſes d'eau, elle tourne au Sud-Oueſt: elle court ainſi pendant une lieuë, le long d'une Côte élevée & montagneuſe, juſqu'à une Iſle, qui paroît comme une Montagne environnée de la Mer. Les Japonnois la nomment *Taka-Boco*, & *Taka-Jama*, c'eſt-à-dire, le Pic des Bambous, & les Hollandois l'appellent *Papemberg*. A proprement parler le Port commence à cette Iſle, qui le ferme, & contre laquelle les Hollandois vont moüiller l'ancre; pour attendre les vents, quand ils veulent retourner à Batavia. Il ne leur faudroit que deux heures pour traverſer de là tout le Havre, ſi toute cette Baye n'étoit ſemée de bancs de ſable & de rochers, qui rendent ce paſſage extrêmement difficile & dangereux. Il y faut gouverner à l'Oueſt, laiſſer la terre à droite, & paſſer entre des petites Iſles pour gagner la pleine Mer.

Leurs fortifications. Situation de la Ville.

On a élevé des Baſtions tout le long du Havre, mais ils n'ont point de Canon. A une demie lieuë de la Ville il y a deux Gardes Impériales vis-à-vis l'une de l'autre. Elles ſont chacune de ſept cens hommes, y compris ceux, qui ſont en faction dans les Batteaux pour la défenſe du Havre, & pour empêcher les Navires Etrangers de jetter l'ancre. Auprès de Papemberg il y a une petite Iſle, où le dernier Navire Portugais, qui fut envoyé de Macao au Japon en 1642. (*a*) fut brûlé avec toutes les Marchandiſes, qu'il portoit. Les Japonnois l'appellent depuis ce tems-là *l'Iſle, où l'on brûle les Vaiſſeaux ennemis*, parce qu'elle eſt deſtinée pour ces ſortes d'exécutions.

Le moüillage ordinaire eſt à une portée de Mouſquet de la Ville, laquelle paroît avoir de cet endroit la figure d'un Croiſſant, tournant un peu ſur celle d'un triangle. Elle eſt bâtie ſur le bord de la Mer dans une vallée étroite, qui court à l'Eſt, & qui eſt formée par l'ouverture des Montagnes, dont j'ai parlé. La ruë principale & la plus large, s'étend ſur toute la longueur, & ſe termine à une Montagne, dont la pente eſt aſſez roide, ainſi que la plûpart des autres; mais comme elles ſont toutes couvertes d'une belle verdure juſqu'à la cime, elles forment un point de vûë très-agréable; à quoi contribuënt infiniment un très-grand nombre de Temples magnifiques accompagnez de Jardins & de Terraſſes, qui y ſont diſpoſez dans un très-bel ordre, & derriere leſquels s'élevent comme en amphithéâtre d'aſſez belles ſépultures. Un peu plus loin il y a une Montagne plus haute que les autres, toute cultivée & très-fertile.

Sa deſcription.

La Ville eſt toute ouverte ſans Château, ſans Fortifications, ſans Murailles. Les ruës n'en ſont, ni droites, ni larges. Trois Rivieres, dont l'eau eſt belle, & qui ont leur ſource dans les Montagnes voiſines, la traverſent d'un bout à l'autre, & cou-

---

(*a*) Il y a bien de l'apparence que Kœmpfer a été mal informé, & qu'il s'agit ici du Vaiſſeau, qui portoit les quatre Ambaſſadeurs, qu'on fit mourir en 1640. & qui n'avoit aucunes Marchandiſes.

Zzz ij

lent de l'Est à l'Ouest : celle du milieu, qui est la plus grande, reçoit deux autres, qui paroissent venir du Nord, & se joignent, avant que de mêler leurs eaux avec les siennes. Ce que ces Rivieres ont d'incommode, c'est que pendant la plus grande partie de l'année elles ont à peine assez d'eau pour arroser des champs de Ris, au travers desquels elles coulent, avant que d'entrer dans la Ville, & pour faire aller quelques Moulins; & que dans la saison des pluyes elles grossissent excessivement, & causent souvent de grands désordres.

Lac singulier. A deux lieuës d'Allemagne de la Ville, qui en font cinq de Mer du Japon, vers le Sud-Ouest, il y a un Village nommé *Fucasori*, auprès duquel est un grand Lac, ou Etang, dont on raconte, qu'encore qu'il soit environné d'Arbres, on ne voit jamais sur ses eaux, ni feüilles, ni aucune autre sorte d'ordures. Les gens du Païs l'attribuënt à la propreté & à la pureté de l'esprit, qui protege ce Lac, & par respect pour la Divinité il est défendu sous des peines très-rigoureuses d'y pêcher. Auprès du Village on voit un Château, où loge un Commandant, qui gouverne tout ce District au nom du Roi de Figen (a), lequel en est le Seigneur. Au Nord de Nangazaqui est la Ville d'Omura, située sur un Golfe, & quelques lieuës plus loin à l'Est, est celle d'Isasay à l'une des extrémitez de la Baye de Ximabara. Isasay appartient aujourd'hui au Roi de Figen, ce qui joint à sa situation fortifie ma conjecture, qu'Isasay & Figen n'est que la même Ville.

La Ville de Nangazaqui est divisée en deux parties; l'une est appellée *Utsimatz*, c'est-à-dire, Ville intérieure; on y compte vingt-six ruës, toutes irrégulieres. L'autre est nommée *Sottomatz*, c'est-à-dire, Ville extérieure; ce sont proprement les Fauxbourgs, composez de soixante-une ruës. Les Bâtimens les plus remarquables de l'une & l'autre, ou des environs, sont 1°. Cinq grandes Maisons de bois au côté Septentrional de la Ville, sur un fond bas auprès du rivage de la Mer. Elles appartiennent à l'Empereur, & servent comme d'Arsenal. On y garde trois grandes Jonques, ou Vaisseaux de guerre, avec tous leurs agrès, qui peuvent être mis en Mer au premier signal. 2°. Le Magasin à poudre, qui est aussi sur le bord de la Mer en face de la Ville. La Poudre n'y est pourtant pas ordinairement. Elle est gardée sous une grande voute, qu'on a percée dans la colline la plus proche. 3°. Deux Palais pour les deux Gouverneurs, qui résident actuellement à Nangazaqui. Ils occupent un terrain très-considérable, plus élevé que le reste de la Ville. Les appartemens y sont d'une grande propreté, & tous les corps de logis également exhaussez. On entre dans la cour de ces Palais par des portes fortifiées, & bien gardées. 4°. Environ vingt Maisons, ou Palais, avec de grands Enclos, qui appartiennent à de grands Seigneurs du Ximo, & où ils tiennent en leur absence des Intendans & des Concierges.

Division de Nangazaqui, & ses édifices.

―――――――――――

(a) Nous ne sommes pas fort instruits de l'étenduë des Etats de ce Prince, les choses ayant apparemment bien changé, par rapport à ces limites, depuis que les Missionnaires ont été chassez du Japon.

A L'HISTOIRE DU JAPON. 549

Logemens des Etrangers.

Les Etrangers demeurent hors de la Ville, dans des endroits séparez, où ils sont veillez & gardez avec beaucoup de rigueur, comme des personnes suspectes. Nous avons parlé assez au long de l'Isle de Desima, qui est le quartier des Hollandois. Les Chinois, & toutes les Nations, qui sont reçûës à faire le Commerce sous leur nom, demeurent sur une éminence derriere la Ville à son extrémité Méridionnale : tout leur quartier est environné de murailles, & il ne leur est pas permis d'en sortir ; mais on leur porte des vivres, & les autres provisions, dont ils ont besoin, & on les leur vend à l'entrée de leur Comptoir.

Des Temples.

On compte soixante-deux Temples à Nangazaqui, & aux environs, à sçavoir, cinq dédiez aux Camis, sept desservis par les Jammabus, & cinquante Tiras ; vingt-un dans la Ville, & vingt-neuf sur le penchant des collines. Tous ont de fort beaux Escaliers de pierres, des Jardins, de grandes Avenuës plantées d'arbres, & des Monastéres fort propres. La bonté de l'air, l'agrément de la situation, & les vûës sur la Ville, sur le Havre, & sur tout le Pays d'alentour, rendent ces endroits délicieux. Aussi le concours du Peuple y est-il toujours très-grand.

Du quartier des Courtisanes.

Il ne l'est gueres moins dans un certain quartier de la Ville, nommé *Kasiematz*, c'est-à-dire, la demeure des Courtisanes. Il est au Midi sur une éminence nommée *Mariam*, & il consiste en deux grandes rües, qui contiennent les plus jolies Maisons de la Ville, toutes habitées par des Filles publiques. Il n'y a dans tout le Ximo que ce Kasiematz, & un autre moins renommé dans le Chicugen. C'est là, que le petit Peuple, qui produit les plus grandes beautez (*a*) de tout le Japon, sur tout dans le Figen, dont est Nangazaqui, peut placer ses Filles, quand il n'a pas le moyen de les nourrir, & ce Commerce est fort lucratif par tout, mais principalement à Nangazaqui, à cause du grand nombre d'Etrangers, qui s'y trouvent en certain tems ; outre que les Habitans de Nangazaqui passent pour les plus dissolus du Japon après ceux de Méaco, qui ont le plus fameux Kasiematz de l'Empire.

Education qu'on donne à ces Créatures.

Ceux, qui tiennent ces lieux de débauches, achettent les Filles, quand elles sont jeunes, les entretiennent absolument de tout, leur font apprendre à danser, à chanter, à joüer des Instrumens, à écrire des Lettres. En un mot ils ne négligent rien pour perfectionner en elles les qualitez & les agrémens, que les Personnes de ce sexe sçavent si bien mettre en usage pour séduire les cœurs. Les anciennes instruisent les plus jeunes dans ce dangereux Art, si cependant la nature corrompuë n'en est pas le meilleur Maître ; & pour prix de leurs leçons elles en reçoivent tous les services, dont elles peuvent avoir besoin ; celles, qui réüssissent le mieux à accréditer la maison, où elles demeurent, sont aussi mieux traitées, que les autres ; mais quoiqu'il y ait des Filles à tout prix, il est défendu sous de grosses peines de rien exiger au-delà d'un certain prix marqué par le Magistrat. Plusieurs de ces Créatures se marient, lorsqu'elles sont lasses de mener une vie si déréglée, & non seu-

(*a*) Kœmpfer dit qu'il en faut excepter les Femmes de Méaco.

Zzz iij.

lement elles trouvent des Epoux, mais on ne les eſtime pas moins, pour avoir fait un métier, dont on rejette toute l'infamie ſur l'avarice, ou l'extrême indigence de leurs Parens. D'ailleurs elles ont reçu une éducation, qui les rend eſtimables aux yeux de bien des gens. Quant à ceux, qui exercent ce ſcandaleux Commerce, quelques richeſſes, qu'ils y ayent acquiſes, ils ne ſont jamais reçus dans la compagnie des honnêtes gens; on les a même obligez de prêter leurs Domeſtiques, ou d'en loüer, pour aider aux Exécutions des Criminels, comme je l'ai déja remarqué.

De la Priſon. La Priſon publique eſt au centre de la Ville, on l'appelle *Roja*, & *Gokuſa*; le premier de ces deux noms ſignifie une cage, & le ſecond, l'Enfer. Elle conſiſte en pluſieurs huttes toutes iſolées, où les Priſonniers ſont logez ſuivant leur qualité, ou la nature de leur crime: un endroit, où l'on donne la queſtion; un autre, pour exécuter en ſecret ceux, à qui on veut épargner la honte de mourir publiquement par la main du Bourreau: une Cuiſine; un baſſin d'eau pour ſe baigner; & une eſpece de Préau, où l'on permet quelquefois aux Priſonniers de ſe promener.

Des Ponts. On compte dans Nangazaqui juſqu'à trente-cinq Ponts, mais leur ſtructure n'a rien de fort remarquable, & ils ne contribuënt point du tout à l'ornement de la Ville: en récompenſe ils ſont d'une grande commodité pour les Habitans. En un mot Nangazaqui n'a de beau, que ſon Port, ſes Temples & ſes dehors. Outre que ſes ruës ne ſont, ni larges, ni droites, quelques-unes ont des montées ſi roides & ſi eſcarpées, qu'on a été contraint d'y faire pluſieurs dégrez. D'ailleurs il n'y a rien de plus miſérable, que les maiſons des petites gens, qui ſont de beaucoup le plus grand nombre, mais toutes ont une cour de décharge aſſez grande, pour y cultiver quelques Plantes curieuſes, dont la verdure & les fleurs réjoüiſſent la vûë. Les maiſons des plus riches Marchands ſont beaucoup mieux bâties: elles ont ordinairement deux étages diſpoſez à la maniere des Chinois, avec une avant-cour & un Jardin ſur le derriere.

Des Manufactures, & des Vivres. Les Manufactures ne ſont pas ordinairement auſſi bonnes à Nangazaqui, que dans les autres Villes, où il y en a. Il faut pourtant en excepter ce qui ſe travaille en or, en argent, & en Sowaas; car on ne fait nulle part ailleurs de ces ouvrages avec plus de goût & de propreté. Le Pays ne produit pas aſſez de Ris pour nourrir ſes Habitans, mais il eſt aiſé d'en avoir des Provinces voiſines. Les Villages des environs de la Ville lui fourniſſent tout ce qu'il lui faut de fruits, de légumes, de racines, de volailles, de bois de chauffage, & même un peu de chaſſe; le Havre & tous les rivages voiſins donnent beaucoup de poiſſon & de Canards, qui ſont une excellente manne pour les pauvres. Enfin les eaux des trois Rivieres, qui paſſent par le milieu de la Ville, ſont auſſi délicieuſes & auſſi ſaines, qu'elles ſont belles & claires; auſſi les gens ſages, & qui veulent conſerver leur ſanté, la préferent au Sacki, lequel eſt trop fort par tout le Japon, & a un goût déſagréable à Nangazaqui. La Montagne de *Totta*, qui n'eſt pas loin de la Ville, a

A L'HISTOIRE DU JAPON. 551

aussi une très-belle fontaine, où les Navires vont faire leurs provisions d'eau.

Incommoditez de cette Ville.

Il se fait jour & nuit un bruit fort incommode dans cette Ville. Tout ce qui s'y vend, se crie dans les ruës, comme à Paris; & les Ouvriers, qui travaillent à la journée, s'encouragent les uns & les autres en criant sur un certain ton, qui impatiente beaucoup ceux, qui n'y sont pas faits. Les Matelots font à peu près la même chose dans le Port. Le Guet, qui court; & les Sentinelles, qui sont en faction pendant la nuit, éveillent tout le monde pour avertir qu'ils ne dorment pas. Ils ont aussi pour marquer les heures deux grosses piéces de bois, qu'ils battent l'une contre l'autre, & qu'on entend de fort loin. Les Chinois augmentent encore le tintamarre, surtout le soir, quand ils allument en l'honneur d'une Idole, nommée MAATSO BOSA, des morceaux de papier, qu'ils jettent ensuite dans la Mer; ou lorsqu'ils portent cette Divinité en procession autour de leurs Temples au son des Tambours & des Cymbales : mais tout cela est peu de chose en comparaison des cris, que poussent les Bonzes & les Parens des Agonisans & des Morts. A ces cris succédent en certains jours des chants accompagnez de carillons de Cloches, qui n'ont rien que de désagréable; en sorte qu'il n'est pas aisé de s'accoûtumer à vivre dans cette Ville, quand on n'y est pas né.

Gardes du Port & du Havre. Le Goban.

Quant aux Gardes du Port & du Havre, il y en a quatre principales disposées de maniere, qu'elles peuvent s'aider mutuellement, & qu'elles se tiennent aussi réciproquement en respect. La premiere, qu'on nomme le *Goban*, est proprement la Grand'Garde Impériale, absolument indépendante des Gouverneurs de Nangazaqui; les Rois de Figen & & de Chicugen en font alternativement la dépense par année, & il y a bien de l'apparence que c'est aussi à eux à en nommer les Commandans & les autres Officiers. Cette Garde est celle, que j'ai dit être à une demie lieuë de la Ville, & partagée en deux Corps de sept cens hommes chacun, placez sur deux éminences vis-à-vis l'une de l'autre; & d'où l'on découvre tout le Havre & au-delà. Leurs logemens n'ont que des Portes palissadées, sans Fossez ni Canon. Quand un Navire passe devant ces logemens, ils sont tapissez en dehors d'un drap rouge, & il faut les saluër de toute l'Artillerie du Bord. Cette Garde a toujours un grand Batteau entretenu & tout prêt pour en transporter des détachemens par tout, où le Commandant le juge à propos.

Le Funaban.

La seconde Garde s'appelle le *Funaban*, c'est-à-dire la Garde des Vaisseaux. Elle n'est que de dix-huit Soldats, ausquels on fournit les Batteaux nécessaires, pour veiller sur les Navires Etrangers, & pour faire la ronde dans le Port pendant la nuit. Dès qu'un Navire arrive avec Pavillon Chinois, ou Hollandois, deux de ces Batteaux vont se ranger à ses deux côtez. Au bout de deux heures ils sont relevez par d'autres, & cela continuë tout le tems, que le Navire est dans le Port. A son départ, ils l'accompagnent jusques hors de la rade. La dépense de cette Garde se tire sur les ruës, qui sont du côté du Port, & qu'on appelle les *ruës de l'eau*, & afin que ceux, qui sont chargez de cette taxe, n'ayent pas lieu de s'en plaindre, on en a imposé une sur les ruës hautes, qu'on nomme *Ruës de Campagne*, pour le service des Gouverneurs.

L'Okubibune. Cette seconde Garde seroit trop foible, si elle n'étoit pas soutenuë par une troisiéme, appellée *Okubibune*, & composée de ce qu'on appelle *les Inspecteurs de l'Escorte*. Elle consiste en plusieurs Batteaux, qui ont chacun huit Rameurs, dont l'emploi est 1°. de suivre les Navires, qui sortent du Port, & de ne les point perdre de vûë, qu'ils ne soient en pleine mer, afin de pouvoir prêter main forte à ceux du Funaban, s'il en étoit besoin. 2°. d'empêcher les Chinois de débarquer ailleurs, qu'à Nangazaqui. 3°. de veiller sur tous ceux, qui pourroient frauder les droits du Prince: pour cela, ils croisent continuellement le long des Côtes, & ils s'occupent ordinairement à la pêche de la Baleine. Ils sont commandez par un Officier Général, qui préside aussi à leur pêche.

Le Toniban. La quatriéme Garde est celle de la Découverte; on l'appelle le *Toniban*. Elle est de vingt Soldats, qui demeurent avec leurs Familles à l'extrémité méridionnale de la Ville sur une Eminence, qui domine le quartier des Chinois & l'Isle de Desima. Dès qu'avec la Lunette d'approche ils ont apperçu un Navire, ils en donnent avis aux Gouverneurs; ils vont ensuite avec des Batteaux légers observer la manœuvre de ces Navires, & donnent exactement avis de tout aux mêmes Gouverneurs. Il y a une semblable Sentinelle d'observation sur la Montagne Fooquasan, qui est plus proche de la Ville, & où l'on a soin de tenir quantité de matieres toutes prêtes à allumer, en cas qu'on découvrît une Flotte, qui eût au moins dix Navires; d'où l'on peut conclure que les Hollandois ne peuvent aller au Japon avec ce nombre de voiles (*a*). Ce feu s'allumeroit encore, s'il arrivoit quelque soulevement dans le Ximo, & en seroient allumer de distance en distance jusqu'à Jedo, où l'on pourroit ainsi être averti en vingt-quatre heures de ce qui se passeroit.

(*a*) Les Japonnois distinguent apparemment d'abord les Jonques Chinoises, que nous avons vûës venir en plus grand nombre.

CHAPITRE II.

Description des principaux Temples des environs de Méaco.

IL y a un grand nombre de Temples dans la Ville de Méaco, mais s'ils sont plus riches en ornemens intérieurs, ils n'ont pas au dehors, ni l'agrément, ni la magnificence de ceux des environs. Je ne parlerai ici que des principaux, & je les représenterai dans l'état, où Kœmpfer les a vûs. J'ai marqué en différens endroits de cette Histoire ce qu'ils avoient autrefois de plus remarquable.

Le

Le Daibods Temple de ...

T.2.4°P.553. et in 12. T.8.P.29.

près de Meaco

A L'HISTOIRE DU JAPON.

Le Tſu-ganin.

Le premier, dont on fait faire la viſite aux Directeurs du Commerce des Hollandois à leur retour de Jedo, eſt le Tsuganin. On y va par une Allée large & ſpacieuſe, diſpoſée le long de la Montagne, ſur laquelle le Temple eſt bâti, longue de plus de mille pas, & plantée à la ligne de fort beaux Arbres. Cette Avenuë a une grande & magnifique porte avec un toit recourbé à la maniere de ceux des Temples, & des Tours, qu'on voit dans les Châteaux: elle eſt bordée des deux côtez de belles maiſons, où demeurent les Officiers du Temple, & terminée par une grande Terraſſe, environnée d'Arbres, & de Buiſſons. De-là on paſſe par deux ſuperbes Edifices de bois, puis on monte un eſcalier très-propre, qui conduit à un troiſiéme Bâtiment fort exhauſſé, dont le Frontiſpice eſt mieux travaillé, & plus majeſtueux encore, que celui du Palais Impérial de Jedo. Cet Edifice a une Galerie verniſſée avec beaucoup d'art, & les planchers des Appartemens ſont couverts de Nattes très-fines. Au milieu de l'Avant-Salle, qu'on trouve d'abord, il y a une Chapelle, où l'on voit une grande Idole, dont les cheveux ſont friſez, & qui eſt environnée d'autres Idoles plus petites, qui ont chacune leurs ornemens particuliers. Cette Chapelle eſt flanquée de deux autres moins grandes & moins ornées. De-là on entre dans deux appartemens, où l'Empereur loge, quand il vient viſiter le Tſuganin; ils ſont élevez de deux Nattes au-deſſus de l'Avant-Salle, & ont vûë ſur les Chapelles par le moyen de deux portes.

Tout proche de ces Appartemens, qui ſont au pied de la Montagne, il y a un Jardin de plaiſance, dont la perſpective eſt au-deſſus de toute expreſſion, & qui eſt diſpoſé avec toute la régularité, que le terrein a pû permettre. Les Allées en ſont couvertes d'un ſable blanc, qui éblouït, quand le Soleil donne deſſus; pluſieurs Plantes rares, des Arbres cultivez avec ſoin, & des pierres de différentes couleurs entrelaſſées avec une noble ſymétrie ornent le quarré du Parterre. Mais ce qu'on y admire ſurtout, c'eſt une ſuite de petites Collines factices, où la nature eſt parfaitement imitée, & qui ſont ſemées des plus rares Plantes, & des plus belles fleurs du Pays. Un clair ruiſſeau en baigne les pieds, & coule avec un doux murmure; on y a jetté pluſieurs petits Ponts, qui ſervent tout enſemble d'ornement & de communication pour parcourir les différentes parties du Jardin, à l'extrémité duquel on découvre un autre point de vûë, qui ne le céde en rien à celui du Jardin même, non plus que celui de toute la Montagne: car, outre la diverſité des Arbres & des Bouquets de bois, dont elle eſt couverte dans la plus charmante diſpoſition du monde, quantité de Chapelles, ou petits Temples cachez à demi dans ces Boſquets, y font un effet merveilleux.

On ſort du Jardin par une porte de derriere, qui eſt ſur la gauche, & qui mene à un petit Temple ſitué un peu plus haut ſur le penchant de la Montagne à la diſtance de trente pas. C'eſt dans ce Temple, que l'on garde les noms des Empereurs Cubo-Samas décédez; ils ſont écrits ſur une table en caracteres d'or, & cette table eſt entourée de ſiéges bas, ſur chacun deſquels il y a trois grands

Tome II.   A a a a

papiers écrits, & un plus petit ; ils contiennent des prieres, que l'on doit dire pour l'ame du dernier Empereur défunt. Près de l'entrée de ce Temple il y a deux Troncs pour recevoir les aumônes du peuple, & devant un de ces Troncs une Chaire. On va enfuite dans un autre Temple magnifique, féparé du précédent par une grande Place, & fupporté par de gros Piliers, qui ont une braffe & demie de haut. Sa magnificence confifte principalement dans quatre toits recourbez les uns fur les autres. Le plus bas, qui eft le plus grand, eft fort jetté tout autour de murs, qui couvrent un Portique ou Galerie extérieure, laquelle régne tout autour du Temple. Les poteaux, les folives, & les corniches, qui portent les toits, font peints, les uns en rouge, les autres en jaune ; le plancher eft couvert de Nattes, & du refte le Temple eft fans ornement jufqu'au comble, qui eft appuyé fur cinq rangées de piliers de bois, de fix chacune. Au milieu, un peu plus fur la droite, il y a un grand efpace vuide, & à la gauche un autre efpace, où font renfermées plufieurs Idoles dans des niches, qui font comme des efpeces de Cabinets vernifiez. Un rideau couvre la principale de ces niches, & devant le rideau il y a un miroir rond avec des Troncs pour recevoir les aumônes. De ce Temple on paffe à un autre Bâtiment, moins magnifique à l'extérieur, que les précédens, mais qui ne céde à aucun pour la propreté, ni pour les ornemens intérieurs. Pour aller à ce Bâtiment, il faut paffer par une Chapelle toute remplie d'Idoles. Il y a bien de l'apparence que c'eft tout ce compofé de Temples, de Chapelles, & d'autres Edifices, qu'on nomme le *Tfuganin*.

Au fortir de ce bel endroit, où l'on remarque plus qu'en aucun autre, ce mélange admirable de la fimplicité de la nature, & de la propreté de l'art, en quoi les Japonnois font fi grands Maîtres, on fait trois ou quatre lieuës, d'abord dans un defert délicieux, puis au travers d'un bois agréable, pour arriver à une grande Place quarrée, au milieu de laquelle eft le Temple de GIWON, ou le Temple *des Fleurs*. Il eft environné de trente ou quarante Chapelles fort regulierement difpofées, & d'efpace en efpace on voit des Boutiques, avec de grandes Cours, où l'on s'exerce à tirer de l'arc. Le Giwon eft un Bâtiment long & étroit, dans le milieu duquel il y a une Galerie en périftyle, & au centre une grande Idole entourée d'autres petites avec divers ornemens. On y remarque furtout la figure d'une jeune Femme, qui a autour d'elle de petites Divinitez vêtuës en jeunes Guerriers. On a placé au même endroit dans ces derniers tems un petit Navire de fabrique Hollandoife, quelques Sabres & quelques Epées, avec divers ornemens de peu de valeur. Ce Temple eft certainement un MIA, c'eft-à-dire, qu'il appartient à la Religion des Camis, & qu'il eft défervi par des CANUSIS : ils font habillez de blanc, & ont des bonnets vernifiez. On en voit toujours quelques-uns affis en dehors devant le Temple.

Le troifiéme Temple fe nomme KIOMITZ. Quand on y va du fecond, on monte toujours, & le premier objet, qui fe préfente, eft une haute Tour à fept étages, dont le

Temple de Giwon.

Le Kiomitz.

plus bas est élevé de quelques marches au-dessus du Rez-de-Chaussée. Il sert comme de Chapelle, & l'on y voit une grande Idole, accompagnée à l'ordinaire de plusieurs petites. Un peu plus loin sur la Montagne est le Temple; il est appuyé d'un côté sur la Montagne même, & soutenu de l'autre sur des piliers; il est environné d'un treillis, & il n'y a au-dedans qu'un grand miroir rond, deux Troncs pour recevoir les aumônes, & quelques Cloches. Assez près de là il y a un Escalier de pierre de quatre-vingt-cinq marches, lequel conduit à une Fontaine d'une eau très-pure; on pourroit la nommer la Fontaine de sagesse, s'il étoit vrai, comme on le prétend, qu'elle a la vertu de rendre sages ceux, qui en boivent. En quittant cette Fontaine, on avance assez loin le long de la Montagne, & l'on arrive ensuite à une belle Terrasse; puis, après avoir passé par plusieurs petits Temples & Chapelles, on apperçoit un autre grand Temple, dont la structure est à peu près la même, que celle du premier, appuyé de même d'un côté sur la Montagne, & de l'autre sur des piliers, mais plus hauts que les précédens. La vûë de cet endroit est d'une étenduë immense, & l'on y découvre le plus beau Pays du monde. Il y a dans ce dernier Temple un grand nombre d'Idoles, dont les principales sont assises, & se tiennent par la main.

Le Daïbods.

Le quatriéme est le grand Temple du DAÏBODS, ou DAÏBUT. Ce nom signifie un homme d'une éminente sainteté, & il paroît qu'il est quelquefois pris pour un terme générique. Devant la cour de ce Temple il y a une petite Colline, qui est un ouvrage de l'art, & sur cette Colline un Monument de pierre, qu'on appelle le *Tombeau des oreilles*: on fait sur cela un conte ridicule de l'Empereur Tayco-Sama, mais qui a tout l'air d'une fable. Le Daïbods est bâti sur une Eminence assez près du grand chemin, qui va de Méaco à Fucimi: la cour est environnée de hautes murailles de pierres de taille fort grandes; celles de la façade ont près de deux brasses en quarré. Un toit appuyé d'un côté sur ces murailles, & soutenu de l'autre par un double rang de piliers hauts de trois brasses, & posez à deux brasses de distance l'un de l'autre, forme tout autour de cette Cour une maniere de Portique, ou de Galerie couverte. Chaque rangée est de cinquante piliers; ainsi il y en a en tout quatre cens, tous peints en rouge. On monte au Portail par huit marches; ce Portail n'est pas grand, il est néanmoins soutenu de cinquante piliers de chaque côté, & a un double toit recourbé. Il est flanqué en dedans de deux Statuës de Héros presque nuds, noirs, ou plutôt d'un pourpre obscur; elles ont quatre brasses de haut, sont bien proportionnées, ont une tête de Lion, & sont montées chacune sur un piedd'estal de la hauteur d'une brasse. Celle, qui est sur la main gauche, a la bouche affreusement ouverte, & une de ses mains étenduës; l'autre a la bouche fermée, aussi bien que la main, qu'elle tient appuyée sur le corps avec un long bâton, qu'elle porte à demi en arriere. On dit que ces deux Statuës sont des symboles des deux premiers principes souverains de la Nature, l'actif & le passif; celui qui donne, & ce-

Aaaa ij

lui qui ôte ; celui qui ouvre & celui qui ferme ; le Ciel & la Terre, la génération & la corruption.

De ce Portail on entre dans une grande Place, où il y a seize piliers de pierre de chaque côté ; on y voit aussi des lampes allumées, & un grand bassin rempli d'eau pour se laver. Le Temple est au milieu de cette Place, vis à-vis des deux Statuës colossales, dont nous avons parlé. C'est l'Edifice le plus exhaussé, qui soit au Japon : il est couvert d'un double toit recourbé fort magnifique, & soûtenu de quatre-vingt-seize piliers rangez par huit, & d'une brasse & demie de circuit. Quelques-uns sont d'un seul tronc d'arbre, la plûpart de plusieurs piéces jointes ensemble, comme les Mats des Navires ; tous sont peints en rouge, aussi bien que leurs montans, les poûtres & la plus grande partie de la charpente du Temple, lequel est fort obscur en dedans, & contre l'ordinaire pavé de grands quarrez de marbre. On ne découvre au dedans qu'une seule Idole d'une grandeur incroyable, & toute dorée : trois Nattes couvriroient à peine une de ses mains, & les Nattes au Japon ont un pied de long & un demi pied de large. Ses oreilles sont plus grandes que de proportion ; elle a les cheveux frisez, une couronne sur la tête, & au front une tache ronde, comme une de ces mouches, que les Femmes se mettent au visage. Elle a la main droite élevée, & elle laisse voir la paume de la gauche, qu'elle tient appuyée sur le ventre. Elle est assise à l'Indienne sur une fleur de *Tarate*, les jambes croisées, & soûtenuës d'une autre fleur, dont les feüilles sont redressées. Ces deux fleurs sont exhaussées d'environ deux brasses au-dessus de terre. Derriere le dos de l'Idole il y a un oval d'ouvrage branchu, ou de filigrame à personnages, mélé de différentes figures purement humaines, assises aussi sur des fleurs de Tarate. Cet oval est plat, & si grand, qu'il couvre quatre piliers, & l'Idole atteint de ses épaules à deux de ces piliers, qui sont tous éloignez les uns des autres de quatre brasses.

J'ai dit ailleurs que cette Statue est une figure de Xaca. Il y avoit néanmoins un Daïbods au Japon, avant l'introduction du *Budso*, ou de la Doctrine de Xaca dans cet Empire, ce qui me confirme dans la pensée qu'on a autrefois donné ce nom à plusieurs Temples consacrez aux Divinitez principales. Il y a deux cent ans que le Daïbods de Xaca, qui étoit alors dans la Ville, ou aux environs de Nara, étoit d'une richesse immense ; mais il a été brûlé dans les guerres civiles, & il en faut dire autant de plusieurs autres, où nos plus anciens Mémoires marquent que les plus précieux Métaux étoient prodiguez : les Idoles mêmes les plus grandes étoient d'or, au lieu que présentement elles ne sont pour l'ordinaire que de bois doré. Ce sont surtout les dernieres guerres civiles, qui ont dépoüillé ces fameux Sanctuaires de la Religion Japonnoise de ces marques de la magnificence des anciens Empereurs, lesquels n'étoient alors somptueux, que quand il s'agissoit d'honorer leurs Dieux. A la droite de ce Temple il y a une petite Chapelle toute vernissée en noir, dans laquelle il y a un miroir, que Kœmpfer assure être de la grandeur de celui

de Saint Staniflas à Cracovie.

Temple de Quanwon. Le cinquiéme Temple des environs de Méaco est celui de Quanwon. Il est beaucoup plus long que large : l'Idole, qui est assise au milieu, a quarante-six bras; & auprès d'elle un de ses plus célébres Disciples nommé *Sakika*, sous la figure d'un Vieillard fort maigre, & d'un regard farouche. De chaque côté du Temple, il y a dix bancs de bois rangez les uns derriere les autres en amphithéâtre, & sur chaque banc, cinq cent statuës de Quanwon, de grandeur humaine, placées de bout sur leurs pieds-d'estaux. Seize figures de Héros habillez de noir, & plus grands que nature, sont aux côtez de la Statuë du milieu, & un peu plus loin, de chaque côté, il y a deux rangées d'autres Idoles dorées, à peu près de la même taille. Elles ont chacune vingt bras, dont les plus reculez portent de grandes houlettes : les autres ont des guirlandes, des roses, & d'autres ornemens pareils. La tête de la grande Idole est couronnée d'un cercle avec des rayons d'or, & porte sept autres Idoles, dont celle du milieu est la plus petite; toutes ont divers ornemens sur la poitrine. Des quarante-six bras de Quanwon, deux, qui sortent de sa poitrine, sont élevez sur sa tête, comme d'une personne qui prie, & sont plus gros & plus longs que les autres : un troisiéme, qui est à droite, tient un bâton; un quatriéme, qui est à gauche, porte une pique à trois pointes. On appelle ce Temple des trente-trois mille trois cens trente-trois Idoles, & si Kœmpfer, qui prétend l'avoir vû, ne nous en fait

point accroire, il faut que cet Edifice soit d'une grandeur énorme : on peut dire, qu'il n'y auroit point d'exemple d'une vérité, qui passât plus la vraisemblance.

Il y a bien de l'apparence, que le Temple des mille Idoles d'or consacré à Amida, dont j'ai parlé ailleurs, n'existoit plus du tems de Kœmpfer, où que l'on ne jugea pas à propos d'y faire entrer les Hollandois, puisque cet Auteur n'en dit rien. Il est même assez vraisemblable que la description, qu'on en voit dans les *Ambassades mémorables*, a été dressée sur les Mémoires des anciens Missionnaires, quoique l'Auteur prétende l'avoir vû. Ce n'est pas le premier exemple, qu'on voit dans ce Recueil, de descriptions, ou tout-à-fait feintes, ou copiées dans les Lettres des Jésuites : mais le vrai y est tellement mêlé de fable, qu'il n'est presque pas possible de compter sur rien de ce qu'avance l'Auteur, qui a ramassé tous ces Journaux d'Ambassades. C'est ce qui m'empêche de m'arrêter à ce qu'il nous dit des Temples de Jedo, & surtout du Temple d'or d'Amida, où ce Dieu, dit-il, est monté sur un cheval à plusieurs têtes; ayant lui-même une tête de chien & le corps d'un homme, avec un cercle soûtenu des dents & des mains; le tout, dit-on, est d'or, & posé sur une plaque d'argent de l'épaisseur d'un demi doigt; la housse du cheval est toute en broderie de perles, d'or & de diamans, & des caracteres écrits sur le devant de l'Autel expliquent ce que signifie tout cet équipage.

Aaaa iij

CHAPITRE III.

D'une Fête particuliere appellée MATSURY.

Ce que c'est que le Matsury.

J'Ai dit dans le Livre Préliminaire de cet Ouvrage, que ce qu'on appelle MATSURY, est la Fête principale du Dieu protecteur de chaque Ville. Kœmpfer, qui a assisté à un Matsury, lequel se célébroit en l'honneur d'un Cami nommé SUWA, Patron de Nangazaqui, nous en a donné la description avec assez peu d'ordre ; la voici un peu mieux rédigée, & dépoüillée de bien des circonstances, qui m'ont paru assez inutiles. La Fête commença de grand matin par une Procession, qui se fit dans les principales ruës de la Ville en cet ordre.

Procession, par où commence la Fête.

On voyoit d'abord deux chevaux de main aussi maigres & aussi décharnez que celui, que monte le Patriarche de Moscou le jour de Pâques Fleuries pour se rendre à sa Cathédrale : ils étoient suivis de quelques Enseignes & autres marques d'honneur usitées dans les premiers tems, dont elles rappelloient la simplicité : c'étoit une lance courte & large, toute dorée, une paire de souliers d'une grandeur extraordinaire, & d'un travail fort grossier, un grand panache de papier bleu, attaché au bout d'un bâton court, qui est la marque de la Jurisdiction spirituelle, &c. Derriere tout cela étoient portées des Tablettes, où devoient être renfermez les MIKOSIS, dont je parlerai tout à l'heure : comme ces Tablettes étoient vuides, on les portoit renversées, afin que le Peuple y jettât ses Aumônes : on en jettoit encore dans un vaste Tronc, qui étoit porté par des Crocheteurs loüez exprés : ce qui prouve que ces jours-là les Docteurs Sintoïstes font leur grande récolte.

Deux MIKOSIS paroissoient ensuite : ce sont des Niches octogones fort grandes, portées chacune par un homme, qui sembloit en avoir plus que sa charge. Elles étoient vernissées, & ornées avec art de corniches dorées, de Miroirs de métal fort polis, & surmontées d'une figure de Gruë dorée. Après ces Mikosis venoient deux Litieres de bois, semblables aux Norimons, dont on se sert encore aujourd'hui à la Cour du Dairy. Les deux Supérieurs du Temple de Suwa y étoient portez. Deux chevaux de main les suivoient ; & après eux marchoient un grand nombre d'Harideles assez mal enharnachées. Le Corps des Ministres du Temple venoit ensuite à pied, en bon ordre, & avec une grande modestie. Les Habitans de la Ville fermoient la marche avec assez de confusion. Le terme de cette Procession fut la Cour du Temple de Suwa. Et dès que les Canusis & leur Supérieur y eurent pris leur place, les Lieutenans des Gouverneurs de Nangazaqui se montrerent avec leur suite ordinaire, & précédez extraordinairement de vingt longues piques de cérémonie. Quatre d'entr'eux, après

Ce qui se passa dans le Temple entre les Canusis & les Lieutenans des Gouverneurs.

s'être lavez les mains dans le baſſin, qui étoit, ſuivant la coutume, au milieu de la Cour, entrerent dans le Temple, & firent au nom des Gouverneurs & en leur propre nom un compliment aux deux Supérieurs Sintoïſtes, qui y étoient aſſis entre les deux Mikoſis, & quand ils eurent fini, un Canuſi remplit une grande cuilliere d'or d'une liqueur douce, nommée *Ameſaki*, & la verſa dans une petite écuelle de terre non verniſſée, en mémoire de la pauvreté des premiers ſiécles, puis la préſenta aux Subdéléguez, qui en bûrent. C'eſt une ſorte de Bierre de ris boüilli, qu'on laiſſe fermenter toute une nuit; elle ne ſert que dans cette occaſion, & c'eſt encore un mémorial de la frugalité du bon vieux tems, où l'on ne connoiſſoit point d'autre façon de braſſer la Bierre.

Deſcription de la Place des Spectacles.

Cela fait, la Proceſſion ſe rendit dans une grande Place, où l'on avoit élevé un Temple de Bambou, avec des aîles aux côtez. Le Frontiſpice étoit tourné vers la Place; & le tout étoit couvert de paille & de branches de Tsugi. Ce Bâtiment reſſembloit aſſez à une grange, & & cela étoit fait à deſſein pour remettre encore devant les yeux l'antique ſimplicité des premiers Japonnois. Il y avoit un grand Sapin à côté de la façade, & les trois autres côtez de la Place étoient diſpoſez en loges, où il y avoit un grand nombre de ſiéges pour les Spectateurs. Dès que les Miniſtres du Temple furent entrez dans cette Place, ils s'aſſirent par ordre ſur trois bancs vis-à-vis le Frontiſpice; les deux Supérieurs étoient ſeuls ſur le plus élevé; on les reconnoiſſoit à un habillement noir, & à un bâton court, qu'ils portoient pour marque de leur autorité; quatre Canuſis d'un rang peu inférieur étoient ſur le ſecond; ils avoient des robes blanches & un bonnet noir verniſſé, peu différent de celui des Supérieurs; les autres étoient ſur le troiſiéme banc, habillez preſque de même que les précedens; les Valets & les Porteurs des uſtenciles du Temple étoient derriere tête nuë & debout. De l'autre côté de la Place, vis-à-vis de cette eſpece de Clergé étoient placez les Lieutenans des Gouverneurs ſous une Tente, aſſis ſur des nattes fines un peu élevées au-deſſus du rez-de-chauſſée avec leurs piques vis-à-vis d'eux. C'eſt à eux dans ces occaſions à donner les ordres pour faire ranger la foule, pour prendre garde qu'il n'arrive aucun accident, & pour contenir la Populace. Ils ont autour d'eux des Officiers ſubalternes, qui vont de tems en tems chez les Gouverneurs pour les informer de tout ce qui ſe paſſe, & en rapporter des ordres.

Quand tout le monde a pris ſa place, les Spectacles commencent. Ce ſont des Piéces de Théâtre, qui ſe ſuccedent les unes aux autres, & dont le ſujet eſt pris dans l'Hiſtoire des Dieux & des Héros: leurs Avantures, leurs grands Exploits, quelquefois leurs Intrigues amoureuſes ſont miſes en Vers, & ſe chantent en danſant au ſon de toutes ſortes d'Inſtrumens de Muſique. De tems en tems on voit paroître des Farceurs, dont les uns diſent mille plaiſanteries bouffonnes, d'autres, à la maniere des Pantomimes de l'ancien Théâtre Romain, danſent ſans parler, & tâchent d'exprimer par leur action &

Spectacles, & en quoi ils conſiſtent.

par leurs gestes la chose, qu'ils repréfentent, le tout en cadence, & au fon des Inftrumens. La Scene eft ordinairement formée par des Fontaines, des Ponts, des Maifons, des Jardins, des Arbres, des Montagnes, des Animaux, le tout figuré grand comme nature, & difpofé de maniere, qu'on les peut changer; ce qui fe fait avec beaucoup de promptitude. Les Acteurs font le plus fouvent de jeunes Garçons choifis dans les quartiers, qui font la dépenfe de ces Spectacles ; & de jeunes Filles, qui font tirées des lieux de débauche : les uns & les autres font magnifiquement vêtus de robes de foye de différentes couleurs, & convenables aux rôles, qu'ils doivent joüer. Kœmpfer prétend qu'ils s'en acquittent avec une grace naturelle, qu'on ne trouve pas même communément en Europe : mais on pourroit douter que ce Voyageur eût affez fréquenté nos plus célebres Théâtres, pour porter ce jugement avec connoiffance de caufe.

Ordre qui s'y garde. Proceffions des quartiers qui font la dépenfe.

J'ai dit que ce font les différens quartiers de la Ville, qui font la dépenfe de ces Spectacles, & ils la font chacun à leur tour, un certain nombre chaque année. Ils amenent leurs Acteurs & leurs Machines proceffionnellement en cet ordre : On voit d'abord un Dais fort riche, ou un Parafol de foye, fous lequel eft placé un Bouclier, où eft écrit en gros caracteres le nom de la ruë : il eft accompagné d'une Mufique, où dominent les Flûtes de différentes efpeces, & quelques Tambourins, des Cimbales, & des Cloches, dont on fait aufli ufage : & le tout compofe un charivaris fort agréable aux oreilles Japonnoifes, mais infupportable à celles, qui n'y font pas faites. Le chant eft réglé fur les mouvemens du corps & fur la danfe ; c'eft le contraire de ce qui fe pratique ailleurs. Ces danfes ne font pas vives ; à cela près elles ne font point inférieures aux nôtres. La Mufique eft fuivie des Machines, & de tout l'appareil de la Scene, que le quartier doit fournir. Ce qu'il y a de plus pefant eft porté par des hommes gagez pour cela ; le refte par des Enfans du quartier fort proprement mis : après cela viennent les Acteurs fuivis de tous les Habitans du quartier en corps, tous avec leurs habits de cérémonie. La Proceffion eft fermée par un nombre confidérable de gens, qui portent des bancs, ou d'autres chofes d'ufage, & marchent deux à deux. Les Danfes & les Spectacles de chaque ruë durent ordinairement trois quarts d'heure, après quoi la Proceffion s'en retourne dans le même ordre, qu'elle eft venuë, & fait place à une autre. Il n'eft pas néceffaire de dire qu'il y a entre les Quartiers une grande émulation ; mais s'il eft vrai, comme l'afsûre Kœmpfer, que tout doit finir à midi, il faut que chaque Scene dure beaucoup moins qu'il ne dit, vû le nombre de celles, dont il fut témoin. Quand tout eft achevé, les deux Supérieurs des Canufis fe levent, & s'avancent vers les Tentes des Lieutenans des Gouverneurs, pour les remercier de la bonté, qu'ils ont euë d'affifter à cet acte de Religion, ce qu'ils font avec les mêmes marques de foumiffion & de déférence, que ceux-ci leur en avoient données le matin.

Différentes Scenes d'un Matury.

Les Spectacles, les Machines, les Chants & les Danfes doivent changer

ger tous les ans : voici le détail des Scenes, qui composerent le Matsury, que vit Kœmpfer. Dans la premiere on voyoit huit jeunes Filles avec des habits de couleur, brochez de grandes fleurs blanches : elles portoient de grands chapeaux, comme pour les défendre des ardeurs du Soleil, & avoient à la main des éventails & des fleurs. Elles danserent tour à tour, & furent relevées de tems en tems par de vieilles Femmes, qui danserent dans un autre équipage. Il paroît que cette Scene n'étoit qu'une espece de préambule, car il n'y est point parlé de Machines, ni de Décorations de Théâtre.

La seconde Scene représentoit un Jardin semé de fleurs, qui occupoit deux côtez de la place ; au milieu étoit une chaumiere, d'où sortirent tout d'un saut huit jeunes Filles habillées de blanc & de rouge, lesquelles danserent avec des cônes, des paniers, des fleurs & des éventails.

La troisiéme consistoit en huit chars de triomphe, ausquels étoient attelez des Bœufs de différentes couleurs ; mais comme ces Bœufs étoient feints, les chars étoient traînez par de jeunes garçons bien mis. Sur le premier de ces chars étoit un Arbre appellé *Tsubaki* avec ses fleurs : sur le second, une Montagne couverte d'arbres : sur le troisiéme une Forêt de Bambou, avec un Tygre, qui y étoit tapi. Sur le quatrième, une Baleine sous un Rocher, à demi cachée dans les eaux, & ainsi des autres. A la suite de ces chars parut une Montagne, au sommet de laquelle étoit un jeune homme vêtu magnifiquement, & couché sous un Abricotier fleuri, la Montagne étoit traînée par de jeunes garçons.

Dans la quatriéme des Danseurs joüerent leur rôle au milieu d'un Parterre de fleurs, & autour d'un arbre verd : le tout étoit traîné sur la place par de jeunes garçons. Une seconde bande suivoit la premiere ; chacun de ceux, qui la composoient, ayant deux Epées & un Mousquet : un Paysan venoit après tout seul & en dansant.

Il parut d'abord dans la cinquiéme une Montagne, que des hommes portoient sur leurs épaules, puis une Fontaine environnée d'une belle Allée, ensuite un grand tonneau ; enfin une maison. Deux Géants masquez avec des têtes prodigieusement grosses, représentant les Divinitez, suivoient & dansoient. Un troisiéme sorti de la Montagne les aborda armé d'une large épée : après lui sortirent du même endroit en sautant sept Chinois, avec lesquels il dansa ; puis il mit le tonneau en piéces, & il s'y trouva un jeune garçon fort proprement paré, lequel après une harangue, qu'il dit de bonne grace, dansa seul avec le Géant : cependant trois Singes ayant des têtes de Chevrettes, se leverent du milieu de la Fontaine, & danserent dans l'Allée, qui l'environnoit, en contrefaisant la danse du Géant & du jeune Garçon.

La sixiéme fit voir d'abord un Arc de triomphe rond à la Chinoise ; ensuite une Maison de campagne, puis un Jardin, le tout accompagné d'une Danse de six jeunes Garçons, armez & habillez de robes doublées de verd, de jaune, & de bleu, avec des hauts-de-chausses d'une forme particuliere. Une espece d'Arlequin sautoit parmi eux, & disoit des bouffonneries, qui divertissoient fort les

Tome II.   Bbbb

Spectateurs. Deux Danseurs sortis du Jardin, & ayant un habillement étranger, terminerent la Scene par une Danse.

La septiéme étoit une Montagne couverte de Bambous & de Sapins entremêlez d'Arbres fleuris de différentes especes. Cette Machine passa au travers de la Place, suivie d'une Troupe nombreuse de gens magnifiquement vêtus. On vit ensuite deux hommes habillez de blanc, & huit autres, dont les robes étoient jaunes, tous dansant & frappant sur une Cloche. Ils furent joints peu après par une troisiéme Bande de sept, qui danserent avec des pots à fleurs sur leurs têtes.

La huitiéme représentoit le train d'un Prince, qui voyage avec son Fils. Les Acteurs étoient de jeunes Garçons, dont la marche étoit cadencée.

La neuviéme commença par une Maison de verdure, qui fut placée au milieu de la Scene, & autour de laquelle danserent huit jeunes Garçons ayant des robes noires, & des hauts-de-chausses fort riches. Ils danserent d'abord avec des fleurs à la main, ensuite avec des Epées, des Fléches, & des Piques. Des Bouffons les relevoient par intervalles : enfin des Valets portant des boëtes sur leurs épaules se mélerent avec eux en dansant & en sautant.

La dixiéme offrit d'abord un Théâtre placé près d'une Colline couverte d'arbres ; un jeune homme armé & habillé de noir & de jaune monta sur le Théâtre, parla, & joüa son rôle pendant une demie heure, tandis que huit autres jeunes gens vêtus de robes de différentes couleurs, & brochées de fleurs, firent plusieurs Danses, qu'un Singe, qui sauta du haut de la Colline, contrefaisoit d'une maniere fort comique.

Dans l'onziéme on voyoit un jeune Sauteur fort bien fait, devant lequel on avoit placé une table ; on y montoit par un escalier de huit dégrez, & l'on en descendoit par un autre semblable, qui étoit de l'autre côté ; un Bambou étoit placé par son travers. On voyoit aussi une porte, au haut de laquelle il y avoit un trou rond, de deux empans & demi de diamétre ; le Sauteur fit plusieurs tours surprenans : il se couchoit tout à plat sur la table, puis sur le ventre & sur le dos, & se remettoit d'un saut sur ses pieds : ensuite il montoit le premier escalier avec des échasses, puis sur le Bambou, & descendoit l'autre escalier en changeant d'échasses. Il sauta aussi de trois toises de distance au travers du trou, qui étoit au-dessus de la porte, quoiqu'il portât un chapeau plus haut que le diamétre du trou.

Enfin la douziéme étoit composée de Machines d'une grandeur énorme, toutes représentant quelque chose au naturel ; mais elles étoient d'une matiere si mince, qu'un seul homme les portoit sur son dos : c'étoit un puits avec tous les instrumens nécessaires pour éteindre le feu ; une grande Cloche avec sa charpente, autour de laquelle serpentoit un grand Dragon : une Montagne couverte de neige, ayant la forme d'une tête de Dragon, & un Aigle sur la cime : un Canon de vingt-quatre livres de balles avec tout son train : des coffres de Voyageurs empaquetez dans douze bot-

A L'HISTOIRE DU JAPON.

tes de paille à la maniere du Pays : une Baleine dans un baffin d'eau, divers coquillages, & des fruits de toutes les efpeces. Ceux, qui portoient ces fardeaux, avoient encore un grand Tambour, qui leur pendoit par devant, & fur lequel d'autres hommes frappoient avec des Cloches. Tous danfoient en traverfant la Place; mais ils furent obligez de s'arrêter, avant que d'y entrer, pour reprendre haleine, comme ils avoient fait plufieurs fois pendant la Proceffion, à des Repofoirs, qu'on leur avoit dreffez exprès.

Il n'eft pas permis de répéter, au moins d'une année à l'autre, la même Scene. Mais comme ces Scenes font toutes allégoriques, elles ne divertiffent qu'autant, qu'on eft au fait de l'Hiftoire, ou de la Fable, d'où elles font tirées.

CHAPITRE IV.
De plufieurs épreuves fuperftitieufes, dont on ufe au Japon, pour découvrir les auteurs d'un crime.

Trois différentes manieres de découvrir les Criminels.

NOus avons parlé au commencement de cet Ouvrage, de la maniere de convaincre les Criminels, mais nous nous fommes peu étendus fur cette matiere, parce qu'il ne paroît pas que les Loix de l'Empire autorifent ces fuperftitions, dont les JAMMABUS font les Inventeurs & les Miniftres, & qui font au plus tolerées, & ne font en ufage, que dans le Domeftique. Je trouve néanmoins dans les Mémoires des Hollandois un fait, qui prouve, s'il eft vrai, que la Juftice a quelquefois recours à l'épreuve du feu. Le voici. Le deuxiéme d'Août de l'année 1636. un Gentilhomme, accufé de larcin, fe purgea en cette maniere : il fe mit fur la main un papier de la Chine en double, mais très-fin, & fur lequel étoient peintes trois figures affreufes; il pofa deffus un fer brûlant très gros : le papier s'enflamma & fe confuma, mais il n'y parut prefque pas à la main, ce qui fut regardé comme une preuve de l'innocence de l'Accufé, lequel fut déchargé par Sentence du crime, qui lui avoit été imputé. Pour revenir aux Jammabus, ces Impofteurs fe fervent pour leurs opérations magiques de trois moyens principaux, qui font l'adjuration, certains médicamens, & le feu. Avec les deux premiers ils obligent le coupable à confeffer fon crime; le troifiéme le trahit, dit-on, malgré lui. Mais avant que d'employer ceux-là, ils examinent en particulier l'Accufé, & quand ils ont découvert dans fes réponfes de quoi le foupçonner, ils trouvent le moyen de tirer de lui fon fecret, en le menaçant, & en lui promettant de garder un profond filence fur ce qu'il aura avoüé.

Si ce qu'on nous dit de l'adjuration eft véritable, il n'y a aucun lieu de douter que le Diable ne s'en mêle. L'Opérateur commence par fe donner des mouvemens, qui doivent le fatiguer beaucoup : on prétend qu'ainfi tourmenté pendant quelque tems, il peut en remuant fes doigts, ce qu'il fait avec une agilité & une

De l'adjuration.

Bbbb ij

dextérité surprenante, leur donner toutes les formes qu'il veut, comme de Crocodiles, de Tigres, & d'autres bêtes semblables : il fait prendre en même tems à son visage, tantôt un air courroucé & menaçant, tantôt un air inspiré ; en un mot il y peint toutes les passions, qu'il juge les plus efficaces pour effrayer, pour frapper, pour persuader. Il conforme aussi sa voix à toutes ces différentes impressions, & ne cesse point de réciter certains termes magiques sur tous les différens tons, qu'il juge les plus propres à son dessein. Il invoque tous les Dieux du Japon, & ceux des Pays étrangers ; il les conjure de punir le crime sur le Malheureux, qui s'obstine à le celer, & il s'adresse particulierement au Dieu FUDO, que ces prétendus Sorciers disent avoir été autrefois de leur Secte, & avoir mérité de présider aux adjurations par des pénitences extraordinaires, qu'il a pratiquées pendant sa vie, & qui lui ont acquis une place parmi les Immortels.

Des Médicamens.

Si cette premiere voye ne réüssit point, ou si l'on ne juge pas à propos de l'employer, on use de médicamens, dont les Jammabus ont seuls le secret, & ausquels ils donnent le nom de GO, ou de KHUMANO GO, parce que les drogues, dont ils sont composez, se tirent de la Province de Khumano. J'ai dit ailleurs qu'on achete dans la même Province de certains Ecriteaux, où sont marquez des caracteres, que le Peuple s'imagine avoir la vertu de chasser les Démons, & qu'ils affichent à cet effet aux portes de leurs Maisons. Les Jammabus en ont de particuliers pour l'opération, dont il s'agit, & dans la composition desquels ils font entrer leurs drogues enchantées. Ils les font avaler aux Accusez ; & si ceux-ci sont coupables, on prétend qu'ils se trouvent dans des inquiétudes mortelles, qui les contraignent de tout avoüer.

L'épreuve du feu est la plus efficace de toutes, & se fait en cette maniere. Le Magicien ayant ôté toutes les Nattes, qui couvrent le plancher, y fait mettre un brasier de la longueur d'une aulne. Il couche au milieu de ce brasier une représentation de l'Idole Fudo, ordonne à tous ceux, qui sont présens, de regarder attentivement cette figure, tandis qu'elle brûle, & après avoir fait quantité de cérémonies superstitieuses, il fait passer trois fois tous ceux, qui sont soupçonnez, sur le brasier avec les pieds nuds. Il examine ensuite les marques de brûlure, que chacun a à la plante des pieds, & nomme le coupable, qu'il reconnoît beaucoup mieux à la mine de ces Malheureux, s'il ne l'a pas déja connu, par la confession secrete, qu'il en a extorquée par ses menaces, ou en lui promettant de ne le pas déclarer.

CHAPITRE V.

D'une Colique extraordinaire, & de ses remedes.

LEs Japonnois font consister presque toute leur Médecine dans l'application de deux remedes externes, qui sont le Feu & l'Aiguille; ce sont comme deux remedes généraux, qui tiennent chez eux la place de la saignée, qu'ils ne connoissent point. Nous avons pourtant vû qu'ils s'en servoient à l'égard des Martyrs, lorsqu'ils craignoient qu'ils n'étouffassent trop tôt, mais ils pouvoient avoir emprunté cet usage des Portugais. Quoiqu'il en soit, ils employent l'Aiguille contre les obstructions, qu'ils regardent comme la source de presque toutes les maladies; & le Feu contre les vents, ausquels ils attribuënt toutes les douleurs aiguës. Voici de quelle maniere ils appliquent l'un & l'autre: Je commence par l'Aiguille, qui passe surtout pour un véritable Spécifique contre une sorte de Colique fort extraordinaire, très-commune au Japon, & qu'on appelle SENKI.

Description de cette Colique. Elle est, dit-on, causée principalement par le Sacki, quand cette Bierre est bûë froide: aussi les personnes sages ne la prennent-ils jamais, qu'ils ne l'ayent fait un peu chauffer. Cette Colique, outre la douleur vive, qu'elle produit dans les intestins, est accompagnée de Convulsions, qui affectent toutes les membranes, & tous les muscles du bas ventre. Quelques-uns de ses symptomes ressemblent beaucoup à la Passion hysterique, & on ne l'attribuë point à une humeur maligne logée dans la cavité du boyau, mais on prétend que son siége est dans la substance membraneuse de l'abdomen, où séjournant elle se change en une vapeur, ou plutôt en un vent subtil & acre, qui coupe & ronge la partie, où il se trouve renfermé, ce qui cause une suffocation, dont le malade craint à tout moment d'être emporté; toute la région du bas ventre, depuis les aînes jusqu'au-dessus des fausses côtes, en étant tiraillée avec violence. Quelquefois la maladie dégénere en une sorte d'enflure, ou en tumeurs, qui paroissent en plusieurs endroits du corps; il y en vient surtout aux Hommes dans les testicules, où il se forme des abcès; dans les Femmes il s'éleve des tubercules au fondement, & aux Parties secretes, qui en font tomber le poil, accidens, ausquels les Japonnois sont assez sujets, indépendamment même de la maladie, dont je parle.

Description des Aiguilles dont on se sert pour les guérir. Les Aiguilles, dont on se sert pour la guérison de cette maladie, doivent être de l'or, ou de l'argent le plus fin & le plus pur, & qui soit malléable: c'est un art particulier, que celui de leur donner la trempe, & le dégré de dureté requis pour cette opération: il est connu de peu de personnes, & il n'est pas permis de l'exercer, sans avoir des Patentes données sous le grand Sceau de l'Empereur. Ces Aiguilles sont de deux sortes; celles de la premiere

Bbbb iij

espece sont indifféremment d'or, ou d'argent, & assez semblables à nos poinçons, & aux stilets, dont les Indiens se servent pour écrire, mais plus déliez, & d'environ quatre poulces de long. Elles finissent en pointes fort aiguës, & elles ont un manche retors, qui sert pour les tourner avec plus de facilité. Les autres sont toujours d'argent, & different peu des premieres pour la figure, & pour la longueur, mais elles sont plus minces, & ont un manche court & épais, qu'on insere dans un tuyau de cuivre.

Maniere de s'en servir. La maniere de se servir de l'une & de l'autre, est à peu près la même: l'Opérateur, qu'on appellera, si l'on veut, Chirurgien, prend de la main gauche l'Aiguille près de la pointe, entre le bout du doigt du milieu, & l'ongle de l'index; il la tient ainsi sur la partie, qui doit être piquée, après avoir bien examiné si ce n'est point un nerf; puis prenant un marteau de la main droite, il en donne un ou deux coups sur la tête de l'Aiguille, précisément autant qu'il est nécessaire pour vaincre la résistance de la peau, & pour y faire entrer la pointe. Cela fait, il prend le manche de l'Aiguille de la main droite, entre les extrémitez de l'index & du poulce, il la tourne ensuite, jusqu'à ce que la pointe ait pénétré jusqu'au siége de la douleur, & il l'y laisse jusqu'à ce que le malade ait respiré une ou deux fois; en la retirant, il presse la partie avec le doigt, comme pour en faire sortir toute la vapeur, ou le vent. Les Aiguilles de la seconde espece ne sont point frappées du marteau, on les enfonce en tournant comme une vis, l'Opérateur la tenant entre les extrémitez du poulce & du doigt du milieu, autant qu'il faut pour entamer la peau; puis il acheve l'opération en tournant encore. Sa grande science en ceci, consiste à bien connoître l'endroit où il faut piquer, & la profondeur, que doit avoir la piqueure; ce qui suppose une connoissance certaine du siége de la vapeur, qui cause le mal.

Cette maniere convient à tous les maux, qui demandent le remede de l'Aiguille, mais il y a quelque chose de particulier pour la Colique, dont nous avons parlé. La piqueure se fait alors à la région du foye, & on la réitere neuf fois en trois rangs séparez les uns les autres d'un demi poulce dans les grandes personnes, & dans les enfans à proportion. Chaque rangée de piqueure a son nom particulier, & ses regles différentes. La premiere doit être justement au-dessus des côtes, & la troisiéme à un demi poulce du nombril. Kœmpfer nous assure qu'il a été plusieurs fois témoin de cette opération, & de la promptitude de son effet. Il dit encore qu'on a quelquefois tenté de guérir le même mal par le caustique, mais sans succès. Les autres especes de Colique & de douleurs d'intestins, se guérissent par un remede, dont le petit Peuple se sert plus communément, & qu'on prétend avoir une grande vertu. *Quelle partie il faut piquer, pour guérir la Colique.*

C'est une poudre composée, qu'un seul homme dans tout l'Empire a droit de vendre. Cet heureux Droguiste demeure dans un Village nommé MENOKI, de la Province d'Omi. Kœmpfer croit que le COSTUS amer, que les Hollandois portent de Surate au Japon, est le principal ingrédient, qui entre dans *Autre remede contre les douleurs d'intestins du Cathou.*

cette poudre, laquelle est en effet très-amere; mais il ne nous instruit pas de la maniere de la prendre: il ne nous apprend pas non plus l'usage de certaines Pillules, qu'on fait du CATECHU, ou CATCHOU parfumé, autrement appellé, *Terra Japonica*. Il se contente de dire qu'on en fait aussi de petites Idoles, des Fleurs, & d'autres figures, qu'on vend dans de petites Boëtes fort propres; & que les Femmes en usent beaucoup, parce qu'elle affermit les dents, & rend l'haleine douce. On sçait en Europe que le Catchou échauffe, & sert à la digestion. Ce n'est d'abord qu'un jus épaissi, que les Chinois & les Hollandois portent au Japon. Il se prépare à Méaco, & dans une petite Ville nommée ODOWARA, distante de deux ou trois journées de Jedo, après quoi on le revend aux mêmes Chinois & Hollandois.

CHAPITRE VI.
Du Caustique appellé MOXA.

Opinion des Orientaux sur les Caustiques.

LA maniere, dont les Japonnois appliquent le feu, se réduit toute au célebre Caustique, appellé MOXA, lequel est regardé dans ces Isles comme un excellent remede contre toutes sortes d'obstructions. Les Japonnois ne sont pas même les seuls, qui pensent ainsi; tous les Médecins de l'Orient s'accordent assez à attribuer aux vents & aux vapeurs la plûpart des maladies, surtout celles, qui sont accompagnées de douleurs, & ils sont persuadez que rien n'est plus propre à les guérir, que les Caustiques, mais ils ne veulent pas qu'ils soient violens. On ne doit, disent-ils, se proposer d'autre fin dans l'application des Caustiques, que de mettre en mouvement, & de résoudre la matiere visqueuse, qui cause les obstructions, puis de lui donner une issuë pour la faire sortir: or rien, ajoûtent-ils, n'est plus capable de produire ces effets, qu'un feu doux & lent. Il est vrai qu'ils ne conviennent pas tous sur la nature de ces Caustiques, & il y en a effectivement de toutes les especes. L'Auteur Allemand, que je viens de citer, aussi habile Chirurgien, que Voyageur curieux, ne balance pas à donner la préférence sur tous les autres au MOXA des Chinois & des Japonnois, qui de leur côté croyent ce remede aussi ancien que la Médecine même, & n'en font peut-être une si grande estime, qu'à cause de son ancienneté.

Le Moxa est un Duvet fort doux, assez semblable à la filasse de Lin, d'un gris cendré, qui prend aisément feu, mais qui brûle très-lentement, & ne cause qu'une chaleur modérée. A peine remarque-t-on qu'il étincele un peu, jusqu'à ce qu'il soit entierement consumé. La matiere de ce Caustique est la feüille de l'Armoise ordinaire à grandes feüilles, que l'on arrache, quand la Plante est encore jeune, & que l'on expose ensuite au grand air, où on la laisse longtems,

Description du Caustique Moxa.

Les Japonnois se sont imaginé que tous les jours ne sont pas propres pour cette récolte, & leurs Astrologues ont marqué ceux, ausquels on la peut faire, y ayant, disent-ils, ces jours-là une influence bénigne des Cieux & des Etoiles, qui augmente considérablement la vertu de cette Plante : ces jours sont les cinq premiers du cinquiéme mois. Il faut arracher la Plante de grand matin, avant que la rosée, dont elle est couverte, soit séchée. On la pend aussitôt au grand air hors de la Maison, du côté du couchant, jusqu'à ce qu'elle soit entierement seche, puis on la suspend au haut de la Maison ; & comme on a observé que plus elle est vieille, & plus le Duvet en est doux & fin, on la garde jusqu'à dix ans.

Préparation du Moxa. La préparation du Moxa n'est pas difficile ; on commence par piler les feüilles dans un Mortier, on les frotte ensuite entre les deux mains, pour en séparer la filasse la plus grossiere, & les parties membraneuses les plus dures. La fumée, qui en sort, quand on y a mis le feu, n'est pas désagréable, & la douleur, que cause la brûlure, n'est presque pas sensible, si ce n'est dans le moment que la peau est percée, ou qu'on revient sur la playe, ce qui arrive souvent jusqu'à trois fois. Il faut même que ces premiers momens ayent quelque chose de bien vif, puisqu'on ne fait jamais cette opération sur les Femmes enceintes, si elles ne l'ont point encore essuyée. Au reste on se fait appliquer ce Caustique aussi souvent par précaution, que par remede, & les personnes, qui sont un peu attentives sur leur santé, en usent régulierement une fois tous les six mois. Il n'est pas jusqu'à ceux, qui sont condamnez à une Prison perpétuelle, qu'on ne fasse sortir une fois l'année pour leur procurer ce Remede, ou ce Préservatif; mais il est bon de sçavoir que quand on le prend en cette derniere qualité, on applique des tentes plus petites, & en plus petit nombre, & que plus le mal est invéréré & profond, plus les tentes doivent être grandes & multipliées.

Pour quelles maladies on l'employe. Si on demande aux Chinois, & aux Japonnois, quelles sont les maladies, qui demandent le Moxa ? ce sont celles, répondent-ils, qui sont causées par une vapeur cachée, laquelle croupissant dans quelque endroit du corps, où elle est renfermée, comme dans une Prison, y produit une dissolution des Parties solides, accompagnée de douleurs, & empêche la Partie affectée de bien faire ses fonctions. Or suivant ce principe, à peine y a-t-il une maladie, dont ce Caustique ne soit le remede, où le préservatif. Aussi les Médecins l'ordonnent-ils pour tous les maux, que l'on ressent, ou que l'on craint. Il est certain que les Hollandois l'employent avec succès dans les Indes contre les rhumatismes & la goutte. Il rompt en effet la force des Parties salines & tartareuses, qu'un trop fréquent usage de certains Vins laissent dans le sang, & qui s'arrêtant dans les jointures, y causent des douleurs rhumatiques & articulaires; mais il y faut recourir de bonne heure, de peur que la matiere morbifique ne s'accumule si fort, qu'elle ne rompe les vaisseaux capillaires, & ne déchire les membranes & les muscles, où on l'aura laissé séjourner trop longtems.

Il

A L'HISTOIRE DU JAPON.

<small>Obſervation ſur ſon uſage.</small>

Il faut obſerver auſſi, qu'encore qu'on ſe trouve bien du Moxa dans les Pays chauds, on ne doit pas en attendre le même effet dans les contrées plus froides, où la tranſpiration n'eſt pas ſi abondante, où les fluides ſont moins déliez, les pores moins ouverts, les muſcles & les membranes moins relâchez. Il ſemble que ce devroit être tout le contraire; mais l'expérience eſt plus ſûre que tous les raiſonnemens, ſurtout en fait de Médecine. Quelquefois le Moxa ne fait qu'éloigner la douleur, ou la changer de place. Les Noirs de l'Aſie les plus voiſins de la Chine & du Japon, l'employent contre l'Epilepſie, & les autres maladies chroniques, qui attaquent la tête & le cerveau, & leur méthode eſt de brûler une aſſez grande partie de la ſuture coronale, ce qui a quelquefois réüſſi au-delà même de leur eſpérance. Les Médecins Chinois & Japonnois ne ſont pas d'accord ſur les endroits, où il faut faire les brûlures; & ſi on vouloit les conſulter tous, il eſt des maladies, dans leſquelles il n'y auroit aucune partie du corps, qui ne devroit être brûlée. Au reſte il entre beaucoup de ſuperſtition dans la pratique de ce remede, comme dans preſque tout ce que font ces deux Peuples, ſurtout par rapport à la Médecine. C'eſt ce qu'on peut remarquer dans cette exactitude ſcrupuleuſe à obſerver mille petites choſes, dont l'inutilité eſt manifeſte. Les Etoiles y ſont preſque autant conſultées, que les régles de l'art; & c'eſt ce qui cauſe une ſi grande variété dans les opinions.

Pour ce qui eſt de l'opération, rien n'eſt plus aiſé, ni plus ſimple. On donne au Duvet la forme d'un cône d'environ un poulce de haut, & d'un peu moins de largeur à la baſe. On poſe ce cône ſur l'endroit qui doit être brûlé, & pour le faire tenir à la peau, on en moüille la baſe avec de la ſalive, & l'on met enſuite le feu à la pointe avec une baguette. Le cône étant conſumé, ce qui eſt bientôt fait, on en remet un ſecond au même endroit, puis un troiſiéme, & tout autant que le malade en ſouhaite, ou en peut ſouffrir. Le jour ſuivant, le Médecin examine & panſe la cicatrice; s'il la trouve ſéche, & qu'elle ne ſupure point, c'eſt un mauvais ſigne, & une marque que la nature n'a pas aſſez de force pour chaſſer la matiere vicieuſe: alors on tâche d'avancer la ſupuration, en appliquant ſur la brûlure des Oignons pilez. On vend chez les Libraires, & on crie dans les ruës les régles de l'Art d'appliquer le Moxa, avec des vûës différentes du corps humain, où ſont marquées les parties, qu'il convient de brûler, ſelon les diverſes maladies, qui demandent ce remede. Le génie ſuperſtitieux de la Nation, mêle à tout cela quantité d'obſervations frivoles, que je n'ai pas cru devoir rapporter, non plus que le détail, où eſt entré Kœmpfer ſur toutes les parties du corps, qu'il faut brûler pour les différentes maladies. Ce Cauſtique ne pouvant s'appliquer en Europe, il m'a paru inutile de m'y arrêter davantage.

<small>Maniere d'appliquer le Moxa.</small>

Tome II.   Cccc

CHAPITRE VII.

Des Bêtes à quatre pieds, des Reptiles, & des Insectes du Japon.

<small>Animaux chimériques. Du Kirin.</small>

AVANT que de parler des Animaux réels, qu'on voit au Japon, je dirai deux mots de quelques Animaux chimériques & fabuleux, dont la tradition y est venuë de la Chine. Le premier est le KIRIN; les Japonnois le représentent avec le corps d'un Cheval, les quatre pieds d'un Daim, la tête d'un Dragon, deux aîles, & sur la poitrine deux Cornes recourbées en arriere. Cet animal est, disent les Japonnois, d'une vîtesse incroyable, & soit qu'il marche, ou qu'il coure, c'est toujours avec une si grande légereté, qu'il ne foule pas la moindre herbe, & ne fait aucun mal au plus foible Insecte, qui se rencontre sous ses pas; ce que l'on attribuë à un sentiment de bonté propre à cet Animal. Il ne peut être conçû, & ne peut naître que sous une Constellation particuliere, & dans le tems de la naissance d'un SESIN. On entend à la Chine, & au Japon par SESIN, un homme d'une intelligence & d'une bonté surnaturelle, tel par exemple, qu'ont été Xaca & Confucius.

<small>Du Sungu.</small>

Le second est le SUNGU, auquel on donne la figure d'un Léopard; avec deux Cornes tendres devant la poitrine, recourbées en arriere.

<small>Du Kaitsu.</small>

Le troisiéme est le KAITSU ou le KAISAI: il ressemble en quelque sorte au Renard, a deux Cornes dèvant sa poitrine, & une autre sur le front, avec un rang de pointes sur le dos, comme le Crocodile.

<small>Du Tats.</small>

Le quatriéme est le TATS, autrement le DRIA, ou le DSIA, espece de Dragon à quatre pieds, dont les Chroniques des Dieux & des Héros, renferment quantité d'Histoires fabuleuses. On croit qu'il demeure au fond de la Mer, comme dans son élément propre. On le représente sous la figure d'un Serpent fort gros, & fort long, dont le corps est tout couvert d'Ecailles, comme le Crocodile, avec des pointes aiguës le long du dos, & une tête extrêmement monstrueuse & terrible. Sa queuë finit en maniere d'épée à deux tranchans. Quelques-uns des habits de l'Empereur, ses Armes, ses Cimeterres, ses Couteaux, & autres choses semblables; la garniture & les Tapisseries du Palais Impérial, ont pour ornement des figures de ce Dragon, tenant un Joyau rond, ou une Perle dans son pied droit de devant. La même chose est en usage à la Chine, avec cette différence, que le Dragon Chinois a cinq ongles à chaque pied, & que le Japonnois n'en a que trois.

<small>Du Tatsmaki.</small>

Le cinquiéme est un autre Dragon appellé TATSMAKI, lequel a une longue queuë d'eau. On croit qu'il demeure aussi au fond de la Mer, & que lorsqu'il s'éleve dans l'air en volant, il forme par son agitation ces trombes marines, si fréquentes dans les Mers du Japon, sur les Côtes duquel elles crevent souvent, & dont nous avons parlé dans le Livre préliminaire.

<small>Du Fu.</small>

Le sixiéme est un Oiseau de Paradis, nommé Foo, d'une beauté charmante, fort grand, en un mot le Phénix des anciens. Il habite les plus hautes régions de l'air, & a cela de commun avec le Kirin, qu'il n'en descend jamais pour honorer la Terre de sa présence, si ce n'est à la naissance d'un Sesin, ou de quelque grand Empereur, ou dans d'autres occasions extraordinaires. Les Chinois ont pareillement leur Foo, qu'ils représentent différemment.

Les Quadrupedes sont rares au Japon. Les Quadrupedes sont rares au Japon, eu égard à l'étenduë de cet Empire, où il y a trop peu de lieux déserts & incultes, pour les Sauvages; & où les Domestiques se réduisent à ceux, qui sont absolument nécessaires pour le service de l'homme, c'est-à-dire pour les Voitures, & pour l'Agriculture. A la vérité les especes de ceux-ci doivent multiplier beaucoup, par la raison qu'on ne s'avise gueres de les tuer, à cause de l'opinion de la Métempsycose, qui est assez universellement reçuë depuis l'introduction du Budso dans ces Isles. Les Animaux domestiques à quatre pieds sont le Cheval, le Taureau, le Chien & le Chat. On ne voit au Japon, ni Asnes, ni Mulets, ni Chameaux, ni Eléphans: les Portugais y avoient porté des Moutons & des Chévres, qui y avoient assez multiplié; les Japonnois les ont laissé devenir sauvages, ne trouvant aucune utilité à les élever, parce qu'ils n'oseroient en manger la chair, & qu'ils ne sçavent pas en travailler la Laine & le Poil.

Des Chevaux. Les Chevaux du Japon sont ordinairement petits, mais on en voit, qui ne le cedent, ni en beauté, ni en vîtesse, ni en adresse, à ceux de Perse. Les meilleurs sont dans les Provinces de Saxuma & d'Oxu. Il vient de Kai une race de petits Chevaux, qui sont très-estimez.

Des Taureaux. On trouve dans ces Isles deux sortes de Taureaux, & les Insulaires ne sont point dans l'usage de châtrer, ni les uns, ni les autres. Les premiers ne different point, ou different peu des nôtres; les seconds sont des Busles d'une grosseur énorme, qui ont une bosse sur le dos, comme les Chameaux, & ne servent, que pour le transport des Marchandises. Il se pourroit bien faire qu'ils fussent de la même espece, que ceux du Canada, & de la Floride.

Des Cochons. On nourrit quelques Cochons dans la Province de Figen, & ce sont les Chinois, qui les y ont portez, aussi ne les vend-on qu'à eux, & apparemment aux Hollandois. A la vérité l'opinion de la transmigration des ames est reçuë à la Chine comme au Japon; c'est delà même qu'elle a passé dans ces Isles; mais les Chinois ne sont pas aussi scrupuleux que les Japonnois sur ses conséquences, & ils aiment fort la chair de Pourceau.

Des Chiens. On ne voit au Japon, ni Lévriers, ni Epagneuls ; aussi nos Insulaires ne sont-ils pas grands Chasseurs : ils n'aiment pas même cet exercice, & si quelquefois ils s'y amusent, ils se servent de Chiens ordinaires, dont le nombre est très-grand. Ils s'étoient extrêmement multipliez, lorsque Kœmpfer alla au Japon; l'Empereur Tsinajos, qui occupoit alors le Trône des Cubo-Samas, étoit né sous la constellation du Chien, & n'avoit pas moins de considération pour cet Animal, qu'Auguste en avoit pour le Belier, par une raison toute semblable. Chaque Chien a-

Cccc ij

voit son Maître, & ces Animaux se tenoient ordinairement dans les ruës, où ils incommodoient fort les Passans, qui n'osoient les toucher. Chaque ruë étoit même obligée d'en entretenir un certain nombre, & d'avoir des Loges pour les retirer, quand ils étoient malades. On les soignoit alors avec une grande attention, & quand ils mouroient, il falloit aller les enterrer sur le sommet des Montagnes voisines. Il étoit défendu sous de grosses peines, de leur faire le moindre mal, & c'étoit un crime capital, que d'en tuer un seul; mais il étoit permis, quand on en avoit été mordu, de s'en plaindre à leurs Gardiens, qui avoient droit de les châtier.

Des Chats. Les Chats du Japon sont d'une grande beauté; leur couleur est blanchâtre avec de grandes taches noires & jaunes; ils ont naturellement la queuë fort courte: ils ne font point la guerre aux Souris, & on ne les garde que par amusement: ils aiment à être caressez & portez, & les Dames leur rendent volontiers ce service.

Des Quadrupedes sauvages. Les Quadrupedes sauvages sont les Daims, les Liévres, les Sangliers, dont quelques Sectes permettent de manger en certains tems de l'année; les Singes, les Ours, les Tanukis, les Chiens sauvages, les Itutz, les Tins, les Renards, les Rats & les Souris.

Des Daims. L'Isle de MIJOSIMA, autrement appellée AKINO MIJOSIMA, parce qu'elle est voisine de la Province d'AKI, est célebre par une espece particuliere de Daims, que l'on dit être extrêmement doux & apprivoisez. Les Loix du Païs défendent de les chasser & de les tuer, & les Habitans sont fort attentifs à ôter ceux, qui meurent près de leur maison, parce qu'en vertu d'une autre Loi, le Gouverneur de l'Isle peut condamner à quelques jours de travail pour les Temples, ou pour le Public, ceux, à qui cet accident arrive.

Des Singes. Les Singes sont rares au Japon, & ils y sont fort dociles, leur couleur est d'un brun obscur: ils ont la queuë courte, le visage rouge & sans poil, comme le dos. Kœmpfer en vit un, qu'un Charlatan promenoit; il avoit, disoit cet homme, cent six ans, & faisoit quantité de tours avec une adresse infinie.

Des Ours, & des Chiens sauvages. Il y a quelques Ours dans les Provinces du Nord, mais ils sont fort petits. Il y a partout une espece de Chiens sauvages, qui ont le museau grand & ouvert.

Des Tanukis. Le TANUKI est un animal d'une espece très-singuliere, sa couleur est un brun obscur, il a le museau comme celui d'un Renard, & n'est pas fort gros; du reste il semble que ce soit une espece de Loup.

De l'Itutz, & du Tin. L'ITUTZ est un animal de couleur roussâtre: il y en a d'autres, qu'on appelle TINS; ils vivent l'un & l'autre dans les maisons sous les toits, & sont si apprivoisez, qu'on pourroit les mettre au rang des animaux domestiques.

Des Renards. Les RENARDS sont fort communs dans ces Isles, & c'est l'Animal qu'on chasse le plus, parce que son poil est le meilleur de tous pour faire des pinceaux à écrire & pour peindre. Le peuple dit que ce sont des Diables, qui les animent, & ils en comptent une infinité d'histoires plus merveilleuses les unes que les autres.

Des Insectes reptiles. Parmi les Insectes reptiles, ce qu'on appelle la Fourmi blanche, si connuë dans les Indes Orientales, doit être regardé comme un des plus nuisibles. C'est un petit Ver délié & blanc comme la neige, excepté la tête & la gorge, qui sont d'un brun obscur. On le voit toujours en bande, comme nos Fourmis, dont il ne diffère pas beaucoup pour la grosseur. Les Japonnois l'appellent Do-Toos, c'est-à-dire, *Perceur*, nom, qui lui convient parfaitement, car il perce tout ce qu'il rencontre, à la réserve des pierres & des minerais, & s'il peut entrer dans un Magazin, il y gâte en très-peu de tems les meilleures Marchandises. Le seul moyen qu'on ait trouvé jusqu'ici pour éloigner ces dangereux Insectes, c'est de mettre du sel sous les Marchandises, & d'en répandre tout autour. Nos Fourmis d'Europe & celles-ci se font continuellement la guerre, & lorsqu'une des deux espèces s'est emparée d'un lieu, il ne faut pas craindre que l'autre s'y puisse loger. Les Fourmis blanches ne peuvent supporter l'air, & lorsque se transporter d'un endroit dans un autre, elles se bâtissent, le long des chemins, des voûtes ou arcades, qui tiennent à la terre. Ces voûtes sont à peu près de la même matiere que les nids des Guêpes. Ces Fourmis marchent avec une vîtesse incroyable, & souvent tout est ravagé dans un endroit, avant qu'on ait eu le tems de s'appercevoir qu'elles s'y étoient insinuées. Quelques-uns attribuent des effets si prompts & si pernicieux à l'acrimonie de leurs excrémens, mais Kœmpfer croit qu'ils se trompent. Le museau, dit-il, de ces Insectes armé de quatre pincettes recourbées & tranchantes, sont des instrumens plus que suffisans pour causer tous les dégâts, qui étonnent si fort. Mais d'où tirent-ils les matériaux de leurs voûtes, si ce n'est de leurs excrémens ? Le même Kœmpfer rapporte qu'étant à la côte de Malabar, & s'étant un jour couché à minuit, le lendemain matin il apperçut en se levant sur sa table des marques de ces voûtes, qui étoient à peu près de la grosseur de son petit doigt, & qu'en regardant de plus près, il trouva que ces Animaux avoient fait un trou de la même grandeur dans un des pieds de la table en montant, un autre au travers de la table, & un troisième au milieu de l'autre pied en descendant, & qui entroit dans le plancher : tout cela dans l'espace de quelques heures.

Le MUKADDE, ainsi appellé dans la langue ordinaire des Japonnois, & GOKO dans la langue figurée & caractéristique, est le véritable Mille-Pieds des Indes. C'est un Ver long de deux ou trois poulces, délié, d'une couleur brune, & qui a un grand nombre de pieds de chaque côté ; mais au Japon, où il est rare, sa morsure ne fait pas beaucoup de mal, au lieu qu'aux Indes elle est plus dangereuse, & plus douloureuse, que celle du Scorpion. Les Japonnois, lorsqu'ils ont été piquez du leur, se contentent d'y mettre de la salive, & il est rare qu'il en arrive rien de fâcheux. *Du Mille-pieds.*

Les LEZARDS du Japon ne different point de ceux, que nous avons en Europe, mais on ne dit point, s'il y en a de toutes les sortes, que nous connoissons. *Des Lézards.*

On y voit peu de Serpens, un des plus remarquables est appellé *Des Serpens.*

574 SUPPLEMENT

SITAKUTZ & FIBAKARI : il eſt verd, a la tête platte , & les dents aiguës. Il a pris ſon nom de la longueur du jour , ou de l'eſpace de tems, que le Soleil demeure ſur l'horizon , parce qu'on dit que ceux, qui en ſont mordus , meurent avant le coucher de cet Aſtre. Les Soldats en recherchent beaucoup la chair, & la mangent, perſuadez qu'elle a la vertu de les rendre hardis & courageux. Ce Serpent étant calciné dans un pot de terre ſcellé hermetiquement , produit la poudre appellée *Gowatſio*, qu'on prétend être ſouveraine pour guérir pluſieurs maladies internes. On ajoûte que cette même poudre , miſe ſous les goutieres des maiſons , engendre en très-peu de tems de petits Serpens de la même eſpece. Il y a une autre eſpece de Serpens d'une groſſeur monſtrueuſe , appellez JAMAKAGATZ , ou, ſelon le langage ordinaire, UWABAMIS , & quelquefois DSJA, (*a*) c'eſt-à-dire, Dragons : on les trouve dans l'eau & ſur les montagnes : ils ſont très-rares, & lorſqu'on en a pris quelqu'un , on les fait voir pour de l'argent.

(*a*) Prononcez DCHA.

CHAPITRE VIII.

Des Oiſeaux.

Oiſeaux domeſtiques. Poules, & Canards.

LEs Japonnois n'ont , à proprement parler, aucun Oiſeau domeſtique ; ils ne laiſſent pourtant pas de nourrir des Poules , & quelquefois des Canards , mais la plûpart n'en mangent point pour les raiſons , que j'ai dites ailleurs : il n'y a que le petit Peuple , qui les tuë & les vende à ceux , qui ſe mettent au-deſſus du ſcrupule de la Métempſycoſe. Lorſque quelqu'un eſt ſur le point de mourir , ou dans les jours conſacrez à la mémoire d'une perſonne morte , il n'eſt permis à aucun de ſes Parens, ou de ſes Amis de tuer quelque oiſeau, ni même quel animal que ce puiſſe être. L'année du deüil de la mort de l'Empereur , ou toutes les fois qu'il plaît au Monarque de l'ordonner, il eſt défendu dans tout l'Empire de tuer ou de porter au marché aucune créature vivante. Les Coqs ſont encore plus épargnez que les Poules ; on les conſerve avec un grand ſoin , particulierement dans les Monaſteres , parce qu'ils meſurent le tems , & prédiſent les changemens , qui doivent arriver dans l'air.

Les Oiſeaux ſauvages ſont devenus ſi familiers dans ce Pays , que pluſieurs eſpeces pourroient être miſes au rang des domeſtiques. Le principal de tous eſt le TOURI , ou la Gruë : il a ce privilege particulier , que perſonne ne peut le chaſſer , ou le tuer ſans un ordre exprès de l'Empereur , encore faut-il que ce ſoit pour le divertiſſement , ou pour l'uſage de ce Prince. On regarde les Gruës & les Tortuës, comme des animaux de bon augure : cette opinion eſt fondée ſur celle qu'on a, qu'ils vivent très-longtems, & ſur les contes fabuleux, qu'on en fait. Les Hiſtoires en ſont pleines.

Des Oiſeaux ſauvages.

Des Gruës.

À L'HISTOIRE DU JAPON.

On les voit figurez dans tous les appartemens de l'Empereur, sur les murailles des Temples, & les autres lieux distinguez, aussi-bien que les Sapins & les Bambous. Kœmpfer assûre qu'il n'a jamais entendu les Paysans & Voituriers appeller la Gruë autrement que OTSURISAMA, comme qui diroit, *Monseigneur la Gruë.* On en distingue de deux sortes, les unes sont blanches comme l'albâtre, les autres sont grises, ou couleur de cendre. On voit la même chose en Canada.

Des Hérons. Il y a plusieurs especes de SAGGI ou Hérons, qui different en couleur & en grosseur. Les principaux sont le SIIRO-SAGGI, ou Héron blanc, le GOI-SAGGI, ou Hérons gris, & le AWOI-SAGGI, qui est d'une couleur bleuâtre, & presque aussi gros que la Gruë. Les premieres especes sont fort communes.

Des Oyes. Il y a deux sortes d'Oyes sauvages, qui ne se mêlent point ensemble; les unes sont blanches comme la neige, à cela près que les extremitez des aîles sont noires, les autres sont d'un gris cendré. Les unes & les autres sont très-communes, particulierement les grises, & si familieres, qu'elles se laissent approcher, sans prendre leur vol. Elles font beaucoup de dégât dans les champs; cependant il y a peine de mort contre quiconque les tueroit, excepté ceux, qui ont acheté le privilege de les tuer dans de certains endroits. Les Paysans environnent leurs champs de filets, pour les empêcher d'y entrer, mais elles volent par-dessus.

Des Canards. Il y a aussi plusieurs especes de Canards; le plus commun de tous, & qu'on trouve partout, se nomme KINMODSUI: il est d'une beauté si rare, que quand on le voit en peinture, on ne peut s'imaginer qu'il existe réellement. Ne seroit-ce point ce que le Pere Théodore LE BLANC, dans sa belle Histoire de la Révolution de Siam, appelle la Poule du Japon, & qu'il met au-dessus de tous les oiseaux connus, au jugement même des Indiens, qui en ont de si beaux ? Son plumage forme des nuances admirables des plus vives couleurs; le rouge domine autour de son cou, & sur sa gorge; sa tête est couronnée d'une très-belle aigrette; sa queuë, qu'il éleve obliquement, & ses aîles, qui sont placées sur son dos d'une façon singuliere, font un effet charmant : rien n'est plus brillant, plus varié, mieux assorti; à quoi il faut ajoûter, si ma conjecture est juste, une démarche majestueuse, par laquelle cet Animal paroît sentir qu'il est le Roi des Oiseaux.

Des Faisans. Tous les Faisans du Japon sont d'une grande beauté; il y en a d'une espece particuliere, qui se distinguent par la diversité de leurs couleurs, l'éclat de leurs plumes, & par la beauté de leurs queuës, qui égalent en longueur la moitié de la hauteur d'un homme, & où l'or & l'azur brillent partout.

Des Beccatines. Les Beccassines sont fort communes; il y a des Sectes, qui permettent d'en manger, aussi-bien que des Faisans, des Oyes & des Canards.

Pigeons. Il y a une espece de Pigeons sauvages, qui ont le plumage noir & bleu, mais qui n'ont rien de brillant. On ne les laisse point faire leurs nids dans les maisons, l'experience ayant appris que leur fiente prend aisément feu, d'où il est arrivé des accidens assez funestes.

Cigognes. Les Cigognes demeurent dans ce Pays toute l'année.

Faulcons. Les meilleurs Faulcons viennent des Provinces Septentrionales, c'est plutôt par grandeur, que pour l'usage, qu'on en garde.

Eperviers. Les Eperviers sont communs au Japon, comme dans toutes les Indes Orientales; c'est un Oiseau extrêmement fier, aussi bien qu'une espece de Corbeaux d'une grandeur médiocre, qui est venuë de la Chine. On en fit présent d'un couple à un Empereur du Japon, & l'espece s'en est fort multipliée. Une autre sorte de Corbeau fort rare qu'on nomme COREIGARA, c'est-à-dire, Corbeau de Corée, a multiplié dans ces Isles par une occasion toute semblable.

Corbeaux.

Du Foken. Le FOKEN, ou selon le langage ordinaire, le FOTETENIS, est un Oiseau de nuit d'un goût exquis, & qu'on ne sert, même sur les grandes tables, que dans les occasions extraordinaires. On dit que ses cendres calcinées étant mises dans de vieux Sacki devenu aigre, le rétablissent dans son premier état.

Du Misago. Le MISAGO, ou BISAGO est un Oiseau de Mer, carnacier, du genre de l'Epervier: il vit principalement de poissons; il fait un trou sur la côte dans un rocher, & y met sa provision. On a remarqué qu'elle se conserve aussi parfaitement que le poisson mariné ou l'ATSIAAR, d'où vient qu'on l'appelle *Bisagonosusi*, ou *l'Atsiaar de Bisago*: le goût en est extrêmement salé, & il se vend fort cher. Ceux qui le découvrent, y font un grand profit, pourvû qu'ils n'en prennent pas trop à la fois.

Les Moüettes, Corbeaux marins, Pies de Mer, Moineaux, Hirondelles, & quelques autres petits Oiseaux, sont ici aussi communs qu'en Europe; les Alloüettes du Japon chantent beaucoup mieux que les nôtres. Les Rossignols chantent fort bien aussi, il y en a qu'on vend jusqu'à vingt cobangs la piece.

Moüettes, &c. Petits Oiseaux, Alloüettes, Rossignols.

Il y a dans ce Pays des Abeilles, qui font de la cire & du miel, mais en petite quantité: les Abeilles sauvages, les Guêpes, les Mouches ordinaires, les Cousins, les Mouches luisantes, les Escarbots & les Punaises de différentes especes, les Sauterelles, & un grand nombre de semblables Insectes s'y trouvent comme en Europe. Il y en a aussi des especes particulieres, dont voici les principales.

Des Insectes volans. Abeilles, Mouches, Moucherons, &c.

Parmi les Papillons, il y en a un fort grand, appellé JAMMATSIO, ou le Papillon de Montagne: il est, ou tout-à-fait noir, ou de diverses couleurs, qui font un mélange agréable, particulierement sur ses ailes fourchuës. Le KOMURI est une grosse mouche de nuit très-belle, tachetée de différentes couleurs, veluë. On donne aussi le même nom aux Chauve-Souris. Il y a plusieurs especes d'Escarbots très-rares & d'une grande beauté, & surtout un, qui est fort gros, & ressemble beaucoup à la mouche de fumier. Il est luisant & noir, il a deux cornes recourbées & épanduës, dont la plus grande est placée sur le nez, comme la corne du Rhinoceros, & la plus petite sort de l'épaule. Cet animal marche avec peine, & vit principalement sous terre. On ne lui a point encore donné de nom.

Papillons, Mouches de nuit, Chauves-Souris, Escarbots.

On appelle SEBI, & quelquefois SEMI,

Du Sebi.

SEMI, une autre espece d'Escarbot d'une couleur brune. Il y en a de trois sortes. Le plus gros s'appelle KUMA-SEBI; il a la figure & la grosseur de ces Mouches, que nous voyons en Europe voler le soir, mais il n'a point d'aîles. Au Printems il sort la nuit de dessous terre, où il s'étoit tenu pendant l'Hyver, & avec ses jambes déliées & chenuës il s'attache aux arbres, à leurs branches, à leurs feüilles, & à tout ce qu'il peut saisir. Peu de tems après il creve, & son dos se fend dans sa longueur pour faire place à une autre Mouche, qui ressemble à un Escarbot, & qui s'étoit renfermée, mais qui paroît d'abord plus grande que sa prison. Gesner a décrit cette Mouche sous le nom de Cigale. Lorsqu'elle rompt l'étui, qui l'enferme, elle déploye ses quatre aîles & fait un bruit aigu & perçant, qu'on peut, disent les Japonnois, entendre distinctement d'un mille. Ce qui est certain, c'est que les Bois & les Montagnes retentissent du bruissement de ces petits Animaux, qui disparoissent peu à peu dans les jours caniculaires. On prétend qu'ils rentrent dans la terre, pour y subir une nouvelle métamorphose, & reparoître l'année suivante dans le même état, où ils avoient paru d'abord; mais Kœmpfer n'ose assûrer ce fait, n'ayant pas été à portée de l'examiner. Le nom de SEMI ou de SEBI, qu'on a donné à cet Escarbot, est pris de son chant, qui commence lentement & d'un ton bas, augmente ensuite par dégrez en vîtesse & en force, puis s'abaisse en finissant. Il ressemble assez au bruit que fait le fuseau d'un Boutonnier en tournant. Ce chant commence au lever du Soleil, & finit vers midi. La dépoüille du KUMA-SEBI est d'usage dans la Médecine, & on la vend à la Chine & au Japon.

A peu près dans le tems que ce premier Escarbot disparoît, il en paroît un second plus petit, qu'on appelle KO SEBI, ou le petit SEBI. Il chante depuis midi jusqu'au Soleil couché, & vit jusques vers la fin de l'Automne. Son chant n'est pas si haut, que celui du premier. L'Escarbot de la troisiéme espece ne differe de la seconde, ni dans la figure, ni dans la grosseur, mais il chante depuis le matin jusqu'au soir. Les Femelles de ces trois especes sont muettes, & ont la poitrine fermée; dans tout le reste elles ressemblent aux Mâles.

Les CANTHARIDES du Japon sont de la même couleur que les nôtres, & presque aussi grosses, que les Escarbots de l'Europe. Les Japonnois en ignorent absolument l'usage. Il y en a une espece particuliere, qu'on appelle FANMIO: elles sont extrémement caustiques, & on les met au rang des Poisons. On les trouve sur les épis de bled. Elles sont longues, déliées, plus petites que nos Cantharides, bleuës, ou dorées, avec des taches & des lignes d'un rouge cramoisi, ce qui leur donne une grande beauté.

Des Cantharides.

Enfin parmi les Mouches de nuit, il y en a une très-rare, qui est à peu près de la longueur du doigt, déliée, ronde, ayant quatre aîles, dont deux sont transparentes, & cachées sous les deux autres, qui sont luisantes, comme si elles avoient été polies, & embellies d'un mélange charmant de taches & de lignes

Mouche, qui sert de Bijoux aux Dames.

bleuës & dorées. Cet Infecte eft d'une beauté fi exquife, que les Dames les mettent parmi leurs bijoux ; la Femelle n'eft pas à beaucoup près fi belle que le Mâle, elle eft de couleur grife ou cendrée, & marquettée.

CHAPITRE IX.

Des Poiſſons & des Coquillages.

Diverſes Productions de la Mer du Japon. LEs productions de la Mer ne fourniſſent pas moins à la ſubſiſtance de nos Inſulaires, que les fruits de la Terre, ſi on en excepte le Ris, qui fait plus de la moitié de leur nourriture. Les côtes de la Mer abondent en toutes ſortes de Plantes marines, de Poiſſons, d'Ecréviſſes & de Coquillages, & il n'y en a preſque point, qu'on ne puiſſe manger. Il y en a même quelques-uns, qui ſont exquis, & qui font honneur ſur les meilleures tables. On les nomme tous indifféremment KIOKAIS, ou IWOKAIS.

Des Baleines; de quelle maniere on les pêche. Le plus utile de tous les Poiſſons eſt le KUDSURI, ou la Baleine : on en pêche ſur toutes les Côtes du Japon, particulierement ſur celles de Khumano, & de toute la partie Méridionnale de la grande Iſle de Nipon, autour des Iſles de Tſuſſima & de Gotto, ſur les Côtes d'Omura & de Nomo. On les prend ordinairement avec le harpon, comme on fait en Groenland, mais les Batteaux des Japonnois ſemblent plus propres pour cette pêche, que les nôtres, parce qu'ils ſont petits, étroits, qu'un des bouts ſe termine en une pointe très-aiguë, & qu'ils ont chacun dix hommes ſur dix rames, ce qui les fait voguer avec une vîteſſe incroyable. Vers l'an 1680. un Pêcheur fort riche de la Province d'Omura, nommé GITAI JO, inventa une nouvelle maniere de prendre les Baleines avec des filets faits de cordes fortes, d'environ deux pouces d'épaiſſeur, ce qui fut bientôt imité dans les Iſles de Gotto. On dit qu'auſſitôt que la Baleine a la tête embaraſſée dans ce filet, elle ne nage plus qu'avec peine, & qu'on peut aiſément la tuer avec le harpon ; mais cette maniere de pêcher coûte trop pour les Pêcheurs ordinaires. La pêche des Baleines commence au mois de Décembre, & en 1636. il en fut pris 274. aux Iſles de Firando & de Gotto.

Différentes ſortes de Baleines. Le Sebio. Voici les différentes eſpeces de Baleines, qu'on trouve dans ces Iſles. 1°. Le SEBIO, c'eſt la plus grande de toutes, on en tire beaucoup plus d'huile, que des autres, & cependant la chair en eſt ſi bonne & ſi ſaine, que l'on attribuë la ſanté, dont jouiſſent conſtamment ceux, qui la pêchent, malgré la rigueur du froid, & des autres injures de l'air, auſquelles ils ſont expoſez, à l'uſage ordinaire, qu'ils en font. 2°. *L'Awo Sangi.* L'AWO SANGI, & communément KOKADSURA, c'eſt-à-dire, petite Baleine : elle eſt de couleur griſe ou cendrée, & différe un peu du Sebio dans la figure. 3°. Le NAGAIS ; celle-ci a communément depuis vingt pieds juſqu'à trente braſſes de

A L'HISTOIRE DU JAPON. 579

long, & a cela de particulier, qu'elle peut demeurer deux ou trois heures sous l'eau, & pendant ce tems-là aller fort loin, au lieu que les autres Baleines sont obligées de remonter à tous momens sur la surface de l'eau pour respirer. 4°. Le SOTOOKADSURA, c'est-à-dire, la Baleine des Aveugles: on l'appelle ainsi, parce qu'elle a sur le dos la figure d'un *Biywa*, espece de Luth, dont les Aveugles joüent en ce Pays. Elle n'est pas fort grande, & l'on n'en voit gueres, qui ayent plus de dix brasses de long. Sa chair passe pour être mal saine; on prétend qu'elle cause des toux, des fiévres, des ulceres sur la peau, & quelquefois la petite vérole. 5°. Le MAKO ; c'est une petite Baleine, qui n'a jamais plus de trois ou quatre brasses de long : on donne aussi ce nom aux Baleineaux de toutes les especes. Le Mako se prend souvent sur les Côtes Orientales, & sur celles de Kiino Kuni & de Saxuma. On tire de sa tête une quantité médiocre d'huile ; mais ce qui rend ce Poisson très-précieux, c'est qu'on trouve de l'Ambre gris dans ses intestins. Lorsqu'on voit à l'ouverture de ses boyaux une substance grumeleuse, semblable à la chaulx, c'est une marque qu'on y peut trouver aussi de l'Ambre gris : souvent même l'Animal le rend avec ses excrémens, & on le trouve sur la Côte ; les Japonnois l'appellent *Kunfaranofuu*, c'est-à-dire, fiente de Baleine. Il est vrai que cet Ambre gris est la moindre de toutes les especes de ce bitume. On prétend qu'il se forme dans les entrailles du Mako d'une matiere grasse, que cet Animal trouve au fond de la mer, & qu'il mange. 6. L'IWASIKURA, c'est-à-dire, le mangeur de Sardines ; il a la queuë & les nageoires comme les autres Poissons. Kœmpfer le prit d'abord pour le Poisson, que les Hollandois nomment *Noord Caper*, mais il ne dit rien de sa grandeur.

Au reste il n'y a rien dans toutes ces especes de Baleines, qu'on ne mette à profit, excepté l'os de l'épaule. La peau, qui est noire dans la plûpart ; la chair, qui est rouge & ressemble à celle de Bœuf ; les intestins, qui, à cause de leur longueur, sont appellez *Fiakfiro*, c'est-à-dire, cent brasses, & toutes les parties internes, se mangent marinées, boüillies, rôties, ou fricassées. On tire de l'huile de la graisse, en la faisant boüillir : on en mange même le sédiment, après qu'elle a boüilli une seconde fois ; à l'égard des os, on fait boüillir ceux, qui sont d'une substance cartilagineuse, quand ils sont frais, & on les mange : ou bien on les ratisse, on les nettoye, puis on les fait sécher, & les Cuisiniers en font usage. Des parties nerveuses & tendineuses, blanches & jaunes, on fait des cordes, qui servent principalement dans les Manufactures de coton, aussi bien que pour les Instrumens de Musique ; on ne jette même les tripailles, & les Cuisiniers les employent dans leurs aprêts. Des os de la machoire, des nageoires, & des autres os, qui sont d'une substance plus solide, on fait plusieurs petites choses, entr'autres ces belles Balances, qui servent à peser l'or & l'argent.

Le SATSIFOKO est un Poisson, qui a deux, trois, & quelquefois cinq ou six brasses de long, avec deux dents longues, qui s'élevent perpendiculairement hors de sa gueule, & qu'-

Le Sotookadfura.

Le Mako. Ambre gris.

L'Iwafikura.

Utilité des Baleines.

Du Satfifoko.

Dddd ij

on met quelquefois par maniere d'ornement sur le haut des Châteaux, des Temples, & des autres Edifices publics. On dit que ce Poisson, qui est très-rusé, est l'Ennemi mortel des Baleines, & qu'il les tuë en se glissant dans leur gueule, & leur dévorant la langue. Pour cet effet il baisse ses dents, & dispose tellement sa tête, que rien ne l'empêche d'entrer; la difficulté est de sçavoir comment il peut sortir.

De l'Iruku. Le Poisson si connu dans les Indes Orientales sous le nom de TENIJE, se trouve au Japon, & on l'y nomme IRUKU.

Du Furube. Le FURUBE est un Poisson, qui n'est pas fort gros, les Hollandois le nomment *Blaser*, c'est-à-dire Souffleur, parce qu'il peut s'enfler jusqu'à prendre la forme d'une boule toute ronde. On en trouve de trois especes différentes, & toutes sont très abondantes. Ceux de la premiere, appellée SUSUMEBUKA, sont petits, & l'on n'en mange pas beaucoup. La seconde se nomme MABAKU, c'est-à-dire, le véritable *Baku*. Les Japonnois le regardent comme un mets très-délicat, mais il en faut jetter la tête, les intestins, les os, & toutes les tripailles; laver & nettoyer la chair avec beaucoup de soin, sans quoi il causeroit la mort. On prétend même qu'il est toujours venimeux, & ceux, qui sont las de vivre, choisissent souvent ce poison, plutôt qu'une corde, ou un couteau; il cause d'abord un évanouissement, puis des convulsions & le délire, enfin un violent crachement de sang, avec lequel on expire. Il est défendu aux Gens de guerre de manger de ce Poisson, & même d'en acheter. Si quelqu'un d'eux en meurt, son Fils perd le droit, qu'il auroit de succéder à son poste. On ne laisse pas de le vendre fort cher, & on le mange par délice, mais il faut qu'il soit frais. La troisiéme espece de Furube s'appelle KITAMAKURA, c'est-à-dire, le Coussin septentrional, peut-être parce qu'il dort la tête tournée vers le Nord, car on donne le même nom à ceux, qui dorment dans la même situation. Toutes les trois especes sont venimeuses, surtout la derniere, à laquelle on ne peut jamais ôter son venin; aussi n'est-elle recherchée que de ceux, qui veulent s'empoisonner.

Du Chien, ou du Cheval marin. Le Cheval, ou le Chien Marin est un Poisson très-singulier, à peu près de la longueur d'un Enfant de dix ans, sans écailles, ni nageoires, la tête, la gueule, & la gorge grandes, le ventre large & plat comme un sac, & qui peut contenir une grande quantité d'eau. Il a les dents minces & aiguës, comme celles d'un Serpent; ses parties internes sont si petites, qu'à peine sont-elles visibles. Il a sous le ventre deux pieds plats & cartilagineux, avec des doigts, qui ressemblent beaucoup aux mains d'un Enfant, & dont il se sert apparemment pour marcher au fonds de la Mer: on en mange toutes les parties sans exception.

Du Tai. Le TAI est ce que les Hollandois appellent *Steenbrassen* dans les Indes. Les Japonnois le regardent comme le Roi des Poissons, & comme un Animal de bon augure, tant parce qu'il est consacré à JEBIS, qui est parmi eux le Dieu de la Mer, qu'à cause de la charmante variété & de l'éclat de ses couleurs. Quand il est dans l'eau, il ressemble à la Carpe, & ses couleurs sont le blanc &

A L'HISTOIRE DU JAPON.

le rouge. Il est si rare, qu'il ne coûte jamais moins de mille cobangs. On trouve souvent sur les Côtes du Ximo un Poisson de la même espece, appellé KHARO TAI, à cause de sa couleur noire; il n'est pas à beaucoup près si estimé.

Le Susuki. Le SUSUKI est le même Poisson, que les Allemands appellent *Kahlkope*, c'est-à-dire, *tête chauve*, ou le *Scharvish* des Hollandois, mais plus long & plus délié.

Le Funa. Le FUNA ressemble à la Carpe, & on en fait beaucoup de cas, à cause de ses vertus médicinales, particulierement contre les Vers. Il y en a de plus gros de la même espece, qu'on nomme NAJOS.

Du Mebaar, & du Koi. Le MEBAAR est rouge, à peu près de la grosseur & de la figure d'une Carpe; ses yeux s'avancent hors de sa tête, comme deux balles. On en pêche partout, c'est la nourriture la plus ordinaire des pauvres gens. Le Koi est de la même espece, il a quelquefois un sackf & demi de long. Il se prend dans les Rivieres, particulierement auprès des chûtes d'eau, qu'il s'efforce de remonter. On le transporte dans tout l'Empire, frais ou mariné. On en pêche quelquefois dans le Lac de SAIFA, ou de TESIU, qui ont quatre sackfs de long.

Saumons, Brochets Rayes, &c. Le MAAR, ou Saumon, se prend dans les Rivieres & dans les Lacs d'eau douce. L'ITOJORI est un petit Saumon. Le MAKUTS est ce que les Hollandois appellent *Harder*; le SAWARA est le Poisson du Roi; le FIUWO est le *Draatvisch* des Hollandois. L'ARA est ce que les mêmes Hollandois appellent dans les Indes *Jacobs-Evertz*; le KUSUNA, est le Nezcourt; le KAMAS est le Brochet; l'ADSI est le *Maasbancker* des Hollandois; il y en a plusieurs especes, le plus gros s'appelle OOADSI. Le TAKA est ce que les Hollandois nomment *Kaye*. Le KAME & le TAKOSAME sont des Rayes; on fait de leurs peaux, qui sont très-dures, des Etuis & d'autres curiositez. Les Peaux de ceux de Siam sont plus belles.

Le Jeje. Le JEJE est un Poisson large & plat, qui a la queuë longue; il y en a une espece, qui a au bout de la queuë un aiguillon de Corne ou d'Os, que les Japonnois regardent comme un remede infaillible contre la morsure des Serpens. On en frotte la Partie, qui a été morduë: aussi en porte-t'on toujours avec soi.

Soles, &c. Le COME ou le JEI est la Sole. Le KAREY est le Bot ou le Brut. Le BORA ressemble au Brochet; il a la chair blanche & délicieuse; on l'appelle aussi le Poisson de *Songaats*, parce qu'on le prend dans le Songaats, qui est le premier mois des Japonnois. On le marine & on le fume, comme on fait les Brochets à Breme. Ce Poisson, & en général tous ceux, qu'on marine, s'appellent KARASUMI. Il s'en prend beaucoup à Nangazaqui & à Nomo, d'où on les transporte à Jedo & dans les autres parties de l'Empire.

Du Katsuwo. Le meilleur KATSUWO se pêche sur les Côtes de Gotto. On le coupe en quatre, on le fait sécher par dégrez sur la vapeur de l'eau boüillante, & on le sert avec l'eau. Les Hollandois en transportent sous le nom de *Comblomaas*. On ne sçait pourquoi ils lui ont donné ce nom.

Du Menagatsuwo, du Sake, de la Moruë. Le MANAGATSUWO est plat, & a un œil de chaque côté. Le SAKE est peut-être une espece de *Cabelliau*,

D d d d iij

ou *Cabillen*, il ressemble à la Moruë, & se marine. On le tire du Pays d'Yesso, & son nom vient de ce qu'il a presque la même odeur que la Bierre appellée Sacki. Le TARA est une espece de Moruë, qui vient des Provinces du Nord; la meilleure est celle, qui se pêche à TSIO SIIN, & on lui en donne le nom.

Du Poisson Aiguille.
Le SAJORI, que les Habitans de Nangazaqui nomment SUSOMOIWO, est ce que les Hollandois appellent *Nadblvilsh*, c'est-à-dire, Poisson aiguille. C'est un petit Poisson, qui n'a pas plus d'un empan de longueur, & mince, avec des picquans longs & aigus le long du dos.

Poisson volant, Sardine, Eperland, Poisson blanc.
Le TOBIWO est le Poisson volant. Celui du Japon ne passe gueres un pied en longueur; sa chair est délicieuse, mais on le prend rarement. L'IWAS est la Sardine; le KIFFUGO est l'Eperland; le JESO, que les Hollandois nomment *Sandkroper*, tient le milieu entre l'Eperland & l'Anguille. L'AI, ou AI NO WO, que les Hollandois nomment *Modevish*, est un Poisson d'eau douce, d'un empan de long, qui nage avec une vîtesse surprenante. Le SIIROIWO, appellé par les Hollandois *Kleiner-Stind*, ou *Weissvish*, c'est-à-dire, Poisson blanc, se pêche au Printems à l'embouchure des Rivieres.

Harang, Poisson doré.
Le KONOSIIRO, que les Hollandois nomment *Sassap*, est une espece de Harang, qui ressemble aux *Strohmlings* des Suédois. Le KINGJO est un Poisson doré, qui ne passe gueres la longueur d'un doigt; il est rouge, & a la queuë d'un très-beau jaune luisant, ou de couleur d'or; mais quand l'Animal est jeune, il est noirâtre. A la Chine & au Japon, & dans presque toutes les Indes, on en garde dans des Etangs, & on le nourrit de Mouches, qui n'ont pas encore leurs aîles. Il y en a d'une autre espece, dont la queuë est de couleur d'argent.

L'UNAGI est l'Anguille ordinaire. *Anguilles.* L'OOUNAGI est une autre espece d'Anguille beaucoup plus grosse que l'ordinaire. JAATZME-UNAGI, c'est-à-dire l'Anguille à huit yeux, est ce qu'on appelle en Allemagne *Neunaug*, c'est-à-dire l'Anguille à neuf yeux. Le Doodsio est ce que les Hollandois nomment *Puyt-Aal*; cette espece d'Anguille est à peu près de la longueur du doigt, & a la tête fort grosse à proportion du reste du corps: on le trouve souvent dans les champs de Ris pleins d'eau, & dans les Etangs bourbeux. Il y en a de deux sortes; les unes ont de la barbe, les autres n'en ont point. Les Japonnois s'imaginent, qu'on peut en former artificiellement en coupant de la paille, la mélant avec de la bourbe, & l'exposant le matin à la chaleur du Soleil. Le FAMMO, appellé par les Hollandois *Conger-Aal*, est plus grand que les Anguilles communes; il leur ressemble, lorsqu'il est dans l'eau, mais il est plus mince.

L'IKA est le Polype ordinaire. Les *Des Polypes.* Chinois & les Japonnois le regardent comme un morceau rare & délicat. On le prend aisément avec un appas de la chair de son semblable. Le JAKO SEPIA, ou Seche, est une autre espece de Polype, qui a de longues queuës aux pieds, & à l'extrémité desquels on voit des especes de petits crochets, avec quoi il s'attache aux Rochers, ou au fond de la Mer. C'est un entre-mets ordinaire, on le mange frais, boüilli, ou mariné. Il y a deux sortes de

KURAGGE, qui est aussi une espece de Polype; l'un s'appelle MIDSUKU-RAGE, c'est-à-dire, le Polype blanc, il se trouve dans toutes les Mers; il est blanchâtre, transparent, aqueux, & n'est pas bon à manger. L'autre est plus rare, & on peut le manger, après lui avoir ôté toute son âcreté, ce qui se fait en cette maniere. On le fait d'abord tremper pendant trois jours dans une dissolution d'Alun, ensuite on le frotte, on le lave, & on le nettoye, jusqu'à ce qu'il devienne transparent, puis on le marine. Avant que de le faire tremper, on lui ôte sa peau, on le lave, on le marine, & on le garde séparément. Il y a de ces Polypes, qui sont si gros, qu'à peine deux hommes les peuvent soulever. Lorsqu'ils sont marinez, ils ont la même couleur, que ce qu'on appelle *Nidi Alcyonum*, qu'on mange, & qui viennent de la Chine. Des Chinois ont assûré à Kœmpfer, que ces nids d'Oiseaux ne sont autre chose, que la chair de ce Poisson. Le NAMAKO, que les Hollandois appellent *Kafferkull*, est bon à manger. L'IMORY est un petit Lézard d'eau, venimeux, qui est noir, & a le ventre rouge. Le TAKANO-MACURA est ce qu'on appelle l'Oreiller du Polype. Le TAKO est une Etoile de Mer ordinaire, & ne se mange pas.

Des Tortuës.
De tous les Animaux à quatre pieds, qui vivent dans l'eau, il n'y en a point, que les Japonnois estiment autant que le KI ou CAME, c'est-à-dire, Tortuë; la longue vie, qu'on lui attribuë, le fait regarder comme un Animal de bon augure. Les Japonnois en ont une espece chimérique, qu'ils nomment MINO-GAME, & qui dans la Langue sçavante est appellée MOOKE; les Temples & les Palais sont ornez de leur figure. Les Tortuës les plus communes sont l'ISICAME, ou SANKI, c'est-à-dire, la Tortuë des pierres, ou de montagne: c'est la Tortuë commune de terre, qui ne se trouve que dans les lieux pierreux & montagneux: le JO-GAME, ou DOO-GAME, c'est-à-dire, Tortuë d'eau. On dit que sur les Côtes Septentrionales & Orientales du Japon il y a des Tortuës assez grandes, pour couvrir un homme depuis la tête jusqu'aux pieds.

On donne en général le nom de JEBI à toutes sortes d'Ecrévisses & de Chevrettes, tant de Mer que des Rivieres. En voici plusieurs especes particulieres. Le JEBISAKO est cette petite Ecrévisse, dont on trouve une si grande quantité sur les Côtes de la Mer Baltique. SAKO signifie généralement tout petit Poisson. Le SI JEBI ne differe pas beaucoup des Ecrévisses ordinaires, non plus que le DAKMA-JEBI, excepté que celui-ci se prend dans l'eau douce, & que quand il a un an, il devient noir. Le KURUMA-JEBI, ou Ecrévisse à rouë, ainsi appellé à cause de la figure de sa queuë. L'UMI-JEBI, c'est-à-dire, la grande Ecrévisse, il a ordinairement un pied de long. Après l'avoir fait boüillir, on le coupe en petits morceaux, & on le sert en entremets. Il faut prendre garde de ne pas manger sa queuë noire; elle cause le mal de ventre, ou le *Cholera morbus*. Le SIAKVVA; il a la queuë large, & on en prend souvent avec d'autres petits Poissons: il a très-peu de chair, & à peine lui en reste-t'il dans le tems de la pleine Lune. En général les Animaux testacez, &

Des Ecrévisses, & des Chevrettes.

Cruftacez, qu'on trouve dans ces Mers, & partout l'Océan Indien audelà du Gange, font plus pleins & plus charnus dans le tems de la nouvelle Lune; c'eſt le contraire de ce qui arrive dans les Mers d'Europe. Le GAMINA, ou KOONA, a la coquille diverſifiée de pluſieurs couleurs charmantes. Le KANI, c'eſt-à dire, l'Ecréviſſe de poche, eſt notre Ecréviſſe de Riviere. On appelle du même nom tous ceux, qui vivent dans l'eau douce. Le KABUTOGANI ou UNKIU, eſt d'une ſtructure ſinguliere; il a un piquant, ou épée pointuë, longue & dentelée, qui lui ſort de la tête, & le dos un peu rond & liſſé. Le GADSAME n'eſt pas plus gros que l'Ecréviſſe ordinaire; ſon écaille ſupérieure ſe termine en pointe des deux côtez. Il a quatre pieds, mais les deux de devant ſont plus grands que ceux de derriere. Le SIMAGANI, c'eſt-à-dire, l'Ecréviſſe de poche cannellée, a la Coquille toute couverte de verruës & de pointes. Ses jambes de derriere ſont liſſes & preſque cylindriques. On en prend beaucoup ſur les Côtes Orientales, & dans le Golphe de Surunga. Il s'en trouve d'une groſſeur incroyable: Kœmpfer en acheta à Surunga une jambe, qui étoit auſſi longue & auſſi groſſe que l'os de la jambe d'un homme.

Des Huîtres & des Coquillages. Les Mers du Japon nourriſſent une grande quantité de toutes ſortes d'Huîtres, de Moules & de Coquillages, qui ſe mangent crus, marinez, ſalez, boüillis, ou frits. On les amaſſe tous les jours ſur les Côtes, quand la marée eſt baſſe. Il y a des Pêcheurs, qui les prennent à une profondeur conſidérable en plongeant. Les autres ſe ſervent de Filets. Voici les plus connus. L'AWABI, dont nous avons parlé dans le Livre préliminaire à l'occaſion des Perles, eſt un Coquillage univalve ouvert, de la groſſeur d'une coquille de Perle Perſienne ordinaire, mais plus profond. Il ſe trouve fort avant ſous l'eau, où les femmes des Pêcheurs les trouvent attachez aux Rochers & au fond de la Mer; ces habiles Plongeuſes ont ſoin de s'armer de longs Couteaux, pour ſe défendre des KAYES, ou Marſoüins, & lorſqu'elles voyent un Awabi, elles l'enlevent tout d'un coup, avant qu'il les apperçoive, autrement il ſe cramponneroit de telle ſorte, qu'il ſeroit impoſſible de l'arracher; ſa Coquille eſt remplie d'une groſſe piece de chair de couleur jaunâtre, ou blanchâtre, & très coriace, quoiqu'elle n'ait point de filets. Les Japonnois diſent que c'étoit la nourriture ordinaire de leurs Ancêtres, & pour conſerver la mémoire de cette antique ſobriété, ils en font toujours ſervir un plat, quand ils mangent en compagnie. On en joint auſſi toujours un morceau à tous les préſens, que l'on fait, pour la même raiſon, & parce que cette chair eſt, diſent-ils, de bon augure. On la coupe en petites tranches, ou filets minces, & on les fait ſécher ſur un ais. On trouve quelquefois une Perle dans ce coquillage, mais elle eſt d'une vilaine couleur jaunâtre, mal formée, & n'a aucune valeur.

Le TAIRAGI eſt un Bivalve plat, long, mince, & fort grand, preſque tranſparent, d'une figure, qui approche de la triangulaire, & qui ſur une large face ſe termine en pointe. Le Poiſſon eſt attaché à chaque côté de la Coquille avec un tendon très-

très-fort. Les meilleurs se trouvent dans le Golphe d'Arima, & on en tire quelquefois des Perles. L'Akoja est aussi un Bivalve plat d'environ la longueur de la main; sa surface extérieure, couverte d'Ecailles, est d'une vilaine figure; mais on trouve au dedans une excellente Nacre de Perle reluisante; ceux de la meilleure sorte, & qui produisent les plus belles Perles, se pêchent dans le Golphe d'Omura. Le Mirakai est la Moule noire & commune d'eau douce, qui se trouve dans les Rivieres & les Lacs d'Allemagne.

Les Famaguris sont des Bivalves de la même figure & grosseur, mais plus épais, lisses & blancs en dedans, de couleur brune, ou châtain en dehors. On peint en dedans plusieurs figures curieuses, & cela sert d'amusement à la Cour du Dairy. On en a formé une espece de Jeu, qui se jouë de cette maniere. On en jette plusieurs tas à terre, & après que chacun en a pris sa part, celui-là gagne, qui en produit un plus grand nombre de paires. Chaque paire a des crochets particuliers, par où on peut facilement les distinguer & les assembler, quelque mêlées qu'elles puissent être. Les meilleurs se prennent sur les Côtes de Quanto, où ils sont en plus grande abondance qu'en aucun autre endroit.

Le Sidsimi est un petit Bivalve, qui ressemble au Famaguri, mais qui est plus mince; on le trouve enfoncé dans la bourbe. Le Katsi ou Ursikaki sont les Huîtres. Celles du Japon sont difformes, raboteuses, pierreuses, elles croissent attachées les unes avec les autres, & aux Rochers. Il y en a principalement de deux sortes, les unes sont fort grosses; les meilleures, & les plus estimées se trouvent dans le Golphe de Kamakura. Les autres sont assez petites. Le Kisa, ou Akagui, est un autre Bivalve blanc en dehors, avec des rayes profondes, presque parallelles, & en dedans de couleur rougeâtre; on met un manche à cette Coquille, & on s'en sert dans les Cuisines, comme de cuillieres. Le Nakatagai est une grande Coquille noire, difforme, un peu ronde, & cannelée. L'Asari est une petite Coquille mince de couleur grise, ou cendrée. Le Te, ou Mate'e est un Bivalve oblong, mince, entr'ouvert à chaque bout; le Poisson, qu'il renferme, passe pour un délicieux manger. L'Umi Fake est un autre Bivalve à peu près de la même espece, d'un empan de long, & si gros, qu'à peine peut-on le tenir entre le pouce & l'index. On en marine la chair. Ce coquillage ne se trouve, que sur les Côtes du Chicungo, & il y a des ordres exprès du Prince de ce Pays, de n'en point pécher, jusqu'à ce qu'on en ait trouvé une quantité suffisante pour la table de l'Empereur.

Les Takarangais, qu'on nomme *Cowers* dans les Indes, sont au Japon de différentes especes. Les meilleurs viennent des Isles Liqueios, & sont le principal ingrédient du Fard blanc, dont usent les femmes Japonnoises. Le Sasai est un Univalve turbiné, gros, épais, odoriférant, blanc, & plein de piquans. Il a la bouche fermée, & une espece de couvercle plat, épais, de substance pierreuse, raboteux, & en dehors assez semblable au *Lapis Judaïcus*, mais plus pointu & plus lisse. Le Nisi est un autre Univalve à peu près de la même forme, mais plus gros, la chair n'en est pas à beaucoup près si bonne. Ils se tiennent l'un & l'autre fortement attachez aux Rochers, & au fond de la Mer, comme l'Awabi.

Des Limaçons. Les TANNISIS sont les Limaçons communs de terre, ils sont noirs, ils cherchent leur nourriture dans la bourbe des champs de Ris; ils ont la bouche fermée, & une couverture oblongue, & presque pierreuse. Le BAI est un Limaçon dans une coquille blanche, oblongue, & turbinée. Le RAS ou MIVA en est un autre de la même espece, mais noir, & plus petit. On les trouve l'un & l'autre sur le rivage en basse marée. Le KABUTO est un Univalve petit, oval, & turbiné. Il y en a un autre plus petit encore, qui est turbiné, & qu'on nomme SUGAI.

CHAPITRE X.

De la fertilité du Japon; des Plantes, & de l'Agriculture.

QUAND le Japon ne renfermeroit pas dans son sein les Métaux les plus précieux, il n'en seroit pas moins un des plus riches Pays du monde, s'il est vrai que la bonté du climat, la fertilité de la terre, & l'industrieuse activité des Habitans d'un Pays sont ses véritables richesses. Je ne sçai même, si l'antique sobrieté des Japonnois, & le mépris, qu'ils faisoient de l'Or & de l'Argent, lorsqu'ils les possédoient sans le sçavoir, ne les rendoit pas plus heureux, que n'ont fait ces découvertes. Une plus grande opulence ne sert qu'à multiplier nos besoins, & qu'à irriter une cupidité, que tous les Trésors du monde ne peuvent assouvir: Il faut pourtant avoüer à la loüange de ces Insulaires, qu'ils ont sçû mettre un frein à leurs désirs, qu'ils sont devenus plus riches, sans cesser d'être laborieux, & que s'ils ne sont pas aujourd'hui aussi sobres, que leurs Ancêtres, ils le sont encore plus qu'aucune Nation policée, que nous connoissions. En un mot, l'Etat, ainsi que je l'ai remarqué ailleurs, a augmenté ses richesses, mais le Peuple a conservé sa pauvreté, & ce qu'il y a de merveilleux, c'est que la vûë des unes ne lui a rien fait perdre de son estime pour l'autre.

Rien n'a peut-être contribué davantage à produire un effet si avantageux, que la nécessité, où les Japonnois, réduits à eux seuls, & sans aucun Commerce au dehors, pendant plus de deux mille ans, se sont trouvez de ne se devoir qu'à eux-mêmes tout ce dont ils avoient besoin pour la vie. Car on conçoit aisément qu'un Peuple extrêmement nombreux, qui habitoit un Païs assez peu fertile de son propre fond, & qui n'a jamais pû comprendre, ni goûter qu'il dût dépendre de ses voisins, pour avoir le nécessaire, a dû chercher dans son industrie & dans son travail de quoi suppléer à ce que la Nature lui avoit refusé. Aussi a-t-il poussé l'Agriculture plus loin qu'aucun autre, & il a par ce moyen fait naître l'abondance du sein de la stérilité; au lieu qu'on voit tous les jours des Terres favorisées de tous les dons de la Nature, fournir à peine de quoi fubfifter à ceux, qui les ont reçûës en partage; c'eft que l'Auteur de l'Univers a condamné tous les hommes au travail, que la peine attachée à ceux, qui veulent fecoüer ce joug, eft une indigence forcée, & que ce n'eft pas tant la rofée du Ciel, que la fueur du front, qui donne la véritable fécondité aux Campagnes.

C'eft ainfi qu'au Japon, non feulement le plat Pays, qu'on n'employe prefque jamais en pâturages, mais les Montagnes mêmes les plus hautes, produifent du Bled, du Ris, des Légumes, & une infinité d'herbes nourriffantes & médecinales. Les Terres baffes & unies fe labourent avec des Bœufs, on fe fert des Hommes pour cultiver les lieux de difficile accès, & tout eft fumé & façonné avec un foin & un art infini. Il ne manque à ces Infulaires, pour raifonner conféquemment, & pour entrer tout-à-fait dans les vûës du Créateur, que d'avoir annobli l'Artifan, après avoir bien conçu la néceffité de l'Art, & l'avoir porté à une fi grande perfection. Mais là, comme partout ailleurs, on a placé la Nobleffe, non dans ce qui eft utile, mais dans ce qui flatte, & dans ce qui fert les paffions. Celle des Japonnois eft l'efprit de domination; on ne parvient chez eux aux diftinctions & aux honneurs, que par la politique & les armes : comme s'il étoit reçû parmi les hommes, que pour s'élever au-deffus des autres, il faut être le fléau du genre humain, en fuivant les régles d'une folie ambition, & d'une fauffe fageffe.

De la culture   Les Japonnois donnent à leurs Terres pour les rendre fertiles, une façon affez finguliere. Ils ont toujours pour cela de grands amas de fiante, & de toutes fortes de faletez, à quoi ils joignent de vieilles nippes, qu'ils brûlent; ils y employent même des Coquilles d'Huîtres, & ce mélange produit un excellent engrais. Avant que d'enfémencer une Terre, ils la mefurent, & la même chofe fe fait, lorfque le tems de la moiffon approche : enfuite ils fupputent ce que la récolte rapportera. Leurs conjectures font pour l'ordinaire d'une jufteffe furprenante, & par-là les Seigneurs ne font point expofez à être trompez par leurs Fermiers. Les Propriétaires ont fix dixiémes de tous les fruits de leurs Terres, les quatre autres font pour les Fermiers. Ceux qui font valoir les Terres du Domaine, ne donnent que quatre dixiémes aux Intendans de l'Empereur, les deux autres leur appartiennent. Si quelqu'un défriche une Terre, qui n'eft point à lui, il en reçoit toute la récolte les deux ou trois premieres années; mais dans les Baux on a égard à la bonne, ou à la mauvaife qualité du terroir, & il eft ordonné par une Loi, que fi quelqu'un laiffe paffer une année fans cultiver fa Terre, il en perd la propriété.   de la terre, de la diftribution, de la récolte.

Les Japonnois cultivent furtout ce qu'ils appellent les cinq Fruits de la terre, & qui pendant plufieurs fiécles ont fait prefque les feuls alimens du Pays; la Religion y défendant l'ufage de la viande : mais foit difpenfe, foit relâchement, cette régle n'eft pas aujourd'hui fort exactement obfervée. Les cinq fruits, dont je viens de parler, font le Ris, l'Orge, le Froment, & deux fortes de Féves. Le Ris du Japon, furtout   Des cinq fruits de la terre.

E e e ij

celui d'une certaine espece, qui est la plus commune, particulierement dans les Provinces Septentrionales, l'emporte beaucoup sur celui des Indes; il est blanc comme la neige, & si nourrissant, que les Etrangers, qui n'y sont pas faits, en doivent user fort modérément. Toute la préparation, qu'on y apporte, c'est de le faire bien boüillir, & on s'en sert dans les repas, comme nous faisons du pain. Ce qui en reste au-delà du nécessaire pour la provision annuelle, est employé à faire une Bierre, qu'on appelle SACKI. Le Ris se seme dans la saison des pluyes, & ce sont les Femmes, qui s'occupent de ce travail.

On seme le Ris dans tous les terreins, où il en peut venir, & qui ne sont pas nécessairement employez à autre chose. Les terres les plus propres pour cette semence, sont celles, qui sont basses & plates, & disposées de maniere, qu'on puisse les percer de canaux, pour y porter l'eau de toutes parts. La Province de Figen est une des plus fertiles en Ris, & nulle autre part il n'est plus excellent. Aussi les Campagnes y sont-elles toutes coupées par des Canaux, tirez des Rivieres, & par le moyen des Ecluses on les innonde entierement, quand on veut.

De l'Orge, du Froment des Féves.

Le grand usage de l'Orge est pour la nourriture des Chevaux & du bétail; on ne laisse pas de se servir quelquefois de sa farine dans les aprêts des viandes, & d'en faire des Gâteaux: les Pauvres mêmes en font du pain. Il croît dans le Pays une espece d'Orge, dont les épis, quand ils sont mûrs, sont de couleur de pourpre; c'est un pur ornement pour les Campagnes, car ce grain n'est bon

à rien: le Froment n'est pas si estimé dans ces Isles, & on l'y donne presque pour rien: on en fait néanmoins de petits Gâteaux, & des *Vermicellis*, comme en Sicile. Des deux especes de Féves, dont j'ai parlé, les unes sont grosses, comme des Pois de Turquie, & croissent de la même maniere que les *Lupins*. On fait de leur farine une boüillie, qui sert pour les sausses, au lieu du beurre, que les Japonnois ne connoissent point, & une sorte de ragoût, que l'on mange au commencement du repas, pour se mettre en appetit. Ils le nomment *Soeju*, ou *Embamma*; ce légume est après le Ris le plus estimé, & on l'appelle *Féve-Daïd*. L'autre espece, nommée *Féve-So*, croît aussi à la maniere des Lupins; elle est blanche, & sa figure approche assez de la Lentille, ou du *Cajan* des Indes. On fait des gâteaux de sa farine cuite avec du sucre. Le Millet, & plusieurs autres grains connus parmi nous, entrent aussi dans la nourriture des Japonnois, & les Pauvres joignent à tout cela un peu de Poisson sec; les personnes aisées y ajoûtent le gibier, qui ne coûte presque rien, n'y ayant gueres de Pays au monde, où il s'en trouve en si grande abondance, & de plus d'especes différentes.

Les Japonnois cultivent le Chanvre & le Cotton, autant qu'ils peuvent se ménager pour cela de terrein, sans préjudice des Plantes, qu'ils jugent plus nécessaires, ou plus utiles: mais on trouve dans toutes leurs Isles un Chanvre sauvage, dont on fait plusieurs Etoffes, & quelques-unes même assez fines. La semence de plusieurs Plantes fournit aussi des Huiles, qui sont propres à bien des

A Veritable Arbre à Papier. B faux Arbre à Papier.

choses, tant dans la Médecine, que dans les usages domestiques. La plus estimée de toutes se tire du KIRI, dont nous donnerons ailleurs la description.

<small>Goût particulier des Japonnois pour leur nourriture.</small>

La plûpart de nos Hérbes potageres, & de nos Racines, croissent partout, les autres y viendroient sans peine ; les Portugais les y avoient semées avec succès, & les Hollandois le font encore tous les jours dans leur petite Isle de Désima. Il y en a aussi une infinité d'autres, qui sont propres au Pays, & que nous ne connoissons pas : les Forêts, les Montagnes, les lieux les plus stériles, les rivages même de la Mer en sont couverts : quelques-unes sont venimeuses, & les imprudens y sont quelquefois attrapez; mais elles ne sont pas tout-à-fait inutiles, on a trouvé le secret de leur ôter leurs qualitez malfaisantes, & de les employer pour la nourriture, & même pour les délices de la vie. On ne sçait au Japon ce que c'est, que d'avoir des basse-cours, ni de nourrir aucune sorte d'Animaux pour les manger. Les Bœufs ne sont que pour le labourage, les Chevaux pour les voyages & pour la guerre ; le reste est dans les bois, jusqu'aux Poules & aux Cochons, dont on ne mange jamais. D'ailleurs ces Peuples laissent assez ce qu'ils mangent dans leur état naturel. Le Vinaigre, le Beurre, le Laitage, le Safran, & les Epiceries, ne leur sont point connus, ou ne sont point de leur goût. Les gens de qualité, surtout ceux, qui sont de la Secte des Philosophes, & ceux, qui ne reconnoissent les Dieux que pour l'exemple, & pour ne se pas singulariser, mangent de tout, & font bonne chere à leur façon : quoiqu'en général il soit vrai de dire, que la Nation n'estime pas beaucoup le plaisir de la table.

CHAPITRE XI.

De quelque espece de Mûrier, dont les Japonnois font leur Papier, & de la maniere, dont il se fait.

<small>Du Mûrier ordinaire.</small>

LE Mûrier, si on en croit Kœmpfer, tient sans contredit le premier rang parmi les Arbres du Japon. A la vérité son fruit, qui est noir & blanc, est assez insipide, mais ce défaut est abondamment récompensé par l'avantage, qu'on tire de ses feüilles, qui font la nourriture ordinaire des Vers à soye. Il croît dans la plûpart des Provinces du Japon, mais surtout dans celles du Nord, où plusieurs Villes & Villages ne subsistent, que par le moyen des Manufactures d'Etoffes de soye; quoique la soye qu'on y employe, ne soit pas d'une grande finesse. Aussi paroît-il que les Japonnois n'ont gueres eu en vûë dans le Commerce étranger, que les soyes de la Chine, & de quelques endroits des Indes, qui sont beaucoup plus fines que les leurs, & dont les Exilez de Fatsisio font leurs belles Etoffes.

Les Japonnois ont une autre espece de Mûrier, dont ils ne tirent pas un moindre avantage, c'est le KADSI, ou Arbre du Papier. Quoique cet Arbre croisse naturellement

<small>Du Kadsi, ou Arbre du Papier.</small>

dans les champs, on le transplante, & on le cultive avec soin : il croît avec une vîtesse surprenante, & ses branches s'étendent fort loin. Il produit une très-grande quantité d'écorces, dont on fait du Papier, des Cordes, des Mêches, des Etoffes, du Drap, & plusieurs autres choses. Nous ne nous arrêterons qu'à ce qui regarde le Papier, dont on sera sans doute bien aise de voir ici la fabrique.

Maniere de faire le Papier. Après la chûte des feüilles, c'est-à-dire, vers le mois de Décembre, les rejettons de l'année, qui sont fort gros, se coupent de la longueur de trois pieds au moins : on les met en pacquet, & on les fait boüillir dans de l'eau, où l'on jette des cendres. S'ils sont trop vieux coupez, & qu'ils se soient séchez, on les laisse tremper pendant vingt-quatre heures, avant que de les faire ainsi léciver. Les pacquets doivent être fort serrez, & quand on les a mis dans la chaudiere, il faut avoir soin de les faire couvrir. On les y laisse ensuite boüillir jusqu'à ce que les bâtons laissent voir un demi poulce de bois dépoüillé de leur écorce. Alors on les tire de l'eau, on les laisse refroidir à l'air, puis on les fend de long, on les dépoüille entierement de leur écorce, & on jette ce qui n'est bon à rien. On fait ensuite sécher l'écorce, on la nettoye, & on la laisse tremper dans l'eau pendant trois ou quatre heures. Dès qu'elle est suffisamment ramollie, on en racle avec un couteau la surface, & l'on sépare en même tems l'écorce, qui a une année, de celle, qui est plus jeune & plus mince. Les premieres donnent le meilleur papier : les secondes en font un, qui est noirâtre, & qui n'est pas mauvais. S'il y a de la vieille écorce mêlée avec le reste, on la met à part, pour un papier plus grossier que les deux autres.

Lorsque toutes ces écorces ont été bien nettoyées de nouveau, on les fait encore boüillir dans la cuve, mais on y met moins de cendres, que la premiere fois, & tout le tems qu'elles sont sur le feu, on les remuë avec un roseau, en versant de tems en tems de nouvelle lessive; mais autant précisément, qu'il est nécessaire, pour arrêter la trop grande évaporation, & pour suppléer à ce qui s'est consumé. Il faut continuer cette opération, jusqu'à ce que la matiere devienne si déliée, qu'étant légerement touchée du bout du doigt, elle se dissolve & se sépare comme de la bourre, ou comme un amas de fibres. Au reste la lessive, dont on se sert ici, se fait de cette maniere. On met deux pieces de bois en croix sur une cuve; on les couvre de paille, sur laquelle on répand de la cendre moüillée, puis on verse dessus de l'eau boüillante, qui à mesure qu'elle passe au travers de la paille pour tomber dans la cuve, s'imbibe des parties salines de la cendre, & fait la lessive, dont il s'agit.

On lave encore les écorces, après qu'elles ont boüilli une seconde fois, mais il faut y apporter une grande attention : car si elles ne sont pas assez lavées, elles ne feront qu'un papier grossier ; si elles le sont trop, le papier sera fin & blanc, mais il boira. Pour l'ordinaire c'est dans la Riviere, qu'on les lave, & on les y trempe dans une espece de van ou de crible, & tandis qu'elles y sont, on les remuë avec la main, jusqu'à ce qu'elles soient déliées à la consistance de la laine, ou d'un duvet fort doux. Mais pour faire le papier le plus fin, on les lave une troisiéme fois, ou plutôt on les laisse tremper enveloppées dans un linge. On a soin aussi d'en ôter les nœuds & la bourre, aussi bien que toutes les parties hétérogenes, qui pourroient s'y être glissées, & on les met à part, avec les écorces les plus grossieres, pour le mauvais papier. Ainsi rien n'est perdu dans cette Fabrique.

La matiere étant lavée, autant qu'on le juge à propos, elle est posée sur une table de bois uni & épais, puis deux ou trois personnes la battent avec des bâtons, jusqu'à ce qu'on l'ait renduë aussi fine, qu'on la veut avoir; en cet état elle est comme du papier, qui, à force d'être trempé, n'a presque plus de consistance. Ensuite on la met dans une cuve avec l'infusion glaireuse & gluante de ris, & celle de la racine d'un petit arbrisseau appellé ORENI, qui a les mêmes qualitez : le tout est remué avec un roseau bien net, & fort délié, jusqu'à ce que la matiere soit parfaitement imbibée de ces infusions. Cela se fait mieux dans une cuve étroite, d'où cette composition est transvasée dans une plus grande, assez semblable à celles, dont on se sert dans nos Manufactures de papier. On tire de cette seconde cuve les feüilles une à une dans des moules de jonc, & pour les faire sécher à propos, on les met en pile sur une table couverte d'une double natte, & l'on insere entre chaque feüille un roseau, qui avance par les deux bouts, & qui sert à les soulever les unes après les autres, quand il est tems. Chaque pile est couverte d'un ais fort mince, de la grandeur & de la figure des feüilles de papier, & l'on met dessus des poids assez légers, de peur que les feüilles, encore humides & fraîches, ne se pressent trop l'une contre l'autre : puis on en ajoûte de plus pesants, pour exprimer toute l'eau, dont elles sont imbibées. Le jour suivant on leve les feüilles une à une avec le roseau, qui les séparoit, & avec la paulme de la main on les jette sur des planches longues & raboteuses, faites exprès pour cet usage, & elles s'y tiennent aisément, à cause d'un peu d'humidité, qui leur reste encore. On les expose ensuite au Soleil, & lorsqu'elles sont entierement seches, on les met en monceaux, on les rogne tout autour, & il ne leur manque plus rien, pour être dans leur perfection.

La couleur blanche de ce papier lui vient de l'infusion de ris, & sa consistance, d'une certaine glaire visqueuse, qui se trouve dans cette même infusion, & dans celle de la racine d'Oreni. L'infusion de ris se fait dans un pot de terre non vernissé, où l'on met d'abord tremper les grains de ris dans l'eau ; on agite ensuite le pot, d'abord doucement, puis plus fortement par dégrez : à la fin on y verse de l'eau fraîche, & le tout est passé au travers d'un linge. Ce qui demeure dans le linge, après qu'on l'a laissé bien écouler, est remis dans le pot, où l'on recommence la même façon, & cela se répete, tant qu'il reste quelque viscosité dans le ris. Le ris du Japon est d'autant meilleur pour cet usage, qu'il est le plus blanc, & le plus gras, qui croisse dans toute l'Asie. L'infusion de la racine d'Oreni, qui doit être jointe avec celle de ris, a aussi sa façon particuliere; la voici. La racine coupée en petits morceaux, & pilée, est jettée dans l'eau fraîche, où en une nuit elle devient glaireuse, & propre à l'usage, dont il est question, après quoi on la passe dans un linge. Mais il est à observer que les différentes Saisons de l'année demandent une différente quantité de cette infusion. Par exemple, en Eté, il en faut davantage, parce que la chaleur dissout cette espece de colle, & la rend plus fluide: d'ailleurs une trop grande quantité de cette liqueur rendroit le papier trop mince, & trop peu le rendroit épais, inégal, & sec. Dès les premieres feüilles qu'on leve, on s'apperçoit du défaut, s'il y en a, mais il n'est plus tems d'y remédier. Au lieu de la racine d'Oreni, laquelle est souvent très-rare, surtout au commencement de l'Eté, les Papetiers se servent d'un arbrisseau rampant, nommé SANE-KADSURA, dont les feüilles rendent une sorte de glue assez semblable à celle de la racine d'Oreni, mais l'infusion n'en est pas tout-à-fait si bonne.

Il est bon de remarquer encore, que les deux nattes, sur lesquelles les feüilles de papier, fraîchement levées de leurs moules, sont posées en pile, doivent être différemment faites. Il faut que celle de dessous soit plus épaisse & plus grossiere, & celle de dessus plus claire, & faite de joncs plus minces. La raison pourquoi elles ne doivent pas être si serrées, c'est pour laisser un passage libre à l'eau; & on les prend plus minces, afin qu'ils ne fassent aucune impression sur le papier. On fait aussi une sorte de gros papier, dont on se sert communément pour les enveloppes, de l'écorce d'un Arbrisseau appellé KADSE-KADSURA, & on y garde à peu près la même méthode. On vend à SYRIGA, Ville de la Province de Surunga, une espece de papier épais & fort, très-proprement peint, & plié en feüilles si grandes, qu'une seule suffiroit pour faire un habit. D'ailleurs ce papier ressemble tellement à une étoffe de laine, qu'on s'y pourroit méprendre. En général tout le papier du Japon est si fort, qu'il n'en est aucun, dont on ne puisse faire de la corde.

Pour rendre cette Description complette, il y faut ajoûter celle des Plantes, dont on fait le papier.

Le KADSI ou KAADSI est un Figuier que Kœmpfer définit PAPYRUS *fructu mori celsæ, sive Morus sativa, foliis urticæ mortuæ, cortice papyriferâ*. D'une racine forte, branchuë & ligneuse s'éleve un tronc droit, épais, uni, fort branchu, couvert d'une écorce de couleur de chataigne, grosse, ferme & visqueuse, inégale en dehors, & polie en dedans, où elle tient au bois, qui est mou & cassant, plein d'une moëlle grande & humide. Les branches & les rejettons sont fort gros, couverts d'un petit duvet, ou laine verte, qui tire sur le pourpre-brun. Ils sont cannellez, jusqu'à ce que la moëlle croisse, & féchent, dès qu'ils sont coupez. Les rejettons sont entourez irrégulierement de feüilles à cinq ou six poulces de distance l'une de l'autre, quelquefois davantage:

davantage : elles tiennent à des pédicules minces & velus de deux poulces de longueur, de la grosseur d'une paille, & d'une couleur tirant sur le pourpre-brun. Les feüilles different beaucoup en figure & en grandeur : elles sont divisées quelquefois en trois, d'autres fois en cinq lobes dentez comme une scie ; étroits, d'une profondeur inégale, & inégalement divisez. Ces feüilles ressemblent en substance, figure, & grandeur à celles de l'*Urtica mortua*, étant plattes, minces, un peu raboteuses, d'un verd obscur d'un côté, & d'un verd blanchâtre de l'autre ; elles se sechent dès qu'elles sont arrachées, aussibien que toutes les autres parties de l'Arbre. Un nerf unique, qui laisse un grand sillon du côté opposé, s'étend depuis la base de la feüille jusqu'à la pointe, d'où partent plusieurs petites veines quasi paralelles, qui en poussent d'autres plus petites tournées vers les bords des feüilles, & se recourbent vers elles-mêmes. Les fruits viennent en Juin & en Juillet des aisselles des feüilles aux extrémitez des rejettons : ils tiennent à des queües courtes & rondes, & sont un peu plus gros qu'un pois, entourez de poils pourprez : ils sont composez de pepins verdâtres au commencement, & qui en mûrissant tournent sur le pourpre-brun : ce fruit est plein d'un jus douçâtre. On cultive l'arbre sur les collines & sur les montagnes ; les jeunes rejettons de deux pieds de long sont coupez & plantez à une médiocre distance vers le dixiéme mois ; ils prennent d'abord racine, & leur extrémité supérieure séchant bientôt, ils poussent plusieurs jets, qui peuvent être coupez vers la fin de l'année, lorsqu'ils sont parvenus à la longueur d'une brasse & demie, & à la grosseur du bras d'un homme médiocre.

On trouve aussi sur les Montagnes un KAADSI sauvage, mais qui n'est bon à rien. Il y a bien de l'apparence que c'est ce même Arbrisseau, que Kœmpfer appelle KADSI ou KAGO-KADSIRA ; le faux Arbre à papier. Il le définit *Papyrus procumbens lactescens, folio longe lanceato, cortice chartaceo*: il ne parle, ni de ses fruits, ni de ses feüilles, qu'il n'a point vûës, non plus que les fleurs du véritable *Kaadsi*. Le *Kadsi-Kadsira* a une racine épaisse, longue, unique, d'un blanc jaunâtre, étroite & forte, couverte d'une écorce grosse, unie, charnuë, & douçâtre, entremélée de fibres étroits. Les branches sont nombreuses & rampantes, assez longues, simples, étenduës & flexibles, avec une fort grande moëlle entourée de peu de bois. Des rejettons fort déliez, bruns, & velus aux extrémitez, sortent des branches ; les feüilles y sont attachées à un poulce de distance, plus ou moins l'une de l'autre alternativement ; elles tiennent à des pédicules petits & minces, dont la figure ne ressemble pas mal au fer d'une lance, s'élargissant sur une base étroite, & finissant en pointe longue, étroite, & aiguë. Elles sont de différente grandeur ; les plus basses étant quelquefois longues d'un empan, & larges de deux poulces, tandis que celles d'enhaut ont à peine le quart de cette grandeur. Elles ressemblent aux feüilles du véritable KAADSI en substance, couleur & superficie, sont profondément &

également dentées, avec des veines déliées au dos, dont les plus grandes s'étendent depuis la bafe de la feüille jufqu'à la pointe, partageant la feüille en deux parties égales; elles produifent plufieurs veines traverfieres, qui font encore croifées par de plus petites.

L'ORENI, dont les Papetiers du Japon fe fervent fi utilement, eft ainfi défini par Kœmpfer *Alcea radice vifcosâ, flore ephemero, magno puniceo*. Voici la Defcription, que ce même Auteur nous en donne. D'une racine blanche, groffe, charnuë, & fort fibreufe, pleine d'un jus vifqueux, tranfparent comme le criftal, fort une tige de la hauteur d'une braffe ou environ, qui eft ordinairement fimple, & ne dure qu'un an. Les nouveaux jets, s'il en vient, fortent au bout d'un an des aiffelles des feüilles: la moëlle en eft molle, fpongieufe, & blanche, pleine d'un jus vifqueux: fa tige eft entourée à diftances irrégulieres de feüilles, qui ont quatre ou cinq poulces de longueur, cambrées, d'un pourpre détrempé; les pédicules en font ordinairement creux, charnus & pleins d'humeur; les feüilles reffemblent affez à l'ALCEA de Matthiole, tirant fur le rond, d'environ un empan de diamétre, compofées de fept lobes, divifez par des anfes profondes, inégalement dentées aux bords, excepté entre les anfes; les dents font grandes, en petit nombre, & en moyenne diftance l'une de l'autre. Elles font d'une fubftance charnuë, pleines de jus; elles paroiffent raboteufes à l'œil, & font rudes au toucher: leur couleur eft d'un verd obfcur. Elles ont des nerfs forts, qui partagent chaque lobe également, courant jufqu'aux extrémitez, & plufieurs veines traverfieres, roides & caffantes, recourbées en arriere vers le bord. Les fleurs font à l'extrémité de la tige & des rejettons, & ont un poulce & demi de longueur. Elles font portées par des pédicules velus & épais, dont la largeur augmente à mefure qu'elles finiffent en calice. Les fleurs font pofées fur un calice de cinq petales, ou feüilles verdâtres, avec des lignes d'un pourpre-brun, & veluës au bord. Elles font auffi compofées de cinq feüilles d'un pourpre-clair tirant fur le blanc; elles font fouvent plus grandes que la main, rondes & rayées; le fond eft d'un pourpre plus chargé & plus rouge. Le calice eft étroit, court & charnu; le piftile eft long d'un poulce, gros, uni & doux, couvert d'une pouffiere de couleur jaunâtre, couchée, comme fi c'étoit de petites boffettes; ce piftile finit par cinq caroncules couvertes d'un duvet rouge, & arrondies en forme de globe. Les feüilles ne durent qu'un jour, & fe fannent la nuit; elles font remplacées peu de jours après par cinq capfules féminaires pentagones, faifant enfemble la forme d'une toupie: leur longueur eft de deux poulces, leur largeur d'un poulce & demi, leur fubftance membraneufe, épaiffe, tirant fur le noir au tems de leur maturité, que l'on diftingue les cinq capfules, où font contenuës en nombre incertain des graines, dix ou quinze dans chacune, d'un brun obfcur, raboteufes, plus petites que des grains de poivre, un peu comprimées & fe détachant aifément.

Le FUTOKADSURA appellé autre-

Véritable Arbre à Vernis.

ment Sane-Kadsura, & Oreni-Kadsura, est, selon Kœmpfer, *Frutex viscosus procumbens folio Thelephii vulgaris æmulo, fructu racemoso*. C'est un Arbrisseau irrégulierement garni de plusieurs branches de la grosseur du doigt, d'où sortent des rejettons sans ordre, raboteux, pleins de verruës, gersez, & d'une couleur brune. Son écorce est épaisse, charnuë & visqueuse, composée d'un petit nombre de fibres déliez, qui s'étendent en longueur. Si peu qu'on mâche de cette écorce, elle remplit la bouche d'une substance mucilagineuse. Les feüilles sont épaisses, & attachées une à une à des pédicules minces, cambrez, de couleur de pourpre; elles sont placées sans ordre, & ressemblent aux feüilles du *Thelephium vulgare*; étroites au fond, elles s'élargissent, finissent en pointe, & sont de deux, trois, ou quatre poulces de longueur, d'un poulce de large au milieu; un peu roides, quoique grosses, quelquefois pliées vers le dos, ondées, douces au toucher, d'un verd pâle, avec un petit nombre de pointes en forme de dents de scie à leur bord, coupées sur la longueur par un nerf traversé de beaucoup d'autres presque imperceptibles. Les fruits pendent à des queuës d'un poulce & demi de longueur, vertes & déliées: ils sont en forme de grappes composées de plusieurs bayes: quelquefois trente ou quarante, disposées en rond sur un corps tirant sur le rond, qui leur sert de base. Ces bayes ressemblent aux grains de raisin, tirant sur le pourpre en Hyver, lorsqu'elles sont mûres. Leur membrane, qui est mince, contient un jus épais & insipide. Dans chaque baye on trouve deux grains semblables à un rognon, un peu comprimé à l'endroit, où elles se touchent. Elles sont de la grosseur des pepins de raisin, couvertes d'une membrane, qui est mince, & grisâtre; leur substance est dure, blanchâtre, d'un goût âpre & pourri très-désagréable. Les bayes sont disposées autour d'une base tirant sur l'oval, d'une substance charnuë, spongieuse & molle, d'environ un poulce de diamétre; ressemblant assez à une fraise, rougeâtre, d'une rayure relevée en forme de rets, dont les niches sont moyennement profondes quand les bayes en sont détachées.

CHAPITRE XII.

Du Vernis du Japon, & de l'Arbre, d'où il se tire.

LEs Lettrez nomment Sitz, ou Sitzdju, c'est-à-dire, Plante de Sitz; & la langue vulgaire, Urus, Urusi, ou Urus-Noki, l'Arbre, qui donne le véritable Vernis. Cet Arbre produit un jus blanchâtre, dont les Japonnois se servent pour vernir tous leurs meubles; leurs plats, leurs assiettes de bois, qui sont en usage chez toutes sortes de personnes, depuis l'Empereur jusqu'au Paysan; car à la Cour, & à la table de ce Monarque les ustenciles vernissez sont préférez à ceux d'or & d'argent. Le véritable Urus est une espece particuliere au

Japon ; il croît dans la Province de Fingo, & dans l'Isle de Xicoco ; mais le meilleur de tous est celui de la Province de Jamatto.

Cet Arbre a peu de branches. Son écorce est blanchâtre, raboteuse, se séparant facilement : son bois est très-fragile & ressemble à celui du Saule ; sa moëlle est très-abondante : ses feüilles, qui ressemblent à celles du Noyer, sont longues de huit à neuf poulces, ovales & terminées en pointe, point découpées à leur bord, ayant au milieu une côte ronde, qui régne dans toute leur longueur jusqu'à la pointe, & qui envoye de chaque côté jusqu'au bord plusieurs moindres nervures. Ces feüilles ont un goût sauvage, & quand on en frotte un papier, elles le teignent d'une couleur noirâtre. Les Fleurs, qui naissent en grappe des aisselles des feüilles, sont fort petites, d'un jaune verdâtre à cinq petales un peu longs & recourbez. Les Etamines sont en pointe & très-courtes, aussi bien que le Pistile, qui est terminé par trois têtes. L'odeur de ces fleurs est douce & fort gracieuse, ayant beaucoup de rapport à celles de la fleur d'orange. Le fruit, qui vient ensuite, a la figure & la grosseur d'un pois chiche : dans sa maturité il est fort dur, & d'une couleur sale.

L'Arbre du Vernis, qui croît dans les Indes, & que Kœmpfer juge être le véritable *Anacardinus*, est tout-à-fait différent de l'Urus du Japon. A Siam, on l'appelle *Toni-Rack*, c'est-à-dire, *l'Arbre du Rack*. Il se tire de la Province de Corsama, & du Royaume de Cambodia. On en perce le tronc, d'où il sort une liqueur appellée *Nam-Rack*, c'est-à-dire, Jus de Rack. Il croît & porte du fruit dans la plûpart des contrées de l'Orient, mais on a observé qu'il ne produit point son jus blanchâtre à l'Ouest du Gange, soit à cause de la stérilité du Terroir, où par la négligence & l'ignorance des gens du Pays, qui ne sçavent pas la maniere de le cultiver. Celui de Siam & de Cambodia se vend à très-grand marché dans toutes les Indes : on en porte aussi au Japon, où l'on s'en sert pour vernir des choses de peu de valeur, & même comme un ingrédient nécessaire dans la composition du plus excellent Vernis.

Cette composition ne demande pas une grande préparation, on reçoit le jus de l'Urus, après qu'on y a fait une incision, sur deux feüilles d'un papier fait exprès, & presque aussi mince, que des toiles d'araignées. On le presse ensuite avec la main, pour en faire couler la matiere la plus pure ; les parties grossieres & hétérogenes demeurent dans le papier ; puis on mêle dans ce jus environ une centième partie d'une huile appellée Toi, faite du fruit d'un arbre nommé Kiri, & on verse le tout dans des vases de bois, qui se transportent partout, où l'on veut. Elle s'y conserve parfaitement, si ce n'est qu'il se forme à la superficie une espece de croute noirâtre, que l'on jette. On rougit le Vernis, quand on veut, ou avec du Cinnabre de la Chine, ou avec une espece de terre rouge, que les Hollandois portoient autrefois de la Chine au Japon, & que les Chinois y portent présentement eux-mêmes ; ou enfin avec la matiere, qui fait le fond de l'encre du Pays.

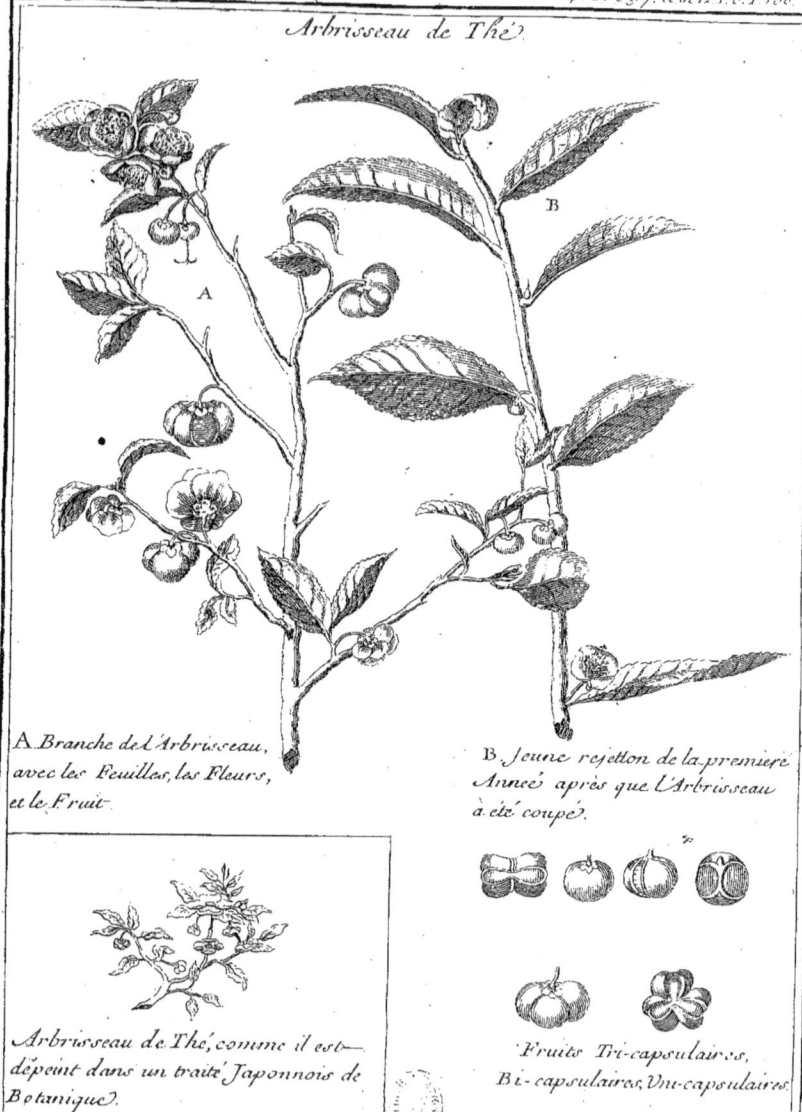

FutoKadsura

Le jus du Vernis, tant de celui du Japon, que de celui de Siam, a une odeur forte, qui empoisonneroit ceux, qui l'employent, leur causeroit de violents maux de tête, & leur feroit enfler les lévres, s'ils n'avoient soin de se couvrir la bouche & les narines avec un linge.

Il y a au Japon un autre Arbre de Vernis, qu'on appelle FAASI-NOKI, ou le faux Vernis. *Arbor vernicifera spuria, sylvestris, angustifolia*; il croît sur les Collines & sur les Montagnes, & ne produit qu'une petite quantité de jus, qui est même assez mauvais; aussi les Naturels duPays ne se donnent gueres la peine de le ramasser. Cet Arbre differe du précédent en ce que ses feüilles sont beaucoup moins larges, & moins longues, terminées par une longue pointe, & semblables aux feüilles de Pêcher. Elles deviennent rouges en Automne, & mêlées avec le verd des Forêts, elles font de loin un agréable spectacle.

CHAPITRE XIII.
Du Thé.

EN parlant des Auteurs, qui ont travaillé sur le Japon, j'ai fait mention d'une Description de la Plante du Thé par le Docteur Guillaume Ten-Rhyne. Kœmpfer, qui a succédé à cet Ecrivain dans l'emploi de Chirurgien de la Compagnie Hollandoise des Indes au Japon, qui a fait dans ces Isles un plus long séjour, que son prédécesseur, & qui a eu, dit-il, plus d'occasions de s'instruire de toutes les particularitez, qui regardent cette Plante, a trouvé la Description de Ten-Rhyne défectueuse en plusieurs choses, qui lui ont paru essentielles, & a mieux aimé répéter ce qu'il en a dit, que de ne pas ajoûter ce qu'il a omis. Qui ne croiroit qu'une Description faite avec tant de soin, & sur les lumieres de deux Hommes aussi habiles, & qui ont eu tant de moyens de s'instruire, ne dût être regardée comme un Traité complet en ce genre? Nous verrons néanmoins qu'il s'y est encore glissé plus d'une faute contre l'exactitude. D'ailleurs il n'y a pas beaucoup d'ordre dans la Description de Kœmpfer. Je tâcherai d'y suppléer.

L'Arbrisseau, qui produit le Thé, est défini par Kœmpfer: *Thea frutex, folio cerasi, flore rosa sylvestris, fructu unicocco, bicocco, ut & plurimum tricocco*. C'est-à-dire, qu'il a la feüille de cerisier, la fleur semblable à la rose des champs, & que son fruit n'a qu'une ou deux, & le plus souvent trois coques. Les Chinois le nomment THEH, les Japonnois TSJAA ou TSJANOKI (*a*), mais il est à remarquer qu'il n'a point dans la langue sçavante de caractere propre, je veux dire de caractere, qui donne une idée de la chose. On y a suppléé par d'autres caracteres, dont quelques-uns expriment simplement le son du mot,

(*a*) Prononcez *Tchaa*, & *Tchanoki*.

d'autres font allusion aux vertus, & à la description de la Plante. Il y en a un, qui représente les paupieres de DARMA vingt-huitiéme Successeur de Xaca dans la Religion des Fotoques, & qui fleurissoit à la Chine dans le sixiéme siécle de l'Ere Chrétienne. L'origine de ce caractere est une fable si grossiere, que je n'ai pas cru devoir l'inserer ici, & elle suppose que le Thé n'étoit point connu avant Darma, de qui les paupieres furent changées en autant de ces Arbrisseaux, dont cet Imposteur reconnut, dit-on, la vertu, en goûtant de ses feüilles, & l'enseigna à ses Disciples.

Ce qu'il y a de plus commode dans une Plante si utile, c'est qu'elle n'occupe point de terrein, qui puisse servir à d'autres. Ordinairement on en fait les bordures des champs de bled, ou de ris, & les endroits les plus stériles, sont ceux, où elle vient mieux. Elle croît lentement, & s'éleve à la hauteur d'une brasse, & quelque chose de plus. Sa racine est noire, ligneuse, & jette irrégulierement ses branches. La tige en fait de même de ses branches & de ses rejettons, & il arrive assez souvent qu'on voit sortir ensemble du même tronc plusieurs tiges si serrées l'une contre l'autre, & qui forment une espece de buisson si épais, que ceux, qui n'y regardent pas d'assez près, croyent que c'est un même Arbrisseau ; au lieu que cela vient de ce qu'on a mis plusieurs graines dans la même fosse. Il est encore à observer, que lorsqu'on coupe les vieilles Plantes à la tige, il en sort de nouveaux rangs de branches & de rejettons plus touffus & en plus grand nombre, qu'ils n'étoient auparavant ; mais non pas la premiere année : car les rejettons, qui viennent d'abord, soit de la tige coupée, soit de la graine, sont plus rares, que les années suivantes. En récompense ils sont plus grands & mieux nourris. Les branches & les rejettons sont déliez, de différentes longueurs, mais communément courts, & n'ont point les anneaux, qui marquent l'accroissement annuel des Arbres & des Arbrisseaux. Les uns & les autres sont environnez d'un très-grand nombre de feüilles, dont chacune a sa queuë, mais sans ordre.

L'écorce de cet Arbrisseau est couverte d'une peau fort mince, qui se détache, lorsque l'écorce devient séche ; sa couleur est de châtaigne, grisâtre à la tige, tirant sur le verdâtre, & a une odeur, qui approche fort de celle des feüilles du Noisettier, excepté qu'elle est plus désagréable, & d'un goût amer, dégoûtant & astringent. Le bois est dur, composé de fibres forts & épais, d'une couleur verdâtre tirant sur le blanc, & d'une senteur fort rebutante, quand il est verd ; la moëlle petite, fort adhérente au bois. Les feüilles tiennent à une queuë, ou pédicule, court, gros, & verd, assez rond & uni au-dessous, mais creux & un peu comprimé au côté opposé : elles ne tombent jamais d'elles-mêmes, parce que l'Arbrisseau est toujours verd, & il faut les arracher de force. Elles sont d'une substance moyenne entre la membraneuse & la charnuë ; mais de différentes grandeurs : les plus grandes sont de deux poulces de long, & ont un peu moins de deux poulces dans leur plus grande lar-

A L'HISTOIRE DU JAPON.

geur. En un mot, lorsqu'elles ont toute leur cruë, elles ont parfaitement la substance, la figure, la couleur & la grandeur du Griotier des Vergers, que les Botanistes nomment *cerasus hortensis fructu acido*; mais lorsqu'elles sont tendres, qui est le tems qu'on les cüeille, elles approchent davantage des feüilles de ce qu'on appelle *Evonymus vulgaris fructu acido*, excepté la couleur. Ces feüilles, d'un petit commencement deviennent à peu près rondes, puis s'élargissent davantage, & enfin elles finissent en une pointe, qui est piquante. Quelques-unes sont de figure ovale, un peu pliées, ondées irrégulierement sur la longueur, enfoncées au milieu, & les extrémitez recourbées vers le dos. Elles sont unies des deux cotez, d'un verd sale & obscur, un peu plus clair sur le derriere, où les nerfs étant assez élevez, forment tout autant de creux, ou de sillons, du côté opposé. Elles sont dentées, la denture un peu recourbée, dure, obtuse, & fort pressée, mais les pointes sont de différentes grandeurs. Elles sont traversées au milieu par un nerf fort remarquable, auquel répond au côté opposé un profond sillon; il se partage de chaque côté en six ou sept côtes de différentes longueurs, courbées sur le derriere: près du bord des feüilles de petites veines s'étendent entre les côtes traversieres.

Qualitez des feüilles. Les feüilles, lorsqu'elles sont fraîches, n'ont aucune senteur, & ne sont pas absolument aussi désagréables au goût, que l'écorce, quoiqu'elles soient astringentes, & tirant sur l'amer. Elles different beaucoup les unes des autres en substance, en grandeur, & en figure, ce qui se doit attribuer à leur âge, à leur situation, & à la nature du Terroir, où l'Arbrisseau est planté. De là vient qu'on ne peut juger de leur grandeur, ni de leur figure, lorsqu'elles sont séchées & portées en Europe. Elles affecteroient la tête, si on les prenoit fraîches, parce qu'elles ont quelque chose de narcotique, qui enyvre les esprits animaux, & cause un tremblement convulsif aux nerfs. Cette mauvaise qualité se perd, quand elles sont séchées, & il ne leur reste qu'une vertu de rafraîchir agréablement les esprits animaux.

Des Fleurs. En Automne les branches sont entourées d'un grand nombre de fleurs, qui continuent de croître pendant l'Hyver. Elles sortent une à une, ou deux à deux des aîles des feüilles, & ne ressemblent pas mal aux roses sauvages. Elles ont un poulce, ou un peu plus de diametre; & sont composées de six petales, ou feüilles, dont une ou deux se retirent, & n'approchent pas de la grandeur, ni de la beauté des autres. Ces feüilles sont rondes & creuses, & tiennent à des pédicules de demi poulce de long, qui d'un commencement petit & délicat deviennent insensiblement plus grands. Leur extrémité se termine en un nombre incertain, ordinairement de cinq ou six enveloppes petites & rondes, qui tiennent lieu de calice à la fleur. Ces fleurs sont d'un goût désagréable, tirant sur l'amer, & qui affecte sur tout la racine de la langue. On voit au fond un grand nombre d'étamines blanches extrêmement petites, comme dans les roses; le bout en est jaune, & ne ressemble pas mal à un cœur. Kœmpfer nous affûre qu'il a compté deux cent trente de ces étamines dans une feule fleur.

Aux fleurs fuccedent les fruits en grande abondance : ils font d'une, de deux, & plus communément de trois coques femblables à celles, qui contiennent la femence du Ricin, compofées de trois autres coques rondes de la groffeur des Prunes fauvages, qui croiffent enfemble attachées à une queuë commune, comme à un centre, mais diftinguées par trois divifions affez profondes. Chaque coque contient une gouffe, une noifette & la grainé : la gouffe eft verte, tirant fur le noir, lorfqu'elle eft mûre : elle eft d'une fubftance graffe, membraneufe & un peu ligneufe, s'entr'ouvrant au-deffus de fa furface, après qu'elle a demeuré une année fur l'Arbriffeau, & laiffant voir la noifette, qui y eft renfermée. Cette noifette eft prefque ronde, fi ce n'eft, que du côté, où les trois coques fe joignent, elle eft un peu comprimée. Elle a une écaille mince, un peu dure, polie, de couleur de châtaigne, qui étant caffée, fait voir un pepin rougeâtre, d'une fubftance ferme, comme celle des avelines, d'un goût douçâtre, affez défagréable au commencement, devenant dans la fuite plus rude & plus amer, comme le fruit du noyau de cerife. Il fait faliver beaucoup, & devient fort dégoûtant, lorfqu'il tombe dans le gofier, mais ce mauvais goût paffe vîte. Ces pepins contiennent beaucoup d'huile, & ranciffent fort aifément, ce qui fait qu'à peine deux entre dix germent, lorfqu'ils font femez. Les Japonnois ne font aucun ufage, ni des fleurs, ni des pépins. Kœmpfer croit pourtant que ceux-ci pourroient avoir de bons effets dans la Médecine.

De la culture du Thé. Quand on feme le Thé fur les bordures des champs de ris, ou de bled, comme j'ai dit qu'on fait ordinairement, fans avoir aucun égard au Terroir, il faut avoir foin d'écarter un peu les graines les unes des autres, de peur que les Arbriffeaux ne faffent trop d'ombre. On les met avec leurs capfules dans des trous de quatre ou cinq poulces de profondeur, & on en met au moins fix dans chaque trou, parce que, comme je l'ai remarqué tout à l'heure, à peine de quatre ou cinq il en pouffe une. De-là vient l'inutilité de toutes les tentatives, qu'on a faites pour procurer à l'Europe une Plante fi précieufe. Peut-être qu'en la femant au Japon dans des pots pleins de terre, on la pourroit tranfporter, après qu'elle auroit pouffé jufqu'à une certaine grandeur, & tranfplanter avec fuccès dans les Provinces les plus méridionnales de l'Europe. On a cependant obfervé que les Plantes ainfi tranfportées d'Orient en Occident s'y reproduifent difficilement, à caufe qu'en paffant la Mer des Indes elles font fujettes à être attaquées d'une forte de langueur, qui leur fait perdre leur force vitale, de forte que leurs graines ne mûriroient pas bien, & ne feroient plus gueres propres à pouffer. A mefure que l'Arbriffeau s'éleve, il faut avoir foin d'engraiffer la terre, & ce qu'il y a de meilleur pour cela, eft d'y mettre une fois l'année de la fiente d'Homme. Quelques-uns fe contentent d'en fumer le pied de l'Arbriffeau, jufqu'à qu'à ce qu'il ait trois ans, qui est l'âge, où l'on commence à cueillir les feüilles. Quand il a sept ans, il est de la hauteur d'un homme, & l'usage est de le couper à la tige, d'où il sort dès l'année suivante de jeunes branches assez chargées de feüilles. Quelques-uns different cette coupe jusqu'à ce que l'Arbrisseau ait dix ans, mais ils n'y gagnent pas, le nombre des feüilles diminuant toujours, dès qu'on a commencé d'en cueillir.

De la récolte des feuilles. Thé Impérial. Ce n'est pas une chose fort aisée, que cette récolte. On loüe pour ce travail des Ouvriers à la journée, qui n'ont point d'autre métier, & qui ont pour celui-ci une adresse singuliere. Les feüilles ne doivent point être arrachées à pleines mains, il les faut tirer avec beaucoup de précaution une à une, & quand on n'y est pas fait, on n'avance pas beaucoup en un jour. On ne les cueille pas toutes en même tems; ordinairement la récolte se fait à deux fois, assez souvent à trois. Dans ce dernier cas la premiere récolte se fait vers la fin du premier mois de l'année Japonnoise, c'est-à-dire, les premiers jours de Mars. Les feüilles alors n'ont que deux ou trois jours, elles sont en petit nombre, fort tendres, & à peine déployées. Ce sont les plus estimées & les plus rares : il n'y a que les Princes, & les personnes aisées, qui puissent en acheter; & c'est pour cette raison, qu'on leur donne le nom de Thé Imperial ; on l'appelle aussi Fleur de Thé. Ce dernier nom a fait juger à quelques personnes, que ce Thé étoit véritablement la fleur de l'Arbrisseau, mais ils se trompoient ; le Thé Boüy des Chinois, que par corruption nous appellons Thé Bout, appartient, dit Kœmpfer, à la même classe; mais s'il entend que l'on appelle à la Chine Thé Boüy, précisément celui qu'on cueille, comme on fait au Japon le Thé Impérial, il se trompe grossierement; car le Thé Boüy est une espece de Thé particulier ; il y a même bien de l'apparence qu'au Japon tout le Thé n'est pas de la même espece, non plus qu'à la Chine, où l'on en compte plus de cinquante différentes ; & c'est ce que le Chirurgien Allemand ne devoit pas, ce semble, ignorer.

Seconde & troisiéme récolte. La seconde récolte, & la premiere pour ceux, qui n'en font que deux par an, se fait au second mois, c'est-à-dire, vers la fin de Mars, ou au commencement d'Avril. Quelques-unes des feüilles sont alors parvenuës à leur perfection, les autres ne le sont pas, on les cueille toutes indifféremment, mais avant que de leur donner la préparation ordinaire, on les range dans leurs diverses classes, selon leur grandeur & leur bonté. Celles qui n'ont pas encore toute leur cruë, approchent de celles de la premiere récolte, & on les vend sur le même pied. La troisiéme récolte, qui est toujours la plus abondante, se fait dans le troisiéme mois des Japonnois, lorsque les feüilles ont toute leur cruë, & plusieurs ne sont que celle-là. On y fait aussi le triage des feüilles, selon leur âge & leur grandeur, & on en forme trois classes, qui sont distinguées sous les noms d'Itziban, de Niban, & de Sanban, c'est-à-dire, la premiere, la seconde, & la troisiéme. Cette derniere contient les feüilles les plus grossieres, qui ont deux mois de cruë, & dont le simple Peuple fait

Tome II. Gggg

sa boisson ordinaire.

Différentes sortes de Thé, & leurs noms propres. Thé d'Udsi.

Kœmpfer prétend qu'on ne connoît point au Japon d'autres especes de Thé, que ces trois différentes classes des feüilles d'un méme Arbrisseau, ce qui ne paroît pas vraisemblable, vû qu'à la Chine, ainsi que je l'ai déja remarqué, les diverses especes de Thé viennent des especes mêmes d'Arbrisseaux. Quoiqu'il en soit, le Thé Impérial, quand il a toute sa préparation, s'appelle FICKI TSJAA, c'est-à-dire *Thé moulu*, parce qu'on le prend en poudre dans de l'eau chaude. On lui donne aussi les noms d'UDSI TSJAA, & de TACKE SACKI TSJAA, de quelques endroits particuliers, où il croît. Le plus estimé est celui d'UDSI, petite Ville assez proche de Méaco ; on prétend que le climat y est le plus favorable de tous à cette plante. Tout le Thé, qui se sert à la Cour de l'Empereur, & dans la Famille Impériale, doit être cueilli sur une Montagne, qui est proche de cette Ville ; aussi n'est-il pas concevable avec quel soin, & quelle précaution on le cultive. Un fossé large & profond environne le Plant ; les Arbrisseaux y sont disposez en allées, qu'on ne manque pas un seul jour de balayer. On porte l'attention jusqu'à empêcher qu'aucune ordure ne tombe sur les feüilles, & lorsque la saison de les cueillir approche, ceux qui doivent y être employez, s'abstiennent de manger du Poisson, & de toute autre viande, qui n'est pas nette, de peur que leur haleine ne corrompe les feüilles. Outre cela, tant que la récolte dure, il faut qu'ils se lavent deux ou trois fois par jour, ou dans un bain chaud, ou dans la Riviere, & malgré tant de précautions pour se tenir propre, il n'est pas permis de toucher les feüilles avec les mains nuës, il faut avoir des gants. Le principal Pourvoyeur de la Cour Impériale pour le Thé, a l'inspection sur cette Montagne, qui forme un très-beau point de vûë. Il y entretient des Commis pour veiller à la culture de l'Arbrisseau, à la récolte & à la préparation des feüilles, & pour empêcher que les Bêtes & les Hommes ne passent le fossé, qui environne la Montagne, & que pour cette raison on a soin de border en plusieurs endroits d'une forte Haye.

Les feüilles ainsi cueillies, & préparées de la maniere, que nous dirons bientôt, sont mises dans des sacs de papier, qu'on renferme ensuite dans des Pots de terre, ou de Porcelaine, & pour mieux conserver ces feüilles délicates, on acheve de remplir les pots avec du Thé commun. Le tout ainsi bien empaqueté est envoyé à la Cour sous bonne & sûre garde, avec une nombreuse suite. Delà vient le prix exhorbitant de ce Thé Impérial ; car en comptant tous les frais de la culture, de la récolte, de la préparation, & de l'envoi, un Kin ou Catti monte à trente ou quarante siumomes ou thaëls, c'est-à-dire à quarante-deux, ou quarante-six écus, ou onces d'argent. Le Pourvoyeur, dans le Compte qu'il présente à la Cour des Finances, fait même quelquefois monter le prix de ce Thé à un *Obani*, monnoye d'or de la valeur de cent onces d'argent, ce qui paroîtra moins surprenant, si l'on considére que quelquefois un pot de ce Thé, qui ne contient que trois ou quatre cattis, est envoyé à la Cour avec une suite

Précautions pour conserver le Thé d'Udsi, & son prix.

de deux cens perſonnes. Ce n'eſt pourtant que par grandeur, qu'on en uſe ainſi ; car les voleurs ne ſont pas à craindre dans cette occaſion. Kœmpfer raconte qu'étant à l'Audience de l'Empereur avec le Directeur de la Compagnie Hollandoiſe, comme on leur ſervoit du Thé, un des Gentilshommes de ſervice lui dit, en lui préſentant une Taſſe : *Bûvez-le de bon cœur, en voilà pour un Itſebo* ; c'eſt une monnoye quarrée d'or, qui vaut douze ou treize ſchellings d'Angleterre.

<small>Feüilles de la ſeconde & de la troiſiéme eſpece.</small> Le Thé des feüilles de la ſeconde eſpece, s'appelle, dit Kœmpfer, Tootsjaa, c'eſt-à-dire, Thé Chinois, parce qu'on le prépare à la maniere des Chinois. Ceux qui tiennent des Cabarets à Thé, ou qui vendent le Thé en feüilles, ſoû-diviſent cette eſpece en quatre autres, qui different en bonté & en prix. Celles de la quatriéme ſont ramaſſées pêle mêle, ſans avoir égard à leur bonté, ni à leur grandeur, dans le tems qu'on croit que chaque jeune branche en porte dix, ou quinze au plus : c'eſt de celui-là que boit le commun Peuple. Il eſt à obſerver que les feüilles, tout le tems qu'elles demeurent ſur l'Arbriſſeau, ſont ſujettes à de prompts changemens, eu égard à leur grandeur & à leur bonté ; de ſorte que, ſi l'on néglige de les cüeillir à propos, elles peuvent perdre beaucoup de leur vertu en une ſeule nuit. On appelle Ban-Tsjaa celles de la troiſiéme eſpece ; & comme elles ſont pour la plûpart fortes & groſſes, elles ne peuvent être préparées à la maniere des Chinois, c'eſt-à-dire, ſéchées ſur des Poiles, & friſées : mais comme elles ſont abandonnées aux petites gens,

il n'importe de quelle maniere on les prépare. Cependant les vertus de la Plante ſont plus attachées à ces feüilles, & ne s'y perdent pas ſi facilement, que dans les autres, qui à cauſe de l'extrême volatilité de leurs parties, ne ſçauroient demeurer quelque tems expoſées à l'air, ni même ſupporter une ſimple décoction, ſans une notable diminution de leur force. Venons à la préparation, qu'on donne aux unes & aux autres.

Dès qu'elles ſont cüeillies, on <small>Préparation des feüilles.</small> les étend ſur le feu dans une Platine de fer, & lorſqu'elles ſont bien chaudes, on les roule avec la paulme de la main, ſur une natte rouge très-fine, juſqu'à ce qu'elles ſoient toutes friſées. Le feu leur ôte cette qualité narcotique & maligne, dont j'ai parlé, & qui pourroit offenſer la tête, & on les roule pour les mieux conſerver, & afin qu'elles tiennent moins de place ; mais il faut leur donner ces façons ſur le champ, parce que ſi on les gardoit ſeulement une nuit, elles ſe noirciroient, & perdroient beaucoup de leur vertu. On doit auſſi éviter de les laiſſer longtems en monceaux, elles s'échaufferoient d'abord, & ſe corromproient. On dit qu'à la Chine on commence par jetter les feüilles de la premiere récolte dans l'eau chaude, où on les tient l'eſpace d'une demie minute, & que cela ſert à les dépoüiller plus aiſément de leur qualité narcotique. Ce qui eſt certain, c'eſt que cette premiere préparation demande un très-grand ſoin. On fait chauffer d'abord la Platine dans une eſpece de four, où il n'y a qu'un feu très-modéré ; quand elle a le dégré convenable de chaleur, on jette dedans quelques livres de feüilles, que l'on remuë sans cesse; quand elles sont si chaudes, que l'Ouvrier a peine à y tenir la main, il les retire, & les répand sur une Natte pour y être roulée.

Cette seconde opération lui coûte beaucoup, il sort de ces feüilles rôties un jus de couleur jaune, tirant sur le verd, qui lui brûle les mains, & malgré la douleur qu'il sent, il faut qu'il continuë ce travail jusqu'à ce que les feüilles soient refroidies, parce que la frisure ne tiendroit point, si les feüilles n'étoient pas chaudes, de sorte qu'il est même obligé de les remettre deux ou trois fois sur le feu. Il y a même des gens délicats, qui les y font remettre jusqu'à sept fois, mais en diminuant toujours par dégrez la force du feu; précaution nécessaire pour conserver aux feüilles une couleur vive, qui fait une partie de leur prix. Il ne faut pas manquer aussi de laver à chaque fois la Platine avec de l'eau chaude, parce que le suc, qui est exprimé des feüilles, s'attache à ses bords, & que les feüilles pourroient s'en imbiber de nouveau.

Les feüilles ainsi frisées, sont jettées sur le plancher, qui est couvert d'une Natte, & on sépare celles, qui ne sont pas si bien frisées, ou qui sont trop rôties; les feüilles du Thé Impérial doivent être rôties à un plus grand dégré de sécheresse, pour être aisément mouluës, & réduites en poudre; mais quelques-unes de ces feüilles sont si jeunes & si tendres, qu'on les met d'abord dans l'eau chaude; ensuite sur un papier épais, puis on les fait sécher sur les charbons, sans être roulées, à cause de leur extrême petitesse. Les gens de la campagne ont une méthode plus courte, & y font moins de façon; ils se contentent de rôtir les feüilles dans des Chaudieres de terre sans autre préparation; leur Thé n'en est pas moins estimé des Connoisseurs, & il est beaucoup moins cher. C'est par tout Pays, que les façons, même les plus inutiles, font presque tout le prix des choses parmi ceux, qui n'ont rien pour se distinguer du commun, que la dépense. Il paroît même que ce Thé commun doit avoir plus de force, que le Thé Impérial, lequel, après avoir été gardé quelques mois, est encore remis sur le feu, pour lui ôter, dit-on, une certaine humidité, qu'il pourroit avoir contracté dans la saison des pluyes; mais on prétend qu'après cela il peut être gardé longtems, pourvû qu'on ne lui laisse point prendre l'air; car l'air chaud du Japon en dissiperoit aisément les sels volatils, qui sont d'une grande subtilité. En effet, tout le monde convient que ce Thé, & à proportion tous les autres, les ont presque tous perdus, quand ils arrivent en Europe, quelque soin qu'on prenne de les tenir bien enfermez. Kœmpfer assûre qu'il n'y a jamais trouvé hors du Japon, ni ce goût agréable, ni cette vertu modérément rafraîchissante, qu'on y admire dans le Pays. (a)

Les Japonnois tiennent leurs provisions de Thé commun dans de grands Pots de terre, dont l'ouverture est fort étroite. Le Thé Impérial se conserve ordinairement dans

<small>Maniere de conserver le Thé. Histoire des Vases appellez Maatsubos.</small>

(a) Quelques-uns prétendent que le Thé du Japon étant plus délicat, que celui de la Chine, perd beaucoup plus de sa sève dans le transport.

des Vases de Porcelaine, & particulierement dans ceux, qu'on appelle *Maatsubos*, qui sont très-anciens, & d'un fort grand prix. On croit communément que ces derniers, non seulement conservent le Thé, mais qu'ils en augmentent la vertu, & que si l'on y met du Thé vieux & gâté, il y recouvre celle, qu'il a perduë. Aussi n'y a-t-il pas de grand Seigneur, qui ne veüille avoir un ou deux de ces Vases, & ils sont d'autant plus recherchez, qu'il ne s'en fabrique plus de semblables. La tradition des Chinois & des Japonnois est qu'ils se faisoient d'une terre de l'Isle MAURI, voisine de Formose, que les Dieux ont abîmée sous les eaux en punition des crimes de ses Habitans, & dont il ne reste plus de vestiges, que quelques Rochers, qu'on apperçoit, quand la marée est basse. Ils font sur cela bien des contes, qui sentent trop la fable, pour mériter qu'on s'y arrête ; ils ajoûtent que quantité de Vases de Porcelaine, qui avoient été submergez avec l'Isle, ont été retirez de la Mer par le moyen des Plongeurs. Il paroît même par le récit de Kœmpfer, qu'on y en trouve encore de tems en tems ; ils sont, dit-il, attachez à des Rochers, & il faut les retirer avec beaucoup de précaution, de peur de les rompre.

Description de ces Vases.

Ils sont extrêmement défigurez par des Coquillages, des Coraux, & d'autres choses semblables, qui croissent au fond de la Mer ; ceux qui ont soin de les nettoyer, ne les raclent pas entierement, ils en laissent toujours un peu pour montrer qu'ils ne sont point contrefaits ; ainsi leur difformité fait leur prix. Ils sont transparens, extrêmement minces, d'une couleur blanchâtre, tirant sur le verd : leur forme approche de celle de petits barils, ou tonneaux de vin, avec un petit col étroit, & fort propre pour tenir du Thé, comme s'ils avoient été faits pour cet usage. Des Marchands Chinois les achetent de diverses personnes, pour les revendre, & en portent quelquefois, mais rarement, au Japon. Les moindres valent environ cent thaëls ; les plus grands & ceux, qui sont entiers, se payent jusqu'à trois, quatre & cinq mille thaëls ; mais l'Empereur seul a droit de les acheter à ce dernier prix, aussi en a-t-il un grand nombre dans son Trésor. Il est bien rare d'en rencontrer, qui ne soient, ni rompus, ni félez ; mais ceux qui ont soin de les nettoyer, sçavent les réparer avec une composition de blanc, & ils le font avec tant d'art, & une si grande propreté, qu'à moins de les faire boüillir dans l'eau pendant deux ou trois jours, il n'est pas possible d'en appercevoir les fentes.

J'ai dit que le Thé de la troisiéme récolte n'est pas si sujet à être éventé, que les autres ; les Peuples de la Campagne le tiennent dans des corbeilles de paille, faites en maniere de tonneaux, qui sont placées sous le toit des Maisons, à côté de l'ouverture, par où la fumée s'échappe : car on croit que rien n'est meilleur que la fumée, pour conserver la vertu des feüilles. Ces mêmes Paysans ne font pas plus de façon pour le Thé de la premiere & de la seconde récolte, quand ils en ont, & ils ne s'en trouvent pas mal. Peut-être cela vient-il de ce qu'ils n'ont pas le goût si fin & si délicat que les autres. Quelques-uns mettent par-dessus des fleurs de l'Armoife commune, ou des feüilles tendres d'une Plante, nommée *Safangna*, & ils prétendent que cela communique au Thé un petit goût agréable; mais on a reconnu par expérience que d'autres odeurs, dont on a voulu faire l'effai, ne s'allient pas bien avec la feüille de Thé.

La boiffon la plus ordinaire des Japonnois eft une efpece d'infufion des plus grandes feüilles de Thé; on les fait boüillir dans un chaudron, qui fe met dès le matin fur le feu, & pour les retenir au fond, & laiffer la liberté de puifer l'eau à mefure, qu'on en a befoin, on met par deffus une corbeille, qui s'ajufte parfaitement avec le chaudron. Chacun va prendre de ce breuvage, quand il veut boire, & pour le refroidir d'abord au point, qu'il le fouhaite, on a foin de tenir auprès un baffin d'eau froide. Quelquefois, au lieu de fe fervir de ces corbeilles, on enferme les feuilles du Thé dans de petits fachets, qui demeurent au fond par leur propre poids. Ce font furtout les feüilles de la troifiéme efpece, dont on fe fert pour cet ufage, parce que leur vertu étant plus fixe, & réfidant principalement dans les parties réfineufes, qui ne fe détachent pas aifément, elles peuvent mieux fournir à plufieurs infufions.

Ufage du Thé. Maniere de prendre le Thé Imperial. Ufage du Thé, qui eft gâté.
Pour ce qui eft du Thé Impérial, il ne fe prend gueres, qu'en poudre, avant & après le repas, au commencement & à la fin des vifites, ce qui fe pratique en cette maniere. On apporte fur une table des taffes, de l'eau chaude, & du Thé fraîchement moulu; on verfe de l'eau dans une taffe, & avec la pointe d'un couteau on y jette de la poudre de Thé, on la remuë enfuite, à peu près comme on braffe le Chocolat, & on le préfente ainfi. Il a la confiftance d'une boüillie claire, & on l'appelle affez communément *le Thé épais*. Rien, ce femble, n'eft plus aifé que cette façon : il y a néanmoins un art de le fervir de cette forte, & des Maîtres pour l'enfeigner. C'eft que tout fe fait par mefure, & que tout eft compofé chez cette cérémonieufe Nation. Les Pauvres, particulierement dans la Province de Nara, font quelquefois boüillir le ris dans la décoction de Thé, & ils prétendent que ce mélange le rend plus nourriffant; ils afsûrent même qu'une telle portion de ris en vaut trois de celles, qui auroient été cuites dans de l'eau commune. Enfin il n'y a pas jufqu'au Thé, qui eft trop vieux, & qui a perdu toute fa vertu, dont on ne tire quelque utilité : on s'en fert pour teindre des Etoffes de foye, aufquelles il donne une couleur de châtaigne : on fait un grand commerce de ces Etoffes à Surate.

Je finis cet article par les bonnes & les mauvaifes qualitez de ce célebre Arbriffeau. Ses feüilles ont une vertu narcotique, qui met les efprits animaux dans un très-grand défordre, & caufe une forte d'yvreffe. Il en refte même quelque chofe après toutes les préparations, qu'on leur donne, & ce n'eft gueres qu'au bout de dix ou douze mois, qu'elle s'évapore tout-à-fait. Alors cette boiffon, bien loin de troubler les efprits animaux, les rafraîchit modérément, récrée les fens, & les fortifie. Ainfi le Thé pris dans l'année même, où les feüilles ont été cueillies, eft plus agréable au goût; mais fi on en fait un trop grand ufage, il attaque la tête, y caufe une grande pefanteur, &

Bonnes & mauvaifes qualitez du Thé.

fait trembler les nerfs ; au lieu que pris à propos, il dégage les obstructions, purifie le sang, entraîne la matiere tartareuse, qui forme la pierre & la graveile, & cause la néphrétique & la goutte. Aussi est-il sans exemple qu'une personne, qui en use ordinairement, soit attaquée d'aucune de ces maladies. Il n'est point de Plante connuë, qui pese moins sur l'estomach, qui passe plus vîte, qui rafraîchisse plus agréablement, qui rende plutôt la vigueur aux esprits abattus, & qui inspire tant de gayeté. Mais d'un autre côté on assûre qu'elle trouble l'effet des remedes, & qu'elle est surtout très-nuisible à cette sorte de colique assez ordinaire au Japon, dont nous avons parlé au Chapitre cinquiéme. C'est ainsi que l'Auteur de la Nature a sagement ménagé les bonnes & les mauvaises qualitez des Simples, pour obliger les hommes à en user avec discrétion, & à se modérer dans l'usage, qu'ils en font.

Kœmpfer & Ten-Rhyne ne sont pas les premiers, qui nous ayent fait l'éloge du Thé ; le Pere Alexandre de Rhodes, qui a passé la plus grande partie de sa vie dans les Missions de la Chine, de la Cochinchine, & du Tonquin, après avoir observé que les Hollandois vendoient trente francs aux François, ce qu'ils achetoient à la Chine huit ou dix sols, & ne le donnoient même souvent, que vieilli & gâté, reconnoît trois vertus principales dans la feüille de cet Arbrisseau. La premiere, dit-il, est de guérir & d'empêcher les douleurs de tête : « Car, ajoûte-t-il, » quand je suis tourmenté de la mi- » graine, je me sens si fort soulagé, en » prenant du Thé, qu'il me semble » qu'on me tire avec la main toute » ma douleur ; en effet son principal » effet est d'abattre les vapeurs gros- » sieres, qui montent à la tête, & » nous incommodent. Si on le prend » après le souper, ordinairement il » empêche le sommeil ; il y en a » pourtant, qu'il fait dormir, parce » que n'abattant que les vapeurs les » plus grosses, il laisse celles, qui » sont propres au sommeil. Pour » moi, j'ai expérimenté assez sou- » vent que quand j'étois obligé » d'ouïr toute la nuit des Confes- » sions, je n'avois qu'à prendre du » Thé à l'heure, que j'eusse com- » mencé à dormir, je demeurois jus- » qu'au matin sans être pressé du » sommeil, & je me trouvois alors » aussi frais, que si j'eusse dormi à » mon ordinaire. Je pouvois faire » cela une fois la semaine, sans être » incommodé : je voulus une fois » le continuer pendant six nuits con- » sécutives, mais à la sixiéme, je me » trouvai entierement épuisé. » En second lieu, le Thé a une merveilleuse force pour soulager l'estomach, & pour aider la digestion. Il paroît que Kœmpfer n'est pas de cette opinion ; mais comme il y a plusieurs especes de Thé, ne pourroit-on pas dire qu'il y en a, qui troublent la digestion, & d'autres, qui la facilitent ? Ce qui est certain, c'est que le Pere de Rhodes, qui ne parle que du Thé Chinois, ne dit rien, dont il n'ait fait l'expérience. Le troisiéme effet du Thé, continuë le Missionnaire, est de purger les reins contre la goutte & la gravelle, & c'est peutêtre la vraye cause, pourquoi ces maladies ne se trouvent point dans les Pays, où l'on en fait usage. Le Pere de Rhodes remarque ailleurs que le Thé ne se prend point en poudre à la Chine, comme au Japon, & que les Chinois & les Japonnois y mêlent un peu de sucre, pour en corriger l'amertume, quoique cette amertume ne soit pas fort désagréable.

Instrumens pour faire & pour boire le Thé.

On sera sans doute bien aise pour une parfaite intelligence de tout ce qui regarde cet Arbrisseau, de voir ici d'un coup d'œil les desseins exacts, & la description de la Machine portative, qui contient les tasses, & tout l'attirail des instrumens nécessaires pour faire & pour boire le Thé, tels que les Japonnois les portent dans leurs voyages, & partout, où ils veulent user de cette liqueur. A & B. sont deux vûës de cette Machine portative, avec ses anses, ses gonds, ses boucles, & clouds angulaires; tout est de bois, excepté les portes à deux battans, & le tout est vernissé. A. montre le côté de devant, & B. celui de derriere.

CC. Portes ou ouvertures à deux battans de cuivre au haut de la Machine, & arrêtées avec deux longues chevilles.

D. Ouverture, ou trou traversant justement au-dessous du haut de la Machine, où l'on peut passer une perche, pour la porter plus aisément sur les épaules; les deux anses, qui pendent, sont faites de sorte, qu'étant relevées, les anneaux 1. 2. viennent justement devant le trou de chaque côté, & sont traversez en même tems par la perche.

E. Etage du dessus de la Machine, contenant deux Vases de cuivre, 3. & 4. étamez en dedans; ils servent pour contenir & faire boüillir l'eau. On ouvre les deux couvercles 5. & 6. pour les tirer dehors.

F. Etage d'en bas de la Machine, contenant trois rangs d'étuys, 7. 8. & 9. vernissez proprement en dedans & en dehors. On y tient tout ce qui est nécessaire pour boire le Thé.

G. Trou, pour recevoir le verroüil du cercle pendant 10.

H. Un long croc pour tenir le couvercle pendant en derriere, lorsqu'il est ouvert.

J. La porte pendante de bois tirée de ses pivots. Elle ferme l'étage inférieur A. pour empêcher les étuys de bois de tomber. On y doit remarquer le verroüil 11. qui est reçu par le trou G. dont il est parlé ci-dessus, & par l'anneau 12. qui répond au croc H.

K. Trou du côté opposé B. pour y passer le doigt, afin de pousser les étuys en dehors, & les prendre ainsi plus facilement.

L. Le grand Vase de cuivre, où l'on fait boüillir l'eau; il a trois ouvertures au haut, chacune avec son couvercle: la premiere sert pour y remettre de l'eau froide, la seconde pour faire couler l'eau chaude, la troisiéme ouvre un petit réchaud à vent, qui y est caché, pour mettre du charbon. J'ai représenté un de ces couvercles pendans, pour en faire voir les bords, & montrer combien ils sont propres à tenir les ouvertures bien fermées. 13. est le réchaud; il est cylindrique, fait de cuivre & placé au milieu de l'eau, attaché au Vaisseau, dans lequel il est contenu, par son orifice supérieur. Le trou est à l'extrémité inférieure. 14. est le trou du poêle, par où le vent passe pour allumer les charbons. 15. 15. 15. sont les soupiraux, par où la vapeur & la fumée s'exhalent.

M. Le

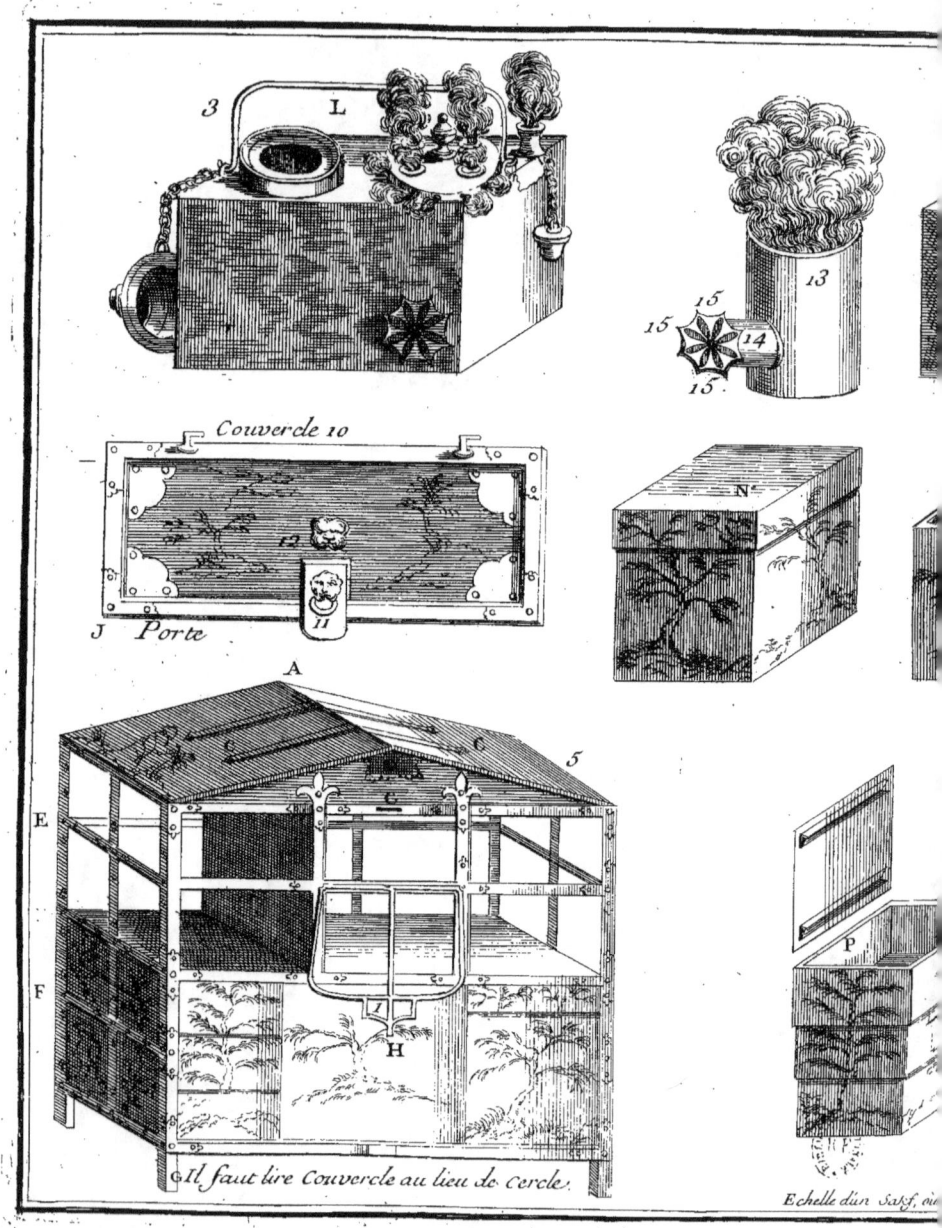

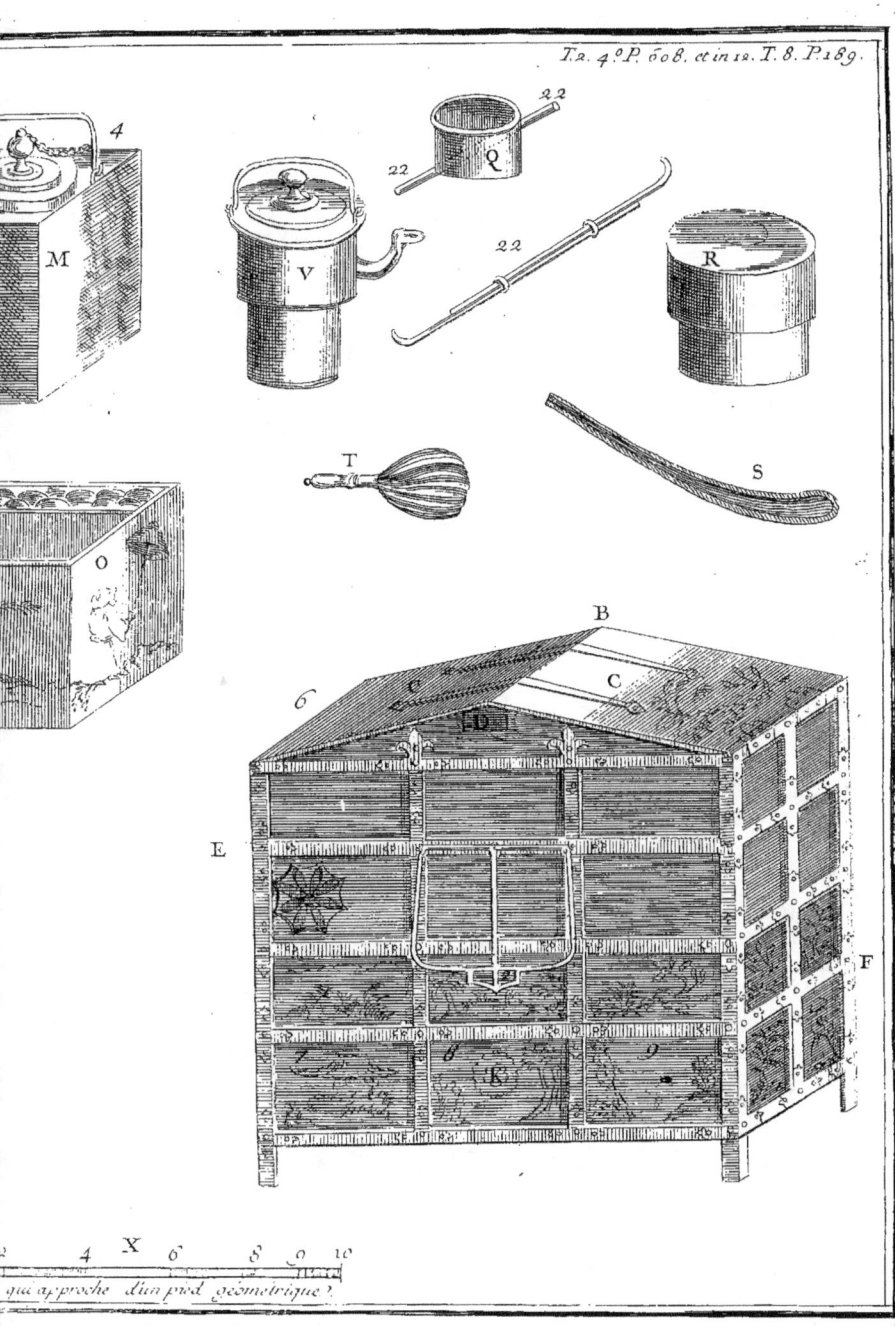

M. Le petit Vaſe de Cuivre, qui contient l'eau froide, avec un couvercle ſemblable au précédent.

N. Etuy de bois contenant les Taſſes & les divers Inſtrumens néceſſaires pour faire & pour boire le Thé, marquez ſéparément par les nombres 16. 17. 18. 19. 20. 21.

O. Le ſecond & plus grand étuy diviſé en deux cloiſons, dans la plus extérieure deſquelles on tient les charbons, & les proviſions pour le feu, & dans l'intérieur, quelques Taſſes pour boire le Thé, ou d'autres choſes, qu'on juge à propos d'y mettre.

P. Trois petits étuys de bois ajuſtez l'un ſur l'autre avec leur couvercle commun renverſé: dans ceux-ci on met diverſes choſes bonnes à manger, qui ſe préſentent avec le Thé.

Q. Taſſe pour boire le Thé, avec un petit tuyau pour prendre l'anſe, ou le manche 22. que l'on ôte après qu'on s'en eſt ſervi.

R. Coupe, ou boëte pleine de feüilles de Thé entieres, ou moulues.

S. Petite Cuilliere pour prendre le Thé moulu.

T. Inſtrument, qui eſt comme un Moulinet à Chocolat, ou Fourgon, pour faire mouſſer le Thé moulu.

V. Vaſe de cuivre, qui ſert à verſer le Thé. La partie inférieure, qui eſt étamée en dedans, eſt miſe dans la grande ouverture du Vaiſſeau de cuivre L. afin que les vapeurs chaudes, ou l'eau boüillante, l'empêchent de ſe réfroidir. Il a un couvercle décrit ci-deſſus.

X. Echelle, dont on s'eſt ſervi pour meſurer la grandeur & les dimenſions des diverſes parties de la Machine pour l'uſage de ceux, qui voudroient en faire faire une ſemblable. La grandeur ſe rapporte à un Sakf ou dix Suns, ce qui approche d'un de nos pieds géométriques.

CHAPITRE XIV.

De l'Ambre gris du Japon, avec quelques Obſervations ſur cette ſubſtance bitumineuſe.

J'Ai parlé au Chapitre IX. de ce Supplément d'une Baleine appellée Mako, dans les entrailles de laquelle on trouve de l'Ambre gris, & j'ai dit que de toutes les eſpeces de ce bitume, celle-ci étoit la moins eſtimée. Si j'en demeurois là, on pourroit peut-être en inférer que le Japon ne produit point d'Ambre gris d'une auſſi bonne qualité, que celui, qui ſe rencontre ailleurs, ce qui n'eſt pas vrai; & c'eſt ce qui m'a engagé à mettre ici tout de ſuite un précis des remarques de Kœmpfer ſur ce qu'il en a appris des Chinois, & des Japonnois pêcheurs de Baleines, & ſur ſes propres recherches dans les différens Pays, où il a voyagé.

Les hommes, dit-il, doivent à la Mer cette précieuſe ſubſtance, elle la jette en fort petite quantité ſur le rivage, & il en eſt ainſi de toutes les choſes exquiſes, que la Nature ſemble produire avec moins de profuſion. Les Auteurs, ajoûte-t-il, different entierement fur l'origine & la production de l'Ambre gris; ils ne conviennent pas même fur ce que ce peut être que cette fubftance. Quelques-uns la prennent pour une fubftance bitumineufe; d'autres pour une forte de terre ou d'argile; d'autres pour un excrément de Baleine; d'autres pour la fiente des Oifeaux. Je rapporterois bien d'autres fentimens, fi je ne craignois d'être trop long. Mais de toutes les opinions, qu'on a imaginées fur cela, ce fçavant Voyageur n'en trouve point, qui lui paroiffe moins fondée, & moins vraifemblable, que celle-ci, qui eft d'un Auteur François, nommé Jean-Baptifte DENYS: » que » l'Ambre gris eft un mélange de » Cire & de Miel ramaffé fur les » Côtes de la Mer par les Abeilles, » qui étant cuit & fondu par la cha- » leur du Soleil, tombe dans la » Mer, où il fouffre une autre pré- » paration, & que par le mouve- » ment violent des vagues, & la » mixtion des particules falines de » la Mer, il fe change en cette pré- » cieufe fubftance. (a)

A cela Kœmpfer oppofe le fentiment, qui a été généralement reçu & approuvé de ceux, qui ont pris la peine d'examiner cette fubftance avec plus de foin; fçavoir, que c'eft une efpece de bitume engendré dans les entrailles de la Terre, ou bien une fubftance graffe foûterraine, qui acquiert la confiftance du bitume, laquelle eft portée dans la Mer par des Canaux foûterrains, où elle fouffre une autre digeftion, qui fe faifant par le mélange des parties falines, & par la chaleur du Soleil, en forme ce que nous appellons Ambre gris. Or voici les preuves, dont il fe fert également pour appuyer ce fentiment, & réfuter celui de M. Denys.

1°. L'Ambre gris fe trouve en plufieurs Contrées, qui n'ont point d'Abeilles fur leurs Côtes, ni même dans l'intérieur du Pays. Au contraire plufieurs Pays ont des Abeilles en abondance, & ne produifent point d'Ambre gris.

2°. Plufieurs Pêcheurs Chinois & Japonnois, dont le métier eft de chercher fur les rochers le long de leurs Côtes des nids d'oifeaux bons à manger (b), difent tous qu'ils n'ont jamais obfervé rien de femblable à des ruches attachées aux rochers au-deffus de l'eau.

3°. Le Miel, la Cire, & les rayons de miel mélez avec un fluide, ne fe confondent point en une feule fubftance; au contraire ils en font diffouts & féparez.

4°. En quelque endroit du Monde, que les rayons avec leur miel foient épaiffis par le feu, la fubftance coagulée fera toujours de même nature. Or on obferve le contraire par rapport à l'Ambre gris, dont il y a plufieurs fortes, felon la diverfité des veines foûterraines, où il eft produit. Certaines efpeces font particulieres à certains Pays, fi bien que des Perfonnes habiles, après y avoir regardé attentivement, font en état de conjecturer quelles font les Côtes, où il a été trouvé; de même que les Gourmets expérimentez connoiffent en goûtant le vin, quel-

(a) Voyez le Journal des Sçavans de Paris de l'année 1672.
(b) Ce font des nids d'Hirondelles de Mer, qui les font avec les HOLUTHURIAS, efpece d'Animaux de Mer.

A L'HISTOIRE DU JAPON.

le en eſt l'eſpece & le terroir. Il y a de l'Ambre gris, qui reſſemble au bitume groſſier, ou à l'Aſphaltus, ou au Naphte noir deſſéché : par conſéquent plus ou moins noir & peſant, & d'une différente conſiſtance à proportion. D'autres eſpeces ſont plus blanches, & cela vient du mélange des particules plus fines : celles-ci ſont plus légeres & plus cheres ; & tout cela encore en différentes proportions. Quelques autres eſpeces ſont extrêmement légeres, & ne reſſemblent pas mal à un champignon, d'où Scaliger a conjecturé après Sérapion que l'Ambre gris pourroit bien être une eſpece de Champignon de mer.

5°. L'Ambre gris, lorſqu'il eſt frais, & nouvellement jetté ſur les côtes, eſt mou, & reſſemble beaucoup à la bouſe de Vache. Il a en même tems une eſpece d'odeur de brûlé, ce qui n'a rien de commun avec aucune ſubſtance mielleuſe.

6°. On trouve ſouvent dans l'Ambre gris des coquillages noirs & brillans, avec des fragmens d'autres ſubſtances marines, & ſouvent auſſi des particules de ce qui peut s'y attacher, lorſqu'il eſt encore mou; mais je n'ai jamais ouï dire qu'on y eût remarqué des Abeilles, de la cire, ou du miel : ceux, qui ont dit le contraire à M. Denys, lui en ont certainement impoſé.

7°. On trouve quelquefois de fort grandes piéces d'Ambre gris, & qui ſurpaſſent de beaucoup l'étenduë des plus grandes ruches à miel. Sans faire mention de ces maſſes monſtrueuſes, dont parle *Garcias ab Hortâ* (a), lorſque j'étois au Japon, une fort belle piéce d'Ambre gris de couleur grisâtre fut trouvée ſur les Côtes de Kiinokuni : elle peſoit plus de cent cattis du Japon, ce qui revient à cent trente livres, poids de Hollande. Cette piece ne pouvant pas être achetée par une ſeule perſonne, fut partagée en croix en quatre parties égales : on voulut me vendre une de ces quatre parties, par où je pus aiſément conjecturer que ce qu'on m'avoit dit de la piéce entiere, étoit vrai. On ſçait qu'il en fut vendu encore une plus grande par le Roi de Tidor à la Compagnie Hollandoiſe des Indes Orientales, qui en paya onze mille richedales, qui font plus de deux mille livres ſterling. On l'envoya à Amſterdam, & on la garde dans le Cabinet des Raretez de la Compagnie. Cette piéce étoit du poids de 185. livres, poids de Hollande, d'une couleur grisâtre, & d'une fort bonne eſpece. Sa figure ne reſſembloit pas mal à une Tortuë, dont on auroit coupé la tête & la queuë. Le Docteur Valentini nous l'a donnée dans ſon *Muſæum Muſæorum Lib.* 3. *cap.* 8. & Rumph dans ſes *Amboinſch. Rariteit Kamer* Tab. LIII. & LIV. avec une deſcription exacte, pages 267. & ſuivantes.

L'Ambre gris eſt aiſé à falſifier, lorſqu'il eſt fraîchement jetté ſur les côtes, parce qu'alors il eſt mou & friable, & qu'il reſſemble à une maſſe farineuſe, où l'on peut incorporer ce que l'on veut. Rien, diſent les Experts, n'eſt plus propre à être mêlé avec la ſubſtance de l'Ambre gris, que la fleur des coſſes du Ris, qui lui donne de la légereté, & une couleur griſâtre, mais la fraude ſe découvre bientôt, parce que les vers

De la falſification de l'Ambre gris.

(a) A. N. L. 1. c. 1.

Hhhh ij

s'y mettent d'abord. Il n'eſt pas ſi aiſé de découvrir, ſi l'Ambre gris a été altéré par une addition de Storax, de Benjoin, ou d'autres aromates. Mais on diſtingue facilement le véritable Ambre gris de celui, qui eſt une compoſition artificielle de poix, de cire, de réſine, de ſtorax, & d'autres ſemblables ingrédiens, qu'on reconnoît à la vûë, à l'attouchement, & à la ſenteur. Kœmpfer aſſûre qu'on lui a ſouvent préſenté de ces deux ſortes d'Ambre gris à vendre pendant ſon ſéjour au Japon. Il ajoûte que ceux, qui trouvent de l'Ambre gris ſur les côtes, ont aſſez la coûtume d'en fourrer différentes petites pieces dans une grande en les preſſant fortement, & que ſi la grande piece en devient difforme & trop étendë, on la preſſe, en ſorte qu'on lui donne la figure d'une balle à peu près ronde, par où la grandeur apparente eſt diminuée, & le poids augmenté, ſans aucun préjudice de ſa bonté.

Maniere de la découvrir. Un des plus ſûrs moyens de connoître ſi l'Ambre gris a été falſifié, eſt d'en mettre quelques grains ſur une platine rougie au feu : s'il y a quelque corps hétérogene mêlé, il ſe découvre par la fumée, ou bien l'on verra que l'Ambre gris eſt pur, par le peu de cendres, qui reſtent. Les Nations Orientales au-delà du Gange font ordinairement cette épreuve ſur une piece de monnoye d'or mince, d'une figure ovale, appellée Koobang : ils l'ont toujours à la main pour cet effet, & la mettent ſur du charbon allumé avec un peu d'Ambre gris, qu'ils raclent deſſus. Les Chinois tiennent pour le meilleur Ambre gris celui, dont les raclures étant miſes dans l'eau boüillante & couverte, ſe diſſolvent le mieux, & ſe liquéfient le plus également : ils en font l'épreuve dans des taſſes de Porcelaine, dont ils ſe ſervent pour boire le Thé. Nous avons déja remarqué que celui, qu'on trouve au Japon dans le Mako, eſt la moindre de toutes les eſpeces ; Kœmpfer ne paroît pas eſtimer beaucoup plus celui, qui eſt jetté ſur les côtes de la Mer avec les excrémens de cette Baleine, & qui doit être le même, peut-être un peu plus fait.

On trouve quelquefois ſur les côtes les plus méridionales des Indes Orientales une certaine matiere graſſe, que la Mer y jette, & qui à l'extérieur reſſemble ſi bien à l'Ambre gris, qu'on y peut être facilement trompé. Il y a un autre Ambre gris blanchâtre, dont parle Schroder, connu ſous le nom de ſperme de Baleine, dont les morceaux flottans ſur la ſurface de la Mer ſont ramaſſez en quelque endroit, & par l'ardeur du Soleil ne font plus qu'une ſeule maſſe ; ſur quoi on remarque qu'il y a trois ſortes de ſpermes de Baleines ; au moins Kœmpfer dit-il, qu'il n'en a point connu davantage. La premiere eſt celle, qu'on voit flotter ſur la ſurface des Mers du Nord, & qu'on ramaſſe avec des paniers d'oſier. La ſeconde eſt celle, que Bartholin, Wormius, & ceux, qui vont à la pêche de la Baleine en Groenland, diſent qu'on trouve en quantité dans la tête d'une eſpece de Baleine, que les Latins appellent *Orca*, & les Hollandois *Potuis*. La troiſiéme ſe ramaſſe aux Iſles de FERRO, ou FEROE, ſituées au Nord de l'Ecoſſe. Les Habitans de ces Iſles, qui ne ſont gueres que de pauvres Pécheurs, la prennent dans le corps d'une espece de Poisson, appellé en leur Langue *Buskoppe*, nom, que porte aussi une de ces Isles, aux côtes de laquelle on prend une grande quantité de ce Poisson. Cet Animal est plus grand qu'un homme à tous égards; sa tête en particulier est prodigieusement grande, couverte tout autour, & surtout près des mâchoires, de cette substance grasse & mucilagineuse. Les Pécheurs l'en tirent en la ratissant; ils la nettoyent ensuite, & pour l'empêcher de rancir, ils la mettent dans une lessive forte, & la font sécher au Soleil.

De l'Ambre de Prusse.

Le *Succinum*, ou l'Ambre de Prusse, a été rangé avec plus de vraisemblance par les Naturalistes parmi les especes d'Ambre gris. C'est une substance grasse, qui croît sous terre, & ne ressemble pas mal au véritable Ambre gris; mais il est transparent, & se séche sur les sables de la côte: on en tire également de terre dans les Mines de Prusse, & des côtes de la Mer. Le premier, qui est fossile, étant ordinairement tendre & friable, se met dans l'eau de mer, pour y être durci.

De l'Ambre jaune.

Les Japonnois ne sont pas les seuls, qui préférent l'Ambre jaune à l'Ambre gris: toutes les Nations les plus Orientales de l'Asie ont le même goût, & les premiers l'estiment même davantage, que les Pierres précieuses: ils ne mettent au-dessus de lui, que les Coraux. L'Ambre jaune transparent, si commun & si peu estimé des Européens, est même celui, qu'ils achetent à plus haut prix, à cause de la perfection & de l'antiquité, qu'ils lui attribuënt. Ils se moquent des Marchands d'Europe, quand ceux-ci veulent leur persuader qu'ils ont tort. Les Noirs de l'Asie ne font non plus aucun usage de l'Ambre gris, qu'ils trouvent sur leurs côtes.

Usage de l'Ambre gris.

On sçait qu'en Europe l'Ambre gris est employé dans la Médecine, mais la grande consommation s'en fait en Perse, en Arabie, & dans le Mogol, où l'on s'en sert dans les confitures, au lieu de sucre. Les Chinois, les Japonnois & les Tunkinois n'en font gueres autre chose, que le mêler avec leurs aromates; ils sont persuadez qu'il en releve l'agrément, & qu'il en fixe l'odeur, qui, à cause de la volatilité de ses parties, s'exhaleroit trop vîte. Il paroît néanmoins par un secret, qui fut communiqué à Kœmpfer par un Médecin Japonnois, que ces Insulaires en connoissent plus d'une vertu médecinale.

CHAPITRE XV.

Quelques Réflexions sur l'état présent du Japon.

COmme on finissoit d'imprimer ce Supplément, une personne d'esprit m'ayant paru charmé du dernier Article de l'Histoire Naturelle du Japon par Kœmpfer, où cet Ecrivain examine, s'il est avantageux au bien de cet Empire qu'il soit fermé, comme il l'est, au point

Hhhh iij

que les Etrangers n'y fçauroient entrer, ni les Habitans en fortir; j'ai cru devoir le relire, & je l'ai relû en effet avec attention, dans le deffein d'en donner ici le précis, fi je trouvois qu'il en vallût la peine; mais cette lecture n'a fait que me confirmer dans la penfée, où j'étois, que l'Auteur Allemand eft auffi peu jufte dans fes réflexions politiques, qu'il eft admirable dans fes Obfervations fur l'Hiftoire Naturelle des Pays, qu'il a parcourus, & furtout dans fon excellent Ouvrage des *Aménitez étrangeres.* (a)

En effet, après un grand lieu commun touchant les avantages de la Société, & du commerce mutuel entre les Nations, qui habitent fous différens climats; une courte Defcription du Japon, & du caractere des Japonnois, qui n'eft gueres qu'une répétition de ce qu'il en avoit dit ailleurs; quelques Anecdotes hiftoriques, fauffes pour la plûpart, comme ce qu'il raconte du démélé des Japonnois avec Pierre Nuits Gouverneur de l'Ifle Formofe pour les Hollandois, & dont il a formé une efpece de Roman; d'autres peu croyables, quoique dans le fond elles puiffent être vrayes, comme ce qu'il dit qu'on découvrit, il n'y a pas longtems, quelques reftes de la Famille des Fekis (b), qui s'étoient cachez dans les Montagnes inacceffibles de la Province de Bungo, où ils fe tenoient dans des trous & dans des cavernes, ayant oublié leur haute naiffance,

privez de toutes les connoiffances humaines, & reffemblant plus à des Satyres, qu'à des Hommes. Après une efpece de récapitulation de ce qu'il nous avoit appris du Commerce des Japonnois, de leurs Sciences, de leurs Arts, & de leurs Loix, & beaucoup de digreffions étrangeres à fon fujet; il vient enfin au fait, dont il s'agit, & entreprend de nous inftruire de ce qui a engagé les Monarques Japonnois à fermer leur Empire, en forte qu'à l'exception de ce peu de commerce, qu'ils permettent aux Chinois & aux Hollandois dans un feul de leurs Ports, ces Infulaires font dans l'Univers, comme s'ils y étoient feuls.

Mais dans l'expofé, qu'il nous fait de la maniere, dont ce projet fi fingulier fut exécuté, il ne paroît pas fort inftruit de l'Hiftoire du Japon, dont il eft évident d'ailleurs par tout fon Ouvrage qu'il n'a prefque rien fçu, que ce qu'il en avoit vû dans les Faftes Chronologiques de cet Empire, & quelques particularitez, qu'il en a ouï dire, & qui font prefque toutes altérées. C'eft ainfi qu'il fait honneur à Tayco-Sama d'avoir formé le deffein de réünir tout le Japon fous un même Souverain, quoique ce Prince n'ait fait que fuivre en cela les traces de Nobunanga fon Prédéceffeur, qui en avoit même déja exécuté la meilleure partie; & d'avoir rappellé toutes fes Troupes de la Corée, où il eft certain qu'elles étoient encore, quand il mourut. Je ne fçai non

---

(a) *Amœnitatum exoticarum ... fafciculi quinque. Authore Engelberto Kœmpfero D. Lemgoviæ* 1712. *in* 4°.

(b) Il faut fe fouvenir de ce que nous avons dit en plufieurs endroits de cette Hiftoire des fameufes Factions des Fekis & des Gendfis, qui fe difputerent fi longtems l'Empire du Japon.

plus où il a pris cette maxime, *que les Japonnois doivent être gouvernez avec un Sceptre de fer*; & que la Corée & toutes les Isles voisines reconnoissent l'autorité de l'Empereur du Japon.

Ce qui est encore plus étonnant, c'est de voir un Chrétien, qui, après avoir compris l'abolition du Christianisme parmi les moyens, dont Tayco-Sama & ses Successeurs se sont servis pour établir leur nouveau plan de Gouvernement, ne craint point d'avancer que ces Monarques ont en quelque maniere ressuscité l'innocence & le bonheur des premiers âges. On lui passera plus volontiers ce qu'il dit à cette occasion, » que ces Princes exempts de crain- » te à l'égard des révoltes domesti- » ques, & se confiant sur l'excellen- » ce du Pays, & sur le courage & » les forces de leurs invincibles Su- » jets, sont en état de mépriser l'en- » vie & la jalousie des autres Na- » tions.... que la condition de *ces Peuples* est heureuse & florissan- » te..... qu'étant unis entr'eux, » & paisibles...civils, obligeans & » vertueux, surpassant toutes les au- » tres Nations dans les Arts, & dans » les productions de l'industrie, » possédant un excellent Pays, en- » richis par le négoce & le commer- » ce, qu'ils font entr'eux; courageux, » pourvûs abondamment de tous les » besoins de la vie, & joüissant avec » cela des fruits de la paix & de la » tranquillité, ils peuvent se croire » heureux. » Mais convient-il à un Chrétien d'attribuer ce bonheur à une exclusion de tout commerce avec les Etrangers, qui ferme pour toujours la porte à l'Evangile dans leurs Isles, & de prétendre qu'avant l'exécution de ce projet, sans en excepter même le tems, où la moitié du Japon faisoit l'honneur & l'admiration du Monde Chrétien, ils menoient une vie libertine, dont ils ont obligation d'être corrigez aux plus grands Persécuteurs du Christianisme; & d'ajoûter à leurs bonnes qualitez, *d'être instruits à rendre aux Dieux l'honneur, qui leur est dû*? Nous ne sçaurions croire que Messieurs les Protestans approuvent une si étrange façon de parler.

plus où il a pris cette maxime, *que les Japonnois doivent être gouvernez avec un Sceptre de fer* ; & que la Corée & toutes les Isles voisines reconnoissent l'autorité de l'Empereur du Japon.

Ce qui est encore plus étonnant, c'est de voir un Chrétien, qui, après avoir compris l'abolition du Christianisme parmi les moyens, dont Tayco-Sama & ses Successeurs se sont servis pour établir leur nouveau plan de Gouvernement, ne craint point d'avancer que ces Monarques ont en quelque maniere ressuscité l'innocence & le bonheur des premiers âges. On lui passera plus volontiers ce qu'il dit à cette occasion, »» que ces Princes exempts de crain- »» te à l'égard des révoltes domesti- »» ques, & se confiant sur l'excellen- »» ce du Pays, & sur le courage & »» les forces de leurs invincibles Su- »» jets, sont en état de mépriser l'en- »» vie & la jalousie des autres Na- »» tions.... que la condition de *ces* »» *Peuples* est heureuse & florissan- »» te..... qu'étant unis entr'eux, »» & paisibles.... civils, obligeans »» & vertueux, surpassant toutes les »» autres Nations dans les Arts, & »» dans les productions de l'industrie, »» possédant un excellent Pays, en- »» richis par le négoce & le commer- »» ce, qu'ils font entr'eux ; coura- »» geux, pourvûs abondamment de »» tous les besoins de la vie, & joüis- »» sant avec cela des fruits de la paix »» & de la tranquillité, ils peuvent »» se croire heureux. » Mais convient-il à un Chrétien d'attribuer ce bonheur à une exclusion de tout commerce avec les Etrangers, qui ferme pour toujours la porte de

Tome II.

leurs Isles à l'Evangile, & de prétendre qu'avant l'exécution de ce projet, sans en excepter même le tems, où la moitié du Japon faisoit l'honneur & l'admiration du Monde Chrétien, ils menoient une vie libertine, dont ils ont obligation d'être corrigez aux plus grands Persécuteurs du Christianisme ? Je dois néanmoins avertir mes Lecteurs, qu'ils ne doivent point mettre sur le compte du Médecin Allemand, mais sur celui du Traducteur, ce qu'on trouve à la suite de cet éloge des Japonnois d'aujourd'hui, *qu'ils sont fort instruits à rendre aux Dieux l'honneur qui leur est dû.* Nous ne sçaurions croire que Messieurs les Protestans approuvent une si étrange façon de parler.

Enfin, l'Auteur même fait voir qu'il étoit assez peu versé dans l'Histoire des Empereurs, dont Tsinajos, qui régnoit en 1692. occupoit le Trône ; lorsqu'en nous le représentant comme un Prince fort prudent & d'une excellente conduite, qui se distinguoit par une clémence singuliere, & par une grande douceur, quoiqu'il fît observer à la rigueur les Loix de l'Empire ; un Prince en un mot, qui élevé dans la Philosophie de Confucius gouvernoit ses Etats, comme la nature du Pays & le bien de ses Peuples le demandent : il ajoûte, qu'il a hérité des vertus & des grandes qualitez de ses Ancêtres. Les Lecteurs pourront juger par toute la suite de cet Ouvrage du véritable mérite & des vertus de ces Princes, qui tous ont été les plus cruels Persécuteurs, qu'ait jamais eu l'Eglise de JESUSCHRIST, dont le premier, décrié par son avarice, impie, sans courage, ne s'est rendu célebre, que pour avoir usurpé l'Empire sur son Pupille; & la plûpart des autres ne nous sont connus que par la férocité de leur génie, & les plus infames débauches.

Fin du Supplément à l'Histoire du Japon.

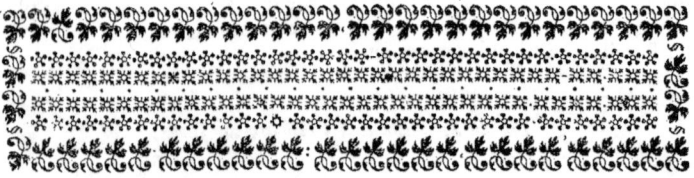

DESCRIPTION
DES PLANTES DU JAPON,
& leurs usages.

Observées par le Docteur ENGELBERT KOEMPFER; *Avec les Figures des principales & des plus curieuses.*

KOempfer a divisé ce Recüeil en cinq Classes. La premiere comprend les Plantes Bacciferes & les Pruniferes : la seconde, les Pomiferes & les Nuciferes : la troisiéme, les Oléracées & les Frugiferes : la quatriéme, celles, qui sont remarquables par la beauté de leurs fleurs : la cinquiéme, un mélange de Plantes de toutes ces différentes especes.

Chacune de ces Plantes a presque toujours plusieurs noms. Le premier est ordinairement celui, dont les Lettrez Japonnois se servent, pour exprimer le Caractere Chinois, qui marque la Plante : le second est le nom vulgaire dans la langue, qui se parle au Japon ; car il est bon de se souvenir de ce que nous avons dit ailleurs, sçavoir, que les Caracteres Chinois sont en usage au Japon parmi les Lettrez, qui les forment néanmoins assez différemment des Chinois, & d'une façon plus libre, & qui les expriment par d'autres termes, que les Chinois. Il y a aussi deux sortes d'Alphabets, qui sont usitez parmi le Peuple, & qui different des nôtres en ce que chaque figure signifie, non une simple lettre, mais une syllabe entiere du langage vulgaire ; les noms variant quelquefois, ou par l'addition d'une lettre, comme on dit *Naga* & *Nanga*; ou par le changement d'une lettre à une autre, comme *Kinari-Gaki*, pour *Kinari-Kaki*: *Goquan*, pour *Koquan*: *Kibi*, pour *Kiwi* : mais tout cela ne se fait, que pour l'Euphonie.

PREMIERE CLASSE.
Plantes Bacciferes & Pruniferes.

Tsus No Ki, ou *Tsutsu No Ki*. (a)

TSus signifie un Laurier : *Ki*, Plante, ou Arbre ; *No* est l'article. Ainsi *Tsus No Ki* veut dire *Plante de Laurier*. Il y en a au Japon plusieurs especes.

Kuro Tsons, autrement *Proh Tsons*.

C'est un Laurier à grosses bayes,

(a) On prononce *Tsous No Ki*, & *Tsoutsou No Ki* : quelquefois au lieu de *Tsous*, on dit *Tsons*.

Tome II.   Iiii

d'un pourpre obfcur : il y en a, dont les feüilles font larges, & d'autres, qui ont les feüilles étroites & ondées.

Aka Tfutfu.

C'eſt un Laurier à feüilles larges, & à bayes rouges aſſez groſſes.

Sſio, vulgairement *Kus No Ki*, autrement *Nambok*.

Voyez la Figure n. 1.

C'eſt un Laurier, qui porte *le Camphre*. Cet Arbre vient auſſi épais, qu'un Tilleul, & c'eſt principalement ſa racine, qui fournit le Camphre. Les Payſans de la Province du Saxuma,& des Iſles de Gotto font le Camphre par une ſimple décoction des racines & du bois coupez en petits morceaux, & le ſubliment. Il eſt à très bon marché, & l'on peut avoir depuis quatre-vingt juſqu'à cent cattis du Camphre du Japon pour un ſeul catti de celui de Borneo, que l'on dit être une ſubſtance naturelle, ramaſſée ſur le tronc des vieux Arbres de cette Iſle, en faiſant des inciſions entre l'écorce & le bois.

L'Arbre de Camphre du Japon, qui ne croît que dans les Provinces Occidentales, & dans les Iſles adjacentes, eſt d'une belle figure, & de la hauteur de nos Tilleuls. Sa racine eſt forte, & n'a pas beaucoup de branches : c'eſt là principalement qu'eſt ſa vertu camphrétique, & elle en a beaucoup l'odeur. L'écorce de l'Arbre eſt rude, d'un gris obſcur : mais celle des jeunes branches eſt biſe, gluante, & ſe leve aiſément. La moëlle eſt dure & ligneuſe ; le bois eſt naturellement blanc, mais en ſe ſéchant il prend une petite teinture de rouge : il n'eſt pas ſerré, mais il a des fibres aſſez durs. On s'en ſert pour faire des Cabinets ; mais à meſure que la réſine, dont il eſt rempli, s'évapore, il devient raboteux. Les plus beaux Cabinets du Japon ſont faits de la racine de cet Arbre, & d'un autre, nommé *Fatz No Ki*, dont nous parlerons en ſon lieu. Rien n'eſt mieux veiné, ni plus agréablement nuancé que l'un & l'autre.

Les feüilles du Camphrier Japonnois tiennent à des pédicules aſſez longs, & qui d'abord ſont verds, puis rougiſſent un peu ; ces feüilles, qui ſont toujours ſeules, & pouſſent ſans ordre, ſont membraneuſes, de figure approchante de l'ovale, pointuës à l'extrémité, ondées ſur les bords, ſans être dentelées. Elles ont beaucoup de fibres, dont la couleur eſt plus pâle. Le deſſus de la feüille eſt d'un verd foncé, & luiſant, le deſſous a la couleur de l'herbe, & la douceur de la ſoye. Le nerf, qui promine des deux côtez, eſt d'un verd blanchâtre, & jette ſes branches en arc tout le long de la feüille : de ces branches il ſort d'autres petits rameaux encore plus déliez. L'extrémité des fibres forme aſſez ſouvent de petits poreaux, qui ſont particuliers à cet Arbre, lequel pouſſe aux mois de Mai & de Juin de petites fleurs ; mais il faut pour cela qu'il ſoit dans toute ſa grandeur, & même un peu vieux.

Ces fleurs ne paroiſſent qu'aux extrémitez des petites branches, & naiſſent ſous les pédicules des feüilles : elles en ont elles-mêmes, qui ſont d'un tiers plus courts, que ceux des feüilles, & fort menus, & qui jettent de petites branches, à chacune deſquelles eſt attachée une fleur blanche hexapetale, avec neuf étamines au dedans, trois au milieu, &

T. 2. Page. 618.

3.

6.

les six autres disposées en rond autour de ces premieres. A mesure que le calice de la fleur croît, la graine se mûrit, & quand elle est parvenuë à sa maturité, elle est de la grosseur d'un pois, d'un pourpre foncé, & luisante. Sa figure est ronde, allongée comme une poire, avec une petite enveloppe de couleur approchante du pourpre, d'un goût de Camphre giroflé. Elle renferme un noyau de la grosseur d'un grain de poivre, dont l'écorce est d'un noir luisant; il se sépare en deux, est d'une nature huileuse, & d'un goût fade.

Na, vulgairement *Nagi*, autrement *Tsikkbura Siba*.

Voïez la Figure n. 2.

C'est une espece de Laurier fort rare que Kœmpfer définit *Laurus julifera, folio speciofo enervi*, & qui est regardé comme un Arbre de bon augure. Il garde ses feüilles toute l'année, & on le transporte des Forêts, où il vient naturellement, dans les Maisons, où l'on a grand soin de ne le point laisser exposé à la pluye. Cet Arbre est grand comme un Cerisier, & fort droit. Son écorce est de couleur bay-obscure, molle, charnuë, d'un beau verd dans les petites branches, & d'une odeur de sapin balsamique. Son bois est dur, foible, & presque sans fibres, sa moëlle est presque de la nature du champignon, & se durcit comme du bois, quand l'arbre est vieux. Les feüilles naissent deux à deux, sans pédicules : elles n'ont point de nerfs, sont d'une substance dure, & ressemblent fort à celles du Laurier d'Alexandrie. Les deux côtez sont de même couleur, lisses, d'un verd obscur, avec une petite couche de bleu, tirant sur le rouge, larges d'un grand poulce, & longues à proportion. Il sort de dessous chaque feüille trois ou quatre étamines blanches, courtes, veluës, mêlées de petites fleurs, qui en tombant laissent une petite graine, rarement dure, à peu près de la figure d'une prune sauvage, & qui dans sa maturité est d'un noir-purpurin. La chair en est molle, insipide, & en petite quantité. Cette baye renferme une petite noix ronde, de la grandeur d'une cerise, dont l'écaille est dure & pierreuse, quoique très-mince & fragile. Cette noix contient un noyau couvert d'une petite peau rouge, qui ne peut pas se lever, d'un goût amer & vaporeux, d'une figure parfaitement ronde, & surmonté d'une pointe, qui a sa racine dans le milieu du noyau même.

Aiikuba.

C'est un grand Arbrisseau, dont les rejettons sont d'un verd clair, pleins de nœuds, & d'une substance grasse. Sa feüille est semblable à celle de l'Yeuse, un peu tournée. Sa fleur portée sur un pistile assez gros & à trois pétales, d'un pourpre tirant sur le rouge, & presque de la grandeur d'un grain de poivre. Son fruit rouge, oblong, assez gros, a peu de chair, & cette chair est blanche, douçâtre : elle renferme un noyau un peu dur, & d'un goût acre.

Taraijo, vulgairement *Onimotsj*. (a)

C'est une espece de *Lauro-Cerasus*, dont les fleurs sont à quatre pétales, ayant de l'odeur, d'un jaune pâle, ramassées en grand nombre

(a) Prononcez *Onimotchi*.

fous les aisselles des feüilles. Son fruit est rouge, de la grosseur d'une poire, contenant quatre semences d'une figure semblable à celle du Poirier. Cet Arbre est peut-être le Laurier-Cerise de l'Eclufe. On le cultive au Japon dans les jardins, parce qu'il demeure toujours dans sa beauté.

Sankitz, vulgairement *Jamma-Tadsj* (a) *Banna*.

C'est un petit *Cama-Cerasus* à feüilles de Cerisier sauvage, disposées en rond. Ses fleurs sont à cinq pétales, & ressemblent à celles du Muguet. Son fruit est un peu rouge, plus gros qu'un pois, d'un goût doux & styptique, ayant un noyau blanc, dur, & transparent.

Quackitz, vulgairement *Fanna-Tadsj Banna*.

C'est un Arbrisseau, qui ressemble au *Chama-Cerasus*, & qui ne quitte jamais ses feüilles. Ses fleurs & son fruit sont semblables à ceux du Sankitz. Il y a une autre espece de Quackitz, laquelle a ses feüilles semblables à celles du Saule, excepté qu'elles sont semées de petites bulles; sa petite fleur ressemble à celle du *Dulcamara*; elle est portée sur des pétales recourbez en arriere.

Nandsjokf, (b) vulgairement *Natten*, ou *Nandin-Tsikku*.

C'est un Arbrisseau haut d'une coudée & davantage, qui de loin ressemble à un roseau. Ses branches sont disposées l'une vis-à-vis de l'autre, & s'étendent à angles droits.

Ses feüilles sont longues d'un pouce & demi, & figurées comme celles du Saule. Ses fleurs sont blanchâtres à cinq pétales, semblables à celles du *Solanum* ligneux, & ne durent qu'un jour. Ses bayes sont rouges, grosses comme un pois, & contiennent deux semences de figure Hémispherique.

Nysimi Motsj, (c) autrement *Tanna-Wattasj*. (d)

C'est le Troêne commun d'Allemagne.

Jubeta. (e)

C'est un Arbre de la grosseur du Prunier, & dont les fleurs & les bayes sont comme celles du Troêne. Son écorce est verdâtre: ses feüilles sont en grand nombre, disposées l'une vis-à-vis de l'autre, de figure ovale, tendres, & qui se flétrissent bientôt. Le noyau est blanc, d'un goût astringent, & caustique. Ses bayes passent pour être venimeuses.

Kooki, vulgairement *Kukò*, autrement *Numi-Gussuri*.

C'est un Troêne épineux, dont les feüilles, qui viennent en très-grand nombre, sont ovales, & longues d'un pouce, point découpées. Ses fleurs, qui naissent une ou deux sur chaque pédicule, sont de couleur purpurine, à cinq pétales, & ressemblent à la fleur d'Hyacinte. Ses bayes & ses semences sont comme celles du *Dulcamara*. On s'en sert en Médecine, aussibien que de ses feüilles, dont on boit l'infusion en maniere de Thé.

(*a*) Prononcez *Tadchi*. (*b*) Se prononce *Nandchokf*. (*c*) Se prononce *Motchi*. (*d*) Prononcez *Vvattachi*. (*e*) Prononcez *Jouòeta*.

PLANTES DU JAPON.

Féckofatz.

C'est un Arbre de grandeur médiocre, & fort branchu, dont les feüilles, qui naissent en grand nombre à l'extrémité des petits rameaux, sont longues de deux poulces, pointuës à leur commencement, & terminées en oval, épaisses, dures, & légerement crénelées. Ses fleurs sont ramassées en épis; ses bayes sont rouges, & grosses comme une cerise; leur chair a un goût sauvage, & le noyau, qui est partagé en deux, est astringent.

Kemboku, autrement Ruugambokf, vulgairement Sakaki.

C'est un Arbre d'une médiocre grandeur, qui a les feüilles & les fleurs, comme celles du Myrthe Romain de Matthiole. Ses bayes viennent une à une sur un petit pédicule: elles sont pointuës, de la grosseur d'un grain de poivre. Les semences ressemblent à celles de *l'Ancholie*, elles ont un goût un peu amer, & sont très-astringentes. Cet Arbre est consacré aux Idoles.

Fisakaki.

C'est un Arbrisseau, qui ressemble au Thé, & qui en a les feüilles. Ses fleurs, qui croissent en grand nombre le long des branches très-minces, sont rouges, à cinq pétales, & en forme de cloches. Elles sont suivies de bayes semblables à celles du Genevrier, dans lesquelles sont contenuës plusieurs semences dures. Cette Plante se cultive pour sa beauté. Il y en a une autre espece, dont la fleur est blanche, & dont les bayes sont pleines d'un suc de couleur de pourpre.

(*a*) Prononcez *Sachebou*.

Sasjébu. (a)

C'est un Arbrisseau, qui a le port extérieur, & les feüilles, comme le Fisakaki. Ses fleurs sont monopétales, de figure conique, grosses comme un grain d'orge, blanches, semées le long des petites branches, & entre-mêlées de beaucoup de très-petites feüilles. Ses bayes, qui ressemblent assez à celles du raisin de bois, sont de couleur purpurine, sans enveloppe, grosses comme un grain de poivre, d'un goût vineux & agréable, & renferment plusieurs semences.

Obanmi, autrement Iso Fisakaki; c'est-à-dire, Fisakaki des Rivages.

C'est un Arbrisseau, dont les rameaux sont droits, minces, & en grand nombre: les feüilles d'un poulce & demi de long, ovales, épaisses, dures, foiblement dentelées, & quelquefois recourbées: les fleurs, qui naissent des aisselles des feüilles, deux à deux, ou trois à trois, sont petites, à quatre pétales, & d'un blanc incarnat: les bayes rondes, purpurines, pulpeuses, contenant des semences rousses & brillantes.

Sjiroggi. (b)

C'est un Arbrisseau, dont l'écorce est raboteuse; les feüilles longues de trois poulces, pointuës à leurs deux extrémitez, & point découpées. Ses fleurs placées sur des pédicules disposez en parasol, sont en grand nombre, petites, & à cinq pétales. Ses bayes en Hyver, & après la chûte des feüilles, sont d'un beau rouge, & pas si grosses qu'un pois, d'une chair blanche, pulpeu-

(*b*) Prononcez *Chiroggi*.

se, & amere. Ses graines sont triangulaires & grosses comme celles du Carvi.

Sjiroggi, autrement *Namôme*.

C'est un petit Arbre, dont les feüilles sont creuses dans leur longueur, recourbées, & très-légerement dentelées à leur bord. Ses bayes sont à peu près grosses comme une cerise, & ses semences, qui sont en petit nombre, de la grosseur de celles du Cumin.

Sin san, vulgairement *Mijamma-Skimmi*, c'est-à-dire, *Skimmi sauvage*.

C'est un grand Arbre, dont les feüilles disposées en rond autour des petites branches, sont longues de trois pouces, & même davantage, épaisses, pointuës, légerement ondées, point découpées à leur bord, d'un goût de *Sagapenum*, avec une chaleur mordicante. Ses fleurs sont à quatre & cinq pétales, petites & rougeâtres. Ses bayes sont en forme de poire, & grosses comme celles de l'Aube épine, renfermant quatre semences blanches, fenduës en deux, & semblables à celles des Orangers.

Come-Gommi, autrement *Mantees*.

C'est un Arbrisseau, qui ressemble au Troëne, & qui a le port extérieur du Buis : il est haut de trois pieds ; ses feüilles sont ovales, terminées en pointe, ramassées par paquets, & sentent les excrémens humains. Ses fleurs ont la figure de celles du Jasmin, & sont découpées en long, ayant six & sept lévres, & même davantage, suivant que le terrein est plus ou moins gras ; ses fleurs sont d'un pourpre foible, & elles sont entrelassées dans les paquets des feüilles.

Jamma Co-Gomme.

C'est un Arbrisseau, qui croît sur les Montagnes, & qui est fort branchu. Ses feüilles sont comme celles du Thé, & opposées entr'elles. Ses fleurs sont petites, de couleur purpurine, & découpées en quatre lévres. Ses bayes sont de la grosseur de la Coriandre, & renferment quatre semences.

Ken sin, autrement *Sen Baku*, vulgairement *Inu Mâki*, c'est-à-dire, *Faux Mâki.*

C'est un Arbre, qui s'éleve en forme de cône, comme le Cyprès, à la hauteur de trois brasses. Ses feüilles sont comme celles du Laurier-Rose. Son fruit est oblong, partagé en deux, ressemblant par sa partie supérieure à un grain de poivre, & renfermant un noyau.

Sin, vulgairement *Mâki*, autrement *Fon Mâki*, c'est-à-dire, *Vrai Mâki.*

C'est un grand Arbre de même genre, que le précédent, & dont le bois est fort estimé pour faire des coffres, & différens vaisseaux, parce qu'il est blanc, léger, point sujet aux vers, ni à la pourriture. Les vaisseaux, qui en sont faits, rendent une mauvaise odeur, quand ils sont plongez dans l'eau chaude ; c'est pourquoi cet Arbre est appellé par quelques-uns *Ksâ Mâki*, c'est-à-dire, *Mâki fétide.*

Tsjo-Tei, (a) vulgairement *Fimitz-Baki*, & *Fimeri-Baki.*

C'est un Myrthe sauvage à lon-

(a) Prononcez *Tcho Tei*.

gues feüilles, & le même que le Myrthe commun d'Italie de Gaspar Bauhin.

Ojo, vulgairement *Tſuge*.

C'eſt un grand Buis, dont la feüille eſt ovale, terminée en pointe, & un peu dentelée au bord. Ses fleurs ſont blanches, à quatre pétales ronds, garnies d'un calice, & de la groſſeur d'une graine de Coriandre. Ses bayes ſont rondes, & de couleur de pourpre-noir, renfermant deux, trois, ou quatre ſemences, qui ſont groſſes, & figurées comme celles du Carvi.

Il y a un autre Tſuge, qui eſt un petit Buis, dont les feüilles ſe terminent en pointe par les deux extrémitez.

Koo kotz, vulgairement *Firággi*.

C'eſt le Houx commun.

Sankira, vulgairement *Quáquara*.

Voïez la Figure n. 3

C'eſt le *Smilax minus ſpinoſa, fructu rubicundo, radice virtuoſa, China dicta*. Sa racine, dont la vertu eſt connuë des Médecins, eſt groſſe, dure, noüeuſe, inégale, garnie de longues fibres, rouge ou noirâtre en dehors, blanche au dedans, d'un goût fade. Cette Plante, quand elle ne trouve rien, qui la ſoûtienne, ne s'éleve que juſqu'à une ou deux coudées ; mais quand elle rencontre des buiſſons, elle s'éleve bien plus haut. Ses branches ſont ligneuſes, de la groſſeur d'un tuyau d'orge, d'un rouge-brun près de terre, garnies de nœuds de deux en deux poulces, & changeant de direction après chaque nœud, d'où ſortent deux tendrons pareils à ceux de la Vigne, par le moyen deſquels cette Plante s'attache fortement à tout ce qu'elle rencontre. Les feüilles, qui n'ont preſque point de pédicules, ſont rondes, terminées par une pointe courte, de trois poulces de diamétre. Elles ſont minces, point découpées, d'un verd-clair de chaque côté. Sur un pédicule très-mince, long d'un poulce, rouge ou jaune, ſont diſpoſées en paraſol dix petites fleurs, plus ou moins, de couleur jaunâtre, de la groſſeur d'un grain de Coriandre, à ſix pétales, & à ſix étamines, dont la pointe eſt blanche, tirant ſur le jaune. Le ſommet du piſtile, qui occupe le milieu de la fleur, eſt d'une couleur de verd de Mer. La fleur étant paſſée, il vient un fruit ſemblable à la ceriſe par ſa figure, ſa groſſeur, & ſa couleur rouge ; mais il a peu de chair. Cette chair eſt ſéche, farineuſe, & d'un goût auſtere. Les ſemences ſont au nombre de quatre, cinq, ou ſix, groſſes comme une Lentille, d'une figure ſémi-lunaire, noirâtres en dehors, quand elles ſont ſéches, blanches en dedans, d'une ſubſtance très-dure. Cette Plante croît abondamment parmi les ronces & les fougeres.

So No Ki, autrement *Firà* & *Firáſi*.

C'eſt un raiſin de bois, *vitis idæa*, qui croît de la hauteur d'un pied. Ses feüilles ſont comme celles du *Chamæbuxus*, ou petit Buis. Ses fleurs ſont à quatre pétales, garnies d'un calice, & de couleur de pourpre. Son fruit, qui eſt gros comme un grain de poivre, eſt rouge, d'un goût doux, & inſipide, contenant trois pepins un peu amers.

Siſò, c'eſt-à-dire, *la Pourpre*, vulgairement *Muraſikki*.

C'eſt une Plante d'un pied de

haut, dont la racine est garnie de beaucoup de fibres, la tige branchuë, les petits rameaux terminez par un épi de fleurs ; les feüilles ovales, pointuës, & disposées en rond autour des branches. On se sert de cette Plante pour teindre la Soye.

Fakkubukon, vulgairement *Fékuso Kádsura*.

C'est une Plante rampante, & semblable au Liseron : sa feüille est longue de trois poulces, pointuë, figurée en cœur, & point découpée. Sa fleur est ramassée en grappe, faite en tuyau, & partagée en cinq lévres, rouge en dedans, branchâtre en dehors ; son fruit, qui est comme celui du *Dulcamara*, est plein d'un suc très-fétide, & contient un petit nombre de semences.

Murasákki commun.

C'est une Plante, dont la tige est ronde, les feüilles longues de deux poulces, rondes, posées une à une, & alternes, épaisses, pointuës, & point découpées à leur bord. De chaque aisselle des feüilles, il sort un épi de fleurs long de quatre doigts. Ces fleurs éloignées l'une de l'autre & sans pédicule, grosses comme une graine de Coriandre, de couleur de pourpre foible, à quatre & à cinq pétales, & ne s'ouvrent jamais.

Nin-Too, autrement *Sin-Too*, vulgairement *Sui-Kádsura* & *Kin Gin Qua*, c'est-à-dire, *fleur d'or & d'argent*.

C'est le *Periclymenum* commun, autrement, le *Caprifolium non perfoliatum* à bayes purpurines, ou noires.

(*a*) Prononcez *Sancho*.

Kenkoo, vulgairement *Sane-Kádsura*, autrement *Oreni-Kádsura*.

J'ai parlé de cette Plante en faisant la Description de la maniere, dont se fait le Papier au Japon.

Ksëi, vulgairement *Jodoriki*.

C'est un Gui à bayes rouges. Ses feüilles, qui sont semblables à celles de l'Arbre à Papier, viennent une à une, opposées alternativement. Le nom Japonnois signifie toute sorte de Plantes parasites, & par excellence le Gui. Kœmpfer dit qu'il n'en a vû au Japon, que dans un bois de Melese de la Province de Micawa. C'est pourquoi les Paysans de ce Canton l'appellent Gomi-Maatz, c'est-à-dire, *Gui de Melese*.

Sansjo (*a*), vulgairement *Foó-Dsukki*.

C'est l'Alkekenge. *Solanum vesicarium*.

Kirò, autrement *Rirjo*, vulgairement *Omotto*.

C'est un pied de veau, qui n'est point acre, dont la feüille est grande & comme celles du Lys. Sa racine est grosse, & longue, charnuë, garnie de fibres, & un peu amere ; ses fruits sont rouges, de la grosseur, & de la figure d'une petite Olive, & d'un très-mauvais goût. On laisse croître cet Arbrisseau, pour garnir les murs des Jardins.

Konjaku ou *Kúsako*, vulgairement *Konjaku* & *Konjaksdama*.

C'est un *Dracundulus*, dont la tige est marquée de taches vertes ; la feüille longue & partagée en lobes inégaux ; la racine longue, brûlante, & purgative.

Nansoo,

PLANTES DU JAPON.

Nanfoo, vulgairement *Jamma Konjakf*, autrement *Ofomi*, & par les Médecins *Ten-Nan Sio*.

C'eſt un petit *Dracunculus* à grandes feüilles pointuës, & point partagées en lobes, & dont les bayes font très-brûlantes.

Foto, vulgairement *Jebi & Budò*.

C'eſt une eſpece de Vigne, dont le raiſin eſt charnu, & nullement propre à faire du Vin.

Ganébu.

Autre eſpece de Vigne, dont les grappes font petites, les grains, noirs & ſemblables aux bayes de Genevrier : le goût en eſt doux, & le ſuc de couleur de pourpre.

Jamna Budò.

Vigne ſauvage, dont les grappes font petites, & les grains, comme les raiſins de Corinthe, ſans pepins ; elle ſert à garnir les berceaux.

Niwa-Toka, ou *Niwa-Tonga*.

C'eſt le Sureau commun des Boutiques ; il y en a d'autres eſpeces.

Tadfu.

C'eſt un Sureau à grappes. *Sambucus racemoſa* de Gaſpar Bauhin, *vulgo Sambucus cervina*.

Jamma Toofimi, c'eſt-à-dire, *Toofimi des Montagnes*.

C'eſt le Sureau aquatique, dont la fleur eſt ſimple, de Gaſpar Bauhin. Sa moëlle ſert de mêche pour les chandelles, & c'eſt ce qui lui a fait donner le nom qu'il porte.

Mitfe, & *Jamma Simira*.

Autre Sureau aquatique, dont les bayes ſont rouges, de figure conique, & un peu applaties.

Niwa-Toka.

C'eſt le *Cornus Fœmina*, autrement le *Virga ſanguinea* de Matthiole.

Foo, & *Moo*, vulgairement *Itzingo*.

C'eſt la ronce commune à fruit noir.

Faſſo-Itzingo.

Autre ronce à fruit rougeâtre, bon à manger.

Ki Itzigo.

C'eſt un Framboiſier à fruit jaune, d'un goût déſagréable.

Kutz Náwa Itzigo.

C'eſt le fraiſier commun à fruit rouge, mais il n'eſt pas bon à manger au Japon.

Quanſo Itzigo.

Autre Fraiſier, dont le fruit eſt gros comme une prune, & n'eſt pas non plus bon à manger.

Soo, vulgairement *Kuwa*.

Il y a deux ſortes de Mûriers de ce nom. L'un, dont le fruit eſt blanc ; l'autre, dont le fruit eſt noir.

Den, autrement *Ootz*, vulgairement *Sendan* & *Kindéïs*.

C'eſt l'Arbre, que nous appellons *Azederac*, l'Azadarach d'Avicenne, & le faux Sycomore de Matthiole.

Kuroggi, autrement *Fon Kuroggi*; c'eſt-à-dire, *le vrai Kuroggi*.

C'eſt un grand Arbre ſauvage, dont la feüille eſt ovale, terminée en pointe, longue de deux poulces, & légerement dentelée. Ses fleurs ſont doubles, d'un jaune pâle, pe-

Tome II. K k k k

tites, garnies d'un grand nombre d'étamines, qui environnent le piftile. Il a plufieurs fleurs fur un feul pédicule; les pétales extérieurs font écailleux & recourbez. Ses bayes font plus groffes qu'un pois, oblongues, charnuës, & de couleur de pourpre.

Akai Sindfjo (a), autrement *Sindrjo*.

C'eft un Arbriffeau de la hauteur d'une coudée. Il pouffe dès fa racine des branches garnies de feüilles, qui font alternes. Ses bayes font rondes, un peu applaties, pas fi groffes qu'un pois, de couleur d'incarnat, d'une chair molle & pleine de fuc, avec un noyau de la couleur, & de la groffeur à peu près d'une graine de Coriandre.

Jufura.

C'eft un Arbriffeau de trois coudées de haut, & même davantage, lequel reffemble au *Phillirea*. Ses feüilles font garnies de poils, longues de trois poulces, ovales, terminées par une pointe, avec un bord très-découpé. Ses bayes font de la groffeur d'un pois, charnuës, & rouges.

Kotai, vulgairement *Gommi* & *Fon Gommi*, c'eft-à-dire, *vrai Olivier des Montagnes*.

C'eft un Olivier fauvage, femblable à l'Olivier de Boheme, & qui fleurit au Printems.

Sjnu (b) *Kotai*, vulgairement *Akin Gommi*.

C'eft un Olivier des Montagnes, qui fleurit en Automne.

Naatfme.

C'eft une efpece de *Paliurus*. Kœmpfer croit que c'eft de lui, dont parle Profper Albinus. Son fruit eft gros comme une prune. Il eft d'un goût auftere, & on le mange confit au fucre. Son noyau eft pointu aux deux extrémitez.

Midfikki, autrement *Ume Madákku*.

C'eft un Arbriffeau à feüilles de Prunier fauvage. Ses bayes, qui viennent en très petites grappes à l'extrémité des rameaux, font rouges, & de la groffeur d'une graine de Coriandre, renfermant plufieurs femences rouffes & triangulaires. *Ume* fignifie Prune.

Abrafin.

C'eft un Arbre de grandeur médiocre, & fort garni de branches. Son bois eft comme celui du Saule, & a beaucoup de moëlle. Ses feüilles pofées fur de longs pédicules, font grandes, & reffemblent à celles de la Vigne: les unes font entieres, & les autres profondément découpées en trois parties, qui fe terminent en pointe: leur bafe eft ronde, le bord lâche & ondé. Les extrémitez des rameaux font garnies de longs pédicules partagez en deux, ou en trois, lefquelles portent des fleurs blanches à cinq pétales, de figure ovale. Son fruit eft de la groffeur d'une Aveline, d'une figure pyramidale, charnu, mou, & contient des femences femblables à celles du Ricin, defquelles on tire une huile pour les lampes.

Jaatzde.

C'eft un Arbriffeau à feüilles de Ricin commun, & à fleurs blanches à cinq pétales. Ses bayes font plus petites, qu'un grain de poivre, & ont à leur fommet une efpece d'ai-

(a) Prononcez *Sindcho*, & *Sindrcho*. (b) Prononcez *Chnou*.

PLANTES DU JAPON.

grette, formée par les cinq étamines de la fleur.

Fima, vulgairement *Tooguma*, autrement *Karaji* & *Karagasju*. (a)

C'est le Ricin commun de Gaspar Bauhin.

Modoras.

C'est l'*Evonymus* commun, qu'on appelle en François *Bonnet de Prêtre*.

Iso Kuroggi, c'est-à-dire, *Kuroggi des Rivages*, autrement *Bupò*, & *Maijumi*.

C'est l'*Evonymus* à larges feüilles de Clusius (l'Ecluse) & de Jean Bauhin.

Nisi Kingi.

C'est un Arbrisseau, que l'on cultive dans les Jardins, & dont le fruit est rouge & en grappe, & gros comme une cerise.

Il y a un autre *Nisi Kingi*, dont les jeunes gens attachent les sommitez aux portes des Maisons de leurs Maîtresses.

Kuro ganni, c'est-à-dire, *Bois de fer*.

Cet Arbre est ainsi nommé à cause de la dureté de son bois. Ses feüilles, qui sont sans poils, & point découpées, ressemblent à celles du *Telephium* commun. Ses bayes sont grosses comme de petites cerises, ou comme des prunes sauvages. Il y en a une autre espece, qu'on appelle *Kuro Kaki*.

Voyez la Figure n. 4.

Tobira.

C'est un grand Arbrisseau, qui ressemble au Cerisier, dont la fleur est comme celle de l'Oranger; le fruit a plusieurs semences; l'odeur, comme celle du *Sagapenum*. Kœmpfer le définit *frutex arborescens, Sa-*

(a) Prononcez *Karagachou*.

gapeni fœtoris, flore Mali Aurantiæ, fructu polyspermo, cerasi facie.

Ses branches sont longues, partagées dans un même endroit en plusieurs rameaux. Son bois est mou, sa moëlle grosse, son écorce raboteuse, d'un verd brun, grasse, se séparant aisément, & donnant une résine blanche & visqueuse. Ses feüilles, attachées par un court pédicule, sont disposées en rond autour des petites branches; elles sont longues de deux, ou trois poulces, fermes, grasses, étroites au commencement, rondes, ou ovales à l'extrémité, le bord point découpé, d'un verd foncé à leur face intérieure. Ses fleurs, dont le pédicule a près d'un poulce de longueur, sont ramassées en bouquets à l'extrémité des rameaux, & font paroître l'Arbre au mois de Mai, comme s'il étoit couvert de neige. Ces fleurs sont à cinq pétales, semblables en figure & en grandeur à celles de l'Oranger, & d'une odeur extrêmement gracieuse, ayant cinq étamines de même couleur que la fleur, mais rousses à leur pointe, qui est longue; & un pistile court. Ses fruits sont parfaitement ronds, plus gros qu'une cerise, rouges, marquez de trois sillons, qui en Automne deviennent autant de fentes profondes, couverts d'une peau forte, bise & grasse. Ses semences sont au nombre de trois, rousses, à plusieurs angles. Leur substance intérieure est blanche, dure, & d'une odeur très-fétide.

Too, vulgairement *Momu*.

C'est le Pêcher. Il y en a plusieurs especes.

Joobai, vulgairement *Jamma Mómu*.

Pêcher sauvage, qui ressemble

Kkkk ij

assez à l'Arboisier de Gaspar Bauhin. Kœmpfer le définit *Malus persica sylvestris, fructu resballo granulato, osse in oblongum rotundo, nucleo integro.*

Ri, vulgairement *Sfu Momu*.

C'est un Pécher, dont le fruit est aigre, & rougit, quand il est mûr.

Kjoo, vulgairement *Kara Momu*, c'est-à-dire, *Momu du Catay*, autrement *Ansŭ*.

C'est un Abricotier, dont le fruit est gros.

Bài, vulgairement *Umè*, & *Umè Bos*.

C'est un Prunier sauvage, épineux. On en confit avec la Bierre du Japon le fruit, qui est gros, & on le transporte à la Chine & aux Indes.

Muk No Ki.

C'est un Prunier sauvage, dont l'écorce est noire, le bois pesant & dur, la moëlle ligneuse, la feüille dentelée, forte & très-propre à polir le bois, comme font les Menuisiers. Son fruit est d'un pourpre foncé, vaporeux & doux : on ne laisse pas de le manger. Le noyau ne se détache point.

Ruko.

C'est le Prunier commun des Jardins. Il y en a plusieurs especes, dont le fruit est différent. Les uns sont blancs, les autres de couleur de pourpre. Les uns & les autres ont de petits grains comme les mûres, & ces grains entrent dans la composition de l'Atsiaër. On en fait aussi une sorte de vin très-agréable.

Jasjibo. (a)

C'est un Prunier, dont la fleur est rouge.

Mogotto.

C'est un Prunier, dont la fleur est double. On le cultive dans les Jardins à cause de la beauté de ses fleurs. Plus l'Arbre est vieux & tortu, plus il est recherché.

Je, Jo, O, vulgairement *Sákira*.

C'est un Cerisier à fleurs simples, & dont le fruit a un goût austere. Il y a au Japon plusieurs autres especes de Cerisiers.

Jamma Sákira.

C'est un Cerisier sauvage, dont la fleur est double, & par les soins, qu'on en prend, elle devient aussi large, que les Roses. Le Printems, lorsque ces Arbres sont fleuris, rien n'est plus beau, que les Jardins, les Avenuës des Villes & des Châteaux, & les environs des Temples, qui en sont ordinairement plantez, aussi bien que des Abricotiers. Toutes ses fleurs sont blanches comme la neige.

Ito Sákira.

C'est un Cerisier Arbrisseau, qui pousse des branches dès sa racine.

Niwa Sákira.

C'est un Cerisier nain, dont la fleur est blanche & double ; il y en a un autre, dont la fleur est simple, de couleur incarnate.

Ko Sjoï (b) *Sákira*.

C'est un Cerisier de médiocre grandeur, dont la fleur incarnate est double, & grande comme une moyenne Rose.

(a) Prononcez *Jachibo*. (b) Prononcez *Choï*.

PLANTES DU JAPON.

SECONDE CLASSE;
Qui comprend les Plantes Pomiferes & Nuciferes.

Biwa.

CE nom est commun aux Lettrez & au Vulgaire, qui appelle aussi cette Plante *Kufkube*. Il paroît que c'est le *Mangas Tangas* de la grande Jave. C'est un Arbre, dont la feüille est comme celle de la noix Muscade; la fleur, comme celle du Néflier, ramassée en épi & en grappe. Son fruit ressemble au Coing; il a une chair, qui étant mûre, est pulpeuse, & d'un goût vineux. Il contient plusieurs noyaux, qui ont la figure d'une Chataigne.

Ri, vulgairement *Nas*.

C'est un Poirier des Jardins, dont le fruit est gros & dur. Il y en a plusieurs especes. Kœmpfer prétend que les Poires, qui sont fort communes au Japon, mais qu'il ne faut pas manger crües, sont toutes fort grosses, les plus petites ne pesant pas moins d'une livre.

Dai, vulgairement *Kara nas*.

C'est un Poirier Chinois, ou Pommier cotonneux, dont le fruit est de médiocre grosseur, rond, & d'une chair dense.

Rai Kin, vulgairement *Ruko Reikin*, & *Reiko*.

C'est un Pommier, dont le fruit est fort petit, & d'un goût austere.

Umbatz, vulgairement *Marmeer*.

C'est un Coignassier, dont le fruit

(*a*) Prononcez *Dcha Kurje*.

est gros & oblong, presque en forme de Poire. Ce sont les Portugais, qui l'ont porté au Japon.

Dsjakurjo (*a*), vulgairement *Sakuro*.

C'est un Grenadier de Jardin. Cet Arbre est rare au Japon, & son fruit n'est point agréable.

Kan, vulgairement *Kummi-Fo*.

C'est un Oranger, dont la feüille est assez grande, & dont le fruit appellé *To-Mican*, est de médiocre grosseur.

Juu, vulgairement *Aje-Tatz-Banna*.

Autre espece d'Oranger, dont le fruit est fort gros, inégal, & plein de fossettes à sa superficie.

Kitz, vulgairement *Tats Banna*.

C'est un Limonnier, dont le fruit est rond & petit, & dont la moëlle a une saveur vineuse.

Kin Kan, vulgairement *Fimé Tats-Banna*.

Autre espece de Limonnier, dont la moëlle est douce.

Ssi, vulgairement *Karatatz-Banna*, autrement *Gees*.

Voyez la Figure n. 5.

Kœmpfer définit cet Arbre, *Aurantia trifolia sylvestris, fructu tetrico*; c'est un Oranger sauvage, dont le fruit est de mauvais goût. Les branches de cet Arbre sont inégales & tortueuses, garnies d'épines longues, fortes, droites, & très-piquantes. Son bois n'est pas fort dur; l'écorce en est d'un verd brillant grasse, & se séparant aisément. Chacune de ses

K k k k iij

feüilles est composée de trois petites feüilles, qui se réünissent au centre : leur pédicule est mince, long d'un demi poulce, garni d'un bord de chaque côté. Les petites feüilles sont ovales, longues d'environ un poulce, d'un verd foncé à leur face antérieure, & d'un verd plus clair à leur face postérieure ; celle du milieu est plus longue que les autres. Ses fleurs ressemblent à celles du Néflier ; elles viennent près des épines, ou jointes aux feüilles, une à une, ou deux à deux, sans pédicules : elles sont à cinq pétales ; les pétales ont un demi poulce de long ; elles sont blanches, garnies d'un calice, & ont peu d'odeur. Le pistile est court, & environné de plusieurs étamines courtes & en pointes. Le fruit ressemble entierement, quant à l'extérieur, à une Orange de moyenne grandeur, & il n'en differe intérieurement, qu'en ce que sa pulpe est visqueuse, d'une odeur désagréable, & d'un très-mauvais goût. On fait sécher l'écorce de ce fruit, & en le mêlant avec d'autres drogues, on en prépare un remede, qui est célebre au Japon, & qui est appellé *Ki-Kokun*.

Itabu.

C'est un Figuier sauvage, dont le fruit est de couleur purpurine ; la feüille longue de quatre à cinq doigts, terminée en pointe, & sans découpure à son bord.

Inu-Itabu.

Voyez la Figure n. 6.

C'est un Figuier sauvage, dont le fruit est insipide, & la racine d'un noir tirant sur le roux. Ses branches sont courtes, grasses, courbées, revêtuës d'une écorce rousse, ou d'un verd clair. Ses feüilles, qui durent toute l'année, sont fermes, dures, épaisses, ovales, & terminées en pointes, longues de trois poulces pour l'ordinaire : leur face antérieure est unie & brillante, le dos est d'un verd clair, & garni dans toute son étenduë d'une infinité de nervures entrelassées les unes dans les autres d'une maniere fort agréable. Il ne paroît point de fleurs à l'extérieur ; les fruits, qui sont soûtenus chacun par un pédicule court, gros & ligneux, sont de la grosseur & de la figure d'une Noix, & quelquefois de la figure d'une Poire : leur chair est blanche, fongueuse, garnie d'un grand nombre de petites semences blanches & transparentes. Si on examine attentivement ces semences, on les trouvera étroitement environnées chacune d'une très-petite fleur blanche à quatre pétales. Cet Arbre croît dans les endroits pierreux, & le long des murs.

Si, vulgairement *Káki*.

Voyez la Figure n. 7.

C'est un Figuier des Jardins, à feüilles de Poirier, & dont le fruit est très-agréable à manger ; cet Arbre est fort laid, & ressemble assez à un vieux Pommier rabougri. Ses branches sont tortueuses, & en petit nombre ; son écorce est brune & noire, tandis qu'il est jeune ; blanchâtre, & raboteuse, quand il est vieux. Ses feüilles, dont le pédicule est court, ressemblent en couleur & en figure à celles du Poirier ; elles sont plus longues, ovales, & toutes plattes, & cottonneuses par dessous. Ses fleurs sortent aux mois de Mai & de Juin des aisselles des feüilles ; elles sont en forme de tuyaux, de la grosseur d'un Pois, un peu jaunes, environnées d'un calice divisé en plu-

7

8

10

11

T.2.Page.630.

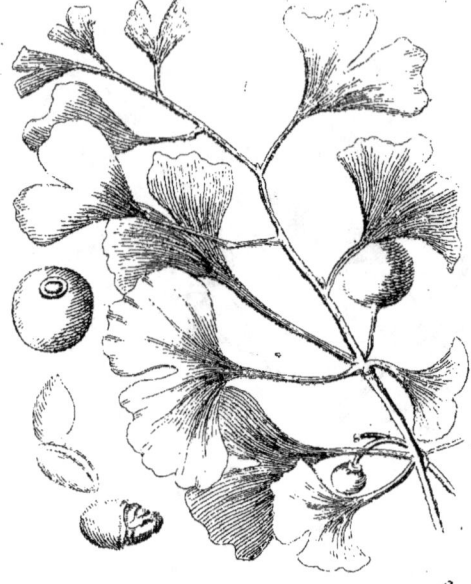

9

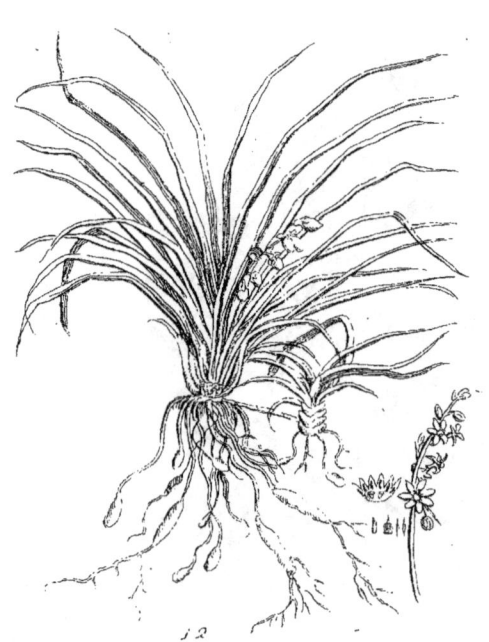

12

PLANTES DU JAPON.

fleurs pieces : leur piſtile eſt court, & entouré de pluſieurs étamines. Son fruit eſt de la groſſeur & de la figure d'une Pomme, blanchâtre en dehors, ayant une chair de couleur rouſſe, tendre, & d'un goût de miel fort agréable. Ses ſemences reſſemblent à celles de la Courge, & ſont arrangées en étoiles au milieu du fruit. Cet Arbre a quelques variétez.

Notre Figuier d'Europe a été porté au Japon par les Portugais, & il y a fort bien pris : les fruits y ſont même plus gros, & de meilleur goût. Cependant on ne l'y a pas beaucoup multiplié. Les Japonnois ont encore un autre Figuier, dont le fruit ne diffère pas beaucoup de nos Figues ; ſes feüilles ſont larges, oblongues, toutes unies, & rudes.

Ono Kaki.

C'eſt un Figuier, dont le fruit reſſemble à l'Orange. On les fait ſécher au Soleil, & après qu'on les a couverts de farine, ou de ſucre, on les conſerve, & on les tranſporte pour les vendre.

Kinéri Gaki.

Cet Arbre & ſes fruits différent peu des précédens, à ce qu'il paroît, mais ſes fruits ne ſe conſervent point; ils ſe mangent, quand ils ſont frais.

Sſibu Kaki.

Les fruits de celui-ci ſont ſauvages, & ne ſe mangent point. On les enterre dans un pot, où ils ſe pourriſſent & ſe fondent : on paſſe ce ſuc, après quoi on y trempe le papier, dont on fait des Habits, & cela les garantit de la pourriture. On s'en ſert auſſi pour teindre en couleur bay les Toiles d'Orties & de Chanvre.

Sſi, vulgairement *Kutsjinàs*. (a)

C'eſt un Néflier ſemblable au Néflier commun. Sa feüille eſt grande ; ſa fleur eſt très blanche, d'une odeur agréable, faite en façon de tuyau, & partagée en ſix lévres, qui ſont longues, & étroites, & qui s'ouvrent de la grandeur d'une roſe. Son fruit, qui eſt hexagone, & d'une figure conique, a une pulpe, qui eſt jaune en dedans, d'un goût déſagréable, & remplie d'une infinité de ſemences ſemblables à celles du Seſame. Les Teinturiers ſe ſervent de cette pulpe pour teindre en jaune.

Il y a un autre Arbre de même nom, dont la feüille eſt plus petite, la fleur blanche & double, & dont le bouton, lorſqu'il n'eſt point ouvert, préſente la figure d'une belle coque de Limaçon de forme oblongue.

Sidom, autrement *Sidómi notti*.

C'eſt un petit Arbriſſeau, qui par ſa feüille, & ſon port extérieur, reſſemble au Prunier ſauvage. Sa fleur eſt rouge, à cinq pétales, ayant un calice de figure conique, duquel il ſort, avant la chûte des pétales, un fruit charnu.

Sicku, vulgairement *Ken* & *Kenpócónas*. Voyez la Figure n.8.

C'eſt un Poirier, qui porte un fruit d'une figure extraordinaire, d'un goût agréable, & ſemblable à celui de la Poire Bergamote. Ce fruit, qui eſt porté ſur une eſpece de pédicule fort long, ſe diviſe d'abord comme en deux branches, & enſuite en pluſieurs autres, oppoſées les unes aux autres, plus groſſes

(a) Prononcez *Koutchinas*.

qu'un tuyau d'orge, longues d'un demi poulce, & tortueuses. A l'extrémité de chacune de ces branches, on voit suspendus à une petite queuë un ou deux grains de la figure & de la grosseur d'un grain de Poivre, divisez en trois lobes, lesquels contiennent chacun une semence, qui par sa couleur, son brillant, & sa grosseur, ressemble à celle du Lin. Pour ce qui est des feüilles de cet Arbre, elles sont ovales, pointuës, d'un verd clair, & finement dentelées.

Ka, autrement *Kja*, vulgairement *Nassubi*.

C'est le Pommier fou.

Feo, vulgairement *Nari Figango*.

Grande Courge, dont le milieu est étroit. Il y en a une autre de même nom, dont le fruit est dense, & de figure ronde.

Ko, vulgairement *Jungavo*.

Autre Courge, dont le fruit est oblong, la fleur grande & blanche.

Kwa, vulgairement *Furi Uri*, *Sjiroori* (a), *Tske uri*, & *Tsutké uri*.

Autre grande Courge de figure ronde oblongue, dont la croute est d'une chair solide, & a un goût de Concombre: on l'aprête avec le marc de Cervoise, & c'est un mets des plus ordinaires au Japon. On l'appelle *Connemon*.

To Kwa, vulgairement *Togwa*, & *Kamo uri*.

C'est un grand Melon, de figure oblongue, & dont la chair est serrée.

Ten Kwa, vulgairement *Kara uri*.

C'est le grand Melon commun cannelé.

(b) *Sjo Kwa*, vulgairement *Awo uri*.

Autre Melon, de figure oblongue, cannelé, & plus petit que le précédent.

Akwa, vulgairement *Karas uri*.

C'est le Concombre commun des Jardins. Il y en a plusieurs autres especes.

Ko Kwa, vulgairement *Soba uri*.

C'est un grand Concombre fort long, plein de verruës & de fentes.

Si Kwa, vulgairement *Fitzma*.

Autre Concombre oblong, cannelé, tortu, & qui se termine en pointe.

Ginkgo, ou *Gin an*, vulgairement *Itsjo*. (c) — Voyez la Figure n. 9.

C'est un Noyer à feüilles de Capillaire. Le tronc de cet Arbre est long, droit, gros, & branchu; son écorce est de couleur de cendre: son bois lâche & foible; sa moëlle tendre & fongueuse: ses feüilles, qui naissent une à une, ou plusieurs ensemble d'un même endroit, ont un long pédicule: elles sont étroites dans leur commencement, & vont en s'élargissant en forme de feüilles de Capillaire, ayant trois ou quatre poulces, tant en long, qu'en large, & le bord supérieur arrondi, avec des sinuositez inégales, & une entaillure profonde au milieu: elles sont minces, lisses, de couleur de verd

(a) Prononcez *Chiroori*. (b) Prononcez *Cho Kvva*. (c) Prononcez *Itcho*.

de

de Mer, & en Automne d'un jaune rougeâtre, fans nervures, ayant les deux faces femblables. Les petites branches, qui font au fommet de l'Arbre, portent des Chatons, qui font longs, & couverts d'une efpece de farine. Sur un gros pédicule d'un pouîce de long, & forti des aiffelles des feüilles, eft porté un fruit rond, ou oval, qui reffemble en figure & en groffeur à une Prune de Damas. Sa fuperficie eft inégale, & d'un jaune pâle; fa chair, qui eft blanche, pleine de fuc, & d'un goût auftere, renferme une Noix, à laquelle elle tient fi fortement, qu'on ne peut l'en féparer, qu'en la faifant pourrir, & en l'agitant dans l'eau. Cette Noix, qu'on appelle *Ginnaù*, reffemble à une Piftache, mais elle eft prefque deux fois plus groffe: le noyau qu'elle contient, eft blanc, un peu dur, d'un goût doux & auftere. On dit que mangé après le repas il aide à la digeftion, & lâche le ventre: auffi en fert-on toujours au deffert après le repas. On l'employe auffi en divers ragoûts.

Les Noyers croiffent au Japon, principalement dans les Provinces feptentrionales, où l'on trouve encore une efpece de *Taxus*, qui vient fort haut, & qu'on nomme KAJA. Cet Arbre porte des Noix oblongues, renfermées dans une pulpe de chair, & qui ont la figure & la groffeur des Noix d'*Arak*. Le goût n'en eft agréable, que quand elles font féches, & elles changent alors leur qualité aftringente en purgative. L'Huile, qu'on en tire, & qu'on affure être un bon Purgatif très-doux, a prefque le goût de celle d'Amande: elle fert également aux Cuifiniers & aux Apothiquaires. Enfin la fumée, qui fort de leurs noyaux brûlez, eft le principal ingrédient, qui entre dans la compofition de la meilleure Encre.

Fi, vulgairement *Kaja*. Voyez la Figure n. 10.

C'eft l'If, qui porte des Noix. Il y a bien de l'apparence que cet Arbre eft le même, que celui, dont nous venons de parler, ou du moins une de fes efpeces. Il eft commun dans les Provinces feptentrionales; il devient fort grand: fes branches naiffent vis-à-vis l'une de l'autre, & s'étendent prefque fur un même plan. Son écorce eft noirâtre, groffe, odoriférante, & fort amere. Son bois eft fec, leger, n'ayant que peu, ou point de moëlle. Ses feüilles, qui n'ont prefque pas de pédicule, approchent beaucoup de celles du *Romarin*, mais elles font roides, beaucoup plus dures, terminées par une pointe fort courte, d'un verd obfcur & brillant par deffus, d'un verd clair par deffous. Son fruit, qui reffemble extérieurement à celui de l'*Arec*, vient entre les aiffelles des feüilles, où il eft étroitement attaché fans pédicule; il paroît au commencement du Printems, & mûrit à la fin de l'Automne. Dans une chair molle, fibreufe, verte, d'un goût balfamique, & un peu aftringent, eft renfermée une Noix ovale, garnie d'une pointe à une de fes extrémitez, ou même à toutes les deux, ayant une coquille ligneufe, mince & fragile. Son noyau eft d'une fubftance huileufe & douce, mais tellement ftyptique, qu'on ne peut en manger, que quand il a été gardé quelque tems. Alors on le préfente au deffert, & il paffe pour être très-fain. On en tire par expreffion une Huile, qui sert pour la cuisine, au moins les Bonzes de Nangazaqui en font-ils cet usage.

Sui, vulgairement *Sfi no Ki*.

C'est un Hêtre à feüilles de Fresne, & dont la fleur est à six pétales, & ramassée en épis. Son fruit est une Noix renfermée dans une coque écailleuse, garnie de pointes, & de la grosseur d'une Aveline.

Kas No ki.

C'est le Chêne verd. Il y en a au Japon de deux especes. L'un appellé *Kokú*, vulgairement *Kasjuwa*, *Boku Soku*, & *Sjirakas* (a), dont le bois est blanc; l'autre nommé *Reki*, vulgairement *Kunugi* (b), *Sjira Kunugi*, & *Akakas*, dont le bois est roussâtre & fort dur.

Riitz, vulgairement *Kuri*.

C'est le Chataignier commun. Il y en a, dont le fruit est plus grand, & d'autres, dont il est plus petit. En général les Chataigniers sont fort communs au Japon, surtout dans la Province de CHICUGEN, & ils portent un fruit plus gros & meilleur que les nôtres.

Sin, vulgairement *Fasi bami*, & *Fa*.

C'est un Coudrier, dont le fruit est oblong, & n'a point de barbes.

Sarsio, c'est-à-dire, *le fruit des Singes*.
Autrement *Jus No Ki*, c'est-à-dire, *l'Arbre de Fer*.

Cet Arbre est d'une grandeur extraordinaire. Ses feüilles, opposées alternativement, sont ovales, poin-

tuës, longues de deux pouIces, épaisses, dures, inégales, point découpées à leur bord; son fruit, qui vient sans pédicules au sommet des petites branches, est d'une figure conique: en se desséchant, il devient ligneux, & il se trouve rongé au dedans comme la Noix de Galle. Sa grosseur est telle, qu'il peut remplir la main quand il est nouveau: les Singes s'en nourrissent.

Ri Juu, vulgairement *Vis*.

C'est un Chardon d'eau.

Ta, autrement *Sa*, vulgairement pour les Chinois *Teh*, & pour les Japonnois *Tsja*. (c)

C'est un Fruitier, qui dès le pied est fort branchu, & dont les branches poussent sans ordre. Ses feüilles sont comme celles du Cerisier des Jardins, plus étroites à leur naissance, & lorsqu'elles sont encore jeunes, & semblables aux feüilles de *l'Evonymus*. Sa fleur ressemble à la Rose des champs: la capsule séminale, qui est en quelque sorte ligneuse, porte indifféremment une, deux, & trois semences, & s'ouvre, quand elle est mûre. Chacune contient un seul noyau de la figure d'une Chataigne, mais plus petit, & couvert d'une écorce toute semblable.

Rjugan, ou *Djugan*, vulgairement *Djugan Nuki*, c'est-à-dire, *Oeil de Serpent*.

C'est un Arbrisseau, qui vient de la Chine; ses branches sont minces, ses feüilles partagées en cinq lobes; sa fleur est en Rose, & d'une blancheur parfaite: son fruit, qui est ra-

(*a*) Prononcez *Chiraka*. (*b*) Prononcez *Chira Kounougi*. (*c*) Prononcez *Tcha*.

PLANTES DU JAPON.

maſſé en grappes, eſt de la groſſeur d'une Noix. Il contient une pulpe noire, molle, & douce, & un noyau de couleur de cendre, dur, & d'un goût fade. La pulpe eſt regardée comme un manger délicieux; elle a le goût de Ceriſes ſéches, que l'on auroit fait cuire avec le Vin & le Sucre. Il y a deux autres eſpeces de ce Fruitier; on les nomme *Roganna*, & *Ritsji* (a). C'eſt tout ce que mon Auteur nous en apprend.

TROISIE'ME CLASSE.

Plantes oleracées & frugiferes.

Voïez la Figure n. 11.

Sju ou *Sjin* (b), vulgairement *Niſ-ji* (c), *Nindſin* ou *Dſin dſom*. En Chinois *Som*, en Tartare *Soáſai*.

C'EST une eſpece de Chervi des Montagnes, & qui vient de la Corée. C'eſt le fameux GIN-SEN, dont la Racine eſt ſi fort eſtimée à la Chine, & dans les Pays voiſins.

Quand cette Plante eſt nouvelle, elle a une racine ſimple, qui reſſemble à celle du Panais, longue de trois poulces, groſſe comme le petit doigt, charnuë, blanchâtre, partagée quelquefois en deux jambes, garnie de peu de fibres. Son odeur eſt comme celle du Panais jaune, ſon goût comme celui de notre Chervi, mais plus gracieux, & plus doux, avec une petite amertume preſque inſenſible. (Voyez la Figure n. 1.)

Quand la Plante eſt plus avancée,

& haute environ d'un pied, elle prend une ou deux autres racines ſemblables à la premiere, & lorſqu'elle eſt dans ſa force, elle en prend un plus grand nombre. (n. 2. & 3.)

La tige devient haute d'environ deux pieds, elle eſt plus mince que le petit doigt, inégalement ronde, cannelée, & garnie de nœuds, deſquels naiſſent les branches oppoſées alternativement. Sur des pédicules longs d'un poulce & demi, & ſillonnez profondément juſqu'au milieu de leur longueur, ſont poſées des feüilles, qui ont une figure, & une grandeur différente, ſuivant l'âge de la Plante. D'abord elles ſont rondes, longues d'un poulce, légerement dentelées; enſuite elles deviennent plus grandes, ſont partagées en pluſieurs lobes, & reſſemblent entierement à celles du Chervi. Les fleurs diſpoſées en Paraſol, & chacune ſur un pédicule ſéparé, ſont blanches, à cinq pétales, de la groſſeur d'un grain de Coriandre. Les Etamines ſont courtes, & s'élevent dans les interſtices des pétales. Le piſtile eſt preſque imperceptible : la ſemence eſt ſemblable à celle de l'Anis.

Cette Plante ſe cultive à Méaco, mais elle n'y a preſque point de vertu : ſon Pays natal eſt la Corée (d), & la Tartarie. Ses principales vertus ſont de fortifier les fibres, & de faciliter la circulation des humeurs : auſſi l'employe-t-on dans preſque tous les remedes, & dans tous les cordiaux, après l'avoir fait deſſécher, & mis en poudre. La doſe de cette poudre eſt d'un gros, ou d'un gros & demi.

(*a*) Prononcez *Ritchi*. (*b*) Prononcez *Dchou Dchin*. (*c*) Prononcez *Nichi*.
(*d*) Voyez la Carte de Corée, où eſt marqué le canton, qui produit le meilleur Gin Sen.

LlIl ij

Kofuk, vulgairement *Niſſi* (*b*), &
  Jabu Ninſin.

C'eſt le Panais commun. Le Panais ſauvage ſe nomme *Jamma Ninſin*.

Buſeï, vulgairement *Aona*.

C'eſt la Rave ronde des Jardins, appellée communément *la Rave de Limouſin*.

Rei Fuku, vulgairement *Daikon*.

C'eſt le grand Raifort. Il y en a un autre, dont la racine eſt fort groſſe & oblongue : on le cultive avec grand ſoin dans les champs, & il y croît en abondance. Cette Racine fait au Japon la principale nourriture du petit Peuple. Elle ſe mange cruë, ou cuite, vieille, ou nouvelle.

Farjo, vulgairement *Karana*.

C'eſt la petite Rave pyramidale de Jean Bauhin.

Sadſin.

Ce nom eſt commun au vulgaire & aux Lettrez. C'eſt une *Lychnis* ſauvage, à feüilles de Giroflées. La hauteur de ſa tige eſt d'environ un pied. Ses fleurs ſont blanches, groſſes comme un grain de Poivre, & à cinq pétales. Sa racine eſt longue de trois ou quatre poulces, d'un goût inſipide, & ſemblable à celle du Panais. Il ſe trouve des Marchands d'aſſez mauvaiſe foi, pour la vendre en guiſe de Gin Sen.

Kekko, vulgairement *Kikjò*, & *Kirakoo*.

C'eſt un *Rapunculus* haut d'une ſoudée, dont les feüilles ſont oblongues & dentelées. Sa racine eſt longue de quatre poulces, groſſe, laiteuſe, & doüée de pluſieurs vertus. C'eſt la plus eſtimée dans la Médecine après celle de Gin Sen. Ses fleurs, qui ſe trouvent au ſommet de la tige, ſont en cloche, d'un poulce & demi de diamétre, bleuës, & découpées aſſez profondement en cinq parties.

Il y a trois autres eſpeces de cette Plante. L'une a la fleur blanche, & double, diſpoſée de telle ſorte, que la ſeconde rangée couvre les ſéparations de la premiere. L'autre a la fleur ſimple d'un pourpre bleu, avec des cannelures de couleur de pourpre, garnies de poils dans les entre-deux, les pointes jaunâtres, & un piſtile bleu, garni de poils. La troiſiéme a la fleur double, d'un pourpre-bleu.

Mondo & *Biakſmondo*, vulgairement
  Rïuno Fige, *Sïogei Fige*, *Jamáſuje*, & *Sogaiï*.

C'eſt un Chiendent, dont la fleur eſt comme à ſix pétales, & en forme d'épi. Sa racine eſt fibreuſe, & bulbeuſe.

Rjuno Fige, c'eſt-à-dire, *barbe de Serpent*. Voïez la Figure n. 12.

Autre Chiendent, qui s'étend beaucoup, & pouſſe continuellement des rejettons. Elle ſert à marquer la ſéparation des Champs ; on s'en ſert beaucoup dans la Médecine ; les Chinois font prendre aux Malades les petites tubercules, qui la terminent, & qu'on fait confire dans le ſucre. Le fruit de cette Plante eſt rond, un peu oblong, & renfermé dans un calice, dont les bords ſont crenelez. Ce fruit reſſemble aſſez à celui du Dulcamara.

(*a*) Prononcez *Nichi*.

PLANTES DU JAPON.

Il y a une autre espece de cette Plante, appellée *Temondo*, & qui se trouve surtout en abondance dans la Province de Saxuma. Comme la racine en est plus grosse, on la préfere à la premiere.

Boosu, autrement *Fosu*, appellé encore *Fammaskanna*, & *Fammani Ganna*.

C'est le *Ligusticum Vulgare*.

San Bosu, vulgairement *Jamma Bosu*.

C'est le Persil des bords de la Mer, dont les feüilles ressemblent à celles de l'Ancholie, mais sont un peu plus grasses.

Nadagi, **Nadaki**.

C'est le Persil des Marais de Jean Bauhin.

Kin, vulgairement *Séri*.

C'est le petit Persil à feüilles de Morgeline.

Quaiko, ou *Uikio*, vulgairement *Kureno Omuu*.

C'est l'Anis commun.

Ssiró, vulgairement *Tagara Kinfo*.

C'est le Moutardier des Jardins.

Bansjo (a), vulgairement *Toogaras*.

C'est le Poivrier commun des Indes.

Doku Quatz, vulgairement *Dossen* (b), & *Udo*.

C'est un Arbrisseau annuel, dont la racine est grasse, charnuë, & bonne à manger, aussi-bien que les premieres tiges. Ses feüilles sont longues d'un pied, & partagées en lobes disposez en triangle. Ses fleurs sont petites, blanchâtres, & à cinq pétales.

Kjoo, vulgairement *Ssonga*.

C'est le Gingembre sauvage à arges feüilles. On l'appelle encore *Fasi Kami*, & *Kureno Fasikami*.

Dsjooka (c), vulgairement *Mjoga*, *Mionga*, & *Megga*.

C'est un Gingembre, qui se mange, & dont le goût n'est pas fort. Sa tige & ses feüilles sont comme celles du Roseau.

San Dsjoka, vulgairement *Jamma Mjoga*.

C'est un *Orchis*, dont la tige a un pied de hauteur; sa feüille est étroite; sa fleur est disposée en épi. Sa capsule séminale, qui est de la grosseur d'un Pois, renferme un grand nombre de petites semences.

Tswa.

C'est un Doronic, dont la racine est noüeuse, fibreuse, & d'un mauvais goût. Sa feüille est comme celle de l'*Herbe aux Teigneux*: sa tige est nuë, & haute d'une coudée. Ses fleurs sont jaunes, & comme celle du *Chrysanthemum*. Sa semence est de la figure d'un Cylindre, un peu cannelée, argentée, petite, & d'une saveur onctueuse très-mauvaise.

Seo Kusitz, vulgairement *Kusaggi*, c'est-à-dire, *Plante puante*.

C'est un assez grand Arbrisseau, dont les feüilles, opposées alternativement, sont grandes, semblables à celles de Bardane, & se mangent. Ses fleurs ressemblent en quelque maniere à celle du *Ledum*.

Bossai, vulgairement *Quai*.

C'est un Jonc aquatique, dont on mange la racine, qui est fibreuse, & garnie de beaucoup de nœuds.

Sikô, vulgairement *Omodáka*.

C'est le Phleos aquatique de la

(a) Prononcez *Baucho*. (b) Prononcez *Dochen*. (c) Prononcez *Dsooka*.

Lll iij

Petite espece, à feüilles larges. Sa racine est comme celle de la précédente, & se mange aussi. Son véritable nom est *Sjirò* (a) *Quaï*.

Kai, vulgairement *Tokoro*.

C'est une Herbe de Bois, qui monte aux Arbres, & qui approche de la Couleuvrée blanche. Sa racine est comme celle du Gingembre, & se mange. Ses fleurs rassemblées en épis, sont blanches, à six petales, grandes comme la semence de Coriandre, avec un pistile au milieu.

Dsojo, vulgairement *Jamma Imò*.

C'est une Herbe des Montagnes, qui monte aux Arbres, assez semblable à la précédente. Sa racine, qui se mange, est grosse, longue, charnuë, fibreuse, d'une figure inégale selon les lieux, où elle se trouve. Sa feüille membraneuse, ressemble à celle de la Double-feüille, ou *Gramen Parnassi*. Ses fleurs sont comme celles de la Lychnis, mais s'ouvrent peu, sont très-petites, & à six pétales.

Tsukne Imò.

C'est une espece de la précédente. Elle porte des bayes ; ses semences croissent sous les aîles des feüilles.

U, vulgairement *Imò*, & *Satai Imo*.

C'est un Phleos des Marais, semblable au grand Phleos aquatique à feüilles larges, de Jean Bauhin. Sa tige est longue, grosse, charnuë ; sa racine tortuë, difforme, charnuë, fibreuse, ayant des rejettons mousseux ; elle se mange, aussi bien que la tige.

Sjun (b), vulgairement *Nonawa*.

C'est une autre espece de Phleos aquatique de Gaspar Bauhin, dont la racine est aussi bonne à manger.

Gobo, selon les Lettrez & le Vulgaire ; autrement, *Umma Busuki*.

C'est la grande Bardane. On la cultive au Japon dans une terre noire, & on en mange la racine, avant qu'elle ait poussé sa tige.

Sjooriku (c), vulgairement *Jamma Gobó*, & *Isjuwo Sikki*.

Voïez la Figure n. 15.

C'est une Plante sauvage, dont on mange la racine, laquelle ressemble à celle du Navet, & qui a l'odeur & le goût de celle de Bardane. Sa tige est plus grosse que le doigt, n'ayant presque pas de branches, fort cannelée, haute de deux coudées, & davantage. Ses feüilles, qui ont un pédicule court, ressemblent à celles de la Patience ; elles sont tendres, minces, inégales, d'un verd obscur par dessus, longues d'un empan, plus ou moins, d'une figure ovale, avec une pointe crochuë à l'extrémité, & un bord ondé, mais sans découpure. Le nerf du milieu est considérablement élevé, & les autres à proportion. Ses fleurs sont à cinq pétales, blanches, disposées en épis, grosses comme un Pois. Ses semences sont disposées comme celles de la Mauve, & lorsqu'elles sont mûres, elles ressemblent à celles de l'Ancholie, mais sont trois ou quatre fois plus grandes, d'un noir brillant au dehors, d'une substance très-blanche au dedans, d'un goût fade.

Soo, vulgairement *Fitomósi*.

C'est l'Oignon commun.

(a) Prononcez *Chiro Quaï*. (b) Prononcez *Choun*. (c) Prononcez *Choorikou*.

13.

14.

15.

T. 2. Page 638.

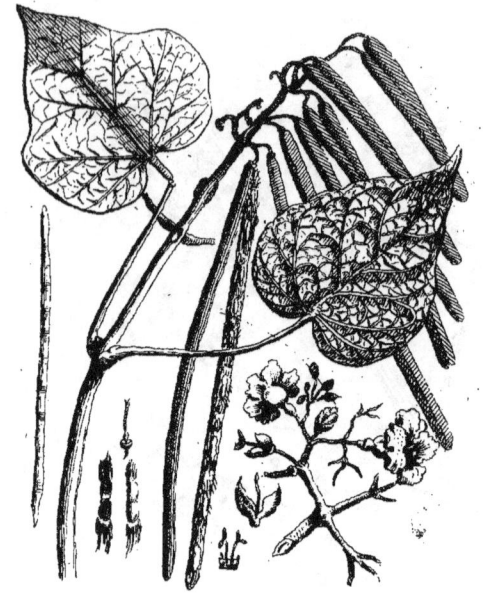

15

17.
18.

PLANTES DU JAPON.

San, vulgairement *Fir*, autrement *Ninniku*.

C'est le Poireau commun à grosse tête.

Kiù, vulgairement *Miira Niira*.

C'est le Poireau fendu à feüilles de Jonc.

Kei, vulgairement *Oo nira*.

C'est le Poireau fendu à larges feüilles.

Kiŏ, vulgairement *Tsisà*.

C'est la Laituë commune des Jardins, non pommée. Il y en a deux autres especes, qu'on appelle *Kukio*, & *Rukio*.

Kantatz, vulgairement *Futsŭ Kŭsa*, & *Too Tsisa*, c'est-à-dire, *Laituë Chinoise*.

C'est plutôt le Choux blanc crêpé de la Chine. En quelques années il devient haut de trois coudées, & rarement sa tête se ferme.

Bakin, vulgairement *Uma Biju*, & *Siberi Fiju*.

C'est le Pourpier des Jardins, à larges feüilles.

Fo sei, vulgairement *Futsina*, *Tsugumigusa*, & *Tampopo*.

C'est la Dent de Lion à larges feüilles, de Gaspar Bauhin.

Ro, vulgairement *Fuki Sabuki*.
C'est le Pétasite commun.

Tai vulgairement *Koji*.
C'est la Mousse en général.

Soo, vulgairement *Momubah*.

C'est l'Herbe, ou l'Algue de Mer en général.

(*a*) Prononcez *Chooro*.

Naba, c'est-à-dire, *Champignon*.

On l'appelle ainsi par excellence. Les Japonnois le nomment aussi comme les Portugais, *Sombrero de Campo*; les Lettrez l'appellent *Si*. C'est le Champignon des Champs, bon à manger. Son pédicule est blanc, gros; sa tête platte, ridée & tachetée.

Tan, vulgairement *Taki*.

C'est le Champignon commun, bon à manger. Il est blanchâtre, porté sur un petit pédicule, dont la tête est pelée par dessus, repliée en dessous, ayant le bord inégal, souvent frangé. Il y en a un autre très-petit, excellent à manger, dont la tête est noire par dessus.

Sjooro. (a)

C'est la Truffle. Elle croît sous les Sapins.

Bokudsi, vulgairement *Kikurági*, & *Ki No Mimi*, c'est-à-dire, *Oreilles d'Arbres*.

C'est un Champignon, dont la tête est tachetée de blanc & de noir; qui vient sous les vieux Arbres, & sur les branches mortes. Il est bon à manger.

Si sai, vulgairement *Ama nóri*, & *Murasáki*.

C'est une Mousse de Mer, de couleur de pourpre, & qui croît sur les Rochers. Elle est bonne à manger, quoique d'une substance dure & membraneuse.

Sékisi, vulgairement *Iwatági*.

C'est une Mousse, qui croît sur les plus hauts Rochers.

Seki Qua, vulgairement *Kokuróbuto*, & *Tokoro Téngusa*.

C'est une Algue des Rochers, capillaire, rameuse & jaunâtre. On en fait au Japon & à la Chine des especes de Vermicellis, qu'on fait sécher, & dont on fait usage dans les cuisines. Les Chinois les nomment (a) *Tsjantjaù*, & les Japonnois *Tókoroten*.

Taï seï, vulgairement *Aü nori*.

C'est une Mousse de Mer, semblable à la Coraline, fenduë en plusieurs endroits, & dont la feüille est très-menuë.

Firomé, autrement *Konbu*.

C'est un *Fucus* marin, qui a la figure d'une Lance, & environ une toise de longueur; son bord est dentelé. Il croît sur les Rochers, qui sont baignez de la Mer, & il nage sur l'eau. Quoiqu'il soit d'une substance coriace, on ne laisse pas de le manger, après l'avoir préparé.

Kaitei, vulgairement *Arame*.

Autre *Fucus*, qui a aussi la figure d'une Lance, mais dont le bord n'est pas dentelé. Il n'est gueres moins long que le précédent, & on le mange de même, après l'avoir bien fait cuire.

Sisjo, vulgairement *Miru*.

C'est une Mousse de Mer, branchuë en forme de coralloïde.

Rokŭ Kakŭ, vulgairement *Ino matta*, & *Tori sakà Nori*, c'est-à-dire, Corne de Cerf.

C'est une Mousse de même nature que la précédente, plus grosse, ayant la figure de Corne de Cerf. C'est ce que Gaspar Bauhin appelle *Muscus coralloides saxatilis Cervi cornu referens*.

Come, autrement *Wasi*.

C'est le Ris en général : il y en a de deux especes, l'un gras & très-blanc, appellé *Ko*, vulgairement (b) *Motsji Gomme*, & *Urursjine*; l'autre plus maigre, & dont la superficie est rougeâtre. On le nomme *Dà*, vulgairement *Motsj Gomme*, & *Motsj No Jóne*.

Baku, vulgairement *Muggi*.

C'est toute sorte de Bled, & en particulier l'Orge, qui s'appelle aussi *O Muggi*.

Ko Muggi.

C'est le Froment.

Jonbákŭ, vulgairement *Karàs Muggi*.

C'est le petit Bled, ou l'Avoine noire.

Jokui & *Jokuinin*, vulgairement *Dsudsŭdáma* & (c) *Fatsji Kókŭ*.

C'est la Larme de Job.

Sioku, vulgairement *Kibi*, & *Kimmi-Kibbi*.

C'est le Millet commun, dont le grain est jaune.

Sjokkuso, vulgairement *Too Kibbi*.

C'est le Millet Chinois, qui a été transporté au Japon, il y a plusieurs siécles. Sa tige & ses feüilles sont grandes, semblables à celles du Roseau; son épi est relevé, à plusieurs branches; ses grains sont jaunâtres.

(a) Prononcez *Tchautjau*. (b) Prononcez *Motchi*. (c) Prononcez *Fatchi*.

Djékŭ,

PLANTES DU JAPON. 641

Dsjéku, vulgairement *Awa*.

C'est un Panicum à grande queuë pendante, garnie de poils : c'est le *Panicum domesticum* de Matthiole, & le *Panicum Indicum* de Taberne.

Fai, vulgairement *Fije*.

C'est le Panicum commun, dont le grain est noirâtre.

Kjokuso, vulgairement *Nan Ban Kiwi*, c'est-à-dire, *Millet des Pays Septentrionaux*.

On le nomme ainsi, parce que les Portugais le porterent des Indes au Japon. *Frumentum Indicum, jubâ fastigii divulsâ*.

Kjo, vulgairement *Soba*.

C'est le bled Sarrasin, qui se seme. Il y en a un, qui rampe dans le bois ; on le nomme *Sjoo*, vulgairement *Iwó Nome*. Il y en a un autre, qui croît dans l'eau, & dont l'avoine s'attache aux habits. On l'appelle *Sui Roo*, vulgairement *Midsu Soba*. C'est apparemment le même, que *la folle avoine* du Canada, qui est fort bonne à manger en guise de Ris.

Koba, vulgairement *Gomma*.

C'est le Sesame. Son huile s'employe dans le vernis, dans les alimens, & dans la Médecine, à cause de sa vertu émolliente.

Jeisokŭ, vulgairement *Kes*.

C'est le Pavot en général.

Wan, vulgairement *Nora Mame*.

C'est le gros pois des Jardins, dont la fleur & le fruit sont blancs.

Sandsu, vulgairement *Sora Mame*.

C'est la Féve des champs, dont le fruit est noirâtre.

Fèn; vulgairement *Adsi Mame*, & *Kaadsi Mame*.

C'est le Haricot des champs, qui s'étend beaucoup en rampant. Sa fleur est grêle, & purpurine. Ses gousses sont courtes, larges, & ont une queuë. Sa semence est rouge, & semblable au pois chiche.

Toodsu, vulgairement *Natta Mame*.

Ce nom vient de ce que ses gousses ont la forme d'une épée. C'est un Haricot à grandes feuilles, & dont les fleurs, qui sont d'un blanc purpurin, & longues de deux pouces, ont un étendart ample & crénelé. Sa gousse, qui est longue d'un pied, & large de trois pouces, renferme des semences rouges, & plus grosses que la féve des Jardins.

Reedsu, vulgairement *Fásjo* (a) *Mame*.

Autre Haricot, dont la fleur est d'un beau pourpre, & dont les gousses, qui ont chacune leur pédicule particulier, ressemblent en grosseur & en figure à celles des pois des Jardins.

Nankin Mame.

C'est la même Plante à peu près que la précédente, dont la fleur & le fruit sont blancs. On l'appelle ainsi, parce qu'elle a été portée de la Province de Nankin au Japon.

Koo, vulgairement *Sasági*, & *Sjiro* (b) *Sasangi*.

C'est le Haricot des Jardins, dont

(a) Prononcez *Facho*. (b) Prononcez *Chiro*.

les gousses sont larges & étroites, deux à deux sur un même pédicule, & dont les féves sont ovales, blanches, rouges, ou noires.

Rioku, & *Rok*, vulgairement *Jajenari*, *Sasagi*.

C'est le Haricot des champs, dont les gousses sont un peu plus longues que les précedentes, & le fruit moins blanc.

Too, vulgairement *Atsuki*.

C'est un Haricot, dont les feuilles ont une espece d'oreillette à chaque côté. Sa tige est droite, cannelée, & haute d'une coudée. Ses fleurs, qui viennent deux à deux sur un seul pédicule, & qui sortent des aisselles des feuilles, sont d'un jaune-pâle, & ont les pétales fort recourbez. Sa gousse, longue de trois poulces, ronde, & courbée, contient des semences de la grosseur d'un pois chiche. On les réduit en farine, pour en faire des gateaux.

Voïez la Figure n. 14.

Daidsu, & par excellence *Mame*, c'est-à-dire, *Légume*.

Le premier nom est employé également par les Lettrez & par le Vulgaire. Cette plante est une espece de Haricot à gousses de Lupin, & dont le fruit est comme celui des gros pois.

Elle s'éleve à la hauteur de quatre pieds : sa tige est tortueuse & branchuë : ses feuilles sont semblables à celles du Haricot des Jardins, mais couvertes sur le dos d'un poil plus rude. Ses fleurs, qui s'épanoüissent au mois d'Août, sont des fleurs à papillon, jaunes & bleuës, & semblables à celles de l'*Ers*. Ses gousses, ou siliques, sont en grand nombre, longues d'un poulce & demi, hérissées de poils, & semblables à celles du Lupin : elles renferment ordinairement deux semences, rarement trois, lesquelles ont la figure, la grosseur, & le goût des pois des Jardins.

Ces semences sont d'un fort grand usage chez les Japonnois : ils en font une espece de boüillie, dont ils se servent au lieu de beurre, qui leur est entierement inconnu, & une sauce fameuse, qu'ils servent avec les viandes rôties. Cette boüillie se nomme *Miso*, & la sauce *Sooju* : elles demandent l'une & l'autre beaucoup d'attention pour leur préparation.

Siuku, vulgairement *Kuro Mame*.

C'est une espece de la précedente Plante, dont elle ne differe, qu'en ce que son fruit est noir. Il y en a une autre, dont le fruit est noirâtre, plus petit, & qui est employé par les Médecins. On en fait prendre trois ou quatre grains en poudre aux Asthmatiques.

Katz, vulgairement *Kudsu*, *Kudsu Kadsura* & *Kadsune*.

C'est un Haricot à fleurs purpurines, dont les gousses sont hérissées & recourbées à leur extrémité. Son fruit est petit & blanchâtre, sa racine charnuë, longue d'une coudée, & grosse comme le bras. On la met en farine, & on en prépare un aliment.

Koquan, ou *Goquan*, vulgairement *Nemu No Ki*, & *Neburi No Ki*, c'est-à-dire, *Arbre qui sommeille*.

On le nomme ainsi à cause de ses gousses pendantes : c'est l'*Aeschynomene lævis montana* à feuilles d'Acacia.

Quai, vulgairement *Jens* & *Quai Kákŭ*.

C'est un Arbre, dont le tronc est

PLANTES DU JAPON.

extrêmement gros, les feuilles sont garnies de quatre lobes, & les gousses articulées. Cet Arbre est étranger & rare au Japon, où il est presque stérile. C'est peut-être le *Tamarin*.

Sokio, vulgairement *Kawar Fudsj*. (a)

C'est un très-grand Arbre, dont les feuilles sont très-longues, & ont plusieurs lobes ; les branches longues & minces. Il vient de la Chine, & il est presqu'entierement stérile au Japon. Ne seroit-ce point l'Arbre de la Casse ?

Kakusju (b), vulgairement *Kawara Fisági*, autrement *Adsja*. (c)

Voïez la Figure n. 15.

C'est un Arbuste à feüilles de Bardane, dont la fleur est monopétale, les siliques longues & menuës, la semence petite & en forme de rein, garnie de poils aux deux extrémitez.

Cet Arbuste a peu de branches, mais elles sont fort longues. Des pédicules, qui sont aussi très-longs, portent des feüilles, qui d'une base large se terminent peu à peu en pointe, & qui ont quelquefois de chaque côté comme deux oreillettes : leur longueur est d'un empan, & leur bord n'est point découpé. Plusieurs nerfs égaux naissent du pédicule, & se font remarquer de chaque côté des feüilles ; autour de l'endroit où ils naissent, on voit des points de couleur de pourpre foncé, & qui sont brillans. Le calice, qui est porté sur un pédicule court, mince, & qui s'ouvre en deux, soutient une fleur monopétale, de couleur pâle, d'une odeur assez douce, découpée en cinq lévres, qui s'ouvrent environ la largeur d'un poulce, & dont le bord est un peu frangé. Le pistile est court, & accompagné de deux étamines. Il se change, après que la fleur est passée, en une silique pendante, longue de plus d'un empan, ronde & grosse, comme un tuyau d'avoine, qui contient plusieurs semences, de la figure d'un rein, de la longueur d'un grain d'avoine, garnies à leurs deux extrémitez de poils fort longs, d'un goût fade & douçâtre. Celui des feüilles & de l'écorce est d'une amertume insupportable.

On fait boire aux Asthmatiques la décoction des Siliques. Les feüilles s'appliquent sur les parties douloureuses, & passent pour être amies des nerfs.

QUATRIE'ME CLASSE.

Plantes remarquables par la beauté de leurs Fleurs.

Sjiko (d), vulgairement *Rintsjó*, (e) & *Kanttsjôge*. (f)

C'est un Arbrisseau haut de deux coudées, dont la feüille est pointuë, & dont la fleur, qui est comme celle du Jasmin blanc, est ramassée en parasol au sommet des rameaux. Son odeur est très-gracieuse.

Jamma Rinsjo.

C'est la même Plante, mais sauvage : ses feüilles sont plus longues, & plus étroites, & approchent fort de celles du *Cariophyllum Aromaticum*.

(a) Prononcez *Foudchi*. (b) Prononcez *Kakouchou*. (c) Prononcez *Adscha*.
(d) Prononcez *Chiko*. (e) Prononcez *Rintcho*. (f) Prononcez *Ra tch e*.

Mokksei.

Les Lettrez & le Vulgaire se servent du même mot. C'est un Arbre, que l'on cultive dans les Jardins, & dont la feüille est comme celle du Châtaignier. Ses fleurs, qui naissent aux aisselles des feüilles, sont petites, à quatre pétales, d'un blanc jaunâtre, & ont l'odeur du Jasmin. Elles sont fort estimées des Chinois.

Buke.

C'est un petit Arbuste, qui ressemble à l'Acacia d'Allemagne, dont la fleur est rouge, & à cinq petales.

Teito, vulgairement *Jamma Buki*.

C'est un Arbrisseau sauvage, qui ressemble au Cytise; sa feüille qui a trois poulces & davantage de long, est ronde à sa base, & terminée par une longue pointe; son bord est découpé par de très-fines dentelures, sa fleur est jaune, & semblable à la Renoncule; elle a le plus souvent cinq pétales, quelquefois six & sept.

Il y a un autre Jamma Buki, dont la fleur est double, jaune, sans étamines, & qui ressemble à la Marguerite.

Bioru, vulgairement *Bijò Janági*.

C'est un petit Saule à grandes fleurs de Renoncule. Kœmpfer le définit: *Androsæmum Constantinopolitanum flore maximo Wheleri*.

Sini & Confusi, vulgairement *Kobus*, autrement *Side-Kobúsi, Mokufitzqua, Kisinqua & Jokuranqua*.

C'est un Arbre sauvage de la grandeur d'un Cerisier; ses branches sont tortueuses & peu serrées. Son écorce est raboteuse, & sent le Camphre; sa feüille est comme celle de Néflier; ses fleurs naissent au commencement du Printems, & ressemblent, tant par leur grosseur, que par le nombre de leurs pétales, à la Tulippe, ou au Lys blanc commun. Elles ont un gros pistile de figure conique, & environné d'un grand nombre d'étamines.

Mokkwurèn.

C'est un Arbrisseau de même genre que l'Arbre précédent, & qui porte des fleurs à peu près semblables, si ce n'est qu'elles sont rouges.

Il y en a un autre de même nom à fleur blanche. Cette fleur a ordinairement neuf pétales; elle est peu ouverte; ses étamines sont d'un rouge purpurin.

Tecki Tssocku, (a) vulgairement *Tsutsúsi*.

Voyez la Figure n. 16.

C'est le *Cistus* des Indes à feüilles du *Ledum* des Alpes, & à grandes fleurs de Paul Herman.

C'est un Arbrisseau couvert d'une écorce de verd-brun. Son bois est solide, léger, d'un blanc-sale: ses branches se partagent dans le même endroit en plusieurs autres petites, qui portent des fleurs à leur sommet. Ses feüilles posées sur un pédicule court, sont longues d'un poulce & davantage, terminées en pointe un peu recourbée; leur bord est sans découpure. Ses fleurs sont monopétales, & ressemblent beaucoup à celles du Martagon: leur couleur varie beaucoup: le pistile est tendre, mince, un peu long: les étamines sont ordinairement au nombre de

(a) Prononcez *Tchockou*.

cinq, ayant une pointe oblongue, & fenduë en deux. Ses semences, renfermées dans une capsule, sont fort petites, & d'une couleur rousse.

Cet Arbrisseau est fort commun au Japon; il embellit les Jardins & les Campagnes par la beauté de ses fleurs, qu'il produit au Printems & en Automne, & par ses différentes especes, dont il y a un grand nombre de variétez.

L'une a la fleur blanche, un peu grosse, & marquetée de longues taches rouges. Ses pétales sont amples, les pointes des étamines rousses, & couvertes d'une farine blanche.

Une troisiéme a la fleur d'un violet-blanchâtre, marquée de taches d'un pourpre-foncé : ses étamines, qui sont au nombre de dix, sont garnies à leur sommet d'une farine jaune.

La quatriéme a une petite fleur d'un pourpre-foncé ; les pétales & les pistiles rouges ; les sommets des étamines marquetez de points bruns.

Rinku Tsutsusi.

Cette Plante vient des Isles de Liqueios, & des Philippines. Elle porte une fleur en Lys d'un jaune-pâle, & dont les pétales sont droits, & marquez de points d'un jaune-foncé.

Il y a une autre Plante du même nom, dont la fleur est d'un rouge-purpurin, tachetée d'un pourpre-foncé.

Jedogawa Tsutsusi.

C'est un Cytise de la Ville de Jedogawa (*a*), & fort célebre au Japon. Ses rameaux sont hérissez de pointes : sa feuille est toute couverte de poils, & figurée comme le fer d'une lance. Il y en a un autre à fleurs blanches, un autre à fleurs purpurines, un autre à fleurs incarnates.

Jamma Tsutsusi.

C'est un Cytise des campagnes à fleurs en Lys, d'un vif incarnat, & tachetées de points roux.

Il y en a un autre, dont la fleur, qui paroît au mois de Mai, est couleur incarnate, avec beaucoup de points rouges ; & un troisiéme à fleurs de couleur de vermillon, avec des taches de rouge-foncé.

Mijamma Tsutsusi.

C'est un Lys des Montagnes, dont les fleurs, d'un pourpre-incarnat, naissent abondamment avant & avec les feuilles. Il y en a un autre, qui croît sur le Mont *Sakanosta*, dont elle prend son surnom ; sa fleur purpurine vient avant les feuilles ; & une troisiéme du même surnom, dont la fleur, qui naît aussi avant les feuilles, est purpurine, & garnie de dix étamines.

Kirisma Tsutsusi.

C'est un Arbuste fort touffu, qu'on cultive avec soin dans les Jardins des Princes, & qu'on estime beaucoup. Sa fleur, de couleur écarlate, est très-petite, & l'Arbuste en est tellement couvert au mois de Mai, qu'il paroît tout en sang.

To Kèn, vulgairement *Satsuki.*

C'est une espece de Tsutsusi, ou Cytise, qui porte des Lys, & qui fleurit en Automne. Son écorce est d'une couleur obscure ; ses branches sont rudes, & pleines de piquans ; ses feuilles couvertes de poils environnent les branches. Ses fleurs sont

(*a*) J'ai remarqué ailleurs qu'il faut apparemment dire *Jedogavva.*

rares, viennent une à une, & ne pouſſent pas toutes de la même maniere. Il y a plus de cent eſpeces différentes de cette Plante. Les unes ont les fleurs d'un bel incarnat; d'autres, d'une écarlatte un peu détrempée; d'autres, dont la fleur eſt blanche & double, c'eſt-à-dire, l'une dans l'autre ; d'autres d'une belle écarlatte , qu'on appelle *Satſuma* (a) *Sátſuki*, parce qu'elles ſont fort communes dans la Province de Satſuma : une autre, dont la couleur eſt de pourpre, tirant ſur le blanc, & qu'on nomme *Jedogawa Sátſuki*, parce qu'elle croît aux environs de cette Ville.

Sakanandſio.

C'eſt un autre Arbriſſeau, qui porte auſſi des fleurs de Lys, mais plus larges. Il n'eſt pas à beaucoup près auſſi commun, que les précédens.

Sá & Sjùn, (b) vulgairement *Tſubakki*.

C'eſt un Arbriſſeau à fleurs en roſes, dont le fruit eſt de figure pyramidale, & contient trois ſemences. Il y a un Tſubakki ſauvage, & un autre, qu'on cultive; celui-ci a la fleur double & plus belle : l'un & l'autre a une infinité de variétez, qui ont différens noms. Le Tſubakki reſſemble fort à l'Arbre de Thé ; & comme celui-ci n'a point encore de caractere propre, on ſe ſert, pour l'exprimer du caractere de Tſubakki.

Voyez la Figure n. 17. *Sán Sa*, vulgairement *Jamma Tſubakki*, c'eſt-à-dire, *Tſubakki des Montagnes*, ou *Tſubakki ſauvage*, à fleurs ſimples en roſes.

C'eſt un grand Arbriſſeau, dont le tronc eſt court ; l'écorce

(a) Saxuma. (b) Prononcez *Choun*.

d'un verd-brun, unie, & ſe ſéparant difficilement du bois, qui eſt dur. Ses feuilles, poſées ſur un pédicule long d'un demi poulce, ſont parfaitement ſemblables à celles du Ceriſier des Jardins, ſi ce n'eſt qu'elles ſont un peu plus roides, plus dures, & brillantes des deux côtez. De leurs aiſſelles il naît en Automne un, ou deux boutons écailleux, de la groſſeur d'une balle de fuſil; leſquels venant à s'ouvrir, font éclorre une fleur à ſix, ou ſept grands pétales fort rouges, & diſpoſez comme dans la roſe de la Chine. Une eſpece de couronne, qui ſort du fond de la fleur, donne naiſſance à plus de cent étamines d'un blanc incarnat, courtes, ayant des pointes jaunes, & diviſées en deux. Le piſtile, qui occupe le centre de la fleur, eſt de même longueur, & de même couleur, que les étamines : il devient enſuite une capſule pyramidale, longue d'un poulce & demi, laquelle renferme trois ſemences de la groſſeur & de la figure d'une Aveline, d'une ſubſtance charnuë & blanche, d'un goût onctueux. Cette Plante a un grand nombre de variétez, qui ont toutes leur nom particulier. Les principales ſont :

Dſiſi.

C'eſt un Tſubakki des Jardins, dont la fleur, qui eſt double, d'un vif incarnat, & marquetée de taches blanches, a quatre doigts de diamétre.

Saſanqua.

C'eſt un petit Tſubakki à fleurs rouges & ſimples, qui eſt le plus ſouvent à cinq pétales. Son fruit, qui est de la grosseur d'une pistache, renferme trois noyaux blancs & parfaitement ronds. On prépare les feuilles, & on les mêle avec celles de Thé, pour lui donner une odeur gracieuse. La décoction des mêmes feuilles sert encore aux Femmes, pour se laver les cheveux.

Il y a un autre Tsubakki, lequel est un Arbre, ou un grand Arbrisseau à fleurs doubles d'un rouge incarnat. Ces fleurs sont entierement semblables à la rose des Jardins. Ses étamines, qui sont en petit nombre, & terminées en pointe, se trouvent mêlées parmi les pétales. Il croît dans les bois & dans les hayes : enfin on prétend que la Langue Japonnoise n'a point assez de termes pour exprimer toutes les différentes especes de Tsubakkis.

Il y en a un, dont la fleur à cinq pétales est double, & un peu rouge. Un autre, dont la fleur d'un incarnat blanchâtre, a des taches rouges. Un autre, dont la fleur double est rouge à cinq pétales, dont les extérieurs sont grands, & les intérieurs petits & pliez, avec beaucoup d'étamines, qui dégénerent souvent en petits pétales. Un autre enfin, dont la fleur simple est de couleur écarlatte, & dont les étamines prennent la forme & la substance des pétales.

Sijo, vulgairement *Adsai*, *Ansai*, & *Adsiki*.

C'est un Sureau aquatique à feuilles d'*Hortula Malabarica*, à fleurs bleues de quatre & de cinq pétales, & ramassées en grappes de figure ronde.

Fundàn, vulgairement *Tè Mariqua*.

C'est un Sureau, dont la feuille est plus ronde, que celle du Sureau aquatique. Elle est garnie de beaucoup de nervures, & son bord est dentelé. Sa fleur est blanche, à cinq pétales, ramassée en grappe de figure ronde, grosse comme une balle de jeu de paulme.

Kode Mariqua.

C'est un Sureau à feuilles étroites, opposées alternativement, dentelées à leur bord, & longues de trois poulces. Ses fleurs sont blanches, à cinq pétales, & ramassées en grappe.

Joro, vulgairement *Utsugi* & *Jamma Utsugi*.

C'est un Arbrisseau, qui par son port extérieur ressemble au Sureau, & qui a quatre ou cinq pieds de haut. Son écorce est blanche ; son bois est dur & léger ; ses feuilles sont deux à deux, longues d'un poulce & demi, ovales, & terminées en pointe, minces, un peu rudes, ayant le bord très-finement dentelé. Ses fleurs, qui naissent à l'extrémité des rameaux, sont en grand nombre, blanches, à cinq pétales, & très-semblables aux fleurs de l'Oranger : ses étamines, au nombre de dix, sont d'une structure particuliere. Le calice de la fleur est rond, charnu, & dentelé. On se sert de l'écorce du milieu pour les emplâtres.

Utsugi, autrement *Fon Utsugi*, c'est-à-dire, *vrai Utsugi*.

C'est une variété de la précédente. Sa fleur est double & très-blanche. Cet Arbrisseau est fort estimé pour l'ornement des Parterres.

Korei Utsugi.

C'est un Arbrisseau, qui vient de

la Corée : ses branches ressemblent à celles du Sureau : ses feuilles sont comme celles de l'Adsai, si ce n'est qu'elles sont plus garnies de veines, & plus pointuës. De longs pédicules, qui naissent au bout des rameaux, & qui sont partagez en cinq lambeaux, vont embrasser la base d'une très-belle fleur monopétale, découpée en cinq grandes lévres ovales, qui laissent paroître un pistile garni d'une grosse tête, & environnée de cinq étamines en pointe. Cette fleur est d'une très-agréable odeur: sa couleur est de blanc-incarnat & de rouge.

Nippon Utsugi, c'est-à-dire, *Utsugi du Japon*.

C'est une variété du précédent Arbrisseau ; il croît sur les Montagnes; sa fleur est de même structure, mais pas si grosse : elle est d'un rouge-purpurin.

Sibi, vulgairement *Fokudsitqua, Fakusinda* & *Fakusciz*.

C'est un Arbre très-rare, de la grandeur d'un Grénadier, tortueux, de couleur jaune, tirant sur le blanc, & qui paroît comme sans écorce. Ses feuilles sont l'une vis-à-vis de l'autre, d'une grandeur inégale, & posées sur un très-petit pédicule. Ses fleurs, ramassées en gros bouquets à l'extrémité des rameaux, sont très-belles, grosses comme des œillets de Jardin, de couleur de chair, à six pétales frisez ; leur pédicule est long & fort mince ; elles ont un très-grand nombre d'étamines, & un calice partagé en cinq lévres.

Riotsjo, (a) vulgairement *Nodsen Kadsura*, & *Nodsjo* (b).

C'est un Arbrisseau, qui s'étend extrêmement, & dont la feuille est comme celle du Rosier des Jardins. Sa fleur est d'un beau rouge, ayant un tuyau long d'un poulce & demi, qui s'épanoüit en cinq lévres semblables aux pétales d'une rose. Elle a cinq étamines terminées chacune par deux pointes, & un pistile à deux têtes. Son fruit renferme quatre noyaux.

Kingo, vulgairement *Asagawo*, c'est-à-dire, *qui s'ouvre le matin*.

C'est le Lisot commun à grandes fleurs blanches du matin.

Kos & *Kudsi*, vulgairement *Firagawo*, c'est-à-dire, *qui s'ouvre à midi*.

C'est le Lisot commun à grandes fleurs blanches du midi. On cultive l'une & l'autre Plante dans les Jardins, & on les fait soûtenir par des perches.

Too, vulgairement *Fudsi* & *Fusji*. (c)

C'est un Arbrisseau des jardins, qui s'éleve, & qui jette, comme la Vigne, une grande quantité de sarmens ; c'est pourquoi il sert à garnir les treilles & les berceaux. Ses feüilles sont tendres, longues d'un empan, point découpées à leur bord. Il porte un très-grand nombre d'épis de fleurs longues d'un empan, d'un empan & demi, & davantage, qui durent tout le Printems, & qui étant suspenduës comme des grappes de raisin, font un charmant spectacle. Les fleurs sont en papil-

(a) Prononcez *Riotcho*. (b) Prononcez *Nodcho*. (c) Prononcez *Fouchi*.

lons,

PLANTES DU JAPON.

lons, & sans odeur. Elles dégénerent quelquefois en filiques, dont les phaséoles sont noirs, mais cela arrive rarement. On trouve souvent à Ozaca & ailleurs de grandes places toutes ombragées par un seul, ou par deux ou trois pieds de cette Plante. Les Curieux mettent au pied de l'Arbrisseau de la lie de Sacki, ou Bierre de ris ; elle l'engraisse, & cela produit des épis de fleurs de trois ou quatre empans de long. Il y a de ces treilles, & de ces grands couverts, qu'on va voir par curiosité, & pour lesquels même on fait payer. Il est d'usage que, quand il s'y rencontre quelque bel Esprit, il fait des Vers en l'honneur de la Déesse, qu'on suppose présider dans ces beaux lieux. Les fleurs du Fudsi sont, ou toutes blanches, ou toutes couleur de pourpre.

Jamma Fudsi.

C'est le même Arbrisseau, qui vient dans les bois. Ses feuilles & ses fleurs sont plus petites, que les précédentes, & les épis ne sont point pendans, mais relevez.

Saru Kake Banna.

C'est un Arbrisseau, qui ressemble fort au *Crista Pavonis* de Breynius : ses branches sont longues, & en petit nombre ; ses feuilles sont comme celles de la Réglisse commune ; ses fleurs, qui viennent en épis sur des pédicules longs d'un poulce & demi, sont jaunes à cinq pétales, dont un est plus petit que les autres, & marqueté de points rouges : les quatre grands sont disposez en croix : les étamines sont au nombre de dix, & ont une pointe rouge, qui renferme une farine jaune.

Sui Sin Kadsira.

C'est la seconde Clematis de l'Ecluse, à fleur double.

In Dsin Kadsira.

Autre sorte de Clematis semblable à la précédente, mais dont les pédicules sont longs, & en touffe ; la fleur blanche à six pétales, & la moitié du calice de couleur de pourpre.

Kin, vulgairement *Mukunge*.

C'est une espece de Mauve des Jardins, dont les tiges sont longues, droites, & peu branchuës ; la fleur simple, & d'un bleu purpurin. Il y en a une autre, dont la fleur est double & bleuâtre, qui a beaucoup de pétales frisez, sans stile & sans étamines.

Fujoo, vulgairement *Kibatsisso*.

C'est peut-être la grande Guimauve à feuilles de Figuier de Gaspar Bauhin. Ses feuilles sont découpées profondément, & dentelées à leur bord : la capsule féminale, qui est de figure pyramidale, longue de trois poulces, membraneuse & hérissée de pointes, contient quatre semences, & s'ouvre en quatre dans sa maturité.

Ki, vulgairement *Awoi*.

C'est la Mauve-Rose, dont il y a plusieurs variétez. On appelle *Ko Awoi* la même Plante à petites fleurs.

Fujò.

C'est la Rose de la Chine à fleurs éphémeres, rouges le matin, & tirant au pourpre à midi.

Too, vulgairement *Kiri*, & *Nippòn Kiri*, c'est-à-dire, *Kiri du Japon*.

Voyez la Figure n. 18.

C'est un Arbre, dont la fleur ressemble à celle de la digitale. Cet Arbre est assez grand, son tronc est gros, ses branches tortueuses; son écorce grasse, verdâtre, se séparant facilement, d'une odeur & d'un goût désagréable. Son bois très-léger, & très-ferme, est fort employé pour faire des coffres & des tablettes: sa moëlle est fongueuse, grasse & fort blanche. Ses feuilles soûtenuës sur un pédicule rond, garni de poils blancs, long d'un empan & davantage, sont extrêmement grandes, cottonneuses, & semblables à celles de la Bardane, ayant de chaque côté une oreillette. Elles sont minces, molles, blanches par dessous, fortifiées de gros nerfs, qui partent du centre de la Rose, se divisent en plusieurs branches, & occupent toute l'étenduë de ces feuilles. Ses fleurs, qui ressemblent à celles de la digitale, ou du mufle de veau, sont d'un bleu-purpurin, blanchâtres en dedans, d'une odeur douce, longues de deux poulces, ayant cinq lévres crenelées, & d'une figure très-agréable. Le pistile est long d'un demi poulce, rond avec un sommet recourbé. Il est environné de quatre étamines de longueur inégale, dont la pointe est pâle, & a deux valvules. La capsule féminale longue d'un poulce & demi, & de figure conique, renferme dans deux alvéoles séparées deux semences de la grosseur, & en quelque façon de la figure d'une amande, couvertes d'un petit duvet, noirâtres à leur superficie, & d'une substance charnuë & onctueuse. On en tire une huile, qu'on employe à divers usages.

Les Dairys ont choisi pour leurs Armoiries la feuille de cet Arbre, à cause de sa beauté: elle est surmontée en chef, dans leur Ecusson, de trois épis de fleurs.

Go Too, vulgairement *Go Too Giri*, autrement *Tei Too*, vulgairement *Fi Giri*, c'est-à-dire, *Kiri de feu*.

C'est un Arbrisseau étranger, apporté de l'Isle de Luçon & de la Corée. Sa feuille est comme celle de la vigne; sa fleur, qui est très-belle, est à cinq pétales, en forme de cloche, & d'un poulce de diamétre.

Saku Jaku, autrement *Kawu Junkusa*.

Le premier nom est commun au Vulgaire & aux Lettrez. C'est la pivoine commune, ou femelle, à fleurs simples, couleur de sang. Il y en a d'autres, dont les fleurs sont pleines & de couleur incarnate; & d'autres, qui ont des pétales longs, dressez, & qui forment une maniere de crête.

Botan, *Fkamigusa* & *Hatzkángusa*.

C'est la grande pivoine, dont la tige ligneuse est droite, la feuille branchuë, & inégalement frangée.

Foo Sen, autrement *Kinfo Qua*, vulgairement *Ibara*, autrement *Igi*, c'est-à-dire, *épine*; & *Igino fanna*, c'est-à-dire, *fleur d'épine*.

C'est notre Rosier commun, qui a été porté au Japon par les Portugais; mais les roses n'y ont pas une odeur aussi gracieuse qu'en Europe, & dans l'Asie occidentale. Il y en a de rouges & de blanches, & des Roses de Bois à cinq pétales, qui ont l'odeur très-douce.

Kéi Quan, vulgairement *Keitóge*, c'est-à-dire, *crête de Coq*.

C'est l'Amaranthe, dont la fleur

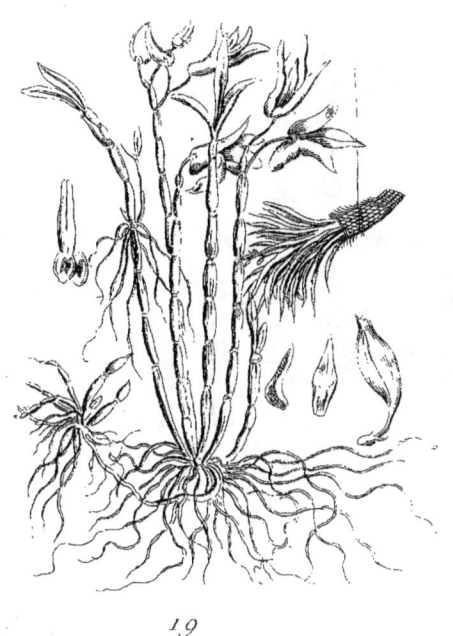

19

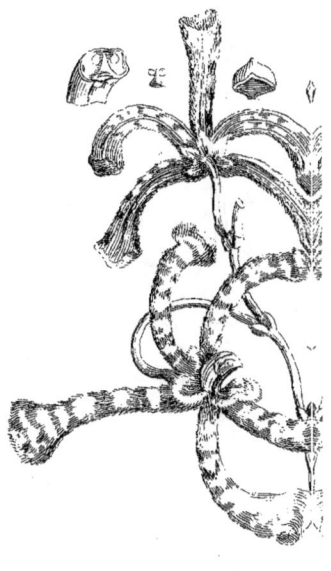

22

23

20

24

PLANTES DU JAPON. 651

a plusieurs variétez. Il y a une Amaranthe commune, dont les panaches sont rouges & pendans: une Amaranthe à fleurs rouges,& ramassées en crête de Coq: une Amaranthe à fleurs rouges & ramassées, avec quelques panaches, qui pendent: une Amaranthe à fleurs jaunes & ramassées: une Amaranthe à fleurs jaunes, avec des taches rouges, qui font un très-bel effet; sa tige est aussi rayée de jaune & de rouge.

Goositz, vulgairement *Ino Kadsitz*.

C'est l'*Amaranthus siculus spicatus* de Boccon, à fleurs blanches.

Joksan, vulgairement *Gibboosi*, autrement *Sagi Juri*, c'est-à-dire, *Lys de Juri*.

C'est un Glayeul à fleurs de plantain: sa tige, qui est droite & haute d'un pied, porte à son extrémité dix à douze fleurs en Lys d'un pourpre blanchâtre, longues de trois poulces, & qui viennent au Printems. Les étamines, au nombre de six, sont recourbées, aussi bien que le pistile. Il y a une autre espece de cette Plante, dont la feuille est étroite, & qui fleurit en Automne.

Ran.

Ce nom est en usage également parmi les Lettrez & le Vulgaire. Cette Plante est une petite Iris, dont la racine est fibreuse; la feuille, comme celle du roseau; la tige mince; la fleur, comme celle de l'*Ornithogalum*. Cette fleur est à cinq petales, de trois poulces de diamétre, d'un blanc jaunâtre, avec des rayes purpurines, & d'une odeur très-gracieuse.

(*a*) Prononcez *Chou*.

No Ran, c'est-à-dire, *Ran sauvage*, autrement *Jamma Gibboosi*.

C'est une Iris, dont la tige est grosse, droite, & enveloppée de feuilles dès le bas. Cette fleur est jaune, à cinq pétales, & comme celle de l'*Ornithogalum*. Cette Plante a plusieurs variétez. Celles, que Kœmpfer a vûës, sont:

No Ran à fleurs jaunes & petites, le dos des pétales tirant sur le roux.

No Ran à très-petites fleurs, de couleur de pourpre & de vermillon.

No Ran, autrement *Sassa Rindo*, dont la fleur est aussi très-petite, ayant des pétales verds, & d'autres jaunes, & sur le dos une raye purpurine.

Sju (*a*) *Ran*.

C'est l'Elléborine, ou Gentianelle des Marais, ou des Prez, à feuilles étroites de Gaspar Bauhin.

Fu Ran. Voyez la Figure n. 19.

Ce nom est commun au Vulgaire & aux Lettrez. C'est une espece de petite Iris, dont la fleur est blanche & en masque, & dont la semence ressemble à de la farine. Ses racines sont minces, fibreuses, blanchâtres, & traçantes, & se répandant de côté & d'autre, produisent de nouvelles Plantes semblables. Quelques-unes des tiges font la même chose par de petites racines, qui sortant de leurs nœuds, vont gagner la terre. Ces tiges sont plusieurs en nombre, hautes d'un empan, grosses comme une plume d'Oye, garnies de nœuds éloignez d'un poulce l'un de l'autre. Les feuilles, qui naissent autour des

Nnnn ij

tiges, font étroites, groffes, & femblables aux rofeaux: elles occupent fouvent les nœuds & les fommets des tiges; mais alors elles font fort courtes, n'ayant qu'un poulce ou deux de long. Les fleurs, qui viennent plufieurs enfemble, portées chacune fur un pédicule mince, d'un poulce de long, font des fleurs en mafque, longues d'un poulce & demi, d'un blanc incarnat. Après que la fleur eft paffée, il paroît une capfule féminale, de figure conique, longue d'un poulce, charnuë, & remplie d'une efpece de farine d'un jaune pâle.

Les Japonnois fufpendent par fuperftition au-deffus des portes de leurs maifons des paquets de cette Plante; c'eft-à-dire, des tiges, & des feuilles.

Voyez la Figure n. 20.

Angurèk Warnà, c'eft-à-dire, *de diverfes couleurs.*

C'eft une Plante parafite, dont la racine eft fibreufe, la tige ronde, flexible, garnie de peu de branches, & ayant des tendrons vifqueux, par le moyen defquels elle s'attache aux arbres. Ses feuilles font rares, dures, épaiffes, étroites, & femblables à celles des rofeaux. Sa fleur, qui eft foûtenuë fur un pédicule mince, long d'un poulce & demi, reffemble par la difpofition de fes pétales, à un papillon, qui vole; ces pétales font au nombre de fix, ovals, longs d'un poulce & davantage, ayant une raye purpurine, jufqu'au milieu de leur longueur à chaque face, & étant marquez d'un grand nombre de points de même couleur. Après la fleur il paroît une capfule féminale à trois lobes. La fleur, fuivant qu'elle eft cultivée, différe beaucoup en beauté & en grandeur.

Katong' Ging, en Langue de Java, vulgairement, & en Portugais *Fouli Lacra*, c'eft-à-dire, *fleur de Scorpion.*

Voyez la Figure n. 21.

C'eft une autre Plante parafite à feuilles de rofeau. Sa fleur, qui reffemble à un Scorpion, a l'odeur du mufc, & ce n'eft gueres que par-là, qu'elle differe de la précédente, à laquelle elle eft fort femblable par fa tige, par fa figure, & par fes feuilles, fi ce n'eft qu'elle les a un peu moins longues & plus larges.

Sa fleur eft à cinq pétales, de couleur de citron, variée de belles taches purpurines. Les pétales, qui ont deux poulces de long, & la largeur d'une plume d'Oye, font roides, gros, plus larges à leur extrémité, & un peu recourbez. Celui du milieu eft plus long que les autres, & s'étend en droite ligne, comme la queuë du Scorpion: les quatre autres, deux de chaque côté, fe courbent en façon de croiffant, & repréfentent les pieds du Scorpion. A l'oppofite de la queuë eft une efpece de trompe courte & recourbée, qui ne repréfente pas mal la tête de cet Animal. Cette fleur rend une odeur de mufc très-abondante, & très-agréable; mais ce qu'il y a de fingulier, c'eft que cette odeur ne fe trouve qu'à l'extrémité du pétale, qui reffemble à la queuë du Scorpion: car fi on la coupe, la fleur demeure fans aucune odeur.

Cette Plante, qui vient de l'Ifle de Java, auffi bien que la précédente, eft fort eftimée, mais fa culture demande de grandes attentions.

Sekika, vulgairement *Kifinfo*, & *Jukinofta.*

C'eft une efpece de *Sanicle* étran-

PLANTES DU JAPON. 653

gere, qui par son port extérieur ressemble au *Cotyledon*, ou *nombril de Venus*. Sa feuille est comme celle du *Cyclamen*, ou *pain de Pourceaux*, & d'une agréable variété de couleurs. Sa tige haute d'un pied & demi, est garnie de plusieurs fleurs à cinq pétales, & qui ressemblent à une Guespe volante. Elles sont de couleur de vermillon.

Sjirè (a), ou plutôt *Sjiròi* & *Osjiroi*.

C'est un Lys blanc à feüilles de souci des Marais : sa tige est grosse, & haute d'une coudée & demie. Ses fleurs sont au sommet de la tige, en petit nombre, de trois poulces de diamétre, & peu ouvertes : les pétales en sont étroits, & marquetez en dedans de points rouges.

Jamma Osjiroi.

C'est un Lys sauvage, dont les feuilles partagées en trois grands lobes, ont de longs pédicules cannelez, qui embrassent la tige.

Biakko, vulgairement *Juri*.

C'est notre Lys blanc commun, & qui a la même odeur. Les Plantes suivantes en sont des variétez.

Sazuri.

C'est un Lys à fleur blanche monopétale, & partagée en six lévres.

Kentan, vulgairement *Oni Juri*, c'est-à-dire, *Lys du Diable*, autrement *Jamma Juri*, c'est-à-dire, *Lys des Montagnes*, ou *des Bois*.

C'est un Lys Martagon, dont la tige est grosse, & d'une coudée de haut. Sa fleur est belle, de quatre doigts de diamétre, garnie de taches & de tubercules d'un rouge purpurin. Sa racine est bulbeuse, & on la mange.

Kasbiako, vulgairement *Konòkko Juri*, c'est-à-dire *Lys de différentes couleurs*; autrement *Corei Juri*, c'est-à-dire, *Lys de Corée*.

C'est encore un Lys Martagon, qui ressemble au précédent, & qui a la feuille du *sceau de Salomon*. Sa tige est mince ; sa fleur est magnifique, d'un blanc incarnat, & marquetée de taches de couleur de sang, ayant des pétales recourbez en dehors, & terminez en pointe, & un pistile fort long, environné de cinq étamines, dont les pointes sont rousses, & inclinées transversalement.

Santan, vulgairement *Fime Juri*.

C'est un Lys, qui paroît tout couvert de sang. Sa tige est de la hauteur d'un pied, environnée en forme d'épis de feuilles étroites. Il y en a une autre espece, qu'on appelle *Couronne Impériale*, & dont la fleur, qui est rouge & très-petite, est semée de petites taches de couleur de sang, & une autre, nommée *Fi Juri*, c'est-à-dire, *Lys couleur de feu*.

Seki San, vulgairement *Sibito Banna*, autrement *Doku Symira*, c'est-à-dire, *Symira venimeuse*.

Ce dernier nom vient de ce que l'oignon de cette Plante est un vrai poison. C'est un Narcisse, dont la fleur est d'un jaune éclatant comme de l'or.

Kui Symira, c'est-à-dire, *Symira bon à manger*.

C'est une Affrodille, dont la tige,

(a) Prononcez *Chirè*, *Chiroi*, ou *Ochiroi*.

Nnnn iij

haute d'un pied, est cannelée, & environnée en forme d'épis de fleurs à six pétales, de couleur tirant sur le pourpre.

Jakan, vulgairement *Karásu Oogi & Fi Oogi.*

C'est une Plante à fleur de Lys, petite, rouge, & semée en dedans de petites taches de couleur de sang.
Siaga.

Autre espece de la même Plante, laquelle croît sur les Montagnes, & dont la fleur blanche, est double, & quelquefois d'un bleu détrempé.

Daudoqua.

Cest la grande Canne sauvage des Indes à larges feuilles, dont la fleur est d'un jaune d'or.

Sjigógusa (a).

C'est l'Iris commune, qui par rapport à ses fleurs a plusieurs variétez.

Farín, vulgairement *Buran, & Reso Kjosa.*

C'est l'Iris blanche des Jardins d'Allemagne, dont parle Gaspar Bauhin. Il y en a une autre, qui croît dans les Montagnes, & dont la fleur est petite.

Ken, vulgairement *Quanso & Wasrigusa.*

C'est l'Iris des Jardins à larges feuilles, & à grandes fleurs doubles couleur de feu.

Kaki Tsubatta.

C'est l'Iris des Jardins à fleurs doubles, de couleur de violette. Il y en a une autre, dont les feuilles sont étroites, les fleurs doubles & bleuës.

Une troisiéme à larges feuilles, dont les fleurs sont de couleur d'outremer, tachetées de pointes de couleur de safran.

Fanna Ssob.

Autre Iris, dont la fleur est d'un rouge-purpurin.

Ssibi, vulgairement *Itz Fatz.*

C'est une petite Iris à grandes fleurs doubles.

Ssisèn, dans la Langue des Lettrez & dans la vulgaire.

C'est un Narcisse blanc des Montagnes, qui a beaucou de fleurs. Il y a la grande & la petite espece.

Sen Sjun (b) *Ra*, vulgairement *Ganpi.*

C'est une Lychnis couronnée. Sa fleur, qui est d'un verd blanchâtre, a la superficie comme de soye, avec des pétales dentelez, & les extrémitez de couleur de cendre. Il y en a une autre espece, dont la fleur est toute blanche.

Senno.

Ce nom est commun aux Lettrez & au Vulgaire. C'est une autre Lychnis couronnée, dont les feuilles & le calice sont pleins de petits poils; la couleur, de sang lavé, les pétales frangez, & les extrêmitez de couleur violette.

Fusji (c) *Guro.*

C'est encore une Lychnis couronnée, dont la tige est semée de nœuds d'un pourpre-obscur, d'où lui vient le nom, qu'elle porte. Sa fleur est petite, de couleur de vermillon, ses pétales entiers. On l'appelle en-

(*a*) Prononcez *Chigógousa.* (*b*) Prononcez *Choun.* (*c*) Prononcez *Fouchi.*

PLANTES DU JAPON. 655

core *Fjugo Senno*, du nom de la Province, où elle croît.

Mokokf.

Voïez la Figure n. 22.

C'est un Arbre à feuilles de *Telephium*, à fleurs monopétales, dont le fruit ressemble à la cerise, & dont les semences ont la figure d'un rein.

Cet Arbre est d'une grandeur moyenne, son tronc est droit, & plus gros que la jambe. Ses feuilles sont comme celles du *Telephium* commun ; un peu dures, point cannelées à leur bord, si ce n'est quelquefois tant soit peu vers le bout ; soûtenuës sur un pédicule court & rougeâtre. Ses fleurs sont monopétales, partagées en cinq lévres de la grandeur d'un ongle, d'une couleur pâle, d'une odeur de giroflée jaune, très-agréable, garnies d'un grand nombre d'étamines. Chaque fleur ne dure qu'un jour, le fruit est de la grosseur & de la figure d'une cerise, d'un blanc incarnat, d'une chair blanche, séche, & friable, d'un goût un peu amer & sauvage. Quand il est mûr, il s'ouvre, & laisse paroître trois ou quatre semences rouges, grosses comme un pois chiche, figurées comme un rein, d'un goût un peu amer & légerement astringent.

Kinsai, vulgairement *Sûmire*.

C'est la Pensée, autrement *fleur de la Trinité*, à cause de ses trois couleurs.

Sju (a), vulgairement *Fagi*.

C'est un Cytise à fleurs d'Anagyris. Cette fleur, qui est de couleur de pourpre, croît sur de petits épis cannelez ; ses gousses, ou siliques sont étroites & très-petites.

Tsoo Sju, vulgairement *Sso Fagi*, c'est-à-dire, herbe de Fagi.

C'est une herbe des Jardins de la hauteur d'une coudée, de la figure de l'hyssope commune sans odeur. Sa fleur à six pétales, est de couleur de pourpre.

Kik, Kikf, ou *Kikku*.

Ces noms sont communs aux Lettrez, & au Vulgaire, qui nomme encore cette Plante *Kawara Jamogi*. C'est une Matricaire, dont il y a un grand nombre d'espéces, tant sauvages, que cultivées. *Jamogi* veut dire *Armoise* ; ainsi cette Plante tient de l'une & de l'autre. Elle est par sa beauté singuliere, & par l'abondance de ses fleurs, le principal ornement des campagnes & des Jardins. Il y en a des espéces différentes pour toutes les saisons de l'année. Ces espéces sont,

No Gikf, c'est-à-dire, *Matricaire des champs*.

C'est la Matricaire commune d'Europe, dont la fleur est jaune, petite, & d'une excellente odeur.

Keitsjo (b), vulgairement *Jomega Fagi*.

C'est une Matricaire des Bois, qui fleurit pendant l'Eté, & jusqu'à la fin de l'Automne. Sa feuille est grasse, longue, étroite, un peu âpre : sa fleur bleuë, tirant sur le pourpre, un peu odoriférante : sa semence oblongue, serrée, couverte de poils, & fort adhérente.

Ko Gikf, ou *Jomega Fagi*.

C'est une Matricaire rampante

(a) Prononcez *Chou*. (b) Prononcez *Keitcho*.

des Bois, dont la tige est mince, & courte, & la fleur petite. Quand cette Plante est jeune, elle est comptée parmi les légumes, & on l'appelle alors *Fagina*. Il y en a une autre espece, qui fleurit en Automne, dont la fleur est double, de couleur d'or, d'un poulce de diamétre, avec des pétales marginaux, oblongs, larges, ovals, & pliez.

Sso Sjo, (a) vulgairement *Ko Gikf*.

C'est une petite Matricaire des Jardins, à grandes feuilles simples, & dont la fleur tire sur le bleu. Il y en a une autre à fleurs doubles, variée de jaune & de rouge, d'un poulce de diamétre. Une autre variée de même, de trois poulces de diamétre. Une autre à larges feuilles odoriférantes, dont la fleur est de couleur d'or, très-double, & sans odeur, laquelle est semblable en grandeur & en figure à la Rose de Provins, qu'on nomme *Rose à cent feuilles*. Une autre à fleurs blanches de différentes grandeurs. Une autre à fleurs doubles, un peu incarnates, & de deux poulces de diamétre. Une autre à fleurs d'un rouge purpurin. Une autre fort branchuë, à fleurs d'un rouge écarlate. Une autre enfin à fleurs blanches, ayant les extrémitez des pétales de couleur purpurine, & de petits tuyaux jaunes mêlez parmi les pétales.

Dsio Gikf, vulgairement *Tengai Fanna*.

C'est le *Chrysanthemum Peruvianum* de Dodonée, ou le grand *Helenium* des Indes de Gaspar Bauhin.

Sekki Nan, vulgairement *Sáku Nange*.

C'est un Arbrisseau, qui est de la hauteur d'une brasse, & dont les feuilles, qui enveloppent les rameaux de distance en distance, sont étroites, longues, épaisses, argentées à leur dos, point découpées aux bords, & pendantes. Ses fleurs sont incarnates, & ramassées à l'extrémité des rameaux par bouquets de dix, jusqu'à quinze, qui sortent d'une enveloppe commune & écailleuse. Elles sont monopétales, & découpées en sept grandes lévres rondes. Il y en a deux autres especes; l'une, qui a la fleur blanche; & l'autre, qui l'a rouge & plus petite.

Sen Fúku, vulgairement *Oguruma*.

C'est un *Aster* jaune, qui a une tige branchuë, garnie de poils, & haute d'une coudée & demie. Sa feuille approche de celle de la *Persicaria siliquosa*.

Obai, ou *Robai*. Voyez la Figure n. 23.

C'est une espece de Jasmin à fleurs doubles. Son écorce est brune, son bois foible, ayant beaucoup de moëlle : ses branches opposées alternativement, & posées sur de courts pédicules, sont terminées par une pointe un peu recourbée. Elles ont trois poulces de long, & un poulce & demi de large, ne sont point découpées à leur bord, & sont garnies dans le milieu de leur longueur d'une côte remarquable. Ses fleurs, qui paroissent au mois de Février, avant les feuilles, & qui sortent d'un calice écailleux, sont d'un jaune pâle, & composées de deux sortes de pétales, dont les extérieurs sont le plus souvent au nombre de huit, longs d'un demi poulce, & en oval : les intérieurs plus petits, de grandeur iné-

(a) Prononcez *Cho*.

gale,

PLANTES DU JAPON.

gale, au nombre de huit & davantage, marquez de points de couleur de fang. Le piftile, qui occupe le milieu de la fleur, eft court, fait en pyramide, & garni à fon fommet de cinq pointes d'un jaune-blanc. L'odeur de la fleur eft comme celle de la Violette, mais dégoûtante, fi on la fent fréquemment : le goût en eft très-défagréable. Le piftile, après que la fleur eft paffée, devient une capfule membraneufe, de figure conique, & longue d'un poulce & demi, qui renferme cinq ou fix femences oblongues, d'une fubftance charnuë & huileufe, d'un goût doux & un peu amer. Cet Arbriffeau a été apporté de Nanquin au Japon, où on le cultive dans les Jardins à caufe de fa beauté.

Ren.

Ce nom eft commun au Vulgaire & aux Lettrez. On nomme encore en langue vulgaire cette Plante *Ha-ifes*, & elle eft connuë aux Indes fous le nom de *Tarate*. C'eft le Nénuphar des Indes, & la Féve d'Egypte de *Profper Alpinus*. Ses tiges font d'une longueur extraordinaire, & on les mange. Sa racine, qui eft auffi fort longue, s'étend en travers : elle eft groffe comme le bras, garnie de nœuds éloignez les uns des autres, & fibreux. Les Idolâtres regardent cette Plante comme facrée, & ils fe fervent de fes fleurs pour orner les Autels de leurs Temples.

Feifo, vulgairement *Kawa-Bone*.

C'eft le grand Nénuphar de Gaf- par Bauhin, dont la feuille eft pointuë comme une épée.

Somo, vulgairement *Skimmi*, ou *Fanna Skimmi*, & *Fanna Skiba*, & par excellence *Fanna*, c'eft-à-dire, *fleur*. Voyez la Figure n. 24.

C'eft un Arbre fauvage à feuilles de Laurier, à fleurs de Narciffe, & dont l'écorce eft aromatique.

Cet Arbre eft de la grandeur du Cerifier : fon bois eft roux, dur, fragile, ayant peu de moëlle : fes feuilles difpofées en rond autour des petites branches, font longues de trois poulces, femblables à celles du Laurier, mais plus molles, garnies de peu de nerfs, que l'on n'apperçoit prefque pas, à caufe de l'épaiffeur de la feuille. Les fleurs font fituées au bout des petites branches, & reffemblent à celles du Narciffe. Elles font d'un blanc-pâle, d'environ un poulce & demi d'étenduë, compofées de feize pétales, de ftru-cture & de grandeur différentes. Ses femences, qui font contenuës chacune dans une loge particuliere, & dans une capfule commune, ont la figure des pepins de pomme, & ont du rapport avec la femence du *Ricin*. Après qu'on a rompu la petite écorce dure, qui les couvre, on voit un noyau blanc, mou, charnu, & d'un goût fade.

Les Bonzes de la Chine & du Japon difent que les Dieux aiment fort cet Arbre ; auffi mettent-ils devant les Idoles, & fur les Tombeaux, des bouquets & des paquets de fes feuilles.

Tome II.

CINQUIE'ME CLASSE.

Plantes de toutes les especes précédentes.

Sjo (a), vulgairement *Maatz*.

C'Est le Pin en général. Il y en a plusieurs especes, qui tirent leur différence du nombre, de la situation & de la figure des feuilles; on les appelle *Fusji* (b) *Maatz*, *Aka Maatz*, *O Maatz*, *Me Maatz*, *Gojono Maatz*.

Seosi, vulgairement *Kara Maatz Nomi*.

C'est une Melese, qui porte des fruits, dont les noyaux sont de figure pyramidale; cet Arbre quitte ses feuilles en Hyver.

Moro, autrement *Sonoro Maatz*.

C'est un grand Genevrier, dont les bayes sont comme celles de la Sabine.

Fi Moro.

C'est un Genevrier barbu, dont les barbes sont écailleuses, & portent une fleur de couleur de safran. Ses bayes, semblables à celles de la Sabine, sont à plusieurs angles.

San, vulgairement *Sfugi*.

C'est un petit Pin-Cyprès, qui produit de la résine, dont le fruit est écailleux, de figure sphérique, & de la grandeur d'une prune; & dont les semences sont rares, oblongues, serrées, cannelées, & de couleur rouge-bay.

Nanquin Sfugi.

C'est le Genevrier de la Bermude de Hermand. On lui a donné ce nom, parce qu'il a été porté de Nanquin au Japon, où on le cultive avec soin à cause de sa beauté.

Sfugi Biakkusj (c), autrement *Tatsj* (d) *Biakkusj*.

C'est un petit Arbrisseau à feuilles de musc de terre pointuës.

Faijo Sfugi.

C'est un Arbre de la hauteur de quelques brasses, qui ressemble à la Sabine. Ses sommitez sont terminées par des boutons écailleux, parfaitement semblables aux Pommes de Pin.

Jempak, vulgairement *Ibuki*.

C'est un Genevrier en Arbre, qui a le port extérieur du Cyprès, & qui rend une très-mauvaise odeur.

Quai, vulgairement *Fi No Ki*, & *Ibuki*.

C'est un Cyprès, qui est plein d'un suc gras, visqueux, & aromatique, ayant l'odeur de genievre. Son fruit est de la grosseur d'un pois, garni de tubercules. On voit aussi au Japon notre Cyprès commun, dont les feuilles ont une odeur balsamique, & dont le fruit contient ordinairement cinq semences semblables aux grains de froment.

Faku, vulgairement *Kasiwa*.

C'est un Arbre de grandeur médiocre, abondant en feuilles, qui sont comme celles de la Patience. Ses rameaux sont terminez par de longs épis de fleurs blanches à étamines, & grosses comme un pois. Son fruit est hérissé de pointes.

(a) Prononcez *Cho*. (b) Prononcez *Fouchi*. (c) Prononcez *Biakkouch*. (d) Prononcez *Tatchi*.

PLANTES DU JAPON.

San Kakso.

C'est une Aristoloche *Clematite*, qui monte & s'étend extraordinairement, & dont la fleur est de diverses couleurs.

Senninsso.

Ce nom, qui est commun aux Lettrez & au Vulgaire, signifie *herbe des Hermites*. C'est une autre Aristoloche *Clematite*, dont la fleur est blanche, à quatre pétales, ayant l'odeur du Muguet, & un grand nombre d'étamines.

Tsto Mégusa.

C'est une petite Joubarbe à fleurs jaunes, dont la feuille est pointuë. *Sedum minus Hæmatoides I. Tabernamont*, & le *semper vivum III.* de Dioscorides.

Gendsjino (a) Kubi Tsugi.

C'est le *Telephium* commun : *crassula major, sive fabaria* de Dodonée.

Tsito Megusa.

C'est une petite Joubarbe à fleurs jaunes. *Crassula, sive telephium folio compresso* de Dodonée.

Tsisu, vulgairement Fawa Kingi, autrement Niwa Gusa, & Fooki Gusa.

C'est la *Scoparia*, autrement la Belvedere des Italiens. Les Japonnois en tirent un Remede célebre parmi eux.

Fudsi Bakama.

C'est une petite Plante, qui ressemble à la verveine, & qui en a la feuille ; sa tige ronde & purpurine soûtient à son extrémité des bouquets de petites fleurs à cinq pétales, de couleur de pourpre-blanchâtre, & enveloppées d'un calice rond & écailleux. Sa semence est en angles, grosses comme celles du Carvi : brune, & d'un goût fort amer. On trouve aussi cette Plante à fleurs & à tige blanches.

Ominamisj (b), autrement Sjiro (c) Banna, c'est-à-dire, *fleur des femmes*.

On appelle ainsi cette Plante à cause de sa beauté : elle ressemble à la verveine, & en a la feuille. Sa tige, qui est ronde & cannelée, fournit plusieurs branches terminées par des bouquets de fleurs rouges, & semblables à celles du Sureau. Sa graine est ovale, & grosse comme l'Anis.

Tobi, vulgairement Taranoo, c'est-à-dire, *queuë de Dragon*.

C'est une Plante, qui par l'épaisseur de ses feuilles, & par ses branches terminées en épis de fleurs, & appliquées contre la tige, ressemble effectivement à une queuë de Dragon. Sa feuille est longue de trois pouces, étroite, & inégalement dentelée. Ses fleurs sont séparées l'une de l'autre, très-petites, d'un bleu tirant sur le blanc, faites en forme de tuyau, & partagées en quatre lévres. La capsule séminale est applatie, & contient des semences très-petites.

Sitsisu Ssoo, vulgairement Ssusu Kaki, c'est-à-dire, *Cloche suspenduë*.

C'est un Marrube, dont la tige est droite, haute d'une coudée, & à peu près ronde. Ses fleurs, qui sont grosses comme celles de la Lavande,

(*a*) Prononcez *Gentchino*. (*b*) Prononcez *Ominamich*. (*c*) Prononcez *Chiro*.

Oooo ij

& d'un bleu-clair, font fort ferrées les unes contre les autres. Elles naiffent des aiffelles des feuilles, & vont embraffer la tige en façon de bourlet. La capfule féminale contient quatre femences oblongues & anguleufes.

Il y a une autre Plante de même nom, qui a l'odeur d'Anis, & dont la feuille terminée par une longue pointe, eft comme celle de la Méliffe. Sa tige eft quarrée; fa fleur eft petite, de couleur de pourpre tirant fur le bleu, faite en tuyau, & découpée en quatre ou cinq lambeaux. Si on la frotte, elle rend une odeur, qui approche de celle de l'Anis, ou du Bafilic. Sa femence, qui eft ovale, applatie, rouffe, & petite, a pareillement un peu le goût d'Anis.

Tfiofigufa.

C'eft une verveine, dont les fleurs font arrangées en épis, fort ferrées les unes contre les autres, & femblables à celles de la Sauge.

Tsjoo (a), vulgairement *Tfta*, autrement *Fon Tfta*.

C'eft un Lierre, qui monte & s'étend extrémement. Ses feuilles, qui reffemblent à celles de la Vigne, tombent chaque année. Ses bayes font oblongues & charnuës; fes femences font fort petites.

Fotogi Tfta, c'eft-à-dire, *Lierre de l'Idole*.

C'eft le Lierre commun, qui porte des bayes. On ne dit point d'où lui vient ce nom.

In Tfta, c'eft-à-dire, *Lierre de pierre*.

Cette Plante eft ainfi nommée, parce qu'elle s'attache aux pierres. Sa racine eft ligneufe, & toute garnie de fibres; fa feuille eft comme celle du Lierre nummulaire, & dure toujours.

Tfta Mongira.

C'eft un Lierre ainfi appellé, parce qu'il rampe à terre. Sa feuille eft comme celle de la petite Nummulaire. On le nomme encore *Maine Tfta*, à caufe de la figure de fa feuille.

Sakufetz, vulgairement *Kakidoro*, & *Tfubuguja*.

C'eft une Plante rampante, femblable par fa feuille & fon port extérieur au Lierre terreftre. Ses fleurs naiffent parmi les feuilles dès le bas de la tige: elles font très-petites, de couleur de pourpre, & à fix pétales. Ses femences font rondes, un peu applaties, & couvertes d'une peau mince.

Sjukaido (b), c'eft-à-dire, *Kaido d'Automne*.

C'eft une efpece d'Ozeille haute d'une coudée, & dont le fuc eft extrêmement acre. Sa tige eft graffe, branchuë, garnie de nœuds. Ses feuilles, qui reffemblent à celles de l'Herbe aux Teigneux, font épaiffes, & finement dentelées; fes fleurs font à quatre pétales, de couleur de chair, & d'une ftructure fingulierement admirable.

Sasjo (c), vulgairement *Katabami*, & *Simmegufa*.

C'eft l'Alleluya à fleurs jaunes de Dodonée, ou le *trifolium acetofum corniculatum* de Gafpar Bauhin.

(a) Prononcez *Tchoo*. (b) Prononcez *Choukaido*. (c) Prononcez *Sacho*.

T. 2. Page. 661.

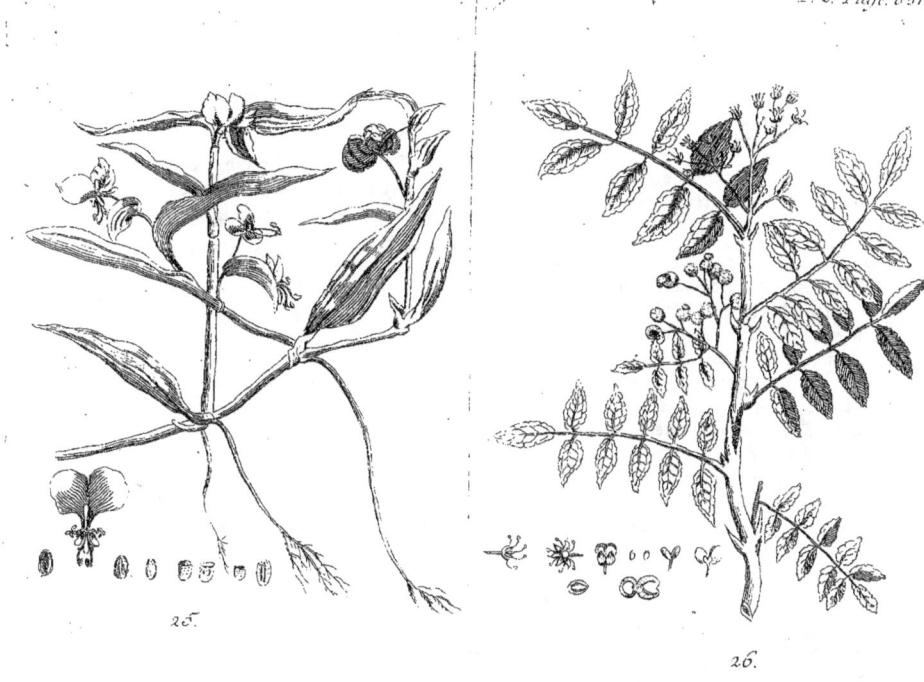

25.

26.

28.

27.

PLANTES DU JAPON.

Voyez la Figure n. 25.

Koo Seki, vulgairement *Skigusa*, & *Tsugusa*, autrement *Asango*.

C'est une espece d'*Ephemerum* à feuilles de Muguet, & dont la fleur ressemble à celle de la Trinité.

Cette Plante a un petit nombre de racines fibreuses & noirâtres, qui poussent des tiges rondes, rampantes, grosses comme un tuyau d'avoine, longues d'une coudée & davantage, garnies de nœuds de couleur de pourpre. Ses feuilles, qui n'ont point de pédicules, sont comme celles du Muguet, quant à leur substance, leur couleur, & leur figure, mais un peu plus petites & plus étroites. Sa fleur, qui ressemble à celle de la Trinité, & qui est de même grandeur, est bleue, à deux pétales, inégalement ronds, très-tendres, élevez & semblables aux ailes de Papillons. Le pistile est bifurqué, & entouré de cinq étamines d'une longueur inégale. La capsule séminale, qui est de figure oblongue, & de la grosseur d'un pois, contient dans deux loges séparées deux semences ovales, noires, dures, d'une substance huileuse, & un peu douce.

Les fleurs de cette Plante servent pour faire la couleur bleuë qu'on appelle *outremer*. Pour cela on mêle les pétales, avec du son de ris, & on les humecte. On exprime ensuite cette masse, & on plonge dans son suc un papier net, que l'on fait sécher, après qu'il est bien imbibé. On réïtere plusieurs fois cette manœuvre, & alors ce papier sert pour la couleur.

Fakkona Ksa.

C'est un Capillaire célebre, qui naît sur la Montagne de *Fakkona*, & dont on se sert en Médecine. C'est le Capillaire à feuilles de Coriandre.

Sin Sioos, vulgairement *Firu Musiro*.

C'est l'Epi d'eau à feuilles de Lys des Vallées.

Fili.

C'est la petite Lonchitis âpre. Il y en a une autre à feuilles frisées du Polypode.

Dsjemmai (a).

C'est une Phyllitis à feuilles branchuës. Il y en a une autre, dont la racine est bonne à manger.

Secki Ji, vulgairement *Juwanokawa*, *Frotsba*, *Jwanbami* & *Jwangasuwa*.

C'est une Hermionitis pierreuse, dont la feuille est simple, oblongue, & assez grande ; fort large à sa racine, & se rétrécissant toujours, de sorte qu'elle prend la forme d'un épieu pointu.

Moku Sokku, vulgairement *Tokusa*.

C'est la Prelle des Marais à longues soyes de Gaspar Bauhin.

Tsjo (b), vulgairement *Sjiro* (c) *Oo*, autrement *Karaausi*, *Karao* & *Mao*.

C'est un Chanvre blanc, ou plutôt la grande Ortie commune, qui fleurit au Printems. Sa tige a des fils propres à faire de la toile. Sa semence est d'un goût très-acre, & on en tire une huile caustique. Il y a une autre Ortie commune, qui fleurit en Automne.

Rio, vulgairement *Tade*.

C'est la Persicaire acre & brûlan-

(a) Prononcez *Dsjemmai*. (b) Prononcez *Tcho*. (c) Prononcez *Chiro Oo*.

te, autrement nommée *Curage*, ou *poivre d'eau*. Les Japonnois se servent de ses feuilles en guise de poivre.

Koo, vulgairement *Ke Tade*, & *Inu Tade*.

C'est une Persicaire, dont la tige, qui est garnie de poils, haute de quatre pieds, & divisée par articulations, se partage à son sommet en plusieurs épis de fleurs incarnates. Sa feuille est grande, terminée par une longue pointe, & n'a point le bord découpé.

Sooni, vulgairement *Namome*.

C'est le petit Glouteron, *Xanthium*. *Lappa minor*, de Matthiole.

Keequan Mokf, vulgairement *Kaide*, autrement *Momiasi*.

C'est un Erable, qui prend son nom de la couleur de ses feuilles, lesquelles sont petites, variées de pourpre & de jaune, à mesure qu'elles croissent.

Il y en a une autre espèce, dont les feuilles ont cette variété pendant l'Automne.

Voyez la Figure n. 16.
Seo & *Sansjo* (a) vulgairement & selon les Lettrez. Le Vulgaire l'appelle encore *Naru Fatsi Kami*, ou *Kawa Fasi Kami*.

C'est le Poivre du Japon. Cet Arbrisseau, si célèbre chez les Japonnois, s'élève à la hauteur de deux toises. Son écorce est grasse, de couleur tannée, garnie de tubercules, & de quelques pointes longues d'un demi pouce, & qui se séparent avec elle. Son bois est léger & foible, ayant beaucoup de moëlle. Ses feuilles, dont le pédicule est très-court, sont en forme d'aîles, l'une vis-à-vis de l'autre, longues de quatre à cinq

(a) Prononcez *Sancho*.

travers de doigt, semblables en partie à celles du Frêne, ovales, avec un bord un peu crénelé, d'un verd agréable, ayant une côte tendre, qui les traverse dans leur longueur d'un bout à l'autre. Ses fleurs, qui naissent aux aisselles des feuilles, & au bout des petits rameaux, ont sept à huit pétales, & autant d'étamines longuettes, dont le sommet est rond & jaune. Ses fleurs sont d'une figure à peu près ronde, & de la grosseur d'un grain de Coriandre. Le calice est partagé en autant de piéces, qu'il y a de pétales, & le plus souvent il manque. La fleur étant tombée, il paroît une, ou deux capsules séminales, de la grosseur d'un grain de poivre, membraneuses, couvertes d'un grand nombre de petits tubercules, roussâtres dans leur maturité, dures, & qui s'ouvrent pour laisser échapper une seule semence ovale, un peu dure, grosse comme un grain de Cardamome, couverte d'une peau noire & brillante, sans saveur, mais seulement tant soit peu chaude.

Cet Arbrisseau a dans toutes ses parties, mais principalement dans son écorce, ses feuilles, & son fruit, un goût de poivre & de Pyréthre brûlant & aromatique. C'est pourquoi on l'appelle *Fatsi Kami*, c'est-à-dire, *Gingembre crud*. Ses feuilles nouvelles, son écorce séche, & surtout ses capsules séminales, s'employent à la cuisine au lieu de poivre & de gingembre. Les Médecins pilent les feuilles, & avec la farine de ris en font une espece de bouillie, qu'ils appliquent en forme de cataplasme sur les parties attaquées de fluxions douloureuses, afin de résoudre la matiere.

PLANTES DU JAPON. 663

Jamma Sansjo (a), c'est-à-dire, *Sjo* (b) *des Montagnes*.

C'est à peu près la même Plante, que la précédente, mais qui est sauvage, & croît sur les Montagnes, dans les Bois & dans les Buissons. Outre son goût de poivre, elle a encore un goût de mucosité. Ses fleurs sont d'un verd blanchâtre, & à cinq pétales, du moins celles, que Kœmpfer a vûes. Elles ont un calice découpé en cinq dents & cinq étamines, dont les pointes sont jaunes & fendues en deux. Les capsules séminales, qui viennent plus souvent au nombre de trois d'une seule fleur, ont un goût d'Anis, avec une acrimonie brûlante & aromatique. On se sert des feuilles dans la Médecine : on les broye, & on les applique en forme d'emplâtre sur des tumeurs inflammatoires, afin de les résoudre, ou de les mûrir.

Baibokf, vulgairement *Fusj* (c).

C'est un Arbre, qui croît sur les Montagnes, & qui a de grandes & belles feuilles. Ses fleurs sont très-petites, blanches, à cinq pétales, & ramassées à l'extrémité des rameaux en épis de figure conique. Sa semence ressemble à celle de l'Urusi, si ce n'est qu'elle est plus petite. Il vient sur les feuilles des excroissances, qui ont au Japon le même usage, que parmi nous les noix de Galle.

Sjo (d) *Ri*, vulgairement *Kaadsi Kansi*.

C'est le Mûrier à papier, dont nous avons donné la description plus haut, aussi bien que du *Kadsi Kadsura*.

Kióh, vulgairement *Dara*.

C'est un grand Arbrisseau sauvage, qui a beaucoup de branches, & qui est hérissé d'épines. Ses feuilles sont fort grandes, terminées en pointe, & finement dentelées. Ses fleurs, qui naissent sur des pédicules longs d'un pouce, sont blanchâtres, à cinq pétales, grosses comme un grain d'épis, & disposées en parasol. La capsule séminale, qui n'est pas plus grosse qu'un grain de Coriandre, renferme cinq semences, qui ressemblent à celles du Lin.

Asjebo, autrement *Asjemi*.

C'est un Arbrisseau, qui s'éleve à la hauteur d'une coudée, & dont les branches sont très-flexibles. Ses feuilles sont étroites, point découpées à leur bord, d'un goût amer & styptique; leur décoction fait mourir les mouches & les vers. Ses fleurs sont monopétales, très-blanches, grosses comme un pois, & soûtenuës par un calice découpé en cinq. Après qu'elle est passée, le pistile devient une graine grosse comme celle de Coriandre.

Ibutta.

C'est un Arbrisseau, qui a les feuilles & le port extérieur du Prunier sauvage. Sa fleur est blanche, & ressemble à celle du Troëne.

Takusitsu, vulgairement *Totaigusa*.

C'est la petite Esule commune, ou le *Tithymalus arvensis latifolius* d'Allemagne de Gaspar Bauhin.

Fan Ru, vulgairement *Fa Kobi*, & *Fagu Jera*.

C'est la Morgeline commune, au-

(a) Prononcez *Sancho*. (b) Prononcez *Cho*. (c) Prononcez *Fouche*. (d) Prononcez *Cho*.

trement nommée *morfus gallinæ*.

Mondo, vulgairement *Jamafuje*, & *Sogaif*.

C'eſt la Benoîte commune de Gaſpar Bauhin.

Kakko, vulgairement *Utſu Boguſa*, & *Urukki*.

C'eſt la grande Brunelle, dont la feuille n'eſt point découpée, de Gaſpar Bauhin.

Gai, vulgairement *Jamogi*.

C'eſt la grande Armoiſe commune. Quand elle eſt jeune, elle ſe nomme *Futz*. C'eſt des feuilles de celle-ci, qu'on fait le *Moxa*, dont nous avons parlé au Chapitre VI. de ce Supplément.

Koo, vulgairement *Jamogi*.

C'eſt l'Armoiſe à très-petites feuilles.

Intsjin (a), vulgairement *Fki Jamogi*, & *Kawara Jamogi*.

C'eſt l'Abrotonon, ou l'Aurore mâle des Champs.

Ba, autrement *Ma*, vulgairement *Aſa*.

C'eſt le Chanvre, qui ſe ſeme.

Kei, vulgairement *Aſami*.

C'eſt le Chardon des Prez à larges feuilles de Gaſpar Bauhin.

Rei, vulgairement *Akaſa*.

C'eſt l'Arroche des bois, dont les feuilles ont de grandes découpures.

Sei, vulgairement *Nadſuna*.

C'eſt le Tabouret, dont les feuilles ſont profondément découpées : *Burſa paſtoris major*.

Teſſio, vulgairement *Sotits* & *Sodetz*.

C'eſt une eſpece de Palmier, qui croît dans l'Iſle d'Amboine, & dans pluſieurs autres cantons plus Orientaux de l'Inde. On fait de ſa moëlle une farine, appellée *ſagu*, avec laquelle on prépare une boüillie, qu'on eſtime ſouveraine contre la Phtiſie. Kœmpfer définit cette Plante *Palma Japonica, ſpinoſis pediculis, polypodii folio*, & ajoûte que dans le caractere, qui l'exprime, il eſt fait mention du fer, parce qu'on y inſere des cloux, pour la rendre plus ſaine, & pour l'engraiſſer. Auſſi il n'y a preſque point à douter que ce ne ſoit le même Palmier, dont on trouve la deſcription dans quelques Hiſtoires du Japon, & dont il eſt parlé dans l'*Hortus Malabarius* 39. ſous le nom de *Todda Panna*. Kœmpfer croit auſſi que c'eſt le même, que les Hollandois appellent *Jager Boom*. On prétend que l'humidité fait ſur lui le même effet, que le feu ſur le Parchemin, qu'on lui met de la limaille de fer au pied, au lieu de fumier, & que quand quelqu'une de ſes branches eſt caſſée, on l'attache au tronc avec un clou, & qu'elle reprend. Cet Arbre eſt prunifere.

Sjuro (b), autrement *Sodio*.

Ces deux noms ſont communs aux Lettrez & au Vulgaire. Cette Plante approche beaucoup du Palmier des Montagnes de Malabar, appellé *Codda Panna* dans l'*Hortus Malabaricus*, mais elle a la feuille plus petite. Le Palmier de Malabar a la feuille grande, pliée & pointuë : il

(*a*) Prononcez *Intchin*. (*b*) Prononcez *Chouro*.

porte

PLANTES DU JAPON.

porte du fruit dans les Indes, mais au Japon il est stérile, & on ne le cultive, que pour l'ornement.

Soo Tsiku, vulgairement *Sjuro Tsiku*.

C'est une petite espece de la précédente Plante, & dont les feuilles, qui croissent à l'extrémité de la tige, sont pointuës, comme celles du Roseau.

Tsiku, vulgairement *Tacke* & *Fatsku*.

C'est le Roseau en général, & par excellence le Roseau des Indes, appellé *Bambou*. Cet Arbre & le Sapin sont estimez au Japon, comme étant de bon augure, parce qu'ils sont toujours verds, & à cause de je ne sçai quelle influence bénigne, qu'on leur attribuë. Les Japonnois disent que le Bambou dure plusieurs siecles : en effet on en voit d'une grosseur énorme, & qui ont toutes les apparences d'une extrême vieillesse. On en fait quantité de meubles, & quelquefois les murailles & les goutieres des Maisons. On confit les rejettons de ses racines avec le vinaigre, le sel, l'ail, & les gousses de poivre de Guinée, & on fait grand cas de cette confiture. Près du Bourg de KUSATSU dans la Province d'Omi, où le terroir est extrêmement boueux, & d'une vertu singuliere, les racines de cet Arbre poussent en grande quantité, & sont d'une beauté rare. On en fait ces belles Cannes, que nous connoissons sous le nom de *Rottangs*. Pour cela on commence par couper les deux bouts de la racine, à laquelle on ne laisse que la longueur, dont on veut avoir la canne. On coupe ensuite avec un couteau d'une trempe particuliere pour cet usage les petites racines & les fibres, qui sont autour des jointures, où il reste un petit trou, qu'on y laisse exprès. Si les racines sont courbées, on les redresse par le moyen du feu, après quoi on les lave, & on les nettoye avec soin. Ces cannes sont ordinairement à grand marché, si ce n'est lorsque le Seigneur de la Province défend de les arracher pendant quelques années ; ce qu'il est obligé de faire de tems en tems, de peur qu'une trop grande consommation ne fasse tort à l'accroissement & à la multiplication de la Plante, & parce que les racines étant fort avant en terre, on ne les peut avoir, sans faire de grandes ouvertures. Les Bambous, qui croissent ailleurs, que dans ce canton, ont les racines trop courtes pour en faire des cannes.

Rotsikku, vulgairement *Naio Dacke*, autrement *Niga Dacke*.

C'est le Roseau amer des Indes ; l'amertume est dans sa racine : ce Roseau forme une espece d'Arbrisseau.

Futsiku, vulgairement *Futamma Tacke*, c'est-à-dire, *Roseau fourchu*.

C'est aussi un Arbrisseau, dont la tige forme deux fourches.

Ssi Tsiku, c'est-à-dire, *Roseau plié*, vulgairement *Murisakki Dacke*, c'est-à-dire, *Roseau pourpré*, autrement *Mandara Dacke*.

C'est encore un Roseau, qui croît en Arbrisseau. Sa tige est d'un noir purpurin, mince, bien remplie : ses feuilles sont courtes, un peu larges, pendantes, & pliées.

Kaansia, vulgairement *Satto Dacke*.

C'est une Canne de Sucre. Cette Plante est rare au Japon, & il n'y a que quelques Curieux, qui la cultivent.

Dso, vulgairement *Sasa*, autrement *Si Nosa*.

C'est un petit Roseau bas, & à feuilles étroites : ou plutôt c'est un petit Arbrisseau à feuilles de Roseau.

Coma Sasa.

C'est à peu près la même Plante, mais les feuilles en sont plus larges, & cannelées.

Fackona Sasa.

C'est encore à peu près le même Arbrisseau, qui croît sur la Montagne *Fakkona*. Ses feuilles ont les bords & le nerf du milieu d'un très-beau blanc.

Fuku, vulgairement *Tsikkusitz*, *Tsikube*, *Safadsitz*, & *Sasa Méguri*.

C'est le petit Roseau *Epigeiós*, branchu, en petit Arbuste.

I Juu, vulgairement *Fankusa*, *Jeno Konkusa* & *Innubie*.

C'est le *gramen paniceum* velu, ou bouru de Taberne, ainsi nommé, parce que sa fleur ressemble à celle du *panicum*. Gaspar Bauhin en parle sous le nom de *gramen paniceum spicâ simplici*.

Boo, vulgairement *Obanna Ssussukki*.

C'est le *gramen paniceum spicâ divisâ* de Gaspar Bauhin, & le *gramen Manna* II. de Mathiole.

Boo, vulgairement *Tsubanna*.

Il se pourroit bien faire que cette Plante fût le Roseau petit *Epigeios*. Kœmpfer dit que c'est le *gramen arun-*

(*a*) Prononcez *Chou*.

dinaceum caule longiori, *paniculâ sparsâ*, & peut-être le *gramen arundinaceum majus* de Taberne. Il y en a une autre espece, dont la tige est plus courte, & le sommet en epis.

Dsin, vulgairement *Karrias*, *Kakkina*, & *Arai*.

C'est le *gramen arundinaceum minus* de Taberne, & que Gaspar Bauhin nomme *gramen arundinaceum spicatum*.

I, vulgairement *Assi Jussi*.

C'est le Jonc commun des Marais, dont les feuilles sont larges, les tuyaux fermes, & dont Kœmpfer croit qu'on fait les pinceaux pour écrire.

Fo, vulgairement *Kamma*.

C'est le Souchet des Marais. Kœmpfer le définit *gramen cyperinum palustre*.

Rin, vulgairement *Sickiso*.

C'est une espece de Jonc, qui est mince, uni, fort long, & que l'on cultive dans des Plaines humides à la maniere du Ris. On en fait de très-jolis tapis, qui servent à couvrir le pavé des Chambres.

Sju (a), vulgairement *Soobu*.

Kœmpfer définit cette Plante *herba arundinacea palustris foliis liliacis*. C'est un Jonc des Marais à fleurs de Lys. On le garde dans les Jardins & dans les Cîternes à cause de sa beauté. Il y en a trois autres especes, qui ne different, que par la grandeur des feuilles. La plus grande s'appelle *Soo*; elle a les feuilles très-longues : la seconde, *Ajami*, dont les feüilles sont médiocres ; la troisiéme *Siki Soba*. Les feüilles de celle-ci sont

PLANTES DU JAPON.

très-petites. On la conserve dans des vases de terre.

Setz, vulgairement *Suge*.

C'est une Herbe des Marais, à feuilles de Jonc, très-courtes & roides. On les blanchit, & on en fait de très-beaux Chapeaux, dont les Femmes se couvrent la tête, quand elles vont à la promenade.

Kjoo, & *Koo*, vulgairement *Asasa*.

C'est une espece de Nénufar à feuilles de Thora.

Ken, vulgairement *Midsubaki*.

Autre espece de Nénufar à feuilles de Populago.

Ee, vulgairement *Ukingusa*, c'est-à-dire, *Herbe qui nage*.

C'est la Lentille commune des Marais. Il y en a une autre, dont les feuilles sont quarrées.

Voyez la Figure n. 27.

Wanhòm.

Ce nom est Siamois. Les Portugais & les autres Etrangers établis dans le Royaume de Siam donnent à cette Plante celui de *Kantsjoor* (a). Elle est étrangere au Japon, & on ne l'y connoissoit pas même avant Kœmpfer, qui en reçut un pied de la Cour de Siam, & qui la cultiva avec succès.

Elle ressemble au Plantain; sa racine est longue, fibreuse, noüeuse, assez ressemblante au grand Galanga, d'une substance blanche, tendre, & charnuë, d'un goût aromatique très-agréable : toute la Plante a le même goût. Ses feuilles, qui naissent de la racine, réünies ensemble, & posées sur de gros pé-

(*a*) Prononcez *Kantchor*.

dicules, longs d'un poulce & demi, & cannelez, ressemblent fort à celles du Plantain, & ont plusieurs nervures disposées de la même façon : elles sont rondes, & terminées par une pointe fort courte, d'un verd foncé & brillant par devant, blanchâtre par derriere : le bord est ondé, & point découpé. La fleur est blanche, à six pétales, semblable à celle de l'*Orchis*, & dure fort peu de tems.

La racine de cette Plante a beaucoup de vertus ; aussi est-elle soigneusement cultivée par les Siamois. On s'en sert pour désobstruer les hypocondres, pour échauffer l'estomach, dissiper les vents, guérir les tranchées, fortifier les visceres, & le genre nerveux.

Sinkoo, vulgairement *Kawo Ri Ki*, c'est-à-dire, *Arbre, ou Bois odoriférant* : les Siamois le nomment *Kissina*.

Voyez la Figure n. 28.

C'est l'Arbre d'Aigle, ou d'Aloé, dont le bois se nomme *Agallochum*. Ce fameux Arbre, qui croît dans le Royaume de Siam, & dans les Pays voisins, est extrémement rare, & nous n'en avons encore qu'une connoissance bien imparfaite. Son tronc, qui a une coudée de hauteur, est droit, mince, d'un verd agréable, garni de feuilles dès le bas, couvert de poils, & se partageant en deux branches. Ses feuilles naissent une à une, éloignées entr'elles d'environ un poulce, semblables à celles du Pêcher, d'un verd brillant & vif de chaque côté : leur bord n'est point découpé, & elles ont dans leur milieu un gros nerf, qui régne sur le dos dans toute leur longueur, & qui envoye aux deux côtez quantité

Pppp ij

de petits rameaux fins, & presque imperceptibles.

Cet Arbre ne se trouve, que dans les endroits les plus reculez des Bois & des Montagnes. Suivant le rapport des Chinois & des Siamois, ce n'est que quand il est vieux, qu'il acquiert cette charmante odeur, qui le rend si précieux. Elle consiste dans un suc résineux, qui, lorsque l'Arbre vieillit, & se pourrit, occupe le dedans du bois, & s'amasse principalement vers les nœuds, où il se condense. Les morceaux de bois, qui sont les plus résineux, & qui ont par conséquent plus d'odeur, se nomment *Calamba*, ou *Calambak*, & se vendent très-cherement. Il n'en vient jamais en Europe, ou du moins on n'y en envoye, que les morceaux, qui ont le moins d'odeur. Les Princes & les Grands Seigneurs de l'Orient font de grandes dépenses, pour avoir du Calamba, & ils en brûlent par magnificence dans leurs festins, comme un précieux parfum.

Sindan, vulgairement *Tanko*, & *Bjakdon*.

C'est l'Arbre de Santal. Kœmpfer dit qu'il n'en a point vû au Japon, mais qu'on l'y a assûré qu'on en trouve sur les plus hautes Montagnes du Bungo.

Baso.

Ce nom est en usage pour les Lettrez & le Vulgaire. C'est l'Arbre *Musa*, que les Indiens appellent *Pisang*. Il est rare & stérile au Japon.

Tobè, autrement *Kárakatz*.

C'est le *Sumach* des Arabes; le *Roux*, ou *Rhus* à feuilles d'Orme de Gaspar Bauhin.

Taabu No Ki.

C'est un Laurier sauvage, aussi grand que l'Arbre, qui donne le Camphre. De ses bayes, qui sont de couleur de pourpre noir, & plus grosses qu'un pois, on tire une huile, qui sert pour les lampes. Cet Arbre n'a, ni odeur, ni saveur dans aucune de ses parties, mais il est plein de beaucoup de mucositez, surtout à son écorce. Cette écorce pulvérisée, & mêlée avec des aromates, sert à faire de petits bâtons parfumez, qu'on appelle *Senkos* : les Prêtres en brûlent sur les Autels de leurs Dieux, & les Chirurgiens, qui appliquent le Cautere Moxa, les employent pour y mettre le feu. L'Arbre n'a aucune beauté ; son écorce est rude & sale ; celle des rameaux est de couleur bay, & pleine de mucositez, & ces rameaux, qui viennent plusieurs ensemble, sont gros & mal arrangez. Il a beaucoup de feuilles, qui sont alternes, éloignées les unes des autres d'un demi pouce, fermes, épaisses, longues de quatre poulces, larges de deux, d'un verd brillant en dedans, blanchâtres sur le dos. Les bourgeons, qui viennent sur les rameaux, sont grands, & ressemblent par leurs écailles à des pommes de Pin. Ses fleurs sont extrêmement petites, & viennent en bouquets : elles sont à cinq pétales, aussi bien que le calice, & un peu pâles. Quand elles sont tombées, il paroît des bayes d'un noir purpurin, plus grosses qu'un pois, dont le sommet est applati, & qui renferment un noyau blanc, lequel se sépare en deux, & qui est d'un goût fade & insipide.

Tamu No Ki.

C'est un Arbre, qui a le port extérieur du *Taabu*: ses sommitez sont droites, serrées, & d'une beauté, qui a quelque chose d'étranger. Ses feuilles sont deux à deux, roides, oblongues, pointuës par les deux extrémitez, d'un verd brillant d'un côté, & d'un verd blanchâtre de l'autre, longues de deux poulces & davantage. Ses fleurs sont comme à six pétales, d'un verd jaunâtre, soûtenuës par un calice découpé en six, ayant chacune leur pédicule.

Taabi.

C'est un Arbre, dont le tronc est blanchâtre, le bois fragile, les feüilles grandes, dentelées à leur bord, & terminées par une pointe courte: les rameaux garnis d'un épi de fleur long de trois poulces, & ayant à leur extémité plusieurs gousses, comme on voit dans l'Ancholie.

Too Sei, vulgairement Mots No Ki.

C'est un Arbre de grandeur médiocre, mal fait, dont les branches sont tortueuses, & fort garnies de feüilles, lesquelles sont ovales, rudes, & point découpées. Les Japonnois pilent son écorce, & en font de la glu.

Taamo Sjibatta (a), autrement Okina Kogi.

C'est un Arbrisseau, dont la fleur est en Lys, & dont les feüilles sont comme celles du Laurier.

Koo Sioo.

Ce nom est commun aux Lettrez & au Vulgaire, qui nomme encore cette Plante *Maru Faskaami*. C'est la Plante du Poivre rond. Le climat du Japon ne lui est point propre; on

(a) Prononcez *Chibatta*.

ne l'y trouve, que chez quelques Curieux.

Mame, & Mamebos.

C'est un Arbrisseau, dont les branches sont longues & droites, le bois dur, léger, & très-fragile, comme jaunâtre en dedans, & plein de beaucoup de moëlle. Ses feüilles ressemblent à celles du Cerisier. Ses fleurs sont blanches, pendantes, sans pédicules, le plus souvent à huit pétales joints ensemble en forme de cloche, & d'une longueur inégale. Le pistile est environné de huit étamines, qui ont une pointe jaune.

Rengjo.

C'est un Arbrisseau, qui jette des branches dès le bas, & dont l'écorce est couverte de tubercules, & fortement attachée au bois, qui est creux & fragile. Ses fleurs sont jaunes, très-tendres, en forme de cloche, découpées jusqu'au-delà de leur milieu, rayées de rouge en dedans, avec deux seules étamines: elles tombent très-aisément.

Ko Gommi.

C'est un Arbrisseau, qui n'a pas une brasse de haut: son bois est léger, fragile, & contient beaucoup de moëlle. Ses rameaux sont très-minces, pendants vers la terre, & garnis dans leur longueur de plusieurs paquets de feuilles & de fleurs. Ses feüilles sont étroites, couvertes de poils, de couleur de verd de gris, & ressemblantes à celles de l'Hyssope. Le commencement de leur bord n'est point découpé, mais la suite l'est trop finement. Les fleurs sont blanches, sans odeur, à cinq pétales, & d'un demi poulce de diamêtre ; elles font ramaffées en bouquets de quatre & davantage, foûtenuës chacune fur un pédicule long d'un poulce, & environnées à leur origine de cinq ou six petites feüilles.

Ko Gommi Sakira.

C'est une espece de la précédente, dont la fleur blanche eft pleine, & reffemble à une belle Marguerite. Sa principale feüille est plus grande que les autres, couverte de poils, & d'une figure, qui approche de celle du Cerifier. C'eft de-là, que vient le nom, que porte cette Plante.

Jo, vulgairement Janangi, & Fáko Janági, c'eft-à-dire, Janági propre à faire des Fákos, ou petits Coffres.

Cet ufage eft la feule différence, qu'on mette entre cet Arbre, & un autre, qu'on appelle vulgairement *Mids Janági*, c'eft-à-dire, *Janagi aquatique*, nommé par les Lettrez *Sfi Jo*. C'eft un grand Arbre affez mal fait, qui a les feüilles & l'extérieur du Hêtre.

Rju, vulgairement Aujaki & Sidáre Janagi, c'eft-à-dire, Janagi fou.

C'eft un Arbre, qui approche du Saule, dont la tige & les branches font mal faites, les rameaux longs, minces, pendans, ayant beaucoup de feüilles, longues, point découpées, & qui reffemble à celles du Saule.

Kawa Janogi.

C'eft un petit Saule noirâtre, dont les chatons font gras & garnis de beaucoup de duvet, qui fert de bourre aux Japonnois. Il y en a un autre de même nom, qui a de petits poils fins, mais en petit nombre, & qui font femez d'une farine de couleur de fafran.

Kuro Nosji (a).

C'eft un Arbriffeau, qui croît fur les Montagnes, & qui s'éleve à la hauteur d'un Homme. Il a peu de branches, le port extérieur, & la feüille, comme le Saule : fon écorce eft d'un verd jaunâtre. fes fleurs font très-petites, à cinq pétales, & d'un verd mêlé de jaune.

Boï, vulgairement Awu Kadfira.

C'eft le grand Lierre ftérile de Gafpar Bauhin.

Feitóri Kfa.

C'eft le Lierre de terre des Montagnes, dont les fleurs font tachetées en dedans.

Teka Kadfura.

Autre Lierre femblable à celui, qu'on appelle *Lierre arbre*. Sa feuille eft oblongue, point découpée, d'un verd obfcur.

Magubi.

C'eft un Arbriffeau, qui s'éleve beaucoup, qui eft garni de nœuds, & dont les feuilles font trois à trois. Son écorce eft tendre, & d'un verd brillant : il a beaucoup de feüilles.

Gube.

C'eft une herbe, qui s'éleve beaucoup, & dont les branches font foibles, de couleur bay, & brillantes. Ses feüilles font partagées en cinq lobes. Ses fleurs, qui font ramaffées comme en parafol, font d'un blanc verdâtre, à trois pétales, &

(a) Prononcez *Nochi*.

sans calice, grosses comme un grain de poivre, & n'ayant ni étamines, ni pistile.

Unò Fanna.

C'est un Arbrisseau, qui s'éleve beaucoup, & qui a le port extérieur du *Syringa alba*. Ses feüilles ne sont point découpées à leur bord. Ses fleurs ramassées en grappes, blanches, à cinq pétales, un peu odoriférantes, n'ont ni étamines, ni pistile.

Bantees.

C'est un Arbrisseau, qui ressemble au Jasmin commun, & dont les rameaux sont garnis de feüilles dentelées à leur bord, & terminées par des épis de fleurs jaunes, à trois pétales, tantôt plus grandes, tantôt plus petites : les pétales sont très-tendres, & tombent facilement, & il y en a un plus grand que les autres.

Nonigi.

C'est la grande Fumeterre. Sa racine est creuse ; sa fleur est bleuë. On la trouve au Japon sur la Montagne Fakkona célebre pour ses Plantes. Il y a une autre Plante de même nom, qui est la Fumeterre commune à fleurs jaunes, & qui dès sa racine pousse beaucoup de branches.

Keman Sso, ou Keman Ksa, autrement Narin.

Sso & Ksa en Japonnois signifie de l'herbe. Cette Plante est une herbe haute d'un pied, dont la racine est tubereuse, les tiges creuses, molles, pleines de suc, garnies de quatre en quatre poulces de nœuds & de branches ; ses feüilles sont comme celles de l'Ancholie. Ses fleurs sont éloignées l'une de l'autre, de couleur incarnate, d'une structure extraordinaire, laquelle consiste en deux especes de capuchons terminez par une longue pointe recourbée, & qui renferment un corps de figure conique, lequel est cannelé, & garni à son sommet d'un pistile environné de six étamines.

Séki Tsiku, vulgairement Nadesko, & Tokunatz.

C'est l'Oeillet simple des Jardins à grandes fleurs.

Foosen, autrement Kinfoqua.

Ces deux noms sont également usitez parmi les Lettrez & le Vulgaire. Cette Plante est la *mirabilis Peruviana* de Rai. Ses fleurs sont blanches & rouges.

Kooqua, vulgairement Kurenai, autrement Bénino Fanna.

C'est une Herbe, qui ressemble à la précédente. Sa tige est longue, branchuë, & droite : ses feüilles sont grandes avec des dents d'espace en espace. On en tire la couleur bleuë.

Reisjun (a), vulgairement Bidsinfoo.

C'est une espece de Lychnis, qui tient du Pavot, dont elle a la tête : ses feüilles & sa tige ressemblent à celles de la Lychnis : sa fleur est simple & bleuë : on la conserve dans des pots à cause de sa beauté.

Neko Fanna.

C'est une Anémone, qui a le port extérieur du Pavot ; ses pétales sont

(a) Prononcez *Reichoun*.

couverts de poils en dehors : le dedans est sans poils & d'un rouge obscur.

Jamma Kikjo.

C'est une Plante, qui a le port extérieur de la Gentianelle. Sa hauteur n'est que d'une palme : sa racine est composée en forme d'écailles, qui à leur pointe sont de couleur purpurine, & d'où il sort une grosse fibre de trois poulces de long, qui se porte en bas. Ses tiges, au nombre de trois & davantage, sont d'un blanc mêlé de verd, garnies de nœuds enveloppez de deux petites feüilles pointuës, & sont terminées par des calices d'un poulce de long, découpez en cinq dents étroites, ou davantage. Ces calices soûtiennent des fleurs en façon de tuyau, longues d'un poulce & demi, bleuës en dehors, blanches en dedans avec des lignes bleuës. Ces fleurs se ferment au coucher du Soleil, & s'ouvrent de nouveau à son lever : leur bord est découpé en dix, quelquefois en douze & en quatorze piéces, qui sont alternativement, les unes pointuës, les autres en façon de dent, & plus courtes. Du fond du tuyau de la fleur naissent cinq étamines, qui ont une pointe jaune, & au milieu d'elles un pistile court & anguleux ; dont le sommet se divise en deux parties, qui se contournent en rond de chaque côté.

Furine.

C'est un *Knicus* bleu, dont la fleur sert pour les couleurs. C'est pourquoi on le cultive dans les Campagnes.

Sso, vulgairement *Naraje*, & *Sjako* (a) *Gusa*.

Kœmpfer doute si ce n'est pas le

(a) Prononcez *Chaco*.

grand Basilic de Taberne & de Matthiole.

Dsin, vulgairement *Je* & *Fakkuso*.

C'est encore une Plante, qui a du rapport au grand Basilic. Les Japonnois tirent de sa semence une huile célebre, qu'ils nomment *Jeno Abra.*

Sun Giku.

Ce nom est commun aux Lettrez & au Vulgaire, & veut dire *Matricaire du Printems*. On appelle encore cette Plante *Korei Giku*, c'est-à-dire, *Matricaire de Corée*, parce qu'elle a été portée de Corée au Japon. Sa fleur est double, & très-belle. La Plante fleurit dès le commencement du Printems

Gositz, vulgairement *Inó Kusitz.*

C'est un *Thlaspi*, dont les feüilles sont opposées entr'elles, point découpées à leur bord, ovales, & terminées en pointe. Sa tige est branchuë, & garnie de capsules semblables à celles de *la bourse à Pasteur*, ou *bursa Pastoris.*

Jotei, communément *Ssi.*

C'est un grand *Thlaspi* à feüilles de Patience, & dont les tiges sont aussi garnies de capsules de *bursa Pastoris*, entremêlées de petites feüilles.

Tenka & *Tenkja*, vulgairement *Kona Subbi.*

C'est la Morelle des Boutiques : *Solanum bacciferum hortense Officinarum* de Gaspar Bauhin.

Sen, vulgairement *Akanni.*

C'est une Herbe haute d'environ un pied, branchuë, & panchée vers

la

PLANTES DU JAPON.

la terre. Sa racine est fibreuse, & d'un tissu serré; ses feüilles ressemblent à celles de la Nummulaire, & les Teinturiers s'en servent pour teindre.

Sjaden (a), vulgairement *Obacko*.

C'est le grand Plantain commun à larges feüilles.

Sansoo, vulgairement *Josja* (b), autrement *Ninniku*.

C'est un Plantain à larges feüilles étoilées.

Kawa Sfobu.

Autre Plantain, dont la feüille, qui est comme celle de l'Iris, est étroite & longue d'un pied; son épi, qui a quatre doigts de long, est composé de petites caroncules arrangées de suite, & entremélées d'étamines jaunes: il est soûtenu par une tige longue de douze doigts, triangulaire, & dont l'un des côtez, plus étroit que les deux autres, est cannelé.

Ketz, vulgairement *Waribi.*

C'est la Fougere en général, & spécialement celle, que Gaspar Bauhin nomme *Filix ramosa major, pinnulis obtusis, non dentatis*. On mange au Japon ses tiges, quand elles sont nouvelles.

Sinqua, vulgairement *Ikingusa*, & *Iwa Renge.*

C'est la Stratiote commune; on la cultive au Japon dans des pots. On y trouve aussi la petite Stratiote, & elle a son caractere particulier.

Doki.

C'est un pied de Veau, qui est cannelé, & dont la feüille est en façon de doigts.

Kogannégusa.

C'est un *Trifolium acetosum*, ou *Alleluia*, dont la tige est mince, & branchuë, les feüilles cordées, & couvertes de poils.

Keison Kusa.

C'est une *Hermionite* à très-petites feüilles, qui sont ondées à leur bord, & découpées en pointe.

Kimpaku, vulgairement *Jwagoki*, & *Jwasiba.*

C'est une Mousse, qui croît sur les rochers, & qui ressemble à la Bruyere.

Matsebutz.

C'est la grande Pilosclle rampante & hérissée de Gaspar Bauhin, ou *l'oreille de Rat*. Les Japonnois en font une espece d'Armoise, qu'ils nomment *Butz*, ou *Futz.*

Jenwa, autrement *Joniku*, vulgairement *Jens.*

C'est le Nid d'Alcyon, vulgairement Nid d'Oiseaux, dont on fait usage dans les Cuisines pour les ragoûts. On les trouve attachez aux Rochers dans les Mers Orientales. C'est l'ouvrage des Hirondelles de Mer, & ils sont beaucoup plus grands que ceux de nos Hirondelles de Terre. Ils sont composez de ces *Holuthuries*, ou Poissons-Plantes, qui surnagent sur la Mer.

Des Cedres.

Il est surprenant que notre Auteur ne parle point ici des Cedres

(a) Prononcez *Chaden*. (b) Prononcez *Jocha*.

du Japon, que Montanus & le Pere Louis Almeyda asûrent être d'une hauteur & d'une grosseur incroyables, & dont le premier ajoûte que les Japonnois construisent des Vaisseaux, & font des Statuës. Ils regardent, dit le premier, comme une grande merveille de voir ces Statuës suer, ne sçachant pas que l'air humide, causé par le vent de Midi, attire l'huile, qui est dans ce bois. Il paroît certain que le Japon doit avoir quantité de ces Arbres, puisque tous nos Historiens, & Kœmpfer lui-même, nous parlent souvent de Colomnes & d'autres ouvrages de Cedre.

Selon Montanus le Cedre du Japon ressemble assez au Genevrier, si ce n'est que sa feüille est moins molle, qu'il monte plus haut, qu'il est moins sujet à se corrompre, & qu'il est d'une odeur plus agréable. Ses fruits sont semblables à ceux du Myrthe, & renferment quatre grains blancs comme le ris, mais en mûrissant ils prennent une couleur jaune tirant sur le rouge. La résine, qu'on tire de cet Arbre, garantit les corps morts de la corruption. Il y a dans son fruit trois sortes de goûts; la peau des grains est acre, l'écorce extérieure en est dure, & le suc, qu'ils renferment, est entre les deux. L'Arbre en est toujours chargé, aussi bien que de fleurs. Ce fruit échaufe; guérit de la toux, de la difficulté de respirer, & de l'acreté d'urine; mais il lui faut deux ans entiers, pour acquerir sa maturité, & il n'y parvient jamais qu'en Hyver. Quand il y est parvenu, il commence à s'ouvrir; alors la pluye & la rosée le font tomber à terre, laissant une petite queuë ronde, qui ne perd son écorce, que deux ans après. L'Arbre étant toujours verd, étend fort loin ses branches, & les a disposées en si bel ordre, qu'un Peintre ne feroit pas mieux. Il se peut pourtant bien faire que ces Cedres fussent les deux especes de Cyprès nommées *Finoki*, & *Suggi*, dont nous avons parlé, & que Kœmpfer avouë tenir plus du Cedre, que du Cyprès.

Quoiqu'il en soit, outre les Plantes, dont on vient de voir la description, il y en a une infinité d'autres au Japon, qui fourmillent dans les Champs, sur les Collines & les Montagnes, dans les Bois, dans les Marais, dans les lieux stériles & incultes, le long des Côtes de la Mer; & il en est peu, dont les racines, les feüilles, les fleurs, ou les fruits, ne servent de nourriture, non seulement au Peuple, mais aux Personnes mêmes de distinction. On y trouve plusieurs especes de Champignons, dont la plûpart sont bons à manger; mais quelques-uns sont venimeux, & causent souvent des accidens funestes. J'ai déja observé que la même chose arrive à l'égard de quelques autres Plantes, que le Peuple ne sçait pas toujours distinguer. Il y en a pourtant, qu'ils ont l'art de dépoüiller de leurs mauvaises qualitez. Ainsi du *Konjoki*, qui est une espece de *Dracunculus*, ils font une sorte de boüillie douce, d'assez bon goût, & qui n'est point mal saine.

De même en exprimant le jus, ou faisant une infusion en boüillie des racines du *Waribi*, qui est une espece de Fougere; du *Ren*, ou *Féve d'Egypte*, appellée par quelques-uns *Fleur de Tarate*; & du *Kasne*, ils en tirent une farine fine, dont ils se servent dans leurs ragoûts, & qu'ils mangent aussi seule, après l'avoir fait dissoudre dans de l'eau. De toutes les Plantes molles, qui croissent au fond de la Mer, il n'y en a presque pas une, que ces Insulaires ne mangent. Les Femmes des Pêcheurs les lavent, mettent ensemble celles, qui sont de la même espece, & les vendent.

TABLE ALPHABETIQUE
DES PLANTES DU JAPON,

Rapportées, autant qu'il a été possible, aux Plantes connuës en Europe.

A

ABrasin, Arbre. 626
Abricotier. 628
Abrotonon, ou *Aurore mâle des Champs.* 664
Æschynomene lævis Montana à feuilles d'Acacia. 642
Affrodille. 653. 654
Aigle, Arbre d'Aigle, ou d'Aloé. 667
Aiukuba, Arbrisseau. 614
Akai Sindsjo, Arbrisseau. 626
Algue de Mer en général. 639
Algue des Rochers. 640
Alkekenge. 624
Alleluya à fleurs jaunes de Dodonée, ou *Trifolium acetosum corniculatum* de Gaspar Bauhin. 660 Autre espece. 673
Amaranthe. Ses especes différentes. 650
Amaranthus Siculus spicatus de Boccon à fleurs blanches. 651
Anémone. 671
Angurek Warna, Plante Parasite. 652
Anis. 637
Aristoloche Clematite. 659
Armoise grande commune. 664
Armoise à très-petites feuilles. 664
Arroche des Bois. 664

Asjebo, ou *Asjemi*, Arbrisseau. 663
Aster jaune avec quelques différences, 656
Avoine noire, ou petit Bled. 540
Azederac, l'Azaderach d'Avicenna, ou le faux Sycomore de Matthiole. 625

B

BAibokf. Arbre, sur les feuilles duquel il vient des excroissances, qui servent au même usage, que la Noix de Galle. 663
Bambou, Roseau, dont la racine est fameuse pour les Cannes, qu'on appelle *Rottangs.* 665
Bantees, Arbrisseau, qui ressemble au Jasmin. 671
Bardane. Grande Bardane, dont la feuille se mange. 638
Basilic. 672
Belvedere, ou *Scoparia.* 659
Benoîte commune. 664
Biwa, ou le *Mangas Tangas* de la grande Java. 629
Bled; Froment, petit Bled. 640
Bled Sarrazin de plusieurs especes. 641

Qqqq ij

676 TABLE DES PLANTES.

Bois de fer. Ainsi nommé à cause de sa dureté. Il y en a deux especes. 627
Bonnet de Prêtre, ou l'Evonymus commun. 627
Brunelle. La grande Brunelle de Gaspar Bauhin. 664
Buis. Grand Buis, dont la feuille est ovale. Petit Buis, dont la feuille se termine en pointe par les deux extrémitez. 623
Buke., petit Arbuste, qui ressemble à l'Acacia d'Allemagne. 644

C

Alamba, ou Bois d'Aigle. 668
Camphre. Laurier, qui produit le Camphre. 618
Canne. Grande Canne sauvage des Indes. 654
Canne de sucre. 664
Capillaire à feuilles de Coriandre. 661
Casse. Grand Arbre, qui est venu de la Chine au Japon, où il est stérile, & que Kœmpfer soupçonne être l'Arbre de Casse. 643
Cedre. 673
Cerisier. Plusieurs especes de cet Arbre. 628
Champignons. 639
Chanvre. 661-64
Chardon des Prez à larges feuilles. 664
Chardon d'eau. 634
Châtaignier commun. 634
Chêne verd de deux especes. 634
Chiendent de plusieurs especes. 636 637
Choux blanc crêpé de la Chine. 639
Chrysanthemum Peruvianum. 656
Cistus des Indes. 644
Clematis. Deux sortes de Clematis. 649
Coignassier. 639
Come Gommi. 622
Concombre. Plusieurs especes. 632

Cornus Fœmina, ou *Virga sanguinea* de Matthiole. 625
Coudrier. 634
Courge. Plusieurs especes. 632
Cyprès. Deux especes 658
Cytise. 644. 645. 655

D

Ent de Lion à larges feuilles de Gaspar Bauhin. 639
Doku Quatz, Arbrisseau. 657
Doronic. 637
Dracunculus grand & petit. 624. 625
Dsojo, Herbe des Montagnes. 638

E

Lleborine, ou Gentianelle des Marais. 651
Ephemerum. 661
Epi d'eau à feuilles de Lys des Vallées. 661
Epigeios, petit Roseau branchu en Arbuste. 666
Erable. Deux especes. 662
Esule. Petite Esule commune. 663
Evonymus. Voyez *Bonnet de Prêtre*, *Evonymus* à larges feuilles de l'Ecluse. 627

F

Akkona, Montagne célebre pour ses Plantes. 666. 671
Fakkubucon. 624
Faku. 658
Fekoffatz. 621
Fer. Arbre de fer 634
Féve des Champs. 641
Féve d'Egypte. 657
Figuier. Plusieurs especes. 630. 631
Fisakali. Arbrisseau, qui ressemble au Thé. 621
Fleur des Femmes. Plante ainsi appellée à cause de sa beauté. 659
Fougere. 673
Fraisier. Deux especes. 625

TABLE DES PLANTES.

Framboisier. 625
Froment. Voyez *Bled.*
Fucus Marin. 640
Fumeterre. Deux especes ; la grande & la commune. 671

G

Genevrier. Plusieurs especes. 658
Gentianelle. Voyez *Elleborine.*
Gingembre. Deux especes. 637
Gin Sen. 635
Glayeul à fleurs de Plantain. 651
Glouteron, petit Glouteron de Matthiole. 662
Go Too, Arbrisseau. 650
Gramen Paniceum. Plusieurs especes. 666
Grenadier. 629
Gube. 670
Gui à bayes rouges. 624
Guimauve, grande Guimauve. 649

H

Haricot. Plusieurs especes. 641. 642
Helenium des Indes. 656
Hermionite. Deux especes. 661. 673
Hêtre. 634. 670
Houx commun. 623

I

Jaatzde, Arbrisseau. 626
Jamma Co Gomme. 622
Jamma Kibjo. 672
Jasmin, especes de Jasmin à fleurs doubles. 656
Ibutta, Arbrisseau. 663
If, qui porte des noix. 633
Joncs. Plusieurs especes. 637. 666. 667
Joubarbe. Petite Joubarbe à fleurs jaunes. 659
Iris. 651. 654
Jubeta, Arbre. 620

Jusura, Arbrisseau, qui ressemble au Phillirea. 626

K

Kaadsi, ou *Kadsi*, Figuier, dont l'écorce sert à faire du Papier. Voyez Papier. 589
Kai. Herbe de Bois. 638
Kakusju. Arbuste. 643
Kasne. 674
Katong' Ging, Plante parasite, dont la fleur ressemble à un Scorpion, & en porte le nom. 652
Keman Sso. 671
Kemboku. Arbre, qui a les feuilles & les fleurs de Myrthe, & qui est consacré aux Idoles. 621
Ken Sin, ou *faux Maki.* 622
Kiòh. 663
Kiri. Arbre, dont la feuille fait les Armes du Dayri. 649
Kirisma. Arbuste fleuri. 645
Knicus. 672
Ko Gommi. 669. 670
Kuroggi. Arbre sauvage. 625
Kuro Nosji. 670

L

Laituë commune, non pommée. 639
Laituë Chinoise. 639
Larme de Job. 640
Laurier. 617. 618. 619. 668
Voyez Camphre.
Légume. Plante appellée ainsi par excellence. 642
Lentille. 667
Lierre. Différentes esp. 660. 670
Ligusticum vulgare. 637
Limonnier. Deux especes. 629
Lisot. Deux especes. 648
Lonchitis. Deux especes. 661
Lychnis sauvage. 636. Lychnis couronnée, trois especes. 654. 671

Qqqq iij

TABLE DES PLANTES.

Lys des Montagnes. Plusieurs especes. 645. Lys blanc, trois especes. 653. Lys sauvage. 654. Lys Martagon, deux especes. Lys couleur de sang. 653

M

*M*Agubi. 670
Mame. 669
Marrube. 659
Matricaire. Différentes especes. 655 & suivantes. 672
Mauve des Jardins. Mauve Rose. 649
Melese, qui porte des fruits. 658
Melon, trois especes. 632
Millet, trois especes. 640. 641
Mokokf. Arbre. 655
Mokksei. Arbre. 644
Mokkwuren, Arbrisseau. Deux especes. 644
Morelle. 672
Morgeline. 663
Moutardier. 637
Mousse. 639. Mousse de Mer. 640. 673.
Murasaki. 624
Musa. 668
Mûrier. Deux especes. 625. 663
Myrthe sauvage. 622

N

*N*A, ou *Nagi.* V. *Laurier.* 619
Nandsjokf. Arbrisseau. 620
Narcisse. 653. 654
Néflier. 631
Nénufar, ou la Féve d'Egypte, ou le Tarate des Indes. 657
Autre Nénufar. 667
Nid d'Alcyon. 673
Nisi Kingi. Arbrisseau. Deux especes. 627
Noyers. 632. 633

O

*O*Bammi. Arbrisseau. 621
Oeil de Serpent. Arbrisseau fruitier, trois especes. 634
Oeillet. 671
Oignon commun. 638
Olivier des Montagnes. Deux especes. 626
Oranger. Trois especes. 629
Oreni. 591. 594. 624
Orchis. 637
Oreille de Rat, voyez *Pilosselle.*
Orge. 640
Ortie. Deux especes. 661
Oseille fort haute. 660

P

*P*Aliurus. 626
Palmier. 664. 665
Panais commun. *Panais* sauvage. 636
Panicum, deux especes. 641
Papier. Divers Arbres à Papier. 542. & suiv.
Pavot. 641
Pêcher. Plusieurs especes. 627. 628
Pensée, ou la fleur de la Trinité. 655
Periclymenum commun, ou *Caprifolium non perfoliatum.* 624
Persicaire acre, autrement appellée *Poivre d'eau.* Autres especes. 661 662
Persil. Trois especes. 637
Peruviana mirabilis. 671
Pétasite commun. 639
Phillitis. Deux especes. 661
Phleos. Deux especes, 637. 638
Pied de Veau. 624. 673
Pilosselle grande, rampante, & hérissée de Gaspar Bauhin, ou *Oreille de Rat.* 673
Pin. Différentes especes. 658
Pin-Cyprès. 658
Pivoine. La grande *Pivoine.* 650
Plantain. Trois especes. 673

TABLE DES PLANTES.

Poireau. Trois especes. 639
Poirier des Jardins. 629. *Poirier* Chinois. 629. 631
Pois. 641
Poivrier commun des Indes. 637. 669. Poivre du Japon. 662. 663
Poivre d'eau. Voyez *Persicaire.*
Pommier cottonneux. Voyez *Poirier Chinois.*
Pommier 629. *Pommier fou.* 632
Pourpier des Jardins à larges feüilles. 639
Prelle des Marais à longues soyes de Gaspar Bauhin. 661
Prunier sauvage. 626. *Prunier* commun des Jardins. Différentes especes. 628

Q

Quacquitz, Arbrisseau, qui ressemble au *Chamæ-Cerasus.* 620
Quai, Arbre étranger au Japon, & que Kœmpfer croit être le Tamarin. 642
Queuë de Dragon, Plante ainsi appellée, parce qu'elle ressemble à une queuë de Dragon. 659

R

Raifort, le grand Raifort. 636
Rapunculus, trois especes. 636
Rave. Deux especes. 636
Rensjo. 669
Ricin commun. 627
Rintsjo, Arbrisseau, dont la fleur ressemble à celle du Jasmin blanc. 643
Riotsjo, Arbrisseau, dont la feuille ressemble à celles du Rosier. 648
Ris. Excellence du Ris du Japon. 550. Sa culture. 587. Ses especes. 591. 640
Rju. 670
Ronce. Deux especes. 625
Roseau. 665. 666

Rosier de la Chine. 649. *Rosier* commun. 650

S

SA, Arbrisseau à fleurs en Roses. 646
Sabine. Arbre appellé *Faijo Sfugi*, qui ressemble à la Sabine. 658
Sakanandsjo. Arbrisseau, qui porte des fleurs de Lys. 646
San Sa. Grand Arbrisseau, qui porte des fleurs en Roses. 646
Sanicle. 652
Sankitz. 620
Santal. Arbre de Santal. 668
Saru Kake Banna. Arbrisseau, qui ressemble au *Crista Pavonis* de Breynius 649
Sasjebu. Arbrisseau. 621
Saule. 644. 670
Scorpion. Fleur de Scorpion. Plante parasite 652
Sekki Nan. 656
Sen. 672
Seo Kusitz. Plante puante. 637
Sesame. 641
Sibi. Arbre. 648
Sidom. Arbrisseau, qui ressemble au Prunier sauvage. 631
Sjiroggi. Arbrisseau. 621. 622
Sin. Grand Arbre. 622
Sini. Arbre sauvage. 644
Sin San. Grand Arbre. 622
Sjooriku. Plante sauvage. 638
Siso. Plante, qui sert à teindre la soye. Ce nom signifie pourpre. 623
Smilax. 623
Somo. Arbre sauvage. 657
Souchet. 666
Sfugi Riakkusj. Petit Arbrisseau à feuilles de Musc. 658
Stratiote. 673
Sumach. 668
Sureau. Cinq especes. 625. 647

T

TA. Fruitier. 634
Taabi. 669
Taamo Ssjibatta. 669
Tabouret. 664
Tamu No Ki. 668
Taraijo. Espece de *Lauro-Cerasus.* 619
Tarate. Voyez *Nénufar.* 657
Taxus. Espece de Noyer. 633
Telephium commun. 659
Thé. 557. & suiv.
Thlaspi. Deux especes. 672
To Ker. Espece de Cytise, qui porte des Lys. 645
Tobira. Arbrisseau, qui ressemble au Cerisier. 627
Too. Arbrisseau, qui jette comme la Vigne, & dont un seul peut couvrir une haye. 648. 649
Too Sei. 669

Trifolium. Voyez *Alleluya.*
Trinité. Voyez *Pensée.*
Troêne commun d'Allemagne. 620
Troêne épineux. 620
Truffle. 639
Tsoo Sju. Herbe des Jardins de la figure de l'Hyssope. 655
Tsubakki. Arbrisseau à fleurs en roses. Différentes especes. 645. 646
Tsukne Imò. Herbe des Montagnes. 638

V

VErnis. Vrai Vernis. 595. & suiv. Faux Vernis. 597. & suiv.
Verveine. 659. 660
Vigne. Vitis idæa. 623. Trois autres especes de Vigne. 625
Uno Fanna. 671
Ursugi. Arbrisseau, qui tient du Sureau. Quatre especes. 647. 648
Wanhom. 667

Fin des Plantes du Japon.

LISTE
ET
EXAMEN DES AUTEURS.
Qui ont écrit sur l'Histoire du Japon.

JE ne dirai rien ici des Dictionnaires Géographiques & Historiques, parce que tout y est extrait, en ce qui regarde le Japon, des Auteurs, dont je vais parler; je remarquerai seulement qu'on y a presque toujours fait un assez mauvais choix de ces Auteurs. On ne peut gueres tirer plus de secours de THEVET, de DAVITY, & des autres Cosmographes, qui pour la plûpart sont peu instruits & peu exacts.

Dans le grand *Atlas* de Blaeu, imprimé à Amsterdam chez Jean Blaeu en 1677. on ne trouve sur le Japon, que ce que le Pere Martini en a dit dans son *Atlas Sinensis*, qui est inséré en son entier au Tome XI. avec une Carte abrégée de ces Isles. Il en est encore moins parlé dans le *Théâtre du Monde* de Jean & Guillaume Blaeu imprimé en 1611.

Dans le premier Volume, & dans la seconde partie du troisiéme de *l'Arcano del Mare* par Robert DUDLEY, Duc de Northumberland, & Comte de Varwick, il y a des Cartes du Japon, qui ne sont pas fort exactes; ce que l'Auteur dit de sa grande Isle de Jesso, l'est encore moins.

Tome II.

L'Atlas de Gerard MERCATOR ne dit presque rien du Japon, & le peu qu'il en dit, il ne l'a pas tiré des meilleures sources.

Celui de GEUDREVILLE est encore moins exact. On diroit que cet Auteur a pris à tache de copier ce qu'il y avoit de plus défectueux dans les Ecrivains, qui l'ont précédé. Sa Carte du Japon est précisément la même, qui se trouve au troisiéme Volume des Voyages au Nord. En un mot jamais Auteur n'a plus promis, ni moins exécuté. C'est bien dommage que le Picard ait travaillé sur un Ouvrage si méprisable, & sur de si mauvais desseins.

La Carte, dont je viens de parler, est de M. Reland. Les noms des Provinces & des Villes y sont en caracteres Japonnois. D'ailleurs elle est un peu plus ample, & plus détaillée que les précédentes; mais quoiqu'elle ait été corrigée sur de nouvelles recherches par M. SCHEUCHZER Auteur de la Traduction Angloise de l'Histoire de Kœmpfer, elle est encore très-imparfaite.

Dans le *Grand Routier de Mer*, que quelques-uns attribuent à Jean Hugues de LINSCHOOTEN, il y a plu-

Rrrr

sieurs Observations curieuses & utiles par rapport à la Navigation du Japon ; surtout dans une Relation d'un Voyage depuis *Liampo* Port de la Chine, jusqu'au Japon. On y voit entr'autres choses une Description des côtes du *Bungo* ; mais il est bon de sçavoir que par le Bungo, cet Auteur & plusieurs autres entendent toute l'Isle de X MO, apparemment parce que quand les Portugais ont commencé de trafiquer au Japon, le Roi de Bungo possédoit une grande partie de cette Isle, qui est la seconde en grandeur de tout cet Archipel. On voit dans le même Recüeil un autre Voyage de *Lampacao*, ou *Macao* Ville de la Chine à *Firando* ; & un troisiéme de Macao au Japon par François Païs Portugais en 1585. Le mal est que dans ces Relations les noms propres n'y sont pas exactement écrits.

Dans les Voyages du même Linschooten, lesquels font la seconde & la troisiéme partie de l'*India Orientalis* de Théodore de B R Y, & que P A L U D A N U S célebre Médecin d'Enkhuysen, qui étoit la Patrie de Linschooten, a enrichie de quelques Remarques, principalement sur l'Histoire Naturelle, il y a une Description du Japon fort courte, & pleine de fautes grossieres. Le Voyageur ne dit, non pas, comme le prétend le Traducteur Anglois de Kœmpfer, que ce que les Portugais de Goa pûrent, ou voulurent bien lui apprendre ; mais ce qu'il avoit recuëilli des bruits publics pendant son séjour dans la Métropole des Indes Portugaises.

Dans le grand Recüeil de RAMUSIO on ne trouve, par rapport au Japon, que ce qu'en dit Marc Paul de Venise, dont l'Ouvrage s'y trouve en entier au second Volume, & une courte Relation fort imparfaite à la fin du premier sous ce titre : *Informacion breve di Gio Baptista Ramusio dell' isola allhora scoperta nella parte di Settentrione, chiamata Giapan.*

Dans le douziéme Tome des Histoires de l'Inde Orientale traduit de l'Anglois & du Flamand en Latin par Loüis GODEFROY, imprimé à Francfort en 1628. & divisé en trois Livres, les 32. 33. 34. 35. & 36. Chapitres du premier Livre traitent du Japon. Ce sont différentes notices, où l'on sent d'abord que l'Auteur a pris de tous côtez sans choix, & qu'il écrit sans aucun ordre. Il parle du Christianisme du Japon en Protestant. Ce qu'il dit de plus curieux, est ce qui regarde le voyage du Chevalier Guillaume SARIS à Firando en 1613.

On trouve dans le premier Volume des Voyages de P U R C H A S, 1°. deux Lettres d'un Anglois, nommé Guillaume ADAMS, premier Pilote sur une Flotte de cinq Vaisseaux envoyez aux Indes Orientales par le Détroit de Magellan en 1598. sous le commandement de Jacques MAHAY. Le Vaisseau, où étoit Adams, échoüa sur les Côtes du Bungo, c'est-à-dire du Ximo. & ce Pilote demeura au Japon, où il s'introduisit assez bien dans les bonnes graces du Cubo-Sama. Il rend compte dans ces deux Lettres de ses avantures. 2°. Une Relation de ce même Voyage. 3°. Une Relation détaillée du Voyage du Chevalier Guillaume Saris, des négociations, que ce Capitaine y termina heureusement, des Observations, qu'il y fit, & de l'Etablissement d'un Comptoir Anglois à Firando ; le tout tiré de ses Journaux. 4°. Diverses Lettres de Richard COCKS, que Saris avoit laissé à Firando, où il rend compte de ce qui se passa dans ce Port pendant le voyage du Capitaine Saris à Surunga, & après son départ pour l'Angleterre, jusqu'à l'année 1620. 5°. Une courte Lettre d'Artur HATCH, Ministre de *Wingham*, dans la Province de *Kent*, dattée du vingt-cinquiéme de Novembre 1625. au retour d'un voyage, qu'il avoit fait au Japon. Il y a dans cette Lettre des remarques sur le Gouvernement du Japon, & sur l'état, où étoient alors les affaires en ce Pays-là.

Richard HAKLUYT dans la seconde partie de ses Voyages & de ses Navigations, après une courte description du Japon, rapporte une assez longue Lettre du Pere Loüis Froez Jésuite, écrite de Méaco en 1565. & qui se trouve dans la plûpart des Recüeils, dont nous parlerons bientôt.

Dans l'Histoire de *l'Etat présent de toutes les Nations* en Anglois par SALMON, augmentée dans l'Edition de Hollande par VAN GAETS, traduite en Allemand, & imprimée à Altone en 1732. la seconde partie contient en dix chapitres une description assez détaillée du Japon, de son Gouvernement, de son Commerce, des mœurs, de la Religion, & du caractere des Japonnois, de la Langue du Pays, de ses richesses, & des Arts, qui y sont cultivez.

Le troisiéme Tome *des Voyages curieux de* THEVENOT contient tout l'*Atlas Sinensis* du P. Martini avec le peu, que cet Auteur a dit du Japon. Mais le second Tome renferme, 1°. la Relation du Japon par François CARON, Directeur du Commerce des Hollandois dans cet Empire, communiquée à M. Thevenot par l'Auteur même : nous en parlerons ailleurs. 2°. les Remarques de Henry HAGENAER sur cette Relation, désavoüées par M. Caron. 3°. l'Histoire de ceux, qui ont été martyrisez au Japon depuis l'année 1622. jusqu'en 1629. par Reyer GYSBERTZ, sur laquelle M. Thevenot s'explique ainsi :

» Je mettrai ici cette Relation des
» Martyrs du Japon, à cause qu'elle
» peut servir pour convaincre ceux,
» qui ont douté jusqu'à cette heure,
» des autres Relations des progrès
» du Christianisme en des Pays si
» éloignez. On ne peut douter de
» celle-ci, ni soupçonner son Au-
» teur d'être d'intelligence avec les
» Jésuites, & les autres Religieux,
» qui les ont publiées, puisqu'il n'est
» pas de leur Religion, & que d'ail-
» leurs il est assez sincere pour avoüer
» que les Hollandois, qui étoient
» au Japon dans le tems, que tant
» de gens mouroient pour la con-
» fession de la Foi Chrétienne, ayant
» été interrogez, comme les autres,
» s'ils n'étoient pas Chrétiens, a-
» voient répondu qu'ils étoient Hol-
» landois, comme on le verra à la
» fin de cette Relation. Ce que nos
» Missionnaires appellent convertir
» à la Foi de Jesus-Christ, c'est, au
» langage de ces Chrétiens, infecter
» le Pays de Religion. Il n'y a gue-
» res d'apparence que des gens, qui
» parlent de la sorte, nous suppo-
» sent des Martyrs. La premiere
» chose que les Capitaines de leurs
» Vaisseaux recommandent à ceux

» de leurs Equipages, lorsqu'ils ap-
» prochent des Côtes du Japon, est
» de prendre garde qu'il ne leur é-
» chappe de faire aucun acte de Re-
» ligion en préfence des Japonnois,
» jufques-là que l'on demande à tous
» ceux, qui font dans les Vaiffeaux,
» s'ils n'ont pas de Monnoye de l'Eu-
» rope; le Capitaine la leur ôte,
» & l'enferme, de peur que la vûë
» des Croix, qui font deffus, ou du
» nom de Jefus-Chrift, ne leur at-
» tire quelqu'affaire, & ne nuife à
» leur Commerce. »

On trouve encore dans le même Volume une courte addition à cette même Relation, tirée de Bernard VAREN, & qui eft très peu de chofe: puis une efpece de Journal du Voyage du *Caftricoom*, Navire Hollandois au Nord du Japon en 1643. pour découvrir la Terre d'Yeffo; avec la defcription de ce Pays. Je l'ai inférée toute entiere dans mon Ouvrage.

Dans le troifiéme Volume des *Voyages au Nord*, on trouve encore la Relation de François Caron imprimée fur l'Edition de Thevenot: une Lettre de M. Delifle, fur la queftion, fi le Japon eft une Ifle, ou non. La Relation du Caftricoom, la Carte du Japon de M. Reland abrégée; une defcription de la Tartarie Orientale par le Pere Martini, où il eft parlé de la Terre d'Yeffo: quelques obfervations fur l'origine des Japonnois: des Mémoires de M. Caron, écrits par ordre de M. Colbert, avec une copie des Inftructions, qui furent données au Sieur Caron pour l'Etabliffement du Commerce de la Compagnie Françoife des Indes avec le Japon, & les Lettres du Roi de France adreffées aux Empereurs de la Chine & du Japon: une Ordonnance de l'Empereur du Japon envoyée par deux Commiffaires de Sa Majefté Impériale à tous les Gouverneurs des Pays & Terres maritimes, & des environs, portant ordre d'empêcher les Portugais d'entrer au Japon: une Relation de ce qui fe paffa à l'Ifle Formofe entre Pierre Nuitz, & des Japonnois: enfin une Relation hiftorique de la démolition du Magafin de la Compagnie Hollandoife à Firando.

Dans le troifiéme Tome des *Voyages du Chevalier Chardin*, de l'Edition de Rouën 1723. en dix volumes in 12. on trouve fort au long tout ce qui regarde le projet de M. Colbert pour le Commerce de la France avec le Japon. Le dixiéme volume contient la relation de ce qui s'eft paffé en Formofe entre les Japonnois & Pierre Nuitz; l'Ordonnance de l'Empereur du Japon, dont je viens de parler; la Relation de la démolition du Comptoir & des Magafins de Firando, avec quelques Hiftoires anecdotes, qui ne paroiffent pas écrites fur de bons Mémoires. En voici une, que Chardin raconte telle qu'il l'a vûë dans un Journal Hollandois, d'où il a tiré d'autres faits, qui ne paroiffent pas fort exactement rapportez.

» Dans le tems que le Chriftia-
» nifme fleuriffoit au Japon, les Ja-
» ponnois avoient la liberté toute
» entiere d'aller hors de l'Empire,
» comme il leur plaifoit..... & ils
» s'engageoient dans les Pays étran-
» gers, comme bon leur fembloit,
» pour un tems, ou pour toute leur
» vie. Cette liberté fut ôtée avec
» celle de la profeffion du Chriftia-
» nifme; car quand on défendit l'e-

» xercice de la Religion Chrétienne, on défendit auſſi la ſortie du Pays aux Sujets du Japon. Un grand nombre de Japonnois s'étoient établis dans le Royaume de Siam. Le Roi trouvant ce Peuple belliqueux, & brave au-deſſus des autres, leva une Compagnie de cent Japonnois, & cette Garde étoit celle du Corps, répondant à celle des cent Suiſſes en France. Il arriva l'an 1580. qu'un des principaux Seigneurs du Royaume de Siam ayant pris ces Gardes Japonnois à partie, le Roi, au lieu de les protéger, lâcha la bride à la haine de ce grand Seigneur, & diminua en pluſieurs choſes les privileges & les émolumens de la Compagnie. Ceux-ci ne voyant point de remede au mal, & qu'il falloit avaler la honte des injures, qu'on leur faiſoit ſouffrir, ou périr en entreprenant d'en arrêter le cours, formerent un deſſein deſeſpéré ; ſçavoir de ſe rendre Maîtres du Palais du Roi, en tuant tous les Gardes, & quiconque voudroit réſiſter, & ſe ſaiſir enſuite de ſa Perſonne. Ils l'exécuterent, comme ils l'avoient projetté, en paſſant au fil de l'épée pluſieurs centaines d'hommes, après quoi ils allerent à la Chambre du Roi, & lui dirent qu'ils alloient le tuer, & qu'ils ſe tuëroient eux-mêmes, s'il ne leur accordoit leurs juſtes demandes... Le Roi, qui connoiſſoit le génie de ces gens déterminez, & qui voyoit ſa mort certaine en cas de refus, leur donna par écrit, comme ils voulurent, les conditions, auſquelles ils ſeroient entretenus & traitez à l'avenir, & il en jura l'obſervation. Il les a très-fidellement obſervées, & ſes Succeſſeurs après lui. En effet les Siamois ſont fort religieux obſervateurs de leur ſerment ; & n'étoit ce reſpect, ils auroient fait périr mille fois cette Compagnie de Japonnois. »

Marci Pauli Veneti de Regionibus Orientalibus Libri tres. MARC-POL eſt le premier Auteur, qui ait parlé du Japon. Je me ſuis ſervi de l'Edition de ſon Ouvrage faite par Mullerus, imprimée en 1671. à *Coln* ou *Cologne de Brandebourg*, avec des Variantes & des Remarques. Il m'a paru que c'eſt la meilleure de toutes. L'Auteur Vénitien fut long-tems à la Cour de l'Empereur XIÇU, qu'il nomme CUBLAI. Ce Prince étoit Tartare, Petit-Fils de GENGISCAN, & avoit conquis la Chine, où il commença de regner l'an 1281. Il voulut auſſi conquerir le Japon, & il y envoya une Armée Navale avec cent mille hommes de bonnes Troupes, dont il fit deux Corps. Marc-Pol décrit en peu de mots cette Expédition dans les troiſiéme, quatriéme, cinquiéme Chapitres de ſon troiſiéme Livre. Cela eſt précédé dans le ſecond Chapitre d'une légere notice du Japon en peu de lignes. Le ſeptiéme a pour titre, *de l'Idolatrie & de la cruauté des Japonnois*. L'Auteur y dit une choſe, qui n'a gueres de vraiſemblance, & qu'apparemment les Tartares débiterent après leur retour à la Chine, par haine contre les Japonnois, qui les avoient ſi mal menez : ſçavoir, que quand ces Inſulaires avoient fait un Priſonnier en guerre, s'il n'avoit pas de quoi ſe racheter, ils l'égorgeoient, & en faiſoient un feſtin, auquel ils convioient leurs Amis.

S'il s'agiſſoit des Japonnois avant l'établiſſement de leur Monarchie, ou du moins avant qu'ils euſſent été policez par de bonnes Loix, il feroit difficile de conteſter ce fait, comme il feroit téméraire de l'aſſûrer ſans preuves. Mais que ce Peuple, près de deux mille ans après qu'il a été civiliſé, & du tems de Marc-Pol de Veniſe, c'eſt-à-dire, vers la fin du treiziéme ſiécle, ait été ſi différent de ce que les Portugais l'ont trouvé vers le milieu du ſeiziéme, c'eſt ce qu'on ne ſe perſuadera peut-être pas ſans peine; & ce qui ne s'accorde, ni avec leurs Annales, ni avec leur caractere, ni avec leurs principes, trop bien formez & trop bien établis alors, pour être ſi modernes.

Le huitiéme Chapitre eſt intitulé: *des différentes Iſles de ce Pays, & de leurs fruits.* Mais l'Auteur ſe contente de dire, que les Mariniers comptoient ſept mille quatre cent quarante Iſles dans cet Archipel; que preſque toutes étoient habitées; & ce qui n'eſt pas moins difficile à croire, qu'il n'y en a aucune, qui ne produiſe des Plantes, ou des Arbres odoriférans, & qu'on y trouve des Aromates en abondance.

Couto Continuateur de Jean de Barros: Manuel de Faria y Sousa, leur Abbréviateur; le Pere Antoine de San-Roman, le Continuateur de Jerôme Osorius; Maffe'e, M. de la Clede, & la plûpart de ceux, qui ont écrit l'Hiſtoire des Portugais dans les Indes, ont parlé du Japon, & quelques-uns même aſſez amplement; mais ce qu'ils en ont dit ſe trouve dans les autres Ouvrages, dont je parlerai dans ſuite. M. de la Clede, quoique le plus moderne de tous, n'eſt pas celui, qui ait été le plus inſtruit de ce qui regarde cet Empire.

S. P. Francisci Xaverii *è Societate* Jesu *Epiſtolarum Libri quatuor ex Hiſpano in Latinum converſi ab Horatio* Tursellino *ejuſdem Societatis Sacerdote.* Le P. Pierre Possines auſſi Jeſuite, a depuis ajoûté un cinquiéme Livre, & a encore publié de nouvelles Lettres du même Saint dans la ſuite. Il y a dans ces Recüeils pluſieurs Lettres, qui regardent le Japon, d'où la plûpart même ont été écrites. Quelques-unes ont paru ſéparément, & nous en avons une Traduction Françoiſe faite du vivant du Saint, ou peu après ſa mort. Ce ſont des Mémoires, dont il n'eſt pas permis de révoquer en doute la ſincérité, mais qui fourniſſent aſſez peu de choſes à l'Hiſtoire. Ce n'étoit pas le but de l'Auteur.

Peregrinaçam de Fernam Mendez Pinto *por elle eſcrita &c. en Liſboa* 1618. *in folio.* L'Ouvrage fut d'abord imprimé ſous les yeux de l'Auteur, & a depuis été traduit en pluſieurs Langues. Pinto y donne à entendre qu'il a été trois fois au Japon, & il prétend même en avoir fait la premiere découverte. Il eſt certain qu'il ſe trouva avec S. François Xavier à la Cour du Roi de Bungo, & c'eſt en partie de lui, que nous apprenons ce qui s'y paſſa. Il a été un des Témoins ouïs dans le Procès de la Canoniſation de l'Apôtre, & c'eſt ce qui donne un grand poids à ſes Mémoires, où il ne parle point de ſa derniere avanture au Japon.

Hiſtoria Societatis Jesu. Les progrès

étonnans du Chriſtianiſme au Japon, ſont aſſûrément un des plus beaux endroits de l'Hiſtoire de la Compagnie de Jesus, dont les Auteurs ſe ſont fort étendus ſur cette matiere ; mais elle n'a encore été pouſſée que juſqu'à l'année 1616. Les ſources, où les Hiſtoriens ont puiſé, ſont les Lettres des Miſſionnaires mêmes du Japon envoyées tous les ans au Général de la Compagnie. Il en faut dire autant à proportion des Hiſtoires & des Annales des trois Ordres de Saint Auguſtin, de S. Dominique, & de S. François.

Monumenta Dominicana breviter in ſynopſim collecta de fidis obſequiis ab Ordine Prædicatorum ſanctæ Dei Eccleſiæ uſque modo præſtitis, Scriptore P. M. Vincentio-Mariâ FONTANA de Melide, *Novocom. Diœceſis, ejuſdem Ordinis, Romæ* 1675. in folio. L'Auteur ne paroît pas toujours bien inſtruit des faits qu'il rapporte.

Martyrologium Franciſcanum. Tous les Martyrs, que l'Egliſe du Japon a donnez à l'Ordre de Saint François, & qui ont preſque tous été de la Réforme, y ſont à leur place avec le titre de Bienheureux. L'Ouvrage eſt enrichi de Notes, dont j'ai tiré quelques lumieres.

J'ai auſſi profité des Bibliothéques des Ecrivains des mêmes Ordres, mais je ne les ai pas ſuivis en tout. On ne ſera pas ſurpris par exemple que je n'aye pas ſouſcrit à tout ce que le Pere ECHARD a dit pour juſtifier le P. Diego Collado. Vouloir excuſer certaines gens, c'eſt s'expoſer à n'être cru ſur rien. Le malheur du P. Collado & de ſon Apologiſte, eſt que l'Hiſtoire de leur Ordre peint le premier des mêmes couleurs, que j'ai employées.

Acta Sanctorum, &c. Dans le premier volume du mois de Février de cet immenſe Recueil des Jéſuites d'Anvers, le Pere BOLLANDUS a rapporté tout ce qui regarde le Martyre des vingt-ſix, qui furent crucifiez en 1597. le cinquiéme de Février, & canoniſez par le Pape Urbain VIII. Ce ſçavant Auteur a travaillé ſur les Mémoires, qui ont ſervi à la Canoniſation de ces Martyrs, & y a ajoûté pluſieurs notices du Japon tirées des Lettres annuelles des Jéſuites, avec la relation du même Martyre par le Pere Froez.

Hiſtoria de las Miſſiones, que han hecho los Religioſos de la Compañia de JESUS, *pera predicar el Evangelio en la India Oriental y en los Reños de la China y Japon por el Padre Luys de Guzman*. Alcala 1601. in folio. Cet Ouvrage eſt en deux volumes. Les cinq & ſixiéme Livres du premier, & tout le ſecond contiennent une relation exacte & méthodique de tout ce qui s'eſt paſſé au Japon depuis la fondation de cette Egliſe par Saint François Xavier, juſqu'à la fin du XVI. ſiécle : le tout précédé d'une notice aſſez bonne pour le tems. L'Auteur écrit avec beaucoup de ſimplicité & de jugement : il avoit été inſtruit par pluſieurs de ceux, qui avoient été ſur les lieux : on trouve à la fin du ſecond volume des réponſes aux calomnies, dont on cherchoit dès lors à noircir la réputation des Jéſuites du Japon. Le Pere Antoine COLLACO a continué cet Ouvrage. Le Pere Ferdinand GUERREYRO a traduit du Portugais en Eſpagnol cette addition ſous ce titre : *Relacion annual de las coſas, que han hecho los Padres de la Compañia de* JESUS *en la India Oriental y Japon, en los annos de* 1600. *y* 1601. &c. *Valladolid* 1604. *in octavo*.

Litteræ annuæ Societatis JESU. On a fait plusieurs Recüeils des Lettres des Missionnaires des Indes & du Japon. Le premier fut imprimé à Louvain en 1569. en deux volumes *in octavo*, avec une Préface sous le nom d'Hannardus de GAMEREN, où l'on explique à quelle occasion l'Apôtre des Indes passa au Japon. Cette Edition fut suivie en 1570. d'une autre, où l'on a retranché la Préface de Gameren, & ajoûté plusieurs Lettres.

Le second Recüeil est de Maffée. Il fut imprimé à Paris pour la premiere fois en 1572. avec un Ouvrage, qui portoit ce titre : *Emmanuelis* ACOSTÆ *Historia rerum in Indiâ gestarum ad annum* 1568. Il fut ensuite imprimé séparément à Cologne en 1579. *in octavo*. Cette Edition est divisée en cinq Livres, & contient presque toutes les Lettres, qui ont été écrites du Japon depuis l'année 1549. que Saint François Xavier y arriva, jusqu'en 1565. On voit à la fin un Acte en caracteres Japonnois, par lequel le Roi de Bungo permet aux Jésuites de bâtir une Eglise. Nous avons encore ce même Recüeil dans les Editions, qui ont été faites de tous les Ouvrages historiques de Maffée, mais augmenté de plusieurs Lettres jusqu'en 1573.

Le troisiéme fut imprimé à Anvers en 1605. *in octavo* sous ce titre : *De rebus Japonicis, Indicis & Peruanis Epistolæ recentiores à Joanne* HAYO *Dalgattiensi Scoto Societatis* JESU *in librum unum coacervatæ*. Il conduit l'Histoire du Japon depuis l'année 1577. jusqu'en 1601. « On y trouve, dit le Traducteur Anglois de Kœmpfer, « une infinité d'Evénemens remarquables, qui en rendent la lecture bien digne des Personnes curieuses. L'état florissant de l'Eglise Japonnoise, même au commencement de la Persécution terrible, qui s'alluma contr'elle ; la conversion au Christianisme de quelques Princes du Japon, & l'hommage, qu'ils rendirent au Pape par une Ambassade solemnelle ; la vie, les actions remarquables, & la mort de Tayco-Sama, qui d'une condition basse & servile, s'éleva par son mérite & son habileté à l'Empire du Japon ; la Guerre, qu'il eut avec les Coréens ; la réception, & le succès d'une Ambassade, que l'Empereur de la Chine lui envoya en cette occasion ; la mort tragique de Quabacondono, (Cambacundono) son Neveu unique, & qu'il avoit déja choisi pour lui succéder, & la Révolution, qui arriva dans le Japon après la mort de ce grand Empereur, sont les principaux faits, qu'on y a décrits.

Histoire des choses les plus mémorables avenuës, tant ès Indes Orientales, qu'autres Pays de la découverte des Portugais en l'Etablissement & progrès de la Foi Catholique, & principalement de ce que les Religieux de la Compagnie de JESUS *y ont fait & enduré pour la même fin, depuis qu'ils y sont entrez, jusqu'à l'an* 1600. *par Pierre* DU JARRIC *Tolosain, de la même Compagnie, premiere partie, à Bourdeaux* 1608. *seconde & troisiéme partie, à Bourdeaux* 1610. *in* 4°. Cette Histoire a été traduite en Latin par le Sieur Mathias MARTINEZ, & publiée à Cologne en 1615. *in* 8°. Le Pere du Jarric

Jarric passoit en son tems pour bien écrire ; son stile est simple, il parle toujours sensément, & l'on ne voit rien d'enflé, ni d'exagéré dans son Ouvrage.

Historia y Relacion de los succedidos en los Reinos de Japon y China desde l'anno 1615. hasta el de 1619. por el Padre Pedro MOREJON, *della Compañia de* JESUS. *Lisboa* 1621. *in* 4°. Le P. Morejon avoit été longtems Missionnaire au Japon ; il fut envoyé à Macao, & eut ordre de recueïllir les Mémoires, qui concernoient l'Histoire Ecclésiastique de la Chine & du Japon.

Histoire de ce qui s'est passé aux Royaumes de la Chine & du Japon, tirée des Lettres écrites les années 1619. 1620. 1621. *traduite de l'Italien en François par le Pere Pierre* MORIN. *A Paris, chez Sébastien Cramoisy in* 4°. La seconde Lettre du Pere Jerôme de Angelis au sujet de la Terre d'Yesso, se trouve à la fin de cet Ouvrage.

Gloriosus Franciscus redivivus, sive Chronica Observantiæ strictioris reparatæ, reducta, & reformata, ejusdemque per Christianos orbes non solum, sed & Americam, Peru, Chinas, Japonas Chichamecas, Indos orientis & occidui Solis, Turcas & barbaras Gentes diffusæ, & Evangelio fructificantis, distincta sex libris, & viginti octo Figuris ornata. Ingolstadii 1625. *in* 4°. Dans cet Ouvrage, dont l'Auteur est le Pere Marien ORSCOLOR, natif d'Ingolstad, & de l'Etroite Observance, tout se sent de l'enflure du Titre : il n'y a sur le Japon, que l'Histoire des premiers Franciscains, qui furent crucifiez en 1597. & celle du Pere Louis Sotelo jusqu'à son Ambassade inclusivement.

Tome II.

Les seuls titres de ce second article donnent une idée peu avantageuse de l'exactitude de l'Auteur ; les voici : *Conversio Japoniæ, sive potentissimi inter Japones Regni Voxuani.* On verra dans l'Histoire ce qu'il en faut rabattre, aussi bien que de ce qui suit : *Liber IV. caput XXIV. Pater Sotelus septem annis supplex divinæ bonitati pro conversione Regis Voxu, voti compos efficitur. Caput XXVIII. Rex in fide motu divino succrescens Delubra Deorum diruit cum ingenti popularium applausu.*

Le Pere Orscolor cite dans son Ouvrage une Histoire d'un Pere HENDSCHELIUS, Religieux de son Ordre ; mais il ne dit, ni où le Livre est imprimé, ni en quelle forme. J'ai inutilement cherché cette Histoire, où il étoit plus naturel de la trouver ; elle n'y est pas même connuë. Wading, qui parle de l'Ouvrage du Pere Orscolor dans son Catalogue des Ecrivains de son Ordre, ne dit rien de ce P. Hendschelius.

Histoire de ce qui s'est passé ès Royaumes de la Chine & du Japon, tirée des Lettres écrites ès années 1621. *&* 1622. *traduite de l'Italien en François par Jean-Baptiste* DE MACHAUD. *A Paris* 1627. *in* 8°. Cet Ouvrage est uniquement tiré des Lettres annuelles de la Compagnie. Il y a eu quantité d'autres Ouvrages semblables imprimez dans toutes les Langues, & puisez dans les mêmes sources, mais dont le Catalogue nous meneroit trop loin. Je ne parlerai point non plus, par la même raison, des Vies de Saint François Xavier, dont les Auteurs s'étendent assez sur le Japon, d'après les mêmes Mémoires.

Historia de las Islas de l'Archipela-

Sfff

go y Reinos de la gran China, Tarta-ria, Cochinchina, Malaca, Siam, Camboxa y Japan, y de lo fuccedido en ellos à los Religiofos Defcalços della Orden del Serafico Padre San Francifco de la Provincia de San Gregorio de las Philippinas: per Fray *Marcello* de RI-BADENEYRA. *Barcelona* 1601. *in* 4°. Il n'y a que les quatre, cinq, & fi-xiéme Livres de cet Ouvrage, qui traitent du Japon. L'Hiftoire des Francifcains crucifiez près de Nan-gazaqui en 1597. y eft fort détail-lée. L'Auteur avoit été fur les lieux, & y avoit vû les chofes de cet œil de prévention, dont on a vû les fu-neftes effets dans cette Hiftoire.

Ideas de virtud en algunos Claros Varones de la Compañia de JESUS : *para los Religiofos della*, por el Padre *Juan Eufebio de* NIEREMBERG *de la mifma Compañia. Madrid* 1643. *in folio*. Ce premier Volume fut fuivi de trois autres fous différens titres; & le Pere Alphonfe de ANDRADA y en a ajoû-té deux autres fous celui-ci : *Claros Varones en fantitad, Letras, y zelo de las Almas. Madrid* 1666. *in folio*. Ce font des Eloges hiftoriques, écrits avec toute l'emphafe Efpagnole, mais fur de bons Mémoires, & en très-beau langage. La Vie du Pere Marcel Maftrilly y eft dans fon en-tier, & a été imprimée féparément en plufieurs Langues.

Hiftoria de la Provincia del S. Rofario de la Orden de Predicadores en Philippinas, Japon, y China, por Dom Fray Diego ADUARTE, *Obifbo della nueva Segovia, añadida por el Padre Fray Domingo* GONZALEZ, *in Manila, en el Collegio de San Thoma.* 1640. *in folio*. On voit dans cette Hiftoire le caractere du Pere Diego Collado, & les troubles, qu'il exci-ta dans fa Province. Ces faits don-neront une plus jufte idée de ce Religieux, que les Eloges, qu'en ont fait après coup les Peres Echard & Fontana.

Relatione della Provincia del Giappone, fcritta dal Padre *Antonio-Francifco* CARDIM. *Roma* 1643. *in octav*. L'état du Chriftianifme au Japon, dans le Tonkin, la Cochinchine, Siam, Camboge, Saos, & dans l'Ifle d'Haynam ; l'Ambaffade en-voyée au Japon en 1640. la manie-re, dont les Ambaffadeurs furent re-çus, & exécutez à mort contre le droit des gens, font le fujet de cet Ouvrage.

Dell' Hiftoria de la Compagnia di Giesù, defcritta del Padre *Daniello* BARTOLI *della Medefima Compagnia. Afia. In Roma in folio. primo Volume* 1653. *fecundo Volume* 1660. *terzo Volume* 1663. L'Auteur commence à parler du Japon à la fin du fecond Livre du premier Volume, à l'occa-fion du voyage de Saint François Xavier dans ces Ifles. Il rapporte dans le fuivant tout ce que l'Apôtre y a fait pour y planter la Foi. Il re-prend l'Hiftoire de cette Eglife au Livre huitiéme, qui termine le Volu-me. Il y employe tout le fecond, & il la finit à l'année 1640. Son Ou-vrage a eu un très grand fuccès en Italie, & il faut avoüer qu'il y a peu de Livres mieux écrits en Italien. Il n'eft pourtant pas fans défaut, au ju-gement même de fes Compatriotes. On n'y trouve pas cet ordre, ni cette précifion, que demande l'Hiftoire. L'Auteur parle toujours bien, il ne craint point de dire la vérité, fes réflexions font judicieufes, fes cara-cteres font touchez de main de Maî-tre ; mais nous trouverions en France qu'il discourt trop, qu'il s'arrête souvent, qu'il s'écarte en de longues digressions, qu'il s'étend trop sur des choses peu intéressantes, ou qui cessent de l'être par leur multitude, & leur peu de variété. Il n'entre pas assez dans l'Histoire politique, plus liée, qu'on ne croit, avec la Religion; & l'on voudroit qu'il se fût appliqué davantage à bien développer les ressorts, qui ont fait jouer tant d'intrigues, dont le dénouëment fait moins de plaisir, quand on n'est pas instruit de leurs véritables causes. Enfin il retourne souvent sur ses pas; il prévient ce qu'il a à dire, ce qui impatiente le Lecteur, & lui ôte le plaisir de la surprise. On a de la peine à le suivre dans tous ses détours, & son stile sent beaucoup plus l'Orateur, que l'Historien: aussi avoit-il longtems brillé dans la Chaire, lorsqu'il commença d'écrire l'Histoire.

L'India Orientale fuggettata al Vangelo, descritta da Michel-Angelo LUARDI *Sacerdote Theologo. Roma per Ignatio de* LAZZARI. 1653. *in quarto.* Cet Ouvrage, sous l'idée d'une Galerie intitulée: *Galeria Saveriana,* renferme un précis de tout ce qui s'est passé dans l'Orient depuis l'arrivée de Saint François Xavier, jusqu'au Pontificat d'Innocent X. à qui il est dédié; ce précis est fort superficiel, & ce qui y est dit du Japon, n'est pas fort exact.

Mortes illustres & gesta eorum de Societate JESU, *qui in odium fidei ab Ethnicis, Hæreticis, vel aliis, igne, ferro, aut morte aliâ necati, ærumnisve confecti sunt. Autore Philippo* ALEGAMBE *Bruxellensi, ex eâdem Societate. Extremos aliquot annos, mortesque illustres usque ad annum* 1664. *adjecit Joannes* NADASI, *ejusdem Societatis* JESU. *Romæ* 1667. *in folio.* Il y a eu peu de Jésuites martyrisez au Japon, ou morts en exil, ou de misère, dont on ne trouve dans cet Ouvrage une Histoire assez complette.

Societas JESU *usque ad sanguinis & vitæ profusionem in Europâ, Asiâ, Africâ & Americâ militans, sive vita & mortes eorum, qui in causâ fidei interfecti sunt, cum Iconibus singulorum. Authore Matthiâ* TANNERO *S. J. Pragæ* 1675. *in folio.* C'est presque le même dessein, que dans le précédent Ouvrage; mais celui ci renferme un plus grand nombre de Vies.

Bernhardi Varenii D. M. Descriptio Regni Japoniæ & Siam. Item de Japoniorum Religione & Siamensium. De diversis omnium Gentium Religionibus, quibus, præmissâ dissertatione de variis Rerumpublicarum generibus, adduntur quædam de priscorum Afrorum fide, excerpta ex Leone Africano. Cantabrigiæ 1673. *in* 8°. Ce sont deux Ouvrages joints ensemble, qui avoient déja été imprimez, l'un sous ce titre: *Descriptio Regni Japoniæ, cum quibusdam affinis materiæ, ex variis Authoribus collecta per Bernardum Varenium. Amstelodami* 1629. *in* 8°. & l'autre sous celui-ci: *Tractatus, in quo agitur de Japoniorum Religione, de introductione Religionis in ea loca, & ejusdem extirpatione. Adjuncta est de diversâ diversarum Gentium totius telluris Religione brevis informatio authore Bernardo Varenio D. M. Amstelodami.* 1649. *in* 12. Cette Compilation n'est qu'un Abrégé fort imparfait de plusieurs choses, que l'Auteur a lûes dans Marc Pol de Venise, dans les Lettres des Jésuites, qu'il met en lambeaux, dans Linschooten, dans Gysberts, & dans François Caron;

& qu'il a rangées par Chapitres, sans y mettre que fort peu du sien: un Livre de cette nature est fort aisé à faire; il n'apprend autre chose, sinon que l'Auteur a lû les Ecrivains qu'il cite; & l'on ne voit pas trop comment il mérite l'éloge, qu'en fait l'Abbé Languet du Fresnoy.

Elogii di Capitani illustri scritti da Lorenzo CRASSO, *Napolitano, Barone de Pienvre. Venezia* 1683. *presso Combi la Noù. in* 4°. Parmi ces Eloges on trouve ceux de *Tayco-Sama*, & de *Dayfu-Sama*. Leurs caracteres sont assez bien pris en général, mais l'Auteur n'entre dans aucun détail de leurs vies, & le peu qu'il en dit, n'est pas toujours fort exact.

Défense des nouveaux Chrétiens & des Missionnaires de la Chine, du Japon & des Indes, contre deux Livres intitulez: la Morale pratique des Jésuites, & l'Esprit de M. Arnaud. *Seconde Edition. Avec une Réponse à quelques plaintes contre cette Défense. A Paris, chez Etienne Michalet* 1688. *in* 12. Seconde partie, *chez le même,* 1690. *in* 12. J'ai tiré de cet Ouvrage tout ce que j'ai dit au sujet du Pere Collado, & de la prétenduë Lettre de Sotelo. Il renferme encore une très-bonne critique de la Relation faussement attribuée à M. Tavernier, & dont je parlerai bientôt. On y voit surtout que le Sieur François Caron n'a été si fort maltraité par l'Auteur, que parce qu'il avoit quitté le service de la Compagnie Hollandoise des Indes Orientales, pour se donner à la France. L'Ouvrage est du P. Michel le TELLIER, Confesseur du Roi Louis le Grand.

Recueil des Voyages, qui ont servi à l'Etablissement & aux progrès de la Compagnie des Indes Orientales formées dans les Provinces-Unies des Pays-Bas. A Amsterdam 1705. & 1706. *cinq volumes in* 12. Bernard a depuis fait une nouvelle Edition de cet Ouvrage, augmentée de plusieurs Piéces, & d'un sixiéme volume. On trouve dans le second, le quatriéme, & le cinquiéme volumes tout ce qui regarde les premiers Voyages des Hollandois au Japon, & des descriptions peu exactes & fort confuses de cet Empire. Je n'ai pas laissé d'en tirer quelque secours pour fixer les dattes de plusieurs évenemens, & pour ajoûter ce qui manquoit au récit, qu'en ont fait d'autres Auteurs plus véridiques & moins prévenus; mais qui avoient passé légerement sur beaucoup de circonstances, qui m'ont paru ne devoir pas être omises. Le cinquiéme volume contient la Relation de François Caron avec les Remarques & les Additions de Hagenaër, & l'Histoire de la Persécution, écrite par Gysbertz. Il y a aussi plusieurs Piéces particulieres touchant l'état du Commerce des Hollandois au Japon, où l'on ne fait aucune difficulté d'avoüer qu'il ne faut rien épargner pour ménager les bonnes graces de l'Empereur du Japon.

Amœnitatum exoticarum politico-physico-medicarum fasciculi quinque, quibus continentur variæ relationes, observationes, ac descriptiones rerum Persicarum & ulterioris Asiæ multâ attentione in peregrinationibus per universum Orientem collectæ, authore Engelberto Kæmpfero Doctore. Lemgoviæ 1712. *in* 4°. J'ai tiré de cet Ouvrage presque tout ce qui regarde l'Histoire Naturelle du Japon, que cet Auteur a recueillie avec grand soin.

Specimen Medicinæ Sinicæ, sive

opuscula medica ad mentem Sinensium, &c. *cum figuris æneis & ligneis edidit Andreas* CLEYER, *Hasso-Cassellanus, V. M. Licentiatus Societatis Indicæ in novâ Bataviâ Archiater Pharmacopola Director & Chirurgus Ephorus. Francofurti* 1681. *in* 4°. Cet Ouvrage peut aussi se rapporter au Japon, l'état de la Médecine étant à peu près le même dans ces deux Empires. D'ailleurs les figures conviennent en grande partie avec celles d'un Traité d'Anatomie écrit en Japonnois, qui est dans la Bibliotheque de l'illustre M. HANS SLOANE, Directeur de la Société Royale de Londres.

Jacobus BREYNIUS, *Centuria prima exoticarum Plantarum Gedani*; 1678. *in fol.* Cet Ouvrage renferme un Traité, qui a pour titre: *Excerpta ex observationibus Japonicis, physicis*, &c. *Wilhelmi* TEN RHYNE *de frutice Theæ*, & une description de l'Arbre de Camphre, tirée principalement du même Ten Rhyne, qui avoit envoyé une branche de cet Arbre à l'Auteur. Au reste Ten Rhyne est ici mal à propos traité de Chymiste & Botaniste de l'Empereur du Japon: il étoit simplement Médecin du Comptoir & de l'Ambassadeur de la Compagnie Hollandoise. Kœmpfer trouve ce qu'il dit du Thé assez peu exact.

Wilhelmi Ten Rhyne M. D. Dissertatio de Arthritide Mantissâ de acu punctura, & orationibus &c. singulis ipsius autoris notis illustrata Londini 1673. La Dissertation sur la goûte à pour objet principal la cure de cette maladie par le *Moxa*, dont nous avons parlé dans le Supplément au Livre Préliminaire de cette Histoire.

Dans le dixiéme Recuëil des *Lettres édifiantes & curieuses des Missionnaires de la Compagnie de* JESUS, imprimé à Paris en 1713. il y a une Lettre du P. FAURE' écrite des Philippines, où ce Missionnaire, qui fut peu de tems après martyrisé dans les Isles de Nicobar, fait le récit de la maniere, dont M. l'Abbé Sidoti se fit débarquer au Japon en 1709.

Je ne parle point de l'Ouvrage du P. Jean-Philippe de MARINIS, intitulé *Historia e Relatione del Tunkino e del Giappone*, dont nous avons une Traduction en François imprimée à Paris chez Clousier en 1666. parce qu'il n'y est point du tout parlé du Japon, mais seulement de plusieurs Missions dépendantes de ce qu'on appelle encore aujourd'hui parmi les Jésuites *la Province du Japon.*

Recuëil de plusieurs Relations & Traitez singuliers & curieux de Jean-Baptiste TAVERNIER, *Chevalier Baron d'Aubonne, qui n'ont point été mis dans les six premiers Voyages, divisé en cinq parties. A Paris chez Gervais Clousier* 1679. *in quarto.* La premiere partie de ce Recuëil est une *Relation du Japon & de la cause de la persécution des Chrétiens dans ces Isles, &c.* laquelle ne peut avoir été composée par M. Tavernier. En effet ce n'est qu'un tissu de fautes grossieres & d'anacronismes, & elle contredit ce que ce célebre Voyageur a dit dans les Mémoires, qui sont certainement de lui.

Tous les Ouvrages, dont je viens de parler, ne traitent pas seulement du Japon: je vais rendre compte de ceux, dont cet Empire est l'unique, ou du moins le principal objet.

Litteræ annuæ Societati JESU *Japonicæ*. Les Jésuites, qui sont entrez les premiers au Japon, qui y ont demeuré seuls près de cinquante ans, & qui en ont sorti les derniers, ou plutôt qui ont les derniers discontinué d'y envoyer des Sujets, ont eu soin, comme partout ailleurs, d'informer tous les ans leur Général de ce qui se passoit dans leurs Missions. La plûpart de ces Lettres ont paru séparément, ou ont été confonduës dans les Recuëils, dont nous avons parlé; mais on les a ramassez dans un seul Volume, qui a été imprimé en 1598. à Evora par les soins de D. Theoton de BRAGANCE, Archevêque de cette Ville, sous ce titre: *Cartas que os Padres e Irmaos da Companhia de* JESUS *escriveraon do Japaon & China, a os da mesma Companhia da India & Europa, desdo anno de* 1549. *ante o de anno* 1580. *nella se conta o principio, sousso, & bondade da Christandade da quellas partes, & varios costumes & falsos ritos da Gentilidade. Em Evora por Manoel* DE LYRA, *anno* 1598. *in quarto.*

Une pareille Collection peut passer pour une Histoire complette de l'Eglise du Japon jusqu'à ce tems, & renferme des détails, même par rapport à l'Histoire Naturelle, au génie & aux manieres des Japonnois; des descriptions curieuses, & plusieurs traits, qu'une Histoire suivie ne comporte pas. Il seroit bien à souhaiter que ceux, qui les ont écrites, eussent porté leur attention plus loin; que non contens de nous apprendre ce qui se passoit sous leurs yeux, ils nous eussent donné les Annales de cette Monarchie, qu'ils eussent un peu mieux expliqué les systêmes des différentes Religions, qu'ils trouverent établies dans ces Isles; qu'ils eussent composé des Mémoires plus étendus pour l'Histoire Naturelle, qu'ils n'ont, pour ainsi dire, qu'effleurée; qu'ils nous eussent tracé une Carte exacte du Japon, ou du moins qu'ils nous eussent mieux marqué la situation des lieux, où ils ont été, la division des Provinces, & le cours des Rivieres: ils étoient beaucoup plus en état de nous satisfaire sur tout cela, que ceux, qui dans la suite l'ont entrepris avec assez peu de succès.

Il est vrai que ces Ouvriers Evangéliques étant allez au Japon pour y planter la Foi, auroient crû avoir à se reprocher les momens, qu'ils auroient employez à un travail, que le Maître de la Moisson ne leur demandoit pas: & ils ont jugé sagement que le salut d'une seule ame étoit préférable au plaisir, qu'ils auroient eu à contenter notre curiosité. Il faut encore leur rendre cette justice, qu'il régne dans leurs Ecrits une simplicité religieuse, qui prévient infiniment en leur faveur, & ne se trouve pas toujours dans quelques-uns de ceux, avec qui ils ont travaillé dans cette Vigne. Ces derniers n'ont pas assez fait d'attention que tout ce qui sent la prévention, tout ce qui vient d'un zele impétueux, & d'une imagination allumée, met toujours le Lecteur en défiance.

La fameuse Ambassade, qui fut envoyée au Pape Gregoire XIII. par trois Princes du Japon, a donné sujet à bien des Relations: comme elles se sont presque toutes copiées, je me contenterai de marquer les deux principales. La premiere est intitulée: *Relationi della venuta de gli*

Ambafciatori Giapponefi à Roma fino alla partita di Lisbona, con le accoglienze fatte loro da tutti i Principi, per dove fono paffati : racolte da Guido Gualtieri : Roma 1585. *in octavo.* Outre une defcription abrégée de l'Empire du Japon, cet Ouvrage contient une Relation du Voyage des Ambaffadeurs en Europe, & de ce qui leur arriva pendant le féjour, qu'ils y firent.

La feconde a pour titre : *De Miffione Legatorum Japonenfium ad Romanam Curiam, Rebufque in Europâ ac toto itinere animadverfis Dialogus ex ephemeride ipforum Legatorum collectus, ac in Linguam Latinam converfus ab Eduardo* DE SANDE *Societatis* JESU *Sacerdote, in Macaenfi portu Sinici Regni in domo Societatis* JESU, *cum facultate ordinarii & Superiorum anno* 1690. *in quarto.* Voici le jugement, que le Traducteur Anglois de Kœmpfer a porté de cet Ouvrage.

» Dans ce rare & curieux Traité, » imprimé en Latin & en Japonnois à Macao, à la Chine, on a » expofé à la fois l'état de l'Europe » & celui des Indes fur le pied, où » les chofes étoient alors. Les Jéfuites fiers de cette Ambaffade, qui » étoit leur ouvrage, vouloient que » les Japonnois fuffent inftruits par » leurs Ambaffadeurs mêmes... de » l'accueil favorable, qu'on leur avoit » fait en Europe, & des chofes remarquables, qu'ils avoient vûës » dans leur voyage. Auffi ce Livre » contient un détail auffi complet, » qu'il fe puiffe, de l'état de l'Europe, de fa grandeur, & de la manière, dont on la divife; de fes » Gouvernemens Monarchiques, » Ariftocratiques & Démocratiques; » de la pompe & de la magnificence des Souverains, de la fplendeur » de leurs Cours, de leurs richeffes » & de leur puiffance : des mœurs, » des coûtumes, & de la maniere de » vivre de la Nobleffe & du Peuple : de la maniere de faire la guerre en Europe par Mer & par Terre : des principales Villes de l'Europe, & en particulier de Lifbonne, de Villa-Viciofa, de Madrid, » de Pife, de Florence, de Rome, » de Naples, de Padoue, de Verone, de Mantoue, de Cremone, de » Milan, de Gennes;... de la puiffance & de l'autorité du Pape à » Rome, de l'éclat de fa Cour, des » Cérémonies obfervées à fa mort, » & à fon enterrement : de l'élection » d'un nouveau Pape, de la fplendeur de fon Couronnement, & de » la pompe, avec laquelle il va prendre poffeffion à Saint Jean de Latran... de la grandeur & de la » puiffance de Philippes II. alors » Roi d'Efpagne, & de l'étenduë de » fes Etats en Europe & dans les » deux Indes; de la République de » Venife, de la nature de fon Gouvernement, des richeffes, & de » l'antiquité de cette Ville & de cette République ; des nombreufes » Conquêtes & découvertes des Portugais dans les Indes, & particulierement de l'Empire de la Chine, & d'une infinité d'autres chofes, qu'il faudroit trop de place » pour nommer. L'Ouvrage eft écrit en forme de Dialogue....
» L'Auteur n'a pas oublié dans les » endroits convenables de donner » quelque idée de l'Empire du Japon, & il s'eft attaché à comparer les mœurs de ce Pays avec celles de l'Europe. En un mot, fi cet » Ouvrage fe réimprimoit aujour-

» d'hui, je ne doute nullement qu'-
» on ne lui fît un accueïl favora-
» ble.

Relacion del Martyrio, que seys Padres Descalços Franciscanos, tres Hermanos de la Compañia de JESUS, *y decisiete Japones Christianos padecieron en Japon: por Fray Juan de* SANTA MARIA. *Madrid* 1601. *in octavo.* Il paroît qu'il y a faute dans le titre. Des six Franciscains martyrisez au Japon en 1597. il n'y avoit que trois Prêtres, un Clerc & deux Convers.

Historia del Regno di Voxu del Giappone; dell' antichità, nobilità, e valore del suo Rè IDATE MASAMUNE, *degli favori, che a fatto alla Christianità, e desiderio che tiene d'esser Christiano. Dell' Ambasciata, che a inviata alla Santità di N. S. Papa* PAOLO V. *e delli suoi successi, con altre varie cose; fatta per il Dottor Scipione* AMATI *Romano Interprete e istorico dell' Ambasciata. Roma* 1615. *in quarto.* On voit par ce seul titre le peu de fond, qu'on peut faire sur ce qui est dit dans cet Ouvrage, des dispositions de Mazamoney au Christianisme.

Rei Christianæ apud Japonios Commentarius ex Litteris annuis Societatis JESU *annorum* 1609. 1610. 1611. 1612. *collectus à Nicolao* TRIGAULTIO. *Augustæ Vindelicorum* 1615. *in octavo.* Le même Pere Trigault a fait sur le Japon un Ouvrage plus considérable sous ce titre: *De Christianis apud Japonios triumphis, sive de gravissimâ ibidem contra Fidem Christi persecutione exortâ, ab anno* 1612. *usque ad annum* 1620. *cum Matthæi* RADERI *Auctario & Iconibus Sadelerianis. Monachii* 1625. *in quarto.* Cet Ouvrage, que l'on a traduit en François, contient des choses très-curieuses & bien ramassées. L'Auteur a été longtems Missionnaire à la Chine.

Historia y Relacion del Japon desde el anno 1612. *hasta el de* 1615. *por el Padre Pedro* MOREJON *de la Compañia de* JESUS. *Lisboa in quarto.* Le Pere Morejon, après avoir longtems travaillé dans la Mission du Japon, fut envoyé à Macao, pour y recueïllir les Mémoires, qui regardoient cette Eglise.

Relacion del successo, que tuvo nuestra santa Fè en los Reinos de Japon desde el anno 1612. *hasta el de* 1615. *imperando Cubo-Sama, composta por el Padre Luys* PINEYRO *de la Compañia de* JESUS. *Madrid* 1617. *in folio.* Cet Ouvrage & le précédent entrent dans un grand détail.

A brief Relation af the persecution lately Made against the Catholick Christians in The Kingdom of Japon, &c. *London* 1616. *in octavo.* C'est une Relation courte tirée des Lettres annuelles des années précédentes.

Historia ecclesiastica de los successos de la Christiandad de Japon desde el de 1602. *que entrò en el la Orden de Predicadores, hasta el de* 1620. *por el Padre Fray Jacinto* ORFANEL *de la misma Orden, y añadida hasta el fin de* 1610. *por el Padre Frai Diego* COLLADO. *Madrid* 1633. *in folio.* Le Pere Orfanelli fut arrêté en 1620. & brûlé pour la Foi en 1622. on est surpris des préventions, qui régnent dans son Ouvrage contre les Jésuites. La prison ne les avoit pas dissipées, & le Pere Spinola, qui étoit Prisonnier avec lui & d'autres Religieux, mandoit en Italie, sans s'expliquer davantage, qu'il en avoit eu à souffrir plus, qu'on ne pouvoit croire. Les flammes, qui immolerent à Dieu ces Missionnaires, auront

QUI ONT ECRIT DU JAPON.

ront sans doute purifié & éclairé leur charité. Nous voudrions bien pouvoir en dire autant du Pere Collado.

Nous avons en plusieurs Langues la Vie du Pere Charles SPINOLA. Le premier, qui l'a donnée au Public, fut le Pere Fabio Ambrogio Spinola son Parent. Elle fut imprimée à Rome en 1628. *in octavo* dédiée aux Seigneurs de l'illustre Maison Spinola. Le Pere Herman HUGON la traduisit en Latin, & la dédia au célebre Ambroise Spinola, Gouverneur des Pays-Bas Espagnols. Cette Traduction fut imprimée à Anvers en 1630. *in octavo*. Le Pere D'ORLEANS nous a donné cette même Histoire plus abrégée, & parfaitement bien écrite. Elle fut imprimée à Paris chez Michallet, en 1681. *in* 12.

Relacion verdadera y breve de la persecution y Martyrio, que padecieron par la conversion de nuestra Fè Catholica en Japon quinze Religiosos de la Provincia de los Descalços de las Islas Philipinas, y otros Muchos Martyres, de otras Religiones, y seculares de differentes estados en Japon desde el anno de 1613. hasta el de 1624. por el Padre Diego de SAN-FRANCISCO, *Manila* 1625. *in octavo*. On trouve à la fin de ce petit Ouvrage *Acta audientiæ à S. D. N. Paulo V. Pontifice Opt. Max. Regis Voxu Japoniæ Legatis Romæ die* 3. *Nov.* 1613. *in Palatio Apostolico exhibitæ.*

Relation de l'heureuse mort du Pere Antoine Rubino & de ses Compagnons au Japon, par le Pere Alexandre de RHODES. Ce petit Ouvrage fut imprimé en Italien à Rome en 1652. *in octavo* chez Corbuletti, & l'année suivante en François à Paris dans la même forme. Le même Auteur a fait encore une *Relation de ce que les Peres de la Compagnie de* JESUS *ont fait au Japon en* 1649. elle fut imprimée à Paris chez Florent Lambert en 1655. *in octavo*.

Histoire Ecclésiastique des Isles & Royaumes du Japon depuis sa fondation jusqu'en 1624. *par le R. P. François* SOLIER, *à Paris* 1627. *deux volumes in quarto*. C'est une Histoire Chronologique, écrite avec beaucoup d'ordre & de simplicité.

Narratio persecutionis adversùs Christianos exhibitæ in variis Japoniæ Regnis annis 1628. 29. 30. *ex Italico latinè reddita à Joanne* BOLLANDO. *Antuerpiæ* 1635. *in octavo*.

Triumpho de la Fè en los Reynos del Japon por los años de 1614. *por Lopê de* VEGA CARPIO *Procurador Fiscal de la Camera Apostolica del Arçopisbado de Toledo. in* 12. *Madrid* 1617. L'Auteur de cet Ouvrage, si connu par ses Poësies, est encore ici plus Poëte, qu'Historien. Il paroît d'abord peu instruit de son sujet, comme lorsqu'il dit que le Japon est éloigné de cent cinquante lieües de la Nouvelle Espagne. D'ailleurs si l'on ôtoit de son Livre les Vers Latins & Espagnols, les citations étrangeres au sujet, & l'enflure du stile, il n'y resteroit presque rien.

Relation de l'état de l'Eglise universelle du Japon, & des Martyrs, qui y ont souffert depuis son commencement jusqu'à l'année 1630. ensemble un miracle arrivé dans le College de Naples en l'année 1634. extrait des Registres de l'Archevêché, le tout mis en François par la S. S. P. à Paris 1635. *in* 8°. Le Miracle, dont il s'agit, est la guérison subite du Pere Mastrilly, dont il est parlé dans cette Histoi-

Tome II. Tttt

re, & l'Auteur Italien en avoit été témoin oculaire. Pour ce qui eft de fa Relation du Japon, c'eft un Abrégé, qui n'apprend rien de nouveau.

Ambaſſades mémorables de la Compagnie des Indes Orientales des Provinces-Unies vers les Empereurs du Japon. A Amſterdam chez Jacob de Meurs 1680. *in folio.* On a depuis imprimé à Leyde chez *Drummond* une efpece d'Abrégé de cet Ouvrage en deux volumes *in octavo.* Voici ce que le Traducteur Anglois de Kœmpfer penfe de ce Livre : « Les fameufes » Ambaſſades des Hollandois au » Japon furent décrites d'abord en » Flamand par Arnaldus MONTA-» NUS, & publiées à Amſterdam en » 1669. *in folio.* Il en parut enfuite » une Traduction Angloife de Jean » OGISBY fous le titre fuivant. *Atlas* » *Japonenſis being remarquables adreſ-* » *ſes*, &c. London 1670. *in folio.* » Il s'en fit une Edition Françoife en » 1680. *in folio* avec quelques chan-» gemens & additions, & les mêmes » Planches fervirent pour les trois » Editions. Cet Ouvrage ne répond » nullement, ni aux dépenfes, qu'-» on fit pour l'imprimer, ni aux pro-» meſſes magnifiques du titre, ni » enfin à l'accueil favorable, qu'on » lui fit dans le monde. Outre qu'il » eſt plein de longues digreſſions, » fouvent étrangeres au fujet ; mal-» gré ce qu'on avance qu'il eſt tiré » des Mémoires & des Journaux » des Ambaſſadeurs mêmes ; je crois » que fi on en retranchoit ce qui eſt » copié des Lettres des Jéfuites, & » de la plûpart des Auteurs men-» tionnez ci-deſſus, le refte fe trou-» veroit réduit à peu de feüilles. » D'ailleurs la meilleure partie des » Planches, qui font les principaux » embelliſſemens, & pour ainfi di-» re, l'ame des Ouvrages de cette » efpece, ne peut fervir qu'à jetter » dans l'erreur, parce qu'elles re-» préfentent les chofes, non com-» me elles font, mais comme le » Peintre les imaginoit. Quant à la » defcription même, il faut avoüer » que le Public a quelque obliga-» tion à l'Auteur d'avoir ramaſſé » tout ce qui avoit été dit fur ce » fujet, & qui étoit difperfé en je ne » fçais combien de Livres. » On peut ajoûter à cette critique qu'il n'y a nul ordre dans cet Ouvrage, que tout y eſt plein de redites & de contradictions, & qu'on y défigure prefque toujours ce qu'on a tiré d'ailleurs ; en un mot, qu'il ne peut gueres être d'aucun ufage, que pour quelques points de Géographie.

Epiſtola Patris Adami WAIDEN-FELD *ad admodum Reverendum Patrem Joannem-Paulum* OLIVA, *Præpoſitum generalem Societatis* JESU. *Tyrnaviæ Typis Academicis anno* 1689. Cette Lettre eſt une efpece de tableau de l'Eglife du Japon repréfentée dans fon Printems, fon Eté, fon Automne, & fon Hyver, mais fort en abrégé.

Relation concernant l'Empire & le Gouvernement du Japon par François CARON *Préſident de la Compagnie Hollandoife du Japon, dreſſée par ordre de M. Lucas Directeur Général des affaires de la même Compagnie des Indes Orientales.* Les meilleures Editions de cet Ouvrage font celles, que l'on trouve dans le Recüeil de THEVENOT, & dans le troifiéme Volume des Voyages au Nord, quoiqu'il n'y foit pas encore exempt de fautes. Il fut d'abord écrit en Hollandois par maniere de réponse à plusieurs questions, que fit M. Lucas à l'Auteur. On le traduisit ensuite en diverses Langues. La Traduction Angloise du Capitaine Rayer MANLEY fut imprimée à Londres en 1663. *in octavo*. Dans les deux Editions Françoises, dont je viens de parler, on a ajoûté une réponse de l'Auteur à un des Editeurs, qui paroît être M. Thevenot, sur la Médecine des Japonnois, & un exemple du mépris, que les Japonnois font de la mort. Les Remarques & les Additions d'Hagenaër sont aussi dans les mêmes Editions, mais placées séparément. J'ai dit que Caron les a désavoüées.

Histoire de l'Eglise du Japon par l'Abbé de T. deux Volumes in quarto. A Paris, chez Michalet 1689. Cette Histoire finit en 1658. Le nom de l'Auteur, qui étoit le Pere Jean CRASSET Jésuite, fut mis à la tête de la seconde Edition, qui fut faite à Paris en 1715. On en avoit publié à Londres en 1707. une Traduction Angloise, & il s'en est fait depuis une Italienne imprimée à Venise. Cet Ouvrage est écrit avec un ordre, une simplicité, & une onction, qui lui donnerent un grand cours. On trouve qu'il y manque un peu de variété & de précision.

Histoire de l'Etablissement, des Progrès, & de la décadence du Christianisme dans l'Empire du Japon, &c. *A Rouën, chez Jacques-Joseph le Boulenger, Pierre Boucher, & Guillaume Behourt, trois volumes in* 12. 1715. Il y a dans cet Ouvrage, que j'ai fait dans les heures perduës de mes premieres Etudes, plusieurs traits assez interessans, qui avoient échappé à ceux, qui jusques-là avoient écrit l'Histoire entiere de l'Eglise du Japon. Mais outre qu'il s'y est glissé des fautes grossieres dans l'impression, j'ai reconnu que je m'y suis mépris en plusieurs endroits.

Histoire Naturelle, Civile & Ecclésiastique de l'Empire du Japon, composée en Allemand par Engelbert KOEMPFER *Docteur en Médecine à Lemgow, & traduite en François sur la Version Angloise de Jean-Gaspar* SCHEUCHZER, *Membre de la Societé Royale, & du College des Médecins à Londres. Ouvrage enrichi de quantité de Figures dessinées d'après le naturel par l'Auteur même, deux Volumes in folio. A la Haye chez Pierre Gosse & Jean Neaulme,* 1729. Le Traducteur de cet Ouvrage est M. NAUDE' François réfugié à Londres. On ne peut refuser à l'Auteur la justice de convenir que ses Mémoires sont remplis de recherches curieuses touchant l'origine des Japonnois, les richesses de leurs Pays, la forme de leur Gouvernement, la police de leurs Villes, d'avoir débroüillé mieux que personne les différens systêmes de leur Religion, de nous avoir donné des Fastes chronologiques de cet Empire, des Descriptions, qui intéressent, une Histoire Naturelle de ces Isles assez exacte, & d'assez bonnes observations pour la Géographie ; mais il s'en faut bien que tout cela remplisse le Titre, qu'on a donné à son Ouvrage, où l'on ne voit que des traits détachez de l'Histoire ancienne & moderne, en très-petit nombre, & la plûpart puisez dans des sources fort peu sûres. En un mot presque tout ce qui manquoit aux Histoires précédentes se trouve ici, mais on n'y voit rien de ce qu'elles contiennent. C'est le Journal d'un Voyageur curieux, habile Homme, sincere, qui s'est un peu trop fondé sur des Traditions populaires, mais ce n'est pas une Histoire.

Le Traducteur Anglois, de Kœmpfer a mis à la tête de sa Traduction une Préface, qui mérite d'être lûë. Elle contient des Remarques fort sensées & fort recherchées sur tout ce qui est au Nord du Japon, & la Carte, dont il l'a enrichie, est la moins imparfaite, que nous ayons euë de cet Empire jusqu'à présent.

Ars Grammatica Japonicæ linguæ in gratiam & adjutorium eorum, qui prædicandi Evangelii causâ ad Japoniæ regnum se voluerint conferre, composita, & sacræ de Propagandâ Fide Congregationi dicata à Fratre Didaco COLLADO *Ordinis Prædicatorum per aliquot annos in prædicto regno Fidei Catholicæ Propagationis Ministro. Romæ Typis & impensis sacræ Congregationis de Propagandâ Fide* 1632. *in quarto.* Cette Grammaire est suivie d'un Vocabulaire Latin-Japonnois, & d'une Instruction pour s'approcher du Sacrement de Pénitence dans les deux Langues ; mais le Japonnois est écrit en caracteres Latins. Tout cela ne fait qu'un assez petit Volume, composé en Italie plusieurs années après que l'Auteur fut parti du Japon. Il n'a même marqué les mots Japonnois sur les Latins, qu'autant que sa mémoire a pû les lui fournir. Il y a bien lieu de regretter que de tous les Ouvrages sur la Langue Japonnoise composez par les anciens Missionnaires, après un long séjour dans le Pays, aucun ne soit parvenu jusqu'à nous. C'est une négligence, qu'on a beaucoup de peine à pardonner aux Portugais.

Fin du second & dernier Volume.

LISTE ALPHABETIQUE DES AUTEURS,

Qui ont écrit du Japon.

A

ACOSTA. Le Pere Emmanuel Acosta Jésuite. 688
Adams. Le Chevalier Guillaume Adams Anglois. 682
Aduarte. Diego Aduarte Evêque de la Nouvelle Ségovie. 690
Alegambe. Le Pere Philippe Alegambe Jésuite. 691
Amati. Le Docteur Scipion Amati. 696
Andrada. Le Pere Alphonse de Andrada Jésuite. 690
Angelis. Le Pere Jérôme de Angelis Jésuite. 689

B

BARTOLI. Le Pere Daniel Bartoli Jésuite. 690
Blaeu. Atlas de Blaeu. 681
Bollandus. Le Pere Jean Bollandus Jésuite. 677. 697
Breynius. Jacques Breynius. 693
Bry. Theodore de Bry. 682

C

CARDIM. Le Pere Antoine-François Cardim Jésuite. 690
Caron. Le Sieur François Caron Président du Commerce des Hollandois au Japon. 683. 684. 692. 699
Chardin. Le Chevalier Chardin. 684
Charlevoix. Le Pere de Charlevoix Jésuite. 699
La Clede. M. de la Clede Auteur de l'Histoire de Portugal. 686

Cleyer. André Cleyer. 693
Cocks. Richard Cokes. 683
Collaco. Le Pere Antoine Collaco Jésuite. 687
Collado. Le Pere Diego Collado Dominicain. 696. 700
Couto. 686
Crasset. Le Pere Jean Crasset Jésuite. 699
Crasso. Lorenzo Crasso Baron de Pienvre. 692

D

DAVITY. 681
Dudley. Robert Dudley Duc de Northumberland, & Comte de Warwic. 681
Delisle. M. Delisle premier Géographe du Roi. 684

E

ECHARD. Le Pere Echard Dominicain. 687

F

FARIA. Manuel de Faria y Sousa. 686
Faure. Le Pere Faure Jésuite. 693
Fontana. Le Pere Vincent-Maria Fontana Dominicain. 687
Froez. Le Pere Louis Froez Jésuite. 683

G

GAMEREN. Hannardus de Gameren. 688
Geudreville, Réfugié François. 681

LISTE ALPHABETIQUE

Godefroy. Louis Godefroy. 682
Gonzalez. Le Pere Dominique Gonzalez Dominicain. 690
Gualtieri. Guido Gualtieri. 695
Guerreyro. Le Pere Ferdinand Guerreyro Jésuite. 687
Guzman. Le Pere Louis Guzman Jésuite. 687
Gysbertz. Rayer Gysbertz. 683. 692

H

HAGENAER. Henry Hagenaër. 683. 699
Hakluyt. Richard Hakluyt. 683
Hatch. Artur Hatch, Ministre Anglois. 683
Hay. Le Pere Jean Hay Jésuite. 688
Le P. *Hendschelius* Franciscain. 689
Historia Societatis Jesu. 686
Hugon. Le Pere Herman Hugon, Jésuite. 697

I

JARRIC. Le Pere Pierre du Jarric Jésuite. 688

K

KOEMPFER. Engelbert Kœmpfer Médecin. 692. 699

L

LETTRES édifiantes & curieuses des Jésuites. 693
Linschooten. Hugues de Linschooten. 681
Litteræ annuæ Societatis Jesu. 688
Luardi. Michel Ange Luardi Prêtre. 691

M

MACHAUD. Le Pere Jean-Baptiste de Machaud Jésuite. 689
Maffée. Le Pere Pierre Maffée Jésuite. 688

Manley. Rayer Manley Capitaine Anglois. 699
Marc Pol de Venise. 682. 685
Marinis. Le Pere Jean-Philippe de Marinis Jésuite. 693
Martinez. Le Sieur Matthias Martinez. 688
Martini. Le Pere Martin Martini Jésuite. 681. 683
Martyrologium Franciscanum. 687
Mercator. Gerard Mercator. 681
Montanus. Arnaldus Montanus. 698
Morejon. Le Pere Pierre Morejon, Jésuite. 689. 696
Morin. Le Pere Pierre Morin Jésuite. 689

N

NADASI. Le Pere Jean Nadasi Jésuite. 691
Nieremberg. Le Pere Jean-Eusebe de Nieremberg Jésuite. 690

O

OGISBY. Jean Ogisby Anglois. 698
Orfanelli. Le Pere Hyacinthe Orfanelli Dominicain. 696
Orleans. Le P. Pierre-Joseph d'Orleans Jésuite. 697
Orscolor. Le Pere Marien Orscolor, Franciscain. 689

P

PAIS. François Païs Portugais. 682
Paludanus, Médecin Allemand. 682
Picard. M. le Picard Graveur fameux. 681
Pineyro. Le Pere Louis Pineyro Jésuite. 696
Pinto. Fernand Mendez Pinto célebre Voyageur. 686
Le P. *Pierre Possines* Jésuite. 686
Purchas. 682

LISTE ALPHABETIQUE. 703

R

RADER. Le Pere Matthieu Rader Jésuite. 696
Ramusio. 682
Reland. Carte du Japon de M. Reland. 681. 684
Relation Angloise des Martyrs du Japon. 696
Relation de l'état de l'Eglise du Japon. 697
Rhodes. Le Pere Alexandre de Rhodes Jésuite. 697
Ribadeneyra. Le Pere Marcel de Ribadeneyra Franciscain. 690

S

SALMON, Auteur Anglois. 683
Sande. Le P. Edouard de Sande Jésuite. 695
San-Francisco. Le Pere Diego de San-Francisco Franciscain. 697
San-Roman. Le Pere Antoine de San-Roman Bénédictin. 686
Santa Maria. Le Pere Jean de Santa Maria Franciscain. 696
Saris. Le Chevalier Guillaume Saris Anglois. 682
Scheuchzer. Jean-Gaspar Scheuchzer de la Société Royale de Londres. 682. 700

Solier. Le Pere François Solier Jésuite. 697
Spinola. Le Pere Fabio Spinola Jésuite. 697

T

TANNER. Le Pere Matthias Tanner Jésuite. 691
Tavernier. J. B. Tavernier. 693
Tellier. Le Pere Michel le Tellier Jésuite. 692
Ten Rhyne. Guillaume Ten Rhyne Médecin. 693
Thevenot. 683
Thevet. 681
Trigault. Le Pere Nicolas Trigault Jésuite. 696
Tursellin. Le Pere Horace Tursellin Jésuite. 686

V

VANGAETZ. 683
Varen. Bernard Varen Médecin. 684. 691
Vega. Lopé Vega Carpio. 697
Voyages. Reciieil des Voyages de la Compagnie Hollandoise des Indes. 692

X

XAVIER. Saint François Xavier. 686

TABLE DES MATIERES
Contenuës en ce Volume.

A.

Abeilles. 576

Académie de Mathématiques établie à Méaco. 130.

Acafoxi. Belle action de ce Catéchiste. Il est fait Prisonnier. 263. Il meurt Jésuite & Martyr en compagnie du P. Kimura. 273

Acapulco. Port du Mexique. Réception, qu'on y fait aux Ambassadeurs de Mazamoney. 243.

Acasciamon. Jean Acasciamon, un des Généraux de Fide-Jory. 208. Il est tué dans le combat. Belle action de sa Fille. 210. Les Jésuites sauvent cette Demoiselle & ses deux Freres, & ce qui en arrive. 234.

Acaxicamon. Jean Acaxicamon, peut-être le même que le précédent, Beau-Frere du Roi de Bigen. Son zele. 64.

Achita, Province du Japon. Voyez *Cubota*.

Acosta. Le Pere Jean d'Acosta Jésuite. Son Martyre. 283.

Acqueis, Ville d'Yesso. Sa situation. 496. 500.

Adami. Le Pere Matthieu Adami Jésuite. Ses travaux dans le Nord du Japon. 244. 306. 347. 361. Son Martyre. 583.

Adams. Le Chevalier Guillaume Adams, premier Pilote sur une Escadre Hollandoise; par quel hazard il arrive au Japon. Il s'introduit à la Cour de Surunga. 119. Il rend de grands services aux Hollandois 134. & au Chevalier Guillaume Saris. 144. Il aigrit le Cubo-Sama contre les Espagnols. 145.

Adjuration. Comment les Jammabus s'en servent pour découvrir les Criminels. 563

Agnez Martyre. 91. 92. 93.

Agriculture des Japonnois. 586. *& suiv.*

Aguire. Saint Martin d'Aguire, ou de l'Ascension, Francescain, Martyr au Japon. 28. Il prêche avec beaucoup de zele en allant au supplice. 42. Sa mort. 48. Est canonisé. 89.

Aiguilles. Description des Aiguilles, dont on se sert pour guérir au Japon une sorte de Colique. 565.

Ainomoxori, nom, que les Habitans d'Yesso donnent à leur Pays. 252.

Akagui, voyez *Kisa*.

Akoja. Huîtres, où l'on trouve d'excellentes perles. 585

Albuquerque. Dom Matthias d'Albuquerque, Vice-Roi des Indes, envoye des présens à l'Empereur du Japon, & lui déclare que le P. Valegnani avoit été Ambassadeur de son Prédécesseur. 5.

Alexandre VI. à quelles conditions il donne aux Rois Catholiques la Souveraineté des Indes Occidentales. 526.

Alexis, Frere Dominicain. Son Martyre. 273. 276.

Allouettes du Japon chantent mieux que les nôtres. 576.

Amacusa. L'isle d'Amacusa est donnée à Terazaba. 83. Il entreprend d'y exterminer le Christianisme, & ce qui en arrive. 88. Nouvelle Persécution dans cette Isle. 360

Ambassade. L'Empereur de la Chine envoye une Ambassade à Tayco Sama. 7. *& suiv.* Un des Ambassadeurs s'enfuit. 9. Les autres ont leur audience. 12. Ils sont indignement traitez par l'Empereur. 13. Les Ambassadeurs du Roi de Bungo, du Roi d'Arima, & du Prince d'Omura font instance auprès du Pape pour obtenir un Evêque du Japon. 5. Ils sont calomniez. 24. Ambassade des Espagnols rejettée avec mépris. 301. 302. 326. Ambassade du Général de Batavia vers l'Empereur du Japon. 440-41. Il en envoye une seconde. 446. Le Directeur du Commerce des Hollandois va tous les ans à Jedo en qualité d'Ambassadeur de la Compagnie des Indes. Comment cette Ambassade se passe. 557. *& suiv.* Ambassade du Sophi de Perse au Pape. 488. Ambassade du Pere Sotelo & d'un Seigneur d'Oxu de la part de Mazamoney vers le Pape Paul V. 243. *& suiv.* Voyez *Sotelo* & *Fraxecura.* Ambassade du Vice-Roi de la Nouvelle Espa-Voyez *Sébastien.* Ambassade du Sieur Elserak. *Voyez* Elserak. Ambassade de la Ville de Macao. 413. Les Ambassadeurs sont décapitez contre le droit des gens, & meurent Martyrs. 414. *& suiv.* Ambassade du Roi D. Jean IV. rejettée. 441.

Ambre

TABLE DES MATIERES.

Ambre gris. Voyez *Mako*. Differtation fur l'Ambre gris. 609.
Ambre de Pruffe. 613.
Ambre jaune, le cas, que les Japonnois en font. 613.
Amefaki, forte de Bierre. Son ufage. 559.
Amida. Defcription d'un Temple de ce Dieu. 557.
André, Enfant Martyr. 281.
André, Jéfuite Martyr. 430.
Angelis, (le Pere Jérôme de) Jéfuite, arrive au Japon. 86. Il tombe entre les mains des Emiffaires de l'Empereur, & il eft délivré. 211. Il vifite les Exilez de Tfugaru. 227. Ses travaux dans les Etats de Mazamoney. 242. Il paffe en Yeffo. 248. Ce qu'il a écrit de ce Pays. 249. 492. Le Pape Urbain VIII. fait fon éloge. 293. 492. Il fe livre pour fauver fon Hôte. 295. Son Martyre. 297.
Anges. Monaftere des Anges à Florence. Le Pape Urbain VIII. y envoye une Relique d'une Martyre du Japon. 165.
Anglois, le Cubo-Sama leur accorde un Comptoir à Firando, & écrit au Roi d'Angleterre. 144. Ce qui fe paffe entre le Pere Spinola & des Anglois. 265. Tentative des Anglois pour rétablir leur Commerce au Japon, & quel en fut le fuccès. 465. Des Anglois accufent le Pere de Mello auprès du Grand Duc de Mofcovie. 488.
Anguilles du Japon. 582.
Anian, (Détroit d') Sa fituation. 252. 259.
Anthoine, (Pic d') fa fituation. 256. 495.
Antoine, (Saint) Enfant Martyr. 40. Il refufe les offres avantageufes, qu'on lui fait. Son difcours à fes Parens. 43. Sa mort. 48. Sa Canonifation. 49.
Antoine. (Pierre) Voyez Araqui.
Apollinaire, (le Pere) Francifcain, Martyr. 282.
Apoftats. 333. 343. 354. On fait figner un Formulaire aux Apoftats. 356.
Aquaviva, (le Pere Claude) Général des Jéfuites, confulte le Pape fur la part, que l'on donnoit aux Miffionnaires du Japon du produit du Commerce de ce Pays. 23.
Araqui (Thomas) Riemon. Son courage. Son difcours à celui, qui préfidoit au fupplice des Chrétiens. 100. 201. Son Martyre. 202. Ses deux Fils fe difputent à qui fera prifonnier. 312. 313. 314.

L'un d'eux, nommé *Mancie Araqui*, meurt en prifon ; l'autre nommé *Matthias Araqui*, eft brûlé avec le corps de fon Pere. 324.
Araqui, (Thomas, ou Pierre-Antoine) fait fes Etudes, & reçoit la Prêtrife à Rome. Il retourne au Japon. 232. Il apoftafie. 233. Il eft envoyé à Firando, mis en liberté, & fe déclare Apoftat. 265. Voyez Sama.
Aria, petite Ville du Royaume d'Arima ; les Chrétiens y font cruellement tourmentez, & tous demeurent fidéles. 202. La Perfécution y recommence, & plufieurs manquent de courage. 357.
Arima, Province du Japon. Voyez Protais; Suchendono, & Safioye. Un jeune Prince d'Arima fe met à la tête de 300. Chrétiens pour mourir avec eux. 177. Terrible appareil de perfécution dans ce Royaume. 198. La fermeté des Chrétiens oblige le Roi à les laiffer en repos. 263. Les Chrétiens d'Arima pouffez à bout, fe révoltent, & fe faififfent de Ximabara. 407. Ils y font affiégez par une Armée Impériale. 408. Ils y font affamez, fortent en bataille, & font tous taillez en piéces. 410.
Armoife, Plante. Son ufage. 567. 606.
Arnua. 417. Il faut apparemment lire *Arima*.
Arrojo, (le Pere Alphonfe) Jéfuite, va au Japon. 430. Son Martyre. 431.
Afacufa, Bourg près de Jedo. Le Pere Sotelo y bâtit une Eglife, & ce qui en arrive. 168.
Afayi, Coquille. 585.
Afcenfion, (le Pere Pierre de l') Francifcain, fon Martyre. 221.
Afonadario, un des Régens de l'Empire pendant la minorité de Fide-Jory. 60. Il fe rend à Facata, pour mettre ordre aux affaires de Corée. 62. Le Pere Valegnani lui écrit. 63. Il en reçoit une réponfe fort honnête. 64.
Affomption. Les Japonnois célébrent avec beaucoup d'appareil la Fête de l'Affomtion. Ce jour-là on dit la premiere Meffe en Yeffo. 251.
Aftracan. Une Princeffe Catholique y eft attaquée & tuée par les Schifmatiques. 491.
Atteftation de douze Jéfuites. 500.
Ava. Un Roi d'Ava exilé dans le Nord du Japon. 178.

Tome II. Vuuu

Audience. De quelle maniere l'Empereur du Japon donne Audience au Préfident des Hollandois. 462. 464.

Aveugles. On fait mourir de faim plufieurs Aveugles Chrétiens. 340.

Augufte. Pourquoi il aimoit les Béliers. 571.

Auguftins. Les Peres Auguftins, qui étoient venus au Japon fur le Galion Efpagnol, que Tayco-Sama confifqua, font l'apologie des Jéfuites. 19. 20. Des Peres Auguftins s'établiffent dans le Bungo. 83. Deux Peres Auguftins font martyrifez ; mauvais effet de leur arrivée au Japon. 377. Les Peres Auguftins Déchauffez ne font entrez que fort tard au Japon. 541.

Avila, (le Pere Pierre d') Francifcain, eft envoyé de fa prifon à Firando, & pourquoi. 265. Son Martyre. 273.

Awabi, coquillage. Son ancien ufage. 584.

Awamuri, efpece d'Eau de Vie de grains. 470.

Ayala. Voyez *Saint Jofeph*.

B

BAEZA, (le Pere Jean-Baptifte de) Jéfuite, Recteur du College de Nangazaqui, eft dénoncé par un Apoftat. 228. Efpece de Prophétie, qu'il fait au Pere Zola. 315. Sa mort. 320.

Baleines dans les Rivieres d'Yeffo. 253. Baleine trouvée fur les Côtes de Corée avec un Harpon de Gafcogne. 258. 494. Différentes efpeces de Baleines dans les Mers du Japon, & ce qu'on en tire. 578. *& fuiv.*

Balthazar (le Prince) de Firando. Sa fermeté. 67. Il fe retire à Nangazaqui avec un grand nombre de Chrétiens, & ce qui en arrive. 68. 69.

Bandoué. Voyez *Gixafu.*

Banzui, Bonze, que le Roi d'Arima employe inutilement à pervertir fes Sujets. 158.

Baptifte, (Saint Pierre) Francifcain, trompé par un fourbe. Il rejette les avis, que lui donnent les Jéfuites. 15. Il s'adreffe trop tard au Vice Roi de la Tenfe pour avoir la main-levée des effets du Galion le *Saint Philippes.* 17. Il eft arrêté prifonnier. 28. Son Martyre. 40. 41. 48. Son difcours au Pere Rodriguez avant fon fupplice. 45. Il eft canonifé. 49.

Baptifte, (le Pere Pierre) autre Commiffaire des Francifcains au Japon, fe porte pour Adminiftrateur de l'Evêché pendant la vacance du Siége, & ce qui en arrive. 170. 171. Il déclare que la Lettre prétenduë de Sotelo, n'eft point fignée de la main de ce Religieux. 287. 306. Il termine l'affaire de la Canonifation des ving-fix Martyrs du Japon. 506. Il rend témoignage que le Général des Jéfuites lui a rendu fervice en cela. 532.

Barthelemi, Prince d'Omura. Son Pere tâche en vain de le pervertir. 102. Ce Prince le met en poffeffion de fes Etats. 103. Il fe charge de faire la recherche des Miffionnaires. 221. Il en fait arrêter deux. 224. Il reproche à la Princeffe fa Tante fon refpect pour leurs Reliques. 225. Il renonce au Chriftianifme, & meurt Apoftat. 240.

Barthelemi, (le Frere) Francifcain. Son Martyre. 340.

Bartoli (le Pere Daniel) Jéfuite, eft trompé par une fauffe Relation. 277. Il paroît ne faire qu'un feul homme de Thomas Sama, & de Pierre Antoine. 391. Il fe trompe au fujet des Chrétiens révoltez d'Arima, qu'il dit avoir auparavant renoncé au Chriftianifme. 407.

Bafiliens, Moines Schifmatiques. Maniere indigne, dont ils traitent deux Auguftins, qu'on avoit mis en prifon chez eux. 488.

Bafilowitz Zuski, Grand Duc de Mofcovie, fait mourir après bien des tourmens un Auguftin Japonnois. 489.

Batavia, embarras du Confeil de Batavia au fujet de Pierre Nuitz. 367.

Beccaffines fort communes au Japon, & quelques Sectes permettent d'en manger. 575.

Bellin, fentiment de Monfieur Bellin fur le Nord du Japon. 492.

Berge, forte de Bâtiment de plaifir pour naviguer. 458.

Bétail, les Japonnois ont grand foin d'empêcher que le Bétail des Hollandois de Defima ne fe multiplie. 477.

Beurre inconnu au Japon. 588.

Bigen. Le Roi de Bigen permet aux Miffionnaires de s'établir dans fon Royaume. 64.

Bifago, ou *Mifago*, Oifeau de Mer carnacier. 376.

Blanc, (le Pere Théodore le) Jéfuite. Ce qu'il dit de la Poule du Japon. 575.

Blanco, (Saint François) Francifcain, eft arrêté. 28. Son Martyre. 40. *& fuiv.* Eft canonifé. 49.

Blokhovius eft envoyé en Ambaffade au Ja-

TABLE DES MATIERES.

pon par le Général de Batavia, & meurt en chemin. 440.

Bœufs. Les Japonnois ne se servent des Bœufs, que pour le labourage. 589.

Bon Compagni, (le Cardinal) Archevêque de Naples, approuve la guérison miraculeuse du Pere Mastrilli. 397.

Bonelli, (le Pere Jean) Jésuite, écrit au Pere Ferreyra, pour l'exhorter à rentrer en lui-même. 444.

Bonnet, (le Pere) Jésuite, Martyr dans les Isles Nicobar. 486.

Bonzes convaincus dans une dispute par d'autres Bonzes en présence du Cubo Sama; mis à mort par l'ordre de ce Prince. 115. Plusieurs Bonzes se font Chrétiens. 243. Bonzes Chinois au Japon. 471.

Borghès, (le Pere Emmanuel) Jésuite. Son Martyre. 377.

Boritz, Grand Duc de Moscovie, envoye deux Augustins en prison dans un Monastere de Basiliens Schismatiques. 488.

Botello, Sécretaire d'Etat en Espagne. Sa déclaration au sujet du P. Collado. 379.

Bouche d'Enfer au Mont Ungen, ce que c'est, & d'où vient ce nom. 336.

Boucheliou, Président du Commerce de la Compagnie des Indes au Japon. 448.

Boxeador, (Cap) sa situation. Le P. Collado y fait naufrage. 380.

Brancaccio, (le Seigneur Charles) engage le Pere Mastrilli dans une œuvre de piété, qui fut l'occasion du Miracle opéré sur ce Religieux. 394.

Breskens, Navire Hollandois. Ses avantures. 255. 431.

Brochet du Japon, en Japonnois *Kamas.* 581.

Broeckhorst, Directeur de la Compagnie Hollandoise au Japon. 441.

Buffles d'une grosseur énorme. 571.

Bugendono, (Melchior) Seigneur du Naugato. Son Martyre. 97.

Bugio, Officier, qui conduit à Jedo le Directeur de la Compagnie Hollandoise. 458. & *suiv.*

Buldrino, (le Pere François) Jésuite. Sa mort. 375.

Bungojos, nom, que l'on donnoit sur la fin du dernier siécle à ce qui restoit de Chrétiens au Japon, & ce qu'il signifie. 481.

Bungondono, Seigneur de Ximabara ; son chagrin de ce qu'un de ses gens avoit arrêté le Pere Navarro. 182. De quelle maniere il en use avec son Prisonnier. 283. Devenu Roi d'Arima, il persécute vivement les Fideles. 313. Il donne ordre qu'on traite doucement le Pere Pacheco, & les autres , qui étoient dans ses prisons. 317. Il est accusé de ménager les Chrétiens, fait serment de les exterminer de ses Etats, & n'omet rien pour y réüssir. 331. 336. Il fait plusieurs Apostats. 342. 343. Il est accusé de nouveau de favoriser les Missionnaires, & comment il prouve le contraire. 357. & *suiv.* Mort terrible de ce Tyran. 358. & *suiv.*

Busoni, (le Pere François) Jésuite, fonde avec le Pere Diego Carvailho la Mission de la Cochinchine. 300.

Buygen. Persécution singuliere dans le Buygen, & quel en fut le succès. 188. *Voyez* Condera, Caïnocami, & Jecundono.

Byvelt, (Guillaume) Sous-Marchand du Breskens, arrêté à Nambu. 436. 439.

C

CAFIOYE. Voyez *Caun.*

Casusu, (Louis) Jésuite, Martyr. 382.

Cagayan, Province des Philippines. 286. 515.

Caie, Coréen, Martyr. Son Histoire. 310.

Caie, Hôte du Pere de Torrez. 316.

Caïnocami, (Damien) Roi de Buygen, commande une Armée à la seconde Guerre de Corée. 14. Il rétablit les Missionnaires dans ses Etats. 65. Il prend le parti de Daysu-Sama contre les autres Régens. 73. Embarras, où il se trouve, & comment il s'en tire. 77. Les Rois de Fingo & d'Omi paroissent devant lui comme des Criminels ; priere, que lui fait le premier. 79. Il obtient le Royaume de Chicugen en échange du Buygen. 84. Sa chûte déplorable. 103. Ses deux Fils veulent persécuter les Fidéles, & sont obligez de les laisser en paix. 306.

Calamba. Voyez la Table des Plantes.

Cambacundono. Voyez *Fide-Jory.*

Cami, nom, que l'on donne à Méaco, & pourquoi. 503.

Camo Fidadono, Prince Japonnois. 501.

Canards d'une beauté exquise. Il est permis aux Japonnois de manger des Canards. 575.

Canazava, Capitale du Royaume de Canga. 261.

Canga. Ce qui se passe entre Ucondono & le Roi de Canga. 31.

Cangan, sorte d'Etoffe bleuë, que les Japonnois portent en Yesso. 499.

Cangedo, Ministre d'Etat de l'Empereur. 421.

Vuuu ij

TABLE DES MATIERES.

Cangerafu, un des Régens de l'Empire pendant la minorité de Fide-Jory, fait la guerre dans le Quanto contre Dayfu-Sama. 71. Il profite mal de fes avantages. 76.

Cano, (Pierre) calomnie les Jéfuites, & fe retracte. 94.

Canfaimondono, Gentilhomme Japonnois. Trahifon, qu'il fait aux Hollandois du Breskens. 421. 432.

Cantharides. Les Japonnois n'en font aucun ufage. 577.

Canzugedono, un des Chefs du Parti de Dayfu-Sama, fait une irruption dans le Fingo. 77. Il eſt fait Roi de Fingo. 79. Il affiége la Ville d'Uto, & veut engager les Jéfuites à faire rendre la Place. 87. Comment il fe venge de leur refus. Il perfécute les Chrétiens. 88. *& fuiv.* Le Roi de Buygen tire l'épée contre lui au fujet des Chrétiens. 93. Le Prince d'Omura Apoſtat fait alliance avec lui. 102. Il recommence à perfécuter les Fidéles. 113. *& fuiv.* Il reçoit une mortification à la Cour de Surunga. 115. Sa mort. 130. Ce qui fe paſſa entre lui & l'ancien Roi de Tamba. 181. Il fait exiler ce Prince & fon Fils. 183.

Capeci, (le Pere Antoine) Jéfuite, fuit le Pere Maſtrilli aux Philippines. 399. & le Pere Rubino au Japon. 427. Son Martyre. 428. 429.

Caqui, ou *Cachinochi*, Figuier Japonnois. Croix trouvée dans le tronc d'un Caqui. 136.

Caraccioli, (Béatrix) Mere du Pere Maſtrilli. 393. Son Fils l'aſſiſte à la mort. 397.

Carafe, (le Pere Vincent) Recteur du College des Jéfuites de Naples, enfuite Général de la Compagnie. Ce qui fe paſſa entre lui & le Pere Maſtrilli un peu avant la guérifon miraculeufe de celui-ci. 395.

Carnero, (Dom Melchior) Jéfuite, Evêque de Nicée, Coadjuteur du Patriarche d'Ethiopie, eſt nommé Evêque du Japon, & meurt à Macao. 5.

Caron, (le Sieur François) Directeur de la Compagnie Hollandoife au Japon, eſt chargé d'un magnifique préfent pour l'Empereur. 370. Il eſt calomnié par les Hollandois, & pourquoi. 406. 412. Sa conduite avec un Commiſſaire de l'Empereur, chargé de faire démolir les Bâtimens, que la Compagnie avoit fait conſtruire à Firando. 419. *& fuiv.* Sa hauteur à l'égard des Japonnois, & les effets, qu'elle eut. 423. M. Colbert le charge d'établir le Commerce de la Compagnie Françoife des Indes au Japon. Sa mort funefte. 473.

Carvailho, (le Pere Diego) Jéfuite. Ses travaux dans le Nord du Japon. 227. 243. Il paſſe en Yeſſo. 250. Il y dit la premiere Meſſe, qu'on y ait jamais célebrée. 251. Son Martyre. 298. *& fuiv.* Il avoit fondé avec le Pere Bufoni la Miſſion de la Cochinchine, ayant été obligé de fortir du Japon en 1614. 300.

Carvailho, (Dom Gonzalez de Monteyro) un des Ambaſſadeurs Portugais martyrifez au Japon. 413. *& fuiv.*

Carvailho, (le Pere Michel) Jéfuite, calomnié par le Pere Collado, loué par le faux Sotelo. Son Martyre. 305.

Carvailho, (le Pere Valentin) Provincial des Jéfuites du Japon. 137. Se porte pour Adminiſtrateur de l'Evêché aprés la mort de l'Evêque, en vertu d'un Bref du Pape, & ce qui en arrive. 171. Il eſt exilé. 174.

Caſſola, (le Pere François) Jéfuite, fuit le Pere Maſtrilli aux Philippines. 399. & le Pere Marquez au Japon. 430. Son Martyre. 431. *& fuiv.*

Caſſui, (le Pere Pierre) Jéfuite. Son hiſtoire & fon Martyre. 429. Il avoit eu un entretien avec le Pere Ferreyra, & n'en avoit pas été content. 444.

Caſtel Blanco, [Dom François de] Commandant des Portugais au Japon. Ordre de l'Empereur de l'interroger fur la Révolte des Chrétiens d'Arima. 412.

Caſtelet, ou *Caſtelot*, (le Pere Dominique) Dominicain. Son Martyre. 346.

Caſtillans, leur jalouſie contre les Portugais par rapport au Commerce du Japon, les porte à de grands excès. 23. Réponſe imprudente d'un Caſtillan. 96. *Voyez* Eſpagnols.

Caſtricoom, Navire Hollandois, parcourt une partie des Côtes d'Yeſſo. 255. Il revient au Japon, & une partie de fon Equipage eſt arrêtée. 438. Relation de fes découvertes en Yeſſo. 494.

Caſtro, (Alphonfe de) Portugais, prifonnier pour la Foi. Sa ferveur. 269. 270.

Caſuaire, ou *Caſuar*, Oifeau fingulier des Indes. 448.

Catechou, ou *Catchu*, pillules, autrement

TABLE DES MATIERES.

appellée *Terra Japonica*. Ses propriétez. 566.

Catéchistes, combien on estimoit leur emploi au Japon. Cérémonies de leur réception. Leur habillement. 28.

Catherine d'Arima, Princesse d'Omura, illustre par sa piété. 100.

Catherine, Martyre dans l'Isle de Pisimo. 304.

Catherine, Martyre à Nangazaqui. 322.

Cavacami, (Thomas) Martyr. 165. 166.

Cavacci, (Midzuma) Gouverneur de Nangazaqui, commence sa charge par l'exécution de plusieurs Martyrs. Sa modération. 319. Ce qu'il dit en voyant l'ardeur des Chrétiens pour le Martyre. Il entreprend de les réduire tous. 337. Il cherche à les lasser, & reçoit ordre d'envoyer tous ses prisonniers au Roi d'Arima. 342. On lui envoye un Successeur. 347.

Cavara, (Louis) Jésuite, Martyr. Ses efforts pour empêcher deux Religieux de quitter leurs poteaux. 178.

Cavendo, Baye de la Terre d'Yesso. 499.

Caun Casioye, (Vincent) Jésuite Coréen, son Histoire. 315. On lui fait souffrir des tourmens inouis. 318. Son Martyre. 319.

Caustique. Voyez *Moxa*.

Cespedez, (le Pere Gregoire de) Jésuite, est appellé dans le Buygen par le Roi même, quoiqu'Idolâtre. 85. Il meurt subitement, & le Roi effectuë la menace, qu'il avoit faite de chasser les Missionnaires, dès qu'il seroit mort. 130. Il donne des Ornemens pour dire la Messe à un Religieux, qui passoit par Cocura, & qu'un naufrage avoit jetté au Japon, & pourquoi il refusoit d'en donner aux autres. 534.

Cevicos, (le Docteur Jean) est prié par le Pere Sotelo de lui faire rendre ses Papiers, qu'on lui avoit enlevez, & il le refuse. 386. Sa réponse à la Lettre du faux Sotelo. 287. 505. *& suiv.*

Ceylan. Constance héroïque d'un Indien de Ceylan dans les tourmens. 354.

Chandelier magnifique présenté par les Hollandois à l'Empereur du Japon. 370.

Chanvre cultivé au Japon. Chanvre sauvage, & l'usage, qu'on en fait. 588.

Chats du Japon. 571.

Cheval, ou *Chien Marin* du Japon. 580.

Chevaux du Japon. 572.

Cheveux. Pluye de cheveux. 10.

Chevres du Japon, d'où elles y sont venuës. Les Japonnois n'en font aucun usage. 571.

Chiara, (le Pere Joseph) Jésuite, suit le Pere Mastrilli aux Philippines. 399. & le Pere Marquez au Japon. 430. Son Martyre. 431. *& suiv.*

Chicugen. Persécution dans ce Royaume ; prodiges, qui l'annoncent. 227. On y veut recommencer la persécution, & on est obligé de laisser les Chrétiens en repos. 306.

Chicungo. Le Roi de Chicungo rétablit les Missionnaires dans ses Etats. 65.

Chiens du Japon. 571. Un Empereur du Japon prend les Chiens en amitié, & ce qui en arrive. 571. 572.

Chinois. Les Chinois sont chassez du Japon. 303. Les Japonnois de Jedo disent beaucoup d'injures aux Hollandois, les prenant pour des Chinois. 461. Du Commerce des Chinois au Japon. 468. *& suiv.* Description de leur quartier à Nangazaqui. 549. Tintamarre, qu'ils y font. 554. Foo des Chinois. 571.

Choisy. Ce que M. l'Abbé de Choisy dit des profits du Directeur de la Compagnie Hollandoise au Japon. 455. & de la précaution, que prenoient les Chinois de Siam, qui alloient trafiquer au Japon. 472.

Chosugami, Roi de Tosa. Trahison, qu'il fait aux Espagnols du Galion *le Saint Philippes*. 16. 17.

Chrétiens. Protection du Ciel sur les Chrétiens dans un grand tremblement de terre. 11. Ardeur des Chrétiens pour le Martyre. 31. 151. Concours admirable des Chrétiens à Arima dans l'espérance d'y être Martyrs. 161. Ils refusent de se retirer, & s'offrent à mourir pour J. C. 162. Ils accompagnent des Martyrs au supplice au nombre de trente ou quarante mille. 163. En quelle disposition Safioye trouve les Chrétiens d'Arima en prenant possession de ce Royaume. 190. Indiscrétion des Chrétiens de Nangazaqui. 192. Chrétiens en grand nombre dans l'Armée de Fide-Jory. 208. Les Femmes & les Filles Chrétiennes d'Ozaca font des choses incroyables dans le sac de cette Ville pour sauver leur honneur. 210. Ferveur générale des Chrétiens. 212. 225. 226. Elle se ralentit, & quel en fut le principe. 230. Ceux de Nangazaqui se laissent séduire, & murmurent même contre les Missionnaires. 231.

Christianisme. En quel état il étoit au Japon en 1692. 481.

Ciampa. Ambassade du Roi de Ciampa

vers le Cubo-Sama. 120.

Cigale, Efcarbot, que Gefner décrit fous le nom de Cigale. 577.

Cigognes; elles demeurent au Japon toute l'année. 576.

Cittadella, (le Pere Balthazar) Jéfuite, accompagne le Pere Maftrilli aux Philippines. 399.

Claire, Martyre. 149.

Clement VIII. Mémoire préfenté à ce Pape contre les Jéfuites. 24. Son Bref au fujet des Miffionnaires des autres Ordres. 25. 235. Il écrit au Grand Duc de Mofcovie en faveur de deux Auguftins. 489.

Co, (Jean) Martyr. 344.

Cobang, *Kobani*, ou *Kobang*, Monnoye du Japon. Sa valeur. 452. Marque, qui s'imprime fur tous les Cobangs. 456. *V.* au mot *Monnoye* la figure du Cobang.

Cocco, efpece de Chêne noir d'Yeffo, dont l'écorce fert à faire de la fifcelle. 251.

Cochinchine, Eglife fondée en Cochinchine; par qui. 300.

Cochinchine, nom d'un Indien Martyr. 429.

Cochinotzu, Port du Royaume d'Arima, cruautez, qu'on y exerce contre les Chrétiens, & leur ferveur. 199. Les Magiftrats de Cochinotzu fe préfentent au Martyre. 314.

Cochons. On les a portez de la Chine au Japon. 571.

Cock, (le Chevalier Richard) refte au Japon pour y avoir la direction du Commerce des Anglois. 144.

Coici, (Jacques) Martyr.

Colbert. Projet de M. Colbert pour établir le Commerce de la Compagnie Françoife des Indes au Japon. 473.

Colique finguliere au Japon ; fa caufe & fon remede. 565.

Collado, (le Pere Diego) Dominiquain, entreprend de fauver le Pere Florez des mains des Hollandois, & ce qui en arrive. 267. Il part du Japon pour préfenter des Mémoires contre les Jéfuites, après avoir fait des informations, & follicité plufieurs perfonnes à dépofer contr'eux, même avec menaces. 285. Il publie une Lettre remplie d'atroces calomnies contr'eux fous le nom du Pere Sotelo. 287. Il s'infcrit en faux contre le Mémoire de Cevicos au fujet de cette Lettre. Il publie fon Mémorial contre les Jéfuites. 292. Ce qu'il dit contre les Chrétiens du Japon. 334. Lettre du Roi Catholique au Provincial des Dominiquains des Philippines à fon fujet. 378. Plaintes du Gouverneur de Macao contre lui au Roi d'Efpagne, & ordres de Sa Majefté donnez en conféquence. 379. Il périt dans un naufrage. Circonftances diverfes de fa mort. 380. *Voyez* le Mémoire de Cevicos contre la Lettre du prétendu Sotelo. 505. *& fuiv.*

Come, ou *Jei*, Sole du Japon.

Cométe chevelue fur Méaco. 10.

Commerce reproché aux Jéfuites du Japon ; fur quel fondement. 20. 21. 22. Les autres Religieux font obligez d'en ufer à cet égard comme eux. 25. Le Commerce du Japon reftraint au Port de Nangazaqui, pour les Portugais ; & à celui de Firando, pour les Hollandois. 303. Etat du Commerce des Hollandois au Japon en différens tems. 450. *& fuiv.* Du Commerce des Chinois au Japon. 468. & des Habitans des Ifles Liqueios. 470.

Compagnie du Commerce. Moyens, que la Compagnie du Commerce de Macao imagine pour faire fubfifter les Miffionnaires du Japon. 21.

Commiffaires des vivres pour les Hollandois à Nangazaqui. Leur emploi. 477.

Commiffaire. Voyez *Inoye*.

Compagnie. Voyez *Hollandois*. Terre de la Compagnie en Yeffo. 256. 495.

Compfo, Ville d'Yeffo. 500.

Concile de Mexico, Propofitions, qu'il fit aux Religieux de la Nouvelle Efpagne, & leur réponfe. 537.

Condera, (Simon) Roi de Buygen, eft envoyé en Corée, pour fervir de confeil à fon Fils, qui y commandoit une Armée. 14. Il rétablit les Miffionnaires dans le Buygen. 65. Il prend le parti de Dayfu-Sama contre les Régens de l'Empire. 73. Il défait le Roi de Bungo, & le fait prifonnier. 77. Sa faveur auprès du Cubo-Sama, & l'ufage, qu'il en fait. 84. Il fait délivrer des Miffionnaires de la prifon, où les retenoit le Roi de Fingo. 88. Sa mort. 103. Service, qu'il avoit rendu au Roi de Bungo fon prifonnier. 105. 106.

Confrérie de la Miféricorde érigée dans le Royaume de Fingo. 114. *V.* Ucondono.

Confucius. Voyez *Sefin*.

Conixi, (le Pere Mancio) Jéfuite, repaffe au Japon avec le Pere Vieyra. 385. Son Martyre. 430.

TABLE DES MATIERES.

Conoqui, Bourgade de la Principauté d'Omura. Ce qui s'y passe entre le Pere Pierre Baptiste, & le Pere Pasio. 45.

Conseil des Indes. Le Conseil des Indes s'oppose au Sacre du Pere Sotelo, nommé Evêque au Japon. 510.

Conspiration prétenduë des Japonnois Chrétiens, & des Portugais contre l'Empereur du Japon. 406.

Constantin, Fils du Vice Roi de la Tense, son ardeur pour le Martyre. 32.

Constanzo, (le Pere Camille de) Jésuite, envoye en Yesso un Médecin pour y travailler a la conversion des Habitans du Pays, se dispose à le suivre, & est rappellé à Nangazaqui 248. Son Martyre. 282.

Contchouri, Ville d'Yesso, auprès de laquelle il y a des Mines d'argent. 494. 500.

Contrebande; sévérité, avec laquelle on la punit au Japon. 456. Maniere, dont les Chinois la font. 470.

Conzuquedono, premier Ministre du Cubo-Sama, est le protecteur des Chrétiens. 109. Honneurs, qu'il rend au Pere Pasio. 110. Intrigue de son Sécretaire. *V.* Daifaci.

Coquilles, *Coquillages*. Voyez *Coris*.

Coqs font fort épargnez au Japon, & conservez dans les Monasteres; pourquoi. 574.

Corazu, Bourgade à trois lieuës de Nangoya; ce qui s'y passa entre le Commandant de Nangazaqui, & S. Paul Miki. 43.

Corbeaux, deux especes; l'une venuë de la Chine, & l'autre de la Corée. 576.

Corcuera, (Dom Sébastien Hurtado de) Gouverneur des Philippines. 246. Il donne main-forte au Pere Collado, pour diviser sa Province en deux. 378. Son éloge. Il est montré dans une vision au Pere Mastrilli, & pourquoi. 395. Ce Pere le reconnoît d'abord, il le suit à la Conquête de Mindanao, & se Seigneur lui procure une occasion de passer au Japon. 399. Il approuve le dessein du Pere Rubino de passer au Japon. 426. Il lui procure un embarquement. 427.

Corée. Progrès de la Foi en ce Pays. 2. Elle est conquise pour la seconde fois par les Japonnois. 14. Ils l'évacuent. 62. Tous les Coréens sont bannis du Japon. 303.

Cori, (Antoine) Le Pere Kimura est pris chez lui. 263. Son Martyre. 273. *& suiv.*

Coris, petites Coquilles, qui servent de Monnoyes dans les Indes, on les porte des Isles Liqueios au Japon. 470.

Correa (Pascal) accompagne le Pere Rubino au Japon. Son Histoire. 427. Son Martyre. 429.

Corsama, Province des Indes, d'où l'on tire le Vernis. 596.

Cosaqui, (Saint Pierre) est envoyé pour soulager les Martyrs dans leur marche, & on l'arrête prisonnier. 42. Son Martyre. 48. Il est canonisé. 49.

Costus amer, son usage. 566.

Cotenda, (André) Compagnon du Pere Mastrilli, meurt dans les tourmens. 400. On brûle son corps. 404.

Cotton cultivé au Japon. 588.

Couros, (le Pere Matthieu de) Jésuite, est chargé après la mort du Pere Froez d'envoyer à Rome les Mémoires de la Mission du Japon. 52. Il est dénoncé par un Apostat. 228. Un autre Apostat veut l'engager à sortir du Japon. Sa réponse. 230. Sa vigilance dans la Charge de Provincial & d'Administrateur de l'Evêché. 261. Il échappe à ceux, qui le cherchoient. 314. Il veut se livrer à eux, & on l'en détourne. 316. Il veut courir au secours des Chrétiens, & on l'arrête. Il fortifie la foi de plusieurs. 332. 343. Description, qu'il fait de sa retraite. 374. Il veut encore se livrer pour son Troupeau, & meurt dans une cabanne de Lépreux. 375.

Courtet, (le Pere Guillaume) Dominiquain, Martyr. 405.

Courtisannes. 477. 549.

Cousins communs au Japon. 576.

Coxenga, Pirate Chinois, se rend Maître de l'Isle Formose. Injustice, que les Japonnois font aux Hollandois à son occasion. 481.

Coyémon, (Alexis) Martyr. 299.

Criminels, maniere superstitieuse de les découvrir. 563.

Croen, Ville d'Yesso. 494. 500.

Croix; figure des Croix patibulaires du Japon. 47.

Croix miraculeuses trouvées au Japon. 136. 139. Croix lumineuse, qui paroit en l'air. 227.

Croix, (Mancie de la) Dominiquain, Martyr. 331.

Croix, (Jérôme de la) du Tiers Ordre de Saint François, Martyr. 374.

Croix, (Joseph de la) *Voyez* Spinola.

Croix, (Vincent de la) Dominiquain, Martyr. 405.

Cubota, Capitale du Royaume d'Achita; le Pere Carvalho y trouve beaucoup de

Chrétiens. 251. Trente - deux Gentilshommes y font brûlez à petit feu pour la Religion. 301.
Cubo-Sama. Voyez *Gixafu* & *Xogun-Sama.*
Cuivre, profit, que les Hollandois font fur cette Marchandife. 450.
Cumamoto, Bourgade du Fingo. On y conduit quelques Chrétiens, pour y être martyrifez. 90.
Cuifine, Compagnie des Chefs de Cuifine au fervice des Hollandois de Defima. 477.
Cuto, Port du Japon, où le Pere Maftrilli eft reconnu. 400.

D

DAIBODS, ou *Daibut* Temple de Xaca. Fide-Jory le fait rebâtir, & le Cubo-Sama veut profiter de la Dédicace pour enlever ce Prince. 204. 205. Defcription de ce Temple. 555.
Daibudono Roi d'Achita. 351.
Daifaci, Sécretaire de Conzuquedono, trompe le Roi d'Arima, dont il étoit le Correfpondant à la Cour de Surunga. 141. Il eft appliqué à la queftion, & charge ce Prince. Il eft brûlé vif, & meurt pénitent. 142.
Daigan, Secte du Japon déteftée. Pourquoi. 300.
Daims, efpece particuliere de Daims apprivoifez, & qu'il n'eft pas permis de tuer. 572.
Dairy, cérémonie de l'hommage, que lui rend le Cubo-Sama. 326.
Damien, Aveugle fort zélé Martyr. 98.
Dangio, Prince de Jonezava, perfécute les Fideles. 349. 353.
Darma, faux Prophete Indien. Son Hiftoire. 598.
Dauto, (Saint François) eft envoyé pour foulager les Martyrs dans leur marche, & on le joint à eux. 42. Son martyre. 48. Eft canonifé. 49.
Dayfu-Sama, fignification de ce nom. 59. Voyez *Gixafu.*
Delille, fes découvertes. 493. Cartes de M. *Delille* l'aîné, de la Tartarie. 492.
Demetrius Iwanowitz, ou foit difant tel, Grand Duc de Mofcovie ; le Pape lui écrit en faveur de deux Auguftins, prifonniers pour la Foi, & il les délivre. 489.
Denxiro, Gouverneur de Nangaqui. 375.
Denys (Jean-Baptifte) fon fentiment fur l'Ambre gris, réfuté par Kœmpfer. 610.
Defima, Ifle factice à l'entrée du Port de Nangazaqui, bâtie pour y renfermer les Portugais. 389. Les Hollandois y font tranfportez de Firando. 423. Sa defcription. 424.
Defimamatz, nom que les Japonnois donnent à Defima, ce qu'il fignifie. 424.
Détroit d'Uriez, fa fituation. 256.
Déva, Province du Japon. Ses Mines d'argent & d'or. 251. 300. Perfécution dans cette Province. 300.
Diaz (le Pere Emmanuel) Vifiteur des Jéfuites de la Chine & du Japon, après avoir tenté inutilement de faire rentrer le Pere Ferreyra dans fon devoir, le déclare chaffé de la Compagnie. 444.
Doca Roi de Firando. 66.
Dominique, jeune Dame martyre. 348.
Dominiquains. Les premiers Dominiquains, qui entrerent au Japon. 19. Il y en arrive d'autres, qui s'établiffent dans le Royaume de Saxuma. 83. Plufieurs Dominiquains Martyrs, le Chapitre Général recommande qu'on envoye au Japon le plus qu'il fe pourra de Religieux. 346. Un Pere Dominiquain entretient le Pere Ferreyra, qui lui donne de bonnes paroles. 444. Remarqué de Cévicos fur les Dominiquains Réformez. 541.
Dofai, (Dominique) Martyr. 299.
Dragon, Animal chimérique des Japonnois, qu'on voit fur les habits, les Armes &c. de l'Empereur. En quoi il differe de celui des Chinois. 570.
Drap de papier. 590.
Dria. Voyez *Dragon.*
Droit de l'Empereur fur les Marchandifes de Hollande. 554.

E

ECHARD, (le Pere) Dominiquain, juftifie mal le Pere Collado. 380.
Ecreviffes du Japon. 583.
Elephant blanc, Navire Hollandois vifité par un Commiffaire Imperial. 419.
Elifabeth, Navire Hollandois, prend un Navire Japonnois, & ce qui en arrive. 264.
Eloriaga (Dom Michel) conduit M. de Sidotti au Japon. 484.
Eldracht (Jean) Préfident du Commerce des Hollandois ; ce qu'il dit de quelques Jéfuites, à l'interrogatoire defquels il fut préfent. 427.

Elferak

TABLE DES MATIERES.

Elserak, (Jean) Président du Commerce des Hollandois. 434. Il écrit aux Officiers du Breskens 435. Il est confronté avec eux, & les cautionne. On lui accorde leur élargissement. 439.

Embamma. Voyez *Soeju.*

Emmanuel (le Pere) de la Mere de Dieu Augustin, répond aux calomnies suscitées aux Jésuites du Japon. 23.

Enfans, on expose dans les rües au Japon les Enfans, que leûrs Parens ne sçauroient nourrir. 3. Réponse d'un Enfant de dix ans, que son Pere vouloit rendre complice de son Apostasie. 35. Autre exemple de courage & d'ardeur pour le martyre dans un Enfant de cinq ans. 44. Fermeté d'un Enfant au milieu des tourmens, que son propre Pere lui fait souffrir. La Cour le prend sous sa protection. 117. Une troupe d'Enfans demandent en pleurant, qu'on les mette au nombre de ceux, que l'on tourmente pour la Foi. 176. Conte, que font les Hollandois sur un Enfant. 177. Vérité du fait. 178. Un Enfant est inspiré sur le salut de son Pere. 241. Supplice extraordinaire, qu'on fait souffrir à des Enfans ; protection du Ciel sur eux ; leur constance. 360.

Eperviers du Japon. 576.

Epicevies inconnuës au Japon. 589.

Epilepsie, comment les Noirs de l'Asie guérissent ce mal. 569.

Epreuves superstitieuses pour découvrir les Auteurs d'un crime. 563.

Esan, Ville d'Yesso. 500.

Escarbots du Japon. 576. Voyez *Sebi.*

Esclaves, deux Filles esclaves Martyres. 35. Un jeune Gentilhomme Esclave Martyr. 203. Un Esclave Apostat dénonce les Missionnaires. 309.

Eso. Voyez *Yesso.*

Espagnols, Mémorial présenté par les Espagnols & les Portugais contre les Hollandois, & quel en fut le succès. 171. Les Espagnols exclus du Japon. 308. 412. Voyez *Castillans.*

Etats, Isle des Etats, sa situation. 256. 495.

Evêques, nommez pour le Japon. 4. Evêques du Japon calomniez par le faux Sotelo. 520. Les Religieux Mandians des Indes, refusent de reconnoître la Jurisdiction des Evêques. 544.

Eugenii, (le Pere François) Jésuite ; rencontre, qu'il fit sur une Montagne du Japon. 212.

Européens, ordre de visiter tous les Navires Européens, qui aborderont au Japon. 303.

Exilez, un fort grand nombre de Japonnois Chrétiens sont exilez au Nord du Japon. 178. Leur ferveur pendant leur voyage. 179. Quantité d'autres sont exilez hors du Japon. 180. Tous les Missionnaires sont exilez. 191. Les Exilez sont embarquez, une partie arrive à Manile. 193. Honneurs & offres, qu'on leur fait. 194. Deux cent Japonnois de tout âge & de tout sexe exilez hors du Japon, & pourquoi. 390.

F

Fabien Chrétien, qui trouva une Croix dans le tronc d'un arbre. 136.

Fabien, doublement Apostat, fait un Ecrit contre la Religion. 262.

Fachiman, Tayco-Sama adoré sous le nom de *Xin Fachiman.* 60.

Faci (Jean) Martyr, vision qu'il eut. 339. Sa mort. 340.

Faciémon (Michel Mizuisci), son zele pour la Religion. 113. Il est mis en prison, & exécuté à mort avec son Fils. 114.

Faco, lieu de la Principauté d'Omura, où le Pere Sotelo & d'autres Religieux furent brûlez vifs. 305.

Facunda, petit Port à deux lieuës de Nangazaqui. Pessoa poursuivi par le Roi d'Arima ne peut s'y rendre. 123. On y fait passer les Missionnaires & les autres Exilez. 191.

Faisans, il y en a de deux especes, & tous sont très-beaux. 575.

Fakkona, Montagne célebre pour les Plantes. 666.

Famaguris, coquillages du Japon, usage qu'on en fait. 585.

Fandaidono, Seigneur Japonnois, Pere de Saint Paul Miki, tué dans la guerre de Bungo. 26.

Fara (le Pere Martin de) un des Ambassadeurs à Rome ; son occupation dans la Mission, en quel tems il mourut. 383.

Fara-Mondo, Seigneur Japonnois, son Martyre. 295. 296.

Faranda, Avanturier, mauvais service qu'il avoit rendu aux Peres de Saint François. 15.

Faucons, d'où viennent les meilleurs Faucons du Japon. 576.

Tome II.   X x x x

TABLE DES MATIERES.

Faure (le Pere) Jésuite, Martyr dans les Isles Nicobar, Auteur de la Relation du *Voyage* de M. Sidotti. 486.

Faxegava, Seigneur Japonnois, qui avoit trahi les Peres de Saint François. 15. 37.

Fazaburodono, Frere de Terazaba, Commandant à Nangazaqui en l'absence de son Frere, est chargé de l'exécution des vingt-six Martyrs, qui ont été canonisez. 41. Son entretien avec Saint Paul Miki ; il tâche de pervertir deux Enfans de cette troupe. 43. Ce qui l'empêche de tenir la parole, qu'il avoit donnée aux Confesseurs. 46. Il fait barricader le lieu du supplice. 49. Il fait embarquer tous les Francisquains, qu'il peut découvrir. 52. Il fait renverser grand nombre d'Eglises. 55.

Feizo (Jean) accuse Toan auprès de l'Empereur. 228. Il obtient son emploi, & on lui ordonne sous peine de la vie d'exterminer le Christianisme à Nangazaqui ; sa conduite en cette occasion. 229. 230. Il reproche aux Missionnaires leurs feintes. 265. Ce que le Pere Spinola lui répond ; ce Pere entreprend inutilement de le regagner. 266. Il demande la tête d'une de ses Nieces, qui avoit été martyrisée. 279. Il fait ruiner le Cimetiere des Chrétiens. 303. Il veut faire abjurer la Foi aux Chrétiens, & commence par sa Mere, ce qu'elle lui répond. 309. Il traite avec douceur le Pere de Torrez. 317. Ce qui se passa entre lui & le Pere Izugi. 341.

Femmes, exemples de constance & d'ardeur pour le martyre dans quelques Femmes. 34. 35. 148. Action héroïque de plusieurs Femmes Chrétiennes pour sauver leur honneur. 188. Autre exemple d'une Chrétienne, qui est exilée & dépouillée de ses biens. 215. Une autre montre une grande ardeur pour le Martyre. 238. Plusieurs Femmes prisonnieres au sortir de l'interrogatoire font éclater leur joye d'avoir été condamnées à la mort. 272.

Ferboye, (Thomas Onda) & son Frere Martyrs. 151. 152. 155.

Fernand, Roi de Firando selon les ennemis des Jésuites, soûtient seul la Religion dans l'Apostasie générale des Chrétiens. Ce Prince n'a jamais existé. 20.

Fernandez (Ambroise) Jésuite, est arrêté avec le Pere Spinola. 230. Il meurt dans sa Prison. 273.

Fernandez (le Pere Benoît) Jésuite, ses travaux Apostoliques. 261. 262. Son martyre. Miracle arrivé à sa mort. 383.

Fernandez (Isabelle) Hôtesse du Pere Spinola ; son martyre. 275.

Ferraro (le P.) Jésuite, obtient le corps d'un Enfant Martyr, qu'il avoit baptisé. En quel état il le trouve au bout de 4. ans 115

Ferraz (Gonzalo) est député de la Ville de Méaco, pour assûrer le Roi Jean IV. de Portugal de la fidélité de la Ville. 441. Ce Prince le nomme Amiral. 441.

Ferreyra (le Pere Christophe) Jésuite, court risque d'être pris avec le Pere Vieyra, dont il étoit Sécretaire. 231. Succès de ses travaux dans le Firando. 261. Il est fait Provincial & Administrateur de l'Evêché, pris & suspendu dans la fosse. 385. L'apostasie. 391. On croit que c'est lui, qui servoit d'Interprete à l'Interrogatoire du P. Rubino & de ses Compagnons. 427. & au P. Marquez. 437. Le reste de son Histoire. 443. & s.

Fialho Ferreyra porte à Macao la nouvelle de la Révolution de Portugal ; & la Ville le député vers le nouveau Roi. 441. Ce Prince le nomme Capitaine-Major. 442.

Feu. Voyez *Moxa*.

Feux, qu'on allume de distance en distance sur les Montagnes, depuis Nangazaqui, jusqu'à Jedo, pour servir de signaux. 552. Epreuve du Feu. 565.

Féves, deux sortes de Féves, & l'usage, qu'on en fait au Japon. On les appelle *Féves-Daid*, & *Féves-So*. 588.

Fide-Jory, ou *Firoi*, Fils de Tayco Sama, XXXI. Cubo-Sama, est revêtu du Titre de *Cambacundono*. 9. Il épouse la Petite-Fille de Dayfu-Sama. 59. Ce Prince ne lui laisse aucune autorité. 86. Il le veut tirer d'Ozaca. Réponse, que lui fait l'Impératrice Mere. 95. Accueil, qu'il fait au Pere Pasio. 111. Ses dispositions à l'égard du Christianisme. 116. Son Entrevûë avec son Tuteur. 128. Il fait inviter Ucondono à venir s'enfermer avec lui dans Ozaca. 184. Il rebâtit le Daïbods. Le Tuteur veut encore l'attirer hors d'Ozaca, & manque son coup. Il y est assiégé par ce Prince. 205. Le Siége est levé, & la paix se fait. 206. La guerre recommence, premiers succès de Fide-Jory. 208. Il perd la Ba-

TABLE DES MATIERES. 715

taille en courant au secours d'Ozaca, qui étoit en feu. Il se sauve. 209. Réponse généreuse de son Fils Naturel au Tuteur. 210. Ce que devient cet Empereur. 211.

Fidélité. Voyez *Serment.* Fidélité des Siamois à leurs sermens. 685.

Fiémon, (Michel) martyrisé avec sa Famille. 304.

Figaxi, Pointe orientale d'Yesso. Signification de ce mot. 252.

Figen. Le Prince de Figen reçoit bien les Peres de Saint Dominique, mais il change bientôt de sentiment, & est le premier à employer le feu contre les Chrétiens. Ce que l'on doit entendre ici par le Figen. 159. 548. La Province de Figen porte le meilleur Ris du Japon. 588.

Figendono, Roi de Canga, ami d'Ucondono, l'empêche de se déclarer hors de propos. 31. le traite bien. 180. 184.

Figheredo, (Louis Martinez de) Commandant des Portugais à Nangazaqui. Témoignage, qu'il rend juridiquement à la sainteté de Léonard Kimura. 235. Il se jette aux genoux de Feizo, pour obtenir quelques soulagemens aux Chrétiens prisonniers, & n'en peut rien obtenir. 267.

Figida, Gentilhomme Apostat, est touché en voyant un Martyr & sa Famille se disposer à la mort, & promet de se convertir. 91.

Fimo, Arriere-Petite-Fille du Cubo-Sama, épouse le Prince d'Arima, qui répudie sa Femme. 140. Elle corrompt le cœur de son Epoux, & l'engage à perdre le Roi son Pere. 141. Elle accuse son Beau-Pere de plusieurs crimes. 142. Elle porte son Mari à persécuter les Fidéles. 151. Elle entreprend de pervertir sa Cour, & n'y peut réussir. 158. Elle persuade au Roi son Mari de faire des Martyrs. 161.

Fingo. Voyez *Tsucamidono* & *Canzugedono*. Le Prince de Fingo est fiancé avec la Petite Fille de Daysu-Sama. 65. Sa fin tragique. 80.

Firando. Voyez *Fernand de Firando.* Voyez *Doça.* Le Prince de Firando entreprend de pervertir la Princesse sa femme, & n'y réussit pas. 66. Il s'en prend à la Famille du Prince Antoine, & ce qui en arrive. 67. Ce Prince & six cens Chrétiens se retirent à Nangazaqui. 68. Le Roi de Firando & le Gouverneur de Nangazaqui veulent les obliger par force à retourner chez eux ; ceux-ci veulent se défendre, ou les en empêche. 69. Le Roi prend le parti de les laisser tranquilles. 70. Martyrs dans le Firando. 115. Le Roi de Firando fait un grand accueil aux Anglois & aux Hollandois. 135. Ceux-ci conduisent à Firando un Navire, qu'ils avoient pris, & avertissent le Roi qu'ils y ont trouvé deux Religieux. 264. Trois Religieux prisonniers sont conduits à Firando, pour y être confrontez avec ceux-ci. 265. Ferveur des Chrétiens de Firando. 304. Le Roi de Firando favorable aux Portugais selon les Hollandois. 406. Ceux-ci ont ordre de renverser les Bâtimens, qu'ils avoient à Firando. 408. 419. *& suiv.*

Firayama, (Joachim) retourne des Philippines au Japon, & donne passage à deux Religieux. Il y est pris par les Hollandois, & dénoncé au Roi de Firando. 264. Sa piété & son Martyre. 269.

Firoxima. Le Roi de Firoxima ne paroît pas éloigné du Royaume de Dieu. 111. Le Prince de Firoxima fait trancher la tête à un de ses Favoris, pour ne se pas broüiller avec la Cour de Surunga. 301.

Fitachi. Le Roi de Fitachi reçoit bien les Hollandois, qu'on avoit arrêtez à Nambu, & leur fait plusieurs questions captieuses. 432.

Fitozitz, terme de mépris, dont les Japonnois se servent à l'égard des Hollandois, & ce qu'il signifie. 474.

Fiunga, le Roi de Fiunga rétablit les Missionnaires dans ses Etats. 65. Le Royaume de Fiunga est donné au Roi d'Arima en échange du sien. 189. Il n'ose y pousser les Chrétiens à bout. 263.

Fleuves d'Yesso, dont l'entrée est extrêmement large. 253.

Florez, (le Pere Louis) Dominiquain, est pris par les Hollandois en allant au Japon déguisé. 264. Il nie qu'il soit Religieux, & ce qu'on fait pour le convaincre. 265. Il est confié à la garde des Hollandois, qui le resserrent étroitement. 267. Le Pere Collado l'enleve de leurs mains, mais il est repris : il se déclare, & est brûlé vif. 267. 268.

Fœdor Ivanowitz, Grand Duc de Moscovie. Démetrius se fait passer pour son Fils. 488.

Foken, ou *Fotetenis*, Oiseau de nuit d'un goût exquis. Propriétez de ses cendres calcinées. 576.

X x x x ij

Fonseca, (le Pere Jean-Baptiste) Jésuite. Avis, que lui donne le Roi d'Arima. 150.

Fontaine de Sagesse. Pourquoi elle est ainsi nommée, & où elle est. 555.

Fontana, (le Pere Vincent-Marie) Dominiquain, parle du Pere Collado comme présent au Japon, tandis qu'il est constant qu'il étoit en Europe. 380. *Voyez* la Liste des Auteurs, qui ont écrit sur le Japon.

Fontenay, (le Chevalier de) Capitaine de Vaisseau, conduit aux Indes M. Sidotti, & ce qu'il en disoit. 483.

Foo, Oiseau de Paradis, dont les Japonnois font beaucoup de contes. Les Chinois ont aussi le leur. 571.

Fooquasan, Montagne près de Nangazaqui, où il y a une Sentinelle d'observation. 552.

Formose, Isle de l'Asie. Les Japonnois s'y établissent. 260. Les Hollandois leur font une supercherie, pour y avoir aussi un Etablissement, & les premiers l'abandonnent. 261. Ce qui s'y passe entre le Gouverneur Hollandois, & deux Navires Japonnois. 361. & suiv.

Formule, que le Gouverneur de Nangazaqui fait signer aux Apostats. 356.

Fosse, nouveau supplice inventé par l'Empereur To-Xogun-Sama. En quoi il consiste. 376.

Fossecava, Roi de Buygen, protége ouvertement les Chrétiens. 306.

Fourmi blanche, nom, que les Japonnois lui donnent. Particularitez de cet Animal. 572. 573.

Fracuzayémon, (Leon) est maltraité des Gardes, pour s'être approché du Pere Kimura, qui alloit au supplice. 274. Son Martyre. 279.

Fraitez, (Lucie) est condamnée au feu pour la Foi. 273. Ce qui lui arrive pendant son supplice. 276.

Francisquains. Mauvais effet de leurs préventions. 1. 4. Ils refusent de déférer à l'autorité, de l'Evêque du Japon. 4. Leur zele précipité, malgré tout ce qu'on peut leur représenter. Ceux, qui les avoient amusez, les déferent à l'Empereur. 15. 19. On met des Gardes à leurs Convents. 26. En quel nombre ils s'y trouverent. 28. Xibunojo rejette sur eux tout ce qui avoit irrité l'Empereur. 37. Ce Prince déclare qu'il n'en veut qu'à eux. 38. Quatre Peres de Saint François sont embarquez pour les Philippines. 41. Deux autres arrivent au Japon. Mauvais effet de leur arrivée. 55. *Voyez encore la page* 83. Des Francisquains proposent au Cubo-Sama le Commerce du Quanto avec la Nouvelle Espagne, & ce Prince croit qu'ils l'ont voulu joüer. 96. Trois Francisquains martyrisez. 346. Un Pere Francisquain entre au Japon avec le Pere Mastrilli. 401. Ce qu'il devint. 404.

Franco, (le P. Apollinaire) Francisquain, son Martyre. 282.

François, jeune Prince d'Arima. Sa mort funeste. 155.

Fraxecura Rocuyémon est nommé Ambassadeur de Mazamoney à Rome. 129. 166. Il reçoit le Baptême à Madrit. 243. Il abjure le Christianisme. 247. *Voyez les pages* 515. 323.

Frisius, (le Sieur) va au Japon en qualité d'Ambassadeur de la Compagnie Hollandoise des Indes. 440. Il ne peut voir l'Empereur. 441.

Froez, (le Pere Louis) Jésuite. Sa mort. 52. *Voyez la page* 592.

Froment peu estimé au Japon. L'usage, qu'on en fait. 588.

Fruits; ce que les Japonnois appellent les cinq fruits de la terre. 587.

Fucafori, Village à deux lieuës de Nangazaqui. 548.

Fucaye, petite Bourgade auprès de Ximabara. 332.

Fucaye, [Damien] Jésuite, Martyr. 383.

Fuciémon, (Ignace) Martyr. 239.

Fucimi, préparatifs faits à Fucimi pour l'Audience des Ambassadeurs Chinois. 8. Cette Ville est renversée par un tremblement de Terre. 10. Elle est de nouveau ruinée par l'Armée des Régens. 73.

Fudo, faux Dieu, que les Jammabus invoquent dans leurs sortileges. 564.

Fugixima, (Denys) Jésuite, Martyr. 283.

Funa, Poisson, qui ressemble à la Carpe. Ses vertus médicinales. 581.

Funaban, Garde du Port de Nangazaqui. 551.

Furube, Poisson singulier. 580.

G

GABRIEL, Francisquain, Martyr. 374.

Galion. Histoire du Galion *le Saint Philippes*, échoué dans un Port du Japon, & confisqué par l'Empereur. 16. & suiv.

Galvez, (le P. François) Francisquain,

TABLE DES MATIERES.

fon Martyre. 295. 296.
Garcia, (Saint Gonzalez) Francifquain, eft arrêté prifonnier. 28. Son éloge. 30. Son Martyre. 48. Eft canonifé. 49.
Général (le) des Jéfuites favorife les Francifquains dans l'affaire de la Canonifation de leurs Martyrs du Japon. 532.
Georges (Dominique) Portugais, le Pere Spinola eft arrêté chez lui. 230. Son Martyre. 235.
Giamura, lieu de l'exil & de la mort tragique du Roi d'Arima. 142.
Giannone, (le Pere Jacques Antoine) Jéfuite. Ses travaux dans l'ifle d'Amacufa. 360. Son Martyre. 377.
Gizzaimon, Enfant, qui renonce à fa fortune, pour conferver fa Foi. 89.
Gifiaquos. Signification de ce terme, & à qui l'on donnoit ce Titre. 114.
Girobioye, Chrétien, crucifié pour crime, & que plufieurs Fidéles accompagnerent au fupplice, pour l'aider à bien mourir. Ce qui en arrive. 179.
Girozaiemon, (Joachim) fon zele. 13. Il meurt en prifon. 114.
Gita-jo, Pêcheur, qui inventa une nouvelle maniere de pêcher la Baleine. En quoi elle confiftoit. 578.
Givon. Defcription du Temple de Givon. 554.
Gixafu, *Gyafu*, *Geiazo*, *Jejas*, ou *Ondofchio*, Roi de Micava. *Voyez* Micava, depuis Roi de Bandoué, Beau Frere de Nobunanga, fon portrait. Tayco-Sama le nomme Tuteur de fon Fils, & lui fait prendre le nom de *Dayfu-Sama*. Ce que ce nom fignifie. 58. 59. Il fe brouille avec quelques uns de ceux, qui compofoient avec lui le Confeil de la Régence, & oblige le Roi d'Omi à fe défaire de cette dignité. 65. Tous les autres lui font la guerre. 71. Il gagne une Bataille décifive. 78. Il fait couper la tête aux Rois de Fingo & d'Omi. 80. Sa conduite avec les Miffionnaires dans ces commencemens. 81. Il donne à Terazaba la Principauté d'Omura. 83. Le Prince d'Omura obtient de lui d'être maintenu dans fes Etats. Il fait de grands changemens dans l'Empire. 84. Il prend le titre de Cubo Sama, & gouverne l'Empire, comme s'il en eût été le Maître. 85. Il fecourt les Jéfuites dans leur befoin; il veut engager le jeune Empereur à rendre vifite à fon Fils, qu'il avoit fait revêtir du Titre de Xogun-Sama. 95. Il entre en foupçon contre les Efpagnols, & à quelle occafion. Il donne ordre qu'on faffe rembarquer des Religieux de cette Nation, qui étoient arrivez depuis peu au Japon. 96. Il s'indifpofe contre les Miffionnaires. 99. Il rend un Edit contre les Miffionnaires pour faire plaifir à l'Impératrice Mere, & veut bien qu'il n'ait pas fon effet. 108. Il fait plus d'amitié que jamais aux Jéfuites. Réception, qu'il fait au Pere Paño. 109. Il l'invite d'aller voir le Xogun-Sama. 110. Il eft arbitre entre deux Sectes de Bonzes, & comment il traite les vaincus. 115. Il permet aux Hollandois d'avoir un Comptoir à Firando. 120. Ses irréfolutions au fujet des Chrétiens. Il reçoit favorablement un Seigneur Efpagnol; les demandes, que celui-ci lui fait. Il donne ordre de faifir le grand Navire du Commerce des Portugais. 122. Il entre en fureur contre les Portugais & les Jéfuites, & à quelle occafion; ordres, qu'il donne contre eux. 123. Il fe radoucit. 125. Négociations du Pere Sotelo à fa Cour. Il dépofe le Dairy. Il s'abouche avec le jeune Empereur. 128. Demandes, que lui fait un Ambaffadeur Efpagnol. 133. Sa réponfe. 134. Il détrône le Roi d'Arima, l'exile, & lui fait enfuite couper la tête. 142. On l'irrite contre les Miffionnaires. 143. Il permet aux Anglois d'avoir un Comptoir à Firando, & écrit au Roi d'Angleterre. 144. Un Anglois l'aigrit contre les Efpagnols & les Miffionnaires. 145. De quelle maniere il s'exprime fur la Religion Chrétienne. 146. Il entreprend de faire changer de Religion à plufieurs de fes Courtifans, & n'y réuffit pas. 147. Il exile trois Demoifelles de fa Cour. 149. Il mande à fon Fils de faire un exemple fur les Chrétiens. 168. Les Efpagnols lui préfentent un Mémorial contre les Hollandois. La réponfe, qu'il y fait. 172. Plufieurs chofes l'aigriffent de nouveau contre les Chrétiens. 173. Il profcrit le Chriftianifme par un Edit. 174. Il exile un grand nombre de Perfonnes de condition. 180. Plan de perfécution, qu'il fe fait. 187. Il donne ordre qu'on embarque les bannis. 192. Maniere indépendante, dont il gouverne l'Empire, fes inquiétudes, fes intrigues pour perdre le jeune Empereur. Il leve une nombreufe Armée. 204. Il affié-

Xxxx iij

ge Ozaca. 205. Il leve le Siége, & traite de mauvaife foi avec l'Empereur. 206. La guerre recommence. Peu de courage du Cubo-Sama. 208. Il gagne une grande Bataille. 209. Un Fils de l'Empereur lui reproche fon ufurpation. 210. Réponfe, qu'il lui fait. Maniere, dont il s'exprime fur le compte des Miffionnaires. Edit contre la Religion Chrétienne. 211. Il rebâtit Sacai. 213. Sa mort. Son caractere. 214.

Gnecchi, (le Pere Organtin) Jéfuite. Succès de fon zele. 2. Ses allarmes fur la conduite de quelques Miffionnaires. 4. Il tâche en vain de la leur faire changer. 15. Il fecourt les Efpagnols du Galion le *Saint Philippes*, qui avoit été confifqué. 19. Il reçoit Saint Jean de Gotto dans la Compagnie. 27. On le fait fortir de force de fa maifon, où il y avoit des Gardes. 28. Témoignage, que le Vice-Roi de la Tenfe rend de lui à l'Empereur. 28. Il envoye un Chrétien pour procurer quelque foulagement aux Martyrs dans leur marche. 42. Il rend les derniers devoirs à la Reine de Tango. 76. Il fecourt le Roi de Bungo dans fes befoins. 106. Sa mort. 118.

Go, ou *Khumano Go*. Ce que c'eft, & fon ufage. 564.

Goa. L'Archevêque de cette Ville fait ceffer le Schifme de l'Eglife du Japon au fujet de l'Adminiftrateur de l'Evêché. 17.

Goban, Garde du Port de Nangazaqui. 551.

Goërée, Voyez *Nabo*. 494.

Goko. Voyez *Mukadde*.

Gokufa. Pourquoi les Japonnois nomment ainfi la prifon de Nangazaqui. 450.

Gomez, (le Pere Pierre) Vice-Provincial des Jéfuites, fait fubfifter l'Equipage du Galion le Saint Philippes, confifqué par l'Empereur. 19. Son induftrie pour retenir au Japon un grand nombre de Miffionnaires. 52. Sa mort & fon éloge. 70.

Gomez (le Pere) de S. LoüisFrancifquain, arrive au Japon. 55. Il eft faifi d'abord, & renvoyé aux Philippines. 56.

Gomez (le Pere Loüis) Francifquain, dans la prifon d'Omura. 385. Il accompagne le Pere Vieyra à Jedo, & figne la Confeffion de Foi de ce Pere. 386. Son martyre. 387.

Gonroco ou *Gonzoco*, Neveu de Safioye, commandé pour lui à Nangazaqui. 207. Il eft fait Gouverneur à fa place. 221. Sa modération dans les commencemens ; il agit un peu plus efficacement. 227. Il fait brûler plufieurs Chrétiens, & fait prendre plufieurs Miffionnaires. 230. L'Empereur lui reproche fa négligence à exécuter fes ordres. 332. Il rend publique l'Apoftafie d'un Eccléfiaftique. 233. Il fait plufieurs Martyrs. 235. Ce qui fe paffe entre lui & Léonard Kimura. 263. 264. Il eft nommé Commiffaire avec le Roi de Firando dans l'affaire de deux Religieux, pris par les Hollandois. 265. L'Empereur lui fait de grandes menaces, & lui donne de nouveaux ordres. 268. Il fait paroître devant fon Tribunal un grand nombre de Chrétiens prifonniers. 272. Deux Ambaffadeurs Efpagnols font interrogez par lui & par le Gouverneur de Méaco, ce que ceux-ci leur déclarent. 302. Il fait ruiner le Cimetiere de Nangazaqui, & exhumer les corps des Chrétiens. 303. Il fait publier quelques Edits. 307. Il demande fon rappel, & l'obtient. 319.

Gonzalez (le Pere Alphonfe) meurt de fes fouffrances pendant fa prifon. 88.

Gonzalez (le P. Antoine) Dominiquain, Martyr. 405.

Gotto, Saint Jean Soan, dit de Gotto ; fon Hiftoire, il ne veut point fortir de la maifon, où l'on avoit mis des Gardes, & entre dans la Compagnie de Jefus. 27. Son pere vient au lieu du fupplice l'encourager au martyre. 47. Il eft canonifé. 49.

Le Prince d'Omura après fon Apoftafie fait amitié avec le Roi de Gotto Apoftat. 102.

Gotto (Loüis & Pierre) freres, Martyrs. 199.

Gotto (Jean) Seigneur Japonnois, eft exilé pour la Foi. 298.

Gowatfio, poudre fouveraine contre plufieurs maladies, de quoi elle eft faite. 574.

Gozaimon, Officier du Roi d'Arima, qui préfide au fupplice des Chrétiens. 199. Ce qui fe paffe entre lui & un Gentilhomme Chrétien. 200. 201.

Grace, Reine de Tango, fe prépare au martyre. 33. Elle fléchit le cœur du Roi fon Epoux, & éleve fes enfans dans la Religion Chrétienne. 53. Elle meurt

TABLE DES MATIERES.

victime de la jalousie de ce Prince ; son éloge. 74. 75.

Gregoire XIII. fait quelques pensions aux Jésuites du Japon. 21. Il approuve ce qu'on appelloit mal à propos le Commerce de ces Missionnaires au Japon. 23. Son Bref au sujet des Missionnaires de différens Ordres au Japon. 531. 537.

Groen, Ville d'Yesso. 500.

Gruës, idées des Japonnois sur les Gruës. 514.

Guenifoin, Vice-Roi de la Tense, favorise les Missionnaires. 15. Les Espagnols du Galion le S. Philippes s'adressent trop tard à lui, pour avoir la main-levée de leurs effets. 17. Il rend à l'Empereur un témoignage avantageux des Jésuites. 38. Sa mort. 60.

Guespes, sont en grand nombre au Japon. 576.

Guichisuque [Gaspard] est tourmenté pour la Foi avec sa femme & son fils. 335.

Guisu, Forteresse, ancien l'arrimoine de Nobunanga. 3.

Gurgia [Marine] veuve de Démetrius Grand Duc de Moscovie, fait sortir de prison le Pere de Mello Augustin, se retire à Astracan, & y est brûlée dans son Palais. 491.

Guttierez [le Pere Barthelemy] Augustin, est sollicité avec menaces de souscrire les informations contre les Jésuites. 285. 500. Il est arrêté & mis en prison. 346. Son martyre. 374. *Voyez la page* 503.

Gysbert, Relation de Richard Gysbert, touchant les Martyrs du Japon. 332. *Voyez* la Liste des Auteurs, qui ont écrit du Japon.

H

HAPE, Ville d'Yesso. 500.

Harangs, espece particuliere de Harangs au Japon. 582.

Hennepin [le Pere Loüis] Récolet, comment il multiplie les Missions de son Ordre en Canada. 545.

Herbes, la plûpart des Herbes potageres d'Europe se trouvent au Japon. 589.

Hérétiques, mauvaises interprétations, que des Hérétiques donnent à une espece de Miracle. 490.

Hérons, plusieurs especes de Hérons au Japon. 575.

Hicux dono, Général Japonnois en Corée, baptisé par les soins du Grand Amiral. 3.

H rondelles, aussi communes au Japon qu'en Europe. 576.

Hollandois, leur premier Etablissement au Japon 118. 119. Ils demandent à faire seuls le Commerce des soyes dans ces Isles. 121. Piejugez des Japonnois contr'eux. 131. 132. Un Ambassadeur Espagnol demande qu'ils soient exclus du Commerce du Japon. 133. Réponse qu'on lui fait. Un Capitaine Hollandois négocie heureusement à la Cour de Surunga. 134. 135. Intrigues des Hollandois pour perdre les Portugais & les Espagnols dans l'esprit des Japonnois. 138. Ambassadeurs Hollandois mal reçus, selon un Auteur, à la Cour de Surunga. 166. Les Portugais & les Espagnols les veulent encore faire exclure du Commerce du Japon, & ce qu'on leur répond. 172. Découvertes des Hollandois au Nord du Japon. 255. 494. Stratagême, dont les Hollandois s'avisent pour s'établir dans l'Isle Formose. 260. Deux Religieux sont pris en allant au Japon par des Hollandois, qui les dénoncent au Roi de Firando. 164. On enleve d'entre leurs mains un de ces Religieux; leur joye, quand il est repris. 267. 268. Le seul Port de Firando leur est ouvert. 303. Réflexion sur la conduite, qu'ils ont tenuë au Japon, au sujet du Christianisme. 325. Distinction donnée à la Cour de l'Empereur à leur Ambassadeur. 326. Ce qu'ils disent de la persécution du Japon contre les Chrétiens. 333. Embarras, où ils se trouvent à l'occasion de Pierre Nuitz. 367. Comment ils s'en tirent. 369. Ils font de nouveaux efforts pour exclure les Portugais du Japon. 388. Quel en fut le succès. 389. Il n'est point prouvé, qu'ils ayent jamais foulé aux pieds le Crucifix. 390. 482. Diminution de leur crédit au Japon. 408. On les oblige de donner du secours à l'Empereur contre les Chrétiens de Ximabara. 409. Réflexions des Japonnois, & de Kœmpfer sur leur conduite à l'égard des Chrétiens. 410. 411. Ils obtiennent d'être les seuls Européens, qui commerceront au Japon. 422. On les oblige de démolir leurs bâtimens de Firando. 418. *& suiv.* Ils sont confinez dans la petite Isle de Desima. 423. Avanture d'un de leurs Vaisseaux à la Côte Orientale du Japon. 431. *& suivantes*. Ambassade

Hollandoife vers l'Empereur du Japon. Inftructions données à l'Ambaffadeur. 446. Démêlé entre les Hollandois & les Japonnois. 449. Diminution du Commerce des premiers au Japon. 450. & *fuiv.* Comment fe fait la vente des Marchandifes, & le profit, qu'ils y font. 452. & *fuiv.* De quelle maniere le Directeur de leur Commerce eft conduit à l'Audience de l'Empereur. 458. On l'oblige à vifiter les Temples des environs de Méaco. 464. On les foupçonne d'avoir empêché fous main le rétabliffement des Anglois au Japon. 468. Comment leurs Vaiffeaux font reçus au Japon. 473. Officiers entretenus à leurs dépens, & comment ils en font traitez. 476. & *fuiv.* Comment font traitez ceux, qui reftent à Defima après le départ des Navires; ils ne peuvent obtenir juftice dans les torts, qu'on leur fait. 479. 480.

Holothuries, ce que c'eft, & l'ufage, qu'on en fait au Japon. 673.

Hommage, le Directeur du Commerce des Hollandois au Japon rend un véritable Hommage à l'Empereur de la part des Etats Généraux. 457.

Hommage, que le Cubo-Sama rend au Dairy. 326.

Huile, les Japonnois tirent de l'Huile de plufieurs Plantes. 588. 589.

Huîtres, plufieurs efpeces d'Huitres au Japon. 584. & *fuiv.*

I

JACQUES, Enfant Martyr. 154.
Jacques, autre Enfant Martyr. 161.
Jacques, autre Enfant, traits merveilleux de fon ardeur pour le martyre. 212.

Jamakagatz, forte de Serpent ou de Dragon, autrement appellé *Uwabamis* & *Dffa*, qui eft fort rare, & qu'on montre par curiofité. 574.

Jammabus, ou *Jammabos*, Bonzes, ou Soldats des Montagnes, leurs épreuves fuperftitieufes pour convaincre les Criminels, & les découvrir. 463. & *fuiv.*

Japon, état du Japon à la fin du dernier fiécle. 471. Réflexions fur cet état. 613.

Japonnois, font peu verfez dans les Mathématiques. 116. Une troupe de Japonnois fait lever le Siége de Malaca aux Hollandois. 132. Des Japonnois s'établiffent à l'Ifle Formofe. 260. Ils s'en retirent. 261. Ce qui fe paffe entre des Japonnois & le Gouverneur Hollandois de cette Ifle. 361. & *fuiv.* Politeffe des Japonnois, & le mépris, qu'ils ont pour les Chinois. 490. Fidélité des Domeftiques Japonnois. 478. Les Japonnois font peu curieux de faire des découvertes. 492. Ce qu'ils penfent du Pays d'Yeffo. 493. Le Docteur Cévicos ne connoiffoit pas affez les Japonnois. 521. Superftition des Japonnois touchant la récolte de l'Armoife, pour le Moxa; ce qu'ils penfent de ce Cauftique. 568.

Jaquichi, (Loüis) Martyr. 282.

Jateuxiro, Ville du Fingo, le Roi en perfécute les Gentilshommes Chrétiens. 89.

Java, comment les Femmes de Java accommodent leurs cheveux. 496.

Ichibioye, (Vincent) jeune Seigneur Japonnois, fon ardeur pour le martyre. 348. Il eft décapité pour la Foi. 351.

Ician, un des principaux Magiftrats de Nangazaqui, propofe à la Cour Impériale de réünir au Domaine la partie de cette Ville, qui appartenoit au Prince d'Omura, ce qui s'exécute. 101. Il protefte à ce Prince, que ni l'Evêque, ni les Jéfuites n'ont rien fçû de ce Projet. 102.

Jean. Voyez *Protais*.

Jean, du Tiers-Ordre de Saint François, Martyr. 273.

Jean, Indien de Parane, Martyr. 427. Voyez *Cochinchine*.

Jean IV. Roi de Portugal, eft reconnu à Macao. 441. Il envoye une Ambaffade au Japon, & quel en fut le fuccès. 442.

Jean-Baptifte (le Pere) Francifquain, fon Livre fur les pouvoirs des Réguliers. 537.

Jeanne, Dame Jàponnoife, fon courage à exhorter fon Fils à la mort. 90. Elle meurt en Croix. 92.

Jeanne, autre Dame Martyre, brûlée vive avec fon Mari & fes deux Enfans. 161. 164.

Jébi, *Jébi Sako*, *Dakma Jébi*, *Kuruma Jébi*, *Umijébi*, efpeces différentes d'Ecreviffes. 583.

Jecundono, Roi de Tango, ordres, qu'il donne au fujet de la Reine fon Epoufe en partant pour la guerre. 74. De quelle maniere il fe comporte à la nouvelle de la mort de cette Princeffe. 76. Il fe déclare Protecteur des Miffionnaires. 84. Il eft fait Roi de Buygen; il fait venir

TABLE DES MATIERES.

le Pere de Cefpedez, & où il invite les Chrétiens, qui s'étoient bannis du Firando. 85. Il prend vivement les intérêts du Christianisme, & fait tous les ans faire un Service pour la Reine son Epouse. 93. Il tire l'épée contre le Roi de Fingo, qui lui avoit parlé mal au sujet des Chrétiens. 94. Réception qu'il fait à l'Evêque du Japon. 108. Il change de conduite après la mort du Pere de Cefpedez, & pourquoi. 130. Ce qu'il dit d'Ucondono & des Missionnaires à l'occasion de l'exil du premier. 184. Eloge, qu'il donne à la constance des Lépreux Chrétiens. 188. *Voyez la page* 206. Il fait quelques Martyrs. 227.

Jédo, Ville Impériale du Japon, & séjour des Empereurs Cubo-Samas; sa description. 216. Les deux tiers de cette Ville sont réduits en cendres. 449.

Jei ou *Come*, la Sole du Japon. 581.

Jeje, autre Poisson. 581.

Jémitz, ou *Jiemitzko*, ou *Ijetiruko*, XXXIV. Empereur Cubo Sama. Voyez *To-Xogun-Sama*.

Jempo, (Simon) Jésuite, ne veut pas quitter le Pere de Angelis, qui alloit se présenter au Gouverneur de Jedo. 295. Il baptise plusieurs Infideles dans sa prison. 296. Son martyre. 297.

Jerôme, Prince de Firando; réponse ferme, qu'il fait au Prince Héréditaire. 67. Il s'exile avec toute sa Famille & six cent Chrétiens, pour éviter la persécution. 68. Efforts inutiles du Roi de Firando & du Gouverneur de Nangazaqui pour les ramener à Firando, & ce qui en arrive. 69.

Jerôme de Jesus (le P.) Franciscain, retourne au Japon, d'où il avoit été renvoyé par force; mauvais effets de son retour. 55. 56.

Jesan, effet du tremblement de Terre sur la Montagne de Jesan. 11.

Jesery, bois précieux. 218.

Jeso. Voyez *Yesso*.

Jésuites, les Peres de Saint François s'en prennent aux Jésuites de tous les chagrins, qu'on leur donne au Japon, & ceux-ci de leur côté leur font signifier la Bulle de Grégoire XIII. 4. Le Capitaine du Galion le *Saint Philippes*, recommande surtout à ses Envoyez en Cour de ne rien communiquer de son affaire aux Jésuites. 17. Ils secourent les Espagnols dans un grand besoin. 19. Ils sont calomniez au sujet du Galion. 20. De leur prétendu Commerce. 21. 22. Autres calomnies, on y répond. 23. 24. 25. Témoignage, qu'on rend de leur conduite à l'Empereur. 37 Mesures, qu'ils prennent pour adoucir l'esprit de ce Prince. 51. Leurs précautions pour se ménager la protection des Régens de l'Empire. 63. Ils sont calomniez au sujet du Roi de Fingo. 72. Conduite de quelques Jésuites pendant le Siége d'Uto. 87. Un de leurs Calomniateurs se retracte. 94. Quelques Jésuites bâtissent un Observatoire à Ozaca, & y font quantité d'Observations. 116. Sept Jésuites sont massacrez par les Corsaires Chinois en allant au Japon. 129. Un grand nombre de Jésuites sortent du Japon, quelques uns y demeurent cachez; intrigue à ce sujet contr'eux. 192. Le Pere Collado va en Europe pour accuser les Jésuites du Japon, suite de cette affaire. 285. *& suiv.* Le Pape Urbain VIII. fait leur éloge. 293. Ils sont justifiez par leurs propres ennemis. 334. Suite de la conduite du Pere Collado à leur égard. 379. Consternation des Jésuites après l'Apostasie de leur Provincial, ils sont calomniez à ce sujet. 392. Erreur d'une Relation Hollandoise sur ce qui regarde quelques-uns d'eux, & tous ceux du Japon en général. 440. Attestation de douze Jésuites, où leur situation au Japon, & leur conduite sont expliquées en détail. 500. Ils sont accusez d'avoir empêché le Pere Sotelo d'être Evêque au Japon. 510. & de vouloir être seuls au Japon. 513. Autres crimes, qu'on leur impute. 520. 528. Leur conduite au sujet des Brefs des Papes. 533. Observation de Cévicos touchant les Jésuites. 542.

Jesumi, nom, que l'on donne à la cérémonie de fouler aux pieds les Images de Jesus-Christ & des Saints. 482.

Jesus, (le Pere François de) Augustin, est mis en prison. 347. Son martyre. 374.

Jetcingo, Province du Japon, sa situation. 248.

Jeu, sorte de jeu en usage à la Cour du Dairy. 585.

Ignace, Page des deux jeunes Princes d'Arima, sa conduite avec eux, sa douleur à leur mort. 156.

Tome II.

Yyyy

Ignace, Enfant de quatre ans Martyr ; particularitez de sa mort. 275.

Ignace, autre Enfant Martyr. 338.

Jietznako, XXXV. Empereur Cubo-Sama, que les Relations Hollandoises nomment *Quane* : erreur de ces mêmes Relations sur ce qu'ils en disent. 442. 443.

Images. Voyez *Jesumi*.

Impératrice. Voyez *Mandocorosama*.

Inabaminosamma, Seigneur Japonnois, ami des Hollandois. 447.

Inassa, Montagne près de Nangazaqui, où les Hollandois peuvent enterrer leurs Morts, qu'ils étoient obligez de jetter à la Mer, comme indignes de la sépulture. 480.

Incendie causé par la fiente de Pigeons, enflammée par l'ardeur du Soleil. 86. Incendie de Jedo. 449.

Indien de Bengale Apostat, fait prendre plusieurs Missionnaires. 313.

Ingandono, Gouverneur de Méaco ; sa modération. 237.

Ingen, Docteur Chinois, passe au Japon, où on lui rend des honneurs presque divins. 471.

Innocens, Congrégation d'Enfans Chrétiens, sous le nom des Innocens, dessein de cet Etablissement. 503.

Inondation extraordinaire, ses effets. 10.

Inoye Tsi Kingoë, Commissaire envoyé par l'Empereur pour faire abattre tous les Bâtimens des Hollandois à Firando ; de quelle maniere il exécute sa commission. 419. & suiv.

Inscription mise au lieu du supplice des Ambassadeurs Portugais. 415.

Insien Sama, premier Ministre de l'Empereur ; Présens, que lui font les Hollandois. 447.

Interprétes, les Interprêtes du Directeur de la Compagnie Hollandoise ont soin de l'avertir que les honneurs, qu'on lui rend, lorsqu'il va à la Cour, ne sont pas pour lui. 459. Leurs fonctions. 460. 476. Serment, qu'ils prêtent, avant que d'être admis, & qu'ils renouvellent deux fois par an. 478.

Inyemon (Loüis) & sa Femme, Martyrs. 352.

Joachim, Laboureur, Martyr. 351.

Jonézava. Voyez *Viésami*.

Joscimon, Roi de Bungo, Apostat pour la seconde fois, rentre avec une Armée dans son Royaume, & est défait & pris par l'ancien Roi de Buygen. 77. Son caractere, ses crimes, ses malheurs, sa conversion, sa pénitence & sa mort Chrétienne. 104. & suiv.

Iqueda, (Joachim) son courage héroïque, & son martyre. 344.

Iquinocami, premier Ministre de Fide-Jory, fait aux Missionnaires des excuses des chagrins, qu'il leur avoit causez, & promet de les dédommager. 109. Il trahit son Maître. 205.

Iquinoxima, Isle du Firando, où le Pere de Zugnica fut envoyé Prisonnier. 267.

Iruku, Poisson fort connu dans les Indes sous le nom de *Tenije*. 580.

Isabelle, Martyre. 354.

Isafay, petite Principauté. 159. 548.

Iscibatisci. Voyez *Ymadumi*.

Iscida, (le Pere Antoine) Pinto Jésuite, est arrêté, & mis en prison à Firoxima, description de sa prison. 134. Ayant été relâché, il est pris de nouveau en exerçant l'obéïssance aveugle. 346. 347. Unémondo le fait prêcher, & le touche. 347. Ce Gouverneur entreprend de le réduire, & lui fait de grandes menaces ; sa réponse. 373. Son Martyre. 374.

Issinocami, (Mathscindairo) Seigneur Japonnois, ami des Hollandois, présent qu'ils lui font. 447.

Itacundono, Gouverneur de Méaco, fait bâtir une Eglise aux Jésuites. 38. Il protege les Missionnaires. 109. Proposition, qu'il fait à Ucundono, au Roi de Tamba, & aux autres Exilez, & leur réponse. 184. Il fait malgré lui quelques Martyrs, & ce qui l'y oblige. 187.

Ito, (le Pere Mancie) Jésuite, le premier des Ambassadeurs, qui avoient été à Rome ; sa mort. 129.

Itutz, Animal familier. 572.

Itzebo, Monnoye d'or du Japon, sa valeur. 603. Voyez *Monnoye*.

Itzu, Mines d'Itzu. 110.

Ivanowitz. Voyez *Demetrius*.

Jubilé, Paul V. avance le Jubilé de l'Année Sainte de trois ans, en faveur des Fideles du Japon. 262.

Julie, Princesse de Tamba, son zéle ; comment elle se prépare au combat ; tourment, qu'on lui fait souffrir. 176. elle est bannie du Japon. 180.

Juquequi, Général Chinois, détermine l'Empereur son Maître à envoyer deman-

TABLE DES MATIERES.

der la paix à Tayco-Sama par une solemnelle Ambassade. 7. Il est nommé lui-même Ambassadeur. 9. Tayco-Sama le renvoye avec ignominie. 13.

Juste, Reine de Fingo ; l'Impératrice l'envoye complimenter sur l'injustice, que l'Empereur faisoit à son Epoux. 14.

Juste, Reine d'Arima ; son Baptême. 71. Elle demande à Dieu la patience dans une maladie, & elle est guérie miraculeusement. 131. Elle suit le Roi son Mari dans son exil, & l'exhorte généreusement à la mort. 143. Ses sentimens en apprenant la mort tragique de ses Enfans. 157.

Juste, Gendre de l'ancien Roi de Bungo est attaqué de la lépre ; la Princesse son Epouse par ses soins & sa piété lui fait prendre son mal en patience, & il meurt saintement. 107.

Juste, Enfant Martyr. 154.

Justi, petite Fille au berçeau. On ne sçait si elle fut martyrisée avec son Pere & sa Mere. 348. 351.

Iwaragasima, Isle proche de Nangazaqui, où les Hollandois sont obligez de régaler ceux, que les Ambassadeurs envoyent pour reconnoître leurs Navires. 473.

Ixinda, (Michel) Martyr ; ce qui lui arriva peu de tems avant sa mort. 203.

K

KAADSI. Voyez *Papier*.

Kœmpfer, (Engelbert) Médecin Allemand. Sa Relation d'un Combat entre les Japonnois & un Navire Espagnol, où il paroît qu'il confond deux faits. 125. Ce qu'il avance sans fondement des causes de la persécution du Japon. 138. Il se trompe en comptant deux Isles au Nord du Japon. 255. Il raconte, sur l'autorité d'une fausse Relation, une prétenduë Conspiration des Portugais contre l'Empereur du Japon. 405. 406. Ses réflexions sur la conduite des Hollandois au Japon. 411. Il raconte un fait, qui prouve que le Sieur Caron étoit fort odieux aux Japonnois. 413. 414. Ce qu'il pense du Voyage du Directeur de la Compagnie Hollandoise à Jedo. 457. & de la triste figure, que font les Hollandois au Japon. 481. Il juge défectueuse la description du Thé par *Ten Rhyne*, défaut de la sienne. 597. Ses réflexions peu justes sur l'état présent du Japon. 613. *& suiv.*

Kai, Province du Japon estimée pour ses chevaux. 571.

Kaitsu ou *Kaisai*, Oiseau chimérique des Japonnois. 570.

Kango Sama, premier Ministre de l'Empereur. 452.

Karei, Poisson, le Bot. 58.

Kasiematz, quartier des Courtisannes. 549.

Kat Si. Voyez *Utsi Kaki*.

Kadsiwo, Poisson, maniere de l'aprêter & de le garder. 581.

Keian, (Nicolas) Succunanga, Jésuite, le premier Martyr, qui mourut dans la Fosse. 576. Miracle arrivé pendant qu'il y étoit suspendu. 377.

Keisayemon, (Leon) circonstances édifiantes de son martyre, sa Famille meurt avec lui. 334. 335.

Kesang, Fort des Espagnols dans l'Isle Formose. 427.

Khumano, Province du Japon. 50. Khumano, sorte de médicament composé de drogues, qui viennent de cette Province, & dont les Jammabus se servent dans leurs sortileges. 564.

Kidera, (Jean) Jésuite, Martyr. 377.

Kimbaye, (Diego) un des deux Religieux, qui furent brûlez avec le Pere Spinola, & qu'on a cru sans fondement avoir apostasié. 227.

Kimura, [Leonard] Jésuite, est arrêté. 234. son éloge ; il fait plusieurs conversions dans sa prison ; son ardeur pour le martyre. 235. Circonstances de sa mort ; Il se couronne de charbons allumez. 236.

Kimura [Marie] Martyre. 279.

Kimura [le Pere Sebastien] Jésuite, est arrêté. 263. son martyre. 273. 276.

Kimura, [Vincent] Martyr. 237.

Kindo (Ignace) Jésuite Martyr. 377.

Kingan, Etoffe, dont les Cordens se font des habits. 498.

Kinodsui. Voyez *Moules*.

Kinsen Dairy, établit des Tribunaux pour examiner quelle Secte chacun professe. 483.

Kiomitz, Temple ; sa description. 554. 555.

Kiri, l'huile du Kiri est la meilleure du Japon. 589. Voyez *Kiri* dans la description des Plantes.

Kirin, Animal fabuleux. 570.

Kisa ou *Akagui*, Coquille ; son usage. 585.

Kisai, [Saint Jacques] Jésuite, est arrêté. 26. Son Histoire. 27. 28. Son martyre.

Yyyy ij

TABLE DES MATIERES.

48. Est canonisé. 49.

Kisma, Isle dans le Havre de Nangazaqui, apparemment la même que Desima. 414.

Knuzi (Antoine) Jésuite, est arrêté. 270. Son martyre. Voyez *Spinola*.

Kockebecker, Directeur de la Compagnie Hollandoise au Japon, va avec du canon au Siége de Ximabara, & est obligé de partir du Japon en assez mauvais état. 409.

Kokero, ou *Corura*. 458.

Komuri, grosse Mouche de nuit très-belle. 576.

Krammer (Conrad) Ambassadeur de la Compagnie Hollandoise au Japon, marque de distinction, que lui donne l'Empereur. Il assiste à la cérémonie de l'entrevûe de ce Prince & du Dairy. 326.

Kudsuri. Voyez *Baleine*.

Kuilembourg, Navire Hollandois, qui échouë sur l'Isle Formose, & ce qui en arrive. 481.

Kurilski's, Peuples d'Yesso, Tributaires de l'Empereur du Japon. 255.

L

L A C. Voyez *Fucasory*.

Laituge, les Japonnois n'en font aucun usage. 589.

Lama, Château de la Lama. 494.

Lanilecho, (Dom Mathias) Commandant du Galion le *Saint Philippes*; le Roi de Tosa l'engage à entrer dans son Port, & ce qui en arrive. 16. Instructions, qu'il donne à ses Envoyez à la Cour de l'Empereur. 17. Ce qu'on lui déclare de la part de ce Prince. 19.

Lanfranc, [le Cavalier] peint en plusieurs Tableaux, la vie du Pere Mastrilli. 397.

Langue du Japon, remarques sur cette Langue. 617.

Laruel [le Pere de Sainte Marie] Franciscquain, favorable au Pere Sotelo. 515.

Lazare, Japonnois, accompagne le Pere Mastrilli, jusqu'à ce qu'il soit arrêté. 400.

Lengicuxu, ce que signifie ce nom, qu'on avoit donné à une Secte, qui paroissoit une corruption du Christianisme. 112.

Lem, Franciscquain, Martyr. 273. 276.

Lépreux, Hôpitaux bâtis pour ces Misérables, que les Japonnois abandonnoient à leur triste sort. 107. 118. Le Roi de Buygen commande aux Lépreux de ses Etats de renoncer au Christianisme, leur réponse. 188. On laisse mourir de faim plusieurs Lépreux Chrétiens. 340. Un grand nombre d'autres sont bannis du Japon, & la plûpart meurent de faim en allant s'embarquer, pourquoi ? 577.

Lequios, le Roi de Saxuma se rend maître des Isles Lequios. 128. Le Commerce. que les Habitans de ces Isles font au Japon. 470.

Lettres, ce qu'on exige des Hollandois au sujet des Lettres, qu'ils écrivent, ou qu'ils reçoivent. 480.

Lézards, les Lézards du Japon ne different point des nôtres. 573. Lézard d'eau. 583.

Limaçons, plusieurs especes de Limaçons au Japon. 586.

Linschooten, [Jean Hugues de] visite une partie des Côtes du Japon. 119. Voyez la Liste des Auteurs, qui ont écrit du Japon.

Liqueios. Voyez *Lequios*.

Livres, ce que les Missionnaires du Japon ne peuvent faire par leurs Prédications, ils le font par des Livres de piété. 262.

Lopez [le Pere Antoine] Recteur du College de Nangazaqui; les Martyrs lui écrivent, & pourquoi. 45.

Loüis II. Roi de Gotto, est rétabli dans ses Etats. 2.

Loüis, Jésuite, pourquoi il ne se trouva point à Méaco dans le tems, qu'on mit des Gardes au College. 28.

Loüis [Saint] Enfant, son ardeur pour le Martyre. 40. Il rejette avec horreur les offres, qu'on lui fait, s'il veut renoncer à la Foi. 42. Sa mort. 48. Il est canonisé. 49.

Loüis, autre Enfant Martyr. 92.

Loüis, Domestique du Pere Sotelo, Martyr. 305.

Loüis, autre Enfant martyrisé avec son Pere & sa Mere. 322.

Luce, Dame Chrétienne, Martyre. 335.

Luce, petite Fille au berceau : on ne sçait pas au juste, si elle fut martyrisée avec ses Parens. 348. 352.

Lucena [le Pere Alphonse] Jésuite. 137.

Lucie, Demoiselle de la Cour du Cubo-Sama; sa résistance à ce Prince, qui vouloit l'engager à abjurer la Foi. 149.

Lucie, Princesse de Bungo; sa dévotion mal entenduë. 192.

Lucie, Femme martyrisée avec son Mari & son Fils. 282.

TABLE DES MATIERES.

Lucie, Princesse d'Arima, son Mari la répudie pour épouser une arriere-petite-Fille du Cubo Sama. 140. On veut l'engager à se remarier. 150. Elle est condamnée comme Chrétienne à l'exil. 151.

Luguyémon [Leon Faïuxida] est mis en prison. 161. Son Martyre. 164.

M

MAAR, c'est le Saulmon du Japon. 181.

Maatso Bosa, Idole des Chinois, culte qu'ils lui rendent. 551.

Maatsubos, vases de Porcelaine d'un grand prix, d'où on les tire. 605.

Macao, Ville de la Chine. On y fait une Fête en apprenant le martyre du Pere Vieyra. 388. Consternation de cette Ville en apprenant que le Commerce du Japon lui est interdit ; elle envoye à l'Empereur une Ambassade, & comment elle est reçuë. 413. & suiv. On y célebre le martyre des Ambassadeurs. 416. & celui du Pere Rubino. 429. La Ville reconnoît le Roi Jean IV. de Portugal, & lui envoye un présent. 441. Un Navire Japonnois fait naufrage sur la Côte de Macao, la Ville reçoit bien l'Equipage, & le renvoye à Nangazaqui, ce qui en arrive. 472. L'Evêque de Macao rappellé en Espagne. 524.

Machado, [le Pere Jean-Baptiste Tavora de] Jésuite ; son Martyre. 221.

Madrid, réception qu'on fait dans cette Ville aux Ambassadeurs de Mazamoney. 243.

Maffée [le Pere Pierre] Jésuite, ce qu'il dit de la Terre d'Yesso. 259.

Magazaqui [Jean] son martyre. 344.

Magdeleine, Fille de qualité, est condamnée au feu. 161. Elle se couronne de charbons ardens. 164. Le Pape Urbain VIII. l'appelle Bienheureuse, & envoye une de ses Reliques au Monastere des Anges à Florence. 165.

Magdeleine, Reine de Fingo ; son zéle. 53.

Magdeleine, Dame Japonnoise, son Martyre. 92.

Magdeleine Camisama, Princesse d'Omura, Mere de Sanche. Sa sainteté. 100.

Magdeleine, Servante. Sa fermeté dans les supplices. 223.

Magdeleine, Dame Chrétienne ; ses gémissemens sur ce que son Pere l'avoit soustrait au martyre, qu'elle obtient à la fin. 351. 352.

Magdeleine, Martyre, du Tiers-Ordre de Saint Dominique. 405.

Mako, petite Baleine, dans les intestins de laquelle on trouve de l'Ambre gris. 579.

Makuts, Poisson, que les Hollandois appellent *Harder*. 581.

Malaver, (Dom Antoine) Officier du Galion le Saint Philippes, envoyé à la Cour de l'Empereur par son Capitaine : instructions, que celui-ci lui donne, & comment il les suivit. 17.

Mancie, Princesse de Firando, sa constance dans la Foi. 50. Pour éviter les sollicitations du Prince son Epoux elle se retire, il va la chercher, & lui promet de ne plus l'inquiéter sur la Religion. 66. 67.

Mandocorosama, Impératrice, Femme de Tayco-Sama, & apparemment la Mere de Fide Jory ; elle paroît favoriser les Chrétiens, & on doute si elle ne s'est pas convertie. 3. L'Empereur de la Chine lui envoye une Couronne d'or. 12. Elle envoye faire un compliment à la Reine de Fingo, sur les mauvais traitemens, que son Epoux avoit reçûs de l'Empereur. 14. Elle s'oppose avec force à ce que son Fils rende visite au Xogun-Sama. 95. Elle obtient un Edit contre quelques Dames du Palais, qui avoient reçu le Baptême sans son consentement. 108. Elle fait un fort bon accueil au Pere Pasio. 110. 111. Elle ne peut empêcher une entrevûë de son Fils avec le Cubo-Sama. 128. Elle déconcerte par son habileté les mesures de celui-ci pour avoir le jeune Empereur entre ses mains. 204.

Mangazayémon, (Hilaire) martyrisé avec sa Femme. 197.

Manile, l'Archevêque de Manile décide le différend entre les Jésuites & les Francisquains, au sujet de l'administration de l'Evêché du Japon, le Siége vaquant. 171.

Mansoni, Port du Japon ; sa situation ; le Breskens, Navire Hollandois, y aborde, & ce qui en arrive. 433.

Mariages, permis d'abord, & ensuite défendus entre les Japonnois & les Hollandois. 480.

Mariam, Eminence dans la Ville de Nangazaqui, où est le quartier des Courtisannes. 549.

Marie, Reine de Zeuxima; après la mort de

Roi de Fingo son Pere, se met sous la protection de l'Evêque, qui l'assiste dans ses besoins. 79.
Marie, Epouse d'Ucundono. 180.
Marie, Martyre, Femme d'Antoine Sanga, aussi Martyr. 279.
Marie, autre Martyre, & Mere d'un Martyr. 297.
Marie, martyrisée au Mont Ungen 336.
Marine, Princesse d'Omura, va visiter les Corps des Martyrs. 50. S'occupe toute entiere du soin des Pauvres. 100. Son Frere, après son apostasie, lui envoye ses Enfans pour les élever dans la piété. 163. Elle se fait apporter une Croix miraculeusement trouvée dans le tronc d'un arbre. 137. Son Frere veut la chagriner sur la Religion & n'y gagne rien. 166. Elle visite les Corps de quelques Martyrs, & se mocque des reproches, que le Prince son Neveu lui en fait. 225.
Marquez, (le Pere François) Jésuite, accompagne le Pere Rubino au Japon. 427. Son martyre. 428. 429.
Marquez, (le Pere Pierre) mene une nouvelle troupe de Jésuites au Japon ; Il est arrêté d'abord, mené à Jedo & tourmenté. 430. Des Hollandois se trouvent à son Interrogatoire. 433. 434. Ce qui se passe dans un autre Interrogatoire entre lui & ses Compagnons d'une part, & un Apostat de l'autre. 437. Fausseté de ce que les Hollandois disent de leur délivrance. 440.
Marthe, Dame Japonnoise ; sa joye en apprenant le martyre de ses Enfans. 153. Elle est elle-même martyrisée. 154. 155.
Martine Martyre, du Tiers-Ordre de Saint Dominique. 405.
Martinez, (le Pere Pierre) Jésuite, est sacré Evêque du Japon, & part pour le Japon avec des présens du Vice-Roi des Indes pour l'Empereur. 5. Il est bien reçu de ce Prince. 6. Il visite une partie du Japon. 7. Il offre ses bons services aux Espagnols du Galion *le saint Philippes*, & ils les refusent. 17. Il est calomnié. 20. L'Empereur lui fait dire qu'il ne doit rien craindre de sa part. 38. Il s'embarque pour les Indes, & meurt sur Mer. 51. Il confere les Ordres sacrez au Pere de Castro son Compagnon. 320.
Martini, (le Pere Martin) Jésuite. Ce qu'il dit des Habitans d'Yesso. 259. Ses conjectures sur leur Pays. 492.

Mosarcegnas, (Dom François) Vice Roi des Indes, autorise par un Rescrit au nom du Roi Catholique le Réglement de la Ville de Macao pour la subsistance des Missionnaires du Japon. 22.
Mastrilli, (le Pere Marcel-François) Jésuite ; son Histoire. 393. Il est blessé mortellement, & guéri miraculeusement par Saint François Xavier. 394. *& suiv.* Il assiste sa Mere à la mort, & part pour le Japon. 397. Audience, que lui donne le Roi d'Espagne. 398. Il arrive aux Philippines, dont le Gouverneur le mene à la Conquête de Mindanao ; ce qu'il y fit. 399. Il arrive au Japon. 400. Il est arrêté, conduit à Nangazaqui, & fait plusieurs miracles. 401. Il promet de guérir l'Empereur du Japon. 402. Il est tourmenté en plusieurs façons. 403. Son Martyre. Miracles arrivez en cette occasion. Pourquoi il avoit été envoyé au Japon par Saint François Xavier. 404.
Matazayémon, Gouverneur de Nangazaqui, fait mourir un grand nombre de Chrétiens. 375.
Matmanska, Isle au Nord du Japon. Sa situation. 255. 493.
Matos, (le Pere Gabriel de) Jésuite. Lettre peu sincere, que lui écrit le Gouverneur de Nangazaqui. 174. Il est obligé de sortir de Méaco. 175. Il est député à Rome. 192.
Matsumay, *Matomey*, ou *Matzmey*, Ville d'Yesso. Le Prince de Matsumay demande un Médecin Japonnois, & le Pere de Constanzo lui en envoye un, qui y convertit plusieurs Idolâtres. 248. Diverses opinions sur cette Ville. 257. 492. Ce que les Hollandois en disent. 499. Les Jésuites y font plusieurs excursions. 500.
Matsury, Fête en l'honneur des Dieux Protecteurs des Villes. Comment les Hollandois y assistent. 480. Description de cette Fête. 558. *& suiv.*
Matthias (Saint) prend parmi les premiers Martyrs condamnez par Tayco-Sama, la place d'un autre de même nom que lui, & qui ne se trouvoit pas. 39. Son Martyre. 48. Il est canonisé. 49.
Matthieu, jeune Prince d'Arima. Sa mort tragique. 155. *& suiv.*
Matzuda. Voyez *Pineda*.
Mauri, petite Isle près de Formose, engloutie dans la Mer ; ce qu'on trouve à l'endroit, où elle étoit. 605.

TABLE DES MATIERES.

Mawariban. Le Guet, ou la ronde, qu'on fait à Nangazaqui. 475.

Maxime, Demoiselle de la Cour d'Arima; son courage. Elle est chassée du Palais, & mise au rang des Esclaves. 158.

Maxita Temondono, un des quatre Seigneurs, qui partageoient le Gouvernement de l'Empire sous Tayco-Sama. 15. Il promet aux Officiers du Galion *le Saint Philippes* de les servir, & conseille à l'Empereur de confisquer ce Galion. Ce Prince lui en donne la Commission. 17. 18.

Mazamoney, (Date, ou Idate) Prince d'Oxu. Sa magnificence. 13. Son caractère. Il reçoit bien le Pere Sotelo, & accepte le projet d'une Ambassade à Rome. Ses vûës. 129. 508. Il envoye deux hommes au Pere Sotelo, pour l'accompagner en Europe. 167. Il nomme le Pere Sotelo Chef de son Ambassade à Rome. 169. En quelle disposition le Pere de Angelis le trouve. 242. Sa Lettre au Pape. 244. Il persécute les Chrétiens, & envoye ordre à son Ambassadeur d'abjurer la Foi. Motifs de cette conduite. 247. Il reçoit quelques reproches de l'Empereur, & recommence la Persécution. 298. Fausse Relation de la Lettre prétenduë du Pere Sotelo touchant ce Prince. 515. 516.

Méaco. Incendie en cette Ville. On en accuse les Chrétiens, & on ne reconnoît leur innocence, qu'après qu'ils ont porté la peine de ce crime. 240. Méaco est le centre du Commerce du Japon. 455.

Mécinski, (le Pere Albert) Jésuite, accompagne le Pere Rubino au Japon, & il est pris en y arrivant. 427. Son Martyre. 428. 419.

Médecin Japonnois envoyé en Yesso, y fait de grandes conversions. 248. Les Médecins Japonnois font consister toute la Médecine en deux remedes. 565.

Mello, (le Pere Nicolas de) Augustin, martyrisé à Astracan. Son histoire. 487. & suiv.

Mena, [le Pere Alphonse de] Dominiquain. Son zele. 159. Il est condamné au feu. 173. Son Martyre. 176.

Mendocin, Cap. Sa situation. 156.

Menesez. (Dom Alexis de) Augustin, Archevéque de Goa, puis de Brague, & Président du Conseil d'Etat. 487.

Menocki, Village de la Province d'Omi, où demeuroit un Droguiste, qui avoit seul le secret d'une poudre souveraine contr. les douleurs d'intestins. 566.

Mer blanche, Isle de la Mer blanche, où furent exilez le Pere de Mello & un Frere Augustin Japonnois. 488.

Mercado, Officier du Galion *le Saint Philippes*, envoyé à la Cour de l'Empereur. Ses instructions. 17.

Mercurien, (le Pere Everard) Général des Jésuites, fait examiner par ses Théologiens ce qui regarde le prétendu Commerce des Missionnaires du Japon. 23.

Mesquita, (le Pere Diego de) Jésuite. Ses efforts inutiles auprès du Gouverneur de Nangazaqui, en faveur du Christianisme. 174. Il meurt sans secours dans le Port de Facunda. 192.

Messagers, Domestiques des Hollandois à Desima. Précaution, qu'on prend à leur égard. 477.

Michel, Neveu du Vice-Roi de la Tense, Son ardeur pour le Martyre. 32.

Michel, jeune Paysan, trouve une Croix dans le creux d'un Arbre. 139.

Miarusawa, Ville de la Province d'Oxu. 299.

Midzuno Cavacci. Voyez *Cavacci.*

Mijosima, Isle du Japon. Ce qui la rend célebre. 572.

Miki, (Saint Paul) Jésuite. Son histoire. Il est fait prisonnier. 26. Il convertit un Officier. Les Bonzes se plaignent de plusieurs autres conversions, qu'il avoit faites en allant au supplice. 42. Son entretien avec Fazaburodono. 43. Son Martyre. 48. Il est canonisé. 49.

Mikosis, Niches, que l'on porte dans la Féte du Matsuri. 558.

Millepied. Voyez *Mukadde.*

Millet. Le Millet entre dans la nourriture des Japonnois. 588.

Minaka. Voyez *Midrusawa.*

Minami, (Jean) Gorozaimon. Son Martyre. 89. 90.

Mindanao, Isle conquise par le Gouverneur des Philippines, accompagné du Pere Mastrilli. 399.

Mines d'or & d'argent dans le Pays d'Itzu. 110. Mines d'or d'Yesso. Maniere singuliere, dont on en tire l'or. 249. Mines d'argent en Yesso. 255. 256. Terre minérale en Yesso. 256. Autres Mines d'argent en Yesso. 600.

Mimosama, Favori & premier Ministre de l'Empereur, s'indispose contre les Hollandois. A quelle occasion, & ce qui en arrive. 451.

TABLE DES MATIERES.

Miracles. 29. 30. 48. 82. 107. 131. 136. 139. 167. 187. 203. 227. 239. 241. 279. 310. 312. 319. 355. 359. 383.

Mirajama, Officier, qui préfida à l'exécution de plusieurs Martyrs. 338.

Mirakai, Moule noir du Japon, qui se trouve aussi en Allemagne. 585.

Misago, ou *Bisago*, Oiseau de Mer. 576.

Misagonosusi. Provision, que cet Oiseau met dans des trous de Rochers, & ce qu'on en fait. 576.

Missionnaires. Indiscrétion d'un Missionnaire, qui entreprend de convertir des Hérétiques par un Miracle. 82. Le Cubo-Sama se flatte de venir aisément à bout des Chrétiens, quand ils n'auront plus de Missionnaires. 191. Extrêmité, où sont réduits les Missionnaires au Japon, où néanmoins ils viennent en foule. 240.

Mito-Siounango-Samma, grand Oncle de l'Empereur. Présent, que lui font les Hollandois. 447.

Mixumaya, (Jacques) Martyr. 270.

Mogami, Province du Japon. Sa situation. 243.

Moineaux aussi communs au Japon, qu'en Europe. 576.

Monban, Garde de la Porte de Desima. 475.

Mondo, (Adrien Tacafati) Seigneur de la Cour d'Arima, brûlé vif avec sa Femme & ses Enfans. 161. *& suiv.*

Mondo. (Magdeleine) Voyez *Magdeleine.*

Mondo, (Taqua) un des Gouverneurs du Royaume d'Arima. Comment il se saisit du Provincial des Jésuites, & de plusieurs autres. Sa brutalité. 313. Il manque le Pere de Couros. 314. Sa cruauté à l'égard des Prisonniers. Il tourmente lui-même avec inhumanité un Jésuite Coréen. 318. Autres exemples de sa cruauté. 321. *& suiv.* 334. *& suiv.*

Monique, Martyre ; comment elle s'y étoit disposée. 239.

Monique, autre Martyre. Son courage héroïque. Le Tyran fait semblant de la vouloir deshonorer, ce qui fait apostasier son Mari. 321. Elle le convertit. 323. Elle est martyrisée avec lui, mais on lui enleve sa petite Fille. 323. 324.

Monis, ou *Maas*, Monnoye du Japon. Sa valeur. 452. Voyez *Monnoye*, dans le premier Volume.

Mont des Martyrs, ou *la Sainte Montagne*, lieu près de Nangazaqui ; d'où lui vient ce nom. 46.

Monterey, (le Comte de) Vice-Roi de Naples. Sa piété. 394.

Moralez, (le P. Sébastien de) Jésuite, est sacré Evêque du Japon, & meurt de peste au Mozambique. 5.

Moralez, (le Pere François de) Dominiquain, prisonnier pour la Foi, est conduit à Firando, pourquoi. 265. Il est condamné au feu. 273. Son Martyre. 276.

Moralez, (le Pere Diego de) Jésuite, accompagne le Pere Rubino au Japon. 427. Il est arrêté en arrivant. Son Martyre. 428.

Morejon, (le Pere Pierre) Jésuite, représente inutilement aux Peres de S. François le mauvais effet de leur conduite. 15. On lui envoye Saint Jean de Gotto pour lui servir de Catéchiste. 27. Il est accusé d'avoir mal à propos engagé le Roi de Fingo dans la guerre civile. 72. Il est chargé d'apprendre à la Reine d'Arima, dont il étoit Confesseur, la mort tragique de ses Enfans. 157. Il est envoyé à Madrit pour informer le Roi d'Espagne de l'état de l'Eglise du Japon. 192. Voyez la Liste des Auteurs, qui ont écrit du Japon.

Moveno, (Dom Antoine) grand Pilote de la Maison du Roi Catholique, engage Dom Jean Cevicos à publier sa Réponse à la Lettre du faux Sotelo. 292.

Moriama, (Antoine) intrigue contre les Jésuites. 192.

Morindono, Roi de Naugato, prend le Parti des Régens contre Daysu-Sama. 72. Sa retraite est la cause de la perte d'une Bataille. Il rend sans combattre Ozaca au Vainqueur. 78. Il fait couper la tête au Fils du Roi de Fingo, qui s'étoit refugié chez lui, & l'envoye à Daysu-Sama. 80. Il fait mourir un Seigneur de sa Cour pour la Religion, & quelques autres Chrétiens. 97. Les Grands de sa Cour se révoltent contre lui, & il se sauve dans une grande Forteresse. 98. Il fait honnêteté au Pere Pasio, & à sa consideration il cesse de persécuter les Fidéles. 111.

Moro, Japonnois, bon Chrétien, Directeur du Commerce des Portugais à Nangazaqui, est accusé d'une Conspiration contre l'Empereur. 406. Il est brûlé vif. 407.

Moruë, en Japonnois *Tara*. D'où vient la meilleure. 582.

Mota,

TABLE DES MATIERES.

Mota. (Dom Emmanuel Mendez de) Son entretien avec le Pere Ferreyra Apoſtat. 444.

Mouches ordinaires. Mouches luiſantes. 576. Autres eſpeces. 577.

Mouettes. 576.

Moutons portez au Japon par les Portugais, devenus ſauvages. 571.

Mukadde, ou le Millepied des Indes. Sa deſcription. 573.

Mûrier. Voyez *Papier.*

Muſaſi, Province du Japon, dont Jedo eſt la Capitale. 216.

N

NABO, Cap Nabo, & ſelon les Hollandois, *Cap de Goërée*. Sa ſituation. 155. 494. 499.

Nacaura, (le Pere Julien de) Jéſuite, un des Ambaſſadeurs à Rome. Le Roi d'Arima lui veut perſuader que la perſécution, qu'il faiſoit aux Chrétiens, ne venoit pas de lui. 150. Succès de ſes travaux. 261. 306. Son Martyre. 383.

Nagaxima, (Michel) Jéſuite. Tourmens horribles, qu'on lui fait endurer. 345. Son Martyre. 346. Sa Mere & ſon Frere meurent Martyrs. 360.

Nagaxima, (Jacques) qu'on croit avoir été auſſi Frere du précédent; Martyr. 374.

Nakatagai, grande Coquille, qu'on trouve dans la Mer du Japon. 585.

Nambu, Province du Japon. La Foi y fait de grands progrès. 242.

Nambu, Ville très riche. Ce qui s'y paſſe entre des Hollandois & le Roi de Fitachi. 432.

Nanganet, eſpece de Pique Japonnoiſe. 326.

Nangaxi, (Paul) Catéchiſte des Peres de Saint Dominique, eſt condamné au feu. 273. Il quitte ſon poteau pour empêcher deux Religieux d'apoſtaſier, y retourne, & y meurt avec conſtance. Ce qu'on en a publié. 278.

Nangazaqui. L'ancien & le nouveau ſont réünis ſous l'obéïſſance de l'Empereur, & ce qui en arrive. 101. Ce Prince ne s'en croit pas le Maître, tandis que les Chrétiens y ſont le plus grand nombre. 191. Vingt mille de ſes Habitans en ſortent, partie par l'exil, & partie par la fuite. 197. Pourquoi on ne met point dans les priſons de cette Ville un grand nombre de Miſſionnaires. 231. L'Idolâ-
Tome II.

trie introduite pour la premiere fois à Nangazaqui. 232. Nouveaux ordres publiez contre les Chrétiens de Nangazaqui. 307. Il ne paroit plus de Chrétiens à Nangazaqui. 356. Profit des Habitans de Nangazaqui dans le Commerce étranger. 454. Deſcription détaillée de la Ville & du Port. 546. & *ſuiv.*

Naſacava, Ville, ou Bourgade du Buygen. Ce qui s'y paſſa entre le Roi de Bungo, & un Miſſionnaire. 105.

Navarette, (Louis) Envoyé du Gouverneur des Philippines à l'Empereur du Japon. Succès de ſa Négociation. 53.

Navarette, (le Pere Alphonſe) Dominiquain. Son caractere. Démarches peu meſurées de ce Religieux. 222. 223. Il eſt arrêté. 224. Son Martyre. 225.

Navarro, (le Pere Pierre-Paul) Jéſuite, eſt fait priſonnier. Son éloge. Ce qui ſe paſſe entre lui & le Prince de Ximabara. 282. 283. Son Martyre. 284.

Nayſen (Jean) offre ſa maiſon au P. Zola. 314. Il eſt arrêté avec lui. 315. Ses biens ſont ſaiſis. 316. Il apoſtaſie. 322. Il rentre en lui-même. 323. Son Martyre. 324.

Naytadono, (Jean) ancien Roi de Tamba, eſt envoyé à la Cour de Pekin pour y négocier la paix, & y travaille en faveur de la Religion Chrétienne. 7. Son hiſtoire, ſon courage, ſon ardeur pour le Martyre. Il eſt banni du Japon. 180. 184. Il part du Japon. Réception, qu'on lui fait à Manile. 193. & *ſuiv.* Il refuſe les offres, que lui fait le Gouverneur des Philippines de la part du Roi Catholique. 194. 196.

Niabaro, (le Pere Loüis) Jéſuite. Ses travaux Apoſtoliques. Il ſecourt les Priſonniers Chrétiens. 114. Le Roi d'Arima l'avertit ſous main qu'il peut reſter dans la Capitale. 150.

Nicobar, Iſles des Indes. Deux Jéſuites François s'y font débarquer, & y ſont martyriſez. 486.

Nicolas, Frere Auguſtin Japonnois. Son hiſtoire & ſon Martyre. 487. & *ſuiv.*

Nigata, Port du Jetcingo. Le Pere de Angelis s'y embarque pour Yeſſo. 248. Sa ſituation. 253.

Nikifori, (Thomas) Jéſuite, brûlé vif pour la Foi. 376.

Niponbas, Pont du Japon, ainſi nommé par excellence. 216.

Zzzz

Nifi. Voyez *Gin Sen.*

Nifna, Ville fur le Volga, où un Auguſtin Japonnois fut martyrifé. 489.

Nitquo, Montagne, où le Cubo-Sama marqua fa fépulture. 214.

Niuche, Royaume de la Tartarie. 259.

Niulhan, autre Royaume de Tartarie, dépendant du précédent. 259.

Nixi, pointe d'Yeſſo ; pourquoi elle eſt ainfi nommée. 252.

Nobunanga, Empereur Cubo - Sama. Sa mémoire eſt chere & refpectable aux Japonnois. 59.

Norogna, (Dom Manuel de Camara de) Capitaine Général de la Chine pour le Roi d'Eſpagne. Avis, qu'il donne à Sa Majeſté Catholique. 379. Il célebre avec pompe à Macao le Martyre du P. Vieyra fon ami. 388.

Northumberland, (Robert Dudley Duc de) & Comte de Warwik, Auteur de l'*Arcano del Mare,* fe trompe au ſujet de la Terre d'Yeſſo. 252.

Noſtka, (Barbe) Dame Polonoiſe, brûlée vive à Aſtracan pour la Foi avec le Pere de Mello fon Directeur. 491.

Nourrice. La Nourrice de l'Impératrice Femme de To-Xogun-Sama, parle à ce Prince avec beaucoup de liberté fur fes déſordres, & ce qui en arrive. 372. La propre Nourrice de ce Prince cherche un autre moyen de le tirer de fes déſordres. 372.

Nuitz, (Pierre) Ambaſſadeur de la Compagnie Hollandoiſe vers l'Empereur du Japon, fe donne pour Ambaſſadeur du Roi de Hollande, & ce qui en arrive. Il eſt fait Gouverneur de Formoſe. Injuſtice, qu'il fait aux Japonnois. 361. *& ſuiv.* Il eſt arrêté dans fa maiſon, & on l'oblige à ſigner un Traité, qui s'exécute. 365. Il eſt livré aux Officiers de l'Empereur du Japon. 368. Ce Prince le relâche, & lui fait grace. 370.

O

OBAMA, Bourg de la Principauté d'Omura ; on y trouve une Croix dans le tronc d'un Arbre. 139. On y exerce de grandes cruautez contre les Chrétiens. 202. Le Roi d'Arima fe fait conduire aux Eaux chaudes d'Obama, & y meurt d'une façon cruelle. 359.

Obani, Monnoye du Japon. Sa valeur. 602.

Voyez Monnoye au premier Volume.

Odowara, petite Ville à deux ou trois journées de Jedo, où l'on prépare le Catchou. 567.

Oëry, Marchand Japonnois, donne des Mémoires aux Hollandois fur la Terre d'Yeſſo. 257. 500.

Officiers entretenus aux frais des Hollandois. 476. *& ſuiv.*

Oindono, Oncle de l'Empereur To-Xogun-Sama. Son diſcours à ce Prince. Il lui fait ſigner la condamnation du Pere Vieyra. 387.

Oiſeaux du Japon. 574. *& ſuiv.*

Oiva, (Monique) répudiée pour la Religion par fon Mari, refuſe d'épouſer un autre Idolâtre, & fes Parens la font mourir. Merveille arrivée à fon Tombeau. 311.

Okubibone, troiſiéme Garde du Port de Nangazaqui. Ses fonctions. 552.

Oku Jeſo, c'eſt-à-dire, *Jeſo ſupérieur* ; nom, que les Japonnois donnent au Continent d'Yeſſo. 255.

Olivarez, (le Comte Duc d') propoſe au P. Maſtrilli de s'embarquer fur la Flotte deſtinée à chaſſer les Hollandois du Bréſil. 398.

Ongaſavara, (André) Gentilhomme Bungois. Son ardeur pour le Martyre. Ce qui fe paſſe à ce ſujet entre fon Pere & lui. 33. 34.

Onizuca, (Pierre) Jéſuite, Martyr. 284.

Orancais, Peuples Tartares. Situation de leur Pays. 253. 494.

Oraxi. Montagnes d'Oraxi, les plus hautes du Japon. Leur ſituation. 251.

Oreilles. Tombeau des Oreilles. Origine fabuleuſe de ce nom. 555.

Oreni, Arbre du Japon, dont la racine entre dans la compoſition du Papier. 591. 594.

Orfanelli, (le Pere Hyacinthe) Dominiquain. Ses travaux apoſtoliques dans la Province de Figen. 159. Il eſt condamné au feu. 173. Son Martyre. 276. *Voyez* la Liſte des Auteurs, qui ont écrit fur le Japon.

Orge, fon principal uſage au Japon. 588.

Orique, Bourgade du Royaume d'Arima. 165.

Orſcolor, (le Pere Marien) Franciſquain ; ce qu'il dit du naufrage du Pere Sotelo dans le Port de Jedo. 167. *Voyez* la Liſte des Auteurs, qui ont écrit du Japon.

TABLE DES MATIERES.

Orsucci, (le Pere Ange) Dominicain, est fait prisonnier. 230. Il est condamné au feu. 273. Son Martyre. 276.

Osuraza, (le Pere Michel de) Dominiquain. Son Martyre. 405.

Ota, (Julie) Demoiselle Coréenne, fort cherie à la Cour du Cubo-Sama, sa constance, son exil, & la vie, qu'elle y mene. 149.

Ota, (Augustin) Novice Jésuite, Martyr. 282.

Ottona, Officier de Ville. 475. Fonctions de l'Ottona de Desima. 476.

Oubitz, Ville d'Yesso. 500.

Overwater, Hollandois, Officier de la Compagnie des Indes. 435.

Oviedo, (Dom André) Jésuite, Patriarche d'Éthiopie, refuse l'Evêché du Japon, & pourquoi. 4.

Ours fort petits dans le Nord du Japon. 572.

Outchoeira, Ville d'Yesso. 500.

Oxu, Province du Japon. La persécution y produit la ferveur. 241. Les progrès, qu'y fait la Religion, allarment Mazamoney. 243.

Oyes communes au Japon. 575.

Ozaca, Ville Impériale du Japon. Il y pleut du sable rouge, & le tremblement de terre y fait de grands ravages. 10. Tayco-Sama y fait construire des Bâtimens superbes. 61. Elle est assiégée par le Cubo Sama. 205. Le Siège est levé. 206. Elle paroît en feu pendant la Bataille, qui devoit décider du sort de Fide-Jory. 209. Il s'y fait un carnage horrible après la Bataille, & elle est presque réduite en cendres. 210.

P

Pacheco, (le P. François) Provincial des Jésuites, & Administrateur de l'Evêché du Japon. Son attestation signée d'onze autres Jésuites, pour répondre aux calomnies, dont on cherchoit à noircir sa Compagnie. 285. 500. Il est fait prisonnier. 312. 313. La vie, qu'il mene, & ce qu'il eut à souffrir dans sa prison. 317. Son Martyre. 319.

Pacheco, (Dom Paëz) un des quatre Ambassadeurs de Macao, martyrisez au Japon. 413. & suiv.

Pages. Belle action de deux Pages de la Cour du Cubo-Sama. Ils sont chassez, & réduits à la plus extrême indigence. 148. Action hardie d'un Page du Roi d'Arima; il est banni pour la Foi. 159.

Ardeur de deux autres pour le Martyre. 350. Ils ne peuvent l'obtenir. 351.

Paglia, (Dom Vasco) d'Almeyda, Capitaine Major des Portugais, n'est point reçu à Nangazaqui. Ordres, qu'on lui signifie. 412.

Pais, (François) Pilote Portugais, reconnoit les Côtes du Ximo. 119.

Palmeyro, (le Pere André) Jésuite, nommé Visiteur au Japon, ne peut y entrer. 308.

Pangasinay, Province voisine de Manile. Le Pere Sotelo y fait bâtir une Frégate pour aller au Japon. 516.

Papemberg, nom, que les Hollandois donnent à une Isle du Havre de Nangazaqui. Comment les Japonnois la nomment. 547.

Papier, maniere, dont il se fait au Japon. 589. & suiv.

Papillon singulier au Japon. 576.

Paredez, (Roderic Sanchez de) un des Ambassadeurs de Macao, martyrisez au Japon. 413. & suiv.

Parilha, (Saint François de) Franciscain, Martyr. 28. 40. 48. Est canonisé. 49.

Pascour, Ville d'Yesso. 500.

Pasio, (le Pere François) Jésuite, envoyé par l'Evêque du Japon pour assister les Prisonniers condamnez à mourir en Croix. 45. Il confesse les trois Jésuites de cette Troupe. 46. Il succede au Pere Gomez dans la Charge de Vice-Provincial. 70. Le Prince d'Omura se persuade qu'il ne lui a pas voulu rendre service. 102. Réception, que lui font le Cubo-Sama. 109. & le Xogun-Sama. Il assiste les Chrétiens des Provinces du Nord. 110. Accueil, que lui fait la Cour d'Ozaca, & plusieurs autres Princes. 111. Il envoye des Missionnaires aux Provinces du Nord. 127. Il mécontente le Roi de Buygen. 130. Il rassûre une Demoiselle exilée pour la Foi, qui craignoit de n'être point Martyre. 149. Lettre, que lui écrit l'ancien Roi de Tamba. 181.

Pavia, (D. Simon Vaz de) un des Ambassadeurs de Macao, martyrisez au Japon. 413. & suiv.

Paul, Jésuite, ce qui l'empêche d'être prisonnier. 28. Le Pere Pasio le laisse à Jedo, ou du moins un autre de même nom. 110.

Paul V. Son Bref pour permettre à quiconque

Zzzz ij

TABLE DES MATIERES.

d'aller au Japon, par quelle voye que ce soit, pour y prêcher l'Evangile. 135. 531. Il confirme la Sentence de l'Archevêque de Goa, qui attribuoit l'administration de l'Evêché du Japon au Provincial des Jésuites. 171. Lettre, que Mazamoney lui écrit. 244. Sa réponse. 245. Il avance de trois ans le Jubilé de l'Année Sainte en faveur des Japonnois. 262.

Paul, Médecin Milannois, établi à Moscou, reçoit chez lui le Pere de Mello & son Compagnon, & ce qui en arrive. 488.

Pé, grand Lac, que le Pere Martini place en Yesso. 259.

Pedrazas, (Diego Garcia de) Capitaine Espagnol; témoignage, qu'il rend aux Jésuites au sujet du Galion le *S. Philippes*. 19.

Pereyra, (Dom Jean) Commandant des Portugais à Nangazaqui, est interrogé juridiquement sur la Révolte des Chrétiens d'Arima. 412.

Perez, (Guillaume) Pilote Espagnol. Le Pere Sotelo traite avec lui pour établir le Commerce entre les Provinces Orientales du Japon, & le Méxique. 509.

Perles dans le Golphe d'Arima. 585.

Persecution, causes de la persécution du Japon. 137. 511.

Pêcheurs; des Pêcheurs Japonnois ne font point d'avis que M. Sidotti débarque au Japon. 484.

Pessoa, (André) Commandant à Macao, fait justice des Japonnois, qui causoient beaucoup de désordres dans cette Ville. 120. Il conduit au Japon le grand Navire du Commerce, & se broüille mal-à-propos avec le Gouverneur de Nangazaqui, lequel en avoit bien usé avec lui. 121. Le Roi d'Arima reçoit ordre de se saisir de son Navire. 122. Ce Prince tâche inutilement de le surprendre. 123. Il ne peut sortir du Port, & se défend bien; mais le feu ayant pris à son Navire, il saute dans la Mer, & y est tué. 124.

Phatsiosaimon, Truchement Japonnois, l'Ambassadeur de la Compagnie Hollandoise a ordre de suivre ses avis. 447.

Philippes II. Roi d'Espagne, nomme plusieurs Evêques du Japon. 5. Il augmente le revenu des Jésuites du Japon. 22.

Philippes III. Ce qui l'engage à bien recevoir l'Ambassade du Prince d'Oxu. 243. Il refuse au Pere Sotelo son consentement pour être sacré Evêque. 246.

Philippes IV. rend un Décret pour empêcher qu'aucuns autres Religieux, que les Jésuites, n'aillent au Japon. 191. Sa Lettre au Provincial des Dominiquains des Philippines au sujet du P. Collado. 378. Nouveaux ordres à ce sujet. 379. 380. Réception, qu'il fait au Pere Mastrilli. 398.

Philippes de Jesus, (Saint) Francisquain; son histoire. 29. Son Martyre. 40. 48. Est canonisé. 49.

Philippines; réception, qu'on fait dans ces Isles aux Exilez du Japon. 193. *& suiv.*

Pie V. nomme des Evêques du Japon. 4. Bref de ce Pape, dont les Réguliers s'autorisent pour administrer les Sacremens indépendamment des Evêques. 537.

Pies de mer aussi communes au Japon, qu'en Europe. 576.

Pierre, Enfant de sept ans. Son Martyre. 114. 115.

Pierre, Fils de Paul Nangaxi, tous deux Martyrs. 274.

Pierre, Martyr avec sa Femme. 322.

Pierre, Enfant de treize ans, Martyr. 335.

Pigeons; pourquoi on les empêche de nicher au haut des Edifices. 86. 575. Plumage de ces Pigeons. 575.

Pilote; fausse & folle réponse d'un Pilote Castillan. 18.

Pineda, (le Pere Michel) Jésuite, meurt de fatigues & de misere. 382.

Pirez, (le Pere Vasco) Jésuite, prédit au Pere Fernandez qu'il sera Martyr. 382.

Pisimo, Isle du Japon; on y fait souffrir des tourmens inoüis à une Dame Chrétienne. 304.

Plantes. Description des Plantes du Japon. 617. *& suiv.*

Poissons du Japon. 578. *& suiv.*

Poissons volans. 582.

Iolypes, plusieurs especes. 582.

Pont du Paradis à Ozaca. 12. Ponts de Nangazaqui: combien on en compte. 550.

Porobizz, Ville d'Yesso.

Porro, [le Pere Jean-Baptiste] Jésuite, court de grands risques après la Bataille d'Ozaca. 210. Ses succès dans le Bigen. 306. Et dans le Nord du Japon. 347. 361. On le cherche sur les indices d'un traître, & on le manque. 381. Il est brûlé avec tous les Habitans d'une Bourgade. 430.

Ports, tous les Ports du Japon, excepté

TABLE DES MATIERES.

ceux de Firando & de Nangazaqui, sont fermez aux Etrangers. 303.

Portugais, profit, qu'ils tiroient de leur Commerce au Japon, selon Kœmpfer. 119. Commencement de broüillerie entre les Japonnois & les Portugais. 120. 121. Le Roi d'Arima indispose le Cubo Sama contre ceux-ci, & reçoit ordre de saisir leur grand Navire de Commerce, & de faire main basse sur eux. 122. Comment cet ordre est exécuté. 123. 124. Le Cubo-Sama s'adoucit à l'égard des Portugais. 125. Discours d'un Anglois au Cubo-Sama contre les Portugais. 145. Les Hollandois présentent au même un Mémorial contre eux & les Espagnols. 172. On fait la visite des Navires Portugais, qui viennent au Japon. 308. Ambassadeur Hollandois préféré à un Portugais. 326. Nouveaux efforts des Hollandois contre les Portugais, & nouveaux ordres donnez contre ceux-ci. 388. 389. Calomnie intentée contr'eux. 406. Ordres donnez, dit-on, en conséquence. 407. Ils sont soupçonnez d'avoir eu part à la révolte des Chrétiens d'Arima, & tout-à-fait exclus du Commerce du Japon. 411. 412. Voyez *Macao*.

Poudre composée, dont on use au Japon contre la colique & les douleurs d'intestins. 566.

Poules. Les Poules au Japon sont dans les Bois. 589.

Poule du Japon, estimée le plus bel oiseau du monde, conjecture sur cet animal. 575.

Pourceaux, accoutumez en Moscovie à se repaître des Cadavres, ne touchent point à celui d'un Martyr Japonnois. 490.

Président du Commerce des Hollandois au Japon, en quoi consistent ses profits. 452. 453. De quelle maniere il est conduit à l'Audience de l'Empereur. 457. & *suiv*.

Président du Tribunal de Justice ; c'est la troisiéme personne de l'Empire. 461.

Prêtres, en quel tems on fit les Prêtres séculiers au Japon. 86. Ils se donnent une autorité, qu'ils n'ont point, & ce qui en arrive. 170. Ils sont réprimandez par le Primat des Indes. 171.

Principes de la Nature, selon les Japonnois; leurs Symboles. 555.

Prison, description de la prison de Nangazaqui. 550. Prison libre, en quoi elle consiste. 369.

Promenades. On permet une ou deux fois l'année aux Hollandois, qui demeurent à Desima, de se promener dans la campagne, & ce que leur coûte cette permission. 479.

Propriétaires des Maisons de Desima. 415. 476.

Protais, Roi d'Arima, visite les Corps des Saints Martyrs. 50. On lui propose de renvoyer les Missionnaires de ses Etats. Sa réponse. 52. Il les remet en possession de tous leurs Etablissemens. 65. Il prend le parti de Daysu-Sama contre les Régens de l'Empire. 73. Il déclare qu'il perdra plutôt la vie, que de consentir qu'on abatte les Eglises de ses Etats. 84. Il demande justice au Cubo-Sama contre les Portugais pour ses Sujets maltraitez, disoit-il, à Macao. 121. Ce Prince lui donne ordre de se saisir du grand Navire du Commerce des Portugais, & de faire main basse sur tous ceux de cette Nation. 122. Il traite de mauvaise foi avec l'Evêque du Japon & le menace ; il en use de même avec le Commandant Portugais. 123. Il ataque le Navire, est repoussé plusieurs fois, le Navire est brûlé. 124. Il suspend les ordres cruels du Cubo-Sama. 125. Il prend le nom de *Jean* en recevant la Confirmation, il se relâche de ferveur. Songe mystérieux qu'il eut ; il rentre en lui-même. 138. Son songe s'accomplit ; sa ferveur. 139. Il se relâche de nouveau ; son ambition l'engage dans une malheureuse affaire ; il permet à son Fils de répudier son Epouse légitime. 140. Son Correspondant à la Cour d'Ozaca le trompe, il s'emporte contre le Gouverneur de Nangazaqui. 141. Il est confronté avec son Correspondant ; son Fils l'accuse de plusieurs crimes, condamné à mort. 142. Il meurt dans de grands sentimens de piété. 143. Plusieurs prédictions, qu'il avoit faites, vérifiées. 187.

Punaises de différentes especes au Japon. 576.

Q

QUADRUPEDES, sont rares au Japon, leurs especes. 571.

Quane. Voyez *Jietznako*.

Quanwon, Description du Temple de Quanwon. 557.

TABLE DES MATIERES.

Quingendono, Neveu de l'Impératrice, Femme de Tayco-Sama, nommé Généralissime pour la seconde guerre de Corée. 14.

Quitia, [le Pere Dominique del] Dominiquain. Son martyre. 377.

Quivira, Pointe de Quivira. Sa situation. 252. 259.

R

Raccons, poissons d'Yesso, dont les peaux font une partie du Commerce du Pays. 251.

Racines. La plûpart de nos racines d'Europe se trouvent au Japon. 589.

Rayes sont communes au Japon. 581.

Récolte, maniere, dont elle se fait au Japon. 587.

Régence. Conseil de Régence établi par Tayco-Sama pendant la minorité de son Fils. 60. Les Régens se régalent entr'eux. 61. Ordre, qu'ils mettent dans les affaires à la mort de l'Empereur. 62. Quelques-uns des Régens se broüillent avec le Chef de la Régence. 65. Tous les Régens se déclarent contre lui. 71. Premiers succès de leurs armes, ils font plusieurs fautes. 73. Leur Armée est défaite. 77. 78. Le Conseil de Régence est aboli. 85.

Religieux Mandians. Les Jésuites sont accusez de les maltraiter au Japon. 525. Brefs des Papes à leur sujet. Conduite des Jésuites par rapport à ces Brefs. 531. & suiv. Un d'eux s'emporte en Chaire contre celui de Grégoire XIII. Ils refusent de recevoir les pouvoirs des Evêques. 536. 537. 544.

Religion. Etat de la Religion Chrétienne au Japon sur la fin du dernier siécle. 481.

Reliques des Martyrs du Japon canonisez par Urbain VIII. 55.

Renards. Usage, qu'on fait au Japon de leur poil. Imagination des Japonnois sur ces Animaux. 572.

Reomuy (Joseph) Jésuite Martyr. 377.

Repas des Japonnois fort peu délicats. 464.

Révolte des Chrétiens d'Arima. Ses causes & son succès. 407. & suiv.

Reyne, Damoiselle Japonnoise. Sa vertu lui sauve la vie & l'honneur. 210. les Jésuites la mettent en lieu de sûreté. 234.

Rhodes (le Pere Alexandre de) Jésuite, ce qu'il dit du Thé Chinois. 607.

Riocau (Thomas) Jésuite, Martyr. 382.

Ris. Excellence du Ris du Japon, où croit le meilleur, il en faut user modérément, pourquoi ? 587. 588. Son usage dans la fabrique de Papier. 581.

Roch, Chrétien Habitant de Sacai. Sa Maison est la seule, que le tremblement de Terre ne renverse point ; à quoi on attribuë ce Miracle. 10.

Rodriguez [le Pere Jean] Jésuite, reçoit les Ordres sacrez. 5. Est envoyé à la Cour de Fucimi, pourquoi ? Est bien reçu de l'Empereur. 6. L'Empereur lui fait dire, que son Arrêt contre les Religieux ne le regarde point. 38. L'Evêque du Japon l'envoye pour assister les Martyrs à la mort. Son entretien avec le Supérieur des Peres de Saint François. 45. Il est excepté dans l'Edit de bannissement des Religieux, en qualité d'Interprète de l'Empereur. 51. Il visite l'Empereur malade, en est bien reçu, en quel état il le trouve. 60. 61. Le Pere Valegnani le charge de ménager auprès des Régens de l'Empire la permission de visiter les Eglises du Japon. 64. Il a ordre de Daysu-Sama de le voir souvent. Ce Prince fait son éloge. 82. Il rend un grand service au Prince d'Omura. 83. Ce Prince le soupçonne de ne lui avoir pas voulu rendre service dans une autre occasion. 102. Il est chargé à Macao d'envoyer à Rome les Mémoires touchant la Chrétienté du Japon. 340.

Rodriguez,[le P. Jerôme] Vice-Provincial des Jésuites, donne ordre au P. de Angelis de se transporter en Yesso. 248. Il est nommé Visiteur au Japon & ne peut y entrer. 308.

Roja, nom, que l'on donne à la prison de Nangazaqui, sa signification. 550.

Rosaire [Le Pere Thomas du] Dominiquain Martyr. 273. 276.

Rossignols. Ils chantent très-bien au Japon, & sont extrêmement chers. 576.

Rottangs. Cannes de racines de Bambou ; d'où on les tire : maniere de les accommoder. 665.

Rubino [le P. Antoine] Jésuite, forme le dessein d'aller au Japon. 416. il y trouve des oppositions & les surmonte 426. il s'embarque & il est pris en arrivant. 427. son Martyre. 428. & suiv.

Rueda (le P. Jean) Dominiquain, ses travaux Apostoliques dans le Figen. 159.

Rugo (Jean) le P. de Torrez court risque d'être pris chez lui ; industrie, dont il s'avise pour le sauver. 316.

Russiens, ce qu'ils difent du Pays d'Yeſſo, le nom, qu'ils lui donnent; Peuples, qui ſont leurs Tributaires. 255. 493.

S

SABINE, Dame de qualité, Martyre avec ſon Mari, ſon courage, ſon éloquence. 299.

Sabraſaimondono [Baba] ancien Gouverneur, ami des Hollandois; préſent, qu'on lui fait. 447.

Sacai, Ville Impériale, ſouffre beaucoup du Tremblement de Terre : ce qu'il y arrive de ſingulier. 10. Elle ſe déclare contre Fide-Jory, qui la fait brûler & raſer. 208. Elle eſt rebâtie. 213.

Sacandono [Paul] l'aîné des Fils du Vice-Roi de la Tenſe, eſt reçu en ſurvivance des Charges de ſon Pere. Choſes extraordinaires, que l'envie d'être Martyr lui fait faire. 32.

Sacki, ſorte de Bierre de Ris, laquelle bûë froide cauſe une colique très-dangereuſe. 565. 588.

Saco-Jama, jeune Seigneur Saxuman. Le Roi fait d'inutiles efforts pour l'engager à renoncer au Chriſtianiſme. 97.

Sacomoto, petite Ville à quatre lieuës de Méaco. Ce qui s'y paſſe entre les Exilez & le Gouverneur de la Capitale : un Envoyé de Fide-Jory y arrive trop tard pour parler à Ucondono. 184.

Safioye (Faſcengava) Gouverneur de Nangazaqui, ayant rendu de bons ſervices aux Portugais, & en ayant été payé d'ingratitude, il réſolut de s'en venger. Sa premiere démarche pour cela. 121. Le Roi d'Arima s'emporte contre lui : & à quelle occaſion. 141. Il engage le Prince d'Arima à perdre le Roi ſon Pere. 142. Le jeune Roi d'Arima rejette ſur lui tout ce qu'il fait contre la Religion. 150. La molleſſe, avec laquelle ce jeune Prince agit contre les Chrétiens l'inquiéte, & pourquoi ? 151. Il eſt picqué contre les Chrétiens ; à quelle occaſion : il engage le Roi d'Arima à faire des exemples de terreur. 152. Il l'oblige à faire mourir ſes deux Freres. 155. Il lui donne un fameux Bonze pour pervertir ſa Cour. 158. Son deſſein eſt bien plutôt de perdre ce Prince, que de pouſſer à bout les Chrétiens, qu'il laiſſe aſſez tranquiles dans ſon Gouvernement ; conjectures ſur cette conduite. 159. Il intimide le Roi d'Arima pour l'obliger à faire un coup d'éclat. 160. Pour ſe décharger du blame de ce Prince, qui retomboit ſur lui, il calomnie les Chrétiens. Son Diſcours au Cubo-Sama. 173. Il envenime une action fort innocente des Chrétiens, ſa conduite peu ſincere avec quelques Miſſionnaires. 174. Il devient Roi d'Arima, prodigieuſe fortune de cet homme. 189. Ses inquiétudes au ſujet des Chrétiens d'Arima, il tâche de les gagner par douceur ; réponſe, qu'ils lui font. 190. Il irrite de nouveau l'Empereur contre les Fidéles, & à quelle occaſion. 192. Il ſe flatte, qu'il ne reſte plus de Miſſionnaires dans ſes Etats, ni dans ſon Gouvernement. 197. Perſécution cruelle, qu'il fait aux Chrétiens d'Arima. 198. & ſuiv. Il eſt obligé de l'interrompre pour aller au ſecours du Cubo-Sama. 203. Il fait faire de grandes menaces aux Chrétiens de Nangazaqui. 207. Il eſt obligé de ſortir de Sacai, où il commandoit pour le Cubo-Sama. 208. Sa mort. 226.

Safran inconnu aux Japonnois. 589.

Saignée, les Japonnois ne la connoiſſoient point, avant que d'avoir connu les Portugais, & ne l'ont jamais employée, que pour faire plus longtems ſouffrir les Martyrs. 376. 565.

Saint Antoine [le Pere Vincent de] Auguſtin. Son Martyre. 347. 374.

Saint Bonaventure [François de] Franciſquain, Martyr. 182.

Saint Dominique (le Pere Jean de) Dominiquain, meurt en priſon. 273.

Saint Dominique [Antoine de] Dominiquain, Martyr. 346.

Saint Eliſée [le Pere Jean Thadée de] Carme Déchaux, Vicaire Général de la Miſſion de Perſe. Sa Relation du Martyre de deux Auguſtins en Moſcovie. 487.

Saint Etienne [le Pere Jourdain de] Dominiquains, Martyr. 405.

Saint François, Miracle arrivé, dit-on, par ſon interceſſion. 167.

Saint Hyacinte [le Pere Joſeph de] Dominiquain, Martyr. 273. 276.

Saint Hyacinthe, [Thomas de] Dominiquain, Martyr. 356.

Saint Hyacinte [le Pere Thomas de] Dominiquain, Martyr. 405.

Saint Joſeph [le Pere Ferdinand de] ou d'Ayala Auguſtin. Sa conduite imprudente, & le mauvais effet qu'elle eut. 222. Son caractere. 223. Il eſt arrêté. 224. Son Martyre. 225.

TABLE DES MATIERES.

Saint Michel. Impiété, que commet un Idolâtre devant l'Image de ce Saint. Il tombe malade, & se convertit. 107.

Saint Philippes, (le) Galion Espagnol, échoüé dans le Port d'Urando, & ce qui en arrive. 16. *& suiv.*

Sainte Anne, (le Pere Richard de) Franciscain. Son martyre. 273. 276.

Sainte Claire, (Paul de) Franciscain, Martyr. 282.

Sainte Catherine. Voyez *Vasquez.*

Sainte Marie, (Pierre de) Dominiquain, Martyr. 331.

Sainte Marie, (le Pere François de) Franciscain, Martyr. 340.

Sainte Marthe, (le Pere François de) Franciscain. 220.

Sainte Marthe, ou *Sainte Marie*, (le Pere Jean de) Franciscain, Martyr. 226.

Saito, (le Pere Paul) Jésuite, Martyr. Circonstance merveilleuse de sa mort. 382.

Saito, (le Pere Paul) différent du précédent, rentre au Japon par le moyen du Pere Vieyra. 385.

Sakikà, Disciple de Quanwon ; son Idole. 557.

Salle d'Audience de l'Empereur. Sa description. 463.

Sama, (Thomas) le même apparemment, que *Pierre Antoine*, Ecclésiastique Japonnois. Son apostasie. 391. Il se convertit, & meurt Martyr. 393. 446.

Sambreys, Gardes ordinaires du Corps de l'Empereur du Japon. 328.

Samburandono, (Jean) Petit-Fils de Nobunanga, & Roi de Mino. Sa conversion. 3. On se flatte de le voir remonter sur le Trône de son Ayeul. 63. Il rétablit les Missionnaires dans ses Etats. 65. Son zele. 70. Il est défait, & pris pendant la guerre des Régens. 76.

Saminkedo, Ministre d'Etat de l'Empereur du Japon, ami des Hollandois. 421.

Samojedes, indices du voisinage de la Mer au de là des Samojedes. 258.

Sampo, (Pierre) Jésuite, Martyr, est arrêté prisonnier. 270. Son martyre. 276.

Sanadono, Généralissime de l'Armée de Fide-Jory, veut que ce Prince ait l'honneur de la Victoire. 209.

Sancho, Prince d'Omura, visite les Corps des Saints Martyrs. 50. Réponse ferme, qu'il fait au Gouverneur de Nangazaqui, lequel le vouloit engager à faire sortir les Missionnaires de ses Etats. 52. Il prend le Parti du Tuteur. 73. On veut lui enlever ses Etats, & lui donner en échange l'Isle d'Amacusa. 83. Il pare le coup. 84. Grandes actions & vertus de ce Prince. 100. Un dépit le jette dans l'apostasie Il veut pervertir son Fils. 102. Remords de sa conscience inutiles. 103. Il tâche d'intimider la Princesse Marine sa Sœur, & n'y réüssit pas. 166. Il persuade à son Fils d'obéïr aux ordres de la Cour Impériale pour la recherche des Chrétiens. 221. Il meurt impénitent. 240.

Sando, Isle au Nord du Japon, visitée par les Jésuites. 501.

Sand Woort, (Melchior de) Officier d'un Vaisseau Hollandois, qui échoua à la Côte Orientale du Japon, & fut confisqué. Il obtient la permission de retourner aux Indes, & la liberté du Commerce au Japon pour sa Nation. 119.

Sanga, (Antoine) Martyr. Son histoire. 277. 279.

Sangaar, Détroit de Kamtschatka, ou de Sangaar. 494.

Sangro, (le P. Charles de) Provincial des Jésuites de Naples. Le Pere Mastrilli fait vœu entre ses mains d'aller aux Indes. 395.

Sanpet, Ville d'Yesso. 500.

Sardines, en Japonois *Iwas.* 582.

Saris, (le Chevalier Guillaume) arrive au Japon en venant des Moluques, & obtient du Cubo-Sama pour sa Nation la liberté du Commerce au Japon. Ce Prince le charge d'une Lettre pour le Roi d'Angleterre. Il obtient aussi la permission de visiter tout ce qui est au Nord du Japon. 144. Il ne s'en sert pas. 255.

Saro, Ville d'Yesso. 500.

Sasai, Coquillage singulier. 583.

Sasanqua, Plante. Son usage pour le Thé. 606.

Sassandra, (le Pere Loüis) Franciscain, Son Martyre. 305.

Satachedono, Prince d'Oxu. Les Chrétiens sont persécutez dans ses Etats. 348. 501.

Satsifako, sorte de poisson singulier. Sa description. 579.

Saumons, grande quantité de Saumons sur les Côtes d'Yesso. 256. Il se prend au Japon dans les Rivieres & les Lacs d'eau douce. 581.

Savoyama, Forteresse du Royaume d'Omi. Ce qui s'y passe. 71.

Saxuma. Le Roi de Saxuma prend le parti des Régens. 72. Il s'enferme mal à propos

TABLE DES MATIERES.

pos dans une Forteresse, y est assiégé, & s'y défend bien. 76. Il fait une belle retraite après la Bataille d'Ozaca. 78. Des Peres de Saint Dominique travaillent inutilement dans le Saxuma. 83. Le Roi de Saxuma entreprend les Chrétiens de ses Etats, & leur résistance l'oblige à les laisser en repos. 97. Rencontres singulieres d'un Jésuite dans le Saxuma. 111. & suiv. Le Roi de Saxuma fait la Conquête des Isles Liqueios. 128. Il s'intéresse pour les Ambassadeurs Espagnols, & en a du chagrin. 302.

Sayémon, (Mancie Joximo) martyrisé avec sa Femme. 353.

Sceta. Pont de Sceta, les Régens négligent de le garder, & ce qui en arrive. 208.

Schaëp, (Henri Corneille) Commandant du Breskens, Navire Hollandois. Sa destination. 255. Le mauvais tems l'oblige à prendre terre dans un Port du Japon. Ses avantures. 431. & suiv.

Schesimon, Truchement des Hollandois au Japon. 447.

Scheuchzer, (Jean Gaspar) Traducteur Anglois de Kœmpfer, se trompe en parlant du Pere bon Angelis. 252. Il ne fait qu'une Isle de Matsumay, & de Matmanska. 255.

Scingandono, (Paul) Seigneur Bungois, Neveu de la Reine de Bungo, se distingue à la guerre de Corée, rentre en grace auprès de l'Empereur, qui lui laisse au moins de quoi vivre en grand Seigneur. 50.

Scioppius; (Gaspar) on lui attribué la Lettre du faux Sotelo, qu'on juge digne de lui. 287.

Sébastien, Roi de Portugal, augmente du double les aumônes, que ses Prédécesseurs faisoient aux Jésuites du Japon. 21.

Sébastien, Ambassadeur du Vice-Roi de la Nouvelle Espagne au Japon, entre avec faste à Jeddo & à Ozaca, & gâte ses affaires. Ses demandes. 133. Réponse du Cubo-Sama. 134. Il demande permission de fonder les Côtes du Japon, & quoiqu'il l'eût obtenue, on trouve mauvais qu'il le fasse. Ce qui en arrive. 143. 144.

Sebi, ou Semi, l'Escarbot; plusieurs especes. Description de quelques-uns. Signification de ce nom. 576. 577.

Sécretaire. Voyez Daifaci. Le Sécretaire de l'Ambassade de Mazamoney vers le Pape, reçoit le Baptême. 246.

Tome II.

Ségovie. L'Evêque de la Nouvelle Ségovie rend service au Pere Sotelo. 286. 516. Il empêche qu'on n'use de violence à son égard. 517.

Séminaire; on dissout le Séminaire des Nobles du Royaume d'Arima. 52.

Senki, sorte de colique fort extraordinaire, & fort commune au Japon. Ses remedes. 565.

Sépulture des Hollandois au Japon. 480.

Segueyra, (Dom Gonzalo de) est nommé Ambassadeur de Dom Jean IV. Roi de Portugal, vers l'Empereur du Japon; comment il est reçu à Nangazaqui. Il ne peut avoir Audience. 442.

Sermens, qu'on fait prêter aux Officiers, qui sont au service des Hollandois au Japon. 478.

Serpens du Japon; description d'une espece de serpens, & son usage pour la Médecine. 573. 574.

Serqueyra, (Dom Louis) Jésuite, est sacré Coadjuteur de l'Evêque du Japon. 5. Il arrive au Japon. 51. 57. Il donne retraite à la Reine de Zeuxima après la mort du Roi de Fingo son Pere, & le Cubo-Sama le trouve bon. 79. Il fait un Procès-Verbal de ce qui s'étoit passé au sujet d'un Religieux, qui s'étoit engagé à faire un miracle, pour convaincre des Hérétiques. 82. Il visite le Cubo-Sama, & en est bien reçu. Il visite en meme tems diverses Provinces. Accueil, que lui fit le Roi de Buygen. 108. Le Roi d'Arima veut se servir de lui pour tromper le Capitaine du grand Navire du Commerce de Macao, & n'y réussit pas. 123. Ordres du Cubo-Sama de le tuer. 124. Fausse démarche de ce Prélat à l'occasion du Bref de Paul V. 135. Il prend connoissance d'un miracle, & l'approuve. 137. Il déclare Martyrs huit personnes brûlées vives pour la Foi, & envoye les Actes de leur Martyre à Rome. 165. Sa mort. 170.

Servante, une jeune Servante met tout son quartier en rumeur, parce qu'on ne veut pas la faire mourir pour la Foi. 352.

Sesin, ce qu'on entend à la Chine & au Japon par ce mot. 570.

Siam, Siamois; on differe l'Audience à un Ambassadeur Siamois. 326. Précautions des Chinois de Siam, lorsqu'ils vont trafiquer au Japon. 472. Du Vernis de Siam. 596.

Sicungondono, ancien Gouverneur de Nan-

A a a a a

TABLE DES MATIERES.

gazaqui, ami des Hollandois. Sa conduite avec les Officiers du Breskens. 435. 436. Il interroge le Pere Marquez & ses Compagnons en préfence de ces mêmes Officiers. 437. Il interroge de nouveau ces Officiers, & leur rend la liberté au nom de l'Empereur. 439. Préfens, qu'un Ambaffadeur eft chargé de lui faire. 447. Tandis que ce Seigneur régale l'Ambaffadeur, le feu prend à Jedo. Sa vieilleffe l'oblige à fe retirer de la Cour. 449.

Sidotti, Eccléfiaftique Sicilien, fe joint au Patriarche d'Antioche pour aller aux Indes, d'où il fe rend aux Philippines. Témoignage, que lui rend le Chevalier de Fontenay. 483. Il s'embarque pour le Japon. 484. Il s'y fait débarquer. 485. Ce qu'il devint. 486.

Sidfimi, Coquillage. 585.

Simeon, Martyr. Son hiftoire. 354. 355.

Sinagawa, Fauxbourg de Jedo. Sa defcription. 257.

Singes font rares au Japon, & fort familiers. Singe de 106. ans. 572.

Sinnadone, (Matfmey) nom, que les Japonnois donnent au Prince d'Yeffo. 257. 499.

Sinnadone, Ville d'Yeffo. 493.

Sintoro, [François] jeune Seigneur de Firoxima, auquel le Prince fait trancher la tête pour fa Religion, malgré lui. 301.

Sinzaburo, [Loüis] après avoir fouffert plufieurs tourmens pour la Foi, eft conduit au Mont Ungen, & fans attendre qu'on le jette dans la Bouche d'Enfer, il s'y précipite lui-même. 338. 339.

Sirarca, Ville d'Yeffo. 494. 500.

Sirocany, Ville d'Yeffo. 500.

Sixte V. nomme un Evêque du Japon. 5. Sa libéralité envers les Jéfuites du Japon. 21.

Soan. Voyez *Jean de Gotto*.

Sobossary, Ville d'Yeffo. 500.

Soeju, ou *Embamma*, forte de bouillie, qui tient au Japon lieu de beurre; de quoi elle eft compofée. 588.

Solana, (le Pere Michel) Jéfuite. Objection, qu'il fait au Pere Maftrilli fur fon voyage du Japon, & ce que le Saint Martyr lui répond. 404.

Soldats; en quelle pofture ils font en faction chez l'Empereur, & pourquoi ils font dans une autre pofture dans les Palais des Seigneurs. 462.

Sole. Voyez *Come*.

Solofki, Ifle de la Mer Blanche. Le Pere de Mello & fon Compagnon y font envoyez en prifon. 488.

Sondofamma, (Machina) Seigneur Japonnois, ami des Hollandois. 447.

Sonmatz, Palais de l'Empereur à Jedo. 462.

Sophi de Perfe. Son Ambaffade au Pape. 488.

Sotelo, (le Pere Loüis) Francifquain. Son caractere. 127. Il négocie à la Cour de Surunga pour établir le Commerce des Provinces Orientales du Japon avec la Nouvelle Efpagne. 128. Il propofe la même chofe à Mazamoney Prince d'Oxu, & une Ambaffade à Rome, qui eft acceptée. 129. Il eft apperçu avec l'Ambaffadeur Efpagnol fondant les Côtes du Japon. 144. Il eft nommé Ambaffadeur de Mazamoney à Rome. Il traite avec l'Empereur pour l'engager dans le même projet. 166. Il part de Jedo avec une Lettre de ce Prince pour le Roi d'Efpagne. Il fait naufrage dans le Port. Ses démêlez avec fes Supérieurs. 167. Il bâtit une Eglife près de Jedo, & ce qui en arrive. 168. Il part du Japon pour fon Ambaffade. 169. Conduite peu fincere & intéreffée de Mazamoney dans cette affaire. 242. Accueil, qu'on lui fait au Méxique & en Efpagne. 243. Il arrive à Rome. 244. Le Pape le nomme Evêque de la Partie Orientale du Japon; le Roi d'Efpagne s'oppofe à fa confécration. Il manque l'occafion de retourner au Japon. 246. 247. Tous fes Papiers font faifis par ordre du Confeil des Indes, & fes Supérieurs le renvoyent des Philippines à la Nouvelle Efpagne. 147. Son embarras. Il accompagne l'Evêque de la Nouvelle Ségovie, & de là fe rend au Japon, où il eft arrêté en débarquant. 286. 287. Lettre écrite fous fon nom. 287. & fuiv. Son martyre. 303. Réponfe de D. Jean Cevicos à la Lettre, qui couroit fous le nom du P. Sotelo. 505. & fuiv. Voyez en particulier les pages 508. 518.

Sottomatz, partie de Nangazaqui. Ce nom fignifie *Ville extérieure*. 548.

Soufa, (le P. Antoine de) Jéfuite. Son martyre. 383.

Soyes. Les foyes du Japon ne font pas fines, & les Japonnois n'ont gueres eu en vûë dans le Commerce Etranger, que les foyes de la Chine & des Indes. 589.

TABLE DES MATIERES. 739

Spinelli, (le Pere) Jésuite ; le P. Navarro traduit en Japonnois son Livre des Loüanges de Marie. 283.

Spinola, (le Pere Charles) Jésuite, arrive au Japon. 86. Il établit à Méaco une Académie de Mathématiques. 130. Il envoye à Rome les Actes des Martyrs du Japon. 102. Il est dénoncé à la Cour de l'Empereur par un Apostat. 228. Il est arrêté. 230. Il tâche de toucher le cœur du Gouverneur de Nangazaqui, lequel de son côté veut le faire parler sur la retraite des Missionnaires. Il est envoyé en prison. 231. On le conduit à Firando pour être confronté avec deux Religieux. Ses réponses à Feizo, & à un Anglois. 265. 266. Le triste état, où il est, touche les Infidéles mêmes. Il tâche inutilement de convertir Feizo. 266. Il engage le P. de Zugnica à se déclarer Religieux. 267. Il reçoit dans la Compagnie trois Catéchistes. 271. Il est condamné au feu. Particularitez de sa vie. 272. Description de sa prison, & ce qu'il y souffrit. 273. Prédictions, qu'il fait à son Catéchiste. Son discours aux Spectateurs. Ce qui lui arrive au sujet d'un Enfant, qu'il avoit baptisé la veille du jour, qu'il avoit été arrêté. 274. 275. Son discours à celui, qui présidoit à son supplice. Il soutient la foi chancelante d'une Femme, qui étoit brûlée à côté de lui. Son martyre & son éloge. 276.

Spinola, (le Pere Fabio) Auteur de la Vie du Pere Charles Spinola. 276. Voyez la Liste des Auteurs, qui ont écrit du Japon.

Spitzberg. 258.

Strozza, (Pierre) Sécretaire du Palais Apostolique, répond aux Ambassadeurs de Mazamoney au nom du Pape. 245.

Sucava, Bourgade du Royaume d'Arima ; quelques Chrétiens y sont martyrisez. 199.

Suchendono, (Michel) Prince d'Arima, répudie son Epouse, pour s'allier avec le Cubo-Sama. 140. Sa nouvelle Epouse le rend Apostat & Parricide. 141. Non content d'être monté sur le Trône de son Pere, après l'avoir fait exiler, il poursuit sa condamnation, & en vient à bout. 142. Il bannit tous les Missionnaires de ses Etats. 149. Il a honte de ses fureurs, & s'adoucit. On l'engage de nouveau à persécuter les Fidéles. Il veut engager sa premiere Epouse à se remarier, & sur son refus il la bannit. 150. La résolution des Chrétiens l'arrête quelque tems, mais il se rassûre, & fait des Martyrs. 151. & suiv. Il est bien reçu à la Cour de Surunga, ce qui l'enhardit à continuer la persécution. Il fait mourir ses deux Freres. 155. & suiv. Il entreprend de pervertir ses Sujets par le moyen d'un Bonze. 158. Réponse hardie, que lui fait un Page. Il se contente de le bannir. 159. Son discours à ses Courtisans, & le succès qu'il eut. 160. Il condamne au feu huit Personnes de qualité. 161. Autre Martyr. 165. Il demande au Cubo-Sama un autre Royaume, & n'obtient que celui de Fiunga, beaucoup moins considérable, que le sien. Il fait naufrage en y allant, & reconnoît la main de Dieu appésantie sur lui, mais ne se convertit pas. 189. Il avoit auparavant fait abattre toutes les Eglises du Royaume d'Arima, & résolu d'attaquer les Chrétiens par la prostitution de leurs Femmes & de leurs Filles, mais on lui en avoit fait honte, & il n'avoit osé en venir à l'exécution. 190. Il n'ose pousser à bout les Chrétiens du Fiunga, & se contente d'en bannir quelques-uns. 163.

Sucuta, Ville du Royaume d'Arima. Les Chrétiens y sont cruellement traitez. 202.

Sungu, Animal chimérique. Sa description. 570.

Superstitions dans les moyens, qu'on employe au Japon pour découvrir les auteurs des crimes. 564.

Supplices inoüis employez contre les Chrétiens. 199. 357.

Surate, les Hollandois envoyoient autrefois tous les ans à Surate six mille caisses de Cuivre. 450.

Surunga, Capitale d'un Royaume de même nom. Le Cubo-Sama y établit sa Cour. Description de cette Ville. 85. On y bat Monnoye. 86.

Surunga, sorte de supplice, qu'on employe contre les Chrétiens. 343.

Susanne, Martyre. On lui fait souffrir des tourmens inoüis. 311.

Susuki, Poisson du Japon, plus long & plus délié, que le Kahlkope des Allemans, & le Scharvishs des Hollandois, auquel il ressemble d'ailleurs beaucoup. 581.

Suwa, Dieu Protecteur de Nangazaqui. Matsury célébré en son honneur. 558.

A a a a a ij

TABLE DES MATIERES.

Suzuta, petit Bourg de la Principauté d'Omura. On y envoye plusieurs Martyrs en prison, & pourquoi. 231. Description de cette Prison. 272.

Sylva, (Dom Jean de) Gouverneur des Philippines. Réception, qu'il fait aux Exilez du Japon. 193. Il leur fait de grandes offres, & leur assigne des pensions sur le Trésor Royal. Le Roi d'Espagne l'en remercie. 196. Il reprend un Vaisseau pris par les Hollandois. 507. Il est mécontent du Pere Sotelo, & pourquoi. 509.

Sylva, (Dom Antoine Tellez de) Commandant de la Flotte, qui porta le Pere Mastrilli aux Indes ; ce que le Saint Martyr lui dit de Saint François Xavier. 395. Sa piété. 398. Le Pere Mastrilli lui mande qu'il sçaura le premier des nouvelles de son sort, & sa Prophétie se vérifie. 399.

Sjovan, Apostat, qu'on croit être le même, que le Pere Ferreyra. 434. On lui ordonne de réfuter tout ce qu'un Jésuite prisonnier venoit de dire sur l'excellence de la Religion Chrétienne. Il obéit, & on lui replique d'une manière, qui le couvre de confusion. 437. 447.

T

Tacabuco, petite Isle voisine d'Arima, où quelques Religieux furent décapitez. 225.

Tacaxima, Isle du Japon. Signification de ce mot. 225.

Tacayama, Darie] Seigneur Japonnois, Pere d'Ucondono. Sa mort. 31.

Tackemondono, Ministre d'Etat de l'Empereur, ami des Hollandois. 421.

Tacuxima, (Jacques) Martyr. 383.

Tafioye, (Jean Faximoto) Seigneur Japonnois, martyrisé avec sa Famille. 239.

Tai, Poisson, regardé au Japon comme le Roi des Poissons, & consacré à Jebis. Sa description. 580. Il est extrêmement rare. Autre espece, moins estimée, appellée *Kharo Tai*. 581.

Tairagi, coquillage, où l'on trouve quelquefois des Perles. 384. 385.

Takaboko, & *Takajama*. Voyez *Papemberg*.

Takarangais, coquillage ; différentes especes. Quelles sont les meilleures, & leur usage. 585.

Take. Voyez *Droit*.

Taketa, (Leon) est accusé d'avoir logé un Missionnaire, & mis à la question. Il demande du tems, & le Pere de Angelis son Hôte, se constituë prisonnier pour le délivrer. 295. Son Martyre. 296.

Tanara, (Jean) Martyr. 322.

Tandu, (Dominique) un des deux Religieux, qu'on a cru avoir apostasié. Son histoire. 277.

Tannisi, Limaçon singulier. 586.

Tanoki, Animal, qui tient du Renard, & encore plus du Loup. 572.

Taqua Nombo, Roi de Firando. Sa mort. 66.

Taquea, (Côme) Martyr. 235.

Taquenda, (Simon Gifioye) histoire de son martyre. 89. & suiv.

Tara, Arbre, dans le tronc duquel on trouve une Croix. 139.

Tats, Dragon chimérique des Japonnois ; sa description. 570.

Tatsmaki, autre Dragon chimérique. 570.

Tavarez, (Dom Vincent) ami du Pere Vieyra. Ce que ce Saint Martyr lui mande de son Interrogatoire. 386.

Tavernier. Relation du Japon faussement attribuée à M. Tavernier. 406. Elle est réfutée comme fausse. 412.

Taureaux ; deux especes de Taureaux au Japon. Leur usage. 571.

Tayco-Sama, Empereur du Japon. Son humeur farouche, & ce qui la cause. 1. Ce qu'il répond à ceux, qui lui parloient mal de la Religion Chrétienne. 3. Il reçoit bien l'Evêque du Japon. 6. Il apprend que l'Empereur de la Chine veut lui envoyer une Ambassade, & comment il en témoigne sa joye. 7. Préparatifs, qu'il fait pour recevoir cette Ambassade. 8. Sa prosperité. 9. Dieu lui fait sentir sa puissance. 10. Il la reconnoît. Belle réponse, qu'il fait à quelqu'un, qui attribuoit ses malheurs au Christianisme. 11. Il donne Audience aux Ambassadeurs Chinois. 12. Il s'emporte contre eux, décharge sa colere sur le Roi de Fingo, & chasse les Ambassadeurs du Japon. 13. A quoi on attribuë la conduite, qu'il tient avec le Roi de Fingo. Il recommence la guerre en Corée. 14. Il s'emporte contre les Peres de Saint François. 15. Il confisque les Effets du Galion *le saint Philippes*. 17. Son emportement en apprenant le discours indiscret du Pilote de ce Galion. 18. Il fait donner des Gardes à tous ceux, qui étoient inscrits sur une Liste de Chrétiens, qu'on lui présente. 19. Il dé-

TABLE DES MATIERES.

clare qu'il n'en veut qu'aux Francifquains. 31. 38. Il fait avertir l'Evêque du Japon & le Pere Rodriguez qu'ils demeurent tranquiles. 38. Témoignage, qu'il rend au Chriftianifme. 42. Il fe difpofe à aller à Nangoya, pour veiller de plus près à la guerre de Corée. 51. Réponfe, qu'il fait à un Envoyé du Gouverneur des Philippines. 53. Il tombe malade. Mefures, qu'il prend pour affûrer la Couronne à fon Fils, & pour fon Apothéofe. 58. & fuiv. Il reçoit bien le P. Rodriguez, & un Capitaine Portugais. En quel état le Pere le trouve ; il lui parle inutilement de fon falut. Sa mort, fon Portrait. 61. Son Apothéofe. 70.

Taydono, Roi d'Aqui & de Bungo, donne de grandes marques de modération à l'égard des Chrétiens. 185. & fuiv. Maniere, dont il traite le Pere Ifcida. 234.

Tayémon, (Michel Amagafu) Seigneur Japonnois. Son zele. 348. La nouvelle, qu'il eft condamné à mort, lui rend la fanté. 349. Il eft martyrifé avec fa Famille. 350.

Té, ou Matée, coquillage, dont le Poiffon eft un manger délicieux. 585.

Tellier, (le Pere Michel le) Jéfuite, a juftifié le Sieur Caron de ce dont les Hollandois l'ont accufé. 406. 412. Voyez la Lifte des Auteurs, qui ont parlé du Japon.

Tello, (Dom Francifco) Gouverneur des Philippines, écrit à Tayco-Sama pour fe plaindre de la confifcation du Galion le Saint Philippes, & de la mort des Francifquains Efpagnols, & pour demander leurs Corps. Réponfe, qu'il en reçoit. 53.

Temples renverfez à Méaco par le tremblement de terre. 11. On oblige le Directeur du Commerce de la Compagnie Hollandoife à vifiter les Temples des environs de Méaco. 464. Combien il y a de Temples à Nangazaqui. 549.

Ten Rhyne, (le Docteur Guillaume) Kœmpfer trouve fa defcription du Thé défectueufe. 597. Voyez la Lifte des Auteurs, qui ont parlé du Japon.

Terazaba, Gouverneur de Nangazaqui, reçoit le Baptême en fecret. 2. Il porte à Tayco-Sama la nouvelle que l'Empereur de la Chine lui envoye une Ambaffade. 7. Il eft maltraité de l'Empereur à l'occafion de cette Ambaffade 13. Il reçoit ordre de faire les préparatifs pour la feconde guerre de Corée. 14. Il rend témoignage à la fage conduite des Jéfuites de fon Gouvernement. 37. Son féjour en Corée le garantit d'un grand embarras. 41. L'Empereur lui ordonne de raffembler tous les Religieux, à l'exception de quelques Jéfuites, & de les faire embarquer. 51. Il mande à fon Frere d'exécuter cet ordre ; il fait prier les Princes Chrétiens du Ximo de faire fortir les Miffionnaires de leurs Etats. Réponfe, qu'il en reçoit. 52. Le Pere Valegnani lui demande la permiffion de vifiter fes Religieux, & l'obtient. 63. 64. Sa conduite à l'égard des Fugitifs du Firando. 68. 69. Il oblige le Roi de Saxuma à fe foumettre au Cubo-Sama, demande pour recompenfe la Principauté d'Omura, & l'obtient d'abord. 83. Le Cubo-Sama change d'avis, & lui donne l'Ifle d'Amacufa. Effets du dépit, qu'il en conçut, il perd fon Gouvernement, & demande des Miffionnaires pour l'Ifle d'Amacufa. 84. Il inquiete les Chrétiens par reconnoiffance, dit-il, pour les Dieux, dont il avoit de nouveau embraffé le culte ; mais la réfiftance des Fidéles l'oblige à les laiffer en repos. 97.

Terra Japonica. 567. Voyez Catchou.

Teffoï, Pointe de Tartarie. Sa fituation. 252. 494.

Thé. 597. & fuiv.

Thecle, Princeffe de Bungo. Sa conduite héroïque envers fon Mari, qui étoit lépreux, & l'effet qu'elle produifit. 107.

Thecle, Martyre. 274.

Thecle, autre Martyre. 348.

Thomas, (Saint) Enfant Martyr. 30. 48. Eft canonifé. 49.

Thomas, Prince de Firando. Sa conftance dans fa Foi. 67. Il fe bannit avec toute fa Famille, & fix cent Chrétiens ; ce qui en arrive. 68. & fuiv.

Thomas, Enfant de douze ans, Martyr. 114.

Thomas, (le Prince) de Tamba. Sa ferveur ; Lettres, qu'il écrit aux Chrétiens. 180. & fuiv. Son exil. V. Naytadono.

Thomas, circonftances de fon martyre. 358.

Thomas, Japonnois, qui accompagne le Pere Rubino au Japon ; il y eft martyrifé avec lui. 427. & fuiv.

Tidor. Le Roi de Tidor vend aux Hollandois une piéce d'Ambre gris la plus grande, qu'on ait jamais vûe. 116.

Aaaaa iij.

TABLE DES MATIERES.

Tin, Animal familier au Japon. 572.

Tingondono, Roi de Bigen, prend le parti des Régens contre Daysu-Sama. 72. Il est tué en combattant avec beaucoup de valeur. 78.

Tingoro, [Jean] son zele & son martyre. 113. *& suiv.*

Toan, [Antoine] mauvais Chrétien ; il apostasie, & se porte à de grands excès contre les Fidéles, & contre les Jésuites. Il est accusé auprès de l'Empereur, & pour se soutenir, il fait la recherche des Millionnaires. 228. Il est convaincu de malversation, & exécuté à mort. 229.

Tocapsie, Ville d'Yesso. 494. 500.

Tocuan, [André] le seul des Fils d'Antoine Toan, qui ne soit pas compris dans sa condamnation. Son martyre. 229. 235.

Tocun, [Jacuin] Bonze Apostat, auteur de la premiere persécution, irrite l'Empereur contre les Chrétiens. 39.

Tocuun, [le Pere Xyste] Jésuite. Succès de son zele. 161. Son martyre. 383.

Todo-Nuevo, Poisson d'Yesso. Vertu de l'huile, qu'on en tire. 249. Les Yessois font commerce de sa peau. 250.

Toi, huile, qu'on tire de l'Arbre appellé *Kiri*. Son usage dans la composition du Vernis. 596.

Tolede. L'Administrateur de l'Archevêché de Tolede, entreprend d'examiner les Réguliers, & ce qui en arrive. 538.

Tonaca, (Leon) Martyr. 225.

Toniban, quatriéme Garde du Port de Nangazaqui, chargée de la découverte des Navires. 552.

Toroxosaque, Général Japonnois, veut accuser le Roi de Fingo d'avoir appellé des Jésuites en Corée ; mais celui-ci le prévient. 3. L'Empereur le rappelle de son exil pour faire dépit au Roi de Fingo. 13. Il lui donne le commandement d'une Armée dans la seconde guerre de Corée. 14.

Torrez, (le Pere Balthazar de) Jésuite, court un grand risque pour n'avoir pas voulu abandonner les Catéchumenes, qui demandoient le Baptême. 200. Il tombe entre les mains des Emissaires de l'Empereur, & en est délivré. 211. Il est arrêté. 316. Feizo le traite avec politesse. 317. Son martyre. 319.

Tortues, diverses especes très-estimées au Japon. Tortuë chimérique. 574. 583.

Tosa. Voyez *Chosugami*.

Touri. Voyez *Gruës*.

Tourmens inoüis, qu'on fait souffrir aux Chrétiens. 332.

To-Xogun-Sama. Voyez *Jemitz*. Il succede à son Pere, qui l'avoit associé au Trône. 371. Son caractere ; ses débauches. Il est couvert de lépre. Par complaisance pour le *Dairy*, il se marie, abandonne son Epouse, & la fait enfermer. Il épouse une autre Fille, & en a un Fils, que l'on fait mourir. 372. Il persécute cruellement les Chrétiens. 373. Il invente le supplice de la Fosse. 376. Il bannit du Japon tous les Lépreux Chrétiens. 377. Il est frappé à la lecture d'un Ecrit du P. Vieyra. 386. Le discours, que lui tient un de ses Oncles, ne fait qu'augmenter ses irrésolutions. Son Oncle lui fait signer l'Arrêt de mort du Millionnaire. 387. Il ordonne qu'on fera fouler à tous les Japonnois les Images de Jesus-Christ & des Saints. Autre Edit contre les Chrétiens, & contre les Portugais. 407. Il ordonne qu'on renverse tous les Bâtimens des Hollandois à Firando, & y envoye pour cela sécrettement un Commissaire. 419. Il fait renfermer les Hollandois dans l'Isle de Desima. 423. Il fait brûler deux Corps de Martyrs, & est effrayé la nuit suivante par un songe. 430. Il conçoit de grands soupçons contre les Hollandois du Breskens. 438. Il rejette l'Ambassade du Roi de Portugal : sa mort. 442.

Tozo, (Michel) Jésuite, Martyr. 317.

Tremblement de terre extraordinaire. Ses effets. 10. *& suiv.*

Tsinajos, XXXVI. Empereur Cubo-Sama. 452. Sa passion pour les Chiens, & quel en étoit le principe. 571.

Tsucamidono, (Augustin) Roi de Fingo, Grand Amiral du Japon. Son zele pour la Religion : on veut lui faire une affaire d'avoir appellé des Jésuites en Corée, & comment il s'en tire. 3. Il rend visite à l'Evêque du Japon, & lui assigne une pension. 6. Il procure à Tayco Sama une Ambassade de l'Empereur de la Chine. 7. Il passe en Corée pour rassûrer l'Ambassadeur Chinois, dont le Collégue s'étoit enfui. Il retourne au Japon avec lui, & le conduit à Sacaï. 9. Présens, que lui envoye l'Empereur de la Chine. 12. Tayco-Sama s'emporte contre lui. 14. Tout le monde en est choqué. Il fait une

TABLE DES MATIERES. 743

seconde fois la Conquête de la Corée. 14. Le Gouverneur de Nangazaqui le prie de faire sortir les Missionnaires de ses Etats. Sa réponse. 52. Il fait de grandes libéralitez aux Missionnaires. 64. Il prend le Parti du Roi d'Omi contre Daysu-Sama, & s'exile avec lui, il consent néanmoins que son Fils époufe la Petite-Fille de Daysu-Sama. 65. Son zele pour le salut de ses Sujets. Il reçoit la Confirmation. 70. Le Roi d'Omi l'invite à un rendez-vous, & l'engage à se joindre aux Régens, pour faire la guerre à Daysu-Sama. 71. 72. Les Jésuites sont calomniez à son sujet. 72. 73. Il est assiégé dans une petite Place, où il étoit peu accompagné, & s'y défend bien. 76. Il est fait Prisonnier en combattant avec beaucoup de valeur. 78. La Religion seule l'empêche de se fendre le ventre pour ne point tomber entre les mains de ses Ennemis; ce qui se passe entre lui & le jeune Roi de Buygen. Traitement indigne, qu'on lui fait. 79. On lui refuse un Confesseur. Sa piété, sa mort, son éloge. 80.

Tsuganin, Temple. Sa description. 553.

Tsugaru, Canton au Nord du Japon, où un très-grand nombre de Chrétiens de toutes conditions sont exilez; la vie, qu'ils y menent. 179. 227. Il y sont visitez par les Missionnaires; six d'entre eux sont brûlez vifs. 227. 260. On entreprend de les pervertir, & on en fait mourir plusieurs. 306. Les Missionnaires continuent à les visiter. 361.

Tzuga, Port d'Yesso. 249.

Tzugi, (le Pere Thomas) Jésuite. Son histoire, son caractere, & son martyre. 341. Merveille arrivée à sa mort. 342.

V

VADING, (le Pere Luc) Franciscain, n'auroit pas attribué au Pere Sotelo la Lettre, qui avoit couru sous son nom, s'il l'avoit lûe. 286. 287.

Vaisseaux du chargement & du déchargement des Vaisseaux Hollandois au Japon. 480.

Valegnani, [le Pere Alexandre] Jésuite, est calomnié au sujet de son Ambassade au Japon. 15. Il arrive au Japon. 57. Il écrit à quelques-uns des Régens de l'Empire, pour avoir la permission de visiter les Missionnaires; il l'obtient. Sa conduite dans cette visite. 63. 64. Il convertit la nouvelle Reine d'Arima. 71. Canzugedono veut l'engager à ordonner aux Jésuites, qui étoient enfermez dans Uto, de lui livrer cette Place. Sa réponse. 87. Il obtient la délivrance de ces mêmes Religieux par le crédit de l'ancien Roi de Buygen. 88. Sa mort. 111.

Valens, (le Pere Diego) Jésuite, est nommé Evêque du Japon, & n'y peut entrer. 170. 232. On lui en fait un crime. Sa justification. 290. *Voyez les pages.* 515. 524.

Vasconcellos, (Dom Diego Menesez de) Commandant des Portugais à Nangazaqui, rend témoignage que les Peres Pasio & Rodriguez n'avoient rien sçu de ce qui s'étoit passé au préjudice du Prince d'Omura. 102.

Vasquez, (le Pere Pierre) Dominiquain, autrement appellé de *Sainte Catherine* sa patience & son martyre. 305.

Ucibori, (Paul) ses travaux & ses combats pour la Foi. 336. Il plaide pour être mis en prison. Il est enfin arrêté. Vie, qu'il mene en prison; on tourmente ses Enfans devant lui. 337. Tourmens, qu'on lui fait endurer. 338. 339. Son martyre. 340.

Ucondono, (Juste) son ardeur pour le martyre. Le Roi de Canga le détourne de s'aller enfermer dans la Maison des Jésuites, où il y avoit des Gardes. 31. Il est condamné au bannissement hors du Japon avec toute sa Famille. 180. Amitié, que lui porte le Roi de Canga; ce que le Roi de Buygen dit en apprenant la nouvelle de son exil. Ce qui se passe entre lui & le Gouverneur de Méaco; on dit que Fide-Jory lui envoya, mais trop tard, un Exprès pour l'engager à venir s'enfermer avec lui dans Ozaca. 184. Réception, que les Chrétiens de Nangazaqui lui font & aux autres Exilez. 185. Pourquoi il choisit plutôt Manile, que Macao, pour le lieu de son exil; ce que le Cubo-Sama pensoit de lui. 193. Réception, & offres, qu'on lui fait à Manile. Il tombe malade, & ce qu'il dit à ses Enfans. Sa mort. Ses obseques. 194. *& suiv.*

Udsi, petite Ville proche de Méaco, où croît le meilleur Thé. De quelle maniere on l'y cultive. 601.

Vente; de quelle maniere se fait la vente des Marchandises à Desima. 450. 453.

Vernis du Japon. 595. *& suiv.*

Usioio, Seigneur Japonnois. L'Empereur lui

TABLE DES MATIERES.

fait de grands reproches sur la protection, que son Pere donnoit aux Religieux Espagnols : sa réponse ; ordre, qu'il reçoit. 19. Son démêlé avec Xibunojo au sujet des Jésuites. 36.

Vibero. Voyez *Urbero.*

Viésuqui, Prince de Jonezava ; son éloge. Il estime les Chrétiens ; ce qu'il fait pour n'être pas obligé de les inquiéter. 348. Sa mort. 349.

Vieyra, (le Pere Sébastien) Jésuite, court risque d'être arrêté. 231. Il est envoyé à Rome par ses Supérieurs, pour y représenter les besoins de l'Eglise du Japon : la conduite, qu'il y tient, la maniere, dont il y est reçu, & les promesses, que lui fait le Pape. 293. 294. 384. On le veut retenir à Macao ; il passe aux Philippines. 384. Il arrive au Japon, & y est nommé Provincial & Administrateur de l'Evêché. Il est arrêté, & prédit qu'il sera appellé à Jedo. 385. Il y est conduit, son Interrogatoire ; il répond par écrit. Impression, que cet Ecrit fait sur l'Empereur. 386. Son martyre. 387. De quelle maniere la nouvelle en est reçuë à Macao. 388.

Villamanrique. Voyez *Zugnica.*

Vinaigre inconnu aux Japonnois. 587.

Vincent, Jésuite. Pourquoi il ne se trouva point dans la Maison de Méaco, lorsqu'on y mit des Gardes. 28.

Vincent, Francisquain, Martyr. 273. 276.

Vitelleski, (le Pere Mutio) Général des Jésuites, ordonne qu'on établisse à Macao un Séminaire de jeunes Japonnois, pour en faire une pépiniere de Catéchistes. 303. Sa réponse au Pere Mastrilli, qui lui demandoit la permission d'aller aux Indes. 397.

Umi Fako, Coquillage. Sa description & son usage. 585.

Unémondo, Gouverneur de Nangazaqui. Il fait prêcher le Pere Iscida en sa présence, & ce qu'il lui dit après l'avoir entendu. Il le loué de sa constance. 347. Il paroit vouloir surpasser en cruauté tous ses Prédécesseurs. 353. Ses premiers essais contre les Chrétiens dans le Bungo ; de quelle maniere il s'y prend pour réduire ceux de Nangazaqui. 354. Précaution, qu'il prend avec les Apostats pour les retenir dans l'Idolâtrie. 356. Il fait plusieurs Martyrs. 360. Il fait de grandes menaces au Pere Iscida, qui le défie. 373. Il en vient à l'exécution. 374. Il est accusé de ménager les Chrétiens, & rappellé. 375.

Ungen. Description du Mont Ungen & de ses eaux ensouphrées. 335. On y conduit les Chrétiens pour les tourmenter. 336.

Vœux. Quelle sorte de Vœux Saint Jean de Gotto, & Saint Jacques Kisaï firent avant leur mort. 46.

Voquinosama, Ville du Bungo. Protection du Ciel sur un Chrétien de cette Ville pendant le tremblement de terre. 11.

Uquinda, (Thomas) Seigneur Japonnois, est exilé. 180.

Urando, Port du Royaume de Tosa, où le Galion *le Saint Philippes* échoüa. 16.

Urbain VIII. canonise les vingt-six Martyrs du Japon morts en 1597. 49. Son Bref au sujet d'une Martyre du Japon. 165. Il confirme la disposition faite par ses Prédécesseurs, au sujet de l'administration de l'Evêché du Japon pendant la vacance du Siége, en l'absence de l'Evêque. 171. Ses Brefs aux Chrétiens du Japon, où il fait l'éloge des Jésuites. 293. Accueil & promesses, qu'il fait au Pere Vieyra. 384.

Urbero, (Dom Rodrigue d') fait naufrage sur les Côtes du Japon. Son Traité avec le Cubo-Sama. 122. 133. 509. Quelques Auteurs le nomment *Vibero.*

Uriez, (Martin Heritszoom de) Commandant du Navire *le Castricoom.* Ses découvertes. Détroit, auquel il donne son nom. 255. *& suiv.* Voyez *Castricoom.*

Ursule, Martyre. 344.

Urus. Voyez *Vernis.*

Uto, Place forte du Fingo, assiégée par Canzugedono ; ce qui s'y passe entre ce Prince & les Jésuites. Elle se rend après la prise du Roi de Fingo. 87.

Uto, Ministre d'Etat du Cubo-Sama. 451.

Us Kaki, ou *Katsi*, Huitres de différentes especes. 585.

Utsimatz, partie de Nangazaqui, c'est-à-dire, *la Ville intérieure.* 548.

Wagenaar, (Zacharie) Ambassadeur de la Compagnie Hollandoise des Indes vers l'Empereur du Japon. Ses instructions. 446. *& suiv.* Succès de son Ambassade. 448. Il se broüille avec les Japonnois. Sa seconde Ambassade. 449.

X

X*ARCH*, (le P. Louis Bernard) Dominiquain, Martyr. 331.

Xateuca Vocura, Ministre d'Etat de Tayco-Sama.

TABLE DES MATIERES.

co-Sama. Ses sentimens à l'égard des Missionnaires. 15.

Xavier, (Saint François) guérit miraculeusement le Pere Mastrilli. 395. 396.

Xendai, Ville d'Oxu, Capitale des Etats de Mazamoney. Le Pere de Angelis y fixe pour quelque tems sa demeure. 242. Plusieurs Martyrs dans cette Ville. 299.

Xibunojo, ou Gibonoscio, Ministre d'Etat de l'Empereur Tayco-Sama. 15. Il fait supprimer la Liste des Chrétiens, qu'on devoit présenter à l'Empereur, & lui en substituë une autre beaucoup moins nombreuse. 31. Son démélé sur cela avec Ufioio. 36. Il fait mettre une Garde pour la forme à la Maison des Jésuites de Méaco. L'Empereur lui fait des reproches, & il se justifie en faisant l'éloge des Jésuites. 37. L'Empereur lui déclare qu'il n'en veut point aux Jésuites, & lui ordonne d'en avertir l'Evêque & le Pere Rodriguez. 38. Il modére la Sentence de l'Empereur à l'égard des Prisonniers. Pourquoi il ne délivre pas les trois Jésuites, qui étoient parmi eux. 40. Il craint une Révolte à Méaco, & ce qu'il fait pour la prévenir. 41. Il veut que les Jésuites, qui étoient à Méaco avec le Pere Gnecchi, soient envoyez à Nangazaqui. 55. L'Empereur le nomme un des Régens de l'Empire pendant la minorité de son Fils. 60. Il est chargé de rappeller les Troupes Japonnoises de Corée. 61. Il est fait Roi d'Omi, & favorise en tout les Chrétiens. 63. Il se broüille avec Daysu-Sama, & est obligé de renoncer à la qualité de Régent. 65. Il reprend les Armes, & engage le Roi de Fingo dans son Parti. 71. 72. Il est assiégé dans une petite Place, où il s'étoit mal-à-propos renfermé. 76. Il est pris en combattant vaillamment. Il n'a pas le courage de se fendre le ventre. 78. Il est indignement traité. 79. Il est exécuté à mort. 80.

Ximabara. Cruautez exercées contre les Chrétiens en cette Ville. 201. 332. Les Chrétiens révoltez s'emparent de cette Place, & y sont assiégez par une Armée Impériale. 407.

Ximo. De quelle maniere le Directeur de la Compagnie Hollandoise est reçu par les Princes du Ximo, lorsqu'il va à Jedo. 459.

Tome II.

Xin; ce que les Japonnois entendent par ce terme. 54.

Xin Fakiman, nom, sous lequel Tayco-Sama voulut être adoré. Signification de ce terme. 60.

Xiquibu, (Paul Nikifori) sa conversion. 348. Son martyre. 352.

Xiquimi, (le Pere Martin) Jésuite, Martyr. 430.

Xiquiso, canton voisin, ou partie du Fiunga. 400.

Xirouxi. Voyez Yémondono.

Xocuro. (Matthias) Seigneur Japonnois. Il est exilé pour la Foi, puis rappellé. 151. Son martyre. 153.

Xogun-Sama, ou Fide-Tada, XXXIII. Empereur Cubo-Sama, reçoit du Dairy le Titre de Xogun-Sama. Son Pere invite Fide-Jory, dont il étoit le Beau-Pere, à lui rendre visite. 95. Réception, qu'il fait au P. Pasio. 110. De quelle maniere un Ambassadeur Espagnol va à son Audience. 133. Il veut commencer la Persécution, & on l'en dissuade. 147. Il entre dans le projet du Pere Sotelo pour le Commerce de la Nouvelle Espagne. 166. Il lui donne un Navire pour le transporter en Espagne, & une Lettre pour le Roi Catholique. 177. Il sévit contre les Chrétiens. 168. Son caractere. 204. Il succéde au Trône de son Pere, & ce que celui-ci lui recommanda en mourant. 214. Il fait de nouveaux ordres contre la Religion. 220. Il condamne au feu un très-grand nombre de Personnes. Son inhumanité. 237. Il fait de grands reproches au Gouverneur de Nangazaqui, & lui donne des ordres très-rigoureux contre les Chrétiens. 268. Il se décharge du soin des affaires, & prend le Titre de Cubo-Sama. 284. Sa mort. Son Apothéose. 370.

Xogun-Sama, autrement Ijetiruko, ou Ijemitzko, Fils du précédent, XXXIV. Empereur Cubo-Sama; il fait faire une recherche exacte des Chrétiens. 295. Il en condamne au feu un grand nombre. 296. Il assiste lui-même à l'exécution. 297. Il soumet tous les Princes du Japon, & sur quel pied il les met. Nouveaux Edits contre les Chrétiens. 307. Marques de distinction, qu'il donne à un Ambassadeur Hollandois. Son entrevûë avec le Dairy. 326. *&. suit.* Il est fort irrité

Bbbbb

contre les Hollandois au sujet de ce qui s'étoit passé en Formose. Sa conduite en cette occasion. 366. & suiv. Il rend aux Hollandois la liberté du Commerce. 369. Il pardonne au Gouverneur de Formose. 370. V. le reste sous le nom de To-Xogun-Sama, qu'il prit après la mort de son Pere.

Xoum, (Jean) Martyr. 235. 236.

Xoya, ou Salle d'Inquisition, où il est ordonné de fouler aux pieds les Images de Jesus-Christ, & des Saints. 390.

Xumpo, (Michel) Catéchiste, est arrêté. 170. Il est reçu Jésuite. 271. Son martyre. 273. 274.

Xuquendaiu préside au supplice du Pere Spinola & de ses Compagnons. 274. Ce Pere lui adresse le discours étant attaché à son Poteau. 276. Etrange mort de ce Tyran. 279.

Xuridono, Gouverneur de Jonezava. Ses efforts pour adoucir son Maître en faveur des Chrétiens. 349.

Xuzayémon, (Simon Tacafixi) Martyr. 351.

Y

YAMA, (Jean) Jésuite, est trahi par un fourbe, & promené ignominieusement par les ruës de Jedo. Il est reconduit en prison ; un Magistrat le fait venir chez lui, pour l'entendre parler de la Religion ; il est frappé d'un Ecrit, que ce Saint Religieux avoit fait, & ce qui en arrive. 381. Il fait beaucoup de conversions, & compose plusieurs Ouvrages dans sa prison. Son Martyre. 382.

Yamamoto, (Denys) Jésuite, Martyr. 382.

Yedo Txua, nom Japonnois, que le Pere Ferreyra prit après son apostasie. 443.

Yemondono, (Loüis Amagasu) Tono de Xirouxi. Son zele pour la Religion. Il prêche lui-même avec beaucoup d'éloquence & de fruit. 348. Il est condamné à mort avec sa famille. Son martyre. 351.

Yesso, grand Pays au Nord du Japon, le Capitaine Saris obtient la permission de le découvrir. 144. Le Pere de Angelis en a quelque connoissance. Le Pere de Constanzo y introduit la Religion Chrétienne par le moyen d'un Médecin. 248. Le Pere de Angelis s'y transporte ; description, qu'il en fait. Caractere des Yessois. 246. & suiv. Opinion de Kœmpfer sur ce Pays ; découvertes, qu'y font les Hollandois ; nouvelle description du Pays & des Habitans. 251. & suiv. 494. & suiv. Sentiment de M. Bellin sur ce Pays. 492.

Ymadumi, ou Iscibaiusci, Village de la Principauté d'Omura, où l'on trouva une Croix miraculeuse. 136.

Yuki, (le Pere Jacques) Jésuite. Ses travaux dans le Nord du Japon. 227. Il publie le Jubilé dans les Villes Impériales & dans tout le Japon. 262. Extrémitez, où il est réduit. Son martyre. 390.

Yupiens, Tartares. Leur situation. 259.

Z

ZEMBLE ; on ne peut douter d'un passage entre la Nouvelle Zemble, & le Spitsberg. 258.

Zeuxima, Royaume du Japon. Le Roi de Zeuxima rétablit les Missionnaires dans ses Etats. 65. L'Evêque du Japon prend l'Ordre de la Reine de Zeuxima après la mort du Roi de Fingo son Pere. 79.

Zola, (le Pere Jean-Baptiste) Jésuite, est arrêté Prisonnier. 314. Espece de prediction, que lui fait son Supérieur. 315. Incommoditez de sa prison. 317. Son martyre. 320. Circonstances de sa prise. 337.

Zuznica, (le Pere Pierre) Augustin, est pris par les Hollandois en allant au Japon. 264. Il ne veut point se découvrir pour ce qu'il est, & il se trahit. 265. Le Pere Spinola l'engage à se déclarer. 267. On le veut faire passer pour un Fils naturel du Roi d'Espagne, envoyé pour révolter les Chrétiens du Japon contre l'Empereur. 268. Son martyre. 269.

Zumarraga, (le Pere Thomas) Dominiquain, est fait prisonnier. 225. Son martyre. 282.

Zuski, (Basilowitz) Grand Duc de Moscovie, fait mourir un Augustin Japonnois. 489. & suiv.

Fin de la Table des Matieres du second Volume.

Permission du R. P. Provincial.

JE soussigné, Provincial de la Compagnie de JESUS, en la Province de France, suivant le pouvoir, que j'ai reçu de notre Révérend Pere Général, permets au Pere DE CHARLEVOIX, de faire imprimer un Livre, qu'il a composé, qui porte pour titre : *Histoire du Japon*, & qui a été vû & approuvé par trois Théologiens de notre Compagnie, en foi de quoi j'ai signé la Présente. A la Fleche, le vingt-neuf Juin mil sept cent trente-trois. *Signé*, P. FROGERAIS, J.

APPROBATION.

J'AI lû, par ordre de Monseigneur le Garde des Sceaux, l'*Histoire du Japon* du Pere DE CHARLEVOIX, de la Compagnie de Jesus ; & j'ai cru que l'impression en seroit agréable au Public. A Paris le quatre Août mil sept cent trente-quatre.
Signé, HARDION.

PRIVILEGE DU ROY.

LOUIS par la grace de Dieu Roi de France & de Navarre : A nos amez & féaux Conseillers les Gens tenans nos Cours de Parlement, Maîtres des Requêtes ordinaires de notre Hôtel, Grand Conseil, Prevôt de Paris, Baillifs, Sénéchaux, leurs Lieutenans Civils, & autres nos Justiciers, qu'il appartiendra : SALUT. Notre bien amé PIERRE-FRANÇOIS GIFFART, Libraire à Paris, Adjoint de sa Communauté, Nous ayant fait remontrer qu'il lui auroit été mis en main un Manuscrit qui a pour titre : *Histoire Générale du Japon, par le Pere* DE CHARLEVOIX, *de la Compagnie de Jesus*, qu'il souhaiteroit faire imprimer & donner au Public, s'il Nous plaisoit lui accorder nos Lettres de Privilege sur ce nécessaires ; offrant pour cet effet de le faire imprimer en bon papier & beaux caracteres, suivant la feüille imprimée & attachée pour modele sous le contre-scel des Présentes : A CES CAUSES, voulant traiter favorablement ledit Exposant, Nous lui avons permis & permettons par ces Présentes de faire imprimer ledit Ouvrage ci-dessus spécifié, en un ou plusieurs volumes, conjointement ou séparément, & autant de fois que bon lui semblera, sur papier & caracteres conformes à ladite feüille imprimée & attachée sous notredit contre-scel, & de le vendre, faire vendre & débiter par tout notre Royaume pendant le tems de *six années* consécutives, à compter du jour de la datte desdites Présentes. Faisons défenses à toutes sortes de personnes de quelque qualité & condition qu'elles soient, d'en introduire d'impression étrangere dans aucun lieu de notre obéissance : comme aussi à tous Libraires, Imprimeurs & autres, d'imprimer, faire imprimer, vendre, faire vendre, débiter ni contrefaire ledit Ouvrage ci-dessus exposé, en tout ni en partie, ni d'en faire aucuns Extraits, sous quelque prétexte que ce soit, d'augmentation, correction, changement de titre ou autrement, sans la permission expresse & par écrit dudit Exposant, ou de ceux, qui auront droit de lui, à peine de confiscation des Exemplaires contrefaits, de quinze cent livres d'amende contre chacun des contrevenans, dont un tiers à Nous, un tiers à l'Hôtel-Dieu de Paris, l'autre tiers audit Exposant, & de tous dépens, dommages & interêts ; à la charge que ces Présentes seront enregistrées tout au long sur le Registre de la Communauté des Libraires & Imprimeurs de Paris, dans trois mois de la datte d'icelles ; que l'impression de cet Ouvrage sera faite dans notre Royaume & non ailleurs, & que l'Impétrant se conformera en tout aux Réglemens de la Librairie, & notamment à celui du 10. Avril 1725. & qu'avant que de l'exposer en vente, le Manuscrit ou Imprimé qui aura servi de copie à l'impression dudit Ouvrage sera remis dans le même état où l'Approbation y aura été donnée, és mains de notre très-cher & féal Chevalier Garde des Sceaux de France, le Sieur Chauvelin, & qu'il en sera ensuite remis deux Exemplaires dans notre Bibliotheque publique, un dans celle de notre Château du Louvre, & un dans celle de notre très-cher & féal Chevalier Garde des Sceaux de France le Sieur Chauvelin : le tout à peine de nullité des Présentes ; du contenu desquelles vous mandons & enjoignons de faire joüir ledit Exposant, ou ses ayant cause pleinement & paisiblement, sans souffrir qu'il leur soit fait aucun trouble ou empêchement : Voulons que la Copie desdites Présentes, qui sera imprimée tout au long au commencement, ou à la fin dudit Ouvrage, soit tenuë pour duëment signifiée, & qu'aux Copies collationnées par l'un de nos amez & féaux Conseillers & Sécretaires, foi soit ajoûtée comme à l'Original. Commandons au premier notre Huissier ou Sergent, de faire pour l'exécution d'icelles tous Actes requis & nécessaires, sans demander autre Permission, & nonobstant clameur de Haro, Chartre Normande, & Lettres à ce contraires : CAR tel est notre plaisir. DONNE' à Versailles le trente-uniéme jour du mois de Décembre, l'an de grace mil sept cent trente-quatre, & de notre Regne le vingtiéme. Par le Roi en son Conseil. SAINSON.

Registré sur le Registre IX. de la Chambre Royale des Libraires & Imprimeurs de Paris, n°. 29. fol. 256 conformément aux anciens Reglemens, confirmez par celui du 28. Février 1723. A Paris le 8. Février 1735. Signé, G. MARTIN, Syndic.

Je reconnois que les Sieurs Julien-Michel Gandoüin, & Jean-Baptiste Lamesle, ont chacun un tiers dans le présent Privilege. A Paris ce 17. Février 1736. Signé, GIFFART.

Registré sur le Registre IX. de la Chambre des Libraires & Imprimeurs de Paris, page 225. conformément aux Reglemens, & notamment à l'Arrêt du Conseil du 13. Avril 1703. A Paris le 18. Février 1736. Signé, G. MARTIN, Syndic.

Fautes à corriger dans le second Volume.

Page 31. colonne 2. ligne 8. avoit, lisez avoient.
Page 78. colonne 1. ligne 21. Cingodono, lisez Tingondono.
Page 100. col. 2. ligne 24. une Sœur, ajoûtez, appellée Marine.
Page 106. col. 2. ligne 30. pure, lisez exempte.
Page 118. col. 1. ligne derniere, les disettes, lisez la disette.
Page 131. col. 2. ligne 35. arriverent, lisez arriva.
Page 229. dans le titre, Feizo, lisez Gonzoco.
Page 230. col. 1. lig. 44. répandit, lis. répandirent.
Page 234. dans le tit. après ces mots 50. personnes, effacez tout ce qui suit.
Page 252. col. 2. lig. 25. Sceuchzer, lis. Scheuchzer.
Page 282. col. 1. ligne 21. Commissaire des, ôtez ces mots.
Page 313. dans la note, Rinxi, lisez Rinxei.
Page 340. col. 1. lig. 4. de l'arrêter, lis. de les arrêter.
Page 366. col. 1. ligne 19. qu'ils prendroient, lisez qu'il prendroit.
Page 380. col. 2. ligne 4. 1644. lisez 1664.
Page 482. col. 1. ligne 5. Moxas, lisez Moxa.
Page 506. col. 1. ligne 16. 1607. lisez 1614.
Page 531. col. 2. ligne 3. ces Brefs, lisez ce Bref.
Page 561. col. 2. ligne 9. tout seul, ôtez tout.
Page 589. dans le titre, quelque espece, lisez quelques especes.
Page 599. col. 1. ligne 4. du Griottier, lisez de celles du Griottier.
Page 606. col. 1. ligne 3. Safangna, lisez Safangua.
Page 656. col. 2. ligne 16. ses branches, lisez ses feüilles.

De l'Imprimerie de J. B. LAMESLE, ruë vieille Bouclerie, à la Minerve. 1736.

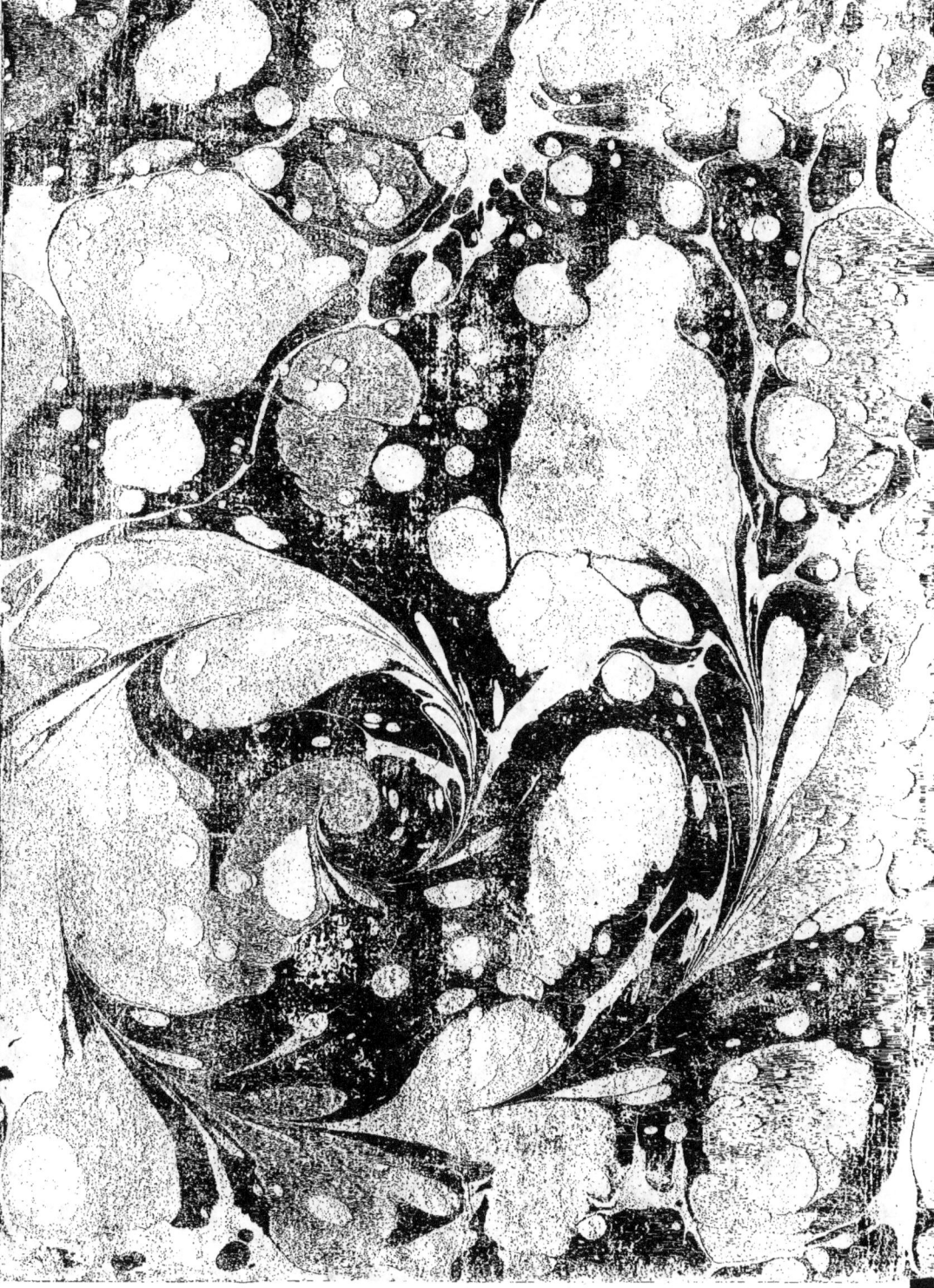

www.ingramcontent.com/pod-product-compliance
Lightning Source LLC
Chambersburg PA
CBHW071427300426
44114CB00013B/1342